초기 그리스의 문학과 철학

Dichtung und Philosophie des Frühen Griechentums :

Eine Geschichte der griechischen Epik, Lyrik und Prosa bis zur Mitte des fünften Jahrhunderts
by Hermann Fränkel

Copyright ⓒ 1959 by Verlag C. H. Beck oHG, München, Germany

Korean translation edition ⓒ 2024 by April Books
Korean edition is published by arrangement with Verlag C. H. Beck oHG, München, Germany
through BC Agency, Seoul, Korea

Dichtung und Philosophie
des frühen Griechentums

초기 그리스의
문학과 철학

헤르만 프랭켈 지음 | 김남우·홍사현 옮김

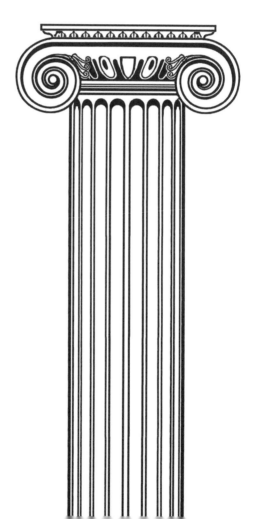

사월의책

초기 그리스의 문학과 철학

1판 1쇄 발행 2024년 12월 30일

지은이 헤르만 프랭켈
옮긴이 김남우·홍사현
펴낸이 안희곤
펴낸곳 사월의책

편집 박동수
디자인 김현진

등록번호 2009년 8월 20일 제2012-118호
주소 경기도 고양시 일산서구 중앙로 1388 동관 B113호
전화 (031) 912-9491 | 팩스 (031) 913-9491
이메일 aprilbooks@aprilbooks.net
홈페이지 www.aprilbooks.net
블로그 blog.naver.com/aprilbooks

ISBN 979-11-92092-43-0 93100
* 책값은 뒤표지에 있습니다.

차례

저자 초판 머리말 | ix
저자 개정판 머리말 | xv
옮긴이 머리말 | xix
옮긴이 참고문헌 | xxi

제1장 그리스 초기의 문학: 문학적 효시와 전승 | 1

제2장 호메로스 | 11
　1 소리꾼들과 서사시 | 13
　2 시어, 시행 그리고 문체 | 49
　3 소재 | 83
　4 신들과 세계힘들 | 98
　5 신들과 인간들 | 117
　6 호메로스적 인간 | 138
　7 『오뒷세이아』의 새로운 성향과 서사시의 소멸 | 155

제3장 헤시오도스 | 171
　1 시인 | 173
　2 『신들의 계보』 | 178
　3 『여인들의 목록』과 헤시오도스 풍의 『방패』 | 198
　4 『일들과 날들』 | 205

제4장 상고기 전기 서정시 | 239
　1 서정시의 창시자: 아르킬로코스 | 241
　2 전쟁과 정치의 엘레기: 칼리노스와 튀르타이오스 | 278
　3 알크만의 합창시 | 292
　4 레스보스의 시인들 | 312
　　(1) 사포 | 312
　　(2) 알카이오스 | 350
　5 이오니아의 소시민들 | 375
　　(1) 세모니데스 | 375
　　(2) 밈네르모스 | 391
　　(3) 히포낙스 | 403
　6 아테네 사람 솔론 | 410

제5장 위기의 시대, 종교문학과 철학 | 447
　1 시문학의 위기, 일곱 현인, 아리스테아스와 페레퀴데스 | 449
　2 『호메로스 찬가』 | 464
　3 순수철학: 탈레스, 아낙시만드로스, 아낙시메네스, 피타고라스 | 475

제6장 새로운 서정시 | 519
　1 이뷔코스(스테시코로스에 대한 고찰과 더불어) | 521
　2 아나크레온 | 543
　3 시모니데스 | 567

제7장 상고기 후기의 철학과 경험과학 | 605

    1 크세노파네스 | 607
      보론: 덕arete의 본질에 대한 튀르타이오스 단편 9D=12W | 629
    2 경험과학의 시작: 의학, 지리학, 역사 | 635
    3 파르메니데스 | 653
    4 헤라클레이토스 | 689

제8장 상고기 후기 서정시 | 739

    1 이행기의 시문학 | 741
    2 테오그니스 | 744
    3 핀다로스와 박퀼리데스 | 788
      (1) 시인들과 직업적 합창시인: 세모니데스의 승리찬가 | 788
      (2) 핀다로스의 짧은 승리찬가 두 편 | 808
      (3) 합창시에서의 신화 | 816
      (4) 가벼운 분위기의 시들 | 866
      (5) 핀다로스의 사유세계 | 873
      (6) 핀다로스에 있어 '세계힘들' | 892
      (7) 핀다로스의 예술 | 905
      (8) 핀다로스의 후기시들 | 920

제9장 맺는 말 | 935

찾아보기 | 943
    지식지도에 따른 색인 A | 945
    그리스어 색인 B | 987
    인명 및 문헌 색인 C | 991
    일반 색인 D | 1045

일러두기

1. 이 책은 *Dichtung und Philosophie des frühen Griechentums*, C. H. Beck: München, 2006, 제5판을 번역하였다.
2. 국립국어원의 외래어 표기법을 원칙적으로 따르되, 일부 경우에는 표기법을 달리하였다. 특히 인명이나 도서명을 달리 적었는데, '오뒷세이아'가 대표적인 경우이다.
3. 본문에서 '그리스'로 적은 것은 모두 '고대 그리스'를 가리킨다.
4. 연도 표기는 따로 밝히지 않는 한 모두 기원전을 가리킨다. 본문에서 독자의 편의를 위해 일부 '기원전'으로 표기한 경우도 있다.
5. 단편 번호에 저자의 표기와는 별도로 옮긴이가 '등호 ='와 함께 단편 번호를 추가함으로써 독자들이 쉽게 원문을 찾아볼 수 있게 하였다. 다만 등호로 연결된 양자가 정확히 일치하는 것은 아니며, 원전 편집자에 따라 본문 편집이 달라지거나 번역이 달라질 수 있다.

초판 머리말

　이 책은 서양고전문헌학 전공자들뿐만 아니라 비전공자들을 위해 쓰였다. 호메로스에서 핀다로스에 이르는 고대 그리스문학사를 평이하게 읽을 수 있는 형태로 서술하는 것을 목표로 하였으며, 부분적으로는 새로운 연구 성과 내지 연구 관점을 덧붙였다. 상대적으로 덜 중요한 저자들과, 우리로서는 제대로 이해할 수 없는 시인들은 다루지 않았다. 즉 에피카르모스, 프뤼니코스와 아이스퀼로스 등의 희곡을 다루다 보면 이 책의 틀을 벗어나게 될 수도 있기에 배제하였다.

　우리 는 그리스어 원문을 독일어로 번역하면서 내용을 매우 광범위하고 면밀하게 다루고 해설하였다. 물음은 주로 작품의 내용과 그 사상, 예술형식과 삶에 미치는 영향에 집중되었다. 더 나아가 시대 상황을 보여주는 사료로서 작품을 평가하려고 시도해왔다. 본 저자의 핵심적인 문제의식은 그 시대의 고유한 사유방식을 근본적으로 파악하고 그 역사적 변천과정을 추적하는 데 있었던 바, 이 책에서 보여주고 있는 방법이 이에 제일 적합한 것이라 판단하였다. 구체적인 사례로써 독자가 직접 확인하는 가운데, 그리고 이리저리 해석을 시도하며 그 진정한 의미를 드러내는 한 줄기 빛을 찾는 가운데 보다 보편적이고 추상적인 인식이 얻어질 것이며, 이렇게 얻어진 인식이야말로 막연한 주장 또는 애매모호한 억측이 되지 않을 수 있기 때문이다. 이런 방식을 통해 서양문화의 중요한 첫머리를 그 문헌자료와 함께 어느 정도 정밀하게 파악하는 일이 가능할 것이다.

이 저작에서 사용된 역사적 방법론이 이 책의 머리말과 맺음말에서 약간 언급되는데, 그리스 초기 사회를 고전기 그리스의 시각에서 이해해서도, 고전기의 전단계로 전제해서도 안 될 것이다. 다른 연구 틀에서는 가능할 수 있을 이런 시각으로 초기 그리스인을 보면, 스스로의 위치와 과업을 아직 깨닫지 못한 채 역사의 보다 높은 목적을 위해 무언가를 준비하는 인간으로밖에 파악할 수 없다. 하지만 사실 우리가 다룰 시대를 살아간 사람들은, 그들의 시인과 철학자들을 통해서 볼 때 그 누구보다 선명하게 자신들의 현재적 위치를 인식하고 있었으며, 이런 인식을 실재 삶에서 즉시 실현하려는 강력한 의지를 가지고 있었다. 따라서 여기서는 그 시대 전체, 다양한 시대적 변화에 따른 각 시기를 그때를 살았던 사람들이 스스로를 이해했던 방식에 따라 먼저 이해해야 할 것이며, 그때를 살았던 사람들이 높이 샀던 가치에 따라 그 시대의 가치관을 이해해야 할 것인 바, 그들의 후손들이 그 가치를 계승하였느냐 아니면 쓰레기통에 처넣었느냐 하는 것은 별개의 문제라고 하겠다. 이런 방식으로 고찰한다면, 물론 역사의 변화가 그다지 조화롭지 않은 것 같은 인상을 줄 수도 있겠으나, 그럼에도 불구하고 저자는 보다 충실한 내용과 보다 적나라한 사실이 드러날 것을 희망한다. 저자의 희망대로라면, 서사시 시대 이후 상고기 시대가 자신들의 선배들에게 의도적으로 날카롭게 대립하였으며, 다시 고전기의 사람들이 상고기의 사상적 유산을 이어받으려 하지 않고 오로지 저항적으로 이를 개혁하였다는 것이 두드러지게 나타나 보일 것이다.

　때로 개별 장르의 고유한 법칙성이 지나치게 강조된 면이 없지 않지만, 보편적인 정신사적 흐름의 하위에 개별 문학 장르의 역사가 속한다. 이는 동시대인들인 시모니데스와 크세노파네스가 상이한 문학적 매체들을 통해 매우 유사한 경향을 보여주었던 예에서, 또 철학자 헤라클레토스가 자신의 대립이론을 통해, 앞서 문학에 있어 여러 세대에 걸쳐 지배적인 위치를 차지하고 있던 사유방식과 지각방식을 새롭게 이론적으로 정립하였던 예에서 분명히 입증될 것이다.

　여기서는 탐구의 충실성은 몰라도 그 균질성을 목적으로 하지 않는다. 나는 오히려 각 인물마다 사안에 비추어 가장 절실하고 가장 필요하다고 여겨지는 것을 보여주려고 하였을 뿐이다. 하여 호메로스의 작품은 별로 인용하지 않았는데, 이는 누구나 쉽게 『일리아스』와 『오뒷세이아』를 읽고 평가할 수 있기 때문이며, 반대로 핀다로스의 난해한 작품들은 상당수 인용하고 상세히 설명을 하였다. 밝혀두거니와 번역문은 단지 참조를 위해서 제시된 것일 뿐 다른 번역들과 상당히 다르다는 것은 저자인 나도 잘 알고 있는 일이다. 나는 다만 우선 어의를 가능한 한 정확하게 번역하려 하였다. 따라서 운문형식을 살리면서, 운문을 그렇게 번역하는 것이 어려운 경우에는 산문을 택하였다. 독일어에 적확한 대응어가 존재하지 않는 주요 어휘들은 때로 다양한 번역어를 통해 의역하였다. 유연하게 번역하려다가 그 사상을 시대착오적으로 왜곡할 수밖에 없는 경우라면, 그렇게 하기보다는 차라리 표현이 딱딱해지는 것도 마다하지 않았다. 하지만 낯선 개념이나 어려운 철학개념을 설명해야 할 때는 어쩔 수 없이 시대착오적 번역을 감행하였으며, 약간은 현대적인 개념을 사용하기도 했다. 이는 시대에 부합하는 축자적 번역으로는 옛 사상을 살려낼 수 없었기에 취한 조치로서,

그 목적은 독자가 손쉽게 그 이면에 깔린 기본적인 생각만이라도 한 번에 포착할 수 있도록 하기 위함이었다.

이 책은 많은 주장들을 담고 있으나, 이들이 너무나 일반적인 탓에 일정한 단서조항을 붙이지 않는 경우에는 옳다고 할 수 없을지도 모른다. 그럼에도 불구하고, 예를 들어 '대체로 보건대'라든지 혹은 '사안에 따라서는 일정한 예외를 인정하면서' 등의 단서조항을 명시적으로 언급하지 않았다. 모든 역사서술은 일정한 단순화 내지 일반화 작업을 거칠 수밖에 없음이 기정사실이고, 사실관계를 확인한 후에는 상대적으로 덜 중요한 것들은 배제시키는 것이 역사가가 반드시 해야 할 중요한 준비 작업이기 때문이다.

지금 여러분이 보고 있는 형태의 이 책은 부분적으로나 전체적으로 거듭해서 내용을 줄인 결과물로서, 이는 전체적인 조망을 가능하게 하기 위한 작업이었다. 하여 자세히 설명하기보다는 많은 것에 있어 그저 변죽만 울리고 말았으며, 다른 것에 귀속시키거나 포함시켜 놓고 설명은 생략한 경우가 많았다. 그렇지만 본문을 계속해서 새롭게 다듬어가며 늘 논증을 덧붙인 것은 아니지만, 각각의 시를 설명하면서 무언가 본질적인 것은 남겨두었다고 생각한다. 바라건대, 전공자들은 함축된 것과 제시한 설명이 담고 있는 보다 많은 것을 스스로 찾아낼 수 있을 것이라 믿으며, 다만 무언가 이상하다고 느끼는 것이 있다면 그것은 따져볼 것도 없이 나의 실수라고 생각해도 좋을 것이다.

저자인명 없이 인용된 것들은 나의 저작물들이다. 논쟁은 가급적이면 삼가려고 하였다. 인용도서는 반드시 해야 할 경우에는 난삽하게 언급하였고, 실제로는 인용표시가 된 것 외에도 그보다 훨씬 더 광범위하게 많은 연구 성과물들을 참고하였다. 아쉽게도 인용된 사항들을 대체로 정연하게 갈무리하여 체계적으로 표시하지는 못하였다. 하지만 이 책을 완성하는 데 크게 도움을 주었던 다수의 저작물들에서 많은 것들을 가져왔음은 두말할 나위가 없다. 바람직하기로는, 엄청난 참고문헌들 모두를 어떻게든 정리해 보여주어야겠으나, 내 살아생전 책을 마무리 짓는 것이 내게는 더 중요해 보였다. 이 책이 얼마나 많은 다른 사람들의 작업에 도움을 받았는지 나는 무엇보다 잘 알고 있으며, 전공자들과의 토론과 비전공자들과의 대화에서 얼마나 많은 것들을 배웠는지를 또한 익히 마음에 새기고 있다. 이 책에 있는 오류들은 전적으로 나의 책임이며, 공개적인 방식이든 사적인 통보든 이를 바로잡으려는 비판을 기꺼이 받아들일 것이다.

나는 물론 중간에 손을 놓아야 할 때도 있었지만, 이 저작을 긴 세월 동안 준비하였다. 1931년 가을 괴팅겐에서 첫 번째 구상을 출판을 위해 글로 적기 시작했으며, 1948년 여름 캘리포니아에서 전체 구상의 최종 수정본을 마무리하였다. 스탠퍼드와 버클리의 친구들은 내가 그렇게도 소망하던 이 책을 끝낼 수 있게끔 여건을 마련해주었다. 이 책을 출판하게 된 것은 전적으로 회장단이 제공해준 경제적인 원조를 비롯하여 자기희생적 참여를 마다하지 않은 미국고전학회의 지원 덕분이라고 하겠다. 더불어 미국고전학회에 무엇보다 감사해야 할 것은, 나의 이 책이 애초에 잉태되고 준비된 원래의 언어로 출판되는 것을 넓은 아량으로 허락해주었다는 점이다. 익명의 심사자 두 분은 미국고전학회를 대신하여 나의 초고를 읽고 개선될 수 있도록 훌륭한 가르침을 주었다. 그리고 존 헬러 교수는 미국고전학회 편집인으로서 인내를 갖고 길고 긴 편집 작업을 위해 사소한 것까지 고쳐주었으며 (아놀드 멘델 박사와 함께) 원고 교정 작업을 마무리해주었다. 에덴 인쇄소는 어려운 문장을 놀랍도록 숙련된 기술로써 성공적으로 인쇄하여 주었다.

나의 고전문학적 작업은 나의 은사이며 삼십 년 전에 세상을 떠난 괴팅겐의 인도학자 헤르만 올덴베르크 선생이 보여주신, 나로서는 도저히 엄두를 낼 수 없는 역작을 모범으로 삼고 있다. 그분은 세밀한 수공업적 재능과 함께 대범한 사유능력을 이상적으로 겸비한 인물이었으며, 특히 사태를 명확하게 보여주는 놀라운 언변을 갖추고 있었다. 그분은 역동적으로 대상에 깊이 밀착하는 동시에 냉정하게 거리를 두고 객관성을 잃지 않는 모습을 보여주었다. 인간정신을 탐구하는 진정한 역사학자로서 그분은 투쟁하고 때로 승리하며 때로 소멸하는 우리네 사상과 사유가 펼치는 드라마를 이해하고 있었다. 베다 강독이 끝나고 나서 그분은 내게 『리그베다』 연구 작업의 일환으로 이를 번역할 수 있냐고 물었는데, 나는 고전문헌학을 공부하기로 결심하였다고 답함으로써 그분을 실망시켜 드렸다. 하지만 나는 비록 그분과 동떨어진 영역에서이지만, 그분의 정신에 따라 그렇게 작업을 하려고 노력하였다.

헤르만 올덴베르크 선생께 이 책을 바친다.

스탠퍼드 대학에서, 1950년 10월

개정판 머리말

이 책은 1951년 뉴욕에서 최초로 세상에 선보였다. 그때도 물론 독일어로 출판되었는데, 6년이 지나 절판되었고 C. H. Beck 출판사의 도움으로 이제 새로운 판본을 출판하기에 이르렀다.

개정판에는 새로 발굴된 시 원문을 반영하였으며, 새로운 연구 성과를 고려하였다. 책 전체를 다시 한 번 검토하여 내가 확인할 수 있는 오류를 바로잡았고, 서평 덕분에 알게 된 오류들도 부분적으로 이에 포함되었다. 서술은 부분적으로 정치(精緻)하게 개선하였지만 거의 대부분은 초판 그대로 남겨두었다.

독자의 편의를 위하여 본문 좌측에 해당 장을 알려주는 면주(面註)를 달았다. 우측에도 이에 상응하는 면주를 달았는데, 본문 내용을 간략하게 대신할 수 있는 절 제목을 면주로 삼았다.

색인 A는 대폭 수정하였다. 그에 따라 좀 더 읽기에 편리해져서, 그것만 읽어도 책의 전체 내용을 어느 정도는 파악할 수 있으리라 기대한다. 문학사 서술에서 개별적으로 여기저기 산만하게 등장하는 상당수의 주요 사항들을 한 자리에 모아 색인을 만들어 체계적으로 정리하였다. 이렇게 정리하다 보면 새로운 측면들도 부각되기 마련이다. 물론 요점정리 방식의 색인에서 구체적인 사실 관계가 소략(疏略)해지는 것은 당연한 일이다.

생각보다 훨씬 더 자주, 앞서 출판된 나의 책 『초기 그리스 사유의 방법과 형식』(Wege und Formen frühgriechischen Denkens, 제2판, München, 1960)을 언급할 수밖에 없었다. 그 책은 여러 편의 논문을 묶어 놓은 것으로서 여러분이 읽고 있는 지금 이 책을 준비하는 과정물이었던 셈이다. 이 책에서 간단히 암시만 하고 있는 내용들 가운데 상당수는 이전 책에 상세히 논증되어 있다.

이제 이 책의 방법론에 관해 두 가지만 언급하고자 한다.

나는 본문에서(제6장 이하) 그리했던 것보다 더 과감하게, 가능하다면 시대착오를 무릅쓰고서라도, 보다 현재적인 관점을 가지고 과거의 생각을 기술하고 설명하는 것에 기꺼이 찬동하고 있다. 이 경우 물론 원문의 원뜻과 우리의 해석 사이에 상당한 거리가 있을 위험성을 배제할 수는 없을 것이다. 내가 보기에 이 책에서 여러 번 시도된 이런 연구방법은 전후관계가 분명하다면 양해되어야 할 뿐만 아니라 더 나아가 반드시 사용하지 않을 수 없겠다. 예를 들어 '가능적'과 '현실적'이라는 개념쌍은 아리스토텔레스에서 비로소 전문용어로 굳어지며, 이런 개념을 좀 더 이른 시기의 사상가, 예를 들어 헤시오도스에게 적용하는 것은 헤시오도스의 지평을 넘어서는 것이다. 그러나 이런 전문용어가 지시하는 내용을 헤시오도스가 전혀 모르고 있었다고 할 수는 없다. 사태만을 놓고 보면 그런 개념쌍은 이미 호메로스(『일리아스』 제24권 527~533행)에서 언급되고 있듯이, "제우스의 궁전 마룻바닥에는 두 개의 항아리가 놓여 있는데, 하나는 악의 선물이, 다른 하나는 선의 선물이 가득 들어 있지요"라는 구절에서 이를 확인할 수 있다. 일말의 망설임도 없이 우리는 이를 해석하여, 제우스의 뜻에 따라 '가능적' 선과 악이 각각의 인간에게 그의 삶에서 '현실적'으로 전개된다고 말할 수 있다. 다른 경우였다면 시인이 항아리라는 단어를 전혀 사용하지 않을 것이며, 단순히 "제우스가 인간 각자에게 선과 악을 주었다(τίθησι)"라고 말하고 말았을 것이다. 우리는 이런 관점으로 이 책 213쪽 이하에서 헤시오도스의 판도라 이야기, 제우스의 명을 받아 판도라가 뚜껑을 열었다가 다시 닫았다는 항아리 이야기를 해석하였다. 이런 해석이 전반적으로 받아들여진다고 할 때, 헤시오도스가 세계 가운데 창조적 인간의 위치를 나름대로 다르게 전개한 세계관을 토대로, 『일리아스』의 이런 사상을 논리적으로 발전시켰다는 가정도 충분히 가능하다. 또 『신들의 계보』에서 헤시오도스가 제시한 세계관을, 시대착오적이나마 '존재'와 '비존재' 혹은 '긍정적'과 '부정적'이라는 개념쌍을 가지고 해석하는 것도 이런 유에 속한다(이 책 186~195쪽). 왜냐하면 이렇게 할 때만 우리는 실제 헤시오도스의 사상을 이해하는 데 절실한 개념장치를 확보할 수 있기 때문이다. 그런 개념쌍들이 적합한 개념장치라는 사실은, 우선 헤시오도스가 자신의 생각을 표현하는 방식과 그 생각의 본성을 보건대 분명하며, 또한 그리스철학사의 뒤이은 과정에 나타난 이런 개념쌍들의 발전상으로도 명백해진다(B. Snell, 『정신의 발견』, 411쪽 각주 30번을 보라).

마지막으로 이 책에 적용된 구두점 규칙에 대하여 간단히 언급한다. 이는 학교에서 흔히 가르치는 구두점 규칙과는 다르다. 물론 전혀 다르다고는 할 수 없지만, 상당히 다른 것은 분명하다. 단어를 이런저런 철자로 적는 것이 별다른 의미가 없는 것인데 반해, 구두점은 매우 중요하다. 왜냐하면 구두점이 어떻게 찍혔나에 따라 의미단위가 달라지기 때문이다. 따라서 구두점에 관한 규칙으로는 오로지 '본문을 소리 내어 읽는 것에 맞추어 임의대로 구두점을 찍는다'라는 규칙만이 유의미하다. 독일 구어의 구두점 관습은 논리적이며, 구두점에 관한 공식적인 규정이 제시하고 있는 기계적인 규칙보다 매우 유용하다. 하여 독일 구어에서는 종종 부문장이나 부정사 구문 앞에서 이들이 중요한 의미를 갖는 경우, 억양을 낮추어 쉬는 자리를 두지 않는다. 예를 들어 '본문을 소리 내어 읽는 것에 맞추어 임의대로 구두점을 찍는다'라고 한 번에 말하지, 중간에 쉼표를 찍고 억양을 낮추지 않는다. 따라서 공식적인 구두점 규정은 독자의 입장에서 보자면 돌부리가 널린 길을 걸어가는 것과 같다. 적절하지 않은 쉼표에 따라 글을 읽다 보면 독자는 중간 중간 공연히 걸음을 멈추어야 하고, 좀 더 읽어나가면 깨닫게 될 괜한 오해를 얻게 된다. 이런 오해가 없었다면 더욱 책의 내용에 집중할 수 있었을 텐데 말이다. 따라서 전통적 문장부호를 사용하지 않거나, 아니면 문장 전체 구조에 따른 구두점의 변화, 우리가 바라는 억양이나 속도를 반영할 수 있는 새로운 문장부호를 제정하여 대체해야 할 판이다. 그저 귀를 기울여보라. 가장 고약한 것은 엉터리 구두점 규칙에 따라 구두점을 찍고, 또 우리가 찍은 엉터리 구두점에 따라 문장을 읽는다는 것이다.

교정이나 색인을 개정판에 맞추어 새로 만드는 작업을 고맙게도 박사후보생 뤼벡의 하인리히 쉬티벨링 씨가 도와주었다. 출판사 C. H. Beck은 이 책을 굉장한 공력을 들여 고쳐주었다. 특히 친애하는 한스 리트샤이트 박사에게 감사의 마음을 전한다. 그는 친절하게 원고를 살펴주었고, 인내심을 갖고 바이에른과 서쪽 끝을 오간 끈질긴 서신교환을 통해 많은 세세한 부분들을 살펴주었다.

캘리포니아 팔로알토에서, 1962년 5월

옮긴이 머리말

fervet opus redolentque thymo fraglantia mella
열띤 역사에 백리향 꿀 향기가 천지 가득하다
(베르길리우스, 『아이네이스』 1권 436행)

헤르만 프랭켈의 『초기 그리스의 문학과 철학』은 베르너 예거의 『파이데이아』, 브루노 스넬의 『정신의 발견』과 함께 서양고전문헌학 연구서의 고전에 속한다. 호메로스 서사시에서 출발하여 그리스 서정시 등 고전기 직전까지의 문학을 초학자들도 이해할 수 있는 수준에서 시작하여 전문 연구자들의 논쟁에 이르기까지 상세하고 포괄적으로 다룬다는 점에서 이 책은 다른 책들을 훌쩍 넘어서는 훌륭함과 탁월성을 보여준다.

이 책은 2011년 『초기 희랍의 문학과 철학』이라는 제목으로 출판된 바 있다. 초판이 모두 팔리고 곧 절판된 채로 10년이 넘게 방치되다시피 하였다. 그동안 『파이데이아』와 『정신의 발견』이 모두 새롭게 번역되었다. 그래서 독자들에게 서양고전문헌학의 진수를 온전히 맛볼 기회를 제공한다는 뜻에서 새롭게 단장하여 개정판을 내게 되었다. 몇 가지 오류를 바로잡았고, '희랍'이라는 말을 '그리스'로 바꾸었다.

이 책을 번역하면서 번역자들은 정확성과 함께 가독성을 높이는 데 역점을 두어, 가급적이면 고유명사 외에는 외국어를 쓰지 않았으며, 이미 익숙해진 외래어도 새로운 번역어를 찾아 쓰고자 하였다. 문학용어 등을 표현할 우리말의 빈곤을 절감하면서 어색하나마 알맞은 번역어로 옮겨 놓았던 10년 전의 상황이 크게 좋아지지는 않았다. 하지만 노력은 계속되고 있다.

본문 8장 가운데 제1장부터 제4장 그리고 제6장의 번역은 김남우가 맡았으며, 제5장, 제7장, 제8장의 번역은 홍사현이 맡았다. 전자의 것들은 문학성이 강한 글이고, 후자의 것들은 철학성이 강한 글이라는 것이 분담의 기준을 세우는 데 고려되었으며, 우리말 문체의 통일을 위해 상호 교차교정을 하였다.

이 책은 한국연구재단의 명저번역 지원 사업에 참여할 기회를 얻으면서 본격적인 번역이 가능했고 번역 심사를 거쳐 2011년 처음 세상에 나왔다. 지금은 박사학위를 받고 학계에서 중견학자로 성장한 이선주 박사와 김기훈 박사가 석사논문을 준비하는 바쁜 시간을 쪼개 읽기 쉽게 우리말을 고쳐주었다. 정암학당의 『소크라테스 이전 철학자들의 단편 선집』 번역에 힘입은 바 크다. 서양고전문학을 우리말로 번역하신 고 천병희 선생님이 계셨기에 이 번역이 가능했는데, 선생님의 호메로스와 헤시오도스 번역이 없었다면 이 책도 없었을 것이다. 끝으로 이 두터운 책의 개정판을 기꺼이 출간해준 사월의책 관계자들에게 감사의 인사를 전한다.

옮긴이 일동, 2024년 11월

옮긴이 참고문헌

B   C. M. Bowra (ed.), *Pindari Carmina cum Fragmentis*, 1947^2, Oxford.

Bergk   T. Bergk (ed.), *Poetae Lyrici Graeci*, 1882^4, Leipzig.

D   E. Diehl (ed.), *Anthologia Lyrica*, 1922~5, Leipzig.

DK   H. Diels & W. Kranz (edd.), *Die Fragmente der Vorsokratiker* I, II, III, 1903^1, 1952^6, Berlin.

E   J. M. Edmonds (ed.), *Lyra Graeca* I (1928^2), II (1924^1), III (1940^2), Harvard University Press.

G   A. S. F. Gow (ed.), *Theocritus*, 1952^2, Cambridge University Press.

Gentili   B. Gentili (ed.), *Anacreon*, 1958, Roma.

Kock   Th. Kock (ed.), *Comicorum Atticorum Fragmenta*, 1888, Leipzig.

LP   E. Lobel & D. Page (edd.), *Poetarum Lesbiorum Fragmenta*, 1955, Oxford.

MW   R. Merkelbach & M. L. West (edd.), *Fragmenta Hesiodea*, 1967, Oxford.

P   D. Page (ed.), *Poetae Melici Graeci*, 1962, Oxford.

S   B. Snell & H. Maehler (edd.), *Bacchylidis Carmina cum Fragmentis*, 1970^{10}, Leipzig.

Snell   B. Snell & H. Maehler (edd.), *Pindari Carmina cum Fragmentis*, 1987, Leipzig

W   M. L. West (ed.), *Iambi et Elegi Graeci* I (1989^2), II (1992^2), Oxford.

WM   U. Wilamowitz-Moellendorff (ed.), *Bucolici Graeci*, 1910^2, Oxford.

정암   김인곤 외, 소크라테스 이전 철학자들의 단편선집, 2008⁴, 서울: 아
        카넷.

        H. Fränkel, *Early Greek Poetry and Philosophy*, translated by M. Hadas
        and J. Willis, 1973, New York.

        천병희 역,『호메로스의 일리아스』, 1987², 종로서적.

        천병희 역,『오뒷세이아』, 2006, 도서출판 숲.

        천병희 역,『신통기』, 2005², 도서출판 한길사.

        천병희 역,『아이네이스』, 2007, 도서출판 숲.

        강대진 역,『아르고 호 이야기』, 2006, 작은이야기.

        마틴 호제,『희랍문학사』, 김남우 역, 2005, 작은이야기.

제1장

그리스 초기의 문학:
문학적 효시와 전승

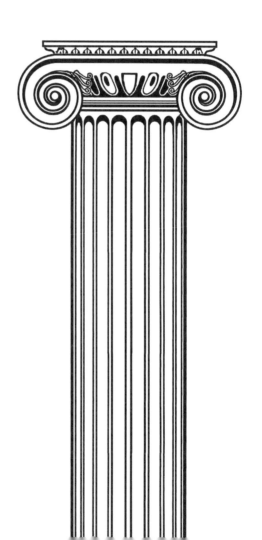

우리가 아는 한, 그리스 문학은 호메로스의 『일리아스』와 『오뒷세이아』에서 시작한다. 다른 민족의 문학과 달리 그리스 문학은 왜 그와 같이 위대하고 원숙한 작품으로부터 곧바로 시작하는가? 차근차근 완성된 형태와 분명한 내용을 갖추어가며 새벽의 깊은 어둠으로부터 서서히 우리의 눈앞에 나타나는 여타의 예와 달리, 왜 그리스 문학은 느닷없이 완성된 모습으로 출현하는가? 조금은 거친 듯하며 약간은 무딘 듯한, 세계 어느 곳에서나 그러하고 따라서 그리스 세계에도 있어야만 할 것 같은 문학 발전의 전(前) 단계가 왜 전혀 알려지지도 남아 있지도 않은가? 그리스 초기 문학으로부터 도대체 무엇이 우리에게 전해진 것이며, 그렇게 된 사연은 또 무엇이란 말인가?

고대의 기록물 가운데 오늘날 우리가 가지고 있는 것은 단 한 번도 소실된 적이 없는 것이거나, 혹은 잊혀지고 가려져 있다가 곧 다시 발견된 것이다. 고대 바빌론의, 고대 이집트의, 또는 중세 독일의 문학에 대해 우리는 전적으로 이차적 기록에 의지하고 있다. 이들 문학의 경우, 우리에게 무엇을 전해줄지 또는 무엇을 우리의 손에 쥐어줄지를 결정한 것은 맹목적 우연이지 작품의 내적 가치가 아니었다. 그러나 그리스 문학의 사정은 이와 다르다. 그리스 문학은 서구세계에서 한 번도 온전히 단절된 적이 없고, 일부 기록물들에 대해서는 끊임없이 독자가 있어서 필사자들 혹은 오늘날에는 출판업자들을 만나게 되었다. 우리가 그리스 문학을 갖게 된 것은 대상물이 물리적으로 보존되었다는 우연, 또는 연구자에게 발견된 행운 덕분이 아니라, 오로지 생생한 관심 때문이었다. 이러한 관심이 있었기에 작품은 책으로 처음 세상에 모습을 드러낸 그날부터 오늘까지, 한 세대에서 다음 세대로 유구한 세월을 이어오면서 항상 새롭게 깨어나게 되었다. 오로지 가치 있는 책들만이 전해질 수 있었다. 우리가 지금 탐구하고자 하는 그리스 문학 가운데 『일리아스』와 『오뒷세이아』(각각 24권이며, 한 권은 많게는 1,000행 정도의 분량이다), 헤시오도스의 책 세 권, 『호메로스 찬가』 한 권, 테오그니스의 책 두 권과 핀다로스의 시를 담은 책 네 권 등이 바로 이와 같은 방식으로 우리에게 전해졌다. 다른 모든 것은 사라져 버렸는데, 고대나 중세의 어느 시점엔가 그에 대한 관심이 시들해져 버렸기 때문이다. 르네상스 시기까지 살아남을 수 있었던 것들은 구제되어 오늘날까지 전해진다.

만약 소실된 작품들 가운데 적은 양이나마 일부 단편들마저 우리에게 전해지지 않았다면, 그리스 초기 문학의 역사를 대략적으로나마 기술하는 것은 불가능한 일이었을 것이다. 우리에게 작품이 전해지는 비교적 후대에 속하는 고대 작가들 가운데 많은 수는 선대의 글을 다소간 글자 그대로 인용했으며, 또 인용문이 원래 들어 있던 원문의 문맥을 밝히기도 하였다. 물론 이 인용문들은 대부분 매우 짧다. 하지만 그리스 초기 문학의 단편들은 몇 안 되는 단어들을 통해서도 무언가를 찾아낼 수 있을 만큼 내용이 풍부하며, 그 형식 또한 담고 있는 사상과 잘 조화되어 있다. 인용이란 인용하는 작가의 개인적인 관심에 좌우되기 마련이다. 아테나이오스의 방대한 저작『현자들의 저녁식사』는 고대의 음주 문화를 담고 있기에, 식사와 음주에 관련된 상당수의 단편이 남게 되었다. 문법학자 아폴로니오스 뒤스콜로스는 고어와 방언에 나타나는 대명사의 형태를 연구하였으며, 그리하여 대명사가 나타나는 시 구절들을 인용하였다. 이런 종류의 인용구들을 체계적으로 정리하여, 인용구가 속해 있었으나 전해지지 않은 작품의 내용을 복원한 보고서[1]가 있기는 하지만, 그것은 단지 우리가 탐구하고자 하는 시대의 철학적 저술에만 국한된 것이다. 아리스토텔레스 학파는 선대 철학자들의 작품을 체계적으로 인용하긴 했으나, 아리스토텔레스 학파의 문제와 어떤 연관을 가지고 있는가라는 관점에서 인용되었으므로 그 작업은 편향적이라 하겠다. 그 외에도 여기저기 흩어져 있던 인용들이 오늘날 조심스럽게 하나로 묶여지고 있지만, 이는 다만 인용된 단편의 정리 작업이며, 이런 방법으로는 새로운 단편들이 보태어지기를 기대할 수 없다.

약 100년 전부터 그리스 유산에 대한 새로운 발굴이 이루어졌다. 이집트에서 행해진 조사를 통해 고대 그리스 문헌을 담고 있는 파피루스가 발굴되었으며, 처리 작업이 발굴 속도를 따라갈 수 없을 만큼 발굴된 파피루스의 수는 방대했다. 문헌 내용은 대개 공문서, 장부, 편지 등과 같은 비(非)문학적인 것이었다. 하지만 파피루스의 파편들 가운데 일부는 문학적 저작의 단편이었으며, 이들 중 몇몇은 그리스 초기 문학작품을 담고 있었다. 파피루스들은 다른 무엇보다 사포와 알카이오스의 많은 단편, 알크만의 시 중 상당한 분량의 한 토막, 핀다로스의『파이안 찬가』, 박퀼리데스의 시 상당수를 전해주었다. 파피루스라는 것이 부스러지기 쉬운 재질이기 때문에

---

1. [역주] 예를 들어 다음과 같은 책들이 있다. H. Diels, *Doxographi Graeci*, Berlin, 1887; H. Diels & W. Kranz, *Die Fragmente der Vorsokratiker*, Vol. I, II, III, Berlin, 1903, 1952.

온전한 형태로 시를 전해주는 경우는 매우 예외적이어서, 대부분의 파피루스 파편들은 세상에 나올 때 다만 몇 행 정도의 토막글을 담고 있을 뿐이었다. 그래서 이 단편들을 해독하고 보충하고 해석하고 확인하는 등의 인내심을 필요로 하는 작업이 필수적이었다. 그럼에도 불구하고 이를 통해 얻은 것은 무엇에 비할 바 없이 값진 것이므로, 미래에도 새로운 발굴이 이어져 우리의 지식을 더욱 풍성하게 하고, 지평을 더 확장하며 세계관을 더욱 분명하게 해주리라 기대한다.

이집트에서 발굴된 그리스 글월을 담고 있는 파피루스들은 빠르면 기원전 4세기 말엽에 생산된 것으로, 이집트가 그리스 세계에 편입되기 시작한 때이다. 이보다 오래된 모든 문학 작품, 적어도 이 시기까지 그리스인들 스스로가 지키지 않거나 물려주지 않은 모든 문학 작품은 영원히 소실되어 버렸다. 가장 먼저 그리스인들 자신이 세상에서 사라져서는 안 된다고 생각되는 작품을 선정하였다. 이러한 선별 작업은 여타 문화 민족들과는 전혀 다른 방식으로 이루어졌다. 다른 민족들은 먼 옛날부터 내려오는 신성한 말씀 한 글자 한 글자를 신봉하듯 전하였는데, 그 문구는 계시된 것이므로 일점일획도 결코 바꿀 수 없다고 생각했기 때문이다. 그들은 종교 행사에 쓰이는 노래, 기도 문구, 주술 문구 또는 법률 문구를 원형 그대로 확고히 붙들고 있었는데, 이런 글월의 한 획이라도 바꾸면 주술적 효험 또는 법률적 효력이 상실될 것이라 믿었던 것이다. 하지만 그리스인들은 그와 같은 문구 신앙, 문구 숭배를 고집하지 않았다. 그들은 모든 영역에 있어 표현 방식은 그때그때 필요에 따라 얼마든지 새롭게 변화되며, 그렇더라도 효험과 효력은 그대로일 것이라 믿었다. 그리스인들에게 모든 것은 유동적인 것이었다. 우리가 지금 다루고 있는 그리스 초기 사람들은 예술가들의 개성보다는 작품의 완성도에 우선적인 가치를 두었다. 따라서 오로지 한 경우만을 제외하고는, 어떤 글월도 글자 그대로 간직할 이유가 없었다. 그 한 경우란, 어떤 문학 장르가 자연스러운 소멸의 단계, 즉 계속적인 변주 이외에는 다른 무엇을 기대할 수 없는 단계에 이르게 된 경우를 말한다. 이런 단계에 이르면, 변화는 제한되고 문학 작품은 당시의 현재적 형태로 굳어져 다음 세대로 전해지게 된다. 그러한즉, 그리스인들은 완성 단계에 이르지 못한 것을 다만 시원적(始原的)이라는 이유만으로 전승지는 않았다. 예를 들어 그들은 선대의 서정시를 내버렸다. 대신 그들은 두 번째로 선도적 문학 장르였던 서사시를, 그것도 서사시가 가장 웅장한 정점에 도달하게 되었을 때의 궁극적 결과물을 민족 문학으로서 후대에 남겼으며, 이로써 이 서사시는 망각으로부터 구제되었다.

이것이 후세에 전하는 바, 왜 호메로스만이 그리스 문학의 맨 앞에 서있는가에 대한 이유이다. 발전 과정의 기원을 추적하는 관찰자는 목적론적 관점에서 관찰 대상의 기원을 읽어내기 마련이며, 그리스인들도 그리스 문학 전체 혹은 그리스적 교양과 문화 전체가 호메로스에서 그리고 오로지 호메로스에서 기원한다는 이론을 이미 오래전에 발전시켰다. 현대적 연구도 마찬가지로 이런 이론을 따르고 있다. 물론 호메로스가 이후의 모든 그리스인에게 미친 영향은 상당하며, 이는 의문의 여지가 없지만, 그리스 문학이 호메로스로부터 상고기를 거쳐 그리스 고전기로 곧장 발전하였다는 믿음은 잘못된 것이다.

이런 믿음은 근본적으로 비(非)역사주의적인 것이다. 직선적인 모양새를 가진 발전은 현실에서 기껏해야 인간 활동의 매우 제한된 영역에서나 있을 법하며, 역사 전체를 놓고 보면 전혀 있을 수 없다. 단지 손자 세대를 위한 단순 준비 작업만을 수행하여, 손자 세대가 그 준비 작업을 그들의 필요에 따라 사용할 수 있도록 물려주는 데 만족할 세대는 없을 것이다. 한 세대는 자신이 지속될 수 있기를 목표하며, 그런 한에서 그 세대는 자신이 자리매김한 지향이 영원히 유지되길 바라는 법이다. 이 지향은 다른 것을 물리치면서 자신을 관철시켜나가기 위해서만 자신의 모습을 변화시킬 뿐이다. 하지만 크게 보면 각 세대는 각각 자신들이 완전성과 완성된 체계에 이르기를 추구한다. 따라서 한 세대의 체계는 다음 세대가 자신의 체계를 세울 수 있기 위해 철거되어야만 한다. 각 세대가 수행한 본질적 변화는 자신들이 원하는 결과를 목적으로 삼는다. 다음 세대는 자신들이 물려받은 것을 선대의 의미대로 사용하지 않으며, 결국 물려받은 것을 어떻게든 변화시켜 자신의 목적에 맞추려 한다. 따라서 역사가는 한 세대를 고찰할 때 다음 세대를 위한 준비라는 관점에서 보아서는 안 된다. 한 세대가 다음 세대에 어떻게 영향을 미쳤는가와 그들이 스스로를 어떻게 보고 이해했는가는 전혀 다른 문제이다.

호메로스로부터 5세기 중반에 이르는 시기에 만들어진 작품들을 볼 때, 그리스 초기 사회가 제 나름대로 완결된 모습과 독자적인 사상을 가지고 있었다는 사실을 알 수 있다. 그리스 초기 사회는 사회와 운명을 함께한 몇몇 소중한 자산을 일구었다. 이런 자산들은 고전기 사회에서는 더 이상 의미가 없었다. 그리스 초기 사회가 가진 순수성과 활력은 다른 어떤 시기에서도 결코 그 유례를 찾을 수 없다. 우리는 이 글에서 특히 그리스 초기 사회에 나타난 사상적, 예술적 가치에 주목하고자 한다.

이 책에서 다루고 있는 시기, 사람들이 흔히 그리스 영웅시대라고 명명한 시기에는 모든 것이 종종 폭풍우처럼 무시무시할 정도로 급작스럽다. 발전하는가 싶다가도 갑작스러운 몰락을 겪어야 했으며, 힘겨운 싸움으로 얻어낸 입지를 곧 다시 내주어야 했던 것이다. 호메로스로부터 핀다로스에 이르는 발전의 과정이 마치 시작점과 종착점 사이를 가장 짧은 직선으로 잇듯이 이루어졌다는 말은 부적합하다. 호메로스 직후 커다란 공백이 존재한다. 우리는 따라서 그리스 초기를 두 시기, 즉 '서사시 시기'와 '상고기'로 나누어야만 한다. 이로써 문학사는 예술사와 조화를 이루게 된다. 예술사에서는 기하학적 시기 이후에 오리엔트적 양식의 영향을 받은 조형 예술의 시기를 두고, 이를 이름 하여 '상고기'라고 한다.

호메로스의 서사시가 한 시대의 시작도, 중간단계도 아닌 그것이 속한 시대의 끝마무리를 의미한다는 사실을 이미 호메로스의 서사시 자체로부터 읽어낼 수 있다. 서사시 시기 다음에 이어지는 상고기는, 호메로스의 시와 거기에 담긴 사상을 조금 변화시킨다거나 그대로 이어받는 것을 포기한 채 호메로스의 서사시를 거부하고 거의 완전히 새롭게 출발하고자 하였다. 이러한 혁명은 그리스 정신사를 통틀어 가장 극적인 전회(轉回) 가운데 하나이다. 이런 전회를 파악치 못하고 다만 그리스 정신이 한 번 놓인 길을 따라 굽히지 않고 굳건하게 전진하였다고 생각하는 사람은, 어두운 혼돈 가운데 새롭고 분명한 길을 찾으려 싸우며 제 나름대로 길을 걸어온 그리스적 용기를 간과하게 될 것이다.

만약 상고기의 앞뒤에 놓여 있는 두 시기를 상고기와 하나로 만들어 버린다면 우리는 상고기가 가진 본질적 특징을 유린하는 것이다. 그리고 또한 만약 우리가 호메로스 이후의 그리스 정신을 호메로스의 서사시로부터 이끌어낸다면, 그리하여 호메로스의 서사시로부터 모든 것이 갈라져 나가게끔 호메로스의 서사시를 여러 갈래 길의 중심에 놓는다면, 그것은 분명 호메로스를 오해하는 것이다. 호메로스의 서사시는 결코 그리스 상고기 정신이 가진 모든 힘과 가능성의 중심이라 할 수 없다. 마치 그리스 문학의 효시처럼 그려지고 있는 호메로스의 서사시는 오히려 한쪽으로 치우쳐 그리스적 본질의 일부만을 표현하고 있으며, 이런 일면성을 통해 다른 것들을 억누르고 있다. 예를 들어 호메로스에게는 그리스 철학시대와 철학 이전 시대가 거의 담겨 있지 않은 것이나 마찬가지이다. 호메로스의 종교가 실로 놀랄 만큼 강한 인상을 갖고 있는 것은 사실이지만, 호메로스에서 드러나는 종교는 단지 그리스적 신성의 일면만을 보여줄 뿐이다. 그리스인들은 역사 이래 호메로스의 종교가 제공하는 강한 인상에 짓눌려 왔으며, 호메로스의 신들은 그리스인들에게 언제나 깊게 각인되어 있었다. 하지만 그것은 동시에 그리스인들에게 언제나 심각한 심적 부담이기도 했다.

제2장

호메로스

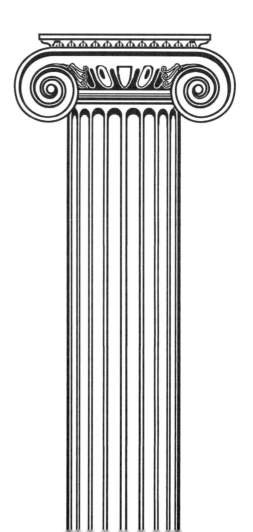

1. 소리꾼들과 서사시

한때 존재했던 많은 그리스 초기 영웅 서사시들 중 오직 두 개의 서사시, 『일리아스』와 『오뒷세이아』만이 전해지고 있다. 두 서사시는 여섯소리걸음운율[1]로 이루어진 1만 5,000행과 1만 2,000행에 이르는 엄청난 양이지만, 그마저도 『트로이아 서사시 연작』에 비교하면 겨우 일부분일 뿐이다. 『트로이아 서사시 연작』은 서로 긴밀히 연결된 전체 8개의 서사시로 구성되어 있다. 우선 『일리아스』가 두 번째 자리를 차지하는 처음 5개의 서사시는 트로이아 전쟁을 발발 원인부터 트로이아의 함락까지 다루고 있다. 여섯 번째 서사시는 오뒷세우스를 제외한, 트로이아로 원정하였던 나머지 영웅들의 귀향을 다루는 『귀향의 노래』다. 일곱 번째 서사시가 바로 『오뒷세이아』이고, 여덟 번째 서사시는 오뒷세우스의 두 번째 여행과 그의 최후를 다루고 있다. 『일리아스』와 『오뒷세이아』는 『트로이아 서사시

---

1. [역주] 'Hexameter'의 번역어로 '육음보', '육각운' 등이 과거에 사용되었으나, 운율과 관련된 용어를 가급적 우리말에 가깝게 표현하려는 뜻에서 '여섯소리걸음'으로 표기하였다.

연작』가운데 핵심 부분임에 틀림없다. 『일리아스』는 24권으로 구성되어 있으며 트로이아 전쟁을 다룬 나머지 4개의 서사시를 합친 것(총 22권)보다 길다. 『오뒷세이아』도 마찬가지로 24권으로 구성되어 있으며 다른 영웅들의 귀향을 다룬 서사시(총 5권)보다 대략 5배나 길다. 또한 『트로이아 서사시 연작』 이외에 『테베 서사시 연작』도 있었다.

전승에 따르면 『일리아스』와 『오뒷세이아』는 호메로스라 불리는 떠돌이 소리꾼이 지었으며, 이 소리꾼은 그리스 동쪽 이오니아 지방 출신이었다고 한다. 나머지 서사시들은 다른 소리꾼들이 지었다고 전해지며, 어떤 것을 누가 지었는지에 관해서는 아직도 논란이 있다. 호메로스라는 이름은 다른 소리꾼들의 이름보다 자주 언급되며, 또 소리꾼들 전체를 나타내는 말로도 사용된다.

호메로스에 관해 언급할 수 있는 가장 오래된 전승은 이것이 전부이다. 호메로스라는 인물이 실재하였으며 그가 두 서사시를 실제 지었다는 것이 역사적 사실인지를 판단할 어떤 객관적 증거도 존재하지 않는다. 전승 전체를 그리스 사람들이 흔히 그렇게 하듯, 단지 호메로스라는 가명이 대표하게 되었을 가능성도 남아 있다.

'호메로스'는 가상의 어떤 상징이 아니라 실제 인물의 이름인 듯 보인다. 아마도 실제로 호메로스라 불린 남자가 있었으며, 자신의 이름을 저 서사시들에 영원히 남기게 될 정도로 서사시의 창작에 관여하였을지도 모른다. 하지만 두 주요 서사시 모두의 저자가 호메로스가 아닐 가능성도 있다. 왜냐하면 『일리아스』와 『오뒷세이아』는 언어, 문체 그리고 성향에 있어 너무나 달라서 동일한 저자가 지었다고 일컫기 어려울 정도이기 때문이다. 이렇게 보면 호메로스에 관한 전승은 다만 전설에 불과하다. 게다가 '호메로스'의 서사시는 오늘날과 같은 문학 저작권이 성립되기 매우 어려운 조건에서 생겨났다. 모든 서사시 소리꾼들은 선배들의 작품을 재량껏 소화하여 자신들의 호불호에 따라 고쳐 노래하였다. 이런 이유로 호메로스가 저자인지 아닌지에 관한 물음은 호메로스가 작품에 얼마만큼 자기 지분을 가지고 있는지에 관한 물음으로 축소된다. 여기에 대해서는 두 가지 답변 가능성이 있다. 호메로스라는 이름을 가진 어떤 소리꾼이 그때그때 달라지는 서사시 전승에 다른 누구보다 열정적으로 달려들어 거기에 자신의 예술혼을 깊이 새겨 넣었으며, 그의 뒤를 이은 서사시 소리꾼들은 오로지 호메로스의 업적을 기리며 그의 판본을 고스란히 간직하여 노래하고 마침내는 글자로 적었으며, 이로 인해 이 서사시들이 호메로스의 작품이라고 전해졌다는 것이 첫 번째 가능성이다. 두 번째 가능성은 호메로스라는 사람이 『일리아스』와 『오뒷세이아』 중 하나 아니면 둘 모두를 최종적으로 편집하였는데, 이것이 최종적인 판본이 되었기에 이후 역사에서는 그의 작품으로 전해지게 되었다는 것이다. 이에 호메로스에 관한 대답할 수 없는 물음은 꼬리를 물고 이어진다. 마지막으로 두 서사시에 손을 댔다는 호메로스는 그것들을 얼마나 변화시켰을까? 호메로스는 창조적인 천재였던가, 아니면 솜씨 좋은 각색자였던가, 아니면 훌륭한 소리꾼이었던가, 아니면 부지런한 필경사였던가? 아니면 이도저도 아닌 다만 마지막 편집자였으나, 후세의 누구도 그에게서 명예로운 칭호를 빼앗지 않던 것인가?

호메로스라는 인물과 『일리아스』와 『오뒷세이아』에서 그가 갖는 지분에 관련해서는 불충분하나마 이 정도로 끝내는 것이 온당하겠다. '호메로스'의 서사시 가운데, 이것이 호메로스의 것이라고 말할 수 있는 구절은 하나도 없다. 이 사내가 가진 고유한 개성에 관해 말할 수 있는 것도 없다. 여기서 우리가 이 이름을 사용할 때, 그것은 지금 우리 눈앞에 놓여 있는 모습 그대로의 두 서사시를 총칭하는 것 말고는 그 이상의 어떤 것도 의미하지 않는다.

그러나 이런 사실이 서사시 안에서 어떤 개성도 발견할 수 없다는 것을 의미하지는 않는다. 그리스 초기 서사시는 전체적으로 뚜렷한 특성을 가지고 있을 뿐만 아니라 내적으로도 각 부분들이 독특한 모습으로 인해 구분되어, 어떤 부분들은 (예를 들어 텔레마코스 이야기) 다른 소리꾼들이 지었다고 말할 수 있다. 내용적으로 서사시는 의심의 여지 없이 많은 개별 부분들이 혼합됨으로써 만들어졌다. 완성된 상태에서도 많은 비(非)동질성이 드러난다. 왜냐하면 실제 새롭게 추가된 부분이 이전 내용에 딱 들어맞는다는 것은 불가능하기 때문이다. 서사시 소리꾼들은 그들의 창조적 손에 자칫 포박을 지울지도 모르는 논리적 엄밀성이라는 계명을 따르지 않았다. 따라서 우리가 읽어보아도 두 서사시의 복잡다단한 전사(前史)를 가늠케 하는 불일치들이 드러나며, 자세히 들여다보면 두 서사시에는 덧붙이고 빼내고 어떤 부분은 앞뒤를 바꾼 분명한 흔적이 남아 있다. 여러 번에 걸쳐 두 서사시 중 한 작품의 전사(前史)를 총체적으로 하나하나 밝혀내고자 하는 시도가 있었다. 이런 재구성 시도들 가운데 현학적이지 않고 분명하면서도 좋은 착안점이 많은 시도는 작품기법과 작품내용에 관한 이해를 넓히는 데 기여하였다. 왜냐하면 그런 시도들은 우리가 읽고 있는 두 서사시가 단계마다 어떻게 형성되어 왔는지 분명한 예를 들면서 보여주고 있기 때문이다. 하지만 사람들이 실제로 가정하고 있는 그런 발전이라는 것은 신빙성이 떨어진다. 즉 하나의 추측이 마찬가지 추측에 근거한다면 추측의 개연성은 떨어질 수밖에 없으며, 또 유사한 정도의 개연성을 가진 다른 주장들이 실로 수를 헤아릴 수 없을 정도로 많을 것이기 때문이다.

따라서 두 서사시 각각의 전사를 살펴보는 일은 경우에 따라서만 가능할 뿐이며, 그 전사를 살펴본 사람조차도 수많은 가능성과 끊임없는 유동성을 제시하고 있다. 분명 어떤 부분은 누가 보더라도 다른 부분보다 좀 더 세련된 부분이 있는데, 그 부분은 추측건대 나중에 추가된 부분이며,『오뒷세이아』전체를 놓고 보면『일리아스』보다 나중에 지어진 것임에는 이론의 여지가 없다. 하지만 무엇이 먼저 것인지 나중 것인지를 엄밀하게 구분하다 보면, 우리 스스로 변천역사의 소용돌이 속으로 말려들게 된다. 비록 두 서사시의 더 정확한 전사가 우리에게 닫혀 있기는 하지만, 두 서사시에 가득 찬 모순을 통해 우리는 당시에 존재했던 삶의 다양한 폭을 고찰할 수 있게 되었다.

우리가 읽고 있는 두 서사시를 남긴 창작행위는 제 나름의 고유성을 띠고 있다. 일반적으로 저자들이 자신의 문학 작품을 완결된 형태로 오랫동안 유지하려는 의도를 가지고 있는 것과는 반대로, 서사시는 창작자들이 의도했던 바 언제나 미완이며 잠정적일 뿐이다. 서사시는 한 구절에서 다른 구절로, 한 행에서 다른 행으로 이어지는 가운데, 이미 존재하는 전승과 그 순간에 요구되는 임기응변 사이에서 외줄을 타고 있다. 이런 창작방식은 서사시에 특별한 매력을 제공하며, 이 매력은 마침내 책으로 쓰였을 때에도 고스란히 생생하게 전해졌다. 호메로스의 서사시가 지닌 고유성을 제대로 평가하려면 우리는 서사시를 만들어낸 고유한 창작행위를 알아두어야 한다. 그 다음으로 항상 유동하는 전승으로부터 고착된 형태의 책이 만들어짐으로써 무엇이 달라지는지를 물어야 한다. 예술작품이 자신에게 어울리지 않는 매체로 옮겨지는 사건은 작품에 적지 않은 영향을 끼칠 수 있기 때문이다.

호메로스의 서사시들이 탄생한 일반적 조건을 세 측면에서 조명해볼 수 있다. 우선 이 서사시들은 그 안에 서사시 소리꾼과 서사시 공연에 관한 몇 가지 정보를 담고 있다. 또한 후기 그리스 전승은 옛 서사시 소리꾼들에 관한 약간의 정보를 제공한다. 마지막으로 다른 민족들이 가진 이른바 민족 서사시와의 비교도 가능하다. 호메로스의 서사시에 담겨 있는 정보들은 그만한 권위를 갖고 있기 때문에 다른 것에 비해 특히 가치가 있다. 그런데 이 정보들은 여기저기 빈틈을 가지고 있다. 오히려 풍부한 시사점을 갖고 있는 것은 나중에 만들어진 호메로스의 전기적 기록들, 그리고 호메로스와 헤시오도스의 경연을 전해주는 재미있는 '민담집'에 담긴 정보들이다. 하지만 이런 기록들은 다분히 낭만적인 것으로서, 역사적인 것과는 거리가 있다. 가장 충실한 것은 아무래도 비교인류학적 작업을 통해 얻어낸 정보일 것이다. 그러나 비교인류학적 성과를 호메로스의 예술에 얼마나 적용할 수 있을지는 불분명하다. 어쨌든 여러 문화권에서 탄생한 각각의 서사시들과 비교하는 것보다는 하나의 예를 택해 비교하는 것이 훨씬 더 나을 것이다. 우리의 연구 목적에 부합하는 가장 적합한 예는 세르비아-크로아티아의 서사시다. 왜냐하면 이 서사시가 우리의 문화적 영향권에 가장 가까이 위치하며 우리 시대까지 전해져 노래되고 있고, 슬라브계 학자인 마티아스 무르코Mathias Murko에 의해 이미 깊게 연구되었기 때문이다.[2] 물

---

2. 마티아스 무르코의 작업들은 *Sitzungsberichten der Wiener Akademie,* 철학 역사 분과, 173호 제3권(1913년), 176호 제2권(1915년), 179호 제1권(1915)을 통해 출판되었으며(이하 호수만 밝힘), 이를 합본하여 *Neue Jahrbücher,* 1919년 273쪽 이하에 실렸다. 무르코의 작업은 H. Geseman, Milman Parry, A. B. Lord를 통해 진척을 보았으며(*Trans. Amer. Philol. Ass.,* 67, 69, 70호), 이런 유의 연구가 현재도 계속해서 진행되고 있다. 그리스 서사시와 호메로스 서사시를 비교하는 최근의 작업도 진행 중이다. 예를 들어 크레타 섬에 거주하는 한 서사시 소리꾼의 노래가 채록되었다. 그는 1941년 크레타 섬을 공격한 독일 공수부대를 노래하고 있으며, 그 당시 맞서 싸우다 목숨을 잃은 수비대를 칭송하고 있다. 익숙하지 못한 우리 귀에는 다만 단조로우며 아무런 영감을 주지 못하는 노래로 들릴지도 모르지만, 그 소리꾼은 전장에서 쓰러져 간 자신의 친구들을 떠올리며 마음속으로 흐느끼고 있는 듯, 노래 중간에 목소리가 가라앉고 마침내 잠겨버

론 우리는 둘 사이의 커다란 차이를 잊어서는 안 된다. 문학적 완성도에 있어 남슬라브의 서사시는 그리스 서사시에 견줄 수 없으며 내용이나 형식에 있어서도 그러하다. 그럼에도 불구하고 이런 비교는 큰 가치가 있다. 책상머리에서 이론적으로 접근할 때보다 눈과 귀로 확인할 수 있는 현실을 대할 때, 더욱 정확한 그림을 그릴 수 있기 때문이다.

문자로 기록된 서책들은 개별적이며 사적으로 자신의 독자를 찾아야 하는 반면, 그리스 초기 서사시는 군집한 청중에게 공연되었다. 청중은 열정적으로 서사시 공연에 몰두하였으며, 능동적으로 공연에 참여하였다. 그리스 서사시는 주로 사회 상류층으로부터 생겨났으며, 물론 오로지 상류층에 의해서라고 할 수는 없지만 주로 상류사회에 의해 향유되었다(이에 관해 무르코, 173호 25쪽과 비교하라). 그리스 서사시는 여가를 위한 시였으며, 따라서 '순수' 예술일 뿐, 어떤 종교적 기능은 물론이거니와 다른 어떤 합목적성도 갖지 않았다. 그리스 서사시가 있었던 자리는 여흥이었다. 청중은 식사할 때나, 특히 식사 후에 술을 마시거나 후식을 즐길 때 모여 앉아 몇 시간 동안 밤새 공연에 귀를 기울였다. 노래를 하는 소리꾼은 언제나 단 한 사람이었다. 청중은 그 매력에 사로잡혀 공연을 경청하였으며, 홀린 듯 정신을 잃고 오로지 듣는 일에만 전념하였다. 이렇게 『오뒷세이아』의 소리꾼은 공연 장면을 묘사하고 있다(제17권 518~521행).[3] 세이레네스들이 지나가는 뱃사람을 호리어 영원한 파멸 속에 붙잡아둘 때 불렀던 노래가 바로

렸다. C. M. Bowra는 *Heroic Poetry*, London, 1952에서 전 세계적으로 남아 있는 유사한 서사시의 사례를 추적하였다. 많은 정보를 담고 있는 이 저서는 세계적으로 유사한 서사시 장르의 전형적인 특징을 잘 드러내고 있으며, 상이한 민족마다 고유하게 가지고 있는 다양한 특징 또한 잘 부각시키고 있다.

3. 소리꾼이 노래를 부르는 동안 청중은 소리꾼에게만 집중하기 때문에, 사람들은 남들에게 들키지 않고 비밀스럽게 일을 마칠 수 있다. 『오뒷세이아』 제8권 83~95행, 제17권 358행, 제1권 156~327행.

서사시의 낭송, 즉 트로이아 전쟁과 그 밖에 많은 것을 양육하는 대지 위에서 벌어진 일들 모두에 대한 보고(『오뒷세이아』 제12권 189행 이하)라고 할 때, 이것은 서사시의 공연 현장을 암시한다. 서사시는 청중들의 가슴에서 이런 괴력을 발휘했는데, 이와 똑같은 현상이 남슬라브의 공연에서도 관찰되었다는 보고가 있다.[4] 서사시 가사는 반 정도를 선율에 맞추어 읊조리는 사설(辭說)이 대다수였으며, 소리꾼은 현악기에 맞추어 가사를 읊었다. 모든 시행은 동일한 구조를 갖는다. 남슬라브의 경우 10음절인데 반해, 그리스의 경우 2음절 내지 3음절을 6번 반복한다. 직업적인 소리꾼이 존재하지만 공동체의 몇몇 사람들도 서사시를 노래할 수 있는 것으로 보인다. 나중에야 비로소 직업적인 요소가 강해졌을 것이며, 그에 따라 직업적 소리꾼과, 소리꾼으로 하여금 놀음을 놀도록 하는 청중 사이에 사회적 내지 기타 여러 긴장관계가 형성되었다. 이전에는 다만 동질적인 사회집단만이 존재하였으며, 이 집단은 구성원 가운데 재주를 타고난 자를 청해 여흥을 즐기곤 했다. 『일리아스』에는 서사시 소리꾼이 전혀 언급되지 않는다. 오로지 단 한 번 영웅시가 노래되었는데, 그것도 아킬레우스 자신이 노래했을 뿐이다. 아킬레우스는 분노로 인해 전장으로부터 멀리 떨어져 있었고, 남는 시간을 노래로 때우고 있었다. 그는 자신의 여흥을 위해 노래하였던 것이다.[5] 유일한 청중은 그의 친구이자 전우인 파트로클로스였다. 아킬레우스가 싫증이 나면 그 다음은 파트로클로스가 노래하였을 것이다(『일리아스』

---

4. 무르코 173호 27쪽 "청중은 침묵한 채 집중하고 있었으며(무슬림 사원에서처럼 고요하게), 사건의 전개에 흠뻑 빠져들어 있었다. 진지하고 위엄이 넘치는 태도로 침착하게 지켜보던 '베그'(역주: 관료)들도 점차 그 얼굴에 긴장한 기색이 역력했으며 눈동자는 빛나고 있었다. 그들 가운데 몇몇은 웃음을 보였다."
5. 남슬라브 서사시에서도 이런 현상이 여러 차례 보고되었다. 예를 들어 말을 타고 여행하는 사람이나 오랜 여행을 하는 사람들은 혼자 서사시를 흥얼흥얼 노래함으로써 지루함을 잊곤 한다고 한다.

제9권 186행). 그 밖에『일리아스』어디에도 노래 부르는 장면은 없으나, 영웅들은 종종 자신이 겪었거나 자신의 친척들이 겪은 이야기를 들려준다. 이런 이야기들은 어떤 측면에서 영웅 서사시의 전(前) 단계라 하겠다. 당시 영웅들은 스스로 자기 자신의 행위를 전하였다.『일리아스』의 소리꾼들은, 이처럼 소리꾼이라는 사회적 직업이 아직 존재하지도 않던 시대의 모습을 보았던 것이다.

사라져 버린 시대상을『일리아스』보다는 적게, 그러나 당대의 시대상은 더 많이 담고 있는 두 번째 작품『오뒷세이아』에서는 사정이 전혀 다르다. 직업소리꾼이 등장하여 술자리에서 사람들을 즐겁게 한다.『일리아스』에서는 오로지 나이든 네스토르 또는 늙은 포이닉스만이 때때로 옛날을 이야기해주던 것과는 대조적으로『오뒷세이아』에서는 주인공마저 위대한 소리꾼으로 등장한다. 그는 자신의 능력을 십분 발휘하는데, 파이아키아 사람들의 왕궁에서 귀족들의 마음을 사로잡기도 하고 그를 친절히 받아준 돼지치기의 누추한 움막에서도 그러하였다. 서사시 소리꾼이 이런 부분을 서사시의 운율과 문체로 '오뒷세우스'의 긴 이야기를 공연하여 되풀이하였을 때, 보고상황은 현재상황과 하나가 되었다. 소리꾼 자신이 오뒷세우스가 되고, 청중은 파이아키아 사람들이 되며 혹은 "고귀한 돼지치기"가 된다. 가난하고 저급한 사회적 지위를 가진 청중조차 느끼는 감정만은 고결한 것이었다. 실로 어떤 청중은 에우마이오스처럼 "참으로 자신이 원래 왕족이었으면", 혹은 "쓰디쓴 운명 때문에 지금 고단하고 부자유한 삶을 이어가는구나"라는 식으로 생각하면서 꿈을 꾸고 있었는지도 모른다.

유사성은 이뿐 아니다. 오뒷세우스는 "소리꾼처럼 훌륭히"(제11권 368행, 제17권 518행과 비교하라) 이야기를 들려줄 수 있을 뿐만 아니라, 소리꾼들처럼 가진 것 없고 정처 없는 떠돌이 신세로 찾아간 부잣집에서 베푸는 호의에 힘입어 머무른다. 『오뒷세이아』의 소리꾼들은 나름대로 『오뒷세이아』의 영웅들에 스스로를 동화시킨 한편, 심지어 전혀 이야깃거리가 될 수 없는 자신들의 이야기를 오뒷세우스 이야기에 덧씌우기까지 하였다. 이 덕분에 우리는 간접적으로 『오뒷세이아』로부터 떠돌이 소리꾼의 삶을, 특히 그들의 삶 가운데 그늘에 가려진 부분을 관찰할 수 있다. 소리꾼들은 자신의 처지와 삶을 직접적으로 기술할 때, 그들의 화려한 일면을 두드러지게 부각시킴으로써 그들의 소망을 드러냈다. 소리꾼들은 데모도코스와 페미오스를 착실히 자리 잡은 궁정소리꾼으로 그리고 있다. 상당 기간 한 궁정에 머물러 있는 두 소리꾼들처럼 경외로써 대접받을 수 있는 것, 이것은 모든 떠돌이 소리꾼의 꿈이었음에 틀림없다.

물론 현실은 이와 전혀 달랐을 것이다. 소리꾼은 이리저리 정처 없이 떠돌았으며 낯선 이들의 문 앞에 수없이 서 있어야 했다. 더군다나 그들은 도대체 집주인이 그들에게 문을 열어 줄지도 모른 채 기다려야 했고[6] 설령 허락을 받을지라도, 아마도 그들은 문턱(걸인들의 자리)을 간신히 넘어서서 주인이 그를 불러 방에 들이기를 또 기다려야 했을 것이다. 우리는 이 타카의 왕궁에서 청혼자들의 방을 오뒷세우스의 시각으로, 즉 문턱에서 안쪽을 바라보는 관점으로 오랫동안 지켜보았다. 환대에 대한 대가로 떠돌이 소리꾼들은 집주인과 그의 손님의 기분을 맞추어 좌중을 즐겁게 만들어야 했다.[7]

---

6. 담을 사이에 두고 건너편에서 벌어지는 일을 듣는 일이 『오뒷세이아』에서 매우 여러 번 관찰된다는 사실은 이와 관련하여 매우 중요하다. 제1권 328행, 제10권 221행, 제17권 492~506행, 541행 이하, 제20권 92행, 105행, 387~389행, 제23권 148행. 문밖에 도착한 사람들이 문 안에서 커다란 잔치가 벌어지고 있는 소리를 밖에서 듣고 냄새 맡기도 하였다. 제17권 269~271행.

7. 비교: 오뒷세우스와 이로스가 청중을 즐겁게 하기 위해 주먹싸움을 벌인 일.

소리꾼들이 종종 맞닥뜨려야 했던 문전박대는, 만약 그들이 소양이나 재능에 있어 다른 동료 소리꾼들을 월등히 앞선다고 느끼고 있었다면, 그만큼 더욱 쓰라린 상처가 되었을 것이다. 소리꾼들은 많은 여행을 하였으며, 그래서 오뒷세우스처럼 "많은 사람들의 생각을 알았다"(제1권 3행). 즉 『오뒷세이아』의 각 측면은 각양각색의 인간에 대한 앎을 보여준다. 특히 소리꾼들은 떠돌아다니면서 다양한 인간의 모습을 접하여 도덕적으로 평가할 기회를 가졌다. 소리꾼들은 그들의 이런 관심을 『오뒷세이아』의 이야기 속에 투사시켰으며, 결국 서로 모순되는 것들이 생겨나게 된 것이다.

　　『오뒷세이아』의 이야기에 따르면 모든 청혼자들은 남김없이 죽임을 당한다. 이유인즉, 그들이 무모하게도 남편이 아직 생존해 있을지도 모르는 여인에게 청혼하였기 때문이며, 남의 집에 억지로 자리를 차지하고 앉아 마치 제 집인 양 가산과 재물을 먹어치우며 주인 노릇을 하였기 때문이다. 이것이 『오뒷세이아』 이야기가 전하고 있는 단순한 의미이다. 다른 누구보다, 적어도 페넬로페는 그렇게 생각했을 것이다. 그러나 그녀가 청혼자들의 죽음을 접하였을 때 그리고 남편의 귀환을 아직도 믿으려 하지 않았을 때, 그녀는 다음과 같이 생각했다. 호의를 구하는 낯선 이에게 청혼자들이 불손하게도 경의를 표하지 않은 죄로 신이 그들을 벌하였다고 말이다 (제23권 62행). 똑같은 생각을 오뒷세우스도 한 번 표현한다(제22권 413행). 이에 앞서 다음과 같은 이야기가 있었다. "아테네 여신께서 오뒷세우스로 하여금 그와 같이 시키되, 오뒷세우스는 한 사람 한 사람에게 호의를 구하였으며, 그리하여 누가 예를 알고 누가 무도한지를 알고자 하였다"(제17권 360행). 이어 소리꾼은 말한다. "허나 그들 중 누구도 그 운명으로부터 벗어나지 못하였다"(예를 들어 제18권 155행). 이를 볼 때, 청혼자들을 선한 무리와 악한 무리로 나누는 일은 이 이야기가 전하려는 저 본래적 의미와는 아무 관련이 없으며, 다만 떠돌이 소리꾼들이 밥벌이를 수행하는 과정에 만나는 수많은 인간들을 직업적 판관인 양 몸소 판단하였다는 것이 분명해 질 뿐이다. 어떤 지각 있는 청혼자는 오뒷세우스에 대하여 다음과 같이 의미심장한 말을 던진다. "저 낯선 이가 혹시라도 신(神)이 아닐지 누가 알겠는가? 저런 모습으로 세상을 돌아다니며 인간들의 잘못과 선행을 살피는 신 말일세"(제17권 483행).[8]

소리꾼들이 어떤 식으로 공연을 진행하였는지를 우리는 『오뒷세이아』가 전하고 있는 노래의 영창이나 이야기의 사설로부터 추론할 수 있다. 왜냐하면 우리는 서사시 안에서 이야기를 들려주는 사람과 이야기를 듣는 사람의 관계를 서사시 소리꾼과 청중으로 정당하게 환원할 수 있기 때문이다.[9]

소리꾼의 공연은 꽉 짜인 틀에 따라 이루어지지 않는다. 그러니까, 서사시가 책으로 고착되기 전까지는 계속해서 '자유로운 여흥'이라는 사회적 성격을 유지하고 있었다. 지금 책으로 전해지는 그만큼의 서사시를 연이어 쉬지도 않고 한꺼번에 공연하지는 않았을 것이다.[10] 짧은 토막을 공연하고 나서[11] 소리꾼은 잠시 쉬었으며, 쉬는 동안 청중은 음식을 즐기고 술을

---

8. 제3권 265행에 따르면, 아가멤논은 전장으로 떠나가며 아내를 위해 일종의 위안자로서 소리꾼을 옆에 두었다.

9. 이러한 환원을 정당화할 근거를 두 가지 언급하고자 한다. 우선 저 위대한 서사시인 호메로스는 여기서 이상적인 청중과 소리꾼을 묘사하고 있으며, 이상적인 이야기 기술은 당연히 자신이 쓰고 있는 바로 그 기술이다. 두 번째로 호메로스의 작중인물이 서사시의 틀로써 자신의 이야기를 들려주고 있는 바, 작중 인물의 이야기와 호메로스의 이야기가 이때 하나가 된다. 사실 그 형식은 어디서나 하나로서 같다.

10. 호메로스의 두 서사시가 각 24권으로 나뉜 것은 나중에 비로소 확정되었다.

11. 『오뒷세이아』 제8권 87~91행에서 명백히 드러나는 바, 단 하나의 전투장면을 묘사하는 데에도 (75~82행) 여러 번의 휴식이 있었다. 『일리아스』 제11권에는 원문 상으로 명백하게 두 번의 휴식지점이 있으며, 겨우 80행 정도 공연 후에 곧 두 번째 휴식지점이

마셨을 것이다(『오뒷세이아』제8권 89행). 또는 소리꾼과 이야기를 나누기도 하였을 것이다.[12] 그래서 소리꾼은 휴식시간 동안 감사와 칭찬의 말을 들었을 것이다. 또는 좋은 음식을 상다리가 휘도록 대접받거나, 좋은 옷을 얻거나 선물을 주겠다는 약속을 받았을 것이다(『오뒷세이아』제11권 348행 이하 비교). 또는 계속 노래하라는 청을 받았을 것이다(『오뒷세이아』제8권 87~91행).[13] "우리에게 부디 이것저것을 이야기해주시오"(『오뒷세이아』제11권 370행). 또는 청중은 다음과 같은 질문을 던졌을 것이다. "말해주시오. 아가멤논이 어찌 죽었는가? 메넬라오스는 그를 돕지 않고 어디 있었는가? 아이기스토스는 잔꾀로 그리하였단 말인가? 메넬라오스는 아직 도착하지 않았던가?"(『오뒷세이아』제3권 247행). 이런 계속되는 질문[14]을 소리꾼 자신도 공연을 다시 시작하면서 반복한다(『일리아스』제16권 692행 이하). 소리꾼은 이런 질문에 대한 답을 무사이 여신들, 즉 '전승'으로부터 구하였을 것이다. 왜냐하면 소리꾼은 그들이 알고 있는 모든 것을 전승으로

놓여 있다(217~218행 그리고 298~299행). 일반적으로 공연의 중단과 재개는 원문 상으로 명백히 지시된 것은 아니며, 다만 그때그때 소리꾼이 임의로 설정하는 것이 상례이다.

12. 비교: 오랜 노래와 이야기 중간에 끼어들어 있는 휴식부분으로 『오뒷세이아』제3권 201~252행, 제11권 333~384행을 들 수 있다. 유사한 것이 남슬라브 서사시에서도 보고되고 있다. 무르코 173호 27쪽 이하.

13. 헝가리의 소리꾼은 때때로, 대접받는 것에 따라 자신의 노래를 한 토막씩 팔았다고 한다. 『오뒷세이아』제7권 213~221행에서 오뒷세우스는 자신이 겪은 일들에 관한 이야기를 갑자기 중단하고서 그 이유를 다음과 같이 설명한다. "허기진 배 때문에 자신이 겪은 일을 조용히 생각해 낼 수 없다. 우선 먼저 저녁식사를 해야겠다." 이 설명은 문맥에 비추어 자연스럽지 않다. 그러나 한편 이러한 설명은 여타 다른 상황에서는 금기시된 '자유로운 분위기'를 분명히 드러내고 있다. 『오뒷세이아』제14권 457행 이하를 보라.

14. 당연히 소리꾼은 청중의 소원에 따라 그때그때 이야기를 '바꾸곤 한다μεταβῆναι.' 『오뒷세이아』제8권 492행과 비교.

부터 배워왔기 때문이다. 그는 청자들이 공연에 흡족해 할 때까지 계속해서 다시 한 토막을 노래한다(『오뒷세이아』 제8권 90행). 만약 계속하기에 밤이 너무 늦었다면, 다음날 저녁 소리꾼은 공연을 계속할 수 있다(『오뒷세이아』 제11권 328행 이하 비교). 이렇게 공연이 무려 일주일 동안 이어졌을지도 모른다. 오뒷세우스가 아이올로스의 손님으로 있을 적에 오뒷세우스는 주인에게 한 달 동안 "트로이아에 관해, 아르고스인들의 배에 관해, 아카이아인들의 귀향에 관해" 이야기해주었다(제10권 14행). 오뒷세우스는 이른바 트로이아 서사시를, 특히나 '배들의 목록'(『일리아스』 제2권)을 강조하여, 또 영웅들의 '귀향' 이야기를(물론 오뒷세우스는 이 부분에 관해 아는 바가 매우 적었을 테지만), 간단히 말해 『트로이아 서사시 연작』 이야깃거리 전체를, 자기 자신이 처한 현재 시점을 기준으로 들려주었을 것이다. 공연은 질문에 따라 달라지며, 주인이 소리꾼을 손님으로 받아주었다는 사실에 토대를 두고 있다. "그래서 아이올로스는 나를 환대하여 주었으며 이것저것을 물었다." 에우마이오스에게 오뒷세우스는 사흘 밤낮 이야기를 들려주었다. "하지만 그는 자신이 겪은 고통을 끝까지 다 이야기하지 못하였다(이야기가 바닥날 줄 몰랐다)"(『오뒷세이아』 제17권 513행).

소리꾼의 이야기에 대한 청중의 관심이 시들해지자마자, 소리꾼은 그를 청한 집을 떠나야 했고, 새로운 일거리를 찾을 때까지 근심어린 방황을 계속해야 했다. 따라서 소리꾼에게는 이야기의 긴장을 늦추지 않는 것이 상당히 중요하였다. 만약 공연 중에 휴식시간을 둘 때거나 밤 동안에 중단해야 할 때면, 이런 중단이 실제 공연의 완전한 중단으로 이어지지 않도록 휴식 부분을 조정했다. 그는 한 단락의 끝에서 미끄러지듯 짧은 순간에, 아무도 알아차리지 못하게 청중의 기대감을 부풀어 오르게 만드는 다른 단락의 시작으로 넘어가야 했으며, 새로운 시작의 바로 다음에 휴식시간을 두어야 했다.[15] 만약 호메로스의 두 서사시에서 예술적으로 만족할 만한 이야기 매듭, 이야기 토막 내지 이야기 전체의 매듭을 찾는다면 헛수고일 것이다. 실제적인 이유에서—물론 이는 서사시의 문체강박에 부합한다—서사시는 항상 속계(續繼)를 염두에 두고 있다. 즉 서사시는 어떤 한 사건의 끝, 형식적인 매듭을 향해 진행되지는 않는다.

서사시의 도입부 또는 휴지 후에 다시 이어지는 시작 부분을 위해 잘 다듬어진 방법이 있었을 것이다. 즉 첫 공연은 신에 대한 기원이나 찬가를 부른 후에 일정한 규칙을 갖는 도입부로 시작된다(이 책 464~465쪽). 호메로스의 두 서사시에 담긴 많은 예로부터, 도입부를 구성하는 도식을 추려낼 수 있다. 소리꾼은 (a) 집주인이나 동석한 다른 손님들에게 일정한 양식의 인사말로 공연을 시작한다. 이어 (b) 주인이 마련한 풍성한 음식이나, 주인 자신이 제공하는 여흥을 칭찬한다. 이런 칭찬에는—물론 직접적인 표현은 재치 있게 피해가지만—대접에 대한 (다른 모든 손님을 대표하는) 감사도 담겨 있다. 이때 소리꾼은 자신이 이야기하고자 하는 본론으로 넘어간다. "(b) 여기 이렇게 풍성한 식탁에 앉아 있으니, 또 소리꾼의 노래를 즐기니 얼마나 아름다운가! (c) 이 사람은 많은 사람들의 고난과 업적을 보고하나니, 재치 있게 묘사할 줄 아는구나. (d) 이 사람은 이것들이 어떻게 신의 의지에 따라 일어났는지를, (e) 오뒷세우스가 트로이아 전쟁에서 행한 많은 업적 중에서 (f) 그가 어찌 하였는지, 그 하나를 이야기하고자 합니다."[16] 공

---

15. 각주 11과 12에 언급된 자리와 비교하라. 동일한 현상은 먹고살기 위해 이야기하는 사람들 모두에게 해당된다. 『천일야화』에서도 청중의 관심이 줄어드는 것에 대한 아랍 소리꾼의 두려움을 엿볼 수 있다. 세헤라자데는 하룻밤씩 자신의 생명을 연장하고 있었던 바, 그녀는 청자로 하여금 계속 이어질 이야기에 대한 관심을 지속시켜야 했다. 터키의 『앵무새 이야기 *Tuti-nameh*』과 인도의 『정령 베탈라의 이야기 *Vetālapacavimshatikā*』라는 이야기들도 이러한 긴장을 유지하는 가운데 진행된다.

16. 이런 이야기 구조는 특히 『오뒷세이아』 제4권 235행 이하에서 더욱 두드러지게 나타

연의 주제 (e)는 무사 여신이 이에 대하여 노래해 주십사 청하는 형식으로도 공지된다(『일리아스』제2권 484행 이하). 이때 무사 여신에게 이야기를 끌고갈 더 정확한 물음을 던지게 된다. (f)(『일리아스』제1권 8행, 제2권 761행 이하, 제11권 218행 이하). 『일리아스』와 『오뒷세이아』의 도입부는 이런 틀에 맞추어 구성되어 있다. 글자로 정착된 서사시에는 다만 청중에 대한 인사말이나 소리꾼을 청한 잔치에 대한 언급이 탈락되어 있을 뿐이다.

　도입부의 도식에서 세 번째 (c)는 앞으로 노래될 이야기의 아름다움을 시사하며 노래를 추천하는 내용이 포함되어 있다. 추천의 세세한 사항은 가변적이지만, 전체적인 의미로 볼 때 "많은 고난"에 대한 이야기가 다루어질 것임을 추천조로 언급하는 것은 항상 같다. 우선 소재의 풍성함이 공지된다. 『일리아스』의 도입부는 "수많은 고난"과 "수많은 영혼들"을 이야기한다. 『오뒷세이아』의 머리말에는 "많은 곳을 돌아다닌 남자"가, 또 "많은 사람들의 도시와 삶"이, 또 "바다 길에서의 많은 고난"이 언급된다. 다음으로 소리꾼은, 다른 부분에서도 그렇지만, 도입부에서 자신이 노래하고자 하는 것을 경험, 명성, 행위 등과 같은 중립적 명칭으로 이름붙이지 않는다. 그들은 이런 것들을 고난, 억장이 무너지는 고통 등과 같은 단어로 이

난다. 그 외에도 다음과 같은 것을 찾아볼 수 있다. (a) 인사말은 『오뒷세이아』제9권 2행, 제15권 390행. (b) 그 시간에 대한 칭송은 『오뒷세이아』제9권 3~11행, 제15권 391~400행(또한 제11권 373행 이하와 379행을 보라). 상황에 따른 융통성은 제14권 193~195행. (c)에 관해서는 본문에서 이야기 되었다. (d) "신들의 뜻에 따라"는 『일리아스』제1권 5행, 『오뒷세이아』제12권 190행(제17권 119행, 제8권 82행을 보라). 제14권 198행, 제9권 15행=제7권 243행, 제9권 38행, 제1권 327행, 제4권 236행. (e) 주제에 관한 일반적 언명은 『오뒷세이아』제4권 243행, 제3권 100~103행 이하. '트로이아 전쟁'은 때로 다음과 같이 표현되기도 하였다. "아카이아 인들이 고통을 겪은 트로이아 사람들의 나라에서." (f) 더 세밀한 주제의 설정은 『오뒷세이아』제4권 242행, 제7권 243행, 제19권 171행. 소리꾼 크세노파네스의 단편을 보면 (b) 부분이 두드러진다.

야기한다. 전쟁 서사시의 소재 즉 트로이아를 둘러싼 전쟁에 관해 네스토르는 『오뒷세이아』에서 '비참함'과 '고통'이라는 단어로 이야기하며, 이어 사건이 수없이 많이 일어났음을 시사하고 있다. "죽을 운명의 인간이 이를 모두 이야기할 수 있겠는가? 자네가 수년 동안 내 곁에 머물면서 나에게 우리가 거기서 겪은 어떤 것들을 이야기해달라고 청한다면, 자네는 아마도 고향으로 돌아가고 싶어 안달이 날 지경이 되도록 듣고 있어야 할 것이네"(『오뒷세이아』 제3권 103~19행). 유사한 방식으로 다음과 같이 『오뒷세이아』의 내용이 요약된다(『오뒷세이아』 제23권 306행).

> 그러나 제우스의 자손 오뒷세우스는 그녀에게 모든 고난을
> 자신이 인간들에게 저지르거나 스스로 겪어야 했던 뼈저린 고난을
> 이야기했다. 그녀는 그의 이야기를 즐겼으며 그가 모든 이야기를
> 마칠 때까지 잠도 그녀의 눈썹 위에 내려앉지 않았다.

에우마이오스는 오뒷세우스에게 자신의 이야기를 털어놓기 전에 이렇게 말한다(제15권 398행). "우리는 움막에서 먹고 마시며 서로 각자의 아픔 가득한 고난을 기억해내며 즐기고자 합니다. 왜냐하면 많은 것을 겪고 수없이 떠돌아다닌 사람일지라도, 지난날의 고통은 나중에는 즐거운 법이니까요." 서사시 소리꾼이 노리는 것은 눈물어린 사건에 참여하는 데에서 느끼는 격동과 감동이다.[17] 앞선 작품인 『일리아스』에는 더 많은 격동이, 더 나중 작품인 『오뒷세이아』에는 더 많은 감동이 들어 있다. 『오뒷세이아』에서 사람들은 일반적으로 감동을 맛본다. 그들은 절정의 기쁨을 접하면서

---

17. (이제까지 들었던 것보다) "더욱 흥미로운"은 『오뒷세이아』에 따르면 "더욱 눈물겨운"이라고 할 수 있다. 또한 제12권 258행을 보라. 무르코 176호 21쪽 "나이 먹은 회교도들은 벌써 눈물을 글썽였으며 영웅들을 위하여 울었다."

도 눈물 흘리며(『오뒷세이아』 제10권 415행, 제16권 213~19행), 추모사에서도 눈물 흘리며 "즐긴다"(『일리아스』 제23권 10행, 98행 『오뒷세이아』 제11권 212행). 오뒷세우스는 소리꾼이 자신의 명성을 노래하는 것을 들었을 때, 벅차오르는 자긍심으로 기뻐하는 것이 아니라 오히려 눈물을 흘렸다. 마치 자신의 눈앞에서 남편이 죽임을 당하고, 자신이 남의 손에 놓여 이제 노예의 처지가 된 여인처럼 눈물짓는다(『오뒷세이아』 제8권 521행, 제8권 83행. 557~580행을 비교하라). 이와 같이 슬픔으로 가득한 사건도 노래로써 계속 전해질 가치가 있다(『오뒷세이아』 제8권 579행). 헬레네는 『일리아스』(제6권 357행)에서 그녀 자신과 파리스에 관해 이야기한다.

어떤 나쁜 일을 제우스가 우리에게 지어 주셨으니 나중에라도
우리는 후세에 올 사람들에 의해 노래될 만하게 보입니다.

서사시가 책으로 담겨지기 이전에 갖는 가장 중요한 특징은 전승의 유동성이다. 매 공연에서 소리꾼은 어떤 방식으로든 가사를 바꿀 자유를 가지고 있었다. 심지어 그는 전체 가사를 새롭게 쓸 수도 있었다. 이런 특징은 글로 적힌 『일리아스』와 『오뒷세이아』에서는 직접적으로 드러나지 않기에, 현재에도 행해지는 서사시 공연을 고찰해보는 것은 그만큼 가치 있는 일이다. 무르코의 증언에 따르면(176호 40쪽), 소리꾼들은 전래된 문체로 새로운 노래를 즉석에서 연주할 수 있다. 소리꾼들에게 노래는 말하자면 일종의 언어, 즉 자유자재로 자신의 뜻을 전달하는 데 사용하는 언어였다. 일반적으로 소리꾼들은 이미 만들어 전해지는 노래나 소재를 공연하였다(『오뒷세이아』 제1권 337행 이하, 제8권 74행 이하를 비교하라). 하지만 같은 노래와 소재라도 매 공연마다 소리꾼은 얼마든지 자유롭게 변화시킬 수

있다. "소리꾼들은 어떤 완성된 가사를 가지고 있지 않았으며, 그들은 노래를 늘 새롭게 재구성했다. 그럼에도 불구하고 소리꾼들은 언제나 똑같은 것을 노래한다고, 혹은 '배운 대로' 또는 '들은 대로' 똑같이 공연한다고 말하곤 하였다. …… 후젠벡 스타로세라치가 소리꾼에게 다음과 같이 요구하였다. 영웅을 치장해 보세요, 말을 한 필 주도록 하세요! 돈이 드는 일도 아닐 테니까요. …… 녹취위원회의 지시에 따라, 녹음 전에 먼저 노래가사를 글로 적도록 하였다. 이를 통해 나는 알게 되었는데, 심지어 동일한 소리꾼조차 서사시의 매우 작은 부분(약 20행 정도)에 매번 달리 가사를 불러주는가 하면, 몇 분 후에는 또 이와 전혀 다르게 집성기에 대고 노래하는가 하면, 정작 녹음할 때에는 또 달리 노래하였다. 두 번째 녹취 여행에서는 속기사를 동반하게 되어, 나는 한 노래에 대한 세 개, 경우에 따라서는 네 개의 다른 가사를 채록할 수 있었다. 매번 달라지는 모양은 단지 한두 단어나 어순에 그치지 않았다. 시 한 행이 전혀 다르게 변화하는가 하면, 없어지기도 하였다. 그래서 예를 들어 15행으로 기록된 가사가, 녹음될 때는 겨우 8행 정도로 줄어들었다. 보스니아 북서부 출신이었던 어떤 노래 잘하던 소리꾼은 첫 행마저 세 번이나 전혀 다르게 노래할 정도였다. 이 소리꾼은 '벡 오스만벡 라노 포트라니오'(벡 오스만벡은 일찍 일어났다)라고 가사를 불러주었다. 그리고 집성기에 대고 연습할 때에는 '벡 오스만벡 나 베뎀 이지게'(벡 오스만벡이 성벽에 올라갔다)라고 노래하였다. 하지만 녹음할 때는 '벡 오스만벡 글라다 니츠 포사프리에'(벡 오스만벡이 사바인들의 땅을 내려다보았다)라고 노래하였다.[18] 바로 이런 녹취 작업을 통해 얻은 경험에 기초하

---

18. 연속 3번에 걸쳐 이루어진 3개의 노래가 각각의 시간적 단계(일어났다, 성벽으로 올라갔다, 계곡을 내려다보았다)를 노래하는 것, 반복되는 동안 조금씩 진행되어가는 것은 과연 우연의 소산일까?

여 나는 분명한 결론을 얻었다. 즉 세르비아-크로아티아의 모든 서사시적 노래들은 실제 단 한 번, 눈앞에 보는 기록된 노래들은 오로지 일회적으로 노래되었거나 또는 채록되었다는 것이다"(무르코 1919년 285쪽 이하). 따라서 '동일한' 노래도 경우에 따라 그 크기가 전혀 상이할 수 있다. 왜냐하면 소리꾼이 "임의로 노래를 짧게 또는 길게 늘이기 때문이다. 소리꾼은 다만 청중의 입맛에 따른다. 즉 예술은 이때에 빵에 의해 좌우되며, 심지어 이와 관련된 예술가들의 기분에 실질적으로 달려 있다"(무르코 173호, 18쪽). "이와 같이 크로아티아 문서보관소는 25년형을 받은 소리꾼의 노래를 기록하였는데, 그의 노래는 4,400행 이상이었지만, 그를 가르친 선생의 노래는 겨우 1,500행 정도였다"(무르코 1919년 285쪽).[19]

이렇게 남슬라브 지역의 서사시는 매 공연 때마다 늘 그 제재를 새롭게 변화시키고 있다. 한편, 우리는 호메로스의 서사시 소리꾼들이 이와 전혀 다르게 노래하였다고 주장할 만한 어떤 근거도 가지고 있지 않다.[20] 호메로스의 서사시 소리꾼은 자신의 기억에 의존하여 기계적으로 노래 가사를

19. 분명 이 죄수는 감옥 생활의 지루함을 힘닿는 한에서 잊으려 하였던 것이 분명하다. 러시아 영웅 서사시『비리나Bylina』중에서 동일한 부분을 같은 소리꾼이 노래한 판본 두 가지가 존재한다. 이 농부는 1871년 힐페르딩에게 적을 수 있도록 불러주었던 바(Oneshskija byliny 제1권 63호. zbornik 59), 주크만의 영웅적 행동과 감옥살이 그리고 죽음을 노래하고 있다. 그는 이 노래를 1860년 뤼브니코프에게 들려준 적이 있었다(제2판 모스크바, 1910년 제2권 148호). 그런데 이 두 노래는 기대한 것 이상으로 너무나도 상이하다. 대체로 두 번째 판본이 훨씬 완성도가 떨어졌다. 두 번째 판본은 엉성하고 낯선 이야기가 중간에 삽입되었으며, 그 묘사나 언어도 단순하고 생명력이 떨어졌다. 그러나 세밀한 부분에서는 보다 훌륭하고 충실하였다.

20. '랍소도스'라는 말은 '노래를 엮어내는 사람'이라는 뜻이다. 후대에 암송한 그대로를 노래하던 사람들도 이러한 명예로운 이름을 고스란히 그의 선배 소리꾼들로부터 물려받았다. 헤시오도스 단편 265 Rzach=357 MW "ἐν νεαροῖς ὑμνοις ῥάψαντες ἀοιδήν 새로운 찬가에서 그들은 호메로스와 헤시오도스의 노래부터 노래를 지어냈다"). *Glotta* 14권 3쪽; Marx, *Rhein. Mus.* 74권 399쪽.

되뇌는 것이 아니라, 기억으로부터 새롭게 이야기를 재구성한다고 할 수 있다.[21] 매 서사시 공연은 따라서 전해 내려온 이야깃감을 가지고 벌이는 소리꾼의 적극적 대결이었다.

서사시는 이러한 방식으로 변천을 겪는 동안, 크기에서뿐만 아니라 깊이에서도 한층 달라진 면모를 갖추게 된다. 점점 더 시의 규모가 확대되는 경향은 본질적으로 서사시 작시술의 발전에 기인한다. 동일한 단락을 노래하더라도 점점 더 정확하게 묘사하게 되었고, 세세한 부분을 보다 더 풍부하게 덧붙이게 되었다.[22] 소리꾼은 자기 노래의 주인공들 외에 새로운 주변 인물을 설정하는가 하면, 이왕 덧붙여 있던 주변 인물들에게는 좀 더 자세하게 그 삶의 역정을 덧붙여주었다.[23] 또한 소리꾼은 대강의 이야기 줄거리를 전제하고, 서사시의 자연스러운 경향에 따라 새로운 이야기 요소들을 계속해서 덧붙였다. 덧붙여지기도 하고 풍부해지기도 하면서 서사시의 부분들이, 그리고 그 부분들을 포함한 전체가 성장하였다.[24] 모든 그리스

---

21. 전승된 노래를 상기하는 일과 새로운 노래를 지어내는 일이 따라서 소리꾼들에게는 동시적 작업으로 진행되었다. '무사이 여신들'은 이 두 가지 일을 모두 대표한다. 동일한 이유에서 소리꾼들은 자신이 지어 부르는 노래가 참되다고 믿었다.

22. 서사시는 다음과 같은 일을 통해 그 크기가 확대되었다. 즉 이질적이며, 이제까지는 전혀 관계없던 소재들을 서사시에 덧붙이는 일을 통해서였다. 그리하여 예를 들어 오뒷세우스의 모험은 서사시 초기에는 트로이아 영웅 이야기에 편입되었는데, 사실 영웅 전쟁담과는 근본적으로 상이함에도 말이다.

23. 『오뒷세이아』 제1권 95행에서 보듯이, 다음과 같이 이를 표현하고 있다. "그리하여 텔레마코스가 겪은 일에 관한 이야기도 노래되어질 수 있을지 모른다."

24. 예를 들어 각각의 소리꾼들은 다만 오뒷세우스 모험 이야기의 한 부분만을 머릿속에 넣고 있을 뿐, 전체 이야기를 청중에게 들려 줄 수는 없었을 것이라고 생각할 하등의 이유는 없다. 따라서 호메로스가—둘 중의 하나 혹은 두 서사시의 작가로서—작은 서사시들이나 연관이 없는 작은 조각 서사시들을 엮어 최초로 커다란 서사시를 만들었다는 이론은 폐기될 수 있다. 우리가 가지고 있는 『오뒷세이아』는 또 다른 『오뒷세이아』를 모본으로 가지고 있었을 것이다(P. von der Mühll, *RE Suppl.* 제7권 1939년 699쪽). 우리가 가지고 있는 『일리아스』는 트로이아 서사시의 여러 이야기들을 새롭게

예술의 영역에서 그러하였던 것처럼, 효과적 조직에 탁월한 그리스적 역량은 서사시의 영역에서도 마찬가지로 거듭 확장되어가는 서사시의 규모를 조율함으로써 '미적 균형'을 이루도록 만들었다. 즉 그리스 서사시 연작은 전체적으로 동일하고 단순한 근본 줄거리를 가지고 있으며, 이 줄거리는 연작에 포함된 서사시들 하나하나에 관철되고 있다. 인도 서사시 『마하바라타*Mahabharatam*』처럼 도무지 전체 작품을 하나로 꿰는 것조차 힘들 정도로 방대하기만 할 뿐 어떤 계획 없이 쓰였다거나, 아라비아의 『천일야화』처럼 순전히 외적인 강제에 의해 묶여져 있을 뿐 전혀 내적 연관을 찾을 수 없다거나 하는 등의 일은 그리스 서사시에서는 찾아볼 수 없다.

　규모의 확대 경향에 덧붙여 내용적 깊이가 더해졌다. 서사시의 영웅들이 그저 이름과 업적만 서로 다를 뿐인 단계는 오래 가지 않았다. 곧 각각의 영웅들은 각자 남다른 위업에 상응하는 고유한 성격을 갖게 되었던 것이다. 사람들은 단순히 사건과 줄거리, 어떤 일이 어떻게 벌어졌는가라는 점에 우선 마음을 빼앗기게 마련이므로, 사건과 줄거리에 뒤늦게나마 비로소 이유와 동기가 덧붙여지게 된 것이다.[25] 이런 변화들에 힘입어 이야기는 점점 더 내적으로 분명한 긴밀성을 갖게 된다. 하지만 물론 변화와 더불어 이야깃감에 추가된 새로운 생각이 먼저 있던 소재와 정확히 일치하지 않는 부작용이 곧잘 발생할 수도 있었다. 이리하여 정해진 틀에 갇혀 있지 않고 강물처럼 늘 변화를 거듭하기 마련인 서사시는 언제나 많은 면에서

　　조직하고 있긴 하지만, 그렇다고 그것이 최초로 전체를 엮고 있다고 말할 수는 없다. W. Schadewalt에 따르면 우리가 가진 서사시에 나타난 아킬레우스의 행동은 『트로이아 이야기 보따리』 가운데, 멤논에 대한 아킬레우스의 승리와 그의 죽음을 노래하는 부분을 흉내 내고 있다(*Von Homers Welt und Werk*, 1951년 155쪽 이하).

25. 인간에 대한 분노를 나타내는 요소인 바다에서 오뒷세우스가 겪은 수많은 고통에는 분명 나중에서야 사적인 동기가 덧붙여진다. 다시 말해 오뒷세우스에 의해 눈이 먼 폴뤼페모스를 포세이돈의 아들로 만들어 놓은 것이다.

불일치로 가득 차게 되었다. 새로운 불일치는 세월이 흐름에 따라 오히려 추가되었다. 사람들이 가진 생각과 생활상이 계속 변화를 거듭한 데 더하여, 인간관도 지속적으로 변화되었던 것이 그 이유라 하겠다. 한때 올바르고 이해하기 어렵지 않던 단순한 일들도 나중 어떤 때에는 전혀 그럴 법하지 않은 일로 또는 전혀 있을 수 없는 일로 간주되기에 이르렀던 것이다. 그리하여 사람들은 사건, 인물의 성격, 사건의 동기를 변화시켜, 성공적으로 새로운 시대의 새로운 생각에 부합하도록 바로잡고자 시도하였다. 그러나 시간이 지나감에 따라 그만큼 이야기가 변화되었다 하더라도, 소리꾼들은 자신들이 바꾸어 놓은 서사시를 결코 자신들의 자의적 창작이라고 여기지는 않았으며, 다만 전승된 이야기를 직관적으로 해석한 것이라 생각했다.

서사시 변모의 역정도 마침내 그 마지막 단계에 이르게 되면 피로와 피로에 수반되는 여러 가지 증상을 보인다. 힘차게 앞으로 앞으로 진군하던 이야기는 행군의 발걸음을 멈추고, 이제 이야기에 세부묘사를 첨가하게 되었다. 그리하여 덧붙여진 내용을 하나하나 섬세하게, 매우 여린 색조의 변화까지도 유유히 감상하도록 만들기에 이르렀다.[26] 이러한 마지막 단계에 이르러 주요인물을 위한 '창조적 상상력'은 고갈되어 버리고 말았다. '창조적 상상력'은 이제 다만 주변 인물을 그려내는 데 힘을 쓰게 되었다. 영웅의 어린 아들이거나 그의 늙은 아버지가 소리꾼의 화폭을 차지하게 되었다. 또는 늙은 하녀, 청혼자들, 이런저런 염려와 관심 사이를 힘없이 오락가락하는 이타카 섬의 백성들이 화폭 한가운데로 옮겨지게 되었다.

---

26. 예를 들어 오뒷세우스가 머물던 에우마이오스의 거처에 나타나는 목가적인 정취, 텔레마코스의 이야기 부분에 등장하는 많은 매력적인 상황들이다. 이 상황들은 『오뒷세이아』의 사건 전개에도 적지 않게 요구되는 것들이라 할 수 있다. 텔레마코스 이야기는 그 외에도 세련된 생활태도에 대한 생생한 예를 제공하고 있다.

이와 관련하여 '줄거리 거꾸로 뒤틀기'를 살펴보자. 이야기의 기본 줄거리 전체가 분명해지고 나면, 이야기는 무엇을 좀 더 세세히 설명하는 것이 불필요할 만큼 자명해지고, 이전보다 청중의 호기심을 좀 더 자극하는 것이 어려울 만큼 익숙해진다. 이쯤 되면 소리꾼은 변화를 외면하는 암석에 유연성을 부여하여, 적어도 잠깐 동안이나마 다시 활력을 갖도록 만들어야 하는 순간에 이르게 된다. 예를 들어, 아킬레우스가 꽃다운 젊은 나이에 남들보다 용감한 전사로서 일리온의 평야에서 쓰러질 것이라는 기본 줄거리가 있다. 이 줄거리는 신화가 전하고 이야기하는 것으로서 청중은 이미 소리꾼만큼이나 그 줄거리를 정확히 알고 있다. 심지어 아킬레우스 본인도 이것을 알고 있다. 왜냐하면 어머니가 그에게 알려주었기 때문이다. 하지만 만약 아킬레우스가 분노에 휩싸여 전투를 포기한다면, 그래서 그가 더 이상 아트레우스의 아들들을 위해 하나뿐이며 한 번 잃으면 돌이킬 수 없는 목숨을 걸지 않는다면, 밤이면 휴식 없는 불면의 밤을 보내고 낮이면 피범벅이 되는 전투에 참여하기를 포기한다면, 그래서 아침이 밝으면 바다로 나아가 고향으로 돌아간다면, 한가하고 조용한 노년을 맞으려 하며 이른 죽음을 피하려 한다면(『일리아스』 제9권 307행 이하), 이 얼마나 듣기에 새롭고 놀라운 일이며, 아킬레우스의 운명이라는 이야기 틀에 갇힌 모두에게 얼마나 해방감을 가져다줄 일인가! 물론 실제로 아킬레우스는 그런 일을 저지르지 않으며, 소리꾼도 이야기의 기본 줄거리를 벗어나 쓸데없이 말을 낭비하지 않는다. 그러나 이야기의 줄거리를 이렇게 한 번이나마 진지하게 흔들어 놓음으로써 이야기는 새로운 활력을 얻을 수 있다.

우리는 서사시의 공연과 관련된 두 가지 요소들 가운데 하나를 자세히 다루었다. 즉 전승된 서사시를 공연마다 새롭게 바꾸어 놓는 것이었다. 그렇다면 전승된 서사시를 보전하는 것에 관해서는 어떠한가? 몇몇 사람이 가진 기억력이 서사시를 온전히, 더 나아가『트로이아 서사시 연작』전체를 지켜내는 데 충분하였을까? 남슬라브의 서사시 소리꾼들을 연구한 학자들은 글자라고는 배워본 적도 없는 그들이 보여주었던, 그야말로 놀라운 기억력을 보고하고 있다. 이러한 보고가 믿을 만한 것이 못된다고 생각하는 사람이 있고 이를 의심한다 해도 어쩔 수 없다. 그렇다면 믿을 만한 통계 기록들로부터 이야기를 시작해보자.[27]

무르코가 확인한 바, 보스니아 회교도 사이에서 활동하는 소리꾼들은 보통 30~40개 이상의 이야깃거리를 갖고 있으며, 일부는 80개 이상, 혹은 100개 이상, 더러는 140개 이상의 이야기를 구사하고 있다. 이 이야기들 중 일부는 2~3시간 정도의 분량이며, 대부분은 이보다 훨씬 길다. 어떤 이야기는 휴식시간을 포함하여 7~8시간 분량이며, 일부는 저녁부터 시작하여 새벽녘까지 이어지는 것도 모자라, 이를 며칠 밤 동안 반복해야 할 정도이다(173호 18쪽; 176호 18쪽 이하; 1919년 284쪽). 추산해보면, 세 시간 분량의 이야기 40개, 휴식을 포함하여 120시간 분량의 이야기라 할 수 있다. 살코보이니코비치는 1887년 1월 10일에서 2월 17일까지 아그람에서 80,000행 이상으로 구성된 90개의 이야기를 받아쓰도록 불러주었다. 이것은 2절지 일곱 쪽 분량의 원고로 인쇄분량으로는 2,000쪽 이상이며, 휴식시간을 제외하고 80시간 공연 분량이었다. 여기서 80,000행은 호메로스의 여섯소리걸음 시행으로 계산하면 약 52,000행에 상응하는 것으로『일리아스』와『오뒷세이아』를 합친 것의 두 배에 육박하며, 혹은 77권에 이르는『트로이아 서사시 연작』전체보다 약 15권 이상 많은 분량이다. "그로밀야크에서 온

---

27. 남슬라브의 서사시에서 얻은 관찰 결과를 그리스 서사시에 적용하는 일에 반대하여, 보다 섬세하게 만들어진 작품은 엉성하게 만들어진 작품에 비해 그렇게 쉽게 기억할 수는 없을 것이라는 이의를 제기할 수도 있다. 이에 대한 답변은, 좀 더 훌륭한 것을 만들고자 하는 민족은 그것을 좀 더 잘 기억에 담고 있을 수 있다는 것이다.

유레 유리치는 반야-루카의 총독을 위해 3개월 동안 저녁부터 시작하여 한밤중까지 노래했으며, 이때에 결코 그는 이미 했던 이야기를 거의 반복하지 않았다."(176호 19쪽)

노래 기술과 이야깃거리가 다음 세대에 어떤 방식으로 전수되었는가라는 질문과 관련해서도 우리는 앞서의 조사보고를 통해 유추해볼 수 있다.[28] 무르코가 몇 살 때부터 전수가 시작되는가를 묻고 나서, 그는 그것이 어린 나이에 시작되는 것을 알고는 매우 놀라지 않을 수 없었다. 좀 더 여러 사례를 조사한 결과 전수를 시작하는 연령은 점점 낮아졌다. 1913년까지의 조사에 기초하면, "소리꾼이 노래를 '머리에 담기' 시작하는 연령은 8세까지 낮아졌다. 심지어 몇몇은 부친이나 친척들의 품에 안겨서부터 구슬레[29] 반주에 맞추어 노래하는 법을 배우기 시작했다. 구슬레를 연주하고

---

28. 이야기의 전수를 언급하는 『오뒷세이아』의 유일한 전거는 제22권 347행 이하다. 여기서 소리꾼 페미오스는 "자신은 스스로 배웠다. 어떤 신이 자신의 영혼에 온갖 종류의 노래를 심어주었다"라고 자랑삼아 이야기하고 있다. 그의 말이 의미하는 바, 그는 다른 사람들에게서 배운 (혹은 들은) 노래를 흉내 내어 노래할 줄 알며 또한 어떤 임의의 내용을 갖춘 노래를 스스로 이어 붙여 (혹은 창작하여) 부를 줄 안다는 것이다. 『오뒷세이아』 제1권(325~327행, 350~352행)은 다음과 같은 장면을 제공하고 있다. 즉 페미오스가 지난 10년 동안 벌어진 일을 다루는 '최신의' 노래를 들려주고 있다. 이를 통해 우리는 서사시 소리꾼들에 관한 이론을 다음과 같이 도식적으로 정립해볼 수 있다. (1) 서사시의 예술적 형식은 시인의 창작물이며, 그 내용은 다만 역사적인 것이다. (2) 서사시는 역사적 전승의 유일한 형식이자 자연스러운 형식이다. (3) 모든 역사적 전승은 궁극적으로 사건이 발생한 시점으로부터 유래한다. 이상 세 가지 전제로부터 다음과 같은 결론이 도출된다. 서사시 전통은 궁극적으로 당대의 역사적 사건에 최초로 서사시의 형식을 부여하였던 사람들로부터 유래한다. 오뒷세우스의 시절에는 다른 누구에게서 배운 것이 아닌 제 자신이 창작한 노래를 부를 줄 아는 그런 소리꾼들이 존재했음이 분명하다. 이런 이론을 『일리아스』 제1권 485행 이하에도 적용할 수 있다. 무사이 여신들, 최초의 시인들은 사건에 참여하여 사건을 '목격한 자'(ἴστε, B. Snell, *Philol. Unters.* 29, 25쪽)로서 후세에 그 목격담(κλέος = 풍문)을 들려준다. 『오뒷세이아』 제12권 189~191행에서 세이레네스들은 자신들이 트로이아 전쟁의 모든 사건을 포함하여 이 땅에서 벌어진 모든 일을 노래할 줄 안다고 자랑한다.

노래하는 것은 예전에 '학교 가는 일'과도 같았다.…… 어느 정교회 신자는 자신이 여덟 살에 구슬레를 주기도문보다 더 잘 연주할 수 있었다고 말하였다. 코니치의 찻집에서 회교도 소리꾼과 이야기를 나눌 때, 9살배기, 10살배기 두 아들이 그와 동석하였는데, 이 중 큰 아이는 이미 모든 이야기를 알고 있었다고 한다. 그러나 일반적인 전승의 연령은 1913년경 10~12세, 혹은 많게는 15세였으며, 이 연령의 유년기가 이른바 황금연령으로 '아무런 고민이 없는 시기'이다. 전수능력의 한계는 24~25세까지로 잡고 있다.…… 유년기에는 단 한 번 듣는 것으로도 충분히 이야기를 기억할 수 있다.…… 어떤 이는 '자면서도 이야기를 전수'받았다고 한다. 모든 사람들이 이야기가 '뚫고 지나갈 때의' 거부할 수 없는 격정(volja, merak, srce zaiskalo, krv mi steže za pjesmom)[30]을 언급하고 있다"(176호 12쪽 이하). "소리꾼들은 재능 있는 소년을 발견하면 소리꾼이 되도록 설득하고, 어떤 아이들은 거부할 수 없는 격정에 휩싸여 스스로 이야기를 배우겠다고 나선다. 비하치의 무하렘 호시치는 다음과 같이 나에게 설명하였다. '자신은 10살부터 12살까지 카르시자(시장, 가게) 그리고 찻집에서 사람들과 함께 노래를 들으며 밤을 새우다시피 하였다. 집에 와서는 들었던 노래를 스스로 읊조린 후에야 잠을 잘 수 있었으며 마치 노래가 뇌수에 기록된 것과 같은 기분을 느끼며 잠이 들었다.' 대부분의 소리꾼들에게는 노래를 한 번 듣는 것만으로 충분하였다. 어떤 사람은 소음 때문에 똑같은 노래를 두 번 들을 수밖에 없었다거나 어떤 사람은 자신이 들은 노래를 정확히 들은 그대로 익히지 못했으며, 그 이유는 그때 그가 술에 만취하여 반쯤 졸며 들었기 때문이라고

---

29. 구슬레 Gusle는 슬라브 소리꾼들이 공연할 때 사용하던 현악기로서, 그리스 소리꾼으로 치자면 포르밍스Phorminx에 해당한다.
30. "욕망, 심취, 가슴이 그것을 좇았다, 내 피가 노래를 갈구했다"로 번역할 수 있다.

한다"(173호 17쪽).[31]

　장래의 직업 소리꾼과 취미 소리꾼들이 놀랄 만큼 어린 나이에 노래기술을 전수받는다는 사실로 인해 옛 그리스 서사시와 오늘날 슬라브 서사시가 공유하는 특이점이 생겨난다. 즉 서사시는 오랜 세월 감추어져 있는 과거의 사건들을 이야기하면서도 과거의 사실관계를 매우 정확하고 충실하게 되살려내고 있다는 점이다. 그리스와 슬라브의 소리꾼들은 예를 들어 지난 수백 년 동안 사용된 적이 없는 형식과 종류의 사물들을 묘사하는데, 고고학적인 조사를 통해 이런 묘사들의 정확성이 입증되곤 한다. 이와 같이 서사시 소리꾼들은 과거 문명을 정확히 기억하고 있는데, 왜냐하면 각 세대가 매우 어린 나이에 이미 자신이 살아가는 현실의 세계와 시의 세계로 구성된 이중세계에서 성장하기 때문이다. 그리하여 소리꾼들은 노래를 부르기 시작하여 일상의 언어 대신 문학의 언어로 이야기를 시작하자마자 자신도 모르게 먼 과거의 세계로 돌아가, 오로지 시를 통해서 그들에게 알려진 세계에서 자유롭게 움직이게 된다(이 책 66쪽과 85쪽).

　슬라브 소리꾼은 노래기술에 있어 이미 고도의 경지에 이르렀지만, 그럼에도 불구하고 동시대 소리꾼들로부터 무언가 새로운 것을 배워 익히기를 게을리하지 않았다. "소리꾼들은 왕왕 몇 시간씩 달려가 유명한 동시대 소리꾼의 노래를 들었으며, 이를 통해 동시대 소리꾼이 자신보다 훌륭한지를 비교, 검토하였을 뿐만 아니라, 나아가 동시대 소리꾼으로부터 '훌륭한' 이야기를 배워 익히기도 하였다(176호 14쪽). 또한 소리꾼들은 서로 자신들의 이야기를 교환하기도 하였는데(173호 17쪽; 176호 14쪽), 그리스의 소리

---

31. 대개 글로 적힌 책을 바탕으로 공연이 이루어지는 지역에서 무르코는 매우 흥미로운 사실을 발견하였다. "이야기가 '읽혀'지면 전혀 그 이야기를 익힐 수 없는 사람들도 있었다. 모든 사람들이 동의하는 바, 책을 낭독하거나 읽을 경우보다 들어서 이야기를 배우는 것이 상당히 (어떤 사람들은 이르길, 일곱 배나) 쉽다고 한다."

꾼들도 이와 다르지 않았으리라 생각된다. 노래교환을 통해 소리꾼들은 자신의 노래가 최신 유행에서 벗어나지 않도록 만들었으며, 각자의 개작 혹은 창작이 다른 이들의 작업과 비슷한 수준을 유지하도록 노력하였다. 그리하여 소리꾼들이 각자 보유하고 있는 『일리아스』와 『오뒷세이아』는 다만 미세한 부분에 있어서만 차이가 인정되었는데, 소리꾼들은 본질적으로 역사적 실재를 전달한다고 믿었던 것이다.

　이러한 종류의 사회집단예술은 그것을 갈고닦기 위한 특별한 사회적 장치를 따로 요구하지 않는다. 시간이 날 때면 언제나 혹은 틈틈이 시간을 내서 사람들은 서사시를 노래하고 경청한다. 직업적인 소리꾼이 자리에 없으면, 모여 있는 사람들 가운데 한두 명이 청중을 즐겁게 하기 위해 일어설 수도 있다.[32] 어떤 특별한 기회에, 예를 들어 결혼식 혹은 다른 잔칫날이면 소리꾼들은 부르지 않더라도 제 발로 찾아왔으며, 혹은 초대되어 왔다(173호 48쪽). 이와 동일한 사정을 우리는 『오뒷세이아』에서 읽을 수 있다. 의사, 예언자 혹은 목수들처럼 소리꾼들도 필요하면 집으로 불려온다(제17권 385행). 파이아키아인들의 왕과 같은 높은 신분의 지배자들이나 혹은 오뒷세우스의 궁전 같은 곳에 사는 대지주들은 곁에 늘 소리꾼들을 데리고 있었다. "1913년 한 주지사는 로히치-자우어부룬 온천에 놀러가면서 소리꾼을 대동하였다"(1919년 280쪽). "데다가 켕기치는 영웅서사시를 매우 사랑한 마지막 열광자 중 하나였다. 그는 매일 저녁 식탁을 치우고 나면 커피와 함께 영웅서사시를 들어야('먹는다'는 의미에서) 했다. 옆자리에 동석한 청중은 그가 특별히 청한 경우에만 함께 들을 수 있었다. 그의 소리꾼들 가운데 한 사람이 들려주는 노래와 이야기 이외의 그 어떠한 여흥도 그는 전

---

32. 한 친구가 나에게 들려준 이야기에 따르면, 제1차 세계대전 중 크로아티아 병사들은 참호에 앉아 서사시를 노래하며 길고 긴 기다림의 시간을 보냈다고 한다.

혀 알지 못했으며, 영웅서사시의 공연은 마치 잠자리에 들기 전에 하인들을 시켜 자신의 발을 씻게끔 지시하는 일처럼 그가 반드시 해야 할 일과였다'(176호 46쪽과 1919년 295쪽). 궁중 소리꾼들은 다른 집안일을 맡기도 하였는데, 그리스 사람들에게서도 이러한 사정은 마찬가지였던 것으로 보인다.[33]

소리꾼들이 노래기술을 직업으로 삼은 이유는 실로 다양할 것이다. 어떤 이는 노래에 대한 감출 수 없는 천재성과 어쩔 수 없는 열정에 이끌려 소리꾼이 되었을 것이며, 어떤 이는 달리 먹고살 길이 없었기 때문에 소리꾼이 되었을 수도 있다. 『오뒷세이아』에 등장하는 데모도코스와 『아폴론 찬가』의 시인은 장님이었다. 남슬라브의 소리꾼들 가운데에도 역시 장님들이 있다(173호 6쪽 이하). 어떤 이는 살아갈 터전을 상실했기 때문에, 혹은 살인의 죄를 지었기 때문에, 혹은 콜로폰의 크세노파네스[34]처럼 정치적인 핍박 때문에 고향을 떠나야 했고, 그런 이유로 떠돌이 직업소리꾼이 되었다.

우리는 호메로스 이후 시대에 소리꾼들이 신들에게 바치는 제사에서, 혹은 죽은 자를 위로하는 잔치에서 상금을 놓고 서로 경쟁하였다는 전승을 갖고 있다. 서사문학이 더 이상 생산되지 않게 된 이후에도 아직 그리스 사회 대부분은 이야기를 즐겼던 것이다. 하지만 새로운 시대에 접어들면서 그들은 서사문학이 아닌 서정문학을 발전시키고 있었다. 그리하여 호메로

---

33. 『오뒷세이아』제23권 133행, 『일리아스』제24권 720행, 『오뒷세이아』제3권 265행 이하. 그리고 『오뒷세이아』제19권 27행 이하에 나타나는 텔레마코스의 언급 등을 비교하라.

34. [역주] 기원전 565~470년에 살았으며, 540년 콜로폰이 페르시아의 지배에 들어가자, 고향을 떠나 이후 계속해서 떠돌아다니며 소리꾼으로 생계를 이어갔다. 끝내는 이탈리아의 엘레아에 정착하였다.

스 서사시의 소리꾼들은 이제 단순히 확정된 시 구절을 되풀이하며 사족을 달아 설명하는 낭송자가 되었으며, 마침내 학교 선생이나 문법 선생으로 변모하였다.

노래 서사시는 지속적으로 새로운 탈바꿈을 지향하던 의지가 시들해지자, 이제 서사시 서책으로 변모하였다. 이렇게 되자 지금까지 얽매이지 않고 자유롭게 공연을 이끌어왔던 창조적 역량이 글에 의해 구속받게 되었다.[35] 다른 한편, 글로 쓰인 서사시는 전체적으로 작품을 세심하게 따져볼 기회와 추가적인 개선의 기회를 제공하였다. 서사시가 최초로 글로 정착된 것은 아마도 일반 대중을 위해서라기보다, 기억과 즉흥연주에 의지하지 않으려는 시인들이 자신들을 위해 시작한 것으로서, 그들은 그것을 공연을 위한 대본으로 이용하였던 것 같다. 분명한 것은 오늘날 우리가 읽고 있는 『일리아스』와 『오뒷세이아』는 소리꾼의 대본이 아니고, 어엿한 책으로 전해졌다는 것이다.[36]

그럼에도 불구하고 글로 정착된 서사시는 과거 서사시가 누렸던 비정형적 유동성의 흔적을 여전히 보여주고 있다. 글로 정착된 『일리아스』는 두 가지 허두형식을 전해주고 있다. 즉 새로운 이야기를 시작하는 형식과, 앞선 이야기에 이어 이야기를 연결하는 형식이다.[37] 소리꾼이 『일리아스』

---

35. 이런 과정이 구체적으로 어떻게 진행되었는지 지금 우리로서는 상상하기 쉽지 않다. 남슬라브의 서사시에 비추어서도 이를 유추해보기는 어려운데, 남슬라브의 경우는 외부의 영향으로 인해, 즉 서유럽의 영향으로 인해 글로 쓰이고 인쇄되었기 때문이다.

36. 『니벨룽겐의 노래』가 전승된 것과 비교하면 그 차이가 더욱 명백하다. 『니벨룽겐의 노래』의 옛 사본들은 수백 행씩 서로 상이하다. 각 사본은 이 이야기를 글로 정착시키는 단계에서 서로 다른 개인적 판본에 따르고 있기 때문이다. 이에 반해 『일리아스』와 『오뒷세이아』는 오로지 단 하나의 판본으로 계속해서 전해지고 있다. 전승의 상이점은 아무리 수가 많더라도 주로 몇몇 어휘와 몇몇 시구에 국한되며, 아무리 크더라도 짧은 몇 행의 시행에 국한된다. '공식어구' 몇 행을 삽입하여 시 구절이 늘어나는 경우가 생략해서 짧아지는 경우보다 자주 발생한다.

하나만을 공연하느냐, 아니면 보다 큰 범위에서의 서사시[38] 가운데 하나
로『일리아스』를 노래하느냐에 따라, 그는 이 두 가지 허두형식 중 하나를
택할 수 있었다.『오뒷세이아』의 시작은 두 허두형식의 절충을 보여준다.
『오뒷세이아』는 독립적인『오뒷세이아』를 위한 허두와, 앞서 연주된 이야
기와의 연관 하에『오뒷세이아』를 공연하기 위한 허두를 동시에 제공하고
있다.『오뒷세이아』의 첫 장면은『귀향의 노래』가 앞서 연주되었다는 것
을 전제함으로써만 이해될 수 있는 방식으로『귀향의 노래』들의 마지막 장
면, 오레스테스가 아이기스토스에 복수하는 장면과 연결되어 있으며,[39] 앞
으로『오뒷세이아』의 앞부분 몇 권에서 이어질 텔레마코스와 오레스테스
의 병치구도를 보여주고 있다. 다른 한편『텔레마코스 이야기』부분을 만
들면서 소리꾼은『귀향의 노래』를 베껴서, 그 핵심 부분을『오뒷세이아』의
제3권과 제4권에 끼워 넣었다. 이것은 독립적인『오뒷세이아』공연을 위
해서는 유익한 것이겠으나, 만약『귀향의 노래』를 이어서 공연하는 경우였
다면 청중에게는 견디기 어려운 반복이었을 것이니, 이런 경우라면 소리꾼
은 아마도 이 중복 부분을 생략할 수도 있었을 것이다. 소리꾼들이 경우에
따라 유동적으로 이야기 소재를 넣고 빼고 한다는 것은 매우 자연스러운
것이다. 오뒷세우스의 방랑 이야기에 파이아키아 사람들만이 유일한 청중

---

37. 덧붙여 세 번째 형태의 허두는, 서사시의 이야기에 앞서 진행되었던 아폴론과 무사이
    여신들에 대한 찬가(이 책 465쪽 이하 참조)의 형식이다.
38. [역주] 트로이아 전쟁이 발생하기 전에 벌어진 사건들을 보여주는『퀴프리아 이야기』,
    『트로이아 전쟁』, 아킬레우스의 죽음을 이야기하는『아이티오피스 이야기』, 트로이
    아의 멸망을 이야기하는『일리온의 파괴』, 영웅들의 귀향을 다루는 이야기『귀향의
    노래』, 마지막으로 오뒷세우스가 방랑하면서 얻은 아들을 다루는『텔레고노스 이야
    기』등이 전체『트로이아 서사시 연작』에 들어 있는 이야기들이다.
39.『오뒷세이아』제1권 29~47행. 특히 43행의 "지금"이라는 말에 주목하라(35행의 "지
    금"이 43행의 "지금"과 부합하지는 않는다). '절충된 허두'의 성격은 29행 이하, 35~43
    행에 나타난 줄거리 요약에 분명히 드러난다.

이어야 할 필연성은 없다. 사실 『오뒷세이아』에서 오뒷세우스는 페넬로페에게 몇 가지 방랑 여행담을 추가하여 다시 한 번 들려주게 된다. 하지만 이번에는 간단한 내용요약만을 제공하고 있다(『오뒷세이아』 제23권 310~41행). 여기서 요약 부분은 추후 충실한 보충 내용을 넣기 위한 이른바 '자리잡아두기'라고 할 수 있는데, 만약 나중에 주인공이 이타카에 상륙하는 장면으로부터 이야기를 다시 시작할 경우를 대비해 미리 자리를 잡아 표시한 것이라 할 수 있다.[40]

이렇게 소리꾼에게 맡겨진 선택의 자유에 의해 『오뒷세이아』의 후반부에 나타나는 이야기 전개의 구조적 결함이 설명된다. 이제 곧 청혼자들의 죽음이 따라오겠구나 하는 식의 파국을 떠오르게 하는 이야기 전개의 극적 상황이 여러 번 반복되지만, 그러한 파국은 다른 이야기들이 거듭 끼어들면서 계속해서 지연된다. 그리하여 파국을 향한 이야기 전개들은 그대로 유보상태에 머물고, 극적 긴장은 해소되지 않은 채 비슷한 이야깃거리들이 축적된다. 그럼으로써 극적 효과는 감소한다. 하지만 소리꾼이 중간의 모든 이야깃거리들을 매번 한꺼번에 모두 사용하지 않는다면 이러한 결함은 제거된다.[41]

『일리아스』에 대해서는 몇 가지 중요한 착안점들이 있다. 소리꾼들은 누구나 당연히 자신이 선택한 이야기 전개 틀 속에 중요한 이야깃거리들을

---

40. 이 경우 몇 가지 다른 변화가 필요할 것이다. 책으로 쓰인 것을 보고 있는 소리꾼이라면 이 경우 즉석에서 임기응변을 발휘할 수 있었을 것이다. 『오뒷세이아』 제1권 93행의 뒤에 옛 필사본은 추가로 두 행을 보여주고 있다. 이에 따르면 텔레마코스는 크레타 섬의 이도메네우스를 방문하게 된다. 이는 『텔레마코스』 이야기의 상당한 확장이라 할 수 있다.

41. 우리가 보고 있는 『오뒷세이아』는 청혼자들의 죽음을 향한 여러 가지 이야기 전개가능성들을 제공하고 있는지도 모르겠다. 각자는 선택에 따라 색다른 청혼자 살육장면을 연출할 수 있다.

가능한 한 많이 추가시키려고 한다. 지금의 『일리아스』는 '아킬레우스의 분노'라는 이야기 전개 틀 속에, 전쟁의 시작 부분에 속하는 이야깃거리들 (즉 제2권에 나오는 전장으로 향하는 거대한 군대진영과 그 목록, 제3권과 제4권에 등장하는 모든 사건들)과 동시에, 트로이아 전쟁의 마지막에 해당하는 사건들(즉 헥토르의 죽음)을 담고 있다. 몇몇 권들은 전쟁 발발 이전의 배경에 관한 사연들을 새삼 상기시키고 있는가 하면, 어떤 권들에는 일리온에 가까이 다가선 몰락의 그림자가 드리워져 있다. 이것은 『트로이아 서사시 연작』 전체로 보건대 상당한 결함으로 작용한다. 『일리아스』에 선행하는 서사시에서 정작 거기에 속해야 할 이야깃거리가 빠져 버리는 일이 발생한 것이다. 왜냐하면 이미 『일리아스』에서 그 이야깃거리를 다루고 있기 때문이다. 『일리아스』가 트로이아 이야기들 가운데 제일 먼저 책으로 정착된 것이 분명하다.[42] 그리하여 나머지 이야기들을 책으로 엮으려는 자는 불리한 위치에 처했던 것이다. 이런 사정은 서사시들 간의 양적 불균형(『일리아스』가 대부분의 이야깃거리를 사용하였다)과, '일리온'의 전쟁을 다룬 4개의 이야깃거리들과 비교해보아도 그렇게 특출할 것도 없는 이야기가 『일리아스』라는 제목을 사용하고 있다는 사실을 설명해준다. 고대의 분명한 평가에 따르면, 여타의 트로이아 서사시들이 『일리아스』와 『오뒷세이아』에 비해 저급한 것으로 간주되었다는 것을 입증할 근거의 하나로, 우리는 최고의 이야깃거리를 두고 벌이는 소리꾼들의 경쟁을 가정해볼 수 있다. 다른 소리꾼들은 뒤늦게 시작했기 때문에 이야기 속에서 분명한 위치를 갖고 있는 대상들, 예를 들어 트로이아의 함락 등만이 남겨지게 되었다. 취사선택은 자연스럽게 점층적 확충으로 이어지기 마련이다. 최고의 소리꾼은

---

42. 언제 『일리아스』와 『오뒷세이아』가 책으로 묶여졌는지는 정확히 정할 수 없다. 대략 기원전 8세기와 7세기였을 것으로 보인다.

확고한 판단에 따라 최고의 이야기 틀을 선택하고 그것을 최고의 이야깃거리로 채워나갔다. 그는 자신이 선택한 소재에 최고의 시적 완결성을 부여하였으며, 이로써 그의 작품은 최고 권위를 갖는 것으로 성장했다. 청중은 최고의 작품을 듣고 싶어 했기 때문이다. 취사선택을 통해, 그리고 소리꾼의 재능에 힘입어 우리가 읽는『일리아스』와『오뒷세이아』는 비록 완전무결하지는 않지만 전체적으로 보건대 상당히 훌륭한 모양새를 갖추게 되었다.[43] 수많은『일리아스』와『오뒷세이아』가 우리의『일리아스』와『오뒷세이아』와 얼마나 멀리 떨어져 있는지, 우리의 것과 얼마나 흡사한지, 다른 한편 최종적 형태는 얼마나 독창적이었는지, 우리는 다만 여기저기 흩어져 있는 증거를 통해 막연히 상상할 수 있을 뿐이다.

마지막으로 우리는 두 서사시에서 드물지 않게 나타나는 이야기 연결의 실제적 취약성에 대해 언급하고자 한다. 이야깃거리들 각각은 종종 자리를 서로 바꾸어야 했으므로, 따라서 이행과 연결은 그때그때 경솔할 정도로 느슨하게 처리되었다. 서사시의 전체적 통일성은 다만 상대적인 것이었을 뿐이지만 어쩌면 이것이 오히려 행운이었을지도 모른다. 그렇지 않았다면 매우 소중한 이야깃거리들이 전체적 통일성을 위해, 실제 우리가 현재 가지고 있는 것에서 누락되거나 희생되었을 것이 분명하기 때문이다. 시기가 서로 다른 이야기 층들이 켜켜이 쌓이고, 다양한 이야기 층들이 서로 얽혀 있으며, 천재적 작업에 참여한 다양한 사람들의 개성들이 서로 교차하고 있다. 한 사람에 의해 상대적으로 짧은 시간에 쓰인 그리스 고전

---

43. 각 부분 이야깃거리들은 전체적인 구성을 배경으로 해서 고찰되어야 할 것이나, 전체적인 구성은 다만 대략적인 형태로 존재할 뿐이다. 서사시의 어떤 특정한 부분이 멀리 떨어진 다른 부분과 어떤 관계를 갖고 있는지는 오늘날의 연구자에게 오히려 분명하다 하겠다. 최초의 청중이 각 시행의 가치를 평가하는 것은 다만 '지금 현재의 문맥에 따라서'였을 것이다.

비극도 결코 통일적이라고 할 수 없다. 웅장한 규모의 시들에 포함된 각 부분들, 각 장면들, 각 동기들, 각각의 인물들은 각기 제 나름대로의 경향성을 보인다. 따라서 만약 이것들 서로간의 가능한 모순을 회피하기 위해 미리 계산하여 조심스럽게 꼼꼼히 따져 통일성을 구현한다면 아마도 작품의 황폐화와 빈약함을 초래할지도 모를 일이다. 우리의 서사시들은 완전한 불일치 혹은 부분적인 불일치를 포함하고 있다. 하지만 전체적으로 통일성이 지배적인 바, 각 시구와 각 부분은 단순한 밑그림에 따라 구성되었기 때문이다.

이야기 전개에는 대략적 통일성이 존재하지만, 시어, 시행과 문체에는 전승된 확고부동한 통일성이 존재한다.

2. 시어, 시행 그리고 문체

그리스의 모든 창작물들은 그리스의 것이라면 갖고 있을 보편적인 특징을 지니고 있을 뿐만 아니라, 장르에 따라 각각 고유한 문체를 보여주고 있다. 더 나아가 호메로스의 서사시는 매우 독특한 그만의 문체 이외에도 고유한 시어, 그의 서사시에서 말고는 어디에도 존재한 적 없으며 오로지 그의 서사시에만 속하는 인공언어를 가지고 있다. 그의 서사시에서 시작된 특별한 언어는 엘레기[1]로 이어졌으며, 서정시도 종종 서사시적 색채를 강조하거나 서사시적 연상 작용을 불러일으키기 위해 서사시의 단어와 관용적 표현을 사용하였다. 서사시의 시어가 형성되는 데 있어 문학의 내적 법칙이 작용했을 뿐만 아니라 역사적 우연성도 그에 한몫하였다.

그리스 땅, 그러니까 그리스 본토에서 서사시는 형성의 초기단계에 머물러 있었을 뿐이다. 서사시의 시어가 제시하는 증거에 따르면, 서사시의

---

1. [역주] 엘레기Elegos는 오늘날의 기준으로 보면 서정시에 속하는 시의 한 장르이다. 하지만 오늘날의 서정시를 고대의 관점에 따라 나누어보면 얌보스Iambos, 엘레기 Elegos 그리고 멜로스Melos 등 세 가지로 나뉘며, 사포나 핀다로스는 멜로스 시인으로 분류된다.

본격적인 전개와 발전은 그리스 동쪽 식민지, 그러니까 소아시아의 서쪽 해안과 그 앞에 놓인 작은 섬들을 중심으로 이루어졌다. 기원전 10세기 이전에 그리스 혈통의 사람들이 이미 여기에 정착하여 살고 있었다. 북부에는 아이올리아 사람들이, 그 남쪽에는 이오니아 사람들이, 그리고 그보다 남쪽에는 도리아 사람들이 거주하고 있었다. 서사시에 담긴 언어의 본바탕을 보면 아이올리아 방언이다. 처음 서사시는 북부지방, 옛 트로이아의 폐허에서 멀지 않은 곳에서 노래되었다. 이후 아이올리아 사람들로부터 이오니아 사람들이 서사시를 전수받게 되는데, 호메로스 본인도 이오니아 사람이라고 알려져 있다. 이오니아의 어휘가 본격적으로 서사시에 유입되었지만, 그렇다고 아이올리아의 어휘와 어형이 완전히 제거된 것은 아니었다. 이오니아의 소리꾼들은 아이올리아 사람들로부터 듣고 배운 노래를 완전히 그들의 방언으로 바꾸어 채워야 한다고 생각지는 않았다. 왜냐하면 만약 그렇게 할 경우, 매우 소중한 특성들을 포기하고 파괴해야 했기 때문이었다. 이오니아 어휘에는 그에 정확히 상응하는 것들이 없었거나, 상응하는 것이 있더라도 서사시의 시행에 잘 맞아떨어지지 않았던 것이다. 이렇게 하여 혼합 언어가 발생하였다. 시간이 흐름에 따라 점차 이오니아적 색채가 두드러지게 되었으나, 이오니아의 소리꾼들은 새로운 창작에서도 아이올리아 언어의 어형과 관용어를 이오니아 언어와 함께 사용하기를 기피하지 않았다. 전승된 형태를 순식간에 바꾸어 버리는 일은 그리스 사람들에게 드문 일인데다가, 시어를 보다 많은 가능성 가운데에서 선택할 수 있다는 것은 실제적으로 유용한 장점이었기 때문이다.

그리스 서사시가 성숙된 곳은 그리스 본토에 한정된 상당히 좁은 공간이 아니라, 그리스 동쪽의 식민 지역이다. 그리스 혈통의 사람들 가운데 당시 이오니아 사람들의 도시들이 특히 발전하였던 바, 그리스 상고기 전체를 통틀어 이오니아 사람들은 다른 그리스 지역 사람들보다 일반적으로 한 단계 더 앞서 나아갔다. 이주민의 후예들은 힘차고 개방적이며 진취적이었고, 그리스 본토 사람들보다 급속도로 빠르게 성장하였다. 신대륙에서 그들은 매일 여러 이방 민족들과 교류하였으며, 그들에게 포이니케 상인들은 그들 활동영역에 사는 모든 지중해 연안 민족들로부터 가져온 상품과 사람과 사상을 전해주었다. 동쪽의 소아시아로부터 서쪽의 모든 지역으로 이어지는 무역노선과, 남쪽의 이집트에서 북쪽으로 이어지는 무역노선이 이오니아에서 서로 교차하였다. 서사시 시대 말에 이르러 소아시아 지역에 거주하는 그리스인들은 점점 더 빈번히 바닷길 교역에 직접 참여하였으며, 이에 따라 농업의 중요성은 두 번째로 밀려나게 되었다. 소아시아의 그리스인들은 포이니케 사람들로부터 해상 무역권을 탈취하는 데 성공하였다. 그리하여 기원전 8세기 이래로 그리스 식민지를 건설하는 유행이 새롭게 시작되었던 바, 소아시아의 작은 이오니아 식민지 밀레토스는 흑해 연안에 두루 일련의 무역거점들을 확보하기에 이르렀다. 새로이 일기 시작한 식민지 건설의 반향은 부분적으로 『오뒷세이아』에서 확인할 수 있는데,[2] 신선한 흥분이 당시 소아시아 그리스 식민지에 넘쳐흘렀던 것이 분명하다. 하지만 그리스 문화는 외부의 영향에 완전히 종속되지 않을 만큼 충분히 내적으로 성숙해 있었으므로, 외부로부터 유입된 것은 거부되거나, 아니면 완전히 동화되어 정착되었다.[3] 그리하여 문화적 발전은 오로지 그리스 고유의 법칙에 따라 진행되었으며, 외부로부터의 영향은 혼란이 아닌, 다만 발전의 촉매제 역할을 하였을 뿐이다.

---

2. 오뒷세우스는, 새로운 땅을 경제적인 관점에서 고찰하는 데 익숙한 사람의 눈으로 퀴클롭스의 땅을 바라보고 있다(『오뒷세이아』 제 9권 106~41행).

3. 소아시아 연안의 그리스 문화는 1922년 끔찍하고 갑작스럽게 파국에 이를 때까지 무려 3,000년 동안 지속되었다.

그리스 문화의 전초기지에서 때로는 전쟁을 치르거나 때로는 평화적으로 계속해서 많은 이방의 문화 및 많은 이방의 야만들과 각축을 벌였으되, 서사시는 그 성격과 언어에 있어 분명하고, 확고하고, 순수하게 그리스적이었으며 그렇게 유지되었다. 서사시는 우리가 그리스 문화라고 이름붙인 것을 형성하고 만들어내는 데 커다란 역할을 하였다. 서사시는 이오니아 사람들에게 있어 자기 정체성의 숙고를 의미했다. 그들은 고요와 평정 가운데 주변과 현재로부터 눈을 돌려, 그들이 그곳으로 떠나오기 전의 먼 과거로부터 내려오는 오래된 전승을 음미하였다.

이제, 떠돌이 소리꾼들은 완성된 서사시를 그리스 사람들이 살고 있는 곳이면 어디든지 가지고 갔다. 서사시는 아마도 8세기, 늦어도 7세기에는 그리스 전역을 누비며 돌아다녔을 것이고, 이를 우리는 그리스의 채색 도기에 무수히 많이 그려진 서사시 장면으로부터 확인할 수 있다.[4] 최초의 맹아가 그리스 본토에서 생겨난 이후, 서사시는 이오니아에서 성장기와 완숙기를 거치며 그리스 민족의 영원한 자산이 되었다. 마침내 서사시 공연이 글로 정착된 이후, 호메로스의 서사시는 보편적인 민족적 교육자산이자 그리스 민족 자손만대에 작용하는 교육적 권위가 되었다.

창작물이 지속적인 성장발전의 결과물일 때, 그리하여 그것이 천천히 차곡차곡 쌓인 유물이 가득한 보고(寶庫)가 되었을 때, 창작물은 후대에도 지속적으로 영향을 미칠 수 있다. 수많은 사람들의 지혜와 기술이 나란히 혹은 앞뒤로 늘어서서 같은 방향을 향해 집중할 때 그리고 오로지 그때에서야 지혜와 기술은 마침내 호메로스의 서사시와 같이, 사람 힘이 닿는 한

---

4. Zschietzschmann, *Arch. Jahrbuch*, 1931, 45쪽을 보라. 아티카 지방에 서사시가 뚜렷한 영향을 미치는 시점은 상당히 후세이며, 그것도 상당히 갑작스럽게 진행되었다. 570~60년, 다시 말해 대략 汎 아테네 축제(566년)가 재정비되는 시점으로 이때에 호메로스 서사시의 낭송이 시작되었다.

완벽한 어떤 것을 만들어낸다. 이제 우리는 호메로스 서사시의 문체와 시행(詩行)을 고찰해보도록 하자.

서사시 시어는 낯설게 들리는 아이올리아 방언들 및 없어지지 않고 살아남은 옛 언어로 채워져 있다. 장엄한 옛 언어와 가벼운 새 언어가 서사시 문체에 잘 어울리게 혼합되어 있거나, 아니면 장면의 내용과 분위기에 따라 강약을 맞바꾸어가며 어우러져 있다. 『일리아스』 제1권에서 징벌을 가하는 신이 등장할 때처럼, 음울하고 장중한 무게를 갖는 장면이나 구절은 전승되는 고어(古語)를 보다 엄격하게 사용하는 반면, 마찬가지로 『일리아스』 제1권에서 벌어지는 비난과 다툼처럼 현장감 넘치게 진행되는 장면은 좀 더 현대적인 일상어에 접근해 있다.[5] 전체적으로 서사시의 언어는 귀 기울여 듣는 사람이 쉽게 이해할 수 없을 정도로 어렵지는 않다. 때로는 부분적으로 고어와 옛날 표현들이 사용되었으며 신들에게 이름이나 별명처럼 따라붙어, 쓰는 사람도 정확히 그 뜻을 특정할 수 없이 쓰이는 '관용적 별칭'[6]이 사용되었다. 어휘의 오해를 통해, 물론 생산적이라는 의미에서, 말뜻의 변화가 생기는가 하면, 옛 형식을 모방하여 새로운 조어가 옛 문체에 어울리도록 추가적으로 만들어지기도 했다.[7]

'판박이문구'의 사용 또한 서사시 문체를 특징짓는다. 동일한 단어들로 구성된 부분 시구, 시행, 혹은 여러 시행들이 거듭 반복된다. 여러 가능성을 대신해서 이미 확고히 굳은 정형적 요소를 도입함으로써 소리꾼은 즉흥

---

5. 『일리아스』 제1권 88행은, 두 가지 예외는 있지만, 『오뒷세이아』 제16권 439행보다 현대적이라고 할 수 있다.

6. [역주] '에피테톤 epitheton'을 우리말로 번역하면 '별칭' 정도가 좋을 듯하다.

7. 예를 들어 J. Wackernagel 기념 논문집 *Antidoron*, 1924, 274쪽 이하를 보라. 생산적인 오해라는 가정을 Manu Leumann, *Homerische Wörter*, Basel, 1950.에서 사용하고 있다.

연주를 더 손쉽게 수행할 수 있었다. 하지만 실제적인 유용성이 '판박이문구'의 존재를 설명할 수는 없으며, 다만 표면적으로 용인할 수 있을 뿐이다. 하지만 용인이란 적당한 표현이 아닌데, 반복을 피하려는 것은 다만 문학 발전의 나중 단계에서나 나타나는 경향이기 때문이다. 과거의 서사시인들은 무언가를 새롭게 바꾼다고 해서 묘사가 전혀 나아질 것이 없는 경우 굳이 '새로움'을 추구하지 않았으며, 본질적으로 동일하다고 판단될 경우 미사여구를 덧붙여 상황의 변화를 추구하지도 않았다. 과거의 서사시인들은 내용과 형식에 있어서 변화와 일회성 이외에 동일성과 전형성에도 가치를 두었던 것이다.

'판박이문구' 시행의 경우, 이 시행이 다루고 있는 핵심장면은 편리하게 쓰일 수 있는 형태로 고착되어 있다. 이러한 시행은 매우 정교하고 원숙하게 다듬어져 있다. 여기서 한 가지 예를 살펴보는 것도 좋을 듯하다. 식사 장면을 보여주는 시행을 예로 삼아 세세하게 분석해보자. 우선 주인과 그의 하인들이 식사를 준비하는 장면이 있다. 이어지는 시행을 문자 그대로 번역하면 다음과 같다.

> 그들[손님들]은 이미 차려져 있는 음식들에 손을 내밀었다.
> 그리하여 마시고 먹는 욕망이 충족되었을 때
> (말했다.)[8]

우선 눈에 들어오는 것은 먹는 행위 자체는 전혀 언급되지 않고 있다는 것이다. 그것은 두 시행의 행간, 노래로는 언급되지 않는 부분에서 벌어진 일

---

8. 『오뒷세이아』 제17권 98행 이하. "그들은 앞에 차려져 있는 음식에 손을 내밀었고, 이윽고 먹고 마시는 욕망이 충족되었을 때 οἱ δ' ἐπ' ὀνείαθ' ἑτοῖμα προκείμενα χεῖρασ' ἴαλλον. Αὐτὰρ ἐπεὶ πόσιος καὶ ἐδητύος ἐξ ἔρον ἔντο,…."

이다. 낮은 수준의 동물적 활동이라 할 수 있는 섭취행위는 우아하게 생략되어 버렸다.[9] 식탁에 차려져 위장으로 넘어가는 재료에 대한 언급은 없으며, 마음껏 음식을 먹는 손과 마음껏 충족될 수 있는 욕구만이 언급될 뿐이다.[10] 식사는 주인이 자신의 손님들에게 제공하는 즐거움으로(『일리아스』 제11권 780행과 비교) 묘사되고 있다. 이런 점을 볼 때도 역시 서사시는 공동체의 사교적 소산이다. 여하튼 각각의 판박이문구는 매우 성공적으로 특별한 기능을 완수한다. 즉 극적 전개를 위해 이어져 나올 대사 직전에 위치한 판박이문구는 정형적 동일성이 부여하는 이완작용을 통해, 다음 이야기로 이행하기에 매우 편리한 중립적 발판을 마련한다.

  대부분의 '판박이문구'는 시행 하나를 모두 채우는 것이 아니라 다만 시행의 한 부분을 차지한다. 그리고 두 개, 세 개 혹은 네 개의 판박이문구로

---

9. 여기서는 또한 무엇을 먹었는지도 직접적으로 언급되지 않으며, 다만 '음식'이라고만 완곡히 표현되고 있으며, 행동 지시어인 '먹다'와 '마시다'로 대체되었다. 선택가능한 인공언어 'ποτῆος'에 관해서는 J. Wackernagel, *Kl. Schr.* 1137쪽 참조.

10. 두 번째 시행(『일리아스』와 『오뒷세이아』에 20번 반복된다)에서 "ἐξ ἔρον ἕντο"은 '몰아넣다'를 의미하지 않는다. 이렇게 번역할 경우 분위기를 해칠 수 있다. 왜냐하면 그렇게 번역할 경우, 식사의 즐거움을 간과하게 만들 뿐만 아니라 심지어 즐거움을 부정하게 만들기 때문이다. 영웅들이 좋은 포도주와 좋은 음식이 차려진 식탁에 앉게 되면, 그들은 음식으로써 불쾌한 욕구를 부지런히 '없앤다.' 따라서 "ἐξ ἔρον ἕντο"은 '강박을 없앤다, 욕구를 충족시켜 주다'(이는 긍정적인 만끽이다.)를 의미하며 '억눌러 버리다'(이는 매우 불쾌한 감정이다)를 의미하지는 않는다. 『오뒷세이아』 제11권 105행 "θυμὸμ(고통스러운 허기) ἐρυκακέειν", 또는 『일리아스』 제4권 430행 "ἔχοντ' (억제하다) ἐν στήθεσιν αὐδήν"과 대조하여 『일리아스』 제3권 221행 "ἀλλ' ὅτε δὴ ὄπα τε μεγάλην ἐκ στήθεος εἵη" 독일어의 '분노를 토하다seinen Zorn auslassen'는 이와 비교될 수 있는 예이다. 『일리아스』 제13권 638행의 "ἐξ ἔρον εἶναι"는 매우 분명하게 다음과 같은 의미이다. '사람들은 모든 것에 마침내 물리기 마련인 것이, 욕망을 충족시킬 대상에 대한 갈구가 전쟁에서보다 극심하였더라도 말이다.' 만약 '욕망으로부터 자유롭게 되는' 방향으로 욕망이 움직인다고 말한다면, 이는 모순적이다. 왜냐하면 이럴 경우, 실제 일정한 시간이 지나 욕망이 없어지고 '그에 물리게' 되는 일은 설명이 불가능하기 때문이다.

시행 하나를 구성하기도 한다. 판박이문구는 어떻게든 그것들이 서로 잘 맞아떨어질 수 있도록 구성되어 있다.[11] 판박이문구는 여섯소리걸음운율 시행의 구조적 규칙을 따르고 있는데, 이제 이에 관해 살펴보기로 하자.

　서사시의 시행은 그리스 예술정신이 만들어낸 천재적인 소산 가운데 하나다. 예술형식을 오로지 개념적 분석을 통해 완벽히 이해한다는 것은 일반적으로 불가능하지만, 여섯소리걸음운율 시행의 형식체계는 예외 없이 합리적 방식으로 설명가능하다. 여기서 기술적인 세부사항까지 설명하는 것이 좋을 듯하다. 왜냐하면 시의 문체와 내용이 시행의 형성과 불가분 결합되어 있기 때문이다.[12]

　모든 그리스 운문 시행처럼 여섯소리걸음운율 시행에서도 짧은 음절과 긴 음절이 교차하며 이어져 운율을 형성한다.[13] 이런 점에 있어 고대의 운문 시행은, 음절의 강약으로 이루어진 운율을 갖는 오늘날의 운문 시행보다 기계적이라고 할 수 있다. 왜냐하면 단어의 강세가 시의 내용과 일정한 관계를 갖는 데 반해, 음절의 길고 짧음은 단어와 문장의 의미와는 아무런 관련이 없기 때문이다. 여섯소리걸음운율[14]의 경우 이러한 단점은 몇 배로

---

11. 한 번 소리꾼은 서사시의 판박이문구로 장난스러운 시행을 만든다. 『일리아스』 제1권 230행에서 아킬레우스는 아가멤논에게 이렇게 말한다. "(당신은 장수가 아니다.) ἦ πολὺ λώιόν ἐστι κατὰ στρατὸν εὐρὺν ᾿Αχαιῶν δῶρ᾿ ἀποαιρεῖσθαι ὅστις σέθεν ἀντίον εἴπῃ" 여기서 적병이 넓게 포진한 전열에 대항하여 용감하게 출진한 진짜 전사(아가멤논처럼 자기 병사들에 대항하여 서 있는 경우 말고)를 묘사하는 문구들을 흉내 내고 있다. "κατὰ στρατὸν εὐρὺν ᾿Αχαιῶν"(『일리아스』 제1권 484행, 제2권 439행, 제19권 196행), "θυμὸν ἀποαιρεῖσθαι"(제20권 436행), "ὅστις τοῦ ἀντίον ἔλθῃ"(제5권 301행, 제17권 8행).

12. *Frühgriech. Denken* 100~156쪽을 보라.

13. 그리스 사람들은 짧은 음절과 긴 음절을 정확하게 구분하여 듣고 말하였다. 우리는 고대의 운문 시행을 소리 내어 읽음에 있어 이와는 달리 긴 음절에 강세를 두곤 하는데 그럼으로써 본래적 운문 시행을 망가뜨리게 된다.

가중되는데, 단어 의미와 시행 운율 간의 연결을 독특한 방식으로 처리하기 때문이다. 이런 처리방식의 근본원리를 분명히 하기 위해 이 방식에 의해 처리되는 문제를 명확히 드러내보자.

　일상생활에서 사용되는 자연언어의 경우, 말의 흐름은 분절적 구조를 갖고 흘러간다. 문장은 서로 명확히 구별된다. 문장 내에서 다시 길고 짧은 몇 단위의 말 묶음들이 서로 구별할 수 있게끔 형성된다. 경우에 따라 전체 문장을 부문장과 주문장으로 나누고, 다시 부문장의 부문장을 나눌 수 있으며, 단 하나의 단어가 독립적인 요소를 형성하기도 한다. 문장의 구조적 분절은 보통 귀로 들을 수 있게 표현되며, 특히 천천히 그리고 분명히 의사를 전달할 때 두드러지는 바, 분절의 경계에서 말 선율의 강세[15]가 변화하기 때문이다. 매우 선명하게 분절을 강조할 경우에(오로지 이 경우에만) 휴지부가 추가적으로 주어진다. 여섯소리걸음운율의 문학예술에서 발생한 문제는 다음과 같다. 문장의 자연스러운 의미단위가 장단음절의 시행 운율단위와 딱 맞아떨어질 수 있는가? 만약 맞아떨어진다면, 그것은 어떻게 가능한가?[16] 여섯소리걸음운율 시행은 여섯 개의 짧은 소리걸음(音步 metron)으로 구성되어 있고, 각 소리걸음은 두 개 혹은 세 개의 음절을 가지며, 일정한 박자를 갖는다. 반면 (15~17 음절로 구성된) 각 시행 안에서 의미

---

14. 여섯소리걸음운율은 6개의 '음보Metron'의 연속이다. 각 음보는 탁튈로스('닥튈로스 Daktylos'는 '손가락'을 의미하며 손가락처럼 장-단-단의 마디를 갖는다.)이거나 '스폰데우스Spondeus'(장-장)로 구성되어 있다. 마지막 음보는 항상 두 음절(장-장 혹은 장-단)이다.

15. '말 선율Sprechmelodie'이라는 개념으로 우리는 음절의 강세, 발화의 강약, 음색, 말의 완급 등을 포함한 다양한 변화 전체를 가리키기도 한다.

16. 이 문제는 모든 종류의 운문에서 마찬가지다. 그리스의 세소리걸음 시행도 여섯소리 걸음 시행과 흡사한 방식으로 이 문제를 처리하고 있다. 이에 관해서 나는 아직 어떤 논문도 발표하지 않았다.

단위는 그때그때 경우에 따라 구분되지만, 이런 구분이 운율진행과 잘 맞아떨어지지는 않는다. 이로 인해 조정해야 하는 충돌이 발생한다. 이를 조정하지 않고 시행에서 시행으로 의미단위의 구분 없이 운율에만 맞추어 노래한다면, 노래는 건조하게 들릴 수밖에 없다. 반대로 몇몇 시행을 의미단위별로 나누고 여기저기 임의로 단락 지어 노래할 경우, 이번에는 거꾸로 전체 운율이 어긋나 버린다.[17]

그리스의 여섯소리걸음운율 시행은 의미단락의 구분을 고려하여, 각각의 시행을 일정한 규칙에 따라 네 개의 단위(소단락Cola[18])로 나누며, 내용을 고려해가며 시행의 단락구분을 행한다. 첫 번째 소단락은 시행의 시작에 위치하고, 나머지 세 개의 소단락은 귀로 들어 확인할 수 있는 분절지점(휴지마디Caesura)에 두었다.[19] 휴지마디는 운율을 흩뜨리지 않고 자연스럽게 시행을 단락 짓는다. 첫 번째 휴지마디의 위치에 관해서는 4개의 자리

---

17. 세 번째 가능성은 의미단락이 시행이 끝나고 다음 시행이 이어지는 자리에서 일단락되는 경우이다. 이런 예는 남슬라브 서사시와 현대 그리스 서사시에서 볼 수 있다. 하지만 이런 식의 의미단락은 매우 원시적이며 문학적으로는 불충분하다 하겠다. 왜냐하면 시행이 단조롭게 되고, 불필요한 소리가 추가될 것이기 때문이다. 즉 시행의 끝마디까지 남은 여백을 메우기 위해 언어적 표현이 인위적으로 늘어질 수밖에 없다. 남슬라브의 서사시는 아마도 이런 이유에서 10음절 정도밖에 되지 않는 듯하다.

18. [역주] 라틴어를 어원으로 가지고 있는 전문용어는 라틴어 철자법에 따라 표시하였으며 독일어화된 단어의 사용은 피하였다.

19. 이 세 개의 휴지마디를 A, B, C로 각각 표시하고 그것이 허락된 자리를 A1, A2, A3 등의 방식으로 표시한다면 아래와 같은 도식이 만들어진다.

[역주] ─는 장음절의 위치이고, ⌣는 단음절의 표시이며, ×표시는 장단의 구분 없이 올 수 있는 자리의 표시다.

(A1~A4) 가운데 하나를 선택할 수 있으며, 나머지 두 개의 휴지마디의 위치에 관해서는 각각 2개(B1, B2, C1, C2)의 자리가 선택지로 주어진다.[20] 이러한 선택의 자유 덕분에 소리꾼은 적절히 한계 지어진 틀 속에서 시행을 구성하면서도, 모든 시행이 하나의 도식에 따라 단조롭게 흘러가지는 않도록 구성할 수 있었다. 다른 한편 서로 상이한 구성의 수많은 시행을 만들어내면서도,[21] 체계는 단순하고 간결하게 유지할 수 있었다. 시행이 휴지마디를 지켜가며 잘 분절된 흐름을 갖추게 되었을 때, 청중은 곧 규칙성을 느끼게 되며 시행의 운율과 내용전달은 적절히 조화를 이루게 된다. 하지만 그 적용 규칙들에 대한 이론적 설명을 누구도 요구하지 않았다. 소리꾼들은 그들의 규칙체계를 이론적으로 다듬은 적이 없었으며, 그들의 뒤를 이을 다음 세대 소리꾼들에게 추상적 규칙이 담긴 보따리를 전수하지도 않았

20. 물론 적법한 예외도 마련되어 있다. 특히 길고 비중이 큰 단어들(심각한 단어들)은 단어의 말미에 위치한 휴지마디를 원래의 규칙이 요구하는 것보다 지연하여 뒤로 미룰 수 있다. 이를 우리는 A!, C!라고 표시한다. A!의 예는 다음과 같다. 『일리아스』 제1권 356행 이하 "(그리하여 넓은 지역을 통치하는 아트레우스의 아들 아가멤논이 저를 / 모욕하였다. (A!) 그는 제 명예의 선물을 빼앗아 차지하였다." 그리스 사람들에게 '모욕하였다'라는 단어는 심각하게 생각해볼 만한 비중을 지닌 단어이다. 왜냐하면 『일리아스』 전체 내용은 아킬레스가 당한 모욕과 관련되어 있기 때문이다. C!의 예는 다음과 같다. 『일리아스』 제1권 1행 "노래하소서, 여신이여, 펠레우스의 아들 (C!) 아킬레우스의 분노를." 이 예들에서 보이는 휴지마디에 의해서 전체적 단락구분은 어긋나게 되지만, 매우 의미심장한 결과가 나타난다. 즉 내용 전달 비중에 운문 시행이 종속되었다고 말할 수 있다. 이런 방법을 사용하여 서사시 작시기술은 풍부하게 그리고 인상적으로 적용되었다. 두 번째, 하지만 드물게 사용된 적법한 예외가 있다. 하나의 긴 단어가 두 개의 휴지마디를 아우르는 경우이다. 그리하여 운문시행은 네 개가 아니라 세 개의 휴지마디만을 갖게 된다. 예를 들어 B 휴지마디가 하나로 연결되는 경우이다. (Bx) "제우스의 후손인, 라에르테스의 아들 지략이 뛰어난 오뒷세우스여"(A4 Bx C1).

21. 세 개의 휴지마디 가운데 하나를 선택한다고 할 때, (경우의 수를 4×2×2에 해당하므로) 16개의 시행구성 가능성이 존재한다. 경우의 수는 휴지마디의 지연을 통해 늘어난다. 각 분절의 절대적인 혹은 상대적인 강세는 임의적으로 각 경우에 따라 또한 달라진다.

다. 규칙체계는 전통적인 방식의 공연을 통해 눈에 띄지 않게 전달되었으며, 만약 전통적인 방식으로 공연될 수 없는 잘못된 시행이 낭송될 경우, 규칙 위배는 단번에 드러났다. 그리스 사람들은 공연매체로서 여섯소리걸음 운율 시행의 분절체제를 2,000년 넘게 지켜왔으며, 그것은 세월의 흐름과 함께 무뎌진 것이 아니라 오히려 점점 정교해졌다.

여섯소리걸음 시행 하나하나는 또한 최소의 시련구(詩聯句)이기도 했다. 장단 음절이 기계적으로 운율에 따라 이어지는 여섯소리걸음 시행과, 이런 기계적 운율에 맞추어 전달되는 내용의 중층적 구조는 사실 미학적 즐거움 이상의 무언가를 그리스 서사시에 제공한다. 이러한 작시기법은 새로운 차원을 만들어내는데, 시행과 내용은 마치 두 개의 줄무늬가 나란히 흘러내려가듯 다만 동시적으로 평행하게 진행되는 것이 아니라, 전체적으로 3차원의 충만한 조형성을 만들어내며, 전달되어야 할 내용을 새롭고 세련되게 표현하는 구조물을 만들어낸다. 시행은 억지스러운 강제 혹은 인위적인 흔적 없이 내용과 매우 자연스럽게 조화를 이룬다. 운율의 휴지 마디가, 시행과 단어가 어우러져 만들어내는 내용의 강세 흐름과 근본적으로 일치하기 때문이다. 말로 설명하기보다 실제 원전을 읽으면서 그리스 서사시를 의도된 대로 정확히 낭송할 수 있는 법을 익힌다면, 그리스의 여섯소리걸음 서사시가 얼마나 탁월한 것인지 알게 될 것이다.[22]

---

22. 어떻게 가능한지를 보여주기 위해 나는 여기서 (가히 불가능해 보이는) 시도를 해보겠다. 『일리아스』 제1권 26~32행을 원래의 휴지마디를 살려 번역하고, 빗금[/]을 이용해 휴지마디를 표시하겠다. (문맥 : 아가멤논은 소녀를 자신의 여자로 삼고, 그녀의 아버지에게 돌려주기를 원치 않는다. 그녀의 아버지는 아폴론의 사제라는 징표를 갖고 아가멤논 왕을 방문하여 매우 많은 몸값을 치르고 자신의 딸을 찾아가기를 원한다. 그러나 아가멤논은 그녀의 아버지에게 다음과 같은 모욕을 가한다.)

26 조심하라 / 바-라니 / 당신 / 빈 배에 서지 말라! [A4, B2, C1]
27 이제는 / 지체-치도- / 이후론 / 다시 올 마라! [A3, B1, C2]

네 개의 소단락 가운데 세 개는 여섯소리걸음 한 행 안에서 휴지마디에 의해 불규칙적으로 지정된다. 첫 번째 휴지마디는 (반드시 그런 것은 아니지만) 시행의 시작 부분에 위치한다. 두 번째 휴지마디는 세 번째 소리걸음 직전에 위치한 두 자리 가운데 한 곳에 위치한다. (왜냐하면 정확히 반으로 나눌 경우, 시행의 반이 각각 따로 놀기 때문이다.) 세 번째 휴지마디가 놓일 자리는 두 가지 가능성이 있으며, 마지막이자 세 번째 휴지마디 이후에 최소한 다섯 음절의 한 마디가 남도록 마지막 휴지마디를 위치시킨다. 이때 남은 다섯 음절 이상의 한 마디에는 더 이상 휴지마디가 위치하지 않는다.[23] 이렇게 함으로써 시행의 시작이 아무리 불안정하더라도, 마지막 휴지마디 이후 끝마디, 시행의 1/3 이상 이어지는 끝마디는 안정되고 차분하게 마무리할 수 있게 된다.

시행의 마지막 소단락, 특히 마지막 1/3의 시행은 서사시의 '판박이문구'가 선호하는 자리다. 동일한 형식을 갖춘 '판박이문구'의 반복은 서사시 문체에 안정성과 위엄을 부여하고 있다. 예를 들어 『일리아스』 제6권 254~285행에 이르는 32행에서 『일리아스』와 『오뒷세이아』에서 한 번 이상 등장하는 15개의 판박이문구의 예를 볼 수 있다. 이들 가운데 11개의 예

---

28 그때는 / 네 홀-도 / 신-의 / 화환도 쓸모없다. [A3, B1, C1]
29 그녀를 / 안 주-니. / 년에게 / 노령이 오며 [A3, B1, C1]
30 아르고스 / 우리네의 / 집 안에서 / 고향에 멀리 [A4, B2, C2]
31 베틀 / 앞을 오가며 / 내 침대 / 시중들어 모시리. [A2, B1, C1]
32 가시오. / 날 자극 말라. / 고이 돌아 / 가길 원하면. [A3, B2, C2]

[역주] 원문의 음절수를 맞추어 휴지마디를 표시하였다. 우리말 번역에서 내용의 강조와 운율의 강세가 잘 어울려 조화를 이룬다고 볼 수 없으나, 프랭켈의 의도를 살려 보았다. 또 우리말 번역에서 '-'는 바로 앞의 한 글자와 더불어 '장음'을 표현하는데 이 경우 '˘ ˘'로 이해할 수 있다.

23. 각주 19번과 21번을 보라.

에서 판박이문구가 시행의 마지막 1/3을 채우고 있다. 그것들은 대략 다음과 같다. "아카이아인들의 아들들", "네 마음이 이끌었다", "다른 모든 신들에게", "존경스런 어머니", "반짝이는 포도주", "머릿결이 고운", "어린 자식", "신성한 일리오스", "패주의 주도자", "그를 불러 볼까 합니다", "하데스의 집으로". 나머지 네 개의 판박이문구는 시행의 마지막 1/3보다 조금 앞부분에서 시작한다. "제우스에게 두 손 모아 빌다", "투구를 흔드는 위대한 헥토르", "검은 구름의 신인 크로노스의 아드님", "전리품을 가져다주는 아테네". 시행의 끝자리에는 자주 신이나 영웅의 이름이 위치하는데, 이는 시행의 마지막 부분에 시적 무게감을 더해준다. 그러나 이름은 대부분 시행의 1/3을 채우기에는 매우 짧기 때문에 일반적으로 이름 앞에 전승된 별칭을 함께 불러주곤 한다. 예를 들면 "날랜 전령 이리스", "발이 빠른 아킬레우스", "구름을 모으는 제우스" 등이 그것이다. 이런 방식으로 시행의 끝에서 흐름이 단절되지 않도록 했는데, 이야기 전개과정에서 신의 출현이나 영웅의 등장은 새로운 시작을 표시한다. 그리고 특징적인 별칭을 달아줌으로써 곧 이어 등장할 인물을 미리 소개하는 장치를 마련하였으며, 그리하여 시행의 진행은 갑작스러운 충격 없이 유연하게 흘러간다. 시행의 안정적이고 차분한 마감으로 여섯소리걸음 운율의 서사시에 진지하면서도 엄숙한 맛이 살아나는데, 이런 면에서 헬레니즘 시대의 여섯소리걸음 운율과는 구분된다. 호메로스보다 500년 후에 살았던 헬레니즘 시대의 시인 칼리마코스에게 중요한 것은 차분한 위엄보다는 천진한 쾌활함과 간결한 내용전달이었기 때문에, 그는 시행의 끝부분에 기발하고 기상천외한 생각을 주저 없이 불쑥 집어넣곤 하였다.

이런 방식 혹은 유사한 방식으로 시행과 시어(詩語)는 성공적으로 서로 교묘하게 결합된다. 여섯소리걸음 운율은 다양한 변화가능성을 가진 최소

시련구(詩聯句)를 통해, 임의의 형태로 임의의 내용을 전달하는 데 있어서 시행의 건조하거나 단조로운 진행을 막는다. 시행의 각 네 개 단락들은 나름대로 의미를 갖는다. 힘차게 시작되는 첫 번째 단락, 내용을 전달하는 두 번째 단락, 종종 강조점을 부각시키는 세 번째 단락, 마지막으로 유연하고 길게 마무리되는 끝 단락으로 구성되어 있다. 물론 다를 수도 있으나 대체로 시행은 이와 같이 진행된다. 시행은 전체적으로 늘 살아 움직이며 나름대로 고유한 모습을 지니게 된다.[24]

　소단락이 시행을 여러 부분으로 나누고, 또 각 부분이 고유한 성격을 지니며 혹은 지닌다고 가정할 때, 시행 안에서 단어나 관용구의 위치는 무시할 수 없는 일정한 유형을 형성한다. 예를 들어, 시행의 세 번째 단락은 짧은 경우 2음절 정도이며 매우 강한 강세를 갖는 단락으로 최고신의 이름(Διός 등)이나 '신Θεός' 또는 '신들Θεοί'이라는 단어가 자주 등장하는 자리다.[25] 동일한 소리로 구성되어 굳어진 상용구는 시행 내에서 늘 일정한 자리를 차지하는데, 이 상용구의 길이는 시행 전체와 적절히 조화를 이루고 있다. 더군다나 상용구의 자리는 시행의 일반법칙에 따라 설계되어 있어 서로를 침해하는 일은 없으며, 마치 큰 건물의 각 부분처럼 조화를 잘 이루어 서로 묶고 보강해주고 있다.[26] 이런 조화는 반드시 지켜야 할 어떤 강제나 규칙에 의한 것은 아니지만, 나름대로 문체를 갖춘 안정된 모습을 보

---

24. 동일한 휴지마디와 동일한 소리구성을 갖는 시행들은 깊은 의미를 지니며 서로 상응한다. 『일리아스』 제1권 13행과 95행은 상당한 간격이 있으나 서로 상응한다. 또 일련의 시행이 이어지는 자리에서 휴지마디들이 갑자기 변할 수도 있다. 예를 들어, 『일리아스』 제1권 52행의 A1 휴지마디는 매우 강한 효과를 보여준다.

25. 주격 'Ζεύς'는 주로 시행의 시작이나 끝에 위치한다.

26. 대사의 마감 부분을 표시하는 '판박이문구'가 이런 예인데, 네 개의 A 휴지마디들이 이에 잘 부합한다. A1에 대하여 ἦ, A2에 대하여 ἦ ῥα, A3에 대하여 ὣς φάτο, A4에 대하여 ὣς ἄρ' ἔφη.

여준다. 이렇게 볼 때 강한 전형성이 서사시 문체를 관통하고 있으며, 이런 전형성이 서사시 전체를 서로 묶어 유사하게 만들고 있다고 하겠다.

다음과 같은 것에서 특히 뚜렷한 전형성[27]이 보인다. 즉 인물이나 사물이 주어진 문맥과 상관없이 언제나 동일한 별칭을 갖는다는 점이다. 배들이 사실 해안가에 끌어올려져 있을 때에도 소리꾼은 배를 "바다를 여행하는"이라고 부르며, 아킬레우스가 사실 조용히 앉아 있을 때에도 아킬레우스를 "발이 빠른"이라고 말한다. 오늘날의 감각에 비추어 이런 현상은 매우 낯선 일이며, 이런 특성으로 인해 소리꾼들이 보다 쉽게 즉흥연주를 수행할 수 있었을 것이라고 많은 학자들은 유추하곤 한다. 그러나 이것은 충분한 설명이라고 할 수 없다. 왜냐하면 유사한 현상이 모든 시기에 걸쳐 그리스 예술 전체에 나타나기 때문이다. 아마도 서사시 소리꾼들은 주어진 별칭을 사용하여 사물의 변함없는 속성이나 인물의 돋보이는 성격을 지속적이고 동일한 방식으로 표현하고자 하였다고 설명하는 것이 좋을 듯싶다. 배들은 그것들이 만들어진 원래 생각에 따르면 길 없는 바다를 여행하는 동반자[28]이며, 아킬레우스는, 특징적인 본성에 따르면, 질풍처럼 빠른 사람이다. 서사시 문체는 일반적으로 순간적이고 부차적인 것 이외에도 지속적이며 항구적인 것을 표현하고자 하였으며, 우연적인 것을 본질적인 것과 조화시키고자 하였다.

서사시의 언어와 시행에 관해서는 이쯤에서 마무리하고, 이제 좀 더 넓

---

27. 예를 들어, 머리카락 빛깔도 전형성을 보여준다. 모든 여인들(당시 도기[陶器]에 나타나는 모든 여인들이 그러하듯)과 젊은 남성, 예를 들어 아킬레우스와 아폴론, 아름다운 메넬라오스의 머리칼은 금발이다. 반면 오뒷세우스와 제우스처럼 나이 먹은 남성들은 검은 머리칼을 갖고 있다. 서사시에 등장하는 인물에게서 어떤 인종적 특징을 찾는 작업은 무의미하다(*Deutsche Literaturzeitung* 1924, 2369쪽을 보라).

28. 배에 붙여진 또 다른 별칭은 "속이 빈"이다. 이 단어는 사람들과 물건들을 담는 배의 기능을 지시한다.

은 의미의 서사시 문체, 즉 서사시의 서사구조에서 나타나는 경향에 대해 다루어보고자 한다.

호메로스의 서사시에는 매우 엄격하며 특별한 문체적 강박이 지배적이므로 우리는 이를 단순히 '문체'라고 할 것이 아니라, 오히려 '문체강박'이라고 불러야 할지도 모른다. '문체강박'은 서사시의 비교적 오래된 부분에서 특히 강하게 배타적으로 나타난다. 비교적 나중에 만들어진 부분에는 '문체강박'의 오래되고 완고한 태도를 바꾸려는 시도가 보이는데, 이런 현상은 이제 막 해체 단계에 접어든 시문학에서 찾아볼 수 있는 것이다. 따라서 만약 서사시 '문체지향'의 윤곽을 엄격하고 순수하게 고찰하고자 한다면 무엇보다 『일리아스』를 보아야 하는데, 『일리아스』는 대체적으로 비교적 옛 단계의 서사시를 보여주고 있기 때문이다.

호메로스 '문체강박'의 특징은 사건을 설명하고 관계를 묘사하는 데서 의도적으로 호고적(好古的) 태도를 취한다는 것이다(이 책 40쪽을 보라). 서사시는 화자와 청자를 매우 오랜 과거로 데리고 가서, 조심스럽게 과거와 현재의 차이를 강조한다. 이것은 특히 문명의 외형적 유산에 적용될 수 있다(이 책 85쪽 이하를 보라). 트로이아 전쟁영웅들은 청동기 시대에 살았다. 즉 소리꾼 자신은 이미 오래전부터 일상생활에서 철기를 사용하고 있으면서, 청동무기로 싸움을 벌이는 전사들을 묘사하고 있다.[29] 말을 타고서 여행하거나 전투를 벌이는 데 익숙한 청중 앞에서 소리꾼은 전차를 타고 전장으로 나아가는 전사들을 묘사하고 있다. 또한 그리스의 동쪽 소아시아에서 많은 세월을 거쳐 원숙한 단계에 이른 서사문학은, 그럼에도 불구하

---

29. 예를 들어, 서사문학에 고유한 대비가 생겨난다. 즉 헥토르에게 청동 창으로 치명적인 상처를 입힌 아킬레우스는 죽어가는 자신의 맞수를 '무쇠 마음을 가진' 사람이라고 비난한다(『일리아스』 제22권 328행과 357행). 단순한 상징일 뿐, 금속에 '예스럽게 만들기'라는 규칙이 적용되지는 않는다.

고 바다를 통한 이주의 역사와 소아시아의 식민지 건설에 관해서는 이야기하지 않는다. 서사문학은 그리스 본토에 있는 영웅들의 거주지와 그들의 고향도시만을 언급할 뿐이다.[30]

소리꾼들은 자신들이 이야기하는 시대가 기술적으로는 뒤떨어질지언정 자신의 살고 있는 현재보다는 위대하였다고 믿었기 때문에 과거의 생활상을 고지식하게 붙잡고 있었다. 우리는 영웅들의 괴력이 이야기되는 자리마다 거듭해서 오늘날의 인간들은 그런 종류의 일을 할 수 없을 것이라는 얘기를 듣게 된다. 여기에 나타나는 역사관은 인류의 지속적인 퇴보를 보여준다. 서사시의 인물들은 오늘날의 인물을 훨씬 능가하지만, 『일리아스』 제1권에서 나타나듯이 그들보다 앞서 살았던 인물들에는 한참 뒤떨어진다. 거기서(『일리아스』 제1권 247행 이하) 우리는 옛 사람들의 최고덕목을 발견할 수 있다. 노령의 네스토르는 서로 다투며 양보할 의사가 없는 두 영웅을 향해 이렇게 말하고 있다. "나는 일찍이 그대들보다 더 훌륭한 사람들, 라피타이 사람들과도 사귀었는데, 오늘날 지상에 사는 사람들 가운데 그들과 싸울 수 있는 사람은 아무도 없소. 그들은 내 조언을 마음속 깊이 받아들였고 내 말에 귀를 기울였소. 그러니 그대는 훌륭하지만, 아킬레우스여, 내 말에 귀를 기울이시오. 내 조언을 받아들이시오. ……"[31] 여기서 "보다 더 훌륭하다"와 "훌륭하다"는 말은 무엇을 의미하는가? 이 이야기에서 라피타이 사람들은 성 잘 내고 굽히지 않으며 오만한 사람들로 그려지는데, 네스토르는 이들에 대하여 이렇게 말한다. "그들은 지상에 사는 인간들 중에서 가장 강력한 자들이었소. 또 그들은 가장 강력한 자들인 숲속의

---

30. 『일리아스』 제4권 51~56행은 시간적 틀에 있어 도시 뮈케네 파괴 이전 시대를 암시하고 있다. 그런데 뮈케네는 기원전 12세기 초에 멸망하였다(『일리아스』 제20권 302~308행은 다른 시간적 틀을 보여준다).

31. 275행에 관해서 *Glotta* 14, 8쪽을 비교하라.

반(半)짐승과 싸워 이들을[32] 퇴치해 버렸던 것이오." 난폭함, 냉혹함, 전쟁과 싸움에 대한 선호 등 이런 것들은 분명 옛 사람들의 훌륭함을 측량하는 기준이었다. 이런 의미에서 『일리아스』의 초입부는 수많은 영혼을 희생시킨 "파괴적인οὐλομήνην" 분노와 갈등이 『일리아스』에서 다루는 주요대상임을 밝히고 있다.

동물적 난폭함, 완고한 자기주장, 엄청난 살육 등에 대한 감탄은 『일리아스』에서 소박한 정도를 넘어 낭만적 수준에 이른다. 소리꾼은 물론이거니와 그와 동시대 사람들은 이와는 전혀 다른 성향의 사람들이었다. 협조적인 타협을 조언하는 네스토르는 현대적 합리성을 대표한다. 만약 싸우던 두 영웅들이 라피타이 사람들처럼 네스토르의 합리성에 귀 기울였다면, 아킬레우스의 분노는 없었을 것이고, 또 우리가 읽고 있는 『일리아스』도 존재하지 않았을 것이다. 인간성의 강조와 정신적 순화를 거치며 나중에 덧붙여진 『일리아스』의 후기창작 부분은 난폭하고 거친 인간형을 낭만적으로 미화하고 있으며, 그리하여 이미 극복되어 없어진 인간형을 『일리아스』는 등장인물들에게 그들 고유의 특성으로 부여하고 있다. 바로 이것을 낭만주의적 경향의 시대착오라 하겠다. 우리가 나중에 (목차에 따라) 보게 되겠지만, 보다 현대적 정신이 『오뒷세이아』에 이르러 우세해지는데, 곧이어 서사시적 시대정신은 종말을 고하게 된다.

또한 『일리아스』의 사건이 진행되는 세계는 이상화되어 있으며, 그 법질서는 일반적인 현실세계의 법질서와 다르다. 신들과 위대한 영웅들은 동류의 존재들끼리만 서로 어울리는 독립적 공간을 가지고 있는데, 여기에서 그들의 절대권위를 침해하는 모든 것은 지워지고 사라진 것처럼 보인

---

32. "ἔκπαγλος"(268행)는 능동적 의미에서 '광포를 일깨우는'이 아니라, 수동적 의미에서 '이성을 잃은', '미친'을 의미한다.

다. 그들의 행위는 시간적으로나 공간적으로 어떤 제약도 받지 않으며, 자연조차 그들에게 거역하지 않는다. 거기에는 여름도 없고, 겨울도 없으며 불순한 일기도 없고 못 견딜 추위도 없다. 트로이아의 벌판은 다만 트로이아 전쟁이 벌어지는 무대장치일 뿐, 자연의 평원이 아니다. 해안에는 변함 없이 아카이아인들의 진영이 세워져 있고 높이 일리온의 도시가 솟아 있다. 필요에 따라 때때로 언덕, 무화과나무 혹은 무덤 등의 지표가 언급된다. 영웅이 바윗돌을 필요로 할 때, 그 순간에 그가 던질 수 있도록 바윗돌이 이미 준비되어 있다. 『일리아스』의 첫 권에서 질병이 군대를 덮쳤을 때 질병은 마치 당연한 것처럼 전제되어 있는데, 오로지 병사들만이 그 질병으로 고통 받는다. 영웅들도 질병에 걸릴 수 있다는 생각을 하는 사람은 아무도 없다. 오히려 왕들을 처벌하기 위해 그들의 병사들이 죽어 쓰러지는 것이다. 트로이아 벌판을 흐르는 강들은 신적인 존재로 여겨지는데, 한 번은 전투에 개입하여 아킬레우스를 덮쳐 익사시킬 뻔하였다. 그러자 그는 자신이 돼지치기 소년처럼 생을 마감하는 것은 아닌가 하고 불평한다. 이때 올림포스에서 두 신이 나타나 그에게 다음과 같이 말한다. "그대는 결코 하신(河神)에게 죽을 운명이 아니로다"(『일리아스』제21권 279행 이하). 그에 걸맞은 위대한 존재만이 위대한 인물들에게 영향을 끼칠 수 있다. 여기서 우리는 기계적이며 볼품없고 우연적인 어떤 것도 존재하지 않는 일종의 시적인 세계를 보고 있는 것이다. 두 명의 전사가 맞붙어 싸울 경우, 싸움의 승패는 양자의 상대적 가치에 따라 정해지며, 영웅의 손에 놓여 있던 무기는 단지 살짝 상대방을 건드렸을 뿐인데도 순식간에 상대방에게 죽음을 가져다준다.[33] 전투장면에 적용되는 또 하나의 원리가 있다. 즉 서서히

---

33. 서사시의 영웅 가운데 한 명이 이런 원리에 관해 언급한다. 디오메데스는 파리스의 화살에 맞고 그를 향해 소리친다. "지금 너는 내 발바닥을 긁어 놓고는 헛되이 뽐내고 있

죽어가는 죽음은 없으며, 중상이면서 죽음에 이르지 않는 부상은 없다는 것이다. 주요 영웅들은 간혹 가벼운 부상을 입기도 하는데, 이 경우 그들은 대개 잠시 전투에서 벗어나 있게 된다. 그들은 상처를 입지 않거나 부상을 입고 곧바로 죽음을 맞는다. 비중이 작은 인물들의 경우 오로지 후자의 경우밖에는 없다고 하겠다. 시인은 인물을 (오로지 한 번) 졸병으로 등장시키고자 할 경우, 이 인물의 운명을 분명하고 단호하게 결정해 버린다. 어중간하게 결정한다면 전투장면의 기념비적 성격이 퇴색될 것이기 때문이다.

이런 극단적 해결책을 강제하는 것은 무정한 잔혹함이 아니라, 오히려 문체강박이다. 우리는 이 점을 전투는 "눈물을 자아내는" 것이라는 『일리아스』의 일관된 태도에서 확인할 수 있다. 전쟁이라는 엄연한 공포는 늘 상존해 있고, 전장에서 쓰러진 모든 전사들 위로, 죽어가는 그들의 몸을 감싸고 있던 무장이 땅에 부딪히는 둔중한 소리와 함께 죽음의 거대한 공포가 덮친다. 위대한 인물에 희생되기 위해 언급된 무명의 병사들에게도 시인은 때로 남다른 개성을 부여하고 비참함을 느낄 수 있는 말을 덧붙인다. "그는 훌륭한 사냥꾼이었는데, 아르테미스 자신이 그에게 산속의 숲이 기르는 온갖 야수들을 쏘는 기술을 가르쳐주었던 것이다. 그러나 이때는 활의 여신 아르테미스도, 그리고 전에는 그토록 뛰어나던 그의 궁술도 아무런 도움이 되지 못했다"(『일리아스』 제5권 51~54행). "그는 서자였지만 고귀한 테아노가 남편을 기쁘게 해주기 위하여 친자식들 못지않게 정성껏 길렀던 것이다"(『일리아스』 제5권 70행 이하). "이 자는 테우트라스의 아들로 잘 지은 아리스베에 살았는데, 재산도 많았고 사람들의 사랑을 받았다. 그

지만, 나로서는 여자나 철없는 아이에게 맞은 것처럼 아무렇지도 않구나. 보잘것없는 겁쟁이의 화살은 무력한 법이니까. 하나 내가 쏘았더라면 그와는 전혀 달라서 조금 스치기만 해도 화살은 그 날카로움을 보여 그 자리에서 적을 쓰러뜨렸을 것이다"(『일리아스』 제11권 388~392행).

러나 이때는 그들 가운데 아무도 그의 앞을 막아서서 끔찍한 파멸을 막아
주는 자가 없었다'(『일리아스』 제6권 14~17행). 이런 모든 조사(弔辭)는 차
분하게 객관적 사실만을 밝히고 있으며 감정을 드러내는 표현을 전혀 사용
하고 있지 않지만 충분히 그 효과를 완수하고 있다.

여기서 우리는 호메로스 문체의 또 다른 특징 하나로 냉정한 객관성과
의젓한 초연함을 찾아내게 된다. 소리꾼은 그저 보고할 뿐이며 자신의 생
각을 개입시키지 않는다. 소리꾼 개인은 완전히 사태의 뒤편에 머물고 있
다. 그는 등장인물에 관해 전혀 판단하지 않으며, 그들의 성격을 스스로 해
석하지도 않는다. 그는 등장인물의 말과 행동을 우리에게 그저 전달하고
알려줄 뿐이다. 모든 문제는 이야기 가운데 드러나지 않으며, 시인이 문제
의 배경을 설명하는 경우는 매우 드물다.

그럼에도 불구하고 서사시는 다양한 인물들과 흥미진진한 문제들, 긴장
을 늦출 수 없는 상황들로 가득하다. 왜냐하면 서사시는 그 문체법칙에 따
라 직접적으로 언급할 수 없는 것들을 전달할 수 있는 고유한 기술을 달리
발전시켰기 때문이다. 전달되는 세부사항은 사건을 설명하기 위한 것이라
기보다 사건의 배경을 간접적으로 드러내기 위한 장치이다.

『일리아스』에서 헬레네가 처음으로 직접 등장하는 장면(제3권 125행)에
서 소리꾼은 이어지는 장면들(130~138, 156~60, 164~65행)의 사건동기를
이야기할 자리를 마련한다. 즉 이 여인이 여러 민족들이 피눈물 나는 전쟁
을 벌이면서까지 차지하려고 하는 바로 그 여인이며, 그녀는 자신이 이 전
쟁에서 엄청나면서도 끔찍한, 그럼에도 불구하고 수동적인 역할을 수행하
고 있음을 잘 알고 있다. 소리꾼은 자신의 손가락으로 그녀를 가리키며 그
녀가 처한 상황을 분석하는 대신 다만 이렇게 말하고 있다. "이리스가 그
녀의 방에 가서 보니, 헬레네는 두 겹으로 된 큰 자줏빛 천에다 말을 길들이

는 트로이아 사람들과 청동 갑옷을 입은 아카이아인들이 자기 때문에 아레스의 손에서 겪은 수많은 전투 장면을 짜 넣고 있었다."『오뒷세이아』에서도 이런 예를 찾을 수 있는데 여기에서 소리꾼은 복잡하고 뒤엉킨 이타카의 상황을 간접적으로 보여주고 있다(『오뒷세이아』 제2권 15~23행). 이타카의 젊은이들이 트로이아로 떠나고 나서부터 이타카의 주민들 사이에 근심걱정이 널리 퍼져 있다. 이타카의 일부 남자들은 페넬로페에게 청혼하고 나머지 다른 사람들은 오로지 자신의 일을 수행할 뿐이다. 소수의 사람들은 그들의 왕에게 계속해서 충직한 모습을 보이며 그가 돌아올 것이라 믿는다. 갖가지 상충되는 이해관계 속에 직접 얽혀 있는 인물 하나를 제시함으로써 시인은 모든 상황을 간략한 방식으로 분명하게 보여준다. "그러자 그들 사이에서 영웅 아이귑티오스가 먼저 말문을 여니, 그는 고령으로 허리가 굽었고 많은 것을 알고 있었다. 그가 말문을 연 것은, 그의 사랑하는 아들인 창수 안티포스가 신과 같은 오뒷세우스와 함께 속이 빈 배를 타고 말의 고장 일리오스로 갔기 때문이다. 그러나 야만적인 퀴클롭스가 속이 빈 동굴 안에서 그를 죽여 마지막 저녁식사를 준비하고 말았던 것이다. 그러나 그에게는 아직도 다른 아들이 셋이나 있었으니, 에우뤼노모스는 구혼자들과 어울렸고 다른 두 아들은 여전히 아버지의 들일을 돌보고 있었다. 그럼에도 그는 오뒷세우스를 잊지 못했고 그를 위해 탄식하며 슬퍼했다."[34]

인물이나 인물의 행위에 대하여 그러했던 것처럼, 사건에 대해서도 간접적인 기술(記述)을 사용하고 있다. 우리는 사물을 다루는 신중하면서도

---

34. [역주] 많은 주석가들이나 번역가들은 이 부분에서 'τοῦ'를 아이귑티오스의 아들 안티포스를 가리키는 것으로 보고 있으나, 특이하게 프랭켈은 이 대명사가 오뒷세우스를 가리킨다고 보고 있다.

분명한 호메로스의 언어를 익혀 배워야 한다. 소리꾼이 일정한 사물을 언급하며 많은 시간을 소비하는 것은 무언가 의도하는 바가 있는 것이다. 영웅의 무장이 상세히 묘사된다면, 그것은 영웅이 그 무장을 가지고 곧 무언가 굉장한 일을 성취할 것이라는 것을 의미한다. 『일리아스』 제11권의 시작에서 아가멤논은 이제 곧 자신이 펼쳐 보일 '용감무쌍'을 위해 무장을 갖추고 있다. 위대한 왕, 역사상 가장 영광스러운 전쟁을 이끌고 있는 사람, 온 세계를 자신의 과업에 참여시켜 데려온 남자가 이번에 무훈을 세워 자신을 빛낼 장본인이라는 생각이 소리꾼의 무장 묘사 부분을 통해 간접적으로 전달되고 있다. 소리꾼이 전하는 바, 아가멤논은 가슴에다 가슴받이를 둘렀는데, "그것은 키뉘레스(퀴프로스의 왕)가 그에게 손님 접대 선물로 준 것이었다. 아카이아인들이 배를 타고 트로이아로 가기로 했다는 굉장한 소문이 퀴프로스에까지 퍼져서 키뉘레스가 이 소문을 듣고 왕을 기쁘게 해주고자 이것을 선물로 주었던 것이다'(『일리아스』 제11권 19행 이하). 이어 가슴받이에 장식된 여러 가지 다양한 재료와 색깔이 묘사된다. "열 개의 검푸른 범랑 줄무늬와 열 두 개의 황금 줄무늬와 스무 개의 주석 줄무늬가 들어 있었다. 그리고 그 양쪽에는 한쪽에 세 마리씩 검푸른 구렁이가 목을 향하여 기어오르고 있었으니, 그 모습은 죽음을 면할 수 없는 인간들에게 전조를 보이고자 크로노스의 아들이 구름 속에다 세우는 무지개와도 같았다." 숫자가 점증하기 때문에(10~12~20), 여러 번에 걸쳐 가슴받이의 생김새를 재구성하려는 시도는 좌절되고 말았다. 시인은 여기서 가슴받이가 어떻게 생겼는가를 정확히 전달하려는 의사가 없었던 것이며, 다만 그 언어를 통해 무언가를 전달하려는 뜻이 앞섰던 것이다. 뱀은 호메로스에게 있어서 섬뜩한 전쟁욕과 감추어진 죽음을 상징한다(『일리아스』 제3권 33~37행). 그리고 호메로스의 인간들에게 무지개는 평화의 다리가 아니라 다만 가까이 다가온 끔찍한 사건의 무시무시한 징표를 의미한다(『일리아스』 제17권 544~552행). 따라서 가슴받이의 묘사 부분을 좀 더 쉬운 말로 번역해보면, 다음과 같다. 아가멤논은 무서운 살인의 의지를 옷 입고 있으며, 소름끼치는 전쟁에서 펼칠 끔찍한 행위를 준비하고 있다.[35]

이런 증거들은 다른 많은 것들과 더불어 호메로스 서술의 특징을 확인시켜 준다. 하지만 이것을 단순히 호메로스의 '문체'가 아니라 '문체강박'이라고 명명하는 것이 과연 정당할까? 옛 소리꾼들이 과연 스스로에게 강박을 부여하였을까? 어쩌면 소리꾼들은 냉정하게 객관적 거리를 유지하면서, 그들이 보고하는 것처럼 그렇게 사건을 객관적으로 단순하게 관찰하였을지도 모른다. 아마도 그들은 다른 방식으로 삶을 묘사할 수는 없었을지도, 그들의 언어는 사물을 달리 언급할 수 없었을지도 모른다.

그러나 이런 가능성들은 곧 반박된다. 우리가 읽고 있는 서사시 후기형태는 다른 것은 물론이고 문체에 있어서도 소박한 것과는 거리가 멀다. 즉 서사시 후기형태는 언어와 생각에 있어 의고적(擬古的) 경향을 보인다. 물론 관철되던 문체법칙이 몇몇 자리에서 무시되긴 한다. 소리꾼은 다른 방식으로도 이야기를 전개시킬 수 있었던 것이다.

서사시인은 보통 이야기의 배경으로 물러나 있었지만, 이 법칙은 서술 사이사이에 엮어 넣은 수많은 연설장면에서 지켜지지 않는다.[36] 사건 보고

---

35. 헤라클레스의 방패에 관한 서사시(아래 제3장 3절을 보라)는 무장의 상징술을 보다 숭고하게 발전시키고 있다. 실제 방패가 가끔 그런 종류의 상징물로 장식되기도 한다. 뮈케네의 칼에는 호메로스의 비유에서 볼 수 있는 것처럼, 사자들이 싸우는 그림과 먹잇감을 향해 달려드는 야수의 그림이 그려져 있다. 또한 오뒷세우스의 외투를 여며 묶는 장신구에는 발버둥치는 사슴의 목을 물고 늘어진 개 한 마리가 그려져 있다(『오뒷세이아』 제19권 226~231행. 오비디우스 『변신이야기』 8, 318행, 14, 394행 옷침이 외투를 꽉 물었다mordebat fibula vestem). 그림이나 언어에서 그리스 사람들은 무엇보다 그 기능을 상징적으로 묘사하였다.

가 주목적인 경우, 여전히 소리꾼은 그림자처럼 뒤에서 신중하고 중립적인 태도를 취한다. 하지만 소리꾼 자신이 서사시의 인물 중 하나를 극에서처럼 몸소 실연하고 자신의 입으로 작중 인물의 말을 전달하는 경우, 소리꾼의 몸 안으로 마치 다른 사람의 영혼이 들어온 듯 소리꾼은 작중 인물의 하나로 등장한다. 서사시의 작중 인물 역할을 하면서 소리꾼은 사건을 반성할 수 있게 되었고, 사건을 관찰하면서 해석할 수 있게 되었으며, 상황을 기술하면서 설명할 수 있게 되었을 뿐 아니라 심지어 사람들의 개성을 묘사하고 평가할 수 있게 되었다.[37] 일반적으로 연설장면은 훨씬 자유롭고 풍부하다. 문체와 사유방식이나 사유전개도 서술장면에 비해 매우 현대적이다. 그래서 종종 우리는 연설장면에서 서술장면 및 줄거리와 모순되는 의견과 생각과 태도를 발견하게 된다.

『일리아스』의 연설장면이 서술장면과는 다르게 전통적인 문체강박과 상대적으로 느슨한 문체의 대조를 보여준다고 할 때, 두 번째로 우리는 수

---

36. 이와 관련하여 투퀴디데스의 『역사』가 그 좋은 전거를 제공한다.

37. 『일리아스』 제3권 210~224행의 연설 가운데 인물을 섬세하게 묘사하는 부분과, 『일리아스』 제2권 212~223행의 서술 가운데 인물을 대략적으로 묘사하는 부분을 서로 비교해 볼 수 있다. 『일리아스』 제3권 60~66행에서 파리스는 헥토르에게, 간략하게 요점만 정리하자면 이렇게 이야기한다. "당신은 용감하고 나는 매력을 지니고 있다. 두 가지 모두가 신의 선물이다. 내 자신이 그것을 원하여 얻은 것도 아니며, 원한다고 떼어낼 수 있는 것도 아니다. (67행 이하) 하지만 그럼에도 불구하고 당신이 그것을 원한다면 나도 한 번 당신처럼 전사 노릇을 해 보겠다." 헥토르의 용감함은 다음과 같은 비유로써 좀 더 정확하게 설명된다. (크게 한 번 시도해 보았자 첫 번째부터 뜻대로 되지 않을 파리스와는 정반대로) "헥토르의 마음은 굽힐 줄 모르며(63행), 그의 심장은 마치 (배를 만드는 목수의) 도끼와 같아, (이 대목에서는 심장을 헥토르가 사용하는 하나의 도구로 간주하고 있다) 배에 쓰일 목재를 바르게 자를 줄 아는 (강도와 날카로움과 힘이 목재를 다듬는 것이 아니라, 기술과 솜씨와 재주가 재료를 다듬어 낸다) 목수의 손에 들려 나무를 칠 때처럼 실수하지 않는다. 도끼(심장)는 남자의 힘을 증대시켜 준다."

많은 비유에서 또한 시인의 자연스러운 세계관을 보게 되는 바, 이것은 서술장면의 작위적 세계관과 확연히 대조를 이루고 있다. 비유에서는 영웅적 대상과 나란히 일상세계의 반영물이 보충적으로 등장하는데, 독특하고 낯선 사건과 나란히 익숙하고 잘 알려진 사건이 등장한다. 비유장면에는 서술장면을 지배하고 있는 선별의 법칙이 적용되지 않는 바, 여기서 사람들은 고풍스럽게 위엄을 갖추지 않으며, 자연의 힘은 무시되지도 않는다. 낮은 신분의 평범한 사람들이 그들의 일과 근심거리를 들고 등장한다. 좁은 밭고랑을 두고 벌어지는 사소하고 악의적인 다툼이 등장한다. 인간이나 신처럼 행동하고 지각하는 동물이 등장한다. 거친 폭풍에 떨어지는 아름답게 만개한 꽃들이 등장한다. 날씨와 계절과 질병이 등장한다. 비유는 단순히 지나가 버린 사실을 언급하는 것이 아니라 사건을 조명하고 설명하고 있는 것이기에, 그 점에서 시인은 단순한 전달자가 아니다. 그는 스스로 무언가를 덧붙이고 청중과 마주 앉아 인간 대 인간으로 교류한다. 그는 자신의 시대를 토대로 친숙한 경험세계를 이야기하며, 이를 통해 과거의 일을 훨씬 분명하고 완전하게 보여주고자 한다.

많은 비유장면들이 서사시, 특히 『일리아스』에서 가장 주목할 만한 문체 중 하나인데, 비유장면의 본질과 기능에 관해서는 많은 오해가 있다. 우리는 서사시 문체에 관한 이상의 고찰을 호메로스 서사시의 비유장면에 관한 몇 가지 언급을 덧붙임으로써 마감하고자 한다.

서술장면의 중간에서, 서술이 점진적으로 진행되다가 어느 중요한 순간에 갑자기 멈추면서 '마치 … 같이'로 이루어진 비유장면이 삽입된다. 하나의 비유장면은 종종 다수의 세세한 사항들을 열거하면서 구성되기 때문에, 비유장면이 완결되어 "꼭 그처럼"으로 시작되는 서술장면이 다시 이어지기까지 때로는 상당히 많은 수의 시행이 비유에 할애된다.

고대의 서사시는 오로지 한 방향으로 흘러가는 직선적 서술방식을 취하고 있는데, 비유장면은 서술장면과 일직선상에 나란히 배열되면서 이어지며, 이런 연이은 중복은 사태가 가진 중요성을 한층 더 부각시키게 된다. 청중은 두 개의 서로 다른 그림을 하나로 조합시켜 이해해야 하므로 사태를 심층적으로 생각해볼 수 있는 기회를 얻는다. 비유장면과 서술장면에 나타난 두 그림이 서로 일치하는 영역은 어느 한 부분에 제한되는 것이 아니라, 장면 전체의 구조 혹은 사건의 진행 전반에 걸쳐 나타난다.[38] 입체적인 이중묘사는 문제의 사태에 새로운 조형성을 부여한다. 비유장면의 그림이 풍부하게 채워지면 채워질수록 사태에 참여하고 있는 사람들에 관한 전체적인 상황이 보다 선명하게 밝혀진다. 행위자의 생각이나 감정, 희망, 욕심, 충동과 의지, 근심, 불안, 공포, 실망과 좌절 등은 다만 그 하나만으로 제한된 경우보다 이중적 그림의 융합 안에서 더욱 강하게 표현된다. 이러한 생각과 감정들은 사건 속의 인물들로부터 감정이입된 청중에게로 비유라는 우회적 문학 장치를 통해 무엇보다 직접적으로 전달된다.

비유장면은 다만 유사 사례를 제시할 뿐, 요소 모두를 일치시키지는 않는다. 비유장면과 서술장면 가운데 어느 한쪽에서 빠진 요소를 청중은 결국 다른 쪽 장면을 통해 채워야 한다. 양쪽 장면에서 언어로 전달된 것 이상의 것은 비유장면의 이면에서 조금씩 밝혀진다. 왜냐하면 대부분의 비유는 전형성을 보이며, 청중은 이러한 전형을 익히 잘 알고 있기 때문이다. 우리는 이렇게 비유장면과 나란히 놓인 서술장면에서 하나하나 고립적으

---

38. 부분적 일치는 종종 서술장면에서 비유장면으로 이행하는 곳에서나 혹은 그 반대의 곳에서 사용된다. 예를 들어 "그와 같이 빨랐다"라는 식의 한 부분에서 그러하다. 그러나 그렇다고 하더라도 비유가 다만 전적으로 혹은 상당히 빠름이라는 한 부분을 설명하는 것이라고 할 수는 없다. H. Fränkel, *Die Homerischen Gleichnisse*, Göttingen, 1921, 3쪽 이하를 보라.

로 제시된 서술장면에서보다 훨씬 더 많은 것을 읽을 수 있으며, 또 비유장면이 속한 동종의 유사비유들을 통해 각 비유에서보다 풍부한 내용을 읽을 수 있다.

상당히 많은 비유를 거느린 비유 유형은 목자와 그의 전형적 경험을 주제로 한다. 가장 짧은 형태는, 영웅을 "백성들의 목자ποιμὴν λαῶν"라고 종종 부르는 경우처럼, 목자와 영웅의 직유이다. 즉 목자가 그들에게 맡겨진 가축들을 야수들로부터 지키는 것처럼 영웅은 그들의 부하들을 적으로부터 지킨다는 것이다.[39] 왜냐하면 호메로스 서사시에 나타난 전쟁에서 영웅과 부하들이 각각 나누어 맡은 역할이 오늘날의 그것과는 상당한 차이를 보이기 때문이다. 오로지 영웅만이, 그리고 많은 재산을 가진 귀족만이 상당히 값나가는 공격무기와 방어무장을 갖출 수 있었으며 전장을 자유롭게 누비는 전차를 사용할 수 있었다. 평범한 병사가 적의 선봉장과 맞붙어 싸울 경우, 병사는 사자 앞의 양처럼 거의 무방비 상태나 다름없었다. 따라서 다수의 병사들은 대부분 적과 일정한 간격을 유지하며 멀리 떨어져 있었으며, 오로지 선봉장만이 진열로부터 앞으로 나와 동류의 적과 일대일로 싸우곤 하였다. 어떤 장수는 따로 적의 진열로 뛰어들어 맹렬한 기세로 적진을 부수며 병사들을 살육하였다. 따라서 적과 마주 선 장수는 자신의 백성들을 그런 일로부터 보호해야만 했다. 마치 목자가 가축들을 사자로부터 보호하듯이 말이다. 장수가 이를 포기한다면 병사를 잃는 것은 분명한 일이었다.

여기서 비유 하나를 살펴보자. 튀데우스의 아들 디오메데스는 화살을 맞아 가볍게 부상을 당하였다. 그의 병사가 화살을 제거해주었고 디오메

---

39. "그리하여 목자 가운데 전사 아닌 사람은 없다." 목가시와 신약성경의 영향을 받으면서 비로소 목자는 평화와 온화의 상징이 되었다.

데스는 회복되어 기운을 차렸다(『일리아스』제5권 134행 이하).

> 튀데우스의 아들은 다시 선두 대열에 들어가 섞였다.
> 앞서도 그는 트로이아 인들과 싸우기를 열망했지만
> 지금은 그 세 배의 용기가 솟아올랐다. 양우리로 뛰어드는 것을
> 들판에서 털 복숭이 양떼를 지키고 있던 어떤 목자가
> 부상만 입혔을 뿐 죽이지는 못한 사자와도 같이,
> 목자는 사자의 힘만 돋우어 주었을 뿐 그를 몰아내지 못하고
> 외양간 안으로 숨어버리니 버림받은 양떼들은 공포에 사로잡힌다.
> 그리하여 양떼들은 무더기로 쓰러지고 사자는 사나운 기세로
> 높은 우리를 뛰어넘어 밖으로 나온다. 꼭 그처럼 사나운 기세로
> 강력한 디오메데스는 트로이아인들 속으로 뛰어 들어갔다.[40]

다음의 비유는 성공적인 추격자의 승리와 힘없는 패배자의 고통을 보여주고 있다(『일리아스』제11권 172행 이하).

> 트로이아인들은 들판을 가로질러 달리고 있었다. 그 모습은
> 어두운 밤에 사자의 습격을 받아 도망치는 소떼와도 같았다.
> 다른 소들은 모두 달아났으나 그중 한 마리만은
> 갑작스런 파멸[41]을 면치 못했으니 사자는 억센 이빨로
> 먼저 목을 물어 바순 다음 피와 내장을 모조리 먹어 치운다.

---

40. 여기서 비유는 사자의 물리침 또한 기술하고 있으며, 따라서 사건 서술의 전개보다 훨씬 앞서가고 있다. 하여 이야기 전개상, 비유에서 사건 서술로 넘어가는 부분이 자연스럽게 못하다.

41. "αἰπύς"는 '가파르게 솟아오른'을 의미하며, "αἰπύς ὄλεθρος"는 절벽에서 떨어져 죽는 것을 비유하는 것이 아니라, 절벽을 향해 부딪쳐 죽음을 의미한다. 『일리아스』제13권 317행을 보라.

꼭 그처럼 아트레우스의 아들 통치자 아가멤논은 그들을 추격하여
맨 뒤에 처진 자를 계속해서 죽였고 그들은 그저 달아나기만 했다.

때로 전열을 갖추고 서 있는 병사들이 적장을 막아내고 몰아내는 일도
있었다. 그리하여 한 번은 아이아스가 피해 도망가게 된다(『일리아스』 제11
권 546행 이하).

그는 야수처럼 주위를 살피며
또 가끔 되돌아서곤 하며 한 걸음씩 천천히 물러났다.
마치 개떼와 농부들이 울타리를 친 쇠마구에서
황갈색 사자를 몰 때와도 같았다.
사자가 소떼 가운데 가장 살찐 놈을 잡아가지 못하도록
그들이 밤새도록 뜬 눈으로 지키니 사자가 고기를 탐내어
덤벼들어보나 어쩔 도리가 없다. 강한 팔들이 내던지는 창이
그를 향해 빗발치듯 날아오고 활활 타는 나뭇단까지 날아오니
그가 아무리 기세등등하다 할지라도 그 앞에서는 떨지 않을 수 없다.
그러다가 새벽이 되면 사자는 괴로운 마음으로 그곳을 떠난다.
꼭 그처럼 아이아스는 이때 트로이아인들로부터 괴로운 마음으로
마지못해 물러갔으니, 아카이아인들의 함선이 염려되었기 때문이다.

목자 비유 및 야수 비유 등은 모두 서로 간에 흡사하며, 야수 비유는 다시
사냥과 관련된 비유와 닮아 있다. 호메로스의 전투장면에 등장하는 모든
상황에 부합하거나 혹은 부합하도록 조정될 수 있는 비유가 커다란 비유
유형으로 나타난다. 예를 들어, 집단적으로 전투를 벌이는 전사들은 한 무
리의 늑대에 비유되거나 혹은 야수를 뒤쫓으며 몰아붙이는 사냥꾼(전장의

우두머리)이 거느린 개들에 비유된다. 이렇게 익숙한 그림들로 이루어진 비유 유형이 있으므로 전체 상황을 충실히 설명하는 데는 약간의 암시만으로도 충분하다. 이로써 매번 늘 전체 사건 가운데 오로지 작은 일부만을 보여줄 수밖에 없는 직선적 서사구조의 약점이 극복된다. 비유는 급박한 사건 전개를 일시적으로 중단시켜 놓고 전체 상황을 설명할 만한 그림을 삽입함으로써 이해의 지평을 넓히는 역할을 한다.

　두 번째 비유 유형은 자연현상으로부터 얻어진다. 바람과 파도, 바위와 산과 구름은 의지, 공격과 반격, 저항, 화합 등을 상징한다. 장수는 우뚝 솟은 '바위'로서 공격자의 '폭풍'을 막아선다. 적을 향해 몰려오는 병사들의 무리는 '파도'로 비유되는 바, 그들은 흰 거품 투구를 머리에 쓰고(κορύσσεται, 『일리아스』 제4권 424행) '바위'에 와 부서진다. 파도를 해안으로 몰아가는 '바람'은 집단의 것이든 집단을 이끄는 우두머리의 것이든, 추진하고자 하는 의지를 상징한다. 이 비유는 병사들은 물론 민회에 모인 인민들에도 적용될 수 있다. 아가멤논이 모여 있는 병사들에게 귀향 제안을 하자, 병사들은 기꺼이 받아들인다. "동풍과 남풍은 마치 아버지 제우스의 구름에서 내리덮쳐 높이 치솟게 해놓은 이카로스 바다의 큰 물결과도 같았다"(『일리아스』 제2권 144행). 잠시 후 분위기는 역전된다. 아가멤논이 이번에는 싸우자는 제안을 한다. 그리고 이번에도 그의 제안은 열광적인 분위기 속에서 받아들여진다(『일리아스』 제2권 394행 이하).

　　이렇게 말하자 아르고스 인들이 크게 함성을 질렀다.
　　마치 불어오는 남풍에 고개를 들기 시작한 파도가
　　가파른 해안의 돌출한 암벽에 부딪칠 때와도 같이
　　좌우에서 바람이 어찌 불든 한시도 조용할 때 없이 부서졌다.

여기서 비유와 서술을 연결시키는 확연한 연결고리는 파도의 포효와 병사들의 함성소리다. '바위'는 여기서 병사들을 통솔하는 우두머리 장본인이다. 비유는 이번에도 주목할 만한 문장으로 끝난다. 병사들의 의지가 급격하게 변전(變轉)하는 점과 관련하여, 이 비유에 쓰인 문장은 다음과 같은 점을 암시한다. 바람이 어찌 불든,[42] 명령하는 우두머리(우뚝 솟은 바위)의 주변에는 언제나 함성(파도의 포효)이 가득하다. 어느 특정한 방향으로 몰려가는 의지에 대한 비유로 "바다 위 폭풍"과 같은 정당한 비유가 일단 한 번 발견되고 나면, 이 비유는 여러 가지 방식으로 새롭게 적용된다. 이렇게 할지 저렇게 할지 몰라 망설이고 있는 사람의 우유부단한 태도가 소리 없는 파도에 비유되는 바, 이때 파도는 어디를 향해 몰려갈지 모른 채 솟아올라 방향을 결정해줄 폭풍을 기다리고 있었다(『일리아스』제14권 16행 이하).

『오뒷세이아』는 비유가 상당히 빈약하며, 사실 비유를 비교적 덜 필요로 한다. 왜냐하면『오뒷세이아』의 사건 대부분이,『일리아스』에서는 단지 비유장면에서 순간적으로만 나타났던 세계, 보다 자유롭고 일상적인 세계에서 전개되고 있기 때문이다.『오뒷세이아』에서 비유가 쓰인 경우에도 그것은 일회적일 뿐 체계적이지 않다.

이에 관해 예를 하나 살펴보자. 자신의 집에 낯모르는 거지로 변장하여 머물러 있던 오뒷세우스는 바깥채에서 잠자리에 들었다. 그곳에서 벌어지는 일들을 지켜보며 그는 가장으로서의 자존심에 깊은 상처를 입었다. 그러나 그는 솟아오르는 분노를 억누르며 참아낸다. 이 순간 만약 그가 어떤 행동을 했다면 모든 계획이 수포로 돌아가고 말았을 것이다. 그는 우선 현

---

42. '바람과 같은 백성*popularis aura*'(호라티우스『서정시』3, 2, 20)이라는 비유는 고대 세계에서 지속적으로 사용되었다. I. M. Linforth, *Solon the Athenian*, Berkeley, 1919, 215쪽을 보라.

명한 계획을 생각해내고자 하였다(『오뒷세이아』제20권 25행 이하). "마치 어떤 남자가 비계와 피가 가득 든 창자를 활활 타오르는 불 위에서 이리저리 굴리며 그것이 어서 빨리 익기를 열망할 때와 같이, 꼭 그처럼 그는 누워서 이리저리 뒤척이며 어떻게 하면 혼자 힘으로 파렴치한 다수의 구혼자들을 때려눕힐지 생각했다." 여기서 비유와 서술을 연결시키는 고리는 잠자리에 누워 뒤척이는 모습으로, 그것은 마치 불 위에서 비계와 피가 가득한 순대를 익힐 때와 같았다. 머릿속으로 여러 가지 가능성을 놓고 이리 굴리고 저리 굴리는 모습과, 굶주린 사람이 음식 익어가길 기다리듯 복수의 기회가 무르익기를 기다리며 초조해 하는 모습을 이로써 엿볼 수 있다. 이런 비유는 장면을 생생하게 표현하고 있으면서 동시에 매우 예외적이며,『오뒷세이아』에서 호메로스적 문체가 퇴보된 모습을 보여주는 극단적인 예라고 할 수 있다. 영웅적 사건을 다루는『일리아스』는 비유장면에서 일상적 수준으로 떨어지며, 영웅적 사건과 동떨어진 일상을 다루는『오뒷세이아』는 '순대 비유'에서 다시 한 번 저속한 수준으로 떨어진다고 하겠다.

3. 소재

호메로스 서사시에서 다루는 소재들은 궁극적으로 어디에서 유래하는 것일까? 기원전 6세기에 이미 그리스에서는 서사시의 내용이 창작물은 아닌지 의심하는 사람들이 있었다. 또한 19세기에 이르러 학자들이 합의한 바에 따르면, 트로이아 전쟁 및 전쟁과 연관된 모든 사건들은 다만 문학적 가상이라는 것이었다. 그런 가운데 어느 평범한 아마추어의 건강한 광신 덕분에 그 문제가 새롭게 조명될 수 있었다. 전문가들의 비웃음에도 불구하고, 하인리히 슐리만은 호메로스의 말들이 글자 그대로 진실이라고 굳건히 믿었던 것이다. 그는 1870년에 시작한 발굴작업 끝에 마침내 트로이아와 뮈케네의 옛 유적을 발견하기에 이르렀고, 이때 그는 자신이 찾고자 한 것보다 훨씬 많은 것을 발굴해냈다. 즉 트로이아 성벽뿐 아니라 그 위아래로 켜켜이 쌓인 유적층을 찾아냈으며, 그것들은 일곱이나 아홉 혹은 그 이상의 도시들이 남긴 유적이었다. 반면 그와 그의 후임자들은 자신들이 기대했던 것보다 훨씬 적은 것을 발굴해냈는데, 이로써 호메로스가 묘사하고 있는 그대로의 이타카는 존재하지 않았다는 것이 밝혀졌다. 과연 호메로스의 이야기는 진실인가라는 간단한 질문은 이제 간단히 대답할 수 없는 상황이 되었다.

우선 일반적인 상황의 진실성과 구체적인 사건 및 등장인물들 각각의 진실성은 서로 구분되어야만 한다. 서사시의 사건은 그리스인들이 소아시아 지역에 정착하기 훨씬 이전 시기를 배경으로 전개되고 있지만, 서사시가 만들어진 것은 소아시아 지역이다. 그렇다면 과연 서사시인들이 묘사하고 제시하는 서사시 시대와 그 문화는 정확하다고 할 수 있을까? 아니면 좋았던 먼 옛날은 그저 꿈일 뿐, 거친 현실 속에서 한 번도 존재한 적 없었던 허구적 창작물에 불과한 것일까?

글로 쓰인 기록물 없이 역사를 조명하는 한계 속에서,[1] 슐리만 이후에 착수된 조사의 결과는 호메로스가 묘사한 세계에 전반적으로 부합한다고 할 수 있다. 예를 들어 기원전 1570년부터 1200년 사이[2] 그리스 지역에서는 독자적인 모습을 갖춘 고도의 통일문명이 전성기를 구가하고 있었는데, 이들 청동기 문명이 호메로스 서사시에 반영되어 있다. 서사시에서의 '청동'은 시인의 실제 일상에서 철기가 맡던 기능을 수행한다. 그리고 그리스 초기 문화의 중심지는 호메로스가 언급하고 있는 "황금이 많은 뮈케네"였다. 슐리만이 1876년 뮈케네 고대 왕릉 여섯 기를 발굴하였을 때, 기원전

---

1. 메소포타미아, 이집트, 히타이트 사람들이 남긴 기원전 2000년의 기록물이 얼마나 그리스 세계를 설명해줄 수 있을지에 관해서는 나로서도 판단하기 어렵다. 1953년 이래로 마이클 벤트리스의 경이로운 업적 덕분에 크레타의 뮈케네 문명 유적으로부터 발굴된, 기원전 15세기에서 11세기에 이르는 수많은 선형문자판들이 해독되었으며, 이들은 가장 오래된 그리스 기록물로 밝혀졌다. 선형문자의 해독 작업은 상당 부분 진행되었다. 물론 선형문자를 그리스어로 이해하고 해독하는 것은 잘못된 일이라는 목소리도 있긴 하나, 해독을 통해 밝혀진 문서들은 주로 귀족 집안 살림의 재산목록, 일의 분배 등에 관련된 것들이었다.

2. G. Karo, *RE Suppl.* 6, 584쪽 이하.

16세기의 것으로 보이는 황금장식과 황금그릇이 발견되었는데, 이들은 14킬로그램에 달했다고 한다. 무려 3,500년 동안이나 역사적 토대 아래 보물들이 숨겨져 있었는데, 자신이 읽은 그대로 순진하게 호메로스를 믿고 땅을 파기 시작한 남자가 땅에서 쏟아져 나온 엄청난 양의 황금으로 그 믿음을 입증하게 되었던 것이다.

슐리만은 호메로스가 이야기 속의 사건들과 같은 시대를 살았다고 믿었다. 하지만 우리는 슐리만의 이런 생각에 동의할 수 없다. 우리가 보기에 호메로스의 서사시는 자손만대에 물려줄 당대의 사건을 생생하게 들려주는 운문의 역사기록물이 아니며, 다만 수백 년 동안 켜켜이 쌓여 만들어진 최종결과물일 뿐이다. 기원전 12세기 초에 뮈케네 문명은 몰락하였다. 아직 문명화되지 못한 또 다른 한 갈래의 그리스 민족, 즉 도리아인의 이주로 인해 뮈케네 문명은 종말을 고하고 말았던 것이다. 오랜 세월 동안 여러 차례로 나뉘어 북쪽 지방으로부터 그리스 본토와 펠로폰네소스 반도로 유입된 새로운 이주자들에게 밀린 많은 그리스인들이 고향을 잃고 에게 해의 섬들과 소아시아의 해안으로 옮겨 살아야 했다. 이때 이주자들은 조상 전래의 전승유산을 가지고 떠났으며, 그것들로부터 서사시를 만들게 된다. 호메로스의 서사시에는 뮈케네 시대의 영상이 세세한 부분까지 매우 충실하게 담겨 있다(이 책 40쪽과 65쪽 이하를 보라). 뮈케네의 주거지역 및 무덤 발굴을 통해 새롭게 유물과 건물 잔해들이 발견되고 있는데, 이들은 호메로스의 서사시를 이해하는 데 커다란 도움을 주고 있다.

다른 한편, 서사시의 전승은 중요한 역사적 사실을 완전히 무시하고 있다. 뮈케네는 기실 그리스 민족의 토착 문명이 아니었으며, 다만 크레타 문명의 한 지파에 불과했다. 크레타 문명의 영향으로 성장한 뮈케네를 그리스 계통 이주민이 나중에 접수하였고, 이때 크레타로부터 그리스 본토에 대한 지배권도 넘겨받았다.[3] 하지만 서사시는 이런 것들에 관해서는 아무 것도 언급하지 않는다. 이 때문에 아서 에번스가 1900년 이후 착수한 발굴 작업은 이전과는 정반대 의미에서 사람들의 새로운 관심을 끌었다. 그리고 이제 발굴 작업의 결과는 전혀 다른 고대 세계의 면모를 우리에게 제공하였으며, 이로써 우리는 서사시에서 얻었던 그림을 상당 부분 수정하게 되었다. 서사시 전통은 영웅시대가 다른 문명으로부터 크게 힘입었다는 사실을 인정하려 하지 않았다. 서사시 전통은 고래의 것들 중 이방의 것이라 생각되는 모든 요소를 의도적으로 무시한 채, 단지 그리스적 방식에 부합하는 것들만을 남겨 두었다.[4] 자신들의 민족사를 되돌아보면서 비(非)그리스적인 요소를 말끔히 지워버린 것이다. 이런 현상은 이주지역에서도 다시 한 번 반복된다. 이주지역에 세운 식민도시에서 꽃피고 완성된 서사시 문학은 이미 동화되어 그리스적인 것과 더 이상 구분할 수 없게 된 것을 제외한 모든 아시아적 요소를 배격하고 있다.

　다음으로 사건과 인물의 역사적 진실성에 관해 묻는다면, 트로이아 서사시의 고갱이는 아마도 실제 역사적 사건이었을 것이라고 답할 수 있겠다. 트로이아 도시 유적 가운데 하나[5]가 기원전 1,200년 직후 외적의 침입을 받아 불타고 파괴된 흔적을 남겼다. 그리스 쪽의 연대 기록에 따라 판단하건대, 이때가 트로이아 전쟁이 발발한 바로 그 시점이다. 그리스의 정벌 세력이 소아시아 서안의 번화한 도시를 정복하여 약탈하고 파괴하였고 상당한 노획물을 건졌으나, 그에 상응하는 상당한 손실을 입고 그리스 본토

---

　3. 이에 관해서 아직도 많은 것들이 해명되어야 한다.

　4. G. Karo, *RE Suppl.* 6, 601쪽 이하.

　5. 트로이아 유적층 VIIa를 가리킨다. *Amer. Journ. Arch.* 39, 1935, 550쪽 이하. 같은 책 43, 1939, 204쪽 이하. 유적층에 대한 분석과 논의는 아직도 상당한 시간을 요한다.

로 돌아간 사실을 의심할 만한 어떤 증거도 현재로서는 발견할 수 없다.[6] 이 사건은 뮈케네 문명의 마지막 시기에 벌어진 사건으로, 이후 곧 뮈케네 문명은 완전히 멸망하게 된다. 트로이아 정벌전쟁이 뮈케네 문명의 마지막 작품이라고 할 때, 이 사건이 뮈케네 문명을 뒤이은 사람들의 기억에 매우 강한 인상을 남겼음을, 그리고 서사시에 담긴 위대한 영웅의 찬란한 모습에 몰락의 비극적 그림자가 드리워져 트로이아 서사시에 장엄함을 더하고 있음을 쉽게 이해할 수 있을 것이다. 호메로스 서사시에 등장하는 인물들이 얼마만큼 역사적인가의 문제는 여전히 의문이며, 추측의 신빙성은 그때그때 달라진다. 다만 이야기의 단초가 되는 역사적 알맹이에 순전히 창작물에 불과한 것들이 켜켜이 덧붙여졌다는 것과, 또한 전체적으로 보건대 정벌전쟁을 담아내는 시간의 흐름과 더불어 계속해서 웅장해졌다는 것은 분명한 사실이다. 어떤 것은 일부분 사실적이다. 『일리아스』가 전하는 바에 따르면(제5권 627행 이하), 트로이아 성벽 앞에서 틀레폴레모스와 사르페돈이 맞붙어 싸웠다고 한다. 틀레폴레모스는 로도스 섬의 왕이었고 사르페돈은 뤼키아 사람들의 왕이었는데, 뤼키아는 로도스 섬의 맞은 편 소아시아 대륙에 위치한 도시였다. 그리스 전설에 따르면, 틀레폴레모스는 로도스 섬에 식민지를 건설한 그리스인들의 지도자였다고 한다. 『일리아스』에 그려진 이들 두 영웅의 맞대결은 소아시아의 거주민들과 로도스에 도착한 이주민들의 역사적 전투를 반영하고 있다. 이들의 역사적 전투는 모든 가능한 소재를 트로이아 정벌전쟁으로 끌어들이려는 서사시의 중력에 의해 서사시로 빨려 들어온 것이다. 이때 전투의 현장은 북쪽으로, 전투의 시점은 보다 이른 시기로 옮겨지게 된다.

---

6. M. P. Nilsson, *Homer and Mycene*, London, 1933, 249쪽 이하. J. L. Cassey, *Amer. Journ. Arch.* 52, 1948, 121쪽 이하.

세 번째이자 마지막으로 『오뒷세이아』의 역사성에 관한 질문은 『일리아스』의 역사성에 대한 물음과 전혀 다른 의미를 갖는다. 두 서사시에 담긴 이야기는 전혀 다른 성질의 것이기 때문이다. 『오뒷세이아』가 전하고 있는 사건들이 모두 진실일지라도, 그 사건들이 역사와 관련된 것은 아무것도 없다. 오뒷세우스가 고향에 돌아왔든 말든, 텔레마코스 혹은 청혼자들 가운데 한 사람이 오뒷세우스의 뒤를 이었든 말든, 그런 것들은 역사에서 별다른 의미를 갖지 않는다. 반면, 『일리아스』의 모든 사건들은 역사적 의미를 지니고 있으며, 행해지고 말해진 모든 것들이 민족의 운명과 관련하여 직접적인 의미를 갖고 있다. 『일리아스』의 인물들은 왕들과 장수들 그리고 연합군들이었다. 그와 달리 『오뒷세이아』의 인물들은 단지 아버지와 아들, 남편과 아내, 손님과 주인, 떠돌이와 목자, 주인과 노예, 거지와 거지였다. 즉 이 사람들은 그때그때의 사적이고 우연적인 관계에서 개인 대 개인으로 교류할 뿐, 정치적인 차원으로 변화될 단초들이 그 안에서 제공될 때마저도 『오뒷세이아』에서는 이를 적극적으로 사용하지 않는다.[7] 분명 『오뒷세이아』의 저자는 사적인 공간을 떠나고자 하지 않았던 것으로 보인다.

---

7. 청혼자들 간의 질투와 음모와 관련하여 정치적인 사건을 기대할 수도 있었다. 왜냐하면 청혼자들 가운데 일부는 이타카 출신이지만 일부는 외지사람이기 때문이다. 하지만 『오뒷세이아』에서 그들은 마치 마음이 잘 맞는 사업동반자처럼 행동한다. 트로이아의 연합군들 사이에서의 갈등이 이타카의 청혼자들 사이에서보다 훨씬 더 생생하다. 텔레마코스는 제 스스로 (자신에게 주어진) 왕국에 대한 지배권을 획득해야겠다고 생각하고 있다. 그러나 텔레마코스에게 문제되는 것은 오로지 자기 집안의 지배권이었다(제1권 386~398행). 텔레마코스는 회의를 소집하고, 이타카 섬의 주민들은 공동체 전체와 관련된 문제가 이야기되길 기대한다. 그러나 텔레마코스는 다만 자신의 사적인 근심에 관해서만 언급한다(제2권 30~45행). 시인들은 구체적으로 인민이 왕국의 일에 참여하는 것을 생생하게 묘사하면서도 적극적인 개입의 시도를 그리지는 않는다(제24권 413행 이하, 뒤늦게 사람들이 미약하나마 개입하려 했던 것을 제외하면).

『오뒷세이아』의 줄거리는 기본적으로 소(小)서사시의 소재들로, 어떤 것은 신화와 동화로부터 가져왔다. 젊은 시절 멀리 떠나 늙은 거지가 되어 돌아온 왕, 강인한 힘과 지혜로 자신의 지위와 위엄을 회복한 왕, 이제 막 새롭게 다시 결혼식을 올리려는 순간까지도 부인이 알아볼 수 없었던 남편, 정숙하지만 희망을 버린 부인, 이제 거의 어른이 되어가는 아들, 돕고는 싶으나 어떻게 도와야 할지 모르는 아들, 충직한 하인들과 시녀들, 불충한 하인들과 시녀들, 이들이 등장하는 흥미진진한 이야기는 이렇다 할 분석이나 해석이 불필요하다. 다만 신화와 동화에 관한 약간의 설명이 필요할 뿐이다.

소(小)서사시는 그 본성상 일정 정도 역사적인 근거를 갖는 전설과는 달리 어떤 특정한 장소와 연관되지 않는다. '아가멤논'의 성벽과 '프리아모스' 왕의 도시와는 달리, 이타카에서 오뒷세우스의 궁정을 찾으려 했던 발굴 작업이 실패한 것도 놀라운 일은 아니다.[8] 그래서 오뒷세우스의 이야기는 뮈케네 문명의 중심으로부터 멀리 떨어진 누구에게도 알려지지 않은 섬을 배경으로 삼았다. 이유는 오뒷세우스의 이야기가 '태양신화'적인 요소를 받아들였기 때문이다.[9] 태양의 거처는 멀리 서방 끝이었고, 『오뒷세이아』(제9권 25행)에 의하면 이타카는 "서쪽 매우 바깥에" 놓여 있던 것이다.[10]

---

8. *Einleitung in die Altertumswissenschaft* II, Leipzig, 1922, 제3판, 279쪽, M. P. Nilsson의 논문을 보라.

9. 이른바 태양 내지 별자리 신화는 오랫동안 잘못 사용되어, 이런 식의 해석은 매우 의심스럽고 조심스러운 것으로 여겨져 왔다. 그러나 이제 이런 조심스러운 태도는 바뀌어도 좋을 것 같다.

10. 이런 생각은 실제와 정확히 일치하지 않는데, 이오니아 지방에 살던 사람들은 그리스 서쪽 끝에 관해서 잘 알고 있지 못했기 때문이다. 『오뒷세이아』에서 이타카 섬의 위치도 사실과 일치하지 않는다.

『오뒷세이아』에는 영웅이 본래적으로 태양신의 성격을 갖고 있음을 시사하는 요소가 많이 들어 있으며,[11] 이것을 이해할 때 보다 더 잘 설명될 대목들이『오뒷세이아』에 적잖이 들어 있다. 하지만 전체적으로 우리가 읽고 있는 현재의『오뒷세이아』에서는 이야기의 종교적 색채가 많이 희미해져 세속화, 인간화되었다.

기적이나 동화 등이 거의 또는 전혀 사용되지 않던『일리아스』에 비해『오뒷세이아』에는 기이한 사건들과 동화 같은 사건들이 폭넓게 사용되고 있다. 오뒷세우스는 멀고도 먼 나라로 돌아다니며 겪는 모험여행에서, 역사적 실재일 수 없으며 더욱이 지리학적으로나 민족학적으로 전혀 실재와 상이한 동화 같은 사건들을 체험한다. 시인은 청중에게 지역이나 민족에 관해 알려주고자 하지 않으며, 자신이 청중에게 사실을 알려주고 있다는 가상을 만들어내지도 않고[12] 다만 청중을 재미있게, 놀라게, 경탄하게 만들고자 할 뿐이며, 다만 이런 이야기들은『오뒷세이아』에 나타난 소(小)서사시적 요소들과 느슨하게 연결되어 있을 뿐이다.

모험 여행 이야기가 대부분 바다를 생활 터전으로 삼고 살아가는 민족들의 자유로운 상상에서 출발한다고 할 때, 거기에는 어부 자신이 물고기가 되는 공포의 악몽이 한몫을 차지하게 된다. 어부가 바다로부터 자신의

---

11. 헬리오스는『오뒷세이아』에서 오뒷세우스에게 화를 내고 있는 것이 아니라, 자신의 황소를 잡아먹은 다른 이타카 사람들에게 화를 내고 있다. 꼭 이처럼 오뒷세우스는 청혼자들(본래 모두 이타카 사람들이었다)에게 화를 내고 있다. 왜냐하면 그들이 자신의 황소를 잡아 먹어치우고 있기 때문이다. 제12권 394~396행과 제2권 345행 이하에 그려진 기이한 일들은 서로 매우 흡사하다. 그러나 전자와 후자의 기적에 대한 분석은 현재 우리가 다루고 있는 주제를 벗어난다.

12. 제10권 82행 이하 라이스트뤼고네스 족에 관한 매우 이해하기 어려운 이야기와 같은 예외도 있다.『아르고 호의 모험』은 완결된 형태의 항해일지를 제시하고 있다. 비록 개별적인 정보는 상상에 기초한 것일지라도 말이다.

수확물을 건져 올릴 때처럼, 스퀼라라는 괴물은 그 옆을 항해하는 배로부터 선원들을 낚아채 집어삼켰다. 라이스트뤼고네스 사람들 장면에서 오뒷세우스 일행은 한쪽에 좁은 입구를 가진 사방이 막힌 항구로 들어가는데, 항구는 마치 물고기를 잡는 어망과도 같다. 이 거인들은 오뒷세우스 일행의 배를 파괴하였으며, 헤엄치며 달아나는 일행들을 작살을 들어 "마치 물고기처럼"(제10권 124행) 꿰어 잡아먹었다.

　『오뒷세이아』를 구성하는 또 다른 요소들은 바다를 직접 여행하는 사람들의 생각에서가 아니라, 그들을 기다리는 가족들의 생각에서 기원한다. 뱃사람이 한 번 뭍을 떠나고 나면 다시는 그를 보거나 그에 관한 소식을 들을 수 없게 된다. 뱃사람은 어딘가에서 죽었거나, 억류되어 있거나, 혹은 자진해서 거기 머물고 있을지도 모른다. 뱃사람이 돌아오기를 학수고대하며 기다리던 가족들의 머릿속에는 오로지 헛된 생각만이 가득할 뿐이다. 가족들의 상상 속에서는 떠나곤 돌아오지 않는다는 모호하고 빛바랜 사실이 적어도 부분적으로는 친근한 색채를 띠는 구체적인 영상으로 대체된다. '돌아오지 않는다'는 문구는 그리스 초기 언어에서 '귀향을 잊다'라고 표현된다. 떠나고 돌아오지 않는 사람을 기다리는 가족이 "그는 '귀향을 잊으'라는 약초를 먹었다"라고 말할 때, 이것은 반은 은유적이면서 반은 동화적인 것이다. 오뒷세우스와 그의 동료들은 실로 그런 이름의 약초가 자라는 나라 로토파고이 사람들의 땅에 도착한다. 『오뒷세이아』가 전하는 바, '로토스'는 마술적 효과를 갖고 있지 않으며, 로토파고이 사람들은 악한 마음을 갖고 있지도 않았다(제9권 92행). 로토스는 그저 뱃사람들이 그 맛에 반해 "고향을 잊을" 만큼 꿀처럼 달콤했을 뿐이다(제9권 97행). 세이레네스 일화(제12권 39행 이하, 158행 이하)에는 여행자들을 영원히 멀리 떨어진 바닷가에 잡아두는 유혹의 마법, 여인들의 노래가 담겨 있다. 원래 이 노래는 아마도 합창시였을 터이지만, 서사시에서는 당연히 서사시의 운율에 맞추어 노래되었다(이에 관해서는 이 책 21쪽을 보라). 세이레네스가 부르는 노래는 "아내들과 어린 자식들이 집에 돌아온 사람들을 위해 기뻐할 기회를 빼앗는다"이다. 그런데 이런 생각은 분명 고향에서 기다리는 가족들의 관점이므로 이 노래의 희생자들이 맞이한 운명이 여기서 암울하게 묘사되어 있다(제12권 45행 이하).[13] 키르케는 실제로 마술적 힘을 갖고 있었다. 그녀는 악의를 갖고 있으며 그녀에게 말려든 사람들을 짐승으로 둔갑시켜 놓는다. 오뒷세우스가 그녀의 마법을 분쇄하자, 키르케는 그의 애인이 된다. 요정 칼립소는 애인 역할만을 한다. 그녀는 기꺼이 오뒷세우스와 영원히 살기 위해 그에게 불멸성을 제공하고자 한다. 요정들은 한 장소를 지키는 정령들이며, 그녀들은 싱그러움이 넘치는 개천과 들판, 숲에서 무성히 자라는 나무들, 산천경개의 고적함 등 어느 한 장소의 생명력 넘치는 자연을 대표한다. 칼립소가 살고 있는 섬의 풍경이 『오뒷세이아』에 매우 아름답게 그려져 있다(제5권 63~74행). "불사신이라도 그곳을 보게 되면 감탄하고 마음속으로 기뻐하지 않을 수 없었다." 칼립소의 전설 속에, 고향을 떠나 소식 없는 사람을 영원히 붙잡아두는 미지의 땅은 뱃사람들에게 영원한 행복을 선물하는 사랑스러운 요정의 천국으로 미화되어 있다. 이 전설 속에서 여신은 곧 '실종'을 의미하는 바, '칼립소'는 '감추다'의 '칼립테인 καλύπτειν'에서 유래하였다.[14]

---

13. 다른 문헌 혹은 도판 전승에 따르면 세이레네스는 여자와 새의 몸을 갖고 있었는데, 여인들의 노래는 그리스적 사고에 따르면 새들의 노래를 연상시키기 때문이다. 『오뒷세이아』에는 이런 원초적인 사유 흔적이 감추어져 있다.

14. Hermann Günter, *Kalypso*, Halle a. S., 1921에서 칼립소 등의 동화적 인물들을 죽음과 일치시키고 있다. 이런 주장이 상당히 널리 받아들여지고 있다. 하지만 그의 주장은 중요한 핵심을 놓치고 있다. 다시 말해 칼립소와 그 유사한 인물들은 떠나고 없는 사람들이 죽었으려니 생각하는 사람들에 의해서가 아니라, 그들이 살아있으려니 하고 바라던

로토스를 먹는 사람들의 땅으로부터, 키르케의 섬으로부터, 칼립소의 섬으로부터 이론적으로는 누구도 돌아올 수 없다. 하지만 적어도 한 사람은 귀향에 성공해야 한다. 왜냐하면 그렇지 않을 경우 우리는 그 모든 일들에 관해서 전혀 알 수 없을 것이기 때문이다. 귀향에 성공한 사람은 평범한 인간들보다는 훨씬 강인하고 끈질긴 오뒷세우스 같은 사람이어야 한다. 그래야 칼립소의 섬을 떠날 수 있을 것이기 때문이다. 그는 아마도 다른 사람들보다 영리한 사람이어야 하고, 키르케의 마법에 당하지 않은 것을 보면 신적인 도움을 받았음에 틀림없다. 이런 사람이라면 아마도 저승까지 내려갔다가도 돌아올 수 있을 것이다. 수많은 모험이야기들이 이런 사람이 겪은 일로 채워지는 것은 어쩌면 너무도 자연스러운 일이었다. 그렇게 『오뒷세이아』에 이미 '아르고 호의 모험' 전설에서 알려진 이야기 소재들이 수용되었다.[15] 『오뒷세이아』의 영웅은 이오니아인들 사이에서는 영리함과 끈질김의 전형으로 인식되었으며, 그가 오랫동안 집을 떠나 있었기 때문에 많은 모험이야기들이 오뒷세우스에게 집중되는 것은 당연한 일이었다. 고금을 막론하고 불가사의한 여행담에서 여행자 자신이 일인칭 화자로 등장하여 자신이 겪은 일을 보고하는 것이 전형적이라고 할 때, 『오뒷세이아』의 '자기진술' 부분에서 우리는 이것을 확인할 수 있다.

역사적인 사건으로부터, 혹은 소(小)서사시적 요소로부터, 혹은 민담과 전설로부터 발전된 소재 이외에, 서사시는 또한 생성의 마지막 단계에서 새롭게 고안된 창작 소재를 포함하고 있다. 새로운 시대는 시대의 새로운 사상과 경향을 받아들이기 마련이다. 예를 들어 텔레마코스의 여행이야기(『오뒷세이아』 제3권과 제4권), 에우마이오스의 돼지치기 움막(『오뒷세이아』

사람들에 의해 만들어졌다는 사실이다.

15. K. Meuli, *Odyssee und Argonautika*, Berlin, 1921.

제14권과 제15권), 마지막으로『오뒷세이아』제23권과 비교될 수 있는『일리아스』의 마지막 장면(제24권) 등이 그러하다.

텔레마코스 여행이야기와 에우마이오스의 돼지치기 움막은, 비유하자면 서사시 사건의 폭풍이 잦아들고 바다가 고요하게 멈추어 선 순간에 속한다(이 책 35쪽 이하를 보라). 텔레마코스 이야기에서 젊은 청년 텔레마코스는 정보를 얻으려고 배움과 성장의 여행을 떠나 트로이아 전쟁의 영웅들을 방문한다. 텔레마코스가 아직은 보잘것없는 미래의 영웅모험을 이제막 펼치기 시작하였다면, 네스토르, 메넬라오스와 헬레네는 위대한 업적을 이미 이룩하였고 수고를 모두 겪었다. 우리는 젊은이의 눈을 통해 영웅들의 고향 생활을 지켜본다. 그들은 높이 존경받는 위엄을 갖춘 왕좌를 지키고, 현명하고 경건한 모습을 보여주며 빛나는 왕국을 다스리고 있다.[16] 위대한 영웅들은 가까이 다가가기 어려운 위치에서 모습을 드러낸다. 텔레마코스가 느꼈을 이런 느낌을 갖고 텔레마코스의 시인은『일리아스』의 영광스러운 주인공들을 바라본다. 한편, 우리는 오뒷세우스와 함께 당당하고 자신감 넘치는 발걸음으로 에우마이오스의 움막으로 들어선다. 앞서와는 전혀 다른 분위기인 움막의 단순한 포근함과 순박한 인간미가 넘치는 묘사는 영웅들의 위엄을 묘사할 때보다 훨씬 가까이 다가온다. 에우마이오스와 나그네가 서로에게 들려주는 자신들의 과거는 흥미진진하지만 격정적이거나 영웅적이지는 않다. 두 사람의 인생은 다른 사람의 속임수로 망가졌던 것이다. 텔레마코스 이야기가『오뒷세이아』를 토대로 하여 지난날 자랑스러웠던『일리아스』의 왕들을 되돌아보는 것처럼, 에우마이오스의 장면은『오뒷세이아』를 통해 서사시에 새롭게 편입된 일상세계를 들여다보고 있다.[17]

---

16. P. von der Mühll, *RE Suppl.* 7, 707쪽을 보라.

분위기가 사뭇 달라졌다. 끔찍하고 경이로운 경험과 사건 앞에 동요하던 낭만적 분위기는 사라졌다. 보다 부드럽게 순화된 태도가 관철되었는 바, 그것은 두 서사시의 마지막 장면에서 확인할 수 있다. 쓰러진 적의 시신 앞에서 이제 쓰디쓴 증오는 모습을 감추었고 용감무쌍한 전사의 위엄도 사라질 정도로 분위기가 변화되고 새로워졌다.

『일리아스』에는 옛 요소와 새로운 요소가 서로 충돌하면서도 나란히 등장한다. 헥토르의 시신에 대하여 저지른 소름끼치는 행동, 즉 아킬레우스가 가장 사랑하던 친구의 죽음을 앙갚음하겠다고 이미 죽은 적에게 저지른 끔찍한 모욕행위가 그대로 노출되어 있다.[18] 아킬레우스 자신이 친구의 죽음에 부분적으로나마 책임을 느끼기 때문에 그만큼 복수는 더욱 격렬하고 가혹하게 이루어졌다. 이어 늙은 아비가 자신의 아들을 죽인 자에게 탄원하는 장면과, 이들 둘이 서로 부둥켜안는 장면이 이어진다. 전쟁의 슬픔이 애잔하게 퍼진다. 물론 그렇더라도 위대한 인물의 영웅적 태도가 누그러지는 것도, 사건을 둘러싼 운명의 장엄한 무게가 줄어드는 것도 아니다.

『오뒷세이아』에서도 똑같이 나타나는 이러한 마무리 부분에서의 변화를 설명하기 위해서는 말이 다소 길어질 수밖에 없다. 페넬로페를 얻기 위해 오랜 세월 그녀에게 청혼하던 사람들이 마침내 소원을 이룰 수 있을 것으로 알려진 바로 그날, 오뒷세우스는 청혼자들 가운데 결혼할 사람을 가리기 위해 준비된 바로 그 무기로 연회장에 모여 있던 청혼자들 모두를, 그들이 선량한 사람들이든 아니든 가리지 않고 죽여 버린다. 오뒷세우스는 이렇게 하여 여인을 차지할 삼중의 권리를 획득한다. 그는 그녀의 남편이

---

17. 이 책 156쪽을 보라.

18. 시인은 이 끔찍한 행동을 신의 개입으로 저지토록 만들었으며, 신의 입을 빌려 이런 야만적인 행동에 대한 자신의 혐오를 표현하고 있다(『일리아스』제23권 184행 이하, 제24권 18~54행).

자, 그녀의 복수를 대신해준 사람이며, 페넬로페라는 높은 상금을 걸고 벌였던 시합의 승리자다. 그럼에도 자신의 활을 집어 들고 시합에 참여하는 순간까지 오뒷세우스가 아무에게도 주목받지 못하는 거지신세였다는 점은 참으로 씁쓸한 역설이라 하겠다. 이런 경향이 줄곧 이어진다면 마지막 장면에서는 이에 상응하는 커다란 역설이 등장할 텐데, 실제 이런 장면을 우리는 마지막 대목에서 발견할 수 있다. 청혼자들의 시신을 겹겹이 잘 포개놓고 나서(제22권 448~451행), 오뒷세우스와 페넬로페는 곧 두 번째 결혼식을 말끔히 정리된 연회장에서 거행한다. 옆 안마당에는 그 나라의 최고 젊은이들이 피를 흘리며 죽어 있었지만, 집안에서는 칠현금 가락이 울려 퍼졌고 춤추는 사람들의 발걸음만이 분주하게 움직였다. 이때 집밖에서는 지나가는 사람들이 자신들의 아들과 형제가 치른 목숨 값으로 벌어지는 잔치를 듣는다(제23권 148행 이하).

> 그 소리를 듣고 이렇게 말하는 자들도 더러 있었다.
> "구혼자들이 많은 왕비님과 누군가가 정말로 결혼식을
> 올리는가 보구나. 무정한지고! 그녀는 결혼한 남편이
> 돌아올 때까지 그분의 큰 궁전을 지켜내지 못했구나!"
> 어찌된 영문인지도 모르고 그렇게 말하는 사람들도 더러 있었다.

거대한 드라마의 대단원이 이렇게 기막히게 끝날 수도 있었으나, 『오뒷세이아』에서는 대단원에 덧칠이 입혀져 그 빛을 바래게 한다. 즉 잔치는 더 이상 진정한 잔치가 아니며,[19] 다만 속임수에 불과하다는 것이다. 죽임을 당한 청혼자들의 가족들을 속여 오뒷세우스가 복수에 대한 준비를 마칠

---

19. 애초에 진정한 잔치였음이 제21권 428~430행을 통해 확인된다. 이 부분은 제23권 143~145행의 내용을 앞서 암시한다.

수 있을 때까지만 청혼자들의 가족들이 그저 그렇게 여기도록 만들기 위한 속임수였다. 또 『오뒷세이아』에서 늙은 하녀 에우뤼클레이아는 시신들과 피 웅덩이를 보고 기쁨에 젖어 소리 높여 '환호성ὀλολυγή'을 지르려고 하였으나, 오뒷세우스는 다음과 같이 경고하며 그녀를 제지한다(제22권 411행 이하).

> 할멈, 마음속으로만 기뻐하시오. 자제하고 환성을 올리지 마시오.
> 죽은 자들 앞에서 뽐내는 것은 불경한 짓이오. 여기 이 자들은
> 신들의 운명과 자신들의 못된 짓에 의해 제압되었다오.

『일리아스』에서도 여러 번 적의 시신을 앞에 두고 기쁨에 넘치는 환호성이 터져 나왔지만, 누구도 이를 제지하지는 않았다. 그러나 후세의 시인은 다르게 생각하여 경건함을 새롭게 덧칠하였다. 그 결과 『오뒷세이아』에서는 과거로부터 전래된 '피의 결혼식 장면'을 망쳐 놓았고, 『일리아스』에서는 헥토르 시신을 되돌려주는 장면을 덧붙여 놓았다.

4. 신들과 세계힘들

　서사시 공연에서 이야기되는 주제는 "인간들과 신들의 행적"(『오뒷세이
아』제1권 338행)이다. 무사이 여신들로부터 영감을 얻은 덕분에 시인은 인
간들뿐만 아니라, 평범한 인간들은 전혀 알 수 없었던 존재인 신들에 관해
서도 노래하고 이야기할 수 있었다.[1] 신들의 이야기는 『오뒷세이아』에서
충분한 동기를 이미 갖고 있다고 할 수 있는데, 신들은 이야기 내내 고비마
다 사건을 조정하고 있으며, 특히 아테네 여신은 오뒷세우스와 그의 아들
에게 일련의 크고 작은 과제를 부과하고 있다. 하지만 『일리아스』에 등장
하는 수많은 신들의 이야기가 과연 충분한 동기를 갖는지는 분명하지 않
다. 우선 『일리아스』에서 신들은 트로이아 전쟁의 승패에 개입하기 위해
등장하기도 하지만, 신들의 세계에서 벌어지는 일은 오히려 시인에게 인간
세계의 일들과는 구별되는 또 다른 독립 주제라고 할 수 있다. 따라서 사건
은 근본적으로 하늘에서 벌어지는 사건과 땅에서 벌어지는 사건이라는 두

---

　1. 결과적으로 보면 그 작용은 결국 서술 부분 속에서 실현된다. 서사시의 인물이 행하는
　　연설은 평범한 인간들의 시야가 미치는 범위 내에서 이루어진다(O. Jörgensen, *Hermes*,
　　1904, 357~382쪽). 이런 관점에서 연설은 서술 부분과 분명히 구분된다(이 책 74쪽을
　　보라). 다만 서술은 훨씬 더 자유롭게 이루어진다.

개의 층위를 가지며, 하나의 층위는 그때그때 다른 하나의 층위가 전개될 때, 그 배경으로 물러나게 된다. 두 번째로 신들의 장면은 종종 고유한 사건을 담고 있지 않으며, 다만 『오뒷세이아』에서는 인간세계 묘사의 배경으로 머무는 경우가 있다. 세 번째로 신들의 장면 가운데는 거친 힐난과 떠들썩한 웃음이 곁들여진, 어딘지 모르게 낯선 장면들이 포함되어 있다. 신들은 서로 말다툼을 벌이고 서로 거짓말하고 얻어터지기도 하고 길게 — 그 얼마나 신적으로 길게 늘어졌겠는가!² — 뻗어 바닥에 눕기도 한다. 신들의 이런 행동들에 대한 묘사 하나하나는 6세기의 시인 크세노파네스를 비롯하여 경건한 사람들에게 불쾌감을 불러일으켰다(이 책 616쪽 이하를 보라). 만약 호메로스 시대의 인간이 도덕성의 초월적인 토대로서 종교를 추구했다면, 그에게 『일리아스』의 종교관은 비(非)상식적이고 심지어는 매우 도발적인 것이었을지 모른다. 또 만일 호메로스 시대의 인간이 압도적인 힘으로 인간사에 개입하는 전지전능한 신을 찾는다면, 그에게 『일리아스』의 여러 장면에서 신들은 숭고한 외관에 어울리지 않는 비루한 놀이를 추구하는 존재로 보였을 것이며, 그 장면이 서사시의 사건 전개상 불필요한 것이었을 때에는 더욱 혐오스럽게 보였을지도 모른다.³ 하지만 일관되고 통일된 신관을 가진 종교는 존재하지 않는다. 이상의 세 가지 어려움은 호메로스가 묘사하고 있는 신들의 세계를 형성하는 데 이바지했던 독특한 신 개념을 이해할 때 한꺼번에 해소될 것이다.

---

2. 『일리아스』 제1권 533행 이하, 제14권 153행 이하, 제21권 385행 이하. 『오뒷세이아』에도 역시 '신적 소극(笑劇)'이 등장한다. 그러나 소리꾼이 전하는 보고의 형식으로 다만 간접적으로 언급된다.

3. 종교가 숭고한 존재에 대한 경건한 우러름이라고 생각하는 사람에게 단 두 개의 호메로스 서사시의 장면만이 만족감을 줄 것이다. 제우스가 약속의 뜻으로 고개를 끄덕이자, 올림포스가 흔들렸을 때, 그리고 벌을 주고자 아폴론이 마치 "밤이 오는 것처럼" 다가올 때 등 두 번이다(『일리아스』 제1권 44행과 528행 이하).

이러한 신 개념과 관련하여 첫 번째로 우리는 호메로스 이후 상고기의 그리스인들 사이에 널리 유행하게 될 대립쌍의 사유방식을 고려해볼 수 있다. 즉 어떤 하나는 그 대립물과 함께 생각되어야 하는 바, 매우 좁게 제약된 인간 존재는 다른 한편 인간과 유사하면서도 무제한적 신적 존재라는 대립물을 필요로 한다는 것이다.[4] 이런 관점에서 엄격한 도덕성이라는 일종의 부담스러운 제약을 넘어, 신은 생동하는 삶의 욕망을 무한히 충족시키는 인간초월적인 자유를 만끽하는 존재로서 인간보다 도덕적으로 앞설 것도 없는 것이다. 이런 이유에서 그리스에서의 신들은 추상적인 존재가 아닌, 나름대로 독특한 개성을 갖는 존재들이다. 또한 그들은 인간세계의 가족이나 공동체와 유사한 방식으로 신들의 사회를 형성하며, 제우스를 아버지 같은 존재로 모신다.[5] 또한 그들에게는 역사적 사건이 있을 수 없으며, 오로지 삶, '주변'과 일화만이 주어져 있을 뿐이다. 신들에게는 그 무엇도 진지하게 받아들일 필요성이 없다. 호메로스에서 신들은 아무런 제약을 모르고 아무런 근심도 모르는 '호메로스적' 웃음을, 인간으로서는 불가능한 웃음을 웃는다. 인간들이 먼지를 뒤집어쓰고 고통을 느끼고 피 흘리며 서로 뒤엉켜 싸우는 동안에도 신들은 그저 웃을 뿐이다. 인간들이 삶과 죽음의 기로에서 싸우는 동안 신들도 다툼을 벌이지만, 제우스의 마음은 신들의 다툼을 보며 즐거워 웃음을 웃는다(『일리아스』 제21권 389행). 다툼은 『일리아스』 등 다른 서사시들의 주제다(『오뒷세이아』 제8권 75행). 인간들이 야만적이면서 싸움을 즐긴다면, 신들도 또한 바로 그러하다. 그래서 신

---

4. 대립은 세부적인 것에까지 관철된다. "올림포스에 거주하는" 신들은 "불멸의 음료 ambrosia"를 마신다. 이와 정반대로 "땅에 사는 인간들"은 "대지의 열매를 먹으며"(제6권 142행 이하), 그리하여 죽어 대지에 묻힌다(『일리아스』 제13권 322행, 제21권 465행).

5. G. M. Calhoun, 'Zeus the Father in Homer,' *Trans. Am. Phil. Ass.* 1935, 1쪽 이하.

들은 서로 격정적으로 싸우고 다투며 서로 비방하고 욕하며 이어서 금세 서로를 어르고 달랜다. 땅 위의 비극적 사건은 비극적 요소가 제외된 올림 포스의 사건을 요구하는데, 그리하여 비극적 요소가 배제되었다는 점을 제 외하면 올림포스의 사건은 땅 위의 사건과 완전히 동일하다. 어쩌면 모순 적으로 보일 수도 있겠으나, 신들은 인간들처럼 서로 어이없는 소동을 벌 이는데도 불구하고, 그리스 세계에서는 그것마저 그들의 신성에 속한다.

신들은 이것저것 생각하지 않아도 된다. 왜냐하면 그들은 안전하기 때 문이다.[6] 만약 한 인간이 싸움을 시작하면, 그는 자신의 동료들에게도 수많 은 고통을 가져오게 되고, 수많은 용감한 영웅들을 죽음에게 먹이로 던져 주어야 하며, 마침내 스스로도 고통과 시련 가운데 죽음을 당하게 된다. 그 러나 신들은 가벼운 마음으로, 마치 모래성을 쌓다가 다시 허물어 버리는 어린아이와 같이 인간사에 개입할 수 있다(『일리아스』제15권 361행). 신들 이 다른 신들 또는 인간들과 벌이는 거침없는 장난을 지켜보면서 우리가 느끼는 신들의 불경조차도 그들의 놀라운 위대함을 배가시켜 줄 뿐이다. 그리스 서사시는 아무 근심 없이 그들의 의지를 관철시켜나가는 신들의 위 대함을 경탄스러운 눈으로 추앙하고 있다. 신은 충분히 했다 싶으면 그저 그만하면 된다. 부상을 입은 아레스는 하늘로 돌아온다. 의술의 신은 순식 간에 그의 상처를 치료한다. 또한 싱싱한 젊음을 상징하는 헤베 여신은 그 를 씻겨 지상에서 묻은 더러움을 지워 버린다. 그는 우아한 옷을 걸쳐 입고, "자신의 (다시 살아난) 위엄 κῦδος 을 즐거워하며" 아버지 제우스의 옆에 앉 는다(『일리아스』제5권 906행. *Frühgriech. Denken* 314쪽 이하를 보라). 신은 언 제나 다시 자신의 위대함을 되찾을 수 있다(『오뒷세이아』제8권 362~366행). 그러나 인간은 인간들과 신들이 그리고 스스로가 자신에게 저지르는 모든

6.『일리아스』제22권 19행.

일을 짊어지고 모든 것이 끝날 때까지 힘겹게 견뎌야만 한다. 인간은 자신이 딛고 선 땅에 묶여 있지만 신들은 그저 왔다가 가버린다. 신들은 사건에 참여할 수도 있고 다만 관객으로서 영웅적 연극을 즐길 수도 있다. 그들은 "올림포스 골짜기에 그들 각자를 위해 지어놓은 훌륭한 궁전의 대청 안에서 조용히 앉아" 있을 수 있다(『일리아스』 제11권 75행). 인간들에게는 처음이자 마지막이며 하나이자 전부인 것이 신들에게는 그저 흥미진진한 연극일 뿐이며, 신들에게는 기분 내키지 않으면 언제든지 눈을 돌려 아무 관심 없이 제 일을 볼 수 있는 그런 것이다. 신들에게는 거대한 전쟁도, 신들 중 하나가 때로 그렇게 말하는 것처럼 "작은 일", 모여 즐겁게 벌이는 식사의 즐거움보다도 작은 일일 뿐이다(『일리아스』 제1권 576행).[7] 지상에서 벌어지는 끔찍한 사건으로부터 눈을 돌려 다른 곳을 바라볼 수 있는 신적 존재는 트로이아 전쟁이나 모든 인간 존재와 서로 맞닿아있다. 인간들의 고통은 세계의 한쪽에서 펼쳐지며, 다른 쪽도 서사시에서 빠질 수 없는 부분이다. 상고기의 논리가 요청하는 바, 신적인 층위가 존재할 때만 인간적 층위도 알맞은 자리를 부여받을 수 있는 것이다.

자기 자신들의 하늘세계에서 자족하며 다른 모든 일에 관여하지 않는 신들은, 세계의 움직임에 따라 무언가를 성취하는 데 있어 필연성에 구속받지 않으며, 다만 그들의 의지와 기분에 좌우될 뿐이다.[8] 이러한 신 개념

---

7. P. Friedländer, 'Lachende Götter,' *Die Antike*, 10, 209쪽 이하. 서사시 공연의 청중은 식사를 즐기며, 소리꾼이 그들 앞에 늘어놓는 이야기를 들으며, 자신들이 마치 신들인 양 느꼈을 것임에 틀림없다. 또한 그들은 『일리아스』의 신들처럼, 공연이 잠시 중단된 사이에 사건에 적극적으로 개입하여 이를 이야기하였을 것이며, 곧 공연이 계속되어야 하는지에 관해 논쟁을 벌였을 것이다. 이 책 25쪽 각주 12번을 보라.

8. 『일리아스』 제1권 423~427행에서 테티스는 아들 아킬레우스에게 말하기를, 모든 신들(즉 올림포스의 신들을 가리키며, 테티스는 바다의 여신 가운데 하나로 올림포스 신들에 속하지는 않는다)이 12일 일정으로 세계의 끝으로 떠나 아이티오페스족의 잔치

은 지상의 모든 사건에 신들이 관여하고 결정한다는 신 개념과 추호의 타협점을 찾을 수 없을 만큼 대립적이다. 이 두 가지 신 개념이 호메로스에서 나란히 존재하는데도 어떤 균형을 맞추려는 시도조차 찾을 수 없으니, 그것은 서사시가 신학적 체계를 추구하는 학문도 아니며, 그렇다고 완결적인 세계관을 추구하는 철학도 아니기 때문이다. 서사시는 그저 그때그때 필요한 것을 가져다 쓸 수 있다면 그저 가져다 쓸 따름이다.

세계 지배자로서의 성격을 보건대, 호메로스의 신들은 더 이상 각각 어떤 개성을 가질 필요가 없는 단일체로 융합되어 있다. 이런 경우 다만 "신들"이라고 언급되거나, 단수로 지칭되는 경우에도 이렇다 할 차이 없이 그저 "신" 혹은 "제우스"라고 언급된다. 모든 사건은 "신들의 계획에 따라" 이루어진다는 확고한 믿음이 있다. 하지만 이런 종류의 모든 표현들은 서사시가 개성적인 무언가를 구체적으로 드러내거나 자세히 설명하지 않고 침묵할 경우, 막연한 전체를 가리킨다.

신들이 서로 갈라져 편을 이루어 이런저런 인간들을 총애하거나 미워하게 될 경우, 『일리아스』는 이를 즉시 구체적이며 분명하게 설명한다. 모든 영웅들은 그들을 특별히 아끼고 편들어주는 신들을 각각 가지고 있다. 이런 일로 인해 신들의 사회에는 이런저런 잡음이 그치지 않는다.

어떤 일이 왜 그리고 어떻게 그리 전개되었는지 따져 묻지 않고 그저 있는 그대로의 상황을 받아들일 경우, 사람들은 이를 '운명' 혹은 '질서'라고 말한다. '질서Θέμις'는 사람들이 지켜지는, 혹은 지켜야 하는 불변의 규칙을 가리킨다. 이 개념은 법률, 관습과 사회적 장치에 속하는 규범과 그

─────

에 참석한다고 전한다. 이 시간 동안 트로이아 전쟁은 신들이 지켜보지 않는 가운데 지속된다(421행 이하, 488~493행 등 비교). 신들이 올륌포스로 돌아오고 나서야 비로소 테티스는 제우스에게 단 둘이서 비밀스럽게 이야기를 나눌 수 있으며, 제우스로 하여금 인간사에 관심을 갖게 만들 수 있었다(493행 이하 비교).

사례 전반을 포함한다. 남녀의 성적 결합 또한 이 '질서'에 속한다(『일리아스』제9권 134행). 이런 매우 복합적인 '질서' 개념으로부터 하나의 제도가 다양한 방식으로 부각되어 신들과 매우 가까운 관계 위치를 점하게 되는데, 이것이 바로 왕권이다. 따라서 공동체에 대한 왕의 특권과 주장은 늘 제우스로부터 유래한다. 자연법을 지시하는 별도의 개념은 존재하지 않는다.[9]

운명을 나타내는 호메로스의 언어는 여럿이며, 이 중 가장 많이 쓰이는 단어는 글자 그대로 번역하면 '몫'을 의미하는 단어이다($\mu o \hat{\imath} \rho a$, $a \hat{\imath} \sigma a$). 이런 단어들이 쓰일 때는 규칙이나 일반적 법칙을 지시하고자 하는 것이 아니라, 어떤 운명이 어떤 특정한 사람에게 할당된 바 그 개인적인 '몫'을 표현하고자 한 것이다. 그리하여 운명은 늘 그것이 의미심장한 특정 사건을 야기하였다는 뜻에서 언급될 뿐, 개별적 운명의 몫을 묶는 총합으로서 거론되지 않는다. '몫'을 할당하는 자로서 운명은 때로 신들로 표현된다. '몫'이라는 뜻과는 모순적이지만, 운명은 일반적으로 '능동적 힘'으로 이해되는 바, 운명은 그것의 희생자에게 "덤벼들고", "묶고", "잡고", "때려눕히고", "강요하고", "죽인다."[10] 왜냐하면 운명은 주로 파국에서, 좌절과 몰락에서 그 힘을 발휘하기 때문이다. 운명이 구원과 성공을 의미할 때에는 긍정형을 취하지 않고 대부분 부정형을 취한다("아직은 죽을 운명이 아니었다"). 운명은 '죽음'을 의미하는 경우가 많다. '죽음'을 나타내는 별도의 신은 존재하지 않는다.

---

9. 『오뒷세이아』의 연설 부분에서 '정의δίκη'는 '자연스러운 것εἰκός'을 지시하는 데 사용되었다. *Frühgriech. Denken* 172쪽 이하 참조. 혹은 K. Latte, *Antike und Abendland* II, 1946, 65쪽 이하 참조(θέμιϛ와 δίκη).

10. E. Leitzke, *Moira und Gottheit im alten homer. Epos*, Göttingen, 1930, 18쪽 이하를 보라. W. C. Greene, *Moira*, Cambridge, Mass., 1944, 13쪽 이하 등에서 호메로스를 다루고 있다.

운명은 호메로스에서 때로 "신들의 섭리"로 여겨지며, 그리하여 어떤 방식으로든지 신들에게 귀착된다. 하지만 때로 서사시는 신들이 세계를 지배한다는 기존의 믿음과 배치되는 생각을 제시하기도 한다. 즉 서사시의 사건은 이미 운명에 의해 결정되어 있기 때문에 신들도 그에 따라야 한다는 것이다. 헥토르의 죽음에 앞서 제우스는 황금저울을 들고 한쪽에는 아킬레우스의 운명을, 다른 한쪽에는 헥토르의 운명을 올려놓는다. 헥토르의 "운명의 날"이 기울어져 하데스의 집으로 떨어졌다. 이제까지 헥토르를 돕던 포이부스 아폴론은 그를 떠나고, 아테네가 아킬레우스를 돕기 위해 등장한다(『일리아스』제22권 209행 이하).

미리 정해진 운명이라는 생각은 호메로스의 정신세계에서 낯설고 드문 것으로서, 나름대로의 특별하고 고유한 기원을 갖고 있음에 분명하다. 이 근원을 찾는 것은 그다지 어렵지 않다.

헥토르의 죽음과 관련된 감동어린 이야기에서 소리꾼은 분명히 알고 있었던 바, 이러한 결과는 어쩌면 당연하고 자연스러운 것이다. 즉 헥토르가 가진 명예욕(제22권 99~100행)과 현명함(111~130행)에 따르면, 그는 결사항전 이외의 다른 선택을 할 수 없으며, 아킬레우스는 헥토르보다 뛰어난 전사이기 때문이다(40행과 158행). 다른 한편 소리꾼은 분명 약자의 편에서 있으며, 그래서 제우스조차도 헥토르가 이번만큼은 죽음을 면할 수 있기를 바란다(168~181행). 신들은 불가능해 보이는 일도 언제나 가능케 하는 능력을 갖고 있었다. 그러나 신들이 이번만은 그렇게 하지 않고 헥토르가 죽음을 당하게 놓아두었다. 신들보다 높은 곳에 서 있는 힘이 이때 작용한 것이 틀림없다.

우리는 몇몇 예를 통해 확인된 이런 결론을 일반화시킬 수 있다. 호메로스 서사시의 소리꾼은 자신이 노래하는 사건을 전설이 아니라 분명한 현실로 받아들였다. 이야기 진행의 전체 구도는 확실히 정해져 있으며, 특히 파국은 더더욱 그러하다. 소리꾼을 제약하는 이야기 틀 안에서라면 소리꾼은 자신의 재량에 따라 이야기를 끌고 갈 수 있다. 그러나 이야기 틀 안에서 소리꾼에게 주어지는 자유재량이 커질수록, 그만큼 소리꾼은 이야기 틀이 경직되었다고 느낀다. 소리꾼에게 전승된 이야기의 결말과, 소리꾼이 — 자신의 개인적 선호 때문에, 혹은 운명이 결정된 자의 파멸에 대한 연민 때문에, 혹은 소리꾼이 어느 하나만을 타당하고, 자연스럽고, 예술적으로 의미 있게 여겼기 때문에 — 바꾸었으면 하고 바라는 결말 사이의 괴리가 거듭해서 문제를 야기했을 것이다. 그리하여 소리꾼은, 결말이 이렇게 되어야 했었는데, 혹은 이렇게 될 수도 있을 텐데, 실제로는 전혀 다르게 진행되었다고 느꼈을 것이다. 이렇게 미리 결말이 결정되어 버린 전승은 소리꾼에게 앞서 정해져버린 운명으로 받아들여졌을 것이다.[11] 일반적으로 소리꾼은 이러한 힘을 "신들이 정한 운명"이라고 여길 수 있다. 왜냐하면 소리꾼은 사건을 나름대로 해석하는 과정에서 신들이 그런 결말을 원했으며, 그래서 그렇게 만들었다고 믿어버리기 때문이다. 그러나 때로 신들은, 소리꾼도 잘 알다시피, 서로 갈라져 싸운다. 그리고 때로는 신들도 사건이 실제 그렇게 진행되는 과정이 달갑지는 않다. 그래서 결국 운명은 신들도 굴복할 수밖에 없는 힘으로 이해되었다. 이에 따라 다음과 같은 개념이 자리 잡는다. 즉 운명은 절대적인지라 우주의 다른 지배자와 하등의 어떤 관계도 맺지 않으며, 또한 운명의 결정은 자의적인지라 설명되거나 이해될 수 없는 것이다. 이런 이유에서 우리가 아무리 호메로스적 운명을 합리적으

---

11. 이 책 138쪽 이하를 보라. 이와 동일한 생각은 아티카의 비극에도 똑같이 적용된다. 그리하여 비극에서는 운명적인 요소가 실제 경우에서보다 강하게 등장한다. 일반적으로 역사를 사건의 뿌리로부터 이해하려는 사람들은 실제의 결말의 모든 일이 앞서 그렇게 진행될 수밖에 없었다는 필연성을 발견한다.

로 설명하고, 호메로스의 세계질서 안에 합당하게 위치를 마련하려고 시도할지라도, 진작부터 이런 작업은 실패할 수밖에 없는 운명이다. 운명의 힘은 절대불변 이미 굳어버린 완고함을 의미하며, 아무리 사건을 분석하더라도 결코 벗어날 수 없는 것이고, 다른 모든 것들이 반드시 수용하고 스스로를 맞추어야 할 존재다. 운명의 힘은 밖으로부터 주어진 독립적이고 완고한 강제로서, 시인은 다만 이것을 주어진 것으로 받아들일 뿐이며, 그리하여 시인이 노래하는 신들과 영웅들도[12] 이것을 주어진 것으로 받아들인다.

따라서 서사시인들이 모든 것을 운명으로 돌리는 것은 그들로서는 어떻게 해볼 수 없는 필연이라 하겠다. 하지만 시인들은 신들을 형상화하는 일에 적극적인 관심을 보였다. 저 위로부터 세상사를 질서지우며 개입하는 세계의 지배자들로서의 신들에 관해서는 앞서 언급하였다. 한편 신들이 힘의 담지자라는 개념은 다른 또 하나의 방향으로 발전되었다. 이에 따르면 신들은 각각 특정 기능을 갖고 있으며, 이로써 세계운행에 깊게 관여한다는 것이다. 대지의 여신, 바다의 신, 하늘과 날씨의 신, 또는 전쟁의 신과 사랑의 신이 그것이다. 특정 기능의 집행자로서의 신들은 『일리아스』에서 어떤 모습으로 나타날까?

『일리아스』의 서술 부분은 자연 사물의 평범한 운행에는 관심을 갖지 않으며, 오로지 기이한 사건에만 관심을 보인다. 또한 『일리아스』는 사건보다는 인물에 더 많은 관심을 보인다. 그런 이유에서 『일리아스』에서 올림포스 신들의 특수기능에 대한 관심은 한 걸음 뒤로 물러나 있다. 제우스는, 그의 별칭을 따르자면 날씨의 신임에도 불구하고, 전 세계를 통치하는

---

12. "언젠가는 신성한 일리오스가 멸망하는 날이 오리라"라고 헥토르는 말하고 있다(『일리아스』 제6권 448행). 이 책 36쪽을 보라.

최상의 지배자로서만 등장한다. 제우스는 날씨를 이렇게 저렇게 움직일 필요가 없었다. 왜냐하면 제우스가 겁을 주든, 앞으로 다가올 불행의 전조로 번개를 내려치든, 아니면 붉은 피의 빗방울을 내려보내든, 아니면 전사들을 안개와 먼지로 에워싸든, 군사들의 머리 위에는 언제나 맑은 태양이 빛나고 있기 때문이다. 제우스가 "대기와 구름 속에" 자리를 잡고 있는 것처럼 포세이돈은 "잿빛 바다 속에" 거처한다(『일리아스』 제15권 190행). 하지만 바다는 그에게 그저 그의 거처이자 왕국 이상의 어떤 의미도 갖지 않으며, 그와 바다를 일치시킬 수는 없다. 그의 마차가 물이 갈라지고 돌고래들이 뛰노는 가운데 파도 위를 달려갈 때, 바다는 그저 갈라져서 자리를 만들어줄 뿐이다(『일리아스』 제13권 21행 이하).[13] 이와 비슷하게 테티스도 바다에 거주하고 바다의 요정들도 그녀를 따르지만(『일리아스』 제18권 35행, 제23권 83행), 그녀는 아킬레우스의 어머니일 뿐이다.[14] 대지의 여신은 서술 부분에 자주 등장하지 않는다. 물론 비유에서는 사정이 좀 다른데, 비유 부분에는 자연과 삶에 신적 힘들이 가득한 소박한 세계가 그려지기 때문이다. 비유 부분에는 "금발의 데메테르가 불어오는 바람의 입김으로 곡식과 겨를 가른다"라는 비유가 있다(『일리아스』 제5권 500행). 데메테르는 금발을 빼고는 전혀 개성적인 무엇을 갖고 있는 인물이 아니며, 하는 일에 있어서는 키와 동일하다 할 수 있다.

물론 위상이 낮은 자연신의 경우에는 앞서의 규칙이 적용되지 않는다. 스카만드로스는 강이면서 동시에 인물(『일리아스』 제21권 212행 이하)이고, 휘프노스Hypnos는 잠이면서 동시에 인물(『일리아스』 제14권 231행 이하)이

---

13. 단 한 번, 신과 그의 관장 영역 사이에 일종의 공감이 시사된 바 있다. 포세이돈이 아카이아인들을 싸움터로 불러낼 때, 바다도 해안가로 달려들었다(『일리아스』 제14권 392행). 이어지는 세 개의 비유를 가운데 오로지 하나만이 노도의 바다를 가리키고 있다.
14. 테티스는 심지어 바다와 대립적으로 그려지기도 한다(『일리아스』 제16권 34행).

며, 바람들은 자연현상이면서 동시에 인물(『일리아스』제23권 198행 이하)이
다. 만약 바람들이 신들의 명령이나 전령이 전하는 지시에 따라 잔치로부
터 불려올 경우, 그들은 그들의 힘이 실행되는 장소로 돌아오며, 그 과정에
서 구름과 바다를 무섭게 흔들어 놓는다. 바람이 있는 곳에 격랑이 일어난
다. 이들은 포세이돈과 구별되는 바, 포세이돈은 그가 다스리는 대상과 독
립되어 있다.

　신의 위상이 크면 클수록 서사시에서 묘사되는 대상은 점점 더 인물에
가까워지고, 자연현상에서는 멀어진다. 반면, 자연현상에 가까워질수록
신의 위상은 낮아진다. 이런 생각은 그리스적 종교관에 일반적으로 적용
될 수 있는 것은 아니며, 다만 호메로스가 그의 서사시에서 신들을 그런 방
향으로 특정하게 기술하고 있는 것이다. 높은 위상의 신 아테네와 아폴론
은 서사시에서 자유로우며 독립적인 인물로 등장한다. 아테네가 전쟁의
신에 맞서는 신으로 등장할 때(『일리아스』제4권 439행), 혹은 전쟁의 신과
마찬가지로 전쟁에 관해서 능숙한 신으로 언급될 때가 있지만(『일리아스』
제13권 128행), 그렇더라도 아테네는 결코 전쟁의 신이 아니다. 아테네는 다
만 전쟁에 참여하며 전쟁에 능한 여신이다. 아폴론은 일반적으로 믿어지
는 바, 여타의 특수 기능과 더불어—아르테미스는 여성을 위한 죽음의 신
이고—남성을 위한 죽음의 신이다. 『일리아스』의 제1권에서 아폴론이 질
병의 화살을 쏘아 보내는 장면은 설사 그가 죽음의 신이라는 것을 모를지
라도 쉽게 이해된다. 올륌포스의 신들을 제외한 나머지 신들은 특정 기능
으로부터 자유로울 수 없으며, 그런 의미에서 위상이 낮은 신들이라고 하
겠다(『일리아스』제5권 898행을 보라). 익살스러운 장면에서 늘 대장장이 헤
파이스토스와 전쟁신 아레스와 사랑의 신 아프로디테가 등장하는 것은 결
코 우연이 아니다. 이때 신들은 자신들을 우스개로 만들고 광대로 만들고

있는 것이다.[15] 헤파이스토스에 관해, 혹은 그가 나중에 올림포스의 신들로 받아들여진 일에 관해 매우 특별한 전설이 있다. 대장장이 헤파이스토스는 분명 '인물'이다.[16] 그러나 아프로디테와 아레스는 반은 인물이고, 반은 기능을 상징한다.[17] 서사시의 시인들은 그들을 올림포스의 신으로서 사건 서술 가운데 생동감 넘치는 인물들로 등장시키는 바, 그들은 그들 자신이며 동시에 그들과 유사한 일군의 원리들을 나타낸다. 그리스인들의 정신 세계에서 매우 중요한 역할을 하는 무수히 많은 원리들 가운데 두 가지 원리, 즉 인간들을(예를 들어, 헬레네와 파리스를) 사랑으로 묶거나, 전쟁을 통해 서로(예를 들어, 아카이아인들과 트로이아 사람들을) 분노하도록 만드는 사랑과 분노의 감정적 원리가 선택된 것이다.[18]

호메로스에서 아레스는 올림포스 신들에 속하므로 완전한 인물로 간주

---

15. 『일리아스』 제21권에서 아르테미스는 올림포스 신들과 비교하건대 저급한 신들로 취급된다. 이런 예외적 경우가 오히려 우리의 원리를 확인해준다. 왜냐하면 여기서는 아르테미스의 주요 기능이 강조되고 있는 것이다. 헤라는 그녀를 다만 사냥의 여신이나 죽음의 신 ["여인들의 사자(獅子)"] 이상으로 여기지 않는다고 말한다(『일리아스』 제21권 481행 이하).

16. 헤파이스토스가 불을 상징할 수도 있고, 서사시에서도 그의 이름을 '불'이라는 의미로 사용하였다(『일리아스』 제2권 426행). 그러나 사건서술 가운데 신 헤파이스토스가 등장할 때, 그는 불과 동일시되지 않으며, "불을 제지한다"(『일리아스』 제21권 342행).

17. 이렇게 아프로디테와 아레스를 서사시에서는 같은 위상으로 여기지만, 전적으로 그렇다고 할 수는 없다(Kurt Latte, *Gött. Gel. Anz.* 1953, 33쪽 이하를 보라). 서사시 이외의 그리스 종교에서 아레스는 오로지 전쟁을 상징하지만, 아프로디테는 "서사시가 생겨난 소아시아에서 높은 위상의 자연신으로 간주된다." 서사시에서 아레스라는 단어는 개체적 신을 대표하면서 동시에 전쟁이라는 사건을 대표하는 데 사용된다. 하지만 아프로디테는 단 한 번 성행위를 대표하는 데 사용되었다(『오뒷세이아』 제22권 444행).

18. 이런 입장은 엠페도클레스의 '사랑'과 '증오'라는 세계힘에 관한 학설까지 계속해서 이어진다. 하지만 영웅 서사시는 근본적으로 비(非)철학적인 입장을 취하고 있으며, 의문의 여지없이 서사시는 있는 그대로를 받아들였다고 할 수 있다. 철학적 판단이 의식적으로든 무의식적으로든 거기에 깔려 있지 않다고 말할 수 있다.

될 수도 있다. 그는 아프로디테와 사랑을 나누고, 전쟁의 신이지만 전투에서 부상을 입기도 한다. 부상을 당한 아레스는 울부짖는다. "마치 구천 명 또는 일만 명의 병사들이 전쟁터에서 아레스의 전투를 시작할 때, 울부짖는 것처럼" 울부짖자, 양편의 군대가 모두 그 소리에 놀란다(『일리아스』제5권 859~863행). 이런 묘사는 인물 아레스가 기능의 상징 아레스로 격하되는 것을 의미한다. 왜냐하면 신이 내지르는 고통의 함성은 돌격하는 군대가 전장에서 외치는 함성을 의미하며, 신은 여기서 병사들에게 두려움을 불러오는 전투의 함성으로 작용하기 때문이다.[19]

아레스의 경우, 특정 기능의 상징 아레스가 잊히는 경우는 없다. '아레스'는 신으로서의 아레스와 전쟁으로서의 아레스로 구분되지 않는다. 아레스는 고유한 이름을 가지고 있지 않은 '전쟁에서 싸우는 신'이라 아니라 '전쟁으로서의 신'이다. 그는 모든 전쟁 행위에 작용하는 것으로 여겨지며, 던져진 전쟁의 무기가 발산하는 역동성을 그저 '아레스'라고 부르기도 한다. 맞은 사람의 몸에서 이리저리 움직이며 요동치는 창을 가리켜 다음과 같이 말한다. "여기서 성난 아레스가 자신의 분노를 풀어놓았다."(『일리아스』제13권 444행, 제16권 613행, 제17행 529행)[20] 아레스는 가해자의 가해행위를 의미하는 한편, 피해자의 고통을 의미하기도 한다(『일리아스』제13권 567행 이하).

---

19. 그래서 아레스는 신격으로서 전장에서 물러나올지라도, 여전히 863행에서처럼 "전쟁에 물리지 않는"이라고 불린다.
20. 창 자체는 '전사와 마찬가지로 의인화될 수 있다. 창은 종종 "싸움을 싸우는" 혹은 "청동의 투구를 쓴"이라는 별칭을 가지고 있다(『일리아스』제11권 43행 등 "εἵλετο δ' ἄλκιμα δοῦρε δύω, κεκορυθμένα χαλκῷ"). 또는 잘못 날아가 빗맞은 창을 놓고, 사람의 살을 먹기를 열망한다고 말한다(『일리아스』제21권 168행). 일종의 원시적인 물활론(物活論)처럼 들리지만, 그것은 그저 기능을 상징할 뿐이다(이 책 73쪽의 각주 35번을 보라).

창으로 / 그의 샅과 배꼽 사이를 맞히니, 이곳의 부상은

가련한 인간들에게 가장 고통스러운 아레스였다.

'아레스'는 순식간에 창에서 상처로 이행한다.[21]

　아레스와 함께 『일리아스』의 전쟁사건에 참여하며 아레스 옆에 서있는 세계힘들이 언급된다. 양편의 군대가 전장에 다가오는 장면을 이렇게 묘사하였다(『일리아스』 제4권 439행).

이들은 아레스가 격려했고 저들은 빛나는 눈의 아테네와

공포와 패주와 끝없이 미쳐 날뛰는 불화가 격려했다.

불화는 사람 잡는 아레스의 누이이자 전우인데

처음 고개를 들 때는 작지만 나중에는

머리를 하늘 높이 쳐들고 발로 지상을 걸어 다닌다.

불화는 이때도 적들이 서로 싸우도록 만드는 반목을 뿌렸다.

무리들 사이로 돌아다니며 그들 한가운데에다 사람들의 탄식을 늘렸다.

군대의 전투의지는 무장을 갖추는 불화의 단계에서는, 전장에서 전투의 열기가 뜨겁게 달아오르는 단계와 비교할 때 아직 미약하다. '공포 $\Delta\epsilon\hat{\iota}\mu o\varsigma$'와 '패주 $\Phi\acute{o}\beta o\varsigma$'는 여기서 수동적으로보다는 능동적으로 해석된다. 그것들은 마주 선 군대가 겁먹은 적을 향해 발산하는 끔찍한 경악이라고 할 수 있다.

　이와 같은 세계힘들은 비유도 아니고 상상의 산물도 아니다. 전쟁, 승부욕, 달려드는 적에 대한 공포는 모두 그리스인들에게는 실재하는 존재를

---

21. 역동적인 관점에서 창과 상처라는 양면이 하나로 융합된다고 할 수 있다. 그 다음에 인용한 구절에서 '공포를 줌'과 '공포를 받음'이 하나로 융합된다.

의미한다. 오늘날 우리가 더 이상 이들을 생생한 실재라고 생각하지 않을 뿐이다.[22] 하지만 그리스 초기 사회는 '세계힘'을 즐겨 사유하였다. 세계힘을 토대로 그리스 초기 철학은 세계상을 구성하였던 것이다. 인물이나 인물에 딸린 장치 이외의 모든 것을 억제하려는 경향을 보이는 서사시조차도 이러한 사유방식에 일정 정도 양보하지 않을 수 없었다. 서사시에서 '공포'와 '경악'은 세계힘이며, 전장의 상황을 표현한다. 물론 때로 서사시에서 이 둘은 '두려움'과 전혀 관계없는 일을 할 수 있는 인물이다. 『일리아스』 제15권 119행에서 서사시는 이들을 아레스의 시종으로 만들어 전차에 말을 묶도록 시키고 있다.

『일리아스』의 바탕에 깔린 비극적 정조(情調)는, 전쟁의 전개 가운데 다만 어두운 세계힘들만을 등장시킨다. 헤시오도스의 "고운 발의 니케(승리)"를 『일리아스』에서 찾으려 한다면 헛된 일이다. 『일리아스』에는 우리가 언급한 몇 개 안 되는 세계힘들 이외의 다른 세계힘들은 가벼운 암시 정도로만 드러날 뿐[23] 실제로 등장하지는 않는다. 이는 헤시오도스와 다른 점일 뿐만 아니라, 일체의 그리스 초기 문헌과 회화와도 다른 점이다.

이런 제한적 사용은 또한 서사시 서술 부분의 문체와 연관되어 있지만, 이는 '세계힘을 인물화하는' 사유 방식이 서사시인들에게 익숙하지 않았기 때문이 아니다. 이런 사실은 서사시의 연설 부분에서 그런 종류의 사유 방식이 자연스럽게 전개됨을 통해서 확인할 수 있다. 아가멤논은 자신이 어

---

22. "전쟁이 터지다"라는 표현은 전쟁이 마치 맹수처럼 울타리를 부수고 밖으로 나온 것을 말한다. 하지만 이미 오래전에 이런 의미는 잊혀졌다.

23. 테미스 여신(규범)은 신들을 소집한다(『일리아스』 제20권 4행). 왜냐하면 신들의 회의는 의사결정 기구이기 때문이다. 테미스 여신은 심지어 2행에 걸쳐 언급된다(『일리아스』 15권 90행 이하). 왜냐하면 테미스가 여기서 사려 깊은 배려를 갖고 있는데, 이 배려는 규범이기 때문이다.

리석어 아킬레우스를 화나게 만들었음을 시인하고 나서, (우리가 앞서 읽은 말다툼을 묘사하듯) 제우스가 낳은 못난 딸 '아테'의 본질과 힘을 자세하게 묘사한다(『일리아스』 제19권 90행 이하). 번역 불가능한 '아테'는 현혹, 실책 그리고 이런 과오들이 가져오는 불행 등을 복합적으로 표현하는 단어다. 아테는 아가멤논이 아킬레우스를 모욕함으로써 불행을 초래한 처신과 관련하여 노기사(老騎士) 포이닉스의 연설에 등장한다. 이때 아테는 지혜와 관용을 갖춘 '사죄(謝罪)의 여신'과 함께 등장한다. 아가멤논은 아킬레우스에게 풍성한 사죄의 선물을 제안한다. 아가멤논의 사신(使臣)들이 아킬레우스를 설득하여 아가멤논의 무례를 용서해주고 그의 굽힐 줄 모르는 분노를 삭이라고 권한다(『일리아스』 제9권 502행 이하).

> 사죄의 여신들은 위대한 제우스의 따님들이지만
> 절름발이이고 주름살투성이고 두 분은 사팔뜨기여서
> 아테 뒤를 열심히 따라다니는 것이 그들의 일이요.
> 아테는 힘이 세고 걸음이 날래기 때문에 사죄의 여신들을
> 크게 앞질러, 온 대지 위를 돌아다니며 인간들에게
> 해를 끼치오. 그러면 사죄의 여신들이 이를 고치기 위해 뒤따라가지요.
> 이때 가까이 다가오는 제우스의 딸들을 공경하는 자에게는
> 그들이 큰 이익을 주고 기도도 들어주지만
> 허나 어떤 자가 그들을 따돌리고 완강히 거부할 때는 그들은
> 크로노스의 아들 제우스에게로 가서 그자가 넘어져 죗값을 치르도록
> 아테가 그를 따라다니게 해달라고 간청하지요.

포이닉스는 의고(擬古)적인 서술이 그러하듯 단순히 사실을 제시하는 것이 아니라, 현대적인 정신에 입각하여 자신의 경험으로부터 이론을 유도하여

아킬레우스가 어떤 실천적인 결론을 스스로 찾도록 제시하고 있다. 아테는 빠르고 강한데, 아테에 빠진 사람은 성급하고 조급하게 행동하여 엄청난 피해를 자초하기 때문이다.[24] (아가멤논의 성급한 행동으로 아킬레우스가 전투를 거부했고 이로써 그리스 군대에 커다란 손실과 피해가 생겼다.) 이에 반해 부드러운 사죄의 여신들은 다리를 전다. 왜냐하면 그녀들은 언제나 뒤늦게 등장하기 때문이다. 또한 늙은 여인들처럼 주름이 많다. 왜냐하면 온화하고 현명한 태도는 포이닉스처럼 나이 많은 사람들에게 어울리기 때문이다. 사죄의 여신들은 사팔뜨기였다. 그녀들은 만나야 할 사람들과 어긋나기 때문이고, 다른 한편, 완고하게 자기주장으로 일관하는 사람들을 옆으로 끌어내고자 하기 때문이다.[25] 아테와 사죄의 여신들은 서로 마주보는 대립쌍으로서 상대방을 선명히 부각시킨다. 어리석음과 현명함, 성급함과 침착함, 완고한 자기주장과 유연한 포용력이라는 사유의 대립쌍은 뒤에 이어지는 시대의 전형적인 것으로(이 책 100쪽을 보라), 서사시의 시대에는 아직 새로운 것이라고 할 수 있다.[26] 아가멤논의 연설에서 아테는 제우스의 딸로 그려진다. 왜냐하면 아테도 일상에서 작용하는 커다란 세계힘 중 하나이기 때문이다. 『일리아스』 제1권에 등장하는 아가멤논의 아테가 아니

---

24. 505행 "οὕνεκα"는 "내가 다음과 같은 사실로부터 추론해본 결과"를 의미한다.

25. 이런 주장은 스폰데우스의 운문행에서 "παρατρωπῶσ' ἄνθρωποι —λισσόμενοι"와 "παραβλῶπές τ' ὀφθαλμώ"에서 끌어낼 수 있다. 이런 상징은 과거에도 그리고 오늘날도 잘못 이해되었다. "Litai"(사죄의 여신들)라는 개념은 574행, 581행, 585행, 591행의 "λίσσεσθαι"로부터 이해되어야 한다. 죄의식에 사로잡힌 범행자는 불안으로 얼굴에 주름이 가득하고 사물을 곧은 시선으로 바라보지 못한다는 생각은 여기와 맞지 않는다. 제우스의 딸들은 부끄러워하지도 난처해하지도 않는다. 그녀들은 포이닉스가 그런 것처럼 지혜의 말을 전하지, 참회의 말을 전하지 않는다.

26. 앞서 인용의 마지막 세 행에 담긴 위협적인 말은 이어지는 사건 전개 과정에서 사실로 확인된다. 아킬레우스는 사신들이 가져온 사죄를 받아들이지 않고 아테에 사로잡혀있다. 아카이아인들을 그들의 커다란 위험에서 몸소 구해내는 대신, 아킬레우스는 자신의 절친한 친구를 전쟁터로 보내고, 그 친구는 거기에서 죽는다.

라면, 『일리아스』 자체가 없었을지도 모를 일이다. 한편 포이닉스의 연설에서 보듯이 사죄의 여신들도 제우스의 딸들이다. 사죄의 여신들은 저 대단한 아테처럼 우쭐하고 당당하게 행동하지 않는, 오히려 쭈그렁 할멈 같은 모습을 가지고 있지만, 그럼에도 불구하고 그녀들은 현명하고 유순하며 선의를 베푼다. 『일리아스』의 마지막 권에는 그녀들의 깃발이 나부낀다 (이 책 95쪽을 보라).

아테 또는 사죄의 여신들은 연설 가운데 매우 인상적으로 잘 그려져 있긴 하지만, 그럼에도 일상에 나타나는 특정한 세계힘 이상은 아니며, 그녀들은 특별한 기능 이상의 다른 존재라고 할 수 없다. 다른 한편, 서사시에 등장하는 높은 위상의 신들은 일차적으로 우주 안에서의 특수 기능으로부터 벗어나 있는 자유로운 인물이라고 할 수 있다. 신들은 오로지 그들 스스로를 위해 존재할 뿐이다. 신들은 부차적으로만, 이따금 간헐적으로만 세상에 모습을 나타낸다. 따라서 그들이 세상사에 관여하는 심각한 동기는 없다. 사물의 운행이 안개 같은 운명에 의해 미리 결정되어 있지 않다면, 신들은 인간들과 마찬가지로 자의에 따라 개입한다. 포세이돈이 트로이아에 대항하여 싸운다고 할 때, 그것은 그가 예전 트로이아의 왕에게 속아 넘어갔기 때문이다(『일리아스』 제21권 441행 이하). 트로이아는 멸망해야 한다. 아카이아인들에게 정당한 권리가 주어져 있기 때문이 아니라, 헤라가 그것을 원하고 프리아모스와 그 자식들과 다른 트로이아 사람들을 증오하여 트로이아의 멸망을 원하기 때문이며(『일리아스』 제4권 31행 이하), 프리아모스의 자식들 가운데 하나가 헤라를 모욕하였기 때문이다(『일리아스』 제24권 31행 이하). 트로이아를 멸망시키기에, 정당한 평화가 신들에 의해 고의적으로 파괴되어야 한다(『일리아스』 제4권 1행 이하). 사랑과 증오가 운명을 결정하였나니, 한 개인에게 그러한 것처럼 민족 전체에게도 그러했다.

5. 신들과 인간들

『일리아스』의 소리꾼은 거대한 전쟁의 사건들을, 아카이아인들과 트로이아인들이 체험한 것만을 가지고 묘사하지는 않는다. 그는 하늘 아래 지상의 무대에서 움직이는 배우들 어느 누구보다 그 사건에 관해 많은 것을 알고 있다. 무사이 여신들의 선물이 그에게 또 다른 측면을 볼 수 있게 허락해주었기에 그는 신들이 무엇을 행하며 또 어떻게 행하는지를 이야기할 수 있다. 어떤 방식으로 신들의 의지가 인간들의 현실로 실현되는지를 서사시의 보고를 통해 알아보자.

『일리아스』제11권의 앞에 전투의 날이 시작되었음이 이야기된다.

이제 새벽의 여신이 불사신들과 인간들에게 빛을 가져다주려고
늠름한 티토노스의 곁 그녀의 잠자리에서 일어났다.
그러자 제우스가 손에 무시무시한 전쟁의 상징을 든
에리스를 아카이아인들의 날랜 함선으로 보냈다.
그래서 그녀는 오뒷세우스의 속이 넓은 검은 배 옆에 가 섰으니
그의 배는 중앙에 자리 잡고 있어 거기서는 양쪽 끝에 있는

(중략)

그곳에 서서 여신은 크고 무시무시한 목소리로

함성을 질렀고 아카이아인들 각자의 마음속에

쉬지 않고 싸울 수 있도록 큰 힘을 불어넣었다.

그래서 아가멤논은 고함을 지르며 아르고스인들에게 무장을 갖추도록

(하략)

인용된 시행들은 새로운 아침이 밝았으며, 아가멤논이 군대를 전장으로 호출하고 있다는 매우 단순한 내용을 전하고 있다. 그러나 시인에게는 좀 더 해야 할 말이 있었다. 새벽의 여신이 인간들과 신들을 위해 아침을 가져왔고, 이어 신들로부터 사건서술이 시작된다. 호메로스의 종교관에 따르면 모든 일의 시작은 신들로부터 기원한다.[1] 인간이 다른 일을 새로 시작하게 되면, 그는 이런 일을 현재 상황에 대한 반응이 아니라 위로부터의 계시로 생각한다. 그 일이 그에게 닥쳐온다. 이 경우 무기를 들고 싸우려는 의지는 아카이아인들에게 닥쳐온 것이며, 제우스가 보낸 것이다. '에리스Eris'는 모든 종류의 반목과 다툼을 의미한다. 제1권 영웅들의 다툼도 '에리스'다. 이 경우 전쟁과 관련된 반목이므로, 에리스는 "무시무시한 전쟁의 상징"을 손에 들고 있는 것이며, 이런 상징을 통해 그녀는 전쟁욕으로 좀 더 정확하게 정의되고 있다. 그 상징물이 어떻게 생겼는지를 물을 필요는 없다. 에리스 자신만큼이나 그것도 또한 비(非)구상적이기 때문이다.[2] 그녀는 "끔찍

1. 따라서 『일리아스』의 시작에서, 두 영웅의 다툼이 첫 번째 주제로 다루어지고 나서 이런 질문이 등장한다. 어떤 신이 저들의 싸움을 부추겼는가? 대답은 아폴론이다. 하지만 물론 이런 설명이 정확하다고 할 수는 없다. 왜냐하면 원인과 결과의 사슬은 이미 아폴론 이전부터 시작되었기 때문이다.

2. 『헤라클레스의 방패』(399행)에서 아테네 여신은 영웅 헤라클레스와 이오라오스에게 도적 퀴크노스에 대한 승리를 약속한다(이 책 200쪽을 보라). "그대들 불멸의 손에 승

하고, 위험하다ἀργαλέη." 왜냐하면 그녀는 금세 수많은 사람들이 감당할 수 없을 만큼 크게 자라나기 때문이다(『일리아스』 제4권 442행, 이 책 112쪽 참조). 우리가 '우리의' 전투를 시작하자마자, 전투는 곧 자신의 길을 걸어가며 우리와 상관없이 우리 인간에게 자신의 힘을 행사한다. 그러므로 '에리스'는 신적인 세계힘이다. 따라서 에리스는 군대가 소집명령을 받을 때, 하늘로부터 보내져 그곳에 등장한다. 인간의 눈으로 볼 때 명령을 내린 것은 아가멤논이다. "무기를 들어라!" 하지만 실제로 소집명령은 인간의 목소리 이상의 무엇이다. 물리적인 소리는 인간적인 것이나, 그것이 가진 진정한 의미는 가히 신적인 것이다.

방금 분석한 예에서 인간 의지는 가능한 범위에서 신적 의지와 일치하고 있다. 피를 부르는 신적인 힘은 전쟁을 소집하는 인간의 목소리로 말을 건네고, 양자는 서로 동일한 것을 지향한다. 그런데 만약 인간이, 신들이 그로 하여금 행하도록 명한 것과는 다른 것을 의지할 경우에는 과연 어떻게 진행될까? 서사시는 서로 뜻을 달리하는 양자의 충돌, 즉 인간과 신의 충돌을 어떻게 그리고 있을까?

『일리아스』의 제4권 초두에서 이런 종류의 장면을 볼 수 있다. 아카이아인들과 트로이아인들은 서로 약속을 맺고, 그와 같은 협약을 신 앞에 맹세하였다. 수많은 백성들을 잃게 될 전면전을 피하는 대신, 아내를 빼앗긴 남편 메넬라오스와 아내를 빼앗은 파리스가 대결을 벌여 승부를 가리자고 한 것이다. 대결이 벌어지고 메넬라오스가 압도적으로 승리한다. 그때 수많은 불꽃을 뿌리는 별똥별이 진영을 갖춘 양군의 한가운데로 떨어졌다. 트로이아인들과 아카이아인들은 이러한 징조를 보고 묻는다. 저것은 새로운 전쟁을 의미하는가? 아니면 전쟁을 주관하시는 제우스께서 우의와 강화

———————————
리와 명예."

를 맺어주시는가? 이때 안테노르의 아들 라오도코스는 트로이아의 장수 가운데 한 사람인 판다로스를 찾아가, 메넬라오스를 활로 쏘아 맞혀 모든 트로이아인들에게, 특히 파리스에게 충성을 바치도록 부추긴다. "어리석은"(104행) 판다로스는 이러한 충고를 따른다. 그는 화살을 쏘고 메넬라오스는 화살에 부상을 입는다. 이로써 맹약은 깨어지고 전쟁이 다시 시작되며 트로이아는 멸망을 눈앞에 바라보게 된다.

안테노르는 매우 잘 알려진 인물이지만 그의 아들 라오도코스는 『일리아스』 중 오직 이 부분에서만 언급될 뿐, 이후 어떤 다른 전승신화에서도 판다로스로 하여금 저주스러운 생각을 품도록 만든 이 남자는 보이지 않는다. 이름 없는 아무개나 다름없는 한 남자가 말을 건네고, 영웅 중 한 명이 아무 생각 없이 이를 실행한다. 사건은 이 실행자가 의도했던 것과 전혀 다르게 진행된다. 트로이아의 운명을 재촉한 것이다. 이것은 사건의 물리적 측면을, 즉 실체의 반을 드러낼 뿐이며 어떤 일이 일어났는지는 감추어져 있다. 화살을 쏘는 행위가 진실로 무엇을 의미했는지, 그리고 라오도코스의 말에 어떻게 그렇게 커다란 힘이 실려 있었는지를 생각할 때, 여기서 우리는 신의 목소리를 듣는다. 시인은 이를 예감한 정도가 아니라 이를 정확히 알고 있었다. 그는 이 사건을 다르게, 그러면서도 보다 충실하게 설명한다. 신들은 두 영웅들의 맞대결 직후 회의를 열어 트로이아의 멸망을 결정한다. 트로이아인들은 그들의 왕이 맺은 맹약을 깨뜨릴 수밖에 없다. 이를 위해 아테네가 지상으로 내려오는데, 그녀의 하강은 마치 별똥별의 낙하와도 닮았다. 라오도코스의 모습을 하고 아테네는 트로이아의 병사들 가운데 등장한다. 판다로스로 하여금 실행하기 어려운 행동을 주문하는 것은 바로 아테네였다. 아테네는 날아가는 화살의 강약을 마음대로 주물러, 다만 맹약을 깨뜨리는 데 필요한 만큼의 상처만 입히도록 만든다.

『일리아스』의 미학적 장치로서, 맹약의 성립과 파기라는 소재는 이완효과를 갖고 있다. 즉 전체 사건이 결말을 향해 치닫고 있을 때, 이에 의문을 제기함으로써 분위기를 이완시켰다가 다시 한 번 그 결말을 재확인한다.[3] 양쪽 군대가 맺은 맹약은 합리적이며, 사건이 계속해서 합리적으로 진행된다면, 맹약은 소시민적 입장에서 매우 평화로운 결론에 이르렀을 것이다. 하지만 이런 행복한 결론은 불가능하다. 그런 결말은 현실적이지 않다. 왜냐하면 트로이아가 멸망하는 것, 그것은 곧 이미 전승된 결말이기 때문이다. 『일리아스』는 소시민적이지 않으며 비극적이다. 이 부분에서 시인은 생각했을 것인 바, 만약 그리스의 모든 군대가 바다를 건너 거대한 원정을 감행했음에도 양편 영웅의 맞대결로 피 한 방울 흘리지 않고 편안히 평화 조약이 맺어진다면, 이것은 실질적으로는 올바른 일이지만 미학적으로는 올바르지 못한 일이다. 신들의 회의에서 제우스는 평화가 이대로 유지될 것을 권하지만, 트로이아를 미워하는 헤라는 다음과 같이 그의 주장을 반박한다(『일리아스』 제4권 26행).

> 나는 프리아모스와 그의 자식들에게 재앙을 가져다주고자 지친 말들을
> 몰고 다니며 애써 백성들을 모았는데 어찌하여 그대는
> 나의 노력과 노고의 땀이 허사가 되게 하려는 것입니까?

제우스는 헤라의 무의미한 잔혹함을 비난한 후에, 마지못해 타협을 구하고 트로이아를 포기한다. 시인은 여기서 이번에는 운명을 거스르지 않고, 제우스로 하여금 운명에 따르도록 한다. 맹약이 맺어짐으로써 사건의 전개가 예정된 노선에서 벗어나게 되었지만, 다시 한 번 사건의 전환이 감행되어

---

3. 이 책 36쪽.

사건의 전개는 전승된 방향으로 되돌아간다. 신들은 사건의 전개에 필수적인 무언가를 행사한다. 인간들은 합리적 맹약을 체결하지만, 맹약은 신들이 보기에 잘못된 것이다. 신들은 인간을 속여 맹약을 비합리적인 방법으로 파기시킨다. 이것이 그들이 보기에 옳은 일이다. 지혜와 억견, 신들과 인간들은 서로를 혼란시키는 놀이를 수행하는데, 이 놀이에서 승자는 항상 신들이다. 시인은 신화를 역사적 진실로 믿었으며, 신들의 자의적 개입 또한 믿었다. 그래서 시인 자신뿐만 아니라 청중을 위해서도 사태를 이런 식으로 정리하는 것이 옳은 일이다. 전승과 예술이 명한 것을 다만 신들의 결정이라고 설명하는 것으로 시인들은 충분히 스스로를 납득시켰다.

『트로이아 서사시 연작』의 전체 구도에서 보건대, 이렇게 트로이아인들이 두 번씩이나 전쟁의 원인을 제공하는 일은 불필요하다. 하지만『일리아스』만을 놓고 보면 이런 반복은 긍정적인 효과를 지닌다. 트로이아 전쟁 이야기의 일부가 독립적인 서사시로 성장하여『일리아스』가 되면서,『일리아스』에는 전쟁의 발발 원인 등이 포함되지 않았다. 따라서 이런 반복은 트로이아 전쟁의 책임이 트로이아 측에 있음을『일리아스』내부에서 재확인하는 데 필요한 것이었다. 엄밀히 따지자면, 이처럼『일리아스』내부의 새로운 전쟁은 새로운 원인에 의해 발발하는 것이 당연하겠다. 한편 애초의 원인이었던 헬레네와 파리스의 정사(情事)도 이 새로운 전쟁에서 다시 한 번 원인으로 작용한다. 우리는 실제로 헬레네와 파리스의 정사 장면을 『일리아스』내부에서 읽을 수 있다. 물론 여기서도 그런 일이 벌어지도록 신적인 힘이 강제하고 있음은 두말할 나위가 없다.

『일리아스』제3권의 끝(『일리아스』제3권 380행 이하)으로 돌아가 보자. 메넬라오스와의 맞대결에서 파리스를 막아줄 아무것도 없는 상황이 벌어진다. 아프로디테가 그를 낚아채서 "향기로운 방"으로 데려간다. 이제 여신은 헬레네를 부르기 위해 나가고, 사랑과 욕정이 다시 파리스를 감싼다. 여신은 늙은 하녀의 모습으로 헬레네에게 다가가, 그녀를 기다리고 있는 남편의 아름다움을 이야기한다. 그러나 헬레네는 욕정이 일어나는 것을 느끼면서, 순간 여신의 변장을 간파한다. 헬레네는 "여신의 더할 나위 없이 아름다운 목과 매력적인 가슴과 빛나는 눈을 알아보았다." 헬레네는 같이 가기를 거부한다. 왜냐하면 그녀는 부모에게로, 고향으로, 그리고 전(前) 남편에게로 돌아가길 바랐기 때문이다(제3권 139행 이하 참조). 즉 맹약에 따라, 또한 맞대결의 승부에 따라 그녀는 다시 전남편에게 돌아가야만 하기 때문이다. 그러나 아프로디테가 죽음의 위협으로 협박하자 그녀는 놀라 여신의 말에 순종하고 따라 나선다. 사랑의 여신, "그 정령은 앞으로 나갔다."

앞서 화살을 쏘는 장면에서처럼 여기서는 인간적 측면이 신적인 측면과 나뉘지는 않으며, 아프로디테는 여신임이 간파된다. 헬레네는 아프로디테가 무엇을 하는지를 알고 있다. 거짓 약속도 필요 없고, 신들의 회의를 통해 무슨 일이 일어나야 하는지가 확인될 필요도 없다. 여신은 협박을 통해 헬레네가 왜 다시 한 번 납치당해야만 하는지를 암시한다. 아프로디테로부터 성적인 매력을 부여받은 사람은 사랑하고 사랑받는 자의 역할을 끝까지 수행해야만 한다.[4] 서사시의 인물이 자신에게, 혹은 자신을 규정하고 있는 신에게 복종하지 않는 것은 생각할 수조차 없는 일이다. 이에 앞서 헬레

---

4. 제3권 414~417행에서 아프로디테는 "그렇지 않을 경우, 나는 네게서 나의 호의를 거둘 것이며(즉 헬레네가 명예로운 행동을 취한다면, 그녀는 그녀가 남성들에게 뿌렸던 매력을 또한 상실하게 된다), 네가 누리고 있는 모든 사람들로부터의 사랑을 양편 모두로부터의 미움으로 바꾸어 버릴 것이며(즉 전쟁의 원인을 제공한 여인에 대한 증오는 순식간에 타오를 것이니, 이제까지 그 어떤 희생도 그만큼 값어치 있는 일이라고 여겨지던 그녀의 아름다움이 사라지기 때문이다. 제 3권 156~158행 참조), 그리고 너는 비참한 죽음을 맞이할 것이다."라고 말한다.

네와 마찬가지로 아프로디테의 사랑을 받는 헬레네의 애인도 다음과 같이 말한다(제3권 65행 이하).

> 신들이 손수 내리신 영광스러운 선물은 절대로
> 물리쳐서는 안 되며 또 원한다고 해서 얻을 수 있는 것도 아닙니다.

이 두 가지 예에서 확인할 수 있듯이, 시인은 신들의 변장을 귀신의 출몰과 같은 기이한 볼거리로 그리지는 않는다. 때로 신의 목소리가 인간들에게 말을 걸 때조차 그것은 눈에 띄지 않는 일상성의 가면을 쓰고 있었다. 물론 신적인 힘이 미치는 범위는 인간이 상상할 수 없을 만큼 넓다.[5] 변장의 원리가 실제로 일관성을 갖고 관철된다고 말할 수는 없다. 그것을 『일리아스』는 분별 있게 삼가는 형편인 바, 신은 오직 어떤 순간적 충격을 가하는

---

5. 『일리아스』의 제2권에서 아카이아인들의 군대는 전선으로 나아간다. 적이 접근하고 있다는 소식이 발이 빠른 폴리테스의 목소리를 통해 트로이아 사람들에게 전해진다. 그는 정찰을 나갔던 것이다(『일리아스』 제2권 786행 이하). 그러나 여기서는 실제 사람의 목소리가 말하는 것이 아니라, 바람처럼 날랜 이리스가 아이기스를 가진 제우스로부터 날아와 슬픈 소식을 전하고 있는 것이다. 아리스타르코스는 이 자리에서 불필요하게 신으로 대체되었다고 유감을 표하고 있다. 하지만 이런 대체의 이유는 아마도 다음과 같을 것이다. 즉 이제 막 시작된 전투는 근본적으로 트로이아 전쟁의 첫 번째 전투라고 할 수 있으며, 적어도 『일리아스』 안에서는 그 전투가 첫 번째 전투라는 것이다. (이렇게 판단할 때만이, 제2권 442행에서 제4권 456행에 이르는 부분 전체를, 그것이 만들어지고 쓰인 대로 온전히 이해할 수 있다. 이 책 47쪽을 보라.) "예전의 평화"가 "걷잡을 수 없는 전쟁"으로 급변하는 상황이 담겨있는 바, 그것을 전하는 일은 트로이아인 폴리테스에게 너무나 힘겨운 일이었고, 따라서 신이 대신 들어서게 된 것이다. 반대로 신의 일이 인간에게, 혹 그에게 그만한 능력이 있을 경우, 전가되는 일이 벌어지기도 한다. 『일리아스』 제2권 155행 이하에서 헤라는 아테네 여신을 아카이아의 군대로 보내 집으로 돌아가려고 배에 오르는 병사들을 잡으라고 지시한다. 아테네 여신은 오뒷세우스를 발견한다. "지혜가 제우스에 못지않은 오뒷세우스"에게 자기가 들은 바와 같은 말로써 동일한 임무를 부여한다. 그러나 하지만 여기서 신의 현현은 불필요했다.

것이 필요한 경우에만 다른 인물의 모습을 취하게 된다. 『일리아스』는 신이 변장한 인물에 대해서는 무관심하며, 그 인물이 실제로 어떠한지에 대해서는 더 이상 묻지 않는다. 하지만 『오뒷세이아』에서 아테네 여신과 멘토르는 오랜 여행에서 공히 텔레마코스를 동반하였는데, 어떤 사람들은 멘토르가 두 명이라며 놀라 그중 하나는 신임에 분명하다고 결론짓는다(『오뒷세이아』 제4권 653~656행).

또한 신들이 변장 없이 사건에 개입할 수도 있다. 『일리아스』의 신들은 그들 본래의 모습으로 그들이 아끼는 인물들과 교류한다. 제1권에서(188행 이하) 아킬레우스가 만백성 앞에서 자신을 모욕한 아가멤논을 죽이려 한다. 아킬레우스가 자신의 친구들을 불러 자신을 엄호하라 하고, 자신은 아가멤논의 가슴에 칼을 꽂을까,[6] 아니면 마음을 억제할까 고민하는 순간, 아테네 여신이 하늘로부터 내려와 그의 뒤에 다가와 머리채를 잡아 뒤로 끌어당긴다. 그는 뒤돌아보고, 여신을 알아본다. 그는 여신이 그에게 무엇을 원하는지 모르는 척하며 여신에게 묻는다. '마침 잘 오셨습니다. 저에 대한 아가멤논의 교만에 대해 증인을 서주시기 바랍니다. 머지않아 그는 죽음으로써 속죄하게 될 것입니다.' 그러나 아테네는 그에게 경고한다. '그대는 말로써만 그에게 응대하라. 그대는 분명코 그에 합당한 보상을 받을 것이다.' 아킬레우스는 대답한다. '인간은 신에게 복종해야 합니다.' 그는 여신이 시키는 대로 복종한다. 아킬레우스가 칼집에서 칼을 꺼내기 시작하여 다시 칼을 칼집에 꽂을 때까지 매우 짧은 순간에 이 모든 대화가 이루어진다. 아테네는 언급된 것처럼 오직 아킬레우스에게만 보인다. 아테네는 아킬레우스의 마음을 바꿀 수 있는 신적인 힘이다. 동시에 그녀는 실제로

---

6. "τοὺς μέν"(191행)은 아킬레우스의 전우들을 지시한다. *Frühgriech. Denken* 80쪽 각주 2번.

몸소 거기에 나타나 육체적으로 그의 머리채를 잡아끈다. 그는 머리를 여신을 향해 돌리고 여신과 대화를 나눈다. 독실한 소리꾼은 여기서 사건의 물리적인 측면과 이를 초월한 측면을 서로 나누려 하지 않는다.

신들의 힘은 삶에 작용한다. 신들의 힘이 삶에 작용하는 방법 중 하나는 인간의 영혼과 의지에 작용하는 것이다. 전령을 통해 새로운 방향이 전달되기 위해서는 이를 전할 말이 필요하다. 하지만 신이 출현하여 말을 건네지 않고도, 『일리아스』의 전투장면에서 신은 전사에게 용감한 행동을 부추기며, 과감한 공격을 벌일 때 발산되는 그의 잠재력을 일깨운다. 호메로스의 종교에 따르면 모든 사건은 신들의 주도로부터 비롯된다. 또한 호메로스의 병법에서 전쟁은 장수들의 주도적 행동에서 출발한다. 병사들은 주로 뒤로 물러나 아무것도 하지 않는 반면(『일리아스』 제17권 370~375행), 장수들은 알맞은 순간을 기다리며 서로를 살피고, 빠르고 가볍게 서로 주고받는 가운데 좋은 기회가 섬광처럼 드러나도록 기다리며 긴장하고 있다. 갑자기 장수들 가운데 한 명이 적을 향해 돌진한다. 무서운 기세로 그가 달려가고, 아무도 거기에 맞설 엄두를 내지 못한다. 식을 줄 모르는 열기로부터 솟아난 불길은 그의 청동 무장에서 빛나고, 불길한 천랑성처럼 그의 머리와 어깨 위에서 번뜩인다. 그는 적들이 빼곡히 들어차 있는 한가운데로 돌진해 들어간다(『일리아스』 제5권 1~8행). 아마도 그를 그렇게 만든 것은 다른 무엇이 아니라 신일 것이다. 아테네는 디오메데스에게 '기세μένος'와 용기를 불어넣어주고, 그리하여 사람들은 모두 그를 알아보게 되며, 그는 영광스러운 명예를 위해 싸운다. 아테네가 그의 무장이 빛나도록 거기에 불을 붙였던 것이다. 그것이 실제 불이었는지 아니면 어떤 기적과도 같은 현상인지는 시인에게 별로 중요하지 않다. 이제 곧 전사의 빛나는 무장은 실제로 모든 것을 잠식하는 화염의 무자비함을 입증할 것이다. 호메로스는 사물로서의 무장이나 화염을 이야기하는 것이 아니다. 그는 다만 무장을 갖춘 디오메데스에게 돋보이는, 불길한 천랑성처럼 적을 두려움에 떨게 만드는, 감각적으로나 초감각적으로 디오메데스와 함께 발현되는 힘을 언급하고 있는 것이다. 디오메데스의 무장에서 불길로 현현하는 것과 동일한 어떤 것이 아가멤논의 무장에서는 적들에게 머지않아 다가올 파국을 알려주는 무지개 꼴의 독뱀 형상으로 등장한다(이 책 72쪽을 보라).

동일한 사태에 대하여 다양한 그림과 다양한 언어적 표현이 사용되었다는 것은 그 그림이 너무 현실적으로, 그 표현이 지나치게 문자 그대로 이해되어서는 안 된다는 것을 나타낸다. 헥토르는 이렇게 말한다(『일리아스』 제15권 725행). "제우스는 친히 우리를 격려하며 명령하고 계신다." 이와 동일한 사태를 시인은 다음과 같이 묘사한다. "제우스는 큰 손으로 뒤에서 헥토르를 힘껏 밀었고, 그를 따르도록 백성들도 격려했다"(694행). 여러 종류의 다양한 표현들로 전달되는 바, 신은 전사에게 용기, 영예 κῦδος, 혹은 승리를 주었으며, 힘 μένος을 선물하거나, '불어넣거나', 혹은 '일깨웠다 ὦρσε'. 또한 신이 몸소 전사들 가운데 함께 머문다고 종종 이야기된다. 서사시를 노래하는 소리꾼에게나 혹은 그것을 듣는 청중에게나 이것은 신이 우리 삶의 위기 순간에, 신이 원한다면 거기에 함께 한다는 것을 확증시켜 준다.[7] 물론 그럴 경우에도 신은 역시 간접적인 방식으로 사건의 진행에 영향을 미친다. 신은 자신이 아끼는 전사에게 지략이나 힘을 선물함으로써

---

7. 이런 서사시의 표현을 이해하는 데 있어 최근에 알려진 사실은 근본적인 중요성을 갖는다. 아르킬로코스는 과거의 서사시 숭배에 반기를 든 시인으로서, 그리고 삶을 낭만적으로 치장하려는 경향에 반기를 든 시인으로서(이 책 250쪽 이하), 몸소 전쟁을 겪으며 신들이 거기에 참여하여 작용한다는 것을 체험한다(51D I A 54=94W와 51D IV A 46~51=98W 이 책 271쪽 이하). 따라서 중요한 것은 『일리아스』의 이러한 서술이 서사시인들의 문학적 기술, 혹은 문학적 가상과 전승이 아니라 그들이 그렇게 믿었다는 사실이다.

그를 돕거나, 자신이 아끼는 전사의 상대방에 맞서 그를 꼼짝 못하게 만들기도 한다. 또 신은 군대 전체에 전투 열망을 불붙이기도 하고, 그들을 폭풍처럼 몰아가기도 하며, 그들이 전투 함성을 지르게도 한다. 시인은 지상에서 벌어지는 사건의 신적인 배경을 분명히 인식하고 있다. 선명성과 정확성에 있어서는 여러 편차를 보이지만, 위대한 영웅들은 적지 않게 신적인 배경을 알아채기도 한다. 그러나 결코 인간과 신이 속하는 존재등급이 상이하다는 사실이 망각되지는 않는다. 싸우고 있는 사람들 가운데 신이 들어설지라도, 신은 여타의 사람들과 다른 공간을 점유한 듯하다. 즉 신은 사람들의 눈에 띄지 않으며(『일리아스』 제15권 308행), 행여 치열한 전장에서라도 인간이 신을 건드리는 것은 질서에 위배되는 것이라는 두려움 때문에 인간은 스스로 물러나게 된다(『일리아스』 제14권 386행).⁸

신들은 한 인간의 의지를 북돋아주는 것 이상의 일을 한다. 두 번째로 신들은 인간에게 실행을 위한 힘과 기술을 제공하며, 세 번째로 성공적인 끝마침 혹은 처절한 실패를 선사한다. 인간 행동이 이런 세 단계 모두를 거친다고 할 때, 호메로스가 보기에 신들이 이끌어가는, 합리적으로 설명되지 않는 정체 모를 무언가가 있다. 우리가 목표를 포착하는 순간에 작용한 불가해한 요소, 성공적인 혹은 좌절된 수행에서 작용한 불가사의한 요소, 세 번째로 긍정적 혹은 부정적인 결과에 대한 예측불허 등이 있다. 아테네 여신은 디오메데스의 무기를 "인도하여" 사람을 맞추어 죽게 한다(『일리아스』 제5권 290행). 판다로스로 하여금 아무 생각 없이 서 있는 메넬라오스에게 화살을 쏘게 만든 아테네는 화살을 인도하여, 마치 어미가 달게 자고 있는 자식에게서 파리를 쫓아버리듯 메넬라오스가 화살에 치명상을 입지 않

---

8. 『일리아스』 제16권과 제5권에 예외의 경우가 있는데, 여기에 관해서는 이 책 135쪽 이하 각주 16번을 보라.

도록 만든다(『일리아스』제4권 127행 이하). 신들이 이런 것을 어떻게 수행할 수 있는지는『일리아스』에서 내내 어둠에 싸여 있다.[9] 궁수의 손이 이번에는 다른 때처럼 굳건하지 못했던가? 화살에 어떤 결함이 있었던가? 어떤 바람이 화살을 방해하였던가? 아니면 단순히 기적처럼 그런 일이 벌어졌는가? 시인은 이런 질문을 던지지 않는다. 시인이 알고 있고 말할 수 있는 것은 오직 다음과 같다. 신이 사건에 개입하였다는 것과 신이 인간의 노력과 그 성공에 관여한다는 것이다. 아니 신은 이미 시작부터 개입하며 어떤 부분에서는 "전쟁계획을 망쳐버린다"(『일리아스』제15권 467행). 테우크로스는 아무리 화살을 쏘아 보내도 견딜 수 있도록 잘 다듬어진 활에 보기 좋게 꼰 시위를 얹었다. 그러나 그가 그 활로 헥토르를 겨누자 제우스는 시위를 끊어 놓았다. 테우크로스는 이 일에 언짢아하지만, 곧 그 사건이 신에 의해 그렇게 된 것임을 깨닫는다. 또한 헥토르도 이것을 일종의 징조로 삼아 전우들을 부른다. '신이 우리와 함께 있다'(『일리아스』제15권 458~493행).

이로써 호메로스의 신들이 왜 그렇게 매우 하찮고 우연적인 방식으로 자주 인간들을 돕거나 상처 입히는지, 어떻게『오뒷세이아』에서는 신들이 한낱 보조자 역할을 담당하게 되는지 등이 명백하게 밝혀졌다. 신들은 자신들의 고유 영역에서 벗어날 수 없으며, 그들에게는 직접적인 관여가 차단되어 있다. 따라서 신들은 오직 에둘러 가는 길을 택해야만 한다. 인간의 의지와 활력을 통해 에둘러 가는 길이거나 혹은 우연적 사건을 통해 가는 길 말이다.

하지만 이것이 전부는 아니다. 오로지 자연이 부여한 방식대로만 신들

---

9. 반면『일리아스』제14권 459~464행에는 진행과정이 설명되어 있다. 친구의 죽음에 대해 복수하기 위해 아이아스는 친구를 죽인 트로이아 사람들을 향해 창을 던진다. 그러나 이 트로이아인은 불운을 벗어나 옆으로 비켜났으며 대신 다른 트로이아 사람들이 창을 맞는다. "신들이 그의 파멸을 결정했기 때문이다."

이 늘 행동하는 것은 아니기 때문이다. 전차경주에서 채찍이 마차꾼의 손에서 떨어져나가 그가 분한 눈물을 삼키며 승리를 포기하였을 때, 그것은 신의 작용으로든 우연으로든 어떻게든 이해될 수 있다. 그러나 아폴론이 마차꾼의 손에서 채찍을 빼앗은 후에 이번에는 다시 아테네가 그에게 채찍을 돌려준다면 이것은 더 이상 일상적인 경험으로는 이해되지 않는 일이다 (『일리아스』 제23권 382행 이하).

단적으로 기적이라고 할 수 있는 것과 거의 기적에 가깝다고 할 수 있는 것을 구분하는 경계선은 『일리아스』에서 그렇게 분명하지 않다. 신적인 개입이 거의 이 경계에 근접해 있으며, 경계 안쪽에 있는가 하면 경계 너머에 있다. 하지만 경계를 넘었다고 하더라도 전혀 다른 세계로 넘어가는 것은 아니다. 때로 신이 인간의 모습을 하고 우리에게 다가와 말을 건다는 것을 믿는 사람이라면, 우리 앞에 변장한 모습으로 나타났던 신이 일을 완수하고 나서 신적인 힘을 사용하여 갑자기 사라지는 것도 어렵지 않게 이해할 것이다.

'기적'에는 어떤 한계도 없다는 생각이 담겨 있으며, 인도의 영웅 서사시나 신화에서는 이를 자유자재로 사용한 예를 보여준다. 그러나 그리스 서사시에서는 기적의 사용을 매우 억제하는 모습을 보여주고 있다. 신들의 뜻에 따라 일리온을 파괴하기 위해 불기둥이 떨어진다든지, 망자가 다시 살아나 걸어다닌다든지 하는 일은 벌어지지 않는다. 일반적으로 호메로스의 신들은 우리에게 초자연적이거나 반(反)자연적으로 보이는 사건을 비교적 잘 드러나지 않게 자연적 인과관계에 삽입하며, 인간이나 지상의 사물을 통해 에둘러 기적을 행하는 모습을 보여준다. 신들은 인간을 기만하고 잘못된 길로 이끈다. 아킬레우스와 헥토르의 최후 맞대결 장면에서 아테네 여신은 헥토르에게 데이포보스의 모습을 하고 나타나 헥토르를 돕는 시늉을 한다. 간절히 바라던 도움을 동생으로부터 얻게 되었다고 생각하자 헥토르는 멈추어 서서 자신보다 뛰어난 상대방에 맞설 용기를 얻게 된다(『일리아스』 제22권 226~247행). 또 신들은 사람에게 그가 필요로 하는 물건을 가져다주거나 그로부터 앗아가기도 한다. 아테네는 데이포보스의 모습으로 헥토르 옆에 서 있으며, 빗맞은 창을 아킬레우스에게 되돌려준다(제22권 276행 이하). 반면 헥토르가 마찬가지로 빗맞은 창을 대신하여 데이포보스에게 그가 가진 창을 달라고 부탁하자, 아테네 여신이자 데이포보스인 인물은 갑자기 사라진다(294~299행). 또 신들은 방해물을 제거하기도 한다. 아폴론은 전차를 위해 길을 내고자 깊은 호의 둑을 발로 걷어차서, 마치 모래성을 쌓고 허물어뜨리며 장난치는 아이들처럼 가볍게 무너뜨렸다(『일리아스』 제15권 355행 이하). 헤르메스는 헥토르의 시신을 훔쳐가지 않고(『일리아스』 제24권 23~30행과 비교) 젊은 뮈르미돈 사람의 모습을 하고, 연로한 프리아모스를 밤늦게 아킬레우스의 막사로 이끈다. 그는 경비를 서던 초병들을 잠재우고, 무거운 빗장이 걸려 있던 문을 연다(『일리아스』 제24권 440~57행). 신들은 또 다른 종류의 방해물들도 곧 없애버린다. 글라우코스가 팔에 상처를 입고, 더 이상 창을 들고 서 있을 수 없어 의신(醫神) 아폴론에게 기원한다. 그는 그 순간 쓰러져 죽은 전우의 시신을 적들로부터 지켜야 했고, 지키고자 했다. 이때 흘러내리던 피가 멈추고 고통이 사라지면서, '마음θυμός'에 새로운 용기가 샘솟았다(『일리아스』 제16권 508~31행). 헥토르는 전투에서 부상을 당했으나, 아폴론이 다가와 그에게 새로운 힘을 부여하자 깊은 무기력에서 벗어난다. 헥토르는 마치 마구간에 서 있던 말이 고삐를 끊고 우쭐대며 들판을 질주할 때와 같이 그렇게 사지를 경쾌하게 움직였다(『일리아스』 제15권 243행 이하).

신의 개입은 또한 사기를 진작시키거나 주눅 들게 하는 분위기를 조성하기도 한다. 아카이아인들이 공격하자, 제우스가 신비로운 아이기스를 손에 잡는다(『일리아스』제17권 593행).

> 번쩍이는 방패를 집어 들고 이데 산을 구름으로 덮었다.
> 그리고 크게[10] 번개와 우레를 치고 산천[11]을 흔들며
> 트로이아인들에게는 승리를, 아카이아인들에게는 공포를 가져다주었다.

전투의 승패는 무어라 꼭 집어 이름 할 수 없으나, 분명한 결과를 동반하는 실제적 사물, 호메로스의 언어로는 '빛',[12] '창공 αἰθήρ, αἴθρη', 혹은 '어둠', '안개', '땅거미' 등으로 표현된다. 아테네는 전투에서 아킬레우스 앞에 나타나 그에게 빛을 주었고 적들의 살상을 고무하였다(『일리아스』제20권 95행). 반대로 헤라는 도망치는 트로이아인들을 짙은 안개 속에 가두고 그들을 붙잡아 둔다(『일리아스』제21권 6행). 제우스의 아들이 쓰러졌을 때, 아버지 제우스는 전장을 깊은 어둠으로 감싸고, 아들의 시신을 두고 격렬한 싸움이 벌어지게 만든다(『일리아스』제16권 567행). 여기서 어둠은 분명 노고와 아울러 죽음을 의미하고 있다고 할 수 있다. 다른 자리에서(『일리아스』제17권 366~77행) '창공'은 아무런 손실 없이 가볍게 치른 전투를 의미한다. 반면 '안개'는 태양과 달의 빛을 가로막는 짙은 연무(煙霧)를 의미하

---

10. 천둥과 번개는 하늘의 지배자가 인간들에게 사용할 수 있는 유일한 언어다. 그는 여타의 신들처럼 말로써 인간들과 교제하기에는 너무나도 존귀한 존재다.

11. [역주] 여기서 산천은 원문에서 지시대명사로 처리되어 있으며, 여성단수의 이 지시대명사가 무엇을 지시하는지에 관해 많은 주석가들과 번역가들의 의견이 분분하다. 그러나 대체로 "방패"를 가리킨다고 본다. 제우스가 방패를 흔들어 많은 사람들을 겁주는 장면이 여러 번 관찰되기 때문이다.

12. '빛 φάος'은 서사시에서 오로지 개선과 구원을 나타내는 은유로 사용되며, 한 번도 물리적인 빛을 나타내는 데 사용되지는 않았다.

는 동시에 전투에서 느끼는 고통과 위험을 나타낸다.[13]

신들이 이와 같이 빛과 어둠을 사용할 때는 어떤 사건에 특정한 분위기를 제공하고 특별한 성격을 부여하기 위해서이다. 하지만 이와 전혀 다른 경우도 있다. 헤파이스토스가 이미 가망 없어 보이는 자신의 사제를[14] 어둠으로 감싸, 그를 공격하려는 사람으로부터 구한다(『일리아스』 제5권 23행). 아킬레우스와 아이네아스가 맞붙어 싸울 때, 포세이돈은 아킬레우스의 눈에 어둠을 붓고 아이네아스를 빼낸다(『일리아스』 제20권 321행 이하). 여기서 '어둠'은 추격자와 도망자 사이에 방패처럼 끼워 넣을 수 있는 '물건'과 같은 성격을 가지며, 이러한 차폐 이후 보호될 자를 물리적으로 빼내는 일이 이어진다. 차폐와 구출을 통해 『일리아스』에서 종종 전사들이 매우 위급한 상황에서 구원된다(『일리아스』 제3권 380행. 제5권 311행, 344행, 455행. 제20권 443행. 제21권 597행. 제16권 436행, 666행 이하). 기적은 또 다른 변종을 보인다. 구출된 사람을 대신하여 모상을 세워 놓는 것이다(『일리아스』 제5권 449행). 또는 도움을 제공하는 신이 직접 구출될 사람의 모습을 하고 추격자를 따돌리는 것이다(『일리아스』 제21권 599~제22권 20행). 그러나 이런 구출은 기적의 혜택을 누리는 인물을 옮겨 그로 하여금 어떤 다른 일에 종사하도록 만드는 데 사용되지는 않는다.[15] 또한 이와 같이 죽을 운

---

13. 제17권 268~273행을 보라. 물리적인 혹은 은유적인 밝음과 어둠은 서술 부분에서 정확히 구분되지 않는다. 반면 645~647행 청원의 연설 부분에서는 두 가지 측면이 명확히 구분되어, 물리적인 밝음(밝은 하늘)은 은유적인 어둠(죽음)과 짝을 이루고 있다. 이어지는 서술 부분(648행 이하)에서 물리적인 것과 은유적인 것이 다시 한 번 같이 등장하여, 주변이 밝아지고 전세가 유리하게 변한다.

14. [역주] 정확하게는 사제의 두 아들이다. 이 가운데 한 명은 죽음을 당했으며, 다른 한 명은 헤파이스토스가 구해준다.

15. 이 규칙의 반쪽짜리 예외는 파리스를 전장에서 구출하여, 헬레네의 침실로 데려가 그녀와 사랑을 맺도록 하는 장면이다(『일리아스』 제3권 382행 이하).

명이 아닌 경우에 죽음으로부터 구출되는 쪽은 언제나 약자인 트로이아인들이다. 아이네아스의 경우, 그가 앞으로 더 살아야 할 인물이므로 구출되어야 한다고 언급된다(『일리아스』 제20권 302행 이하). 구출의 기적으로 인해 사건의 진행이 강제적으로 조정되고, 이로써 사건은 전승에 의해 정해진 방향으로 진행된다(이 책 106쪽 참조). 기나긴 트로이아 전쟁 동안 단 한 번도 아킬레우스와 아이네아스가 서로 맞닥뜨리지 말라는 법은 없다. 시인은 양자가 서로에 맞서 싸우도록 만들 수도 있다. 이 경우 서사시의 논리에 따르자면, 아이네아스는 그보다 탁월한 전사를 능가할 재간이 없고, 따라서 아킬레우스에게 굴복해야 하겠지만 실제로 이런 일은 발생하지 않는다. 왜냐하면 아이네아스와 그의 아들, 그의 손자들이 그의 뒤를 이어 계속해서 트로이아인들을 다스려야 하기 때문이다. 따라서 서사시의 논리를 뛰어넘는 구출의 기적이 발생하지 않을 수 없으며, 시인은 기적이 발생하도록 만든다. 이와 같이, 전승된 이야기를 충실히 따르는 소리꾼에게 무사이 여신들은 뒤엉킨 매듭과 함께 매듭을 풀 해결책으로 기적을 제공해주고 있다. 『일리아스』에서 기적은 명백히 경건한 경외심에서 기원하는 반면, 『오뒷세이아』에서 시인은 때로 신들에 대한 이렇다 할 경외심 없이 신들을 다루고 있으며 그저 호기심 어린 눈으로 기적을 들여다본다.

　『일리아스』의 시인에게 신적인 개입이 무엇을 의미하는지를 극명하게 예시하는 것이 바로 파트로클로스 장면이다(제16권). 파트로클로스는 명확히 한계 지어진 임무를 띠고 전장으로 나아간다. 여전히 화가 풀리지 않은 아킬레우스는 파트로클로스에게 아카이아인들에게 닥친 급박한 상황을 미봉하는 것 이상의 참여를 금지하였던 것이다. 하지만 파트로클로스의 마음은 열화 같이 타올라 자제할 수 없었고, 그는 허용된 것 이상을 수행한다(제16권 685행).

마음의 눈이 멀어버린

바보 같으니라고. 펠레우스의 아들이 한 말을 지켰던들
검은 죽음의 사악한 운명을 면할 수 있었을 것을.
허나 제우스의 의지는 언제나 인간의 지혜보다 더 강력한 법이어서
그분께서는 용감한 자도 달아나게 하시고 손쉽게 승리를
빼앗아 버리는가 하면 그를 다시 일으켜 세워 싸우게 하시거늘
이때도 그분께서 파트로클로스의 가슴에 용기를 불어넣었던 것이다.
파트로클로스여 신들이 그대를 죽음으로 불렀을 때
그대가 맨 먼저 죽인 자는 누구며 맨 나중에 죽인 자는 누구인가?

이 아름다운 시구를 가지고 우선 시인은 다만 전승을 이야기한다. 전승에
따르면 파트로클로스는 용감하게 싸우다 죽음을 당할 운명이었다. 시인은
이러한 결과를 제우스와 신들의 의지에 따른 것이라고 청중에게 그리고 스
스로에게 설명한다. 이런 비극적 상황에서 시인은 평소와 달리 여기서 다
음과 같이 돌아본다. 즉 조금만 더 복종심을 갖고, 조금만 덜 용감하였다면
파트로클로스는 살았을 텐데. 파트로클로스는 승승장구 트로이아의 성벽
가까이까지 진격하여, 어쩌면 그날로 트로이아를 함락할 것만 같은 기세였
다. 만약 포이보스 아폴론이 개입하지 않았다면 그렇게 되었을 것이다. 세
번씩이나 파트로클로스는 성벽의 모퉁이를 기어올랐고, 세 번씩이나 신은
밀어내며 손으로 파트로클로스의 방패를 쳤다. 따라서 예외적으로 이 대
목에서 신과 인간의 물리적인 충돌이 발생한다.[16] 네 번째 시도에서 아폴론

---

16. 매우 오래된 부분이며 주목할 만한 『일리아스』의 제 5권에서는 심지어 인간이 스스로
    인간과 신을 나누는 경계를 돌파하기도 한다. 아테네는 디오메데스의 눈에서 어둠을
    걷어내자, 그는 신들을 구분할 수 있게 되었다(127행). 디오메데스는 아프로디테에게
    상처를 입힌다(335행). 아폴론은 몸을 써서 디오메데스를 밀어낸다(437행). 아테네가
    디오메데스의 마차에 올라타자, 마차의 축이 그 무게로 인해 휘어진다(837행). 디오메

은 파트로클로스에게 소리친다. "물러가라, 고귀한 파트로클로스여, 용맹스런 트로이아 사람들의 도시는 그대의 창에 의해 함락될 운명이 아니다. 아니 그대보다 훨씬 용감한 아킬레우스에 의해서도 함락되지 않으리라"(698행 이하). 여기서 시인이 파트로클로스의 영웅적 행동을 극대화하였기 때문에, 정해진 바대로 다시 일을 바로잡기 위해 신이 몸소 개입하지 않을 수 없었던 것이다. 여기서 '정해진 바'란 전승이 전해주는 그대로의 사건 진행을 의미한다. 계속되는 이야기 속에서 파트로클로스가 이끄는 아카이아인들은 "정해진 운명을 넘어"(780행) 우세를 점하게 된다. 이 경우를 제외하고 서사시에서 "운명을 넘어서는" 일이 다시는 벌어지지 않는다.[17] 시인은 자신이 전승을 벗어나고 있음을 알고 있으나, 또한 그는 파트로클로스를 달리 어떻게 할 수 없을 만큼 위대한 인물로 생각했던 것이다. 마지막 세 번의 승리를 통해 파트로클로스는 명예를 얻었다. 그리고 나서 아폴론이 나타났다. 어둠 속에 몸을 감추고, 아폴론은 파트로클로스의 뒤에 서서 손바닥으로 등과 어깨를 내리쳤다. 파트로클로스는 눈앞이 캄캄해졌다. 이어 아폴론은 그의 머리에서 투구를 쳐냈으며, 그의 창을 부러뜨렸다. 방패와 갑옷이 그에게서 떨어져 나갔다. 이때 트로이아의 전사 에우포르보스가 맨몸의 파트로클로스를 등 뒤에서 창으로 찔렀다. 아폴론이

데스는 아레스를 창으로 찌르고, 아테네가 이를 밀어 넣는다(856행). 그러나 그는 이러한 공격의 대가를 죽음으로써 치르게 될 것이다(406행). 나이 든 여신 디오네는 아프로디테를 위로한다. 이 기회를 이용하여 디오네는 죽을 운명의 인간들이 이들에게 직접적으로 대들었던 다른 경우를 이야기한다(383행 이하). 그녀가 언급하고 있는 전설은 후대의 위작이며, 여기서 단 한 번 언급된다.

17. 이 표현은 또한 신이 개입하지 않았다면 일어날 수 있을 법한 것을 지시한다(『일리아스』 제2권 155행. 제17권 321행. 제20권 30행과 336행. 제21권 517행). W. Leaf는 (『일리아스』의 주석서에서) 제16권 780행의 "ὑπέρ αἶσσαν"을 '기대를 저버리고'라고 해석하려 하였다. 그러나 이런 시도는 불가능하다.

손바닥으로 때린 바로 그 자리가 창에 찔린 것이다. 이제 헥토르가 그의 창으로 파트로클로스의 아랫배를 찔렀다. 여기서 파트로클로스는 죽었으되 패배자로서 죽은 것이 아니라 위대한 신에 의해, 아폴론에 의해 물리적으로 밀리고 무장해제당한 승자로서 죽은 것이다. 그의 죽음을 묘사하고 있는 시구들은 경건함이 가득하다. 외적인 필연성이 이때에 이런 기적을 요구한 것은 아니다. 남자들의 정당한 싸움을 통해 헥토르는 자신이 보다 강한 전사임을 입증했을 수도 있었다. 다만 시인이 죽을 운명의 파트로클로스에게 "정해진 운명을 넘어선"[18] 영웅적 위대함을 부여하고자 하였던 것이다. 굉장하고도 놀라운 기적은 시인의 입장에서 동등한 두 위대한 존재, 즉 영웅적 용기와 신적 의지 사이에 발생하는 갈등을 조정하기 위한 방법이다.

---

18. 아마도 644~655행은 시인이 전통으로부터 벗어나는 부분인 것으로 보인다. 여기서 제우스 즉 시인은 파트로클로스가 사르페돈의 시신 위에 바로 쓰러져 죽을지 아니면 트로이아 사람들을 더욱 도시로 몰아내며 많은 적을 죽일지를 고민하고 있다. 제우스 즉 시인에게는 두 번째 선택지가 옳을 듯했다. 이어 도시를 향한 공격이 이어지고, 아폴론이 몸소 개입하는 일이 벌어진다(700행 이하 그리고 788행 이하).

6. 호메로스적 인간

　서사시에 등장하는 인물들 각각은 나름대로 각인된 특징을 갖고 있다. 그렇다고 특징적 고유성이 비극 가면에서처럼 굳어져 고정된 것은 아니다. 진행되는 사건에 따라 달라지는 역할을 수행하면서 항상 새로운 특징적 성격을 보여주기 때문이다. 물론 모든 새로운 특징들은 한 가족의 여러 구성원들처럼 상호간에 유사성을 유지하고 있다. 『일리아스』에 등장하는 인물들이 좀 더 과거 세대의 것이라면, 『오뒷세이아』에 등장하는 인물들은 좀 더 신세대의 것이다.

　호메로스적 인간형과 다른 모든 인간형들을 구분하는 특징은 무엇인가? 호메로스적 인간형은 '소박'하고 '자연'스러운가? 그렇다면 어떤 의미에서 그러한가?[1] 분명한 것은 호메로스적 인간은 혼란스럽거나 무디지 않고, 투명하게 깨어 있다는 사실이다. 그는 섬세한 교제의 방식을 사용하고 있다. 그는 놀라울 만큼 언변이 뛰어나다. 그는 감정적이면서도 다른 한편,

---

1. 목동의 노래가 가진 소박성과 자연성을 드러낸다고 믿었던 시대에는 호메로스도 소박하고 자연스럽다고 믿었다.

오늘날 우리가 '감정'이라고 표현하는 것을 종종 '인식'이라고 표현할 만큼 객관적 태도를 취한다. 그럼에도 불구하고 호메로스적 인간에게 술어를 붙여 그를 규정하려는 이런 시도들은 그를 파악하는 데 전혀 도움이 되지 않는다. 왜냐하면 이런 종류의 술어들은 종잡을 수 없을 만큼 뒤엉킨 다의성을 갖고 있기 때문이다. 그래서 차라리 호메로스적 인간구조를 가능한 범위 내에서 나열하는 방법이 좋을 듯하다. 물론 이때에도 선명성을 위해 약간은 과도하게 강조하거나 단순하게 할 수밖에 없다. 우선 전제는 호메로스적 인간구조는 오늘날의 그것과 실제로 다르다는 점이다. 인간이 시대와 지역을 뛰어넘어 본질적으로 동일하다고 결코 말할 수 없다. 인간성도 나름대로의 역사를 가지며, 인간성의 변천은 아마도 모든 역사적 사건들 가운데 가장 중요하고 흥미로운 사건일 것이다.

이런 의미에서 우리가 호메로스적 인간의 영혼 구조를 살펴보고자 할 때, 호메로스 서사시가 우리에게 주는 첫 번째 대답은, 이런 식의 질문 자체가 비(非)호메로스적이라는 것이다. 호메로스의 언어에는 생명을 가진 인간의 영혼에 해당하는 단어가 없으며, 또한 마찬가지로 육체에 해당하는 단어도 없다. '프쉬케ψυχή'라는 단어는 오로지 죽은 사람의 영혼을 가리킬 때만 쓰인다. '소마σῶμα'라는 단어는 호메로스 이후 그리스어에서는 '육체'를 가리키지만, 호메로스에서는 '시체'를 가리킨다. 목숨이 붙어 있을 때가 아니라, 죽음(혹은 정신을 잃은 기절상태)에서 비로소 호메로스적 인간은 육체와 영혼으로 갈라진다. 호메로스적 인간은 자신을 둘로 나눌 수 있는 것으로 생각하지 않았으며, 단일 자아로 생각했다. 그들이 나뉜다고 생각할 때에도 그들은 단일 자아였다. 살아있는 사람의 '영혼'이라는 개념이 없다는 사실 때문에 우리의 관찰과 구분 작업[2]이 불완전하거나 덜 진행

---

2. 서사시는 인간 개성의 구조에 관련하여 실로 놀라울 정도로 성숙되고 세련된 통찰을

되는 것은 아니며, 실제로 호메로스적 인간이 우리가 생각하는 의미에서의 '영혼'을 갖고 있지 않을 뿐이다.

호메로스적 인간은 영혼과 육체의 결합체가 아닌 단일한 총체다. 물론 이러한 총체에서 경우에 따라 특정한 부분을, 정확히 말하면 특정 기관(器官)을 강조할 수도 있지만, 모든 기관들은 그것들이 속하는 '인간'을 대표한다.[3] 팔은 인간의 기관이며, 육체의 부분이 아니다. 마찬가지로 튀모스 thymos(격앙의 기관)도 인간의 기관이며, 영혼의 부분이 아니다. 인간은 생명활동을 총체적으로 수행하며, 따라서 우리가 오늘날 '영혼'에 귀속시키는 생명활동을 인간의 모든 기관에 귀속시킬 수 있다. 『일리아스』(제13권 59행 이하)에서 포세이돈이 예언자의 모습을 하고 두 명의 아카이아 전사를 자신의 지팡이로 치는 장면을 볼 수 있다. 이로써 포세이돈은 그들에게 "굳건한 용기 κρατερòν μένος"를 채워주고, 그들의 팔과 다리를 가볍게 만들어주었다. 그렇게 축복받은 사람들은 인간의 모습으로 변장한 신으로부터 받은 것을 자신들이 느낀 그대로 언급한다. 그중 한 명이 말한다. "나의 가슴속에서 튀모스가 더욱 강하게 싸움과 전투를 열망하며 아래로는 발과, 위로는 팔이 싸우길 열망한다." 다른 한 사람도 비슷한 말로 이것을 확인한다. "꼭 그처럼 창을 잡고 있는 나의 팔도 싸우길 열망하며, 안으로는 용기가 솟아오르고, 아래의 두 발은 앞으로 달려간다." 호메로스적 인간의 각 기관은 나름대로 고유한 힘을 발산할 수 있으며, 각각이 동시에 한 사람 전

보여준다. 이러한 통찰들로부터 우리가 그것에 잠재된 이론을 재구성할 수 있다는 의미에서 이런 통찰들은 중요하다. 이하 언급된 책에서 이를 검토하려는 시도가 있었으며, 매우 어려운 내용이지만 가급적 상세하게 검토되었다. Joachim Böhme, *Die Seele und das Ich im homerischen Epos*, Leipzig, 1929.

3. 호메로스의 단어로 '개인'을 의미하는 것은 '머리 kephale'다. 유사하게 로마의 법률용어 caput와 capitalis도 '개인'을 가리키며, 그 '소유물'에 대해서는 res를 사용한다. poena capitalis, deminutio capitis 등은 이런 의미로 이해될 수 있다.

체를 대표한다. 육체적인 기관과 정신적인 기관은 동일한 위상을 지니며, 앞서 두 번째 사람이 "나의 팔 — 나의 용기(의지μένος) — 나의 두 발"을 언급한 것처럼, 그것들 모두는 동일하게 '나'를 지시한다.[4] 호메로스적 인간은 이와 같은 방식으로 행위가 문제시될 때(『일리아스』 제1권 166행) '나'라는 개념을 대신하여 종종 "나의 팔"을 사용한다. 혹은 적과의 충돌이 문제시될 때(『일리아스』 제6권 127행), 종종 "나의 용기μένος"를 사용한다.[5] 이렇게 '돌려 말하기'(그리고 "텔레마코스의 신성한 힘ἱερὴ ἲς Τηλεμάχοιο"[6]에서처럼 '바꾸어 말하기')의 방식으로 선택 사용된 개념을 통해 우리는 호메로스가 얼마나 역동적으로 인간을 이해하였는지를 알 수 있다. 즉 인간은 그가 무엇인가에 의해서가 아니라, 그가 행한 일에 의해 이해되었던 것이다.

호메로스의 언어는 감정과 사유의 기관을 여럿으로 구분하였다. 각각의 기관은 특수한 기능을 수행하며, 각각의 기관이 책임지고 있는 담당영역도 자연스럽게 구분된다.[7] 그 중심은 '튀모스θυμός', '프렌φρήν', '누스

---

4. 『오뒷세이아』 제6권 140행 "아테네가 그녀의 마음(φρένες)에 용기를 불어넣어주고 그녀의 무릎(γυῖα)에서 두려움을 없애주었다."

5. 소피스트 안티폰에서 우리는 인간구조에 대한 유사한 이해를 발견할 수 있다. 그는 다음과 같이 말한다(DK87B44 A2~3). 눈에는 눈이 보아야 할 것과 보지 말아야 할 것에 관한 법(즉 눈이 부끄러워 내리감아야 할 것에 관한 법. 테오그니스 85행 이하를 보라)이 있으며, 혀에는 혀가 말해야 할 것과 말하지 말아야 할 것에 관한 법이, 팔에는 팔이 해야 할 것과 하지 말아야 할 것에 관한 법이, 다리에는 가야 할 곳과 가지 말아야 할 곳에 관한 법, 마음(νοῦς)에는 욕심내야 할 것과 그래서는 안 될 것에 관한 법이 있다. 안티폰의 시대에는 분명 이런 인간이해가 매우 낡은 것이었지만, 안티폰은 인위적인 법보다는 기본적인 자연에 호소하고자 하였다. 그래서 각 기관의 자연적 기능을 언급한 것이다.

6. '돌려 말하기'의 동기는 고유명사로 시행을 마감하고자 하는 바람 때문이다(이 책 63쪽 이하). 이런 목적을 위해서 주격은 사용되지 않는다.

7. 정신, 지각, 감정, 심장, 지성, 이성 등의 개념들은 원칙적으로는 분명히 구분되지만 그

$\nu\acute{o}os$'다. 튀모스는 '기분' 정도로서 분노, 노여움, 용기, 욕구, 흡족, 희망, 고통, 경악, 두려움, 자부심과 냉정 등의 감정과 정서를 담당하는 기관이다. 합리적인 확신이 결여된 예감이나 감정적 충동을 부추기는 생각 등이 튀모스에서 발생한다. 마지막으로 튀모스는 새로운 일의 착수를 향한 욕구[8] 혹은 거부감 혹은 무관심의 자리다. 좀 더 지적인 것이 프렌(혹은 복수형으로 $\phi\rho\acute{e}\nu\epsilon s$)이다. 프렌은 내용과 표상을 가공하며, 한 개인의 입장과 신념을 규정한다. 프렌은 사유하고, 숙고하고, 파악하는 이성이다.[9] 프렌보다 더욱 합리적이며, 사태와 사건에 의해 보다 많이 규정되는 것은 누스 즉 통찰, 이해, 사상, 계획 등이다. 사상과 계획으로서 누스는 한 개인과는 무관하며, 생각의 내용 자체를 가리킨다.[10]

인간의 모든 행동과 반응을 담당하는 각 기관이 정해져 있으므로, 상이한 각 기관들 간의 충돌은 발생하지 않는다. 서술 부분에서가 아니라 서술 부분과 나란히 배치된 비유 부분에서 한 번, 오늘날의 언어로 말하자면, 어떤 사람이 지친 육체를 정신력으로 밀어붙여 고된 일을 강요하는 장면이 묘사된다. 그러나 서사시인은 육체와 정신을 언급하지 않고, 피로와 땀에 지친 튀모스(살아있는 육체의 기관)와, 무장처럼 몸에 걸쳐진 "극기의 힘

    것이 작용하는 범위에 관해서 정확하게 구분된다고 할 수는 없다.

  8. 의지와 목적 지향적인 힘인 menos는 기관이 아니라, 인간 내부에서 작용하는 힘이다. menos와 thymos는 죽음과 함께 소멸된다(『일리아스』 제4권 294행).

  9. 프렌phren은 동시에 육체적인 기관이다. 즉 횡경막을 가리킨다.

10. 누스noos가 나중에 갖게 되는 철학적 의미를 이것들로부터 해명할 수 있을 것이다. 사유noos는 사유하는 개인과는 분리된 순수한 '정신'이 된다. 호메로스의 관용어 '$\Delta\iota\grave{o}s$ $\nu\acute{o}os$'는 크세노파네스가 말한 순수 정신적인 神을 향한 첫 번째 발걸음이다(이 책 619쪽 이하). 그리스 사람들에게서 영혼이 아니라 사유가 물질적 영역을 넘어서는 독립적인 힘(아낙사고라스에서 완성된)을 형성하였다는 것은 주목할 만하다. K. von Fritz, *Class. Philol.* 38, 1943, 79쪽; 40, 1945, 223쪽; 41, 1946, 12쪽을 보라. B. Snell, *Die Entdeckung des Geistes*, Hamburg, 1946판 혹은 그 이후 판본을 보라.

κρατερὸν μένος"을 언급한다(『일리아스』 제17권 742~746행).

호메로스에서 혼잣말은 자신의 튀모스에게 말을 거는 것으로 그려진다. 여기서 튀모스는 다른 모든 기관들 가운데 가장 포괄적이고 동시에 가장 충동적이다. 혼잣말은 오로지 사태가 지금 어떠한지, 지금 무엇을 해야 할지 등을 스스로에게 분명히 하고 싶어 할 때에만 등장한다. 이것은 '나'가 실제적으로 둘로 나뉘는 것을 의미하지는 않으며, 다만 대화를 통해 사유하고 있음을 보여준다. 호메로스에서는 대화를 나누고 있는 양자에 대한 개념이 아직 확고하게 굳어지지 않았던 것이다.[11]

각 기관이 서로 충돌하지 않지만 '나'는 기관들 가운데 하나가 소망하는 바를 막을 수 있다. 호메로스적 인간은 욕구(튀모스 혹은 메네스)를 '제압 δαμάσαι'하거나, '억제ἐρητύειν'할 수 있었다. 하지만 이때도 한 개인의 인격적 통일성은 유지되었다.

오늘날의 관점에서 보면, 호메로스적 인간은 놀라울 정도로 단일하고 밀착되어 있다. 그런즉, 자신의 어느 한 부분이 능동적으로 작용한다거나 혹은 수동적으로 작용을 받았을 때, 그 자신 전체가 작용하거나 작용받는 것이다. 구분의 경계는 어디에서도 찾을 수 없으며, 그의 감정과 육체적인 태도는 분열 없이 밀착되어 있다. 두려움과 도주는 동일한 명사 '포보스φόβος'로 표현되며, '두려워하다'와 '피하다'도 동일한 동사 '트레오τρέω'로 표현된다. 고통이 영웅에게 닥쳐올 때, 그는 눈물을 흘린다. 그와 같이 호메로스적 인간에게 '행위의 의지'와 '의지의 행위' 사이에는 구분이 없으며, 햄릿처럼 주저하고 머뭇거리지 않는다. 호메로스적 인간

---

11. 『일리아스』 제11권 403~411행을 보라. 처음에는 thymos에게 말을 걸더니, 이어 thymos와의 대화가 진행되었고, 마지막으로 phren과 thymos의 심사숙고가 이어지게 된다.

이 무언가 일어나야만 한다고 생각한 경우, 그는 이를 실천으로 옮기기 위해 달리 결단을 필요로 하지 않는다.[12] 계획에는 그 실현을 위한 추진도 당연히 포함되어 있다고 하겠다. 그리하여 호메로스적 언어에서 '계획하다, 준비하다μήδεσθαι'라는 뜻의 단어들은 계획의 실천을 암묵적으로 포함하고 있다.

인간의 의지가 그 인간의 본성 그대로 막힘없이 즉시 실천으로 옮겨질 때, 그의 본성과 성격은 낱낱이 그 행동과 결과에 적나라하게 표현된다. 『일리아스』의 사회는 귀족남성에게 넓은 활동공간을 제공하고 있다. 따라서 한 사람의 행위는 그의 성격과 동일시할 수 있으며, 그는 그의 행동을 통해 온전하고 완결적으로 설명된다. 그에게 어떤 숨겨진 내면은 존재하지 않는다. 이런 사회적 배경은 전통적인 형태의 서사시에 그대로 표현되었다. 서사시에서 나타난 인간 언행의 사실적 보고에서 그 사람이 어떤 인간인지가 낱낱이 드러난다. 호메로스의 인간들은 그들이 행하고 말하고 느낀 바로 그것이다. 그들은 외부를 향해 가면을 쓰고 있지 않으며, 그들의 본성은 그들이 행한 행동과 그들이 겪은 운명을 통해 세상 밖으로 드러난다.

이러한 이유에서 '결과'에 대한 표현들이 인간적 가치에 관한 호메로스적 표상에 있어 중요한 역할을 했다. 이런 표현들은 독일어로 번역하기가 매우 어려우며, 전통적인 번역에서는 매우 단순화되어 오히려 잘못 번역되었다고 할 수 있다. 신은 영웅에게 '크라토스κρατός'를 준다. 그것은 단순히 '힘'이 아니라, 극복하는 '강제력'과 '추진력'을 의미한다. 여기서 파생된 형용사 '크라테로스κρατερός'는 '승리하는, 추진하는, 강제하는' 등으

---

12. B. Snell, *Aischylos und das Handeln im Drama*, Leipzig, 1928. 그의 논문, *Philologus*, 85, 141쪽 이하. Christian Voigt, *Überlegung und Entscheidung*, Berlin, 1933.

로 옮겨 적을 수 있다.[13] 또 하나의 중요한 단어는 '퀴도스κῦδος'이다. 이 단어는 성공하여 승리자가 됨을 의미한다. 동시에 이 단어는 성공이 가져오는 명예, 위신, 권위, 위엄과 존엄을 의미한다.[14]

이렇게 호메로스적 인간은 시공의 한계나 구속 없이 힘이 무제약적으로 뻗치는 중력장과 같은 존재다. 또한 어디에서 타자가 사라지고 자아가 시작되는지를 묻는 것이 무의미할 만큼 외부의 힘이 그에게 역시 무제약적으로 영향을 미친다. 호메로스적 인간은 외부세계를 수용하고 경험하며 외부세계를 향해 무조건적으로 열려 있기에, 현대인의 의식세계에는 기본적으로 전제되어 있는 자아와 타자의 대립이 아직 존재하지 않는다. 오늘날 우리에게 매우 개인적인 역량으로 보이는 사유 혹은 충동은『일리아스』에서 보면 밖으로부터 수용된 것으로 이해된다. 전투에서 행해지는 과감한 돌진은 신이 전사에게 선사한 것으로, 신은 전사를 '발동μένος'시키고 그렇게 하도록 그를 '추동한다ῶρσε'. 마찬가지로 신은 전사에게 공포를 불어넣기도 한다(『일리아스』제11권 544행. 제16권 689~691행). 인간이 이를 자율적으로 행한 것이냐, 강제된 것이냐가 중요한 문제가 아니라,[15] 그러한 행

---

13. 예를 들어 "κρατερὸς δεσμός"는 어떤 사람들을 의지에 반해서 강제로 묶어놓는 사슬 혹은 포박을 의미한다.

14. 민속학자들은, 자주 거론된 *mana*와 *orenda*에 가깝기로 호메로스의 어휘 가운데 'κῦδος'만한 단어가 없다는 것을 깨닫지 못하였다. 전통적인 번역어 '명성'은 오역이다. 'κῦδος'는 단어는 멀리에 이르는 명예를 의미하지 않는다. 죽은 자를 위한 명예도 있겠으나, 'κῦδος'는 오로지 살아있는 사람만이 가질 수 있다(『일리아스』제22권 435행 이하). 호메로스 시대로부터 후대에 이르기까지 'κῦδος'는 자신만만하고 의기양양한 남자의 당당한 태도를 나타냈다. Georg Finsler, *Homer* I², Leipzig, 1924와 Gerhard Steinkopf, *Unters. zur Geschichte des Ruhms bei den Griechen,* Halle, 1937, 23쪽 이하(특히 25쪽 이하)를 보라.

15. 책임소재의 문제가 때로 거론되곤 한다. 시인은 패배의 책임(예를 들어『일리아스』제3권 164행, 제19권 90행 이하) 혹은 적과 싸워 이긴 성공(예를 들어『일리아스』제20권 94~98행)을 보다 강력한 권능에게 책임 지우려 한다.『일리아스』의 서술부분은 지속

위를 통해 그가 성취하였느냐, 아니면 실패하였느냐가 훨씬 더 중요한 문제였다. 삶에 있어 신의 개입은 미리부터 전제되어 있으며, 인간의 영혼에는 그 자신을 위해 따로 떼어 놓은 공간이란 없다. 실패하고 용기를 잃은 사내는 "저열한" 존재이며, 신들이 그를 돕는 존재는 "탁월하고" 용감한 존재다(『오뒷세이아』 제3권 375행 이하, 『일리아스』 제4권 390행과 408행). 신은 오로지 그럴 만한 가치가 있는 사람을 돕는다는 것이 암묵적으로 전제되어 있다.

따라서 『일리아스』의 인간은 전적으로 그의 세계에 귀속된다. 호메로스적 인간은 내면세계를 따로 갖고 외부세계와 마주 서 있지 않으며, 세계전체가 그를 관통하여 지나가고 그 역시 행동하고 시련을 겪으면서 전체 사건을 관통한다. 그는 언행에 있어 자신만만하고 솔직담백하여 귀족적 품위의 규범에 따라 자신을 표현하면서도, 거칠 것도 숨길 것도 없이 처신한다. 그는 주저 없이 삶이 그에게 부가하는 모든 일을 감내한다. 그리하여 전사는 불굴의 자세로 전투의 고역을 치르며, 적들에 대한 적개심을 불사른다. 그리하여 전사는 쓰리고 고통스럽게 인간이 겪는 보편적 필연성 아래 신음한다. 그는 그런 필연성에 저항하거나 거역하지 않는다.[16] 그는 통곡하면서 자신에게 결정된 그것을 순순히 받아들인다.

그는 이렇게 말하자 죽음의 종말이 그를 덮쳤다.
그리고 그의 영혼은 남자의 힘과 젊음을 뒤에 남겨두고
자신의 운명을 통곡하며 그의 사지를 떠나 하데스의 집으로 날아갔다.

적으로 영웅들의 성공과 실패가 신들에 의한 것임을 이야기한다. 『오뒷세이아』에 관해서는 이 책 163쪽 이하.

16. B. Snell, *Aischylos*, (앞의 각주 12번) 82쪽 이하.

그와 같이 파트로클로스는 죽었다(『일리아스』 제16권 855행 이하). 또한 아직 소년티를 벗지 못한 뤼카온은 통곡하며 잔인한 아킬레우스에게 자신의 목숨을 구걸하면서 아킬레우스의 창을 붙잡고 매달린다. 그러나 아킬레우스는 이렇게 말한다.

> 자, 친구여, 그대도 죽을지어다. 왜 이렇게 우는가?
> 그대보다 훨씬 훌륭한 파트로클로스도 죽었다.
> 그대는 보지 못하는가, 나 또한 얼마나 잘생기고 체격이 당당한지?
> 나의 아버지는 훌륭한 분이시고 나를 낳아 준 어머니는 여신이시다.
> 허나 내 위에도 죽음과 강력한 운명이 걸려 있다.
> 누군가가 창으로 맞히거나 또는 시위를 떠난 화살로
> 맞혀 싸움터에서 나의 목숨을 빼앗아가게 될
> 아침이나, 혹은 저녁이나, 혹은 한낮이 다가오고 있는 것이다.

뤼카온이 이 대답을 들었을 때, 그의 무릎과 심장은 풀어지고 말았다. 그는 잡았던 창을 놓고 두 팔을 벌리고 주저앉아 아킬레우스가 가하는 일격을 받아들였다(『일리아스』 제21권 106행). 소년 뤼카온처럼 아킬레우스도 모든 것을 알고 기꺼이 이제 다가올 죽음을 받아들인다. "신들이 그것을 이루기를 원할 때 나는 기꺼이 죽음을 받아들일 것입니다"(『일리아스』 제18권 115행, 제22권 365행).

모든 일은 어리석은 순응의 강압, 혹은 과도한 동물적 야만성의 광기 아래 벌어진 것이 아니다. 오히려 모든 일에는 생기발랄한 신선함과 영롱한 선명성이 깃들어 있으며, 매우 엄숙한 장면에서조차도 쾌활한 명랑성의 희미한 흔적을 드리우고 있다. 호메로스적 인간은 그에게 닥치는 선악을 이해한다. 호메로스적 인간은 그를 사로잡을 힘들의 진행과 그가 맞닥뜨릴 운명을 이해하듯, 또한 그 실현과 그에 따라 생겨난 질서를 차분히 지켜보면서, 위축되거나 망설이지 않고 행위의 결과를 받아들인다. 통찰의 기관이 우둔함이나 무감각에 의해 폐색되는 일은 없다. 호메로스적 인간은 매우 본능적이면서도 동시에 놀라울 정도로 이성적이며 삶에 대한 통찰도 깊다. 그들은 언어에 친숙하고 또 능란하다. 곤란한 지경에서도 그들은 시간의 구애를 받지 않고 세세한 사항까지 다루며, 대화를 통해 사태를 분명히 따지고 취해야 할 방책을 찾아낸다. 그리하여 어떤 계획이 일단 마련되면, 곧 실천에 옮겨진다. 실행은 따져 묻는 이런 정신을 통해 이루어지며, 따져 묻지 않는 무의식적 반응에는 가치를 두지 않는다. 번갯불처럼 빠르게 급박한 상황을 장악하는 것을, 호메로스의 언어는 "날카롭게 이해하다 ὀξυ νόησε"라고 말한다.

앎은 호메로스적 인간에게 다양한 사물로 접근하는 넓은 통로를 제공하였다. 앎은 객관적인 세계로 진입한다. 지금 존재하는 세계와 존재해야 하는 세계로 진입하게 되는 것이다. 우리가 '의무'와 '도덕'이라고 부르는 것들에 호메로스적 인간은 앎을 통해 도달한다. 오뒷세우스가 힘겨운 전투의 노고 가운데 싸움을 피해야 하는가 버텨야 하는가에 의혹을 품었을 때, 그는 다만 악한 사람들은 무엇을 행하는지를, 전투에서 이름을 얻을 사람들은 어떤 태도를 취하는지를 분별해보기만 하면 된다. 그리고 의혹을 떨쳐버리고 용감한 사내가 취할 유일한 선택지를 취하는 데는 단지 "나는 알았다"라고 말하는 것으로 충분하다(『일리아스』 제11권 403행 이하). 어두운 본능이 지배하는 것이 아니라, 분명한 사리판단이 지배하고 있는 것이다. 또 헥토르는 잠시나마 전투를 그만두려 하지 않는다. "내 마음(욕망, 기질 thymos)은 이를 용납하지 않소. 나는 언제나 용감하게 트로이아 인들의 선두 대열에 서서 싸우도록 배워왔기 때문이오."(『일리아스』 제6권 444행).[17]

우리가 '성격' 혹은 '기질'이라고 부르는 많은 것들이 호메로스에게는 해당 행동에 대한 일종의 앎이었다. "그는 친절한 사람이었다"라는 구절을 글자 그대로 옮기면 "그는 모든 사람들에게 친절하게 대하는 법을 알고 있었다"이다(『일리아스』제17권 671행). '알고 있으면서 $\epsilon i \delta \acute{\omega} \varsigma$'라는 단어는 호메로스에게서는 흔히 우리가 앎보다는 기질에 돌리게 되는 그런 영역까지도 아우른다. 호메로스적 인간은 친절함, 부드러움, 예의범절($\theta \acute{\epsilon} \mu \iota \sigma \tau \alpha \varsigma$)을 '알고 있다'. 혹은 '사나움 및 사악함 $\lambda \upsilon \gamma \rho \acute{\alpha}$', '무도함 및 무례함 $\grave{\alpha} \theta \epsilon \mu \acute{\iota} \sigma \tau \iota \alpha$'을 알고 있다. 혹은 다른 사람들에 대한 애정을 알고 있다. 이런 자리들에서 '알다'라는 동사의 의미가 바뀌어, '그런 성격/기질이었다'라고 이해해야 한다고 주장한다면, 그것은 매우 손쉬운 주장이지만 동시에 잘못된 주장이다. 어떤 자리에서 "스스로 (즉 성격적으로) 거칠면서 동시에 거칢을 알고 있는"(『오뒷세이아』제19권 329행) 사람에 관해 이야기된다. 이 자리에서 '거칢'과 '거칢에 대한 앎'은 동일한 사람을 언급하는 말이긴 하지만 서로 다른 것이다. 우리 같으면 감정이나 성격으로 돌릴 것에 앎이란 표현이 등장하는데, 이것은 호메로스적 인간이 가진 사태 지향성으로 이해될 수 있다. 즉 그들은 객관적으로 행해질 수 있는 사태와 행해진 사태에 주목하고 있는 것이다.

객관적인 사태에 대한 지향성은 다음과 같은 예에서 드러난다. '사랑하다'라는 단어는 '손님을 접대하다'라는 말을 대신할 수 있다. "그는 만 한 달 동안 나를 사랑하였다 $\phi \acute{\iota} \lambda \epsilon \iota$"(『오뒷세이아』제10권 14행). 그리하여 관심

---

17. "$\acute{\epsilon} \mu \alpha \theta o \nu$", 즉 '나는 말과 모범을 통해 배워 고귀하게 되도록 처신하였다.' 이때 단순 과거 Aorist 시제는 전회행위, 특정한 행로의 시작을 의미한다. B. Snell, *Die Ausdrücke für den Begriff des Wissens*, Berlin, 1924, 72쪽 이하. 한편 호메로스에게 있어 어떤 사람은 동냥질하며 얻어먹고 사는 것을 "배울" 수도 있었다(『오뒷세이아』17권 226행 이하).

의 공유로부터 곧바로 친절한 태도가 추론된다. "(아가멤논은 성난 오뒷세우스를 달래면서 말한다.) 나는 그대의 가슴속 마음이 나에게 호의를 품고 있음을 잘 알고 있소. 왜냐하면 그대의 생각은 내 생각과 같으니 말이오"(『일리아스』 제4권 360행 이하).[18] 이 예에서 생각의 내용은 적을 무너뜨리려는 결연한 의지다. 무언가를 행하려는 결심은 '사랑하는'이라는 단어를 가지고 표현된다. "트로이아를 파괴하는 것이 당신들 신들에게 사랑이므로"(『일리아스』 제7권 31행), "이제 적을 막아내는 것이 그대들에게 사랑이 된다"(『일리아스』 제16권 556행). '사랑하는, 친절한φίλος'이라는 형용사는 호메로스에서 일반적으로 굉장히 광범위하게 사용된다. 이 단어는 사람과 관련된 모든 것에 사용될 수 있는데, 예를 들어 "사랑하는 전우들"뿐만 아니라, 자신의 각 신체기관에도 적용된다. 왜냐하면 각 기관은 '나'의 보조자이며 대표자이기 때문이다. "나의 사랑하는 손들"을 가지고 원하는 것을 집으며, 신에게 기원할 때 직접 신들에게 날아올라갈 수 없으므로 "나의 사랑하는 팔들"을 들어올리며, 가지고 있고 싶으나 이내 곧 넘겨주어야 할 것을 "나의 사랑하는 무릎" 위에 올려놓는다(『오뒷세이아』 제21권 55행). 또한 '나'는 각 기관의 체험에 참여한다. "나의 사랑하는 팔"은 적이 던진 창에 찔린다. 음료와 음식이 즐겁게 "나의 사랑하는 목구멍"을 지나간다(『일리아스』 제19권 209행). "나의 사랑하는 심장"은 흥분으로 약동한다. 신체기관들은 "나"와 "친절한" 관계이며, 전반적으로 한 개인의 모든 부분들—사지, 지능, 감각과 의지—은 어떤 갈등이나 타협조정 없이 객관적인 활동에 일치된 모습으로 작동한다.

---

18. 아직 영혼이라고 불릴 만한 것은 없었기 때문에 호메로스에게 있어서 사람들 상호간의 관계는 호불호의 태도를 갖는 영혼들이 서로 만나는 것으로부터 생겨나는 것이 아니라, 다만 동일한 생각, 동일한 앎과 동일한 행동을 통해 서로 관계했다. B. Snell, *Gnomon* 7, 1931, 84쪽 이하.

『일리아스』의 인간은 늘 제 자신으로 머문다. 아무리 강력한 것이라도 그를 나눌 수 없다. 그래서 그만큼 그에게는 변화발전의 가능성도 없다. 그는 주어진 상황에 강력히 대응하지만, 대응의 순간 그에게 젖어들었던 기분은 상황의 종료와 함께 흔적도 없이 사라진다.[19] 『일리아스』의 인간은 세련된 사교형식을 갖고 있지만, 사회적 규율에 의해 구속된다고 느끼지 않고 오히려 고양된다고 느낀다. 왜냐하면 그것은 그에게 고귀함을 부여하기 때문이다. 덧붙여 그는 이러한 사교형식을 상당히 높은 수준의 숙련도를 갖고서 몸에 익히는데, 이는 그를 노예가 아니라 주인으로 보이도록 만들어준다. 이런 것들은 그가 익힌 우아한 언사와 사교술에서 드러난다.[20] 그러나 분노할 경우 그는 우악스럽거나 혹은 빈정거리는 태도를 보이기도 한다.

호메로스의 인간은 기본적인 생명활동을 영위하고 있다. 그는 먹고 마시고 달콤한 잠에 빠지고 사랑을 나누는 등 육체적 향유에서 얻어지는 즐

---

19. 가장 좋은 예는 아킬레우스가 『일리아스』 제9권에서 취하는 태도다. 특히 그가 영웅으로 살아가는 삶을 포기하고 고향으로 돌아가 조용히 여생을 마치겠다고 공공연하게 말할 때이다(이 책 37쪽을 보라). 그의 마지막 말은, 다음날 아침 그가 무엇을 해야 할지 생각해보기로 하자는 것이다(618행). 그리하여 다음날 실제로 무슨 일이 벌어질지에 관해서는 아무 말도 없는 상황이 유지된다. 이 상황이 어떻게 이해되어야 하는지에 관한 시인의 의도는 677~703행에서 언급된다. 오뒷세우스의 보고에 따르면 아킬레우스는 화해의 선물을 받기를 거부하였으며, 이는 진정에서 우러나온 것이지만 배를 타고 고향으로 돌아가겠다는 말은 단순한 협박에 지나지 않는 것이다. 디오메데스는 아킬레우스의 오만을 지나치게 큰 선물로써 오히려 키워준 꼴이라고 말한다. 또한 그를 그 혼자 내버려두고, 고향으로 돌아갈 계획을 포기하도록 간청하지도 말자고 한다. 왜냐하면 '속마음thymos'과 신이 그를 자극하면, 그는 곧 다시 같이 싸우게 될 것이기 때문이다.
20. 호메로스적 사교형식에 관한 연구는 절실히 요구된다. 이 연구는 풍부하고 놀라운 시사점을 제공해줄 것으로 보인다. 특히 그들의 연설과 관련하여 그러하다. 다만 연설을 연구함에 있어, 예전에 아무런 성과 없이 진행되었던 연구에서처럼 형식수사학의 편협하고 지엽적인 범주를 적용하려 해서는 안 된다.

거움을 감추지 않는다. 다만 그것들에 관해 조심스러운 언어로 말하고 있는 것뿐이다. 그는 사람들과 어울려 노는 축제와 즐거운 춤을 좋아하며, 심지어 비탄마저도 그에게는 일종의 즐거움이다.[21] 그는 철저하게 이승에서의 삶을 향유하며, 저승에서는 아무것도 기대하지 않는다. 이제 육신 혹은 시신으로 남게 될 몸뚱이로부터 영혼이 분리되면서 찾아드는 죽음은 인간을 파괴한다고 그는 생각한다. 영혼은 그 이후 그림자가 되어 어두운 하계로 내려가, 거기서 비현실적 존재로서 몽롱하게 지내지만, 하여튼 태양 아래서의 삶이 제 아무리 힘겨울지라도 그곳에서의 삶보다는 백배 낫다고 할 수 있다. 아킬레우스의 영혼은 비탄에 젖어 말한다(『오뒷세이아』 제11권 489행).

> 나는 세상을 떠난 모든 사자들을 통치하느니
> 차라리 지상에서[22] 머슴이 되어 농토가 없고
> 재산이 많지 않은 가난한 사람 밑에서 품이라도 팔고 싶소이다.

이승에서 살아가는 한, 사람은 사람답게 살아 있는 것이다. 사람들은 일이 일어나야 비로소 자기 자신을 알게 된다. 무엇보다 갈등 상황에서—그것이 무기를 든 전투이든 혹은 사소한 다툼이든 상관없이—자신의 고유한 존재를 자기 자신과 타자들 앞에서 확인한다. 이때 감수할 수밖에 없는 고통이 수반된다. 투쟁과 고통은 서사시의 주제이며, 시련은 인간만사의 법칙이다(『일리아스』 제24권 525행).

---

21. 『일리아스』 제13권 636~639행, 『오뒷세이아』 제4권 102~105행.
22. 신조어로서 'ἐπάρουρος'는 '대지 위에서'라고 이해될 수도 있다. 『일리아스』 제18권 104행과 비교하라.

그렇게 신들은 비참한 인간들의 운명을 정해 놓았습니다.
고통 속에서 살아가도록 말입니다. 허나 그들 자신은 슬픔을 모르지요.

짊어지고 가야 하는 시련과, 죽음을 통해 파멸에 이르게 될 형언할 수 없는 처참함을 보상하는 것은 호메로스적 인간에게 오로지 하나, 타인들로부터의 명성뿐이다. 오로지 이를 통해서만 그 본질과 가치에 부합하는 그림이 그려진다. 사람이 자기 자신을 비추어 보는 양심이라는 것은 아직 형성되지 않았다. 『일리아스』의 영웅은 공적인 삶을 영위하며, 그들은 행동에 있어 당대와 후세의 평가를 고려한다(『일리아스』 제6권 441~443행, 제9권 459~461행). 대중의 의견은 부당한 행위를 '분명하게 지적한다νεμεσσάω'. 대중의 의견이라는 매체가 거짓되고 조작되리라는 의심은 추호도 일지 않는다. 『일리아스』는 어떤 숨겨진 동기와 어두운 음모도 알지 못한다. 즉 사람의 참모습은 그의 행동 가운데 그대로 드러난다.

영웅들의 명성을 만대(萬代)에 전하는 서사시는 영웅들이 실제 시인에게 비춰진 모습 그대로를 전해준다. 서사시에서는 다만 영웅들의 본질적인 것만을 보여준다. 별다른 더 큰 의미 없이 그저 사람들을 서로 구분하는 우연적인 요소들은 서사시로부터 사상(捨象)되어 버렸다. 서사시는 전형을 형상화하는 바, 각각은 사람들이 인정하는 인간 삶의 여러 가능성 가운데 하나를 구체화하고 있다. 네스토르가 탁월한 노인의 전형이라고 한다면, 아킬레우스는 탁월한 청년의 전형이다. 더 나아가 각 인물들은 일관되게 주조되어 있는 바, 모든 것은 일매지게 그 담지자를 채우고 있으며, 그의 각 부분에서 그에 상응하여 드러난다. 군대를 이끌고 온 왕 아가멤논은 제왕적인 모습을 갖추었을 뿐만 아니라, 소수의 몇몇과 마찬가지로 탁월한 존재다(『일리아스』 제3권 169행). 테르시테스는 생김새에 있어 추할 뿐만 아니라, 태도에 있어서도 창피스러운 존재다(『일리아스』 제2권 212~219행).
인물의 통일성은 각 인물에게 기념비적 성격을 부여하며 동시에 인물 묘
사를 손쉽게 만들어준다. 네스토르를 "맑게 울리는 목소리의 연설가"라고
부를 때는 동시에 그를 능숙하고 지혜로운 연설가이자 통치자라고 말하고
있는 것이다. 아킬레우스를 "발이 빠르다"라고 할 때, 그것은 그가 질풍 같
은 성격을 가졌다는 것을 의미한다(이 책 65쪽 참조). 이렇게 한 가지로부터
다른 것을 추론할 수 있는데, 각 인물 성격의 윤곽은 서사시에 있어 끊어짐
도 숨김도 없이 뚜렷하기 때문이다. 즉 각각의 성격들은 한결 같은 방식으
로 한 인물 전체에 관철되어, 그 인물로부터 주변의 열린 영역으로 뻗어나
간다. 한 인물이 다른 이에게 무엇을 하든, 그것은 그 인물의 일부다.

7. 『오뒷세이아』의 새로운 성향과 서사시의 소멸

서사시에 나타난 인간상을 알고자 하는 사람은 우선 『일리아스』에 매달려야 한다. 왜냐하면 『오뒷세이아』에서는 인간상이 상당히 달라지기 시작하기 때문이다. 이런 차이점은 두 서사시의 도입부에 보이는 전체 줄거리 요약을 통해서도 확인할 수 있다.[1] 두 도입부에서 읽을 수 있듯이, 『일리아스』의 영웅은 위대하다. 그는 화를 내고 있으며 완고하여 좀처럼 화를 풀지 않는다. 『오뒷세이아』의 영웅은 그 반대다. 그는 고집부리지 않으며 현실 적응에 능수능란하다. 아킬레우스는 자신의 분노로 수많은 영웅들을 희생시킴으로써 (물론 곧이어 자신의 영혼도 바친다. 『일리아스』제9권 104~116행) 자신의 값어치를 입증한다. 반대로 오뒷세우스는 "자신의 영혼과 전우들의 귀향"을 도모하여 자신과 그들을 구하고자 한다. 다만 전우들은 자신들의 잘못으로 목숨을 잃게 된다. 『일리아스』는 지상에서 일어나는 다른 일도 그러하듯 "신의 뜻"에 따라 일어나는 끔찍한 사건을 이야기한다. 『오뒷

---

1. 두 서사시의 도입부가 지닌 내용적 차이점은, 두 도입부가 형식적으로 동일한 방식으로 구성되어 있기 때문에, 그만큼 더 확연히 드러난다(이 책 27쪽 이하를 보라).

세이아』도 다른 많은 일들과 함께 전우들의 끔찍한 죽음에 관해 이야기하지만, 그들은 "그들의 잘못된 생각으로" 인해 신의 처벌을 자초했다. 한쪽에는 고집스러운 분노가 있고, 다른 쪽에서는 유연한 임기응변이 있다. 한쪽에는 파괴와 자기파괴가 있고, 다른 쪽에는 보존과 자기보존이 있다. 한쪽에는 신들의 의지가 있고, 다른 쪽에는 제 자신의 업보 혹은 잘못이 있다. 『오뒷세이아』는 폭풍 같은 운명으로 사라져 버린 세계를 더 이상 낭만적 태도로 그리워하지 않으며, 다만 새로운 현재를 살아가는 현실주의적 남성—그는 영리하고 유순하며, 모든 외압에도 불구하고 자신의 주장을 관철시키는 능력을 자유롭게 구사한다—을 노래하고 있다.

　『오뒷세이아』에서 읽을 수 있는 보다 큰 현실주의와 현실성은 서사시에 전혀 다른 성격을 부여한다. 서술자와 그 대상 사이의 시간적 거리가 『일리아스』에서는 상당히 벌어져 있던 반면, 여기에서는 분명히 느낄 수 있을 정도로 줄어들었으며, 문체강박도 감소하였다. 파이아키아 사람들은 이상화된 당대의 이오니아 사람들이었다. 자연은 다시 자신의 권리를 지속적으로 확보하였다. 겨울과 불순한 일기는 오뒷세우스에게 불만거리를 제공하며 (『오뒷세이아』제14권 457행 이하), 오뒷세우스는 저녁 추위와 강변의 찬바람, 바다와 육지의 사나운 짐승들을 두려워한다(『오뒷세이아』제5권 465~73행, 421행). 거지와 천민들이 등장하며, 고향으로 돌아온 주인을 알아보는 유일한 존재로서 개도 등장한다. 노인은 더 이상 축적되어 얻어진 지혜의 담지자가 아니며, 오히려 연약하고 도움이 필요한 인간이다(『오뒷세이아』제17권 195행 이하). 비유의 사용은 상당히 줄어들었는데, 그것은 문체에 얽매이지 않는 자유로운 현실세계가 이야기 안으로 흘러 들어와, 비유 부분을 서술 부분 옆에 짧은 막간처럼 따로 둘 필요가 없었기 때문이다.

　『오뒷세이아』의 인간들은 더 이상 거의 텅 빈 공간에서 살고 있지 않았으며, 세상을 채우고 있는, 보고 듣고 느낄 수 있는 온갖 사물을 즐겼다. 세상은 넓었고 한 번 찾아가 체험해볼 만한 놀라운 것들로 가득 차 있었다. 발견의 유혹과 모험의 즐거움이 서사시의 상당 부분에서 배경으로 작용하고 있다. 오뒷세우스는 호기심에, 혹시나 극진한 손님대접을 받을 수 있지 않을까 싶어 퀴클롭스의 동굴로 찾아들어간다(『오뒷세이아』 제9권 224~230행). 그리하여 그의 전우들은 그의 오지랖 때문에 소름끼치는 죽음을 당해야 했다. 이 사람들의 삶은 흥미진진하면서 동시에 매우 힘겹다. 주변 환경은 더 이상 그림자처럼 서 있는 것이 아니라 강력한 현실로 개별자를 둘러싸고 있으며, 개별자를 어찌할 수 없는 곤란한 지경으로 몰아세운다. 그리하여 인간은 세계로부터 도망하기 시작한다. 거침없는 수용과 헌신은 사라졌다. 이제 인간은 조심해야 하고 계산해야 한다. 조심과 불신이 필요불가결하게 되었으며, 심지어 서사시 전체를 지배하는 일종의 덕이 되었다. 위장과 거짓조차도 이제 생존투쟁의 정당한 무기가 되었다. 정직한 수단이든 혹 부정직한 수단이든 가리지 않고 쓸 줄 아는 사람이 삶을 제대로 살아가는 사람이라는 현대적 이상이 낡은 영웅적 이상을 몰아냈다. 낡은 세계관에 대한 반발은 이제 전면으로 부각된 가치에 대한 과장과 과대평가를 낳았다. '사기꾼' 오뒷세우스(『오뒷세이아』 제5권 182행)는 신들과 인간들로부터 인정받은, 새로운 생존기술의 놀라운 대가다.[2] 꼿꼿한 자세로 의젓하게 품위를 지키던 모습은 더 이상 존재하지 않는다. 오뒷세우스는 오랫동안 거지 행세를 하는데, 그것도 매우 딱 부러지게 수행한다.[3] 그리하여 그의 성격은 종종 매우 모호해진 것처럼 보인다.

---

2. 페넬로페도 "그전의 여인들" 누구보다 이런 점에서 높은 명성을 누렸다(『오뒷세이아』 제2권 118행 이하).
3. 『오뒷세이아』는 이것을 다시 트로이아 전쟁에 투영시키고 있다(『오뒷세이아』 제4권 240행 이하).

하지만 오뒷세우스는 결코 독창적인 성격을 결여한 배우가 아니며, 자신이 무엇을 찾고 있는지 모르는 모험가도 아니다. 더군다나 『오뒷세이아』는 사기꾼의 이야기도 아니다. 『오뒷세이아』의 주인공이 아무리 친숙한 인물로 변했다 하더라도 그는 진지하고 진취적인 성숙한 남자였으며, 또한 아무리 꾀를 잘 부린다 하더라도 그는 높은 뜻을 추구하며, 그 뜻을 굳은 의지로 성취하는 남자였다. 감정을 다스리고, 유혹을 뿌리치며, 억압을 깨뜨리는 강철 같은 의지를 보여주는 오뒷세우스는 새로운 종류의 영웅관을 대변한다. 『오뒷세이아』는 그의 "강철 같은 심장"(『오뒷세이아』 제4권 293행)을 칭송한다. 그의 이름 옆에 붙이는 별칭 '폴뤼틀라스πολυτλάς'는 흔히 '인내하는 자'라고 번역하는데, 이는 매우 불분명한 번역이라고 할 수 있다. '폴뤼틀라스πολυτλάς'가 실제 의미하는 것은 제20권의 도입부 장면에 드러난다. 오뒷세우스는 자신의 집 바깥채에 누워 잠이 들었는데, 그 날은 그가 주인의 권리와 왕권을 회복하기 위해 복수를 감행하기 전날 밤이었다. 그곳에서 그는 몇몇 하녀들이 웃고 서로 지껄이며 청혼자들 가운데 몇몇에게 다가가는 소리를 들었다. 오뒷세우스의 심장은 고동치며 개처럼 울부짖기 시작했다. 왜냐하면 하녀들은 주인인 그에게 속하는 것으로, 그들이 제멋대로 청혼자들에게 몸을 바친다면 그것은 마치 혼인서약을 어기는 것과 다름없는 행동이기 때문이다. 본능적인 수치심이 모두를 처단하길 원하며, 그의 심장은 마치 사냥개가 새끼들을 위해 그러하듯 자신의 재산을 지키기 위해 맹렬히 소리친다. 그는 자신의 심장을 꾸짖고, "견딜 것τλῆναι"을 명한다. "너는 전에 퀴클롭스가 내 전우들을 먹어치웠을 때에도 이보다 험한 꼴을 보고도 참지 않았던가! 그때에도 그러지 않았다면 죽음에 이를 수밖에 없었지만, 계략이 동굴 밖으로 너를 끌어낼 때까지 너는 참고 견디지 않았던가!" 호메로스에서 개는 몰염치하게 탐하는 행위와 자제할 줄 모르는 충동을 상징한다.[4] 예전에 동굴에 갇혀 있을 때, 퀴클롭스는 오뒷세우스의 동료 가운데 둘을 잡아먹었다. 오뒷세우스는 파이아키아 사람들에게 이렇게 말하였다(제9권 299행 이하). "그래서 나는 내 고매한 마음속으로 생각했지요. 가까이 다가가 그를 찌를까 하고 말이오. 그러나 다른 생각이 나를 제지했소. 그랬더라면 우리도 그곳에서 갑작스런 파멸을 당했겠지요. 우리는 그 자가 갖다 놓은 그 엄청나게 무거운 돌을 우리 손으로는 높다란 문에서 밀어낼 수 없었을 테니까요." 그래서 오뒷세우스는 그때 스스로를 자제하였고, 올바른 조처를 취하기 위한 알맞은 순간이 올 때까지 기다리며, 또다시 동료 두 사람이 처참하게 죽어가는 것을 지켜보아야 했다. 지금 이 순간에도 예전처럼 그의 심장에서는 개의 성질을 닮은 무언가가 울부짖으며 정당한 분노로 폭발하려고 하지만, 지금 이 순간에도 예전처럼 오뒷세우스는 그의 마음에게 참으라고 명한다. "그는 자신의 사랑하는 마음에게 이렇게 말하였으며, 그의 마음은 복종하여 거역하지 않았다." 그렇게 오뒷세우스는 참았다(『오뒷세이아』 제13권 307행). 20년의 세월이 지나서 그는 마침내 자신의 집으로 돌아와 거지로 변장하여, 모든 사정을 정확히 알고 복수의 계획을 완성할 때까지 수많은 고통을 견디며 그 누구도 알아보지 못하도록 자신을 숨긴다. 그는 자신의 부인과 마주 앉아 그녀와 의미심장한 가면극을 펼친다.[5] 왜냐하면 아직 자신의 정체를 적나라하게 드러낼 시기가 아니기 때문이다. 인내하는 자 오뒷세우스의 인내와, 자존심 등 자연스러운 욕구의 억제는 상당히 많은 힘이 소모되는 활동으로,

---

4. 무기력하고 비굴한 행위를 나타내지는 않는다.

5. 제19권에서 영리한 페넬로페(위의 각주 2번)는 나름대로 손님과 위험한 놀이를 펼친다. 왜냐하면 그는 자신의 남편일 수도 있고 거짓말쟁이일 수도 있기 때문이다. 양자는 이러한 방식으로 각자 나름대로, 하지만 하나로 수렴되는 계획을 준비하고 있다(여기에 관한 중요한 논문은 Ph. W. Harsh, *Amer. Journ. of Philol.* 71, 1950, 1~21쪽).

자기 자신을 위해서가 아니라 이루려는 목표를 위한 활동이다. 오뒷세우스는 자신의 목표를 위해 모든 저항을 물리치는 인물이다. 이런 성격을 서사시는 그의 이름을 장식하는 또 하나의 별칭을 사용하여 표현한다. "꾀가 많은πολύμητις"과 "지략이 뛰어난πολυμήχανος" 등이 그것이다. 이러한 성격들을 가지고, 과거와 상당히 다른 가치관을 내세우는 새로운 세대가 자신의 이상형을 표현하고 있다.

새로운 서사시에서 오뒷세우스라는 인물은 『일리아스』에서 가장 빛나는 인물이었던 아킬레우스의 자리를 물려받는다. 아킬레우스의 상속자 오뒷세우스라는 개념은 우리 입장에서 되돌아보며 찾아낸 말이 아니다. 새로운 서사시는 벌써 이런 개념을 가지고 그것이 등장하자마자 변화된 이상적 인간형을 제시하였다. 정치사와 관련된 다양한 사건들을 나름대로 반영하고 있는 신화는 이번에는 가치의 역사적 전환을 일종의 심오한 의미를 갖는 전설로 변모시켜 놓았다.[6] 트로이아 전쟁 이야기 가운데 하나인 『소(小) 일리아스』는 아킬레우스가 죽고 나서 아킬레우스의 무장을 놓고 누가 가장 뛰어난 사람인가를 가리기 위한 싸움이 벌어지는 광경을 전해준다. 무서운 힘을 가졌으나 어눌한 전사 아이아스와, 영리하나 강하지 못한 전사 오뒷세우스가 각축을 벌인다. 판가름은 적진의 정보를 탐색하여 내리기로 한다. 왜냐하면 적들이야말로 둘 중에 누가 참으로 무서운 전사인지를 가장 잘 알고 있을 것이기 때문이다. 정찰병이 적의 도시로 들어가 트로이아 여인들이 (우물가에서?) 나누는 이야기를 듣는다. 여인들 가운데 하나가 결정적인 말을 한다. 즉 아이아스는 힘 좋고 성실한 영

---

6. 그리스 초기 문학에 독특한 가치를 부여하는 많은 것들 중에 하나는 시인들과 사상가들이 자신들의 역사적 위치를 분명히 인식하고 있다는 것이다. 새로운 세대는 새로운 이념을 표방할 뿐만 아니라, 낡은 것으로부터 새로운 것으로의 전환을 선언하고 있으며, 이러한 역사적 전개에 권위 있는 해석을 제공하고 있다.

웅이며, 오뒷세우스는 일을 잘 꾸미고 꾀가 많은 영웅이라는 것이다.[7] 무장의 상속자로 오뒷세우스가 지명되고 나서, 아이아스는 치욕과 불명예 속에서 자살한다.

우리의 『오뒷세이아』는 다시 한 번 이 둘을 나란히 비교한다. 오뒷세우스는 파이아키아 사람들에게 혼령의 세계에서 아이아스가 어떤 모습을 하고 있는지를 들려준다(제11권 543행 이하). 아이아스는 아직도 오뒷세우스를 기피하며, 여전히 패배로 인해 화를 내고 있었던 것이다.

그러한 상을 위해서라면 내가 이기지 말았더라면 좋았을 것을
그 무구들 때문에 아이아스 같은 저런 영웅을 대지가 덮고 있으니
말이오. 아이아스는 나무랄 데 없는 펠레우스의 아들 다음으로
생김새와 행동에서 다른 다나오스 백성들을 모두 능가했지요.

새로운 인간상(이 책 98쪽 이하)의 사랑스러운 측면을 또한 오뒷세우스의 말은 가장 잘 드러내고 있다. 그의 말에서 너그럽게 모든 걸 이해하는 모습을 엿볼 수 있으며, 이것은 새로운 덕목 가운데 하나라고 할 수 있다. 패배한 적임에도 불구하고 탁월한 존재로 인정하는 자세, 그리고 그런 전사의 죽음을 대가로 지불하고 얻은 최고의 명예를 기꺼이 사양하는 자세를 보여주고 있다. 이런 마음가짐으로 오뒷세우스는 하계에서 만난 아이아스에게 따뜻한 화해의 말을 건넨다. 물론 굽힐 줄 모르는 지난 시대의 남자는 아무런 말이 없다(『오뒷세이아』 제11권 563행).

내가 이렇게 말했으나 그는 한마디 대답도 없이 세상을 떠난
사자들의 다른 혼백들을 따라 어둠 속으로 사라졌소.

---

7. 이것이 단편 3(E. Bethe, *Homer II*, Leipzig, 1922, 170쪽)의 의미일 것이다.

미학적인 이유에서 우리는 이로써 그 장면이 종결되길 바랐다. 그러나 우리의 원문은 다음과 같은 말을 덧붙여서 험한 상황을 무마하고 있다.

> 비록 화를 내고 있었지만 그가 내게 말을 걸거나
> 내가 그에게 말을 걸었을 것이오. 하지만 나의 마음은
> 가슴으로 세상을 떠난 사자들의 혼백을 보고 싶어 했소.

이어지는 시행을 이끌고 오는 위의 세 행은 전체 장면을 포함하여, 원래의 시행이 아니라 다른 사람에 의해 삽입되었을 가능성이 높다. 아무튼 이 시행들은 당시 시대가 새로운 인간에 대해 가지고 있던 낙관주의를 단적으로 표현하고 있다. 새로운 인간의 영리함과 따스함은 과거의 딱딱한 영웅들을 녹이고 성난 아이아스를 오뒷세우스와 화해시킬 수 있을 것이라고 믿어졌다. 다만 더 많은 혼백들과 이야기를 나누고 싶었던 오뒷세우스의 호기심 때문에 그들의 대화가 더 이상 진척되지 못했을 뿐이다.

『오뒷세이아』의 주인공은 온갖 종류의 존재들과 연이어 만나고 온갖 종류의 어려움에 봉착함으로써 그의 다양한 탁월성을 획득하게 된다. 그는 늘 모든 일에 있어 능란한 자로 등장하며, 적이든 전우든 모두를 자신만의 독특한 역량으로써 능가한다. 오뒷세우스는 『일리아스』의 아킬레우스처럼 '동료들 가운데 일인자' 역할을 수행하지 않는다. 그와 같이 『오뒷세이아』의 조연들은 오뒷세우스와 동등한 인물들이 아니지만, 그럼에도 그들은 비슷한 성격을 가진 새로운 시대의 인물들이다. 주인공의 부인은 영리함을 이용하여 청혼자들을 속인다.[8] 키르케는 꾀가 많아 영리하다. 칼립소

---

8. 두 남자와 두 민족 사이에서 이중적인 역할을 할 수 있었음에도 불구하고 『일리아스』의 헬레네는 그런 역할을 수행하지 않지만, 『오뒷세이아』의 헬레네는 그런 모습을 보여준다. 『오뒷세이아』 제4권 250~264행, 270~289행을 보라.

는 마음이 넓고 온화하거나 혹 그렇게 보이도록 행동한다. 청혼자들도 실패로 끝나긴 하지만 그들 나름대로 텔레마코스를 없애기 위해 꾀를 부린다. 이런 특징들이 부각되면서 둔감하고 우직하기만 한 인물들은 매우 특별한 종류로 보이게 된다. 예를 들어 충직하고 총애를 받을 만한 돼지치기, 혹은 거칠고 미움을 받는 퀴클롭스, 속임을 당해 거의 비극적인 모습을 보이는(제9권 447~460행) 단순하고 제멋대로인 괴물 등이 그들이다. 주인공과 마찬가지로 조연들도 대체로 특수하고 유동적인 관계 속에서 움직인다. 그리하여『오뒷세이아』의 사건 전개는 점점 얽혀 들어가면서 더욱더 서로 긴밀하게 이어진다. 왜냐하면 사건 전개의 각 요소들은 서로 맞물린 선행 사건들을 가지고 있기 때문이다. 반면『일리아스』는 보다 느슨하게 짜여 있다. 왜냐하면 이야기 주제가 일리온에서 펼쳐지는 전쟁 가운데 벌어지는 전투와 갈등으로 단순하기 때문이다.

따라서『오뒷세이아』의 인물들은 자신의 과제를 해결하기 위해 다른 종류의 신적인 도움을 필요로 한다. 신적인 염려는 이제 끊임없는 보호감독의 성격을 보인다. 신들은 그들의 피보호자를 매우 세세한 것까지 주시하며 정확한 계획을 갖고 자연적인 수단과 기적을 동원하여 개입하여 그들을 돕는다. 덧붙여『오뒷세이아』의 인간들은 인내와 지혜를 지닌 가운데 바깥 세계로부터 자신의 내면을 갖기 시작하였다. 인격은 이제 더 이상 안팎 구분 없이 개방된 무엇이 아니라, '나'와 '나 아닌 것'으로 나뉘게 되었으며, 그리하여 그에게 미치는 신적인 영향 또한 외부로부터의 작용으로 보이게 되었다. 오뒷세우스가 이타카에 도착하였을 때, 그는 아테네 여신으로부터 앞으로의 처신에 관해 어떤 영감을 얻는 것이 아니라, 상세한 정보와 지시를 받게 된다(『오뒷세이아』제13권 372~428행). 그는 전에도 이와 유사한 정보와 지시를 여신 키르케로부터 여행에 나서기 전에 받은 바 있다(『오뒷세이아』 제10권 490~540행, 제12권 37~141행). 따라서『오뒷세이아』에는 그 이전 세대에서는 전혀 드러나지 않았던 구별이 때로 부각되기도 한다. "어떤 신이 그를 고무한 것인지, 아니면 그 자신의 마음이 그를 부추긴 것인지"(제4권 712행)라는 식의 구별이 그것이다.[9] 신의 지시와 자기 스스로의 행동이 이제 서로 구별될 수 있게 되었다. 그리하여 인간은 새로운 방식으로 자신의 행동에 책임을 지게 된다.[10]

『오뒷세이아』의 인간을, 비록 그가 이 순간 속임수를 쓰지 않는다 하더라도, 훤히 들여다볼 수는 없다. 그는 변덕이 심하며 속을 터놓지 않는다. 때로 그들(텔레마코스와 몇몇 청혼자들 그리고 페넬로페) 스스로도 자신을 확신할 수 없다. 따라서 이 서사시에서의 묘사 자체도 공공연한 투명성을 보여주지 않을 경우가 많다. 늘 신중하게 외적인 사실에 집중하던 서술자의 부분이나, 혹은 언제나 숨김없이 말하던 서사시 인물의 연설 부분에서도 이제 시인은 의도하는 모든 것을 표현하지 않는다.『일리아스』의 영웅들이 밝은 조명 아래 행동하였다면, 새로운 서사시의 인물들은 희미하게 오락가락하는 명암 아래 움직이며, 때로 어렴풋한 불빛 속에 나타나고 사그라진다. 따라서 전승된 서사시의 문체는 여기에 부합하지 않았다. 하지만 놀랄 만한 예를 통해 어떻게 시인이『오뒷세이아』의 시대적으로 가장 늦은 부분에서 다루기 힘든 전승 문체를 세련되게 다듬는 데 성공했는지를 볼 수 있다.

상호 호의적인 가문에 속하는 사람 멘테스의 모습을 하고서 아테네 여

---

9. 당연히 대사 부분에서 그러하다. 사태의 신적인 측면에 관해서도 잘 알고 있는 화자는 (서술 부분에서) 그런 의문을 표할 이유가 없다(이 책 98쪽 각주 1번 참조). 그럼에도 불구하고 일반적으로『오뒷세이아』에서는 모든 생각과 행동이 신들에 의해 주입된 것처럼 말해진다(제3권 124행, 제3권 215행, 제3권 269행).

10.『오뒷세이아』 제1권 32~43행. W. Jaeger, *Berl. Sitzungsberichte*, 1926, 73쪽 이하.

신은 청혼자들이 제 집인 양 마구잡이로 행동하는 이타카의 왕궁을 찾아온다(『오뒷세이아』 제1권 103행 이하). 이렇게 어수선한 가운데 텔레마코스는 나그네를 받아들여 극진히 대접한다. 둘 사이에 말이 서로 오가고 곧 그들은 서로 가까워진다. 텔레마코스는 제 집에서도 무기력하게 당할 수밖에 없어 부끄러워하고 기가 죽어 있었다. 더 이상 모든 상황을 바꾸어 놓을 아버지의 귀향을 그는 기대하지 않는다. 이에 반해, 나그네는 상당히 긍정적인 확신을 갖고 있다. 나그네가 주인을 위로하며, 오뒷세우스 같은 남자는 어떻게 해서든 모든 고난을 물리칠 것이라 말한다. 호메로스의 예절에 따라 주인은 나그네를 대접하고 나서 그의 이름τίς, 그의 아비πόθεν, 그의 고향πόλις 등 자세한 사항을 묻는다. 나그네는 이러한 질문에 대답하고 나서, 격식에 따라 주인에게 동일한 질문을 던진다. 그러나 사실 나그네는 이미 텔레마코스를 벌써부터 알고 있는 사람처럼 대하고 있었던 것이다(187행). 그래서 나그네의 질문은 마치 텔레마코스가 아버지를 많이 닮았다는 찬사처럼 들린다(206행). "그대는 이 점에 대해 내게 솔직히 말해주시오. 내 눈앞에 앉아 있는 모습의 '그러한τόσος' 그대가 정말 오뒷세우스의 친자란 말이오? 아닌 게 아니라 머리며 고운 눈매며 그대는 그분을 빼닮았군요." 이에 대하여 나그네는 매우 기이한 대답을 듣게 된다(214행).

> 그렇다면 손님이여, 내 그대에게 솔직히 다 말씀드리겠소.
> 어머니께서는 내가 그분의 아들이라고 말씀했소.
> 나 자신은 모르는 일이지만, 자신을 낳아준 분을 아는 사람이
> 어디 있겠소? 오오 내가 자신의 재산에 둘러싸여
> 노년을 맞는 그런 축복을 받은 분의 아들이었더라면 좋았을 것을.

그런데 지금 나는 필멸의 인간들 중에서도 가장 불운하신 분의
아들이라고 사람들이 말하고 있소. 그대가 물으니 하는 말이오.

텔레마코스의 대답은 서사시에서 흔히 사용하는 판박이문구로 시작한다.
여기에 사용된 판박이문구는 오로지 상대방의 질문에 대하여 정확하고 올
바른 대답을 줄 때만 사용되는 것이다(179행과 비교). 그런데 여기서 텔레
마코스는 정확성과 정직성을 훨씬 지나쳐 매우 비정상적인 방향으로 이야
기를 전개시킨다. 이를 볼 때, 텔레마코스는 한 번도 본 적 없는 실종된 남
자, 사람들에 따르면 오뒷세우스라는 이름의 남자, 자신의 아비라는 남자
가 물려준 불행을 시시콜콜 언급한 적이 있었음이 분명하다. 그리고 이런
투덜거림은 급기야 어리석은 의심으로 발전한다. 아마도 이 모든 것이 진
실이 아닐지도 모른다는,[11] 아니 모든 것이 진실이 아니었으면 한다는 의심
으로 발전한다. 물론 당연히 이러한 의심은 손님의 질문이 진정에서 비롯
된 것이 아닌 것처럼, 역시 진정에서 우러나온 것이 아니다. 더군다나 의심
은 전혀 정당한 근거를 갖지 못한다. 왜냐하면 페넬로페가 충실한 아내라
는 사실은 너무나 잘 알려져 있기 때문이다. 자신의 운명과 신분에서 벗어
나고자 하는 젊은이의 뜨거운 열망이 그로 하여금 그런 상상을 하게 만들
었던 것이다. 물론 이런 상상에 대하여 그는 뒤이어 양해를 구한다. "(나의
이런 돌발행동을 용서하시오. 그러나 당신이 이를 유발하였던 것인데,) 왜냐하면
당신이 나에게 내가 내 아비의 아들이냐고 물으셨기 때문입니다." 이어 나
그네의 대답은 이야기를 다시 정상으로 돌려놓는다(222행).

---

11. "(αὐτὸς) οἶδα 나는 내 자신의 앎으로부터 이를 입증할 수 있습니다"의 해석에 관해
서는 위의 이 책 38쪽 각주 28번, 625쪽 각주 20번을 보라.

신들은 당신의 출생이 나중에는 매우 분명해지도록 하셨소.
페넬로페가 당신을 그런 사람으로 낳아주었기 때문이오.

멘테스는 여기서 누구도 자신의 출생에 대하여 본인이 직접 알지 못한
다는 사실을 부정하고자 하지 않는다. 이 경우 아이의 성장한 모습은 모든
의심을 배제시킨다. 왜냐하면 텔레마코스는 이미 분명히 확인할 수 있는
것처럼 오뒷세우스의 닮은꼴로 성장하였기 때문이다.[12] 여기 멘테스의 말
에는, 젊은이는 자신의 출신을 자랑스럽게 생각해야 하는 동시에 이를 부
정할 아무런 이유가 없다는 충고의 의미가 담겨 있다.

방금 고찰한 부분은 매우 낯설고 비(非)호메로스적으로 들리기 때문에
사람들은 방금과 같은 해석을 피하고자 하였다. 하지만 이 부분에서 그 외
의 다른 해석은 불가능하다. 이 놀랍도록 현대적인 부분에서 우리는 그리
스 서사시가 그 마지막 단계에 이르러 초기 단계로부터 얼마나 크게 달라
졌는지를 확인할 수 있다. 그리스 서사시는 이제 장르를 규정짓는 한계를
넘어서고 있다.[13] 이 단계에 이르러 서사시의 발전은 더 이상 없었으며, 다
만 소(小)서사시와 모방 서사시 정도를 기대할 수 있을 뿐이다.

---

12. 제1권 222행에 대한 위의 해석(*Amer. Journ. Philol.* 60, 1939, 477쪽, 주석 8을 보라)은
제4권 62~64행을 통해 입증된다. 제1권 222행의 'τοι γενεήν'은 220행의 'τοῦ μ᾽ ἔκ
φασι γενέσθαι'를 다시 받는 말이다. 222행의 'οὐ νώνυμνον'은 216행에서 언급하고
있는 부친이 누군지 알 수 없다는 텔레마코스의 말에 대한 부정을 확신하고 있다. 단
순과거 'ἔθηκαν'은 어떤 미래의 일을 가리키지는 않는다. 따라서 'ὀπίσσω나중에'는
(『오뒷세이아』 제14권 232행에서처럼) 그런 중에 증거가 드러나서 알려지게 될 것을
가리킨다. 『일리아스』 제19권 113행에서 'ἔπειτα'와 유사하다. 이 대목에서 '나중에
는 그 맹세가 커다란 잘못임이 드러날 것이다'라는 뜻으로 해석된다.

13. Goethe, *Über epische und dramatische Dichtung*. "서사시는 무엇보다 밖에서 움직이는 사
람을 보여준다. 전투, 여행, 온갖 종류의 모험 등은 그 확장의 가능성을 부여한다. 이에
반해 비극은 내면적으로 침잠한 인간을 보여준다."

『오뒷세이아』를 통해 드러난 새로운 인간상은 서사시를 그 존재근거로부터 이탈시켰다. 서사시의 형식은 직접적이거나 분명한 상징을 통해 정확한 사실을 선명하고 확실하게 보여주도록 고안되었으며, 안개처럼 떠도는 가능성이나 흐릿하고 두루뭉술한 감정을 전달하는 데에는 적합하지 않았다. 웅장한 문체와 힘찬 시행은 이제 막 묘사되기 시작한 미묘하고 일상적인 사건[14]에는 어울리지 않았던 것이다. 이전에는 모든 전승과 보고 중에서도 오직 명성을 얻을 만한 가치가 있는 것들이 서사시에 유입되었으나, 이제 서사시의 문은 활짝 열렸으며 온갖 종류의 사람들과 사건들이 수용되었다. 이제 소리꾼들의 공연은 더 이상 예전처럼 신들과 위대한 인간들에게 바치는 봉헌의식이나 숭배의식을 의미하지는 않았다. 서사시는 이제 더 이상 예전과 같은 문체를 고수하지 않았고, 다만 세계를 있는 그대로 묘사하려고 하였으며, 그것도 새로운 시대정신에 따라 그리하였다.

주요 영웅의 모습은 새로운 시대정신을 가장 순수하고 완벽하게 구현하고 있다. 오뒷세우스로부터 당대의 청중은 삶을 살아가는 방법을 배울 수 있었을지도 모른다. 그러나 가까운 것에서 벗어나 멀리 다른 종류의 과거 세계로 이끌어가게 마련인 예술이라는 우회로를 통해 그것을 배울 이유가 무엇이란 말인가? 무릇 문학이란 세계가 어떤 모습을 하고 있는지 파악하는 데 그 과제가 있으며, 또한 우리에게 이롭도록 주변의 사물들과 어떻게 어울려 살아갈 수 있는지를, 각자가 각자에게 주어진 삶을 어떻게 살아갈 수 있을지를 파악하는 데 그 과제가 있다. 전승된 서사시의 형식은 이제 그런 역할을 하기에는 부족하게 느껴졌으며, 문학에게 맡겨진 이런 과제를 완수하기 위해 서사시 형식은 완전히 폐기될 수밖에 없었다.

---

14. 왕들에게 각인된 "인간들의 보호자ὄρχαμος ἀνδρῶν"라는 별칭은 이제 돼지치기에게도 적용되었다. 그도 몇몇 노예를 수하에 거느리고 있었던 것이다.

이런 상황에서 우선 헤시오도스의 독특한 서사시 형식이 등장하며, 그 이후 전혀 다른 기능을 수행하는 서정시가 등장한다. 헤시오도스는 아직은 서사시의 언어와 시행을 사용하여 세상을 교훈적이고 광범위하게 설명하고자 하였다. 한편, 서정시는 새로운 형식의 시를 통해 한 개인의 삶을 내면으로부터 파악하고자 하였다. 이런 양자의 지향성은 과거의 문학에서는 하나로 통합되어 있었던 것이나, 이젠 둘로 나뉘어져 버렸다.

제3장

헤시오도스

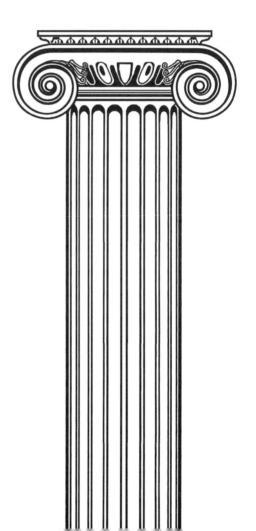

1. 시인

　호메로스는 『일리아스』 전체를 관통하는 한층 엄격한 서사시 문체를 사용해서 몇몇 엄선된 개인이나 신들을 객관적인 보고 형식으로 이야기하고 있다. 이때 그는 각 개인과 신들을 한정된 공간에 위치시켰으며, 평범한 인간들이 살아가는 자연과 주변 환경을 가능한 한 생략하였다. 이에 반해 헤시오도스는 체계적이고 포괄적으로 자신의 첫 대작 『신들의 계보』(신통기)에서 평범한 인간들의 주변 환경 전체가 어떻게 생성되었는지, 그것이 지금 어떤 모습인지를 보여주고 있는데, 그것은 신들과 신적인 힘들과 (인간과 동식물을 제외한) 자연 모두를 아우르고 있다. 『일리아스』의 이야기들은 인간들의 지극히 평범한 일상을 무시하였으며, 오직 트로이아 전쟁에 참여한 위대한 영웅들의 놀라운 업적과 시련만을 다루었다. 반면 헤시오도스는 그의 두 번째 서사시 『일들과 날들』에서 인간의 일상적 노동과 그에 따르는 규칙을 이야기하고, 올바르고 온당한 생활양식에 대한 훌륭한 교훈을 제공하고 있다. 지금은 전해지지 않는 세 번째 서사시에서 헤시오도스는 신들과 여인들 사이의 결합을 이야기하는데, 이들의 결합으로부터 당대의 모든 귀족 집안에서 시조로 모시는 이들이 탄생하였다. 그의 서사시들은 문학적 양식에 있어 서사시 형식을 취하고 있으나, 언어와 시행과 문체는 세련되지 못하며 그 내용 또한 개성이 상당히 강하게 배어 있다. 시행의 수를 보면, 『신들의 계보』와 『일들과 날들』 각각은 『일리아스』 24권 가운데 한 권 정도의 분량이다. 독자들은 이들을 상당히 길다고 느낄 수도 있겠는데, 그것은 다루는 대상이 다양하고, 연관관계들이 복잡하며, 설명이 종종 쉽게 이해되지 않기 때문이다.

우리는 시인이 자신에 관해 남겨 놓은 것들로부터 특이한 시인의 면모를 어느 정도 파악하고 있다. 그는 기원전 700년 경(이 숫자는 불확실하다) 보이오티아에서 서사시를 노래하였다. 중심에서 벗어난 지방문학으로서 그의 서사시는 조야하고 낯설지만, 한편으로는 웅장한 심오함과 거부할 수 없는 흡입력을 갖고 있다. 이후 그리스인들은 계속해서 헤시오도스를 경배하였으며, 이 서사시인의 특이성에 주목하였다.

시인 헤시오도스가 어떻게 보이오티아에 이주하여, 사람들이 흔히 말하듯 보이오티아의 돼지가 되었을까? 헤시오도스의 아버지는 동쪽 그리스 지역, 소아시아 퀴메 출신의 아이올리아 사람이었다. 그는 세상과는 멀리 떨어진 오지(奧地) 아스크라를 새로운 정착지로 삼았다(『일들과 날들』 637행).

> 풍요와 부와 복을 피해서가 아니라
> 제우스께서 인간들에게 나누어주시는 사악한 가난을 피해서 말이오.
> 그리고 그분께서는 헬리콘 산 근처의 궁벽한 마을에, 겨울에도 나쁘고
> 여름에도 힘들고 어느 때에도 즐겁지 않은 아스크라에 정착하였지요.

여기에는 헤시오도스 특유의 신랄한 해학이 묻어난다. 그의 아버지는 그리스 세계의 동쪽 지역으로부터 아스크라로, 그곳의 촌부들이 경험해보

지 못한 신문물(新文物)을 가지고 찾아왔다. 아스크라가 내륙지역에 위치하는데 반해, 소아시아 퀴메는 해안지역에 자리 잡고 있었다. 그리스 농부들은 농사일이 없는 계절이면 바다를 통해 소규모 무역에 종사하곤 했다. 그들은 배에 물건을 싣고 그것을 팔러 여기저기 돌아다녔다. 정작 헤시오도스 본인은 한 번도 바다에 나간 적이 없다. 오직 한 번, 오늘날 다리가 놓여 건너다니는 좁은 수로를 건너 에우보이아에 다녀온 적이 있을 뿐이다. 그의 아버지는 아들에게 항해술을 자세히 설명해주었고, 그는 그것을『일들과 날들』에 기록할 수 있었다. 항해와 관련된 지식을 어디에서 배웠는지 넌지시 언급하면서(『일들과 날들』633~638행, 646~651행), 그는 이렇게 적고 있다(661행). "하지만 그럼에도 불구하고 (즉 개인적인 경험이 전혀 없음에도 불구하고) 나는 아이기스를 가지신 제우스의 뜻을 (즉 항해술에 대해) 말하고자 하니, 무사이 여신들께서 한없이[1] 노래하도록 나를 가르치셨기 때문이오." 헤시오도스는 직접적인 물리적 경험의 한계를 넘어설 수 있도록 해준 어떤 힘을 갖게 되었다고 말하고 있다. 그는 아버지로부터 들은 것만으로 자신은 한 번도 눈으로 본 적 없는 세계를 구성해낸다. 그는 들은 것을 토대로 이야기를 생각하여 노래할 수 있는 능력을 갖고 있었는데, 이런 능력을 무사이 여신들 덕분에 누릴 수 있었다고 말하고 있다. 운율에 맞춘 시행들을 서사시 소리꾼의 공연으로부터 들어 배웠는데, 소리꾼들은 이미 당시 산간오지인 보이오티아에까지 찾아와 공연하며 사람들에게 즐거움을 제공하였기 때문이다. 어렸을 때 (이 책 38쪽 이하) 헤시오도스는 소리꾼들을 곧잘 흉내 내었고, 그들에게서 들어서 배운 언어와 시행과 문체로 나름대로 시를 짓고 발표함으로써 비록 부업이긴 했지만 시인이 되었다. 그의 본

---

1. ‘ἀθέσφατος’에 관해서는 J. Wackernagel의 기념논문집 *Antidoron*, Göttingen, 1923, 281쪽 이하.

업은 우선 목동이었으며, 다음은 농부였다. 소리꾼으로서 그는 단 한 번에 우보이아를 찾아가 장례식 경기에서 상을 타기도 한다. 이때 처음 그는 배의 갑판을 밟아보는 기회를 가졌다.

헤시오도스는 무사이 여신들에게 배우게 된 정황을 첫 번째 서사시에서 말하고 있다. 사람들은 이를 흔히 '헌정사'라고 부르지만 여기에 쓰인 말들은 흔히 헌정사에 나타나는 장엄함과는 거리가 멀다. 『신들의 계보』 첫 부분에서 시인은 무사이 여신들을 칭송한다(22행 이하).

> 그분들은 어느 날 헤시오도스가 안개 쌓인 (?) 헬리콘 산기슭에서
> 양떼를 치고 있을 때 그에게 아름다운 노래를 가르쳐주었다.
> 아이기스를 가진 제우스의 따님들이신 여신들,
> 올림포스의 무사이 여신들은 내게 먼저 이렇게 말씀하셨다.
> "들에서 사는 목동들아, 욕된 것들아, 밥통들아,
> 우리는 진실처럼 보이는 거짓을 말할 줄 알며
> 우리는 원하기만 한다면 진리도 말할 줄 안다."
> 이렇게 제우스의 말 잘하는 따님들은 말씀하시고
> 싹이 트는 월계수의 보기 좋은 가지 하나를 내게 주시며
> 아름다운 지팡이로 꺾어주시며, 나에게 목소리를 불어넣어
> 내가 미래사와 과거사를 찬양할 수 있도록 하셨다.

이렇게 그는 자신의 재능에 눈을 떴다. 산속 깊은 곳에 자리 잡은 여름 목장에서 동료들과 어울려 반쯤은 짐승 같이 땅바닥에서 잠을 자며 아비의 가축을 돌보는 어린 목동에게, 단순히 먹고 마시는 육체적인 것을 넘어서는 정신적인 영역이 찾아든 것이다. 언어와 사상이 머무는, 신적이며 숭고한, 그러나 위험한 영역, 저열한 물질세계²와는 달리 진실과 거짓을 구분하

기 어려운 영역이 그에게 밝아온다. 그는 자신이 무사이 여신들의 기술을 다스릴 수 있으며, 소리꾼의 막대기를 들고 다닐 수 있음을 분명히 알게 되었다. 그러나 그는 그 고장을 찾아와 공연하던 소리꾼들처럼 상상으로 만들어낸 이야기보다는 현실을 말하고자 하였다. 그는 매우 진지하게 그런 주제를 다루고 있다.

---

2. 상고기의 방식에 따라(이 책 100쪽 이하) 시인이 가진 정신적인 세계의 특수성은 다음과 같은 것을 통해 분명해진다. 시인의 세계에 대한 극단적인 대립물로, 자신들이 돌보는 짐승처럼 그저 먹는 일 정도나 걱정하는, 보기에 창피하고 어수룩한 목동들의 세계가 제시되어 있다. 이런 목동의 세계에는 어떤 속임수 같은 것은 없다. '밥통'은 그것이 채워져 있는지 비었는지를 쉽사리 스스로 느낀다. 만약 우리가 여기 쓰인 말을 있는 그대로 받아들인다면, 즉 무사이 여신들이 헤시오도스가 양을 치고 있는 동안 부르셨다는 말을 그대로 믿는다면, 우리는 무사이 여신의 기술에 숙달하기까지 헤시오도스가 이를 목동들 사이에서 연습하였음을 알 수 있다. 그에게서는 목동생활의 낭만이란 것은 찾아볼 수 없으며, 목동의 삶은 그에게 다만 짐승의 그것이나 다름없었던 것이다. 남슬라브에 관해서 무르코(이 책 18쪽의 각주 2번) 176호 10쪽은 다음과 같이 적고 있다. "소리꾼들 가운데 특히 다수를 차지하고 있는 것이 목동들이다. '고원 목장에서는 양을 치는 것, 기도하는 것, 구슬레 반주에 맞추어 노래하는 것 말고 달리 할 수 있는 일은 없었다.'" 이 부분 전체에 관해서는 K. Latte, *Antike und Abendland* 2, 1946, 152쪽을 보라.

2.『신들의 계보』

헤시오도스의 첫 번째 서사시를 나중 사람들은『신들의 계보』라고 부른다. 이런 제목 하에 실제로 어떤 내용들이 다루어지는지를 살펴본다면, 우리는 책 제목이 동시에 두 가지 뜻을 포섭하고 있음을 발견하게 된다. 헤시오도스가 이야기하는 '신들'은 먼저 제우스와 아폴론 등과 같은 신격들을 의미하며, 다음으로 대지와 하늘, 별과 바람 등 원초적 단계의 자연물과 승리, 전투와 거짓말 등과 같은 인간 삶의 원리들도 포함하고 있다. 따라서 '신들의 생성'은 세계의 생성을 의미한다. 그런데 생성 혹은 탄생을 찾아내는 일에 헤시오도스는 신 혹은 세계의 계보라는 틀을 사용하고 있는데, 이는 또 다른 두 가지 목적에 기여하고 있다. 현재 시점까지 우주의 역사를 추적하면서 세계를 지배하는 신들의 각 세대가 어떻게 교체되었는지를 보여주는 것이 그 하나이며, 다른 하나는 사람들이 일상적으로 맞닥뜨리는 정령과 자연적 힘들의 본성 및 기능을 분명히 밝히는 것이다. 반면, 헤시오도스는 숭배 신앙과 종교 예식의 형태에 관해서는 전혀 언급하지 않는다.[1] 그

---

1. 헤시오도스에게 있어 예배와 제물을 받는 신들은 그렇지 못한 신적 존재들과 전혀 구

에게는 인간이 살고 있는 영역에서 행사되는 세계 지배 원리들의 본질을 밝히는 일이 무엇보다 중요하였기 때문이다. 이런 점에서 헤시오도스는 심오한 창조적 사상가라고 하겠다.

『신들의 계보』의 소재는 세 가지 출처에서 유래한다. 한 부분은 당시 자생적으로 보이오티아에 성행하고 있던, 정통은 아니되 헤시오도스가 접할 수 있던 그곳의 종교 관습으로부터 유래한다.[2] 여기에는 하늘신의 거세, 팔이 백 개 달린 세 명의 괴물 등과 같은 원시신화뿐만 아니라, 신들의 처절한 전쟁, 끔찍한 사건 등과 같은 어둡고 무거운 이야기들이 포함되어 있다. 이런 보이오티아의 전설들은 소아시아 지방에서는 이미 완결된 인간적 교화 혹은 순화를 아직 거치지 않은 것들이었다. 두 번째 부분은 호메로스의 신들이다. 헤시오도스는 호메로스의 영웅 서사시를 매우 잘 알고 있었을 뿐 아니라, 사실 그는 노래하고 생각할 때 사용하는 언어와 형식을 호메로스로부터 배웠다. 『신들의 계보』에서 가장 무미건조한 부분은 호메로스의 신들을 체계적으로 간략하게 정리하고 있는 부분일 것이다(912~942행). 체계적으로 정리하는 부분에서, 호메로스의 개별화된 신들과 그들 멋대로의 행동에 대한 헤시오도스의 비판을 발견할 수는 없다. 헤시오도스는 이 신들을 그대로 믿었으며, 따라서 그들에 대하여 언급할 것이 없었다. 세 번째 출처는 헤시오도스가 스스로 갈무리하여 삽입한 것들이다. 그는 전승된 이야기들을 흉내 내어 이렇게 저렇게 변형하였다. 여기에 더하여 헤시

별되지 않는다. 오직 한 번(『신들의 계보』535행 이하) 숭배의식이 언급되고 설명된다. 이 책 236쪽 이하 각주 27번과 28번을 비교하라.

2. 초자연적 성향을 보여주는 신화 내지 세계생성 신화의 연속적 전통은 헤시오도스를 전후하여 존재하였음이 분명하다. 그러나 이에 관해서는 전혀 우리가 알 길이 없다. 이 전통이 문자화된 이래로, 그것은 대부분 서사시와 찬가 형식을 취하고 있다. 『일리아스』는 몇 안 되는 자리에서 단편적으로나마 이 전통과 관련되어 있다. 근동지방의 신화와 전설에도 이런 전통으로 진입하고 있었음이 해가 갈수록 분명해지고 있다.

오도스는 그 이전의 누구도 보거나 말한 적 없는 많은 것들을 보태었다. 물론 외형적으로 전승본은 삽입본과 구별되지 않는다. 이때 헤시오도스는 새로운 인식에 이르는 추론 과정을 제시하지 않고, 다만 자신이 직관적으로 알고 있다고 믿는 바를 단도직입적으로 말하고 있다. 그리스 초기의 사상가들은 주장을 피력하되 그 주장을 논증하지는 않았다.

『신들의 계보』에 나타나는 이야기 틀 속에는 수많은 묘사와 암시들이 포함되어 있는데, 이런 것들은 언젠가 한 번 있었던 지나간 일들이 아니라 현재에도 계속해서 진행되고 있는 것들이다. 태고의 역사, 신화 내지 세계 생성 신화는 완결된 것이면서 동시에 진행되고 있는 것들로서 현재를 분명하게 이해하는 데 기여한다. 모든 민족들은 원시적 단계에서 그들의 사변들을 추상화할 사유할 능력이 없었기에, 신화적 이야기의 형식으로 생각을 표현하였다. 플라톤조차도 무언가 말로 전달할 수 없는 것을 전달하고자 할 때 신화를 활용하였다. 따라서 신화를 그저 전승된 말 그대로 받아들이기보다 옛 사람들이 그 안에 담고자 한 사상을 찾아내는 것이 훨씬 중요하다 하겠다.[3] 그러면 헤시오도스는 신화를 어느 정도까지 참으로 받아들이고 있을까? 솔직히 말해, 이와 관련해서는 신뢰와 불신, 극단적인 긍정과 부정 사이에 다양한 스펙트럼이 존재한다. 그리고 헤시오도스가 신화를 글자 그대로 받아들였는지는 문제가 되지 않는다. 아무튼 분명한 것은 시인이 직접적으로 표현할 수 없는 무언가를 비유적으로 전달하는 데 신화를 사용하고 있다는 것이다. 이런 비유적 외관은 필요에 따라 변경될 수 있는

---

3. 초기 신화 창안자는, 사실 자신이 만들어낸 부분 가운데 무엇이 진실이고 무엇이 가장(假裝)인지 스스로도 구분하지 못했을 것이다. 그가 사용하는 사유언어는 이 양자가 서로 혼재되어 있었기 때문이다. 전승 과정에서 신화의 본래적 의미는 완전히 상실되었다. 따라서 주어진 자체를 참된 것으로 소박하게 받아들일 수 있는가 하면, 또한 생산적으로 새로운 의미를 발견할 수도 있다.

것으로, 헤시오도스는 이후의 플라톤에게서 때로 볼 수 있는 것처럼 동일한 진리를 말 자체로는 서로 같은 여러 개의 다른 신화로 표현하고 있다. 우리가 만약 이 신화들을 있는 그대로 받아들일 경우, 그들이 동일한 진리를 전달하는 것이 아니라, 각자 전혀 다른 것을 전달하고 있는 것처럼 보일지도 모른다.

한 가지 예를 언급하고자 한다. 제우스와 그를 편드는 신들은 티탄족으로부터 무력으로 통치권을 빼앗을 생각을 하고 있었다. 헤시오도스는 이야기한다. 싸움을 시작하기 전에 제우스는 세 명의 퀴클롭스들을 감옥에서 풀어준다. 그들은 세계의 첫 통치자였던 그들의 아버지 우라노스에 의해 감옥에 던져져 있었다. 이들 세 명의 퀴클롭스들은 번개, 천둥, 섬광이라는 단어로부터 유래하는 이름을 가지고 있었다. 그들은 번개와 천둥을 만들었으며, "그들은 자신들이 맡은 일에 어울리는 힘과 기운과 재주를 가지고 있었다." 해방의 대가로 그들은 제우스에게 번개와 천둥을 선물하였다. 이것을 무기로 제우스는 티탄족에 대항하여 싸웠으며, "이런 무기들 덕분에 (혹은 협력자들 덕분에) 인간들과 신들을 다스리게 되었다"(139~146, 501~506, 690행 이하). 이런 전설의 단순한 의미는, 어떻게 제우스가 가장 강력한 무기를 갖게 되었고, 이를 통해 세계의 통치권을 획득하였는지, 또한 온갖 저항에도 불구하고 그의 의지를 관철시킬 수 있는지를 보여주는 데 있다.

『신들의 계보』에는 이와 유사한 두 번째 신화가 언급되고 있다. 제우스 편과 티탄족들 사이에 벌어진 끔찍한 전쟁은 10년 동안 승부를 가리지 못한 채 진행된다. 제우스는 백 개의 팔을 가진 괴물들 셋을 땅의 심연으로부터 데려왔다. 이 괴물은 자신의 아버지 우라노스에 의해 거기에 갇혀 있었는데, 이렇게 풀려난 괴물들에게 신들은 넥타르와 암브로시아를 주었다.

즉 신적인 지위를 부여한 것이다. 그들 셋은 티탄족에 대항하여 함께 싸웠으며 제우스의 승리로 싸움이 마무리되었다(147~153, 617~663, 713~717행). 여기서는 번개와 천둥을 대신하여 백 개의 팔을 가진 괴물들이 제우스를 돕기 위해 등장한다. 이 신화는 제우스가 어떤 특수한 연장을 얻었다는 사실보다, 그가 소름끼치는 폭력과 강압으로 세계를 지배하게 되고 통치하게 되었음에 주목하고 있다.[4] 제우스와 그의 동료들은 그 이전의 통치자들보다 현명한 반면(655행 이하), 덜 폭력적이고 덜 강력했다. 따라서 제우스는 이들 티탄족의 야만적 힘 가운데 일부를 자신을 위해 취한다. 이는 문명을 가진 종족이 거친 야만족을 정복하기 위해 야만족의 일부를 자기편으로 취하고, 그들의 힘을 이용하여 다른 야만족을 정복하는 것과 유사하다. 승리자를 위해 싸운 야만족들이 보상과 미래의 안전장치로서 특권을 부여받는 것과 마찬가지로 백 개의 팔을 가진 괴물들은 제우스를 위해 싸운 대가로 제우스에 의해 신으로 승격된다.

이런 종류의 신화들을 훨씬 더 추상적인 우리의 개념을 가지고 생각해보면, 신이 통치를 위해 사용하는 야만적 폭력은 원래 신이 가진 속성일 수 없고, 다만 신이 사용하는 연장일 뿐이라는 사실이 드러난다. 신이 사용하는 힘들은 말하자면 그에게 복종하는 수하이며, 이들이 신적인 지위를 누리는 것은 그들이 세계에 대한 신의 의지를 관철시키기 때문이다. 헤시오도스는 이어지는 세 번째 신화에서 이런 생각을 혹은 그 이상을 표현하고 있다. 다른 어떤 문학작품도 헤시오도스의 세 번째 전설과 같은 것을 언급하지 않으며, 약간의 암시조차 보여주지 않는다. 따라서 아마도 헤시오도스가

---

4. 『일리아스』 제1권 401행에 따르면 나중에 백 개의 팔을 가진 괴물들 중 하나가 제우스를 도와 다른 신들의 반란을 제압한다. 헤시오도스에 따르면 이 괴물들은 제우스로부터 권한을 위임받아, 제압된 티탄족을 감시하는 역할을 수행한다(734행 이하, 815~819행).

이 신화를 스스로 만들어낸 것이 아닐까 싶다. 이 신화에서는 앞서의 두 신화들에서보다 신화적 포장이 얇아져 훨씬 쉽게 그 내부를 들여다 볼 수 있게 되었다. 여기서 제우스의 보조자는 이전 시대의 괴물들이 아니라, 신이나 인간의 힘이 미치는 곳에서는 어디서나 작용하고 있는 삶의 실제적 요소들이다. 이들의 이름은 질투, 승리Nike, 힘과 완력 등이다. 헤시오도스가 보여주는 이들에 대한 서술의 첫 대목은 신들의 계보와 같은 틀을 갖고 있다(383행 이하).

> 오케아노스의 딸 스튁스는 팔라스와 교합하여
> 궁전에서 질투와 복사뼈가 예쁜 승리와
> 힘과 완력을 걸출한 자식들로 낳았다.
> 이들은 제우스에게서 멀지 않은 곳에 살며
> 그 신께서 앞장서시는 곳이 아니면 앉지도 가지도 않고
> 늘 크게 천둥치시는 제우스 옆에 자리 잡곤 했다.
> 왜냐하면 오케아노스의 불멸의 딸 스튁스가 그렇게 하도록
> 결정하였기 때문이다. 번개를 치시는 올륌포스 주인께서 모든 불사신들을
> 높은 올륌포스에 불러 놓으시고는 신들 가운데 누구든
> 당신과 함께 티탄족에 대항하여 싸우는 자에게는 그의 특권을
> 결코 박탈하지 않을 것인즉 각자는 전에 다른 불사신들 사이에서
> 누리던 명예를 그대로 유지하게 될 것이라고 말씀하시던 그 날.
> 그분께서는 또 크로노스에게서 명예와 특권을 받지 못한 자는
> 적절히 명예와 특권을 받게 될 것이라고 말씀하셨다.
> 그러자 불멸의 스튁스가 사랑하는 아버지의 조언에 따라
> 자식들을 데리고 맨 먼저 올륌포스로 갔다.
> 그러자 제우스께서 그녀의 명예를 높여주시며 각별한 선물을 주셨으니

그분께서 그녀 자신은 신들의 위대한 맹세가 되게 하시고
그녀의 자식들은 언제까지나 당신과 함께 살게 하셨다.
꼭 그처럼 그분께서는 다른 이들에게도 모두 당신이 약속하신 것을
철저히 이행하셨다. 그러나 그분 자신은 권세와 왕권을 장악하고 계신다.

먼젓번 두 신화와 세 번째 신화와의 유사성은[5] 손에 잡힐 듯 분명하다. 여기서 사상은 더욱 성숙되고 일반화되어 있다. 헤시오도스는 지배 권력의 본질에 대하여 생각하고 있다. 세계에 대한 최고 존재의 지배와, 신하에 대한 왕의 지배 혹은 피정복자에 대한 정복자의 지배에 관해 생각하고 있다.[6] 이렇게 지배권은 권력 의지(질투)와 실제적 '힘'에 기초하는데, 그 힘을 통해 물리적이고 윤리적인 '완력'이 행해지며, 대항하는 자들에 대한 기쁜 '승리'(고운 발의 승리)가 생겨난다. 이로부터 자신을 관철시킬 힘을 가진 지배자가 정당한 지배자이며, 강자의 이익이 정의라는 결론을 끌어내야 할 것인가? 정의는 전능한 힘의 시녀인가? 헤시오도스의 대답은 그와는 정반대이다. 즉 질투, 힘, 완력과 승리, 이 네 가지는 최고 지배자, 즉 정의의 시녀이며 종자라는 것이다. 왜냐하면 『일들과 날들』에서 말하고 있는 것처럼 헤시오도스가 보기에 제우스는 합법적 권리의 신적인 담지자이기 때문이다. 이 네 가지 것들은 헤시오도스가 말하듯이 오로지 제우스 곁에 머물며 늘 제우스의 의지를 수행할 따름이며, 나아가 제우스가 그것들을 제공하는 인간 곁에 머문다. 원시적 폭력 그 자체는 매우 저열하며,[7] 어리석고 의존

---

5. 403행을 506행의 "제우스는 (그 네 명과 연합하여) 주인이 되었다"와 비교하라.

6. 이런 주제의 확장은 충분히 가능할 것으로 보인다. 왜냐하면 모든 권력은 제우스로부터 유래한다는 그리스인들의 믿음을 헤시오도스도 (『신들의 계보』 96행) 공유하고 있기 때문이다.

7. 이와 같이 완력과 힘이 제우스에게 봉사하는 위치라는 생각과 유사한 사상을 아이스퀼로스의 『프로메테우스』의 머리말에서 읽어낼 수 있다. 『일리아스』제5권 897행에

적이지만,[8] 그들은 제우스에게 봉사함으로써 "명예와 특권"(396행)을 누리게 된다. 이런 사상은 매우 주목할 만한 것이다.[9]

헤시오도스는 앞서 언급한 네 가지 신적인 것들에 관한 신화를 자기 나름대로 창작해내어, 신화라는 비유적 언어로 자신이 찾아낸 진리를 표현하였다. 그리고 이 신화를 헤시오도스는 엄밀한 일관성에 대한 고려 없이 그가 전승에서 찾아낸 퀴클롭스와 손이 백 개 달린 괴물들이라는, 보다 원시적인 신화와 나란히 병치하였다. 어리석고 케케묵은 신앙과 참신하고 진취적인 사유가 동시에 그의 머릿속에 나란히 자리 잡고 있었던 것이다. 사실 이런 단계에서 어떤 다른 것을 기대할 수 있겠는가?[10] 헤시오도스가 세

　　서도 야만적이고 싸움을 즐기는 아레스는 본래 "천상의 존재들보다 저급한 존재"였다고 말해지고 있다.

8. 이 네 가지 것은 자기 스스로 무엇을 결정할 권한을 갖고 있지 않으며, 그들의 어머니로부터 제우스에게 양도되었다는 사실에서 우리는 이를 분명히 알 수 있다.

9. 불법이 종종 승리한다는 사실에 대해서 헤시오도스는 모든 불법은 언젠가는 반드시 처벌받는다(『일들과 날들』 213~224행)는 단호한 확신을 보여주고 있는 듯하다. *Frühgriech. Denken* 324~329쪽. F. Schwenn, *Die Theog. des Hesiodos*, Heidelberg, 1934, 99쪽 이하(스튁스에 관하여).

10. 퀴클롭스와 손이 백 개 달린 괴물 신화들은 서로 혹은 네 가지 신적인 것들의 신화와 경쟁함으로써 그에 대한 믿음을 상실한다. 그럼에도 불구하고 이 신화들은 헤시오도스가 이야기하고 있는 것처럼 손에 잡힐 듯 생생하며, 단순히 비유적으로 이해될 수도 있다. 헤시오도스는 상당한 정도로 그것들에 대하여 글자 그대로 신뢰하였던 것처럼 보인다. 우리는 일반적으로 헤시오도스에게서 풍부한 사상적 내용을 간과해서는 안 되며, 다른 한편 이런 사상 때문에 원시종교를 떨어내리려고 해서도 안 된다. 과도하게 이를 떨어내는 일은 그를 이해하는 데 도움을 주지 않는다. 물론 헤시오도스의 원문에는 중간 중간 후대의 삽입을 의심케 하는 부분이 있지만, 우리는 지나치게 엄격하기보다 상당히 너그럽게 그의 원문을 읽을 필요가 있다. 헤시오도스를 어떤 종류의 단순한 원리에 따라 해석하고자 할 경우, 우리는 헤시오도스와 그의 역사적 위치를 잘못 이해하게 될 것이다. 다음의 원리도 또한 오해를 불러일으킬 소지가 있다. 즉 『신들의 계보』는 호메로스의 신들을 체계적으로 정리하려는 데 목적을 갖고 있다는 것이다(이 책 179쪽을 보라).

계의 생성과 본질을 보여주기 위해 그린 그림은 특히 후대의 철학자들이 다시 수용하여 발전시킬 만큼 창조적 사유로 가득 차 있었다.

헤시오도스에 따르면, 제일 먼저 '카오스Chaos'(116행), 즉 입을 크게 벌린 공허가 있었다.[11] 무언가가 있기 전에 오로지 무(無), 다시 말해 모든 사물들을 감싸 포섭한 공허만이 있었다. 다음으로 "넓은 가슴의 대지, 모든 사물의 확고한 토대"가 만들어졌다. 농부 헤시오도스가 보기에 세상 전체는 대지 위에 근거하고 있으며, 그로부터 생겨난다. 세 번째로 미래의 생산을 위한 추진력, "모든 신들과 인간들 가운데 가장 아름다운 에로스"가 생겨났다. 카오스(공허)로부터 어둠과 밤이 생겨났다. 이 둘은 창조적 사랑(에로스)의 힘으로 짝을 맺었으며, 이런 부정적 힘들로부터 긍정적인 힘들, 즉 '창공Aither'과 낮이 생겨났다. 이렇게 낮은 밤의 딸이고, 맑은 창공은 어둠의 아들이다. 여기서도 무(無)는 존재에 선행한다.[12]

이어 대지는 하늘(우라노스)을 낳았으며, 하늘은 높은 산은 물론이고 대지 전체를 감싸게 되었다(126행). 사랑 없이 대지는 홀로 폰토스, 추수할 수 없는 거친 바다를 낳았는데, 그리스 문학에서 바다는 무정함과 냉혹함의 표상이다. 이제 대지는 하늘과 결합하고 또 바다와도 결합하여 자식들을 여럿 낳았다. 세상은 이렇게 완성되어 수많은 존재들로 가득 차게 되었다. 하늘(우라노스)은 세계의 첫 번째 지배자였다. 그의 잔인함에 대항하여 그의 자식들인 티탄족이 크로노스를 중심으로 봉기하였다. 크로노스는 그의 아버지를 거세하였으며, 티탄족은 만물에 대한 지배 권력을 갖게 되었다. 이후 그들은 다시 다음 세대에 의해 권좌에서 물러나게 되었다. 크로노스

---

11. 우리가 '카오스'를 무질서한 덩어리로 이해하게 된 것은 아낙사고라스가 제안한 '세계의 원래 상태'와 혼동한 결과이다. *Ovid*, Berkeley, 1945, 209쪽 각주 6번을 보라.
12. 원시인들은 일반적으로 낮이 밤을 따른다고 여겼으며, 그 반대라고 생각하지 않았다.

의 아들 제우스는 크로노스의 형제들과 그 자식들에 힘입어 나머지 티탄족을 몰아냈으며, 그들을 대지 깊은 곳에 가두어 놓았다. 이렇게 하여 이제 인간의 운명을 좌지우지할 올림포스 신들이 권좌에 올랐다.

신들의 세대 전쟁에 관하여 헤시오도스는 끔찍하고 섬뜩한 이야기를 전해주고 있는데, 그에 담긴 의미는 모호하여 쉽게 파악하기가 어렵다. 하지만 그가 정립한 계보 사상에서는 많은 것들이 분명하고 뚜렷하다. 하늘과 대지의 후손들에는 강력하고 지혜로운 것들 대다수가 속하고 바다의 자손들에는 변하고 형태지울 수 없는 것들이 속한다. 케토(이 명칭은 '괴물'을 나타내는 말로부터 만들어졌다)로부터 괴물들이 생겨났다. 별들은 아스트라이오스를 아버지로 한다. 모든 강들은 오케아노스[13]의 아들들이고, 모든 샘과 시냇물은 오케아노스의 딸들[14]이다. 이러한 방식으로 각각의 개별자들이 어떤 특정한 근본 성질과 유형으로부터 유래한다고 하는 사상이 분명해졌다. 천태만상의 현상계는 소수의 근본 원리로 환원되어, 지적으로 이해 가능하게 되었다.[15]

---

13. 오케아노스는 세계를 감싸고 흐르는 강으로 이해되었다(나중에는 세상을 둘러싼 바다가 되었지만). 왜냐하면 대지의 땅 덩어리는 다른 요소, 즉 물에 의해 나뉘어져 둘러싸여 있어야만 했기 때문이다. 마찬가지로 하늘을 경계지우며, 별들이 회전하는 궤도처럼 오케아노스를 둘러싸고 있으며, 그것을 길로 삼아 태양과 여타의 별들이 저물었다가 다음날 다시 그 출발지점으로 돌아올 수 있어야 했다. 이하 이 책 399쪽과 525쪽을 보라. 호메로스는 별들이 '오케아노스'에서 목욕한다고 생각했다.

14. 오케아노스가 모든 강들의 아버지이며 전형이라는 생각은 헤시오도스 이전에 이미 널리 퍼져 있었다. 이 경우 전형은 어떤 특정한 예를 통해 만들어지게 된다. 오케아노스는 '완전한 강'(242행)으로, 어떤 경험적인 강이 아니라 상정된 강이다. 이에 반해 헤시오도스는 케토와 아스트라이오스를 새롭게 만들어냈다. 여기서 추상화 과정이 한 단계 더 진전되었다. 왜냐하면 아스트라이오스는 별 자체가 아니라 별을 만들어내는 힘이며, 케토는 그 자체로는 아무런 모양도 갖추고 있지 않은 괴물 같은 무엇이기 때문이다.

15. 이런 경향에서 린네의 역작이 생겨났다. 그의 체계, 즉 동물, 식물, 광석이라는 자연 삼

대지로부터 생겨난 긍정적 존재들의 계통에 이어 헤시오도스는 부정적 사물들의 계통을 밝힌다. 카오스(공허)로부터 어둠과 밤이 태어난다. 그리고 이 양자는 사랑을 통해 낮과 창공을 낳는다. 이어 밤[16]은 사랑이라는 생산적 힘의 도움 없이 홀로 모든 부정적 존재들의 어머니가 된다(211행 이하). 밤은 죽음의 폭력과 죽음을, 다시 말해 '삶의 소멸'과 '살아 있지 않음'을 낳았다. 또 잠과 꿈을, 다시 말해 '무의식의 삶'과 '거짓의 체험'을 낳았다. 이런 것들은 존재하지 않는 혹은 무(無)인 사물이 아니라, 다만 먼저 있는 '무엇'에 의해 규정되는 사물인 바, 여기서 '무엇'은 부정적 본성이다.[17] 계속해서 밤은 '비난'(μῶμος, 폄하), '고초', '처벌', '복수', '노령', '기만', '불화' 등 파괴적 원리들을 낳았다. 또한 헤스페리데스(서쪽의 요정들)가 밤의 딸들로 거명되는데(215행), 그녀들은 "세상의 가장자리, 밤의 옆에서" 살았다(275행). 신들의 계통을 구성하는 가운데 헤시오도스는 종종 상이한 질서를 교차시키기도 한다. 헤스페리데스의 어머니로 이야기될 때의 밤은 물리적 현상인데 반해, 다른 곳에서 가난과 기만 등의 어머니일 때의 밤은 부정적인 것들의 형이상학적 원리가 된다. '사랑의 욕망'(224행)이 밤에 편입되어 있는 것을 볼 때, 밤은 아마도 양자를 동시에 의미하는 듯하다. 밤의 보호 아래 서로 사랑하는 사람들이 결합하게 된다는 의미에서 '사랑의 욕망'은 물리적 밤의 자식이다. 동시에 사랑과 속임의 조합이라는 의미에서 밤은 부정적인 것들의 초자연적 원리이며 '사랑의 욕망'은 이런 밤의 자식이기도 하다(이 책 334쪽, 367쪽과, 213쪽의 판도라 이야기 등을 보라). '사랑

분할 법칙은 그 연원에 따르는 이론이 아니라, 신이 세계를 창조할 때 적용했던 계획을 재구성한 것이다. 린네는 또한 이런 방식으로 *Genera Morborum*이라는 책을 썼다.

16. 파르메니데스가 언급한 가상의 세계에서도 부정적 원천은 '밤'이라고 불린다.

17. 그리스어로 한다면, 'οὐκ ὄντα'가 아니라, 'μὴ ὄντα'이다. 'μὴ ὄντα'를 놓고 이후 그리스 철학은 심각하게 고민하게 된다.

의 욕망은 욕정에 잡힌 사람들의 이성을 마비시킨다(*Frühgriech. Denken* 320 쪽 각주 1번을 보라). 계통 분류에 있어 이렇게 관점이 지속적으로 변경되는 것에 상응하여, 헤시오도스에게 있어 '낳다'라는 비유의 정확한 의미도 지속적으로 변경된다.

신들의 계통을 계속 밝히는 과정에서 '낳다'는 새로운 의미를 갖게 된다. 에리스(투쟁, 적대감)는 밤의 딸 가운데 하나로 또한 자신도 자식들을 낳는다. 여기서 에리스와 에리스의 자식들은 보편개념과 그에 포함되는 특수개념(예를 들어 모든 부정적인 것이 부정적인 것에서 발생한다는 식으로)과 같은 관계를 갖지는 않는다. 이제 에리스의 자식들은 투쟁의 실제적 산물이며, 그런 한에서 적대감의 자식이다. 에리스의 자식들 또한 부정적 성격을 갖고 있다. 노고, 망각,[18] 기근과 고통이 그들이며, 전투와 전쟁과 살육이 포함되며, 불화와 기만과 위협이 속하고, 불법과 은폐가 있다. 그리고 "누군가가 알고도 거짓 맹세를 하게 되면 인간들에게 가장 큰 해악을 끼치는" 맹세(투쟁의 결과)가 또한 거기에 속한다.[19]

신들의 계통에서 가족관계가 다만 본성적으로 유사한 여러 가지 것들을 묶는 상징이라고 할 때, 같은 사물이 상이한 상징에 의해 표현되기도 한다. 모든 부정적인 것들은 계보상 하나의 가족을 형성하되, 나중에는(744~806행) 부정적 사물들[20] 중 일부는 세계의 어떤 특정한 구역, 물질적인 세계 너

---

18. 싸움에 열중하다보면 농부들은 제가 해야 할 일을 "망각하게 된다." 그리하여 그들은 굶주리고 고통 받는다.

19. 밤의 자손들에는 그 파괴적인 측면과 더불어 모든 종류의 투쟁들이 ─권리투쟁을 포함하여─ 포함된다. 질서를 부여하는 건설적인 투쟁은, 명세를 행하는 스튁스 강의 자식들 넷으로 나타난다(이 책 184쪽을 보라). 행복을 가져다주는 바람들은 하늘로부터 출생하며(378~380행), 파괴적인 바람들과는 구별되는데, 후자의 조상은 타르타로스(869~800행)이다.

20. 공허, 틈, 밤, 죽음과 잠, 싸움의 결과로서의 맹세가 (여기서는 신들이 맹세하는 스튁스

머 지하세계에 귀속된다. 지하세계(타르타로스)는 거대한 심연, "커다랗게 입을 벌린 공허"(chasma 740행 이하 = chaos 814행, 특히 720~725행)이며, 따라서 태초에 지구와 긍정적 사물들(116행 이하)이 생겨나기 이전에 있었던 '카오스'의 일부다. 지하세계를 묘사하는 새로운 문맥에서 역시 새로운 생각이 추가되는데, 예를 들면 밤과 낮의 관계가 그것이다. 지하세계에서 밤은 그의 자식들과 함께 머물고 있는데, 앞서 밤은 카오스의 딸이며 낮의 어머니로 불리고 있었다(이 책 188쪽을 보라). 타르타로스에 기거하는 것들을 묘사하는 장면은 이렇게 시작한다(744행).

> 그곳에는 또 어두운 밤의
> 무시무시한 거처가 검은 구름에 가려진 채 서 있다.
> 그 앞에는 이아페토스의 아들(아틀라스)이 넓은 하늘을
> 머리와 지칠 줄 모르는 두 손으로 떠받치고
> 꼿꼿이 서 있으니, 그곳은 밤과 낮이 거대한
> 청동 문턱을 넘을 때 서로 다가가 인사하는 곳이다.
> 한쪽이 들면 한쪽이 나
> 그 집은 결코 둘을 한꺼번에 에워싸지 못하니
> 언제나 한쪽은 집 밖에 나가 대지 위를 거닐고
> 한쪽은 자신이 나갈 때가 될 때까지
> 집 안에 남아 기다린다.
> 한쪽은 지상에 사는 자들에게 많은 것을 보여주는 빛을 가져다주고
> 다른 한쪽 즉, 파멸을 가져다주는 밤은 안개구름에 싸여
> 죽음과 형제간인 잠을 품에 안고 어른다.

강) 다시 한 번 언급된다.

밤과 낮이 서로 만나는 청동문턱이라는 개념이, 서로가 배제하면서 동시에 요구하는 대립물들을 이어주는 연결지점이라는 개념으로서 분명한 호소력을 갖고 나타난다. 언제나 밤이 아니면 낮이라고 할 때, 문턱은 공간적 의미보다는 형이상학적 의미에서 '경계'를 의미한다.[21]

(758행에서 계속)
그곳에는 또 어두운 밤의 아들들로 무서운 신들인
잠과 죽음이 거주하고 있었다. 빛나는 헬리오스는
하늘로 오를 때에도 하늘에서 내려올 때에도[22]
결코 자신의 빛살로 이들을 내려다보지 않는다.
그중 하나는 대지와 바다의 넓은 등 위를 거닐되
얌전하고 인간들에게 상냥하지만
다른 하나는 무쇠의 심장을, 가슴속에 무자비한
청동의 마음을 갖고 있어 어떤 사람이든 일단 잡히기만 하면
붙잡고 놓지 않는다. 그래서 그는 불사신들에게도 미움을 받는다.

그 너머에는 지하의 신의 울리는 집들
강력한 하데스와 근엄한 페르세포네의 집이
서 있고 그 앞에는 무시무시한 개가 파수를 보고 있다.
그것은 무자비하고 간계에 능하여 들어오는 자들에게는
꼬리와 두 귀로 아양을 떨지만 그들이 도로 나가는 것은

---

21. 문턱은 동쪽과 동시에 서쪽에도 있어야 했다. 헤시오도스는 하계를 그리면서 이런 지리적인 것은 고려하지 않았다.
22. 이 대목 또한 초자연적으로 이해해야 한다. 물리적으로 헬리오스는 잠을 자는 자들과 죽은 자들을 내려다보지만, 잠자는 자들과 죽은 자들을 다스리는 어둠 자체에는 태양빛이 닿지 않는다.

결코 허용치 않고 지키고 있다가, 누구든지 문 밖으로
나오다가 잡히기만 하면 먹어치운다.

그곳에는 또 도로 자신 속으로 흘러드는 오케아노스의
맏딸로 신들도 오싹하는 무서운 여신[23]이 살고 있다.
그녀는 신들과 떨어져서
긴 바위들로 덮인 이름난 집에서 살고 있는데
그 집은 은으로 된 기둥들로 사방이 하늘에 닿아 있다.

　묘사에 쓰이고 있는 아름답고 풍성한 언어들은 그 자체로 설득력을 갖
는다. 헤시오도스에게는 전달되는 내용의 생생한 역동성이 조심스러운 일
관성보다 중요했으며, 여기서도 동일한 사물이 여러 가지 다른 방식으로
등장한다. 죽음이 죽음으로 등장하는가 하면, 곧 하데스의 왕국으로, 또 개
로 등장한다. 어떤 사실관계를 단번에 모두 끄집어내어 논의하고 마무리
짓는 것이 아니라, 대상의 주변을 살피면서 여러 각도에서 계속 새로운 시
각으로 대상을 관찰하며 연관관계를 포착하는 것이 상고기적 사유 방식에
속한다고 하겠다. 이런 식의 사유 방식이 헤시오도스의 『신들의 계보』와
대체로 어울린다.
　하계의 묘사는 묵시론적 무게를 갖는 시행으로 시작한다(736행).

그곳에는 또 어두운 대지와 안개 낀 타르타로스와
추수할 수 없는 바다와 별 많은 하늘의, 이들 모두의
원천들과 끝자락이 순서대로 자리 잡고 있다.
이 역겹고 곰팡내 나는 곳에서는 신들도 몸서리친다.

---

23. '스뤽스'라는 이름은 '공포'라는 단어와 연관이 있다.

이 거대한 구렁으로 말하자면, 누군가 일단 그 문 안으로
들어가게 되면 한 해를 다 채우도록 그 바닥에 닿지 못하고
폭풍에 이은 무시무시한 폭풍에 이리저리
날려 다닐 것인 즉 이 놀라운 일은 불사신들에게도
무서운 것이다.

심오한 존재론적 사색들이 시행들에 녹아 있다. 처음에 우리는 존재 이전
에 공허가 있었으며, 존재는 그 안에 들어 있었다고 들었다(이 책 186쪽). 여
기서는 이제 세계의 생성이 아니라 세계의 구조가 이야기된다. 헤시오도
스가 말하는 바, 모든 존재하는 사물의 '경계'와 "샘"(혹은 "뿌리" 728행)은
"속이 텅 빈 심연"위에 놓여 있다. 이것을 우리가 쓰는 말로 옮겨보면, 모
든 존재자들은 (공간적으로, 시간적으로, 그리고 논리적으로) 공허한 허무로부
터 떨어져 나옴으로써 존재하게 된다. 존재하는 것은 존재하지 않는 것, 즉
공허로부터의 구별에 의해 규정된다. 우주와 각 사물들은 모두 세계 안에
서의 위치에 따라 '경계'를 갖는 바, 경계를 통해 공허와 구별된다. 따라서
'경계'는 일의 마지막뿐만 아니라 시작을 의미하며, 그런 이유에서 사물의
'경계'는 "샘"이자 "뿌리"이다. 왜냐하면 허무에 대한 경계 짓기 덕분에 사
물은 존재하게 되고, 더 나아가 지금의 모습으로 존재하기 때문이다.[24] 또

---

24. 736행 이하에서 네 가지 영역이 구분된다. 안개가 덮여 어두운 타르타로스, (크고) 어
  두운 대지, 'ἀτρύγετος'(정확한 의미는 불명) 바다 그리고 빛나는 별들이 차지한 하늘
  이 그것이다. '경계'는 바다에 대하여 "샘"이라고 불리고, 대지에 대하여 "뿌리"라고
  불린다(728행,『일들과 날들』19행, 핀다로스『퓌티아 찬가』9번 8행을 보라). 동요 없
  이 땅을 받들고 있는 아틀라스는 대지의 경계(518행) 타르타로스의 시작 바로 직전에
  (746행) 굳건한(핀다로스『네메이아 찬가』6번 3행 이하를 보라) 하늘의 토대를 구성
  한다. 타르타로스의 시작은 청동장벽으로 잠겨있으며(726행), 여기에 덧붙여 삼중의
  밤으로 에워싸여 있다(726행 이하). 또한 무시무시한 폭풍이 둘러싸고 있다(742행 이
  하). 이 부분에서의 묘사는 엄밀한 논리적 연관에 따르지 않는데, 왜냐하면 언급된 사

다른 유사한 자리(811행 이하)에서 헤시오도스는 옛 이론(『일리아스』 제8권 15행)을 발전시켜 하계로 내려가는 입구에 대하여 "돌로 만들어진 문과 청동문턱들이 굳건히 긴 뿌리들로 고정된 채 저절로 자라나 있다"라고 말하고 있다. 세계 사물들과 공허 사이에 놓인 문턱에 대해, 문턱이 움직일 수 없으며, 뿌리 내려져 있고, 스스로 자라났다고 헤시오도스가 묘사할 때, 그가 '경계'를 존재와 무(無)의 충돌에 의해 생겨나는 부산물이 아니라, 그 반대로 모든 존재에 대한 일차적이며 자생적 전제로서 생각하였음이 분명히 드러난다.[25] 또 문턱은 양자택일, 즉 존재와 무를 표시한다(이 책 191쪽).[26] 헤시오도스는 이런 사상을 분명하고 명백한 개념어로는 표현하고 언급할 수 없었을 것이다. 그의 사유가 걸어가야 할 길은 어두운 길이었으니, 그가 근원과 경계를 "신조차도 접근할 수 없을 만큼" "어렵고 복잡하다"고 말하

물들이 글자 그대로의 의미보다는 상징적인 의미를 갖고 있기 때문이다. 대지, 대기와 하늘과 연결된 "뿌리"라는 발상은 루크레티우스(5, 554~563행)에게까지 지속되지만, 루크레티우스는 기계적인 연결이거나 부분적으로 유기적인 연결로 생각하였다. 퓌테아스는(스트라본 2, 4, 1 = 단편 7a 1 Mette), 북쪽 지방을 여행할 때에, "대지도 물도 공기도 없었으며 다만 이 세 가지 것이 혼합되어 있는 어떤 곳을 보았다"고 적어 놓았다. 또한 그곳 사람들이 그에게 "대지와 바다와 우주가 거기에서 부유(浮游)하며 이것이 바로 우주의 연결고리(δεσμός)"라고 설명했다고 적어 놓았다. 퓌테아스는 아마도 여행을 떠날 때에 이미 머릿속에 세계와 북극점의 연결, 공중에의 부유(浮游) 상태에 관한 이론을 가지고 있었던 것으로 보인다. 그리하여 그가 본 것과 보고하려는 것에다 자신의 이론을 삽입하였을 것이다. 스트라본은 퓌테아스의 말에 따라, 그 연결지점은 'μήτε πορευτὸς μήτε πλωτός'라고 보고하였는데, 오비디우스가 세계의 근원적 혼합물을 묘사할 때에 썼던 단어들(『변신이야기』 1, 16행), 즉 instabilis tellus, innabilis unda 들은 이 점을 상기시킨다.

25. "스스로 자라난αὐτοφυής"이라는 것이 '누구에 의해 만들어졌다'라는 생각을 배제하지는 않는다. 왜냐하면 세계의 근본원리 가운데 하나를 누군가 만들었으며, 그것이 스스로 생겨난 것은 아니라는 생각은 아직 시기상조이기 때문이다. 여기서는 다만 일차적인 것과 이차적인 것 사이의 대조만이 문제였다.

26. 'πέρας'에 관한, 모든 규정된 존재의 전제조건인 무(無)(파르메니데스)에 관한 모든 후대의 생각들과의 실제적인 연관관계가 매우 분명하다.

는 것은 결코 놀랍지 않다. 사유가 하늘과 땅과 신들과 모든 존재자들의 익숙한 세계를 뒤로 하고 그 경계 너머의 세계와 마주할 때, 이런 점이 형이상학적 철학자를 힘들게 만든다. 공허의 비밀스러운 힘이 폭풍처럼 그의 접근을 차단하고 있는 것처럼 보인다.[27]

제우스가 이끈 올림포스 신들과 티탄족의 전쟁에 관한 이야기가 하계의 모습에 이어서 등장한다. 패배한 티탄족은 신들의 긍정적인 세계로부터 쫓겨나 추방당하고(813행), 하계에 갇힌다. 헤로도토스와 유사하게 그는 온갖 종류의 다양한 이야기들을 수용하기 위해 상당히 넓은 역사적 틀을 도입하고 있다. 정확히 틀 지워지지 않은 이런 시에 담긴 이야기들을 모두 설명하기는 매우 힘들다. 특히 많은 것은 잘 이해되지 않으며 전체적으로 원문 왜곡이나 제3자에 의한 삽입을 고려해야 하기 때문에 더욱 그러하다. 문학적으로 『신들의 계보』는 매우 불균형적이고, 전체적으로 호메로스의 서사시보다 상당히 뒤처져 있으며, 호메로스 서사시의 빛나는 영광이 완전히 퇴색되어 있다. 헤시오도스는 낯선 서사시의 언어를 제대로 다루지는 못한 것으로 보인다.

『신들의 계보』 서문에서 헤시오도스가 자신의 작품에 관하여 생각하고 있었던 바를 읽어낼 수 있다. 소리꾼들은 매번 공연할 때마다 기도와 신들에 대한 칭송으로 시작한다. 헤시오도스 또한 『신들의 계보』를 무사이 여신들에 대한 긴 찬가로 시작하고 있다. 무사이 여신들이 그를 영혼의 어리석음에서 구출해주었으며, 놀라운 재능을 축복으로 선사해주었다고 노래한다(이 책 176쪽 이하). 헤시오도스는 여신들의 사랑스러운 모습을 우아하

---

27. 페레퀴데스에 따르면(DK7B5=정암 75), "북풍의 딸들, 하르피아Harphia와 튀엘라 Thyella가 타르타로스를 지키고 있다. 신들이 그에게 거역하면, 제우스는 그곳으로 신들을 추방한다." 플라톤의 『파이돈』 112b에 언급된 하계의 'δεινοὶ ἄνεμοι'와 비교하라.

게 묘사하고 있으며, 여신들이 부여한 예술의 힘을 힘찬 목소리로 칭송하고 있다. 만약 시인이 옛 사람들의 명예를 칭송한다거나 혹은 신들을 찬미한다면, 마음 깊이 근심으로 고통 받는 청중 또한 자신의 시련(93~103행)을 잊을 것이다. 머나먼 과거의 일을 기억하는 무사이 여신들은 기억(므네모쉬네)의 딸들이지만, 또한 그녀들은 망각(레스모스쉬네)도 가져오기 때문이다(54행 이하). 오랜 과거의 이야기는 현재의 근심을 잊게 만든다(98~100행). 그런데 무사이 여신들의 힘은 휴식시간에 울려 퍼지는 노래만을 관장하는 것이 아니다. 그녀들은 광장에서도 힘을 발휘한다. 왜냐하면 광장에서 법을 논하는 왕들은 태어나면서부터 무사이 여신들의 선물을 받았기 때문이다. 전승된 것과는 전혀 다르게, 헤시오도스는 무사이 여신들에 대한 생각을 확장하여, 무사이 여신들로 하여금 현명하고 정당하게 판결하는 왕들이 가진 힘들 또한 관장하도록 만들었다. 그런 재능을 부여받은 왕들의 판결은 커다란 분쟁을 가라앉힌다(86행 이하). 이는 마치 소리꾼들의 노래가 현재의 근심을 털어주는 것과 흡사하다(98~103행). 시민이 부당한 일을 당하였을 때, 왕들의 판단은 "힘들이지 않고 부드러운 말로 그들이 당한 일을 보상해준다 μετάτραπα τελεῦσι"(89행)고 하는데, 이것은 소리꾼의 노래가 마음을 '달래주는 παρέτραπε'(103행) 것과 같다고 하겠다.[28] 왕의 부드러운 '말 ἔπεα'(90행)이 이미 확정된 '사태 ἔργα'(89행)를 움직인다. 이것은 사태를 잊도록 만드는 소리꾼의 노래보다 훨씬 더 대단한 일이지만(79행의 προφερεστάτη와 비교하라), 동일한 종류이며 동일한 기원을 갖는 힘이다. 제우스에게서 유래하는 왕권과, 아폴론과 무사이 여신들에게서 유래하는 시인이 모두가 나란히 자리 잡고 있다. 사람을 사로잡고 설득하는

---

28. 또한 "παραιφάμενοι"(90행)를 비교하라. 분명 왕들과 시인들의 행위를 표현하기 위한 유사한 단어로 쓰였다고 할 수 있다.

말재주에 의해 왕권과 시인이 특징지어진다.[29] 시인이 왕과 어깨를 나란히 한다는 점에 많은 사람들이 공감하였을 것이다. 상고기의 그리스 사람들은 이와 같이 시인들에게 상당히 높은 지위를 부여하였다. 헤시오도스도 그러하였는데, 그는 보이오티아의 농부들과 살았지만 자신이 각성에 의해 보다 높이 고양되었다고 느끼고 있었던 것이다. 소를 치는 목동들과 완연히 구분됨으로써 그는 오히려 고립감을 갖게 되었지만, 고립감은 시인에게 예언자적 사명에 대한 의식을 강화시켰으며, 또한 헤시오도스의 사유능력에 자유롭고 굽힐 줄 모르는 추동력을 제공하였다.[30]

---

29. P. Friedländer, *Gött. Gel. Anzeigen*, 1931, 249쪽을 보라. 『일들과 날들』에서 헤시오도스가 보기에, 왕권과 시인들의 이런 관계는 불투명해진다. 앞서 헤시오도스가 이상적인 왕을 노래하였다고 할 때, 여기서는 현실적인 왕들에 대하여 일단 이를 유보하고 있는 것으로 보인다. 왜냐하면 왕들이 타락한 것으로 드러났기 때문이다. 왕은 자신의 말로써 "커다란 분쟁을 능숙하게 처리하는 일"을 부담하는데, 이는 『신들의 계보』 87행에서 보는 왕들의 일이었다.

30. 『신들의 계보』에 관한 이상의 논의가 다음을 보여주었기를 바란다. 즉 신화 내용을 담고 있는 서사시에, 형이상학적 근본물음에 대한 결정적 사유의 단초들이 표현되어 있다는 것이다. 또 그리스 철학을 단순히 탈레스와 아낙시만드로스에서 시작하였다고 적을 수 없다는 것이다. 아리스토텔레스는 그렇게 생각하였지만(『형이상학』 제4권 1000a 18 : "περὶ τῶν μυθικῶς σοφιζομένων οὐκ ἄξιαν μετὰ σπουδῆς σκοπεῖν. 신화적인 형식으로 그들의 지혜를 보여준 사람들의 의견을 진지하게 검토하는 일은 값어치 없는 일이다"), 그의 생각은 많은 이유에서 절대적이지는 않다. 서정시인 알크만에서 나타나는 우주론적 형이상학에 관하여서는 이 책 299~302쪽과 477쪽 이하를 참고하라.

3. 『여인들의 목록』과 헤시오도스 풍의 『방패』

헤시오도스가 듣고 배웠던 서사시 소리꾼들은 공연 시작의 기술을 상당히 높은 수준으로 발전시켰다. 하지만 공연을 끝마치는 기술이라고는 찾아볼 수 없으며, 다만 다음 이야기로 이행하는 기술만을 갖고 있었을 뿐이다(이 책 27쪽). 헤시오도스의 『신들의 계보』는 우리에게 전해지는 한에서 "신들의 탄생"이 모두 보고되었을 때에도 끝나지 않는다. 제우스의 부인들과 자식들과 여타 다른 신들에 관해 지루하게 늘어놓고 나서 시인은 이제까지의 주제와는 이별하고(963행), 같은 방식으로 유사한 새로운 주제를 설정하여 "신과 같은 자식을 얻은" 여신들과 인간 남자들의 결합을 이야기한다. 이후 (1019행 이하) 신들과 인간 여인들 간의 수많은 애정으로 이행하는데, 여기서 그리스 귀족 집안의 신화적 조상들이 태어났다(*Ox. Pap.* 2354 =1 MW[1]).

---

1. [역주] A. Merkelbach, *Die Hesiodfragmente auf Papyrus*, Leipzig, 1957은 1967년에 옥스퍼드에서 M. L. West와의 공동 편집으로 재출간되었다. 우리는 재출간본 번호를 인용한다. 공동 편집본에 관해서는 참고문헌을 보라.

이제는 여인들의 종족을 노래하소서, 달콤하게 노래하시는

올림포스의 무사이 여신들이여, 아이기스를 가지신 제우스의 따님들이여

당시 가장 뛰어난 여인들로서

허리띠를 풀고

신들과 살을 섞었던

당시에 식사도 함께하고 회합도 함께했기 때문이다.

불사신들과 죽게 마련인 인간들이.

『신들의 계보』에 이어지는 '영웅들의 계보 서사시'는 거의 상실되었지만, 우리는 단편들과, 이 작품의 영향을 강하게 받은 고대 문헌을 통해 이 서사시에 관한 대략적 윤곽을 그나마 얻을 수 있다.

이 '영웅들의 계보 서사시'는 고대에 『여인들의 목록』이라는 이름으로 알려지거나, 아니면 각각의 단락이 시작되는 판박이문구를 따서 『에호이엔』[2]이라고 불렸다. 헤시오도스 자신이 귀족들의 목록을 완벽하게 완성하려 하였는지는 알 수 없지만,[3] 이런 경향은 그가 다루고 있는 주제로 보건대 분명하다. 목록이 후대로 가면서 계속해서 추가되고 확장되었던 것은 너무도 당연한 일이었다. 널리 사용되던 서사시의 언어가 이런 추가 작업에 손쉽게 사용될 수 있었다. 우리는 『에호이엔』의 단편 하나를 온전히 가지

---

2. 문법적으로 "ἢ οἵη"는 'οἷον'과 닮았다. 이 판박이문구는 한 가지 예나 예증을 이끈다. 'οἷος'는 한 가지 이야기를 이끈다. 『오뒷세이아』 제4권 242행, 핀다로스 『퓌티아 찬가』 9번, 105행을 보라.

3. 『신들의 계보』 337~370행에서 헤시오도스는 오케아노스의 딸들로 25개의 강들과 40+1개의 개천과 샘을 언급하고 있다. 그러나 그의 말에 따르면, 자신이 제일 중요한 것만을 열거하였으며, 실제로는 3,000개의 샘과 그만큼의 강이 있다고 말한다. 죽을 운명의 인간들에게 그 모든 이름(거기에 거주하는 사람들은 그 이름을 알고 있다)을 열거하는 것은 불가능한 일이다. 헤시오도스는 그 목록을 완벽하게 정리할 의사가 없었던 것으로 보인다.

고 있다. 그러나 물론 이것은 헤시오도스에 의해 만들어진 그대로가 아니다.[4] 이 단편은 알크메네와 그녀의 아들, 영웅들 중의 영웅인 헤라클레스를 다루고 있다. 저자는 『신들의 계보』와는 확연히 구분되는, 쉽고 다소 진부한 언어로 알크메네를 모든 여인들 가운데 생김새나 마음가짐에 있어 가장 탁월한 여인으로 그리고 있다. 저자는 그녀의 이야기를 제우스에게서 헤라클레스를 낳게 되는 대목까지 이야기한다. "신들과 인간들을 위해 재앙을 물리칠 자"(29행)의 탄생 이야기에 이어 400행 이상의 시행이 이어지는데, 여기서는 헤라클레스가 퀴크노스와 벌이는 싸움을 이야기하고 있다. 퀴크노스는 우리가 들은 대로 델포이 신탁소로 향하는 여행객들을 노리는 도적이었다(479행 이하). 그래서 아폴론은 그를 퇴치하기 위해서 헤라클레스를 보냈다(69행). 퀴크노스의 아버지는 전쟁의 신 아레스였다. 아레스는 자신의 아들을 죽인 헤라클레스에게 복수하고자 하지만, 아테네 여신의 도움으로 헤라클레스는 아레스 또한 물리친다. 이런 종교적이고 도덕적인 배경은 다만 짧게 언급되고 있으며, 대부분의 이야기는 매우 독특한 방식으로 '전쟁에는 전쟁으로'라는 주제를 다루고 있다.

전쟁(아레스)의 아들, 폭력을 행사하는 도적을, 그보다 위대한 전사로서 인간과 신들을 위해 평화와 안전을 쟁취하고자 싸우는 헤라클레스가 물리치는 이야기[5]는 일종의 액자 이야기를 형성하고 있으며, 이 액자 이야기 안에 전쟁과 살인의 온갖 끔찍한 일들이 서술되어 있는데, 이것이 시인이 원래 의도하였던 주제다. 시인은 자신의 목적을 위해 호메로스의 서사시로부터 찾아낸 형식을 사용하고 있다. 옛 서사시가 영웅의 위대한 전과를 보

---

4. 헤시오도스의 『에호이엔』에는 보이오티아의 헤라클레스 자손들이 포함되어 있었음에 틀림없다. 아마도 첫 56행 안에는 헤시오도스가 직접 손댄 것이 남아 있을 수도 있다.
5. 이미 앞서 359~367행에서 헤라클레스는 아레스를 물리친다.

고해야 할 때, 서사시는 영웅의 무장을 먼저 이야기한다. 시인은 한 장면 한 장면 전사가 가진 무장을 언급하면서 이들을 엄청난 파괴력을 가진 무기로 묘사한다. 무기의 외형적 모습은 무시무시한 무력의 상징으로 해석되는데, 이런 무력은 목전의 전투에서 힘을 발휘하게 될 것이다.[6] 이와 유사한 방식과 비유를 가지고 헤라클레스의 무장이 묘사되고 있으며, 여기서 저자는 호메로스보다 좀 더 나아가 헤라클레스가 메고 있는 화살통을 이야기한다(130행 이하).

> 그 안에는 화살이 가득 들어 있었다.
> 소리 없는 죽음의 전령, 전율을 불러오는 화살이.
> 화살의 끝에는 죽음이 있어 눈물이 뚝뚝 들었고
> 중간은 매끈하고 길쭉한 편이었고, 뒤쪽은
> 독수리의 붉게 타는 깃털로 가려져 있었다.

그는 화살의 각 부분을 묘사하고 있는데, 각 부분들은 화살이 가진 세 가지 기능을 일깨우고 있다. 재빠르고 힘찬 활의 도약, 매끄럽게 날아가는 활의 비행, 끔찍한 죽음을 가져오는 활의 타격 등이 바로 그것이다. "눈물"을 첨부한 것은 호메로스와는 전혀 다른 것이다.

　무장에 대한 묘사는 방패 묘사에서 절정에 도달한다. 방패 묘사는 180행으로 전체 시의 1/3 이상을 차지하고 있다. 이 부분으로 인해 『헤라클레스의 방패』라는 이름이 생겨났다. 『일리아스』에서 아킬레우스의 방패처럼 헤라클레스의 방패 또한 헤파이스토스가 만든 것이며 수없이 많은 그림으로 장식되어 있었다. 아킬레우스의 방패가 세계 전체와 인간 삶을 묘사하

---

6. 이 책 72쪽을 보라.

고 있는 반면, 헤라클레스의 방패는 다만 '전쟁'이라는 주제만을 다루고 있다. 서로 대조되는 두 개의 그림이 삽화처럼 첨가되어 있는 바, 이는 상고기적 사고방식에 따라 양극단을 제시함으로써 전쟁의 본질을 보다 뚜렷하게 보여주기 위한 것이다. 전쟁을 겪고 있는 도시에 이어, 축제를 벌이고 노동하고 운동하고 놀이를 즐기며 평화의 축복을 누리고 있는 도시가 그려진다(270~313행). 칠현금을 연주하여 신들을 기쁘게 하는 아폴론은 전쟁의 신 아레스와 아테네 여신과 대조적으로 위치하고 있다(201~206행). 이 묘사는 아폴론에게 바쳐진 새인 백조로 마무리된다.[7] 바로 이어 아폴론을 위해 헤라클레스가 싸움을 벌이고 있다.

　영원한 주제인 '전쟁'은 방패를 불가사의하고 무시무시한 초현실적 그림으로 채우고 있다. 헤라클레스가 싸움을 벌일 때, 그려진 뱀들이 이빨을 드러내고 으르렁거리는 소리가 들리는 것 같이 놀라운 생동감이 넘친다(164행, 235행과 비교). 질주하는 고르곤들의 발아래 방패는 요란한 소리로 울린다(231~233행). 페르세우스는 실제 날아가는 듯, 방패 어느 곳에도 매어 있지 않으며, 그렇다고 방패로부터 떨어져 있지도 않다(217~222행). 전체적 묘사는 기괴하며 무절제하다. 그리스적인 것을 상징하는 균형과 절제는 찾아볼 수 없다. 방패에는 다양한 종류의 동물들이 그려져 있었는데, 이 동물들은 호메로스에서 전사들과 종종 비교되곤 하던 것이었다. 상세히 묘사된 그림에서는 인간의 전쟁이 동물 세계로 전이되어 있다. 야생 멧돼지들의 군대가 사자들의 군대와 싸움을 벌인다(168~177행). 돌고래들이 마치 약탈자처럼(『일리아스』 제21권 22행) 물고기들을 사냥한다(207~213행). 아무튼 이런 것들은 실재를 반영하고 있다. 페르세우스 신화가 받아

---

7. 백조는 오케아노스 위에 앉아 있었다. 오케아노스는 아킬레우스의 방패에서처럼 방패를 빙 둘러 그려져 있었다.

들여져 메두사의 머리와 고르곤들이 등장하는 한편, 무서운 형상을 하고 전쟁터를 누비는 괴물들이 거듭해서 등장한다. 시인은 무서운 것들을 즐겨 등장시키며, 추하고 저열한 것들을 늘어놓는 데 조금도 주저하지 않는다. 그는 이런 비유들을 통해 전쟁을 더욱 사실적으로 묘사하려 했던 것으로 보인다. 죽음의 여신들, 케레스에 관하여 그는 다음과 같이 말하고 있다 (249행 이하).

> 거무스름한 죽음의 여신들 케레스가 하얀 이를 갈며
> 사납고 무시무시한 눈초리로 피로 얼룩져
> 쓰러진 자들을 두고 서로 다투고 있었으니, 그들은 모두
> 검은 피를 마시길 열망했던 것이다. 누구든지 방금 부상당하여
> 누워 있거나 쓰러지는 것을 보자마자 그들 중 하나가
> 큰 발톱으로 그를 움켜잡았고 그러면 그의 혼백은
> 소름끼치는 타르타로스로 내려갔다. 그들은 사람의 피를
> 실컷 마시고 나면 죽은 자는 뒤로 던져버리고
> 다시 혼돈과 전쟁의 노고 속으로 뛰어들었다.
> (중략)
> 그들은 무시무시한 눈초리로 서로 사납게 노려보며
> 다음 희생자를 찾았고, 그들 모두는 한 인간을
> 두고 치열하게 싸웠고 대담한 손으로 다투었다.

뒤이어 등장하는 무서운 형상, "죽음의 안개"에서는 더 이상 전쟁터가 아니라, 죽은 자들의 안식처가 눈에 들어온다. 사망이라는 끔찍한 소식이 가족에게 전해지면, 가족들의 눈앞에는 칠흑 같은 어둠이 찾아온다. 그들은 더 이상 먹지도 못하고, 통곡하고 얼굴을 손톱으로 긁어 피를 내며 흙먼지를 뒤집어쓴다. 이 장면을 다음과 같이 그리고 있다(264행 이하).

죽음의 안개가 도사리고 있다. 비참하고 끔찍하고
창백하고 마르고 굶주림에 오그라들고
무릎은 부은 채. 그것의 손에는 손톱들이 길게 나 있었고
코에서는 콧물이 흘러내렸으며 볼에서는
피가 땅으로 뚝뚝 떨어졌다. 그것은 섬뜩하게 비죽거리며
서 있었고, 어깨 위에는 많은 먼지가 눈물과 범벅이 되어
있었다.

고야를 연상시키는 이런 혐오스러운 장면은 전쟁의 처참함을 묘사하고 있다. 동시에 이를 통해 바로 저 방패를 들고 다니는 헤라클레스는 자신의 힘으로 전쟁을 종식시킬 수 있는 인물로 추앙받는다. 이런 침울한 상징성은 많은 점에서 헤시오도스를 떠오르게 하지만, 사상적 요소는 결여되어 있다. 전쟁과 전투가 삶의 다른 영역과 맺는 관계에 대한 언급이라고는 그것이 평화나 아폴론적인 화합과 대립하고 있다는 것 말고는 없기 때문이다. 전투의 상황 자체는 간략하게 언급된다. 여기에서도 또 다른 이야기가 덧붙여진다. 우리는 방패를 들고 싸운 헤라클레스의 전투는 한여름에 있었던 일이라는 이야기를 듣게 된다. 그때에 매미는 사람들을 향해 이른 아침부터 저녁 늦게까지 지독한 더위 속에서 울어대고, "씨를 뿌려놓은 기장에서 수염이 돋고 디오뉘소스가 인간들에게 기쁨과 고통이 되도록 전해준 포도가 익어가기 시작한다"(393~401행). 한가하고 조용한 시절, 성장과 성숙의 고요한 시간의 묘사에서 우리는 다시금 헤시오도스를 떠올리게 하는 분위기를 엿볼 수 있다. 물론『신들의 계보』를 남긴 헤시오도스가 아니라『일들과 날들』을 남긴 헤시오도스를 말이다(『일들과 날들』582~596행. 이 책 228쪽을 보라).

4.『일들과 날들』

　『신들의 계보』는 우리가 살고 있는 세계의 윤곽을 대략적으로 설명하고 있으며, 세계를 지배하는 신들과, 세계 속에서 행해지는 신적인 힘들에 대한 이론적 설명을 제시하고 있다. 반면『일들과 날들』에서는 농부의 일상생활을 포괄적으로 설명하고 있으며 '일들'을 처리하기 위한 실질적인 지침을 제시하고 있다. 다른 사람에 의해 덧붙여진 결론 부분은 월별로 각 '나날'의 중요성을 다루고 있다. 그래서『일들과 날들』이라는 제목이 붙게 되었다.

　주제에 있어서나, 또는 헤시오도스가 자기 이름 및 자기 자신에 관해 이야기하고 있다는 점에서『신들의 계보』가 비(非)호메로스적이라고 한다면, 더 나아가『일들과 날들』은 옛 서사시와의 완벽한 단절이라 할 수 있다. 시인은 먼 과거의 이야기를 전하는 것이 아니라 청중에게 그들 주변과 주변 일들을 가르치고 있다. 이제 이름 없는 시인의 입을 빌려, 노래 대상에 대하여 어느 정도 거리를 갖고서 객관적으로 무사이 여신들이 노래하는 대신, 특정한 사람이 특정한 사람들에게 이야기하게 된다. 또한 그는 자신이 설명하고 주장하고자 하는 것을 주변의 사례를 가지고 그려내고 있다. 헤시오도스가 『일들과 날들』에서 이야기하고자 하는 것은 구체적이고도 개인적인 동기로부터, 즉 형 페르세스와의 유산 분쟁으로부터 발전하였다. 헤시오도스는 먼저 페르세스에게 말을 건넨다. 그러고 나서 소송사건에서 판결을 내릴 왕들에게 말을 건넨다. 특수 사례는 곧 원칙적 문제로 발전하고, 이어 모든 사람들에게 중요한 의미를 갖는 인식으로 전개된다. 하지만 그 반대로 보편적 진리로부터 현재의 소송사건에 유리한 명제들이 이따금 언급된다. 특수와 보편, 현재적 문제와 영원한 가치, 이 둘 사이를 오가는 왕복 운동은 이후 모든 상고기 그리스 문학의 특징으로 자리 잡는다.

글에 암시된 것을 토대로, 헤시오도스의 관점에서 소송사건을 다음과 같이 정리할 수 있다. 즉 아버지는 죽음에 임박하여 두 형제에게 유산을 나누어주었다. 상속은 그렇게 마무리되었어야 하지만, 이후 페르세스는 헤시오도스에게 속하는 유산의 상당 부분을 차지하였다. 페르세스는 마치 강도처럼 재산을 차지해버리고는, 왕들을 매수하여 자신의 행각을 감싸도록 만든다. 왕들은 이제 형제간의 재산 분쟁을 판결해야만 했다. 분쟁의 쟁점이 무엇이었는지 우리는 알지 못한다. 아무튼 페르세스는 유산에 대한 자신의 권리를 주장한다.[1] 헤시오도스는 문제의 소송이 조속히 해결되어 모든 의혹을 말끔히 씻어버릴 정당한 판결이 내려지기를 기대한다. 그는 여기에 두 가지 이유를 붙인다. 우선 그의 형은 무단점유를 통해 이미 정당한 것보다 많은 것을 소유하고 있으며, 한편 많은 일을 미루어 놓은 채 분쟁과 소송으로 시간과 돈을 낭비하고 있다. 이제 페르세스는 심지어 헤시

---

1. 쟁점이 되었던 것은 몇 마리의 소들, 농기구, 목축 권리 등이었을 수 있다. 지금 분쟁의 대상이 되는 것이 하찮은 것인지 아니면 값진 것인지의 문제는 여기서 그리 중요하지 않다. 헤시오도스는 강인한 농부였고, 자신의 권리를 위해 원칙적인 문제를 놓고 싸우고 있는 것이다. *Frühgriech. Denken* 89쪽 각주 2번을 보라.

오도스를 찾아와 곡식을 구걸하게 될 것이다(396행).

시인은 이런 상황으로부터 두 가지 주제로 자신의 교훈시를 구성한다. 첫 번째 주제는 정의와 그 가치다. 두 번째 주제는 성공적 노동이다. 양자는 비도덕적이며 비생산적인 분쟁에 대립하고 있다.

『일들과 날들』에 나타나는 구체적 일상에 대한 관심은 이후 그리스 문학에서 찾아볼 수 없다. 정의와 성공이라는 두 가지 주제는 이미 다른 시대로 이행하고 있던 변화의 징후였으며, 그 이행의 문턱에 헤시오도스가 서 있는 것이다. 그 시대는 인간적인 정의뿐만 아니라 요청된 신적 정의를 위한 끊임없는 투쟁으로, 다른 한편 내외적 삶의 유지를 위한 투쟁으로 채워져 있었다.[2] 정치 사회적으로 계속되는 분쟁과 혼란이 가득 찬 시기였다. 과거의 질서는 사라졌으며, 새로운 질서가 세워지고 새로운 가치가 확립되기 전에는 국가나 개인이나 아직 평화와 자기계발의 기회를 가질 수 없는 상황이었다. 『일들과 날들』은 당시의 극단적인 도덕적 와해를 보여주고 있다. 옛 귀족 지배를 지탱해 온 혈연 동맹은 이제 더 이상 설 자리가 없었다. 모두가 오로지 자신들의 이익만을 추구할 뿐이었으며, 권력을 정의와 신뢰보다 앞에 두었다. 자신의 삶을 자신의 땅에서 일구는 강인한 농부와 그의 노동은 이런 시대에 새로운 의미와 가치를 만들어냈다. 모두가 타락할 때 농부만은 오로지 제 자신에 의지하여 자신을 지켜내고 있다.

헤시오도스의 『일들과 날들』은 이러한 사회적 관계의 변화에 맞추어 새로운 대상을 다루고 있다. 그러나 이렇게 가까운 일상으로 눈을 돌리고 있음에도 불구하고, 그의 서사시가 사소하고 하찮은 것에 관심을 기울인다는 인상을 찾을 수는 없다. 인간 도덕성의 타락이 신적 정의에 대한 시인의 믿음을 흔들지는 못했다. 새로운 서사시의 머리말은 이번에는 무사이 여신

---

2. 어떤 의미에서 『오뒷세이아』도 이런 이중적 주제의 한 예라고 할 수 있다.

들에 대한 헌정이 아니라 여신들의 아버지 제우스에 대한 헌정을 다루고
있다. 헤시오도스는 찬가의 분위기로 제우스를 정의를 위한 최후의 보루
로 칭송하고 있다.

> 피에리아의 무사이 여신들이여, 노래로 명성을 주시는 분들이여
> 오셔서 그대들의 아버지 제우스를 노래로 찬미하소서!
> 그분에 의해 죽게 마련인 인간들은 유명해지기도 하고 무명으로 그쳐
> 이름이 기억되기도 하고 잊히기도 합니다. 위대한 제우스의 뜻에 따라
> 그분께서는 쉬이 강하게 하는가 하면 강한 자를 쉬이 억누르시기도 하고
> 돋보이는 자를 쉬이 줄이시고 눈에 띄지 않는 자를 키우시기도 하고
> 굽은 자를 쉬이 바루시는가 하면 거만한 자를 시들게 하시기 때문입니다.
> 가장 높은 곳에 사시며 저 위에서 천둥을 치시는 제우스께서는
> 보고 들으시되 귀담아들으시고 정의로써 법도들을 바루소서.
> 나는 페르세스에게 진실을 알리고자 하나이다.

마지막 말에서 보듯이, 시인은 스스로를 진실의 선포자로 자랑스러워하면
서 세계의 지배자인 제우스와 나란히 세우고 있다. 이는 『신들의 계보』의
초입에서 시인은 아폴론과 제우스의 시종이라 한 것과 같은 뜻이라 할 수
있다.

  이어 헤시오도스는 분쟁에 관하여 이야기한다. 물론 특수한 경우가 아
니라 분쟁 일반, 즉 '에리스Eris'를 이야기하고 있다. 헤시오도스는 『신들
의 계보』에서 언급한 에리스의 계보(『신들의 계보』225행 이하, 이 책 189쪽 이
하를 보라)를 염두에 두고 다음과 같이 말하고 있다(11행 이하).

> 내가 틀렸는 바, 불화에는 한 종류만 있는 것이 아니라, 지상에는

두 종류의 불화가 있소. 그중 하나는 알고 보면 칭찬받겠지만
다른 하나는 비난받아 마땅하니, 그들은 서로 기질이 다르오.

헤시오도스는 놀랍게 이전의 잘못을 바로잡으며 자신에게 넓은 아량과 바른 지혜에 대한 칭송이 돌아갈 수 있도록 하였다. 즉, "에리스는 굶주림과 고통과 무질서의 아버지라고 내가 쓰노니, 나는 얼마나 올바른가!"라고 말하는 대신, 반대로 그의 형과 나란히 자신을 분쟁의 마당에 세워 놓되, 사악한 에리스 외에도 새롭고 선한 에리스를 이야기한다. 먼저 사악한 에리스에 대하여 이렇게 쓰고 있다.

그중 하나는 잔인하게도 사악한 전쟁과 다툼을 늘리니
어느 누구도 그녀를 좋아하지 않소. 그러나 사람들은
어쩔 수 없이 불사신들의 뜻에 따라 격렬한 불화에 경의를 표하오.

전쟁의 에리스는 때때로 인간들을 덮친다. 『일리아스』에서 제우스는 에리스를 하늘로부터 내려보내 전쟁을 시작하게 한다(이 책 118쪽 이하 참조). 박퀼리데스는 "축복이 그렇듯 전쟁이나 반란도 사람의 뜻에 따라 닥쳐오는 것이 아니라, 모든 것을 결정하는 운명이 때로는 이 나라에, 때로는 저 나라에 불운의 검은 구름을 덮어 씌운다"(24S=48E)라고 말한다. 전쟁의 에리스에게는 헤시오도스에 따르면 똑같은 이름을 가진 좀 더 나이 많고 점잖은 언니가 있다(17행).

그러나 다른 하나는 어두운 밤이 먼저 그녀를 낳자
하늘에 사시며 높은 자리에 앉아 계시는 크로노스의 아드님께서
대지의 뿌리 속에 앉히셨고 인간들에게 큰 이익이 되게 하셨소.
그녀는 게으른 사람도 일하도록 부추기오.

에리스는 폭풍처럼 하늘부터 인간에게 내려 닥치는 일회적 사건이 아니라 인간을 자극하기 위해 인간의 대지에 뿌리박고 있는 지속적인 제도다(21행 이하).

> 왜냐하면 일에서 처지는 자는 부자인 다른 사람이
> 서둘러 쟁기질하고 씨 뿌리고 알뜰하게 살림을 꾸려나가는 것을
> 보면 부자가 되려고 이웃끼리 서로 시샘하기 때문이오.
> 이런 불화는 인간들에게는 유익하오.
> 그리하여 도공은 도공에게, 목수는 목수에게 화내고
> 거지는 거지를, 가인은 가인을 시샘하는 것이오.
> 페르세스여, 그대는 이 점을 명심하시라.

'경쟁'을 나타내는 말은 아직 만들어지지 않았다. 헤시오도스는 여러 가지 예를 들어 그가 생각하는 것을 설명하고자 하였으며, 해학적이고 역설적이게도 헤시오도스는 거지를 시인과 나란히 배치한다.[3] 헤시오도스가 보기에, 페르세스는 경제적으로 앞서고 싶다면 선한 경쟁을 벌여야 할 것이며, 형제와의 악한 분쟁은 피해야 할 것이다.

여기에 보는 바와 같이, 분쟁의 세분화는 원칙적으로 다음과 같이 이루어진다. 우선 분쟁은 나쁜 종류와 좋은 종류로 나뉜다.[4] 또 하늘에서 때때로 보내는 분쟁과, 계속 땅위에 머물고 있어 우리가 의지에 따라 사용할 수

---

3. 실제로 떠돌이 소리꾼들은 거지와 다름없는 외모를 갖고 있었을 것이다(이 책 22쪽 이하를 보라). 거지들 사이의 시샘은 『오뒷세이아』제18권에 잘 묘사되어 있다.

4. 헤시오도스에게 나타나는 이와 유사한 종류의 해체적이고 건설적인 원리들에 관해서는 이 책 189쪽을 보라. 건설적인 에리스를 더 이상 '밤'의 자식으로 두지 않았어야 논리적으로 부합한다고 할 수 있다. 그러나 아직 그는 이 점에 대하여 수정을 가하지 않는다.

있는 분쟁으로 나뉘기도 한다. 『일리아스』에서는 모든 인간적 행위가 신적 개입에 의해 이루어진다고 보았다. 그러나 『오뒷세이아』에서 이미 신적 의지와 인간적 행위가 서로 나뉘어졌다(이 책 164쪽을 보라). 헤시오도스는 여기서 더 나아가, 『일들과 날들』에서 우리의 운명을 개선하기 위해 우리 인간은 무엇을 할 수 있을까, 우리가 사는 세계는 어떻게 만들어졌을까, 사람을 유복하게 이끌기 위해서 무엇을 해야 할까 등의 물음에 체계적으로 답을 주고 있다. 『일리아스』의 영웅들은 다만 용감하고, 위엄 있고 헌신적이기만 하면 충분했고, 그 이상은 오로지 신들의 손에 놓여 있었다. "제우스가 양육하신διοτρεφής" 왕들이기에 영웅들은 노예와 신하들의 노동으로 생을 영위하며(『일리아스』 제9권 154~156행), 이는 제우스가 그들에게 부여한 특권(『일리아스』 제9권 98행 이하)에 속한다. 그러나 헤시오도스의 인간들은 무엇보다 부지런하고 재주가 있어야 했다. 그들은 농부로서 자신의 일을 방치한다거나 농사일을 잘 알지 못하면 굶주릴 수밖에 없음을 잘 알고 있었다.[5]

헤시오도스의 가르침과 훈계는 인간의 삶이 수고스럽고 힘겹다는 사실을 전제하고 있다. 그러나 그가 이런 사실을 순순히 수용한 것은 아니다. 『일들과 날들』의 처음(42행 이하)에서 그가 말하고 있는 것처럼, 우리는 얼굴에 땀을 흘리며 밭에서 일하고 무역을 위해 배를 타는 일 없이도 살아갈 수 있었다. 하지만 그렇게 되지 않았다. 그 이유를 헤시오도스는 신들과

---

5. 물론 헤시오도스가, 사람이 부지런하고 영리하기만 하면 성공할 수 있다는 환상을 만들어낸 것은 아니다. 헤시오도스는 날씨를 다스리는 제우스가 또한 흉작 혹은 풍작을 좌지우지하는데, 그의 의지(날씨의 변화)가 어떨지는 알기 어렵다는 사실을 확인시켜 주고 있다(474, 483행). 제우스 혹은 포세이돈은, 헤시오도스가 항해하기에 좋은 계절이라고 추천한 때에도, 만약 그런 일이 일어나길 바란다면(πρόφρων, 667행), 배를 난파시킬 수 있는 것이다. 우연에 의해 발생하는 일에 우리가 속수무책인 것처럼, 헤시오도스는 그런 일에 대하여 많은 말을 하지 않는다.

인간들을 지배하는 시샘에서 찾는다. 인간들은 자신들에게 속하는 것보다 더 많은 것을 가지려 하였고, 이에 대한 처벌로 신들은 인간들이 힘겨운 삶을 영위하도록 만들었다. 그리하여 신들을 '유복한 존재'라고 보았던 전통적인 생각(이 책 100~103쪽)을 토대로 신과 인간의 차이는 뚜렷해진다. 만약 인간들이 자신의 운명을 개선하는 데 성공할 경우, 신들은 새로운 시련을 인간들에게 내려보내 이를 헛되이 만들어 버린다. 헤시오도스는 이렇게 생각하였고, 자신의 생각에 오랜 전통을 접붙여 프로메테우스가 인간을 위해 싸우는 선구자로 등장하는 이야기를 만들어냈다. 프로메테우스는 희생을 불사하고 신들을 속이려고 시도하였고(48행, 『신들의 계보』 533행 이하를 보라), 그것 때문에 신들은 인간들에게서 삶(양식)을 숨겨버렸으며, 인간은 이를 수고롭게 찾아야만 한다. 제우스는 불 또한 숨겨 놓았다.[6] 하지만 프로메테우스는 이를 훔쳐 땅으로 가져 내려왔고, 이로 인해[7] 인간은 보다 높은 수준의 문명을 수립하게 되었다. 이에 대한 처벌로 제우스는 인간들에게 여자, 즉 뻔뻔스럽고, 꾀 많고, 아름답고, 온갖 장식을 지닌 판도라를 보냈다. 또한 다른 많은 시련을 인간들에게 보냈다.[8] 헤시오도스는 여자를 다른 많은 시련 가운데 하나라고 생각하였는데, 수벌처럼 아무 일도 하지 않고 먹기만 하기 때문이다(『신들의 계보』 591~612행).[9] 그에 따르면

---

6. 『신들의 계보』 562~570행에서 언급된 분명한 문맥이, 『일들과 날들』 47~50행 사이에서 '삶(양식)의 숨김'이라는 새로운 주제의 첨부로 인해 흐려지고 말았다.

7. 불의 훔침과 그 처벌에 관한 이야기는 태초의 인간 감정을 반영하는 바, 불의 사용이 일종의 침해라고 생각했던 것이다. 왜냐하면 불은 제우스에게 속하는 것으로 그가 번개와 함께 던지는 것이기 때문이다.

8. 헤시오도스가 두 번씩이나 이야기하는 판도라의 이야기는 우리에게 많은 어려운 문제를 야기하였다(Otto Lendle, *Die Pandoragcschichte bei Hesiod*, Würzburg, 1957). 오늘날까지 문학과 예술 분야에서 이어지는 판도라의 모습에 관해서는 다음의 책을 보라. Dora and Erwin Panowsky, *Pandora's Box: the changing aspects of a mythical symbol*, New York, 1956.

제우스는 나름대로 속셈을 갖고 그녀를 매력 넘치게 만들었으며, 그리하여 "인간들 모두가 자신들의 재앙을 환영하며 진심으로 기뻐하게 하기 위해서"(『신들과 날들』 58행) 그런 것이었다.

여기까지는 헤시오도스가 이미 한 번 『신들의 계보』에서 이야기한 바와 거의 같다. 이제 헤시오도스는 옛 신화에 새롭고 독창적인 것을 덧붙인다 (90행 이하).

> 왜냐하면 전에는 인간의 종족들은 지상에서
> 재앙으로부터 멀리 떨어져 힘겨운 노고도 없이 인간들에게
> 죽음의 운명을 가져다주는 병도 없이 살았기 때문이오.
> 허나 여자가 두 손으로 항아리의 큰 뚜껑을 들어 올려 그것들을
> 모두 내보내니, 그녀는 인간들에게 큰 근심을 안겨주었던 것이오.
> 오직 희망만이 거기 부술 수 없는 집 안에
> 항아리의 가장자리 안에 남고 밖으로 날아가지 않았으니
> 구름을 모으시는 아이기스를 가지신 제우스의 뜻에 따라
> 그러기 전에 여자가 항아리의 뚜껑을 도로 놓았기 때문이오.

9. 헤시오도스가 속한 사회계층에서는 분명 가정주부와 그 딸들은 거친 일을 하지 않았다. 그녀들은 사치스러운 존재였다(『일들과 날들』 519~523행). 그녀들은 매력으로 결혼상대를 낚아채지만, 이내 곧 보이오티아 농부의 빠듯한 살림으로는 감당하기 어려울 만큼 많은 비용과 수고가 들어가는 상대이다(『신들의 계보』 593행). 헤시오도스가 받아들인 여성상은 세모니데스 7D=7W, 57~70행(뻣뻣한 암말 같은 유형)에 의해 설명된다(이 책 383쪽). 세모니데스 63행 이하를 『일들과 날들』 519~523행과 비교하라. 세모니데스 68행 이하를 『신들의 계보』 593행 이하와 비교하라. 어떤 부분에서 판도라를 시작으로 여자 일반이 창조된 것처럼 그려져 있으나, 실로 여성 일반보다는 사치스러운 존재로서의 여자가 창조된 것이다. 『일들과 날들』 303행 이하에 나오는 하녀들의 이야기는 판도라 이야기와 잘 부합하지 않는다. 또한 그때까지 인간이 실로 성적인 결합 없이 후손을 보았다고 헤시오도스가 가정한 것으로 보이지는 않는다. 오히려 신들과 여신들이 상정된 것처럼 이미 남자와 여자가 있었을 것이다.

허나 그 밖의 무수히 많은 고통들은 인간들 사이를 떠돌고 있소.

그리하여 육지도 재앙으로 가득 찼고 바다도 재앙으로 가득 찼소.

병들은 낮에 인간들을 찾아가고 다른 병들은 밤에 찾아가오,

자청하여, 인간들에게 재앙을 가져다주며, 소리 없이.

지략이 뛰어나신 제우스께서 그들의 목소리를 빼앗으셨기 때문이오.

헤시오도스는 상고기적 방식에 따라, 과거의 유복을 가정하고 이에 빗대어 인간의 현재적 고통을 조명하고 있다. 제우스는 여자를 보내고, 그녀를 통해 인류에게 온갖 재앙을 풀어놓음으로써 낙원의 시대를 끝내버린다.[10] 『일리아스』(제24권 527행)는 제우스의 집에 마련된 두 개의 항아리를 언급하는데, 그중 하나에는 악이, 다른 하나에는 선이 가득 차 있다. 제우스는 각각의 항아리에 담겨 있는 임의의 행운과 불행을 뽑아 특정한 사람에게 이를 건네준다.[11] 하지만 헤시오도스에게서는 약간의 변형이 일어난다. 불행은 그때그때 신에 의해 인간에게 보내지고, 인간은 다만 그대로 수용해야만 하는 것이 더 이상은 아니다. 불행은 이제 저절로 인간에게 닥쳐온다. 왜냐하면 모든 불행은 한꺼번에 온 세상으로 풀려나왔기 때문이다.[12] 또한

---

10. 헤시오도스에게 판도라는 다만 신적인 의지를 관철시키기 위한 도구였으니, 판도라의 의지(ἐμήσατο, 95행)는 자동적으로 신의 의지와 일치한다.

11. 어떤 사건을 미리 준비해두었다는 생각은 인생경험의 집합과 그 언어적 표현으로부터 자연스럽게 생겨났다. 각각의 사건에 대하여 미리 어떤 이름을 준비하였다가, 그 사건이 발생할 때 그 이름을 부를 수 있도록 한 것이다. 신들과 인간들의 아버지 제우스의 집에 준비된 항아리가 있다는 생각은, 가장이 식솔들을 위해 정기적으로 저장용 항아리에서 곡물과 포도주와 기름을 꺼내줌으로써 숨겨져 있던 음식을 만들도록 하는 것을 보고 유추한 것이다. 『일리아스』에서 이런 상징은 축복의 항아리에 덧붙여 불행의 항아리를 만들어내는 데까지 발전한다. 헤시오도스에게서는 다시 오로지 불행의 항아리만이 언급된다. 그에 따르면 인생의 행복은 신들로부터 오는 선물이 아니며, 오히려 신들에 의해 "숨겨진다"(49행, 이 책 213쪽).

12. 좋은 분쟁이 한꺼번에 이 땅에 뿌리내렸던 것과 유사하다.

불행은 "스스로automatoi" 자신의 희생자를 찾아나선다. 사태가 이와 같다면, 우리는 불행의 본성을 이해하고 불행으로부터 우리를 보호함으로써 때로는 성공적으로 이를 막아낼 수 있다. 『일리아스』에 따르자면, 신이 보낸 불행이나 아폴론이 화살에 실어 보낸 질병을 막아내는 치료 방법을 쉽게 찾을 수 없다. 그러나 질병이나 기타 불행이 그 성질과 본성에 따라 인간에게 닥친다는 헤시오도스의 생각에 따르면, 히포크라테스적 이론과 처방으로의 곧은길이 열린다.

그러면 이 신화에서 희망이 항아리에 남았다는 것은 무엇을 의미하는가? 호메로스적 표상에 따르면, 항아리에서 나오는 것은 현실이 되는 것과 동일시된다. 그러나 헤시오도스가 "공허한"(498행) 것으로 간주한 희망의 경우, 그것은 결코 실현되지 않을 소망이나 열정이라고 하겠다. 모든 불행이 세상에 횡행하고 마침내 스스로의 뜻에 따라 자신을 실현시키는 반면, 희망은 이런 능력을 박탈당하였다. 희망이 실현의 문턱(항아리의 주둥이)을 벗어나려는 순간 항아리의 뚜껑이 닫혀 버렸으며, 희망은 혼자만의 힘으로 그것을 "깨고 벗어날 수 없었다ἄρρηκτοι δόμοι." 희망이 갇힌 사건과 질병이 풀려난 사건은 상보적이다. 그때까지는 오로지 더 이상 바랄 것 없는 행복만이 있었지만 지금은 다만 공허한 희망만이 남았으며, 각종 불행들은 우리를 괴롭힐 힘을 갖게 되었다. 불행은 "지략이 뛰어나신 제우스께서 그들의 목소리를 빼앗으셨기 때문에 소리 없이" 다가온다. 불행이 닥치면 그것은 살벌하고 무참한 현실이 되며, 그것은 선전포고나 어떤 설명도 없이 닥쳐온다. 그러나 여기서도 우리는 대조적으로 보충설명을 덧붙일 수 있는데, 희망은 다만 생각뿐인 사상이며, 다만 공허만 '말λόγος'이고, 다만 소망을 정하고 이를 표현한 것일 뿐이며, 그것은 '실현ἔργον'될 수 없는 것이다.[13]

판도라의 이야기를 마무리 지으며 헤시오도스는 "다른 이야기"(106행)를 하겠다고 말하는데, 이어지는 이야기는 동일한 주제를 다루는 두 번째 신화다. 즉, 원래 신과 흡사한 존재였던 인간이 몰락하여 오늘날과 같은 가련한 신세로 전락하고 마는 이야기를 다루고 있다. 다시 한 번 헤시오도스는 동일한 주제를, 글자 그대로 보면 전혀 별개의 것으로 보이는 여러 가지 신화들을 통해 이야기하고 있다. 그러나 이번에는 인류의 몰락을 갑작스러운 추락으로 그리는 것이 아니라, 그것이 여러 세대에 걸쳐 단계적으로 이루어졌다고 말하고 있다. 헤시오도스는 "인간과 신들이 같은 뿌리로부터 생겨났으며" 따라서 근본적으로 유사하다는 명제로부터 출발한다. 첫 번째 세대는 '황금 세대'였다(109행 이하).[14]

올륌포스의 집들에 사시는 불사신들께서 맨 처음에 만드신

---

13. "차폐된" 꿈이라는 생각에 관해서는 셰익스피어의 『끝이 좋으면 다 좋다』 제1막 제1장(헬레네)을 보라.

> 'Tis pity
> that wishing well had not a body in't
> which might be felt; that we, the poorer born,
> whose baser stars do shut us up in wishes,
> might with effects of them follow our friends
> and show($\xi\rho\gamma o\iota\varsigma$) what we alone must think($\lambda\acute{o}\gamma o\upsilon\varsigma$), which never
> returns us thanks.

질병과 공허한 희망을 나란히 놓는 것은 세모니데스 단편 1D=1W에서 다시 다루도록 하자(이 책 378쪽 이하). *Frühgriech. Denken* 제2판, 329~334쪽을 보라.

14. 세대를 금속에 따라 이름 붙이는 생각은 아시아로부터 그리스 식민지들이 세워진 소아시아를 거쳐 전해졌을 것이다. 헤시오도스의 아버지는 소아시아 출신으로 그를 통해 시인에게까지 전달되었을 것이다. R. Reitzenstein, *Alt-Griech. Theologie und ihre Quelle*, Vortr. der Bibl. Warburg, IV, Leipzig, 1929를 보라. 헤시오도스의 세대관에 관해서는 Th. G. Rosenmeyer, *Hermes* 85, 1957, 257~285쪽을 참조하라.

죽게 마련인 인간의 종족은 황금의 종족이었소.

그들은 크로노스가 하늘에서 왕이었을 때 살았소.[15]

그리고 그들은 신들처럼 살았소. 마음에 아무 걱정도 없이

노고와 곤궁에서 멀리 벗어나 비참한 노령도 그들을

짓누르지 않았고 그들은 한결같이 팔팔한 손발로

온갖 재앙에서 벗어나 축제 속에서 즐겁게 살았소.

그리고 그들은 마치 잠에서 제압된 양 죽었소. 좋은 것은 모두

그들의 몫이었고 곡식을 가져다주는 땅은 그들에게

열매를 자진하여 아낌없이 듬뿍 날라다주었소. 그리고 그들은

한가로이 즐겨 밭을 가꾸었소. 풍성한 축복을 받으며.

허나 이 종족을 대지가 아래에 감춰 버리자

그들은 위대하신 제우스의 뜻에 따라 지상에서

착한 정령이 되어 죽게 마련인 인간들을 지켜주고

또 정의를 수호하고 못된 짓을 막으며

안개를 입고 온 지상을 돌아다니며

복을 가져다주오. 이것이 그들의 왕 같은 특권이오.

　다음 세대는 '은 세대'였는데, 그들은 어리광 부리는 어린 시절과 순식간에 지나가는 청년 시절을 넘기지 못했다. 어린 시절이 무려 백 년이나 계속되어, 집에서 어머니 곁에 머물며 어리광을 부렸다. 그리고 성년에 이르면 매우 짧은 시간만이 그들에게 주어지고, 그들 자신의 어리석음으로 인한 시련 가운데 고통 받으며 살아야 한다. 왜냐하면 그들은 스스로 폭력적인

---

15. 여기서 크로노스가 다스리던 시대는 아름다운 낙원의 모습을 갖고 있었던 것이나, 『신들의 계보』에서는 이런 생각이 빠져 있다.

행동을 자제하지 못하며 신들을 공경하지도 않으며 신들에게 제물을 바치지도 않기 때문이다. 제우스는 화가 나서 그들을 대지 속에 감춰 버렸으며, 거기서 그들은 축복받은 사람들로 지낸다.

　제우스가 만든 세 번째 세대는 청동으로 만들어졌으며, 물푸레나무로부터 태어났다.[16] 이들은 사납고 무서운 종족들로 전쟁을 일삼았다. 그들은 빵을 먹지 않았으며, 그들 가슴속 마음은 강철과도 같았고 권력을 탐하였다. 그들은 고분고분하지 않았으며 스스로를 꾸미지도 않았다. 그들의 무기는 청동이었고, 그들의 집도 청동이었으며, 그들의 연장도 청동이었다. 그때까지는 검은 무쇠가 없었다.

　　그들은 자신들의 팔에 제압되어 싸늘한 하데스의
　　곰팡내 나는 집으로 내려갔소. 이름도 없이.
　　그들은 무시무시했지만 검은 죽음이 그들을
　　사로잡으니 찬란한 햇빛을 떠났던 것이오.

스스로 멸망을 자초했던 청동 종족은 헤시오도스에 따르면 청동기 시대에 속한다. 호메로스의 서사시도 청동기 시대를 배경으로 한다. 하지만 우리는 헤시오도스의 청동 종족을 서사시의 영웅시대와는 동일시할 수 없으며, 오히려 『일리아스』의 영웅들이 보기에도 야만스럽고 거칠었던 옛날의 카이네우스와 그의 라피테스족 등 그 이전 원시 종족과 동일시할 수 있다(이 책 66쪽 참조). 헤시오도스의 청동 세대는 "이름 없이" 죽었고 그들에 대해서는 한 편의 시구절도 남지 않았고 단지 무서운 이야기만 전해진다. 반면 문명화된 호메로스의 서사시는 이제 그렇게 "못난"(148행) 사람들을 배제

---

16. 물푸레나무를 가지고 창의 자루를 만들었는데, 창은 오늘날의 칼이 그러하듯 그리스 초기 사회에서는 전쟁의 상징이었다.

한 채 오로지 생기 있는 영혼을 가진 보다 깔끔하고 인간적인 영웅들만을 노래하였다.

청동 세대에 이어 헤시오도스는 "신과 같은 영웅 종족"을 이야기한다. 이 영웅들 또한 전쟁으로 인해 몰락하였는데, 테베와 트로이아를 두고 벌어진 전쟁 때문이었다. 그들은 호메로스의 문체로 노래된, 테베와 트로이아 서사시 연작에 등장하는 영웅들이다. 헤시오도스에 따르면, 그들은 청동 세대보다 훌륭하고 올바른 종족들이었으며, 죽은 다음에도 축복받은 삶을 살았다고 한다. 그러나 영웅 세대는 헤시오도스의 세대 신화에 잘 부합하지 않았기에 점차로 신들로부터 멀어져가던 경향이 중단되었으며, 결국 세대 신화의 근본적 이념이 훼손되고 말았다. 이들 영웅 세대에게는 어떤 새로운 금속의 이름이 붙여지지 않았는데, 이에 대한 설명은 간단하다. 헤시오도스는 호메로스가 언급하는 세대를 무시할 수 없었는데, 소아시아의 식민지에서 발전하였던 이야기들이 헤시오도스의 그것과는 잘 부합하지 않았던 것이다. 헤시오도스의 세계관은 그리스 본토의 이야기였는데, 이런 관점에서 보면, 호메로스의 인간관은 매우 낯선 외래 유입물로서, 본토의 세계관에 딱 맞아떨어지는 자리를 찾는다는 것이 불가능하였던 것이다.

세대 신화의 마지막 세대는 여타 세대와 사뭇 다르다. 마지막 세대에 대한 보고는 잠시 접어둔 채, 헤시오도스의 염원이 담긴 강력한 소원이 불쑥 끼어든다(174행 이하). "원컨대, 나는 다섯 번째 인간들과는 결코 함께하지 말고 먼저 죽거나 아니면 나중에 태어났으면. 왜냐하면 이번에는 철의 종족이기 때문이다. 그들은 밤이나 낮이나 노고와 곤궁에서 벗어나지 못하고 고통 받을 것인즉, 신들께서 그들에게 괴로운 근심거리를 주실 것이오. 하지만 그들에게도 악에 선이 섞여 있을 것이오." 현재의 그림은 또한 미래의 그림으로도 바뀌고, 앞으로는 어떻게 되려나 하는 물음에는 '약간의 행복이 중간 중간 있겠지만, 늘 오로지 노고와 곤궁뿐'이라는 대답이 돌아온다. 그리고 더 먼 미래에 대한 전망은 더욱 끔찍하다. "만약 그들이 태어날 때부터 귀밑머리가 희게 태어나면(어린아이 같은 은 세대와는 달리 노쇠한 세대이다), 제우스는 장차 말하는 인간들을 멸하실 것이다. 어떤 질서도 지켜지지 않으며, 아버지와 자식들 사이에 어떤 유대관계도 존재하지 않으며, 손님을 정당하게 대접하지 않으며, 늙은이들에 대한 존경이나 경건이 사라질 때에 말이다. 또 맹세가 존경받지 못하고 다만 폭력이 존경받게 되며, 격정적인 질투가 모든 가련한 인간들과 동행하게 되고, 조롱하며 사악한 일에 기뻐하고, 혐오스러운 얼굴을 갖게 될 때에 말이다."

> (197행) 그때에는 길이 넓은 대지로부터 올림포스로
> 인간들의 곁을 떠나 불사신들의 종족에게로
> 염치와 응보는 고운 얼굴을 하얀 옷으로 가리고 가게 될 것이오.
> 그러면 죽게 마련인 인간들에게는
> 쓰라린 고통만 남게 될 것인즉 재앙을 물리칠 방도가 없을 것이오.

염치aidos는 인간이 조심해야 할 바에 대한 외경의 마음이며, 응보nemesis는 법과 인륜 및 그 존엄을 위배하는 행동에 대해 갖는 분노다. 이 두 가지 개념은 도덕적 가치관과 신성시된 법 감정을 각각 전자는 긍정적으로, 후자는 부정적으로 표현하고 있다. 이런 가치관과 법 감정은 모든 질서의 전제인데, 이것들이 사라진다면 더 이상 희망은 없다 하겠다.

세대 신화는 윤리와 법이 단계적으로 타락한다는 사상을 표현하고 있다. 법은 이어지는 나머지 부분 전체를 관통하는 주제다. 이 부분은 작은 우화로 시작하는데, 헤시오도스는 여기서 자신에 관한 재판을 주관하는

왕에게 말을 건넨다(202행). "매가 목이 알록달록한 밤꾀꼬리 한 마리를 발톱으로 잡았다." 매는 그리스 사람들에게 독재, 착취, 탈법의 상징이며[17] 그리스 이름으로 '가수'를 의미하는 밤꾀꼬리는 시인을 대표한다. 희생물인 밤꾀꼬리는 간절히 애원하였으나, 매는 무서운 말로 다음과 같이 대답하였다. "나는 너보다 훨씬 더 강하고 높은 자다. 나는 너를 내가 원하는 곳으로 데려갈 것이고, 내가 원하면 너를 먹어치울 것이다. 더 강한 자와 겨루려는 자는 어리석도다! 치욕과 고통을 받게 될 것이다." 이렇게 신화는 끝난다. 이 신화의 역할은, 만약 우리가 매와 밤꾀꼬리의 그림을 떠올리고, 나머지 원문을 부수적인 것으로 간주한다면 더욱 분명해질 텐데, 헤시오도스는 이를 통해 오늘날 우리가 정치적 만평이라고 부르는 것을 시도하였다고 할 수 있다.[18] 이어 헤시오도스는 자신의 형과 왕들에게 법이 가져오는 축복과 불법적 폭력이 야기하는 불행을 설교한다. 신은 지상에서 벌어진 일과 탈법을 알고 있다는 사실이 먼저 신화적으로 채색되어 언급된다. 제우스는 지상 모든 곳을 지켜보는 눈에 띄지 않는 감시자들과, 그에게 모든 사건을 알리는 보고자들을 거느리고 있다. 이어 동일한 생각이 좀 더 풍부한 상상력에 의해 채색되어 말해진다. 정의의 신 디케는 제우스 옆에 앉아 있으면서, 인간들에 의해 그녀가 모욕을 당하면 제우스에게 이를 고발한다. 마지막이자 세 번째로 동일한 생각이 언급되는데, 이번에는 비유 없이 거의 직접적으로 표현된다(267행).

---

17. 플라톤 『파이돈』 82a3

18. 헤시오도스의 만평(그리고 278행 이하)은 『일리아스』 제1권 231행에서 "δημοβόρος βασιλεύς"라는 단어가 지시하는 것을 보여주고 있다. 아가멤논은 자신의 신하들을 '먹어치우는' 왕이었던 바, 그는 그들의 사유재산(δήμια 가 아니다. 123행과 비교하라)을 약취하였다는 것이다. "δημοφάγον τύραννον"에 관하여 테오그니스의 1181행과 이 책 358쪽 각주 6번, 359쪽 각주 7번을 보라.

모든 것을 보고 모든 것을 알아차리는 제우스의 눈

헤시오도스에게 있어 신화란 단지 옷과 같아서, 계속해서 다른 것으로 바뀔 수 있음을 거듭 확인시켜주고 있다. 이어지는 시행은 현재 진행 중인 소송을 가리키고 있다.

원할 때, 도시 안에 품고 있는 것이 어떤 종류의 정의인지도
볼 수 있고 결코 그것을 놓치는 일이 없소.

앞서 헤시오도스는, 올바르게 다스려지는 나라는 신의 축복으로 인해 물질적으로도 풍성하게 된다고 말했다. 참나무에는 도토리가 열리고 줄기에는 꿀벌 떼가 들어 있다. 양들은 양털을 잔뜩 지고 있고, 여인들은 부모를 닮은 자식들을 낳는다. 이에 반해 폭력이 지배하는 나라에 신은 기근과 질병을 보내며 여인들에게는 불임을 보낸다(225~247행). 이제 여기서 약간의 유보가 나타난다. 제우스는 이를 판단하되, "원할 때"라는 단서가 붙는다. 따라서 신뢰와 절망 사이에서 흔들리는 고백이 뒤따른다(270행 이하).

사정이 이러하니, 나는 나 자신도 내 아들도 사람들에게[19] 의롭기를
원치 않소. 왜냐하면 의로운 사람이 된다는 것은 나쁜 것이 되겠으니 말이오.
만약 덜 의로운 자에게 더 큰 정의의 상이 주어진다면. 하지만 바라건대
지략이 뛰어나신 제우스께서 결코 그런 일이 일어나게 하지 않을 것이오.

이어지는 구절은 페르세스를 향하고 있다. "물고기들과 짐승들과 새들

---

19. "ἐν ἀνθρώποισιν"이라는 표현은 "ἐν αὐτοῖς 짐승들에게"와의 대조를 통해 뜻이 분명해진다.

은 서로 잡아먹는다(매가 밤꾀꼬리를 잡아먹은 것처럼). 왜냐하면 그들에게는 정의가 없기 때문이다. 제우스는 인간들에게 정의를 선물하시어, 폭력을 자제하게 하셨다." 이제 '덕arete'에 대한 훈계가 새롭게 끼어든다. 덕은 탁월함으로 이해되며, 이 개념은 덕이 지향하는, 영예로운 성공 및 탁월한 자가 누리는 명예($\kappa\hat{u}\delta o\varsigma$, 313행)를 포함하고 있다. 헤시오도스가 말하기를, "덕을 얻기는 매우 어렵다. 왜냐하면 그에 이르는 길은 멀고 험하기 때문이다. 그러나 일단 얼굴에 땀이 가득한 채 가파른 정상에 오른 사람은 이제 수월한 길을 걷게 된다. 부덕(열등)에 이르는 길은 평탄하고 짧으며, 이런 사람은 무수히 많이 있다. 가장 훌륭한 사람은 종국에 어떻게 될지를 스스로 생각하는 사람으로, 좋은 충고를 기꺼이 받아들이는 사람은 조롱할 수 없다. 그러니 나의 말을 따라 쉬지 말고 실천하라. 그러면 굶주림은 너를 싫어하고 고운 화관을 쓴 데메테르가 그대를 사랑하여 그대의 곳간을 식량으로 가득 채울 것이다. 신들과 인간들은 수벌처럼 무위도식하는 게으름뱅이들을 증오한다. 그러니 모든 필요한 것들을 올바른 길을 따라 마련하도록 힘쓰라. 일이 아니라 일하지 않는 것이 수치를 부른다."[20]

이어서 그는 우연히 얻은 월등함을 남용하지 않는 염치를 이야기한다 (317~335행). 강제적 힘에 의해서나 혹은 "교활한 혀 놀림"으로 다른 사람을 속여서는 안 된다. 힘없는 타인을 해코지해서도 안 되며, 형제의 결혼을 망쳐 놓아서도 안 된다(형제들은 종종 결혼 이후에도 아버지의 집에서 함께 생활했다). 부모 잃은 고아들을 괴롭히거나 그들의 재산을 탐해서는 안 되며, 늙고 병든 아버지를 험한 말로 구박해서는 안 된다. 경외에 대한 기르침은 그리스 사람들에게서 대부분 신들에 대한 경건한 마음과 연결된다. 신앙

---

20. 이러한 가치평가는 호메로스의 서사시와 정반대의 대립을 보여준다. 호메로스의 서사시에서 '$\delta\rho\eta\sigma\tau\eta\rho$' 즉 무언가를 손에 쥐고 일하는 사람은 노예를 의미한다.

과 희생물로써 사람들은 신들을 경배하며 신들은 사람들을 돕는다(341행).

> 그대가 남의 농토를 사고 남이 그대의 농토를 사지 못하도록.

여기서 언어는 맛깔스럽고 좀 더 구체적으로 변하는데, 다른 농부들과의 일상적 교제 규범을 이야기하는 다음의 구절에서도 그러하다(342행 이하).

> 그대를 좋아하는 사람은 식사에 초대하되, 미워하는 사람은 하지 마시라.
> 허나 누구보다도 그대의 이웃에 사는 사람을 부르도록 하시라.
> 왜냐하면 그대의 집에 불상사라도 생기면 이웃들은 허리띠도
> 매지 않고 달려오지만 친척들은 허리띠를 매기 때문이오.

여기서 보는 바와 같이, 귀족들이 애를 써서 유지하는 혈연관계는 이웃끼리의 관계보다 뒤로 밀린다.[21] 이하 전체(342~372행)는 이웃과 친구, 빌려주고 선사하는 일, 약속과 신의, 소비와 절약을 이야기하고 있다. 호메로스의 서사시에 등장하는 영웅들의 귀족적 호방함과는 정반대로, 조심스러운 소심함이 지배적이라고 하겠다. 그러나 노(老) 카토의 『농업서』에 등장하는 꼼꼼한 타산과 시시콜콜한 계산 따위를 헤시오도스에서 만날 수 있는 것도 아니다. 헤시오도스에 따르면, 곡식이 들어 있는 '항아리pithos'를 인색하고 옹졸하게 관리해서는 안 된다(368행).

> 곡식 항아리를 새로 개봉할 때는, 우선 처음에는 실컷 먹고
> 중간에는 아껴 먹는다. 마지막에 아끼는 것은 좋지 못하다.

---

21. 어떤 지역에서 이웃끼리의 협력 의무는 법적인 의무로 여겨진다. 예를 들어 헤시오도스의 아버지 고향인 아이올리아의 퀴메가 그러하였다. Kurt Latte, *Hermes* 66, 36쪽.

몇 개의 격언이 이어진 후, 『일들과 날들』의 핵심으로 넘어간다. 시인은 청중 앞에서 농부의 한 해 살림, 농부가 일 년 동안 도모하고 수행해야 할 일들을 열거한다(381~617행). 호메로스 서사시에 보이는 사계절 구분 없이 한결같은 무(無)시간성과는 반대로, 헤시오도스에게서는 자연의 규칙적 순환과 이에 상응하는 농부들의 작업에 관해 듣게 된다. 헤시오도스는 농사일의 규범 또한 자연의 질서처럼 신들에 의해 이미 정해져 있다고 믿었다(398행).

세부적인 묘사는 그 상세함에 있어 차이를 보인다. 우선 헤시오도스는 짐수레와 쟁기 제작에 관해 매우 상세하게 기술적인 사항과 규격까지 이야기하며(420~436행), 자신이 이에 관해 얼마나 잘 알고 있는지를 자랑스럽게 내세운다(455행). 그러나 헤시오도스는 곧 이런 상세한 서술에 싫증을 느낀다. 이야기가 좀 더 진척되면 될수록 묘사는 점차 자유롭게 진행된다. 농경의 방식은 우리가 호메로스를 통해 알고 있는 것보다 상당히 원시적이다. 곡식 낱알을 맷돌을 가지고 빻지 않고(『오뒷세이아』 제20권 106~111행), 다만 절구와 절구 공이를 가지고 빻는다(423행). 시간을 표시하는 데 있어 각 달의 이름을 사용하지 않고(540행은 예외), 다만 별자리가 뜨고 지는 일, 새가 이동하는 일(448, 486행과 비교하라), 계절에 따라 식물이 변하는 일을 가지고 시간을 표시하고 있다. 날씨 변화는 계절 변화에 상응하여 종종 언급된다.[22]

전체적 묘사는 낭만적 감상이 전혀 없고, 목가적 색채가 철저히 배제되었다. 농부들의 힘겨운 농사일은 이상적으로 채색되지 않았으며, 다만 힘

---

22. 548~560행은 물기를 머금은 공기가 생겨나고, 바람과 함께 솟아오르고 내려오는 일(이후 자연철학자들의 설명과 유사한 방식으로)을 놀라울 정도로 합리적이고 상세히 묘사하고 있다. 차가운 습기는 곡물이 자라는 것을 돕지만(549행), 가축과 인간들에게는 해롭다(558행). 특히 귀에 해롭다(546행).

겨워도 어쩔 수 없는 것으로 그려져 있다. 실제적 충고들 사이사이에 계속해서 굶주림과 쓰라린 고통이 유령처럼 등장하여 사람들을 겁주는데, 이들은 게으른 자와 서투른 자를 쫓아다닌다. 또한 헤시오도스가 가지고 있었던, 이를 얻기 위해 자기 형과 모든 청중을 설득해야 했던 "재산"과 관련하여 그의 재산이 굉장히 클 것이라고 생각해서는 안 된다. 여기서 "재산"은 연중에 꽤 배불리 먹을 수 있는 날은 하루가 고작일 정도의 살림을 의미한다.

모든 설명은 사실에 기초하고 있지만 결코 지루하지 않으며, 헤시오도스는 기술적 정보 이상의 것을 제공하고 있다. 그는 자신의 말을 따르지 않거나 이를 어길 경우 생겨날 일을 권고하고 경계하는 한편, 그 결과를 사실적으로 보여준다. 그는 이렇게 말한다. (이렇게 하면 당신은 풍요로운 수확을 얻을 것이오.)

(475행) 그대는 저장용 독들에서 거미줄을 몰아낼 수 있을 것이오.
그러면 그대는 생각건대 집 안에 있는 저장고에서 꺼낼 때
마음이 흐뭇할 것이오. 그대는 부자로서 화창한 봄을 맞을 것이고
그대가 남들을 쳐다보는 것이 아니라 남이 그대를 필요로 할 것이오.

이와 반대로, 말라버린 농지 위에 아직 크게 자라지 못한 작물을 걷는 흉년의 모습은 다음과 같다(480행).

그대는 앉아서 베게 될 것이고 손에 조금밖에 쥐지 못할 것이다.
그것을 묶되 먼지투성이가 될 뿐, 마음이 즐겁지 않을 것이오,
그것을 바구니에 담아 집에 가져가면, 이를 쳐다볼 자가 없을 것이오.[23]

---

23. 481행의 설명에 관해서는 P. Mazon의 판본, Paris, 1914, 115쪽을 보라. 478행과 482행

헤시오도스는 이로써 빚어지는 상황들을 극적으로 묘사하고 있으며[24] 이로써 보편적 격언을 만들어내고 있다. 일꾼들과 농기구들을 미리 준비하고 잘 간추려 놓아야만 한다는 것을 상기시키면서, 헤시오도스는 다음과 같이 말했다(408행).

> 그대가 남에게 청하다 거절당하고 그대에게 그것이 없어
> 그대가 적기를 놓치고 농사일을 망치는 일이 없도록 말이오.
> 그대는 절대로 내일 모레로 미루지 마시라.
> 헛된 일을 하는 사람도 뒤로 미루는 사람도 곳간을 채우지
> 못하기 때문이오. 근면만이 일을 진척시키지요.
> 반면에 일을 뒤로 미루는 자는 끊임없이 미망과 씨름하게 되지요.

그는 다시 한 번 이렇게 말한다(448행).

> 저 위 구름 속에서 해마다 울어대는
> 두루미의 목소리가 들리면 유념하도록 하시라.
> 그것은 쟁기질하고 씨 뿌리라는 신호고 겨울의 우기를
> 예고해주며 소 없는 사람의 마음을 아프게 하오.
> 그러면 그대는 뿔이 굽은 소들을 집에서 잘 먹이도록 하시라.
> "소 한 쌍과 짐수레 한 대만 빌려 주게나" 말하기는 쉬우나
> "내 소들은 할 일이 있다네"라고 거절하기도 쉽기 때문이오.

겨울철을 위해 헤시오도스는 따뜻한 불이 있는 장소로 이끌리는 마음을 경

의 "쳐다보다"는 존경을 나타냄과 동시에 지원의 갈망을 나타낸다.
24. 헬레니즘 시대에 이르러서야 이렇게 잘 묘사된 작은 장면이 다시 등장한다. 농부 전령의 연설장면을 통해 이런 장면이 비극에 삽입되기도 했다.

계한다(493행).

> 추위가 사람들을 밭에서 멀어지게 하는 겨울철에는 대장간과
> 잡담으로 붐비는 마을 회관일랑 그냥 지나가도록 하시라. 그런 때에도
> 근면한 사람은 가사를 위하여 많은 일을 할 수 있을 것이오.
> 혹독한 날씨에 곤경이 가난과 함께 그대를 엄습하여
> 그대가 앙상한 손으로 부은 발을 움켜잡는 일이 없도록 말이오.[25]
> 게으름뱅이는 공허한 희망만 믿고 기다리다가 양식은 구하지 못하고
> 자신의 마음을 향하여 수많은 악담만을 늘어놓곤 하지요.
> 희망이란 의지할 재산도 없이 마을 회관에 앉아 있는
> 궁핍한 사람에게는 결코 좋은 것이 못 되오.
> 그대는 아직 한여름이 계속되는 동안 그대의 하인들에게 일러주시라.
> "여름이 늘 계속되는 것은 아니다. 너희의 오두막들을 짓도록 하라."

　전체적으로 보건대, 헤시오도스는 한 해 절기의 순환을 체계적으로 일별할 수 있도록 묘사하지 못했다. 헤시오도스는 넘쳐나는 소재들과 이에 따라 붙는 사상들을 『신들의 계보』에서와 마찬가지로 잘 다루지 못하였다. 그가 농부의 생활 중 중요한 순간을 통일적으로 완성된 그림으로 표현한 것은 세 번에 불과한데, 그는 여름날이나 날이 더울 때에만 즐길 수 있는 야외에서의 식사를 묘사하였다(582~596행). 그리고 모든 생명들이 고생하기 마련인 힘겨운 겨울 추위를 좀 더 자세히 묘사하였다. 살을 에는 바람은 제 아무리 두꺼운 가죽도 뚫고 들어온다. 오로지 양떼들만이 이를 견뎌낼 수 있으며, 또 살결이 여린 어린 여자아이만이 이를 이겨내는데, 왜냐하면 그녀는 따뜻한 집안에서 지내며, 씻고 치장하기 때문이다(504~560

---

25. 그리스 초기의 다른 시들과는 달리, 난외에 작은 삽화로 장식을 붙일 수 있겠다.

행). 그리고 헤시오도스는 다음과 같이 쟁기질의 시작을 묘사하고 있다. 노동과 휴식, 희망과 근심으로 이어지는 한 해의 순환이 시작되는 지점이다(465행).

> 그대는 데메테르의 신성한 곡식이 묵직하게 익도록
> 지하의 제우스와 정결한 데메테르 여신에게 기도하시라.
> 그대가 채의 끝을 손에 잡을 때에
> 그리고 소들의 등을 막대기로 칠 때에
> 그리고 쟁기에 달린 멍에끈을 당길 때에. 그러면 하인이
> 곡괭이를 들고 바싹 뒤따라가며 씨앗을 덮어 새들에게
> 노고를 안겨줄 것이오.

이런 일과 관련해서, 헤시오도스는 일의 시작에 기도를 올릴 것을 주문한다. 그리스인들의 풍습에 맞추어 자연스럽고 실질적으로 기도가 진행되며, 엄격한 형식적 규율 따위는 없다. 헤시오도스는 첫 쟁기질을 셋으로 나누어 상당히 자세히 묘사하고 있다(때에…때에…때에). 이렇게 상세한 묘사에는 어떤 실질적인 목적이 있다기보다, 다만 하나하나 꼼꼼히 이야기하며 상당 시간 같은 주제를 다룸으로써 이 장면이 상당히 중요한 것임을 보여주려 했을 뿐이었다. 여기서 우리는 객관성에 대한 헤시오도스의 열정을 이야기할 수 있는데, 이는 그의 건조한 성정 및 기질과도 잘 어울린다.

완결된 그림에 가까운 묘사를 위한 네 번째 기회가 헤시오도스에게 주어진다. 그는 농기구의 준비를 언급하며, 가축이나 노예의 선별에 관하여 조언하는데, 이때 가축이나 노예들이 각자 해야 할 구체적인 일들을 함께 언급한다(436~447행). 헤시오도스는 9살 먹은 황소를 쟁기질을 위해 추천한다. 황소는 이때에 일에 필요한 힘을 완벽하게 갖추고 있을 뿐 아니라

충분히 나이를 먹었기에 멍에를 쓰고 옆에 있는 황소와 싸워서도 쟁기를 망가뜨리지 않는다. 일꾼으로는 40살 먹은 노예를 쓰는 것이 좋은데, 큰 빵을 넷으로 나누어 이를 모두 먹는다. 이 정도 나이를 먹은 노예는 일에만 전념하며, 젊은 노예처럼 제 안식구를 생각하지 않는다. 황소와 노예에 관하여, 헤시오도스가 동일한 방식으로 생각하고 있음이 이를 통해 분명히 드러난다(608행 비교). 헤시오도스는 노예들의 행동 양식을 가축을 이해하는 데도 똑같이 적용하고 있기 때문이다. 이런 식의 이해 방식을 가축에게만 적용한 것은 아니다. 헤시오도스는 겨울철에 "뼈 없는 짐승"(해파리 등?)을 이야기하는데, 이 짐승은 겨울이면 굶주림에 떨며 "불도 없는 집에서 발을 핥아먹으며, 해가 들지 않아 주변은 어둡고, 어디로 먹을 것을 찾으러 가야 할지 알지 못한다. 태양은 검은 피부를 가진 사람들에게 머물고, 그리스인들에게는 느릿느릿 오기 때문이다." 또한 야생 동물도 겨울이면 오로지 추위 피할 곳을 찾을 생각만 한다는 것이다(524~533행). 여기서 그리스인 헤시오도스는, 오로지 경제적 이윤을 추구하는 경영자로서의 로마인 카토와는 다른 모습을 보여준다. 헤시오도스는 목적에 부합하게 경계하면서 지침을 일러 주되, 결코 그것만을 딱 잘라 언급하고 마는 것이 아니라, 자연을 전체적으로 아우르는 가운데 언급하고 있다. 예를 들어 겨울장면에서 북풍에 대해, 멀리 말을 양육하는 트라키아의 평야를 달리며, 때로는 바다를 요동치게 하며, 대지와 숲을 휩쓸고 지나가며, 수많은 나무를 쓰러뜨리고 짐승들을 놀라게 하는 것으로 언급하고 있다.

농부의 한 해를 설명하고 나서, 헤시오도스는 바다 항해를 위한 시기를 말한다. 이 부분도 형식적으로는 페르세스를 겨냥한 것이다. 물론 페르세스 소유의 땅은 내륙 지방에 있었는데, 내륙의 농부들도 한여름에는 (그리스에서는 이때가 농한기다) 장사를 위해 바닷길을 여행하였던 것이다. 헤시오도스는 배와 장비 등을 사용하지 않는 동안에 간수하는 기술적인 방법을 이야기하기 시작한다(624~629행). 그는 언젠가 한 번쯤 해안가 도시(651, 655행)에서 모든 것들을 보관하는 방법을 눈여겨보았음이 분명하다. 그 외에는 개인적 경험의 부족으로 항해술에 관한 언급을 피하고 있다(이 책 175쪽 참조). 그러나 항해 자체는 아버지로부터 배워 알고 있었으므로, 자신이 잘 모르는 구체적이고 전문적인 지식은 일반적 원칙으로 대신했다. 이 단락에는 특히 질서(628행 εὐκόσμως; 670행 εὐκρινέες)라는 사상이 기본적으로 전제되어 있다. 즉 적절한 시간(630, 642, 665행 ὥρη), 적절한 크기(648, 694행 μέτρον; 689행 이하와 비교), 적절한 선택(694행 καίρος) 등이 그것이다. 모든 질서에서 그러하였듯이, 헤시오도스는 뱃길 상단(商團)의 질서(상인이 합리적으로 따라야 하는 항해의 특별한 조건을 의미한다)도 신에 의한 것으로 여겼기에, 이를 "제우스의 뜻"이라고 말한다(661행). 제우스는 바다 여행을 좌우하는 날씨를 주관하는 신이기 때문이다. 시인은 이 부분의 주제를 좀 더 정확하게 "바다의 질서들"이라고 부르고 있으며(648행), 이에 따르는 시간적 한계 내에서 바다를 여행하는 일이 현명하다고 말한다. 그는 이른 봄에 바다를 여행하는 것에 대해 경고하는데, 이때의 바닷길은 매우 위험하기 때문이다. 물론 사람들은 왕왕 이런 위험한 항해를 감행하는 경우가 발생하는 바, "어리석은 인간들에게 재물은 목숨과도 같기 때문이다"(686행). 또 신중하게 결정하되 각자는 자신의 모든 재산을 배에 실어서는 안 되며, 오로지 그 일부만을 싣되 마차 한 대 분량을 넘어서는 안 된다(689~694행). 또 보다 많은 이익을 기대하여 보다 큰 위험을 감행해서는 안 된다. 이것들이 헤시오도스가 장사 그 자체에 관해서 언급하고 있는 내용이다. 이 단락은 다음과 같은 헤시오도스의 원칙으로 마무리된다(694행).

그대는 중용을 지키시라. 매사에 적절함이 최선이오.

　헤시오도스가 농부의 일과에 관해 언급하였을 때, 그는 모든 힘을 총동원하여 전력투구할 것을 종용하였는데, 이런 자세가 아니고서는 농부는 굶주리거나 구걸할 수밖에 없기 때문이다. 그러나 이윤을 추구하는 장사와 이윤의 축적과 관련하여, 헤시오도스는 조심스러운 투자를 권고하며 신들이 정하신 중용에 따라 자제할 것을 말한다. 여기서 처음으로 우리는 이 단락의 근간 사상인 중용을 단호한 자세로 요청하는 헤시오도스를 만나게 된다(715행 이하를 또한 보라). 이는 낭만적이고 영웅적인 서사시에서는 찾아볼 수 없었던 소시민적 요청이라 하겠다. 『오뒷세이아』에서는 새로운 모범으로 현명한 적응과 자기절제 등이 제시되었으되, 이는 소박하게 행동하거나 야망을 좇는 데 옹색한 것을 의미하지는 않았으며, 오히려 더 높은 목표를 이루기 위한 새로운 무기로서의 절제와 적응을 의미한다고 하겠다. 오뒷세우스는 그가 보여준 조심스러운 태도와 절제에도 불구하고 과감한 모험가였다. 그는 호기심에서 퀴클롭스의 동굴을 찾아갔는데, 이를 통해 융숭한 손님대접과 선물을 기대했던 것이다. 그러나 헤시오도스는 호기심이 많은 사람이 아니었으며, 이윤을 얻기 위해 목숨을 위험에 내맡기는 행동을 바르지 못한 것으로 여겼다. 헤시오도스는 이 세상 모든 것은 나름대로 질서를 갖고 있으며, 이런 질서로부터 벗어나려 하는 것은 실익이 없을 뿐만 아니라 부당하기까지 하다고 믿었다.

　이어지는 단락에서 적절한 시기와 선택이라는 근간적 사상은 결혼문제에 관한 조언으로 넘어간다(695~705행). 남자는 30세가 되면 결혼을 해야 하며, 여자는 사춘기가 시작된 이후 5년째에 결혼해야 한다. 여자는 처녀이어야 하며, 그녀의 남편에게서 사랑을 배워야 한다. 여자는 남자가 매우 잘 알고 있는 이웃사람이어야 하는데, 이는 "이웃에게 웃음거리"가 될 여인과 결혼하지 않기 위해서이다. 남자에게 좋은 아내를 얻는 것만큼 중요한 일은 없으며, 못된 아내를 얻는 것만큼 끔찍한 일도 없다.

이어 다른 사람들과 교제함에 있어 지켜야 할 올바른 태도에 관한 조언이 이어진다. 조언들은 모두 금지와 경고의 형식을 취하고 있으며, 대체로는 "그리고 …… 마시라"의 형태를 보인다. 그 첫 번째 경고는 다음과 같다(707행).

그리고 그대는 친구를 형제와 동등하게 여기지 마시라.
하지만 그대가 그렇게 한다면 그를 먼저 해코지하거나
듣기 좋은 거짓말일랑 하지 마시라.[26]
허나 그가 먼저 말이나 행동으로 그대를 모욕한다면

---

26. 이 자리는 일반적으로 잘못 이해되곤 한다. 'χάριν'은 '여기서 처음으로 전치사로 쓰인 것이 아니라, 'γλώσσης χάρις'는 '그저 말로 이루어진 호의lip service'를 의미한다(『마태오 복음』 15장 8절을 보라). 또 다른 예는 아이스퀼로스의 『결박된 프로메테우스』 제295행 이하다. 'μάτην χαριτογλωσσεῖν'은 'βέβαιος φίλος'의 'συμπράσσειν'과 대조를 이룬다. 'ψεύδεσθαι γλώσσης χάριν'의 해석과 관련하여, 『오뒷세이아』 제14권 387행 "μήτε τί μοι ψεύδεσσι χαρίζεο," 테오그니스 63행과 979행을 보라. 아이스퀼로스 『제주를 바치는 여인들』 265행에서 "γλώσσης χάριν δὲ πάντ' ἀπαγγείλῃ τάδε πρὸς τοὺς κρατοῦντας 단순히 말의 호의로 행해진 것이라고 권력자들은 이를 후하게 평가할 것이다." 테오크리토스 25, 188행에서 "γλώσσης μαψιδίοιο (소유격!) χαριζόμενον παρεοῦσιν (여격!)." 에우리피데스 『오레스테스』 1514행에서 "δειλίᾳ γλώσσῃ (도구적 여격) χαρίζῃ (sic. ἐμοί)" 혹은 1516행 "λέγειν ἐμὴν χάριν), τἄνδον οὐχ οὕτω φρονῶν." 이에 반해 박퀼리데스 5S 187행에서 (질투에 이끌려 해야 할 칭찬을 억누르는 대신) "ἀληθείας χάριν αἰνεῖν." 동일한 그리스어 관용어가 테렌티우스의 말 속에 숨어 있다. "ne falsam gratiam studeas inire" 『스스로를 벌주는 사람』 302행. 『일들과 날들』 720행에서 "γλώσσης χάρις"는 한편으로는 역설적으로, 다른 한편으로는 비방의 의미로 사용되었다. 글자 그대로 옮기면 "혀로 할 수 있는 최고의 호의는 침묵이다."

명심하고 그것을 두 배로 갚아주도록 하시라.

허나 그 뒤 그가 그대와 다시 화해하고 보상하기를 원한다면

그것을 받아들이시라. 때에 따라 친구를 바꾸는 것은 비열한 자가

하는 짓이오. 그대의 마음과 그대의 외모가 일치하게 하시라.

이어지는 일련의 충고들은 사람들이 다른 사람에 대하여 어떻게 이야기
해야 하며, 다른 사람들은 우리에 대하여 어떻게 이야기하는가라는 질문
과 관련된 것들이다. 이 모든 일에 있어서 중용을 지키는 것이 중요하다
(719행).

혀를 인색하게 사용하는 사람이 가장 훌륭한 가장이며

혀는 절제할 때 가장 매력 있는 것이고

당신이 나쁜 말을 하면 당신은 더 나쁜 말을 듣게 될 것이오.

그는 잘 짜인 문장으로 단락의 마지막을 장식한다(760행).

사람들의 구설을 피하라. 거기에는 위험한 힘이 있으니.

구설은 가벼워서 당신이 이를 취하기는 쉬우나

한 번 걸려들면 내려놓거나 헤어 나오기는 어려운 법이오.

많은 이웃들이 당신에 관해 같은 말을 하면 소문은

절대 사라지지 않으니 구설도 일종의 신이라 하겠소.

일련의 충고들 가운데 전혀 다른 종류의 금지 명령들이 중간에 삽입되
어 있다(724~759행). 이들은 대부분 어떻게 신체 위생을 관리해야 할지를
언급하고 있는데, 모든 규칙들이 다 합리적인 것은 아니며, 때로는 미신적
인 성향을 보이는 것도 있다. 헤시오도스가 여기서 언급하고 있는 미신적

인 조야함은 이제까지 그가 보여준 사유방식과는 일치하지 않는다. 또한 중간에 삽입된 금지들의 진위 여부를 의심하지 않을 수 없는 요소도 있다. 헤시오도스는 종종 자신의 금지 명령에 다음과 같은 설명을 붙이기도 하였다. "왜냐하면 이것은 좋지 않으니까" 혹은 "왜냐하면 처벌이 따라오니까" 등이다. 만약에 헤시오도스가 위의 금지명령을 직접 작성하였다면, 침묵하거나 알쏭달쏭한 말을 보태지 않고 차라리 명령들에 더 적절한 이유를 덧붙였을 것이다. 이어(765행 이하), 그는 각각의 달에 어떤 일을 하는 것이 적합하고 혹은 부적절한지에 관한 미신적인 가르침을 언급한다. 현재 남아 있는 원문은 새들의 움직임과 전조로서의 그 의미에 관해 상세히 다루겠다는 약속으로 끝을 맺는다. 하지만 이 모든 것들을 헤시오도스가 쓴 것이라고 볼 수는 없으며, 헤시오도스의 서사시를 계승하거나 확장하려던 사람이 헤시오도스의 서사시를 이렇게 나름대로 보충하여 완성하였다고 볼 수 있다.

이것이 정의, 농부와 장사꾼의 일, 친구와 이웃과의 교제 등 여러 가지 농부의 삶을 담은 헤시오도스의 서사시다. 그의 시는 많은 개성을 담고 있으며, 체계적 구성을 과도하게 추구하지는 않는다. 다루어지는 다양한 대상들은 서로 아무런 연관이 없는 것들이기도 하지만, 때로는 서로 하나로 묶여지기도 한다. 전체적 조망은 불가능한데, 이는 헤시오도스의 느슨하고 개성적인 표현방식 때문이기도 하지만, 그보다는 상고기 문학에 계속 등장하는 문체적 특징 때문이다. 이 문체에서는 분명하게 떨어지는 구분보다는 계속적으로 이어지는 연속에 더 많은 가치를 부여하기 때문에, 이야기의 끝과 새로운 이야기의 시작이 하나로 얽혀 있다. 급작스럽지는 않되, 때로 놀랍게 진행되는 이야기의 연쇄는 헤시오도스의 서술에 특별하고 기이한 매력을 부여한다.

수많은 주제들 가운데, 농부의 일이라는 주제가 원리적인 측면에서뿐만 아니라 실제적인 측면에서도 가장 풍부하게 다루어졌다. 이어 두 번째 주제는 '정의, 올바른 행동과 바른 태도'이며, 이들은 체계적이 아닌 다양한 방식에 중점을 두어 다루어졌다. 여기서 헤시오도스에게 중요한 문제였던 것은 무엇이 정의이며 무엇이 그에 속하는지에 관한 논의가 아니라(어떻게든지 사람들은 그것을 이미 알고 있으므로), 실제적으로 실천할 도덕적 행위와 연관된 훈계였다. 헤시오도스는 종교에 관해서는 단지 일반적으로만 언급하고 있으며, 제의에 관해서는 전혀 언급하지 않는다.[27] 종교에 관해 그는 각각의 구체적인 사항에 관한 언급을 회피하고 있는데, 이는 그가 범(汎)그리스적인 것을 추구한다는 것을 분명히 말해준다. 사실 축제와 희생제와 제의방식은 가지각색 지방마다 서로 달랐다.[28]

헤시오도스가 침묵하고 있는 두 가지가 있는데 이런 침묵도 흥미롭다. 헤시오도스는 사람들끼리의 교제에 관해 현명한 것을 많이 언급할 수 있었는데도 불구하고, 다만 집안의 가장이 외부인과 사귀는 방법에 국한하였으며, 집안 식구들의 가족생활이나 남녀 노예의 다스림에 관해서는 침묵하고 있다. 아버지와 아들의 관계에 관해서조차 그는 한마디도 하지 않는다.[29] 아마도 헤시오도스는 대중적인 문학작품에서 가정이라는 사적인 문

---

27. 336~341행에서 가르치기를, 사람들은 자기의 재산 정도에 맞추어 신들께 희생물을 바쳐야 하며, 그 외에도 매일 아침저녁으로 포도주를 바치고 향을 피워, "네가 다른 이의 재산을 사들이되, 다른 이가 네 재산을 사들이지 않도록" 기도해야 한다.

28. 제의의 다양성에 관해서 헤시오도스도 137행에서 암시하고 있다.

29. 헤시오도스는 가족 구성에 관해 언급하고 있다. 아내의 선택(695~705행, 373~375행), 하녀의 선택(602행 이하), 상속자(376~378행)를 설명한다. 노예에 관해서도 자주 언급한다(441, 459, 469행 이하 등). 그는 형수나 제수와의 간통, 늙은 아버지에 대한 불손한 태도를 제외하고, 가족 구성원들끼리의 관계에 관해서는 어떤 가르침도 주지 않는다(328~332행). 여인들의 태만(519~523행), 여인들의 타락(67, 373~375행, 『신들의 계보』 570~612행)에 관해서는 매우 강한 어조로 언급하고 있으나, 실제적인 조

제를 다루는 것은 옳지 않다고 여겼던 것으로 보인다. 두 번째이자 보다 눈에 띄는 침묵은 국가와 공동체에 관한 것이다. 『일들과 날들』뿐만 아니라 『신들의 계보』에서도 이런 것은 찾아볼 수 없다. 그는 민회와 같은 공동체 기구에 관해서도 일절 언급하지 않는다.[30] 헤시오도스는 공동체를 다만 정의와 불의에 대한 훈계에서 언급하였는데, 여기서 정의는 공동체를 번성케 하며, 불의가 발생하면 공동체 전체가 처벌받게 된다고 말했다. 이때의 상벌은 실제적이고 정치적인 결과가 아니라 신이 보내주는 것이며, 전쟁과 평화, 풍작과 흉작, 여성의 불임과 출산 등의 형태로 나타난다(225~247, 260~262행. 이 책 222쪽을 보라). 헤시오도스에게 국가는 오로지 정의를 유지하기 위한 기구이며, "왕들"은 오로지 정의의 판관이며 심판자들이다.[31] 철의 시대에 나타나는 끔찍한 타락의 양상(이 책 221쪽을 보라)에서, 그는 공동체의 몰락이나 국가 기관의 붕괴에 관해 한마디도 언급하지 않고 다만 타인을 향해 행해지는 개인의 불의한 행동만을 말하고 있다. 손님에 대하여 주인이, 친구에 대하여 동무가, 형제에 대하여 형제가, 아버지에 대하여 아들이 취해야 하는 행동을 언급하고 있다. 신적인 질서를 그렇게나 많이 언급한 헤시오도스가 정치적인 질서[32]에 관해 완전히 침묵하고 있다는 사

언은 다만 여인들을 멀리하라는 것이다. "여인들을 믿는 사람은 사기꾼을 믿는 것이다"(375행).

30. 『신들의 계보』 헤카테 부분 (430~433행)에서, 민회와 전쟁이 사람이 돋보일 수 있는 기회로 언급된다. 이는 호메로스에서와 마찬가지인데, 나는 헤카테 부분의 진위에 관해 부정적인 견해를 갖고 있다.

31. 『일들과 날들』과『신들의 계보』 80~90행을 보라. 권력 그 자체의 합법성을 다루는 부분 등은 예외라 하겠다.

32. '질서'(θέμις, δίκη, νόμος 등)는 그리스 초기 사회에서처럼 자연 질서, 생활 질서 및 도덕적 질서 등의 구분이 불필요한 단계에서 나타나는 포괄적인 질서를 의미한다. 이런 의미에서 헤시오도스는 "πεδίων νόμος"(『일들과 날들』 388행)를 말한다. 즉 농경과 관련된 자연 질서이다. 이것의 자매로서 Eunomia, Dike, Eirene, Themis와, 제우

실에 기초하여 다음과 같은 결론을 내릴 수 있다. 헤시오도스의 세계에서 국가란 전혀 작동하지 않는 것이나 다름없었다는 것이다. 사실, 삶을 위한 투쟁이 힘겨워질수록 헤시오도스가 언급하고 있는 그런 도움들이 더욱 절실해졌는데, 즉 자연의 질서, 신들 간의 관계, 사물들, 삶을 규정하는 힘 등에 대한 이해, 주어진 소박한 살림을 현명하게 이끌어가려는 사람을 위한 현명한 충고 등이 그런 도움들이다. 농부의 형편에 국가는 다른 무엇보다 덜 절실했을 것이다.

스의 딸 'Ὧραι'가 있는데, 이에 따라 사람들은 농사일의 시간을 분배한다(『신들의 계보』 901~903행). 이런 방식으로 앞서 언급한 『일들과 날들』의 225~247행도 설명될 수 있다. 질서(이 경우에는 정의)가 인간에 의해 침해될 경우, 질서(이 경우에는 밭과 여인의 다산성, 바다를 항해하는 데 필요한 날씨, 평화 등)가 제대로 작동하지 않는다.

제4장

상고기 전기 서정시

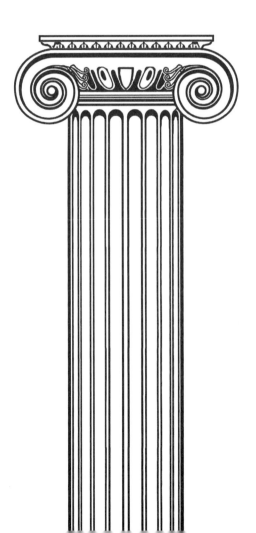

1. 서정시의 창시자: 아르킬로코스

이제 우리는 그리스 초기 문학의 역사적 고찰에 있어 호메로스의 이야기체 서사시와 헤시오도스의 교훈체 서사시를 뒤로 하고 상고기(이 책 8쪽을 보라)로 접어들었으며, 이로써 매우 길고 긴 여정을 앞두고 있다(제6장까지). 이 긴 여정에서 우리는 전반적으로 문헌의 부족현상을 만나게 된다. 기원전 500년에 이르기까지 만들어진 시인과 철학자들의 문헌들 가운데 우리에게 온전한 형태로 전해지고 있는 것은 전무하며, 운문 한 수 혹은 직접 인용된 산문이나마 완전한 형태로 남아 있는 경우도 매우 드물다. 일반적으로 우리는 몇 줄 안 되는 혹은 극단적으로 짧은 단편만을 볼 수 있다(이 책 4~7쪽을 보라). 따라서 우리의 작업은 어쩌면 무망한 일일지도 모르겠으나, 남아 있는 단편으로나마 시를 파악할 수 있을 만큼 그리스 초기 서정시인들은 매우 세밀하게 시를 다듬어 놓았기 때문에 우리의 작업은 다행히도 가능하다고 하겠다. 단 한 줄의 시라 하더라도 사소하거나 무의미하다고 할 것이 없으며, 따라서 아무리 작은 단편에서라도 그 본질적인 것을 포착하는 일은 충분히 가능하다. 기원전 500년부터 상고기의 끝인 기원전 450

년까지(제7장과 제8장)의 시기에 쓰인 작품들은 좀 더 풍부하게 전해지고 있으나, 이 시기의 작품들 역시 소실된 부분이 상당히 많다.[1]

상고기의 문학은 규모가 큰 작품뿐만 아니라 소품들도 풍부하며, 생생한 인물과 중요한 사상들도 돋보인다. 당시는 역사적 격동기였으며, 때로 굉장히 혼란스럽기까지 했다. 물론 서사시 시대에 이미 근본적인 변동의 조짐이 분명히 나타나기는 했지만, 고착된 문체나 경직된 주제들은 새로운 경향의 발전에 걸림돌이 되어 새로운 경향의 전개를 억제하였다.[2] 한편 헤시오도스는 독특한 인물이었다. 그는 실로 다방면에 능통하고 독창적이기 때문에, 세계 역사의 변동이라는 큰 틀 안에 자리매김할 수 없을 정도이다. 그러나 이제 강력하고 거대한 역사 발전의 드라마가 펼쳐지기 시작했다. 우선 서사시로부터 서정시로의 전환, 이어 다양한 서정시인들의 출현, 마지막으로 서정시인들 외에도 다수 철학자들의 등장 등 시간적 순서에 따라 진행된 모든 다양한 현상들은 그 나름의 법칙에 따라 진행된 역사적 동력과 역사적 우연이 작용한 결과라고 하겠다.

철학적 저작이 등장하기 전까지 그리스 상고시대의 서정시[3]는 영웅 서사시가 그리스 초기를 대표하는 것과 같은 의미에서, 그리고 비극이 고전기 초기를 대표하는 것보다 훨씬 더 높은 정도로 당대를 대표하는 문학이었다.[4]

---

1. 우리 설명의 객관성과 정확성은 다음과 같은 약점을 갖고 있는데, 작품 전체를 보고 적절하게 선택된 단편들이 아니라, 우연히 우리에게 전해진 각양각색의 단편들에 기초하고 있다는 점에서 그러하다.
2. 호메로스의 두 서사시들이 가진 통일성에 대한 믿음이 너무 강하게 작용하여, 두 서사시를 한 시인의 자유로운 창작물로 생각하기도 하였다. 그리고 오늘날 아직도 많은 사람들은, 마치 톨스토이가 『전쟁과 평화』와 『안나 카레니나』의 '저자'였다는 맥락에서, 호메로스가 『일리아스』와 『오뒷세이아』의 '저자'라고 믿고 있다.
3. '서정시'라는 개념을 우리는 엘레기를 포함하여 다양한 종류와 다양한 운율의 짧은 시나 노래를 나타내기 위해 사용하지만, 이는 고대적 용례와는 상이한 것이다.

이제 길고 긴 서사시를 대신하여 사람들은 짧은 서정시를 즐기게 되었는데, 어떤 연유에서 그렇게 되었으며 이는 어떤 의미를 갖는 것일까? 규모의 변화와 더불어 특기할 만한 것은, 고대로부터 전해진 이야기를 갖고 재미있는 오락거리를 만들어 여가를 채워주던 무명시인의 서사시와는 달리, 서정시는 말하고 있는 화자, 공연의 시점, 창작의 특수한 계기 등이 확정되어 있다는 것이다. 서정시는 어떤 의미에서 '하루'에 봉사하고 있으며, '하루살이'라고 할 수 있다. 그러므로 상고시대의 '하루'와 '하루살이'라는 개념에서 출발하여 서사시로부터 서정시로의 이행을 이해할 수 있다.

'하루'에 대한 새로운 관점이 어떻게 준비되고 있었는지를 보기 위해 호메로스의 서사시를 다시 읽어보자. 호메로스에게서 하루는 서사시의 사건 흐름을 단위별로 매듭짓는 유일한 시간단위이며, 동시에 긍정적이고 특정한 내용을 수용할 수 있는 시간개념이다.[5] "언젠가 신성한 일리오스가 몰락하는 날이 올 것이다." "만약 내가 그날에 그랬던 것처럼 젊고 강하다

---

4. 달리 언급이 없는 한, 이하 서정시 인용번호는 *Anthologia Lyrica,* Ernst Diehl 편집, Leipzig, 1922과 그 이후 수정본의 번호를 따른다. 최근 몇 년 간 이 선집은 내용이 상당량 보충되었는데, 그것은 새로이 발굴된 파피루스의 단편이 출간되었기 때문이다. 또한 몇몇 서정시의 경우, 새로운 단편이 발견되어 출간되었다. 예를 들어 François Lasserre(1958)과 Max Treu(1959)에 의해 발간된 아르킬로코스 단편집이 있고, 조만간 Werner Peek의 편집본 발간을 앞두고 있다. 사포와 알카이오스의 경우 Edgar Lobel과 Denys Page(1955)의 판본이 있고, Max Treu(1958년 제2판, 1952)의 판본이 있다. 아나크레온의 경우 Bruno Gentili(1958)의 판본이 있다.

[역주] 아르킬로코스 단편은 오늘날 *Iambi et Elegi Graeci,* ed. M. L. West, Oxford, 1971, 1989를 따른다. 아르킬로코스의 단편 번호 옆에 W로 이를 표시하며, 프랭켈이 참조한 Diehl의 판본은 그 번호 옆에 D로 표시한다. 또한 Lobel과 Page의 편집본은 LP를 기호로 사용한다. 또한 *Lyra Graeca,* ed. J. M. Edmonds, Harvard, 1963에 따르는 경우, 이를 E로 표시한다.

5. '시간χρόνος'은 호메로스에게 있어서 다만 부정적인 성격을 갖고 있다. 이 단어는 오로지 기다리거나 헛되이 노력하는 순간에만 등장한다. *Frühgriech. Denken* 1~22쪽을 보라.

면.” “운명의 날 αἴσιμον ἦμαρ”, “귀향의 날 νόστιμον ἦμαρ”, “노예의 날 δούλιον ἦμαρ”, “무자비한 날 νηλεὲς ἦμαρ”. 여기서 ‘하루’는 그날에 일어나는 사건에 따라 성격이 결정되는데, 그날 일어난 사건과 동일시할 수 있는 셈이다. 따라서 “재앙의 날을 피하다”(『오뒷세이아』 제10권 269행)라는 서사시적 표현은 ‘파멸을 벗어나다’와 같은 의미를 갖는다. 서정시에 도입된 새로운 용례는 사람들이 ‘하루’(즉 사건과 상황)에서 벗어날 수 없으며, 모든 측면에서 ‘하루’에 종속되었다고 느낀다는 것과 관련되어 있다. ‘하루’의 새로운 이해는 서사시 중 상대적으로 후대 부분에서, 그것도 오늘날 근대적인 사상에서나 등장할 법한 형태로 특히 『오뒷세이아』의 연설 부분 가운데 등장한다.

늙은 걸인이 높으신 분들이 잔치를 벌이는 안마당으로 들어서는 문턱에 앉아 있으며, 그들로부터 소소한 대접을 받고 그에 대한 대가로 다른 걸인과의 싸움으로 즐거움을 제공한다. 늙은 걸인은 내일이면 이들 모두를 척살할 것이며 자신의 집을 다시 왕으로서 다스리게 될 것이다. 청혼자들 가운데 한 명이 그에게 친절한 말과 함께 음식을 제공한다. “늙은 양반, 나중엘랑은 유복하게 될 것이오. 다만 지금은 불행한 가운데 있지만.” 오뒷세우스는 그의 친절한 호의에 감사하며 다음과 같이 말한다(『오뒷세이아』 제18권 129행 이하).

그래서 내가 지금 그대에게 말하니 그대는 명심하여 내 말을 들으시오.
대지가 기르는 것들 중에서 숨 쉬며 대지 위를 기어다니는
온갖 것들 중에서 인간보다 허약한 것은 아무것도 없소.
신들이 그를 번성하게 하시어 그의 무릎이 팔팔하게 움직이는 동안에,
그는 훗날 재앙을 당하리라고 꿈에도 생각지 않지요.

하지만 축복받은 신들이 그에게 불행을 자아내시면 그는 불행도
굳건한 마음으로 참고 견디지요. 그럴 수밖에 없으니까요.
지상에 사는 인간들의 생각이 어떠한가 하는 것은 전적으로 인간들과
신들의 아버지께서 그들에게 어떤 날을 보내주시느냐에 달려 있소.

모든 동물들은 지금 그대로의 모습으로, 예를 들어 사자는 사자로, 양은 양
으로 멈추어 있는 반면, 인간은 늘 '하루'가 그들에게 부여한 모습에 따라
다르게 살아간다. 때로는 당당하고 위엄이 넘치는 존재인가 하면, 때로는
초라하고 시련을 겪는 존재다. 신이 부여하는 '하루'는 우리 인간의 본질인
'정신noos'까지도 변화시킨다. 인간은 철저히 '하루살이'인즉, 하루에 종
속되어 있으며 그 변화에 순응할 수밖에 없다.[6] 오뒷세우스는 일찍이 강력
한 제후였으며 이제 초라한 걸인의 신세가 되었다. 그렇게 그의 처지와 함
께 그의 존재가 변화되었다.

　서사시 소리꾼이 오뒷세우스를 통해 한 말을 취하여, 그리스 서정시의
창시자 아르킬로코스는 이를 자신만의 것으로 바꾸어놓는다. 아르킬로코
스의 시(68D=131+132W)는 다음과 같이 시작한다.

　죽을 운명의 인간들에게 튀모스는, 렙티네스의 아들
　글라우코스여,[7] 제우스가 가져오는 그날그날에 달려 있다.
　그리고 인간들이 부딪치는 현실이 또한 그들의 생각을 결정한다.

---

6. 이것이 그리스 초기 문학에서 '하루살이ἐφήμερος'의 본래적 의미이며, '하루를 사는,
　짧은 생애의'라는 뜻은 잘못된 것이다. *Frühgriech. Denken* 23~39쪽을 보라.
7. 이 시의 수신인을 다음과 같은 사실에 근거하여 역사적 인물이라고 생각한다. 즉 타소
　스 섬에 거대한 비석이 세워졌는데, 거기에는 "나는 렙티네스의 아들 글라우코스를 위
　해 프렌테스의 아들들이 세운 비석이다"라는 비문이 새겨져 있었다(J. Pouilloux, *Bull.
　Corresp. Hellen.* 79, 1955, 75~81쪽과 348~351쪽). 파로스인들이 타소스 섬 북단에 식
　민지를 건설한 일에 관해서는 이 책 270쪽 이하를 보라.

사유와 감정의 세계는 우리가 일상에서 부딪치는 사건에 의해 근본적으로 바뀌게 된다. 우리는 우리가 현재 몸담고 있는 이른바 관계의 반영물이다.[8] 우리는 구원도 휴식도 없이 신의 의지에 따라 움직인다(58D=130W).

신들에게 모든 것은 간단하다. 종종 불운으로부터
검은 대지에 누워 있던 사람을 일으켜 세우고
또한 종종 몰락시킨다. 당당한 걸음으로 잘 나가던 사람을
누워 있게 만들고, 그에게 많은 슬픈 일이 생기게 한다.
그리고 삶의 궁핍으로 방랑하여, 정신은 사나워진다.

기본적으로 명확한 생각과 강력한 형상을 담고 있는 단순하고 직설적인 시어는 도무지 번역이 불가능하다. 이렇게 새롭게 등장한 사실주의는 화려한 호메로스적 언어가 가진 우아함이나 활기찬 가벼움과 얼마나 거리가 먼 것인가! 또한 헤시오도스와 비교해서도 아르킬로코스의 시행은 흠잡을 데 없이 깔끔하게 다듬어져 있다. 문체와 관련해서 눈에 들어오는 것은 직선적으로 표출된 사상과 첨예한 시어다. 단편의 정점은, 궁핍과 고난은 우리의 생각과 정신(둘 다 '누스noos'라는 개념에 포섭된다)을 산란케 만들며, 이로써 우리 자신을 파괴한다는 생각이다.[9] 그 무엇도 실질적으로 우리 것은 없다(8D=16W).

---

8. 68D=131+132W 단편이 미친 영향에 대해서는 이 책 678쪽 각주 37번(파르메니데스 단편 DK28B16=23정암)과 693쪽(헤라클레이토스 단편 DK22B17=6정암)을 보라.
9. 어느 정도 신들을 정당화하기 위해, 불운의 원인으로 우리의 정신 착란을 지목한 것은 아닐 것이다. 오히려 정신적 혼란은 불운한 자들에게 나중에 찾아드는 또 다른 불행이다. 아르킬로코스가 여기서 말하고자 한 것은 테오그니스의 엘레기(373~392행)에서 보다 자세히 다루어진다. 이 책 583쪽 이하를 보라.

페리클레스여, 튀케와 모이라가 사람들에게 모든 것을 준다.[10]

아르킬로코스는 그가 인용하고 있는 서사시의 시인보다 좀 더 나아간다. 언제나 늘 낭만적인 『오뒷세이아』에서 영웅은 걸인일 때조차도 결코 좌절을 모르는 인간, 굶주림과 가난을 '생각과 정신'으로 극복하는 인간이었다. 그런데 아르킬로코스에 따르면, 굶주림은 인간을 혼란스럽게 하며, 가난은 그의 정신을 혼란스럽게 한다. 아르킬로코스는, 인간 본성이란 조형물과 같아서 새로 맞이한 날에 따라 변화하며 그날이 새겨준 각인을 지닐 수밖에 없다는 생각을 진지하게 받아들이고 있다. 그는 바깥 현실을 고려해야 한다는 생각을 뚜렷이 보여주고 있다. 우리가 가지고 있는 소수의 단편들에서도 아르킬로코스는 과장된 이상형에 대해 줄기차게 반론을 제기하고 있으며, 단호하게 현실적이고도 냉정한 각성을 촉구하고 있다.

인간 정신이 매우 가변적이며 인간을 규정하는 매순간의 변화에 따라 세계관도 극단적으로 변한다고 할 때, 개인이 순간순간 마주치는 현재의 모습은 매우 커다란 중요성을 지닌다. 현재 자신의 모습이 짧은 서정시를 통해 예술적으로 표현되며, 이때 서정시는 새롭게 등장한 사실주의에 어울릴 만한 직선적이고 개방적이며 자연스러운 언어로 이야기한다. 각각의 시에서 화자는 자신이 지금 겪고 있는 것과 그에 대한 자신의 반응을 드러내고 있다. 서사시는 이런 시대에 어울리지 않으며, 격식을 갖춘 장황한 언어는 지금 이 순간에 벌어진 것을 이야기하려는 사람에게는 더 이상 합당한 도구가 되지 못했다. 그는 이제 더 이상 서사시가 보여주고 있는 확고부동하고 영원불변한 인물 성격을 믿지 않았다. 서사시는 중립적인 거리를 취하

---

10. 섹스투스 엠피리쿠스의 *Adv. Math.* 9, 53에 언급된 멜로스의 디아고라스의 "κατὰ δαίμονα καὶ τύχην πάντα τελεῖται 신들과 튀케에 따라 모든 것이 만들어진다"와 비교하라. 이 책 299쪽 각주 9번을 보라.

고 이미 오래 전에 죽은 사람들을 이야기하고 있었던 바, 알지 못하는 과거 인물이 겪은 운명은 이제 더 이상 시인의 관심을 끌지 못했다. 삶은 지금 현재의 경험으로만 이해될 수 있는 것이 되었다.

이상 언급한 것이, 서정시의 창시자 아르킬로코스가 과거로부터 내려온 세계관을 부수고 완전히 새로운 무언가를 그 자리에 세웠을 당시의 그리스 서정시를 설명하는 이론이다. 그럼 아르킬로코스의 문학은 어떠했는지, 그는 누구인지에 관해 살펴보도록 하자.

아르킬로코스는 퀴클라데스 제도 가운데 대리석으로 유명한 파로스 섬에서 태어난 이오니아 사람이거나 혹은 이오니아계의 혼혈이다. 부계 혈통을 보자면, 그는 파로스 섬의 최고 가문에 속하며, 그의 조부(혹은 부친)는 금광으로 가치가 높은 타소스 섬으로 파로스 식민지 건설단을 이끌었다. 타소스는 북쪽 트라키아 앞 바다에 놓인 섬으로, 식민지 건설단의 일부는 좀 더 많은 땅을 얻기 위해 타소스 섬을 떠나 트라키아 본토로 거주지를 옮기기도 했다. 원주민들과 계속 전쟁을 치르는 사이에 그들은 노예들을 탈취하기도 했는데, 그의 부친은 트라키아인 여자노예에게서 사생아로 그를 얻었다. 그는 전사로서 그리고 용병으로서 모험이 가득 찬 삶을 보냈다. 그는 대략 기원전 680년에서 640년까지 살았다.[11]

아르킬로코스는 아무런 재산 없이 전쟁을 통해 먹고 살았다(2D=2W).

---

11. 이는 F. Jacoby, *Classical Quarterly* 35(1941) 97~109쪽에 따른 것이다. 아르킬로코스의 생몰 시기와 그가 살았던 역사적 시대적 상황은 불확실하고 모호하다. F. Hiller von Gaetringen(*RE* s.v. *Thasos*, 1312쪽과 *Göttinger Nachr.* 1934, 51쪽)에 따르면 51D IV A 22행=95~97a W는 타소스 섬으로 떠난 파로스 식민지 건설단과, 그들이 집으로 데려온 원주민 여인들과 관련된다. 1,000이라는 숫자는 문자 그대로가 아니라 전통적으로 공동체의 전체 구성원을 가리킨다. 크세노파네스 단편 DK21 B3=9정암과 B4=43정암 그리고 헤라클레이데스의 *Politeiai* 11, 6을 보라. 아르킬로코스의 어머니가 그리스인이 아니라 트라키아인일 것이라는 사실은 매우 개연성이 높다.

창에서 내게 보리빵이 구워지고, 창에서 내게
이스마리스의 포도주가 생겨, 창에 기대어 나는 마신다.

그는 전사인 동시에 시인으로서, 헤라클레스의 방패 위에 서로 대립하는
삶의 방식을 대표하여 등장하는 두 신들을 모시는 시종이었다(1D=1W).

나는 에뉘알리오스 왕의 시종이며
무사이 여신들의 사랑스러운 선물에도 능통하다.

트라키아 지방 원주민들인 사이아 사람들과의 전투에서 언젠가 한 번
아르킬로코스는 선택의 기로에 놓이게 되었다. 싸우다 방패와 함께 쓰러
져 죽을 것인가, 아니면 방패를 버리고 도망하여 목숨을 부지할 것인가?
스파르타 사람들이 오랫동안 굳건히 지켜온 전통적인 명예관에 따르면,
그는 죽음을 선택했어야 마땅했다. 스파르타의 어머니들은 전쟁터로 떠
나가는 아들들에게 방패를 건네며, "방패를 들고, 아니면 방패에 실려!"라
고 외쳤다 한다. 방패를 잃고 돌아오느니 차라리 죽어 방패에 실려 오라는
뜻이었다. 그러나 아르킬로코스는 자신의 엘레기에서 이렇게 노래한다
(6D=5W).

방패 때문에 사이아의 누군가는 우쭐하겠지. 덤불 옆에 나는
원하진 않았지만 흠 잡을 데 없는 나의 무장을 버렸네.
그러나 내 몸을 구했네. 왜 내가 그 방패를 염려하랴?
가져가라지. 그에 못지않은 것을 나는 다시 가지리라.

아마도 이 시행에 이어 『일리아스』(제9권 408행)에서 노래된 것과 유사한
생각을 전하는 시행이 노래되었을지도 모른다.

사람의 목숨은 일단 이빨의 울타리 밖으로 나가면

　　약탈할 수도 구할 수도 없어 다시는 돌아오지 않는 법이오.

역심을 품고 될 대로 되라는 자신의 심정을 표현하는 『일리아스』의 장면에서, 아킬레우스는 영웅적인 죽음을 택하기보다 차라리 고향으로 돌아갈 것이라고 말하고 있다(이 책 37쪽을 보라). 다시 한 번 우리는 아르킬로코스가 서사시의 본래적인 입장과는 모순되는 생각을 서사시로부터 찾아 수용하였음을 확인할 수 있다. 『일리아스』의 아킬레우스는 짐짓 목숨이 명예보다 중요할 수 있다는 입장을 표명하고 있다. 하지만 아르킬로코스는 과장된 명예보다 목숨에 좀 더 많은 높은 가치를 부여하고 있고, 현실적인 결정을 내리고 그에 따라 행동하며, 동시에 도전적인 자세로 세상을 향해 떳떳하게 자신의 행동을 밝힌다.[12] 그는 다시 구입할 수 있는 물건을 버리고, 무엇으로도 되찾을 수 없는 하나뿐인 목숨을 높게 평가함으로써 전통을 당당하게 조롱한다. 그는 결코 겁쟁이가 아니었으며, 아킬레우스처럼 전사로서 생을 마감했다. 그러나 가치의 전복자로서 그는 직업적인 전사였으나, 자신에게 무의미해 보이는 순교적 희생을 거부한다.

　　낭만적 이상주의에 대항하여 아르킬로코스는 힘을 다해 눈앞의 일차적 현실에 충실하였으며, 현실적으로 요구되는 것에 보다 높은 가치를 두었다. 그는 헛된 영광의 빛에 맹목적으로 매달리는 것을 거부하였다. 호메로스에서 영웅적 전사는 당연히 당당하고 늠름한 사내였으며, 눈부시게 잘난 얼굴을 하고 길게 머리를 늘어뜨린 인물이었다(이 책 155쪽을 보라). 『오뒷세이아』조차도 외모에 있어 달갑지 않으나 이런 이상형에게 허용하고

---

12. 나는 아르킬로코스가 역설적으로 자신의 행위를 스스로 조롱하고 있다고는 믿지 않는다. 거만하게 굴지 않는 것이 아르킬로코스의 특징 가운데 하나라고 할 때, 매우 진지한 자세로 임하는 것도 그중 하나이다. 이어지는 쪽들을 보라.

있는 바, 나중에 보면 오뒷세우스를 놀랍도록 젊고 아름답게 만들어 놓는다. 그러나 파로스 출신의 사생아는 이렇게 말한다(60D=114W).

나는 키가 크고 두 다리를 넓게 벌리고 서 있는
머리카락을 뽐내며 면도한 장군을 좋아하지 않는다.
차라리 키가 작더라도, 다리가 보기에 굽었더라도
두 발로 굳건히 서 있는 용기로 가득 찬 사내이기를.

아르킬로코스의 문체에도 이런 유사한 것이 적용된다. 그의 시에서 우리는 장식이나 화려한 꾸밈을 찾을 수 없으며, 다만 확고하고 분명한 표현이 있을 뿐이며, 그의 언어는 마음속에 있는 그대로를 드러낸다.

　과장된 소원과 현실적 소원 사이의 대조가 다음 단편의 저변에 깔려 있다(22D=19W).

나는 귀게스의 금으로 가득 찬 재산에 신경 쓰지 않는다.
부러움이 나를 사로잡지도, 신들이 그를 위해 한 일에
나는 질투하지도 않는다. 위대한 왕이 되기를 바라지도 않는다.
그것들은 내 눈 밖 멀리 있기 때문이다.

여기까지가 전승된 원문의 전부이다. 아마도 다음과 같이 계속되었을 것이다.[13]

그러나 이런저런 사람들이 더럽게 얻은 재산과 권력을 자랑하며 내 앞을 지나갈 때, 다만 내게 즐거운 것은 그의 머리를 도끼로 찍어 버리는 것이다. 이렇게 타소스의 목수 카론이 말했다.

---

13. *Frühgriech. Denken* 57쪽 이하를 보라.

귀게스는 "양을 기르는 아시아의 지배자"(23D=227W)로서, 아르킬로코스의 시대에 뤼디아 왕국을 다스렸다. 그는 누구보다도 많은 재산을 가지고 있었으며, 그리스 땅 델포이의 신에게 금으로 만든 어마어마한 봉헌물을 바쳤다. "신들이 그를 위해 행한 일(즉 신들이 때로 인간에게 허락한 커다란 행운)에 질투하지도 않는다"라는 말은 다음과 같은 속담을 반영하고 있다. '신들이 한 인간에게 행한 일에 사람들은 질투하지 않으며, 오히려 그의 행운을 칭송한다.'[14] 왕권은 상고시대에 야망을 품은 사내들이 흠모하는 대상이었으며, 지상에서의 가장 큰 행복으로 여겨졌다.[15] 목수는 벌써 『일리아스』(제3권 60행 이하)에서부터 이미 능력이 탁월한 사람들의 전형이었다. 위의 단편에서 아르킬로코스가 보기에, 목수는 못된 짓을 해서 권력의 자리에 오른 자와 대비되는 인물형이다. 목수 카론의 가면을 쓰고 아르킬로코스는 자신의 적들(이들이 야비하다는 것[16]은 단순한 우리의 추측이다)에게 이런 비난을 던지고 있다. 그러나 아르킬로코스는 나름대로 비난에 앞서 먼저 자신이 미워하지 않는 행운의 사나이를 언급하고 있다. 미워하지 않는 이유는 자신이 그를 직접 눈으로 보지 않았기 때문이라고 덧붙인다. 아르킬로코스는 단순히 알고만 있는 먼 것으로부터 자신이 직접 경험하고 있는 가까운 사람에게로, 또 자신이 살고 있는 현재로 시선을 돌린다. 여기서 우리는 서사시로부터 서정시로의 이행을 낳은 사유의 전환을 다시 한 번 관찰하게 된다. 명쾌하고 단호하게 아르킬로코스는 일차적으로 가장 가까

---

14. 박퀼리데스는 5S=33E 187~193행에서 이런 헤시오도스의 생각을 인용한다. 핀다로스 『이스트미아 찬가』 5번 22~25행, 페트로니우스 『사튀리콘』 38, 9에서 "*Ego nemini invideo, si quid deus dedit*." 테오그니스 169행 이하. 이 책 758쪽 각주 17번을 보라.

15. 솔론 23D 5~7행=33+32+34W.

16. 아리스토텔레스 『수사학』 3, 17, 1418b23에서 'ἀγρικία'를 보라.

운 대상에게로, 다시 말해 '지금', '여기' 그리고 '나'에게로 돌아선다. 상대적으로 소박하다고 할 성공을 거둔 어떤 타소스 사람, 시인이 개인적으로 잘 알고 있으며 시인이 미워하고 있는 인물에 비하면, 온 세상이 그 앞에 조아리고 경배하는 높은 자, 커다란 자, 강력한 자는 아르킬로코스에게는 무의미한 존재라고 하겠다.[17] 세계사적 존재는 주변에서 일어나고 있는 일 앞에 무색해지고 말았다. 당시 소아시아의 그리스 도시, 부유한 마그네시아는 야만족에게 습격을 받아 약탈을 당하였다. 이런 재앙은 그리스 세계에 깊은 인상을 남겼을 것이다. 그러나 타소스 섬에서 싸우고 고생을 겪고 있는 아르킬로코스는 이렇게 말하고 있다(19D=20W).

나는 타소스의 고통을 통곡한다. 마그네시아의 고통이 아니라.

아르킬로코스는 오로지 자기의 개인적인 삶에 집중하고 있으며, 모든 바깥 세계의 일은 무관심하다. 그는 다른 사람들이 그에 관해 어떻게 생각하든지 전혀 신경 쓰지 않는다(9D=14W).

아이시미데스여, 마을 사람들의 비난을 걱정한다면
누구도 많은 즐거움을 누리지 못할 것이다.

위의 2행시(二行詩)는 전체 구문의 반쪽($\mu \acute{\epsilon} \nu$ 절)만이 남은 형태다. 여기서 아르킬로코스가 의도하는 바가 표현되는데, 그것은 자신이 원하는 것을 추구하는 사람만이 즐거움을 누릴 수 있다는 것이다. 이런 도전적인 시구를

---

17. 인물의 대조는 경탄이 증오로 변함과 더불어 복잡해졌다. 복잡한 것을 치우고 단도직입적으로 새로운 것을 보자면, 승리의 왕관을 얻기에 합당한 것은 아름다움으로 인해 대중적으로 널리 칭송받는 물건이 아니라, 우리가 개인적으로 친밀하게 여기는 것들이라는 것이다. 이런 생각을 사포 16 LP에서 다시 만나게 된다.

통해 시인은, 주변 사람들의 의견만이 우리의 본질과 우리 자신의 가치 및 무가치를 평가할 수 있는 거울이라는 일반적인 믿음에 반기를 들고 있다 (이 책 153쪽 이하 참조). 또한 시인은 사후의 명성이라는 전통적 가치관을 자신의 경험에 비추어 부정하고 있다(64D=133W).

> 사람들 가운데 누구라도 죽고 나면 존경을 받지도 명성을 얻지도
> 못하리라. 차라리 우리는 살아 있는 동안 삶의 은총을
> 좇으리라. 가장 나쁜 것은 언제나 죽은 사람의 몫일진저.[18]

따라서 아르킬로코스가 헛된 방패숭배를 위해 자신의 생명을 바치기를 거부한 것은 놀라운 일도 아니다(6D=5W, 이 책 249쪽). 그는 용병으로서 몸소 체험한 바, 전사는 누구에게도 존경을 기대해서는 안 된다는 것을 알고 있었다(13D=15W).

> 글라우코스여, 용병은 그가 싸우는 동안만 친구일 뿐이다.

아르킬로코스는 오로지 하나의 현실, 직접적인 작용이 일어나는 현실만을 믿었다. 존경받고자 하는 사람은 자신을 모욕하는 경우에는 필연코 그에 상응하는 대가를 치를 것이라는 사실을 세상 사람들에게 보여주어야 한다. 시인은 고슴도치처럼 몸을 말아 웅크리고, 가시를 사방으로 뻗쳐야 한다(103D=201W, 66D=126W).

---

18. 단편 9D=14W와 64D=133W가 반기를 들고 있는 전통적인 생각은 위(僞)튀르타이오스 9D(이 책 632쪽 이하)에 나타난다. 용감한 전사는 죽은 후에도 존경 받으며(29행 이하), 살아 있는 동안에도 즐거운 것을 많이 누린다(38행 이하).

여우는 많은 것을 알지만, 고슴도치는 큰 것 하나를 안다.

나는 큰 것 하나를 알고 있다.
나에게 나쁘게 한 사람을 끔찍한 악으로 되갚아 주는 일.[19]

낯설지만 생생한 고슴도치 비유를 통해 유럽 문학에서 처음으로 타자에 대립하는 자아가 등장한다. 제 자신 '하루살이' 인생이요, 파멸과 죽음 앞에 늘 위협받는 존재임을 스스로 인식하는 자아는 타인들과의 투쟁과 방어를 통해 자신의 존재를 강화한다.

아르킬로코스에게 투쟁은 육체적 욕구만큼 필연적이다(69D=125W).

목말라하며 물을 마시듯 나는 너와의 싸움을
원한다.

그는 신에게 기도할 때면 늘 적의 파멸을 기원하였다(30D=26W 5~6행).

아폴론 신이시여, 죄지은 자에게 역병을 내리소서.[20]
파괴자시여, 그들을 파멸에 이르게 하소서.

아폴론이라는 이름은 '파괴하다ἀπόλλυμι'라는 단어와 비슷한 소리를 갖고 있다. 이와 흡사하게 그는 불의 신에게 도움을 청한다(75D=108W).

헤파이스토스 신이여, 들으소서, 당신께 무릎 꿇고 청합니다.
나의 편에 서서 싸워주시며, 당신의 축복으로 나를 도우소서.

---

19. 새롭고 보다 전통적인 유사 시구가 Ox. Pap. 2310 단편 1 col. ii=26W에서 발견되었다.
20. Ox. Pap. 2310 단편 1 col. ii=26W에 따라 "πήμαινε"로 본다.

또 그는 뜨거운 천랑성에게 빌어 자신의 적들을 저주한다(63D=107W).

> 나는 소망한다. 그들 가운데 많은 수를 시리우스가
> 따가운 땡볕으로 불태우길.

아르킬로코스에게 부드러운 온유의 여지는 전혀 없다. 그는 어떤 사람을 비난하여 이렇게 말한다(96D=234W).

> 당신은 간에 담즙이 전혀 없구려.[21]

아르킬로코스의 증오와 분노에 대한 가장 방대한 기록물은 파피루스 발굴을 통해 우리에게 전해졌다. 시인은 어떤 사람에게 저주를 보내며, 그가 흑해의 살뮈데소스 해안에서 난파할 것을 기원한다. 흑해 지역에 사는 야만인들은 매우 위험한 족속으로 그들은 대부분 폭풍에 떠밀려 해안가에 도착한 것들을 먹고 사는 사람들이다. 시인은 난파하여 파도에 밀려온 희생자를 이렇게 그리고 있다(79D=히포낙스 115+116W[22]).

> 파도에 떠밀려
> 살뮈데소스 해안에 발가벗은 그를
> 머리를 높이 묶은 트라키아인들이
> 붙잡기를, 거기에서 온갖 나쁜 일을 겪기를
> 노예의 빵을 먹으며

---

21. 『일리아스』 제2권 241행 이하에서 테르시테스에게 행해진 욕설과 알카이오스 단편 348LP(이 책 359쪽 이하)의 욕설을 보라.
22. [역주] 과거 이 단편은 아르킬로코스의 단편이라고 생각되었으나, 현재는 아르킬로코스 시풍을 물려받은 히포낙스의 단편으로 분류한다.

추위로 얼어붙은 그를 바다의 거품으로부터 나온

수많은 해초가 덮기를.[23]

이빨을 떨며, 얼굴을 처박고 개처럼

높게 부서지는 파도 옆에

힘없이 누워 있기를.

이런 꼴을 보기를 나는 바란다.

그는 전에는 친구였으나

맹세를 짓밟고 나에게 못할 짓을 하고 갔다.

이 단편과 관련된 상황을 재구성해보면, 시인이 다른 사람들과 패를 이루어 돈을 벌기 위해 여행을 하였고, 그곳에서 원주민들과 싸우고 약탈하였는데, 상황이 불리해지자 친구들 가운데 하나(14행의 ἑταῖρος)가 모아두었던 재물을 훔쳐 다른 곳으로 달아났다는 것이다.

이 단편에 사용된 언어는 아르킬로코스의 다른 시들이 늘 그렇듯 단순하고 유려하다. 서사시적 별칭(머리를 높이 묶은 트라키아인들 Θρήικες ἀκρόκομοι)에 이르기까지 단어는 일상어에 가깝다. 자연스러운 어순에서 조금도 벗어나지 않으면서도 원문은 그 자체로 완벽할 정도로 깔끔하고 엄격하게 짜인 시행을 구성한다.[24] 여기 등장하는 사상은 진정 상고기적인

---

23. 전승된 원문은 매우 많은 의문을 제공한다. J. Schwartz(1949)는 파피루스를 살펴, 7행의 마지막을 '[ῥό]θου'에서 'χν<ό>ου'로, 8행의 끝에서 'ἐπ[έ]χοι'를 'ἐπιχ<έ>οι'로 변경하였다. Oliver Masson, *Revue Et. Gr.* 64, 1951, 427~442쪽을 보라. 여기서 'ἐκ'의 의미는 전혀 이해되지 않는다. 'ἐπιχ<έ>οι'의 주어가 또한 빠져 있다(『일리아스』 제9권 7행에서는 'κῦμα'가 주어다). 그리고 해안에 떠밀려온 사람은 해초로 '묻혀 있는' 것이 아니라 '덮여 있는' 것이 보통이다. 『오뒷세이아』 제23권 236행, 플라톤 『국가』 제10권 611d 를 보라. 앞으로 이에 관해서는 올바른 판독이 필요할 것이다.

24. 이것은 원문이 훼손되어 또한 몇 가지 조심스러운 점이 없지 않으나, 단편 79D=히포낙

것이며 이오니아적 투명성으로서 실로 감각적이고 생동감 넘치게 표현되어 있다. 다른 시대에 다른 장르의 예술은 배신한 동료의 비열한 행위를 보다 상세히 논의하고, 맹세의 신성함을 보다 잘 치장하며, 화자 자신의 고통스러운 환멸을 보다 역동적으로 묘사하였을지 모르지만, 아르킬로코스처럼 구체적인 언어를 통해 구체적인 그림으로 묘사하는 경우는 없을 것이다. 여기서 그는 자신의 눈으로 직접 그런 배신자의 몰골을 볼 수 있었으면한다는 실현 불가능한 소원으로 말을 끝맺는다. 이어 마지막 시행을 통해시 전체의 의도가 뒤늦게 밝혀지며 정당화된다. 이야기는 천천히 그러나분명하게 목표를 향해 나아가 마침내 그 끝에 도달한다. 이렇게 자신의 예술에서 경지에 이른 대가만이 그와 같이 소박한 소재와 제한된 공간에서그처럼 위대한 작품을 실현시킬 수 있다.

새로이 발견된 단편은 물론 상당히 조심스러운 면이 없지 않으나 다음과 같이 부분적으로 복원할 수 있다(*Ox. Pap.* 2310 단편 1 col. ii 이하= 24W).

> 당신은 작은 배로 고르튄으로 기나긴
> 항해를 완수하고 이렇게 다시 돌아왔다.
> (이하 8행 판독 불가)
> 나는 그런 친구를 다시 찾을 수 없으리다.
> 만약 바다가 커다란 파도로 당신을
> 집어삼킨다면 혹은 적의 손에 맞아 쓰러져
> 생기 넘치고 사랑스러운 생명을 잃는다면.

스 115~116W에서도 적용된다. 하지만 이것은 다른 모든 단편들에도 소수의 예외를
두고 적용될 수 있다.

이제 신이 당신을 보호하시어, 다시 돌아오니,
— 나를 홀로 두고 —
어둠 속에 (땅바닥에) 놓여 있는 나는
다시 빛으로 (일으켜 세워) 끌어내어졌다.[25]

아르킬로코스는 같이 하기에 편안한 동반자는 아니었던 것 같다. 그는 친구들로부터 무시당하고 있다고 느꼈던 것이다(67b D=129W).

왜냐하면 너는, 튀모스여, 친구들로 인해 질식당했다.

결혼 계획은 쓰디쓴 적대관계로 끝났다. 뤼캄베스는 시인에게 자신의 딸 네오불레를 주기로 약속하였다(71D=118W).

네오불레의 손을 내가 잡을 수 있다면.

그러나 뤼캄베스는 결혼 약속을 번복한다.

아버지 뤼캄베스여, 당신은 무엇을 생각하고 있습니까?
예전에 당신이 가지고 계시던 현명함을
어지럽게 하는 이 누구입니까? 이제 당신은
마을 사람들에게 큰 웃음거리가 되었습니다. (88D=172W)

당신은 소금과 식탁을 두고 한 커다란
맹세를 저버렸습니다. (95D=173W)

---

25. 복원은 현재 매우 회의적이다. 23행은 "πόντον περή]σας", 32행은 "φίλον δ' ἂν ἄλλ]λ[ον]"과 "τοιοῦτον, εἴ σ]ε", 36행은 "νῦν δ' ὡς ἀνῆλ]θες", 38행은 "τὸ πρὶν χαμαὶ μὲ]ν" 과 "…ὀρθὸς] ἐς". 단편 58D=130W을 보라.

용서를 모르는 아르킬로코스의 비방시는 마침내 뤼캄베스를 웃음거리로 만들고, 더 나아가 그의 딸을 사람들 입에 오르내리게 만들어 놓았다. 그의 비방시는 이렇게 시작한다(74D=122W).

> "기대치 못할 일도, 믿기에 맹세코 불가능한 일도,
> 놀랄 일도 없다. 올림포스 신들의 아버지 제우스는
> 빛나는 태양의 빛을 숨겨서 한낮에 밤을 만들었으며
> 슬픔을 가져올 두려움이 온 세상에 다가왔으니.
> 그래서 무슨 일이든 인간은 믿게, 기대하게 되었다
> 너희 중 누구도 놀라지 마라. 설사 들짐승들이 돌고래들과
> 바다 깊은 곳의 집을 바꾸었다고 해도, 그리고 들짐승들에게
> 바다의 노호하는 파도가 땅보다 더 풍요롭고, 돌고래들에게
> 숲이 우거진 언덕이 풍요롭게 된다 해도.

현재 전해지고 있는 원문은 여기까지다. 그러나 우리는 내용이 최소한 다음과 같이 진행될 것이라고 예상할 수 있다.

> 그럴진대 나는 내 딸 네오불레가 겪은 그 끔찍한 일에 관해서도
> 놀라지 않을 것이다." 이렇게 뤼캄베스가 말했다.[26]

시의 구조는 "나는 금이 많은 귀게스의 재산에 신경 쓰지 않는다"(22D=19W. 이 책 251쪽 이하)와 유사하다. 하지만 신랄함은 훨씬 더 예리하다. 본

---

26. 최근 Ox. Pap. 2313a=98W를 통해 여기에 연결되는 마지막 시행이 추가될 수 있을 것으로 보인다. 그런데 이로 인해 뤼캄베스와의 연관성이 모호하게 되었다. W. Peek, Philologus 100, 1956, 2쪽 이하.

격적인 이야기에 앞선 도입부는 폭넓게 구성되어 있으며, 청자의 흥미를 유발한다. 물론 화자가 무엇을 이야기하려는 것인지를 청자는 도무지 예측할 수 없다. 도입부에서 차근차근 쌓이며 육중하게 압박하던 무게가 희생자를 향해 쏟아진다. "이제 자연 질서는 전도되어 혼돈에 빠졌다. 네오불레도 그러하다. 이렇게 그녀의 친부가 말했다." 이런 비방시는 낙인찍힌 사람들을 두고 전설을 만들어냈을 텐데, 전설에 따르면 뤼캄베스와 세명의 딸들은 그들이 당한 모욕 때문에 자살했다고 한다. '고슴도치'는 이와 같이 자신의 가시를 성공적으로 사용하였다고 할 수 있다.

아르킬로코스는 그의 성질 때문에 친구보다는 적을 더 많이 만들었다. 투쟁으로 이어진 그의 삶에는 승리와 패배가 번갈아 찾아들었다. 그가 어떻게 할지 전혀 알 수 없는 곤란한 상황이 닥치기도 했다. 다음 단편은 그가 어딘가 기댈 만한 것을 찾고 있을 때를 그리고 있다(67D=128W).

> 어쩔 도리 없는 고초에 시달린 튀모스, 튀모스여![27]
> 일어서라! 적의에 가득 찬 적들에 대항하여
> 가슴을 펴고 네 자신을 지켜라! 적들의 매복 근처에
> 굳건히 세워진 너, 이겼다고 떠벌려 우쭐하지 말며,
> 패했다고 집에 누워 슬퍼마라! 기쁜 일에 기뻐하고
> 슬픈 일에 슬퍼하되 지나치게 그러하지는 말라!
> 어떠한 성쇠가 사람들을 장악하는가를 깨달아라.

닥쳐오는 고통스러운 불운을 참아내는 데에 보편법칙에 대한 분명한 인식만큼 도움이 되는 것도 없다. 오뒷세우스적 인내심도 어느 정도는 도움을

---

27. 호메로스적 자기 대화에서 보이듯이, 여기서는 감정과 기분의 신체기관인 튀모스 (Thymos)에게 말을 건다.

줄 수 있었을 것이다. 그러나 서사시의 낭만적인 꿈은 사라졌다. 아르킬로 코스가 보기에, 인내는 더 이상 모든 적을 물리치고 최후의 승리를 거머쥐는 방법이 아니다. 인내는 다만 버티고 견디는 힘일 뿐이고, 지나치게 과도한 흥분을 가라앉힐 뿐이다.

아르킬로코스에 따르면, 성공과 좌절 사이를 오락가락하는 기복이야말로 우리 삶의 법칙이다. 따라서 시련은 기쁨을 통해서만 극복될 것이다. 이런 의미에서 시인은 망자를 위한 탄식을 축제의 환호로 전환시킨다. 난파를 당해 익사한 용맹한 자들의 죽음을 기회로 지어진 매우 독특한 엘레기의 단편[28]은 다음과 같이 말하고 있다. 사망자들 가운데에는 아르킬로코스의 매부도 포함되어 있었다(7D=13W).

> 페리클레스여, 슬픔을 가져오는 시련에 불평한다면 어떤 시민도
> 잔치를 즐길 수 없을 것이며 도시 또한 그러하오.
> 큰소리로 울어대는 바다의 파도가 그 좋은 분들을
> 삼켜 버렸네. 우리는 고통으로 가슴을 적신다.
> 그러나 신들은 치유할 수 없는 시련에
> 친구여, 강인한 인내를 처방으로 정하셨다.
> 때는 달라도 이런 일을 모두가 겪게 마련인 걸.
> 지금은 이런 일이 우리에게 향하여, 피 흘리는 상처로 통곡하지만
> 다시 다른 사람들에게로 돌아설 것이다. 그러니 어서
> 견디어라. 여자와 같은 슬픔은 던져 버리고.

---

28. 단편들이 서로 다른 엘레기에서 연원하는 것일 수도 있을 것이나, 단편 7D=13W는 그 구성을 보건대 단편 10D=9W 10~11행+11W에서 그런 것처럼 계속해서 이어지는 부분을 요구한다.

포세이다온의 고통스러운 선물을 우리는 어둠 속에 묻었다. (11D=12W)[29]

(아마도 매부를 애도하는 나의 고통은 잦아들지도 모른다.)
만약 그의 머리와 그의 사랑스러운 팔다리를 흰 색 천으로
감싸서 헤파이스토스가 타오르는 불꽃으로 바꾸어 놓았다면.
(그럼에도 불구하고 나는 즐기고 노래할 것이다.)
왜냐하면 슬퍼한다고 치료될 것도 아니며, 즐거움과 잔치를
좇는다고 해서 더 나빠질 것도 아니기 때문이다. (10D=9W 10~11행+
11W)[30]

망자를 욕되게 하려는 뜻에서가 아니라(7D=13W 1~2행) 남자다운 인내를 견지하기 위해, 아르킬로코스는 살아남은 자들에게 잔치를 베풀고 마시며 기꺼이 즐길 것을 요구한다(10D=9W 10~11행+11W). 자제력 또는 '인내τλημοσύνη'가 오뒷세우스에게 침착한 평정심을 의미했다면, 이제 아르킬로코스에게는 어떤 정반대되는 기분으로의 전환을 의미하게 되었다. 그러므로 인내는 이제 역설적인 의미에서 치료 불가능한 것에게 내려진[31] 신적 처방이라고 할 수 있다. 회복 불가능한 불운이 닥쳤을 때, 인내는 강제적으로 슬픔을 내몰아버릴 즐거움을 제시한다. 감정의 기복은 멈추질 않는다. 슬픔이 무서운 기세로 솟아오르지만, 곧이어 즐거움

---

29. 이 시의 의미는 아마도 다음과 같다. "우리는 망자들을 매장할 수 없었다. 그러나 우리는 바다의 신이 우리에게 준 불운을 묻고 잊어버리려 한다."

30. 이제까지 알려진 단편 10D=9W 10~11행+11W의 앞과 뒤에 *Ox. Pap.* 2356= 9+10W에 의해 몇 가지 단편조각들이 덧붙여졌다.

31. "ἐπὶ κακοῖσιν ἔθεσαν φάρμακον"(7D=13W 6행 이하)에서 우연히 『일리아스』 제4권 190행 "ἐπιθήσει φάρμακα"와 유사한 것을 읽을 수 있다. 그러나 여기서는 단어분할(Tmesis)이 일어난 것이 아니다. 여기서 'ἔθεσαν'은 '정하다, 만들다'의 뜻이다.

이 따른다.

근대적 방식의 연애시를 상고시대 사랑의 노래에서 기대해서는 안 된다. 시인들은 결혼 상대자가 될 여인들을 위해 노래하지 않았다.[32] 아르킬로코스가 여인을 칭송할 때, 그것은 대체로 언제나 창녀였다.

백리향의 여린 가지를 갖고 그녀는 놀았노라
장미의 아름다운 꽃잎을 갖고. (25D 1~2행=30W)

그녀의 머리카락은
어깨와 등으로 아래로 길게 늘어뜨려져 있었다. (25D 3~4행=31W)

몰약으로 치장한 머리카락과
가슴은, 노인들도 뜨겁게 타오를 만한 것이다. (26D=48W 5~6행)

또는 시인 자신이 처한 상황을 이야기한다.

왜냐하면 저 사랑을 향한 욕망이 마음속에 휘감아 돌며
눈에 수많은 안개를 쏟아 붓는다
가슴에서 여린 마음을 훔쳐내며 (112D=191W)

그리움에 상처입고 나는 누워있다
넋을 잃은 채 신들이 가져다 준 쓰라린 고통으로
뼈 마디마디 사무치도록 (104D=193W)[33]

---

32. 단편 71D=118W의 경우는 우리가 알고 있는 것과는 다른 일종의 예외라고 할 수 있다. 아르킬로코스의 경우 그가 과연 전통적인 경향을 따르고 있는지를 확신할 수는 없다.
33. 두 번째 행에 서로 엮인 어순은 아르킬로코스에게는 매우 이례적인 것이다.

아르킬로코스는 성적 욕망이 가져온 결과를 다른 모든 것에서 그러했던 것처럼 직설적으로 표현한다. 수치스러운 줄 모르고 그는 발기 상태(72D=119W)[34], 혹은 미발기 상태(34D=252W)[35]를 언급한다. 그는 어떤 시에서 늙은 여인을 조롱하며, 달갑지 않은 문학적 전범을 제시한다(호라티우스의 『조롱시』 8번을 보라). 시는 이렇게 시작한다(113D=188W, 1행).

　　너의 곱던 살결을 예전처럼 꽃피우지 못하는구나

다른 한 편의 격언시는 파시필레라는 이름을 가진 창녀를 조롱하는 시다. 그런데 그녀의 이름을 '모든 남자의 상대'라는 뜻으로 새길 수 있다.

　　바위산에 자라는 무화과가 많은 까마귀를 먹인다.
　　파시필레는 선한 마음을 가지고 손님을 접대한다. (15D=331W)

조롱하는 목소리는 다음의 단편에도 나타난다.

　　미움을 받는 수다쟁이가 우리 집으로 기어들어왔다. (32D=297W)

이 수다쟁이를 견디는 것은 상당히 힘겨운 일로 그에게서 벗어나는 수단은 오로지 하나밖에 없다.

　　그때에는 다리야말로 가장 값진 재산이다. (132 Bergk=233W)

---

34. [역주] "지치지 않는 남근을 살가죽 사이에 담그고, 배에다 배를, 허벅지에다 허벅지를 던져 넣고"
35. [역주] "남근이 부러졌다."

아르킬로코스는 평소 친구들에게 진지하고 친절한 시를 바치곤 하였는데, 이번에는 그들에게 가혹하다.

> 머리가 마치 뿔처럼 생긴 글라우코스를 노래하라. (59D=117W)

> 너는 물을 섞지도 않은 포도주를 많이도 마신다.
> 페리클레스여, 너는 하지만 이것을 얻는 데 아무런 기여도 하지 않았다.[36]
> 게다가 너는 식사에 손님으로 초대받지 않았는데 찾아왔다.
> 너의 위장은 너의 정신과 마음을 부끄러움도
> 모르게 한다. (78D=124W)

방금 인용한 단편은 분명 어떤 술자리 노래에 속하는 것이며, 추측건대 사랑의 노래 단편들도 마찬가지로 술자리 노래에 속한다. 잔치의 시작부분에 그리고 중간 중간에 신들에 대한 찬가를 부르게 되는데, 포도주를 헌주하며 다음과 같이 노래한다(77D=120W).

> 나는 포도주로 마음에 번개 맞아 왕 디오뉘소스의
> 아름다운 노래 디튀람보스를 이끌 줄 안다.

즐겁게 잔치를 벌일 기회는 또한 전쟁 혹은 약탈 여행을 떠날 때에도 주어졌다. 바다를 여행하던 중, 해가 저물어 평소와 같이 배를 육지에 정박시키고 해안가에서 저녁을 먹는다(5D=4W 4행). 이때 시인은 동료 하나를 초병으로 내보낸다(5D=4W 6행 이하).

---

36. 이 부분의 시행은 완전하지 않다.

그럼 자 술잔을 들고 빠른 배의 가로장을 지나
앞으로 나아가라. 속 깊은 술통에서 술을 따라
붉은 포도주를 남김없이 마셔라.
이런 야경을 서면서 제 정신으로는 불가능하리니.

이 단편의 문체는 매우 놀랍다. 아르킬로코스의 다른 단편들에서 흔히 발
견되던 역동적 언어가 이 단편에서는 겨우 마지막에만 등장하고 있다. 설
명하고 묘사하는 별칭과 몇몇 개별적인 것들로 구성된 앞의 세 행에서는
서사시적 격식과 의젓함을 엿볼 수 있다. 그 이유는 아마도 흔히 술자리의
노래가 참석자들에게 제공되는 음식을 그와 같이 묘사하곤 하였기 때문일
것이다.[37]
　아르킬로코스는 끊임없는 모험으로 이어진 뱃사람들의 삶을 다음과 같
이 아름답게 표현한다(21D=213W).

　　파도의 품 안에 삶을 간직한 채

고대의 많은 해석자들은 다음의 단편을 다가오는 전쟁에 대한 비유로 이해
하고 있다(56D=105W).

　　글라우코스여, 보라. 바다가 높은 파도로 어지럽고
　　귀레아의 산정은 폭풍의 징표인 구름을 주위에 두르고
　　곤두 솟아 있다. 두려움은 예기치 못하게 닥쳐온다.

　일부 단편들은 아르킬로코스가 또한 동물 우화도 사용하였음을 보여주

37.『오뒷세이아』제9권 5~11행, 크세노파네스 단편 DK21B1=13정암 등을 보라.

고 있다. 문학 장르로서의 동물우화는, 사람들이 알고 있거나 안다고 믿고 있는 동물의 본성이 비유에 사용될 만큼 확고한 체계를 갖추고 있음을 전제하고 있다. 인간 성격과 인간 행동은 예측할 수 없지만, 모든 동물은 어떤 특정한 본성을 가지고 있다. 그리고 동물들은 특정한 관계로 서로 맺어져 있다. 이렇게 동물 세계는 우리 인간 행동의 지침을 제공하며,[38] 각 개인의 성격과 행동을 쉽게 이해할 수 있는 완성된 상징을 제공한다. 물론 이때에는 개인보다는 유형에 초점을 맞추고 있음을 전제한다. 이런 의미에서 호메로스의 서사시는 동물 비유를 사용했으며, 헤시오도스는 매와 밤꾀꼬리의 비유를 사용하였다. 아르킬로코스가 사용하는 우화를 다음과 같이 재구성해 볼 수 있다.

> 사람들 가운데 이런 이야기가 전해진다.
> 한번은 여우와 독수리가 서로 이웃으로 같이
> 살게 되었다. (89D=174W)
> (그런데 독수리가 자식들을 먹일 음식을 찾지 못하자
> 여우의 새끼들을 잡아 왔다.)
> 그리하여 자식들에게 그것을 끔찍한 음식으로 내놓았다. (90D=179W)
> (여우는 분노하였고, 누군가 여우에게 훈계하였다.[39])
> "저 가파른 바위벼랑이 보이는가? 저기 저 멀리
> 사납고 무섭게 아무도 못 오르게 버티고 있는 벼랑이?
> 거기에 그가 앉아, 너의 성난 목소리를 조롱하고 있다." (92D=176W)

---

38. 필레몬 단편 89(II, 1, 504쪽 Kock)를 보라. 『오뒷세이아』의 한 구절(이 책 245쪽)과 관련해서도 우리는 모든 동물들이 각각 하나의 확고한 성격을 갖고 있으며, 인간은 이를 결여하고 있다고 말할 수 있다.

39. 새로이 발견된 파피루스(Ox. Pap. 2316=181W)에 훈계의 목소리가 상당히 포함되어 있음을 우리는 알고 있다.

(이제 여우가 기도한다.[40])

"제우스, 아버지 제우스여, 하늘을 지배하는 이여!

당신은 인간의 일을 지켜보며

사악한 못된 일을 벌주고, 동물들에서도 또한

그들이 죄를 지으면 벌을 내리십니다."[41] (94D=177W)

이어지는 우화에서 독수리는 또 하나의 못된 짓을 저지르는데, 제단에서 고깃덩어리를 훔쳐 둥지로 돌아온다. 하지만 아직도 불씨가 남아 있던 제사 음식으로 인해 둥지가 불타게 되고, 아직 날개가 미처 다 자라지 못했던 두 어린 새끼는 땅바닥에 떨어진다. 이때 여우가 이들을 잡아먹는다. 이우화는 이렇게 파탄지경에 이른 우정을 다루고 있다. 아마도 이 우화는 시인이 개인적으로 겪은 체험을 반영하고 있는 것으로서, 독수리에게 닥쳤던 것과 같은 혹독한 처벌이 배신자에게 명시적으로 혹은 암시적으로 있을 것이라 위협하고 있다.

　상당수의 단편들은 트라키아 사람들이 거주하고 있던 섬 타소스와 관련되어 있다. 파로스의 식민지 개척자들이 타소스에 자리를 마련하고 정착하였을 때, 아르킬로코스는 원주민들과 마찰을 겪었으며, 때로는 심각한 공격을 받기도 하였다.[42] 새롭게 정착한 식민지에서 겪은 수많은 불행으로 삶은 어디 한 구석 불안하지 않은 곳이 없었다(54D=102W).

---

40. 이하의 단편이 동일한 우화에 속하는지는 확실하지 않다.

41. 아르킬로코스의 우화에는 동물들이 인간화되어 있으며, 동물들에게도 도덕적 훈계가 유효하고 신들은 그 정당성을 보장하고 있다. 그러나 헤시오도스에게서는 이와 다르다. 매와 밤꾀꼬리의 우화에 짧막한 언급이 이어지는데, 이에 따르면 동물들은 다만 거친 폭력만을 알고 있으며, 제우스는 인간에게만 정의를 주셨다(『일들과 날들』 202~212행, 276~280행).

42. 단편 6D, 19D를 보라. 이 책 250쪽과 254쪽을 보라.

그리스 전체의 온갖 시련이 타소스 섬에 모여 있다.

아르킬로코스는 이 돌무더기 섬에 도저히 애착을 느낄 수 없었다(18D=21+
22W).

> 마치 당나귀 등뼈처럼
> 생긴 이 섬은 머리꼭지는 거친 숲으로 덮였다. (21W)
> 사리스 강변만큼 아름답고
> 매력적이며 사랑스러운 땅은 아니다. (22W)

어떤 그리스인이 독자적으로 원주민들과 정치적인 타협을 이루려고 시도
하였다. 아직 완전하게 해독되지 않은 한 단편(51D I A 46행=93a W)에서 그
는 이렇게 말하고 있다. "페이시스트라토스의 아들이 악대(樂隊)와 함께
타소스에 왔다. 트라키아의 개들을 위해 그는 순금을 선물로 가져왔다. 제
욕심에 겨워 그들은 불운을 초래했다."

아르킬로코스는 자신의 또 다른 직업인 전쟁에 관하여 종종 언급한다.
그는 자신의 군대가 어떻게 고립되었으며 헤르메스 신이 자신을 어떻게 구
해주었는지를 이야기한다(51D IV A 4~5행=95+96+97+97a W). 헤르메스
는 방랑자의 동반자이며 도둑과 행운의 신이다. 아르킬로코스는 적들의
군대에게 들키지 않고 도망쳐 나왔음이 분명하다. 파로스의 주민들이 이
웃 섬인 낙소스의 주민들을 물리쳤을 때 아르킬로코스는 서사시와 유사하
다 할 방식으로 노래한다. 왜냐하면 그의 노래에는 아직 서사시와 같은 신
앙이 여전히 남아 있기 때문이다.[43]

---

43. 이 책 127쪽과 각주 7번을 보라.

　　　　　싸움을 도우러 오신
번개를 던지는 제우스의 따님, 아테네는
비명을 지르는 군대의 용기를 북돋아 주었다. (51D I A 54행=94W)

새로 발굴된 파피루스는 아르킬로코스가 많은 전투를 얼마나 정확하게 묘사하고 있는가를 알려 주었다. 또한 얼마나 많은 당대의 역사가 그의 작품에 반영되어 있는지도 알려 주었다. 하지만 파피루스들이 심하게 훼손되어 있기 때문에, 우리는 다만 파편적인 정황과 사건만을 새로운 발굴에서 얻을 수 있을 뿐이다.

　두 개의 단편이 직접적으로 전쟁 상황을 보여주고 있다.

　젊은이들을 격려하라. 그렇지만 승리는 신들에게 있도다. (57D=111W)

　에뤽시아스여, 어디에 저 불운한 사람들이 모여 있느냐? (62D=88W)

한 차례 전투를 치르고 나서 시인은 이렇게 야유하고 있다(61D=101W).

　쫓아가 잡은 일곱 명이 죽어 넘어져 있는데
　그들의 살육자인 우리는 천 명이다.

어떤 엘레기는 에우보이아 사람들을 용감한 전사로 칭송하고 있다. 한창 진행 중이던 전쟁에서 양편은 원거리 무기를 사용하지 않기로 서로 합의했다(3D=3W).

　많은 활이 당겨지지 않을 것이고 투석기가
　채워지지 않을 것이다. 아레스가 들판에서 전쟁을

벌이면, 칼의 슬픔으로 가득 찬 전투가 있을 것이다.

왜냐하면, 창으로 이름난 에우보이아의 왕들이

이런 전투에 능통하기 때문이다.

아르킬로코스의 거친 삶은 전장에서 마무리되었다. "전쟁은 모두에게 공평하며, 승리자도 결국 죽게 마련이다"라고 『일리아스』(제18권 309행)에서 아킬레우스와 승리 혹은 죽음을 놓고 한바탕 싸워보기로 결심한 헥토르가 말하고 있다. 아르킬로코스는 경구를 나름대로 재해석한다 (38D=110W).

나는 이를 행할 것이다.

왜냐하면 전쟁은 인간들에게 참으로 공평한 것이기 때문이다.

파로스와 낙소스 사이에 전쟁이 다시 벌어졌을 때, 아르킬로코스는 목숨을 잃는다. 몇몇 재미있는 전설에 따르면, 아르킬로코스를 죽인 낙소스 사람은 무사이 여신들의 시종을 죽인 죄로 퓌티아에 의해 델포이의 아폴론 신전에서 추방당했다고 한다. 그러자 그는 자신이 다만 일대일 대결에서 이겼을 뿐이라고 항변하였다고 한다. "전쟁은 공평한 것이다."

아르킬로코스의 작품 가운데 우리가 가지고 있는 것은 그렇게 많지 않으며, 더군다나 온전한 형태로 전해진 작품은 단 하나도 없다. 하지만 비록 불충분하게 남아 있음에도 불구하고 그 천재성을 알아보는 데에는 아무런 지장이 없다. 천재성은 쉽게 설명되지 않는다. 그러나 그 남다른 모습과 개성은 간접적으로나마 드러나고 있다.

아르킬로코스라는 인물에는 그에게 맡겨진 역사적 소임과 관련된 모든 것이 응축되어 있음을 우리는 볼 수 있다. 그의 환경, 성격, 사상과 예술은 매우 뚜렷한 윤곽으로 하나의 통일체를 이루고 있다. 개인을 중심에 놓은 서정시의 창시자, 아르킬로코스는 귀족 집안의 서자로 태어났기에, 스스로의 힘으로 일어서야 했고, 스스로의 힘으로 자신의 길을 개척해야 했다. 그는 야만과 문명의 경계에서 행복을 좇는 전사로서 쉬지 못해 고달프지만 자유로운 삶을 살았다. 혼혈아로서 그는 양쪽의 문화를 동시에 이해하였다. 그는 두 개의 언어와 두 개의 서로 다른 생활문화에 익숙했다. 그리하여 그는 각각의 생각과 풍습에 대하여 공히 비판적 거리를 취할 수 있었고 취해야 했다. 그는 안온한 별세계를 누릴 기회를 갖지 못했으며, 다른 무엇보다 굽히지 않는 강한 자의식을 필요로 하는 세계에서 살았다. 어머니로부터 물려받은 원시적 힘은 그를 지탱하였으며, 아버지 쪽 전통의 구태의연한 이념들을 파괴하는 새롭고 신선한 자연성의 시대를 열 수 있게 하였다. 그는 야만의 투박함으로써 서사시 시대로부터 서정시 시대로의 전환을 이끌었으며, 그리스적 투명함으로 이런 혁명적인 전환을 노래하였다.

이렇게 하여 그리스 서정시에서 드러나는 분명한 사실주의가 도래하였다. 아르킬로코스는 자신의 작품에서 때로 난폭할 정도의 솔직함을 드러내고 있으며, 자신의 호불호 모두를 자유롭게 말하고 있다.[44] 그는 삶에서 겪은 일들을, 아름다운 일이든 추한 일이든 있는 그대로 시에 표현하고 있다.[45] 전해지는 단편의 수도 그렇게 많지 않은 형편이지만, 지금 남아 있는 것만을 보더라도 그가 굉장히 폭넓게 여러 소재들을 다루고 있음을 알 수 있다.[46]

---

44. Aelianus, *Peri zoon idiotetos*, 10, 13의 '크리티아스'를 보라

45. 심지어 벼룩도 등장한다(137 Bergk=236W).

46. 아르킬로코스가 다루고 있는 대상의 다양성과 풍부함을 설명하기 위해, 다음과 같은 단편을 볼 수 있을 것이다. 우선 벼락출세한 자를 비방하는 시를 보자(70D=115W). "이제 로필로스가 다스리고, 로필로스의 힘에 끌려간다. / 로필로스에게 모든 것이 달

아르킬로코스가 사용한 운율은 참으로 다양하다. 그러나 전체적으로 운율은 단순한 원리에 따라 구성되었으며, 반복되는 단위는 겨우 한 행 내지 두 행을 한 단위로 한다.[47] 그가 사용하는 언어는 객관적이며 감상적이지 않다.[48] 그의 시가 가진 강렬하고 충격적인 효과는 감상적인 단어를 사용하는 데서 얻어지는 것이 아니라, 진정 상고기적 방식으로 단순한 선명성과 분명한 명료성을 갖도록 사태와 사상을 표현하는 데에서 얻어진다. 어떤 단어도 공허하거나 부자연스럽지 않다. 여기저기 약간의 서사시적 색채를 보여주는 엘레기 단편들은 예외로 하고, 그가 사용하는 언어는 산문의 언어와 크게 다르지 않다. 그는 운율에 관련된 기술을 완벽하게 익혔기에 시적 허용이라는 것이 필요치 않았으며, 단 하나도 운율을 벗어난 경우가 없었다. 언어와 운율의 흠 잡을 데 없이 깔끔한 이런 솜씨[49]는, 내용과

려 있다. 그러니 로필로스의 말을 들어라." 민중연설로부터 만들어진 시를 보자 (52D=109W). "집을 잃은 시민들이여, 나의 말도 좀 들으시오." 즐거운 이야기로부터 (107D=168W) "에라스몬의 아들, 카리라오스여, / 재미있는 이야기를 / 내가 들려주려다. / 나의 사랑스러운 전우여, / 들으며 즐거워하라." 고백으로부터 (73D=127W) "내가 잘못 했다. 이런 어리석음이 이미 많은 사람들을 그렇게 만들었다." 두 가지 그림으로부터 (48D=35W) "소 한 마리가 우리 집 외양간에 있네. 그는 일꾼이며, / 뿔이 휘었으며, 일하는 요령을 잘 알고 있다." (86D=184W) "영리한 여인은 한 손으로 물을 퍼담으며, / 다른 손으로 불을 지핀다." 아르킬로코스에게서는 또한 전설로부터 수용된 소재가 나타난다(147 Bergk=286~288W, 150 Bergk=305W, 190 Bergk=304W를 보라).

47. 아르킬로코스는 '행 단위'(즉 한 행 단위로 계속 반복되는 시행형식)를 얌보스 세소리걸음시와 트로카이오스 네소리걸음 시에서 사용하고 있다. 후자를 또한 여섯소리걸음의 서사시 운율을 대신하여 서사시적 작품에서 사용하고 있다(51D=93~98W+192W). 그는 여섯소리걸음의 서사시 운율을 기피하였다. 다른 한편 '2행 단위' 형식, 다시 말해 '엘레기 2행시'와 '에포도스', 또한 행 별로 다른 운율을 사용하는 2행시 등을 상당히 자주 사용하였다.

48. 여기에 대한 예외는 단편 104D=193W와 단편 112D=191W를 보라. 이 책 266쪽을 보라.

49. 아르킬로코스는, 그의 뒤를 이은 히포낙스도 마찬가지로, 작품에 비(非)그리스적 단어

는 무관하게 그의 작품에 나름의 탁월한 풍미를 제공하고 있다. 이런 모든 것은 아르킬로코스가 받은 엄격한 예술적 훈련에 기인하는 것으로 볼 수 있다.

아르킬로코스의 작품이 보여주는 기념비적 위대함에 관해서는 달리 해설이 필요하지 않다. 그의 작품에서는 인간성이 있는 그대로 영웅적으로 적나라하게 드러난다. 그는 남자다운 결단력으로 자기 자신을 보여주고 있는 바, 덮어 가리는 전통 관습과 기만적 장식을 다 내던져 버린다.

아르킬로코스가 가진 사상과 감수성의 세계는 양극적 대립성이라는 상고기적 원리를 따르고 있다. 그의 작품에 작동하는 강력한 움직임은 매번 밀어내고 당기는 이원적 대립의 긴장에 의해 야기된다.[50] 상고기 시인들과 다르게, 그는 이렇게 할까 혹은 저렇게 할까 사이를 오락가락하지 않는다. 그의 작품은 한쪽에서 다른 한쪽으로의 일방적인 행로를 보인다. 그의 작품은 처음부터 확고하고 당당하게 목표지점을 향하고 있다. 그의 비방시에서도 이야기는 처음에는 느리고 은근하지만, 의도를 숨기지 않고 희생자를 향해 겨누어 나아가다가, 마지막에 급작스러운 비약으로 희생자에게 파괴의 일격을 가한다. 때로 시인이 자신을 숨기고 있는 가면도 이렇게 상대방을 깜짝 놀라게 한다.

하지만 그의 작품은 타협을 불허하는 직설적 표현을 보여준다. 점잖은 예의도, 부드러운 강약조절도, 은근한 명암조절도 존재하지 않는다. 속내를 깊이 감춘 은근한 표현도 없다. 모든 것이 동일한 강도의 불빛 아래 동일한 표층에서 표현된다.[51] 이로써 영웅 서사시의 마지막 단계에서 등장하던

로 지역색을 부여하는 것을 기피하였다.

50. 때로 '…아니라 …이다', 'μὲν —δέ /—' 등의 형식을 취하고 있다.

51. 강조를 위해 아르킬로코스는 강도의 깊이가 아니라 표면의 크기를 사용한다(B. Snell,

표현방식이 후퇴하기에 이른다(이 책 164~169쪽을 보라). 아르킬로코스에게는 '여기, 지금 그리고 나'라는 일차적 사실들이 동시에 어떤 전제조건도 없는, 어떤 의혹도 없는 궁극적인 것을 의미한다.

아르킬로코스의 서정시는 '나'에서 시작하거나 또는 '나'에서 끝난다. 하지만 개별적으로 형상화되고 채색된 삶의 모습을 보여준다는 의미에서 이를 주관적이라고 볼 수는 없다. 아르킬로코스가 전달하고 있는 것은 본질적으로 전형성이다. 그의 체험은 단순하고, 그의 감정은 간단한 단어로 표현된다. 즉 사랑과 증오, 경멸과 찬양, 슬픔과 기쁨으로 전체를 충분히 표현할 수 있다. 그리스 서정시인들은 자신의 독특한 개별체험을 가지고 사람들에게 호소한 것이 아니라, 보편적이고 근본적인 것을 보여주기 위해 자신의 체험을 예증으로 사용하고 있다.[52] 우리가 보기에 시인들 개개인의 개성은 매우 극명하게 구분되는 것이지만, 그들이 표현하고자 했던 것은 개별적 처지가 아니라 객관적 인간 현실이었던 것이다.

그러나 상고시대의 인간 현실은 신이라는 전지전능에 견주어 '하루'에 불과하였는 바, 공포에 놀란 모습으로 표현되었다.[53] 인간은 스스로 무력하게 느꼈다.[54] 인간은 다만 주어진 그때그때의 순간만을, 그것이 좋은 것

Gnomon 7, 81쪽 이하). 서사시에서 사람들이 "화급히" 요청하는 것이 아니라, "많이" 요청하는 것처럼(『일리아스』 제5권 358행 이하 등), 아르킬로코스에게서도 "밝은" 웃음이 아니라 "많은" 웃음이 나타난다(88D=172W). 바닷가에 도착한 사람에게 바닷풀들이 "혐오스럽게"가 아니라 "많이" 달라붙으며, 노예 생활의 "심각한" 불행이 아니라 "많은" 불행이 그를 위협한다(79D=히포낙스 115~116W).

52. 아르킬로코스가 "나는 그런 장수를 좋아하지 않는다"(60D=114W), 혹은 "귀게스의 재산에 신경 쓰지 않는다"(22D=19W)고 이야기할 때, 그는 자신의 사적인 취향을 언급하는 것이 아니라, 그에 합당한 평가를 위해 실질적인 가치를 언급하고 있는 것이다. 상고기 서정시에 나타나는 '판단하는' 나는 늘 대표성을 염두에 두고 있다.

53. 상고기 초기에 아르킬로코스가 그러했던 것처럼, 상고기 말에 핀다로스도 매우 진지하게 '하루살이' 인생을 언급하고 있다(『퓌티아 찬가』 8번 95행. 이 책 926쪽을 보라).

이든 나쁜 것이든 성심껏 살아갈 뿐이며, '인간의 삶은 성쇠기복의 법칙에
따른다'(67D=128W, 7행)는 확고한 버팀목을 찾을 수 있을 뿐이었다. 긴장
을 풀고 삶을 되돌아보는 일에 서정시의 존재이유가 있었다. 서정시는 개
인 삶의 기복성쇠를 영원한 전형에 비추어 객관화시킴으로써 서정시를 지
어 부르는 사람에게뿐만 아니라 비슷한 처지에서 이를 따라 부르는 사람에
게도 긍정적 영향을 발휘하게 되었다. 예술적 형식은 체험을 순화시켜주
고 이를 아름답게 변용한다. 예술적 형식은 체험을 담아 주고받고 공유할
수 있는 화폐를 창조하며, 이를 통해 유사한 행복이나 불행을 겪은 사람들
사이에 하나의 공감대를 형성한다. 이런 문학적 자산의 공유는 개인을 고
립에서 해방시켜, 사람들이 늘 변함없이 동일한 형태로 주조된 화폐를 볼
때 자신이 무슨 일을 겪든 그것이 누구에게나 생겨날 수 있는 인간적인 일
임을 분명하게 깨닫도록 한다.

---

54. 서정시에 발견되는 'ἀμηχανία'에 관해서는 B. Snell, *Die Entdeckung des Geistes*,
    Hamburg, 1946, 68~80쪽을 보라.

2. 전쟁과 정치의 엘레기: 칼리노스와 튀르타이오스

아르킬로코스의 시에는 서사시에서 서정시로의 급작스러운 단절과 전환이 나타났었다. 하지만 다른 시인들은 서사시적 사상과 언어와의 단절을 급격하게 수행하지 않았으며, 다만 전승된 예술과 사유방식을 그 시대에 맞춰 현대화할 따름이었다. 이런 종류의 시인으로는 우선 엘레기 시인들을 들 수 있다. 엘레기는 운율형식에 비추어볼 때 서사시와 매우 닮아 있다. 하지만 엘레기는 운율의 단축이 있다는 것과, 동일한 형식의 시행을 계속 반복하지 않고 두 행 단위로 시련구를 형성한다는 점에서 전통적인 서사시와 구별된다. 또한 서사시와 내용을 달리하고 있다. 물론 엘레기는 때로 이야기를 들려주기도 하지만 본래적인 내용은 경고, 훈계와 반성이었다. 상고기의 엘레기는 대개 공개적인, 혹은 부분적으로 공개적인 연설의 성격을 갖고 있다. 즉 비록 시인이 우선은 소수의 몇 사람에게 발언하고 있지만, 궁극적으로 그것은 비슷한 처지에 놓인 사람들 전체를 향하고 있는 것이다. 자기 자신에 관해 말하고 있지만, 그것은 다만 자신을 예증으로 설정하고 있을 따름이다.[1]

우리가 알고 있는 한 가장 오래된 엘레기 시인은 소아시아의 에페소스 출신 칼리노스다. 그는 이오니아 계열의 사람으로 7세기에 살았으며, 아마도 아르킬로코스의 동시대인이었을 것이다. 당시 에페소스인들은 많은 전쟁을 치러야 했는데, 다른 그리스 사람들과 전투를 벌였을 뿐만 아니라, 뤼디아인들 그리고 야만적인 키메리아인들과도 싸워야 했다. 다음에 인용된 전쟁의 엘레기는 구체적인 동기를 담고 지어진 것이 아니며, 다만 모든 전투에 적용될 수 있도록 의도적으로 일반적인 내용을 담고 있다(1D=1W).

언제까지 그렇게 누워 있을 것인가? 언제 강건한 용기를 가질 것인가?
젊은이들이여! 이웃들에게 부끄럽지 않은가?
그렇게 한가롭고 태평스럽게 지내며, 마치 평화 시에 그러는 것처럼
여유롭게 앉아 있는가? 전쟁이 우리 강토를 위협하고 있는데?
(유실된 시행)
죽어가며 마지막 힘을 다해 창으로 그가 찌르기를!
자식을 위해, 결혼한 여인을 위해, 조국을 위해 싸울 때
나가 싸우매, 그것이 남자에게 명예와 영광을 줄 것이다.
죽음은 다만 그날에 올 것이니, 모이라가 정한 날에
닥쳐올 것인즉, 다만 누구든지 앞으로 나아가라!
창을 앞으로 치켜들고, 강인하고 굳센 용기를 방패 아래
감추어라! 이제 곧 전쟁이 시작될 것이다.
죽음을 영원히 피하는 것은 인간에게 불가능하며

---

1. 대표성을 갖는 '나'는 앞서 이 책 276쪽 각주 52번을 보라. 아르킬로코스의 엘레기 단편 가운데 두 개는 권고를 표현하고 있다(7D=13W, 11D=12W, 10D=9+11W와 5D= 4+46W를 보라. 이 책 262쪽 이하와 267쪽을 보라). 물론 두 개 모두 술을 권하는 엘레기이다. 이것은 전혀 우연이 아니며, 남자들의 술자리 회합은 시적인 지혜와 반성을 전달하는 좋은 기회였기 때문이다(이 책 610쪽과 745쪽을 보라).

불멸의 신들에게서 태어난 이들에게도 그러하다.

종종 두려움을 일으키는 전쟁의 굉음을 피하여 살아남아

도망쳐 돌아오는 자에게 집에서 죽음이 기다린다.

이런 자를 사람들은 사랑하지 않으며 그리워하지도 않는다.

백성들 모두는 대범하고 용맹한 사람이 죽으면,

그가 쓰러지면 크게 슬퍼한다.

그는 커다란 그리움이며, 그가 살았다면 반신(半神)이다.

사람들은 그를 마치 거대한 탑처럼 본다.

그는 여러 사람이 할 일을 혼자 해치운다.

시행은 전체적으로 호메로스를 반영하고 있으나, 내용이나 전개과정은 보다 거칠다. 시의 도입부에서는 되는 대로 아무런 이유도 제시하지 않은 채, 게으름 피우고 무관심한 젊은이들을 비난하는데, 그 목적은 그들을 일깨울 만한 것을 대비시킴으로써 적극적인 행동을 하도록 용기를 북돋아주고자 함이다.[2] 또 죽음에 대한 자연스러운 두려움을 이겨내는 데 도움을 주기 위하여, 그는 일련의 논증들을 엮어 놓는다. 물론 논증들이 서로 잘 맞아 떨어지는 것은 아니지만, 그들 각각으로부터 도출되는 결론에 있어 그것들은 서로 일치한다. 뚝뚝 끊어지는 단속적(斷續的) 전개는 다양한 대립적 모습들의 상호작용에 의해 더욱 강해진다. 도덕적인 주체로서 조국과 가족에 대한 보호는 단 한 번 간단히 언급된다. 반면, 자기가 속한 공동체와 이웃나라 사람들이 남자들의 활약을 보고 덧붙이게 되는 명성과 명예 혹은 냉담과 불명예는 반복적으로 언급된다. 이 단편은 과거 호메로스의 영웅관을

---

2. 저열함에 대한 이유 없는 비난에 관해『일리아스』제4권 371행 이하를, "당신은 여전히 평화시에 그랬던 것처럼 잔소리를 한다"라는 비난에 관해『일리아스』제2권 796행 이하를 보라.

몸소 실천하고 있다고 사람들에게 인정받는 사내를 이상적으로 표현함으로써 그 절정에 이른다.[3]

튀르타이오스가 지은 몇몇 전쟁의 노래는 좀 더 긴밀하게 서사시와 연결되어 있다. 튀르타이오스는 이오니아 사람들에게 자신의 노래를 들려준 것이 아니라, 그리스 본토에서 가장 전쟁에 탁월한 민족이었던 스파르타 사람들에게 노래하고 있다. 시의 출생과 개인적 면모에 관해서는 서로 다른 여러 주장들이 난무하고 있다. 그런 주장 가운데, 그가 아테네 사람이라는 추측이 있다. 이는 스파르타 사람들에게서 시인이 생겨났을 수 없을 것이라는 사람들의 믿음에 근거한다. 그러나 튀르타이오스는 그의 시에서 스스로를 스파르타의 시민이라고 노래하고 있다. 그는 아마도 7세기 말에 시를 지었던 것으로 보이는데, 당시 스파르타 사람들은 예전에 자신들에게 복속되었던 메세나 사람들과 다시 한 번 크게 싸우지 않을 수 없었다. 다음 단편은 메세나를 처음으로 정복했을 당시를 회상하고 있다(4D=5W).

> 신들의 사랑을 받는 우리의 왕, 테오폼포스를 따라
> 우리는 길이 넓은 메세나를 정복한다.
> 밭을 잘 갈고, 작물을 잘 길러내는 메세나를.
> 예전 십 년에 구 년을 더하여 이를 두고 싸웠나니,
> 멈춤도 없이 계속해서 고통을 견뎌내는 용기를 갖고
> 우리 아버지의 아버지들은 창수로서 싸웠나니.
> 이십 년이 될 적에 적들은 풍성한 대지를 버리고

---

3. '반신(半神)'은 서사시에 등장하는 영웅들을 가리킨다. '탑'은 호메로스에게서 흔들리지 않는 전사, 예를 들어 아이아스를 상징하는 말이다. 결말에 보는 바, 탁월한 전사에 대한 양적인 정의는 『일리아스』 가운데, 서사시의 영웅이 무거운 물체를 손에 잡고 "오늘날의 인간보다" 몇 배나 큰일을 성취한 장면을 연상시킨다.

도망하였다. 높은 산봉우리의 이토메스를 떠났다.

아마도 다음과 같이 계속되었을 것이다. '그리고 우리의 조상은 그들의 땅을 차지하였다. 오늘날 우리는 우리 조상들의 업적에 뒤쳐질 것이며, 그들이 이룬 것을 포기하여야 할 것인가?' 정복된 메세나 사람들은 노예 신분으로 과거 그들 자신의 재산이었던 토지에서 일해야만 한다(5D=6W).

> 커다란 짐을 끌고 가는 나귀처럼
> 그들은 고통스러운 강압에 의해 주인들에게
> 대지가 가져다 준 수확의 절반을 내주어야 한다.

혹독한 주인이 죽었을 때, 그들은 그 시신을 운구해야 하며, 전통적인 비탄가를 불러야 한다(3a D=7W).

> 죽음의 운명이 주인을 잡아갈 때마다, 부인들과
> 더불어 그들 자신이 주인을 애도한다.

보는 바와 같이 튀르타이오스는 메세나의 반란을 불러일으킨 스파르타의 학정을 미화하지 않는다. 그는 정치 엘레기도 한 편 썼는데, 그것은 한 당파(아마도 메세나의 식민지를 상실한 당파가 아닐까 싶다)가 전쟁 부담에 못 이겨 각 시민들에게 토지를 재분배할 것을 요구했을 때였다. 이 엘레기에서 아마도 그는 스파르타의 새로운 정체(政體)를 축복하는 델포이 아폴론의 신탁을 글자 그대로 반복하고 있는 듯하다. 원래 여섯소리걸음운율로 쓰인 신탁에 튀르타이오스는 엘레기 형식을 구성하기 위해 다섯소리걸음운율의 시행을 추가해야 했다.[4]

튀르타이오스의 전쟁시는 정확히 두 개의 부류로 나뉜다. 한 부류는 시인 자신을 포함하여 나이든 사람들을 향하는 시들이다. 여기서는 자연스럽게 훈계하고 가르치는 노인이 화자로 등장한다. 따라서 이런 시들은 일인칭 복수를 사용하며, 훈계조로 예의를 갖추어 권고 접속법(하자!)이나 미래 시제(할 것이다)를 사용하고 있다(6D=10W 1~14행, 1D=18~23W, 각주 20을 보라). 다른 부류는 "젊은이들"을 향하여 "너희"라고 일컫는 시들이다. 시인은 여기서 이인칭과 삼인칭의 직접 명령법을 사용한다("너희는 싸우라!" 혹은 "그들이…하라!" 7D=10W 15~32행, 8D=11W).[5]

먼저 나이든 사람들, 즉 가부장들을 염두에 두고 쓴 시를 보자. 이 시는 메세나의 토지를 소유하고 있는 스파르타인들에게, 만약 메세나 정복 지역이 다시 메세나인들에게 돌아갈 경우 그들 각자에게 발생할 결과를 전달하고 있다. 즉 모든 주인들은 자신의 토지를 잃을 것이고, 이로써 경제적 여건뿐만 아니라 시민권마저 위협받게 될 것이라고 말한다. 왜냐하면 스파르타에서는 토지 소유자만이 시민권을 행사할 수 있기 때문이다(6D=10W 1~14행).[6]

---

4. K. Latte, *RE, Orakel Suppl.* 843쪽 항목을 보라.

5. 칼리노스는 젊은이들(1D=2W 1행)과 가부장들(1D=2W 7행)을 구분하지 않았다. 아르킬로코스의 단편 3D=3W는 미래시제를 사용하고 있으나, 일인칭이 아니다. 문맥은 튀르타이오스의 단편 1D=18~23W 와 흡사한 것으로 보인다.

6. 이 시의 11행은 비겁함(10행을 보라)으로 인해 발생하는 법적인 명예손상에 관한 생각을 배제하고 있다. 비겁함이 아니라, 집과 가정의 상실이 남자와 그 집안사람들로부터 명예를 빼앗는다. "토지의 포기"(3행)는 단편 4D=2~4W에도 나타난다. 전쟁에서 패배한 사람은 이로써 농토를 포기하게 된다. 메세나에서 아무런 토지를 소유하지 못한 사람들은 'πόλιν'[도시]을 추가적으로 포기하는 것이다. 전쟁에서 패함으로써 그들이 "자신의 토지"를 상실하는 것은 아니지만, "제 조국의" 존재 기반을 포기하는 것이기 때문이다.

전선의 맨 앞에서 쓰러져 죽는다면, 죽음은 아름답다.

그는 조국을 위해 싸운 훌륭한 사람이다.

반면 제 조국과 풍요로운 토지를 포기하고

구걸하는 것은 가장 치욕스러운 고통을 가져다준다.

5 더군다나 사랑하는 어머니와 늙은 아버지와

어린 자식들과 아내와 함께 정처 없이 떠돈다면.

그가 찾아가는 사람들 마다, 굶주림과

가난에 시달리는 식구들을 미워한다.

집안은 창피를 당할 것이고, 빛나는 체면은 상처를 입는다.

10 불명예와 치욕이 그와 동반한다.

남자가 고향을 잃고 떠돌아다닐 때, 어떤 사려도

어떤 존경도 없고 그의 자손도 그러하다.

이제 우리 이 땅을 위해 용감하게 싸우자! 자손을 위해

죽되, 겁먹은 영혼으로 움츠리지 말자!

이 단편은 단순하고 분명하게 긍정적 사상과 부정적 사상을 전달하고 있으며, 결말 부분에서 이로부터 실질적인 결론을 유도하고 있다. 전장에서 쓰러진 사람은 이로써 스스로가 "훌륭한 사람"임을 입증하는 것이다. 전쟁에서 패하여 재산을 잃은 사람은 온갖 종류의 "치욕"이 그를 따라다니게 되는데, 즉 경멸과 가난이다.[7]

---

7. 손상을 입어서는 안 되는 '체면'(9행)에 관한 언급은 인상적이다. 'εἶδος'라는 단어는 '겉모습, 생김새, 아름다움'을 나타낸다. 이는 나중에 '종류, 부류' 등의 뜻으로 사용되었다. 플라톤은 이 단어로써 '이데아' 혹은 '이상형'을 나타냈다. 여기서는 분명히 스파르타의 남자들이 외적으로 자신을 드러내던 스파르타 문화의 '像'을 의미한다. 즉 잘 가꾼 외적인 모습, 의복, 걸음걸이와 생활모습을 통해 스파르타의 사내들은 기꺼이 조국을 위해 죽을 준비가 되어 있었고, 이에 대한 어떤 존경을 요구하였다. "εἶδος—νόος",『일들과 날들』714행(ἐλέγχω와 쓰여서는 불분명)과『오뒷세이아』제8권 176

이제 젊은이들을 향한 시를 보자(7D=10W, 15~32행).

젊은이들아, 싸우라! 서로서로 맞잡고 버티어라!

추한 도망이나 흉한 도망을 시작하지마라!

커다란 용기와 강인한 용맹을 보여주어라!

사람들과 들러붙어 싸움에 몸을 아끼지 말거라!

5 더 이상 무릎이 가볍게 움직이지 않는 나이 먹은

노인네들을 버려두고 도망하지마라!

나이 먹은 노인네가 젊은이보다 앞으로 나아가

엎치락덮치락하는 전투에서 쓰러져 죽는다면 부끄러운 일이다.

벌써 머리에는 흰 눈이 내리고 수염은 은발인 사람이

10 용감하게 먼지 속에서 숨을 몰아쉬고 있고

그는 자신의 손으로 피 묻은 아랫도리를 움켜쥐고 ―

이 얼마나 보기에 끔찍하고 흉측한 그림이란 말인가 ―

옷은 벗겨졌다. 젊은이들에게는 모든 것이 가능하니

사랑스러운 젊음의 싱그러운 꽃을 갖고 있구나.

15 남자들은 그의 모습을 보고 감탄하고, 여인들에게는 살아생전

사랑받으며, 전투의 선두에 서 있으니 아름답구나.

그러니 이제 앞으로 나아가 두 발을 굳건히 땅 위에

딛고 서 있어라! 이를 악다물고 각오를 다져라!

첫 세 개의 2행시 짝들은 번갈아가며 명령과 금지를 제시한다. 중간의 2

행 이하. "εἶδος—φρένες", 『일리아스』제3권 45행과 『오뒷세이아』제17권 454행. "ἐξαπατῶσ᾿ ἰδέαι", 테오그니스 128행. "οσσον ιδην", 사포 50LP. "εἴδωλα—καρδίη", 데모크리토스 단편 DK68B195=201 정암(데모크리토스가 아르킬로코스의 단편 60D=114W를 생각하고 있었음을 보여준다).

행시 짝들은 논증하고 있으며, 마지막 2행시 짝은 다시금 해야 할 일을 지시하고 있다. 생생하게 묘사된 그림들은 무엇이 "추한" 것이고 무엇이 "아름다운" 것인지를 제시하고 있다. 추하고 아름다운 것이 이 단편의 근본이념이며, 이런 개념들 사이에서 도덕적 가치평가와 미학적 가치평가의 구분은 불분명하다(특히 12행을 보라).[8] 인륜성이라는 영역은 아직 튀르타이오스에게 발견되지 않았다. 그의 사유는 잘 다듬어지고 구체적인 그림들로 작동하는 바, 그림들은 때로 아름답기도 하고 때로 거부감을 느끼게 만들기도 한다.[9] 또 하나의 대립은 젊은이들과 연장자들의 대립이다. 연장자들의 머리는 벌써 하얗게 세어 있다는 점에서 이런 대립은 매우 강한 대조를 형성한다. 스파르타의 관습에 따라 연장자들은 전선의 후미를 구성하며, 젊은이들은 전선의 맨 앞에 서 있게 된다.[10] 따라서 만약 젊은이들이 너무 빨리 달아나고, 그들만큼 재빠르지 못한 늙은이들을 죽도록 내버려둔다면, 이런 행동은 "추하고" 동시에 "파렴치한" 것이 된다. 죽어가는 연장자의 모습은 끔찍할 정도로 사실적으로[11] 묘사되어 있다.[12]

다음 엘레기의 마지막 2행시 짝도 분명 위기의 시대에 만들어져 다른 2행시 짝들과 마찬가지로 "젊은이들"을 향한다(8D=11W).

---

8. 독일어의 '추한hässlich'은 '혐오하다hassen'에서 파생되었다. 반면, 그리스어의 '추한 αἰσχρός'은 '창피, 모욕'을 의미하는 단어로부터 파생되었다.

9. 때문에 복잡한 영상의 여러 구성을 엄격하게 분석 평가하는 단편 9D=9W는 튀르타이오스의 작품이 아닐 수도 있다(이 책 633쪽을 보라).

10. U. Kahrstedt, *Griech. Staatsrecht*, Göttingen, 1922, I, 308쪽을 보라. 투퀴디데스 제5권 72, 3을 인용하고 있다.

11. 전사는 다만 짧은 윗도리만(바지를 입지 않고)을 걸치며, 중무장보병도 다만 상체만을 감싼다. 엉덩이와 하체 등은 아마도 자유롭게 움직일 수 있었을 것이다.

12. 『일리아스』제22권 71~76행과 매우 흡사하고, 반 행은 정확히 일치한다. 『일리아스』에서도 마찬가지로 젊은이에게 죽음은 아름다운 것임을 언급하고 있다. 그러나 『일리아스』에서 대조를 통해 표현된 생각은 튀르타이오스에게서는 두드러지지 않는다.

그러니 너희는 백전백승 헤라클레스의 자손일지라,
용기를 가져라. 제우스는 고개를 숙이지 않으셨다.
적들의 머릿수에 겁먹지 말고 두려워하지 말라!
남자답게 너의 방패를 잡고 앞으로 전진하라!
5 혐오스러운 삶이 되지 말며, 죽음의 검은 힘이
마치 태양에서 내려쬐는 빛처럼 달갑게 되기를.
너희는 많은 눈물을 가져오는 아레스의 끔찍한 일을
보라. 힘겨운 전쟁의 본성을 잘 보아 두어라.
너희는 도망치는 자들과 쫓는 자들과 함께 어울렸고
10 젊은이들아, 양쪽 잔을 잔뜩 마셨다.
어떤 사람들은 다른 사람들과 어울려 견디어내며
전열의 맨 앞으로 나아가 적과 맞붙어 싸웠다.
이들은 가장 적게 죽었으며 후미의 동료들을 구해주었다.
뒤로 물러서는 사람들은 모든 용기arete를 상실한다.
15 창피한 일을 행한 사람에게 생겨나는 나쁜 일을,
그 모든 고통을 누구도 일일이 묘사할 수 없으리라.
끔찍한 전쟁터에서 도망치는 사람의 등을 뒤에서
가격하기를 놓치지 않으리다.
먼지를 뒤집어쓰고 쓰러진 사내에게 추한 일은
20 창끝이 뒤에서 그를 관통하는 것이다.
그러니 이제 앞으로 나아가라, 굳건한 양 다리로
대지를 딛고 서라. 입술을 야무지게 악다물어라.
아래로 허벅지와 정강이와 위로 가슴과 어깨를
등이 넓은 방패의 널찍한 배로 가리고
25 오른손으로는 강력한 창을 멀리 던져라.

투구의 깃털은 강력히 움직이게 하라.

강력한 일을 행함으로 싸우는 일을 배우도록 하라.

방패를 가진 자는 창이 날아드는 밖으로 나가지 말며

다만 가까이 긴 창을 앞세우고 앞으로

30 혹은 칼로써 사나운 적을 가격하여 잡도록 하라.

발에 발을 맞대고 방패에 방패를 맞붙여 촘촘히 들고

투구 깃털과 깃털을, 투구와 투구를 맞대고

가슴을 가슴에 밀착시키고 적을 맞아 싸워야 한다.

아니면 칼자루를 혹은 긴 창을 손에 쥐고.

35 보병들아, 너희는 다른 사람의 방패 뒤에 몸을

숨기고 커다란 돌멩이들을 던져라.

잘 다듬은 창을 적들을 향해 던져라. 그리고

중무장을 갖춘 사람들 뒤에 몸을 붙이라.

튀르타이오스는 이 엘레기의 첫 부분에서 스파르타인들에게 제우스의 아들, 헤라클레스의 자손이라는 자의식을 고취시키고 있다.[13] 한편 자신의 손자뻘 되는 사람들과의 신의를 지켜갈 제우스, 전쟁의 지휘자에 대한 믿음을 강조하고 있다.[14] 이러한 희망으로 튀르타이오스는 어려운 반격(9행 이하)을 견디어내는 군대가 새로이 용기를 회복할 수 있도록, 각 병사들이 전쟁에서 용기를 낼 수 있도록 노래하고 있다. 튀르타이오스는 군대를 선동

---

13. 스파르타의 양대 왕가는 헤라클레스에서 유래하므로, 스파르타 전체를 하나의 집안으로 간주할 수도 있다.

14. "고개를 숙이다"는 노예의 상징으로, 노예는 고개를 바로 드는 법을 잊어버렸다. 왜냐하면 그의 어깨 위에는 언제나 무거운 짐이 들려 있기 때문이다. 굽어져 있음은 노예의 성격을 지시하기도 한다(테오그니스 535행 이하를 보라). 노예들은 바르지 못하고 친구를 저버린다고들 말한다(테오그니스 529행 이하).

하며 젊은이들에게 목숨을 가볍게 여기라고 부추기고, 생명처럼 죽음을 추구하도록 과장되게 자극한다. 이런 역설은 이어지는 대목에서 합리적으로 설명된다. 즉 전쟁터에 목숨을 던지는 사람은 대개 목숨을 지켜내며, 목숨을 구하기 위해 도망치는 사람은 누구보다 먼저 목숨을 잃기 때문이다 (5~20행). 이런 설명을 좀 더 구체적으로 보여주기 위해 튀르타이오스는 경고를 삽입한다. 즉 도망자는 남자의 진정한 가치인 '용기arete'를 완전히 상실하게 되며, 등에 입은 상처로 죽게 되는 것은 추한 일이며,[15] 잔뜩 겁을 집어 먹고 줄행랑치는 사람은 수없이 많은 창피를 당하게 된다.[16] 튀르타이오스의 다른 단편에서처럼 여기에서도 실제적 평가와 도덕적 평가가 서로 얽혀 있다. 그는 자신이 염두에 두고 있는 오로지 하나의 결론을 지지하는 모든 논의를 환영한다. 그 하나의 결론이란 '너희는 전쟁터에서 용감하게 행동하라!'이다. 이어 다시 한 번 그의 생각은 구체적인 형상으로 나타난다. 세 개의 2행시 짝들(21~26행)은 방어자의 굳건한 자세를 묘사하면서, 다리부터 머리끝까지 하나하나 신체와 무장을 언급하고 있다. 이어지는 세 개의 짝들(29~34행)은 동일한 방식으로 열심히 적을 공격하는 자를 묘사하고 있다. 여기서 튀르타이오스는 마치 전쟁을 벌이는 상대방들이 서로 몸과 무기를 완전히 밀착시키고 있는 것처럼 과장되게 이야기한다.[17] 이 두 개의 묘사는 하나의 2행시 짝에 의해 나뉘어져 있는데, 이 2행시는 전투에 처음 참가하는 젊은이에게 주의를 주는 내용이다(27행 이하). 반면 앞선

---

15. 16행의 "ἢν αἰσχρὰ πάθῃ".

16. 15행에서 과거시제로, 겁쟁이가 만약 전장에서 살아남는다면, 살아생전 내내 겪어야 할 나쁜 점을 언급하는 것으로 보인다. 튀르타이오스는 이 엘레기에서 오로지 전쟁터에서 남자가 가져야 할 자세만을 다루고 싶었기 때문에, 그 이상은 더 말하지 않는다.

17. 여기서 『일리아스』 제13권 130~133행이 모범으로 사용되었다. 그러나 『일리아스』는 다만 전선 맨 앞에 나란히 서 있는 사람들의 밀착된 상태를 말하고 있다.

부분(7~10행)에서 튀르타이오스는 이미 청중이 엎치락뒤치락했던 이전의 전투로부터 충분히 익숙해졌을 수도 있는 경험을 언급하고 있다. 후자의 경험과 전자의 미숙함으로부터 튀르타이오스는 동일한 결론을 이끌어낸다. 그는 한편으로 경험자에게 말을 걸고, 다른 한편 미숙한 자들에게 말을 걸며, 나머지에서 그런 구별 없이 말하고 있지만, 그것도 단락을 정확하게 나누지 않은 채 그렇게 한다 해도, 이는 사실 별로 중요하지 않다. 이 엘레기는 전체적으로 커다란 방패와 갑옷으로 중무장한 젊은 시민병사들(28행)에게 말하고 있는 바, 이들 시민병사들로 스파르타의 핵심군대가 편성되곤 하였다. 마지막 두 개의 2행시 짝은 가볍게 무장을 갖춘 이들을 위해 덧붙이는 말에 해당한다.

튀르타이오스의 전쟁시는 내용과 구성에 있어 저자의 사상보다는 의지를 표현하고 있다. 그의 사고과정은 적지 않게 비약이 심한 경우가 많으며 논증은 논란의 여지가 많다. 그의 지침에서는 실제적 이점에 관한 설명이 우리가 보기에 논리적으로 맞지 않는 방식으로 도덕적 훈계와 연결되어 있다. 그럼에도 불구하고 튀르타이오스에게 있어 옳고 바른 것은 누가 들더라도 전적으로 옳고 바른 것이어야 했다. 튀르타이오스가 다분히 상고기적 방식으로 시에 끼워 넣은 구체적 영상들에서 우리는 육체적 몸가짐과 정신적 태도가 일치함을 확인할 수 있다. 육체와 영혼은 서로 분리되지 않으며, 이는 마치 의지와 행동, 혹은 감정과 이성 사이에 전혀 차이가 없는 것과 비슷하다 하겠다.[18] 덧붙여 이런 영상들은 회화적 완성도가 높아, 이들은 가르침을 제대로 전달하는 데 유리할 뿐만 아니라 감화를 주기도 한다.[19] 이에 상응하여 끔찍한 영상들도 세세한 부분까지 상세히 그려져 있

---

18. 필요하다면, 감정은 의지에 의해 바뀔 수 있다. 그런즉, 삶을 미워하고 죽음을 사랑할 수도 있다.

어, 듣는 사람들로 하여금 소름이 돋도록 만든다. 또한 전체적으로 해야 할 것과 하지 말아야 할 것이 분명하게, 매우 극명하게 서로 대립되어 있다. 이런 극단적 대조는 하나의 분명한 행동 방향을 제시하는 데 유익하다 하겠다. 이런 시들이 주는 충격은 매우 큰 데 비해, 이런 시들에서는 호메로스의 전쟁장면 묘사에서 찾아볼 수 있는 것들이 결여되어 있는데, 느긋함, 풍성함, 폭넓은 규모, 급박한 움직임과 우아한 균형 등을 찾아볼 수 없다. 튀르타이오스는 언어와 표현을 대부분 영웅 서사시에서 가져오고 있지만, 문체적 특징에 있어 서로간의 차이는 뚜렷하다. 게다가 튀르타이오스의 영상 (7D, 7~13행; 8D, 21~38행; 6D, 4~10행)은 마치 실제 그림처럼 정지되어, 시간에 따른 움직임이 결여되어 있다.[20]

---

19. 가르침을 회화적인 것과 연결시키는 것은 고대사회를 통틀어 특징적인 것이다.
20. 베를린에 보관된 파피루스(단편 1D=18~23W)는 전쟁시의 일부를 담고 있다. 이 시들은 일인칭 복수, 미래 시제를 사용하고 있으며, 호메로스적 비유가 여러 차례 등장한다.

3. 알크만의 합창시

튀르타이오스가 진지하고 날카롭게 날이 선 엘레기를 통해 전쟁과 정치에 관해 노래하였던 7세기 후반의 스파르타에서, 알크만도 합창시를 짓고 노래하였다. 당시의 스파르타는 이민족 혹은 그리스 민족이 거주하는 소아시아에서처럼 아직은 화려하고 찬란한 예술 공연을 개방적 태도로 수용하였다. 한편으로 스파르타 사람들은 숨쉬기 어려울 정도로 몸을 죄는 갑옷처럼 엄격한 절제를 이제 막 걸치기 시작하였는데, 이로 인해 이후 그들은 명성과 악명을 동시에 얻게 된다. 당시 스파르타에 팽배하였던 고립적 배타성과 개방적 융통성이라는 양면성을 오늘날 발굴을 통해 드러나는 작은 규모의 많은 예술품들을 통해, 또한 알크만의 합창시를 통해 확인할 수 있다.

알크만의 합창시는 합창대 전체가 악기 반주에 맞추어 춤을 추며 노래 부를 수 있도록 지어졌다. 합창시를 공연하기 위해 성인남자, 혹은 소년들이나 소녀들로 이루어진 합창대가 축제의 옷을 걸치고 있고, 합창지휘자는 길게 늘어뜨린 옷을 입고 키타라를 들고 등장한다. 피리 연주자들도 공연에 참가한다. 합창지휘자가 키타라로 첫 음을 울리면, 분장을 한 합창대가 노래를 부르며, 박자에 맞추어 춤을 추기 시작하고, 노래되는 가사의 내용에 맞추어 의미 있는 율동을 제공한다.[1] 선율과 운율은 각각의 합창시마다 달리 창작되었지만, 하나의 합창시 내에서는 연구(聯句) 단위로 반복되었다.[2] 합창시는 다성(多聲)이 아니라 단성(單聲)으로 짜여 있었다. 가사에 나타나는 문체는 기교가 넘치고 화려했고, 내용은 기원(祈願)이나, 신화시대의 전설 혹은 개인적 생각을 담고 있었다. 합창대 지휘자는 돈을 받는 직업적인 예술가였을 것이며, 새로운 노래가사를 짓고 작곡을 하는 재능을 가진 사람이었을 것이니, 알크만이 그 예라고 하겠다. 하지만 합창대 가수들은 일반시민들이었고, 합창시를 공연할 때에 그들은 자신들이 속하는 공동체의 이름을 걸고 노래하였다. 합창대는 공동체 구성원 전체를 대표하였기에 합창시는 공동체 예술이었으며, 비극이 등장하기 이전 그리스 사회가 가지고 있었던 가장 뛰어난 집단 축제 예술이라 할 수 있다. 공동체의 모든 구성원들은 어렸을 때부터 합창시의 노래와 춤을 익혔다.[3] 이는 마치 이전 시대에 모든 사람들이 영웅 서사시를 노래할 수 있었던 것과 흡사하다. 따라서 합창대 지휘자는 어느 곳을 가나 그의 합창시를 공연할 합창대를 쉽

---

1. 오늘날의 그리스어처럼 과거의 그리스어도 또한 몸동작이 풍부한 언어이다. 발맞추어 춤을 추었을 뿐만 아니라, 온 몸을 사용하였는데, 특히 손과 팔을 사용하였을 것이다. *RE, Tanzkunst Suppl.* 2243쪽과 2246쪽을 보라.

2. 후대의 합창시들에서(예를 들어 핀다로스에서) 연구(聯句)는 삼련구로 확장된다. 이 책 809쪽 각주 2번을 보라.

3. 그들은 기꺼이 이에 참여하였다. 노래와 춤(μολπή τε γλυκερὴ καὶ ἀμύμων ὀρχηθμός)은 그들에게 즐거움을 제공하였으며, 이에 대하여 그들은 마치 잠이나 성욕과 같은 강력한 충동(ἔρος)을 느꼈다. 이런 장면은 『일리아스』 제13권 636~639행에서도 확인할 수 있다. 이는 그리스 합창시 전통이 『일리아스』만큼 오래되었다는 증거이기도 하다(그런 이유에서 그렇게 많은 수의 무사이 여신들이 존재하는 것이다). 다만 당시 합창시는 그다지 발전된 단계에 오르지 못했던 것으로 보이는데, 만약 그랬다면 알크만 이전의 그리스 합창시가 남아 있어 널리 유포되고 공연되었을 것이다.

게 찾을 수 있었다. 그는 이미 상당히 훈련된 합창대 가수들을 기용할 수 있었으며, 청중 역시 상당히 어려운 수준의 공연도 섬세하게 평가할 수 있을 정도의 감각을 갖고 있었다. 공연을 준비하면서 합창대의 참여자들은 시인에게 직접 시의 의미를 물어볼 기회를 가질 수 있었고, 관심을 가진 사람이면 누구나 공연에 앞서 노래를 충분히 익힐 수 있었다. 알크만은 자신의 노래 중 많은 것을 소녀 합창대를 위해 만들었다.[4] 공공장소에 모습을 드러내는 일에 있어 스파르타의 젊은 소녀들은 그리스 어느 지방보다 자유로웠다.

알크만은 스파르타 사람이 아니었다. 하지만 스파르타에 상당히 잘 적응하였던 것으로 보이며, 스파르타 방언을 편하게 사용하였다. 그는 소아시아 출신의 그리스인으로, 해안가에 자리 잡은 폐쇄적인 그리스 식민지가 아니라 막강한 뤼디아 왕국의 고도로 문명화된 수도, 소아시아 내륙의 사르데스 출신이었다. 소녀 합창대를 위한 노래 가운데 하나는 이렇게 시작한다(13D=2a E).

그는 농부도 무지렁이도 아니다. 그는 테살리아 사람도 아니고 에뤼시카 사람[저자주: 황량한 아르카디아 내륙의 민족]도 아니며 목동도 아니다. 그는[저자주 : 이 노래를 지은 사람은] 위대한 사르데스에서 왔다.

저자가 누구인지를 밝혀 두기 위해 시인들이 노래 중에 시인의 고향을 언급하는 경우는 흔한 일이고, 때로 시인들은 청중에게 신상정보를 알려 주어 시인에 대한 칭송으로 이어질 수 있게 하였다.[5] 하지만 지금 우리가 보

---

4. 동일한 것을 나중에 비극 합창대에도 적용할 수 있다. 시인 자신이 노랫말을 공부시켰으며, 공연에 앞서 개인들에게 가사를 제공하였다. 왜냐하면 합창대는 아테네의 시민으로 구성되었기 때문이다.

는 알크만의 자기 자랑은 여타와는 매우 상이하다. 어떤 시인도 자신의 고향을 자랑스럽게 언급하기 이전에, 알크만처럼 자신이 어떤 사람이 아닌지, 어디 출신이 아닌지를 밝히는 경우는 없었다. 또한 그리스 초기 문학에서는 시인이 자기 작품을 노래하는 가수에게 자기 작품이 날개를 달고 가수의 이름을 산과 바다를 건너 멀리까지 가져갈 것이라고 약속하는 경우가 종종 있었다.[6] 하지만 알크만처럼 자신의 노래가 도달하기를 바라는 곳에 살고 있는 사람들을 민족별로 차례로 열거한 예는 우리가 알고 있는 한에서는 없다(118 Bergk, 127~129 Bergk). 그가 열거한 이름들 가운데는 전혀 알려지지 않은 민족들과 신화로만 전해지는 변경 민족들이 끼어 있는데, 고대의 철학자들은 이들이 과연 누구일까를 두고 오랜 노력을 해야 했다. 작품에서 이렇게 다양한 민족들의 이름을 열거함으로써 작품 전체는 손에 잡힐 듯 특별한 사실성을 획득하는 바, 이름이란 사물을 다른 어느 형용사보다도 정확하고 분명하게 지시하는 것이기 때문이다. 반면 이름은, 이런 이름을 사용하는 사람들에 관해서 전혀 알지 못하는 사람들에게는 단지 공허하게 들릴 뿐이다. 앞으로 다루겠지만, 알크만의 작품은 내용을 알고 있는 사람들에게만 어떤 의미를 가질 수 있는 정보들과 연관성들로 가득 차 있다.

알크만의 과장된 이런 자기 자랑은 당연히 익살로 보아야 한다. 하지만 과장을 감안하더라도 자기 자신만의 고유한 가치에 대한 강한 확신을 여전히 엿볼 수 있는데, 당시 모든 그리스 시인들은 스스로에 대한 이런 강한 자부심을 보여주고 있다. 직업적 시인들은 자신의 직업이 지닌 의미를 청중에게 드러내는 것이 실제적이라고 보았으며, 진정한 시인은 이런 막중한

5. 『아폴론 찬가』의 시인이나, 테오그니스 22행 이하를 보라.
6. 『신들의 계보』 237행 이하, 핀다로스 『네메이아 찬가』 5번 1행 이하.

임무를 완수해야 한다는 생각에 압박을 느꼈을 것이다. 알크만은 합창대가 이렇게 노래하도록 만들었다(20D=37E).

우리 소녀들은 모두 하나가 되어 뤼라 연주자를 칭송한다.

알크만은 아르킬로코스(1W)처럼 전사이자 시인의 역할을 동시에 수행하지는 않았다. 하지만 그는 자신의 직업 활동을 스파르타 군대의 전쟁 행위와 같은 선상에 놓는다(100D=62E).

무기가 하는 일은 키타라를 아름답게 연주하는 일과 맞먹는다.

현악기(키타라Kitharis 혹은 99D=143E에 보이는 마가디스Magadis)는 음악 예술 전반을 상징하는데, 합창대 지휘자가 현악기를 가지고 합창대원들에게 선율과 박자를 지시하였기 때문이다. 하지만 현악기의 짤막하고 엷은 소리는 열 명 내지 열두 명으로 이루어진 소녀 합창대의 목소리에 묻혀 청중에게 들리지 않았다. 정작, 반주라고 할 수 있는 것은 고음에서 밝게 울리는 '피리'(정확하게는 쌍피리Aulos) 소리뿐이었다. 피리는 소아시아 프뤼기아에서 유래한 것으로 그리스인들은 이를 늘 오리엔트 풍으로 여겼다. 알크만이 고용한 피리 연주자들도 프뤼기아 출신이었는데, 아마도 그들은 노예였을 것이다. 또한 그들의 이름은 칭찬의 말과 함께 알크만의 시에 언급되는데, 이들 중 '삼바스Sambas'(112 Bergk=104E, 97D=80E)처럼 매우 특이하게 들리는 이름도 있다. 피리 연주자들은 각 합창곡마다 새로운 '곡조'를 만들어냈다(7D=8E).

무사이 여신들이여, 맑은 소리의 무사이 여신들이여, 언제나 다양한 곡을 만들어내는 이여, 소녀들을 위해 새로운 곡을 시작하소서.

선율의 주요 동기는 새들의 노래를 흉내 낸 것이다.

(93D=70E) 나는 모든 새들의 노래를 알고 있다.

(92D=25E) 알크만은 카카비스 새소리를 흉내 내어 노랫말과 선율을 만들었다.

그리스 음악에서 여성의 목소리는 종종 새소리와 비교되었다. 이와 반대로 그리스 신화에서는 노래하는 새를 변신한 여인이라고 생각했으며, 새들이 부르는 노래는 여인이 변신하기 전 겪어야 했던 운명을 내용으로 삼고 있다고 해석되었다. '물총새Halkyon'도 애틋한 전설을 가지고 있다. 사람들은 말하기를, 나이 많은, 늙은 수컷 물총새들이 암컷의 날개에 매달려 있다는 것이다. 이를 빗대어 알크만은 자신이 늙어 합창대 지휘자로 춤을 이끌 수 없게 되자, 다음과 같이 말한다(94D=26E).

달콤하고 매혹적인 목소리를 가진 소녀들이여, 다리는 이내 늙은 몸을 지탱하지 못한다. 만약 내가 물총새라면 나의 짝과 함께 마음에 두려움 없이, 붉은 빛의 신성한 새가 되어 파도의 왕관을 차고 날아오르련만.

합창시는 집단 예술이었기 때문에, 합창대 소녀들은 또한 직접 작사와 작곡, 춤의 안무 등에 기여하도록 알크만의 지휘를 받기도 했다(102D=130E).

우아한 무사이 여신들의 선물이 소녀들 가운데 행복한 사람, 금발의 메갈로스트라타에게도 주어졌다.

만약 합창시들이 공연에 앞서 전체적으로 완성되어 있었다고 한다면, 이것은 지나치게 현대적인 생각일지도 모른다. 아마도 합창시는 합창대 연습 과정에서 비로소 다듬어지고 최종적으로 완성되었을 것이다. 합창시 안에서 시적 환상을 스스로 깨뜨리며 작품의 생성과 완성과정을 언급하는 일은 합창시 문체에 속한다. 이런 방식으로 축제의 공연상황은 물론 공연에서 다루는 대상과 공연에 참여한 매체들도 동시에 시에 반영됨으로써 시를 완성한 사람과 이를 연주한 사람의 이름을 기릴 수 있다. 합창대 소녀들은 합창대 지휘자는 물론 서로를 칭찬하며, 알크만도 다시 소녀들의 우아함과 재주를 칭찬한다.[7]

100년 전에 이루어진 파피루스의 발굴 덕분에 알크만이 지은 소녀 합창시들 가운데 하나를 상당 부분 볼 수 있게 되었다.[8] 이 단편의 처음은, 신화시대에 헤라클레스 그리고 카스토르와 폴뤼데우케스 쌍둥이 형제(?)와 싸움을 벌이다 죽은 자기 고향의 영웅 형제들을 노래하고 있다. 알크만은 전쟁 과정을 이야기하지 않고, 다만 "그냥 지나칠 수 없는" 영웅들 모두를 열거하고 있다. 여기서 우리는 또 다시 계속 이어지는 이름들을 듣게 되는 바, 짤막짤막한 11행에 11명의 이름이 언급된다. 이어 인간적인 한계에 관한 일반적 고찰이 이어지는데, 이런 고찰은 다음과 같이 시작한다(1D=1E 13행).

아이사와 포로스, 신들 가운데 가장 명예로운 분들

아이사Aisa는 할당 받은 몫이나 운명을 의미하며, 포로스Poros는 입구와

---

7. 카마일레온Chamaileon이 행한 단편 102D=130E의 일화 해석은 일고의 가치도 없다.
8. 여기에 덧붙여 오늘날 *Ox. Pap.* 2389(제24권, 1957)에서 단편 6D=15E, 7D=8E+12E+13E의 주석 일부를 발견하였다.

출구, 도움 같은 것을 의미한다. 아이사가 우리로서는 도저히 벗어날 수 없는 운명을 강제한다면, 포로스는 기민한 사람 혹은 총애를 입은 사람에게 그로부터 벗어날 수 있는 기회를 제공한다.[9] 아이사와 포로스가 "가장 명예로운 (가장 오래된) 분들"로 불릴 때, 이는 절대적 필연과 상대적 자유가 세계의 근본 원리임을 역설하고 있는 것이다.

이어지는 대목에서 알크만은 아이사와 포로스를 설명하고 있다. 아이사는 우리 인간 운명을 확정하여 신들 아래에 멀리 두었다.

인간의 야욕은 하늘을 향해 날아 솟아올라서는 안 된다.[10] 인간은 퀴프로스의 주인 아프로디테와 결혼하려 해서는 안 된다. 바다 신 포르코스의 어여쁜 딸들 가운데 한 명과도 결혼하려 해서는 안 된다.

힘겨운 싸움에도 불구하고[11] 인간은 결코 신적인 것과 완벽한 것의 세계를 정복할 수 없다. 아무리 싸워도 인간에게는 하늘 높은 곳, 바다 깊은 곳은 열리지 않는다.

---

9. 이런 의미에서 'πόρος'는 에우리피데스 『메데이아』 1418행에서 볼 수 있다. 포로스와 아이사의 대조는 단편 110D=142E에서 발견할 수 있다. "목구멍은 좁고(알아차리기에도 어렵고 지나가기에도 힘겨운), 강제(필연성)는 가차 없다." 이와 유사한 쌍으로 아르킬로코스의 단편 8D=16W에서 Tyche(운명, 우연, 성공)과 Moira를 볼 수 있다. 이 책 247쪽을 보라. 또한 Wilamowitz, *Hermes* 64, 486쪽을 보라.

10. 나는 이 구절을 이렇게 읽었다. 'ἀπέδιλος ἀλκὰ μή ποκ' ἀνθρώπων ἐς ὤρανὸν ποτήσθε'. 'ἀπέδιλος'라는 단어는 아이스퀼로스의 『결박된 프로메테우스』 135행에 등장한다. 양쪽에 있어 '하늘을 날다'라는 단어가 등장하는 것은 결코 우연이 아니다. 흥분된 성급함을 표현하는 단어로서 'ἀπέδιλος'는 아이스퀼로스의 문맥보다는 헬레니즘기 문학에 잘 어울린다. 나는 'ἀπέδιλος'를 '날아'로 번역하였다. 에우리피데스의 『헬레네』 1516행을 보라. "πτεροῖσιν ἀρθεῖσ' ἢ πεδιστιβεῖ ποδί" (요즘 Denys Page *Alkman, the Partheneion*, 1951, 34 쪽 이하를 보라.)

11. 'ἀλκή'는 '힘'이 아니고 '방어, 싸움, 저항'을 나타낸다.

사랑스러운 속눈썹을 가진 카리스 여신들만이 제우스의 집에 발을 들여놓
는다.

투쟁의 폭력이 아니라, 카리스Charis(우아, 사랑스러움, 호의, 친절 등)가 인간
을 신들의 집과 권좌로 이끌어 주는데, 인간은 신들에게 손님으로서 다가
가는 것이 허용되지만, 거만하게 많은 권리를 주장해서는 안 된다. 카리스
여신들은 무사이 여신들과 함께 올림포스에 살고 있으며(헤시오도스『신들
의 계보』 64행), 시인의 아름다운 예술이 그 길을 열 수 있다. "제우스의 집
에 나의 노래가 흡족하기를"(32D=58E). 운명으로서의 아이사가 인간과
신을 영원히 분리해놓았다면, 훌륭한 재능을 소유하고 효과적으로 사용하
는 포로스는 이런 단절을 건너갈 수 있는 다리를 놓아준다.[12]

　알크만의 합창시에서 읽을 수 있는 이런 것들이 상당히 추상적인 철학
적 사유를 입증하는 놀라운 증거라고 할 때, 우리는 1957년 이래로 두 번
째 증거를 확보할 수 있었다. 합창시 본문은 상실되었지만, 우리는 알크만
의 합창시에 대해 다음과 같은 주석 단편을 읽게 되었다(Ox. Pap. 2390 단
편 2=5LP). "이 시에서 알크만은 자연에 관해 사유하고 있다φυσιολογεῖ."
이어 주석자는 덧붙이기를, 시인이 세계의 생성을 몇 가지 근본 원리로
환원하였다는 것이다. 원리 가운데 하나는 다시금 "오래되고 명예로운
πρέσγυς" 포로스였다. 하지만 이번에 그 짝은 아이사가 아니라 "테크모
르τέκμωρ"였으며, 이는 운명의 일종으로 (강제적) 구속[13]이라는 의미를 갖

---

12. 아이사 혹은 모이라가 세워놓은 심연을 '카리스 여신들χάριτες'에 의해 건너가는 일
　　은 아이스퀼로스의『제주를 바치는 여인들』 319행 이하 "σκότῳ φάος ἀντίμοιρον,
　　χάριτες δέ"(기원의 노래)를 보라. 핀다로스의『퓌티아 찬가』 5번 96~107행(칭송
　　의 노래)을 보라. 플루타르코스『윤리론집』 745c 이하 "ἄμουσον γὰρ ἡ ᾿Ανάγκη,
　　μουσικὸν δ᾿ ἡ Πειθώ"를 보라. 아이스퀼로스『아가멤논』 182행 이하에서 신들의
　　'βία'와 'χάρις'. 또한 이 책 587쪽 각주 25번을 보라.

는다.[14] 알크만이 보기에 '열린 가능성과 구속하는 강제'라는 개념 짝은 세계의 질서와 연결되어 있는 바, 이 양자는 밤과 낮을 구분하였고 이에 상응하는 태양과 달을 창조하였으며, 또 세상의 모든 것이 달려 있는 운행과 국면 및 절기를 확정하였다. 나중에 새로 발굴된 단편에 대하여 보다 자세히 언급할 기회를 가질 것이다(이 책 477쪽 이하를 보라). 이제 앞서의 소녀 합창시로 돌아가보자.

이어지는 시행들은 심하게 훼손되었다. 다만 확인할 수 있는 것은 다시 한 번 전투가 언급되고, 영웅들의 죽음 혹은 신들에 대항하는 거인들의 죽음을 이야기하고 있다는 점이다. 이런 신화의 마지막 부분에는 다음과 같은 문장이 잇따른다(1D=1E, 34행).

그들은 흉악한 일을 한 만큼 끔찍한 일을 겪었다. 그것은 신들의 처벌이었다. 눈물 없이 즐거운 마음으로 하루의 그물을 짜 넣은 사람은 행복하다.

우리보다 힘센 신들의 개입 때문에, 오늘 다르고 내일 다를지 모르는 우리네 인생의 불확실성에도 불구하고, 눈물 없이 마무리한 즐거운 하루는 모든 인간적 행복의 본령(本領)이다. 그러니 우리는 이런 하루를 즐겨야 한다[15]는 것인데, 이것은 앞서 보았던 '하루살이' 인간 본성을 적용한 예라고

13. 『일리아스』제1권 526행 이하. '테크모르'와 같은 어원을 갖는 동사 'τεκμαίρεσθαι'는 호메로스에서 늘 '확정하다, 결정하다'를 의미했다. 『일리아스』제13권 20행에서 단 한 번 'τέκμωρ'는 '목적지'라는 뜻으로 쓰였다. 네 번에 걸쳐 이 단어는 'μῆχος'(계책)와 동의어로 사용되었는 바, 원하는 것을 획득하기 위해 먼저 '확보해야'하는 무엇 (『오뒷세이아』제4권 373행, 『일리아스』제2권 343행)을 의미한다.
14. 매우 반갑게도 새로이 발굴된 원문은 알크만의 소녀 합창시에 대한 우리의 주석에 확증을 제공해주고 있다.
15. 핀다로스 『이스트미아 찬가』 7번 40행과 유사함. 알크만의 시행(1D=1E 34~36행)과 핀다로스의 47행 이하를 비교하라. "하늘을 향해 솟아올라서는 안 된다"(1D=1E 16

하겠다.

합창시는 이제 "하지만 나는 아이기도의 빛을 노래한다"라는 말로 새로운 이야기를 꺼낸다. 화자인 '나'는 합창단 구성원 각각에 모두 해당된다. 아이기도Aigido는 소녀들 가운데 한 명이다. 이하의 시행들은 아마도 원래의 시 전체의 절반인 듯한데, 여기서 시인은 합창대 구성원을 칭송하고 있다. 열 명의 합창대를 하나하나 이름과 함께 열거하며(다시 한 번 이름 목록이 등장한다), 각자의 칭송할 만한 점을 언급하고 있다. 시의 처음 절반과 다음 절반이 나뉘는 자리에는 다음과 같은 연결고리를 두었는데, 순간이 우리에게 주는 것을 즐기도록 권하는 호소의 변(辯)과, 합창대가 공연하는 바로 그 순간을 비추는 영광의 변이 그것이다.

시의 다음 절반은 잘 보존되어 전해지고는 있으나, 상당히 이해하기 어려운 내용을 담고 있다. 왜냐하면 알크만은 정확히 어떤 특정한 사건과 사건 정황을 겨냥하여 시를 썼기 때문에, 이 사건을 모르는 사람에게 시는 마치 수수께끼처럼 보일 수도 있기 때문이다. 아마도 이 부분 시행들은 본래 목적을 완수하고 나면 폐기되어야 했을 것이며, 공연에서는 매번 다시 새로운 시행으로 채워져야 했을 것이다. 하지만 그런 일은 발생하지 않았으며, 그 이유는 아마도 스파르타 문화의 완고함에 근거를 두고 있을 것인바, 그들은 일단 한 번 소유한 것은 그때부터 그대로 계속 유지하려 했던 것이다.

"그것은 신의 처벌이었다"라는 구절로 하나의 시련구가 시작된다. 시련구의 나머지는 다음과 같다(39행 이하).

하지만 나는 아이기도의 빛을 노래한다. 나에게 그녀는 태양과 같이 [이

행)는 핀다로스 44~47행과 비교하라. 전체적인 시상은 핀다로스에서 반복된다(이 책 879쪽 이하).

부분은 해석 불가능] 빛난다. 하지만 나는 그녀를 칭송하지도 비난하지도 못한다. 나를 막는 것은 칭송받는 합창대 대표자이니, 그녀는 풀을 뜯는 가축들 가운데 암말 한 마리를 세워놓은 듯하다. 재빠르고, 땅을 울리는 발굽을 가진 말은 경주에서 상을 타고, 바위 아래 사는 꿈들 가운데

정취가 가득한 마지막 구절은 해석하기가 어렵지만, 나머지 동물의 비유는 분명하고 단순하다. 스파르타에서는 젊은 사내들의 무리를 '가축떼ἀγέλαι'라고 불렀는데, 말은 호메로스 이래로 당당하고 자신감 있는 아름다움을 상징한다. 아리스토파네스(『뤼시스트라테』 1308~15행)도 또한 스파르타의 여인들을 암말에 비유하고 있다. 위에서 그려진 바는 아래 시행에서 조금 더 이어진다(49행 이하).

> 너는 보지 못하는가? 이 경주마는 베네티아 소산이다. 사촌 하게시코라의 갈기는 순금처럼 맑게 빛난다. 그녀의 얼굴은 화려한 은빛으로 빛난다.[16] 내 네게 뭘 말할까? 하게시코라가 저기 있다. 아름다움에 있어 두 번째인 아이기도는 그 다음으로 달려간다. 이베니아의 암말 뒤에 있는 콜락사의 암말이다. 왜냐하면 플레이아데스와 우리가 싸우니, 우리는 오르티아에게 옷을 바친다. 암브로시아의 밤에 솟아오르는 시리우스에게 바치듯.

이 시행의 대략적 의미는 다음과 같다. 우리 합창대는 스파르타 젊은이들을 지키는 아르테미스 오르티아에게 해마다 옷을 가져다 바친다.[17] 우리 합

---

16. 나는 'διαφαδάν'를 앞선 시행에 연결시켰다. 왜냐하면 여기서 휴지를 두는 것은 너무 지나친 것 같기 때문이다. 'λέγω' 동사에 붙이는 것은 전체적으로 단순한 의미를 혼란시킨다. 테오크리토스 18G, 26에서는 다음과 같이 적고 있다. "ἀὼς ἀντέλλοισα καλὸν διέφανε πρόσωπων".

17. '오르티아'와 '옷'에 관해서는 J. A. Davison, *Hermes* 73, 1938, 446~450쪽을 보라.

창대는 아름다움과 노래를 놓고 다른 합창대, 즉 플레이아데스 합창대와 겨루어야만 한다. 시리우스(천랑성)는 사악하고 위험한 것으로 간주되는데, 이글거리는 여름더위를 가져오기 때문이다. 시행의 마지막은 꿈속의 암말들을 언급한 앞선 시행과 마찬가지로, 혹은 제우스의 집에 사는 카리스 여신들을 언급한 좀 더 앞선 시행과 마찬가지 시적 영상으로 마감된다.

이제부터 (64행 이하) 시의 의미는 매우 불분명해진다. 다른 합창대와 비교해서 우리 합창대의 특별한 장점들이 이야기되는 것처럼 보이는데, 특히 소녀들이 매달고 있는 많은 장식들이 언급된다. 걸쳐 입은 자색 옷, 금으로 만든 알록달록한 뱀(팔찌), 뤼디아에서 수입한 머리띠 등이 속눈썹을 곱게 치장한 소녀들의 자랑거리다. 이후 소녀들은 스스로를 '난노의 머리카락', '신과 같이 아름다운 아레테' 등 여러 이름으로 부른다. 나아가 합창대들 간의 경쟁이나, 소녀들 간의 열정적인 애정 등을 언급하며, 이 시행은 '그러나 하게시코라가 나를 붙들고 있다'로 끝을 맺는다.[18]

새로운 시행(78행 이하)은 하게시코라와 아이기도가 신들에게 짧게 올리는 기도로 시작한다. "신들이여, 당신들에게 올리는 기도를 받으소서. 당신들에게 그 모든 성취가 달려 있습니다." 마지막에서는 하게시코라 덕분에 쟁취하였던 지난번 경기에서의 승리를 언급하고 있다.[19] 마지막 시련구는 합창대 지휘자 소녀를 마차의 우두머리 암말 혹은 배의 키잡이와 비교하는데, 합창대 음악에 있어 그녀는 거의 세이레네스에 버금간다. 합창대는 "마치 크산토스 강변의 백조처럼 노래한다, 그리고 매력적인 머리칼을 가진 저 소녀는." 여기서 전승된 원문은 끝난다. 우리는 여기서 마지막 네

---

18. Page가 편집한 파피루스의 77행에도 'τηρεῖ'가 아니라 'τειρει'가 나타난다(앞서 이 책 299쪽 각주 10번을 보라). 그 의미는 불분명하다.

19. "πόνων ἰάτερ"(88행)를 핀다로스의 『네메이아 찬가』 4번 1행 "εὐφροσύνα(승리 축하) κεκριμένων πόνων ἰάτρος"와 비교하라.

행만이 없어졌다는 것을 알고 있다.

방목장에서 즐겁게 뛰어노는 말들의 놀이처럼, 합창시의 후반부에서 우리는 커다란 의미나 심오한 뜻을 갖지 않는 그런 흥겨운 놀이를 관찰하게 된다. 소녀들은 생기 넘치고, 유쾌하고 익숙한 목소리로 자신들의 관심[20]을 노래하고, 이를 즐겁게 지켜보는 사람도 소녀들이 얻는 즐거움에 기꺼이 참여하게 된다. 이와 같이 주어진 기회에 따라 창작된 가벼운 합창시는 합창시가 노래하고 있는 무상한 하루 이상의 의미를 갖고자 하지는 않는다. 분명히 합창시는 합창시가 속해 있는 순간의 현실을 명시적으로 가리킨다. "나, 네게 뭘 말할까? 하게시코라가 저기 있다." 간결하고 아름다운 비유에 나타난 형식은 놀라울 정도로 강력하지만, 여타 부분에서 나타난 형식은 짤막짤막 산산이 부서져 있거나 혹은 열거하며 지나치게 늘어지고 있다.

규모가 큰 소녀 합창시에서 발견되는 특징을, 우리는 현재 남아 있는 알크만의 수많은 단편들에서 재발견한다. 예를 들어, 그가 자기 자신 혹은 자기 자신과 긴밀한 관계를 유지하고 있는 다른 사람을 언급할 때 흔히 나타나는 익살스러운 목소리, 세세한 일상생활, 심지어는 매우 사소한 것까지 보여주는 섬세함 등을 발견할 수 있다. 알크만은 여섯 가지 포도주의 종류를 하나하나 나열하거나(53D=139E), 구워 만든 과자를 여러 종류 나열하거나(55D=138E, 63D=23E), 혹은 다음과 같은 시행을 쓰기도 한다(49D=46E).

언젠가 나는 너에게 커다란 세발솥을 줄 것이니, 너는 거기에 [원문 유실]

---

20. 우리는 여기서 소녀들이 후반부를 창작하는 과정에 적극적으로 기여하였음을 알 수 있다.

함께 담을 수 있을 것이다. 지금까지 그 세발솥은 한 번도 불에 닿지 않았다. 하지만 곧 솥은 완두죽으로 가득 찰 것이고, 뭐든지 잘 먹는 알크만은 하지 이후 그것을 찾을 것이다. 왜냐면 알크만은 고급스러운 음식을 먹지 않으며, 다만 시민들이 먹는 대중적인 것을 좋아하기 때문이다.

알크만은 두 가지 다른 음식이름들과 함께 '벌집'을 가리키는 상당히 고상한 표현인 "밀랍의 추수πηρίναν ὀπώραν"(50D=140E)를 언급하기도 하는데, 이는 내용적으로 꿀을 의미한다. 이렇게 알크만에서 시적인 표현과 산문투가 거칠게 충돌한다. 한 쌍의 사자와 함께 밤에 열리는 디오뉘소스 축제에 참여한다고 사람들에게 알려져 있는 여신 아르테미스에게[21] 그는 이렇게 말한다(37D=47E).

종종 산정에서 횃불을 밝힌 축제가 열리면, 신들에게 사랑받는 축제에 당신은 황금의 그릇, 목동들이 사용하는 커다란 접시에 당신의 손으로 직접 사자의 젖을 담아 옵니다. 그것으로 커다란 젖묵, 흰 빛깔의 커다란 덩어리를 만들어.

계절의 변화에 대해서 그는 다음과 같이 생각한다(56D).

그는 먼저 세 번의 계절을 만들었다.
여름과 겨울과 세 번째로 가을을.

---

21. 아르테미스에 대한 해석을 Wilamowitz가 *Glauben der Hellenen* II, 80쪽 이하에서 제시하고 있다. 여기서 그는 핀다로스의 단편 70b Snell 19행 이하를 인용하고 있다. 이 단편과 여기에 속하는 다른 단편들에 관하여, Peter von der Mühll, 'Kultische und andere Mahlzeiten bei Alkman', *Schweiz. Archiv f. Volkskunde* 47, 1951, 208~214쪽을 보라.

또 네 번째로 꽃이 만발하는 봄을.
허나 봄은 먹을거리가 부족하였다.[22]

먹고 마시는 것과 관련된 시행의 상당 부분이 아테나이오스 덕분에 전해진다. 알크만 시의 다른 주제들은 대체로 내용이 불분명한 상태다. 우리가 가지고 있는 자료들이 너무 부족한 형편이다. 신화를 다루고 있는 작품들 가운데, 우리는 다만 그가 소재와 표현을 상당부분 호메로스에게서 빌려온다는 정도만을 알고 있다. 예를 들어, 단편 80D=54E를 보자.

예전에 키르케는 영리한 오뒷세우스의 동료들의 귀를 밀랍으로 막았다.

혹은 단편 28D=57E를 보자.

여신은 강한 손으로 그의 머리 위 머리카락을 잡았다.

이것은 『일리아스』 제1권의 한 장면(197행 이하)을 연상시키는 단편이다. 또 하나의 단편은 이야기를 시작할 때 상용되던, 상당히 오래된 전통적 표현 "옛날에"를 보여준다(84D=75E).

옛날에 케페우스라는 남자가 살고 있었다. 그는 [내용미상]을 다스리고 있었다.

각 단편들에서 교훈적 가르침은 전혀 찾아볼 수 없으며, 그런 가르침이 들어 있다면 매우 우연적인 것이다. 장편의 소녀 합창시에서 우리는 합창시에서 흔히 나타나는 인생 전반에 관한 설명을 읽을 수 있다. 이 부분에서 주

---

22. 봄에 이르면, 지난 가을 수확이 거의 바닥에 이른다.

목할 만한 가르침이 등장하는데, 인생을 '아이사'와 '포로스'의 대립으로 설명하는 것이다. 이런 가르침이 등장하는 부분의 문제는 헤시오도스의 『신들의 계보』와 동일하다. 흔히 우연, 행운, 성패에 대한 알크만의 설명 또한 헤시오도스의 사유방식을 연상시킨다. 이 단편에서 '튀케'(44D=66E)는 정치적 성공을 의미한다.[23] 알크만은 '튀케'를 프로메테이아Prometheia(예견)의 딸이며, 에우노미아Eunomia(국태민안)와 페이토Peitho(설득)의 자매라고 설명하고 있다. '딸'이라는 표현은 단편 43D=48E에서 자연의 상관관계를 의미한다.

헤르사(이슬)가 키우는 (꽃들은?) 제우스와 셀레네의 딸이다.

제우스는 여기서 하늘의 신이며 동시에 날씨의 신이다. 밝은 달밤이면 하늘에서 많은 이슬이 내려온다. 또 하나는 자연에 관한 전혀 다른 심오한 생각으로부터 만들어졌는데, 여기서는 세계가 한밤의 고요함에 젖어 있을 때 태양을 숨기고 있는 거의 신화적 존재에게 가까운 산에 관해 언급된다(59D=64E).

숲으로 만발한 리파 산은 검은 밤의 가슴이다.

자연을 신체의 일부로 묘사하는 동시에 경건하게 숭배되는 존재로 이해하고 있는, 번역 불가능할 정도로 심오하고 강력한 시어들은[24] 소녀 합창시의

---

23. 핀다로스의 『올륌피아 찬가』 12번 1행 혹은 단편 39Snell에 언급된 튀케 혹은 헬레니즘 시대에 언급되는 도시의 튀케 등을 비교하라.

24. '숲'은 산림경제에 관해 전혀 알지 못했던 그리스인들에게는 자연적으로 주어진, 커다란 야생상황을 의미한다. '($\dot{\epsilon}\pi$)$\alpha\nu\theta\dot{\epsilon}\omega$'라는 단어는 솜털, 꽃, 미광 등과 같은 것이 대상을 뒤덮는 것을 의미한다.

각 시련구 마지막 부분들에서 보았던 아름다운 영상을 연상시킨다.[25]

알크만은 무사이 여신들 가운데 하나를 스파르타로 청한다(67D=43E).

> 제우스의 따님, 칼리오페여, 오십시오.
> 사랑스러운 노래를 시작하십시오. 아름다움으로
> 우리의 노래를, 우아함으로 우리의 춤을 꾸미십시오.

우리는 오늘날도 여전히 알크만의 시에서 극적이고 신선하며, 인간적 온기를 느끼게 하는 매력과 아름다움을 엿볼 수 있다. 반면, 다른 부분에서는 산문적인 건조함이 보이기도 한다. 고도의 문명을 갖춘 뤼디아로부터 이

---

25. 알크만의 이름으로 전해지는 아름다운 단편 58D=36E의 진위 여부는 아직도 논란거리이지만, 이 단편은 상당히 현대적인 정취를 보여준다.

> 산의 정상이며 계곡이
> 벼랑이며 낭떠러지가 잠들어
> 숲과 검은 대지가 키운 모든 것들이
> 산 속에 사는 동물들이나 벌의 종족들이
> 진홍의 바다가, 심해에 사는 존재들이
> 날개를 넓게 펼친 새들의 종족이 잠들었다.

짐승뿐만 아니라 산과 계곡, 벼랑과 낭떠러지가 깊은 잠에 빠졌다고 생각을 하기까지는 알크만 이후 수세기가 지나야 할 것으로 보인다. 또한 생명을 가진 자연을 상징하는 님프가 아니라, 자연물 자체가 그러하다는 생각도 나중에야 비로소 가능할 것처럼 보인다. 시모니데스의 시편에서 다나에가 "바다는 잠들기를, 이를 수 없는 고통이 잠들기를"(단편 13D=27E, 이 책 589쪽 이하를 보라.)이라고 기도할 때 '잠들다'라는 표현은 화자가 현재 겪고 있는 현실 여건이 실제로 변화하는 것에 대한 생생한 묘사일 뿐, 과장된 '허위 감정'이 아니다. 좀 더 정확한 판단 위해 우리는 현재 우리가 가진 단편들보다 양적으로 풍부한 그리스 초기 문학을 확보해야 할 것이다. 앞서 알크만이 철학적인 진술을 한 사실을 우리는 분명히 알고 있지만(이 책 299~302쪽), 여기서도 알크만이 어떤 철학적인 진술을 하리라고는 기대하지 않을 수 있다. 단편 58D=36E의 진위 여부에 관해서는 Max Treu, *Gnomon* 26, 1954, 172쪽과 Rudolf Pfeiffer, *Hermes* 87, 1959, 1~6쪽을 보라.

제 바야흐로 화석화되려는 초기의 스파르타로 이주한 소아시아 출신의 그리스인 알크만은 '영원의 문학'과 '순간의 문학', '세계 문학'과 '지방 문학'을 동시에 그리고 빈번히 바꾸어가며 만들어냈다. 이렇게 서로 상반되는 경향의 완전한 융합은 유사한 방식으로 5세기 아테네의 아리스토파네스가 천재적 희극을 통해 성취한 바 있는데, 이런 것은 7세기의 스파르타에서는 전혀 기대할 수 없는 일이었다. 사람들은 우선 그가 스파르타적 문학을 만들어내기를 원하였으며, 있는 그대로의 인간과 풍습 및 사물들이 바람직하고 올바른 것으로 받아들여질 것을 기대했다. 알크만은 스파르타 공동체에 이주하여 곧 사정을 훤하게 익히고, 그곳 사람들의 진심어리고 우직하면서도 익살스러운 어조를 제대로 찾아냈다. 그는 크고 작은 사물들을 아무 차별 없이 노래하였고 가장 친근한 사태를 읊었는데, 그에게는 여기 있는 소녀들, 여기 있는 포도주, 여기 있는 콩죽, 그리고 특히 여기 있는 자기 자신을 노래하는 것이 중요했다. 그가 언급한 많은 명칭들은 언어와 사태의 직접적인 동일성 그리고 어렵지 않게 확인할 수 있는 동일성을 가리키고 있다. 그러나 알크만은 다시 안전한 대지에 확고하게 발을 디디고, 시적인 형상들을 마치 작은 새들처럼 활개 치며 날아오르게 했다. 하여 꿈들이 벼랑 아래의 동굴로부터 가볍게 날아오른다.[26] 그리고 사악한 별이 하늘 높이 솟아오르고, 카리스 여신들은 제우스의 집으로 날아 올라간다. 그의 예술과

---

26. 새로이 발견된 파피루스가 1957년 출판됨으로써 알크만의 단편이 보충되었으며, 보충된 단편들은 "바위 아래의 꿈들"(단편 1D=1E, 49행; 이 책 304쪽을 보라)과 같은 문체를 보여주는 단편을 제공해주었다. 하지만 지금까지 매우 적은 양의 시적 단편들이 확인되었으며, 상당수는 문맥이 모호한 채로 남아 있다. *Ox. Pap.* 2387 단편 3 col. ii=3 LP의 예를 보자. "아스튀메레이아는 나에게 아무것도 대답하지 않았다. (머리에) 화관을 쓰고, 밝게 빛나는 창공을 지나 온 별처럼, 혹은 황금의 꽃송이처럼, 혹은 부드러운 솜털처럼, 그녀는 부드러운 발로 지나온다." 그러나 이 단편은 상당히 훼손된 원문으로 인해 엄청나게 많은 것들을 상상에 맡겨야 한다.

그가 보여준 우아함은 대지에 속박된 것을 떨치고 자유롭게 비상하였다.

　이렇게 알크만은 두 주인에게 봉사하였고, 그가 제공한 호의에 감사하는 뜻에서 스파르타는 그에게 선물을 제공한다. 젊은이들이 달리기 연습을 하는 운동장 '드로모스'에 시인을 위한 기념비가 세워졌는데, 이 기념비는 알크만이 영웅적 죽음을 노래한 시의 주인공들인 히포코온의 아들들에게 바쳐진 공적비 옆, 이들을 무찌른 헤라클레스의 신전과 멀지 않은 곳에 세워졌다. 알크만이 공들여 만든 지방 문학은 아르킬로코스와 마찬가지로 또 다른 의미에서 사실적이며 삶에 밀접한 문학이었다. 실로 삶이 무엇인가에 대한 질문에는 여러 종류의 대답이 가능하지 않겠는가?

4. 레스보스의 시인들

(1) 사포*

알크만으로부터 사포로 넘어가면서 우리는 잠시 합창시[1]의 영역을 벗어나 다시 '독창시', 즉 혼자만의 목소리로 노래하는 문학 영역을 다루게 된다. 아르킬로코스의 문학도 독창시에 속한다. 독창시는 합창시와는 다른 운율, 다른 음악, 다른 문체를 사용하고 있기에, 시인 각자의 개성의 차이에 덧붙여 합창시와의 장르적 차별성 또한 보여준다. 그럼에도 불구하고 두 장르가 포함하고 있는 영역들은 서로 중첩되기도 하는데, 이는 각각의 시인들이 자신에게 익숙한 형식을 장르의 고유한 목적 이외에 다른 목적에도 사용하고 있기 때문이다.[2]

---

* 사포와 알카이오스의 단편 번호는 *Poetarum Lesbiorum Fragmenta,* ed. Edgar Lobel et Denys Page, Oxford, 1955 판을 따르며, 약자는 'LP'로 한다. 최근에 발간된 *Anthologia Lyrica*는 고려하지 않는다.

1. 합창시에 관해서는 스테시코로스, 핀다로스, 박퀼리데스에서 다시 다룬다. 이하 이 책 6장과 8장 3절을 보라.

2. 예를 들어 사포는 합창대를 위해 결혼의 노래를 지었다. 알크만의 소녀 합창시 후반부에 나타난 문체의 단순함은 사포의 독창시에 사용된 문체와 유사하다. 내용적으로 합창시는 독창시만큼이나 개성적이다. 알크만은 자기 자신을 일인칭으로 언급하는가 하

사포는 590년경까지 살았다고 한다. 그녀는 아이올리아 사람들이 정착한 레스보스 섬의 수도 뮈틸레네에서 멀지 않은 곳에서 태어났다. 레스보스는 매우 좁은 해협을 두고 소아시아 대륙과 떨어져 있는 섬으로 대륙의 뤼디아 왕국에 이웃하고 있었는데, 뤼디아 왕국은 왕국의 수도에서 태어나 스파르타로 이주한 알크만을 통해 우리에게 이미 익숙하다. 당시 모든 그리스 사람들에게 그러하였듯이, 사포에게도 그녀가 아는 한 뤼디아 왕국은 강력한 군사력과 막강한 경제력을 가진 나라, 가장 빼어난 우아함을 지닌 나라였다.

사포는 레스보스의 명망 있는 집안에서 태어났다. 여섯 살에 그녀는 아버지를 잃었다. 그녀의 남자 형제는 어린 시절 귀족 혈통과 출중한 외모에 힘입어 도시 공동체의 공식 만찬에서 술시중 역할을 담당하였는데, 사포는 이를 매우 자랑스러워했으며 그녀의 시에서 여러 번 언급하고 있다. 하지만 그녀 자신의 언급에 따르면, 그녀는 작고 볼품없으며 검은 피부를 갖고 있었다. 또 다른 남자 형제 카락소스는 레스보스 산 포도주를 가지고 이집트 나우크라티스로 무역을 떠났으며, 그곳에서 그리스 창녀 도리카와 사랑에 빠져 가진 재산을 모두 탕진하는 바람에 가족들에게 창피함을 안겨주었다. 사포가 카락소스를 위해 지은 두 개의 시가 남아 있다. 그중 하나(15LP)에서 그녀는 이집트로 향하는 뱃길에 "좋은 날씨"가 있기를 기원하며, "그가 대단한 항구의 정박장에 행복하게(도착하기를)" 노래하였다. 마지막 시 련구에서는 아프로디테에게 기원을 드리며, 이번만은 카락소스가 도리카에게 빠지지 않게 해달라고 빈다.

면, 삼인칭으로도 지시하고 있다. 아르킬로코스는 술 취한 상태에서 디튀람보스 합창시를 지휘했다고 한다(77D=120W).

퀴프리스여, 이제는 그녀가 당신을 무섭게[3] 생각하기를.
더 이상 그녀가 사랑스럽게 떠들어 말하지 못하게 하소서
그리운 사랑을 그가 다시 찾아 돌아왔노라고.

다른 하나에서는 이렇게 기원하고 있다(5LP).

퀴프리스여, 네레우스의 딸들이여, 나의
형제가 건강히 이곳으로 돌아오게 하고
그가 바라는 모든 것을 이루도록 기원합니다.
그가 이전에 잘못한 것 모두를 바로 잡으며
친구들에게 기쁨이 되며
적들에게는 슬픔이 되길

이어지는 시행에서 사포는 "예전의 불행"을 이야기하고, "사람들의 뒷공론이 그녀의 가슴을 얼마나 아프게 하였는지"를 노래하며, 마지막에는 다시 퀴프리스에게 도움을 청한다.
사포는 결혼하였으며, 그녀의 남편은 아드로스라는 섬의 부유한 시민이었다고 한다. 그녀는 딸 하나를 두었다(132LP).

나는 어여쁜 딸을 두었는데, 황금의 꽃들과
견줄 만한, 사랑스러운 클레이스는, 미모를 갖추고 있다.
뤼디아를 전부 내게 준다 한들 그녀를 보내지 않으리.

600년경 그녀는 정치적인 이유에서 오랫동안 고향을 떠나 시킬리아에

---

3. 'πικροτεραν'으로 읽었다.

서 망명 생활을 해야 했다.[4] 아마도 그녀의 망명 기간에 딸 클레이스에 대한 시 한 편을 지었을 것인데, 이 가운데 일부가 우리에게 전해진다. 물론 상당 부분 훼손되어 불확실한 부분이 많다(98LP).

나의 어머니는 (종종 말했다)
그녀가 젊었을 적엔
그녀가 자신의 머리에
자주색 머리띠를 둘러 묶기만 해도
그것으로 대단한 장식이었다 하신다.
하지만 황금의 머리카락을 가진
횃불의 불꽃과 같은 머리칼의 소녀에게는
차라리 신선한 꽃들로 엮어 만든
화관이 더욱 어울린다 하신다.
얼마 전 나는 보았다. 화려한 화관을
사르데스[5]에서 만들어진
(원문 훼손)
하지만 어디에서 화려한 화관을
너를 위해, 클레이스여, 구해야할지
나는 모르겠다.

내용과 운율에 있어 사포의 시는 세 갈래로 나뉜다. 우선 소녀 합창대가

---

4. Denys Page, *Sappho and Alcaeus*, Oxford, 1955, 244쪽 이하는 사포의 추방기간을 604/3년에서 596/5년까지로 잡고 있다.

5. 사르데스는 풍요로운 뤼디아의 수도였다. 뤼디아에서 "화려한 신발"이 또한 만들어졌다. 이 책 327쪽의 단편 39LP를 보라(아나크레온 단편 5Gentili=15E=358LP, 3행과 비교하라).

부르는 노래들인데, 이 합창대는 축제를 맞아 그날에 기리고자 하는 바를 노래하였다. 다음은 사포가 직접 부르는 노래이며 내용적으로 사람들이나 신들에게 바치는 노래들인데, 여기서 사포는 그 순간 그녀를 감동시키는 바를 노래하였다. 마지막 갈래는 단 한 편의 시인데(16LP), 이 시에서 사포는 마치 합창시에서처럼 심오한 생각을 논증하고 있다. 두 번째 부류의 시들이 가장 많이 남아 있다.

결혼의 노래는 첫 번째 부류에 속한다. 결혼의 노래는 사포가 지은 노래 가운데 고대 세계에서 가장 유명한 노래였으며, 우리도 가장 쉽게 이해할 수 있는 노래다. 단순한 주제가 사포 문학의 특징을 가장 두드러지게 드러내고 있는 바, 싱그럽게 빛나는 다정함, 달콤한 매력, 얽매이지 않는 자연스러움과 솔직함을 보여주고 있다.

옛 관습에 따라 신부는 저녁별이 떠오르자마자 사람들에게 이끌려 신랑에게로 간다. 때문에 소년들은 합창대를 모아 노래한다(104b LP).

저녁별, 모든 별들 중에 가장 아름다운 별이여

저녁별이 나타나면 소녀들은 그와는 다른 마음으로 인사한다(104a LP).

저녁별이여, 당신은 아침노을에 흩어졌던 모든 것을 데려온다. 당신은 잠을 데려오고, 당신은 염소들을 데려오고, 당신은 아이를 그 어미에게 다시 데려온다.

'(이렇게 계속되어야 할 텐데) 어찌하여 당신은 오늘 죄 없는 소녀를 어미에게서 데려가는가?'[6]

---

6. 이와 유사하게 카툴루스 61, 56행 이하; 62, 20행 이하를 보라. 소포클레스의 『트라키스의 여인들』 529행을 보라.

신부의 순결함은 다음과 같이 비유적으로 칭송된다(105a LP).

마치 귀한 사과가 높은 가지 끝에서 붉게 익어가듯
높고도 높은 가지의 끝, 사과를 따는 사람도 이를 잊었구나.
아니, 그가 그것을 잊지 않았으되 그것에 다다를 수 없었을 뿐.

사포는 여기서 정정법(訂正法)을 사용하여 재미있게 오해를 바로잡고 있다. 마치 전혀 남자들에게 매력으로 호소하지 못하는 소녀이기에 그녀를 잊고 간과해버린 것이 아니라, 정당하지 못한 욕정에 희생되지 않도록 그녀를 너무 염려한 탓이라고 말하고 있다. 또 다른 시에서는 신부를 정원에 피어난 꽃에 비유하고 있는데, 찬란하게 꾸며주는 빛이 그녀의 결혼식에 가득하고, 그녀는 인간에 의해 양육된 것이 아니라, 마치 신들에 의해 길러진 것처럼 보인다. 울타리에 둘려 보호받는 정원은 요정들의 소유물로서, 요정들은 정원에서 자라는 어린 화초들에게 물을 주고 보살펴왔다.[7] 이와 반대로 들에서 자라는 순결 잃은 소녀가 이제 결혼식을 올리는 순결한 소녀에 대한 대립상으로 제시된다(105c LP).[8]

마치 산 속에서 자라는 히아신스가 목동의 발에
밟히듯, 진홍의 꽃잎이 그들에게 짓밟히듯

---

7. *Frühgriech. Denken* 44쪽 이하를 보라.
8. 학자들은 사포의 단편 105c LP와 카툴루스 62, 46행 이하가 결혼을 통해 처녀성을 상실하는 것을 반영한다고 설명한다. 그러나 다른 시에서 보듯 신부가 옮겨 살게 될 새로운 가정을 산속의 야생에 비교할 수는 없는 노릇이다. 더욱이 신랑을 부주의한 목동들(복수임에 주목하라)에 비교할 수는 없는 일이다. 히메리오스 단편 1D 16행(사포 단편 93 Test. Bergk)을 보라. 그는 '결혼을 통한 καθ' ὥραν' 처녀성의 상실과 '결혼 이전의 πρὸ ὥρας' 처녀성 상실을 비교하고 있다.

이와 같이 신랑이 '오늘' 받게 되는 귀한 선물이 그에 대한 가상의 대립상과의 대조를 통해 상고기적 방식으로 생생하게 표현되어 있다.

　이런 대조는 일반적으로 결혼의 노래들에 나타나는 문체에 속한다.[9] 신랑 또한 다양한 방식의 비유를 통해 축원을 받는다(115LP).

　　잘난 신랑이여, 나는 당신을 누구에게 비할까?
　　훤칠한 나무에 나는 당신을 옳게 비하겠네.

신랑 또한 "레스보스의 노래가 다른 사람들의 노래에 앞서듯, 모든 이들 가운데 우뚝 서있는 사람"(106LP), 또는 제2의 아킬레우스(단편 93 Test. Bergk), 또는 아래와 같이 전쟁의 신 아레스와 똑같은 인물(111LP)로 칭찬을 받는다.

　　대들보를 높이 치켜세워라
　　휘메나온
　　당신들 목수들아, 치켜세워라
　　휘메나온
　　전쟁의 신과 같은 신랑이 찾아오니
　　그는 커다란 인간보다 훨씬 더 크다.

신랑은 '오늘' 이 순간 스스로 마치 영웅, 신, 거인이 되었다고 느끼는데, 다른 이들도 이에 공감하며 그렇게 그를 바라본다. 따라서 신랑을 맞이하기 위해 집은 더욱 커져야 한다.

　신랑과 신부가 나란히 앉아 있고, 합창대가 노래한다(112LP).

---

9. B. Snell, *Hermes* 66, 72쪽

축복받은 신랑이여, 당신이 바라던 대로 당신의 결혼식 잔치가
펼쳐졌다. 당신이 바라던 대로 이제 소녀를 당신이 차지했다.

신부에게[10] 합창대가 노래한다.

당신의 모습은 사랑스러워, 눈망울은 부드럽고
몸을 녹이는 매혹은 당신의 얼굴에 넘쳐흐른다.

마지막으로 신랑과 신부는 신방으로 안내되고 이제 신랑이 자신의 신부를 자신의 것으로 취하는 순간이 다가왔다. 신방의 문 앞에는 신부의 친구들이 모여 있고, 그들은 마치 가여운 어린아이를 무자비한 폭력에서 구하려는 듯이 웅성거린다(Pollux 3, 42). 그러나 문 앞에는 신랑의 친구가 두 발로 버티고 서서 그녀들의 접근을 막아선다. 소녀들은 짐짓 화난 목소리를 가장하여 안에 들어 있는 남자의 '거칠고 조악한 ἀγροῖκος'(단편 98 Test. Bergk) 행동을 비난하고, 문 앞을 막아선 사내를 조롱한다. 문지기 사내가 하는 일이 그에게 투영되어, 굳건히 버티고 서 있는 그도 역시 마치 육중한 거인처럼 보인다(110LP).

문 앞에서 서있는 사내는 일곱 척의 다리를 가졌다.
그의 신발은 다섯 마리 황소의 가죽으로 만들고
열 명의 신발장이가 그에 매달려야 했다.

방 안에서 대화하는 소리가 밖에까지 들리는 듯하다(114LP).

---

10. 'σοι χαριεν ειδος'는 신부를 지시하는 것임을 5세기의 수사학자 Choricius 가 분명히 말하고 있다.

어린 소녀여, 어린 소녀여, 너는 내게서 멀어져 가느냐?
"나는 네게 다시는 돌아오지 않는다. 다시는 네게 돌아오지 않는다."

결혼의 노래에서 그리고 오로지 결혼의 노래에서만 사포는 대중적인 예술을 발전시켰다. 말과 생각은 각운처럼 서로 조응하며 메아리처럼 반복된다. 표상들은 솔직하고 모두에게 익숙할 만큼 단순하며, 감정들은 마치 꿈에서처럼 그 나름대로의 논리로 자기만의 세계를 창조한다.

서사시적으로 구성된 한 편의 시를 결혼의 노래로서 관찰해볼 수 있는데, 이 시의 끝부분을 파피루스 두 장이 우리에게 되살려 주었다. 여기서 헥토르의 부인 안드로마케를 배에 태워 트로이아로 데려오는 장면이 여러 가지 생생한 묘사와 함께 노래되고 있다. 추측건대 이 노래는 레스보스의 결혼식 행진 가운데 노래되었을 것이며, 이로써 오늘의 신랑과 신부가 영웅시대의 광채를 내뿜게 된다.[11] 『일리아스』를 통해 "발이 빠른 전령"으로 익히 알려진 트로이아의 전령 이다이오스가 등장하여, 신부를 실은 배가 그녀의 고향으로부터 도착하였음을 알린다(44LP).

5 "헥토르와 그의 전우들이 아름다운 눈을 가진 여인을
신성한 테베와 마르지 않는 샘의 플라키아로부터
어여쁜 안드로마케를 배에 싣고 바다를 건너 데려온다.
무수히 많은 금팔찌와, 진홍빛으로 빛나는 허리띠와
향기로운 냄새를 풍기는 형형색색의 장난감들
10 은으로 만든 술잔도 셀 수 없고 상아도 그렇다."

---

11. 레스보스 섬은 옛 트로이아 유적지로부터 그리 멀리 떨어져 있지 않으며, 따라서 레스보스 섬의 주민들은 트로이아 유적지와 트로이아 전쟁 이야기 속의 영웅들을 매우 잘 알고 있었을 것으로 보인다.

전령은 이렇게 말했다. 사랑스러운 아버지는 민첩하게 뛰어내렸다.
소식은 넓은 길을 따라 도시의 친구들에게로 도착했다.
그러자 트로이아의 젊은이들이 아름다운 바퀴를 가진 수레를 묶었다.
한 무더기의 여인들과 복사뼈가 어여쁜 소녀들이 올라탔다.
15 프리아모스의 딸들은 스스로 따로 수레를 타고
모든 결혼하지 않은 남자들은
남자들은 마차에 묶인 말들을 끌었다.

원문이 상당 부분 훼손되었으며, 훼손 부분 이후에 "신과 같은" 젊은 신랑 신부가 어떻게 일리온으로 들어오는지를 노래하고 있다.

달콤한 소리의 피리들과 칠현금들이 서로 섞이고
25 짝짝이도 함께 어울린다. 소녀들은 맑은 소리로
밝게 노래하고 맑은 하늘까지
우렁차게 울려 퍼진다.
길거리 여기저기에
술을 섞는 항아리와 접시가
30 백리향과 계피향과 향유가 서로 섞이고
여인들은 환호성을 외치며, 모든 장로들과
사내들은 즐거운 노래를 외쳐
파이안을, 아름다운 칠현금을 가진 멀리 쏘는 신을 부른다.
신과 같은 헥토르와 안드로마케를 노래한다.

노래는 여기서 끝을 맺는데, 이제까지 헥토르와 안드로마케를 위한 노래였다고 마지막으로 알리면서 마무리된다. 그렇게 노래는 처음으로 돌아가 다시 시작하기를 반복한다.[12] 이 노래는 시련구 형식으로 구성된 것이 아니라, 서사시의 여섯소리걸음운율처럼 각 행별로 독립되어 반복된다. 노랫말은 서사시의 그것과 상당히 닮았는데, 그 소재를 서사시에서 가져왔기 때문이다. 하지만 노래의 성격은 서사시와는 판이하다. 근엄하고 점잖은 풍의 서사시라면 아마도 프리아모스의 이름을 부르면서 동시에 그에게 덧붙는 자랑스러운 별칭을 첨부하였을 것이다. 하지만 사포는 프리아모스를 신랑신부와의 가까운 관계를 살려 다만 "사랑스러운 아버지"[13]라고 표현하고 있다. 상당히 과장되게 펼쳐지던 호메로스의 묘사 기법이 여기서는 가장 단순한 호칭으로 대체되었다. 노랫말의 모든 시행은 주 문장으로 구성되어 있어, 신부의 혼수품이 열거될 때조차 복문 구조가 사용되지 않았다(44LP 8~10행). 이와 같이 가능한 한 최소한의 문장 구조와 단순화한 단어들로써 각 요소를 표현하고 있으며, 노래되는 사건은 매우 단순하지만 풍부하다. 많은 사람들이 열거되며, 많은 사물들이 언급된다. 축제의 날을 가득 메운 명랑한 흥분이 매우 빠르게 우리의 눈앞을 지나가고, 모든 사소한 요소들은 이어지는 다른 요소들에 밀려 사라진다. 모든 것이 흥분과 감격에 들떠 있고, 아름다움으로 치장되어 있으며, 신랑신부의 행복에 참여하여 함께 기뻐하고 있다.

사포가 자신의 생각을 드러내 노래하는 두 번째 부류의 시는 합창대가 부르는 결혼의 노래보다 차분하고 진중하며 강한 호소력을 지니고 있는데, 주체할 수 없을 정도로 화려하지도 않으며, 과도하게 자유분방하지도 않

---

12. 그러므로 노래는 노래하는 사람들이 원하는 대로 자유롭게 반복될 수 있다. 헥토르와 안드로마케를 지시하는 마지막 부분은 이 둘을 새롭게 언급하는 시작 부분과 연결되어 있기 때문이다. 이런 방식으로 신부를 도시로 맞이하는 군중들은 노래 전체를 들을 수 있게 된다. 핀다로스의 『네메이아 찬가』 2번은 이런 환원 구조를 보여주고 있다. 이 책 795쪽 각주 6번을 보라.
13. 이와 관련하여 이 책 525쪽과 각주 5번을 보라.

다. 두 번째 부류의 시들 대부분은 사포와 함께 동아리를 이루던 어린 소녀들을 다루고 있다. 다른 곳에서와 마찬가지로 레스보스에서도 상류계층의 소녀들은 '동아리Thiasoi'를 구성하곤 했는데,[14] 레스보스 섬의 '동아리'는 종교회합을 공동 수행하는 것은 물론 일종의 생활공동체였다. 이를 통해 소녀들은 나이 많은 부인의 보호지도 아래 스스로에게, 미래의 남편에게, 그리고 공동체에 기쁨과 자랑이 될 수 있도록 살아가는 법을 배웠다. 좋은 가문에서 태어난 소녀들에게 요구되는 예절과 교양은 상당히 높은 수준이었다. 이들의 교육을 위해 레스보스에서는 이들에게 시와 음악을 가르쳤으며, 여러 방면에서 품격 있고 고상한 뤼디아 문물을 접하도록 하였다. '동아리'에서 소녀들은 서로간의 우애를 다졌으며, 서로 어울려 신들께 노래와 춤으로써 경배를 드렸는데, 축제 때는 물론이거니와 평소에도 함께 어울릴 수 있는 여러 가지 계기를 만들어내곤 하였다. 동아리 생활은 아프로디테 여신의 특별한 은총에 의지하고 있었다. 소녀들은 서로를 아꼈고, 동아리를 이끌어가는 부인을 애정으로 따랐으며, 사포는 자라나는 소녀들 하나하나에게 나름대로 각별한 사랑을 쏟았다. 이런 종류의 애정은 금기시되지 않았으며 오히려 당연한 것으로 인정되었고 장려되었다. 6세기 초 이래로 그리스 사람들은 동성애를 이성애보다 존귀하고 숭고한 것으로 여겼다. 남녀가 몸을 섞어 욕정을 채우려는 거친 욕망을 승화시켜 묘사한 예를 고대문학에서 찾아보기 어렵다. 반면, 단지 상대방을 바라보고 상대방과 육체적으로 가까이 다가서고 정신적으로 공유하는 것만으로 충족되는 동성애, 상대방과 함께 같은 일을 하고 서로 어울려 공동의 목표를 추구하는 가운데 다 같이 자기완성의 길을 추구하는 동성애는 이성애와 다르게 취급되었다. 청소년과 성인남자의 사랑, 부인과 소녀의 사랑은 중요한 교육적

---

14. Kurt Latte, *Gött. Gel. Anz.* 207, 1953, 36쪽 이하를 보라.

요소로 간주되었는데, 이때 연장자는 동성의 상대에게 열정적인 자극을 주며, 이상적인 삶의 모범을 미리 또는 추후로 겪어보도록 촉구하였던 것이다.

동아리에서 살아가던 소녀들 가운데 하나가 결혼을 하게 되자 사포는 그녀에게 개인적으로 시를 선물한다. 이 시는 축제를 빛내는 소녀 합창대가 부르는 노래와는 전혀 다른 색채를 띠고 있다. 시는 신과 같은 모습을 가진 신랑을 칭송하는 것으로 시작하여, 곧 신부에게로 말을 돌린다 (31LP).

> 저기 앉은 저 사내는 신들과 닮은
> 장부일세. 그는 너의 맞은편에
> 앉아 있고 너의 달콤한 목소리에
> 귀를 기울여 들으며,
>
> 너의 매혹어린 웃음에 나의 심장은
> 가슴속에서 멈추어 버렸다.
> 너를 잠시잠깐 바라보니, 나의 목소리는
> 막혀 버리고
>
> 나의 혀는 굳어 버리고, 가벼운
> 불꽃이 나의 살 속으로 파고들며
> 나의 눈은 앞을 보지 못하고 윙윙 우는
> 소리가 귓가에 맴돈다.
>
> 그리고 땀이 몸을 적시고, 전율이
> 온몸을 타고 흐른다. 풀밭의 풀처럼
> 파랗게 질려 나는 죽은 사람이다

나에게 그리 보인다.

하지만 모든 것을 이겨낼 수 있으니, 왜냐면[15]

이것은 사포가 나름대로 지어 바치는 축하인사다. 당대의 객관적 사고방식에 따르는 축제의 아름다움이나 결혼의 행복 등 추상적인 것들은 하나도 언급되지 않으며, 그 자리에 함께 있는 세 사람이, 사포가 보기에, 모든 신적이고 아름다운 것을 대신한다. 그녀가 보기에, 신랑은 마치 신을 닮아 있다. 이제 막 결혼하였다는 것을, 나란히 앉아 친근하게 이야기를 나누는 남녀를 통해 알 수 있다(그렇지 않다면 고대의 관습에 따라 소녀는 남자의 옆에 앉아 있을 수 없다). 신부의 아름다움은 그녀의 목소리를 통해 생기를 전하고 있다. 그녀의 사랑스러움은 사랑으로, 즉 그녀에 대한 사포의 뜨거운 사랑이라는 현실로 바뀐다.[16] 또한 사포의 열정 역시 감정으로 묘사되는 것이 아니라, 사건을 통해 관찰된다. 사포는 감정을 과장되게 서술하지 않고 신체적 변화과정을 보고한다. 외적인 것들이 열거되고 나서, 반쯤 죽은 것 같은 자신의 상태묘사에 뒤이어 "나는 너를 사랑한다"라는 등과 같은 마지막 마무리 말 한마디도 뒤따르지 않는다. 이런 말은 아마 앞서의 모든 사건에 이미 담겨 있었기 때문이리라.

모든 것이 동일한 지평에 머물고 있다. 영혼의 심오한 깊이가 드러나는

---

15. 원문에는 "τολματον"(이겨낼 수 있다)라고 씌어 있다. 많은 사람들이 번역하는 것처럼 "τολματεον"(이겨내야 한다)가 아니다. E. M. Hamm, *Grammatik zu S. und Alkaios*, Berlin, 1957, § 142, 5를 보라.

16. 이런 종류의 매력과 매력에 대한 감수성은 아프로디테 여신이 준 선물로 여겨지며, 이런 선물로 인해 그들을 더욱 돋보이게 만든다. 매력에 대해서는 112LP의 5행(신부에게)을 보라. 감수성에 대해서는 핀다로스 단편 123Snell의 4행을 보라. 또한 이 책 933쪽을 보라.

것이 아니라, 다만 밖으로 드러나는 현상 속에 사태 자체가 있다. 사포가 경험한 전율은 사랑의 징후가 아니라 사랑 자체이며, 소녀의 현존이 축제와 이별의 시간에 사포에게 불러일으키는 바로 그것이다. 육체와 영혼은 여기서 하나이다. 따라서 오늘날 우리에게 흔한 심층적 관점을 시에 적용한다면, 시를 오해하게 된다. 시의 끝부분에서 마치 사포가 신랑을 질투하는 것처럼 보일 수도 있다. 하지만 진실로 언어 이면에 숨겨진 것은 아무것도 없으며, 사포는 그녀가 말한 것 이상의 무엇을 의도하지 않는다. 모든 것이 표층에 드러나도록 진행되는 사포의 서술은 분할이나 중첩 없이 한 인물에서 다른 인물로 이어지며, 그녀가 겪은 모든 사람들이 하나하나 나란히 열거된다. 우리가 가진 원문은 화자가 신체적 변화 사건에 대해 일정한 거리를 두고 되돌아보기 시작하는 대목에서 끝난다.[17]

다른 시에서 사포는 사랑을 구하고 있다. 이때 사포는 어떤 소녀를 향해 노래하는 것이 아니라 사랑에게, 아프로디테 여신에게 호소하면서, 사포를 도와 어떤 소녀에게서 사랑을 얻도록 도와주길 기원하고 있다. 간청의 노래가 흔히 그러하듯, 사포는 여신에게 예전에 여신이 동일한 간청을 이루어주셨음을 상기시킨다. 사포는 지난날에 누렸던 신의 호의를 자세히 묘사한다. 언어적 상기를 통해 실제적 반복이 일어나길 바랐던 것이다(1LP).

화려한 권좌에 앉으신 불멸의 아프로디테여,
꾀가 많은 제우스의 따님이여, 간청하오니
나의 영혼이 고통과 시련으로 소멸치 않도록
주인이여 돌보소서.

---

17. 일정한 거리를 두고 되돌아보는 일은 단편 16LP에서 볼 수 있다. 이 책 344쪽을 보라.

허니 나에게 오소서. 예전에 한 번 다른 때에도
하늘 멀리서 나의 간청을 들으시고
아셨을 적에, 아버지의 황금으로 된 집을
떠나오셨지요.

마차를 끌도록 멍에를 지우고, 당신을 아름답고
빠른 새들이 검은 빛의 대지 위로
굳건한 날개를 휘둘러 하늘의
대기를 지나 데려왔지요.

그들은 여기로 내려왔고, 불멸의 표정으로
복 받은 여신이여, 웃음으로 물으셨지요.
나에게 또 무슨 일이 일어나길, 왜 내가
또 다시 당신을 부르는지

놀라운 가슴으로 무엇이 나에게 일어나길
진정 원하는지. "누구로 하여금 내가 또 다시
너를 사랑하도록 만들어야 하는가? 너에게
불의한 자가 누구냐, 사포여

그녀가 너를 피한다면, 너를 곧 따를 것이며
너의 선물을 받지 않는다면, 곧 선물할 것이며
너를 사랑하지 않는다면, 너를 곧 사랑할 것이다.
그녀가 원치 않더라도."

이제 나에게로 오소서. 나를 힘겨운 근심에서

풀어 놓으소서. 나의 마음이 이루길 원하는 것을

이루어주소서. 여신이여 당신이

나의 전우가 되어주소서.

무언가 정신적인 것이 다시 한 번 구체적인 형태를 띠고 나타난다. 앞서 살펴본 시의 내용이 신체적으로 확인되는 존재와 연관되어 있는 반면, 여기서 여신의 현현(顯現)은 우리의 개념에 따르면 다만 상상의 산물에 지나지 않는다. 그렇다면 아마도 사포는 상상 속에서 아프로디테를 몸소 눈으로 보았으며, 여신의 목소리를 몸소 들었다고 믿고 있는 것일까?[18] 만약 그렇다면 그녀의 상상은 그녀가 보고 들을 수 있었던 것에 국한되었을 것이다. 그런데 여신의 하강은 서사시에서처럼 극적으로 구성되어 있다. 여신은 황금으로 된 아버지의 집을 떠나 긴 여행을 한다. 죽을 운명의 여인이 말하는 급한 사정을 듣고 불멸의 얼굴에 미소를 머금는다. 여신은 사포의 간청을 반영하는 말과 함께 스스로 생각하고 감지한 것들을 언급한다. 따라서 사포는 여기서 우리가 이른바 '내면적'이라고 부를 법한 전환 과정, 온몸을 갉아 먹는 고통으로부터 곧 이루어질 것을 확신하는 희망으로의 전환 과정을 경험하고 언어로 재현하였는 바, 이는 사랑이라는 신적인 힘에 대한 믿음을 보여주고 있다. 서사시의 소리꾼들과 유사하게 (이 책 117~126쪽을 보라) 사포는 사건에 대한 형이상학적 해석을 보여준다.[19] 하지만 서사시 시

---

18. C. M. Bowra, *Greek Lyric Poetry*, Oxford, 1936, 193쪽 이하.

19. 이 책 331~332쪽과 342쪽의 단편 2LP와 95LP와 관련하여, 뒤에 언급할 서사시와의 차이점 이외에도 몇 가지 차이점이 좀 더 있다. 『일리아스』 제13권 59행 이하에서 신이 직접 나타나서 인간에게 특별한 힘을 부여할 때, 그것은 그 힘이 사용되는 장소와 시간에 일어난다. 이에 따르면 생생한 아프로디테의 현현은, 사포가 이제 새롭게 사랑하는 소녀에게 다가서서, 쑥스러워하는 어린 소녀의 소극적 태도를 이겨내는 바로 그 순간 발생하리라 기대할 수 있다. 바로 그때 사포는 성공적인 구애를 이끌어낼 힘을 자신

인들과는 달리 사포는 어디에서도 자연적 사건과 형이상학적 사건을 구분하지 않았으며, 사건의 과정에는 모든 것을 드러내는 단 하나의 시각(視覺)만이 존재한다. 이것은 상고기적 관점의 일차원적 표층성과 연관을 갖는데, 이는 '절대적 현재 시각'이라고 명명할 수 있을 것이다. 내용적으로 영혼의 사건이 (상상의) 신체적 반응과 하나인 것처럼, 서술 형식에서도 언제나 다만 하나로 나타난다. 서술이 이어지는 가운데 모든 것은 차례로 하나이자 동일한 차원에 등장한다.[20] 표면 아래의 심층이라는 것은 존재하지 않으며, 이는 양적 크기로 대체된다. 즉 여신은 묻되 '강조해서' 혹은 '간곡하게' 약속하지는 않으며, 다만 여러 번에 걸쳐 동일한 것을 묻고 약속한다.[21] 사포의 입장에서 아프로디테에게 드리는 간청은 이번이 처음은 아니다. 유사한 상황에서 여신은 거듭해서 여러 번 그녀를 도와주고 있다. 그녀의 욕망은 그때마다 그녀를 온통 압도하며, 욕망의 대상은 매번 바뀐다. 왜냐하면 그런 감정은 어떤 한 소녀에 대한 특별한 무엇이 아니라, 다만 대상을 달리하더라도 아름다운 청춘이 발산하는 늘 새롭고 싱그러운 매력에서 기인하기 때문이다. 사포의 고갈될 줄 모르는 열정에 힘입어 그녀의 사랑은 늘 새롭게 달라진다. 파도가 파도를 이어 오고가는 것처럼 말이다.

안에서 느끼며, 강력한 여신이 몸소 그녀의 옆에 서 있다고 느꼈을지도 모른다. 그런데 이 시에서 여신의 현현은 조용히 혼자 기도를 올리는 순간에 일어났으며, 기도를 하는 바로 그 순간과 동일한 순간에 그와 같은 일이 일어났다. 소원의 충족은 당시 사포에게 이루어지지 않았으며, 다만 곧 이루어질 것이라는 약속만이 있었다. 더 이상의 것은 여신의 현현에 대한 보고가 이루어지는 범위 바깥쪽에 있다. 지금 현재 진행 중인 것에 대한 새로운 소원을 액자틀로 하여 여신의 현현은 '서정시적'으로 완결된 구조를 지닌다.

20. *Frühgriech. Denken* 47~50쪽을 보라.

21. 이 책 274쪽의 각주 49번과 281쪽의 각주 3번을 보라. 유사하게 결혼의 노래에서 신랑(111LP)과 문지기(110LP)의 중요성은 크기의 관점에서 거인으로 표현된다. 이 책 320쪽을 보라.

이별은 당연히 매번 커다란 고통을 동반한다(94LP).

　구차하지 않게 차라리 죽고만 싶다
　그녀는 나를 떠나가며 많은 눈물을
　흘리며 내게 이렇게 말했다.
　"우리에게 이 얼마나 아픈 시련입니까?
　사포여, 참으로 나는 당신을 떠나고 싶지 않습니다."
　그래서 나는 이렇게 답했다.
　"행복하여라, 기쁜 마음으로 언제나
　날 기억하여라. 우리가 네 곁에 있음을 기억하여라.
　행여 네가 잊었을까, 내가 네게 일러
　네가 기억할 수 있게 말하노니
　우리는 아름답고 고운 일을 함께 했다.
　종종 너는 향기로운 제비꽃 화관을
　장미로 만든 화관을 엮었으며
　내 곁에 앉아 머리에 화관을 썼었다.
　종종 울긋불긋 화관을 엮어
　아름다운 꽃들로 엮은 화관을
　너의 여린 목에 걸었지.
　너의 머리에 백리향을 쓰고
　뤼디아 왕국에서 가져온 향신료
　브렌테이온을 (얼굴과 몸에).
　안락한 방석 위에 앉아서
　(내용 미상)
　너의 욕망을 식히려

우리의 노랫소리가 울리지 않은

우리의 뤼라 소리가 채우지 못하는

숲과 신전은 없었다.”[22]

이 노래에서 사랑하던 소녀와의 이별에 대한 슬픔은 행복했던 시절의 기억과 짝을 이루고 있다. 두 개의 상반된 감정들이 아련한 그리움으로 하나가 되는 것이 아니라, 오히려 하나하나 번갈아가며 이어진다. 두 여인이 느끼는 이별의 고통은 극도로 단순한 언어로 이야기된다. 어떤 꾸밈도 필요 없는 솔직한 현실의 언어라고 하겠다. '참으로' 혹은 '진실로' 등과 같은 확신의 표현이 사포에게서 자주 등장한다. 슬픔의 한가운데 그리스 인사말이 메아리친다. '행복하여라.' 다시 말해 '나는 너에게 행복을 기원합니다.'

사포를 중심으로 한 동아리에 광휘와 즐거움을 제공하는 것은 단지 정신적인 무엇만이 아니었다. 신성한 공간에서 함께 노래하는 것, 친구들이 함께 어울려 살아가는 것은 그들의 섬세한 감성에 즐거움을 제공해주었을 것이다. 모든 감각이 이에 동참하고 있으며, 신체적 접촉의 촉각도 빠지지 않았다. 그들은 부드러운 보료에 몸을 뉘였으며, 향기로운 향으로 몸을 적셨고, 꽃을 머리와 목에 걸쳤다. 소녀들은 또한 조용한 저녁 시간에 성스러운 장소로 찾아드는 아름다운 고요를 즐겼을 것이다(2LP).

(퀴프리아의 여신 아프로디테여 이리로

높은 하늘로부터 우리의 축제를 찾아오소서)

이리로, 이곳 신성한 신전으로, 거기에

---

22. 번역의 마지막 네 행은 사포의 원문 가운데 남아 있는 두 개의 시련구를 번역한 것이다. 결말 부분은 전해지지 않는다.

사랑스러운 사과나무가 숲을 이루고
순결한 불에 타는 향기로운 향이 가득한
신전으로 오소서.

여기에 차가운 이슬이 사과나무 가지를
타고 흐르고, 풀밭에 무성한 장미넝쿨이
그늘을 드리우고, 졸음이 윤기 흐르는
잎에서 듣고

여기에 말을 먹이는 풀들이 무성하고
봄을 맞은 꽃들로, 바람은 달콤한 향기를
전하고
(내용 미상)

여기로 오소서. 퀴프리아를 다스리는 강력한
주인이여, 축제의 즐거움으로 가득한
넥타르를 황금 잔에 채우시고, 우리를 위해
술을 따르소서.[23]

사과나무는 아프로디테의 숲에서 자란다. 왜냐하면 사과는 사랑의 상징으로 간주되기 때문이다.[24] 이는 마치 결혼의 노래에서 신부를 사과에 비유

---

23. 상당히 많은 부분 원문이 불확실하다. 전반적으로 나는 W. Theiler와 P. Von der Mühll(*Mus. Helvet.* 3. 22쪽 이하, 1946)을 따랐다. 각 시련의 반복운 en은 (7행에서는 eni. 크세노파네스 DK21B1=13정암 7행을 보라) 핀다로스의 『케르베로스』의 축제 묘사 부분에 다시 등장한다(단편 70b Snell 10행 이하). 디튀람보스의 거친 음색에 대조되는 부드러운 자극이라고 하겠다. 11행 이하는 『일리아스』 제14권 286~291행에서 잠이 제우스를 기다리며 나뭇가지에 앉아 있는 것과 비교할 수 있다.

24. M. Fränkel, *Archäolog. Zeitung* 31, 1874, 36쪽 이하와 B. O. Foster, *Harvard Studies in*

하는 것과 유사하다. 그녀의 신전에서 아프로디테는 소녀들에게 여신이 담당하는 것들을 선물한다. 남자 손님들의 술자리에서는 즐거운 노랫소리로, 향기로운 향으로 감싸인 신전이 노래된다. 또 손님들 앞에 풍성하게 차려진 음식들이 노래되고, 한가득 마련된 좋은 포도주가 노래된다. 그들은 찬가를 불러 포도주의 신과 다른 여러 신들을 찬미하며, 신들은 자신들이 담당하는 것들로써 잔치와 잔치 참석자를 축복한다.[25] 그리고 에로스처럼 매력적인 가냘픈 소녀들이 술잔을 채우는 역할을 담당한다. 사포는 음식뿐만 아니라 주변을 에워싸고 있는 아름다운 자연을 이야기한다. 잔을 채운 음료는 단순한 포도주가 아니라 아프로디테가 마련한 넥타르였다. 왜냐하면 포도주는 포도주를 따라주는 여신이 발산하는 매력을 담고 있기 때문이다.[26] 이리하여 화관을 머리에 쓰고 등장한 소녀들은 아프로디테의 현신이 된다. "우리를 위해 술을 따르소서."

초원과 정원, 졸졸 흐르는 시냇물, 덤불과 숲 등 온화한 모습의 자연은 사포와 소녀들이 친밀하게 벗하던 것이다. 사포는 "어린 소녀가 꽃을 꺾는 모습을 보노라"라고 노래하고 있다(122LP). 사포는 그녀의 시에서 움직이고, 활동하고, 율동하는 모습의 인간을 보여주고 있다. 상고기적 문학의 문체답게 사포의 문학은 정지해 머물러 있지 않고 줄곧 움직이며 생기 넘치게 도약하고 있는 바, 그녀가 기술하고 있는 모든 사건과 활동 또한 꼭 그와 같은 모습을 보여준다. 장식에 사용하는 꽃들이 가진 힘에 관하여 사포는

Class. Philol. 10, 1899, 39쪽 이하를 보라.

25. 예를 들어, 크세노파네스 단편 DK21B1=13정암을 보라. 이 책 610쪽 이하.

26. 박퀼리데스의 술자리 노래(단편 20b S 8행)에서 "퀴프리스에 대한 예감이 디오뉘소스의 선물을 즐겁게 한다"라는 구절을 찾을 수 있다. 잔의 재료인 황금을 두고 사포는 물리적인 재질을 이야기하는 것이 아니다. 그리스 문학에서 신들이 사용하는 모든 도구는 "황금의"라는 수식어가 붙는다.

한 소녀에게 이렇게 가르친다(81LP).

> 디카여, 너의 아름다운 머리 위에 화관을 올려라
> 너의 고운 손으로 자초(紫草)의 가지를 엮어.
> 왜냐면 카리스 여신들은 오로지 머리에 꽃을 얹은
> 여인만을 보며, 꽃 없는 여인을 보지 않기 때문이다.

디카는 지금 막 자신에게 우아함을 보내주십사 여신들에게 기원하며, 종교적인 행위를 수행하려 한다. 우아함은 카리스 여신들에 의해 그녀에게 전해진다.

다른 하나의 시는 달빛 아래 꽃이 만발한 들판을 보여주고 있다(96LP의 11행. 이 책 342쪽을 보라). 사포는 핀다로스처럼 햇빛 가득한 한낮의 영광을 칭송하지 않고 다만 달과 한밤의 별무리들을 칭송한다(34LP).

> 달의 아름다움을 돌고 돌아 맴도는 별들,
> 달이 가득 차올라 환한 은빛을 대지에 비출 때에[27]
> 밝은 모습의 스스로를 감추노니

동물 가운데는 오로지 새들만이 단편에 나타난다. 사포는 "고운 목소리로 노래하는 봄의 전령, 밤꾀꼬리"(136LP)에게 인사한다. 또 "판디온의 딸, 제비"를 이야기하는 바(135LP), 제비는 변신한 여인이라고 생각되었다. 사포는 깜짝 놀란 비둘기를 이야기한다. "그녀의 심장은 차갑게 얼어붙어 날개

---

27. 'μεν'과 'οππστα'는 병렬적인 문장 나열에서 비교를 나타낸다. '한밤의 노래'라 할 수 있는 단편 94 D는 사포가 지었다고 볼 수 없다. Benedetto Marzullo는 *Studi di Poesia eolica*, Florenz, 1958, 1~60쪽에서 이 단편이 사포의 것이라고 밝히고 있다. 여기에 대하여 Max Treu, *Gnomon* 32, 1960, 745쪽 이하를 보라.

를 접고 내려앉았다"(42LP).

알크만처럼 사포는 소녀들이 걸치고 다니는 여러 가지 물건과 장식물의 이름을 언급하면서, 이런 물건의 유래를 들려준다. 사포는 여러 종류의 다양한 향료, 꽃들과 화관, 의복들에 대해 이야기하지만, 음식에 관해서는 전혀 언급하지 않는다. 소녀는 "뤼디아에서 온 아름다운 물건, 발에 여러 색 장식을 단 자주신발을 신고 있다"(39LP). 포카이아에서 그녀를 찾아온 친구는 "값비싼 물건, 좋은 향기를 머금은 자줏빛 손수건"을 가져다 선물한다(101LP).[28]

친구와 이별하면서 사포가 그녀에게 상기시키고 있는 아름다운 것들(94LP, 25행 이하)에는 신적인 존재를 모시는 종교의식도 포함된다. 소녀들은 공허한 신앙의 엄격하고 비밀스럽고 위험한 예배의식을 거행하도록 강요받지는 않는다. 그러나 기꺼운 마음으로 소녀들은 모두 신성한 공간을 찾아와, 거기에서 축제의 복장을 걸치고 그녀들의 스승이 새로 지은 경건한 노래를 부른다. 노래는 인간들뿐만 아니라 신들을 즐겁고 기쁘게 한다.

헤라와 제우스, 디오뉘소스[29] 등 세 명의 신들을 모시는 제단이 세워진 성역에서 합창대(혹은 어쩌면 사포 홀로)가 4개의 시련구를 갖춘 시를 노래한다. 이 노래는 바다여행을 무사히 바칠 수 있도록 기원하는 내용으로 끝나는 것 같다. 그리고 기원은 트로이아 전쟁 당시의 선례를 들어 행해진다. 처음 세 개의 시련구는 다음과 같다(17LP). 여기서 훼손된 원문은 임의로 보충되었다.

---

28. 아마도 Catullus 12, 12~17행은 이것을 흉내 냈을 것으로 보인다. 물리적인 값어치보다 거기에 담긴 온정의 값어치가 훨씬 더 소중하다는 생각은 사포의 사상을 반영하고 있다.
29. 성역의 조성에 관해서는 알카이오스의 단편 129LP를 보라. 이 책 357쪽 이하.

기원하는 나의 소원을 들어 주소서
여신 헤라여, 자비로운 모습으로 오소서
예전에 아트레우스의 아들들에게
그러하였던 것처럼

그들이 마침내 트로이아를 점령하고
일리온으로부터 출발하였을 때,
바다에서 그들은 안전한 귀향을
확신하지 못했습니다.

그들이 당신과 제우스에게 기원을 올리고
튀오나스의 성스러운 아들을 부르기 전에는
예전에 그러하였던 것처럼—
지금도 다시 저에게[30]

예배의식의 기원에 관한 전승과 관련해서는 다음의 단편을 볼 수 있다
(294LP).

크레타의 여인들은 예전에 노래를 부르며
제단 주변에서 고운 발로 땅을 구르며 춤을 추었다.
그리고 갓 돋아난 어린 풀밭을 밟으며[31]

---

30. "πλαριον"으로 첫 행을 강조한 이 노래는, 사포가 여신(에우리피데스 『오레스테스』
   1159행과 『오뒷세이아』 제13권 301행의 "παρίσταμαι")에게 도움을 구한다는 것을
   지시한다. 1행의 보충된 "οναρ"는 모든 측면에서 부적합하다. 2행에서는 예를 들어
   "σα χ[αρις ηδ' αρωγα]." C. Theander, *Eranos* 41, 1943, 144쪽 이하를 보라.
31. 이 단편이 사포가 지은 것인지, 세 번째 행이 여기에 속하는 것인지 등 모든 것이 불확실
   하다.

이런 예배의식은 야간에도 거행된다(154LP, 43LP?).

> 달빛은 가득히 교교하고, 소녀들은 제단을 둘러
> 자리 잡고 둥글게 모여 춤을 춘다.

아도니스의 죽음과 부활을 기념하여 매년 벌어지는 퀴테레이아 축제는 아프로디테의 연인을 위한 극적인 탄원의 노래를 부를 기회를 제공해 주었는데, 그 노래의 시작 부분이 여전히 우리에게 전해진다(140LP).

> 퀴테레이아여, 어여쁜 아도니스가 숨을 거두었으니, 어찌 하리까?
> 소녀들이여, 너희 가슴을 치며 너희 입은 옷을 찢으라.

현재 남아 있는 부분들을 두고 판단해보면, 아프로디테는 사포의 동아리에서 가장 열심히 모셨던 여신이었다. 꿈에서 사포는 퀴프로스를 다스리는 여신과 함께 대화를 나눈다(134LP). 에로스 신도 시인에게 "붉은 웃옷을 걸치고 내려온"(54LP) 적이 있다. 사포는 자신의 이름이나 합창대의 이름을 걸고 이제 막 시작하려는 노래를 축복해주시길 빌며 "순수한 제우스의 딸들, 붉은 팔의 카리스 여신들"을 청한다(53LP).

사포와 소녀들의 관계는 유동적이며 극적이다. 그러나 아르킬로코스가 보여준 절연(絶緣)의 잔혹함 같은 것은 없다. 애정의 반대는 적대감이 아니라, 무관심과 망각(129LP) 혹은 다른 사람에게로의 변심이라고 하겠다. 사포는 말하길, "나는 나의 열정에 집착이 강한 사람이 아니다. 나는 너그러운 마음을 갖고 있다"(120LP). 하지만 아르킬로코스의 경험(67b D= 67W)과 유사한 것을 겪었음을 이야기한다(26LP).

내가 그들에게 얼마나 좋은 일을 했는데,
　　그들은, (아티스여), 내게 얼마나 큰 고통을 주는지.

하지만 그녀는 자신의 동아리에 강한 믿음을 확인시켜 주기도 한다 (41LP).

　아름다운 이들이여, 너희에게서 나는 결코 마음을 바꾸지 않으련다.

　폭풍을 맞고 서 있는 나무라는 오래된 비유를 사포는 여기서 전혀 다르게 사용한다. 『일리아스』에서 공격하는 자들에 대항하여 굳건히 버티는 사람(제12권 132행 이하), 혹은 적에 의해 쓰러진 전사의 죽음(제17권 53행 이하)을 나타내던 비유였으나, 그것은 이제 몰아치는 격정을 나타내는 데 사용된다(47LP).

　나의 영혼을 에로스가 흔들어 놓아
　마치 나뭇잎 입고 있는 나무들에 떨어지는 폭풍처럼.

사포는 그녀를 제압하는 신적인 욕망에 사로잡혀 있으며, 자신은 그 앞에 무력하여 어쩔 수 없음을 알아채고 있는 바, 이는 그리스 서정시의 근저에 흐르는 의식이라 하겠다(130+131LP).[32]

　사지를 풀어 놓는 에로스가 다시 나를 흔들고
　달콤 쓸쓸한 그 앞에 나는 무력하기만 하다.
　아티스여, 당신은 나를 미워하는 마음에
　사로잡혀, 안드로메다에게 달아나는구나.

---

32. 이 책 276쪽을 보라.

달콤한 감정과 씁쓸한 감정 사이를 오가는 힘겨운 모습은 과거로부터 이런 종류의 서정시를 구성하는 요소였다. 하지만 여기서 새로이 하나의 행동에 대하여 달콤 씁쓸한 감정을 동시에 느끼고 있는 바, 하나의 감정 안에서 긴장관계가 형성되어 있는 것이다. 사랑은 그 대립물인 증오를 부르지만, 증오는 누그러진 모습을 보이고 있다. 아티스는 사포를 싫어하는 것이 아니라, 사포에게 관심을 보이는 것을 싫어한다. 왜냐하면 지금 그녀는 안드로메다에게 관심을 가지고 있기 때문이다. 안드로메다는 사포의 경쟁자이며, 사포와 마찬가지로 소녀들의 동아리를 이끌고 있다.[33] 안드로메다가 어떤 소녀에게 (아마도 아티스) 말을 건네려고 하자, 사포는 다음과 같이 말하고 있다(57LP).

어떤 촌스러운 여인이 너의 마음을 유혹하는가? 그녀는 옷을 아름다운 발목에 드리우는 것을 알지 못하는 여인이다.

고대의 그림에서 우리는 이 단편의 의미를 확인할 수 있다. 길게 늘어진 옷자락이 왼손으로 걷어 올려져 있어, 몸 왼편 옷자락에 여러 겹의 주름이 잡혀 있다. 그런데 이때 발목이 보이지 않도록 다리를 잘 가리는 것이 우아함을 나타내는 지표가 된다.

사포는 아티스에게 또 다른 시를 남기고 있다. 그중 하나는 이렇게 시작한다(49LP).

아티스여, 예전에 나는 너를 향해 사랑을 불태웠다.

---

33. 사포는 언젠가 안드로메다에게 즐겁고 활기차게 인사하고 있다(155LP). 이런 분위기는 오히려 역설적인 것이 아닐까 한다.

그 다음은 아마도 다음과 같이 이어졌음에 틀림없다. '그리고 지금 나의 마음은 그 어느 때보다 뜨겁다.' 이어 사포의 기억은 아티스가 처음으로 그녀에게 왔을 때로 돌아간다.

매력이라곤 찾아볼 수 없는 어린 소녀로서 너는 내게 왔다.

우리에게 상당 부분 남아 있는 시 한 편은 아티스가 차지하는 새로운 위상을 그리고 있다. 여기서 사포는 아티스에게, 동아리를 떠나 뤼디아로 이주한 어떤 친구[34]에 관해 이야기하고 있는 것처럼 보인다(96LP).

> 종종 사르디스에서
> 이쪽으로 고개를 돌려
> 우리가 서로 어떻게 지냈는지 (?)
> 생각하매, 그녀는 너를 신처럼 여겼으니,
> 5 너의 노래에 그녀는 즐거워했다.
> 이제 그녀는 뤼디아의 여인들 사이에서
> 빛나니, 마치 태양이 질 때에
> 장밋빛 손가락의 달이 떠올라
> 별들을 모두 압도하듯. 달은
> 10 소금의 바다 위를 비추고
> 또한 많은 꽃들이 피어난 들판을 비춘다.
> 영롱한 이슬이 지고, 장미는 피어
> 가녀린 토끼풀이 돋아나고

---

34. 'ἀρίγνωτα'라는 단어는 불완전하고 훼손된 채 전해진 시행(3행)으로 수수께끼로 남아 있다. 새롭게 발견된 아나크레온의 단편(72Gentili=347LP)에 나타난 'τὴν ἀρίγνωτον γυναῖκα'에 관해서는 이 책 562쪽을 보라.

꽃같이 아름다운 풀이 자란다.

15 종종 길을 걸으며 그녀는

친절한 아티스를 기억하리라.

그리움에 그녀의 마음이,

슬픔에 그녀의 가슴이 찌들고,

우리가 그녀에게로 가야 할까요

20 (내용 미상)

우리가 여신과 같이 아름다운

모습을 간직하기는

어려우나, 너는

(3행 미상)

아프로디테가 넥타르를 황금의

항아리에서 따라 주었다.[35]

별빛을 제압하는, 밝게 빛나는 달의 비유가 넓은 들판의 정경 전체로 점차 확대된다. 레스보스 섬에서 보면 달이 지평선의 안개 가운데 아직은 붉게 뤼디아의 해안가로 솟아오르는 것이 보인다. 달빛은 해협을 비추고, 레스보스 섬을, 꽃이 만발한 들판과 정원을 비춘다. 그 다음에는, 저 건너편 여인이 이쪽에 살고 있는 친구들을 생각하는 밤, 그 풍경을 그리고 있다. 아름다운 풍경을 바라보며 몸은 멀리 있으나 마음은 가까이 머무는 사람들을 생각하는 것은 고대의 아름다운 관습이라 하겠다.[36]

열정적으로 반응하는 사포의 성격은 위기의 상황에서 쉽게 극단적으로

---

35. 단편 2LP(이 책 333쪽)의 마지막 두 행을 여기와 비교하라. 여기서 우리는 연관관계를 전혀 생각해 볼 수 없다.

36. B. Snell, *Athen. Mitteil.* 51, 159쪽 이하를 보라.

스스로를 몰아가곤 한다. 한 여자 친구와 헤어지고 나서 사포는 죽음을 원할 정도였다(94LP, 이 책 330쪽을 보라). 다른 노래에서 사포는 '공귈라Gongyla' 라는 여인에게 삶을 매우 힘겹게 만드는 무언가에 관해 이야기한다. 원문 은 다음과 같다(95LP).

> 당신은 누구나 이해할 수 있는 증거를 원하는가?
> 그때 헤르메스가 나를 데리러 왔다.
> 나는 말했다. "신이여, 나는 당신이 이끄는 곳으로
> 기꺼이 따라가렵니다. 거룩한 여신에게 맹세코
> 이제 내게는 더 이상 살아갈 기쁨이 없습니다.
> 나는 죽고만 싶어, 이슬 맺힌 연꽃이 자라는
> 아케론의 강둑을 보고 싶습니다."[37]

사포는 고통 속에서 시들어 거의 죽을 지경이 된다. 그녀의 마음은 이미 죽 기를 선택하였다. 이 과정을 사포는 이미 생각 속에서 그려보아 익숙한 모 습으로 지켜보며 묘사하고 있다. 인간들을 하계로 데려가는 신이 그녀를 찾아왔다. 사포는 헤르메스에게 설명하여 말하기를, 자신은 그를 기꺼이 따를 준비가 되었노라고 한다.[38] 그녀가 갈망하고 있는 죽음 또한 그녀에 게 손에 잡힐 듯 보인다. 죽음은 그녀에게 아름답고 유혹적인 정경이 되고, 연꽃이 피고 물에 젖은 강둑을 지나는 푸른 강물이 되어 등장한다. 삶에 지

---

37. 훼손된 원문의 문맥에 관해서는 *Gött. Gel. Anz.* 1928, 269쪽 이하를 보라.

38. 아티카 출신의 미술가는 흰색 바탕의 아름다운 향유통 위에 동일한 방식으로 소녀의 죽음을 묘사하고 있다. 헤르메스는 벼랑의 바닥에 앉아 손을 위로 향하고 기다리며 앉 아 있다. 소녀는 그 앞에 서 있으며, 그녀의 마지막을 준비하면서 머리장식을 머리에 꽂 고 있다. *Münchner Jahrb. der bild. Kunst*, N.F. II, 1925, Heft 3/4, 첫 그림판과 Buschor 가 쓴 설명을 보라.

친 사람의 마지막 생명의 불꽃은 어두운 땅을 아름답게 보이도록 만든다.

헤르메스가 사포를 방문하고, 그녀가 그에게 그런 말을 건넸다는 것은 사포에게 엄연한 현실이다. 그녀는 이런 사실을 자신의 걱정이 얼마나 큰지를 증명할 분명한 증거로 내세운다. 마치 서사시의 영웅들이 그러했던 것처럼 사포는 그녀가 살아가는 세계의 신들과 교류한다. 하지만 그녀에게 신들은 결코 인간존재와 동떨어지게 구별된 제2의 공간에 살아가는 존재들이 아니었다. 그녀의 삶에서 그녀는 신들을 만났으며, 신들의 작용을 전적으로 수용하였다. 그녀를 찾아온 꿈에게 그녀는 다음과 같이 말한다 (63LP).

꿈이여, 잠이 우리를 사로잡을 때면 어두운 밤을 여행하는 달콤한 신이여, 강력한 힘으로 나를 근심에서 구하십니다.

사포는 스스로를 낯설고 어둡고 적대적인 세계에 갇힌 고독한 존재가 아니라, 열려 있는 자연계와 어우러져 살아가는 자연적 존재라고 생각했다. '자연과의 합일', 이것을 스토아 철학자들은 냉정한 열정과 불꽃 튀는 논리로 인식과 교육의 과정에서 추구하였던 바, 이때는 바로 헬레니즘 세계가 와해되기 시작했을 무렵이었다. 사포에게는 아직 이것이 주어져 있었다. 그녀는 사람들과 그러하듯 신들에게도 자연스럽게 말을 걸고 답변한다. 그런 이유에서 그녀의 서정시 또한 자연과 하나가 되어 있다. 그리스 상고기 전기의 서정시들은 전적으로, 혹은 거의 전적으로 누군가와의 대화이기 때문이다.

세 번째 종류에 속하는 단 하나의 노래가 우리를 한 단계 높은 곳으로 이끈다. 짧긴 하나 이 노래는 내용적으로 상당히 긴 합창시가 보여줄 법한 모든 요소를 갖추고 있다. 즉 관조적 태도가 순간적 감정의 표출을 지배하고 있다. 형식적으로는 여타의 노래와 다르지 않으며, 흔히 '사포의 운율'이라고 부르는 운율에 따라 노래되고 있다(16LP).

> 어떤 이들은 기병대가, 어떤 이들은 보병대가
> 어떤 이들은 함대가 검은 대지 위에서
> 가장 아름답다 하지만, 나는 사랑하는 이라
> 말하겠어요.
>
> 이를 모든 이들에게 입증해 보이는 것이야
> 참으로 쉬운 일. 그런 즉 아름다움으로
> 인간을 압도하는 헬레네는 누구보다
> 뛰어난 남편을
>
> 버리고, 트로이아로 배를 타고 떠났지요.
> 그녀는 자식 그리고 사랑하는 부모들을
> 까맣게 잊었지요. 그녀를 납치하여 (퀴프리스가
> 데려가 버렸지요.)
>
> (여신의 손에 세상 모든 사람들의 마음은
> 움직이고, 사람들의 생각은 기울기 마련)
> 그리하여 그녀는 나로 하여금 멀리 떨어진
> 소녀를 떠오르게 하지요.
>
> 나는 그녀의 사랑스러운 걸음걸이와
> 얼굴에서 빛나는 불꽃을 보고 싶으니,

뤼디아의 전차와 중무장을 갖춘 보병을
보기보다는.[39]

세상에서 가장 아름다운 것은 무엇인가라는 질문에 위의 노래는 두 번에
걸쳐 답을 한다. 첫 번째 시련구의 마지막 행에서 기본적인 답변을 제시하
고, 이를 화자가 활용하여 마지막 시련구에서 두 번째 답변을 제시한다. 사
포는 가장 큰 아름다움을 커다란 권력의 과시[40]에서보다는, 사랑하는 사람
에게서 느끼는 친근한 매력에서 찾고 있다.[41] 모든 사람들이 하나같이 경탄
해마지 않는 것에서가 아니라, 각자가 자기 나름대로 소망하고 사랑하는
것에서 찾고 있다. 사포 문학 전체는 이런 자기 소신에 입각해 있다.[42] 앞에
서 아르킬로코스도 마찬가지로 자신은 객관적이고 보편적인 가치(혹은 무
가치)보다 오히려 주관적이고 개인적인 가치(혹은 무가치)에 무게를 두고
있음을 밝히고 있다.[43] 이런 종류의 입장은 서사시와 서정시를 구분하는
중요한 근거라고 할 수 있다.

　사포가 말하길, 우리 각자가 욕망하고 사랑하는 그것이 우리가 보기에
가장 아름답다 하였다. 그런데 우리가 원하는 그것이 우리와 함께 있는 것
은 아니다. 인간 본성은 '하루살이'와 같아, 인간의 생각도 운명과 신들의

---

39. 16행의 '소녀'라는 번역어는 원문의 '아낙토리아'라는 소녀의 이름을 옮긴 것이다.

40. 기병과 함선은 위풍당당한 허세의 상징으로서 핀다로스 단편 221Snell과 『이스트미아
　찬가』 5번, 4행 이하에서 다시 확인할 수 있다. 이 책 901쪽 각주 11번을 보라.

41. 이런 생각은 아리스토텔레스에서 다시 보다 단순화된 형태로 등장한다. 『동물의 부분
　에 관하여』 1, 644 b 33에 다음과 같이 적혀 있다. "마치 사랑하는 사람을 우연히 잠깐
　쳐다보는 것이, 여러 가지 많은 위대한 것들을 자세히 통찰하는 것보다 훨씬 즐거운 것
　과 같이".

42. 그녀에게 그녀의 자식은 뤼디아 전체보다 값진 것이었다. 이 책 316쪽, 단편 132LP를
　보라.

43. 이 책 251~254쪽을 보라.

손에 의해 주물러 빚어지는 밀랍과도 같다. 헬레네는 보통의 여성이라면 누구나 원할 만한 것을 가지고 있었으나, 모든 것을 포기하고 낯선 남자를 따라나섰다. 욕망이 그녀를 추동하였기 때문이다. 아프로디테가 헬레네로 하여금 멀리 이국땅에서 행복을 찾도록 만들었던 것처럼, 역시 아프로디테에 의해 사포는 멀리에 떨어져 있는 아나토리아를 생각하고, 뜨거운 욕망으로 사랑스러운 소녀의 모습을 떠올리며 전율한다.

이런 체험이 앞선 노래의 동기였음에 틀림없다. 사포는 그리움의 파도에 휩쓸려 버렸다. 그리하여 자신에게 닥친 일들을 되새겨보며, 그런 것들의 근저에 놓여 있는 원리들을 되돌아본다. 합창시의 방식을 빌려 사포는 노래를 일반적인 명제의 설정[44]으로 시작하는데, 그 의도는 이 명제를 신화적인 예를 통해 입증하기 위해서이다. 두 번째 입증자료로서, 이후 사포 개인의 경험이 소개된다. 흔히 합창시에서 그러하듯, 신화와 현재 경험 사이에서 신적인 경건성이 느껴지는 새로운 진리가 도출된다.[45] 여타의 노래와는 달리 앞에서 본 노래는 개인적 체험과 거리를 두고 있으며, 따라서 이를 노래 끝에서야 비로소 언급한다.

사포의 이런 놀라운 주제가 영향을 미친 범위는 광대하다. 이 주제는 모든 절대적인 가치를 파괴시키는 힘을 갖고 있었다. 욕망을 자극하는 모든 대상은 아름다움의 개념에 포함되고, 그래서 '아름다움'은 실제 행동을 좌우하는 기준이 되기 때문이다.[46] 사포에 따르면, 모든 여인들 가운데 가장

---

44. '다른 사람들은 이렇게 말하는데 … 나는 이렇게 말한다'라는 형식에 관해서는 시모니데스 4D=19E와 48D=31E를 보라. '선호 목록시' 형식에 관해서는 티모크레온 1D=1E와 호라티우스의 『서정시』 1, 7을 보라. *Frühgriech. Denken* 90~94쪽을 보라.

45. 합창시와 유사한 형태의 서정시들이 레스보스의 노래들에도 있었다. 이런 것을 통해서 호라티우스의 '로마연작'과, 여기에 담긴 핀다로스적 요소들 사이의 역사적 관계를 쉽게 이해할 수 있다. Ed. Fraenkel, 'Das Pindargedicht des Horaz', *Heidelberger Sitzungsber.* 1933, 22쪽 이하.

아름답고 매력적인 헬레네도 예전의 삶보다 파리스와의 삶을 보다 아름답다고 느꼈다는 것이다. 그녀가 그렇게 생각하고 행동한 이유는 그녀가 사랑에 빠져 있었기 때문이다. 우리는 그 자체로 아름다운 것을 욕망하는 것이 아니라, 반대로 욕망하는 것을 아름다운 것이라고 생각한다. 이를 통해 소피스트 프로타고라스의 주장은 거의 선취되었다고 할 수 있는데, 그에 따르면 인간은 만물의 척도이기 때문이다. 이 시기에 문학은 드물지 않게 철학을 선취하였으며 철학의 길을 선도하였다.

앞에서 언급한 노래는 우리가 알고 있는 사포의 노래 가운데 유일하게 다층적 구조를 지닌 노래다. 그녀의 다른 노래들은 모두 절대적이고 직접적인 현재성의 표지 아래 서 있다. 아르킬로코스의 문학에서 그러하듯(이 책 276쪽 참조), 그녀의 문학에서도 '여기'라는 범주는 그 반대인 '저 먼 곳'의 범주와 함께 특별한 중요성을 차지한다. 우리는 계속해서 접촉과 접견,[47] 초대와 방문, 친밀한 어울림과 대화, 설득과 회피, 별거와 이별, 그리움과 추억과 망각 등을 들을 수 있다. 이런 단일구조 안에서는 문학과 현실이 남김없이 깔끔하게 융해되어 하나로 섞이게 된다.

동아리와 그 구성원의 생활이 사포의 문학에 투영되었으며, 문학은 생활을 규제하고 세련되게 만들었다. 동아리의 문학적 활동은 삶의 가치와 상호 관계, 동아리의 질서와 개인들의 고상함[48]을 고취시켜, 어리석음과 혼

---

46. 여기에 관해서는 이 책 286~291쪽의 튀르타이오스를 보라.

47. 접촉의 피부감각은 위에서(이 책 331쪽) 이미 언급되었다. 단편 294LP(이 책 336쪽)에서 이에 대한 보충을 볼 수 있다. 소녀의 발바닥은 들판에 갓 피어난 가냘픈 꽃들을 느낀다. 105c LP는 그 반대로, 감각을 잃은 무딘 발은 들에 자란 히아신스를 짓밟는다.

48. 단편 16LP의 첫 시련구와 마지막 시련구를 연관시켜, 시인이 의도적으로 아름다움을 이야기한다고 말할 수 있지도 모른다. 하지만 오히려 시인은 몸가짐이나(이 책 335쪽 참조) 혹은 등불놀이에서 드러나는 '매력'을, 자극적이고 사랑스러운 것을 이야기하고 있는 것으로 보인다.

란과 우연과 저속함을 몰아내는 데 일조하였다. 이런 생각으로 사포는 자신이 아끼고 사랑하는 소녀들과 함께 시를 지으며 생활하였다. 소녀들은 그녀를 따르고 존경하였으며, 그녀는 소녀들로 인해 기뻐하고 슬퍼하였다. 사포에게 문학적 활동은 신성한 임무였다. 그녀의 딸 클레이스가 집안에서 어떤 이의 죽음을 애도하여 탄식하자, 사포는 그녀에게 침묵할 것을 명한다(150LP).

> 왜냐하면 무사이 여신들을 모시는 집 안에서 통곡 소리가 울려서는 안 되기 때문이니. 우리에게는 그런 것이 합당치 않다.

사포가 평생을 바쳐 종사하던 일은 죽음과 함께 멈추었지만, 그녀의 문학은 그녀의 죽음을 넘어섰다. 사포 자신도 이를 기대하였을 것이다. 이런 것을 의식하며 사포는 풍요롭고 부유했던 여인[49]을 다음과 같은 혹독한 시행으로 노래하고 있다(55LP).

> 당신이 죽으면 아무것도 남지 않을 것입니다.
> 당신을 그리워하거나 기억할 이도 없겠지요. 왜냐면
> 당신은 피에리아의 장미를 갖고 있지 않으니까요. 빛을 잃고
> 아무도 알아보는 사람 없이 하계의 그림자들 사이를 헤매겠지요.

하지만 피에리아의 무사이 여신들이 사랑하는 시인에게는 아프로디테가 나타나 다음과 같이 말한다(65+66c+87LP).[50]

---

49. 아리스티데스, XXVIII, 51 Keil=제2권 508쪽 Dindorf 를 보라.
50. *Gött. Gel. Anz.* 1928, 269쪽을 보라.

커다란 선물을 갖고 있다. 태양 아래
모든 사람들에게 기억되는 일이다.
방방곡곡 어디에서나 당신의 이름을,
아케론 강가에서조차 당신을 기억하리다.[51]

아르킬로코스처럼 사포 또한 그리스 초기 문학에서 오랫동안 영향을 미친 인물이다. 남자이며 전사였던 아르킬로코스가 승리하고 때로 패배하며, 좌절하고 때로 다시 일어서며 전환의 시대를 맞아 명예를 존중하던 전통에 도전하였다면, 사포는 오로지 우아함에 헌신하며, 고통스러울 정도로 황홀한 열정과 지혜로운 마음을 가진 여성적 존재다. 사포는 아르킬로코스와 두 세대 떨어져 있기에 아르킬로코스가 얻기 위해 싸웠던 새로운 생각을 사포는 이미 확고하고 너무도 당연한 것으로 소유하고 있었다.

매혹적인 사포의 문학에서 시대의 역사적 변화는 잠시 숨을 죽이고 있다. 하지만 호메로스가 그러하였던 것처럼, 사포가 고의적으로 시대적 흐름을 도외시하였던 것은 아니었다. 다만 사포의 문학이 역사적 흐름에서 비켜나 있었던 이유는 모든 힘들이 균형을 유지하고 있었기 때문으로, 시대적 요구와 초시대적 영원함이 황금의 균형을 유지하고 있었다. 하지만 서로 충돌 없이 균형을 유지했다는 것은 일종의 기적과도 같은 일이었으니, 사포의 동시대인들에게서조차 우리는 그런 평형상태를 찾아볼 수 없다.

---

51. *Gött. Gel. Anz.* 1928, 213쪽을 보라.

(2) 알카이오스

알카이오스는 사포와 같은 시기에 같은 레스보스 섬에서, 사포와 같거나 유사한 운율로 노래하였다. 이렇게 동일한 문학적 기술과 전통을 갖고 있었지만 알카이오스는 사포와 전혀 다른 방식으로 이를 사용하였다. 이는 단지 알카이오스가 사포와는 정반대로 문학과는 거리가 먼 다른 것을 삶의 목적으로 삼았기 때문만은 아니다.

알카이오스는 정치적 혼란과 소요 속에서 성장하였다. 그의 형은 정치적 활동을 주도하였으며, 그도 또한 전쟁의 과업에 헌신하였는데, 그의 집안은 식구들뿐만 아니라 뜻을 같이하는 동지들을 완전 무장시키기에 충분할 정도의 무기를 보유하고 있었다(357LP). 그는 이런 광경을 화려한 시구

---

1. 알카이오스가 단편 357LP에서 자신의 집안을 이야기하고 있다는 설명은 아테나이오스에게서 유래한다. *Frühgriech. Denken* 52쪽과 82쪽을 보라. ‘αρη’(1행)라는 형태는 낯설다. 하지만 ‘παισα κεκοσμηται στεγα’ 는 일반적 의미의 도구격 단어를 필요로 한다. 마지막 행의 ‘εργον τοδε’는, 즉 ‘εργον ῎Αρηος’는 (『일리아스』 제 11권 734행을 보라) ‘αρη’를 지우면 연결시킬 단어가 없어진다. 아마도 ‘αρευι κοσμηται’를 쓰려고 했던 것으로 보인다. 시제와 관련하여 플라톤의『법률』7, 796c의 ‘κοσμεισθαι’를 보라. 디오뉘시오스 할리카르나소스의『로마고대사』11, 4, 7의 ‘κοσμουμενον’를 보라.

로 묘사하고 있다.

> 나의 커다란 집은 청동으로 빛난다.
> 마당 가득히 전쟁으로 장식되어 있다.
> 밝게 빛나는, 그 꼭지에는 말총이 희게
> 물결치는 투구, 병사들의 우두머리들에게는
> 영광이로다. 벽에 달린 못에는
> 청동의 빛나는 정강이받이가 걸렸다.
> 강력한 창을 막아내는 가리개.
> 새로운 천으로 짠 갑옷이며
> 속이 빈 방패들이 줄지어 늘어섰다.
> 칼키스에서 가져온 검들이 있고
> 많은 허리띠와 웃옷들이
> 이 모든 것이 소홀히 다루어질 수 없다.
> 우리가 일단 이런 연장들을 걸칠 때.

상고기적 방식에 따라 알카이오스는 자신이 사용하고 있는 장비들을 구체적으로 거명함으로써 자신이 신봉하는 인생관을 표명한다. 이는 사포와 같다고 하겠는데, 마치 길게 늘어뜨린 창고목록과 같은 이런 시를 사포에게서도 찾을 수 있을지 모른다.[2] 혹은 우리의 젊은 귀족이 여기서 하는 것과 같은, 재산에 대한 느긋한 자랑을 발견할 수 있을지도 모른다.[3]

---

2. 알카이오스의 이 단편에 견주어, 사포가 선물을 열거하는 결혼의 노래를 생각해볼 수 있다(단편 44LP 8~10행. 이 책 320쪽을 보라). 혹은 아르킬로코스가 자신의 직업과 창을 언급하는 시행(단편 2D=2W와 1D=1W. 이 책의 249쪽을 보라)을 견주어 볼 수 있다. 혹은 호메로스의 방패 장면을 보라(이 책 72쪽 이하를 보라).
3. 고대의 음악이론가 헤라클레이데스 폰티코스는 아이올리아 사람들의 음악을 설명하

전쟁 무기 목록시에 엿보이는 알카이오스의 느긋함은 이후 다른 단편에 서는 전혀 나타나지 않으며, 많은 단편들이 격렬하고 흥분된 어조를 띠고 있다. 호라티우스는 알카이오스의 시를 두고, 알카이오스가 사포보다 훨씬 더 풍부한 목소리로 "뱃길과 추방과 전쟁의 힘겨운 노고"(『서정시』2, 13, 27)를 노래하였다고 말하였다. 사포의 생각을 표현하던 대상들과는 전혀 다른 대상들이 등장하는데, 새로이 발견된 파피루스들에서 우리는 알카이오스가 다루고 있는 대상들의 다양성 그리고 알카이오스의 문학이 표현하는 원초적 위력 등을 예전보다 뚜렷하게 확인할 수 있다. 모든 것을 투명하게 드러내는 밝은 빛은 개인과 사건의 모습을 단순화시키며, 또한 이때 화자의 감정도 단순하게 드러낸다. 사포가 사건으로의 사변적 침잠, 형상화에서의 섬세함과 조심스러운 절제를 보여주었던 반면, 알카이오스의 문학은 감정의 즉흥성과 그 표현의 거리낌 없는 분방함을 보여준다. 하지만 언급되는 대상의 분명한 구체성은 두 시인 모두의 공통점이라고 하겠다.

알카이오스가 참여한 전쟁은 대부분 도시국가의 내적 갈등에 기인하였다. 알카이오스가 속한 귀족집안을 포함하여 여러 집안들이 서로를 상대로 다투었으며, 때로는 참주들을 상대로 싸웠다. 다양한 집단들이 급격한 정치적 변화에 따라 수시로 이합집산하며 서로를 적대시하였다. 알카이오스는 자신의 노래에서 혼란스럽고 극도로 위험한 상황을 노래하는 바, 당시에는 뮈르실로스라는 사내가 독재정을 수립하려고 시도하고 있었다. 그

___

기 위해 그들을 다음과 같이 규정하였다. "그들은 자부심을 드러내는 화려한 몸짓, 약간의 과장된 동작을 보여준다. 이는 그들이 경주마와 장대한 볼거리를 선호하는 것과 연관되어 있다. 그들은 숨기거나 감추지 않고, 당당하며 직설적이다. 또한 술 마시길 즐기며, 강렬한 감각적인 취향을 추구하였으며, 일반적으로 자유분방한 생활방식을 갖고 있다"(아테나이오스 14, 624d). 아이올리아 사람인 알카이오스의 단편들로부터 우리는 이와 유사한 그림을 찾을 수 있다. 다만 말 경주와 커다란 잔치에 관해서만은 찾아볼 수 없다.

는 이런 상황을 바다여행에 빗대어 표현하였는데, 여기서 배는 국가를 비유하는 것이다(326+208 col. ii LP).[4]

> 폭풍의 저항을 나는 견딜 수 없다.
> 이쪽에서 파도가 몰아닥치는가 하면
> 저쪽에서는 다른 파도가, 그 가운데
> 우리는 검은 배를 몰아 나아간다.
> 끔찍한 날씨와 싸우며 힘겨운 노고 속에서
> 돛대를 세우는 자리까지 물이 차오르고
> 돛은 이미 찢어질 대로 찢어져
> 찢어진 돛에 생겨난 구멍은 길고
> 돛을 묶던 밧줄은 풀어져 늘어졌다.

이 시는 심각한 상황을 구체적 대상과 관련된 세세한 언급들로 풍부하게 표현하고 있다. 배가 입은 피해들이 모두 하나하나 순서대로 열거되는데, 이는 앞서 사포가 자신의 감정을 표현했던 방식이다. 또 다른 단편, 어쩌면 앞서의 단편과 같은 노래에 속하는 단편에서는 위급한 상황으로부터 탈출구가 발견된다. 역시 마찬가지로 여기 등장하는 배 또한 상징적인데, 알카이오스는 여기서 배가 수많은 항해를 겪어 늙고 지쳐버렸음을 암시하려는 듯하다(73+306LP. 상당 부분 추정에 근거하여).

> 모든 화물은 이미 바다에 수장되었으며

---

4. 끊이지 않고 자주 사용되는 '배' 비유는 우리가 아는 한 알카이오스에서 최초로 등장한다. 이해와 소망이 상충되는 상황에서 종종 망각되는 진리를 분명히 하기 위해 이 비유가 사용되었는데, 내적 갈등이 국가의 존속을 위협할 경우에 사회공동체의 구성원들 모두가 동일한 운명을 겪게 된다는 것이다.

험난한 바닷길을 길게도 배는 지나왔다.
파도는 뱃전을 두드려 부수었다.
이런 험한 날씨와 파도와 싸워 더 이상
우리의 배는 견딜 수 없다. 아니면
몰래 숨어 있는 암초에 부서질 수밖에.
이렇게 파도의 장난에 배는 맡겨져 있다.
친구들이여, 이 모든 것을 잊어버리고
놓아버리자. 나는 너희와 즐겁게
놀고자 하며, 뷔키스와 함께 마시고자 한다.
다른 모든 것은 다른 날에 생각하기로 하고
누군가는 비록

포도주와 고운 소년 뷔키스가 있어 알카이오스는 근심을 모두 몰아낼 수 있었다.

동일한 비유가 다른 단편에서 다시 한 번 등장한다. 하지만 이 비유는 처음 두 개의 시련구에서만 나타나고 이내 사라지며, 비유적 언어 대신 튀르타이오스를 연상시키는 음색이 나타난다(6LP).

이번 파도는 지난번 그 어느 때보다
높아, 우리에게 많은 노고를 가져와
배로 들어온 물을 퍼내야 하겠으니
(바람에 일어 파도에 이어 파도가)

(2행 훼손)
어서 서둘러 우리는 배를 지탱하고

안전한 항구로 서둘러 가세.

누구 하나 겁먹어 망설이지 말고
우리 눈앞엔 커다란 보상이 있으니
너희의 지난날 업적을 상기하라.
모두가 이제 인정받는 사내가 되라.

창피스러운 모욕으로, 영광스러운
땅에 묻히신 선조들을 욕보이지 마세.
(그들 우리에게 우리의 도시를
기꺼이 남겨주셨다.)

다음에서 알카이오스는 복종해서는 안 될 뮈르실로스의 "왕국"을 이야기
한다. 뮈르실로스는 죽고, 알카이오스는 환호성을 지른다(332LP).

이제는 마셔야 한다. 우리가 마실 수 있는 것보다
마시고 싶은 것보다, 더 취하도록. 뮈르실로스가 죽었다.

하지만 싸움은 계속 이어졌고, 알카이오스의 유력한 정적은 피타코스였
다. 피타코스는 사람들에 의해 그리스의 일곱 현인으로 꼽히고 있는 사람
인데, 처음에 그는 알카이오스의 형과 동맹을 맺어 왕을 몰아냈었다. 이후
피타코스는 뮈틸레네의 군사들을 이끌고 소아시아의 항구도시 시게이온
을 차지하기 위해 아테네 사람들과 전쟁을 벌였는 바, 시게이온은 마르모
라 해로 들어가는 주요항구였기 때문이다. 이 전쟁에 알카이오스도 참여
하였는데, 전장에서 고향의 친구에게 보낸 시에서, 자신이 전투에 패하여
무기를 잃었지만 도망쳐 목숨을 건졌으며, 자신이 잃어버린 방패는 승리자

아테네 사람들이 시게이온의 아테네 신전에 봉헌하였음을 말하고 있다 (428LP). 만약 이 시가 온전히 보존되어 있어 아르킬로코스의 비슷한 단편 (6D=13W. 이 책 152쪽을 보라)과 비교할 수 있다면, 이는 매우 흥미로운 작업일 것이다.

전쟁 후에 내부적인 소요가 다시 시작되었고, 알카이오스와 피타코스는 서로 다른 편이 되어 맞서게 되었다. 결국 시인은 패하였고, 육로를 통해 수도에서 멀리 떨어진 곳으로 옮겨가야만 했다. 파피루스 발굴을 통해 그가 '망명' 동안에 작성한 시의 단편이 알려졌다(130LP).

불행한 나는, 농부로 살아가며
전령이 민회를 소집할 때면
민회에 참여하던 때를 그리워하니
아게실라이다스여,

원로회의 때를. 아버지와 아버지의 아버지의
것(미상), 스스로를 파괴하는 시민들의
하나가 차지하고, 나는 이 도시로부터
추방되었다.

추방자로서 멀리로. 오뉘마클레스처럼
나는 여기에 홀로 자리를 잡고

이후 세 행을 넘겨 알카이오스의 목소리는 놀라울 만큼 갑자기 바뀌기 시작하는데, 자신이 지금 처한 망명생활이 즐겁고 기쁨이 넘치는 체류라고 묘사하고 있다.

신들의 유복한 영역으로
나는 검은 대지에 발을 들여 놓고,
나의 발이 모든 불행을 극복하고
향하는 곳에 나는 살고 있다.

레스보스 여인들이 미를 다투며
길게 끌리는 옷을 입고 걷던 그곳에[5]
여인들의 목소리가 주변에 울려 퍼지고
해마다 열리는 신성한 축제에 환호하며

여기에 이어지는 마지막 시련구는 심하게 훼손되어 있다. 언제쯤이면 올림포스의 신들이 시인의 많은 고난을 멈추게 하실지 묻고 있는 것으로 보인다.

알카이오스는 지금 당장은 무기를 들어 싸우지 못하지만, 대신 그의 시와 저주를 통해 싸움을 계속하고 있는 바, 사포가 기도를 올렸던(17LP, 이 책 336쪽을 보라) 동일한 신들에게 다음과 같이 기원을 올린다(129LP 9행 이하).

자애로운 마음으로 우리의 소원을 들어
지금의 고통으로부터 나를 구하소서.
이제 쓰라린 망명길을 끝내소서.

휘라스의 아들[저자 주: 피타코스]을 복수의 여신들이
좇아, 지난 날 우리가 신성한 신들을 두고

---

5. 레스보스 여인들이 참가하는 미인선발대회는 다른 문헌에도 보고된 바 있다.

맹세한 것에 걸고 복수하소서. 우리는 결코
우리의 동지를 배신하지 않는다,

적의 손에 맞아 죽어 누운 우리의 몸을
차가운 땅속에 묻어준다,
또한 그자를 죽여 복수한다,
우리 인민을 억압에서 구한다 맹세했다.

하지만 그 뚱뚱이[피타코스]는 이를
전혀 가슴깊이 받아들이지 않고 맹세를
가벼이 짓밟아 버렸다. 인민을 희생시켜
제 자신 많은 이익을 취하려고.[6]

위에서 알 수 있듯이 알카이오스는 비방시를 지으며 시어를 까다롭게 가려 선택하지는 않았다. 고전문헌학은 알카이오스가 피타코스를 지시하는 말들 가운데 일곱 개에 이르는 욕설을 발견하는 즐거움을 누릴 수 있었다. 이 시에 등장하는 "뚱뚱이", "집게발" 등이 그것이다(429LP).

레스보스의 인민들은 내부의 반목과 갈등에 지쳐 마침내 피타코스를 '심판관αἰσυμνάτας'으로 선출하였으며, 그의 재량에 따라 혼란스러운 상황을 바로잡을 수 있도록 독재권을 부여하였다. 이때 시인은 자신의 정적이 국가지도자로 임명되자 매우 당황한다(348LP).

---

6. '인민을 희생시켜'를 글자 그대로 번역하면, '그는 도시를 집어 삼켰다'이다. 여기에는 어떤 살인과 관련된 것은 들어 있지 않다. 이 책 221쪽 각주 18번에서 이에 관해 암시한 바 있다. 알카이오스 단편 70LP 7행에서 'δαπτετω πολιν'가 풍족한 삶을 묘사하는 시 련구 직전에 등장한다. 알카이오스가 단편 129LP를 마무리할 무렵, 아마도 피타코스는 독재관으로 선출되었을 것으로 보인다.

미천한 가문에서 태어난

피타코스를, 그들은 검은 정령에 짓눌려 배알도 없는 듯

한마음으로 그를 나라의 왕으로 선출하였다.

알카이오스의 생각에, 시민들이 정의롭고 올바른 사람들이라면 악을 더
큰 악으로 되갚아야 하거늘, 피타코스가 그들에게 행한 모든 일을 잊고 "배
알도 없이" 그를 용서한 것은 엄청난 불행을 자초한 것이었다.[7] "미천한 가
문에서 태어난" 자가 유서 깊은 명문가의 소녀를 부인으로 얻자, 시인은 다
시 한 번 격분을 표현한다. 피타코스가 예전 뮈르실로스와 연합하여 국부
를 탕진했던 것처럼, 이제 이 새로운 귀족집안과 혼인으로 결합하여 나라
를 거덜 낼 것이라고 생각하였기 때문이다(70LP, 6행 이하).

이제 그는 아트레우스의 집안과 혼인하여

이미 뮈르실로스와 함께 그랬듯이 도시를 집어 삼킨다.

다시 전쟁이 우리에게 승리를 약속하는 날에,

그때에 우리는 오랜 증오를 잊으며,

마음을 갉아 먹는 반목을 떨쳐버리며,

그러니까 집안싸움을, 올륌포스의 신들이

불 지피고 우리를 방황케 한 싸움을 멈추리다.

그런데 지금 값진 명예가 피타코스에게 있다.

---

7. 'ἄχολος'가 비난의 뜻으로 쓰인 것은 『일리아스』 제 2권 241행 이하와 아르킬로코스
단편 96D=234W를 보라. 레스보스 사람들이 모든 것을 수용하자, 피타코스는 그들을
처벌하지 않고 "집어 삼켰다."(바로 앞의 각주와 70LP의 7행을 보라.) 이 두 가지에 대
한 예를 『일리아스』 제 1권 231행에서 볼 수 있다. "δημοβόρος (δαπτει ταν πολιν
과 비교) βασιλεύς, ἐπεὶ οὐτιδανοῖσιν (πολεως τας αχολω 과 비교) ἀνάσσεις."

한편, 피타코스는 십 년 동안 계속해서 막강한 권한을 가진 국가지도자의 지위를 유지한다. 그렇게 많은 시간을 그는 불온한 당파들의 우두머리를 제압하는 데 할애했는데, 그 가운데 한 명이 알카이오스였다. 또한 피타코스는 국가의 질서를 효과적으로 재건하기 위해 노력했다. 그리하여 인민이 그에게 일임한 막중지사를 해결하였을 때, 그는 의무에 따라 자신의 지위에서 물러난다.

당시, 이웃한 뤼디아 왕국은 레스보스의 갈등을 이용하여 이익을 도모하고자 하였다. 알카이오스의 단편은 이렇게 시작한다(69LP).

> 아버지 제우스여, 뤼디아 사람들은 우리의 불행에
> 분노하여(?) 우리에게 이천 냥의 금화를
> 보내주었다. 우리가 이라 시[저자 주: 혹은 신성한 도시]에
> 다다를 수 있도록.
>
> 그들은 이제까지 어떤 도움을 받은 적도 없고, 우리를
> 알지도 못하면서. 하지만 그는 여우처럼 영리하여
> 자신이 일을 들키지 않고 쉽게 풀어나가리라
> 바라마지 않는다.

위의 단편은 '사포의 운율'로 쓰여 전해지긴 하지만, 이 시에서 우리는 시적인 어떤 것도 찾을 수 없다. 알카이오스는 흥분하여 이렇다 할 서문을 달거나 여타의 예의를 갖추지 않고 곧장 세계의 지배자가 공정하게 사태를 보도록 하기 위해 그에게 자신의 경우를 이야기한다. 독자는 사건의 전말을 하나도 듣지 못하고 있다.[8] 그러나 제우스와 레스보스의 주민들은 당시

---

8. 게다가 우리는 언어적 난제들도 갖고 있다. 첫 번째 시련구의 부문장이 갖는 정확한 의

진행되는 사건의 전말을 인지하고 있었고, 다짜고짜 '그'라고 지칭된 사람이 누구인지 알고 있었다. 이런 예를 통해, 우리는 새롭게 등장한 사실주의가 어떻게 일일보고서처럼 변질될 수 있는가를 확인할 수 있다. 알카이오스는 돈의 액수를 언급하는 데 주저하지 않는다(여기서뿐만 아니라 단편 63LP, 7행 이하). 언급된 액수는 상당한 금액에 달했다. 조심스럽게 짐작해 보자면 500명의 용병에게 수개월간 임금을 충분히 지불할 수 있을 만큼의 액수로 보인다.[9]

숫자를 통해 알카이오스는 자신의 형 안티메니다스가 왕 네부카드네자르를 위해 수행한 영웅적 행동을 평가한다. 아마도 내전에서의 패배로 인해, 알카이오스의 형은 고향땅을 떠나 "신성한 바빌론"(48LP, 10행)의 왕을 위해 용병으로 싸워야 했을 것이다. 용병으로 왕을 모시는 동안, 알카이오스의 형은 팔레스타인의 아스칼론까지 갔었다. 그가 돌아왔을 때, 알카이오스는 다음과 같이 인사한다(350LP).

> 세상의 끝으로부터 너는 왔다. 코끼리 상아로
> 금줄이 매인 칼자루가 너의 칼에 달렸다.
> (바빌론 사람들에 고용되어 너는 싸웠다)
> 매우 커다란 전투를. 그리고 너는 그들을 해방시켰다.
> 네가 더 용감한 사내를 죽였을 때, 그는 왕의 척도로
> 다섯 팔꿈치에서 겨우 한 뼘 모자라는 사람이었다.

대적한 상대방의 크기, 순전히 양적인 크기를 통해 행위의 크기가 표현된

미는 불분명하다. 두 번째 시련구에서 'γινωσκοντες'와 'προλεξαις'의 의미는 불투명하다. 이와 유사한 것을 아르킬로코스 51D I A 46=93a W(이 책 271쪽)를 보라.

9. Denys Page, *Sappho and Alcaeus*, Oxford, 1955, 232쪽.

다. 안티메니다스는 영웅적 행위의 대가로 받았을 가능성이 높은 칼을 지니고 있는 바, 이를 통해서 역시 가치의 양적인 크기를 기준으로 행위의 가치를 평가하고 있다.

건조하고 둔한 이런 시와 대조되는, 활기차고 경쾌한 언어가 신격 영웅 쌍둥이 카스토르와 폴뤼데우케스를 향한 기도에 나타난다. 그들은 위급한 순간에 도움을 필요로 하는 배에 불꽃으로 나타나서, 난파의 위험으로부터 배를 구한다고 알려져 있었다. 쌍둥이 영웅들은 펠로폰네소스의 집에 머물러 있으며, 시는 그들을 집으로부터 불러내고 있다(34LP).

> 펠롭스의 섬을 떠나 나에게로 이리 오십시오.
> 제우스와 레다의 강력한 아들들이여
> 자비로운 마음으로 오십시오, 카스토르와
> 폴뤼데우케스여,
>
> 영웅들이여, 넓은 땅을 지나고, 바다를
> 온통 지나도록 걸음이 빠른 말들을 타고
> 손쉽게 죽음의 두려움에서
> 구하소서
>
> 자리가 넓은 배의 꼭대기로 뛰어내리어
> 앞 돛 밧줄로부터 멀리에 빛을 전하며,
> 힘겨운 밤에 검은 배에게 빛을
> 가져오시며

알카이오스의 전쟁시 가운데 우리는 이렇다 할 단편을 갖고 있지 못하다.[10] 하지만 술자리의 노래에 관해서는 인상적인 단편들이 전해지고 있다. 알카이오스는 어떻게든 술 마실 구실을 찾을 수 있었는데, 뮈르실로스의 죽음이 전해졌을 때는 기쁜 소식에 포도주로 잔치를 벌였을 것이며, '배-국가'의 존폐가 걸린 일에는 걱정을 덜기 위해 잔치를 벌였을 것이다.[11] 뷔키스라는 소년이 함께하며 근심에 싸인 시인을 즐겁게 하였다. 다음의 단편에서도 그러하다(335LP).

> 나쁜 일들에 마음을 두어서는 안 된다.
> 우리가 근심한다고 무엇 하나 바꿀 수 없다.
> 뷔키스여, 최고의 치료약은 이것이다.
> 포도주를 가져다 마시는 것.

겨울에는 또한 추위 때문에 마셔야 한다(338LP).

> 제우스가 비를 뿌리고, 하늘로부터 커다란
> 폭풍이 불고, 물은 꽁꽁 얼어붙었으니
> (2행 미상)
>
> 추위를 몰아내라, 불을 크게 지펴라
> 큼지막한 항아리에 달콤한 포도주를
> 아끼지 말고, 나의 머리에는
> 부드러운 베개를 가져다 놓아라.

여름에는 또한 더위 때문에 마셔야 한다(347LP).

---

10. "전쟁에서의 죽음은 아름답다"(즉 dulce가 아니라 decorum)라는 문장(단편 400LP)은 튀르타이오스의 생각을 일반화한 것이다(7D=10W 16행).
11. 단편 332LP와 73LP를 보라. 이 책 354쪽 이하.

가슴을 포도주로 적셔라. 천랑성이 떠오른다.
참기 어려운 계절. 모든 것들이 땡볕에 말라붙어
매미의 맑은 노랫소리는 숲속에서 들리고
(3행 미상)
엉겅퀴는 활짝 피었다. 여자들은 아쉬워 안달한다.
남자들은 축 처졌다. 시리우스가 그들의 무릎과
머리를 태우고 있다.

이와 같이 알카이오스가 여름을 묘사하는 장면의 표현을 보면, 헤시오도스의 『일들과 날들』(582행 이하)에 나오는 유사한 내용의 단락으로부터 가져오지 않은 것이 하나도 없을 정도이다. 헤시오도스도 일 년 중 가장 뜨거운 계절에는, 아니 오로지 이 계절에만 느긋하게 술 마실 것을 권하면서 이 계절을 세세하게 묘사하고 있다. 알카이오스는 한 토막 한 토막 헤시오도스의 묘사를 인용하고 있으며, 자신도 보이오티아 서사시인의 권위를 빌려 즐겁게 술 마실 것을 권하고 있다. 그러나 알카이오스는 나름대로의 방식으로 헤시오도스에서는 하나의 긴 문장이었던 것을("엉겅퀴가 만발하고 … 그때에는 … 그때에는 당신은 …") 각각 분리하여 느슨하게 늘어놓고 있다. 겨울이나 여름에도 그러했듯이 알카이오스는 이번에도 봄의 도래를 또한 술 마실 구실로 삼는다(367LP).

때로 시인의 어조는 더욱 강해진다. 한 술자리의 노래는 이렇게 시작한다(50LP).

나의 머리에, 수많은 고난을 겪었던 머리에 뭐라 향을 부어라
털이 하얗게 세어버린 가슴에

사포 시에 등장하는, 가냘픈 몸에 향유를 바르던 소녀들에 대비되는 그림
이 여기에 등장한다. 수십 년간 거친 폭풍우를 지나온 삶이 잠시 동안 안락
한 여유를 즐기고자 한다. 이런 욕망은 구체적인 그림으로 표현되었던 바,
주름진 피부와 하얗게 세어버린 가슴에 사랑스러운 소년이 향유를 바르고
있는 모습으로 그려진다. 알카이오스의 시는 웅장하며 형식에 집착하는가
하면, 때론 산문적이며 형식에 구애받지 않고 분방하게 노래하면서 독창적
인 변화를 보여주고 있다.

　술자리로 초대하는 또 다른 노래(38LP)에서는 흔히 쓰이는 설득근거들
이 제시되었는데, 여기서 시쉬포스의 신화를 언급하고 있다.[12]

　　나와 함께 마시세, 멜라니포스여, 무엇을 (생각하고 있는가?)
　　당신이 일단 한 번 아케론 강을 건너 저편으로
　　건너가면, 당신은 더 이상 신성한 태양빛을
　　보지 못할 것이다. 너무 높은 곳을 바라지 마라.
　　한때 위대한 왕이었던 시쉬포스도 다른 누구보다
　　현명하였건만, 죽음의 형벌을 벗어나지 못했다.
　　꾀가 많은 그였지만, 죽음의 강제는 그를
　　두 번이나 휘돌아가는 아케론 건너편으로 데려갔다.
　　지하세계의 왕은 그에게 힘거운 형벌을 내렸다.
　　크로노스의 아들은.

---

12. 『신들의 계보』 702행 이하에서 시쉬포스는 보통 사람과 다르게 죽어서도 그의 정신력
이 없어지지 않을 만큼 영리하였다. 그리하여 그는 페르세포네를 설득하여 다시 살아
날 수 있었다. 두 번째로 하계에 갔을 때, 그는 하계에서 매우 무거운 돌을 산 위로 올리
는 노역을 맡아야 했다. 돌은 산꼭대기에 이르자마자 곧 다시 아래로 굴러 떨어져 버렸
다. 『오뒷세이아』 제11권 593~600행.

남아 있는 단편의 이후 부분은 아마도 다음과 같이 계속될 것이다. '따라서 우리는 불가능한 것을 바라지 말자. 다만 그때그때 그 순간 우리의 젊음에 기뻐하며, 우리가 가진 것을 즐기자. 저 밖에는 북풍이 불고, 도시는 이만 저만하다. 그러나 우리는 우리가 앉아 마시고 있는 자리를 뤼라의 연주소 리로 가득 채우자.'[13] 그리스 서정시는 대개 독백으로 구성되어 있지 않으 며, 시인이 특정 사람 혹은 특정 신에게 말을 하는 방식으로 되어 있다. 위 의 단편에서 '나는 마시고 즐기고자 한다. 왜냐하면 이만저만 하기 때문이 다'로 구성된 시인의 생각은, 술친구들에게 권고의 형식으로 표현된다. '당 신은 죽음을 피할 수 있으리라 믿지 마라. 시쉬포스는 하계로부터 돌아오 는 데 성공하였지만, 종국에는 평범한 인간들에 비해 오히려 더 가혹한 형 벌을 받았다'라는 형식으로 표현된다. 여기서 '죽는다는 것을 잊지 마라'의 목적은, 양극성의 법칙에 따라 삶의 축복을 즐기려는 의지를 강화하는 데 있다.

보편진리를 담은 문장들이 알카이오스의 여타 시에도 나타나는데, 그것 들이 심오하거나 독창적인 것은 아니었다. 하지만 강조해야 할 것이 무엇 이냐에 따라 그는 이런저런 명제들을 오늘날 속담을 사용하듯 제시하였는 데, 이때 단순히 그 명제가 그 경우에 부합하고 어울린다는 것 이외에 다른 뜻을 두지는 않았다. 이런 문장들의 일부는 사람이나 사태에 따라 상대적 의미를 지니고 있었다. 예를 들어, 정치적 문제를 다루는 노래에는 다음과 같은 격언시가 담겨 있다(112LP 10행). "남자들은 전쟁에서 도시를 지키는 보루다." 여기서 알카이오스가 말하는 것은 성벽과 망루가 전쟁을 승리로 이끄는 것이 아니라는 것이다. 또한 다른 단편에서 그는 무기 자체와 무기

---

13. 5행과 6행에 "μεγας"와 "μορον ου φυγεν"을 보충할 수 있다. 12행의 "παθην"은 아 마도 솔론의 단편 14D=24W 4행과 연관되어 있었을 것이다.

에 그려진 그림은, 이를 사용하는 사람이 용감한 전사가 아니라면 전혀 쓸 모없다고 말한다(427LP).[14] 세 번째로 알카이오스는 사람의 값어치를 사람 됨됨이보다는 가진 재산의 크기로 평가하는 세상을 비판하기도 한다 (360LP).

> 왜냐면 스파르타의 아리스토다모스는 매우 실용적으로 말했기 때문이다.
> "돈이 사람이다." 부족함이 없는 사람이 탁월하다 존경받는다.

상고기 시인들은 유명한 사람의 문장을 인용하기를 즐겼다. 위의 단편에서 알카이오스의 말은 스파르타 현인의 격언을 담고 있다. 이 격언은 '라코니아식 간결체'의 좋은 예인 바, 단 두 단어로 구성되어 있기 때문이다. 또 가난은 알카이오스에 따르면, 무의무탁한 신세와 짝을 이루고 있다 (364LP).

> 가난은 끔찍하고 흉물스러운 악이다. 그녀의 자매
> 무의무탁과 짝을 이루어 가난은
> 당당한 공동체도 점령해버린다.

"공동체" 혹은 "백성λαός"이라는 말로써 알카이오스는 자신이 속했던 집단을 지칭하는 것으로 보인다. 글자 그대로 번역하면 "커다란", 다시 말해 영향력이 막강하고 상당하였던 그의 당파는 이제 권력을 잃고, 경제적으로 파산하였으며, 도덕적으로도 몰락하였다. 하여 뤼디아의 원조를 기꺼이 받아들였던 것이라 짐작해볼 수 있다.

---

14. 이에 반해 단편 357LP에 등장하는 무기 목록(이 책 351쪽을 보라)이 보충설명을 제공한다. 즉 용기만으로 다 되는 것은 아니다.

우리는 일반적인 것을 말하는 알카이오스의 격언들에서 통일된 하나의 인생관을 발견할 수 없는 대신, 그때그때의 필요와 소망에 따라 다양한 격언들이 거론되는 것을 본다. 알카이오스가 철학적으로 숙고하는 모습으로 등장한 경우는 없지만, 모든 사람이 태어나면서 갖게 되는 운명에 대해 경건한 감정을 한 차례 표현하고 있다(39LP, 7행). "현명하고 분명한 지혜를 가진 사람이라면 제우스가 보낸 운명에 마주하자 머리카락이 —"[15] 여기서 우리는 신약성경의 한 말씀을 떠올릴 수 있다(『루카 복음서』 12장 7절). "더구나 하느님께서는 너희의 머리카락까지 다 세어 두셨다."

다시 한 번 항해의 노래(비유로 해석할 수 있다)에서 이렇게 노래한다(249LP).

> 육지로부터 항해를 준비해야 한다.
> 자신이 할 수 있는 한, 자신이 알고 있는 한
> 하지만 일단 바다에 나가게 된다면
> 바다를 지배하는 날씨를 따라야 한다.

맥락이 어떻든 다음의 격언은 매우 인상적으로 들린다(341LP).

> 너 좋을 대로 너는 말하지만, 누구도 너 좋을 대로 네게 말하지 않는다.

여기서 알카이오스가 다른 사람에 관해 자기 좋을 대로 꺼리지 않고 말해 버리는 것은 매우 인상적이다.

새로 발견된 파피루스에서는 자연에 대해 섬세하게 공감하는 사람의 생

---

15. 10행은 아마도 "οιδεν] ως"가 아닐까 싶다. 하여튼 단편의 훼손이 심해 전체 문맥이 불분명하다.

각이 발견되었는데, 이제까지 우리가 잘 알고 있다고 믿어왔던 알카이오스가 이런 것을 지었다고 하기엔 너무도 내면적인 것이다. 물론 (우리가 보기엔 문맥이 전혀 없는) 단편들이 모두 알카이오스의 것일지는 불확실하며, 그것들이 사포의 이런저런 단편들일 가능성도 배제할 수 없다.

　　— 바다에서 이 도시로 새들이,
　　— 산 정상에서 거기에서 향기로운 것들이
　　— 푸르고 푸른 포도 잎과 푸른 갈대
　　— 봄 같은 — 멀리 내다보이는 (115a LP 6행)
　　— 꽃이 만발한 — 얼음 같은 서리
　　— 아래쪽 타르타로스로
　　— 고요가 (바다의) 등 위에 자리 잡고
　　— 네가 상처입지 않기를 (286LP)

　　— 봄의 문이 활짝 열릴 때 그때에
　　향기로운 암브로시아로 (296b LP, 3행 이하)

알카이오스는 영웅서사시, 특히 트로이아 서사시에서 이야기를 여러 번 꺼내온다. 사포의 단편 16LP(이 책 345쪽)에서와 유사하지만, 단편 283LP에서 알카이오스[16]는 보다 강하고 날카롭게, 아프로디테가 헬레네를 흥분하도록 만들었던 광기 상태에 관해 이야기한다. "헬레네는 그리하여 주인을 배반한 트로이아의 사기꾼과 함께, 자식과 남편의 부드러운 침대를 버리고 떠난다." 알카이오스는 이런 광기로부터 야기된 전쟁, 수많은 사람들을 희생시킨 전쟁을 이야기한다. 거의 완전한 형태로 전해지는 또 다른 노

---

16. 이하의 시행들은 사포의 것일지도 모른다.

래에서 헬레네의 연애사건은 친밀하고 따뜻한 목소리로 노래되는 테티스의 결혼식과 대조를 이룬다. 헬레네는 트로이아를 몰락시켰으나, 테티스는 트로이아의 위대한 전사 아킬레우스를 낳았다(42LP).

전하는 바, 헬레네여, 악행에서 고통이
프리아모스와 그들의 자식들에게
너로부터 생겨났다. 불은 신성한 트로이아를
삼켜버렸다.

아이아코스의 아들이 결혼 잔치에
모든 신들을 초대하여
네레우스의 집에서 데려왔던
사랑스러운 소녀는 그렇지 않았다.

키론의 집으로 데려와 그는 순결한 소녀의
허리띠를 풀었다. 사랑은 펠레우스와
네레우스의 가장 아름다운 딸을 묶었다.
다음 해가 되어

그녀는 위대한 영웅이 될 아이를 낳았다.
금색 갈기를 가진 말들을 몰 행복한 사람
하지만 저들은 헬레네로 인해 몰락했으며
저들의 고향도 그러하다.

다른 노래는 아킬레우스와 그의 어머니를 노래한다. 끝 시련구는 이렇다
(44LP).

그는 어머니를, 바다의 요정인 어머니를
불렀다. 그러자 그녀는 (제우스의) 무릎을 잡고
읍소하였다. 자식의 분노를 (가엽게 여겨 도와주시길).

마지막 세 행(이에 앞서 겨우 다섯 행이 노래되었다)에는 『일리아스』 제1권을
연상시키는 두 개의 커다란 장면이 들어 있다. 트로이아 서사시의 여러 장
면들을 암시하는 짧은 시행들을 어떤 이유로 언급했는지는 여전히 수수께
끼다. 네 번째 단편에서는 트로이아 전쟁의 마지막 장면에 등장하는 이야
기 대목과 그 뒷이야기가 언급된다. 트로이아가 패하여 정복자들에게 약
탈당하였을 때, 카산드라는 아테네 신전으로 도망쳤고, 거기로 오일레우스
의 아들, 작은 아이아스가 돌입한다. 앞날을 예언하는 소녀는 여신상에 매
달리는데, 아이아스는 소녀와 여신초상을 한꺼번에 떼어낸다. 나중에 그
는 이에 대한 벌로 고향으로 돌아가는 중에 난파하여 익사한다(298LP[17]).

   팔라스의 신전,
어떤 여신들보다 신전 파괴에
크게 격노하는 여신의 신전

두 손으로 소녀를 잡아채어,
여신의 초상에 매달려 있는 소녀를 데려온
로크리스의 아이아스는 전쟁을 가져오는
제우스의 딸을 경배하지 않았다.

여신은 눈썹 아래가 무섭게

17. Hugh Lloyd-Jones, *Greek, Roman and Byzant. Studies* 9, 1968, 125~139쪽에 설명된 새
   로운 번역을 보라.

창백해지며, 포도주 빛의 바다를
서둘러 가로질러 어둠을 가져오는[18]
폭풍을 일으켰다.

결말 부분에서 서사시에는 나타나지 않는, 서정시에서 사건을 전달하는
데 쓰이는 빠른 박자가 보인다. 시공간적으로 서로 멀리 떨어져 있던 죄악
과 그에 대한 처벌이 바로 앞뒤에 연결되어 등장한다.[19]

알카이오스가 비극시인들처럼 제3의 인물을 등장시켜, 그가 누구인지
에 관한 여타의 정보도 없이 노래하도록 하는 단편 하나를 볼 수 있다.[20]
여인이 자신의 운명을 한탄한다. 호라티우스의 모방작(『서정시』 3, 12)이
대부분 원작을 그대로 베꼈다고 전제할 때, 이 여인은 사랑에 빠졌으되, 이
열정을 따를 수 없는 사람이라고 할 수 있다. 이 단편은 이렇게 시작한다
(10LP).

가여운 나를, 모든 힘겨움에 좌절한 나를
— 추악한 운명이—
— 나는 치료할 수 없는 상처를 입었다—
공포로 가득 찬 가슴에는 사슴의 비명소리가 자란다.
— 미쳐 날뛰며—
— 눈이 멀어—

---

18. 'ἀφάντοις θυελλαις'는 『트로이아 여인들』 79행 '캄캄한 밤하늘에서 생겨난 폭풍
δνοφώδη αἰθέρος φυσήματα'에 상응한다.
19. 이와 같이 문장 연결이 빠르게 이어지는 경우를 우리는 다만 합창시에서만 볼 수 있다.
이제 우리는 이런 것이 독창시에서도 나타난다는 것을 알고 있다.
20. 아르킬로코스 22D=19W도 또한 제3의 인물로 시작한다. 그러나 아마도 시의 후기가
덧붙여졌을 것이다. "이렇게 타소스의 목수 카론이 말했다." 이 책 251쪽을 보라.

심각히 훼손된 단편일지언정, 알카이오스의 언어와 사상이 호라티우스의 모방작에서 볼 수 있는 것보다 얼마나 기운찬가를 보여준다.

알카이오스는 사랑의 신을 부른다(327LP).

신들 가운데 가장 강력한 신이여
당신은 금빛 머리카락의 제퓌로스를
아름다운 발목의 이리스에게 낳게 하였다.

여기서 언급된 신들의 계보는 알카이오스의 독창적 창작이다. 그는 에로스를 바람의 아들로 그리고 있다. 제퓌로스는 거칠고 위험할 수 있으나(사포는 사랑을 폭풍으로 묘사하고 있다), 다른 한편 여리고 부드럽다. 하지만 어머니 이리스가 무엇을 의미하는지는 알 수 없다. 알카이오스는 신들에게 바치는 찬가를 여러 편 썼는데, 위기의 상황에서 쌍둥이 신들에게 바치는 기원시(祈願詩) 혹은 제우스에게 드리는 원망시(怨望詩)뿐만 아니라, 아폴론과 헤르메스와 다른 여러 신들에게 드리는 찬가를 지었다. 그러나 그가 지은 찬가들 가운데 일부의 단편만이 현재 우리에게 전해져, 전체적인 윤곽을 그리기는 곤란하다. 기껏해야 우리는 사적인 내용을 다룬 단편을 통해 알카이오스를 알 수 있을 뿐이다.

그리스 초기 서정시들이 사적인 경험을 다루고 있다는 점에서 당시 서정시의 본질을 찾을 수 있다고 할 때, 이런 작품들의 수준은 대개 시인이 무엇을 겪었는가와 그런 경험으로부터 시인이 무엇을 체득하였는가에 달려 있다. 알카이오스는 역경의 삶을 살았으며 다혈질의 성격에 따라 모든 것을, 물론 편협하고 자기모순적인 방식을 통해서이긴 하지만, 격정으로 표현하고 있다. 알카이오스의 문학은 때로 사태에 함몰되어 있으며, 때로 기질이 그의 문체를 억누르고 있다. 때로 그는 순간을 넘어 단순한 소재를 진정한 문학으로 바꿈으로써 자신의 제한된 세계를 공유하는 것이 하나도 없는 사람까지도 사로잡는다. 아르킬로코스나 사포와 달리 알카이오스는 산만하고 혼란스러웠으나, 그의 문학에는 우리가 아는 한 역사상 마지막으로 커다란 연기에 휩싸여 화염이 높고 격렬하게 치솟는 먼 옛날의 생명력이 아직 살아 있었다.

5. 이오니아의 소시민

(1) 세모니데스

　그리스 식민지의 문학은 그리스 본토의 문학을 훨씬 앞질렀으며, 제 나름대로의 의미에서 온전한 문학을 본토보다 훨씬 앞서 등장시켰다. 이런 빠른 발전의 토대 가운데 하나는 아마도 오리엔트 문화와 긴밀한 관계를 맺고 있었기 때문일 것이다. 그리스 식민도시 및 오리엔트 지역의 여러 나라와 민족들이 가깝고도 다양한 관계를 맺었음을 보여주는 문학적 전거들이 있다. 배타적인 스파르타의 귀족집안 소녀들에게 합창시를 지어 가르쳤다는 알크만은 자신이 뤼디아의 사르데스 출신임을 내세우고 있다. 사포의 친구 가운데 하나는 사포의 동아리를 떠나 사르데스로 이주하였다. 사포의 오빠는 한 번 이상 이집트를 방문하였으며, 알카이오스는 어떤 시에서 나일 강을 자세히 묘사하고 있다. 그의 형은 바빌론의 네부카드네자르에게 고용되었으며, 네부카드네자르의 군대에 복무하여 "세계의 끝"까지 여행을 하였다. 그는 아마도 597년 예루살렘 정복에 참여하여 유력한 이스라엘 귀족들을 바빌론으로 데리고 갔을 것이다. 소아시아 해안과 인근 도서 출신의 그리스 용병들은 590년경 이집트의 왕 프삼메티쿠스에게 고용되어

나일 강을 거슬러 지금의 누비아 지역 아부 심벨 신전까지 올라갔으며, 거기서 그들은 람세스의 석상에 영원한 흔적을 남겼는데, 역사적으로 가장 오래된 그리스 비문을 새긴 것이 그것이다. 이런 활발한 교류를 통해 상품과 사람들뿐만 아니라 사상이 서로 오갔음은 두말할 나위가 없다.

그러나 오리엔트 지역의 그리스 식민도시들이 일찍부터 성장하는 데 기여한 원동력은 거꾸로 파괴적인 결과를 낳기도 하였다. 알카이오스와 사포 이후 레스보스의 음악정신은, 마치 두 시인에게서 자신의 마지막 남은 힘을 모두 소모해버린 듯 소실되어 버렸다. 문학 생산은 이오니아에서 지속되어 6세기에 이르러 위대한 철학자들과 중요한 시인들이 나타나게 된다. 그러나 이오니아에서는 이미 이전 시기에 속물적 시민사회의 영향을 받은 것이 분명한 문학이 등장하는데, 생명력은 사그라지고 감상주의가 최초로 등장한 것이다. 비극적 감상에 감정적인 한탄이 더해졌으며, 격정적 탐닉에 여유로운 안락함의 소망이 추가되었다. 문학은 더 이상 사람들을 예전처럼 압도하고 감동시키지 못했으며, 다만 그들을 즐겁게 하는 데에만 만족해야 했다. 이런 창조적 동력의 고갈 상황을, 그 정도와 방식은 상이하지만 세모니데스와 밈네르모스와 히포낙스의 단편들이 보여주고 있다.

세모니데스는 사모스에서 태어났으며, 작은 섬 아모르고스로 떠나는 식민지 건설단을 이끌었다. 이 점을 볼 때 그의 집안은 유력한 가문이었을 것이다. 그의 활동 시기는 매우 불확실하나 7세기말이 가장 유력하다. 그의 시에 나타난 운율은 압도적으로 얌보스의 세소리걸음으로서, 나중에 희극 작품에서 대사에 사용되는 바로 그 운율이다. 이 운율은 다루기가 매우 편리하며 일상 대화를 수용하기에 가장 적합한 것으로, 그리스 문학이론에서는 상당히 가볍고 산문적인 운율이라고 평가된다. 그럼에도 불구하고 상당한 고급문학의 매체로 사용되었는데, 아르킬로코스와 비극작가들이 그

예라고 하겠다. 얌보스의 세소리걸음은 특정한 문체를 요구하지 않아서, 이를 취하는 사람의 의지에 따라 자유롭게 응용할 수 있었다.

세모니데스(또한 마찬가지로 밈네르모스)의 작품 가운데 윤리적 강론을 담고 있는 작품의 단편들이 상대적으로 많이 남아 있다. 이는 고대세계의 시인들이 가졌던 관심에 상응하는 것으로, 그들은 당시 시대를 통틀어 모든 시인들로부터 만고의 진리를 찾아내고 이를 후세에 전하는 일에 종사했던 것이다. 세모니데스도 무명의 '소년'을 언급한 단편을 통해, 축적된 인생 경험을 다음 세대에 전하려는 모습을 보여주고 있다. 그는 여러 곳에서 젊은이들이 노인들 옆에서 인생을 살아가는 데 필요한 것을 배울 기회를 가져야 한다고 말하고 있다.

마치 젖먹이 어린 말이 어미 곁에서 뛰어가듯 (5D=5W)

젊은이가 이번에 받게 되는 가르침은 다음과 같다(1D=1W).

소년아, 번개를 치는 제우스는 만물의
끝을 가지되, 그가 원하는 대로 일을 마친다.
인간들은 이를 알 수 없고, 소들이 살아가듯
하루살이 인생이니, 신이 어찌 마무리할지
아무것도 알지 못하고 살아간다.
희망과 믿음이 모든 사람들을 양육하니
그들은 할 수 없는 일을 하고 있다. 누구는
다음날이 도래하리라, 누구는 봄의 도래를
믿어, 인간들 가운데 누구도 다음 해에는
부와 행운이 충만할 것을 의심치 않는다.

하지만 서글픈 노년이 목적지에 이르기 전에

닥쳐오고, 사람들 가운데 누구는 불운한

질병이 데려간다. 전쟁에 끌려간 사람들을

하데스가 검은 대지 아래로 데려간다.

소용돌이치는 바다에 나선 장사꾼은

자줏빛 바다의 파도와 싸우다가, 가라앉아

연명하지 못하고 죽게 된다.

어떤 사람은 죽음의 밧줄을 목에 걸어

스스로 태양의 빛에서 도망친다.

누구도 불행을 벗지 못하니, 수천 번

패배와 예측하지 못한 고통과

근심이 닥친다. 그러나 내 말을 듣는다면

불행을 원하지 않고, 고통스러운 불운에

사로잡혀 우리 마음을 괴롭히지 않을 것이다.

마지막 부분은 명백히 긍정적이고 실용적인 활용을 염두에 두고 있는 바, 부정적 언사에 이어 '그러나'가 뒤따르고 있는데, 인용 단편을 기록한 사람은 앞선 모든 부정적 언사에 이어지는 긍정적 조언을 생략해 버렸다. 아마도 인용자는 인생에 대한 한탄만을 필요로 했던 것 같다. 따라서 이 단편의 뜻은 매우 불분명하며, 정확한 해석은 더욱 어렵다.

　단편의 시작은 웅장한 힘이 넘쳤으나, 점차 진부한 것으로 이루어진 낮은 세계로 조금씩 흘러들어 작아진다. 시작에서 현실을 마음대로 움직이는 신과, 나름대로의 환상을 먹고 살며 미래의 현실을 알 수 없는 인간이 서로 대조를 이룬다. 중간 부분에는 느슨하고 짧게, 인간은 하루살이인생이며[1] 마치 소처럼 살아간다는 것이 언급된다. 아름다운 희망과 추악한 현실

사이의 대립을 여러 가지 예를 들어 증명한다. 근본적인 생각은, 갇혀 버린 희망과 세계를 떠도는 고통을 생각한 헤시오도스의 의미심장한 신화와 매우 유사하다.[2] 헤시오도스와는 달리 세모니데스는 자신의 이야기에서 죽음이 더 나은 미래에 관한 우리의 희망을 허무한 것으로 만든다는 생각을 다른 것보다 두드러지게 보이도록 한다. 이런 점으로 미루어보건대, 현재 남아 있는 것 이후에는 삶과 현재를 즐기도록 설득하는 권고, 다시 말해 즐겁게 술 마실 것을 설득하는 권고가 이어지지 않을까 싶다. 마지막에서 두 번째 시행에서 세모니데스는 '우리는 우리를 불행으로 이끄는 것들을 애써 추구하지 말아야 한다'라고 주장하는 듯 보인다.[3] 이런 생각 또한 헤시오도스의 판도라 신화에서 유래한다(『일들과 날들』 58행 이하. 이 책 213쪽을 보라). 그러나 헤시오도스가 인간에게 주어진 상황을 분석하며 강력한 장악력을 보여준 것에 비하면, 세모니데스의 주조물은 활기가 없고 오점투성이라고 하겠다. 이오니아의 시인은 아마도 술자리에서 분위기를 북돋우는 것 이상을 바라지 않은 것으로 보인다. 그는 더 높은 것을 향하는 숭고한 인간의 의지 또한 하루살이 인간의 본성에 속한다는 것을 알지 못하였다. 그는 위험한 욕망을 포기하고 그 대신 각자의 역량에 따라 작으나

---

1. '하루살이인생'의 개념에 관해서는 이 책 243~246쪽을 보라.
2. 세모니데스 1D=1W와 헤시오도스의 『일들과 날들』 사이에 비교할 수 있는 사례는 다양하다. 세모니데스 1~3행은 헤시오도스 105행, 1~2행은 669행, 11~12행은 92~93행, 15~17행은 686~687행, 15행 θάλασσα'는 101행, 20행은 100~101행, 'κακῶν ἄπ''는 91행 'νόσφιν ἄπερ κακῶν', 23행은 58행을 보라. 하지만 이런 유사 사례 가운데 어떤 것도 단편 6D=6W, 7D=7W 등에서 엿보이는 것과 같이 (이 책 385쪽 각주 8번을 보라) 인용한 것이라고 추측할 만큼 특징적인 것을 포함하고 있지는 않다.
3. Sybel, *Hermes* 7, 1873, 361~362쪽에서 이 시행들이 해명되었다. 'ἐρῶμεν'와 관련하여 『오뒷세이아』 제10권 431행, 핀다로스 『네메이아 찬가』 11번 43~48행, 소포클레스 『안티고네』 615~619행을 보라.

마 삶의 기쁨을 추구하도록 권고하면서, 자신의 권고를 다시 한 번 증명한다(3D=3W).

> 왜냐하면 우리에게는 죽어야 많은 시간이 주어지며
> 다만 짧은 시간, 혹독한 삶을 우리는 산다.

거짓된 희망을 설명하면서 세모니데스는 먼저 사태를 보편적으로 밝혀낸 다음, 몇 가지 전형적인 예로써 이를 보다 섬세하게 해명하고 설명하였다. 동일한 방법론을 가지고 순서만 바꾼 채 세모니데스는 헤시오도스가 사용한 판도라 신화의 나머지 부분을 다루고 있다. 신이 남자들에게 패망에 이르도록 여인을 주었다는 것을 증명하면서, 그는 우선 여인 전형들을 길게 기술하고 있다(7D=7W).

> 처음에 신은 여인의 마음을 만들되, 다양하게
> 하였으니, 우선 억센 털 암퇘지의 여인을 만드니
> 그녀의 집안은 온통 더러운 것들이 가득하고
> 무질서하고 어수선하게 땅바닥에 굴러다닌다.
> 5 그녀는 씻지도 않고 더럽고 찌든 옷을 입고
> 느긋하게 두엄 위에 앉아 몸을 살찌운다.
> 다음으로 신은 못된 사기꾼 여우의 여인을
> 만들되, 모든 것에 능숙한 여인이었다.
> 사악한 일이든 좋은 일이든 모르지 않았다.
> 10 왜냐면 그녀의 말은 때로 사악하고
> 때로 옳았지만, 변덕이 심한 마음을 가졌다.
> 다른 여인은 소심하고 모성이 강한 개의 마음을[4]

가졌다. 모든 걸 듣고 모든 걸 알기 원한다.

사방을 향해 눈을 돌려 팔방을 지켜보기를

15 아무런 사람을 보지 못하더라도 잊지 않는다.

남편의 위협도 그녀를 멈추지 못하니

남편이 화를 내며 돌을 쥐고 이빨을 드러내며

위협해도 안 되고, 부드러운 말을 해도 안 되고

손님들 옆에 앉아 있어도 안 되니,

20 그녀가 짖어대는 헛소리는 요지부동이다.

또 올림포스 신들은 남자에게 흙으로

빚은 여인을 주었나니, 멍청하기 그지없다.

잘못된 것도 고귀한 것도 그런 여인은 모르니

먹는 것 말고는 아무것도 알지 못한다.

25 신이 춥고 나쁜 날씨를 가져와 그들을 얼게

할 때에도 불가로 의자를 옮길 줄도 모른다.

다른 여인은 바닷물로 만들어져, 양면성을 갖는다.

어떤 날 그녀는 웃음을 웃으며 행복하다.

손님이 찾아오면 칭찬으로 가득하다.

30 "인간들 가운데 이처럼 탁월하고 그녀처럼

아름다운 다른 여인은 없을 것이다."

다른 날에 그녀는 도저히 참아줄 수 없고

도저히 봐줄 수 없으니, 왜냐면 성을 내는데

새끼를 지키는 암캐 같아 가까이 할 수 없다.

---

4. 'λιτοργός'는 아마도 '사소한 일에도 화를 내는'것으로 이해할 수 있을 것이다.
'αὐτομήτωρ'는 아마도 33~34행과 『오뒷세이아』제20권 14행 이하와 비교할 수 있을
것이다.

35 그녀는 모두에게 사납고 무섭게 굴어

친구나 적이나 하나같이 그렇게 대한다.

바다가 때때로 고요하게 움직이지 않으며

누구에게도 해를 끼치지 않고 뱃사람에게

여름은 커다란 즐거움이나, 때로 크게 몰아쳐

40 폭풍우의 파도로 강력하게 몰아친다.

하여 이러한 여인은 성정에 있어

그에 유사하여, 변덕스러움에 있어 바다와 같다.[5]

43 다른 여자는 고집 센 잿빛 나귀로 만들어졌다.

(44~49행 생략)

50 다른 여자는 족제비로 만들어졌다.

(51~56행 생략)

57 다른 여자는 갈기가 많은 암말로 만들어져

천하고 지저분한 일은 남에게 미루고

물레를 돌리지도 않고 체를 손에 잡지도

60 않으며, 쓰레기를 집밖으로 내다버리지도

않고, 화덕에 가서 앉지도 않으니, 검댕이를

걱정한다. 남편을 억지로 사랑하게 만든다.[6]

매일 매일 몸에서 더러운 때를 씻어내며

그것도 하루에 두 번씩, 때로 세 번씩, 몸에는

---

5. 'πόντος'는 훼손된 부분이다. 'πάντοτ'라고 읽어야 의미가 부합하지만, 이런 단어는 나중에 쓰인다.

6. 'περιτρέπω'(58행)를 '남들에게 미루다'로 번역한 것에 관해서는 Liddel & Scott를 보라. 62행의 'ποιεῖτια φίλον'(중간태)을 '사랑하게 만들다'로 보았다. 'ἀνάγκη'는 아마도 'ἐπιπωτική'를 의미한다. 플라톤 『국가』 458d, 핀다로스 『네메이아 찬가』 8번, 3행을 보라.

65 몰약을 바르고 쉼 없이 숱 많은 머리를

빗는다. 화려한 꽃들로 아름답게 치장한다.

이러한 여인은 다른 이들에게 좋은 볼거리라

하겠으나, 여인의 남편에게는 큰 재앙이다.

만약 남편이 그런 사치에도 마음을 다스릴 수 있는

70 제왕이나 귀족의 집안이라면 모를까.

71 다른 여인은 원숭이로 만들어졌다.

(72~82행 생략)

83 다른 여인은 꿀벌이며, 이를 가진 남자는

행복하다. 나무랄 흠이 그녀에게 없으며

85 그녀로 인해 생활이 윤택하고 부유하기 때문이다.

사랑하는 남편에게 사랑받으며 나이 들어

아름답고 이름 높은 자손들을 낳아준다.

그녀는 모든 여인들 가운데 탁월한 여인이며

신들은 그녀에게 고귀한 우아함을 주었다.

90 잠자리와 남자만을 이야기하는 여인들과

함께 앉아도 그녀는 전혀 즐거워하지 않는다.

남편에게 이렇게 훌륭하고 현명한 여인을

제우스는 선물로 주어 남편을 기쁘게 한다.

다른 여인은 제우스의 꾀로 만들어져

95 이런 여인들은 남편의 곁에 계속 머문다.[7]

제우스는 악 중의 악으로 이런 여인을

만들었다. 그런 여인은 도움이 될 듯싶으나

---

7. 94행 이하는 중간 이행 단계로서 불가결의 것이다. 'μηχανή'에 관해서는 W. Marg,
Der Charakter in der Sprache der frühgr. Dichtung, Würzburg, 1938, 30쪽.

실제 그녀는 남편에게 역병과도 같다.

왜냐면 그런 여인과 사는 남자는 하루 종일

100 새벽에서 밤중까지 즐거움이 없기 때문이다.

쉽사리 굶주림을 집밖으로 내몰지 못하니

굶주림은 집안의 동거인, 최악의 신이로다.

신들의 덕택이거나 친구의 우정으로

남편이 매우 즐거워 할 일을 집안에 맞이하면

105 그녀는 이를 싸움으로 만든다.

그런 여인이 있는 집안에는 손님을 집안으로

즐거운 마음으로 환영하여 맞이할 수 없다.

그러나 꾀가 많고 지혜롭게 보이는 여인은

바로 그녀는 크게 창피스러운 일을 가져온다.

110 남편이 잠시 안심하면, 이웃 사람들은

남편이 여인에게 속는 것을 비웃을 것이다.

각자는 이러한 자기 아내를 말할 때는 이를

칭찬하며, 다른 사람의 이러한 아내를 욕한다.

하지만 우리는 모두 같은 처지임을 알지 못한다.

115 왜냐면 제우스는 악 중의 악으로 이런 여인을

만들어, 우리에게 영원한 족쇄로 걸어놓았으니

여인을 가운데 놓고 여러 민족들이 싸우다

많은 전사들을 하데스가 받아들였다.

(승리자로 돌아간, 전쟁을 이끈 왕을

딴 남자를 따르는 아내가 꾀로써 속였다.)

이렇게 긴 단편에 담긴 교훈을 세모니데스는 다른 단편에서 단 두 줄의 시행으로 요약한다(6D=6W).

> 좋은 여인은 남자가 얻을 수 있는 것 중에
> 최선이며, 나쁜 여인은 몸서리쳐지는 최악이다.

여섯소리걸음의 두 행에 등장하는 단어 하나하나는 그대로 헤시오도스 『일들과 날들』 702행 이하와 동일하다. 헤시오도스뿐만 아니라 세모니데스도 좋은 여인을 매우 드물고 귀한 것으로 생각했으며, 이것도 그저 이론적인 가능성일 뿐 실제 현실에서는 이런 여인을 전혀 찾을 수 없다고 여겼다. 헤시오도스의 시구(701행)를 세모니데스가 그대로 사용하고 있는 점에 비추어(7D=7W 110행 이하), 문학적 연관성은 의문의 여지가 없다.[8]

헤시오도스와 세모니데스의 비교는 다시 한 번 이오니아 시인 세모니데스에게 불리하게 작용한다. 둘은 모두 동일한 사회계층에게 호소하고 있지만, 헤시오도스는 나름대로의 방식으로 탁월하고 웅장한 반면, 세모니데스는 그렇지 못하다. 헤시오도스는 사물의 표피로부터 내면의 본질로 뚫고 들어가려 하며, 그가 말하고 있는 모든 것은 어떤 긴밀한 연관성을 가지고 있다. 헤시오도스가 극단적으로 작은 그림을 제시할 때, 그림은 궁극적인 훈계와 권고를 결정적으로 정확하게 설명하는 데 유효하다. 반면 세모니데스에게서 사상은 표피적이며 묘사는 느슨하고, 구상력은 다만 세부적인 것에 그칠 뿐이다. 이런 결함이 단지 문학 장르적 차이에 의해 발생한 것이 아니라는 사실을, 결집된 힘과 아름다운 형식을 가진 아르킬로코스의 얌보스 시행들이 보여주고 있다.

세모니데스가 열거한 여인의 종류들 가운데 우리는 세 가지 유형을 번

---

8. 이는 이 책 379쪽 각주 2번에서 언급된 바, 직접적 인용의 가능성과도 연관되어 있다. 이 책 213쪽 각주 9번을 보라.

역에서 제외하였다. 이를 전부 번역하는 것은 쓸모없는 일이기 때문이다. 어떤 특징적 성격들은 하나의 유형에서 다른 유형으로 넘어가며 반복되는데, 이는 시인이 열 가지 여인의 유형을 구분하는 데 필요한 특징들을 충분히 숙고하지 못한 탓이라고 하겠다. 또 세모니데스가 제시한 그림은 대부분 설득력이 없는데, 이는 그가 여인의 유형을 경험적 사실에서 찾지 않고 다만 동물을 표본으로 삼아 구분하였기 때문이다. 세모니데스가 동물과의 비교를 이야기의 첫 머리를 놓기 위해 채용된 단순한 도구 이상으로[9] 이용하였기에, 인간 군상의 유형적 구분을 왜곡하는 결과를 가져왔다. 무질서하고 불결한 여인이 탐욕스럽기까지 한 것으로 그려지고 있는데, 이 여인에게 돼지의 성격을 투영하였기 때문이다. 또 몸짓이 둔한 여인이 탐욕스러운데다가 욕정이 많은 것으로 그려지고 있는데, 이는 당나귀와 같다고 하였기 때문이다.[10] 이와는 달리 세모니데스는 꿀벌과 같은 여인(83행 이하)이 부지런하고 일을 잘하고 더군다나 매력적이라고 말하고 있는데, 그는 이상적 형상에 모든 바람직한 성질을 몰아넣은 것이다.

세모니데스의 여인 풍자시는 평범하며, 그 문학적 가치는 매우 적다. 그럼에도 불구하고 조금 이상하게 들릴지도 모르겠지만, 풍자시에 나타난 사고 유형을 보건대 매우 중요한 작품이라고 할 수 있다. 우선 상고기 그리스 철학의 근저를 이루는 이념이 드러나 있는 바, 성격을 대표하는 질료 혹은 유사질료의 이념이 그것이다(이 책 488쪽 이하를 보라). 글자 그대로 따라가자면, 세모니데스는 여인들이 각각 상이한 동물들에 유사하다고 말하고 있을 뿐만 아니라, 상이한 "동물들로부터" 만들어졌다고까지 말하고 있다. 두 번째 이념은 더욱 흥미로운 것인데, 하나의 좋은 동물유형과 일곱 개의

---

9. 이 책 267쪽 이하를 보라.
10. 당나귀에게 부가된 탐욕스러움에 관해서는 플라톤 『파이돈』 81e를 보라.

나쁜 동물유형[11]과 함께, 전혀 다른 종류의 유형쌍이 제시되는 바, 두 유형의 여인들을 신이 각각 "흙"(21행 이하)과 "바다"(27행 이하)로부터 만들었다는 것이다. 헤시오도스에 따르면 신들은 여인들의 원형인 판도라를 흙과 물을 섞어 만들었다고 한다(『일들과 날들』 61행. 물론 70행과 『신들의 계보』 570행에는 흙 하나만이 언급된다). 세모니데스에서 이런 경향은 두드러지게 발전된 모습으로 등장한다. 질료의 혼합물 가운데 흙의 요소가 지배적인가 아니면 바다의 요소가 지배적인가에 따라, 여자는 매우 무디고 수동적인 본성을 갖기도 하고, 매우 역동적이고 능동적인 본성을 갖기도 한다. 이를 우리가 사용하는 개념으로 대체한다면, 여기서 딱딱한 '흙'은 비활성의 질료라고 할 수 있으며(왜냐하면 흙으로 만들어진 여인은 오로지 먹는 것 이외의 다른 활동을 하지 않는 바, 이는 곧 질료의 수용성을 나타낸다), 반면 변화가 심한 '바다'는 자발적 동력의 담지자를 나타낸다고 할 수 있다. 흙과 바다를 이런 식으로 이해할 경우, 이들의 혼합과 동시적 작용에 의해 두 가지 여성 이상의 많은 여자 유형을 만들어낼 수 있다. 크세노파네스는 이후에 "모든 생성되어 성장하는 것은 흙과 물이다"(DK21B29=32정암)라는 학설을 6세기가 아직 지나가기 전에 제시한다. 또 그의 위대한 제자 파르메니데스는 세상의 모든 현상을 수동적이고 보다 질료적인 원리와, 능동적이며 보다 정신적인 원리의 투쟁으로 환원하고, 인간 개별자들의 상이성을 두 원리의 유동적인 혼합비율로 설명하기에 이른다. 여자가 흙 혹은 바다로 만들어졌다는 세모니데스의 이론은 아마도 같은 이오니아 밀레토스 사람인[12] 탈레스의 의견을 반영한 것으로 보이는데, 왜냐하면 세모니데스 자신

---

11. 포퀼리데스(단편 2D)는 아마도 세모니데스보다 나중에 태어난 인물로서 다만 네 가지 동물만을 언급한다. 말, 돼지, 개와 꿀벌이 그것이다.
12. 세모니데스와 탈레스의 생몰연도가 불확실하긴 하지만, 탈레스가 세모니데스에게 영향을 미쳤다는 것을 완전히 배제할 정도는 아니다. 탈레스에 관해서는 이 책 487~488

에게서는 철학자적 독창성을 기대할 수는 없기 때문이다.[13]

나머지 단편들은 길이가 매우 짧다. 우리는 그것들로부터 세모니데스가 다양한 이야기를 전하고 있음을 알 수 있다. 예를 들어 다음과 같다(14D= 16W).

몰약을 나는 나의 몸에 발랐다. 또 바카리스와
다른 향유를 바르니, 상인이 집을 찾아온 덕분이다.

여러 번 반복되는 '나'(14D=16W, 15D=17W, 20D=22~23W, 21D=24W)는 반드시 세모니데스를 가리킨다고 할 수는 없다. 왜냐하면 시인은 다른 사람을 화자로 내세울 수도 있기 때문이며, 이와 유사한 것을 이미 아르킬로코스에게서도 확인할 수 있다. 요리사가 떠벌린다(21D=24W).

그리고 나는 돼지를 제사 격식에 맞추어 그을리고
잡았으니, 왜냐면 나는 법식을 알기 때문이다.

부엌과 식탁이라는 공간에서 유래한 매우 많은 인용문들이 전해진다(10D =12W, 20~24D=22~27W, 25D=28W?, 28D=11W). 어떤 사람이 자신이 직접

쪽, 크세노파네스는 이 책 623쪽 이하, 다른 철학자는 714쪽 각주 36번을 보라.

13. 여자 유형을 동물에 따라 구분한다는 생각은 세모니데스나 포퀼리데스보다 오래되었으며, 아마도 헤시오도스보다 오래되었을 것으로 보인다. 헤시오도스는 부지런한 꿀벌에 여인을 비유하지는 않았다. 다만 모든 여성을 전체적으로 수벌에 비유한 경우는 있었다(『신들의 계보』594~601행). 또 그는 헤르메스가 판도라에게 "개의" 마음을 주었다고 말한다(『일들과 날들』67행). 헤시오도스는 판도라가 황금 머리띠를 두르고 있으며, 그 위에는 많은 뭍짐승과 바다짐승이 그려져 있었다고 전한다(『신들의 계보』 578~584행). 여기에 상세히 그려진 장식들은 여성들이 가진 성격유형 전체를 상징한다고 할 수 있지 않을까?

수입해 온 "맛이 기가 막힌" 트리밀리아 젓묵을 칭송한다(20D=22~ 23W).
또한 동물의 우화가 등장한다(8D=9W).

> 매 한 마리가 마이안드로스 강에서 잡은
> 뱀장어를 먹을 때, 왜가리가 다가와 이를 앗아갔다.

한 사람이 말똥구리에 관해 재치 있게 중의적으로 말한다(11D=13W).

> "저기 저 우리 위로 날아가는 저 물건을 보시오.
> 저 놈은 모든 짐승 가운데 최악의 것을 먹고 산다오."

때로 말하는 목소리가 커지기도 한다(12D=14W).

> 그다지 크게 겁먹지 않을 것이니, 언젠가 한 번
> 산속 깊은 곳에 홀로 산길을 걸어가다가,
> 갑자기 나타난 사자 혹은 표범과 마주 서더라도.

여기서 격정적 내용이 목소리를 한층 높게 끌고 가는 바, 마치 몰아치는
바다를 묘사한 긴 두 단편(1D=1W 15~17행과 7D=7W 40행)에서와 유사
하다 하겠다. 나머지 다른 단편들의 목소리는 가벼운 수다 정도의 수준
이다.[14]
　세모니데스의 얌보스는 대중의 소망에 상응하는 바, 그의 대중은 결코

---

14. 단편 29D의 사용을 배제하였다. 이 단편은 시모니데스의 엘레기 단편으로 세모니데스
에게는 너무도 현대적인 언어를 구사한다. 아마도 이 단편은 묘비에 새겨진 격언시(12
행을 보라)였을 것이며, 다른 많은 엘레기들이 애초에는 돌에 새겨졌다가 나중에 세모
니데스의 단편으로 분류되었다.

고양되거나 계몽되길 원치 않는다. 다만 시인으로부터 이해받고 확신을 얻기 바라고, 위로와 위안 또는 조언과 권고를 듣고자 하며, 다른 무엇보다 즐거움을 구해 기분을 풀고자 하였을 뿐이다. 소시민적 대중들 각자는 이런 종류의 문학에서 자신의 세계를 재발견할 수 있었다. 그들은 자신들을 포함한 다른 모든 사람들이 어려움을 겪으며, 심지어 어떤 사람은 극심한 어려움을 겪고 있다는 사실에서, 즉 "어느 누구도 상처나 고통을 갖지 않은 사람은 없다"(4D=4W)라는 사실에서 안도감을 얻었다. 소시민들은 스스로에게 연민을 느꼈으며, 인류가 겪는 고난과 이런 고난으로 인해 스스로 목숨을 끊는 사태를 바라보면서 타인에 대한 연민 또한 가졌다. 그런 만큼 그들은 더욱 인생의 즐거운 측면을 절실히 수용하였으며, 이것을 세모니데스가 제공하여 그들에게 근심(2D=2W)과 걱정거리를 잠시나마 잊게 만들어주었던 것이다. 그래서 그들은 여인들 일반이나 개개인들의 희화적 표현에 야단스럽게 웃었으나, 원할 경우 자신의 부인에 대해서는 반쯤 유보적인 입장을 취하고자 하였다.[15] 그리고 음주와 오락 등의 작은 행복을 추구하는 그들을 시인이 좋게 말하며 편들어줄 때에, 그들은 시인의 충고를 기꺼이 받아들였다.

---

15. 단편 7D=7W 83행과 92행 이하에서 꿀벌 유형의 여인들은 다만 매우 드문 예외지만, 목록에 등장한다. 또한 110~114행에서 그런 부인을 갖는 것이 종종 유부남들의 환상이었다는 것을 해석할 수 있다.

(2) 밈네르모스

세모니데스의 문학이 우리가 아는 한 오로지 하나의 태도를 지향한다면, 밈네르모스의 문학에 나타나는 태도는 다면적이고 풍부하다. 게다가 밈네르모스의 문학적 저력은 세모니데스의 그것보다 상당히 크다. 따라서 밈네르모스가 소시민적 태도로의 이행기를 대변하였고, 세모니데스보다는 밈네르모스와 함께 소시민적 태도가 시작되었다고 보는 역사적 가정이 좀 더 설득력 있어 보인다.[1]

밈네르모스는 소아시아에 위치한 이오니아 사람들의 도시 콜로폰에서 태어났으며, 600년경에 살았다. 그는 예전의 칼리노스와 같이 엘레기 운율로 노래하였는데, 이 운율은 일찍이 아르킬로코스가 다른 운율과 함께 사용하였던 것이다. 칼리노스처럼 밈네르모스 또한 아마도 이오니아 사람들에게 전쟁의 노래를 불러주었을 것이며, 이 노래 가운데 일부가 우리에게 전해진다. 칼리노스는 군대의 전통에 따라 자신의 노래를 비난과 질책의

---

1. 아마도 우리의 연대표를 수정해야 할 것 같다. 세모니데스는 실제 6세기에 속한다(이 책 387쪽 각주 12번을 보라). 얌보스는 엘레기보다 새로 등장한 태도를 수용하기에 적합하였다. 실제 사건의 우연적 추이가, 종종 그러하듯, 역사 발전의 논리에 정확히 일치하지는 않는다.

단어로 시작하는데, 이는 이런 비난을 듣는 청자들에게 행동으로써 비난이 잘못되었음을 보이라는 압박으로 작용한다(이 책 171쪽을 보라). 특히 그것이 "너희는 너희 부친들에 미치지 못한다"(『일리아스』 제4권 370행 이하)라는 식의 비난일 때, 그것은 청자에게 더욱 쓰라렸을 것이다. 추측건대 밈네르모스에게서도(13D=14W) 이와 유사한 맥락이 반영되어 있는 듯하다. 옛 세대에 속하는 어떤 전사가 젊은 세대와 대조를 이루고 있다.[2]

> 그는 달랐다. 남자다운 모습에서 솟아 폭풍우 치는
> 그의 용기를 직접 보았던 옛 사람들이 나에게 들려주었다.
> 헤르모스의 강변, 드넓은 벌판에서 창을 휘두르며
> 어찌 그가 똘똘 뭉친 뤼디아 기병대를 몰아붙이는지.
> 팔라스 아테네는 그의 가슴에 사나운 폭력을
> 촉구할 필요가 없었으니, 전선의 맨 앞에서 거친
> 전쟁의 피를 부르는 싸움으로 돌진할 때, 그는 적들이
> 쏘아 보내는 쓰라린 창을 피하지 않고 당당히 맞섰다.
> 그가 아직 서두르는 태양의 빛 아래 살아 있을 적에
> 전투가 만들어내는 혼란 속에서 승리의 일을 해내는데
> 모든 전사들 가운데서 그보다 잘해내는 사람은 없었다.[3]

콜로폰뿐만 아니라 거기서 멀지 않은 스뮈르나까지 뤼디아 사람들과 전쟁

---

2. 첫 행의 'κείνου γε'(『일리아스』 제4권 372행의 'Τυδέι γε')와 5행의 'τοῦ μὲν ἄρα'에서 강조는 '그가'에 놓여 있지, Wilamowitz, *Sappho und Simonides*, Berlin, 1913, 276쪽에서 설명한 것처럼 'οὐ τοῖον'에 놓여 있는 것이 아니다. 2행과 9행을 『일리아스』 제4권 374행과 비교하라.

3. 인용문을 끊는 과정에서, 다섯소리걸음의 첫 부분, 예를 들어 'θαλπόμενος'은 생략하였다. 핀다로스 『네메이아 찬가』 4번 13행 이하를 보라. 아마도 'φέρετ''는 예를 들어 'δέμας'(이어 θάλπετο)로 대체되었다.

을 벌였으며, 두 도시는 상당기간 뤼디아의 지배를 받았다. 스뮈르나 사람
들이 뤼디아의 귀게스를 상대로 벌인 전투에서, 아르킬로코스의 동시대인
인 밈네르모스는 엘레기를 한 편 짓는다. 이 엘레기는 아마도 『스뮈르나의
노래』라고 불리는 것이었다. 『스뮈르나의 노래』는 서사시적 성격을 갖는
데, 왜냐하면 이 엘레기의 단편으로 전해지는 2행시가 다음과 같이 노래하
고 있기 때문이다(12a D=13 Bergk=13W).

　　그와 같이 왕이 명령한 것을 실천하여 군대가 전진하였으니,
　　그는 왕의 군대로부터 배가 부른 방패로 몸을 가리고서

또 다른 엘레기의 단편은 보다 오래 전 과거의 시간으로 돌아가 '그때'를 회
상하고 있는 바, 그때에 "우리"는, 다시 말해 오늘날 콜로폰 사람들의 조상
은 펠로폰네소스 반도를 떠나 아름다운 땅 콜로폰에 정착하고, 이어서 "신
들의 뜻에 따라" 아이올리아 사람들로부터 스뮈르나를 빼앗았다(12D=
9W). 이 단편에서 주목할 만한 것은, 밈네르모스가 자신의 선조들에 의해
행해진 콜로폰의 점령과 정착을 폭력적인 행위이자 도발적인 침해로 묘사
하고 있다는 점이다.
　하지만 전장에서 일어나는 함성과 역사적인 기억이 밈네르모스의 문학
을 가장 두드러지게 특징짓는 요소라고 할 수는 없다. 오히려 밈네르모스
는 고대 후기에 사랑의 엘레기를 창안한 사람으로 여겨질 만큼 일련의 단
편들을 통해 젊음과 아프로디테의 선물을 칭송하고 있다(1D=1W).

　　황금의 아프로디테가 빠지면 인생은 무슨 맛이 있나?
　　사랑이 내게 더 이상 없다면, 나는 죽어지리다.
　　몰래 감추어진 방에서의 사랑과 달콤한 선물과 침실,

이런 모든 것들은 남자들과 여인들에게나
젊음의 꽃들로 달콤하다. 그러나 고통스러운 노년이
찾아와 전에 아리따운 사람을 흉하게 만들면,[4]
끊이지 않고 노년의 마음에 가혹한 근심이 맴돈다.
그러면 태양빛을 보는 것도 기쁘지 않고
소년들에게 미움을 받고, 여인들에게 조롱을 받으니
신들은 이렇게 힘겨운 노년을 주었다.

자연적 충동에서 얻는 기쁨들을 칭송하는 밈네르모스의 자유로운 분방함
도 지나친 욕망을 허용하지는 않으며, 그의 언어는 자유로운 경쾌함을 가
진 한편 일종의 품위를 보여준다. 호메로스의 서사시는 다만 객관적으로
남녀 간의 결합을 "남녀 간에 으레 그러한 관례"(『일리아스』 제9권 134행)로
본다. 하지만 밈네르모스는 호메로스의 언어에 향기와 색깔을 보태어, 그
것을 글자 그대로 옮기자면, "남녀가 참가하는 인생 황금기의 화환"이라고
말한다.

　이와 유사한 다른 단편 또한 호메로스의 언어와 연결되어 있다. 호메로
스는 (『일리아스』 제6권 146행 이하) 다음과 같이 말하고 있다.

　인간의 가문이란 나뭇잎의 그것과 같은 것이다.
　잎들도 어떤 것은 바람에 날리어 땅 위에 흩어지나 봄이 와서
　숲속에 새싹이 돋아나면 또 다른 잎들이 자라나듯 인간의 가문도
　그와 같아서 어떤 것은 자라나고 어떤 것은 시들어지는 법이다.

---

4. 말 그대로 번역하면 "그것은 아름다운 이를 흉하게 만든다(추한 사람은 지난날과 같
　이)." 이를 명료하게 하기 위해 테오그니스 497행 이하를 비교하라. "주체할 수 없을
　만큼 마신 포도주는 어리석은 사람과 현명한 사람의 마음을 공허하게 만든다."

아마도 신들의 불멸성에 관해서 먼저 이야기하고 나서인 듯, 밈네르모스는 다음과 같이 이어간다(2D=2W).

> 허나 많은 꽃이 피어나는 봄의 시간이 잎사귀를
> 피워내듯, 태양빛에 모든 것들이 빨리 자랄 때에
> 잎사귀와 같이 짧은 시간 동안 핀 젊음의 꽃에 우리는
> 기뻐한다. 우리는 신들의 뜻에 따를 뿐, 좋은 일과 나쁜 일을
> 알지 못한다. 검은 케레스가 우리 옆에 버티고 서 있다.
> 어떤 사람은 이르게 노년에 이르러, 어떤 사람은
> 이미 죽음을 맞았다. 우리는 다만 매우 조금 젊음이
> 주는 열매를 얻으니, 태양이 대지를 비추는 것처럼
> 하지만 그리하여 이러한 봄의 경험이 지나고 나면 곧
> 살아 있는 인간도 죽어 있는 것과 다름없다.
> 그때에 많은 나쁜 것들이 마음에 찾아오니, 집안의
> 재산도 없고 수고스러운 가난의 고통이 시작된다.
> 누구나 자식들을 가지길 원하지만, 그렇게 삶을
> 떠나고 하데스로 갈 때도 자식들을 얻을 수 없다.
> 또 어떤 사람은 고통스러운 질병을 얻으니 이 세상
> 누구도 제우스가 고통을 주지 않는 이는 없다.

위 단편의 주제는 세모니데스의 첫 번째 단편(1D=1W)과 유사하지만(이 책 378쪽), 그와는 전혀 다른 생각에서 비롯되었다. 미래를 알지 못하는 인간을 여기서는 가축에 비교하지 않고, 돋아나는 나뭇잎에 비유하고 있다. 세모니데스는 인간의 어리석음을 이야기하고 있는 반면, 밈네르모스는 젊은 청춘의 행복한 식물적 신선함을 염두에 두고 있다. 세모니데스에게

'현실τέλος'은 다만 고통이고 선은 다만 환상('희망')일 뿐이나, 밈네르모스는 즐거운 청춘과 즐거움을 잃은 노년이라는 두 개의 '현실'(6행과 9행의 τέλος)을 서로 대립적으로 제시하면서, 젊은이들이 자신들이 가지고 있는 것의 가치를 충분히 인정하지 않음을 개탄하고 있다.[5] 여기에서 밈네르모스도 양극성의 원리에 따라, 선함은 악함 없이 홀로 이해될 수 없다고 보았던 것이다. 젊은이들이 반대편 극단을 이해함으로써 좀 더 깊게 이를 향유하도록 만들기 위해 밈네르모스는 젊은이들이 언젠가는 불가피하게 맞닥뜨리게 될 고통을 언급한다. 그의 말에 따르면, 그것은 생명력의 기관인 튀모스thymos에게 찾아오는 고통이다. 그래서 우리는 밈네르모스가 노년의 불편한 우울함을 이야기하리라 기대하게 되는데, 하지만 그 대신 그는 세 가지 불행의 경우를 열거한다. 재산의 상실(노년은 자신의 사업과 생업을 알맞게 관리할 수 없게 된다), 자식을 보지 못하고 맞이한 죽음, 마지막으로 질병이 그것이다. 이보다 앞서 인용한 단편에서는 세 가지 다른 것이 언급되는데, 추함, 삶의 즐거움을 파괴하는 근심, 마지막으로 아이들과 여인들의 조롱이 그것이다. 우리가 보자면 '외적인 것'과 '내적인 것'으로 구분할 수 있는 것을 아무런 구별 없이 노년에 찾아오는 고통으로 열거하고 있으며, 젊은이들의 무지라는 개념으로 길을 튼 논의는 중단되었다. 만약 이 논의가 이어졌다면 노년이 마냥 행복하기에는 좋고 나쁜 것에 대해 너무나 많은 것을 알고 있음을 암시하는 대목을 발견할 수 있었을 것이다.

계속해서 밈네르모스는 청춘과 노년을 이야기한다.

만약 내가 질병도 없이 속상한 근심도 없이

---

5. "젊음은 놀라운 것이다. 이를 어린아이와 같이 낭비하니 이 얼마나 창피한 일인가"(G. B. Shaw).

육십의 나이에 죽음의 운명을 맞는다면 (6D=6W)

그는 예전에 제일 아름다웠건만, 청춘이 지나가자
아비건만 자식들에게 사랑받지 못한다. (3D=3W)

허망한 꿈처럼 아름다운 청춘은
다만 짧은 시간 지나가니, 못생기고 고통스러운
노년이 네게 운명처럼 머리 위에 걸렸다.
달갑지 못한 노년은 인간에게서 앎을 앗아가고
인간을 휘감아 눈과 마음의 어둠으로 데려간다. (5D=5W)

위의 단편들이 전하는 비애감은 아마도 시 전체를 읽었을 때보다 클 것이다. 언제나처럼 유쾌한 삶의 향유를 권고하는 낙관적 모습이 뒤에 이어졌을 것이 분명하다. 다음 2행시는 그런 권고를 보여준다(7D=7W).

당신의 마음을 즐겁게 하라. 어떤 변덕스러운 시민들은
당신을 비난할 것이고 다른 시민들을 칭찬할 것이다.

이미 아르킬로코스가 말했다시피, 우리는 사람들의 평판을 걱정하지 말고 자신이 원하는 것을 좇아야 한다(아르킬로코스, 9D=14W, 이 책 254쪽을 보라). 밈네르모스는 아르킬로코스의 주장에서 더 나아가, 사람들의 평판은 일관성이 없으니 그에 구애받을 것이 없다고 말한다.

아르킬로코스, 사포 그리고 밈네르모스는 각자 서로 다르게 변용된 방식으로 각자의 삶에 기초하여 개인성을 새롭게 정립하고 있다. 아르킬로코스는 세상 풍파와 고난을 무수히 겪고 이겨낸 참된 의미의 인생을 살았으며, 이런 과정을 통해 성취한 삶은 실재와 문학에서 모범이 되었다. 사포는 아름다움과 밝음으로 자신의 삶을 치장하고, 인생에 작용하는 신적인 힘에 순전히 헌신함으로써, 또한 즐거움과 고통을 함께 나누는 주변 인간들에 대한 따뜻한 애정을 보여줌으로써, 오로지 자기 자신에게만 의지하는 실존적 고독을 벗어났다. 기억의 힘이 그녀가 무상함을 벗어나도록 도와주었는데, 친구들은 그들에게 부여되었던 아름다움을 상기하였으며, 노년은 젊은 날의 기쁨을 기억해냈고,[6] 후세의 인간들은 사포가 죽고 난 이후에도 오랫동안 그녀를 기억했던 것이다. 반대로 밈네르모스에게는 영속이 중요하지 않았으며, 다만 순간이 문제였다. 쾌락은 지나가 버리는 것이기에 쾌락은 그것이 현재하는 그때에, 사라져 버리기 전에 만끽해야 하는 것이다. 사포가 의미심장한 언어로써 사랑하고 그리워하는 마음이 그 자체로 가치를 갖는다고 말한 반면, 밈네르모스는 성적인 사랑과 그 쾌락만이 가치를 갖는다고 보았다. 우리의 감정을 사로잡는 대상은 그에게 중요하지 않았으며, 대상에 대한 욕구와 그 충족만이 문제였다.

　　우리가 가지고 있는 밈네르모스의 단편은 특정 여인이 아니라, 사랑 일반을 노래하고 있다. 하지만 그는 '난노Nanno'라는 이름의 특정 여성을 예로 삼아, 모두에게 그가 권하고 있는 사랑을 노래했다. 출판편집자나 도서관 사서들이 모든 문학작품에 제목을 붙여야 했을 때, 그들은 밈네르모스의 엘레기 모음집을 『난노 모음집』이라고 불렀다.[7] 난노는 피리연주자였다고 한다(아테나이오스, 13, 597a). 그녀 이외에 밈네르모스는 '엑사뮈에스Examyes'라는 소아시아식 이름을 가진 음악가와 그의 노래도 언급한 듯 보인다. 아마도 밈네르모스는 엑사뮈에스와 '난노'(이런 이름으로 불리는 여인

---

6. 단편 24+29(25)a LP를 Eva-Maria Geiß가 조합하였다. 'εμνασεσθ' α[— —] και γαρ αμμες εν νεο[τατι] ταυτ' εποημμεν'.

7. 『난노 모음집』에서 단편 4D=4W, 5D=5W, 8D=8W, 10D=12W, 특히 12D=9W가 유래한다.

이 항상 동일한 여인이어야 하는 것은 아니다)와 함께 일종의 연주단을 구성하였고, 연주단을 통해 자신의 노래를 선보였으며 술자리에서 음악적 여흥을 제공하였을 것이다. 피리연주자 여인은 다른 방식으로 또한 남자들에게 즐거운 시간을 제공했을 것이라 추측할 수 있는데, 그리하여 난노는 밈네르모스가 칭찬을 아끼지 않는 즐거운 사랑의 모범이 될 수 있었다. 이성 간의 사랑은 당시 즐거움과 쾌락을 추구하는 가벼운 문학 장르의 대상이었다.

인생에 있어 여성에 대한 사랑이 갖는 의미를 밈네르모스는 또한 영웅신화를 통해 이야기한다. 그는 아프로디테가 그녀의 적 디오메데스를 처벌하였던 힘을 이야기하며(22 Bergk), 또한 아프로디테가 자신이 아끼는 사람들에게 베푸는 유력한 도움을 노래한다(11D=11+11a W).

> 그랬다면 이아손은 홀로 결코 황금양털을 아이에 땅에서
> 고향으로 가져오지 못했을 것이니, 위험천만 바닷길을
> 거뜬히 이겨내고 독재자 펠리아스의 과업을 수행할 적에
> 그의 배는 결코 오케아노스의 흐름에 도달하지 못했으리.
> (만약 아프로디테가 메데이아의 사랑을 촉발하지 않았다면.)[8]

이 단편은 다음과 같이 끝맺는다.

> 아이에테스의 돋보이는 도시를, 서둘러가는 신
> 헬리오스의 빛이 황금의 침실에 보관되어 있는 도시를,
> 오케아노스의 끝을 신과 같은 이아손이 보았다.

---

8. R. Pfeiffer, *Philologus* 84, 143쪽 이하를 보라.

밈네르모스는 태양신의 낮과 밤 여행을 다음의 단편에서 상세하게 이야기하는 바, 이 단편은 『난노 모음집』에서 유래한다(10D＝12W).

하루 또 하루 헬리오스는 수고를 견뎌야 했다.
휴식도 짧은 순간의 여가도 그의 말들과
그에게 주어지지 않았다. 장밋빛 손가락의 새벽이
오케아노스에서 일어나 하늘을 향해 오를 때,
밤을 지나 헬리오스를 사랑스러운 침대가,
헤파이스토스의 손으로 만들어진 텅 빈 침대가,
황금으로 장식된, 날개 달린 침대가 바다를 지나
행복하게 잠든 그를 저녁 석양의 땅으로부터
아이티오피아의 땅으로 데려가면, 거기에 빠른 마차와
말들이 서 있다. 새벽에 태어난 에오스가 나타나고
휘페리온의 빛나는 아들은 그의 마차에 오른다.

밈네르모스가 말한 "텅 빈 침대"란 황금 접시를 의미하는데, 당시 사람들은 이것을 밤 시간 동안 태양을 일몰지점에서 일출지점으로 실어 나르는 도구라고 생각했다. 접시는 지구를 감싸며 돌아흐르는 오케아노스의 물결을 따라 지나간다.[9] 여기서 밈네르모스는 대중적인 의견을 따르고 있다.

---

9. 이 책 187쪽 각주 14번과 525쪽 이하를 보라. 태양을 속이 빈 반구에서 불타고 있는 불덩어리라고 생각한 사상은 일식 관찰결과와 연관된다(이 책 717쪽을 보라). 태양 마차라는 표상과 이런 사상은 서로 모순된다. 서로 경쟁하는 두 가지 이런 이론들의 모순을 여기서는 교묘한 방식으로 조정하고 있는데, 하나는 낮 동안의 태양에, 다른 하나는 밤 동안의 태양에 적용되었다. 말과 마차가 어떻게 서쪽에서 동쪽으로 이동하느냐는 여전히 의문사항이다. 이런 전제에 따르자면 밤 동안 '리파'라는 북쪽 산맥이 태양을 가리고 있어, 지구는 그 그림자의 어둠 속에 놓이게 된다. 이 책 309쪽 알크만 59D＝64E과 이 책 503쪽 아낙시메네스에 관한 글을 보라.

독창적인 것은, 매일 아침부터 저녁 늦게까지 마차를 몰아야 하고 휴식과 잠을 그리워하지만 다만 동쪽의 일출지점까지 되돌아가는 여행 동안에만 휴식이 허락되는 태양신 헬리오스에 대한 밈네르모스의 친절한 마음이라고 하겠다. 시인은 신화적 상상력을 발휘하여, 600년 뒤 오비디우스와 유사한 방식으로 (『변신이야기』 2, 385행 이하) 헬리오스의 처지를 이해하고 있는 바, 시인은 우아하고 억지스럽지 않게 자연현상을 기적과, 인간적인 것을 신적인 것과 연결시켰다. 우리는 이 단편이 원래 속해 있던 시의 문맥을 추측해볼 수 있을 것 같다. 아마도 헬리오스의 쉼 없는 노고에 대한 시인의 공감은, 계속해서 멈추지 않고 흘러가는 세월에 대한 생각을 통해 일어났을 것이다. 그 가운데 청춘과 삶도 우리로부터 허망하게 달아나는 것이다. 태양으로 하여금 자신의 궤도를 지나가게 만드는 늘 동일하며 엄격한 자연 질서가 인간 삶의 여정도 결코 멈추지 않게 만들고 있는 것이다. 밈네르모스는, 영원한 삶을 살았으되 영원한 젊음은 부여받지 못한 티토노스의 운명에도 또한 동정심을 보내고 있다(4D=4W).

> 제우스는 티토노스에게 불멸의 불행을 주었네.
> 혐오스럽기로 죽음을 능가하는 노년을 주었네.

영원한 노년은 죽을 수밖에 없는 인간 운명보다 혹독한 것이기 때문이다.
청춘과 청춘의 추악한 대립물, 사랑의 힘과 그 즐거움 등 이런 것들은 분명 밈네르모스가 지치지 않고 노래하는 주제들이다.[10] 평범한 인간들이 누리는 인생의 자연스러운 진행과정에서 생명력 자체, 그것의 유지와 상실은 문학의 주요 주제다. 우리가 앞에서 보았던 단편에서 밈네르모스는 이런

---

10. 이런 종류의 노래에서 우리는 사교와 포도주의 칭송 이야기가 이어지길 기대할 수 있다. 그러나 우리에게 전해지는 인용 단편 부분에는 이런 칭송 이야기가 빠져 있다.

주제를 다루되, 사상적으로 깊이 탐구하지는 않았다. 그럼에도 불구하고 그의 시는 진부한 소시민적 감상주의에 사로잡히지 않았으며, 그가 다루고 있는 주제에 있어 활력과 일종의 위엄을 갖추고 있다. 전쟁과 역사적 내용을 가진 시에서 밈네르모스의 시각은 전혀 다른 대상과 가치를 지향하고 있다. 마지막으로『난노 모음집』에서 유래한 놀라울 정도로 진지한 단편 하나를 읽어보도록 하자(8D=8W).

진솔함이 깃들어

너와 나에게, 진솔함은 만물 가운데 가장 옳은 것.

여기서 진솔함은[11] 올바름의 핵심이 되며, 이로써 인륜성의 핵심이 주창된다.

---

11. 우리는 여기서 콜로폰의 식민지 건설의 부당함을 알리는 밈네르모스의 진솔함을 상기할 수 있다(12D=9W, 이 책 393쪽을 보라).

(3) 히포낙스

　밈네르모스가『난노 모음집』혹은 다른 여러 곳에서 개인적 체험을 얼마나 노래하고 있는지는 알 수 없으며, 어떤 생각에서 그렇게 하는지에 대해서도 더더욱 말할 수 없다. 아르킬로코스, 사포와 알카이오스는 계속해서 개인적 체험을 이야기하되, 이를 윤곽이 뚜렷하고 분명한 객관적 상관물을 통해서 구애받는 것 없이 솔직하게 표현하고 있다. 알크만도 그의 합창시에서 드물지 않게 자기 자신에 관해 이야기한다. 물론 이때 그가 어느 정도는 모습을 꾸미고 있을 뿐 아니라 심지어는 일부러 그런 모습을 보여주려고 한다는 것마저 알 수 있게 한다. 하지만 이런 자기 자랑에서 오히려 자조적인 모습을 읽을 수 있기 때문에, 그다지 불쾌하게 여겨지지는 않는다.

　히포낙스에서의 자기표현은 좀 더 진척된 모습으로, 하지만 다른 방향으로 진행된다. 그 또한 이오니아 사람으로 밀레토스 출신이며, 밀레토스의 독재자에게서 추방당하여 클라조메나이로 이주하였다. 그가 활동한 시기는 비교적 후기, 약 510년경이다. 그의 예술에 나타난 성격에 관해 여기서 먼저 짧게 이야기하기로 하자.

　히포낙스는 자신의 개인적인 일들에 관해 이야기하는데, 아르킬로코스처럼 자신의 적들을 비난하며, 이런 속내를 대중 앞에 쏟아내어 세모니데 스처럼 그들을 즐겁게 만들었다. 아르킬로코스의 감정적 폭발은 그것을 사람들이 진지하게 받아들이지 않으면 아무런 의미가 없지만, 그와 반대로, 히포낙스가 자신의 솜씨를 발휘하여 노골적인 이야기를 쏟아낸 것을 진지하게 받아들일 경우에는 오히려 이 노래가 터무니없는 소리로 들릴 것이다. 따라서 만일 그런 노래들에서 표현되는 상상 충만한 세계를 같이 즐기지 못한다면, 시인이 의도한 효과는 발생하지 않는다. 히포낙스는 언제나 그 자체가 투명하게 들여다보이도록 의도된 어떤 역할을 담당하며, 청중을 즐겁게 하기 위해 자기 자신을 희화화한다. 무대 위에 등장하여 그는 청중을, 마치 연극에서 그러하듯, 자신이 설정한 상황으로 데리고 간다 (70D=120+121W).

　　내 옷 좀 받으시게, 내가 부팔로스의 눈을 후려치리다.
　　나의 제대로 된 두 주먹은 결코 빗나가지 않는다.

　히포낙스의 시행은 대부분 '엇박자 얌보스'의 세소리걸음 혹은 네소리 걸음의 운율로 짜여 있다. 각 시행의 가장 민감한 부분인 마지막 끝자리에서 '엇박자 얌보스'는 운율을 반대로 뒤집어 마지막에서 두 번째 두 음절이 단(短)-장(長)이 아니라 장-단으로 이어지도록 만든다. 이런 방식은 운율 진행의 자연스러운 흐름을 차단함으로써 시행에 매우 독특한 인상을 남기며, 이런 운율적 특이성은 히포낙스가 매우 엄격하게 시행을 구성하고 예외를 전혀 인정하지 않을 때 더욱 눈에 들어온다.

　후세에 히포낙스는 비난시를 짓는 시인으로 알려졌다. 그의 비난은 특히 부팔로스라는 이름의 존경받는 조각가를 자주 그 대상으로 삼는다.[1] 아

마도 이 두 남자와 관계를 맺고 있었던 아레테라는 이름의 여인이 불화에
얽혀 있을 것이다(15D=12W을 보라).

> 나는 좋은 징조가 있어 아레테에게
> 어스름 저녁에 갔고, 나는 밤새 거기 있었다. (21D=16W)

대접은 그렇게 우아하지 않았다.

> 우리는 우유 접시로 술을 마셨다. 그녀는 술잔을
> 갖고 있지 않았는데, 하인이 깨뜨렸기 때문이다. (16D=13W)

> 그래서 우유 접시로
> 술을 나누되, 나 한 모금, 아레테 한 모금
> 번갈아 마셨다. (17D=14W)

히포낙스는 자신의 시에 소아시아적 지방색을 가미하였는데, 뤼디아 단어
들을 뿌려 놓았으며, 심지어 펠로폰네소스의 퀼레네를 보호하는 신 헤르메
스 등과 같은 순수 그리스적 풍물을 표현하는 데도 이를 사용하였다(4D=
3+3a W).

---

1. 어떤 전승에 따르면, 부팔로스는 히포낙스를 웃음거리로 만들기 위해 눈에 띄게 못 생
   긴 히포낙스의 조각상을 만들었다고 한다. 이에 히포낙스는 그에 대하여 비난시를 지
   었다고 한다(플리니우스 『자연학』 36, 12). 이 이야기는 그 '시적 정의'에 의해 의심받
   고 있다. 왜냐하면 이 이야기에 따르면 조각가의 희화적 조각에 의해 시인의 희화적 시
   들이 동기를 부여받았기 때문이다. 시모니데스 단편 48D=31E, 핀다로스 『네메이아 찬
   가』 5번 1행에서 우리는 조각가와 시인이라는 두 직업 사이의 경쟁의식을 감지할 수 있
   다. 그러나 이런 경쟁의식은 히포낙스에게서는 고려대상이 되지 않는다.

그는 [부팔로스] 마이아의 아들, 퀼레네의 술탄을 불렀다.

"헤르메스여, 개의 살해자, 마이오니아의 칸다우레스여

도둑의 친구여, 오셔서 스카파르트하게 도우소서

이것은 전형적인 기도문으로서, 뤼디아 사람들은 신을 여러 가지 다른 이름으로 불렀다. 여기서 이런 이름의 반복, 그 번역과 설명 등은 자연스럽다기보다는 오히려 문학적인 냄새를 풍긴다. 뤼디아의 신 칸다우레스는 그리스 신 헤르메스에 해당한다. '칸다우레스'라는 말은 글자 그대로 번역하면 "개의 살해자"이며, 이렇게 불리는 것은 신이 도둑의 친구로서 개를 꼼짝 못하게 만들기 때문이다.[2] 단, "스카파르트하다"라는 단어가 무엇을 의미하는지는 여전히 의문이다. 히포낙스는 또한 내용적으로도 지방색을 드러낸다(3D=42W).

스뮈르나로 가는 길 위에서

뤼디아의 땅을 지나고, 아탈로스의 무덤을 지나고

귀게스와 메가스트뤼스의 기념비를 지나고

아튀스 엘 케비르 술탄의 묘소를 지나고

해가 저물어 가는 쪽으로 복부를 향하는데,

히포낙스와 부팔로스의 다툼은 『오뒷세이아』에서 청혼자들이 지켜보는 가운데 그들에게 오락을 제공한 싸움, 즉 오뒷세우스와 이로스의 권투 시합과 비교된다. 한편 히포낙스는 거친 삶을 다룬 장면을 보여주기도 하는데, 예를 들어 남자와 여자가 서로를 욕하는 모습을 노래한다(36D=25W).

---

2. E. Lobel, *Ox. Pap.* 제18권, 1941, 74쪽을 보라.

아르테미스가 너를 쳐 죽이길! 아폴론이 너를 그렇게 하길!

그는 자신의 가난을 한탄한다(29D=36W).

부는 결코 한 번도, 왜냐하면 눈이 멀었기에,
"히포낙스여, 여기 30냥 은전이 있으니, 받아라" 라고
말하려 결코 한 번도 나를 찾아오지 않았다.

그는 겨울에 입을 옷과 많은 돈을 기원한다(24D=32W).

마이아의 아드님, 퀼레네의 귀하신 헤르메스여
당신께 비오니, 저는 추위 끔찍하게 몸을 떨고 있으니
저 히포낙스에게 웃옷과 털옷을 내려주소서
한 짝 털양말과 신발과 황금
육십 스타테르[역주: 무게 단위]를 저 벽 안쪽에서 가져다주소서.

헤르메스는 우연한 획득과 도둑질의 신이기에 이런 기도는 약간 의심스럽게 들린다. "벽 안쪽"에 보관 중인 금은보화를 과연 어떻게 히포낙스가 손에 넣을 수 있을까? 그의 사악한 기도는 당연히 이루어지지 않는다(25D=34D).

당신은 내게 두터운 털옷을, 겨울철에
찾아드는 한기를 몰아줄 옷을 주지 않으신다.
나의 발은 늘 두터운 털양말로 가리지
못하니, 동상에서 벗어나지 못합니다.

또 다른 한 번은 그의 소망이 매우 소박해진다. 히포낙스 혹은 그가 만든 인물은 필요한 보리쌀 한 되를 누군가에게 당장 변통하여 배고픔을 달래는데, 이것이 아니었다면 그는 절망하였을 것이다(42D=39+49W).

새로이 발굴된 파피루스에서 일인칭 화자의 이야기를 담은 파편이 발견되었다. 여기서 "나"가 히포낙스 자신인지 아니면 히포낙스가 연기하는 다른 인물인지는 알 수 없다. 유감스럽게도, 단 한 줄도 완벽하게 복원될 수 없을 만큼 온전한 시행이 없었다. 예를 들어, 우리는 아래와 같이 읽을 수 있다(IX D=104W 9~23행).

> 그는 가져왔다 ── 손가락을 돌리며 ── 많이 ── 그가 움찔거릴 때 (?) 나는 그를 벗겼다. ── 나는 그의 배 위에 뛰어올라 발꿈치로 섰다. ── 나는 그의 웃옷을 벗겼다. ── 나는 문을 닫아 걸었다. ── 불을 덮었다. ── 나는 그의 코에 바카리스(향수의 일종)를 발랐고, 그것은 또한 어떤 크로이소스만큼 좋은 것으로 ── 다스퀼레이온에서

이런 파편들은 다루고 있는 대상이 무엇이며, 대상을 다루는 문체가 어떤지에 관해 적어도 약간은 알려 준다. 하지만 어떤 것은 너무 심하게 훼손되어 전혀 알아볼 수 없다. 한편, 히포낙스의 작품 가운데에도 영웅 전설이 빠지지 않고 들어 있다. 한 편의 시에는 『오뒷세우스』(*Ox. Pap.* 2174 단편 5=74W)라는 제목이 달려 있고, 또 다른 하나의 단편은 트로이아 전쟁을 다루고 있다(41D=72W 5~7행).

> 마차와, 트라키아에서 가져온
> 흰색 말 한 쌍을 데리고 일리온의 성으로 가서
> 아이노스의 술탄 레소스는 참전하여 죽었다.

다음의 단편은 어떤 화가를 비난하는 이유를 열거하는데, 거기에 담긴 내용은 우리에게 흥미를 유발한다(45D=28W).

밈네스, 못된 놈아, 그만 두어라!
삼단노선 여러 칸으로 이어진 옆구리에
뱃머리에서 뒷전을 향해 독사를 그렸다.
이것은 불길한 징조, 저주 중의 저주니,
너, 이놈아, 뒷전에 선 키잡이야,
독사가 네 종아리를 물게 될 것이다.

어떤 장비에 장식된 그림은 나름대로 의미를 갖는데, 뱃머리 충각에 새겨진 뱀은 적선을 향한 치명적 상처를 상징한다.[3] 또 다른 단편은 뚱뚱하고 탐욕스러운 여인을 여섯소리걸음의 서사시를 흉내 낸 운율과 문체로 비난하고 있어 눈에 띈다(77D=128+129W). 이런 희화적 모방작들은 대체로 '민중적'이라기보다 식자층을 겨냥하고 있다고 하겠다.

우리가 읽어본 범위에서 보건대,[4] 히포낙스의 문학은 세련되지 못하고 기괴한 오락적 성격의 문학이었다.

---

3. 이 책 73쪽 각주 35번을 보라.
4. 우리는 히포낙스의 작품들 가운데 온전한 형태로 전해져 전체적으로 문맥을 파악할 수 있는 작품을 갖고 있지 못하다. 만일 우리가 본 작품들 가운데 어떤 것이 우리가 미처 알지 못했지만 완전한 작품이었다면, 우리의 이해가 불충분한 셈이다. 우리가 이제껏 살펴본 작품들에서 많은 부분이 아직도 불확실하다.

6. 아테네 사람 솔론

이오니아의 오락 문학을 히포낙스에 이르기까지 살펴보는 가운데 우리는 6세기 후반에 이르게 되었다. 여기서 다시 시점을 거슬러 7세기에서 6세기로 접어드는 곳으로 돌아가 보면, 소아시아 콜로폰의 밈네르모스가 지은 다음과 같은 2행시를 만나게 된다(6D=6W, 이 책 396쪽을 보라).

> 만약 내가 질병도 없이 속상한 근심도 없이
> 육십의 나이에 죽음의 운명을 맞는다면

에게 해를 넘어 반대편 그리스 본토에서 살던 어떤 시인은 밈네르모스 생전에 벌써 이 시를 정중하게 비판한다(22D=20W).

> 당신은 나의 말에 귀를 기울여, 그런 말을 말아라!
> 내가 더 좋은 것을 찾아냈다고 내게 화내지 마시라!
> 시인이여, 시를 고쳐 쓰시되, 이렇게 노래하시라.
> "팔십의 나이에 죽음의 운명을 맞는다면"

달라진 것이라고는 오로지 한 단어뿐인 듯하지만, 이로써 사실 밈네르모스의 주장은 근거를 완전히 상실한 셈이다. 살아봄직한 인생의 길이를 그렇게까지 연장함으로써 밈네르모스가 그렇게까지 열심히 주창하였던 바 청년과 노년의 대비(이 책 394~399쪽을 보라)는 온데간데없이 사라진다. 덧붙여 밈네르모스의 비판가는 이렇게 노래한다(22D=21W).

> 울어줄 사람 없지 않은 죽음이 찾아올 것이고, 친구들에게
> 나는 기꺼이 뼈저린 고통을 남기고 떠나련다.

밈네르모스가, 늙은이는 다만 불쾌함을 주며 모두에게 경멸받는 존재라고 생각한 반면(1D=1W, 3D=3W), 밈네르모스의 비판가는 여기서 팔십의 늙은이에게 닥쳐온 죽음일지라도 그것은 친구들에게 심각한 상실을 뜻한다고 말하고 있다. 밈네르모스가, 노년에 이르러 지적 능력이 쇠퇴한다고 한탄한 반면(5D=5W), 밈네르모스의 비판가는 같은 엘레기(22D=18W)의 끝에 다음과 같이 노래한다.

> 노년에 이르렀으되, 아직도 나는 많은 것을 배운다.

밈네르모스의 비판가는 노년에 이르러 기꺼이 사랑의 즐거움을 같이 나눌 상대를 더 이상 찾지 못한다는 주장에 동의하지 않는다. 밈네르모스를 비판한 시인은 절대적 국가 통치권을 행사할 수 있었던 분주한 전성기를 보내고 난 이후에, 이제 사랑과 포도주와 시의 즐거움에 전념하려는 계획을 세운다(20D=26W).

> 이제 나는 퀴프로스의 여신과, 박코스와 무사이 여신들의

일들을 바라오니, 그것들은 인간의 마음을 즐겁게 한다.

문약(文弱)한 이오니아 시인을 비판하며 이렇게 삶의 충만함을 강력히 믿었던 인물은 바로 아테네의 솔론이다. 그에게서 그리스 문학사상 처음으로 아티카의 목소리가 등장하는 바,[1] 이후 5세기에 이르러 아티카 문학은 그리스 문학을 주도하게 된다. 또한 그에게서 처음으로 우리는 역사적으로 중요한 역할을 직접 수행한 인물의 목소리를 수천 년의 세월을 건너서 듣게 된다. 그 옛날 솔론이 노래한 시들은 믿을 만한 형태로 남겨져 우리에게 지금도 여전히 의미심장하게 들려오고 있다.

솔론은 약 640년 아테네의 유력한 집안에서 태어났다.[2] 그는 레스보스 섬의 피타코스나 알카이오스와 동시대인이었다. 당시 아티카 지역은 그간의 쇄국정책을 포기하고 외부 세계와 대대적으로 무역을 시작하게 되었는데, 이는 도시국가 아테네를 권력과 위대함으로 이끄는 최초의 발걸음이었다. 이때 아테네는 피타코스가 이끄는 레스보스 사람들과 흑해지역 무역의 거점도시 시게이온을 놓고 전쟁을 벌였고, 알카이오스는 이 전쟁에서 자신의 방패를 잃어버린다. 아테네 사람들에게 더욱 시급한 사안은 살라미스 섬을 점령하는 것이었는데, 이 섬은 아테네의 항구로부터 바깥 바다로 나가는 길목을 막고 있었기 때문이다. 살라미스 섬은 이웃도시 메가라의 소유였다. 솔론은 살라미스를 놓고 전쟁을 벌일 것을 주장하며, 이 섬을 차지하지 않고서는 아테네의 성장이 불가능하다고 외쳤다. 그리고 자신의 주장을 매우 독창적인 방식으로 사람들에게 선전하였는데, 튀르타이오스처럼 솔론도 엘레기 형식으로 권고연설을 노래하였다. 50행에 이르는 엘

---

1. 또한 7세기의 말(?)에 이르러 데메테르 여신에 대한 아름다운 찬가가 등장한다. 이 책 473쪽 이하를 참조하라.
2. I. M. Linforth, *Solon the Athenian*, Berkeley, 1919, 27쪽 이하를 보라.

레기 시작 부분의 2행시는 다음과 같다(2D=1W).

> 나는 사랑스러운 살라미스로부터 전령으로 몸소 왔다.
> 연설 대신 말을 아름답게 이은 노래를 부르겠다.

그의 엘레기는 민회에서 행하던 연설을 대신한다. 흔히 그렇게 하듯 청원서를 민회에 제출하고 그 근거를 피력하는 대신, 솔론은 극적인 몸짓을 하며 노래를 가지고 연설을 행한다. 솔론은 노래에서 살라미스로부터 온 가상의 전령 역할을 맡아, 살라미스를 대표하여 메가라의 지배로부터 살라미스를 해방시켜줄 것을 청원한다.[3] 동일한 엘레기의 두 번째 단편도 또한 극적인 구성을 갖고 있으나, 이번에는 가상 없이 솔론이 직접 아테네 사람으로서 이야기한다(2D=2W).

> (만약 아테네가 살라미스의 청원을 거부한다면)
> 나는 고향을 대신하여, 아테네 사람이 되기보다
> 차라리 폴레간드로스 사람이나 시킨노스 사람이 되겠다.
> 왜냐면 사람들 사이에서 이런 소문이 나돌테니
> "그는 아티카 사람, 살라미스를 희생시킨 사람이다."

자신의 조국이 세상 사람들의 조롱거리가 되도록 내버려두지 말아야 한다는 훈계는 선동조의 연설에 나타나는 전통적인 주제다.[4] 이 엘레기에서도 그런 훈계가 효과적으로 표현되어 있다. 폴레간드로스와 시킨노스는 에게해에 놓여 있은 작은 바위섬으로, 이만큼 아테네가 보잘것없는 나라가 될

---

3. 솔론이 자신의 엘레기를 전단지에 적어 돌리기 이전에 먼저, 실제 민회에서 처음 공연하였다고 충분히 생각해볼 수 있다.

4. 칼리노스 1D=2W, 2D=4W를 보라. 이 책 280쪽을 참조하라.

지도 모른다고 말하고 있다. 조소어린 비난이 마지막의 신조어, "살라미스를 희생시킨 사람Σαλαμιυφέται"을 통해 표현되는데, 이 단어로써 솔론의 동지들은 그들의 정적들에게 그러한 낙인을 찍는다. 동일한 엘레기로부터 세 번째 단편이 남아 있다(2D=3W).

>   너희는 오라, 우리는 용감하게 싸우러 살라미스로 간다.
>   그 사랑스러운 땅을 위해, 역겨운 수치를 버리고!

솔론이 주창한 과업은 실행되었으며, 마침내 성공에 이르렀다. 살라미스는 아테네의 수중에 들어왔고 아테네 사람들이 거주하게 되었다.

  살라미스 엘레기 가운데 현재 남은 8행은 고귀한 열정과 생생한 정치적 분위기를 전하고 있으며, 또한 성공적인 활동가의 탁월한 역량을 보여주고 있다. 솔론의 동시대인 알카이오스는 자신의 문학을 통해 거듭해서 자기 자신을 이야기하고 있는 바, 자신의 고생을 한탄하고 자신의 행운에 기뻐하며 잔인하게 비난하고, 요란하게 떠벌리고, 격분하여 불평하거나 조용히 은둔한다. 그러나 솔론은 실제로 청중을 향해 말을 건네고 있으며, 근거를 들어 청중을 설득하는 데 있어 열정적인 생기가 넘치지만 합리적인 냉철함을 잃지 않고 있다. 또한 알카이오스의 노래는 전반적으로 좀 더 시적이다. 왜냐하면 감정의 기복에 있어서나 그때그때의 상황에 대한 구체적 묘사에 있어 더욱 충동적이며 역동적이기 때문이다. 이처럼 알카이오스에서 두드러지게 표현된 것과 같은 감정의 다양함이라는 요소는 솔론의 시행에 들어 있지 않다. 왜냐하면 솔론에게서 화자의 개성은 사태 가운데 드러나지만, 레스보스 시인들에게서는 시인의 개성을 통해 사태가 표현되기 때문이다. 솔론의 시들 대부분은 무언가를 증명하거나 조언하려 하고, 또 한 명의 그리스 본토 시인 헤시오도스의 시가 그렇듯 교훈적이다. 이를 위해 솔론은 이오니아 지방으로부터 당시 유행하던 문학 형식, 즉 얌보스와 엘레기를 수용하였다.

솔론의 정치적 역량은 무엇보다 당시 아테네를 여타 그리스 공동체들처럼 분열시키고 약화시킨 내적 갈등을 잠재우는 데서 발휘되었다. 이때에도 그는 자신의 시를 손에 들고 있었으며, 여기에 담긴 주제는 살라미스 엘레기의 주제보다는 복잡하고 치밀하게 구성되어 있는데, 이는 맹목적으로 자신의 주장을 고집할 것이 아니라 차근차근 사실을 따져야 했기 때문이다. 알카이오스와 달리 솔론은 충돌하고 있는 당파들에 개입하지 않고 초당파적인 입장을 취하려 했다. 솔론의 문학은 모든 문제들이 담겨 있는 당시의 사실적, 정신적 현실을 온몸으로 탐구하고 있다. 모든 문제는 근본부터 의심의 눈초리로 검토되었으며, 확고한 의지로 결론지어졌다. 또한 사색의 진지함과, 그의 태도와 문학을 특징짓는 차분한 격정을 향한 밝고 진지한 의지가 통일되어 있다. 따라서 솔론의 문학은 이오니아적 투명성을 결여하고 있으며 때로 그의 시행은 난해하기도 하다. 또한 그의 문학은 소아시아에서 후기 서사시에 대한 반발로부터 생겨나서 이후 자연스러운 경향이 된 '일차원적 평면성'을 결여하고 있으며, 확고하게 자리 잡은 문체 자체가 솔론에게는 전혀 없다. 그보다 앞서 문학의 장인들이 만들기 시작한 문체를 솔론은 전혀 수용하지 않았기 때문에, 문학 발전의 연속성에 귀속되지 않으며, 다만 그는 아테네의 어려움을 해결하는 데 필요하다고 생각하는 것만을 문학전통에서 선택하였다.

현재 꽤나 길게 남아 전해지는 엘레기에서 솔론은 조국이 앓고 있는 질병에 대하여 다음과 같은 진단을 내리고 있다(3D=4W).

제우스가 보우하사 우리나라는 결코 멸망치 않는다.

그리고 복되도다. 불멸의 신들의 처분에 따라

아버지를 자랑스럽게 만드는 위대한 딸

팔라스 아테네가 돌보시어 우리에게 손을 얹는다.

허나 아테네인들은 어리석음으로 인해

위대한 도시를 돈 욕심에 망쳐 먹으려 한다.

도시를 이끄는 자들의 마음도 불의하여, 저들은

커다란 오만으로 많은 고통을 겪을 수밖에 없다.

왜냐면 그들은 충만함에 족한 줄 모르고, 음식의

즐거움, 손에 쥔 행복함을 전혀 느끼지 못한다.

솔론은 아무 생각도 없는 아테네 사람들에게 만일 이대로 계속 있게 되면 도시에 파탄이 닥쳐올 것임을 경고한다. 하지만 아테네에 파멸을 몰고 올 운명은 신들에[5] 의한 것이 아니며, 시인은 도시의 수호신이 도시를 지키고 있음을 결코 의심하지 않는다. 그는 오히려 현재 상황에 시민들의 책임이 있다고 생각한다. 시인이 신들이 아니라 인간들에게 책임을 묻고 있는 점은 매우 인상적이다.[6] 정치가로서 시인은 국가 공동체가 자신의 운명을 스스로 책임질 것을 호소한다. 왜냐하면 시의 전체적 취지에 나타나듯, 솔론에 따르면 사태를 돌이키기에 아직도 늦지 않았기 때문이다. 그리고 무엇보다 먼저 해야 할 일은 이런 위기 상황을 정확하게 인식하는 것이다. 이에

---

5. 솔론은 운명과 신들을 구별할 특별한 이유를 갖고 있지 않았다. 서사시에서의 구별에 관해서는 이 책 106쪽을 보라.

6. 『오뒷세이아』 제1권 32행 이하에서 제우스는 말한다. "아아 인간들은 걸핏하면 신들을 탓하지요. 그들은 재앙이 우리에게서 비롯된다고 하지만, 사실은 그들 본인의 못된 짓으로 정해진 몫 이상의 고통(신들이 내린 시련 이외에도)도 또한 당하는 것이오." W. Jaeger, *Berliner Sitzungsber.* 1926, 69쪽 이하.

솔론은 대중을 향해 공개적으로 밝혀 두는 바, 시민들이 보여주는 이기적인 돈 욕심으로 인해 국가가 몰락할 위기에 처해 있다는 것이다. 국가를 다스리는 데 참여하는 부유하고 지체 높은 사람들마저 국법을 왜곡하고 지키지 않으며, 그들은 '충족'에 젖어 자신들에게 국가의 운영을 맡긴 대중을 욕보이고 실망시킨다. 그들은 유쾌하게 사람들과 어울려 점잖고 행복한 삶을 누리며, 공익에 해를 입히지 않고 인생을 향유할 방법을 전혀 이해하지 못한다.[7]

훼손된 부분 다음에 한 행의 운문이 이어진다(3D=4W 11행).

불의한 행동으로 그들은 재산을 추구하면서

이어 다시 또 한 행의 내용이 미상이다. 그리고 다시 이어진다(3D=4W 12행 이하).

그들은 신성한 재산이건 공동체의 재산이건
아끼지 않으며, 각자가 사방에서 훔치고 앗아간다.
그들은 디케 여신의 경건한 질서를 존중치 않는데
디케 여신은 오늘 일과 일어난 일을 침묵으로써 알고[8]

---

7. 핀다로스에서도 이렇게 천진난만한 즐거움을 묘사하고 있다. 『퓌티아 찬가』 4번 294행 이하. "(다모필로스는 소원하는 바) συμποσίας ἐφέπων θυμὸν ἐκδόσθαι πρὸς ἥβαν πολλάκις, ἔν τε σοφοῖς δαιδαλέαν φόρμιγγα βαστάζων πολίταις ἡσυχία θιγέμεν(솔론의 ἐν ἡσυχίη 와 비교), μήτ᾽ ὦν τινι πῆμα πορών, ἀπαθὴς δ᾽ αὐτὸς πρὸς ἀστῶν."

8. 단어 그대로 번역하면, "여신은 침묵하며 함께 알고 있다"라고 할 수 있다. 초인간적인 존재는 죄를 알고 잊지 않는 바, 언젠가 벌하게 된다. 상당히 후세에 이르러 비로소 '함께 앎'(συνείδησις, conscientia, 양심)은 행위자를 포함하게 되었으며, 행위자는 내면적으로 둘로 나뉘어 갈등을 겪는다. 유혹에 노출되어 이에 굴복한 사람 이외에 또 하나

언젠가 이런 죄를 벌하시러 반드시 오신다.
이미 피할 수 없는 상처가 공동체 전체에 퍼졌다.
도시는 급격하고 빠르게 노예로 전락하고
시민들의 불화 가운데 잠자던 전쟁은 깨어나
수많은 피 흘린 삶을 잔인하게 파괴할 것이다.
적들의 손에 아름다운 공동체는 빨리 파괴되어
(내용 미상)
그러한 고통이 도시에 깃들어, 많은 사람들은
가난으로 인해 팔려 고향을 등지고 낯선 땅으로
굴욕적인 사슬에 몸이 묶여 떠난다.

이 단락에서 솔론은 지배계층의 타락을 질타하고, 디케 여신이 그들에게 비록 매우 나중의 일일지라도 언젠가는 반드시 내릴 처벌을 거론하며 죄인들을 위협한다. 여기서 솔론은, 모든 죄는 언젠가 벌을 받을 것이라는 원리를 지적하는 것에 만족하지 않고, 국가적 타락이 사필귀정 처벌받게 되는 논리를 구체적으로 설명하려고 시도한다.[9] 하지만 여기서 제시된 추론은 분명하지 않다. 솔론은 아테네를 둘러싸고 어려움이 이미 닥쳐오고 있다고 암시한다. 많은 시민들이 채무부채로 인해 노예로 전락하고, 엄격한 법 적용과 채권자에 의해 외국으로 팔려나가고 있다. 그러나 이보다 더욱 어려운 것은 이런 운명이 머지않은 미래에 공동체 전체에 닥칠 것이라는 점이다(17행 이하). 또 한 행의 원문이 누락된 이후, 이런 전반적인 불운을 어느 누구도 피할 수 없다는 경고가 이어진다(3D=4W 26행 이하).

의 사람이 행위자 안에 살고 있어, 이 두 번째 인물이 무엇에도 굴하지 않고 도덕적 판단을 내리는 바, 이를 '양심'이라고 한다.

9. G. Vlastos, *Class. Philol.* 41, 1946, 65쪽 이하

그와 같이 시민들에게 불행이 각자의 집에 닥쳐온다.
걸어 잠근 문으로도 그것을 더 이상 막을 수 없다.
제 아무리 높은 담일지라도 뛰어 넘어오며, 분명코
방구석 깊은 곳으로 몸을 숨긴 자일지라도 찾아낸다.
나의 마음이 내게 아테네 사람들을 가르치라 명하니,
무질서는 국가에 커다란 고통을 가득 가져오며
반면 질서는 모든 것을 훌륭하게 질서 지워
법을 어긴 사람을 묶어 포박한다.
거친 것을 반듯하게, 과욕을 재우며, 오만을 누르며
활짝 피어올라 무성한 미혹을 파괴하며
굽어 휘어진 법을 바로 세우며, 무모한 행동을
잠재우고, 갈등하는 불화를 제압한다.
혐오스러운 불화가 낳은 분노를 또한 제압한다.
질서가 있는 곳에 인간사는 훌륭하고 분명하다.

마지막 구절의 분위기는 헤시오도스가 『일들과 날들』의 초입에 제우스를 법의 수호자라고 칭송하였던 찬가를 방불케 한다. 다만 여기서 찬가는 제우스에게 해당하는 것이 아니라 "국태민안ϵὐνομία"(훌륭한 사회 도덕적 질서)을 위한 것이다. 솔론의 말에 따르면, 질서는 모든 잘못된 것들을 바로잡는데, 저항세력을 제압함으로써 스스로를 지탱한다. 질서 하에 모든 것이 "바르고 합리적"(39행을 보라)이기 때문이다. "바른 것ἄρτιος"이라는 단어는 솔론이 즐겨 사용한 단어인데, 합당한 것과 바람직한 것을 의미한다. 눈에 띄게 자주 반복하여 솔론이 사용하는 단어는 "분명코πάντως"이다. 신들이 아테네에 대하여 선의를 갖고 있음은 흔들리지 않는 분명한 사실이며, 원인과 결과의 자연적 인과가 분명코 죄와 벌이라는 초자연적 요청을 불러일으킬 것이라는 확고한 믿음을 그는 갖고 있었다(3D=4W 16, 28행. 1D=13W 8, 28, 31, 55행에 "분명코"가 보인다). 자신의 생각에 대한 확신만큼이나 그는 가슴 속 뜨거운 열의를 갖고 있었다. 그리하여 그는 자신에게 부여된 사명이 보다 높은 존재로부터 온다고 말하지 않고, 다만 자신의 가슴 속에 있는 '마음thymos'으로부터 온 것이라 말함으로써 자신의 권고에 힘을 보탠다.

일상적인 정치투쟁의 혼란 가운데서 솔론은 자신을 앞 못 보는 사람들 가운데 유일하게 눈뜨고 있는 사람이라고 느꼈다. 통치자 가문의 막강한 권력 아래 완전히 제압당한 하층민들이 양심을 잃은 지배자들에 대항하여 일어나고, 이 두 집단의 권력투쟁으로 인해 국가가 오랫동안 기능을 발휘하지 못하게 되었을 때, 솔론은 각 당파들에게 이성적 태도를 호소한다. 다음 엘레기는 이렇게 시작한다(4D=4a W).

나는 알고 있다. 나의 가슴 속 깊은 곳에 아픔이 자리하니
내가 이오니아의 매우 오래된 땅이 몰락해가는 것을
보았을 때.

"나는 알고 있다"라는 강한 도입부는, 비록 이어지는 구절에 문법적으로 잘 부합하지는 않지만, 이오니아 사람들의 뿌리라고 할 아티카가 몰락하는 것을 목격한 사람으로서 한마디 해야겠다는 솔론이 느꼈을 법한 책임의식을 반영한다. 이어 그는 힘 있는 자들과 부유한 자들에게 이렇게 말한다(4D=4b W).

나는 너희의 돈에 대한 욕심과 너희의 안하무인
행동 때문에 걱정이 많다.

또 그들에게 회심을 충고한다(4D=4c W).

> 너희는 차분히 생각하여 가슴 속의 마음을 다스려라
> 너희는 이미 좋은 것을 실컷 즐겼다.
> 너희는 적당한 만큼만 마음에 두어라. 왜냐면 우리는
> 굴하지 않고 너희에게 전부는 좀처럼 쉽지 않으니.

"우리"라는 말이 쓰인 것은, 솔론이 자신의 권고를 극적으로 구성하고 있기 때문일 것이다. 솔론은 여기서 이미 우리가 보았듯이 "양쪽 당파를 위해 양쪽 당파에 대항하여" 싸우고 있다. 그는 부자들을 향해 비난하는 동안 그 반대편의 사람들과 하나가 되며, 이어 다시 자기 자신으로 돌아와 양쪽 당파에 공히 화합하고 화해할 것을 권고한다.

그가 벌인 선동은 효과적이었다. 솔론은 동료시민들로부터 무제한의 권한을 부여받아 아티카의 개혁을 수행한다. 594년(?) 솔론은 최고 관직을 맡아 아테네에 새로운 헌법과 국가기구를 수립하였다. 덧붙여 그는 공적인 채무와 사적인 채무 모두를 탕감하는 등 전례 없는 혁명적인 조치를 감행하였다. 그리고 임기를 마치고 나서는 다시 사인(私人)으로 되돌아갔다. 국가의 재건을 위해 절대 권력을 개인에게 부여하는 일은 당시로서는 흔한 일이었다. 거의 같은 시기에 레스보스 섬의 피타코스도 그런 임무를 부여받았다. 알카이오스는 이에 주체할 수 없는 당혹감을 드러냈는데, 그로서는 권력이 공정하게 사용될 수 있다고 생각하지 못했기 때문이며, 피타코스가 자신에게 주어진 권력을 이용하여 도시를 극단적으로 착취하게 될 것이라 판단하였기 때문이다(129LP, 348LP, 70LP. 이 책 359쪽을 보라). 솔론도 자신의 충정을 이해하지 못하는 많은 사람이 있음을 알고 있었다. 그들은 솔론의 소극적인 태도를 유약과 어리석음의 징표로 해석하였다.

엘레기 형식이 아니라 트로카이오스의 네소리걸음으로 쓰인 단편에서 솔론은 자신을 비난하는 자들을 직접 등장시켜 그들의 의견을 표현한다 (23D=33W).

> "솔론은 생각이 깊지 못하고 현명하지 못한 사내다.
> 신이 최선을 주었건만, 그는 받아들이지 않았다.
> 사냥감을 잡았건만, 그것을 제대로 갈무리하여
> 그물에 가두지 못했으니, 그는 용기도 지혜만큼 부족하다.
> 만약 내가 권력을 얻고 재산을 잔뜩 얻어
> 단 하루지만 아테네의 독재자가 될 수만 있다면
> 나를 술자루 취급하고 내 집안 씨를 말려도 좋으리다."[10]

솔론은 권력과 쾌락에 대한 이와 같이 터무니없는 욕망과, 조국에 대한 의무를 상기시키는 양심을 대립시키지 않는다. 사실 양심이란 것 자체가 아직 존재하지 않았다.[11] 하지만 적절한 판단을 한다고 사람들이 믿고 있는 인물의 명성이 크게 작용했다. 그래서 솔론은 자신이 더 나은 행동을 하여 사람들로부터 더 좋은 평판을 얻기를 희망했다(23D 8행 이하=32W).

> 만일 내가 나의 고향 땅을 보호하고
> 만일 내가 독재자의 자리에 올라 무소불위의 권력을
> 행사하지 않으며 내 평판을 더럽히거나 훼손치 않는다면
> 나는 부끄러워하지 않으리다. 그로써 나는 다른 모든

---

10. 이 단편이 솔론의 재판관직과 관련되어 있다는 것은 이 단편의 시구에서 찾아낸 것으로, 신빙성이 그리 높은 것은 아니다.
11. 이 책 417쪽 각주 8번을 보라.

사람들보다 높은 자리를 얻으니.

사람들이 "최선의 것"[12]이라 부르기도 하는, 권력을 무자비하게 남용하는 것은 솔론이 보기에 평판을 더럽히는 창피한 일이었다.

솔론이 자신의 책무에 오점을 남기지 않았음은, 그가 여러 당파들 사이에서 자신만의 길을 홀로 개척하였으며 마침내 모든 당파들이 그에게 실망하게 된 사실에서 드러난다. 우리는 정치적이거나 개인적인 투쟁에서 널리 쓰이던 속담을 하나 알고 있다. "적당히 적에게 미끼를 던져라. 그리하여 그가 너의 손아귀에 놓이게 되면, 완곡한 말을 집어치우고 그를 다잡아라"(테오그니스 363행 이하). 많은 사람들은 솔론에게서도 이런 것을 생각하였으며, 솔론이 양 당파에게 던지는 부드러운 경고나 권고가 다만 속임수에 지나지 않는다고 여겼다. 곧 본심을 드러내 솔론이 가난한 자들을 위해 부유한 자들을 억압하리라 여겼다. 사람들의 이런 추측에 대하여 솔론은 다음과 같이 자신의 생각을 분명히 한다(23D 13행 이하=34W).

> 많은 사람들은 훔치러 오고, 그들의 기대는 높이 오른다.
> 왜냐면 커다란 재산이 그들에게 생기리라 믿으며
> 내가 달콤한 미끼를 던진 후 진의를 드러내리라 믿는다.
> 그들은 헛되이 그렇게 생각하였다. 이제 커다란 분노로
> 나를 마치 적을 대하듯 곱지 않은 시선으로 본다.
> 신들의 가호로 나는 내가 약속한 바를 이행하였으니
> 이유 없이 그보다 많은 것을 하는 것은 잘못이며, 내 보기에
> 독재 권력을 행사하는 것은 옳지 않으며, 똑같이

---

12. 'ἐσθλά'(2행)을 보라. *Frühgriech. Denken* 67쪽 각주 3번.

선과 악이 고향의 비옥한 땅을 나누는 것도 옳지 않다.

솔론이 근대적 의미에서의 민주주의를 수립하려 했던 것은 아니었다. 솔론은 사회를 "훌륭한 자들"과 "열등한 자들"로 나눈다. 관직에서 물러난 이후 지은 엘레기에서 그는 자신이 사회의 상층민과 하층민 사이에서 적절한 균형을 찾았다고 자랑스러워한다(5D=5W).

> 나는 백성에게 넉넉할 만큼의 권한을 주었다.
> 나는 그들 권한의 일부를 빼앗지도 보태지도 않았다.
> 사람들이 보기에 부유하기까지 한 권력자들에게는
> 나는 그들에게 마땅한 것만을 주었다.
> 나는 양자에 맞서 내 권한의 방패를 세워 막았노니,
> 정의에 맞서 그들 가운데 한쪽이 승리하지 못하게.

솔론은 하층민들을 도와 그들이 흡족할 수 있게 해주었지만, 다른 한편 그들이 주어진 궤도를 벗어나지 못하도록 하였다(5D 7행 이하=6W).

> 백성들이 지도자들을 따르게 하매 이것이 최선이다.
> 그들을 너무 풀어줄 일도 너무 단속할 일도 아니다.
> 왜냐면 너무 많은 행복이 최선의 현명함을 갖추지 못한
> 인간들을 따를 때, 그 풍족함은 무도함을 낳으니.

거듭해서 솔론은 양쪽 당파의 공격과 비난을 막아내야 했다. 양쪽 당파 모두는 일에 비해 너무나도 작은 보상을 받는다고 생각했다. "막중대사에 모두를 만족시키기란 어려운 법이다"(5D 11행=7W). 솔론의 방어 전략은 탁월하고 적절했다. 알카이오스와는 달리, 솔론은 "공개적인 비난"을 퍼

부었는데, 이름만 비난일 뿐 우리가 보기에는 차분하고 객관적인 사실 언급에 지나지 않는다(25D=37W).

> 나는 백성을 공공연히 비난해야 하겠다.
> 그들은 꿈에서조차 볼 수 없었을 것을,
> 나의 조치가 있어 지금 가지고 있는 것이다.
> 이 땅에 사는 커다란 부자 권력자들은 나를
> 칭찬하고 친구로 여겨야 할 것인 바, 만일
> 다른 사람이 지금 내가 맡고 있는 관직을
> 수행했다면 어떻게 달라졌을지 알아야 한다.
> 그는 백성을 다스리지 않고 끊임없이 뒤엎어
> 자신이 이익을 얻을 때까지 멈추지 않았으리라.
> 하지만 나는 나의 자리를 양쪽 당파의 가운데
> 자리 잡았으니, 양편의 경계에.[13]

이 단편의 운율은 후에 그리스 비극의 주요 운율로 쓰이는 얌보스의 세소리걸음이다.

현재 우리가 갖고 있는 솔론의 단편 가운데, 문학적으로 가장 중요한 것은 다음의 얌보스다. 여기서 솔론은 다시 한 번 자신을 향한 비난, 즉 솔론이 관직을 맡긴 사람들의 신뢰를 무시하고 약속을 지키지 않았다는 비난에 대하여 해명하고 있다. 여기서 솔론은 자신이 행한 부채탕감 정책의 결과를 자랑스럽게 언급하고 있는데, 모든 토지부채를 탕감함으로써 아티카

---

13. 이 마지막 행에 관해서는 E. Römisch, *Studien zur älteren griechischen Elegie*, Frankfurt, 1933, 77쪽을 보라. 번역에서 그가 보충한 부분은 나의 해석을 보다 분명하게 만들었다.

땅, 더 나아가 모든 이들을 양육하는 어머니인 대지를 노예상태로부터 해방시켰다고 말한다.[14] 또 그는 아티카 시민들 개개인이 지고 있는 빚을 탕감하여 노예상태에 빠진 아티카 시민들을 해방시켰으며, 금전에 의한 예속이라는 악습을 철폐하였다고 말한다. 이런 조치들은 현재의 권리관계를 훼손시킨다는 이유에서 '폭력적' 조치라고 할 수 있으나, 그럼에도 불구하고 솔론의 손에서 법률을 통한 '권력'에 의해 이루어진 조치이므로 그것은 '정당성'을 확보한다. 이외에도 솔론이 이 단편에서 덧붙여 하고자 하는 말은 원문에서 어렵지 않게 읽어낼 수 있을 것이다(24D=36W).

> 나는 백성들의 뜻을 하나로 묶어
> 모든 것을 이루어 목표에 도달하였다.[15]
> 시간의 재판석 앞에 나는 증인으로
> 모든 올림포스 신들의 위대한 어머니
> 검은 대지를 부른다. 나는 그녀에게서
> 수백 개나 심어져 있던 채무 비석을 제거하였다.
> 그녀는 예전에 노예였으나, 이제 자유이다.
> 또한 나는 많은 이들을 신이 세운 고향
> 아테네로 호출하노니, 팔려나갔던 이들을
> 정당하게 혹은 부당하게, 혹은 부채의 위협에
> 눌려 도망했던 이들을. 그들의 혀에서는 이미
> 아티카 방언이 사라졌으니, 여러 곳 방랑의 흔적이라.
> 그리고 또 고향에서 노예상태로 수모를 겪는 이들을

---

14. 로마법도 일정한 토지채무를 저당이 아니라 노예상태servitutes로 규정하고 있다. 그리스에서는 토지부채로 묶인 땅에 비석을 세워 그 부채를 표시하였다.
15. 'τυγχάνω'는 중성 대명사 목적격과 함께 쓰일 수 있다.

부르노니, 그들은 주인의 목소리에 떨고 있었다.
이들을 나는 해방시켰다. 나는 이를 행하되
법이 정한 힘에 따랐으며, 폭력과 정의가 하나로
어우러진 권력에 따라 나의 약속을 지켰다.
또한 나는 양쪽을 위해 법을 만들었나니,
귀천을 막론하고 평등하며, 모두에게 고른 정의로다.
만약 나 대신 다른 사람이 이런 권력의 지팡이를
쥐었다면, 나쁜 마음과 돈 욕심에
그는 백성을 제압하지 않았을 것이며, 지금 나의
적들이 원하던 것에 내가 참여하였더라면,
혹은 당파 어느 한쪽이 원하는 것에 참여하였더라면
이 도시에서 더욱 많은 사람들이 가난해졌으리라.
때문에 나는 여기저기 모두와 싸웠으며
개떼에 둘러싸인 늑대처럼 사방으로 몸을 휘돌려 싸웠다.

이제까지 우리가 읽었던 여타의 단편들과는 시행의 흐름이 전혀 다르며,
고전비극에 등장하는 긴 연설처럼 세차게 흘러간다. 이는 마치 물을 가둔
보가 터진 듯도 싶고, 물꼬가 터지면서 언어가 급류되어 흘러내리는 듯도
싶다. 바닷가의 파도나 시계추처럼 규칙적으로 반복되는 것도 아니고, 주
제들이 한 자리를 빙빙 맴돌며 점차 조금씩 사라지는 것도 아니며, 단지 이
야기의 연속으로 단순히 수많은 예증만을 동일한 자리에 바꾸어 넣는 것도
아니다.[16] 문법적인 문장구조도 틀을 벗어난다. 문장들은 길고, 문장 하나
하나는 분명한 질서에 따라 대상 하나하나를 이야기하되, 각 문장의 마지

---

16. 상고기의 사유방식이 갖는 특이점에 관해서는 색인 A 3.3과 *Frühgriech. Denken* 40~96
쪽을 보라.

막이 늘어지며 처음으로 되돌아가는 일은 없다. 확고하고 분명하게 연설은 계속해서 멈추지 않고 전진하여 거대하면서 단일한 강물을 이룬다. 이 단편에 나타난 문체는 전혀 상고기적이라고 할 수 없다.

아티카 도시국가를 새롭게 질서 짓고 나서 솔론은 여행길에 오른다. 표면적으로 십 년 정도 고향을 떠나 있음으로써 그가 수립해 놓은 국가 체계가 그가 없는 상태에서도 잘 돌아갈 수 있도록 하기 위해서였다. 그는 다시 이전의 직업인 상업에 종사하며 다른 나라들을 방문하였다. 그는 나일강의 하구(6D=28W)를 찾았으며, 이후 퀴프로스 섬을 찾았다. 거기서 그는 퀴프로스의 왕 필로퀴로스의 환대를 받았으며, 이별에 앞서 그에게 엘레기를 한 편 남겼다(7D=19W).

> 당신이 솔로이 사람들의 지배자로 앞으로 오랫동안
> 이 도시에서 살아가기를, 그리고 당신의 자손들이.
> 제비꽃 화관을 쓴 퀴프리스[17]가 빠른 배에 몸을 실은
> 나를 건강하고 편안하게 고향으로 동반하시길.
> 여신이 당신의 백성들에게 즐거운 자비와 강력한
> 위엄을, 나에게는 고향 해변으로의 귀향을 하사하시며.

여기서는 다시 '당신-나-너희-나'로 이어지는 상고기적 왕복운동이 나타난다. 간간히 예외적으로 솔론은 장래에 널리 쓰일 유연한 얌보스 운율로 고래로부터의 연설방식과 사유방식을 뛰어넘는다.

솔론은 사냥그물을 넓게 펼쳐 스스로를 아테네의 독재자로 만드는 것을 꺼려하였다. 반면, 페이시스트라토스는 그와는 다르게 생각했던 바, 그는

---

17. '퀴프리스'는 퀴프로스 섬을 보호하는 여신 아프로디테의 이름이다.

두 번에 걸쳐 도시를 자신의 손아귀에 넣었으며, 두 번에 걸쳐 추방을 당하였다. 세 번째 시도에 착수했을 때, 그는 상당히 지혜로운 예언자로부터 다음과 같은 신탁을 받는다(헤로도토스 1, 62).

　　이제 투망이 던져져 어망이 펼쳐졌다.
　　달 밝은 밤에 다랑어들이 모여들 것이다.

정변이 일어났고 페이시스트라토스가 권력을 잡아 그의 아들들에게 물려줄 수 있게 되었다.

　　세 번에 걸친 페이시스트라토스의 지배기간 가운데 첫 번째 지배기간의 초엽인 561/560년에 아직 솔론은 살아 있었다. 솔론이 국가체제를 개혁한 이래로 벌써 삼십 년 이상의 세월이 흘렀으니, 솔론은 고령에 이르렀다. 페이시스트라토스는 그를 존중했으며, 솔론이 길을 닦은 민주주의적 통치방향에 따라 친(親) 민중적인 정책을 어떻게 진행시켜야 할지에 관해 종종 그의 조언을 구했다고 한다. 물론 솔론은 페이시스트라토스가 행하는 일을 대체로 좋게 평가하였지만, 그의 독재적인 국가통치에는 날카롭게 대립하였다. 솔론은 독재정이 도래하고 있음을 그것이 실제 들어서기 전에 간파하였으며, 이를 시민들에게 다가오는 위험으로 경고하였지만, 소용은 없었다(10D=9W).

　　덮인 구름에서 강력한 눈과 우박이 내려와
　　번쩍이는 번개에서 천둥이 내려친다.
　　그렇게 위대한 사내들로 도시는 병들고, 독재의
　　노예상태로 추락하니, 어리석은 백성이로다.
　　너무 높이 치켜세우니, 그를 다시 내려보내기

쉽지 않으니, 미리 이를 깨달을지라.[18]

이런 비유는 자연에서 그런 것처럼, 정치에서도 내적인 논리와 법칙성이 존재한다는 사실을 솔론이 깨닫고 있음을 보여준다. 어떤 결과를 원하지 않는다면, 그 원인이 되는 일을 범해서는 안 된다.[19] 그리하여 인간의 운명에 대한 인간의 책임이 다시금 확인된다(이 책 417쪽을 보라). 따라서 이 비유에서 나쁜 날씨를 가져오고 번개를 던지는 제우스는 등장하지 않는다.

비유는 호메로스에서와 마찬가지로 사실관계를 묘사하는 데 그치지 않고 저자의 생각을 논증하고 입증하기 위해 사용된다.[20] 이런 방법을 솔론은 다음의 단편에서 사용한다(11D=12W).

바람 몰아치는 바다가 크게 부풀어 오르니, 다시
바다를 건드리지 않는다면 바다는 참으로 정의롭게 된다.

다시 한 번 자연의 논리는 정치적인 사건에 적용된다. 호메로스의 비유에 따르자면(이 책 81쪽을 보라) 바다는 인민대중을 상징하고, 항해는 인민의 뜻과 행동을 상징하며, 파도를 일으키는 바람은 대중지도자의 의중을 나타낸다. 이런 비유에서 솔론은, 인민대중은 "참으로 정의롭다"고[21] 한

---

18. 'ἀλλ᾽ ἤδη χρὴ πρὶν ἅπαντα νοεῖν'로 읽었다.

19. 원인과 결과의 연쇄에 관해서는 단편 3D=4W 17행 이하를 보라. 또한 이 책 418쪽을 참고하라.

20. O. Regenbogen, *Quellen und Forsch. zur Gesch. der Mathem.* 제1권, 1930, 131쪽 이하와 B. Snell, *Die Entdeckung des Geistes*, Hamburg, 1946, 163~199쪽을 보라.

21. 세모니데스 단편 7D=7W 27행 이하에서 (이 책의 381쪽과 387쪽을 보라) 가만히 있지 않고 제 기분에 따라 움직이는 바다는 두 가지 성질을 가지고 있는 바, 친절한 본성과 분노하는 본성이다. 고대의 일반적 사상에 따르면 바다는 "불의와 한 몸을 이루고 있다." (A. S. Pease, *Harvard Studies in Class. Philol.* 54, 1943, 71쪽. 좀 더 많은 예를

다. 이 경우 사회적 불화의 책임은 인민대중에게 있는 것이 아니라, 그 지도자에게 있다.

솔론이 닥쳐오는 독재정을 경고하였지만, 사람들은 그저 그가 제정신이 아니라는 반응을 보였을 뿐이다. 이런 비난에 굴하지 않고 그는 오히려 더욱 확신에 찬 목소리로 대답하였다(9D=10W).

> 머지않아 백성들에게 어리석음이 드러날 게다.
> 머지않아 곧 닥쳐올 현실이 드러나 보일 게다.[22]

보자. 프로페르티우스 1, 15, 12와 오비디우스 『사랑의 노래』 2, 11, 12를 보라.) 비유에서 솔론은 두 가지 잘못을 바로잡는다. 그에 따르면 바다와 인민대중은 불의하지 않다. 다만 바다 혹은 인민대중이 폭력적이고 예측불가능하며 악의적인 것은 다만 바람 혹은 지도자의 영향에 기인한다. 하지만 바다가 고요해지면(이는 바다가 가진 본성에 따라 가능한 일이다), 바다는 (말 그대로 옮기면) "모든 것들 가운데 가장 정의로운 것"이 되며, 다시 말해 고요한 바다의 무한히 펼쳐진 해수면보다 깔끔하고 해가 없으며 평화로운 것은 없다. 이것은 또한 인민대중에게도 적용될 수 있는 말이다. 이런 비유는 고대 문헌에서 여러 번 반복된다. 폴뤼비오스 11, 29, 9~11에서 "καθάπερ κἀκείνης (scil. τῆς θαλάττης) ἡ μὲν ἰδία φύσις ἐστὶν ἀβλαβὴς τοῖς χρωμένοις καὶ στάσιμος — τὸν αὐτὸν τρόπον καὶ τὸ πλῆθος" 리비우스, 28, 27, 11에서 "sed multitudo omnis sicut natura maris per se immobilis est." 또한 38, 10, 5 이하에서 "vulgata similitudo"가 언급된다. 헤로도토스 7, 16a, 1에서 이 비유는 인민대중 대신 페르시아의 왕에게 적용된다. 아마도 솔론이 사용한 비유가 이런 모든 유사 사례들을 자극한 것이 아닐까 싶다. 사상적으로 내용적으로 유사한 것이 테오그니스 313행 이하에 등장한다(이 책 763쪽을 보라). "다른 사람들이 분노할 때에(즐거운 술자리에서. 바다의 폭풍에 비교할 수 있다), 나는 강력하게 분노하였고 μάλα μαίνομαι. (세모니데스 단편7D=7W 39행의 "θάλασσα μαίνεται"와 비교하라). 그러나 다른 사람들이 정의로울 때 (즉 정상적인 상태일 때) 나는 모든 사람들 가운데 가장 정의로운 사람이었다."

22. 두 번째 행은 정확히 번역하기 어려운 문장이다. 왜냐하면 우리는 엄격히 구분하지만, 그리스 사람들은 '진리'와 '현실'을 동일한 단어로 표현하기 때문이다. 따라서 우리 입장에서는 이 문장이 두 가지 뜻을 갖고 있다. 우선 예언된 독재정이 현실이 되어 아테네 시민들의 한가운데로 들어선다고 번역할 수 있으며, 다음 솔론의 예언이 참되다는 사실이 곧 시민들의 눈앞에 입증된다고 번역할 수도 있다. 솔론이 여기서 "어리석음"이

사건은 이미 결정된 대로 진행되어 결국 페이시스트라토스가 실제로 정권을 장악하였으며, 이때 솔론은 인민대중에게 다시 한 번 말하되, 이런 사태의 책임은 신들에게 있지 않으며, 인민대중 자신에게 있음을 밝힌다 (8D=11W).

> 너희의 잘못으로 인해 너희는 그런 고통을 겪는다.
> 너희는 신들에게 이런 운명을 돌리지 말라.
> 너희가 그들을 키웠으며, 그들을 보호하였다.[23]
> 그리하여 너희는 스스로 추악한 굴종을 키웠다.
> 너희 각자는 여우의 발자국을 따라 나아가지만
> 너희 모두는 텅 빈 이성을 가지고 있었다.
> 왜냐면 너희는 달변의 혀와 말을 바라보았으나
> 실제 그것이 무엇인지 깨닫지 못하였다.

솔론이 마지막 네 행에서 밝히고 있는 것은 오늘날 우리가 "군중심리"라고 부르는 현상이다. 개인들의 현명한 지성과, 영리한 연설가에 의해 오도된 집단의 어리석음이 놀라운 대조를 이루고 있다.

비정치적인 내용을 담고 있는 단편들 가운데, 당시 널리 퍼져 있던 사상을 그대로 표현하는 것도 있다. 솔론은 다음과 같이 말한다(17D=17W).

인간들은 죽음을 모르는 신들의 뜻νοῦς을 알지 못한다.

혹은 이렇게 말한다(15D=14W).

라는 단어로써 표현하고 있는 역설이 두드러진다.
23. 혹은 '보증인'으로 번역할 수 있다. 이 시행의 의미는 불확실하다.

죽을 운명의 인간은 누구도 행복하지 못하다. 모두는 오로지
불행하여, 태양 아래 살아가는 누구나 불행하다.

솔론은 행복과 불행의 대립을 통해 우리가 오늘날 '인륜적'이라고 부르는
가치를 표현하고 있다. 솔론은 인간 삶은 결코 실패로부터 자유로울 수 없
다고 말한다. 근심하고 걱정하는 것이 잠깐뿐일지라도, 그 잠깐으로 인해
사람은 "불행"에 빠지며, 따라서 결코 "행복"하다고 말할 수 없는 것이다.
행복은 다만 신들에게 허용되었을 뿐이다. 그러나 인간도 "즐거울" 수는
있다(13D=23W).

나는 사랑하는 아들과 암말과 충실한 개들을 데리고
멀리 찾아온 친구와 더불어 사냥 가는 사내를 즐겁다 한다.

솔론은 인간의 행복에 관해 늘 새롭게 물었다. 헤로도토스의 이야기에
따르면, 이는 현명한 솔론이 여행 중 전설의 부자 왕 크로이소스를 방문하
였을 때 크로이소스가 그에게 던졌던 것과 동일한 질문이었다. 다음 단편
에서 솔론의 대답을 직접 들을 수 있다(14D=24W).

풍성하게 금은을 한가득 가진 사람이나
넓은 들판에 영글어가는 작물을 가진 사람이나
나귀와 말을 가진 사람은 부유하다. 또 이런 자도
그러하니, 배와 옆구리와 발에 안락을 느낀 자,
때가 이르러 활짝 피어나는 소년과 소녀,
젊음으로 아름답게 가득 찬 그들도 그러하다.
이는 인간들의 행복이다. 지나쳐 넘치는 것을

모두 돌려주고서야 하데스에 이르게 되느니
누구도 죽음과 쓰라린 병마를 돈으로 피할 수 없고
막아설 수 없게 다가오는 노년도 그러하다.

이 단편의 분위기는 가볍고 그 문체는 아기자기하다. 금과 은 그리고 대지
등 세 가지 것에 상응하여 반대편에 배와 옆구리와 발 등 세 가지의 행복이
서 있다. 나귀와 말로 대표되는 특성은 매우 사적인 소년소녀들의 쾌락과
대조를 이루고 있다. 우리는 어렵지 않게 이상 언급된 다섯 가지 사물들의
대조에서 가상의 가치와 실제의 가치를 대비시키던 아르킬로코스적 대조
를 확인할 수 있다. 혹은 예를 들어 사포의 『아낙토리아 단편』(16LP, 이 책
345쪽 이하를 보라)에서 보았듯이, 외형적 과장으로부터 개인적이고 친숙한
즐거움으로의 가치 전환을 여기서 다시 한 번 확인할 수 있다. 그러나 사포
가 사랑의 매혹에 막강 권력보다 높은 점수를 매긴데 반해, 솔론은 훨씬
더 소시민적으로 물질적 만족을 가져오는 재산에 보다 높은 점수를 주고
있다. 더 나아가 솔론은 축제의 순간[24]에 얻는 즐거움을 보다 높이 평가하
였는데, 그 이유는 그런 즐거움은 우리에게 직접적으로 이로운 것이지만,
넘치게 많은 재산은 사치일 뿐 후세에 유산으로 물려주는 것 말고는 아무
런 이익이 없다는 것이다. 우리는 어쩌면 이 단편을 술자리의 노래(20D=
26W, 이 책의 412쪽을 보라)와 연관시킬 수 있겠는데, 보통 술자리의 노래에
서는 노년과 질병과 죽음을 암시하는 단어들이 등장한다. 솔론은 푹신한
의자에 기대어 마시고 먹는 사람들에게, 지금 이 순간(3행의 $\pi\acute{\alpha}\rho\epsilon\sigma\tau\iota$) 그들
이 인간이 누릴 수 있는 가장 큰 행복을 누리고 있음을 확신시켜준다. 그들

---

24. 지속적인 상태가 아니라 일시적인 사건에 주목하고 있다는 점이 단순과거의 부정형
‘$\pi\alpha\theta\epsilon\hat{\iota}\nu$’의 사용에서 드러난다.

의 배, 그들의 옆구리, 그들의 다리는 지금 매우 안락한 상태에 있으며, 젊은 육신에서 얻어지는 기쁨은 밝은 미래를 갖는다.[25] 따라서 누구도 부자를 부러워할 이유가 없으며, 더욱 많은 재산을 추구할 이유도 없다. 솔론이 앞서 정치적 엘레기(3D=4W, 이 책의 417쪽을 보라)에서 재산을 추구하여 국가를 패망케 하지 말고 차라리 잔치를 즐기면서 누구에게도 피해를 주지 않는 삶을 살라고 귀족들에게 권고하였듯이, 이 단편에서도 정치적 주장 없이 유사한 것을 추천하고 있다. 이 단편에는 그 외에도 그 이상으로는 인간의 행복을 허용하지 않는 자연적 한계가 제시되어 있다.

이 단편은 많은 측면에서 밈네르모스의 영향을 받았다.[26] 하지만 솔론은 밈네르모스와 달리, 사랑의 쾌락을 삶의 유일한 가치로 생각하지 않았으며, 또한 통탄의 목소리를 높이지도 않았다. 대신 솔론은 사람들에게 모든 자연적이고 생명력이 넘치는 충동을 즐겁게 만족시킬 것과, 우리 인간들에게 적당한 때에, 특히 한창 젊음이 무르익은 때에(6행), 사랑의 기쁨을 일어나게 하는 자연의 분명한 질서에 따를 것을 권고한다. 솔론은 질서 일반이 있다고 믿은 것처럼, 또 가장 먼저 자연의 질서가 있음을 믿었다 (10D=9W, 11D=12W, 1D=13W 18~25행을 보라). 밈네르모스가 노년을 청춘에서 노쇠로의 절망적인 변전(變轉)으로 생각했던 것에 반해, 솔론은 자연스럽게 맞게 되는 노년을 인생이 지나가는 수많은 다양한 단계 가운데 하나로 생각했다. 이 주제를 위해 솔론은 현재 우리가 완전한 형태로 가지고 있는 엘레기 하나를 통째로 할애한다(19D=27W).[27] 솔론은 남자의 일생을

25. 소년애에 관해 솔론은 단편 12D=25W에서 이야기하고 있다.

26. 솔론의 이 단편 5행과 6행은 밈네르모스 단편 1D=1W 5행과 4행을 매우 닮아 있다.

27. 여기에 관해 W. Schadewaldt, *Antike* 9, 1933, 297쪽을 참조하라. Franz Boll, *Die Lebensalter*, 1913은 다른 문학들에서 여러 가지 예들을 찾아 모아 놓았다 (나는 이 책을 볼 수 없었다).

이 엘레기에서 매 칠 년마다 열 단계로 나눈다. 첫 칠 년 동안에 아직 미숙하고 철이 들지 않은 어린이에게 젖니가 생기고 빠진다. 신은 다음 칠 년을 소년에게 채우게 하며, 이때 성별에 따른 성숙의 특징들이 나타난다. 세 번째 시기에 젊은이의 뺨에는 솜털이 자라고 팔다리는 계속 성장한다. 네 번째 시기에 모든 남자는 강력한 힘을 자랑하며 '탁월한 면모arete'를 보여준다(?). 다섯 번째 시기에 결혼을 생각해야 하며, 후세를 생산해야 한다. 여섯 번째 시기에 사람은 맑은 정신을 얻으며, 처신의 미숙함을 떨쳐버린다. 일곱 번째와 여덟 번째의 14년 동안(42세에서 56세까지) 통찰력과 말에 있어 최고의 능력을 발휘한다. 아홉 번째에도 혀와 지혜는 아직 활동하지만, 최고의 '능력arete'을 발휘하기에는 이미 매우 약하다. 열 번째 시기를 마치면, 다시 말해 인생 만년에 이르면 "죽음의 운명을 맞기에 적절한 시기에 이른다."[28] 이 엘레기는 각 시기별로 하나의 2행시를 할당하고 있으며, 다만 일곱 번째와 여덟 번째 시기를 묶어 하나의 2행시로 노래하고 있다. 문학적으로 이 엘레기는 매우 건조한 시로서 별다른 흥미를 끌지 못하고 있지만, 인생 기복을 자연적 발전과정으로 설명하려는 솔론의 냉정한 객관성이 눈에 띈다.

이제 도덕적 훈계를 담은 작은 단편들[29] 가운데 마지막으로 다음 단편만이 남았다. 여기서는 다시 재산을 다루고 있다(4D 9행 이하=15W).

---

28. 단편 22D=20W 4행(이 책 412쪽을 보라)과 외형적으로 모순되어 보이지만, 한편에서는 개인적인 소원이 이야기되고 있는 반면, 여기서는 일반적인 경우가 언급되고 있다고 할 수 있다. 두 가지 인생관의 차이점을 가능한 한 크게 부각시키려는 논쟁적 의도가 깔려 있다.
29. 단편 16D=17W는 극단적으로 갈리는 두 가지 해석이 가능한 바, 원래의 문맥을 알 수 없는 한 그 어느 쪽이 옳다고 단정할 수 없다.

좋은 사람들은 흔히 가난하고, 사악한 자들은 흔히 부유하다.
하지만 나는 결코 사악한 자들과 자리를 바꾸지 않으니
선함을 재산에 희생시키지 않는다. 왜냐면 선함은 지속되지만
재산은 사라지기 때문이다. 때로 저자가 가졌다가 곧 다른 자가 가진다.

솔론은 부자가 되기를 바라지 않고 선한 사람이 되기를 원했다. "선함 arete"을 놓고 어떤 성격을 염두에 두었는지는 알 수 없다. 하지만 선함이 재산과는 전혀 상관이 없으며, 일단 한 번 선함을 얻은 사람은 계속해서 선하다는 생각을 밝히는 것을 볼 때, 솔론이 이에 대해 상당한 정도로 계몽된 견해를 가지고 있었음은 분명하다. 그 이전의 지배적인 견해에 따르면, 다른 무엇보다 성공하여 재산을 확보함이 선함에 속하는 것으로 여겨졌으며, 많은 사람들은 이전에 선한 사람이더라도 불운을 겪으면 나쁜 사람이라는 낙인이 찍힌다고 생각했다.[30] 이에 반해 솔론은 부유함과 선함을 서로 대립적인 것으로 간주하였는데, 앞의 단편에서는(14D=24W) 부유함을 감각적 쾌락보다 낮게 평가하였으며, 또 다른 단편에서는(23D=33+32+34W, 이 책 423쪽을 보라) 부유함과 권력(5~8행)을 명예(10행)에 비추어 낮게 평가하였다. 그러나 아직 내적인 가치와 외적인 가치를 구별하지 않았으며(이런 구별은 나중에야 비로소 생긴다), 다만 사람이 그의 즐거움, 그의 선함, 명성을 통해 확인되는 선함 등이 재산에 대립되었다.[31]

---

30. 이런 견해는 솔론의 단편 15D=14W에서 엿볼 수 있다(이 책 433쪽을 보라). 솔론에게는 옛 견해와 이제 막 시작되는 새로운 견해가 나란히 공존한다. 시모니데스에게서 비로소 이런 견해가 뒤바뀌는 것을 관찰할 수 있다(이 책 575~583쪽을 보라).

31. 솔론이나(단편 14D=24W 9~10행) 아르킬로코스나(단편 6D=5W, 이 책 249쪽 이하를 보라) 사람이 돈으로 목숨을 구할 수 없음을 공히 언급하고 있지만 이를 아르킬로코스적이라고 말하는 것처럼, 자기 내면으로의 전회 또한 아르킬로코스적이라고 말한다. 하지만 아르킬로코스는 보다 근본적인 입장을 취하여 명예와 명성을 모두 사양하였다

인간의 삶이라는 근본 문제를 다루고 있는, 꽤 긴 엘레기가 온전한 모습으로 전해진다(1D=13W).

올림포스 제우스와 므네모쉬네의 아름다운 따님들
천상의 무사이 여신들이여, 들으소서! 그대들에게 비오니
유복한 신들에 대비되는 유복을 주시고, 세상 모든
4 인간들에게 대비되는 좋으며 계속되는 명성을 주소서.
하여 제가 친구들에게 달콤하고 적들에게 쓰디쓰며
친구들은 존경을 제게 보내며, 적들은 두려움을 가지도록 하소서.
한편 재산에 대한 욕심이 나에게 있되, 정당하지 못하게
8 재산 얻기를 원치 않으니, 대가를 치르게 될 겁니다.
신들에게서 얻은 재산은 재산을 가진 자를 기쁘게 하며
늘 이어질 좋음으로 굳건히 세워져 흔들리지 않습니다.
사람들이 사납고 무섭게 좇는 재산은 오되, 옳지 못하게
12 사람에게 오며, 불의한 행동에 강압을 받아 원하지
않으며 오니, 곧 눈먼 생각이 함께 섞여 들어갑니다.[32]
눈먼 생각은 처음에는 작으나, 곧 타는 불꽃으로 자랍니다.
그 시작은 눈에 띄지 않으나, 그 끝은 고통을 가져옵니다.
16 과도한 행동은 그렇게 오랫동안 지속되지 않으며
제우스가 모든 일의 결말을 내려다보며, 그리하여 갑자기
봄바람이 몰아쳐 순식간에 구름을 흩뜨려 놓듯
봄바람은 바닥을 드러내지 않는 거친 바다의 밑바닥을

(단편6D=5W, 9D=14W, 64D=133W. 이 책 254쪽을 보라).

32. 'ἔρχεται'와 'ἔπεται'와 주요 문제에 관하여는 핀다로스 『퓌티아 찬가』 3번 105행을 보라. "ὄλβος οὐκ ἐσ' μακρῶν ἀνδρῶν ἔρχεται σῶς πολὺς εὖτ' ἄν ἐπιβρίσαις ἔπεται."

20 뒤집어엎으며, 대지의 곡식이 자라는 밭을 쓸어버리며,

작물을 황폐하게 만든 다음, 하늘을 향해 가파른

신들의 거처로 달려가 휩쓰니, 하늘은 푸르게 빛납니다.

풍성한 대지 위에 태양의 힘이 찬란하고 아름답게

24 빛나니, 구름 조각은 하늘에 모습을 드러내지 않습니다.

제우스의 분노는 이와 같아서 그는 일일이

인간들 하나하나에게 돌연히 분노하지 않으나

영원히 죄지은 마음은 그를 벗어나지 못하노니

28 드디어 끝내는 그의 죄가 백일하에 드러납니다.

다만 누구는 늦게 누구는 일찍 벌을 받을 뿐입니다.

벌을 벗어난 사람은 신이 보낸 처벌이 더 이상

그를 데려오지 못하지만 벌은 분명히 그를 쫓아

32 죄 없는 그의 자식들과 후손들이 죄를 받습니다.

우리 필멸의 인간은 선한 자나 악한 자나 하나같이

모든 것이 생각하는 대로 순조로울 것으로 생각하나

사고가 일어나면 탄식합니다. 그때까지 우리는 어리석게

36 헛된 희망을 즐기며 광기에 즐거워합니다.

우리 가운데 하나가 몹쓸 병에 걸려 신음할 때에

그는 분명 다시 건강해지리라 생각합니다.

근심하는 사람은 좋아지리라 상상하며, 남들에게

40 그렇게 보이질 않아도 스스로 아름답다 생각합니다.[33]

어렵게 살며 늘 가난의 일에 고통 받는 사람은 그가

곧 엄청난 재산을 얻으리라 믿어 의심하지 않습니다.

그는 재산을 얻으려 온갖 힘을 쏟아 붓습니다. 어떤 사람은

---

33. '$\kappa\alpha\lambda\grave{o}\varsigma$ $\kappa\grave{\alpha}\gamma\alpha\theta\acute{o}\varsigma$'의 이념이 엿보인다.

44 배에 가득 재산을 싣고 고향으로 향하여, 물고기가 많은

바다를 지나가며, 마음을 불편케 하는 바람에 쫓기어

근심이 넘치는 바닷길에 자신의 목숨을 겁니다.

굽어 휜 쟁기를 끄는 사람들 가운데 한 사람은 일 년

48 삼백육십오 일 노역에 종사하며 나무 많은 땅을 일굽니다.

어떤 사람은 아테네의 일을 배우고 헤파이스토스의

대장간 기술을 배워 솜씨 좋은 손으로 먹고 삽니다.

어떤 사람은 무사이 여신들의 선물로 생계를 이어가되

52 매혹적 기술의 법칙과 규율을 알고 있습니다.

수호자, 은궁의 아폴론은 어떤 사람을 예언자로 만들어

멀리로부터 사람들에게 닥쳐올 불운을 감지합니다.

신들이 그와 함께 작용하지만, 당신을 확실하게

56 새점이나 내장점으로 불행으로부터 구하질 못합니다.

병을 고치는 파이안의 일을 담당하는 저 의사들도

병을 성공적으로 고칠 수 있는 힘을 갖지 못합니다.

매우 작은 통증으로부터 종종 심각한 질병이 자라되

60 고통을 줄이는 진통제가 고역을 그치지 못합니다.

어렵고도 심각한 질병으로 고생하는 사람을 다시금

가볍게 어루만져 치료하니 짧은 시간 그는 건강해집니다.

운명은 저주를 인간에게 가져다주고 행복을 주기도 합니다.

64 신이 우리에게 내린 선물에서 우리는 벗어날 길이 없습니다.

우리가 무엇을 하든지, 위험은 그것을 흔들어 놓으며

시작한 일이 장차 어떻게 변할지 누구도 말할 수 없습니다.

누군가는 일을 잘 하려고 시도하지만, 크고 위험한

68 눈먼 마음에로 어떻게 될지도 모른 채 떨어질 겁니다.

오히려 일을 못하는 사람에게는 신으로부터 만사형통

좋은 성과가 선물로 다가와, 그를 어리석음에서 풀어줍니다.

죽을 운명의 존재는 재산의 크기가 얼마면 좋은지 모릅니다.

72 엄청난 재산을 가진 사람은 그 재산을 두 배로 불리려

안간힘을 쓰는 게 세상입니다. 누가 그들을 만족시키겠습니까?

신들에게 인간은 얻은 것 전부를 빚지고 있으며

성공에 눈먼 마음이 찾아옵니다. 제우스가 이를 보낼 때

76 그것은 죄를 처벌하니, 부는 다시 여행을 떠납니다.

이 엘레기는 단락별로 구별되며, 그 언어는 유려하고 쉽게 이해된다. 물론 중간 중간 이해하기 어려운 부분이 포함되어 있으며, 각 단락이 어떻게 연결되는지 분명하지 않을 때도 있다.

이 엘레기는 솔론이 구사하고 있는 문학적 기술을 담당하는 신적인 힘, 즉 무사이 여신들에게 올리는 기도로 시작한다.[34] 서사시의 소리꾼들은 종종 공연 초입에 "선함arete"과 풍성한 소득의 "유복ὄλβος"을 기원한다. 마찬가지로 솔론은 무사이 여신들에게 신들로부터의 "유복"을, 인간들로부터의 "좋은 명성", 다시 말해 좋음의 명성을 기원한다.[35] 명성은, 갈라져

---

34. 무사이 여신들의 계보는 서사시인들에 의해 만들어졌다. 무사이 여신들은 기억의 여신, 므네모쉬네의 딸이며, 그리하여 시인들은 먼 과거를 이야기한다. 무사이 여신들의 아버지는 제우스이며, 또한 시인들은 진실을 이야기하는데, 제우스의 손에 진리와 현실이 달려 있기 때문이다. 또 무사이 여신들은 다수로 구성되어 있으며, 여신들이 합창대를 구성한다고 말한다. 이런 생각은 서사시인이 아니라 합창 시인에게서 유래한다.

35. 신이 보낸 유복과 좋은 명성은, 신들과 정당한 사람을 기쁘게 하는 사람들에게 주어진다. 말과 행동에 있어 선한 원칙을 대표하는 사람은 사람들을 기쁘게 한다. 솔론은 자신의 시로써 선한 원칙을 대표하고자 한다. 이런 추론에 따라 3~4행에 언급된 무사이 여신들의 매개자 역할이 설명된다. 유사한 생각이 테오그니스의 책 초입에 등장한다(15~26행에서 무사이 여신들의 선함과, 사람들 사이에서 이름 높은 시인이 언급된다.

대립하는 세상으로부터 인정을 받는다는 것과 연결되어 있다. 솔론은 아무 가치 없는 존재가 아니라, 친구들이 사랑하고 존경하는 존재, 적들이 미워하고 증오하는 존재이고자 하였다(『오뒷세이아』 제6권 184행 이하를 보라). 이제 솔론은 신들이 보낸 유복에 관한 언급을 시작하며, 다음과 같이 말한다. '재산은 두 가지 방식으로 얻어진다. 다만 올바르게 얻어진 것만이 신들의 선물이며, 나는 이렇게 얻어진 재산만을 갖기 원한다.' 이 엘레기의 여기에서 마지막으로 '나'가 사용되며, 기원문의 성격이 마무리된다. 다음 주제(8~32행)는 다음과 같다. 불의하게 얻은 재산은 "반드시" 처벌을 받는다. 솔론에 따르면, 처벌은 기계적인 법칙에 따라 자동적으로 이루어진다. 부의 획득이 "자연 질서를 거슬러" 이루어졌으며, 소유자가 재산을 자연스러운 방식으로 가져오지 않았기 때문에 이런 과정은 무언가 잘못을 범하고 있고, 이로 인해 마침내 모든 것이 소멸하게 될 것이다.[36] 아마도 이런 잘못은 처음에는 매우 하찮은 것으로 여겨졌을 것이지만, 그 불씨가 눈에 띄지 않게 자라나 마침내 거대한 불꽃이 되었다. 다시금 솔론은 자연현상에서 빌린 비유를 사용하는데, 그는 궁극적으로 모든 것을 정화하는 처벌을 봄바람에 비유한다. 봄바람은 길고 어두운 겨울이 지나간 후 마침내 하늘을 말끔하게 청소하고 맑고 투명한 날씨를 가져온다.[37] 배경에 깔린 생각은, 사람은 속죄의 처벌을 반드시 염려해야 하는 바, 이는 마치 봄과 화창한 여름날이 도래함과 같이 반드시 이루어질 것이라는 생각이다. 여기서 논증은 두 가지로 나뉘어 나란히 놓이게 된다. '눈먼 생각Ate'에 의한 잘못은 결

그는 다만 자신의 고향 사람들만은 기쁘게 하지 못했다). 솔론에게 문학적 기술은 단순한 놀이가 아니라, 정치적인 영향력과 정치적인 변화를 위한 매체였다.

36. 11행에 대한 Linforth의 주석을 보라. 이 책의 412쪽 각주 2번을 참고하라.

37. 이런 비유는 상고기적 법칙에 따르면 원환구조를 갖는다. 이런 방식에 따르면 처음과 끝에 말하고자 하는 핵심이 배치되는데, 바람은 구름을 몰아낸다는 것이다.

코 선함에 이르지 못하니(이 책 114쪽 이하를 보라), 잘못된 행각은 자동적으로 처벌받는다(13~15행). 다른 한편 불의에 의한 잘못은 신에 의해 처벌받는다(17~25행). 이후 제우스가 실제 늘 상처 입은 정의를 바로잡느냐에 대한 의심어린 질문에, 물론 시에 표현되어 있지는 않지만 솔론은 처벌이 때로 죄 없는 자식들이나 손자들에게서 이루어지기도 하며, 언젠가 반드시 이루어진다는 분명한 다짐으로써 대답하고 있다.

처벌을 내리는 신에 관한 길고 분명한 단락은 이어지는 단락과 대조를 이루는 바(33~70행), 희망에 젖은 인간의 근시안적 환상을 보여준다. 인간들이 품는 환상이라는 주제를 헤시오도스(이 책 220쪽을 보라)와 세모니데스(이 책 378쪽을 보라)도 매우 인상적으로 다루었다. 솔론은 인간들의 다양한 희망과 수고에 상고기적 구체성을 부여한다. 그는 사람들이 재산을 모으기 위해 종사하고 있는 직업을 몇 가지 뽑아 하나하나 열거한다. 마지막 두 가지 직업, 즉 예언가와 의사에게서 성공이라고 말할 수 있는 것은 인간들이 아니라 운명에 달려 있음을 강조한다. 이런 취지로 마침내 일반적인 결론이 내려진다(63행 이하). '온갖 선함과 어려움을 가져오는 현실은 운명과 신들에 (이번에도 양자는 서로 구별되지 않는다) 달려 있다. 모든 인간의 생업에는 위험이 따른다.[38] 왜냐하면 생업을 위해 투여한 힘들이 종국에 어떤 결과를 얻게 될지 아무도 알 수 없기 때문이다. 수고하던 인간은 커다란 잘못에 빠져 눈먼 생각으로 인해 전혀 예상하지 못했던 화를 얻는다. 반면 한심스러울 정도로 어리석은 사람은 신의 도움을 받으면 행복을 얻어 출세한다.'[39]

---

38. '위험 κίνδυνος'라는 단어는 솔론과 레스보스 섬의 시인들에게서 처음 등장한다. 이 단어는 그리스어처럼 보이지 않으며, 아마도 무역에서 전문용어로 사용된 외래어가 아닐까 싶다. 외래어라는 증거는 레스보스 섬의 시인들이 사용하는 특이한 명사변화형에서 찾을 수 있다.

바로 위에서 풀이한 두 개의 2행시(67~70행)가 엘레기의 마지막 단락 (71~76행)으로 넘어가는 다리가 된다. 이 마지막 단락은 매우 간결한 표현 으로 심오한 사상을 표현하고 있다. 그는 다음과 같이 명시적으로 표현되 지 않은 질문에 답하고 있다. 즉, 위에서 말한 신들의 지배는 급작스럽고 불합리한 인생유전을 불러오는 자의적인 전횡으로서, 무질서 혹은 불의라 고 부를 수 있지 않겠냐는 것이다. 이런 어려운 질문에 그는 독창적인 해답 을 제시하는데, 그가 암시하고 있듯이 인간의 과도한 욕심이 바로 사태가 어긋나는 것의 원인이다. 왜냐하면 우리는 어떤 특정한 행복을 구하지 않 고 다만 재산을 무한히 증식시키길 원하고 있기 때문이다(71~73행). 우리 는 우리 모두를 하나하나 만족시켜 달라고 신에게 요구할 수 없다(73행).[40] 신은 다만 몇몇 사람들에게만 차례로 유복을 내려줄 수 있을 뿐이다. 따라 서 행복과 재산은 한 사람에게서 다른 사람에게로 옮겨 다닌다(76행).[41] 이 런 인생유전을 야기하는 힘 혹은 불행의 연쇄를 야기하는 힘은 다시금 '눈 먼 생각Ate', 즉 인간의 몰지각과, 그 결과로 생겨난 실책과 불행이다. 눈먼 생각으로 인해 우리는 신들이 축복으로 허락하는 (74행) 재산에 만족하지 못하며 더욱 많은 것을 추구한다. 만족상태에 이르기보다 재산을 두 배로 불리려고 한다(73행). 그리하여 이런 행위는 위험한 (67행) 운명을 야기하 는 바, 마침내 불행이 실제로 닥쳐와 우리가 저지른 잘못에(Ate, 68행과 75 행) 합당한 법(76행)을 내릴 때까지 이를 멈추지 않는다. 이로써 신은 정의

---

39. 거의 동일하게 70행의 말들이 핀다로스 『올륌피아 찬가』 2번 51행에 등장한다. "τὸ δὲ
    τυχεῖν πειρώμενον (솔론의 67행을 보라) ἀφροσύνας παραλύει."

40. 솔론이 'τίς'라는 단어를 갖고 염두에 둔 주어가 '신' 혹은 '신들'이라는 것은 이어지는
    시행에서 드러난다.

41. 76행의 '재산이 여기서 저기로 옮겨 간다'에 대하여 단편 4D=15W 9행(이 책 437쪽)을
    보라. 불행에 관하여 아르킬로코스 7D=13W 7~9행에 동일한 것이 보인다(이 책 262
    쪽을 보라).

를 찾고, 무질서에 대한 인간의 책임이 드러난다.[42] 오로지 평온과 절제만이 범죄의 사슬을 끊을 수 있으며, 이것은 솔론이 다른 엘레기에서도 추천하고 있는 바이다.[43]

앞서 장편의 엘레기에서 펼친 솔론의 논증은 매우 인상적이지만, 그럼에도 불구하고 그의 주장은, 모든 불의가 어떤 방식으로든지 벌을 받을 것이며 신들이 보낸 불행 모두는 우리 인간의 잘못에 기인한다는 것을 이미 알고 있는 올바르고 경건한 사람들에게만 설득력을 가질 뿐이다. 솔론의 생각은 어느 정도 일관성을 지니고 있으나, 이는 다만 어느 정도일 뿐이다. 모순된 점, 반쪽만의 타당성, 앞선 주장에서 새로운 질문을 찾으려는 사람은 이런 것들을 그의 엘레기에서 한가득 찾을 수 있을 것이다. 하지만 솔론은 어떤 완성된 체계를 수립하지 않았는데, 그는 철학자가 아니기 때문이다. 물론 진정한 시인이라고도 할 수 없으며, 또한 새로운 사상의 세계를 창조하지도 않았고, 새로운 형식을 만들지도 않았다. 솔론은 다만 탁월한 방식으로, 글을 통해서뿐 아니라 행동을 통해서 이미 존재하던 세계를 개선하는 데 참여했을 뿐이다. 아르킬로코스 이래로 삶에 가까이 다가서게 된 문학은 이제 삶에 종속되기에 이르렀다.

솔론은 현실을 이와 별개의 독립적인 문학으로 바꾸지 않았다. 그의 문학은 동쪽 그리스 세계의 문학에 나타난 순수하고 분명한 투명성도, 급격한 감성도, 가녀린 내면성도 전혀 보여주지 않는다. 대신 솔론에게는 향후

---

42. 나중에 아낙시만드로스는 이런 생각을 다시 한 번 표명하는데, 부당한 이익은 계속해서 주인을 바꾸게 되며, 이를 통해 정의가 다시 실현된다(이 책 497쪽을 보라).

43. 단편 3D=4W 9~10행, 4D 5~7행=4c W(이 책 417쪽과 421쪽 이하를 보라)에서 솔론은 부자들에게 '절제'와 '평온'을 권고한다. 즉 그들이 스스로 추구할 수 있는 것을 즐겁게 즐길 것을 권고하는 바, 특히 식사에서 그러하였다. 단편 14D=24W에서도 솔론은 주장하기를, 식사와 사랑에서 얻는 만족은 인간이 누릴 수 있는 최상의 행복이며, 그 이상의 행복은 무가치하다고 한다(이 책 434쪽 이하를 보라).

수백 년에 걸쳐 아티카의 본질을 표현하게 될 어떤 특성이 있다. 그것은 건강한 자연에 속하는 것이라면 어떤 것도 배제하지 않는 균형 잡힌 다양성과 그 풍성함이다. 동쪽 그리스 세계의 문학이 늘 주위에 찬란한 빛을 비추고 있다면, 그 대신 아티카의 문학은 수백수천의 크고 작은 세상사에서 피어오른 싱그럽고 달콤한 향을 주변에 던져주고 있다.

제5장

위기의 시대, 종교문학과 철학

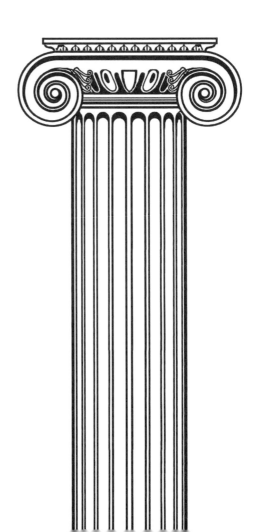

1. 시문학의 위기, 일곱 현인, 아리스테아스와 페레퀴데스

6세기 처음 10년 동안 그리스에서는 많은 시인들이 활동하고 있었다. 레스보스 섬에는 사포와 알카이오스, 이오니아 지방에는 세모니데스와 밈네르모스, 아티카 지방에는 솔론이 있었다. 그러나 이들은 6세기 중반 이전 모두 세상을 떠났으며, 이들을 잇는 계승자들은 없었다. 530년이 되어서야 서정시는 다시 활기를 띠기 시작했는데, 그것은 이전의 서정시와는 본질적으로 매우 다른 경향을 보였다. 그 사이에는 한 세대가 비어 있다.[1] 고대 그리스에서 이처럼 시인들의 활동이 없었던 때가 있다면, 거기에는 틀림없이 특별한 이유가 있을 것이다.[2] 아무튼 이때가 시문학이 위기를 겪었던 시기였음은 분명하다. 하지만 그 이유에 대해 우리는 기껏해야 추측만 할 수 있을 뿐이다. 아마도 확고한 삶의 사실들에 비해 시문학이 무의미해 보였고, 그래서 언어예술을 경시하는 극단적 현실주의가 지배하기 시작했었는지

---

1. 물론 정확한 생존연대는 확인할 수 없지만, 스테시코로스가 이 세대에 속하는 시인으로 추정된다.
2. 전통이 완전히 중단되지 않았다는 것은 확실하다. 그러나 6세기 중반 전후로 생산된 것은 널리 퍼지거나 후세에 전달되기에는 너무나 보잘것없거나 미미한 인상을 주었다.

도 모른다. 또 종교적 열광이 논리적 언어로 접근이 불가능한 어두운 심연에 빠지게 된 때문인지도 모른다.

시문학이 잠시 침체해 있는 동안, 우리는 여기서 연대기적으로 매우 불확실할 뿐 아니라 사실적으로도 기존 맥락과의 연관성을 찾기 힘든 몇몇 특정 현상들을 보게 된다. 우선 일곱 현인의 격언들이 그것인데, 이는 문학으로 분류되기에는 애매한 점이 있다. 또 종교적 내용의 반(反)계몽적인 기록들이 있다. 세 번째로 서사시인들에 의해 오랫동안 명맥이 유지되어 왔던, 이른바 『호메로스 찬가』가 여기에 속한다. 이를 다룬 후 우리는 6세기 내내 이어진 철학 영역을 살펴볼 것이다.

'일곱 현인ἑπτὰ σοφοί'에 대한 이야기는 대부분 전설이며, 그들의 것으로 전해지는 진술들은 확실치 않은 근거이므로 신뢰할 수 없다. 물론 일곱 사람들 모두 역사적으로는 실존했던 인물들이며, 생존연대는 대개 6세기 초엽에 걸쳐 있다. 일반적으로 역사적 인물에 대한 전설은 그들의 사후 즉시 형성되기 때문에, 우리는 일곱 현인의 전설이 6세기 중엽쯤에 시작되었다고 추측할 수 있다. 고대에서 여기 속하는 사람들의 명단은 매우 다양하며, 언급되는 이름을 모두 모아보면 일곱이 아니라 열일곱 명의 현인이 등장한다. 그중 모든 명단에 포함되어 있는 네 명의 이름은 아테네의 입법개혁자 솔론과 뮈틸레네의 입법개혁자 피타코스, 소아시아 프리에네의 현명한 재판관 비아스, 밀레토스 출신의 철학자 탈레스다. 헤로도토스에 따르면, 탈레스는 정치적 분별력뿐 아니라 실용적 지혜 역시 갖추고 있었던 것으로 전해진다. 코린토스의 왕 페리안드로스 역시 여러 곳에서 일곱 현인 중 한 명으로 거론되는데, 그는 영향력도 가졌을 뿐 아니라 놀라울 정도로 엄격한 인물이었다고 한다. 이 특별한 명단에 오를 만한 현인의 조건은 학문이나 예술이 아니라 실천적 지혜와 현실적 성공이었으며, 특히 정치 영역에서의 성공이었다. 솔론 역시 시인으로서보다는 정치인으로서 이 명단에 속했던 것이 분명하며, 이러한 사실은 일곱 명을 묶어주는 '소포이$\sigma o \phi o i$'라는 명칭과 모순되지 않는다. 물론 5세기 핀다로스가 '현인들'이라고 말할 때는 종종 시인들도 의미하곤 했으며, 이후 '현인$\sigma o \phi \acute{o} s$'은 철학자를 지칭했지만, 항상 그랬던 것은 아니다. 초기의 그리스어에서 '현명하다'라는 술어는 실질적인 면에서 뛰어난 능력을 찬양하는 데 사용되었으며, 따라서 철학자가 아니라 가령 기술과 경험과 노련함으로 폭풍에도 문제없이 견딜 수 있게 지붕을 잘 엮을 수 있는 장인에게까지 두루 적용되는 말이었다. 일곱 현인은 '지혜로운 자들'이라기보다는 차라리 '노련한 사람들'이었던 것이다. 그들은 폭풍우 속 같은 불안한 시대에 자신의 삶을 만족할 만한 높이로 끌어올리는 데 두각을 나타냈다.

우리는 당시 사람들이 시인보다는 정치가에게 '지혜$\sigma o \phi \acute{\iota} a$'의 면류관을 수여했다는 사실을 쉽게 이해할 수 있다. 또 이로부터 이 시대에 시문학이 침묵했던 이유도 설명된다. 시문학의 활동이 멈추게 된 것은 스스로 자초한 결과이다. 오래전부터 시문학은 화자 자신의 현존재와 그 주변 세계로 눈을 돌렸고, 많은 시인들은 일상에서 문학의 내용을 구했으며, 적나라한 현실이 요구하는 것을 받아들이는 데 몰두했다. 그 과정에서 그들은 저술 행위를 멈추고 현실에 참여하여 위대한 인물이나 성공한 인물로서의 삶을 몸소 실천하고자 했다. 혹독한 시대의 고통이 공허한 말에 대한 불신을 조장하는 데 기여했을 것이고, 그래서 문학에 적대적인 태도가 형성되는 데 한몫했을 것이다.

물론 전설에 따르면 일곱 현인들에게조차 일종의 문학적 성격이 부여되기는 했으나 그것은 아주 미미한 수준이었고 기록으로 남겨질 정도는 아니었다. 당시 구전되었던 격언은 일곱 현인들로부터 나온 것이라 여겨졌고,

사람들은 이런 격언의 내용과 맞아떨어지는 일곱 현인들의 일화들을 이야기하곤 했다. 지혜의 격언들은 출처 없이 남아 있을 수도 있었으나, 당시의 시대적 분위기는 단순한 문장일지라도 그것을 말한 사람의 현실적인 성공을 통해 그 말이 따를 만한 것임을 보증하도록 요구했다. 이들의 문장은 매우 간결했는데, 말을 경멸하는 사람은 말을 많이 사용하지 않기 때문이다.[3] 그중 대부분은 개인적 삶을 위한 경구였는데, 종종 냉정한 사실주의 정신에 입각하여 순진한 환상이나 허황된 믿음을 경계하고 신중함, 겸양, 절제를 가지라고 조언하고 있다. 가령 알카이오스(360LP, 이 책 367쪽)는 나중에 일곱 현인에 속하게 되는(Diog. Laertios 1, 42) 아리스토다모스가 남긴 "남자-돈"이란 말을 인용한다. 그리고 핀다로스(『이스트미아 찬가』 2번 11행)는 거기에 골격을 덧붙여 다음과 같이 말한다. "그가 말하기를 재산과 함께 친구도 사라진다." 헤로도토스(3, 53, 4)는 페리안드로스로부터 일련의 격언을 인용하는데 그중에 다음과 같은 것들이 있다. "욕심-절뚝거리는 재산", "나쁜 것으로 나쁜 것을 고치지 말라." 또 다른 사람의 것으로 추측되는 말들로 다음과 같은 것들이 기록되어 있다. "지나치지 말라!", "보증을 서는 것-이미 재앙(아테Ate)",[4] "절도를 지키는 것-가장 좋은 것", "대부분의 사람은 나쁘다", "선하기란 어렵다". 이런 종류의 격언들은 이전에는 보통 델포이 신전의 아폴론으로부터 나온 것이라 여겨지는 경우가 많았다. 그렇지 않으면 가령 "나이 많은 바다의 신", 즉 바다에 사는 어떤 현명한 정령의 말이라고 여겼다. 그런데 사람들은 이제 이런 말들을 얼마 전까지 살아서 땅위를 걸어다니던 성공한 사람들의 권위를 빌려 정당화했다.

---

3. 헤로도토스에서(5, 92, ζ 2~η1) 페리안드로스는 다른 한 영리한 왕으로부터 실천적 가르침을 받는데, 가르침은 단 한마디의 말도 없이 행해졌다고 한다.

4. B. Snell의 번역 *Leben und Meinungen der Sieben Weisen,* München, 1938.

현실과 실천을 중시했던 시대적 경향은 새로운 세속적 신화를 만들어냈던 것이다.

회의적이고 냉정하게 거리를 취하는 태도는 인간 본성의 한쪽 측면일 뿐이다. 그 반대 경향도 똑같이 자신의 권리를 요구하게 되어 있는 바, 사람들은 당시에도 끝없이 넘쳐나는 행복으로 충만한 황홀감을 느끼길 원했다. 그리스 문학이 점점 더 소시민적이고 실질적인 것으로 치달았던 시대에, 그래서 결국 잠시나마 스스로를 포기해야 했던 시대에, 그리스인들의 정서적인 삶은 새로이 나타난 종교적 도취로 인해 극렬하게 요동쳤다. 가령 기원전 7세기에는 이방의 신 디오뉘소스가 자신의 고향인 북동쪽으로부터 기세를 뻗치며 그리스 본토로 입성하였다. 디오뉘소스는 단순히 포도주의 전수자라기보다 오히려 열광적 환희나 제어되지 않은 충동, 강력한 동물적 광기 또는 초자연적인 광기를 대표하는 신이었다. 디오뉘소스는 이미 오래전부터 그리스인들에게 알려져 있었다. 그러다가 어떤 시점을 계기로 디오뉘소스의 본질이나 충동적 특징이 사람들의 감정이나 정서에 엄청난 힘을 행사하기 시작했고, 처음에는 여자들, 그 다음엔 남자, 그리고 마침내 국가를 자신에게 예속시키기 시작했다. 디오뉘소스에 저항하는 것은 가차 없이 파괴되었다. 시대 자체가 황폐한 시대였던 만큼 냉정함이나 명확함에의 의지 또는 형식에의 의지는 시대의 몰락을 성공적으로 막아내는 데 충분히 강한 방어력을 지니지 못했기 때문이었다. 디오뉘소스적 경향은 다양한 모습으로 그리스 민족 전체에 깊숙이 자리 잡았다. 물론 디오뉘소스적 운동이 도처에서 관철되기까지 수십 년이 걸렸으며, 철저히 새롭게 동화되기까지, 즉 그리스적 정신의 구조가 재편성되어 이 새로운 요소가 이전의 전통적인 것과 조화되기까지 수세기가 걸렸다. 디오뉘소스적 경향은 그 본성상 비(非)문학적일 수밖에 없었는데, 디오뉘소스적 축제는

언어를 통한 명료화나 예술 형식을 통한 제어를 거부해야 했기 때문이다.[5]

저급하고 무뎌진 정신성의 흔적은 6세기 문학에서도 나타난다. 아리스테아스의 시에는 믿기 힘들 정도로 기이하고 비현실적인 것에 대한 선호가 주요한 특징으로 나타나고, 결코 도달할 수 없는 먼 곳, 범접 불가능한 곳을 꿈꾸기 좋아하는 경향이 두드러진다. 또 페레퀴데스의 산문집에는 인간 세계의 본질이 기괴할 정도로 엉뚱한 형상들을 통해 묘사되고 있다. 이런 작품들을 통해 문학은 원시적인 것으로 후퇴해버렸고, 균형이 잡히지 않은 언어로 허황된 불합리와 기형적인 어둠이 강력한 주문을 외고 있었다.

먼저 아리스테아스의 시는 서사적 형식을 띠고 있으며, 멀리 떨어져 있는 나라들로 여행하는 이야기를 실재와 환상을 결합시키는 가운데 서술한다. 이로써 아리스테아스는 오래된 전통을 계속 이어가고 있다. 흑해 근처의 동쪽 끝을 목적지로 여행하다 기묘하고 이상한 곳들을 방문하고 다시 그리스로 돌아오는 아르고호 항해 서사시가 이미 오래전부터 있었다.『오뒷세이아』역시 다양한 여행과 여행 중의 신기한 일들을 다루고 있다. 아리스테아스의 서사시는 일인칭 시점으로 서술되고 있다는 점에서 오뒷세우스와 메넬라오스가 일인칭으로 자신들의 모험을 이야기하고 있는『오뒷세이아』와 특히 가깝다고 할 수 있다. 하지만 아리스테아스의 시는 새로운 시대의 전형적인 산물로서『오뒷세이아』와는 차이를 보인다. 우선 시인이 '나'를 드러내지 않고 전설상의 위대한 인물들로 하여금 이야기를 하도록 하는 것과, 시인의 '나'가 현재 자신의 체험에 대하여 이야기하는 것이 서로 다르

---

5. 물론 매우 오래전부터 디오뉘소스의 노래인 디튀람보스는 존재했었다(아르킬로코스 단편 77D=120W). 그러나 박퀼리데스의 디튀람보스 같은 경우는 야생의 신을 숭배하는 시문학에서 종종 보이는 디오뉘소스적 특징이 더 이상 남아 있지 않음을 보여준다.

다. 두 번째로, 신화를 배경으로 하지만『오뒷세이아』에는 종교적 성격이 알아보지 못할 정도로 희미해진 반면, 아리스테아스는 포이보스 아폴론에 의해 사로잡혀 먼 나라들로 인도되었다고 자처하는 자로 등장한다. 아폴론 신앙 역시 당시의 공상적 성격에 물들어 있었다. 이와 같은 경향은 이후 아리스테아스 전기에도 나타나는데, 가령 아리스테아스가 이미 죽었을 시점에 다른 장소에서 그가 살아있는 것을 보았다는 등의 기이한 이야기다.

아리스테아스의 고향은 프로콘네소스이다. 이곳은 마르마라 해에 위치한 대리석이 많은 섬이다. 아리스테아스는 흑해 북쪽 연안에서부터 현재 우크라이나와 러시아 지역을 향해 북쪽으로 여행했다. 그의 서사시 가운데 짧은 단편 두 개가 전해지고 있는데, 그중 하나는 [위(僞)롱기누스, 『숭고에 대하여』 10, 4] 다음과 같다.

> 그리고 나의 정신이 역시 큰 놀라움으로 전해 듣기를,
> 인간들은 육지에서 떨어져 물속에, 바다에 살고 있다고 한다.
> 그들은 가련한 인간들이며 고된 노동을 하고 있다.
> 영혼은 바다 속에 있으되, 눈은 별들 속에 있다.
> 아마도 종종 신들을 향해 손을 높이 올리며
> 진심어린 기도를 한다.

여기서는 분명 육지를 경험하지 못하는 해양민족을 의미하는 것이다.[6] 아리스테아스는 선상가옥에 대해 들었을 것이다. 이 이야기는 그를 매우 놀라게 했고, 그는 그렇게 배 위에서 살아가야 하는 가난한 자들을 불쌍히 여

---

6. 물속이나 습지에 집을 짓고 사는 수상가옥 생활자를 의미하는 것이 아니다. 아리스테아스가 폭풍우를 맞은 배를 생각하고 있다는 것은 그 자신의 시구로부터 유추할 수 있다. 또한 시행들이 인용되고 있는 맥락을 통해서도 알 수 있다.

겼다. 아리스테아스는 핵심을 찌르는 언어로 바다와 하늘 사이에 위치한 그들의 삶을 묘사한다. 그들의 눈은 별들에(즉 바다의 광포함을 헤쳐 갈 길을 제시해주는 별들에) 몰두하고 있으며, 그들의 영혼은(즉 그들의 삶은) 바다에 맡겨져 있다고 한다.[7] 내장이 뒤집어질 정도로 심한 폭풍우를 만나면, 기도하는 그들의 손과 염원은 하늘을 향해 위로 높이 오른다. 또 다른 단편에서는(Tzetzes *Chiliades* 제7권 686행 이하) 북방 민족에 대한 인종학적 사항이 기술되고 있다.

> 잇세도네스족, 그들은 파도치는 곱슬머리의 아름다운 모습이다.
> 그리고 말하기를,[8] 북쪽의 내륙지방에 살고 있는
> 어떤 이웃 종족은 수적으로 우세하며 전쟁터에서 매우 용감하며,
> 훌륭한 말들이 풍부하고 양과 소떼들 무리도 많이 갖추고 있다고 한다.
> 그러나 그들의 매력적인 이마에 각자 오직 하나의 눈만을 가지고 있고,
> 숱 많은 머리채는 치렁치렁 자란다고, 그들이 인간 중 가장 강력한 자들이
> 라고.

이 외눈을 가진 사람들은 '아리마스포이Arimaspoí'라 불리는데, 아리스테아스의 시에서 매우 중요한 역할을 했음에 틀림없다. 왜냐하면 그의 서사시는 『아리마스포이 사람들 이야기』라 불렸기 때문이다. 아리스테아스 자신은 이 전설적 민족을 직접 본 적은 없다고 말하고 있다. 그는 단지 잇세도네스 사람들만 직접 만나보았을 뿐이고, 더 북쪽지역에 어떤 종족들

---

7. 'ἔχω'라는 단어가 세 번 반복된 것과 'ἀνα'가 동일한 시행에 되풀이 된 것이 우연인지 아니면 의미 있는 언어유희로 보아야 할 것인지는 분명히 결정할 수 없다. "영혼은 바다 속에"라는 생각은 아르킬로코스 21D=213W에서 유래한다.

8. 'καί φασ'를 헤로도토스에 근거하여(4, 13, 1 그리고 16, 1) 읽을 것. *De Simia Rhodio*, Göttingen, 1915, 34쪽 각주 1번을 참조.

이 거주하고 있는지는 그들로부터 전해 듣게 된 것뿐이었다고 한다. 아리마스포이 사람들 너머에는 그뤼폰들이 그곳의 땅에서 나오는 황금을 지키고 있었다. 그뤼폰들과 아리마스포이 사람들은 서로 끊임없이 전쟁을 했다. 그리고 그뤼폰들의 북쪽 건너편 바닷가에는 아폴론의 성스러운 종족들 즉 휘페르보레이오이 사람들이 살고 있었다. 비록 아리스테아스의 진술이 상상력이 가미된 것이라 해도, 그가 자료들을 수집하고 재생하는 데 사용한 방법은 과학적이다. 아리스테아스는 헤로도토스가 자랑스러워했던 후기 이오니아의 '히스토리에Historie' 즉 '탐구'의 방식으로 자신이 할 수 있는 한 멀리 직접 여행했으며, 그가 직접 여행할 수 없는 지역에 관해서는 합리적으로 판단했을 때 가장 신빙성 있는 정보를 알 수 있다고 생각되는 사람들에게 묻고 조사했다. 북쪽으로부터 남쪽으로의 민족이동이 아리마스포이 사람들로부터 시작되었으며, 이 이동은 세 차례 계속되었는데, 그때마다 매번 더 강한 종족이 더 약한 이웃들을 지금까지 살고 있던 터전으로부터 쫓아내었다는 그의 진술도 설득력 있게 들린다.[9] 아리스테아스의 이런 부지런한 탐구욕은 경이로운 일들에 대한 열광과 짝을 이루고 있다. 아리스테아스는 정곡을 찌르는 문체를 통해 이야기의 경이적 측면을 부각시키고 있다. 하지만 동화적 이야기에 대한 아리스테아스의 태도는 『오뒷세이아』와는 달랐는데, 그는 동화적 요소를 함부로 받아들이지 않았으며, 구체적인 형상으로 묘사하지도 않았다. 아리스테아스는 섬세하게 경탄하면서 동시에 자신의 이야기에 등장하는 존재들을 되새겨보고 있다. 이때 그의 언어는 정곡을 찌르는 기법을 제외하고는 건조하며 비약이 없는 문체를 구사한다. 그의 문체에서 신적인 도취 같은 것은

---

9. 헤로도토스 4, 13, 2 그리고 아리마스포이 사람들이 인간들 중 가장 강한 종족이라는 아리스테아스의 언급을 보라.

찾아보기 힘들다.[10]

아리스테아스의 지리학적 서사시 다음에 페레퀴데스의 종교적 세계 이론이 등장한다. 이 이론은 6세기 중엽 또는 그 이전에 저술된 것으로 보이며, 가장 오래된 그리스 산문으로 여겨지고 있다. 페레퀴데스는 이오니아 지방 델로스 근처 조그마한 섬 쉬로스 출신이다. 그의 책은 이렇게 시작된다(DK7B1=63정암).

> 자스(=제우스)와 크로노스는[11] 항상 존재했었고 크토니에도 마찬가지였다. 그러나 자스가 크토니에에게 대지를 선물한 이후, 크토니에는 '게Gê' (대지)라 일컬어졌다.

다음의 단편에서(DK7B2=69+70정암) 크토니에가 대지를 선물 받는 장면이 더 자세하게 이야기된다.

> …… [그들은] 그에게 [자스에게] 집을 거대하게 많이 지어주었다. 이것을 모두 완성하였을 때, 가구들과 하인, 하녀들, 또 다른 것들이 필요했다. 그리고 이제 이 모든 것이 갖추어지자 그들은 결혼식을 올렸다. 결혼식 셋째 날이 되자, 자스는 성대하고 아름다운 예복을 만들어, 그 위에 화려하게 대지(Gê)와 대양(오게노스=오케아노스) 그리고 오게노스의 궁전을 수놓았고……

---

10. 그리스인들은 또 다른 아폴론 신앙의 마술사인 휘페르보레이오이 사람 아바리스에 대해 전하고 있다. 헤로도토스에 따르면(4, 36, 1) 아바리스는 "음식을 먹지도 않고 온 세계를 활을 가지고 떠돌아다녔다"고 한다. 이 해석이 아바리스가 활을 타고 하늘을 날아다녔다는 이야기보다 더 오래된 것으로 보인다(K. Meuli, *Hermes* 70, 159쪽을 보라).
11. 이렇게 읽는 것에 관해 *Frühgriech. Denken* 19쪽 이하를 보라.

중간 문장은 훼손되어 읽을 수 없고, 이어 자스가 크토니에게 말하는 부분이 나온다.

"…… 이는 그대의 결혼식이므로 이 의복으로 나는 그대에게 경의를 표한다. 그대는 기쁜 마음으로 받아들이고 나에게 속하면 될 일이다." 사람들이 말하기를, 이것이 신부의 면사포를 벗기는 의식의 시초라고 한다. 이후 신들과 인간의 관습이 되었다. 그리고 크토니에는 …… 이 의복을 받았다……

페레퀴데스에 따르면 무한한 시간 이전, 만물이 생겨나기 시작할 때 크로노스, 자스, 크토니에 세 명의 신으로 이루어진 삼위일체가 있었다고 한다. 자스는 하늘을 상징하고, 크토니에는 대지의 심연과 하계(下界)의 잠재적 능력을 상징한다. 이 둘은 서로 혼인하여 처음으로 면사포 벗기는 의식을 치렀는데, 이것이 이후 결혼식 풍습의 기원이 되었다고 한다. 신부가 선물을 받는 의례 역시 결혼식 풍습에 속하게 되었는데(Pollux 3, 36), 이 단편에서 결혼식의 선물은 대양에 둘러싸인 대지의 풍경을 수놓은 의복이었다. 앞서 첫 번째 단편이 암시하는 바와 같이 크토니에는 선물 받은 의복을 몸에 걸침으로써 모습이 바뀌어 완전한 의미에서의 대지가 되었는데, 즉 깊은 심층 위에 이를 덮어주는 겉표면이 덧씌워진 것이다. 페레퀴데스에 따르면 대지를 덮은 겉표면은 자스의 창조품이며, 실재의 창조과정은 의복 위에 형상을 수놓는 과정과 유사하다. 아니 더 정확하게 말하면 동일하다. 페레퀴데스의 시원적 사유에서 형상과 실재는 하나로 통일된다. 위기의 시대인 6세기에 작성된 그리스 최초의 이 산문집은 훨씬 이전 시대의 헤시오도스보다 더 원시적인 사유방식을 가지고 있다는 인상을 준다.

페레퀴데스에 대한 이런 인상은 신학적 우주발생론에 언급된 신기한 일에서 더욱 강해진다. 그는 대지를 덮은 의복이 "날개 달린 나무"에 걸려 있다고 말하고 있다. 대지를 새처럼 허공에 떠 있는 나무로 생각했던 것일까? 우주는 '다섯 개의 공간μυχοί'으로 이루어져 있는데,[12] 각각의 공간에서 신들이 생겨났다. 페레퀴데스는 세계 형성에 관해 다음과 같이 서술한다(DK7B5=75정암).

> 이 아래는 타르타로스의 영역이다. 북풍의 딸들인 하르퓌이아(= 낚아채는 자)들과 돌풍의 신부가 이곳을 지킨다. 제우스는 어떤 신이든 자신의 권리를 침해할 경우 이곳으로 추방해버린다.

제우스가 자신에게 대항하는 신들을 가두는 감옥인 타르타로스의 모습은 헤시오도스의 『신들의 계보』(717~744행)로부터 이미 알려져 있는 것이다. 어쩌면 페레퀴데스가 서술한 자세한 내용은 헤시오도스로부터 수용한 것인지도 모른다. 혹은 두 사람이 동일한 전승을 이용한 것일 수도 있다. 헤시오도스와 마찬가지로 페레퀴데스 역시 대단했던 신들의 전쟁을 이야기하고 있다(DK7B4=72정암). 그러나 그에게 한쪽의 지휘관은 제우스가 아니라 크로노스였고 반대편의 군대는 오피오네우스(뱀)가 이끌고 있었다. 오게노스(대양)로 쫓겨 가는 쪽이 패배하는 것이라고 합의되어 있었으며, 승리의 대가는 천상의 주인이 되는 것이었다.

우리가 페레퀴데스의 책에 대해 알고 있는 사실은 별로 없지만, 여기서 내릴 수 있는 결론은 페레퀴데스는 헤시오도스보다 퇴보했다는 것이다. 헤시오도스가 참고하였으되 진위가 불확실하여 개인적으로는 철저히 거리를 두었던 외전(外典) 전승 자료를 작업하는 단계에 페레퀴데스는 머물

---

12. 또는 일곱 공간으로 해석되기도 한다. 페레퀴데스의 이론에 대한 기록들은 서로 일치하지 않는다. 'μυχός'는 '구석'이나 끝점이 아니라 '내면'이나 '깊은 곳'을 의미한다.

고 있다(이 책 179쪽 각주 2번 참조).

페레퀴데스와 함께 가장 오래된 그리스 산문이 등장하는데, 그의 언어와 문체는 매우 탁월해서 자세히 다룰 필요가 있다. 각 마디는 극도로 짧은 도막들이 여러 개 모여 이루어진다. 예를 들면 "그에게 집을 만들어준다 / 거대하게 여러 채를 /// 그들이 이를 완성했을 때 / 모든 것을 // 그리고 가구들과 그리고 하인 그리고 하녀들 // 그리고 필요한 다른 것 / 모든 것을 // 이제 모든 것을 완성하자 // 그들은 결혼식을 올렸다///". 첫 번째 특징은 시점의 이동이 어떤 하나의 짧은 마디에서 다음 마디로 속도는 느리지만 연속적으로 미끄러지듯 이루어진다는 것이다. 두 번째는 반복("모든 것"이라는 표현은 세 번 반복된다)과 요약("이제 모든 것을 완성하자")을 필요로 하는 좁은 시야를 갖고 있다는 것이다. 세 번째는 어떤 확고부동한 사실을 먼저 정해 놓고("그들이 이를 완성했을 때") 그 다음 추후 임의의 여러 가지 부가물을 통해 설명한다는 ("그리고-그리고-그리고-그리고-") 것이다. 이러한 원칙은 다음과 같은 곳에서 다시 나타난다. "……자스는 예복을 만들었는데 / 성대하고 아름답게, // 그 위에 화려하게 대지를 수놓았고 ……." 우리는 어떤 의복이 만들어졌다는 사실을 먼저 알게 되고, 그 다음에야 그것이 어떻게 보이며 어떻게 직조되었는지 알게 된다.[13] 따라서 가장 먼저 단어를 최소한 절도 있게 사용하여 이해할 수 있는 어떤 구체적인 것, 분명한 것을 우선 제시함으로써 독자를 안심시킨다. 그 다음 점점 더 많은 설명이 뒤따라 나온다. 하지만 모든 것은 독자가 읽자마자 즉시 소화할 수 있을 정도로만 덧붙여진다. 이러한 문체는 긴장감이 없는데, 미결 상태로 남겨진 것이 전혀 없기 때문이다.[14]

---

13. 이러한 문체와 크토니에 신화 사이의 유사현상을 생각해 볼 수 있겠다. 대지는 처음에 어떤 구체적 특징 없이 존재했다가, 그 다음 마치 옷을 입는 것처럼 특징들이 부여된다.

먼저 자리를 잡아 세워 놓고 그 다음 덧붙여가는 이러한 문체는 페레퀴데스에 의해 고안된 것은 아니다. 당시의 비문(碑文)에서 읽을 수 있는 문장들도 이와 똑같은 방식의 문체를 보이고 있다. 이런 문체는 특히 법령이나 조약에 적합하다. 먼저 기본적인 테두리가 만들어지고, 거기에 그 다음 필요에 따라 조건과 정의 또는 제한 및 확장, 예외규정 등이 보충된다. 이런 방식으로 한 대목 한 대목 계속 이어가며 전체본문을 완성하는 문체는, 여러 겹으로 포개어져 있어 내용을 제대로 이해하기까지 앞으로 또는 뒤로 여러 번 읽어야 하는 문체와는 확연히 구분된다. 전자의 문체를 사용해서 느린 호흡으로 확실한 구조를 구축하는 방법의 예로 6세기의 동맹조약을 들 수 있다. 이 당시의 청동기 작품에 새겨진 이 문구들에서 각각의 단위들은 분리선으로 서로 나뉘어 있다. 이 분리선을 따라 우리는 원래의 호흡을 살려 시구를 읽을 수 있다(*Sylloge Inscr. Graec.* 9 번).[15]

엘레아인들과 / 헤르봐이오스인들의 계약이 / 백 년 동안 지켜질 동맹이 / 올해에 시작된다 / 그리고 필요할 경우 / 말을 통해서나 행동을 통해서나 / 서로에게 힘이 되기로 한다 / 평시에나 전쟁이 일어나거나 / 이것이 지켜지지 않을 경우 / 은 1탈란톤을 지불해야 한다 / 올림포스의 제우스에게 / 동맹을 깨는 자들 / 신에 맡겨진 서약 / 누군가 이 서약을 / 파괴한다면 / 개인이든 관리이든 / 또는 어떤 공동체든 / 신에게 부채를 지게 되는 것이다 / 여기 적혀 있는 대로 / (즉 제우스에게 은 1탈란톤을 바칠 의무가 있다).

---

14. 이와 같은 문체원리에 대해서는 W. Krause, *Kuhns Zeitschr.* 52, 1924, 245쪽 이하. W. A. A. van Otterlo, *Griech. Ringkomposition*, Meded. Nederl. Akademie, Letterk. 7.3, Amsterdam 1944, 43쪽을 보라.

15. W. Dittenberger(ed.), 제3판, Leipzig, 1915~1924(본문 주석으로 표기된 사항을 역자가 각주로 바꿈).

이런 문체는 단순한 언어표현방식 이상의 의미를 지닌다. 이는 명석한 구성의 사유방식을 반영한다고 할 수 있으며, 이런 문체를 구사하는 사람은 아마도 행동방식에 있어 역시 동일한 규칙을 따를 것이라 할 수 있다.[16]

---

16. 이 청동판 위에는 *A, Υ, M, Λ, E* 등 글자 옆에는 첫 번째 분리선이 수직으로 서 있으며, 이어지는 선들은 비스듬히 걸려 있다. 여기서도 어떤 확고한 것이 먼저 있어야 하고, 그 다음 식별표시들이 덧붙여진다는 원리가 적용된다.

2.『호메로스 찬가』

　페레퀴데스의 어설픈 신화와 그의 여러 이론들과 달리, 이른바『호메로스 찬가 *Hymnoi Homerikoi*』는 종교적 성격에 있어서나 언어적으로나 매우 밝고 가벼우며 감각적으로도 선명하다. 더 이상 그리스적일 수 없을 만큼 너무나 그리스적이다. 여기서『호메로스 찬가』를 다루는 이유는 몇몇 찬가(가령『퓌티아 찬가』)들이 6세기 초에 만들어진 것으로 보이기 때문이다. 아마 그중 하나 정도는(『델로스의 아폴론 찬가』) 이보다 더 오래되었을 테지만, 대부분은 이때 새로 생겨난 것이다. 창작 연대를 추정하기는 어려운 일인데, 찬가들은(한 가지 예외를 제외하고는) 이전의 서사시와 마찬가지로 익명으로 남아 있기 때문이다.

　『호메로스 찬가』전체는 호메로스 서사시와 매우 밀접한 관련이 있다. 서사시의 형식과 언어를 사용하고 있으며, 서사시적 음송형식을 바탕으로 삼고 있다. 서사시 소리꾼은 노래를 시작할 때 예외 없이 신에 대한 찬가로 시작했다.『오뒷세이아』에서처럼(제8권 499행) 서사시 소리꾼은 "신으로부터 노래를 시작한 다음"에야 비로소 자신의 주제로 넘어간다. 이렇게 신을 찬미하는 서사시적 '서곡prooimion' 약 30편을 따로 모아 놓은 선집이 『호메로스 찬가』라는 이름으로 우리에게 남겨져 있다. 이 찬가들은 거의 모두가 본래의 주제로 넘어가는 부분에서 끝난다는 점에서 서곡으로서의 기능을 확인할 수 있다. 가령 다음을 보자(제3곡 545행).

　　신이시여 영원하소서, 제우스와 레토의 아들이시여!
　　당신뿐 아니라 새로운 노래를 기리고자 합니다.

작별인사를 전하는 이런 종결부에 때로 시인은 자신의 간청을 슬쩍 집어넣기도 했다. 가령 사랑의 여신 아프로디테에 바치는 찬가에서는 "나에게 사랑스러운 노래를 선사해주소서!"(제10곡 5행)라고 한다든지, 곡물의 여신 데메테르에게는 "데메테르와 페르세포네여, 나의 노래에 대한 상으로 저에게 은혜로운 양식으로 마음의 기쁨을 선사해주소서!"(제2곡 493행 이하)라고 말하기도 한다. 또 "제가 이 싸움에서 승리를 쟁취하도록 해주소서!"(제6곡 19행 이하)라는 구절도 나오며, "저에게 평안과 축복을 내려주소서!"라는 문장은 두 번 등장한다(15행과 20행. 이 책 441쪽을 보라).

　완성된 '서곡'으로 선집에 들어 있는 대부분의 찬가는 분량이 매우 적어서, 고작 5행이나 10행, 또는 많아야 22행의 시행으로 신에 대한 경건한 찬미라는 소기의 목적을 달성하는 찬가도 있다. 두 개의 찬가는 여섯걸음운율의 50행과 60행으로 이루어져 있으며, 좀 더 내용이 풍부하다. 물론 몇몇 찬가는 100행 정도로, 독립적인 시라고 할 만큼 충분한 길이를 갖추고 있다. 서사시적 이야기를 본격적으로 시작하기에 앞서, 시인은 종교적 내용의 이러한 찬가들 가운데 하나를 서곡으로 먼저 읊었다. 길이가 긴 찬가들은 데메테르, 아폴론, 헤르메스, 아프로디테에게 바쳐진 노래들이다.

『호메로스 찬가』는 상반된 두 가지 경향을 갖고 있다. 한편으로 종교적 문학으로서 체계적이면서도 광범위한 기술(記述)에 몰입하는 경향과, 다른 한편 전통적 서사시의 문체에 따라 범위를 줄여 한 편의 독립된 이야기를 만들려는 경향이 충돌하고 있다. 이런 갈등을 그리스적 솜씨를 발휘하여 해결한 예를 우리는 아마 아프로디테 찬가에서 찾을 수 있을 것이다.

전체의 약 1/6을 차지하는『아프로디테 찬가』(1~52행)의 도입부는 체계적인 서술을 보여주며, 나머지 부분은 모두 이야기 형식을 취하고 있다. 내용은 아프로디테 여신과 트로이아의 왕자 앙키세스의 이야기다. 아프로디테는 욕망에 사로잡혀, 날마다 방목하고 있는 소떼를 지키고 있는 앙키세스를 찾아 한적한 산 속으로 갔다.[1] 그를 놀래지 않게 하기 위하여 아프로디테는 젊은 소녀의 모습으로 변장했고, 겉으로는 그를 거부하는 척하면서 꾀를 내어 그를 자신의 품으로 유혹했다. 잠자리를 같이한 뒤 아프로디테는 원래의 모습을 다시 드러냈고, 앙키세스는 엄청난 두려움에 떨며 용서를 구했다. 아프로디테는 그가 사멸하는 인간 중 가장 고귀한 자이며 신들의 총아라고 말하며 용기를 준다. 이어 명심해야 할 것을 설명한다. 아프로디테는 앙키세스에게 아이네이아스라는 아들을 선사할 것이며, 숲의 요정 님프들이 그 아이를 키우게 될 것이라고 알려준다. 아프로디테가 말을 마치고, 이어 찬가도 마무리된다(281행 이하).

---

1. 합법적인 혼인이 일반적으로 가정이나 궁정에 속하는 일이었던 반면, 열정적이고 일시적인 연애는 이와는 다른 환경을 찾아내기 마련이다. 후대의 전원시에서는 부드럽고 사랑스러운 풍경이 그 배경으로 등장한다. 찬가에서는 거친 산맥의 장엄하고 험준한 배경이 무대가 된다. 앙키세스는 여기서 온순한 양들을 보호하는 것이 아니라 소떼를 지키고 있으며, 피리를 부는 것이 아니라 아킬레우스처럼 칠현금을 연주한다(80행). 또『일리아스』의 영웅 이야기들에 나오는 목동들처럼 사자와 곰과 싸우기도 한다(159행 이하).

그러나 죽을 운명의 인간들 중 누군가가 너에게

"사랑스러운 너의 아들을 잉태한 여인은 누구인가?"라고 묻는다면,

이 질문에 내가 명하는 대로 다음과 같이 사려 깊게 대답할지어다.

"아이는 사람들이 말한 것처럼 꽃받침과 같은 아리따운 님프의 자손인데,

그 님프는 여기 울창하고 높은 숲으로 뒤덮인 이 산에 살고 있다."

하지만 네가 어리석은 만용으로

화관을 쓴 퀴테라의 여신과 한 몸으로 사랑을 나누었다고 자랑을 한다면,

격노한 제우스가 너를 번쩍이는 천둥으로 내리칠 것이다.

이것으로 내 말은 끝났다. 차분히 생각하여

명심하고 말을 조심하여라. 신들의 분노를 사지 않도록.

그렇게 말하고 격동하는 하늘로 올라갔다.

평안하소서, 여신이여, 위풍당당한 퀴프로스인들을 다스리는 여신이여!

당신과 함께 시작한 이야기, 이제 다른 노래로 넘어가노라.

찬가의 이야기 부분은 묘한 매력을 갖고 있다. 신적인 것과 인간적인 것, 드높은 위엄과 신선한 자연성, 진지한 사랑과 사랑의 유희 등이 대등한 위치를 차지한다. 사랑의 모험 부분 하나만 예로 들어 보아도 이는 아프로디테의 평소 본성과 행동을 잘 드러내고 있다. 하지만 찬가의 이야기 부분도 체계적 서술의 요소를 가지고 있다. 찬가 전체의 1/3을 차지하는 아프로디테의 고별사 100행은 앙키세스에게 사정을 설명해주는 한편, 청자에게도 보다 쉬운 이해를 돕고자 여러 가지 일들의 관련성을 밝혀준다. 아프로디테는 이전에 신들과 트로이아 왕가 사이에 일어났던 여러 연애담을 상세히 이야기해준다. 트로이아 가문은 올륌포스 신들과 특히 친했던 혈족이었기 때문이다. 가뉘메데스는 제우스의 연인으로서 올륌포스로 옮겨졌으며, 티토노스는 불멸성을 부여받고 에오스의 남편으로 숭배되었으나, 인

간 세상의 법칙인 노화로부터는 벗어나지 못했다(192~238행). 아프로디테는 티토노스와 앙키세스를 연결시키고 이를 통해 다시 현재 상황으로 돌아온다. 즉 아프로디테는 자신의 연인 앙키세스에 대해서 영원한 삶을 소망할 수 없다. 앙키세스가 영원히 젊은이로 머무를 수 있다면 아프로디테는 기꺼이 그의 부인이 되겠지만, 그것은 인간인 그에게 허용되지 않으며 신들은 노쇠함을 싫어한다(239~246행). 따라서 여신 아프로디테와 인간인 앙키세스가 이제 영원히 헤어지게 될 것이라는 것이 결론이지만, 이 결론은 말해지지 않는다. 그 대신 아프로디테는 신들로부터 받을 자신의 수모를 이야기한다. 이전에는 자신이 신들을 인간세계의 여인들과 사랑을 맺도록 부추겼는데, 이제 자신이 그러한 충동의 희생자가 된 것이라는 내용과, 만약 자신의 아이가 태어난다면 그 아이를 즉시 그 고장의 님프에게 맡길 것이라는 것이다. 이때 아프로디테는 다시 주제를 벗어나 다른 이야기를 한다. 즉 님프들을 묘사하게 되는데, 이들은 인간적 존재와 신적 존재 사이 중간에 위치하는 여성들이다. 신들과 함께 윤무를 추며, 아늑한 동굴 깊숙이에서 실레노스 족 혹은 헤르메스와 관계를 맺는다. 님프들은 삶을 매우 오래도록 누리기는 하지만 영원히 살지는 못한다. 그들의 삶은 신성한 나무들의 삶과 연결되어 있어서, 그 나무들이 죽으면 그들의 삶도 끝난다. 이 부분에서 인간과 신들 사이에 맺어지는 관계, 피할 수 없는 인간의 노화, 신들의 연애담이라는 주제가 님프의 여러 인물들을 통해 확장된다. 또한 동시에 이 부분에서는 님프들 가운데 인간과 신의 아이가 태어나고 (258행), 님프들의 보호 아래 아이가 성장한다는 이야기(257행)를 통해서, 마침내 충동과 넘쳐나는 야생이 활기찬 모습의 승화된 자연으로 완성된다 (68~74행, 97~99행).[2]

---

2. 사포(이 책 317쪽을 보라)와 이뷔코스(이 책 530쪽을 보라) 역시 아끼는 젊은이들을 님

그렇다면 서술체계를 보여주는 도입부는 어떻게 시작되는가? 찬가는 다음과 같이 시작한다.

> 말해주소서, 무사 여신이여, 금빛의 퀴프리스 아프로디테의,
> 신들에게서 달콤한 욕망의 충동을 깨워주고
> 죽음을 벗어나지 못하는 인간의 무리들과
> 하늘을 나는 새떼와 모든 동물을 압도하는 아프로디테의 작품들을,
> 어떻게 이들이 땅과 바다에 자리를 잡고 다양하고 충만하게 살고 있는지
> 모두가 사랑스러운 퀴프리스의 작품을 열심히 수행하고 있다.

허나 아프로디테의 위력이 어떠한 예외도 없이 모든 것을 다스리는 것은 아니다. 인용된 구절 바로 다음에서 시인은 사랑을 거부하거나 감추고 있는 세 여신 아테네, 아르테미스, 화덕의 신 헤스티아에 대해 서술하기 시작한다. 시인은 이 여신들이 다른 중요한 관심을 가지고 있고, 인간에게 사랑 외의 다른 능력을 부여하며, 결혼 대신에 다른 가치를 향유하고 있다는 점을 강조한다. 시인은 여신들을 모두 숭배하고[3] 인간의 다양한 측면을 똑같이 중시하고자 한다는 것을 분명히 나타낸다. 이런 균형의 추구는 잇달아 반복해서 관철된다. 아프로디테를 찬양하기 위해 시인은 가장 위대한 신 제우스조차도 아프로디테의 위력에 굴복하였으며, 그래서 제우스가 아내이자 누이인 헤라를 속였다고 언급한다. 이를 언급하자마자 고귀한 헤라에 대한 열렬한 찬양이 이어진다. 하지만 그렇다고 여기서 결국 아프로디테의 힘에는 제우스도 굴복하게 되어 있다는 인상은 용납할 수 없었다. 때문에 시인은, 추측하건대 자기가 꾸며낸 것으로 보이는 이야기를 전한다.

프의 세심한 배려 아래 자라도록 하였다.
3. 여러 여신들의 이름은 93행 이하에서 보충된다.

즉 아프로디테가 다른 자들에게 닥치게 하는 그런 운명을 그녀 자신도 몸소 겪도록 의도한 장본인이 제우스라고 말한다. 제우스는 신들이 인간들과의 사랑에 빠져 자식들을 얻는 일을 아프로디테가 더 이상 조롱하며 떠들지 않도록 하기 위하여, 그녀를 앙키세스에 대한 열정에 빠지게 한 것이다. 여기서 시인에게 매우 중요했던 균형의 원칙이 명백히 드러난다.[4] 동시에 이야기를 위한 부속장치도 마련된다. 이야기는 아프로디테 여신이 승리자이자 동시에 패배자로서 어떻게 자신으로부터 유래하는 원초적 힘에, 다시 말해 사랑의 유혹에 스스로 포섭되는지, 그리고 자신의 위력이 어떻게 스스로를 통해 입증되는지를 보여주고 있다. 이것 역시 일종의 균형 장치라 할 수 있다.

우리의 분석에서 이론적 요소들은 원문 자체에서 나타날 때보다 더욱 추상적이고 조야해 보인다. 왜냐하면 원문에는 그러한 이론적 요소들이 생생한 묘사 속에 매우 기품 있게 녹아들어가 있기 때문이다. 비교적 길이가 긴 다른 네 개의 찬가에는 『아프로디테 찬가』보다도 신학적 성격이 덜 들어가 있다.[5] 『호메로스 찬가』는 보통 민중들에게서 나타나는 종교문학과

---

4. 아프로디테의 굴욕에 관한 주제는 이 이야기에서 두 번 등장한다(198~199행, 247~255행). 균형의 관념은 제우스가 아름다운 가뉘메데스를 납치하는 이야기에서도 뚜렷이 부각되어있다. 여기서의 균형은 제우스가 미소년 가뉘메데스의 아버지를 상심에 빠뜨린다는 것과 많은 액수의 대가를 지불하여 기쁘게 한다는 것 사이에서 일어난다(207~217행. 이 부분은 16행의 전체 이야기 중에 11행을 차지한다). 미소년에 대한 사랑이 중요한 문제였던 상고기의 그리스인들에게 가뉘메데스의 납치 이야기가 어떤 의미를 가졌는지는 올림피아에서 발견된 상고기 조각상들이 잘 보여준다. 급히 서둘러 가고 있는 신은 팔에 소년 가뉘메데스를 안고 있다. 가뉘메데스는 손에 장난감을 들고 있는데, 살아 있는 닭이다. 이 닭은 나중에 하늘에서 신들의 술 시종으로 일하게 된다(이 책 314쪽, 333쪽, 544쪽을 보라).
5. 여기서 우리가 '신학'에 대해 말하는 것은 『아프로디테 찬가』의 경우라 해도 과장된 것이다. 보통 '신학'이라는 말로 우리가 생각하는 것은 좀 다른 것이기 때문이다. 모든 신봉자들을 이어주며 상세한 교리를 정리한 심오한 사변체계 같은 것에 그리스인들은 이

철저히 구별된다. 그 어떤 경우에도 『호메로스 찬가』는 신의 속성과 위력을 한없이 나열하는 정도로 변질되지 않는다.[6] 신의 형상을 규정적으로 엄격하고 고정된 선으로 정확하게 그리려는 시도도 결코 이루어지지 않는다. 또한 오리엔트의 많은 찬가에서처럼 찬양대상인 신들에게 임의의 속성과 표현이 지나칠 정도로 많이 부가되어 신들의 모습이 형체를 잃고 그저 광채와 고귀한 빛 한 줌으로 소멸되지도 않는다. 『호메로스 찬가』는 믿음의 진리를 유일하게 옳은 말로 감싸서 모든 시대에 영원히 통용되는 것으로 확정해야 한다는 요구도 내세우지 않는다. 이 노래들을 만들어 낸 것은 사제가 아니라 경건한 시인이다. 『호메로스 찬가』는 예배의식에 구속되지도 숭배의식과 연결되어 있지도 않으며, 획일적이고 장중한 격정의 뻣뻣한 예복으로 몸을 감싸고 있지도 않다. 『호메로스 찬가』는 즐겁게 여흥을 즐기는 모임에서나 공식적인 축제에서도 낭송할 수 있었으며, 원하는 분위기에 따라 다 맞추고 어울릴 수 있었기 때문이다. 찬가는 그리스 시문학 중에서도 가장 독창적인 작품에 속하며, 특히 그중에서도 가장 경쾌한 작품들에 속한다. 신적인 숭고함과 함께 찬양되어야 할 것으로 간주되었던 신적인 자유는 이전 서사시인들만큼이나 찬가의 시인에게도 유용한 시적 찬양의 대상이었다(이 책 102쪽 이하 참조). 하지만 서사시의 각 장들과는 달리, 길이가 긴 찬가들은 각각 개성을 갖고 있으며 서로 뚜렷하게 구별되

후 몇 세기가 지나서도 관심이나 이해가 전혀 없었다(이 책 621쪽과 821쪽 각주 5번을 보라). 따라서 이 『아프로디테 찬가』도 이 점에서 주목할 만한 가치는 있지만, 매우 사소한 기미만 보일 뿐이다. 최근 Fr. Solmsen은 (*Hermes* 88, 1960, 1~13쪽) 『아프로디테 찬가』의 이른바 '신학적' 부분을 헤시오도스의 『신들의 계보』와 『일리아스』의 한 구절(제4권 58~61행)과 비판적으로 대결한 결과로 해석한다.

6. 『아레스 찬가』의 경우는 예외이다. 『아레스 찬가』는 내용으로 볼 때 훨씬 더 나중의 것이며(가령 아레스는 화성과 동일시된다), 형식에 있어서도 다른 찬가와 다르다(가령 전체적으로 신에게 말을 거는 형식이다).

고 독립적이다.

　비록 찬가의 문체가 여러 면에서 서사시와 동일하긴 하지만, 근본적으로는 서사시 이후의 시대적 특징을 지니고 있다. 가령 『데메테르 찬가』의 이야기 방식을 예로 들어보면 분명해진다. 『데메테르 찬가』는 아티카 지방에서 생겨났으며, 발생 시기는 솔론이 활동을 시작한 때쯤으로 보인다. 따라서 솔론의 단편과 함께 현재까지 남겨진 최초의 아티카 시문학이다. 데메테르는 딸을 잃은 후 슬픔에 빠져 늙은 노파의 모습으로 엘레우시스의 샘 옆에 앉아 있었다. 이를 발견한 세 자매가 어머니에게 이 사실을 알렸다. 세 자매의 어머니는 노파를 아직 젖먹이인 막내아이의 유모로 청하고자 했다. 이에 세 자매는 노파의 모습을 한 데메테르 여신을 모시러 다시 샘으로 갔다(174행).

> 마치 여름에 사슴이나 어린 소들이
> 양식으로 가득 차 만족한 마음으로, 초원 위를 뛰어다니는 것처럼,
> 그런 모습으로 세 자매는 텅 빈 거리를 서둘러 달려갔다.
> 아름다운 치맛자락을 위로 걷어 올리고, 곱슬거리는 풍성한 머리채를
> 어깨 위로 이리저리 흔들거리며, 마치 크로커스 꽃처럼.
> 고귀한 노파를 그들은 잠시 전 그들이 떠났던 바로 그 길 위에서
> 다시 보았고, 이제 자신들의 거처, 아버지의 편안한 거실로 인도했다.
> 여신은 온화한 표정에 슬픔이 가득한 얼굴을 가리고 이 소녀들을 따랐다.
> 옷자락은 걸어가는 여신의 가녀린 발위로 희미하게 나부꼈다.
> 곧이어 그들은 고귀한 켈레오스 왕의 저택에 당도했고,
> 먼저 넓은 방을 지나, 세심하게 장식된 천장을 받치고 있는 기둥 앞에
> 기품 있는 어머니가 가슴에 어린 꽃과 같은 아기를 안고 앉아 있는 곳에 도달했다.

소녀들은 어머니에게로 달려갔다. 그리고 데메테르는 문턱을 넘어 방에 들어섰고,

머리는 들보 아래 우뚝 솟아 오른 채, 신적인 광채로 문을 훤하게 가득 비추었다.

이 구절에서는 호흡이 한층 더 빨리 전개되는데, 여기서 호메로스와는 다른 새로운 시대의 특징을 확인할 수 있다. 빠른 진행 속에서 친근하고 진지하며 감성적 장면들이 바뀌며 교체된다. 마지막 부분에서는 이전의 서사시에서는 생각도 할 수 없을 정도로 풍부한 무대장치들로 장면이 구성된다. 사람들로 가까이 둘러싸인 채 어머니는 아기를 팔에 안고 앉아 있으며, 어린 딸들이 그 옆에 있다. 그 뒤로는 예술적으로 정교하게 꾸며진 천장을 받치고 있는 높다란 기둥을 배경으로 하고 있다. 건너편에 데메테르 여신이 홀로 서서 신적인 숭고함과 그녀로부터 퍼져 나오는 광채만으로 방금 들어선 문 주위를 가득 채우고 있다.[7] 이러한 시적 문체는 생동감 있는 서술양식과 함께 사랑스럽고 우아한 장식에 정성을 쏟았으며 의식에 맞는 기품을 곁들인 6세기 회화예술을 곧바로 떠올리게 한다.[8] 기원전 6세기를 지나면서 회화예술은 시문학과 서로 유사한 경향을 점점 더 많이 보인다.[9] 그

---

7. 시구는 계속해서 여신의 놀라운 등장으로 인해 이 부인이 얼마나 놀라워하는지 이야기한다. 이 장면은 『아프로디테 찬가』에서 아프로디테가 자신의 본래 모습을 드러냈을 때의 앙키세스와 유사하게 묘사된다. 여신의 고귀한 품위가 효과적으로 표현되는 상황은 줄거리 전개로부터 자연스럽게 두 번 생겨난다. 반면 『아폴론 찬가』는 맥락 없이 갑작스러운 장면으로 시작한다. 즉 아폴론이 치명적인 활을 팽팽히 당기며 제우스의 주실(主室)에 등장하자 모든 신들이 깜짝 놀란다. 왜 아폴론이 이런 모습으로 올림포스에 나타나야 했는지에 대해서는 전혀 설명이 없다. 아마도 시인이 단순히 이런 모습의 아폴론 조각상을 그대로 이 등장 장면으로 옮겨놓은 것일 수 있다.

8. 『데메테르 찬가』는 기원전 7세기에도 속하기 때문에 (Martin P. Nilsson, *Gesch. d. griech. Religion*, München, 1941, 제1권, 440쪽을 보라) 이러한 문체양식의 경향은 시문학이 먼저 발전시켰고, 그 후에야 회화예술에서 전개되었다.

이전에는 여러 예술들이 그 정확한 이유는 알 수 없지만 매우 상이한 길을 가고 있었다.

---

9. T. B. L. Webster, *Greek Art and Literature 530~400 B. C.*, Oxford, 1939를 참조하라.

3. 순수철학: 탈레스, 아낙시만드로스, 아낙시메네스, 피타고라스

6세기가 시작되자마자, 페레퀴데스가 신화적 우주발생론의 희미한 등불을 밝히기도 전에 소아시아의 이오니아 지방에서는 이후 수백 수천 년 동안 세계를 밝혀주게 될 순수한 철학의 태양이 떠올랐다.

이 새로운 시기에서야 우리는 비로소 '순수한' 철학을 말할 수 있다.[1] 그 이전에 일어났던 일을 돌이켜보면 헤시오도스의 철학(여기서 서술되고 있는 시대보다 약 한 세기 이전)은 여전히 전승된 신화와 얽혀 있는 상태였다. 헤시오도스는 비록 새로운 것을 창작해내기는 했어도 그 위에 신화의 옷을 입혀 생각하고 말했던 것이다. 헤시오도스가 자신의 새로운 생각을 오로지 신화적 측면에서만 완결된 체계로 만들려고 한 것 역시 같은 맥락이다

---

1. 이후 인용하게 될 철학자들의 단편은 다음 책에 따른다. Hermann Diels & Walther Kranz, *Die Fragmente der Vorsokratiker, Griechisch und Deutsch*, 제6판, Berlin, 1951. 'A'로 표기된 단편들은 (가령 'DK28A47') 해당 철학자들의 학설에 대한 다른 저자들의 기록이다. 'B'로 표기된 단편들은 철학자의 원본 저작으로부터 나온 인용 단편이다.
[역주] 위의 책을 'DK'로 표시하였다.

(물론 여기에도 심각한 결함이 없는 것은 아니다). 반면 그의 철학은 다양한 방향으로 몇 가지 힘찬 도약을 보여주었지만 그 이상 발전하지는 못했다. 헤시오도스에게서 우리는 제우스에게 종속됨으로써 합법적인 것으로 정당화되었던 힘과 무력에 관한 이론을 볼 수 있었다(이 책 182~185쪽을 보라). 또 삶을 위해 필요한 조건들이 제우스에 의해 "감추어져"(이 책 213쪽) 있어서, '희망'에게는 현실로의 자유로운 진입이 허용되지 않는 반면(이 책 215쪽 이하), 자기 마음대로 활동하는 불행의 위협에 끊임없이 노출되어 있는 인류의 고통 역시 헤시오도스에서 발견할 수 있었다. 헤시오도스에서 특히 부각되어 있는 것은 우리가 '존재와 비존재'라고 부르는 것에 대한 이론 그리고 '문턱' 또는 존재가 생겨나는 원천으로서 (이 책 188~195쪽) 그 사이의 '경계들'에 관한 이론이다. 우리가 최근 들어 알게 된 바에 따르면 헤시오도스 이후에도 우주 생성과 구조의 원리들에 대한 사변이 계속되었고, 그것도 점점 추상화되는 경향을 보였다. 7세기 후반에는—놀랍게도 알크만의 합창시에서—쌍을 이루는 상보적 성격의 두 근원적 힘인 '포로스 Poros'와 '아이사 Aisa'가 이야기되었다. 이 힘은 또 포로스와 '테크모르 Tekmor'로 표현되기도 하는데, 이 힘을 현대적 개념으로 바꾸어보면, 각각 '열린 가능성'(또는 접근 가능성)과 '결합하여 고정시킴'(이 책 299~302쪽)[2]을

---

2. 비록 주석가들의 설명이 서로 엇갈리며, 또 연대를 잘못 측정하여 후대의 사유방식을 원문에 집어넣어 읽기는 하지만, 다음의 사항은 확실하다. 1. 알크만은 실제로 자연에 대해 깊이 사변했다. 2. 그는 매우 능동적으로 사변적인 사유능력이 있었기 때문에 상대방의 이름과 개념을 자유롭게 변형할 수 있었다. 3. 그에게 이러한 사변은 이미 그의 사유의 토대가 되었던 당시의 종교나 전설과 잘 결합할 수 있었다. 반면 주석가들이 말하는 '테티스 Thetis'의 역할, 즉 생성하는 세계에 질서를 부여하는 힘으로서의 역할은 수수께끼로 남아 있다. 추측해 볼 수 있는 사실은 아마도 알크만 자신은 'Θέτις'(소유격= Θέτιδος, 소유격은 원문에는 등장하지 않는다)를 말한 것이 아니라, 라코니아 방언인 'Θέτις'(또는 'σέτις') (즉 소유격은 'Θέτιος'이며, 아티카 방언으로는 '정립, 질서'의 의미인 'Θέσις')를 말한 것이라는 것이다(자주 나타나는 'ἔθηκε'와 비교, 발음상

의미한다. 한편으로 이 두 힘에 공통적으로 인간의 실존이 근거한다고 할 수 있다. 왜냐하면 우리 인간들 앞에는 우리를 유인하는 몇몇 출입문 '포로스Poros'가 열려 있으나, 동시에 '운명Aisa'으로 인해 다른 것은 허용되지 않기 때문이다. 여기에 대해 다소 멀기는 하지만 근대적 비유를 들자면 '자유와 질서'라는 개념쌍을 떠올릴 수 있겠다. 다른 한편으로 알크만에 따르면, '낮'이 '어둠'과 갈라지고 태양과 달이 생겨나며, 태양과 달이 장소와 시간에 따라 주기적으로 궤도와 모습을 달리하는 것은 이 두 원리에 의한 것으로 보인다(아폴로니오스의 τέκμαρ 개념과 비교, 이 책 478쪽 각주 5번 참조). 또 당연한 일이겠지만 사계절의 변화와 날씨 역시 이에 따른 것이며, 식물, 동물, 인간의 삶과 죽음도 이와 연결되어 있다(예를 들어 아리스토텔레스 『동물발생론』 777b 26 이하 참조).[3] 이러한 견해는 헤시오도스에서처럼 (『신들의

= *fecit*, '만들었다'). 이 단어는 핀다로스(『올림피아 찬가』 3번 8행)에서 맨 처음 나타난다. 핀다로스는 "리라와 피리소리와 ἐπέων θέσις'(정립, 질서, 형성)를 적절하게 배합하여" 이 찬가를 이제 갓 완성시키려는 참이다. 물론 도리아 방언의 '-τις'가 아티카 방언의 '-σις'와 같다는 것이 증명된 경우는 드물다(E. Schwyzer, *Griech. Gramm*. I, 270쪽 Nr. 4). 그리고 알크만의 단편 109D=67E에서 전해지고 있는 단어는 'μασήτιος'가 아니라 'μαθήσιος'이다. 여기서 알고 싶은 사항은 알크만이 정말로 주석가들이 말하는 대로 처음의 ὕλη τεταραγμένη καὶ ἀπόητος'와 같은 것을 마치 오비디우스의 '*rudis indigestaque moles*'(『변신이야기』 1, 7행, 원래 그대로의 정돈되지 않은 무더기)처럼 만들어 놓았는가 하는 것이다. 그 밖에 알크만에서 생각해볼 수 있는 두 부분은 이 책 587쪽 각주 25번을 보라.

3. 만약 알크만의 개념쌍에 대한 유비를 다소 멀리 떨어진 시점이긴 하지만 오늘날의 자연과학에서 찾는다면, 예측 불가능한 우연과 엄격한 법칙성 사이의 상호작용 같은 것을 생각해볼 수 있다. 가령 우주발생론이나 (우주물질의 '난기류') 종의 생성에서 찾을 수 있다. 이러한 유비가능성을 언급함으로써 근대의 개념들을 알크만의 시대에 재투영하고자 하는 것은 결코 아니다. 그것은 전혀 의미 없는 짓이다. 그럼에도 불구하고 시대가 흐르는 동안 근대적 개념쌍을 생겨나게 할 수 있었을 잠재상태의 세포로 알크만의 개념쌍을 간주해본다면, 7세기의 상호보충적인 이 두 힘을 이해하는 데 도움이 될 것이다. 물론 실제로는 이러한 관련성은 존재하지 않지만 말이다.

계보』371~374행) '어둠'과 '밤'으로부터 창조적 생산을 통해 '천상의 밝음'과 '낮'이 생겨나고, 조금 나중에 세 자매 '태양, 달, 새벽'이 태어난다고 하는 생각과 확연히 구분된다(이 책 188쪽). 그러나 알크만의 여러 사변들도 매우 대담하기는 하지만 여전히 전통적인 종교와 신화의 구조 속에 묻혀 있었다. 알크만은 한 쌍의 두 힘을 "신들 중 가장 오래되고 신성하다"고 칭했고, 무사이 여신들로 하여금 이를 세상에 알리게 했다. 이를 위해 그는 무사이 여신들의 연대를 훨씬 높게 잡았다.[4] 우리가 알기로 알크만 이전이나 이후에 한 쌍의 "가장 오래된" 이 두 신에 대해 무언가를 알고 있었던 사람은 없었다. 얇게 비치는 신화의 옷을 통해 철학적 사상이 분명히 드러나고 있었다.[5]

---

4. 알크만의 우주발생론은 보통 문학에서 행해지는 것보다 훨씬 더 오랜 과거로 돌아간다. 도입부에서 무사이 여신들은 하늘과 땅의 아이들로 불렸고(핀다로스 『네메이아찬가』 3번 16b 난외주석을 참조하라), 그래서 보통 생각되는 것처럼 두 세대 더 젊은 신들, 제우스와 '기억'의 딸들, 실재와 이전에 체험했던 것의 현재화를 주관하는 (『일리아스』제2권 485행을 보라) 신의 딸들로서 시인에게 줄 수 있는 것보다 훨씬 신빙성 높은, 세계 생성에 관한 정보를 시인에게 줄 수 있었다. 최초의 시작에는 물론 무사이 여신들은 존재하지 않았다. 무사이 여신들이 세계가 생겨나기 이전에 존재했다는 것도 생각할 수 없는 일이다. 헤시오도스는 제우스의 딸들이 그에게 최초의 여러 일들을 이야기해줄 수 있다는 사실을 이상하게 여기지 않았다(『신들의 계보』53~62행, 114행 이하를 보라). 알크만 자신은 무사와 므나모쉬나 [므네모쉬네]를 주격으로 나란히 놓고 있다(Ox. Pap. 2389 단편 4 col. ii, 9행).

5. 알크만이 이 생각을 어디서 수용했는가의 문제는 불확실하다. 우리는 알크만에서 처음으로 고대의 우주론 체계에 대한 신빙성 있는 증거를 얻고 있는데, 이후의 시기에 오르페우스 또는 무사이오스에게 돌리고 있는 내용들과 비교해볼 만하다('τὰ εἰς Μουσαῖον ἀναφερόμενα'라는 표현은 DK2B2, DK2B14=32정암, DK2B15=34정암에 다시 등장한다). 여기서 아마도 상이한 이론들이 서로 뒤엉켜 있는 것 같다. 세 가지 실마리가 어쩌면 알크만이 남긴 유산을 이 전설적인 인물들 중 누군가와 연결시킬 수 있을지 모른다. 첫 번째, 로도스의 아폴로니오스(『아르고 호 이야기』 제1권 496~500행)에서 오르페우스가 설명하는 우주발생론에서 천체의 법칙에 'τέκμαρ'라는 단어를 사용한 것('ἠδ' ὡς ἔμπεδον αἰὲν ἐν αἰθέρι τέκμαρ ἔχουσιν ἄστρα,

기원전 6세기가 시작할 즈음, 이후 영원히 살아 있게 되고 끊임없이 새로운 사유들을 낳게 될 사상들이 스스로의 힘으로 자유로이 세상에 모습을 드러낸다. 이제 그리스 철학은 고대인들의 머리와 가슴을 점차 정복하게 될 것이다. 그리스 철학의 정신으로 무장한 철학자가 로마제국의 권좌에서 서양을 다스리게 될 것이다. 그리스 철학이 바빌로니아에서부터 스페인까지, 아프리카에서 라인강에 이르기까지 가르쳐지고 전달되고 부활될 때에, 그리스 철학은 고대세계의 기독교화에도 불구하고 살아남아 오히려 기독교라는 새로운 종교에 깊게 스며들게 될 것이다. 기독교는 이미 시작부터 그리스 철학의 영향을 받게 될 것이며, 후에 플라톤주의와 아리스토텔레스의 체계를 수용하게 될 것이다. 그리하여 오늘날의 가톨릭 교의에서 그리스 철학의 힘은 여전히 살아 있으며, 학문이나 사유 전반에서, 또는 정신적 삶에서까지도[6] 그 영향은 결정적이다.

우리에게 알려진 바, 모든 외적인 구속으로부터 해방된 순수한 철학은 눈에 띄는 어떤 계기 없이 갑자기 등장했다. 여러 민족들의 피가 섞이고, 서

σεληναίης τε καὶ ἠλίοιο κέλευθοι'). 두 번째, 이 단어 'τέκμαρ'가 (이번엔 '특징'의 의미로?) 무사이오스 DK2B7에도 나타난다는 것 ('Εὐμόλπῳ τῷ υἱῳ ἔπη', DK2A1) = 헤시오도스 단편164Rzach(=273MW). 그리고 세 번째, 무사이 여신들이 더 일찍 태어났다는 것은 무사이오스 DK2B15에도 등장한다. 페레퀴데스가 원시적 세계 신화로 귀환한 것에 대해서는 이 책 457~461쪽을 보라.

6. 우리의 정신적 삶은 상당한 부분 우리 자신의 해석을 통해서, 즉 이론을 통해서 정해진다. 다른 시대를 되돌아보면 이 사실은 가장 분명하게 드러난다. 가령 셰익스피어의 극에 등장하는 상이한 종류의 그토록 생생한 인물들은 고대에서부터 있어왔고 르네상스 시대 다시 활발하게 수용된 '네 가지 기질'의 유형 이론을 빌려 형상화된 것이다. 우리는 기본적으로 다른 식으로는 존재할 수 없다. 인간의 본성에 관한 그때마다의 이론들과 실제의 내면생활 및 감정세계 사이의 상호작용이 일어나는 것이다. 지배적인 이론을 통해 우리에게 가까이 다가오는 그러한 감정들 속에서 우리는 계속 살고 있다. 우리가 이론을 직접 아는 경우든, 또는 그 자체로 다시 이론에 토대를 두고 있는 문학작품이나 영화를 통해 간접적으로 전달되는 경우든 마찬가지이다.

방과 동방과 남방의 문화가 서로 다투고 침투하는 경계지역의 토양에서, 그리고 자신의 문화가 약해지고 이방의 전제정치가 그리스의 진취적 모험심을 무력화시키려 위협할 때, 마치 기적처럼 진정한 그리스적 사유세계가 새로이 생겨났다. 호메로스의 다신교가 그리스 고유의 산물이라고 할 때, 호메로스 종교를 탄생시킨 곳은 바로 이곳 이오니아 지방이었다. 이 지방에서부터 서사시적 종교성이 그리스 민족 전체로 확장되었다. 그런데 자신들의 사유를 자유롭게 전개시키기 위해 처음으로 호메로스 종교를 밀어낸 사람들도 역시 이오니아인들이었다. 이후 이어지는 시대에도 철학적 움직임은 오랫동안 동쪽과 서쪽의 그리스 주변부에 의해 주도되었다. 이에 비해 그리스 본토는 뒤처져 있었는데, 그 이유는 다른 곳으로 이주한 사람들과는 달리 그리스 본토에서는 과거와의 단절을 경험하지 못했고, 그래서 극단적인 혁신을 쉽게 감행하지 못했기 때문이었다.

고유한 권리를 가진 하나의 분과로 성립된 새로운 철학은 모든 면에서 극단적이었다. 이 철학은 세계와 삶 내에서 명백한 법칙을 찾고 추구하고자 했으며, 의미 없는 우연이나 개인의 자의성에는 관심이 없었다. 따라서 새로운 철학은 전통적인 인격적 신들에서 출발할 수 없었고, 토속종교는 이 철학에 무의미했다. 새로운 철학은 구체적 사례를 통해 말하지 않고 일반성을 이야기하였으며, 상징적으로 이야기하지 않고 직접적으로 이야기하였는데, 이 때문에 헤시오도스의 철학적 사유들에 내용 혹은 형식을 부여하였던 신화 영역을 완전히 거부하였다. 새로운 철학은 이제 진정으로 철학다운 철학, 명백한 철학이기 때문에 현재나 과거의 어떤 일시적인 것에도 관심을 갖지 않았다. 한편, 어떤 것도 그냥 수용하지 않고, 우리에게 보이는 표면 뒤에 숨겨진 배후를 포착했다. 이러한 태도는 아르킬로코스 이후의 시문학에서 관찰할 수 있었던 경향과 정반대이다. 시인들은 그때

그때 우리에게 일어나는 대로의 순간적이고 스쳐 지나가는 사건을 가장 우선적이고 궁극적인 것으로 받아들일 것을 가르쳤다. 즉 존재는 단지 하나의 층으로만 이루어져 있고, 현실의 모든 것은 지금 이 순간 우리의 삶에서 남김없이 다 경험되어야 하며, 모든 즐거움이나 고통은 다 향유하고 견뎌내야만 했다. 반면, 새로운 철학자들은 세계와 삶을 다층적인 것으로 인식한다. 시문학이 잠시 말을 멈춘 사이, 철학은 능동적이고 활발하게 형이상학을 시작했던 것이다.

아리스토텔레스는 이 시기의 철학을 '자연철학'이라는 말로 특징지었다. 하지만 우리는 '자연'이라는 개념을 당시 사변에 맞게 정의할 때에 비로소 이 용어를 사용할 수 있다. 첫 번째로 지적할 사항은 원래 '자연' 개념에 인간이 기본적으로 포함되어 있었다는 것이다. 반면, 이후 소피스트와 소크라테스의 시대에 와서 인간은 스스로를 자기 자신의 고유한 세계에서 움직이고 있는 예외적이고 특수한 존재로 자각하기 시작했다. 여러 소피스트들이 이후 강조하게 되는 바, 이 세계는 인간이 인간 자신의 '관습θέσιs'과 '법νόμοs'에 따라 만들어낸 것이다. 따라서 많은 점에서 '자연'과 충돌하고 있으며, 그에 맞게 바로잡아야 할 사회적 윤리적 세계다. 즉 '법'은 대립자인 '자연'으로부터 멀어져야 하는 것이다.[7] 이때 소크라테스는 지금까지 멀고 먼 우주 속에서 이리저리 헤매고 있던 철학을 다시 불러들이고, "천상으로부터 끌어내려 인간의 집 안에" 본거지를 만들었다. 그 목적은 철학이 길을 잃고 헤매는 우리 인간에게 방향과 발판을 제공해주는 윤리학이 되도록 하는 것이었다(키케로 『투스쿨룸의 대화』 5, 4, 10). 엄격한 윤리학자 소크라테스에게 전체로서의 '자연'을 탐구하거나 추측하는 것은 비교적 덜 중요한 것으로 보였다. 그때까지 수행되었던 모든 것의 가치를 뒤

---

7. Felix Heinemann, *Nomos und Physis*, Basel, 1945를 보라.

엎었던 이러한 전환의 시점을 기준으로 오늘날의 우리는 그 이전 시기의 모든 철학자들을 '소크라테스 이전의 철학자들'이라는 이름으로 통합하여 부른다. 이 명칭을 그들 자신은 꿈에도 생각할 수 없었다는 사실은 그들의 입장에서 보면 다행인지도 모른다. 이른바 소크라테스 이전 철학자들에게 인간은 한 조각 자연에 지나지 않았다. 인간은 인간 바깥의 세계와 마주하고 서 있는 것이 아니라, 하나의 전체 세계 중 일부분이었다. 인간은 도처에서 세계를 다스리고 있는 하나의 질서 안에서 그리고 그 하나의 질서에 따라 살고 있었다. 천체의 별들도 마찬가지였다. 헤라클레이토스(DK22B114 =34정암, 이 책 725쪽 이하 참조)는 인간의 모든 법은 신적인 하나의 보편 법칙으로 "양육되며", 우리의 사유와 행위는 모든 것을 통괄하는 이 이성적인 법칙과의 접촉을 통해 강해지며 확실해진다고 말했다. 여기서 '법칙'이라는 말은 단지 인위적으로 규정되고 종종 '자연'과 대립하는 것이 아니라, 오히려 그 반대로 '자연' 전체의 의미로부터 도출되는 것으로서 인간도 따라야 하는 것을 의미한다. 그 어떤 것이든 이것에서 벗어나는 것은 잘못이며, 비이성적이며, 궁극적으로 무의미한 것이다. 두 번째로 이 시기의 자연 개념에 대해 지적할 사항은, 인간을 자연 형상에 따라 이해하였듯이 이제 자연은 인간 형상에 따라 파악되었다는 점이다. 당시 자연현상에 대한 순수한 기계론적 관념은 아직 생겨나지 않았다. 그들은 기계론적 자연 관념과 달리, 자연을 하나의 의지가 작용하고 있고, 목적들이 정해져있는 다양한 질서들로 파악하였다. 따라서 우리가 생각하는 '자연탐구'는 그리스 초기의 철학자들이 생각하는 '자연탐구'와 무척 달랐다고 하겠다. 그들은 제한된 사실관계로부터 주어지는 제한된 과제에만 매달리지 않았다. 그들이 무엇보다 찾고자 했던 것은 하나의 행위 속에서 기계론적 세계와 더불어 의지와 정신의 세계를 동시에 파악하는 데 적합한 이념들이었다. 하지만 지식에 목말라 있는 그들은 결국 오늘날 우리의 자연과학에 속하는 수많은 문제들에 접근하게 되었다. 엄청난 정열과 적극적인 정신으로 그들은 많은 과학적 사유들을 전개하기 시작했고, 그중에는 결코 원시적이거나 사소하지 않은 추론들이 많이 포함되어 있었다. 그 일부는 근대 자연과학과 현대 자연과학에서 뜨거운 쟁점으로 다시 떠올랐다.

그리스 초기 철학자들은 형이상학적인 앎으로 시작하고 그렇게 끝을 맺었다. 그들은 형이상학적인 앎을 통해 세계와 세계의 운행 그리고 인간의 현존재까지도 한꺼번에 설명하였다.[8] 그들은 만물의 본질에 대해 자체 완결적이고 독자적인 견해를 내놓았다. 일부는 직접 글을 써서 짧은 책을 저술하기도 했다.[9] 후에 책에 제목을 붙이기 시작하자 이런 책은 "자연에 관하여"라는 기념비적인 제목을 얻었다. 그들의 철학은 언제나 세계 전체의 근원은 무엇이며, 개별자의 근원은 무엇인지, 또 개별자는 어떤 방식으로 이 근원으로부터 생겨나는지의 문제를 다루었다. 그리고 그것은 언제나 스스로 정당화되는 하나의 가설이었다. 대답할 수 있을 경우에야 비로소 질문은 의미를 갖는다. 다채로운 현상들을 뚫고 모든 것의 배후에 똑같이 놓여있다고 간주되는 것에 도달하고 나서야 비로소 뚫고 들어가는 일이 가능하고 필요한 일이었다는 것이 입증된다. 획득된 인식은 연역된 것은 아닐지라도 철학자들은 적절한 온갖 종류의 사실들을 끌어들여 이론을 강화하려 한다. 직관적 천재성은 목적지로 이어지는 길보다도 목적지를 먼저

---

8. Georg Misch, *Der Weg in die Philosophie,* Leipzig, 1926(제1권은 1950^2, Bern)을 보라.

9. 이 책들은 묵독이 아니라, 낭독된 다음 단락 단락 설명이 덧붙여지고 토론이 이루어졌던 것 같다. 청중들과의 대화를 통해 새로운 사상이 토론되었다는 것을 전제해야만 작은 책자에 담긴 풍성한 내용이 설명된다. 헤라클레이토스도 소득은 없으되 이런 청중들과의 대화(logos)를 서두에 암시한다. 저자는 이를 통해 논쟁점을 보완하고 책의 내용을 개선했다.

발견했다. 그리고 충분한 논증 없이 단순히 떠오르는 생각을 통해 오늘날의 학문에 이용되는 그토록 많은 원리들을 발견해냈다. 현재의 학문에 비추어보면 그리스의 학문과 철학은 발상에 있어서는 엄청나게 풍부하고 주장에 있어서는 무책임할 정도로 성급했다. 각자가 전체의 완성을 직접 경험할 수 있으리라는 희망 없이, 어쩌면 자신이 힘들여 하고 있는 일의 의미나 중요성이 무엇인지 전혀 알지도 못한 채, 단지 부분작업만을 수행하는 느리고 끈기 있는 축조는 그리스 철학이 원한 바가 아니었다. 그리스 초기의 철학자들은 자신이 개인적으로 세계의 본질에 대한 완전한 인식에 도달할 수 있다는 대담한 확신을 가지고 살았다. 그래서 그들은 자유롭게 곧바로 자신의 목적을 향해 나아갈 수 있었다. 또 이를 위해 자신의 드높은 포부를 공리주의적 구실로 위장하지도 않았으니, 알고 이해하고자 하는 의지는 그리스인들에게서 그 이상의 정당화를 필요로 하지 않았다.

철학이 어떤 외적인 형식을 통해 전개되었는지에 대해 우리가 아는 바는 전혀 없다. 추측하건대 처음에는 주도적으로 활동하는 철학자의 계층이 매우 제한되어 있었을 것이다. 하지만 어쨌든 이 집단은 끊어지지 않고 계속 존속했고, 위대한 사상가들은 차츰 자신의 사유에 대한 반향을 얻게 되었다. 사람들은 그들의 말에 귀를 기울였으며, 그들의 글을 읽었다. 철학자들의 말과 글은 그렇게 그리스어권 나라들 전체로 퍼져나갔다.

그리스 초기 철학자들의 저작은 우리에게는 단지 단편으로만 전해진다. 즉 글자 그대로 발췌된 인용원문들이 훨씬 후대의 저술에 흩어져 남아 있다. 부분적으로만 전해지는 원문 외에 풍부한 양의 '학설 문헌자료', 즉 선대 철학자들의 학설에 대해 후대 저술가들이 남긴 기록이 전해진다. 플라톤은 때때로 이전의 철학자들에 관해 언급하고 있으며, 아리스토텔레스는 그들의 이론을 더욱 체계적으로 개관하고 있다. 아리스토텔레스의 제자인 테오프라스토스는『자연철학자들의 학설들』이라는 책을 저술했는데, 오늘날 직접 또는 간접으로 우리에게 제공되는 그리스 철학자들의 학설과 관련된 기록들의 상당수는 이 책을 출처로 삼고 있다. 비록 테오프라스토스의 저작은 유실되어 전해지지 않지만, 이 책에 기초하는 또 다른 많은 저술들 덕택에 우리는 대강의 내용을 재구성할 수 있으며,[10] 책의 성격을 상상할 수 있다. 테오프라스토스는 자신의 저작을 완성할 때 아마도 아리스토텔레스의 문제의식을 근거로 하여 작성된 질문지의 도움을 빌려[11] 밀레토스 학파부터 플라톤까지의 철학적 문헌들이 서로 연결되도록 그렇게 작업했을 것이다. 이렇게 얻어진 발췌 자료를 근거로 아리스토텔레스의 모든 주요 문제들에 대해서 이전 철학자들이 제시했던 해답을 망라하여 분류했고, 이 해답들을 아리스토텔레스의 관점에 따라 비판적으로 평가했다.[12] 이 책의 목적에 비추어 보건대 아리스토텔레스와 테오프라스토스의 학설 정보는 매우 조심스럽게 다루어져야 한다는 것은 분명하다.[13] 모든 생각은 전달자에 의해 새롭게 표현될 경우 쉽게 변형되고 만다. 이는 특히 철학적 사유가 다른 철학자 내지 다르게 생각하는 철학자에 의해 재생산될 경우 더욱 그러하다. 게다가 아리스토텔레스와 테오프라스토스는 자신들의 목적을 위해 이전의 생각들을 각기 원래의 맥락으로부터 끄집어내어, 때로는 전혀 맞지 않는 새로운 체계에 억지로 끼워 맞추어야 할 필요성을 가지고

---

10. 이 재구성은 기념비적인 책 H. Diels, *Doxographi Graeci,* Berlin, 1879에 들어 있다.

11. 질문들의 내용은 다음과 같다. 1) 세계의 근거에 놓여 있는 원칙들에 관하여, 2) 신성에 관하여, 3) 우주의 생성과 성격에 관하여, 4) 천체와 기후현상에 관하여, 5) 지각 및 인식의 과정과 영혼에 관하여, 6) 육체와 그 특성에 관하여.

12. 테오프라스토스의 저작의 구성에 대해서는 O. Regenbogen, *RE. Suppl.* 7, 1535쪽 이하를 참조하라.

13. 아리스토텔레스에 관한 신빙성의 문제는 H. Cherniss, *Aristotle's Criticism of Presocratic Philosophy*, Baltimore, 1935에서 체계적으로 다루어졌다.

있었다.[14] 때문에 그들은 계속해서 어떤 책에서 저자 자신은 전혀 생각하지 않았던 문제에 대한 대답을 얻어내려 노력했음이 분명하다.[15] 그리고 비록 원래의 체계나 맥락에서는 너무나 중요한 것이라 해도, 그들 자신의 문제에 전혀 의미가 없는 부분은 무시했음이 분명하다. 아리스토텔레스와 테오프라스토스가 철학사의 서술 그 자체에 관심이 있었던 것도 물론 전혀 아니었다.[16] 그들의 의도는 이전 연구자들의 사유를 그들이 원래 생각했던 바를 정확히 그대로 재현하는 것이 아니라, 아리스토텔레스 철학을 완성하기 위한 재료로 이용하는 것이었다. 하지만 테오프라스토스는 아리스토텔레스의 지평에서 이전 철학자들을 투사할 경우, 이전 철학자들의 사유체계가 왜곡될 수밖에 없다는 것을 의식하고 있었다. 그래서 자기 자신이 때때로 우리에게 도움이 될 만한 조언을 하기도 한다.[17] 그에 따르면, 먼저 학설 문헌 선집들 중 하나의 주석이라도 결코 검토하지 않고 그냥 수용해서는 안 되며, 가능한 한 이 주석을 신뢰할 수 있는 단편의 문장과 비판적으로 비

---

14. 아리스토텔레스는 원본 자료의 '올바른 정돈'을 위해 한 번 'ῥυθμίζειν'이라는 표현을 사용한다(『형이상학』 11, 1075b12, Cherniss 363쪽을 보라).

15. 맥락에 대한 고려 없이 왜곡된 해석을 한, 극명하고 교훈적인 사례를 보여주는 곳은 아리스토텔레스 『영혼론』 427a 25이다. 아리스토텔레스는 여기서 (이 책 149쪽에서 다루어진) 『오뒷세이아』의 시행(제18권 136행 이하)을 인용한다. "지상에 사는 인간들의 생각이 어떠하냐 하는 것은 전적으로 인간들과 신들의 아버지께서 그들에게 어떤 날을 보내주시느냐에 달려 있소." 그리고 그는 여기서 인식과 사유는 동일한 것이라는 이론을 편다(이 책 678쪽 각주 37번 그리고 Cherniss 313쪽 각주 86번을 보라).

16. 그 일 역시 불필요한 일이었을 것이다. 그 당시 원본 저작은 관심 있는 사람이면 누구나 구할 수 있었기 때문이다.

17. 크세노파네스 DK21A31, 2~3행=10정암은 다음과 같이 바꾸어 표현될 수 있다. '테오프라스토스는 말하기를, 파르메니데스의 선생인 크세노파네스가 존재자(=세계)의 단일성과 전체성에 대한 (파르메니데스의) 이론을 정립했다고 한다. 그러나 테오프라스토스는 크세노파네스가 세계를 말하는 것이 아니라 신의 단일성과 전체성을 말하고 있기 때문에, 그의 명제가 원래 이 맥락에 맞지 않는다는 사실은 인정했다.'

교해야 한다. 다음으로, 하나의 체계 내에서 전제되는 내적 일관성을 고려하면, 불확실한 부분을 제거하고 빈자리로 전해지는 부분을 채우는 데에 도움이 된다는 것이다. 마지막으로 역사 전개의 논리도 고려의 대상이 될 수 있다. 하지만 뒤의 두 범주는 쉽게 적용될 수 있는 것이 아니다. 왜냐하면 어떤 철학자라도 자신의 모든 생각에 관해 거기서 이끌어낼 수 있는 모든 가능한 결론들을 전부 추적하기란 거의 불가능하기 때문이며, 철학사는 직선적이고 연속적으로만 전개되는 것이 아니라 구부러지고 불완전하게도 진행되기 때문이다. 이 모든 것의 결론은, 우리에게 그리스 초기 철학자들의 사상을 되찾도록 해주는 확실성과 완전성은 경우에 따라 매번 바뀐다는 사실이다. 이런 불확실한 요인들 가운데에서도 가장 중요한 것은 우리가 현재 가지고 있는 원문들이다.[18]

이른바 이오니아 자연철학자들 가운데 최초의 인물이 직접 전하는 말은 단 한마디도 없다. 우리뿐 아니라 벌써 고대에서도 구전, 혹은 그 구전을 기록해 놓은 나중의 저술들에 의존할 수밖에 없었다. 최초의 자연철학자 탈레스는 전혀 책을 쓰지 않았다.

탈레스는 6세기 초반에 이오니아에서 가장 크고 중요한 도시였던 밀레토스에서 활동했다.[19] 전하는 바에 의하면, 탈레스는 세계와 만물의 근원을

---

18. 우리가 처한 상황에 대한 환상을 조심하고자 하는 사람은 다음 두 가지 사실을 잊지 말아야 한다. (1) 헤시오도스 이후의 4명의 철학자들(탈레스, 아낙시만드로스, 아낙시메네스, 피타고라스)로부터 우리에게 남겨진 원문은 단 한 문장이라는 것. (2) 이 하나의 문장은 근본적인 사유를 담고 있는데, 이에 대해 학설 문헌을 통한 전승은 이 문장을 인용한다는 말 외에 어떠한 암시도 내비치지 않는다(이 책 497쪽). 다른 한편으로 몇 개의 원본 자료만 제공된다면 직접 단편과 간접 단편을 비판적으로 결합하여 유리한 상황에서 만족할 만한 결과를 의도할 수 있다. 파르메니데스 DK28A37과 DK28B10~DK28B15에 대한 특히 선명한 예는 *Frühgriech. Denken* 183~185쪽을 보라.
19. 그의 아버지는 카리아인의 이름을 가졌다. 그의 가족은 포이니케로 이주했다가 돌아왔지만 도시에서는 여전히 가장 명망 있는 가문의 하나에 속했다.

물이라 생각했다(DK11A12=27정암). 하지만 탈레스 자신은 아직 '아르케 ἀρχή'(시작, 근원, 원리)라는 표현을 사용하지 않았다고 한다(아낙시만드로스 DK12A9=6정암). 또 지구가 물 위에 떠 있으며, 지진의 원인을 땅을 떠받치고 있는 물 표면의 운동으로 설명할 수 있다고 하는 것도 탈레스의 생각이었다(DK11A12=27정암, DK 11A15=31정암). 탈레스의 학설에 대한 이러한 기록은 설득력 있게 들린다. 물론 그의 학설 중 어떤 것도 신빙성 있는 원문의 표현을 통하여 직접 전해온 것이 아니기 때문에 원래의 의미에 대해 확실하게 말할 수 있는 것은 없다. 우리는 몇몇 일반적인 사실이나 단순히 개연성만 인정하는 정도의 추측에 만족할 수밖에 없다.

헤시오도스가 대지를 우주의 근원적 어머니로 간주한 반면, 이른바 자연철학자들 가운데 대지를 세계의 '근원'이나 원리로 보았던 사람은 없다. 그들의 형이상학적 사변에서 우주의 본질적 핵심은 굳건하며 붙잡을 수 있고 친숙한 어떤 것에 있는 것이 아니라, 섬세하고 스쳐 지나가며 이해하기 어려운 어떤 것에 있었다. 우리가 제대로 알고 있는 것이 분명하다면, 탈레스에게 그것은 바로 물이었다. '물'이라는 말로 탈레스가 의미했던 것은 오늘날 우리가 생각하는 물질로서의 물이 아니다. 만약 그리스 초기 철학자들이 이른바 물이라는 물질, 공기라는 물질, 또는 불이라는 물질을 세계의 '근본 재료'로 설명하였다고 이해한다면, 이는 오해다. '물질'이라는 개념은 훨씬 나중에서야 '형식' 내지 '힘'에 대한 반대 개념으로 발전하였다.[20]

---

20. 오늘날 다시 (특정한 성질을 지닌) 다수의 물질과 (특정한 법칙성을 가진) 다수의 힘들은 독립적인 상황으로 서로 대립된다는 사실에 도달했다. 두 가지는 동일한 것의 상이한 (또는 원래 항상 물질로만 그리고 항상 힘으로만 정의될 수 없는) 현상방식으로 이해되고 있다. 초기 그리스의 사유는 처음부터 소박하지만 철저히 의미 있는 방식으로 속성들을 다루어왔다. 이 속성들에서는 물질과 성질 그리고 내재하는 힘이 서로 구별되지 않았다.

고대 초기의 기본 분류는 성질에 따른 것이었고, '물', '공기', '불'이라는 말은 어떤 특징적 성질의 담지자를 의미하였다. 가령 앞에서 본 바와 같이(이 책 386쪽), 세모니데스가 어떤 종류의 여자들은 "여우", 또 어떤 종류의 여자들은 "꿀벌"로 만들어져 있다고 말한다면, 이때 그는 물질적 재료에 대해 말한 것이 아니라 특징적 성질을 가리킨 것이다. 모든 동물의 이름은 어떤 자연적 성질을 표현하고 있는데, 각각의 성질은 그 고유한 특징들이 복합적으로 이루어진 것이기 때문에 이로써 모든 다른 성질들과 구별되는 것이다. 물은 모든 것을 떠받치고 능동적으로 움직이고 있으며, 땅은 떠받쳐지며 수동적으로 움직이고 있다는 탈레스의 학설을 이해하고자 할 때 동시대인 세모니데스는 그런 방식의 사유에 대한 정보를 제공해주는 가장 오래된 증인이다. 세모니데스는 땅으로부터 만들었거나 바다로부터 만든 여자를 말하고 있는 바, '땅'은 수동적이고, 둔중하며, 활기가 없는 성질을 가리키며, '바다'는 능동적이며, 변덕스럽고, 또 외적인 동인 없이 스스로 변화하고 움직이는 자발성의 성질을 가리킨다(이 책 387쪽 참조). 탈레스에게 '땅'은 수동성이나 둔중함과 부동성 등 저급한 성질들의 복합체를, '물'은 우리가 '활동성, 힘, 생명' 그리고 '영혼'이라고 부르는 것을 (크세노파네스 DK21B29=32정암 참조) 포함한 고급한 성질들의 복합체를 의미했을 수도 있다. 탈레스는 물이 강에서 흐르고, 급류에서 휩쓸고 가고, 바다의 파도로 격렬하게 용솟음치는 것을, 그리고 또 물의 힘으로 대지가 소생하고, 식물이 깨어나 자라며, 반면 물이 없으면 모든 생명이 파괴된다는 것을 지적했을 수도 있다. 또 물의 일시적인 힘이 증발되거나 사라진다면 죽고 굳어버린 썩은 물질만 남겨진다고 생각했을 수 있다. 계속해서 추측하건대, 탈레스는 서로 반대되는 두 가지 '물'과 '땅'의 대립으로부터 세계 전체를 해석했으며, 이 대립에서 물은 이른바 영혼의 기능을 가지고 있으며, 땅은 몸의 기능을 가지고 있었다고 생각했을 수도 있다. 왜냐하면 전승에 따르면 자철광과 호박(琥珀)이[21] 끌어당기는 힘을 가지고 있다는 사실은 탈레스에게 있어 돌 속에도 '영혼ψυχή' 또는 '삶'이 있다는 것을 증명하는 데 도움이 되었기 때문이다(DK11A1 24행=35정암, DK11A3=14정암). 그리고 만약 그가 실제로 모든 사물들이 신들로 가득 차 있다고 가르쳤다면(DK11A22 =32정암), 그는 생명력을 신적인 것과 동일한 것으로 보았을 것이다. 물론 이것들은 단순한 추측에 지나지 않는다.

그리스 자연철학자들 중 두 번째로 등장하는 아낙시만드로스(610년 경 출생)에 대해서는 알려진 바가 탈레스보다 훨씬 더 많다. 그는 한 편의 저서를 남겼는데 그중 적어도 하나 이상의 문장이 원본에 가까운 상태로 전해진다. 탈레스와 마찬가지로 아낙시만드로스 역시 밀레토스 출신이었으며, 4세기 사람들은 자신들의 상황을 과거로 투사하여 아낙시만드로스를 탈레스의 '제자'로 보았다. 어쨌든 두 철학자의 학설 사이에는 어떤 연관성이 존재하는데, 아낙시만드로스는 별로 중요하지 않은 곳에서이긴 하지만 (이 책 494쪽 이하) 탈레스의 물 개념을 자신의 이론에 끌어들이고 있다. 하지만 아낙시만드로스는 세계의 근거에 대해서 탈레스와 매우 다른 방식으로 표현했다. 그는 '아페이론apeiron'을 존재하는 모든 것의 '시작ἀρχή' 또는 '원리'로 설명했다. 그리스어 'ἄπειρον'은 '한계가 없는', 또는 '정해져 있지 않은'의 의미로 번역될 수 있는데, 아낙시만드로스는 두 의미 모두를 이 하나의 단어로 동시에 나타내려 한 것 같다. 그리스어 단어 'πείρατα'는 단지 '경계'나 '한계'의 의미뿐 아니라, '규정'이나 '확정'의 의미를 나타낼 때에도

---

21. 자철광Magnetite은 소아시아의 도시 마그네시아 근처에서 발견되어 이로부터 이름을 따온 것이다. (그리스어로 *elektron*으로 불렸던) 호박이 끌어당기는 전기의 성질이 있다는 것은 이미 일찍부터 알려져 있었다.

사용되었던 말이기 때문이다. 오늘날의 개념으로 바꿔보면 이 이론은 (세계가 갑자기 '텅 빈 자리'에 들어섰다는 헤시오도스의 이론과 달리) 현실세계가 가능성으로부터 생겨난다는 것을 말하고 있다. 더 정확히 말하자면, 그때그때의 특정한 현실은 무규정적인 가능성으로부터 펼쳐지는데, 가능성의 상태는 한정되어 있지 않은 채 서로 구별 없이 섞여 있으며, 그 총합 역시 예측불가능하고 경계도 없다.[22] 이제 아낙시만드로스는 상당히 상고기적 방식으로, 어떤 특정한 성질은 항상 그 대립자를 동반한다고 생각할 수밖에 없었다. '제한되는 것'은 '제한'을 통해 대립자와 경계를 이루어야 한다. 따라서 그의 이론에 따르면 현실적 실재들은 매번 무한정적이고 무규정적인 것으로부터 어떤 한 쌍의 대립적인 성질이 드러나는 방식으로 전개된다. 생겨난 모든 개별자들은, 이 개별자를 생겨나게 했던 대립자들이 서로 섞여 자신의 특수한 본성을 상실하면(DK12A9=6정암, DK12A10=8정

---

22. '무한정적인 것, 무규정적인 것'을 뜻하는 '아페이론'이라는 새로운 개념의 전사(前史)에는 모든 특정한 존재를 텅 빈 비존재로부터 (그리고 다른 종류의 존재로부터?) 구별하는 저 'πείρατα' 경계들에 대한 헤시오도스의 강력한 주장이 있다(이 책 193~195쪽을 보라). 그리고 'Tekmor 고정시킴'의 관념(이 책 476쪽)도 헤시오도스의 생각과 유사하다. 오늘날 우리의 언어로 '가능성과 현실'(또는 잠재성과 실재성)이라고 불리는 것을 대립관계로 보는 사유를 보자면, 이것은 아낙시만드로스보다 훨씬 오래된 것이다(이 책 214쪽 각주 11번과 함께). 그러나 아낙시만드로스에서는 우선 가능성의 왕국은 세계의 독립적인 근거를 구성한다. 다음으로는 (만약 테오프라스토스의 설명을 [A9a 'φύσις ἀόριτος καὶ κατ᾽ εἶδος καὶ κατὰ μέγεθος'] 받아들여 위 본문에 우리가 제시한 해석이 옳다면) 단순한 가능성들의 무규정성은 한 단계 더 멀리 나아간다. 왜냐하면 '무한정적인 것'의 영역에서 각각의 구성성분은 아직 실현될 것인지 실현되지 않을 것인지 '정해지지 않은' 어떤 사물일 뿐 아니라, 그들은 서로서로 '나누어지지 않았기' 때문이다. 예를 들어 그곳에는 아직 따뜻함이 아닌 '따뜻함'의 가능성이 있는 것이 아니라, 근본적으로 구분이 되지 않는 '따뜻하고 찬 것'이 무한하게 꽉 차 있다. 이는 나중에 아낙사고라스에게서 다시 나타나는 생각이다. 물론 그에게서는 결정적인 수정이 이루어진다(초기에, 즉 구분을 부여하는 '정신'이 본격적으로 작용하기 이전에 아직 모든 것은 혼재되어 수와 크기가 아직 한정되지 않았다).

암, DK12A16=11정암) 다시 무한정적이고 무규정적인 것으로 되돌아간다. 아낙시만드로스는 우리의 감각 속으로 들어오는 잡다한 속성들을 "따뜻한 것과 차가운 것"이라는 단 하나의 대립쌍으로 환원시켰다(DK12A10=16정암). 즉 그는 밝음, 가벼움, 움직임, 생생함 등은 "따뜻한 것"의 단순한 변형으로, 그리고 어둠, 무거움, 느림, 생기 없음 등은 "차가운 것"의 변형으로 보았던 것이 분명하다. 대립자의 역동적인 상호 교환 작용으로 가득 차 있는 가운데 현실 세계는 끊임없는 운동과 변화로 파악된다(DK12A11=17정암). 반면 아페이론은 그 자체로 중립적이기 때문에 생성과 소멸 그리고 여타 일체의 사건으로부터 벗어나 있다. 아페이론은 호메로스의 신들과 마찬가지로 "사멸하지 않으며 늙지 않는다" (DK12A15=13정암, DK12B3). 하지만 "무한정적인 것"은 신들의 여타 훌륭한 특징들을 갖고 있지 않은데, 그 무엇도 특별해지지 않은 곳에서는 훌륭한 특징들도 자리를 잡을 수 없기 때문이다.

아낙시만드로스는 세계를 우리가 감관을 통해 체험하며 우리 자신이 그 일부로 속해 있는 유한한 현실 세계와, 지각과 이해를 넘어서 있는 무한의 세계로 나눈 두 세계 이론을 정립하는 데에 만족하지 않았다. 항상 사물의 원초적 근원으로만 침잠하여 현세적 상념으로부터 벗어나기 위해 혼신의 힘을 다했던 우파니샤드의 형이상학자들과 달리, 그리스의 형이상학자들은 현상적인 세계를 완벽하게 해석하는 일에 노력을 기울였다. 그들이 발견한 진리는 감각적 사물이 가진 실제적 성질에도 통용되며 설명력을 갖는 것으로 입증되어야만 했다. 그래서 아낙시만드로스는 과감한 추진력으로 우리의 세계 구조에 대한 전체상을 그려내고자 감행했다. 이에 대해서는 다음의 내용이 전해진다.

지구는 원통 모양의 북처럼 생겼으며, 우리는 그 위쪽의 둥글고 평평한 표면에 살고 있다. 지구는 다른 모든 것들로부터 같은 거리에 놓여 있으며, 우주의 중심을 벗어날 수 없으며, 이 때문에 공중에 떠 있으며 아래로 떨어지지 않는다. 지구는 공기층으로 에워싸여 있다. 세계가 생성되었을 때 마치 나무의 외피가 형성되어 자라나듯이 지구와 대기권 주위로 불로 된 껍질이 형성되었다(즉 "무규정성"으로부터 대립적인 차이가 발생하면서 차고-뜨거운 것이 생겨나고, 차가운 것은 안에 자리 잡는다). 나중에 구형의 불덩이는 파열되어 여러 개의 바퀴모양의 불, 즉 별들의 운행 경로나 천체를 이룬다. 각각의 불 바퀴는 알맹이와 껍질로 이루어지는데, 공기 껍질이 한 곳만 제외하고는 도처에서 불 알맹이를 숨기고 있다. 공기 껍질에 덮여 있지 않은 이곳은, 마치 취주악기의 취구(吹口)에서 바람이 나오듯 빛이 새어 나오는 통로다. 이것이 우리 눈에 보이는 별이다(천체 역시 내부가 밝은 것으로 되어 있는 밝고-어두운 것이다). 달의 위상 변화와 일식현상이 일어날 때는 이 구멍이 닫히고 열린다. 둥근 고리 모양의 별들은 마치 바퀴처럼 회전한다.[23] 아낙시만드로스는 천체의 크기에 대해서도 말하고 있는데, 지구는 폭이 높이의 3배이고, 태양은 지구와 크기가 같다. 달의 둘레는 지구 둘레의 19

---

23. 여기서 처음으로 천체의 개념이 나타난다. 이에 의해 개별 행성들은 지구를 중심으로 그 둘레를 회전하게 되는데, 이는 별들이 전체적으로 지구를 돌고 있는 것처럼 보이게 하는 천공으로부터 유추한 것이다. 파르메니데스는 천체를 '원고리'('στεφάναι', 이 책 675쪽)라 칭한다. 행성들의 궤도가 제각기 별들이 붙어 있는 보이지 않는 고무바퀴 같다는 관념은 그 다음 세기가 진행되는 동안 점점 더 정밀하게 표현되었다. 그리고 (서로 연결되어 있는) 이 천체 운행의 법칙은 점점 자세히 설명되었다. 원래의 천구들 사이로 다른 천구들이, 때로는 외관상 역행하는 궤도들을 해석하기 위해 끼어들었다. 코페르니쿠스의 태양중심설에서도 천체들은 논란의 여지가 없었지만, 그 숫자는 80개 이상이었던 것이 34개로 감소했다. 17세기에서야 별들은 열린 공간에서 자유롭게 떠다니며 움직이고 있다는 인식이 정착되었다. 그리스 초기에는 천체이론과 자유로이 떠다니는 별들의 껍질에 관한 이론이 서로 경쟁하고 있었다(이 책 400쪽 각주 9번 그리고 이 책 717쪽).

배(=1+[2×3×3])이고, 태양의 둘레는 지구 둘레의 28배(=1+[3×3×3])이다 (DK12A10, DK12A11, DK12A21, DK12A22).

아낙시만드로스는 또한 최초로 지구표면이 그려진 지도를 작성했다 (DK12A6=4정암). 사람들은 그의 지도가 이후의 헤카타이오스처럼, 또는 그 이상으로 땅 덩어리나 하천에 단순한 기하학적 형식을 적용하여 대칭적으로 잘 정돈했다고 추측하는데, 이는 근거가 있다.[24] 마치 빛을 내비치는 별 바퀴들 각각이 어둠으로 에워싸임으로써 서로 경계 지어지는 것처럼 마른 땅은 물로 둘러싸여 있다. 이러한 아낙시만드로스의 이론에 따르면, 대지도 물로부터 갈라져 생겨난 것이다. 즉 원래 대지는 완전히 물로 덮여 있었다. 그 후 아직도 바다로 덮여 있는 가장 깊은 곳을 제외하고는 육지의 물이 서서히 마르기 시작했다. 하지만 바다도 시간이 흐르면서 사라질 것이다. 아낙시만드로스에 따르면 육지 이전에 물이 먼저 존재했던 것이다. 이는 명백히 탈레스의 이론을 모범으로 삼은 것이다. 아낙시만드로스는 육지에서 물이 사라지게 되는 이유를 태양이 수분을 끌어올리기 때문이라 설명한다. 태양의 영향으로 기후와 기류가 형성되며, 거꾸로 기류도 마찬가지로 태양과 달의 운행에 영향을 끼친다. 계절에 따라 일정하게 불어오는 기류가 태양과 달의 변화를 초래한다(DK12A27와 헤로도토스 2, 24와 2, 26).

아낙시만드로스에 따르면, 살아 있는 모든 것 역시 물로부터 생겨났다고 한다.[25] 처음에는 마른 땅이라고는 없었으니 이는 당연한 것이다. 생물의 최초 형태는 가시가 박힌 껍질을 가진 갑각류이다. 나중에는 이 껍질이 벗겨진다(즉 유기체적인 세계에서도 대립적으로 서로의 조건이 되는 껍질과 알

---

24. W. Jaeger, *Paideia* I, Berlin, 1934, 215쪽 이하를 보라.
25. 아낙시만드로스의 이러한 주장은 다윈의 진화론 이후에서야 비로소 다시 인정을 받기 시작했으며, 그가 주장한 세계의 다수성 이론도 근대 천문학의 도움으로 현재는 확고한 위치를 차지하게 되었다.

맹이의 원리가 다스리고 있다. 이번에는 딱딱한 것과 부드러운 것의 대립이다).
동물 역시 활기를 자극하는 태양열의 영향으로 발생했으며, 인간도 원래
수중생물로부터 생겨났다. 젖먹이 단계의 인간은 자신을 스스로 유지할
수 있는 능력이 없기 때문에, 인간은 갓 태어난 아이에서부터 시작되었을
수 없고, 다른 종의 존재로부터 형성된 것이어야 한다. 이전에 인류는 생애
의 첫 번째 단계를 물에서 보냈고, 그 다음에 인간으로 변형되었다. 그래서
우리 인간은 생선(바다동물)을 먹어서는 안 된다. 물고기는 인간의 아버지
이자 어머니이기 때문이다(DK12A11=30정암, DK12A30=31+33정암).

아낙시만드로스는 더 나아가 세계의 근거는 한계가 없다는 관념으로부
터 우리가 살고 있는 세계가 전부가 아니라는 귀결에 이른다. 즉 무한히 많
은 세계가 있을 수밖에 없다는 것이다. 그리고 그가 많은 세계들이 각각 같
은 거리로 서로 떨어져있다고 가정했을 때, 아마도 그는 그럼으로써 전체
구조가 균형 상태를[26] 유지할 수 있다고 믿었던 것 같다. 공간에 떠 있는 지
구의 상태 역시 같은 원리로 설명했던 것이다(DK12A9~A11, DK12A17).

전해지는 기록을 토대로 할 때 아낙시만드로스가 서술하고 있는 우주의
모습은 위에서 설명한 것과 같다. 여기에 특이하게 들리는 내용이 많다면,
그것은 그의 상상력이 지나치기 때문이 아니라, 다만 한 가지 근본사유를
모든 것에 거리낌 없이 적용하는 대담함 때문이다. 만약 우리가 신빙성 있
는 원문을 접할 수 있다면, 또 기록을 남긴 중간 전달자들이 따라갔던 길에
서 벗어나 있기 때문에 전해지지 않고 그래서 우리가 간접적으로나마 접하
지 못한 다른 무언가를 찾을 수 있다면, 추측건대 모든 것이 훨씬 더 분명해

---

26. 아낙시만드로스가 대립자들을 항상 동시에 나타나는 것으로 본 이유도 아마 균형과
    조정의 원칙을 염두에 두었기 때문일 것이다. G. Vlastos, *Class. Philol.* 42, 1947, 168
    쪽 이하.

질지도 모른다.

아낙시만드로스로가 우리에게 남긴 몇 개 되지 않는 원문은 내용이 심오하여, 학설 문헌 발췌자료만으로는 그 의미를 온전히 추측할 수 없다. 테오프라스토스가 세심하고 신중하게 작업한 덕택으로 짧은 문장 하나 정도가 신뢰해도 좋을 만한 형태로 남아 있다. 테오프라스토스는 자료를 정리하면서 아낙시만드로스의 문장이 마치 시인의 문장처럼 들리고 사유의 도약에 있어 분석적인 산문의 성격을 벗어나 있는 어떤 구절을 발견하게 되었다. 그래서 테오프라스토스는 이를 완전히 아리스토텔레스적으로 옮기는 것을 포기하고 몇 개의 단어를 대략 원문 그대로 인용했다. 아낙시만드로스의 세계 근거 이론에 대한 그의 보고는 다음과 같다. "아낙시만드로스는 …… 존재하는 사물의 원리와 요소는 …… 무한정자이며, 이로부터 모든 하늘과 이 하늘들로 둘러싸인 세계들이 생겨난다고 가정했다.

'그리고 존재자의 생성이 출발한 것들에게로 존재자의 소멸 역시 그 책임에 따라 다시 돌아간다. 왜냐하면 그것들은 자신들의 불의에 대한 권리와 속죄를 시간이 명령하는 대로 서로에게 지불하기 때문이다.'

그는 이렇게 시적인 언어로 표현한다"(DK12A9, DK12B1=6정암).[27] 테오프라스토스는 단 몇 줄의 문장을 직접 인용함으로써 귀중하지만 쉽게 이해할 수 없는 원 자료를 지켜 냈다.

인용의 중간 "왜냐하면 그것들은 …… 지불하기 때문이다"부터 한 번 살

---

27. 테오프라스토스는 인용문을 다음과 같이 간접인용형식으로 바꾼다. "ἐξ ὧν ἡ γένεσίς ἐστι τοῖς οὖσι, καὶ τὴν φθορὰν εἰς ταῦτα γίνεσθαι κατὰ τὸ χρεών. διδόναι γὰρ αὐτὰ δίκην καὶ τίσιν ἀλλήλοις τῆς ἀδικίας κατὰ τὴν τοῦ χρόνου τάξιν." 이 인용문의 발췌와 문자그대로의 의미에 대해서는 Vlastos 각주 119번을 보라.

펴보자. 여기서 '그것들'은 매순간 실존하는 사물과 실체를 의미하고, 앞서 나온 '존재자'를 지시하는데 원문에는 복수형으로 되어 있다. '권리를 지불하다'라는 표현은 그리스어 용법에 따르면 '처벌을 받다'라는 의미다. 이 용법은 처벌이 수동적인 고통이 아니라 능동적인 행위로 이해된다는 것을 나타낸다. 정의를 해친 자는 자기 악행의 희생자에게 무엇인가를, 곧 '권리'를 부여한다. 왜냐하면 죗값이 치러짐으로써 앞서 행한 불의는 다시 회복된 권리로 바뀌기 때문이다. 이 경우 '불의'는 생성에 있고, 처벌과 '속죄'는 소멸에 있다. 죄의 대가가 치러지도록 관장하는 집행자는 '시간'이다.[28] 여기서 '시간'은 관찰자가 앞으로나 뒤로나 마음대로 살펴볼 수 있는 고정된 시간축이 아니라, 오히려 사물의 운행을 결코 멈추지 않게 하는 원동력이다.[29] 아낙시만드로스에 따르면 끊임없이 계속되는 세계의 과정은 생성된 것의 소멸이라는 정당한 처벌을 진행하고 있는 것이다. 솔론도 이와 유사하게 모든 죄과는 시간과 함께 대가를 지불하게 된다는 사실에 대한 확신을 여러 번 표현한 바 있다.

모든 존재자가 죽음을 통해 자신이 태어난 곳으로 되돌아가며 이로써 '서로에게' 대가를 지불한다는 것을 어떻게 이해해야 하는가? 잘못은 분명히 생성하는 사물이 아페이론으로부터 생겨나 현실화될 때, 자기 대신에 생겨날 수도 있었던 가능성들을 이기적으로 강탈하고 모든 다른 사물들로부터 빼앗는다는 데에서 생겨난다. 존재자는 소멸하여 다시 아페이론 속으로 모습을 감추고 자신의 실존을 잠재적인 사물들 전체에 새로이 사용되

---

28. 'χρεών'(대가, 정의)에 대해서는 가령 솔론 단편 23D=34W 6행, 'δίκη'(정의)의 집행자로서의 'χρόνος'(시간)에 대해서는 솔론 단편 24D=36W 3행, 'ἐν δίκη χρόνου' 그리고 단편 3D=4W 16행을 보라. 그리고 'κατὰ τὴν τάξιν'에 대해서는 가령 플라톤 『법률』 10, 904c, 8을 보라.

29. *Frühgriech. Denken* 1쪽 이하를 보라.

도록 반납함으로써 이러한 불의에 대한 대가를 치른다.[30] 어떤 한 존재자의 소멸을 통해 자유로워지는 가능성들은 아페이론으로 돌아가 조만간 생겨날 다음 존재자에게 유용하게 사용된다. 다음 존재자들은 먼젓번 존재자의 소멸로 얻어진 가능성들을 사용함으로써 생성되고 존재할 수 있게 된다. 모든 존재자는 자기 앞의 다른 존재자들이 소멸함으로써 이익을 얻고, 모든 존재자들은 소멸됨으로써 다음 존재자들을 위해 쓰일 양식의 무한한 바다를 채우는 데에 일조한다. 전체적으로 보자면 모든 것은 그 나름의 정당성이 있다. 실존을 소유하는 것은 정당하지 못한 특권이므로 욕심 많은 실존의 주인은 실존을 다시 빼앗긴다. 그럼으로써 실존은 다른 주인의 권한으로 넘어가고, 새로운 소유자는 같은 짐을 지게 된다. 전체적으로 결국 누구도 불평할 근거가 없다. 이렇게 정리하면 아낙시만드로스의 학설은 솔론이 저 위대한 엘레기(이 책 444쪽 이하 참조)의 마지막 부분에서 서술했던 주장과 일치한다. 단지 차이가 있다면 아낙시만드로스가 아페이론 및 실존의 특권을 말하고 있는 반면, 솔론은 제우스와 풍요로움의 특권을 말했다는 것이다. 이런 학설이 의도하는 목적은 솔론에서나 아낙시만드로스에서나 운명을 정의로운 것으로 입증하는 데 있다. 아낙시만드로스는 정의의 관념을 세계의 과정에 전이하였다. 원래 사회적이고 종교적인 성격에 지나지 않았던 문제가 엄청난 방식으로 확장된 것이라 하겠다.

명백히 아낙시만드로스의 형이상학은 가장 크고 가장 보편적인 것을 염두에 두고 있다. 세계의 무한함에 만족하지 않는다. 그것을 넘어 영원의 시간 동안 생성되는 모든 형상들의 형상 없는 전제를 포착하고자 한다. 절

---

30. '아페이론'은 이 맥락에서 복수로 파악되고 있다(ἐξ ὧν—εἰς ταῦτα'). 왜냐하면 아페이론은 무수히 많은 잠재적 사물들로 이루어져 있기 때문이다. 그리고 이 잠재적 사물들은 그 개별자들이 현실화됨으로써 중심으로부터 불이익을 받고, 나중에 이 개별자들이 보편적 무규정성으로 귀환함으로써 보상받는다.

대자의 자유를 구하는 정신은 아무리 멀리까지 확장된다고 해도 항상 특정한 존재일 뿐이며 제한되어 있을 수밖에 없는 존재 너머에서야, 즉 '무한정적인 것'에서야 비로소 본래적이며, 영원히 변하지 않는 궁극적 근거를 발견한다. 존재 너머에 있는 이러한 존재 근거는 이전에도 이미 헤시오도스에 의해 말해진 바 있다. 헤시오도스는 과감한 사변을 통해 세계의 끔찍한 '근원과 경계'를 몸서리치며 관찰했고, '경계' 너머의 공허 속을 들여다 보았다(이 책 193~195쪽을 보라). 헤시오도스가 "커다랗게 입을 벌린 공허"를 본 곳에서 아낙시만드로스는 생성을 준비하고 있는 무궁무진한 무한정자(無限定者)를 발견했다.

아낙시만드로스의 책으로부터 나온 귀중한 문장 하나는 그 '시적인' 표현으로 인해 원래의 형식으로 보존될 수 있었다. 그런데 밀레토스 학파의 철학자들 중 세 번째이자 마지막으로 등장하는 아낙시메네스(530년 이후 사망)는, 기록에 따르면(DK13A1=1정암) "간결하고 사실적인 이오니아 방언"을 사용했다고 하는데, 그의 책으로부터는 아무것도 원문 형태로 남아 있지 않다.[31] 그의 경우 후대 사람들이 사상을 정리하고 본문을 현대적으로 옮기는 데 어떤 어려움도 없었던 것으로 보인다. 학술문헌 자료에 의하면, 아낙시메네스는 아낙시만드로스의 제자로 간주된다. 아낙시만드로스와 마찬가지로 아낙시메네스 역시 모든 것이 거기에서 생겨나고, 모든 것이 소멸되어 그리로 되돌아가는 이른바 세계의 근원을 가정하였기 때문이다(DK13B2=2정암). 하지만 그는 이 근원을 경험 영역 너머에서 찾지 않았고, 다만 공기가 모든 사물을 만들어내는 실체라고 생각했다. 이는 아낙시만

---

31. 단편 B2 문장의 진위에 대해 나는 W. Kranz, *Hermes* 73, 1938, 111쪽의 내용에도, *Göttinger Nachr.* 1938, 145쪽의 내용에도 동의하지 않는다. 또 나는 여기서 영혼이 우리를 (심지어, '육체를') "다스리고 있다"는 견해에 대해서도 시대에 맞지 않게 연대를 잘못 추정한 것이라고 본다.

드로스적 형이상학을 포기한 것이라 하겠다. 이런 점에서 아낙시메네스는 오히려 이전의 탈레스를 다시 계승한 것처럼 보인다. 물론 그는 탈레스보다 훨씬 더 정교하고 붙잡을 수 없는, 말하자면 좀 더 정신적인 근본실체를 선택했다. 아낙시메네스는 공기와 바람이 물이나 바다보다 모든 것을 지배하는 능동적이고 창조적인 힘과 동일시하기에 훨씬 더 적합하다고 보았다. 더구나 우리의 생명을 유지해주는 호흡도 바로 공기다(DK13B2). 이렇게 한 철학자가 이전 철학자의 체계를 수정한 경우는 아테네 출신의 솔론에서도 이미 나타났던 것이다. 가령 세모니데스에게는 이전과 이후의 다른 많은 사람들과 마찬가지로 바다가 자발적 의지의 원형이었던 반면, 솔론은 바다(=민중) 스스로는 움직이거나 동요되지 않는다는 것을 정치적 비유로 암시하고 있다. 바다는 격렬한 폭풍우(=지도자)에 의해 자극을 받는다(11D=12W, 이 책 430쪽과 각주 21번 참조).

아낙시메네스가 주장한 학설의 구체적인 내용 중 우선 다음을 살펴보자. "무한정적인ἄπειρος 공기는, 일어나고 있고 일어났으며 일어날 모든 것 그리고 신들과 신적인 것이 생겨나는 원리다. 다른 모든 것들은 공기의 파생물로부터 형성된다. 공기는 매우 고른 상태일 때 눈으로 볼 수는 없지만, 차가움과 따뜻함과 운동을 통해 지각할 수 있다"(DK13A7=7정암). 아낙시만드로스가 존재의 층위를 둘로 나누어 구별한 반면, 아낙시메네스는 존재의 두 층위가 가진 본질적 성질을 공기로 통일시켰다. 공기는 형상도 몸체도 없기 때문에 어떤 대상적 사물이 아니라, 아낙시만드로스가 저편의 무한정자라고 부른 아페이론과 같은 '제한되지 않고 규정되지 않은 무엇'이다. 그런데 공기는 또 아낙시만드로스가 아페이론으로부터 생겨난다고 보았던 세상 사물들처럼 따뜻하거나 찬 성질을 가지고 있다. 따라서 공기는 세계의 근거인 동시에 세계의 내용이다. 적어도 공기가 원래의 모습 그대로 공기, 바람과 숨 등으로 나타날 때는 그러하다. 하지만 압축과 연관 있는 냉각현상이 일어나면 공기는 원래의 모습을 상실하여, 먼저 폭풍으로 변하고 그 다음 차가움이 심해지면 구름, 물, 땅, 돌의 순서로 변한다. 한편 열을 받아 느슨한 상태가 되면 공기는 먼저 에테르(천공)가 되었다가 결국 불이 된다(DK13A7=7정암). 우리는 이 이론에서도 다시 아낙시만드로스로부터 나온 두 가지 관념을 확인할 수 있다. 무규정적인 상태가 이상적인 상태이며, 아낙시만드로스가 이쪽 세상을 구성하는 근본 성질로 보았던 차가움과 따뜻함의 발생은 변질된 상태와 연관되어 있다는 것이다.

그러나 아낙시메네스의 주장에는 완전히 새로운 정신이 작용하고 있다. 단호한 자연주의자라면 사물의 본질을 더 이상 경험의 배후에서 찾고자 하지 않을 것이다. 즉 아낙시메네스는 '근거'를 사물 자체 내에 둠으로써 형이상학을 물리학으로 바꾸었다. 물질은 모두 한 종류이지만 온도계의 어떤 눈금에 자리를 잡느냐에 따라 다양한 모습을 가지게 된다고 하는 가설은 물리학적이라고 할 만한 충분한 단초를 지니고 있다. 응축과 희박, 응결과 용해, 수축과 이완은 단순하고 포괄적인 도식을 통해 서로 확고부동한 관계를 맺고 있다. 조밀함과 차가움은 서로 같은 것에 속하고, 느슨함과 따뜻함은 서로 같은 것에 속한다는 것을 증명하기 위해 아낙시메네스는 활짝 벌려진 입으로부터 나오는 숨결은 따뜻하며, 입을 작게 벌린 좁다란 입술 사이로 눌려져 나오는 숨결은 차다는 사실을 지적했다(DK13B1=4정암). 물리학적인 주장과 증명은 성급하고 논란의 여지가 있지만 사유방식은 놀라울 정도로 과학적이다.

아낙시메네스는 자신의 근본사유를 자신이 구성한 세계 곳곳에 투입시켰다. 일반원리에 따라 개별적인 것들이 어떻게든지 설명되어야 했다. 아낙시메네스는 공기가 모든 것의 근거이기 때문에, 일반적인 관념에 따라 자신도 평평하게 파여 있는 형태로 여겼던 땅이 공기 방석 위에 떠 있는 모습을 생각했다. 또 그가 보기에 별들도 역시 평평한 원반 형태로 공기 위에 떠다니고 있었다. 별들은 불로 이루어져 있지만 자신들과 함께 회전하고 있는 보이지 않는 단단한 몸체(중심부?)를 각자 하나씩 가지고 있다(DK13A7=14정암, DK13A14=16정암).³² 대립자들이 항상 서로 함께 등장하는 아낙시메네스의 학설은 바로 이 지점에서 영향력을 발휘한다. 별들의 불은 습기가 증기로 변하여 점점 뜨거워지고 느슨해지면서 형성된다. 동지나 하지 같은 계절변화 현상은 물론, 별들의 궤도변화 전체를 응집된 공기의 압력에 의한 것으로 설명하였다(DK13A15=17정암, 헤로도토스 2, 26 참조). 한편 천체가 둥근 테 모양을 이루며 지구를 아래쪽에서도 에워싸고 있다고 했던 아낙시만드로스의 주장은 아낙시메네스가 수용할 수 없었다. 왜냐하면 아낙시메네스의 지구는 텅 빈 공간 안에서 더 이상 자유롭게 떠다니지 않기 때문이다. 그래서 그는 태양이 밤에는 오케아노스 위에서 지구 둘레를 서쪽에서 동쪽으로 돈다는 대중적인 관념을 따랐으며(이 책 187쪽 각주 14번), 별들이 서쪽의 수평선에 도달하면 돌아오는 길에는 마치 머리에 쓴 모자가 돌아가는 것처럼 지구 둘레를 돌아 원래 위치로 돌아간다고 말했다(DK13A7=14정암, 6행, DK13A14). 밤중에 태양은 너무나 멀리 떨어져 있으며 지구 둘레의 아래에 가려져 있기 때문에(이 책 400쪽 각주 9번) 우리 눈에 보이지 않는 것이다. 우리는 아낙시메네스가 자신의 이론을 전개시키는 데 있어 필요할 경우 비록 오래된 관념이라 할지라도 이를 활용하였음을 관찰할 수 있다. 한 측면에서 자연과학적인 사유가 발전한다고 해서 다른 측면에서의 그 후퇴가능성이 사라지는 것은 아니다. 번개에 대한 아낙시메네스의 구체적인 설명은 흥미롭다. 아낙시만드로스는 뚫고 지

---

32. 아폴로니아의 디오게네스는 이 단단한 몸체를 유성(流星)으로 보고 있다(DK64A12).

나가는 바람에 의해 구름이 터지며 나는 소리를 천둥으로, 어둠과 대비되어 특히 환하게 나타나는 찢어진 틈새를 번개로 해석했다(DK12A23). 아낙시메네스는 바람을 번개라는 위력적인 현상의 원인으로 보는 설명을 기꺼이 수용했으며, 한밤중에 노를 저을 때 노가 어두운 바다를 가르면서 생기는 틈새가 밝게 빛나는 것처럼 보이는 현상을 지적함으로써 이를 성공적으로 증명했다. 이러한 증명은 다소 미심쩍어 보이지만 여기에 적용되고 있는 유추적 방법은 이후의 자연과학에 중요한 역할을 하게 된다.[33]

철학은 약 오십 년 동안 밀레토스를 터전으로 삼은 후, 이제 이 제한된 좁은 공간을 벗어나 주위로 확장되기 시작했고, 새로운 사유를 세계가 받아들이기에 충분히 성숙하게 된 바로 그때 갑자기 놀라운 추진력으로 새로운 사유를 전개하기 시작했다. 다음 시기를 주도하게 될 두 철학자, 피타고라스와 크세노파네스는 밀레토스 출신은 아니지만 동부 이오니아 출신이긴 했다. 게다가 그들은 각기 새로운 지적 운동을 멀리 서쪽까지 전파시켰다. 피타고라스는 소아시아의 구불구불한 해안선에 끼어 있는 섬들 중 하나인 사모스에서 태어났다. 어떠한 형태의 국가가 가장 좋은지에 대한 자신의 고유한 생각을 가지고 있었던 피타고라스는 억압된 고향의 상황으로 인해, 특히 폴뤼크라테스의 폭정(대략 540년 이후) 때문에 고향을 떠나 이탈리아 남부로 이주했다. 처음에는 크로톤(이탈리아 동쪽 해안, 지금의 칼라브리아 지역)으로 갔으며, 다음에는 메타폰티온(타렌툼 근처)에 정착한 것으로 보인다. 피타고라스는 혼자 이주한 것은 아니며 아마도 동료들과 추종자들이 그와 함께 낯선 땅으로 동행한 것으로 보인다. 그가 영향력을 끼친 시기는 대략 6세기의 마지막 30년간에 해당된다.

그리스인들이 이주하여 정착했던 영역 중 서쪽 끝 지역은, 그 당시 그곳

---

33. H. Diller, *Hermes* 67, 1932, 35쪽을 참조하라.

으로 이주하는 모험을 감행한 사람들에게 동쪽 끝의 고향에서 찾아볼 수 없었던 가능성을 열어주었다. 547년에 뤼디아가 페르시아 속주로 편입되고, 알크만의 고향이기도 한 사르디니아에 페르시아 태수가 부임한 이후 페르시아 제국은 동쪽 그리스 도시국가들의 통치자 또는 이웃이 되었다. 그래서 소아시아 해안 협소한 공간 내에서 긴장은 위험수위를 넘었으며, 정치적 문화적 갈등은 첨예화되었다. 반면 이탈리아 남부는 비교적 정착 인구가 적은 지역이었다. 이탈리아 북부 에트루리아와 북아프리카 카르타고의 아직 그리 심각하지 않은 위협을 제외하면, '마그나 그라이키아'(8세기 이후 그리스 식민지가 건설된 이탈리아 남부와 시킬리아 지역을 이렇게 부른다)는 오직 자신들의 일과 혹은 낮은 문화 수준의 다른 민족들에게만 신경을 쓰면 되었다. 아직 미약했던 로마는 각 민족들의 수많은 중심도시들 가운데 하나에 지나지 않았다. 여기 그리스 세계의 서쪽에서 모든 것은 이전 세계에서 상상도 못할 만큼의 광대함을 갖추고 있었다. 농경지와 목초지는 끝없이 뻗어 있었다. 사람들은 이곳에서 많은 번거로운 일들에 대한 걱정 없이 자신의 계획에 따라 국가를 건설할 수 있었다. 그리스 철학 역시 서쪽 지역에서 과감한 구상에 적합한 토양을 발견했다. 크세노파네스가 서쪽으로 이주함으로써 (남부 이탈리아의 서해안에 위치한) 엘레아에서 매우 중요한 한 학파의 전통이 시작되었고(이 책 609쪽), 크로톤에서는 의술을 철학적으로 설명한 최초의 의사가 등장했다(이 책 636쪽). 폐쇄적 종교 조직 또한 이곳 새로운 세계에서 성장하기 시작했다.

피타고라스에 의해 시작된 운동은 여러 가지 시도를 한꺼번에 도모하였는데, 명상 철학, 이론적 또는 실천적 자연과학, 종교적 관습이나 신앙의 개혁, 비교(祕敎)에 가까울 정도로 강한 추종자들의 결속력, 그리고 사회적, 정치적 혁신 등이 전개되었다. 피타고라스 공동체는 이탈리아 남부의 여

러 도시에서 강력한 정치적 영향력을 자주 행사했다.[34]

피타고라스학파의 학설은 그 집단에 소속된 사람들에게만 전달되었다. 그들 중 누구도 피타고라스의 가르침을 글로 옮기지 않았고, 피타고라스 자신도 저술을 남기지 않았다. 물론 예외적으로 이 학파와 가까웠던 어떤 사람은 자신이 알고 있는 것을 책으로 남기기도 했다(DK14A17=19정암). 이 집단이 한창 번성했던 시기에조차도 피타고라스 학설에 대해서 불완전하고 불확실한 관념만이 밖으로 퍼져나갔고, 오늘날 우리가 알고 있는 것도 사실 완전히 잘못된 것이다. 우리가 주로 의존하고 있는 자료는 이 운동이 사라진 직후인 기원전 300년경에 처음 작성되었으며, 이것을 그 후 고대 말기의 저자들이 다시 기록한 것이 오늘날 우리에게 전해지고 있는 것이다. 기원전 1세기 이후 사람들이 피타고라스학파의 학설에 다시 관심을 갖고 손에 넣을 수 있는 모든 관련 기록과 자료들을 수집했던 것이다. 이러한 상황에서 우리가 가장 오래된 자료, 그 이후의 자료, 최신의 자료를 엄격히 구별하기란 불가능한 일이며, 더군다나 피타고라스학파의 일반적인 이론 전체로부터 피타고라스 개인의 몫을 가려내기란 더욱 어려운 형편이다. 이는 피타고라스학파 스스로가 원했던 것이다. 우리가 읽은 바에 의하면, 그들은 학파 구성원들이 이룬 영예 모두가 스승에게 돌아가야 한다고 생각했다. 모든 것은 "그 분, 그 남자"에게, 즉 사람들이 그 이름을 입 밖에 내지 않았던 피타고라스에게 바쳐져야 한다고 믿었기 때문에, "누구도 명성을 자신의 것으로 만들지 않았고, 자기 나름의 저술을 남긴 사람은 아주 드물었다"(DK18A4, DK58D6, 198행).

---

34. 물론 피타고라스학파의 조직이 정부의 주요 직책을 맡았다는 것이 아니라, 가장 중요한 정치적 활동들이 피타고라스학파들 구성원들의 영향력 하에 움직였다는 점에서 그러했다는 것이다. K. von Fritz, *Pythagorean Politics in Southern Italy*, New York, 1940, 94쪽 이하를 보라.

비교(秘敎)의 창시자는 내부 추종자들로부터 거의 초인에 가까운 숭배를 받았으며, 아마도 생전에 이미 그러했을 것이다. 물론 외부 사람들에게도 피타고라스의 기이한 모습과 학설이 강한 인상을 남겼음에 틀림없다. 우리는 피타고라스 사후 약 60년에서 80년 사이에 만들어진 그에 대한 네 가지 증언을 가지고 있다. 그중 단 한 가지만이 피타고라스를 인정하며 열광적인 태도를 가지고 있다. 하지만 부정적이며 조롱하는 목소리를 내고 있는 증언도 그의 인물과 학설이 사람들의 지대한 관심을 끌었음을 부인하지 않는다.

그 가운데 시기적으로 가장 오래된 증언은 피타고라스보다 약간 젊은 동시대인인 크세노파네스(이 책 7장의 1)로부터 나온 것인데, 그는 엘레기 2 행시에서 조롱이 담긴 어투로 다음의 이야기를 전하고 있다(크세노파네스 DK21B7=피타고라스 26정암).

> 언젠가 그[피타고라스]는 지나가면서 개가
> 매를 맞고 있는 것을 보고, 동정심에 가득 차 다음과 같이 말했다.
> "그만 하십시오. 때리지 마십시오! 틀림없이 이 개는 친구의 영혼입니다.
> 목소리에서 난 알 수 있어요."[35]

어린 개 한 마리를 진지하게 받아들여 인간이 모습을 바꾸어 나타난 환생으로 간주하는 것은 건조한 성격의 크세노파네스에게는 불합리의 절정으로 보였다. 2행시는 영혼의 윤회설에 대한 믿음이 피타고라스에서 기원한

---

35. 여기에 나중에 유행하게 되는 고대 철학자들에 관한 일화들의 외형적 전형이 있다. 즉 "이러저러한 이유로 (또는 이러저러한 질문에 대해) 그 위대한 인물은 이러저러한 의미 있는 말을 한다"는 것이다. 위인들의 말이 그 말을 하게 된 동기와 함께 전해지는 것에 대해서는 이 책 453쪽 일곱 현인 중 한 명인 아리스토다모스의 격언에 대한 서술도 함께 참조하라.

다는 전승의 내용이 옳다고 말해주고 있다.[36] 물론 윤회에 대한 믿음은 모든 점에 비추어 볼 때 상당 부분 피타고라스보다 훨씬 더 오래되었으며, 호메로스나 헤시오도스보다 후에 생겨났다. 호메로스는 오늘날과 같은 영혼 개념조차 알지 못했다(이 책 139쪽 이하를 보라). 이후 '영혼'을 가리키게 되는 '프쉬케ψυχή'라는 단어는 원래 '숨, 생명 호흡'을 뜻하였으며, 서사시에서 '생명'이라는 의미로 사용되었다. 하지만 결코 어떤 생명 기능(호흡, 지각, 운동, 생각, 감정, 의식 등)과 관련된 것이 아니라, 삶이 상실되는 경우를 지칭할 때에만 사용되었다(가령 "그들은 프쉬케를 잃어버렸다", "그는 그에게서 프쉬케를 빼앗았다", "나는 프쉬케를 걸었다"). 따라서 프쉬케라는 말은 죽음의 순간 (또는 무기력의 순간) 몸에서 빠져나가는 알 수 없는 무엇을 가리켰다. 두 번째로 완전한 소멸을 생각할 수 없었던 서사시 시대의 인간정신은 어떤 무엇, 즉 죽은 자의 프쉬케가 밤의 왕국인 하계에 머무르며 어둡고 그늘진 삶을 영위한다고 믿었다. 이로써 이후 전개될 커다란 발전의 계기가 마련되었던 바, 처음에 '생명'을 뜻했던 것이 이제 삶을 넘어서까지 존재하는 '자아'가 되었던 것이다. 여기서 다음 두 가지 생각은 그리 멀리 떨어져 있지 않다. 첫 번째는 피타고라스의 생각인데, 하나의 동일한 '영혼' 즉 하나의 동일한 '자아'가 차례차례로 다양한 모습의 몸을 통해 태어난다는 것이다. 두 번째는 살아 있는 사람 안에 '몸'과 구별되는 '영혼'이 들어 있다는 생각이다. 물론 앞서 인용된 크세노파네스의 엘레기는 두 번째 생각에 대해 어떠한 전거도 제공하지 않는다. 왜냐하면 원문에 따르면 어린 개는 친구의 영혼"이며"(영혼을 "가지고 있는" 것이 아니라), "영혼이"("개"가 아니라) 귀에 익은 목소리로 소리치고 있기 때문이다. 따라서 영혼은 개**로서** 다

---

36. 디오게네스가 말하고 있듯이 이 시행이 정말 피타고라스를 가리키고 있다는 것을 의심해야 할 이유는 없다.

시 태어난 것이며, 개 **안에서** 다시 태어난 것이 아니다.[37]

피타고라스에 대한 후대의 전설에 따르면 『일리아스』(제16권 806~817행, 60행)에서 파트로클로스에게 최초의 상처를 가했으며 그 다음 메넬라오스에 의해 살해된(이 책 136쪽) 용감한 트로이아 사람 에우포르보스와 피타고라스가 동일 인물이라고 한다. 또 피타고라스는 자신이 두루 거쳤던 모든 인간, 동물, 식물의 삶을 모두 기억할 수 있었다고 한다. 그가 헤르메스의 아들이었다고 하는 아이탈리데스였을 때, 헤르메스가 그에게 소원 하나를 들어주겠다고 하였고 피타고라스는 자신의 모든 전생을 포함하여 삶과 삶 사이의 시간 역시 기억할 수 있는 능력을 요구하였으며, 헤르메스는 이를 받아들였다(DK14A8, Diog. Laertios 8, 4~5).

헤르메스 전설의 의미는 명백하다. 영혼의 윤회를 믿는 사람은 우리가 전생의 삶을 기억할 수 없다는 사실을 감안해야 한다. 그 때문에 보통의 경우 어떤 한 번의 삶과 그 다음의 삶 사이에서는 기억이 사라지게 된다는 주장이 나오게 된다. 그래서 베르길리우스는 죽은 자의 왕국에 대해 서술하면서 다음과 같이 말한다(『아이네이스』 제6권 713행 이하).

> 운명에 의해 두 번째로
> 몸을 받은 혼백들은 레테강의 물가에서 근심을
> 잊게 해줄 음료와 긴 망각을 마시고 있는 것이란다.

특별히 선택된 자들의 영혼은 그와 반대로 기억의 연속성을 지킬 수 있었다. 이탈리아 남부에서 발견되었으며, 기원전 4~5세기의 것으로 추정되는 오르페우스 비교(秘敎)의[38] 비문은 두 종류의 샘물을 말한다. 왼쪽의 샘물

---

37. 이 시대에 영혼과 육체의 분리는 힘과 물질의 분리와 마찬가지로 상상할 수 없는 일이었다(이 책 488쪽 이하).

은 영혼이 마시지 말아야 하며(이 샘물은 분명 레테의 강 즉 망각을 의미한다), 오른쪽 샘물에서는 기억의 바다로부터 흘러나오는 시원한 물이 흐르고 있다(DK1B17=23정암). 만약 어떤 한 삶에서 다른 삶으로 다리를 놓는 기억력이 누군가에게 주어진다면, 피타고라스학파는 자신들이 추종하고 있는 사람에게 그런 능력이 있다고 생각했을 것이다.

이제 피타고라스에 대한 이전의 증언 중 두 번째가 등장할 차례이다. 피타고라스보다 약 70년 후에 태어난 엠페도클레스는 다음과 같은 감격적인 구절로 구체적으로 이름이 언급되지 않은 누군가를 찬양하는데, 이 사람이 곧 엠페도클레스가 피타고라스와 동일시하는 인물이다(DK31B129=엠페도클레스 167정암).

그 당시 엄청난 지식을 가진 한 남자가 살았다.
방대한 넓이의 정신적 왕국을 소유했고,
모든 종류의 기예에 완벽하게 통달해 있었다.
왜냐하면 자신의 이성 전체를 펼치는 순간,
그는 열 번, 또는 스무 번의 인간 삶에서 언젠가 한 번
일어났던 모든 것을 힘들이지 않고 들여다보았기 때문이다.

여기서 피타고라스의 지식과 능력은 옛 방식에 따라 양적으로 평가되고, 그 능력의 다양함은 그가 거쳐 온 숱한 삶으로부터 경험한 내용이 많다는 사실과 연결된다. 피타고라스학파 외부로부터 나온 두 증언 역시 피타고

---

38. 한 무더기의 비문이 오르페우스교의 것일 확률이 높은 이유는 이 비문들에는 영혼이 번개에 의해 죽임을 당한 하늘과 땅의 아들로 칭해지고 있기 때문이다. 오르페우스교의 티탄족 신화에 관해서는 I. M. Linforth, *The Arts of Orpheus*, Berkeley, 1941, 326쪽과 354쪽 이하를 보라.

라스가 양에 있어 풍부할 뿐 아니라, 게다가 정말 진기한 내용의 지식을 소유하고 있었다는 사실에 동의한다. 피타고라스보다 한 세대 정도 이후의 헤라클레이토스는 다음과 같이 말한다. "므네사르코스의 아들인 피타고라스는 그 누구보다도 더 많은 '탐구historie'를 행했는데, 그는 이 저작들(?)에서 선별해 낸 것으로 자신의 지혜, 잡학, 술책을 만들어냈다." 다른 곳에서는 "잡학이 참된 앎을 가지도록 가르치지는 않는다. 그랬다면 헤시오도스와 피타고라스도 참된 앎을 가졌을 것이고, 또 크세노파네스와 헤카타이오스도 그랬을 것이다"(헤라클레이토스 DK22B129=16정암, B40=13정암). 왜 헤라클레이토스가 피타고라스에 대해 그토록 부정적인 입장을 취했는지에 대해 이 맥락에서 굳이 다룰 필요는 없다(이 책 713쪽을 보라). 여기서 우리의 관심을 끄는 것은 헤라클레이토스와 엠페도클레스 모두 피타고라스가 비상한 지식뿐 아니라 '모든 종류의 기술παντοîα σοφὰ ἔργα'과 '특수한 방법론(κακοτεχνίη와 비교하라)'을 가지고 있다는 데 의견을 같이 한다는 것이다. 후대의 전승에 따르면 피타고라스는 수학의 창시자 중 한 명으로서 기하학과 산술 영역을 개척한 것으로 알려져 있고, 천문학자였으며 또 의술에도 정통했다(Diog. Laertios 8, 12). 다른 측면에서도 이 전승 자료들은 대체적으로 이전의 증언과 일치하는 부분이 많다. 엠페도클레스는 노(老)철학자 피타고라스의 비범한 능력들을 그의 기억력으로부터 나오는 것으로 보았고, 그 이후의 기록에 따르면, 뛰어난 기억력은 피타고라스학파에게는 학문과 '숙련ἐμπειρία'과 '지적 능력'에 있어 가장 중요한 전제로 여겨졌다. 그래서 그들은 체계적인 훈련을 통해 기억력을 연마했다. 피타고라스주의자들은 아침마다 자리에서 일어나기 전에 어제 일어났던 모든 일을, 또는 가능하면 최근 이틀간의 모든 일을 다시 반복해서 말해보았다고 한다. 모든 행동, 모든 만남, 말하고 들었던 모든 단어를 정확한 순서대로 기억해내려고 했다(DK58D1, 164~166행). 즉 사도들은 기억술의 능력을 통해 자신이 체험한 것을 지속적으로 소유함으로써 먼발치에서나마 스승을 따르려고 시도했다.

지금까지 네 가지의 전승을 살펴봄으로써, 피타고라스에 대해 신빙성있는 고대 자료는 다 이야기한 셈이다. 이들은 매우 많은 것은 아니지만 피타고라스 개인과 그의 학설에 대한 정보를 제공해준다. 이 네 가지 전승 외에 학파의 창시자 피타고라스 자신에 대해서 어떤 정보도 담고 있지 않지만 피타고라스학파의 학설에 관한 유용한 몇몇 증언들이 있다. 물론 이 증언들 역시 불확실한 점이 많기 때문에 초기 피타고라스학파의 실체에 대해서 어떤 구체적인 사항도 확실하게 알려진 것은 없다고 해야 할 것이다.[39] 다음에서 우리는 피타고라스학파의 사상에 대한 일반적인 관념만 다룰 것이다. 그중 정말 오래된 것이 얼마나 되며, 그것이 원래의 형태에 얼마나 가까운지 우리는 알 수 없다.

아낙시만드로스와 마찬가지로 피타고라스주의자들도 세계의 근거에 대한 이론을 정립했으며, 이들에게도 세계의 근거는 무제약적이어야 하며 몸체를 가지지 않아야 하는 것은 당연했다. 하지만 밀레토스의 형이상학자 아낙시만드로스가 규정된 것, 한정된 것, 존재하는 것의 근거를 규정되지 않은 것, 무한정적인 것, 가능한 것에서 찾은 반면, 피타고라스학파는 사물을 특정하고 제한된 어떤 대상으로 만드는 것에서 세계원리를 찾았다. 그럼으로써 그들은 사물의 '원천'과 사물의 '경계'를 동일시하였던 (이 책 193~195쪽을 보라) 동시대의 헤시오도스와 같은 방향을 택한 셈이다. 하지만 그들은 헤시오도스보다 훨씬 더 멀리 나아갔다. 그래서 사물과 사건으

---

39. 무모한 귀납적 추리로 초기 피타고라스학파의 이론을 재구성하려는 시도에 대한 사려 깊은 경고는 W. A. Heidel, *Amer. Journal of Phil.* 61, 1940, 1~33쪽을 보라.

로 이루어진 우리의 세계 배후에 또 다른 세계, 즉 수학적 질서가 다스리는 세계를 보았다. 수학적 질서는 결코 스스로 사물이 되는 법이 없지만, 그러나 모든 사물에게 확고한 수량과 형식과 비례를 강요한다. 수량, 형식, 비례는 수의 기능으로 간주되었고 이 때문에 다음의 정식이 도출되었다. "수는 세계의 법칙이다."

당시에 수에 대한 사고는 어느 정도 분명했는데, 수의 값을 상징적으로 표현하기 위한 수단은 상당히 불완전했다. 사람들은 수를 마치 오늘날 주사위와 도미노 골패에 그려 놓은 '점 도형' 같은 것으로 생각했다. 그래서 사람들은 특정한 양뿐만 아니라 특정한 공간 연장, 형상, 구조와 비례를 통해서도 다양한 수들을 결합시켰다. 기하학과 대수학은 아직 구별되지 않았고, 수학적 사유는 이 두 가지의 용어가 서로 혼용되는 가운데, 가령 '사각형'과 '사각수'[40]라는 용어를 같은 단어로 사용하는 식으로 전개되었다.[41] 피타고라스학파에게 있어 수 전체는 하나의 계열을 형성하는 것이 아니라 두 무리로 나누어진다. 대칭적 모양을 갖는 짝수, 즉 더 정확히 번역하면 '짝 맞추어진ἄρτιοι' 수와 그들이 '여분의περιττοί' 수라고 칭했던 비대칭적인 홀수는 본질적으로 구분된다. '짝 맞추어진'(솔론이 좋아했던 단어 중의 하나)과 같은 용어는 질서와 명확함의 인상을 준다. 숫자 4 또는 사각형은 정방형의 형상으로 완전한 질서를 상징하는 것처럼 보였다. 그래서 숫자 4는 피타고라스학파에 의해 정의와 올바름의 법칙과 동일한 것을 표현하는 것으로 여겨졌고, 이러한 관념은 오늘날까지도 "공정한 거래a square deal"라는 영어 표현에 남아 있다. 후대의 피타고라스학파는 사각형과 올바름

---

40. [역주] '제곱수'라고도 할 수 있다. 정사각형을 만들 수 있는 수를 의미하는데 사각수의 수열은 1, 4, 9, 16, 25, 36…이다.
41. J. Stenzel, *Zahl und Gestalt*, Leipzig, 1924, 25쪽을 보라.

이 동일한 관념이라는 것을 입증하고자 했다. 즉 정의(正義)는 같은 것을 같은 것으로 갚는 것이라고 할 때, '사각수'는 어떤 숫자를 같은 숫자에 곱해서 나오는 것이다(DK58B4=55정암). 피타고라스학파에서 중요한 역할을 했던 또 다른 숫자는 우리의 수 체계에서 기본이 되는 숫자 10이다. 이제 숫자 4와 숫자 10이 연결되어 숫자 10이 처음 네 숫자의 합이 된다. 1+2+3+4=10이라는 등식은 각 변이 네 개 단위로 구성된 삼각형으로 묘사할 수 있다.

```
            o
         o     o
      o     o     o
   o     o     o     o
```

피타고라스학파는 이 삼각형을 '테트락튀스tetraktys'[42]라고 불렀는데, 그들은 맹세를 할 때 테트락튀스를 걸고 했다고 한다(DK44A11). 즉 천상이나 하계의 신이 아니라 숫자 하나가 그들에게는 최상의 심급이었던 것이다. 처음 세 개의 수 1, 2, 3 중에서 1은 창조적인 수로 여겨졌다. 왜냐하면 이 수는 규정되지 않은 양으로부터 한정된 무엇인가를 끄집어내기 때문이다(DK58B26). 숫자 2는 차이와 대립성을 나타내는데, 숫자 2에는 다수성이 서로 갈라지지만 동시에 합쳐지기도 하기 때문이다. 대립쌍들은 모든 다수성의 근거를 이룬다(DK58B1a, DK58B5 등). 숫자 3은 시작과 끝에 의해 둘러싸여 있는 가운데 즉 '중심'을 뜻한다(DK58B17). 피타고라스학파

---

42. [역주] 이렇게 삼각형을 구성할 수 있는 수는 '삼각수'라고 하는데, 삼각수의 수열은 1, 3, 6, 10, 15, 21···이다.

는 수의 체계와 마찬가지로 우주 역시 숫자 10에 의해 이루어져 있다고 확신했다. 그래서 그들은 지구, 태양, 달, 항성계, 다섯 개의 행성에 마지막 10번째 천체로 "대칭(對稱) 지구"를 추가하였다(DK58B4 등).

그리스 초기 철학의 여명 속에서는 천재적 발견과 자의적 공상이 때로 서로 혼동될 만큼 유사해 보인다. 피타고라스학파는 어쨌든 어떤 한 영역에서 삶과 연관된 수의 실제적 의미를 발견하는 데 성공하였다. 그들은 음들의 조화가 수적인 관계에 근거한다는 것을 밝혀내었다. 현을 팽팽하게 유지한 채 정확하게 양분하면, 현의 음정은 한 옥타브 높아진다. 4 : 3이라는 비율로 나누면 4도 음정을 내고, 3 : 2의 비율은 5도 음정을 낸다. 이렇게 단순한 수의 법칙에 의해 무한히 많은 소리들 가운데 정돈된 음이 생겨나고, 조화로운 화음이 창조된다. 음악을 통해 숫자들은 직접적으로 지각 가능한 사건이 된다. 음악을 통해 수들은 감정과 의지에 대한 자신의 막강한 영향력을 증명해 보인다. 고대 그리스인들처럼 예술적이고 민감하며 창조적인 민족에게 음악은 많은 것을 의미했다. 그들의 단성음 곡조는 단순했지만, 인간의 영혼에 어떤 불가항력적인 힘을 끼쳤다. "피타고라스주의자들은 음악을 그때그때 적절하게 잘 사용한다면 인간의 건강에 많은 도움을 준다고 생각했다"(DK58D1, 164행). 그래서 그들은 수적 질서를 따르고 있는 음악이 균등하고 조화로운 천체 운동을 동반하며 조절한다고 믿었으며, 태양과 달과 별들이 '천상의 화음' 속에서 자신들의 궤도를 따라 운행한다는 확신을 가지고 있었다. 플라톤은 피타고라스주의자들로부터 산수, 기하학, 음악, 천문학의 네 과목으로 구성된 '학문mathematica'을 받아들였고, 이 네 과목을 중세는 플라톤 영향 아래 '4과(四科)Quadrivium' 체제로 발전시켜 전문적 교육의 토대로 삼았다.[43]

---

43. E. Frank, *Plato und die sog. Pythagoreer*, Halle, 1923, III쪽을 보라. 피타고라스의 수 이론

이렇게 피타고라스주의적 세계상은 현실의 다양한 영역들을 하나의 강력한 통일체로 묶고 결속시켰다. 도덕적이고 분별력 있는 행동을 위한 지침 또한 이 체계에 속했다. 인간의 미덕 '아레테arete'는 피타고라스주의자들의 음악적 표상에서는 '화음'으로 간주되었으며(Diog. Laertios 8, 33), 기하학적 표상으로는 '사각형'에 해당하였다(이 책 575쪽, 시모니데스 4D= 19E). 피타고라스주의자는 수학의 진리를 절대적 필연성으로 여겼던 것처럼 계명을 철저히 지켰다. 따라서 여기서는 그리스적 정신이 그 타고난 강점을 발휘하지 못했다고 하겠다.[44] 수학의 영역에는 자의나 변덕이 차지할 자리가 없는 것과 마찬가지로, 진정한 피타고라스주의자의 삶은 오로지 엄격한 규율에 따라 진행되었다. "그들은 과묵하며 지시를 잘 따른다. 그들은 순종할 수 있는 사람을 칭찬한다"(Iamblichos 163). 신적인 것과 부모와 법에 대한 경외는 세 가지 최고 의무였다(Iamblichos 174~76). 그들의 인간관계는 비록 정의를 기반으로 하였으되(Iamblichos 180), 평등에 기초한 것은 아니었다. 권위적 위계질서 속에서 각자는 자신에게 어울리는 자리를 가지고 있었으며, 여기에 자신의 행동을 적응시켜야 했다. 대화에 사용하는 언어표현은 상대방의 지위가 자신과 동등한가, 그렇지 않은가의 여부에 따라 정확히 구별되어야 했다. 모든 인간관계는 소홀함이 없어야 하고 기분에 따라서도 안 되었으며, 모든 것이 면밀히 검토되고 계획되어

은 당시 창작된 음악에도 다시 영향을 끼쳤다. 이 이론에 따르면 처음 네 개의 수는 그 합인 10과 함께 최고의 수이다. 따라서 4 : 5 또는 5 : 6의 비례에 기초하는 3도 음정은 완전한 가치를 가진 표준적인 음정으로 인정받지 못했다. 그 결과로 3도 음정은 이후 천 년 이상 천시되었다. 중세시대가 전개되고서야 아무런 주저 없이 이 음정이 사용되기 시작했다. 이러한 음악사적인 입장은 물론 많은 연구자들 사이의 논란을 불러일으킨다.

44. 결코 헛된 망상이 아닌 신의를 말하고 있는 실러의 시 「보증」은 피타고라스주의자들의 이야기를 그대로 재현하고 있다.

있어야 했다(Iamblichos 233, Diog. Laertios 8, 17, 33~35). 아랫사람은 즐거운 마음으로 복종해야 하며, 역심을 품어서는 안 되었다. 윗사람은 너그러워야 하며, 무리하게 강요해서는 안 되었다(Iamblichos 180~83). 의복과[45] 음식에도 마찬가지로 구속과 규정이 따랐다(Iamblichos 205). 그래서 가령 콩을 먹는 것은 금지되었고, 고기 섭취는 전혀 허락되지 않았던 것으로 보인다. 세세하고 사소한 사항에까지 매우 많은 항목의 행동지침이 정해져 있었는데, "식탁에서 떨어진 것은 주워들지 말 것", "빵을 쪼개 나누지 말 것" 같은 항목 외에도 이해할 수 있거나 이해할 수 없는 항목들이 많이 있었다 (Diog. Laertios 8, 17, 33~35).

후대의 기록으로부터 뽑아낸 이러한 자료는 피타고라스주의에 대해 대체적인 인상만을 전할 뿐 개별 사항들이 얼마나 오래되었는지 그 연대를 보장해주지는 않는다. 마지막으로 피타고라스학파의 체계에서 환생 이론이 어떤 위치를 차지하고 있는지에 대한 추측으로 피타고라스에 대한 서술을 끝맺겠다. 플라톤은 『메논』에서 '피타고라스의 가르침'(더 정확하게 말하면, 그 가르침의 특수한 예)을 이용하여, 수학적 진리는 수학을 처음 접하는 사람도 쉽게 이해할 수 있다는 사실을 증명했다. 초심자는 처음으로 배우는 것이라기보다는 상기(想起)에 더 가까운 방식으로 그 내용을 이해하게 된다. 이런 맥락에서 플라톤이 말하는 바, 모든 공부는 불멸의 영혼이 수많은 삶을 두루 떠돌며 거치는 동안 겪은 경험을 상기함으로써 가능하다는 이론(피타고라스의 학설을 가리킨다)이 있다(『메논』81a~c). 플라톤의 언급에 따라 우리는 피타고라스의 생각을 예를 들어 다음과 같이 그려볼 수 있다. 우연은 수학적 사실에 어떠한 해도 끼치지 못한다. 수학적 사실은 생성과

---

45. 모직으로 짠 의복의 금지조항에 대해서는 J. Quasten, *Amer. Journal of Philol.* 63, 1942, 207쪽 이하를 보라.

소멸뿐 아니라 의심이나 오류로부터도 초연히 멀리 벗어나 있다. 인간 자체도 수학에 헌신하면 현혹과 위험으로 가득 차 있는 불순한 세계로부터 해방된다. 인간의 현 존재를 구속하는 것은 인간으로부터 떨어져나가고, 인격적 특수성은 극복된다. 인간의 영혼은 수학적 지반에 서게 되면 사물의 근저에 직접적으로 도달하게 된다. 육체 없는 순수한 존재의 영역에 들어설 수 있는 스스로의 능력을 입증함으로써 인간의 영혼은 신체와 몸의 세계에 사로잡혀 있지 않다는 것을 스스로 확신한다. 영혼의 고향은 여기가 아니라 저 너머에 있다. 자신에게 고유한 익숙한 방식으로 무시간적인 것과 교감하는 영혼은 출생을 통해서 발생하는 것도 아니며, 죽음을 통해서 소멸하는 것도 아니다. 생명을 가진 존재들의 위계질서 내에서 적절한 지위를 부여받으며 영혼이 새롭게 환생할 때, 모든 환생은 이전의 죄과에 대한 속죄의 기회이며, 상승된 미래를 위한 정화의 계기다. 인간으로 태어나면 영혼에게 부여되는 책임은 상기를 통해 진리를 보존하고 더 깨끗한 삶을 이끌어 영혼의 순수함을 유지하는 것이다. 또한 영혼은 혼란스러운 것을 깨끗하고 맑게 하고, 추한 것을 아름답게 만들며, 가치 없는 것을 고상하게 만드는 엄격한 질서가 승리하도록 힘찬 노력으로 도와야 할 책임이 있다.

이러한 추측은 어쩌면 너무 멀리 나간 것인지도 모르며, 또 피타고라스학파에 대해 너무 많은 것을 말한 것인지도 모른다. 우리가 피타고라스 자신에 대해서 진술할 수 있는 내용은 거의 없기 때문이다.

제6장

새로운 서정시

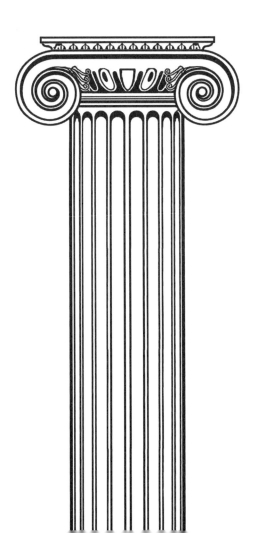

1. 이뷔코스 (스테시코로스에 대한 고찰과 더불어)

그리스 철학사와 더불어 우리는 그리스 문학이 종말을 고했던 시기인 6세기 중반을 지나왔다(이 책 449쪽 이하). 이제 6세기의 후반부에 이르면 다시금 서정시가 등장하는데, 이때부터 상고기 말까지 대략 80년 동안 (530~450년에) 여러 명의 위대한 시인들이 활동하게 된다.[1]

이렇게 다시 한 번 모습을 드러낸 서정시는 처음에 보여주었던 방향과는 사뭇 다른 경향을 보인다. 삶에 밀착하려고 타협 없이 달려들던 모습은 이제 더 이상 찾아볼 수 없게 된다. 현재를 향한 열정적 의지가 서정시의 창시자들의 영혼을 채우고 있었던 것을 상기해야 한다. 아르킬로코스는 서사시적인 사유방식과 예술형식으로부터 문학을 해방시켰으며, 자기 자신의 격동적 삶에서 겪고 있는 인생유전을 그대로 솔직하고 소박하게 표현하기 위해 낡아버린 전통과의 단절을 단행하였다. 무모할 정도로 급작스럽게 시작된 현실주의는 아르킬로코스 이후 곧 그 영웅적인 힘을 상실하였고, 결국 맥 빠진 소시민적 모습과 익살스러운 해학으로 전락하고 만다. 서정

---

1. 대략 500~450년 사이의 서정시에 관해서는 제8장을 보라.

시는 결국 나름의 예술적 순수성과 특수성을 상실하게 되면서 와해되기에 이른 것이다. 현실을 단순히 복제하기에 급급했던 서정시는 당연히 현실의 삶에 무대를 내어주고 퇴장하지 않을 수 없었다. 그런데 서정시가 다시 무대에 등장하였을 때, 그것은 새로운 모습으로 성숙해 있었다. 현재에 복무하기는 마찬가지였으나, 새로운 서정시는 천박한 일상성에 주목하기를 거부하고 고상하면서도 까다로운 태도와 숭고한, 아니 적어도 우아하고 세련된 목소리를 보여주었던 것이다. 이때 합창서정시가 주도적 입지를 차지하는데, 합창서정시는 서정시의 다양한 장르들과 비교했을 때 상당히 장중하면서도 수준 높은 장르였기 때문이다. 먼저 합창서정시의 역사를 다시 한 번 살펴보고자 한다.

우리는 이제까지 오로지 알크만에게서 합창시를 보았을 뿐이며, 알크만 이후에는 그리스 세계의 서쪽지역에서 유의미한 진보형태를 만나게 된다. 시킬리아의 스테시코로스는 600년경(?) 합창시 분야에서 폭넓은 활동을 전개한다. 그의 작품은 놀랍게도 순수 서술적인 성격을 가졌던 것으로 보이는데, 긴 장편의 서정시에서 영웅신화를 들려주었던 것이다. 그의 작품 소재는 서사시적 전통을 단절 없이 그대로 이어가고 있다. 전승된 신화 내용을 좀처럼, 아니 한 번도 서정시적 방식으로 변경하지 않았음을 그의 짧은 단편에서 — 짧으나마 그 전범이 되었던 것과 비교할 수 있을 만큼은 된다 — 확인할 수 있다.

전범이 되었던 것은 바로 『오뒷세이아』 제15권이다. 텔레마코스는 메넬라오스와 헬레네 부부에게 오랫동안 행방불명인 자신의 아버지에 관하여 묻고 나서 작별을 고한다. 통상적으로 그러하듯 그들 부부는 텔레마코스가 그들을 찾아왔었음을 오래 기억할 수 있도록 텔레마코스에게 선물을 주었는데, 그 가운데는 가장자리가 금으로 마감된, 은으로 만든 술 섞는 동이가 포함되어 있었다(115행 이하). 작별의 순간 텔레마코스는, 자신이 이 타카에 도착하였을 때 자신의 아버지가 와 계셨으면 한다고 희망보다는 아픔이 섞인 목소리로 말한다(156행 이하). 바로 그 순간 좋은 희망을 보여주는 전조가 나타난다. 독수리가 거위 한 마리를 발톱으로 채어 오른쪽으로부터 날아가고 있었다(160행 이하). 헬레네는 이를 오뒷세우스가 머지않아 귀향하게 되리라는 징조로 풀이한다. 아니 어쩌면 이미 오뒷세우스가 이 타카에 도착하였을 수도 있다고도 말한다(『오뒷세이아』를 듣고 있는 사람들은 실제로 그가 돌아왔음을 알고 있다). 최근에(1956년) 출판된 스테시코로스 파피루스에서 다음의 시구를 확인할 수 있다(*Ox. Pap.* 2360=209LP).

> (기뻐하며) 그녀는 갑자기 기적을 보았다.
> 그리고 헬레네는 오뒷세우스의 아들을 보고 말했다.
> "텔레마코스여, 하늘로부터 우리에게 전령이
> 추수할 수 없는 하늘을 지나 당도하였다 ―
> ― 맑은 소리를 내어 ―
> ― 알리되, 너의 집에 ―
> ― 그 남자가 ―
> ― 아테네 여신의 조언에 따라 ―
> ― 수다스러운 까마귀
> 그리고 나는 너를 붙잡아두지 않을 것이니,[2]
> (이제 곧) 페넬로페가 너, 사랑스러운 아버지의 아들을 볼게다."

몇 행이 누락되었으며 다음과 같이 이어진다.

---

2. 시행은 "οὐδ᾽ ἐγώ σ᾽ ἐρύξω"이다. 『오뒷세이아』 제15권 68행에서 텔레마코스에게 이 것을 말하는 사람은 메넬라오스다. "οὔ τί σ᾽ ἐγώ γε πολὺν χρόνον ἐνθάδ᾽ ἐρύξω".

은으로 만든 (쟁반?) ―

위에는 황금의 ―

다르다노스 왕가의 [즉, 트로이아 왕가의] (보물 가운데) ―

메넬라오스가 (전리품으로 가져왔다.) ―

보는 바와 같이, 전범과 비교해보면 실제적 변화는 사소하다. 서정시적 수용에 있어 스테시코로스는 대단한 행동이나 사건에 대한 서사시적 보고를 피하고, 애정 어린 마음으로 흡사 의식을 거행하는 듯한 즐거운 분위기의 장면을 선택하였는데, 이 장면은 대화 상대들이 모두 바라는 바에 대한 예언의 전조[3]를 해석하는 가운데 절정에 이른다. 두 번째 행에서 보듯이 시행은 서사시의 여섯걸음운율로 구성되어 있으며, 시어는 서사시와 동일하지 않으나 서사시에 가깝다고 할 수 있다. 하지만 헬레네가 페넬로페와의 재상봉을 두고 "사랑스러운 아버지의 아들"이라고 말할 때, 시어는 서사시적 언어를 넘어선다. 헬레네는 이 말을 통해 자신이 공감하는 상대방의 상황을 에둘러 표현하고 있는데, 돌아오지 않는 남편을 그리워하는 페넬로페의 고통과, 남편과 자신의 유일한 아들인 텔레마코스를 건강한 모습으로 다시 만난 페넬로페의 기쁨을 동시에 담고 있다.[4]

매우 짧은 단편임에도, 스테시코로스가 새로운 시대의 정신을 염두에 두고 있었음을 보여주는 데 부족함이 없다. 사태의 정확성, 보고의 풍부성과 구체성을 그는 중요하게 여겼으며, 심지어 무미건조한 측정 단위를 언급하기도 한다(5D=7E). 그는 목록 열거를 좋아했는데(1D=1E, 10D=15E), 경기에서 승리한 승리자들의 상세한 목록(3D=3E), 칼뤼돈 사냥 참가자 명

---

3. 핀다로스의 합창시에 등장하는 전조 장면에 관해서는 이 책 828쪽 이하를 보라. 특히 『퓌티아 찬가』 4번 12~57행을 보라.

4. "사랑스러운 아버지"라는 사포의 비(非)서사시적 표현에 관해서는 이 책 322쪽을 보라.

단(*Ox. Pap.* 2359=222LP), 트로이아에서 잡힌 포로 명단(21 Bergk=27E), 어떤 한 소녀[5]에게 제공된 다양한 음식 목록(2D=2E)을 열거하고 있다. 이런 모든 것들은 지리학적인 관심(4D=5E, 10 Bergk=10E)을 포함하여 알크만의 방식을 연상시킨다(이 책 294쪽과 305쪽을 보라). 스테시코로스가 보여주는 묘사의 생생함과 철저함은 알크만에서와 마찬가지로 묘한 매력을 가지고 있다.[6]

수평선 너머로 저무는 태양신과, 서쪽 끝 세상을 여행해야 하는 헤라클레스의 이별을 다룬 아름다운 단편이 전해진다(6D=8E).

> 휘페리온의 아들 헬리오스는 황금의 잔을
> 올라타고, 오케아노스를 건너간다.
> 신성하고 빛이 없는 깊은 밤에게로
> 자신의 어머니, 부인과 사랑하는 자식들에게 간다.
> 제우스의 아들은 걸어서 그늘진 월계수 나무들이
> 가득한 숲으로 들어간다.

앞서의 텔레마코스 단편과 흡사하게, 여기서 스테시코로스는 애틋한 마음으로 태양신이 깊은 밤 사랑하는 가족들에게게로, 어머니의 품으로 돌아간다는 다정다감한 환상을 보여주고 있다. 이를 위해 그는 헬리오스가 반대편으로 가기 위해 밤새도록 여행한다는 널리 받아들여지는 상식(이 책 400쪽을 보라)을 거부하고, 헬리오스가 북쪽 심처(深處)에 있는 집에서 밤사이 휴

---

5. 단편 2D=2E에 등장한 "소녀"는 아탈란테(아폴로도로스 3, 106과 164를 보라)가 아닐까?

6. 퀸틸리아누스 10, 1, 62에서는 스테시코로스의 묘사가 가진 힘과 우아함을 칭찬하고 있으며, 동시에 그의 세세한 열거를 비판하고 있다.

식을 취하고 있다고 전제하였다.

스테시코로스의 이른바 개영시(改詠詩), 즉 번복하고 취소하는 시에는, 자신을 잘 드러내지 않는 서사시인과는 대조적으로 시인 개인의 문제가 중심에 놓여 있다. 시인은 일찍이 헬레네를 간부(姦婦)라고 부른 적이 있었으나, 이제 이렇게 쓰고 있다(11D=18E).

이 이야기는 사실과 다르다.
그리고 당신은 잘 지어진 배에 앉았던 것이 아니며
당신은 트로이아의 잔치로 이끌려 간 것이 아니다.

'파리스와 관계를 맺은 것은 네가 아니라, 너의 허상이었다.' 이런 개영시를 스테시코로스가 노래한 사실로부터 다음과 같은 전설이 만들어지게 되었다. 즉 스테시코로스는 헬레네를 비방하는 노래로 인해 시력을 잃게 되었는데, 이를 취소하는 노래를 부르자 여신 헬레네가 그에게 시력을 되돌려주었다는 것이다.[7]

고대문학사는 스테시코로스를 시인 이뷔코스와 매우 가까이 위치시키고 있으며, 당시의 문학사가들은 몇몇 시들이 두 사람 중 누구의 것인지를 결정하지 못하였다. 그러나 우리에게는 이 사실이 이상하게 들린다. 왜냐

---

7. 아마도 스테시코로스가 그의 개영시에 다음과 같이 쓰지 않았나 싶다. '눈먼 호메로스를 따라 내가 당신을 오해하여 나는 시력을 잃었다. 그러나 이제 나는 다시 앞을 보게 되었다.' 그리고 후세는 이를 그대로 말로 옮겨 전했을 것이다. 플라톤의 문구(『파이드로스』243b) 'ποιήσας δὴ πᾶσαν τὴν καλουμένην Παλινῳδίαν, παραχρῆμα ἀνέβλεψεν'은 아마도 스테시코로스의 앞선 시와 연관되는 부분을 의미하는 것 같다. 양편이 아이네이아스의 허상을 얻기 위해 벌이는 싸움을 묘사한 『일리아스』제5권 449~453행에서 이미 허상과 관련된 문학적 동기는 등장한다. 이 장면은 아마도 아이네이아스가 원래 디오메데스에게 죽임을 당하는 옛 판본에 수정을 가한 것이 아닌가 싶다.

하면 스테시코로스의 단편들은 이뷔코스의 단편들보다 훨씬 더 고풍스럽고, 스테시코로스는 기원전 600년경에 활동하였다고 해도 무방하기 때문이다. 아마도 고대 문학사가들은 오로지 두 시인이 사용하는 방언이 서로 일치한다는 외적인 판단기준에 따라 그렇게 생각하지 않았을까 싶다. 이뷔코스도 마찬가지로 그리스 세계의 서쪽 출신이다. 그의 고향은 레기온이며, 이 도시는 시킬리아 섬과 남부 이탈리아가 만나는 해협에 위치하고 있다. 거기에서 그는 사모스로 갔으며, 폴뤼크라테스의 참주정(약 537~523년)에 봉사하였는데, 이 참주는 피타고라스가 남부 이탈리아로 이주할 수밖에 없을 정도의 강압적 독재정을 펼쳤던 바로 그 폴뤼크라테스였다. 새로운 시대의 고상한 서정시는 당시 참주들과 위대한 제왕들의 궁정을 당연히 선호하였으며, 특히 합창시는 더욱 그러하였다. 합창시는, 예술을 아끼는 애호가들이 두터운 층을 형성하여 어려운 합창시를 높이 평가하고 상연할 수 있는 곳에서만 번성할 수 있는 법이다(이 책 293쪽 이하를 보라). 합창시는 경제적으로나 시간적으로나 여유가 있고 교양을 갖춘 사회계층을 전제로 하는데, 이들이라야 화려한 공연 현장의 장관을 즐길 수 있었기 때문이다.[8]

우리가 이뷔코스에 관해 알고 있는 것은 그다지 많지 않다. 다만 단편들 가운데 두 개에서 그가 매우 탁월한 시인이었음이 확인된다. 두 단편들은 참신한 분위기를 보여주는데, 언어는 달콤하고 자극적이며, 충만하면서도 완만하게 다가오는 무게감은 힘이 넘친다. 두 단편들은 당시 그리스 사회에서 고귀한 사랑으로 여겨지던 동성애를 노래하는 시의 시작 부분(?)이

---

8. 물론 합창시를 독창으로도 공연하였으며, 여기에 현악기를 반주악기로 사용하였다(핀다로스『네메아 찬가』 4번 4~16행). 하지만 이는 정식 공연에서의 합창대를 대신하는 예외적인 경우에 지나지 않는다.

다. 사포에게서처럼 이 단편들에서도 한 젊은이에 대한 애절한 마음이 쓸쓸하게 노래된다.

그 가운데 하나는 사냥장면으로 시작되는데, 여기서 사랑(아프로디테 여신)은 사냥꾼으로 등장하고 있으며, 에로스는 사냥감을 그물로 유인한다(7D=2E).

에로스가 다시 검푸른 눈썹 아래 슬픔을
감추고 있는 눈으로 바라보며
모두를 제압하는 마법으로 나를 끝이 없는
퀴프리스의 그물로 몰아넣었다.
참으로 나는 다가오는 그로 인해 떨고 있으며
멍에를 짊어진 말처럼, 승리를 거두었으나 이제 늙은 말처럼
원하지 않지만 빠른 마차를 끌고 경주하려 달려간다.

플라톤이 에로스를 사랑하는 이의 마음속에 자리 잡은 욕망이라고 생각하기 이전부터 사람들은 에로스를, 사랑의 대상이 내뿜어 사람들을 자신에게로 끌어들이는 힘이라고 생각했다(소포클레스『안티고네』783행 이하를 보라). 이와 같이 이뷔코스는, 결코 충족될 수 없는 그리움이라는 마법을 뿌리고 있는 소년으로 에로스를 형상화하고 있다(이 책 333쪽을 보라). 사포에게서 사랑의 욕망이 거듭해서 새롭게 쏟아져 나오는 것처럼(이 책 330쪽을 보라), 여기서 "다시" 한 번 싱그러운 눈에서 발산되는 젊은 청년의 매력이 시인에게 미친다. 에로스의 "검푸른 눈썹"은 이뷔코스를 사로잡은 욕망이 내뿜는 알 수 없는 힘을 상징한다. 일찍이 그리스 문학은 강력한 통치력을 가진 사람을 검은 머리카락으로 노래하였다(이 책 64쪽의 각주 27번을 보라). 또한 "끝이 없는"이라는 말은 사랑의 그물에 붙여진 별칭이다. 왜냐하면

사랑은 사로잡힌 사람을 옴짝달싹 못하게 옭아매어,[9] 제압당한 자는 거기서 벗어날 수 없기 때문이다.[10] 이뷔코스는 이런 사랑을 잘 알고 있으며, 경주에 참가한 경험이 있는 말이 경주를 앞두고 일어나는 흥분과 긴장을 앞서 익히 알고 있는 것처럼, 시인은 사랑이 불러오는 무서운 긴장을 너무나 잘 알고 있다. 하지만 이런 긴장이 그에게 이제는 버겁다. 그는 이미 늙었기 때문이다. 그럼에도 평범한 사람에게라면 화려한 청춘의 한때를 장식하는 화관으로 끝났을 사랑을 그는 아직도 느끼고 있는 바, 시인은 이런 강렬한 욕망의 신성한 힘을 평생토록 누릴 수 있도록 아프로디테 여신의 축복을 입은 선택받은 사람이었다.

이런 매우 예외적인 특별한 운명[11]을 다른 하나의 단편은 더욱 강력한 목소리로 노래하고 있다. 여기서 이뷔코스는 서두에서 울타리를 두른 정원을 묘사하는 바, 그것은 생명력이 넘치는 자연의 선한 영혼들인 숲의 요정들에게 바쳐진 정원이다. 그녀들의 손길 아래, 봄이면 꽃봉오리가 터지고 꽃이 만개한다. 이것은 사포에게서처럼, 애정 어린 보호 아래 즐거운 사랑에 눈뜨는 여린 젊음의 상징으로 해석될 수 있다(이 책 317쪽을 보라). 이어 이것은 시인 자신의 운명과 대조를 이루며 비교된다(6D=1E).

---

9. 핀다로스 『퓌티아 찬가』 4번 213행 "πότνια (아프로디테) δ᾽ ὀξυτάταν βελέων ποικίλαν ἴυγγα ⋯⋯ ἐν ἀλύτῳ ζεύξαισα κύκλῳ."

10. Ed. Fraenkel의 Aischylos, *Agamemnon* 1382행에 대한 주석을 보라.

11. 시인이 자신이 살고 있고 그를 위해 기여하는 사회로부터 벗어나는 것은 매우 이례적인 것이다. 일반적으로 시인은 공동체의 대변자이자 지도자인데, 왜냐하면 시인은 아름다움과 올바름을 남들보다 깊이 있게 파악하고 있기 때문이다. 여기서 이런 감수성의 깊이는 시인을 시인이 대표하는 다수의 사람들로부터 분리시킨다. 역설적이게도 이것은 합창시에서도 독창시에서처럼 노래된다. 핀다로스는 숭고한 사랑에 대한 유사한 비극적 경험을 고령의 나이에도 체험하였으며 (이 책 933쪽 단편 123Snell을 보라) 괴테도 또한 이런 체험을 했다고 한다.

모과나무들과,

시냇물 차가운[12] 물에 젖은,

처녀들의, 남의 손 타지 않은

정원에서 그늘진

포도나무 넝쿨에서 돋아난 포도나무 잎들이

봄을 맞아 푸르다. 나에게 에로스는,

한 번도 잠들지 않고

번갯불처럼 타오르는 퀴프리스[아프로디테]가

보낸 트라키아의 폭풍은

그렇게 어지러운 광기로 어둡고 무섭게

나의 영혼을 깊이

강력한 힘으로 쥐고 흔든다.

이뷔코스의 삶은 나이를 먹음에 따라 자연스럽게 경험하게 되는 진행과
는 거리가 멀었다. 시들어 버린 노년에도 사랑은, 여리고 싱그러운 청춘
의 감미로운 봄날은 아니지만, 여전히 찾아왔다. 황량하게 펼쳐진 먼 곳
에서 몰아치는 지독한 겨울폭풍처럼 (사포의 단편 47LP, 이 책 338쪽을 보라)
말이다.

　두 단편의 구성형식은 정확히 일치한다. 각 세 부분으로 구성되어 있는
데, 시작은 엄선된 어휘로 풍성하고 아름답게 그려져 있다. 가운데 부분에
서는 짧은 문장으로 시인이 처한 어려운 처지가 비유적인 설명 없이 격정
적으로 묘사되어 있다. 시인은 비록 낮은 목소리지만 단순하고 직설적인
언어로 비명을 지르고 있는 것 같다. 마지막 부분에는 설명하고 자세히 묘

---

12. 나는 시행의 이 부분을 'ῥοᾶν ἐκ', 그리고 12행은 'πεδόθεν'이라고 읽었다. *Frühgriech.*
　　Denken 47쪽 각주 2번.

사하고 마무리하는 두 번째 비유가 뒤따르는데, 첫 번째와 마찬가지로 뛰어난 문체를 보인다. 이 부분에서 크게 새로운 것은 전체 세 부분을 하나로 아우르는 종합이라고 하겠다. 우리가 앞서 종종 관찰하였듯이, 상고기적 묘사의 전형성은 언제나 미끄러지듯 넘어가는 전환에 있었다. 각 진술들의 순서에 상응하여 대상물들이 차례로 하나하나 불려나왔다 사라졌다. 각 진술은 다음의 것을 계속해서 끌어내지만, 이들을 모두 이어주는 끈 같은 것은 없었다. 연관성은 경우마다 계속해서 달라졌다. 이렇게 진술은 즉흥적으로 독립적인 개별 사물들을 늘 새로운 연관성을 찾아 연결함에 따라 부분부분 다양한 사건을 전달했다. 또한 한 가지 생각이 앞선 생각을 밀어내면서 등장함에 따라 주제 역시 계속 뒤로 밀려났다. 하지만 그와는 달리 여기 이뷔코스에게서는 주제가 변화하지 않고 앞뒤로 동일하며, 진술은 앞서 제시된 방식에 따라 부분 부분 동일하게 반복된다.[13] 이런 구조에 따라, 전체적으로 전달하고자 하는 한 가지 생각이 각 부분의 마지막에 반복된다. 이는 마치 철학자들이 다양한 현상의 배후에서 통일적인 형이상학적 근거를 발견하는 것과 유사하다. 이 문학은 본질적인 측면에서 더 이상 상고기적이라고 할 수 없고, 여기에는 과거의 예술이 가진 참신한 직선적 표현과 율동적 움직임이 결여되어 있다. 과거 아름다운 소박함 가운데 오로지 한 순간, 마치 우연에 의해서인 것처럼 각 시상들이 하나로 완결되는 마지막 순간을 지향하였던 문학은 더 이상 존재하지 않는다. 대신 여기 두 개

---

13. 개별 문장들도 미리 세워진 계획에 따라 만들어졌다. 모두 네 개의 비유들에는 문장 마지막에 혹은 거의 마지막에 정형동사가 빠지지 않고 등장한다. 문장은 각각의 경우 그 반대쪽 끝에서 비로소 문장을 완성하는 주축동사가 등장한다. 이런 것은 상고기적 방식과는 정반대되는 것이다. 상고기의 방식에 따르면 우선 최소의 단어들로 무언가 핵심적인 것을 제시한 다음에 차근차근 정보를 덧붙여 전체를 완성하는 것이 보통이기 때문이다(이 책 461쪽 이하를 참조).

의 단편은 엄격하게 짜인 구조 가운데, 고전기를 특징짓는 여유와 의도된 안정을 보여주고 있다.

이뷔코스의 문학[14]이 가진 원근법적 건축을 조망하기 위해서는 충분한 공간이 필요하다. 조그마한 단편들로는 도무지 전체를 조망할 수 없는 형편이다. 그나마도 얼마 되지 않는, 앞서의 것보다 훨씬 더 짧은 단편들에서는 그 내용이 무엇인지조차 알 수 없을 뿐더러, 소재는 약간 그리고 문체는 어느 정도밖에 알 수 없는 형편이다. 한편, 거의 모든 단편에서 돋보이는 우아함을 확인할 수 있는데, 풍부한 서사시적 별칭은 화려하며 심지어 과장되기까지 하다.

사포의 정원 비유가 단편 가운데 다시 한 번 등장한다. 에우뤼알로스라는 이름의 젊은이를 칭송하는 단편이다(8D=6E).[15]

에우뤼알로스여, 빛나는 카리스 여신들의 꽃이여
아름다운 머리 묶은 여신들의 사랑이여, 너를 퀴프리스와
부드럽게 바라보는 페이토가 장미꽃들 가운데 양육하였다.

이번에는 숲의 요정들 대신 다른 양육자들이 언급되는데, 빛나는 눈과 고

---

14. 한 가지를 더 언급해야 할 것 같다. 숲의 요정이 사는 정원과 겨울 폭풍의 비유는 '마치 …처럼 그렇게'의 비유로 그 직접적인 내용을 쏟아내는 대신, 묘사의 연속성 안에 혼입되어 은유 혹은 상징으로 발전한다. 이런 묘사방식은 비유적 부대상황을 만들어내지 않음으로써 시적 창작을 단순하게 한다. 더 나아가 묘사의 심도를 부여한다. 비유의 그림들을 나란히 배치하는 것은 핀다로스에게서 전형적인 것이지만, 핀다로스의 그림들은 여기 이뷔코스에게서 보는 바와 같이 긴밀하게 연관을 갖도록 형상화되지는 못하고 있다.

15. 이 단편의 전체적인 것들이 새롭게 변화되어 롱고스 2, 4~5에서 다시 등장하는데, 이 롱고스의 시에서 에로스를 매력적인 젊은이와 동일시한 것이나 칭송하는 자가 나이 많은 노인이라는 점은 이뷔코스의 단편 6D=1E, 7D=2E를 떠오르게 한다.

운 머리카락(이는 물론 미소년의 눈과 머리카락이기도 하다)을 가진 우아의 요정들(카리스 여신들), 그리고 사랑의 여신(퀴프리스)과 황홀한 매혹의 여신(페이토)이 그들이다.

이뷔코스가 다른 곳에서는 물론이거니와 나무들과 꽃들을 이야기하고 하늘을 나는 새들을 노래하는 장면에서 우리는 다시금 사포를 떠올리게 된다.[16] 다만 여기서 이뷔코스의 목소리는 좀 더 화려하다(13D=7E, 9D=4E). 우리는 새들의 아침 노래를 듣는다(11D=9E).

잠에서 깨어 밝아오는 아침은 노래하는 새들을 일으킨다.

또 이뷔코스는 영혼(?)의 열광적인 흥분을 새의 비행에 비유한다(10D=5E).

언제나 너는 나를, 내 마음이여, 넓은 날개를 가진 홍조처럼 (데려간다.)[17]

다양한 신화와 전설이 이뷔코스의 시에 등장한다. 하지만 그가 그 소재들을 어떤 방식으로 가공하였는지는 알 수 없다. 그 가운데 이뷔코스는 바다 밑을 지나 반대쪽 해안에서 맑은 샘물로 다시 솟아오르는 강을 이야기한다. 당시 사람들은 이를 믿었는데, 식민지 개척단들은 그들이 고향에서 마시던 물을 낯선 땅에서 다시 마시길 희망하였기 때문이다. 그렇게 쉬라쿠사이의 샘 아레투사는 올림피아에 흐르던 알페이오스 강에서 유래한다고 믿었다. 이뷔코스는 올림포스 경기에서 어떤 승리자가 금으로 만든 원반

---

16. '이뷔코스의 두루미'라는 전설은 따라서 이런 문학풍을 반영한다.
17. 핀다로스 『퓌티아 찬가』 8번 88~92행, 단편 122Snell 4~5행 등과 비교할 수 있다. 아나크레온 52D=25E 1~2행=378LP는 이와는 전혀 다른 것을 의미하는 것으로 보인다.

을 알페이오스 강을 향해 던졌으며, 이 원반은 나중에 쉬라쿠사이의 아레투사 샘에서 솟아올랐다는 이야기를 전한다.[18] 이뷔코스는 기적에 대한 옛 사람들의 믿음을 따르는 한편, 인간의 창조적 열정이 이룩한 기적 같은 사건에 대해서도 공감하였던 것이다. 우리는 그의 입을 통해 처음으로 척박한 자연을 개척한 인간 '기술'에 대한 칭송을 듣게 된다. 그는 쉬라쿠사이 사람들이 그 도시 앞 바다에 놓인 오르튀기아 섬을 시킬리아 섬과 연결시키는 돌둑을 쌓았다는 이야기를 전한다(21D=23E).

인간들의 영리한 손들로써. 전에는 그 사이에는 바다 달팽이와 날고기를 먹는 물고기들이 거처를 마련하였다.

그러나 이뷔코스는 자신의 문학을 통해 인간들보다는 신들을 받들고자 하였으며, 예술적인 효과를 위해서일지언정 경건하지 못한 생각을 드러내는 것은 거부하였다(22D=25E).[19]

나는 두렵다. 사람들에게 존경받고자 내가 신들께 불경을 행하지 않을까.

이와 같은 이뷔코스의 단편은 후대에 매우 강한 인상을 남겼는데, 플라톤

---

18. 이뷔코스 단편 23 Bergk=24E에 전하는 일화를 보라. 또한 베르길리우스『목가시』10, 4에 대한 *Schol. Dan.*을 보라. 프뤼기아의 아소포스 강이 시퀴온으로 흐르는 것에 관해서는 이뷔코스 단편 47 Bergk=50E를 보라. 아레투사 샘의 여행에 대한 믿음은 아레투사라는 샘이 바닷가 가까운 곳 깊은 데서 솟아오르고, 오르튀기아 섬이 작은 것에 비해 수량이 풍부하며, 그 도시의 산성에서 흘러내린 산자락과 바다가 만나는 지점에 물이 때로 염분을 함유하고 있지 않기 때문에 생겨난 것이다(플루타르코스『비교영웅전』 디온편 24, 7~9).

19. 이 단편을 이해하기 위해서는 플라톤과 플루타르코스가 이 단편을 어떻게 인용하고 있는지를 자세히 살펴보아야 한다. 이 단편은 핀다로스의『올륌피아 찬가』1번 35행 이하와 단편 81Snell을 떠오르게 한다.

이 이 말을 인용하고 있으며, 엠페도클레스 또한 이런 생각을 표명하였다(DK31B3, 6행 이하=11 정암).

이상 언급된 단편들로써 우리가 관심을 갖고 다룰 만한 이뷔코스의 단편들은 모두 언급했다. 이제, 이뷔코스의 작품들과 매우 닮은 하나의 커다란 단편을 다루어야 하는데, 이 단편은 이집트의 파피루스에서 합창시의 일부로 4개의 삼련구(三聯句) 시행[20]이 일부 유실된 채로 발견되었다. 저자의 이름은 남아 있지 않으나, 이 합창시의 저자로는 스테시코로스나 이뷔코스가 유력하다.[21] 이뷔코스의 단편으로 확인된 것들에서 나타나는 강하고 감동적 언어와는 달리, 이 단편에 나타나는 문체는 별칭 사용에 있어서나 짜임새와 사상에서 있어서나 진부하며 전통적이다. 이런 점에서 이뷔코스를 저자로 보는 견해에는 의심의 여지가 있으며[22] 우리가 지금 읽게 될 상당히 긴 단편의 내용과 내적 연관 또한 우선적으로 의문의 여지가 많다. 단편의 저자는, 다루고자 하지 않는다고 말하고 있으면서도 그 대상들을 상당히 세세하게 언급하고 있다. 이런 기묘한 장광설 이후에, 겉보기에는 갑작스럽게 폴뤼크라테스라는 이름을 가진 소년의 아름다움을 칭송하는 노래를 시작한다.[23] 그러나 이런 구성상의 문제점들은 (비록 문체에 관련된 것은 아

---

20. 운율 구조는 매우 단순하다. 정립련(定立聯)과 대련(對聯)은 각각 12개의 닥튈로스 음보와 하나의 트로카이오스 음보로 구성되어 있다. 종련(終聯)은 다양한 운율로 짜여 있다.

21. Paul Maas, *Philolog. Wochenschr.* 1992, 578쪽을 보라.

22. 물론 스테시코로스에 관해서도 문제를 비교하기에 우리는 너무나도 적은 단편을 가지고 있다. 하지만 이뷔코스를 작자로 보는 견해보다 스테시코로스를 작자로 보는 견해가 덜 불합리하다. 스테시코로스에게서는 지나치게 상세한 묘사나 나열의 경향이 나타난다(이 책 524쪽을 보라). 물론 이뷔코스의 단편들 가운데 두 개는 이와 비교할 수 있는 성격을 보인다(13D=7E, 14D=11E를 보라). '소년애'라는 문학적 모티브는, 아테나이오스『현자들의 저녁식사』13, 601a에 등장하는 아르퀴타스에 의하면, 스테시코로스의 주요 모티브라고 언급되고 있으나, 이 단락에서는 불확실하다.

니지만) 전해지지 않는 시작 부분의 삼련구를 다음과 같은 추정으로 보충한다면, 해소된다(3D=67E).

[제1연] (매력적인 소년 폴뤼크라테스여, 나는 네게 노래하노니, 아름다움은 하늘과 땅에서 가장 강력한 것이다. 이것의 한 예가 헬레네였다. 그녀의 아름다움 때문에 무수히 많은 사람들이 죽어갔으며, 거대한 왕국이 쓰러졌다. 남자의 덕이 높으면 높을수록 그는 아름다움이 주는 매력에 더욱더 민감한 법이다.)

[제2연]
[定立聯] (당시의 모든 이름 높은 남자들이 헬레네를 얻고자 도전하였으며, 이들은 나중에 또한)
[對聯] 다르다노스의 아들 프리아모스의
거대한 도시를, 이름 높고 풍요로운 도시를
아르고스로부터 찾아와서
위대한 제우스의 뜻에 따라
[終聯] 금발 헬레네를 위해 수없이 많이
노래된 싸움을 싸우며 많은
눈물을 자아내는 전쟁에서 파괴했다.
오랜 시련을 겪은 페르가몬[트로이아]을
금발의 퀴프리스 때문에 복수가 덮쳤다.

---

23. 이 단편이 이뷔코스의 것이라면, 폴뤼크라테스라는 이 소년은 나중에 참주가 되는 인물이라고 할 수 있다. *Suda* 사전의 모순된 언급들 가운데 '이뷔코스가 이미 사모스에 도착한 것은 폴뤼크라테스가 그 섬의 참주가 되기 전이었다'는 아마도 생략될 수 있을 것 같다. Bruno Snell의 공개되지 않은 작업에 의하면, 이 단편은 참주 폴뤼크라테스를 염두에 두고 지어진 것이며, 이뷔코스는 폴뤼크라테스가 막강한 해양제국을 건설하는 데 사용한 해군력이 아가멤논 함대의 크기에 맞먹는다고 칭송하고 있다.

[제 3연]

[定立聯] 이제 나에게는 환대를 배신한 파리스를

발목이 가녀린 카산드라를

다른 프리아모스의 자식들을

노래할 마음이 없다.

[對聯] 문이 높은 트로이아가

몰락하던 이름 없는 날을. 그리고

영웅들의 이름 높은 용기를

이어 노래하지 않으리니, 영웅들을

[終聯] 많은 못을 박은 속이 빈

배들이 트로이아의 불행으로 데려왔다.

영웅들을 플레이스테네스의 자손

백성들의 왕 아가멤논이

고귀한 아트레우스의 아들이 데려왔다.

[제 4연]

[定立聯] 그런 일들은 지혜로운 목소리로

헬리콘 산의 무사이 여신들이 노래한다.

인간은 살아생전 배들에 관해

모든 것을 노래할 수 없을 것이다.

[對聯] 어떻게 메넬라오스가 아울리스 항에서

아이가이오스의 바다를 지나 아르고스로부터

말을 먹이는 다르다노스의 땅을

찾아가게 되었는지, 어떻게 전사들이

[終聯] 청동방패를 갖고, 아카이아의 아들들이,

그 가운데 싸움에 가장 능한 사내

발이 빠른 아킬레우스가 왔는지,

강력하고 용감한 텔라몬의 아들 아이아스

(두 번째로 강력한 전사인 그가) 왔는지.

[제5연]

[定立聯] (그러나 과연) 그리스 땅에서 트로이아로 (배를 타고 갔던 이들 가운데 누가 가장 아름다운가? 그것은 바로 아킬레우스이며, 그 다음에는)

[對聯] 황금의 허리띠를 맨

휠리스에서 태어난 아들이다. 이에 비하여

트로일로스는 청동에 비하자면

세 번이 정화된 황금으로 보였으니

[終聯] 다르다노스의 트로이아인들은

그의 아름다운 모습을 사랑하였다.

그들에게 아름다움은 영원하며

당신 폴뤼크라테스여, 불멸의 명성을

나의 노래와 명성처럼 (영원히 가질 것이다.)²⁴

---

24. 이 단편은 여기서 끝난다. 첫 번째 삼련구를 재구성함에 있어 이뷔코스의 방식과는 확연히 대조를 이루는 바, 나머지 부분에 나타난 시인 고유의 평면적이며 단조로운 문체를 구현하지는 못했다. 3행에서 나는 'τηλ]όθεν'을 보충하였는데 'ἀπ᾽ Ἀργεος'는 28행과 36행에 등장하기 때문이다. 22행에 나는 실험적으로 'ἐκπ[ρεπή]ς'를 보충하였다. 26행에서 'διερός'가 의미하는 바는 분명치 않다. 39~41행에서, 전혀 알려진 바 없는 요정 휠리스의 아들 대신 우리는 니레우스(『일리아스』 제2권 671~675행)가 언급되길 기대하였다. 마지막 두 행의 문법적인 구조를 정확히 설명할 수는 없다. 난외주석의 설명은 정확한 정정이 필요하다. 그것이 무엇을 가리키는 말인지를 유보해두는 편이 좋겠다. 아마도 30행의 'Τροίαν ἱπποτρόπον'과 관련하여 라오메돈의 말들에 관해 언급하는 것으로 보인다. 혹은 아킬레우스가 공격하였을 때, 트로일로스가 물을 먹이기 위해 데려온 말들에 관한 언급으로 보인다. 혹은 테오크로스와 라오메돈의 출생

이와 같이 보충함으로써 우리는 문맥의 연관성과 내용의 통일성을 확보하게 되었다. 이 시는 전체적으로 트로이아 전쟁과 그 영웅들을 이야기하고 있는데, 이런 것들이 첫 번째 시련구(詩聯句)에 내세운 주장을 입증하는데 기여할 수 있을 것들이기 때문에 목적에 부합한다 하겠다. 그럼에도 불구하고 시인은 '지금' 파리스의 납치와 가녀린 카산드라[25]를, 혹은 사랑의 광기가 트로이아에 가져온 처참한 결과를, 또 그리스인들 입장에서는 아름다운 여인을 얻기 위해 벌인 전쟁에서 드러나는 '영웅적 용기arete'를 노래하고자 하지 않는다. 시인의 말에 따르면 지금은 그런 것을 노래할 기분이 아니다. 우리는 여기서 시인 앞에 살아 움직이는 사랑스러운 폴뤼크라테스가 시인의 가슴과 마음을 온통 차지하고 있음을 명심하여야 한다. 따라서 시인은 인간 능력을 넘어서는 어떤 업적을 언급하고자 하지 않으며, 헬레네를 얻기 위해 전쟁에서 목숨을 바친 수많은 영웅들 전체를 열거하며 아름다움의 전능함을 증명하고자 하지도 않는다. 시인은 영웅들 가운데 극히 일부만을 언급한다. 시인에게는 그리스인들과 트로이아인들 가운데 가장 아름다운 사람들에 대해 묻고, 그 가운데 양쪽 사람들 모두를 공히 매료시킨 소년 트로일로스를 칭송하는 데 보다 큰 관심을 두고 있었다. "소년 폴뤼크라테스여, 너는 저들을 닮아, 저들이 옛 서사시 가운데 빛나는 것처럼 너는 나의 노래로 나의 노래 안에서 불멸을 얻으리라."

여기서 시도된 재구성을 통해 합창시라면 갖추어야 할 다섯 가지 요소들

(γένεσιν?)에 관해 언급하는 것일지도 모른다.

25. 카산드라는 아름다운 파리스와 함께 아름다운 여인으로 불린다. 이뷔코스 단편 16D =8+9E에는 그녀의 아름다움이 노래되고 있다. 아가멤논의 이름과 함께 나란히 언급되고 있는 그녀의 이름에서 시인은 파리스에 대한 헬레네의 사랑이 가져온 저주스러운 운명을 떠올린 것이 아닐까 싶다. "프리아모스의 다른 자식들"을 시인은 여기서 언급하고자 하지 않는다. 그는 마지막 맺음을 위해 트로일로스를 언급하지 않고 남겨두었다.

이(이 책 906쪽을 보라) 시에 모두 들어갈 수 있도록 하였다. 이 시는 보편적
인 진술을 담고 있으며 영웅서사시로부터 이를 입증할 예들을 찾아 보여주
고 있다. 이 시는 아프로디테 여신의 힘을 칭송하고 있으며, 시의 화자는
자신의 감정을 노래하고 있다. 이어 지금 이 순간의 한 사람을, 비슷한 지
위를 누렸던 영웅들과 그 전승 업적들과 함께 열거하는데, 유사한 생각을
우리는 일찍이 사포의 시를 분석하는 가운데 찾을 수 있었다(16LP, 이 책
343~347쪽을 보라). 아프로디테가 인간의 마음에 미치는 힘은 헬레네와 트
로이아의 몰락에 관한 이야기 가운데 입증되었던 바, 사포는 훌륭하고 위
대한 군대를 능가하는 어여쁜 젊은이의 매력을 노래하였다. 하지만 앞서
재구성된 시에서 이뷔코스는 사포보다 한 걸음 더 나아간다. 여기서 시인
은 과거 전승의 '보고(報告)'보다는 현재의 칭송이 서정시에 어울리는 일임
을 암시적으로 보여주고 있다. 물론 '전승 보고'에 대한 이와 같은 부정은
비교적 나중에 속하는 이뷔코스 당대에 있어서는, 앞서 아르킬로코스에 의
해 벌어졌던 것만큼 급진적인 것은 아니었다. 하지만 위의 시에서 거듭되
는 거부 몸짓[26]이 그 내용이나 어휘에 있어서, 이 시가 서사시의 영향을 강
하게 받고 있다는 사실 자체를 숨기지는 못했다.[27]

　　이제 이뷔코스를 떠나기 전에 우리는 다시 한 번 단편의 대담한 시작 부
분을, 즉 "에로스가 다시"(7D=2E)"와 "모과나무들"(6D=1E)을 잠시 살펴
보고자 한다. 여기 깔린 사상은 우리로 하여금 사포를 떠올리게 한다. 하지

---

26. 거부 대상을 지속적으로 열거하는 방식을 우리는 호라티우스의 시 *Laudabunt alii*(『서
　　정시』 1, 7)와 티모크레온 단편 1D=1E에서 볼 수 있다. 양자는 레스보스 시인들의 모
　　범을 따르고 있다. *Frühgriech. Denken* 90쪽 이하를 보라.
27. 시인에게는 『일리아스』 제2권에 등장하는 트로이아 전사들의 목록이 긴요하게 작용했
　　다. 이들에 대한 목록에 앞서 두 명의 가장 용감한 아카이아 영웅들(768 행 이하)과 두
　　명의 아름다운 아카이아 영웅들(671~674행)이 언급되어 있다. 목록의 484~493행에
　　서 이 시의 23~27행에 등장하는 생각이 유래한다.

만 이뷔코스가 보여주고 있는 체험의 유형이나 표현의 문체는 사포의 것과는 완전히 달라서, 여기서 우리는 사고방식 전반에 결정적 변화가 있었다고 생각해야 할 정도이다. 사포는 달콤하면서도 쓰디쓴 격정에 기꺼이 자신을 내맡기고 그 격정 가운데 자신이 녹아 사라지게 만드는 반면, 이뷔코스는 격정을 무언가 자신에게 낯설고 어색한 것으로 여겨 이에 대항함으로써, 물론 헛된 일이지만, 자기 자신을 추스르려 한다. 그리하여 시인의 내면은 혼란스럽게 변화되는데, 이런 갈등을 파악하고 기술하기 위해 좀 더 고양된 의식단계가 시인에게 요구된다.[28] 이에 상응하여 이뷔코스의 서술 형식도 달라진다. 우리는 이뷔코스를 읽으면서 더 이상 사포의 모습, 즉 현재적 사실들을 하나하나 연이어, 자연스럽게 고조되고 누그러지는 소박한 언어로 단순하게 늘어놓고 있는 모습을 발견할 수 없다. 오히려 각각의 언어들은 그에게서 전체를 이루는 조각처럼 질서를 부여받으며, 각 요소들은 분명한 역할과 그에 따른 확고한 위치를 갖는다. 또한 형상화에 대한 열정적 예술 의지에 따라 복잡한 전체설계도가 만들어지는데, 여기서 여느 때와 같이 분명한 전체 윤곽이 형성되는 것뿐 아니라, 더 나아가 조형적인 내부구조가 완성되어 있는 것을 발견할 수 있다. 이로써 이뷔코스의 시는 보다 풍부하고 보다 힘이 넘치는 생명력을 갖추게 된다.

그리스 문학의 역사가 이런 점에서 우리에게 가르쳐주는 바는 그리스 도화(陶畵)의 역사를 통해 확인된다. 이뷔코스가 창작에 몰두하던 동시대에 그리스 도화는 흑색도상(黑色陶像)에서 적색도상(赤色陶像)으로의 이행기를 맞았다. 즉 배경 채색을 생략하고 세부적인 묘사를 생략한 검은 그림만

---

28. 여기서 문제가 되는 것은 상이한 영혼의 기관들(예를 들어 이성과 감성) 혹은 다양한 행동 동기들(예를 들어 의무와 욕망)이 아니라, 다만 두 성격 간의 갈등이라고 하겠다. 여기서 문제되는 것은 고요한 평정을 희망하는 나이든 한 사내가 마치 무덤덤하고 격정적인 젊은이처럼 느껴야 한다는 점이다.

을 그리던 옛 방식에서, 이제는 인물 이외의 배경을 검게 채색하고 인물을
붉은 점토색 그대로 남겨 놓는 방식으로 바뀐 것이다. 인물의 윤곽이 뚜렷
하게 확보된다는 점에 있어서는 모두 같으나, 이제 화가는 인물의 붉은 점
토색 안쪽에서도 선묘(線描)의 언어를 통해 풍부한 조형성을 만들어낼 수
있었다. 이와 함께 좀 더 생생하고 생명력 넘치는 묘사의 길이 열리게 된
다. 이러한 새로운 변화가 시작되었던 대략 폴뤼크라테스의 시대에서 페
르시아 전쟁에 이르는 기간에 "도화 예술은 그 최고봉에 이르렀으며, 화려
한 장식성과 아름다운 자연성의 완벽한 종합을 성취하게 되었다."[29] 아나
크레온의 사교(社交) 문학 역시 이러한 섬세하고 완벽한 예술, 도형과 자연
의 독특한 종합이 이루어진 예술이었다.

---

29. Ernst Buschor, *Griech. Vasenmalerei*, 제2판, München, 1921, 146쪽 이하.

2. 아나크레온

아나크레온은 소아시아의 테오스 출신이다. 545년 테오스가 페르시아 제국에 합병되자, 테오스 주민들의 일부가 트라키아의 압데라로 이주하여 이방인들의 억압적 지배를 벗어나고자 하였다. 아나크레온 또한 일정 기간 압데라에 거주하였다. 나중에 그는 이뷔코스처럼 사모스의 참주 폴뤼크라테스를 위해 종사하였다. 폴뤼크라테스가 페르시아 사람들에 의해 살해되고 사모스도 페르시아의 통치를 받게 되었을 때, 아나크레온은 아테네의 초청을 받아 들였다. 전하는 바에 따르면, 페이시스트라토스의 아들 힙파르코스(527~510년)가 특별히 사모스 섬으로 전함을 보내 존경받는 시인을 안전하게 모셔오도록 명했다고 한다.

아나크레온은 축제를 위한 합창시를 짓는 시인이 아니었다. 그는 다만 독창시를 지었는데, 특히 즐거운 술잔치에서 불리는 시를 많이 지었으며 그의 시풍은 가볍고 경쾌하며 생동감이 넘친다. 그는 술자리를 위해 포도주의 신이자 생명의 욕구와 즐거움의 신 디오뉘소스에게 기원하고 있다 (2D=2E=357LP).

주인이여, 에로스와 젊은 짐승,

검은 눈동자를 가진 숲의 처녀들과

자줏빛 붉은 옷을 입은 아프로디테가

어울리며 당신이 함께 높은 산등성이의

험산준령을 호령하실 제에

당신 앞에 엎드립니다. 부디 우리를 아껴

찾아주시며, 저의 소망을 당신께서

귀 기울여 받아주시길 빕니다.

클레오불로스에게 좋은 마음을 주십사

디오뉘소스여, 나의 사랑을

받아들이게 만들어주소서.[1]

"우리를 아껴 찾아주시며"라는 소망은 디오뉘소스에게만 해당하는 것이 아니라, 우아하게 장식된 시의 앞부분에서 언급되었던 다른 신적 존재들 모두에게 해당하는 것이다.[2] 왜냐하면 위쪽 고산준령에서 벌어지는 즐거운 놀이가 아래쪽 아나크레온이 노래를 부르고 있는 안뜰에서도 마찬가지로 벌어져야 하기 때문이다. 에로스 신처럼 매력적이며 젊은 짐승처럼 생기발랄한 아름다운 소년들이 술꾼들을 기다리고 있다. 젊은 처녀들도 거기에 기다리고 있는데, 그녀들의 검은 눈동자는 남자들에게 아프로디테와 같은 매력을 내뿜고 있다. 소년들이 따라주는 디오뉘소스의 음료는 모든 근심걱정을 날려 보내고 뜨거운 열정에 불을 붙인다. 시인은 클레오불로

---

1. 마지막 시행의 문장은 난해하다. 나는 H. W. Smyth를 따라 클레오불로스를 'δέχεσθαι'의 주어로 보았다.
2. 디오뉘소스와 아프로디테는 매우 밀접한 신 내지는 자연적 충동으로 여겨졌다. E. R. Dodds 의 『박코스 여인들』 402~416행 주석을 보라.

스를 마음에 두고 있다. 시인은 이런 신적인 힘들이 분위기를 압도하는 가운데 젊은이가 자신에게 호감을 갖게 되기를 기원하고 있다.

다음 노래의 시작 부분은 좀 더 경쾌하다(5D=15E=358LP).

다시 황금빛 머리카락의 에로스는
나에게 자줏빛 공을 던져주었고
나를 이끌어 울긋불긋 장식된 신을
신고 있는 처녀와 놀라고 명하신다.
그러나 그녀는, 그녀는 아름다운
레스보스 출신으로, 나의 머리카락을
희다고 타박한다. 그녀는 다른 남자를
꿈꾸고 고집스레 희망한다.[3]

이 단편에서 우리는 노년의 사랑이라는 문학적 동기로 돌아가는데, 이뷔코스에게서 보았던 바와 같은 격정은 결여되어 있다. 에로스가 시인을 맞추고자 던진 공을 통해 구체적으로 표현된 유혹은 술자리 모임에 참석한 소년이 던지는 것이 아니라, 고용된 여자 연주자가 던지는 것이다.[4] 따라서 시인의 관심은 고귀한 격정이 아니라 단순한 '놀이'에 있었다고 할 수 있다.[5] 이 단편에서 아직 에로스의 놀이는 시작되지 않았으며, 소녀가 누구에

---

3. 전승사본의 'ἄλλην'은 머리카락을 가리키거나, 혹은 'ἄλλον'을 잘못 기록한 것으로서, 단순히 기계적으로 앞 문맥의 여성명사를 가리킨다. 'χάσκειν'은 솔론의 단편 1D=13W 36행에 사용된 것처럼 헛된 희망에 고집스럽게 매달리는 것을 가리킨다.

4. 레스보스 섬은 좋은 연주자를 키워내는 섬으로 유명하다. 사포 단편 115LP, 크라티노스 단편 243Kock를 보라.

5. '놀음 노는' 에로스에 관해서는 단편 2D=2E=357LP와 비교하라. 이에 상응하여 공이라는 상징은 어린아이들의 장난을 의미한다. 나중에 가서야 비로소 공은 화살로 대체되는데, 멀리까지 영향을 미치고 있다는 점을 상처라는 개념과 연관시키려고 하였던

게 관심을 가지고 있는지도 밝혀지지 않았다. 분명한 것은 첫 번째 시련구(詩聯句)에서 언급된 시인의 청원이 거절되었다는 것이다. 우아하고 절제된 모습으로, 모두에게 열려 있는 가능성과 희망의 영역 안에서 사교의 노래가 움직이고 있다. 한편 아나크레온은 소녀의 선택을 받는 데 있어 젊은 청원자들보다 뒤처지지만, 여전히 매력적인 사교적 태도를 보여준다. 이때 시인은 자기와 같은 노숙한 신사에게서보다 젊은 초보자에게서 더 많은 즐거움을 원하는 레스보스의 여인들에게 애교 섞인 핀잔을 던지지 않을 수 없었다.[6] 또한 아나크레온의 문학 전반에 걸쳐 조롱조의 목소리를 들을 수 있는데, 이는 자신의 창작기술을 완벽하게 익힌 의젓하고 즐거운 정신만이 확신을 갖고 자유롭게 구사할 수 있는 그런 종류의 목소리라 하겠다. 조롱조의 가벼움은 방금 언급한 단편에서처럼 아나크레온 자신을 또한 겨냥하기도 한다. 이로써 문학은 최초로 '자조'라는, 한편으로는 매력적이면서 동시에 위험천만한 양가성(兩價性)의 세계로 진출하게 된다. 이러한 '자조'의 선구적 모습을 일찍이 알크만이 보여준 바 있으나, 허풍과 허황된 자기만족에 의해 그 효과가 거의 희석되었으며, 이와 반대로 히포낙스의 경우에는 광대의 품위 없는 기괴함만을 보여주었다. 양자 모두 그 솜씨가 서툴렀기에, 형용모순 정도의 서투른 자기희화에 그치고 말았다. 아나크레온에 이르러 실제적이고 절묘한 자조의 전제조건이 마련된다. 즉 그에게서 예술적 완성도가, 자조를 통해서 스스로 어떤 상처도 입지 않을 수 있는 수준

것이다. 아나크레온의 단편 34D=46E=398LP(이 책 552쪽)에서 다른 종류의 아이들 놀이가 언급된다. 여기서 주사위놀이는, 에로스가 자신의 희생자와 즐기는 놀이에 대한 상징이었다. 로도스의 아폴로니오스(제3권 117행 이하, 132행 이하)에서 에로스는 주사위놀이와 색색으로 칠해진 공을 가지고 놀고 있다.

6. 자신의 우월함에 대한 아나크레온의 자의식에 관해서는 단편 88D=84E=427LP과 단편 32D=72E=402c LP을 보라.

에 이르게 되었던 것이다. 또한 외적 사물과 자기 자신에 대한 초연함이 아나크레온에게서 나타나게 되었는데, 이에 대해서는 서정시를 정립한 아르킬로코스가 맹렬히 조롱하고 거부하였던 것이다.[7]

다음의 시구에서 노래되는 인물은 앞서 기원의 노래에서 들은 바 있는 클레오불로스다(3D=3E=359LP).

> 클레오불로스에게 나는 사랑을 느껴
> 클레오불로스에게 나는 반쯤 미쳐
> 클레오불로스에게 나는 갈증을 느낀다.

동일한 이름을 문장 구조를 바꾸어가며 세 번씩이나 언급하는 말장난을 우리는 아르킬로코스(70D=115W, 이 책 273쪽 각주 46번을 보라)에게서 이미 보았다. 아르킬로코스에게서 타자 전체에 대한 지독한 독설은 타자를 대표하는 인물 레오필로스를 향하고 있는 데 반해, 아나크레온에게서 역설적 표현은 '클레오불로스만을'이라는 말을 외치는 화자 자신을 향하고 있다.

아나크레온의 단편에는, 물론 이제껏 인용한 단편에서는 눈에 잘 띄지는 않았지만, 삼중구조가 매우 자주 등장한다.[8] 삼중구조는 부족함이 없는 충만함이라는 인상을 일깨운다. 취향에 따라 풍부하게 사용될 수 있는 형

---

7. 아르킬로코스에게서 그가 현실적 삶을 표현하는 방식은 결코 역설적이거나 경박하지 않으며, 오히려 매우 놀라운 정도로 진지하다.

8. 예를 들어 단편 54D=96~97E에서 '모자, 귀걸이와 소가죽'이 앞에 등장하고 '마차, 금장식과 양산'이 마지막에 등장한다. 그리고 중간에는 '자주'라는 단어로 시작하는 세 개의 문장이 들어 있다. 단편 44D=69E에서 '관자놀이, 머리카락과 치아'가 등장하며, 단편 27D=75E에서 '물, 포도주와 화관'이 등장한다. 또한 다른 시인들도 즐겨 삼중구조를 사용하였다. 알카이오스 단편 338LP 5~8행, 밈네르모스 단편 1D=1W 3행, 솔론 단편 14D=24W 4행과 9행 이하.

용사들도 유사한 효과를 주고 있는데, 예를 들어 앞서 인용된 단편에서 언급된 "자줏빛 공"과 "황금빛 머리카락의 에로스"와 "울긋불긋한 신발" 등 세 가지 색상이 그러하다. 아나크레온의 언어는 매우 유연하고 쾌적하며, 더 이상은 단순하고 소박하지 않다. 내용의 흐름에 있어 비약이나 누락은 없으나, 이미 이뷔코스에게서 보았던 상고기적 연속성은 아나크레온에게서 찾아볼 수 없으며,[9] 단락 단락이 각 마디별로 분명히 구분되어 각 요소는 고전적 질서에 따라 그에 부과된 위치에 오로지 단 한 번씩만 등장한다. 아나크레온이 남긴 것은 경탄을 자아내는 수공예품에 비유할 법한 실용문학 그 이상도 아니며 그 이하도 아니었다. 그가 남긴 사교문학은 선명한 시어와 짧고 분명한 시행으로 이루어져 청중이 듣기에 가벼우며 청중의 머릿속에 쉽게 들어가 박힌다. 시적 자아는 개인적이지 않으면서도 널리 개성을 표현하고 있어, 그의 시를 따라 부르는 사람은 누구나 자기 자신의 개인적인 사건과 시를 연관시킬 수 있다.

클레오불로스 이외에도 아나크레온은 다른 소년들을 칭송하고 노래하였는데, 경우마다 사랑은 개인에 대한 것이라기보다는 어떤 유형에 관한 것이었다. 그는 늘 새롭게 새로운 인물을 노래하였는데, (29D=70E=402a LP의 증언에 따르면) 클레오불로스의 눈동자, 바튈로스의 청춘, 스메르디에스의 머리카락 등을 칭송하였다. 스메르디에스는 때가 되었을 때[10] 자신의 머리칼을 남자답게 짧게 잘랐으며 그 때문에 시인은 그에게 비난을 퍼부었다(46D=49E=414LP).

그리하여 너는 네 머리카락 흠잡을 데 없는 꽃들을 잘라 버렸다.

---

9. *Frühgriech. Denken* 60쪽을 보라.
10. 로도스의 아폴로니오스, 『아르고 호 이야기』 제2권 707행을 보라.

스메르디에스라는 이름은 사모스 귀족계급이 소아시아의 영향을 받아들였다는 사실을 보여준다. 아나크레온의 이 시행 하나에는 소아시아 문학에서 나타나는 섬세한 솜씨를 떠오르게 할 만한 말장난 두 가지가 담겨 있다. 꽃들을 "잘라 버렸다"라고 말할 때, "꽃들"이라는 진부한 표현은 일단은 글자 그대로 받아들인 것이다. "꽃들"에 붙은 형용사 "흠잡을 데 없는 *amomon*"은 본래 이중적 의미를 갖는다. 우선 '완벽한'이라는 뜻을 가지며 동시에 값비싼 향수의 이름으로도 쓰인다.[11]

최근에(1954년) 같은 주제를 다룬 다른 시행이 발견되었다(*Ox. Pap.* 2322 단편 1, 1~10행=71Gentili=347LP).

그리고 여린 목덜미로 늘어뜨린
머리카락의.
이제 너는 나뭇잎 없는 나무와 같고
지저분한 손으로 움켜잡은
너의 머리카락은 서로 뒤엉켜
먼지 속에서 뒹굴러 떨어진다.
끈질기게도 머리카락은 자르는
칼에 매달려 있고 나는 고통스레
슬퍼한다. 무엇을 해야 할 것인가?
만약 그렇지 않다면 [이하 내용 불명확]

단편은 이렇게 끝을 맺는다.[12] 아나크레온이 이 시에서 오로지 머리 모양에

---

11. 우리는 '*amomon*'이라는 단어를 '일천 송이'로 번역하였는데, 이로써 수천의 꽃들을 연상시키도록 하기 위해서였다.
12. [역주] 위에 인용된 단편은 10행까지이며, 현재 Lobel & Page의 편집본에 따르면 전체 18행 이상의 단편이다.

대해서만 비난하고 원망하였다면, 그것만큼 조야한 시도 없을지 모른다. 따라서 길게 기른 머리카락과 함께 스메르디에스의 천진난만함 또한 사라져 버렸음을 한탄한다고 보아야 할 것이다. 스메르디에스는 이제 더 이상 곱상한 소년이 아니며, 소년 자신이 소망하듯 건장한 청년이 되어버렸다. 시인이 극구 칭송하던 소년 특유의 매력은 세월의 흐름과 함께 사라졌으며, 시인도 이를 더 이상 칭송하지 않는다. 이렇게 하여 이런 시들은 사포의 이별노래에서와는 매우 다른 방식으로, 사랑의 이별에 대한 기념비적 의미를 남기고 있다.

앞선 두 개의 단편에서 시인은 매력적인 스메르디에스에게 직접적으로 말을 걸고 있지만, 그렇다고 이것이 시인과 소년의 사적 대화가 되지는 않는다. 오히려 아나크레온은 청년들 대할 때 필요한 점잖은 예절을 모두에게 보여주고 있다고 하겠다. 시인은 이런 부문에서 스스로를 식견을 갖춘 대가로 생각하고 있다(32D=72E).

> 나의 말 때문에 소년들은 나를 사랑할 것이다.
> 내가 부르는 노래는 매력적이며, 매력적인 것을 나는 부를 줄 안다.

그리고 그는 자신의 친구들에게 젊은 처녀(?)를 유혹하기 위해 사용할 수 있는 섬세한 전략을 익히도록 독려한다. "너희는 그렇게 저속하게 말을 걸어서는 안 된다"라고 말하면서 이렇게 조언한다(39D=52E). 그 대신에

> 어린 노루에게 말을 걸듯 부드럽고 친절하게,
> 숲속에서 뿔 달린 어미로부터 벗어나려 하지 않고,
> 벗어나면 굉장히 두려워하는 어린 노루에게처럼.[13]

---

13. 암노루가 뿔을 갖고 있다고 말하는 점은 이미 고대의 여러 비평가들의 지적을 받았다.

이런 조언은 다른 사람이 어떤 감정을 가지고 있을까에 관해 배려하는 이오니아 사람들의 품성을 드러내고 있다.

아나크레온에게 소년은 곧 어린아이를 의미하며, 따라서 그는 소년의 매력이 가진 근원적 힘을 상징하는 에로스 역시 어린아이로 여겼다. 이는 회화에서 에로스를 어린아이로 묘사하기 시작하고 마침내 날개달린 동자로 형상화한 것보다 훨씬 앞선 시기였다. 우리가 앞서 들은 바에 의하면(이책 546쪽), 에로스는 공을 가지고 놀았고 혹은 여느 어린아이들처럼 동물 뼈를 다듬어 주사위처럼 만든 놀이도구를 사용하였다. 하지만 에로스가 놀음을 노는 이러한 가벼운 놀이는 상징적 의미를 가지고 있는데, 예를 들어 자줏빛 공은 이 공을 맞은 사람에게 사랑의 유희를 즐기고픈 욕망이 솟아오르게 한다는 것이다. 따라서 (34D=47E)

에로스의 주사위는 이름 붙이되
욕망의 광기, 전쟁의 포효라 하겠다.

이 시는 대립을 부각시키고 있는데, 어린아이라는 표상과, 남자들과 청년들의 영혼에서 어린아이에 의해 격동된 격렬한 감정이라는 표상이 날카롭게 맞서고 있다.

시인은 이와는 대조되는, 또한 앞서 수줍은 어린 노루와 대조되는 표상을 트라키아의 소녀에게 바치는 작은 시에서 표현하였다. 그녀의 많은 매력이 압데라의 남자들이 벌이는 술잔치에 활력을 불어넣어 줄 것이라 시

그러나 그리스 문학은 자연적 현상과 무관하게 시적 자유를 허용하고 있다. 또한 그리스 회화에서도 그러하다(핀다로스 『올림피아 찬가』 3번 52a에 대한 난외주석을 보라). 보스턴에 보관 중인, 기하학적 시대 후기에 만들어진 청동유물들을 보면 (R. Hampe, *Die Gleichnisse Homers und die Bildkunst seiner Zeit*, Tübingen, 1952, Tafel 17a, 34쪽의 해설) 거대한 뿔이 달린 암사슴이 젖을 먹이고 있다.

인은 기대한다. 여기서 시인은 스스로를, 어린 암말에게 어린이 장난을 그만두고 어른들의 놀이를 배우게 하는 데 필요한 선생으로 자처하고 있다 (88D=84E).

> 트라키아의 암말이여, 왜 나를 그런 눈으로 쳐다보는가?
> 왜 나를 냉정히 피하며, 마치 내가 알지 못한다고 생각하는가?
> 들어라, 나는 네게 훌륭한 재갈을 물릴 줄 알며
> 고삐를 맬 줄 알며, 너를 타고 반환점을 돌아 달릴 줄 안다.
> 그러나 너는 단지 어린아이처럼 풀을 뜯고 뛰어다니며
> 놀고 있으니, 너는 너를 몰아 줄 마부를 얻지 못했구나.[14]

이 아름다운 시행은 아나크레온의 문체에서 종종 나타나는 상고기 후기의 우아함에도 불구하고, 그에게 아직 초기 그리스적 활기와 형상력이 생생하게 남아 있음을 다시 보여준다. 입에 올리기 불편한 주제를 시인은 여기서 친근하게 에둘러 표현하고 있다. 그러나 그가 원할 때면 시인은 그런 주제일지라도 직설적으로 주저 없이 그리고 숨기려 하지 않고 언급한다(40D=78E). 또 시인은 욕구가 솟아나는 것을 느끼며 마음에 드는 소녀에게 회화적 언어로 이렇게 말을 건넨다(55D=31E).

> 손님들에게 친절한 너는 날 목마르게 한다. 나에게 물을 마시게 하여라.[15]

---

14. 제2행에서 'μ(ε)'를 넣는 것이 'μ(οι)'를 넣는 것보다는 좋을 것으로 보인다. 젊은 처녀와 경주마를 비교하는 것을 우리는 알크만이 보여준 매우 아름다운 스파르타 처녀들의 노래에서 앞서 보았다. 이런 비교는 여기서 트라키아 출신의 천방지축 소녀에게 적용되었다. 이 단편은 루킬리우스 1041행 이하에서 보듯이, 루킬리우스의 전범이 되었다.
15. "손님들에게 친절한"이라는 표현은 아르킬로코스(15D=331W, 이 책 266쪽을 보라)나 핀다로스(단편 122Snell 1행. 이 책의 871쪽을 보라)를 보면, 소녀의 붙임성을 표현

자기 자신에게 주어진 재능으로 모든 이의 마음을 사로잡을 수 있을 것이라 믿었던 시인이 돈을 놓고 벌이는 부당한 경합을 못마땅하게 여겨 불평하면서, 과거의 좋았던 시절을 이렇게 묘사하고 있다(59D=34E).

   페이토가 그때 아직 은화의 빛을 뿜어내지 않았다.

'페이토Peitho'는 다른 사람의 마음을 유인하는 데 작용하는 힘이다.[16]
   우리가 이제껏 열거한 모든 단편들에서 보이는 시적 문체에서 눈에 띄는 것은 아나크레온이 사용하고 있는 비교 대상들의 다양성과 아름다움이다. 아나크레온의 단편에서는 호메로스적 비유에 나타나는 거창한 형식, 다시 말해 원래 사건을 상세하게 언급하면서 비교되는 사건을 또 상세히 언급하여 서로를 대조하는 형식을 버림으로써, 원래 사건과 비유가 순식간에 하나로 혼융되고 곧이어 비유가 원래 사건을 대체하게 된다. 이뷔코스도 이와 같은 방식을 사용하였다(이 책 532쪽 단편 14번을 보라). 그런데 이뷔코스에서 비유들은 심층적 이면을 드러내는 데 반해, 아나크레온에서 비유들은 주변 분위기만을 만들어낼 뿐이다. 아나크레온은 또한 신비적이고 종교적인 비유들도 사용하였으나, 이때 가벼운 필치와 자기 희화(戱畵)를 덧붙여 사용한다. 시인이 호의를 표한 소년이 그의 친절을 받아들이지 않으려 할

────────────

하는 말이다.
16. '$\pi\epsilon\acute{\iota}\theta\epsilon\iota\nu$'은 우선 '설득하다'가 아니며 이보다 넓은 뜻을 가지고 있다. 이 단어는 나중에 중간태로 발전하는 능동태의 사역동사 가운데 하나이다. 즉 '다른 사람의 뜻에 따르다'라는 '$\pi\epsilon\acute{\iota}\theta\epsilon\sigma\theta\alpha\iota$'를 만들어낸 '$\pi\epsilon\acute{\iota}\theta\epsilon\iota\nu$'은 '어떤 사람을 기꺼이 …하게 만들다'의 뜻이다. 어떤 사람을 복종하도록 만들기 위해서는 언변뿐만 아니라 여타의 많은 수단이 요구된다. 예를 들어 뇌물을 들 수 있다(헤로도토스 9, 33, 3 '$\mu\iota\sigma\theta\hat{\omega}\ \pi\epsilon\acute{\iota}\sigma\alpha\nu\tau\epsilon\varsigma$'). 또한 '$\Pi\epsilon\iota\theta\acute{\omega}$'는 아프로디테의 전통적인 동반자로서 그 희생자를 언변이 아닌 육감적 매력으로 유혹한다. 아나크레온은 장난스럽게 그렇게 알려진 성적인 페이토를 다른 것으로 바꾸어 놓았다. 여기서는 '$\ddot{\alpha}\rho\gamma\upsilon\rho o\varsigma$'(은=화폐)와 연결시키고 있다.

2. 아나크레온   553

때, 시인은 하늘의 신들에게 호소를 드린다(52D–25E, 1~2행).

> 나는 가벼운 날개로 올림포스로 날아 올라간다.
> 사랑 문제 때문이니, 내 소년이 나와 더불어 청춘이려 하지 않는다.[17]

아나크레온이 보여주는 비유들은 대개 무언가 떠 있고, 여기저기 날아다니며 빛을 발하는 것들이다(53D=25E, 3~4행).

> 에로스는 나의 턱수염이 세는 것을 보았으며,
> 황금빛의 날개에서 일어나는 바람으로 저 위로 날아 올라간다.

전설의 낭떠러지에서 몸을 던지면 사랑의 고통으로부터 벗어날 수 있다는 오랜 믿음이 그리스 사람들 사이에 퍼져 있었다. 그리하여 아나크레온은 이렇게 노래한다(17D=21E).

> 다시 나는 몸을 날려 은백의 절벽으로부터
> 나는 사랑에 빠져 백발의 파도 속으로 뛰어든다.

아나크레온은 우리가 아는 한, 사랑을 감미로운 도취라고 보았던 최초의 시인이다. 물론 사랑이라는 열정이 불러일으키는 충격과 전율을 그도 모르진 않았다(45D=48E).

---

17. 즉 '그는 더 이상 나와 젊음의 즐거움을 향유하려하지 않는다'의 뜻이다. 『일리아스』 제9권 511행에서 거부당한 자들이 제우스에게 간청하는 것을 볼 수 있다. 위(僞) 율리아누스 『서간문』 193 Bidez-Cumont은 위의 단편과 연관된 것으로 보인다. 핀다로스 단편 122Snell 4행 이하를 보라.

다시 에로스는 그의 거대한 망치로 대장장이처럼 나를
두들기고, 얼음장 시냇물에 나를 담근다.

이 단편에는 망치와 모루 사이에 끼어 시달리고, 불에 달구어지고 차가운
물로 식히는 철물의 비유가 근저에 놓여 있다.[18] 여기서 아나크레온은 사포
이래 체험되고 표현되어 왔던 바, 사랑이 인간과 더불어 펼치는 격정적인
놀이[19]를 표현하고 있다. 하지만 여기 아나크레온에게서는 놀랍게도 고통
스럽게 담금질 당하는 철물의 형상에 있어 핵심적이라 할 망치와 모루, 불
꽃과 냉수 사이의 대립적 상호작용이라는 요소가 배제되어 있다. 이제 새
롭게 등장한 정신세계에 상고기적 대립쌍은 더 이상 존재하지 않는다. 사
포가 사랑을 우리 인간 존재를 무기력하게 만드는 달콤하면서 쓰디쓴 경험
이라고 말한다면(130LP), 아나크레온은 이런 모순을 다른 종류의 것으로
바꾸어 놓았다(79D=104E).

---

18. ʼτύπος, ἀντίτυπος, πημʼ ἐπὶ πήματιʼ는 헤로도토스 1, 67, 4에 나오는 신탁에서도
언급된다. 풀무에서 쏟아져 나오는 두 가지 ʻ폭풍ʼ이 언급된다. 히폴뤼토스『이교도 반
박』8, 29을 보라. 그 밖에도 헤시오도스,『일들과 날들』705행에서 (부인이 남편을) ʻ불
처럼 태우다εὕει ἄτερ δαλοῖοʼ의 예가 있다. 아리스토파네스『아카르나이 구민들』
381행에는 은유적으로 고통스럽게 시냇물에 담그는 것을 이야기하고 있다. 로도스의
아폴로니오스『아르고 호 이야기』제4권 460행에서 비유적으로 ʻ지나갈 수 없다ʼ는 의
미에서 ʻ겨울 격류χαράδρη χειμερίηʼ라는 표현이 사용되었다. 반면에 플라톤의『티
마이오스』73e에는 번갈아가며 불에 달구고 차가운 물에 담가 (뼈로 만든) 재질을 강하
게 만드는 것이 언급된다. 아나크레온이 (철물이나 사랑하는 사람들이나 똑같이) 이러
한 종류의 단련을 통해 이르게 되는 강인함을 이야기한 것인지는 매우 의심스럽다.
19. 고대 말에 등장하는 소설(롱고스 2, 7, 5)에서 사랑에 빠진 남자로 하여금 다음과 같이
자신의 고통을 노래하게 한다. "영혼은 나에게 고통을 주며, 가슴은 나를 때리며, 육신
은 나를 얼어붙게 한다. 나는 두들겨 맞는 사람처럼 고함지르고, 나는 얼빠진 사람처럼
침묵하며, 불에 타는 사람처럼 강물 속에 뛰어든다."

다시 나는 사랑하고 사랑하지 않는다.
나는 기쁘고 기쁘지 않다.

이것은 더 이상 사포에게서 보았던 기쁨과 슬픔의 대립적 긴장이 아니라, 열정과 냉정의 병렬일 뿐이다. 사랑에 사로잡힌 혼란스러운 '나' 옆에 자유롭고 이성적인 '나'가 서 있으며, 후자의 '나'는 이런 분열을 묘사하고 있다. 이런 '나'의 태도는 다시 자기 희화에 가깝다고 하겠다.

이런 현대적인 태도에 비추어 볼 때, 아나크레온이 '영혼'이라는 말을 우리가 흔히 쓰는 것과 같은 방식으로 사용하고 있다는 점은 그리 놀라운 일도 아니다(4D=4E).[20]

소녀의 얼굴을 가진 소년아
나는 너만을 찾는데, 너는 나를 듣지 않고,
너는 나의 영혼을 조종하는 고삐를
쥐고 있음을 알지 못하는구나.

사랑은 이제까지 우리가 다룬 시들의 주제였으며, 단편들 중 한 부분은 술자리의 노래 가운데 남겨진 것들이다. 당대의 관습으로는 사교모임에 참석한 남성들은 이를 계기로 소년들과 여인들과 관계하는 데 매우 커다란 즐거움을 갖고 있었다. 그렇게 아나크레온은 포도주와 시와 사랑은 서로 하나로 통한다는 원리를 천명한다(96D=116E).

커다란 술단지를 옆에 끼고 마시며 다툼과 전쟁과 눈물을
자아내는 일들을 이야기하는 사내를 나는 사랑하지 않는다.

---

20. 영혼 개념의 점진적인 형성에 관해서는 이 책 507쪽을 보라.

니는 무사이 여신들의 선물과 아프로디테의 반짝이는 선물을
고루 버무리며 즐거움과 쾌락을 일깨우는 사내를 사랑한다.[21]

아나크레온은 자신의 노래에서 술친구들에게 세련된 즐거움을 제안하
였으며, 사랑 등과 관련하여 사람들이 그것을 실천하였으면 하고 바라고
있었다. 그리하여 '연회 주관자'로서 시인은 종종 훈계조로 이렇게 이야기
한다(43D=76E).

자, 나의 소년아, 우리에게
술병을 가져오렴. 먼저 시험 삼아
마셔보자꾸나. 열 잔의 물을
붓고, 다섯 잔의 포도주를
부어라. 그리하여 점잖게 취해
그래[22] 박코스를 모시도록 하자.

그리고 같은 시의 후반부에 이어 이렇게 말하고 있다.

아니다, 우리는 그래 술 마시며
시끄럽게 스퀴티아 사람들처럼
왁자지껄 소리치지 말자.
아름다운 노래를 부르는 가운데
즐겁게 적당히 마시자.

---

21. 전쟁 주제를 거부하는 것과 관련하여 스테시코로스 단편 12D=210LP, 크세노파네스
    단편 DK21B1, 19~24행, 테오그니스 763~766행을 보라.
22. 아나크레온에게 있어 'δεῦτε' 혹은 'δηῦτε'의 자구판독 및 그 의미가 불분명하다. L.
    Weber, *Anacreonta*, Göttingen, 1895, 41쪽 이하를 보라.

시인은 술자리 참석자에게 이렇게 이야기한다(65D=68E).

> 나로 말하자면 모든
> 끔찍하고 혐오스럽고 거친 자들을
> 증오한다. 나는 네가, 메기스테스여,
> 조용한 자들에 속함을 안다.

또한 다소 거친 말로 여인들에게 그녀들의 대화를 두고, "파도"처럼 그칠 줄 모르고 쉴 새 없이 이어진다고 질책한다(80D=105E). 아마도 말다툼을 가라앉히기 위해서인 것 같은데, 시인은 남자들 가운데 누군가가 나서 춤으로 사람들을 즐겁게 하라고 제안한다(18D=22E).

> 누가 매력적인 청춘의 즐거움에 마음을 두고 감미로운 피리에
> 맞추어 춤을 추겠는가?

제대로 갖추어진 술자리 모임이라면 적당한 시간에 자리를 마치는 것 또한 매우 중요하다(49D=39E).

> 나는 술에 취했으니, 이제 집에 가게 허락하지 않겠는가?

절제와 정돈을 잊지 말라고 주의한다는 점에서 아나크레온의 술자리 노래는 알카이오스의 단순한 술자리 노래와 대조를 이루고 있다. 아나크레온의 노래는 알카이오스의 그것처럼 더 이상 감흥에 젖은 즉흥성을 보이지 않는다. 그가 노래하는 술자리는 기분에 따라 흘러가는 모임이 아니었으니, 많은 비용과 솜씨를 발휘하여 오랜 시간 준비를 거쳐 마련된 행사였다.[23] 왜냐하면 상고기 말기에 이르러서 사람들은 자부심에 가득 찬 자기

과시와 섬세하게 다듬어진 우아함을 즐겼기 때문이다.[24] 고전기가 시작되어서야 사람들은 다시 한 번 소박함에 고개를 돌리게 된다. 따라서 술자리 문화에서도 이런 경향이 상고기 말기에 관철되어 잔치를 소박하게 치르지 않았으며, 아나크레온은 온갖 매력적인 것들을 언급함으로써 술자리의 분위기를 고양시키고자 하였다. 손님들을 모신 자리에 온갖 요리와 후식들이 "다리가 부러질 정도"로 거하게 차려졌다(121Gentili=435LP). 손님들은 담쟁이 잎으로 머리를 장식하였으며(37D=56E), 목과 가슴에는 "향기로운 목걸이"(33D=40E)를 둘렀으니, 이는 장미와 여러 다른 꽃들로 엮어 만든 것이었다(76D=95E).[25] 또 사람들은 가슴 언저리에 향유를 발랐는데, 이로 인해 폭풍처럼 요동치던 심장이 차분히 가라앉았다고 한다(11D=9E). 우리는 아나크레온에서 처음으로 시킬리아에서 만들어진 '코타보스 Kottabos' 놀이에 관해 듣게 된다.[26]

---

23. 술을 마셔야 할 개인적인 핑계를 만들어내고 있는 일련의 단편들이 무수히 알카이오스에서 발견되는 데 반해, 아나크레온에서 이런 유의 단편은 오직 단편 6D=6E에서 찾을 수 있을 뿐이다.

24. 페이시스트라토스의 아들들은 아나크레온을 아테네로 모시기 위해 전함을 보냈다고 하는데, 예를 들어 그들은 "축제와 거리행진을 만들어냈다." "말과 각양각색의 사물들"로 치장한 아테네 상류층의 사치는 피지배계층에게 상당한 부담으로 작용했다. 아테나이오스, 『현자들의 저녁식사』 12, 532 이하를 보라.

25. 단편 76D=95E나 혹은 단편 43D=76E, 3~4행과 단편 58D=33E, 2행에 언급되는 세밀한 기술적 표현은 알크만(단편 55D=138E)을 떠오르게 한다. 아나크레온의 단편 69D=18E와 144Gentili는 알크만의 단편 49D=46E 등과 비교해볼 수 있다(이 책 305쪽을 보라).

26. 청동 접시가 받침대 위에 놓여 있다. 잔을 어느 정도 비운 사람은 잔을 두 손가락으로 잡고 자리에 앉아 잔에 남아 있는 포도주를 접시 위로 던진다. 포도주가 접시 위에 떨어지면, 접시는 흔들리며 받침대에 부딪히고 이때 접시는 맑은 소리를 내며 어떤 조각물을 맞히게 된다. 사람들은 포도주를 던지면서, 자신의 도전을 통해 마음을 전하고 싶은 소년 혹은 소녀의 이름을 외치는데, 이때 이름 앞에 감미로운 말을 덧붙이기도 한다. 참석자들에게 놀림의 빌미를 제공할 법한 사랑의 감정 등이 이런 놀이를 통해 드러났을

청춘과 삶을 좀 더 활기차게 즐기기 위해 초기 그리스 사람들은 노년과 죽음을 늘 직시했다. 다음 단편에서 노년의 아나크레온은 자신의 친구들에게 자신을 예증으로 내세우고 있다(44D=69E).

> 귀밑머리는 벌써 허옇고 윗머리도 일찌감치 세었다.
> 젊음의 활기참은 나를 떠났으며, 치아도 늙었다.
> 하여 나는 종종 신음하며, 타르타로스를 두려워한다.
> 그곳에는 두려운 하데스의 심연이 있고, 거기에 이르는
> 길은 끔찍하니, 한 번 내려가면 돌아오지 못한다.[27]

애처롭고 진부한 이 시행들은 끔찍이도 지루하게 들린다.[28] 물론 모든 가능성을 고려할 때 자기연민을 통해 웃음을 자아내려는 시인의 작위적인 자기 희화를 시행에서 읽어낸다고 해도 말이다. 이런 아나크레온의 모습은, 심지어 즐거운 사랑이 노년의 자신을 떠나버린 순간 기꺼이 죽음을 청하고 있는 밈네르모스와도 얼마나 다른가!
상고기 이후 고대 세계에서 아나크레온은 포도주와 사랑 외에 다른 것은 전혀 노래할 줄도 말할 줄도 모르는 시인으로 인식되었으나,[29] 실제 그는

것이 분명하다.

27. [역주] 아나크레온 단편 44D=69E는 12행의 단편이며, 우리는 프랭켈 번역에서 한 행은 단편원문의 두 행을 대신한다. 그런 단편원문 5~6행 '달콤했던 나의 인생에서 이제 많은 시간이 남지 않았다'가 프랭켈 번역에서 빠져 있다.
28. *Gött. Nachr.* 1924, 86쪽 각주에서 나는 이 단편의 진위에 대하여 회의적인 태도를 취하였다. 하지만 Paul Maas는 이 단편이 아나크레온의 것임을 나에게 간단명료하게 확인해주었다.
29. 후대에 '아나크레온풍의 노래'라는 단어는 실제 아나크레온이 지은 노래보다 훨씬 더 감미롭고 명랑한 노래들을 가리키게 되었다. 이에 상응하여 그 형식은 앞서 언급한 진짜 아나크레온의 것보다 더욱 단조롭게 변한다. 하지만 이 '아나크레온풍의 노래들'이 기원후 18세기 유행한 아나크레온류의 전범으로 작용한다.

자신의 예술세계를 그와 같이 협소하게 한정시키지는 않았다. 우리는 그가 노래하곤 했던 여러 다른 주제의 노래들을 알고 있다. 이런 노래들의 단편들 가운데는 풍자적인 단편도 있는데, 이 단편은 (아마도 소시민 출신인 듯한) 몇몇 동시대인들의 이름을 직접 거론하며 조롱하고 있다(87D=101E, 62D=43b E, 71D=30E, 78D=103E 등). 비교적 긴 단편 하나가 우리에게 전해진다(54D=96E+97E=388LP).

그는 머리에 허리가 말벌처럼 잘록한 모자를 쓰고
귀에는 나무로 만든 주사위를 걸고, 옆구리와 갈비에는
망가진 방패에 입혔던

반질반질한 소가죽을 두르고, 그는 빵을 파는 여인들과
예쁘장한 소년들과 놀았나니, 막 되먹은 아르테몬은
꼴사납게 살았다.

때로 그는 목에 칼을 써야 했고, 때로 마차바퀴를 목에
써야 했으며, 채찍질로 등껍질이 벗겨나가야 했고
머리와 턱수염은 남아나지 않았다.

그런데 그는 지금 금박이 옷을 입고 마차를 타고 간다.
퀴케의 아들인 그는 상아로 장식한 차양 아래 앉았다.
여인들만 쓰는 양산 아래.

세밀하고 다양하게 제시된 볼거리들이 단 하나의 문장으로 된 틀 안에 '대량 투입'되어 잘 짜여 있으며, 운율에 있어서도 깔끔한 구들로 잘 정리되어 있다. 하지만 아르킬로코스가 보여주었던 욕설시처럼 비방 상대를 목표로

하여 돌진하는 단순명료하고 직설적인 진행은 찾아볼 수 없다.[30] 나중에 아리스토파네스의 희극에서 선보인 매서운 날카로움도 찾아볼 수 없다. 다만 매끄러운 형식이 서로 이질적인 요소들을 자연스럽게 연결시키고 있을 뿐이다.

따라서 아나크레온의 놀라운 단편들이 새롭게 발견된 것은 그만큼 더 반가운 일이다. 다음과 같은 두 개의 시련구(詩聯句)로 시작되는 단편이 발견되었다(Ox. Pap. 2322 단편 1, 11~19행=72Gentili=347LP).

> 이름이 알려진 여인이 자기
> 생각을, 불만스러운 마음으로
> 종종 이렇게 자기 불행을 말할 때
> 그것은 듣기에 불편한 일이다.
> "어머니, 차라리 이랬다면 좋았어요.
> 당신께서 저를 잔인한 바다에 던져 버리고,
> 포효하는 자줏빛 파도가 저를 휩쓸어
> 바다 속에 감추었으면 말입니다."

단편의 원문은 (예를 들어, 두 시련구의 대립에서 나타나는 것처럼) 매우 세밀하게 짜여 있으며, 우리가 아나크레온의 단편에서만 발견할 수 있었던 우아미를 갖추고 있다. 마지막 세 행에서 문체는 상당히 높은 시적 수준으로 승화되어, 아나크레온이 역설적으로 그녀에게 부여한 격정적인 목소리로 젊은 여인은 자신의 아픔을 표출하고 있다. 도대체 그녀가 어떤 일을 겪었

---

30. 하지만 아나크레온의 단편에서도 아르킬로코스적인 힘을 느낄 수 있는 단편이 있는데, 자신의 원초적인 감정을 자유롭게 표출할 때가 그러하다(단편 40D=78E, 55D=31E, 124Gentili. 아르킬로코스의 단편 72D=119W와 비교하라). 아르킬로코스의 단편 22D=19W에 나타나는 동기가 아나크레온 단편 8D=8E에 다시 등장하는 듯하다.

는지는 아마도 남아 있지 않은 뒷부분에서 거론되었을 것이다. 물론 아닐 수도 있지만 말이다. 시인의 노래를 들었던 원래의 청중들은 적어도 그의 시행이 어떤 사람을 언급하고 있는지를 잘 알고 있었을 것이다. 이름이 들어갈 자리에 아나크레온은 이름 대신에 (매우 불충분하나마) "이름이 알려진"이라고 번역한 단어를 집어넣었다. 말 그대로 번역한다면 "ἀρίγνωτος"는 "자자하게 알려진"이라는 뜻으로, '여러 말 할 것 없이, 이것저것 자세히 언급하며 설명하지 않더라도 쉽게 누구인지 알 수 있는'을 의미한다. 이 단어는 시인이 자기 목소리로 첫 번째 시련구에서 언급하고 있는 단어들 가운데 유일한 순수 시어인데, 이런 단어로써 시인은 시의 여주인공을 위한 서사시적 분위기를 부여하는 한편, 두 번째 시련구에서보다 앞서 좀 더 뚜렷하게 역설적 분위기를 드러내고 있다.

서정시에서의 극적인 대화는 다른 시인들에서처럼 아나크레온에서도 역시 찾아볼 수 있다.

당신 때문에 나는 온 동네방네 이야깃거리가 될 것이다. (23D=59E)

나는 지저분한 여인이 되었으며, 당신 욕망 때문에
나는 흐늘흐늘한 여인이 되었다. (77D=102E)

근엄하게 연출된 종교적 목소리를 아나크레온에게서는 전혀 찾아볼 수 없으며, 그는 아마도 본격적인 찬가는 전혀 쓰지 않은 것으로 보인다.[31] 하지만 찬가의 본래 목적이 좀 더 넓게는 초인간적 위력에 대한 숭배라고 본다면, 이런 유의 찬가 시작 부분이 남아 있다고 할 수 있다. 그것은 소아시

---

31. M. Bowra, *Greek Lyric Poetry*, Oxford, 1936, 288쪽에 언급된 핀다로스 『이스트미아 찬가』 2번, 1b의 난외주석과 연관시켜 보라.

아 마그네시아의 라타이오스 강 유역에 성소를 가진 것으로 널리 알려진 원시적 형태의 '(야생) 동물의 신'에게 바치는 기도이다. 그러나 이 찬가가 이후 어떻게 진행되는지에 대해서는 더 이상 아는 것이 없다(1D=1E).

> 저는 당신 앞에 무릎을 꿇습니다.
> 사슴을 사냥하는 신이여, 제우스의
> 금발 따님이여, 사나운 짐승들의 주인
> 아르테미스여. 당신은 지금 라타이오스
> 강변의 소용돌이에서 두려움을 모르는
> 남자들의 도시를 즐거운 마음으로
> 바라다봅니다. 당신은 결코 유순한
> 백성들을 길들이지 않기 때문입니다.[32]

다음과 같은 시작 부분은 매우 특징적이다(91D=85E).

> 황금의 옷을 멋지게 차려입은 여인이여, 이내 늙은이의 말을 들으시오.

이 단편은 일종의 찬가라기보다 오히려 어떤 아름다운 여인에게 바치는 애정 어린 찬사처럼 들린다. 하지만 "황금의"라는 단어가 여기에서뿐만 아니라 그리스 문학 전반에서 늘 천상의 영역을 지시하는 말로 쓰이고 있다는 점에 비추어, 이 단편은 여신에게 말을 걸고 있다고 하겠다.

우리가 이제까지 아나크레온의 문학에서 만났던 화려한 아름다움에 놀라울 정도로 대립되는 일련의 매우 짧은 토막글들이 전해진다. 이 토막글들은 전쟁의 분위기를 전하고 있는데, 토막글들이 포함되었던 원래의 시들

---

32. 나는 "οὐ γὰρ ἂν ἡμέρους ποιμαίνοις πολιτήτας"라고 본문을 읽었다.

은 압데라에 이주한 그리스 이주민들과 트라키아 원주민들 사이에 발생한 전쟁을 계기로 지어졌다.[33] 전몰용사를 위한 진혼곡(좀 더 정확하게 말하자면 전몰용사들이 겪은 불행에 연민을 표현하는 시)은 다음과 같이 시작한다 (90D=87E).

나의 용감한 친구들 가운데 너에게 첫 번째 진혼곡을 바친다.
조국을 억압에서 구하고자 너는 청춘을 바쳤다. 아리스토클레이데스여.

이 단편에서 우리는 전혀 다른 분위기를 목격하게 된다. 여기서 "청춘 hebe"은 만끽의 대상이 아니라 보다 숭고한 목적을 위한 희생의 대상이다. 언어는 간결하고 절제되어 있는 바, "청춘"을 수식할 만한 '아름다운'이라는 수식어, "억압"을 수식할 만한 '쓰디쓴'이라는 수식어, "고향"을 수식할 만한 '사랑스러운'이라는 수식어가 빠져 있다. 이런 도움이 되는 설명 없이 사건 그 자체만이 드러나고 있는 것이다. 또 다른 토막글(81D=73E)은 동료 시민들에게 전투를 위해 무장할 것을 권고한다. 정치적인 사안도 시에서 언급되는 바, 아나크레온은 "폭도들이 신성한 도시(사모스)를 다스리고 있다"(25D=60E)라고 노래하는가 하면, 또 "도시의 왕관(도시의 성벽)이 이제 파괴되었다"(67D=65E)라고 노래하였다. 또 고향의 불운을 걱정하며, "나의 고향이 슬픈 일을 당하는 꼴을 보게 될 것이다"(56D=37E)라고 말하고 있다.

이제 마지막으로[34] 우리는 몇 개의 특이한 단편들을 열거할 것이다. 다

---

33. 압데라 이주민들이 트라키아 원주민들을 공격하여 심각한 피해를 입힌 사건을 우리는 핀다로스의 두 번째 『파이안 찬가』 단편에서 읽을 수 있다.
34. *Ox. Pap.* 2321에서 1954년에 발견된 몇몇 단편들 가운데 단편 1(60Gentili)과 단편 4(65Gentili)는 내 생각에는 아직 현존 단편의 뜻을 정확히 밝혀낼 만한 흡족한 해석이

만 이들이 어떤 문맥에서 노래된 것인지는 전혀 알려지지 않았다.

나는 숨겨진 낭떠러지 아래로 굴러 떨어졌다 (31D=38E)

내 머리가 멍하게 멈추어 버렸다 (94D=93E)

나는 (?) 원하진 않았지만 흔들림 없이 너를 기다렸다 (97D=117E)

또한 끝으로 운율에 맞추어 동일한 것을 반복적으로 이야기하고 있는 2행시(42D=51E) 하나를 소개한다. 울적한 심경이 놀랍도록 잘 표현된 것이 매력적이다.

죽음이 나에게 허락된다면 좋으련만. 다른 길이 없어

이런 고통에서 나를 벗어나게 할 방법이 달리 없구나.

나오지 않을 것 같다. 단편 6(63Gentili)은 적어도 대강의 추측이 가능한데, 이는 이 단편이 박퀼리데스 단편 20b S=70E 및 핀다로스 단편 124Snell과 동기가 유사하기 때문이다. 즉 화자가 '밤새도록'의 향연에서 만취상태의 몽상을 말하고 있다. 바다를 여행하는 몽상, 멀리 아테네(?)의 아크로폴리스를 바라봄, 꽃이 만발한(정원?)과 높게 솟은 궁전 등등.

3. 시모니데스

6세기 후반은 상고기 그리스의 절정기였다. 정치제도에 있어서는 이제 곧 사라질 참주정의 궁정이 아직 화려한 모습을 보여주고 있었다. 예술 분야에 있어서는 놀랄 만큼 아름다운 대리석 작품들, 매력적인 후기 흑색도상(黑色陶像)과 초기 적색도상(赤色陶像)이 스스로를 뽐내고 있었다. 문학에 있어서는 투명한 짜임새에 어우러진 깊고 풍부한 빛으로 돋보이는 이뷔코스와 아나크레온의 섬세한 작품들이 충족의 지표가 되었다. 이렇듯 풍성하게 충족된 모습 가운데 그 너머를 추구하는 어떤 것도 찾아볼 수 없었다.

그리스 정신사를 좀 더 추적하다 보면, 스스로 전통과 단절하고 새로운 토대 위에 새로운 목표를 향해 전진하였던 사람들을 만나게 된다. 이런 인물 가운데 하나가 상고기의 시작에 등장한 아르킬로코스였다. 고전기로 향하는 문턱에 등장하는 이런 인물로 합창서정시의 시모니데스와 철학적 소리꾼 크세노파네스를 들 수 있다. 이 둘은 아르킬로코스가 당대에 그러하였던 것처럼 이제 건강한 각성을 촉구하는 경고자로서 기능한다. 아르킬로코스가 영웅적 혁명가였다면, 이 둘은 고전기를 준비하는 인물로서 비판적 계몽지식인이자 개혁자라고 할 수 있다.

시모니데스는 이오니아 귀족 집안 출신이다. 아티카 지방의 수니온 곳에서 바라다보면, 길게 펼쳐져 수평선으로 사라지는 퀴클라데스 제도의 섬들 가운데 제일 가까이 있는 케오스 섬에서 557년경 그는 태어났다. 시모니데스는 아마도 신에게 바치는 찬가뿐만 아니라, 주문에 따라 돈을 받고 인물을 기리는 합창시를 지은 첫 번째 인물일 것이다. 그는 그리스 민족의 축제경기에서 승리를 거둔 남자들과 소년들을 위해 승리의 노래를 지었다.[1] 그러나 이런 장르에 있어 시모니데스의 재능은 그다지 빛을 발하지 못했다. 그가 명성을 얻은 것은 망자를 위한 '장례의 노래 threnoi'에서였다. 합창시에 대한 명성이 널리 퍼져 그는 종종 다른 곳에 불려갔으며, 장소와 기회를 바꾸어가며 자신의 노래를 연습시키고 공연하거나, 혹은 좁다란 고향 섬에서보다 훨씬 더 많은 기회를 제공해주는 장소에 오랜 시간 머무르며 자신의 예술을 선보였다. 휘파르코스는 시모니데스에게 많은 선물과 높은 보수를 약속하여 아테네로 청하였는데, 그는 앞서 아나크레온도 역시 자신의 궁전에 청한 바 있었다. 6세기가 끝나기 20년 혹은 10년 전에 시모니데스는 오랜 시간 테살리아에 머물렀다. 페르시아 전쟁 당시에는 아티카 지방의 민주주의를 위해 활동했으며, 쉬라쿠사이의 참주 히에론의 초청을 받아 시킬리아 섬에서 그의 마지막 생애를 보냈다.

넓은 테살리아 지방에서는 피정복 원주민의 후예들을 테살리아 귀족집안이 다스리고 있었다. 귀족들 가운데 왕권을 장악한 것은 알레우스아스 집안과 스코파스 집안이라는 두 재벌 집안이었는데, 시모니데스는 이 두 집안을 위해 활동하였다. 이후 스코파스 집안이 개최하는 어떤 축제 때에

---

1. 시모니데스가 지은 승리의 노래들 가운데 일부가 전해지고 있는 바, 우리는 나중에 핀다로스가 지은 승리의 노래와 함께 고찰하고자 한다(이 책 803~808쪽).

스코파스의 성채가 무너지는 바람에 집안 장손 스코파스와 여타 스코파스 집안 여럿도 성채에 묻혀 죽었는데, 시모니데스는 이때 다음과 같이 시작하는 '장례의 노래'를 지었다(6D=22E).

> 당신은 한낱 인간일지니, 내일 무엇이 있을지 안다 생각지 말며
> 만일 당신이 행복한 사람을 보거든, 얼마나 오래 갈지 안다 말라.
> 이리로 저리로 날개를 펴고 어지럽게 날아다니는 파리의
> 비행보다 운명의 변화는 급작스럽고 급작스러울 것이다.

몇 줄 안 되는 시행이지만 기독교의 설교, 특히 초두에 『시편』의 지혜를 연상시키는 목소리가 우리에게 분명하게 전해진다. 앞서 우리는 그리스 문학 그 어디에서도 이런 것을 전혀 느껴보지 못했다. "당신은 한낱 인간일지니"에 보이는 시모니데스의 '당신'은 어떤 특정 개인 혹은 장례식 인파를 가리키는 것이 아니라 '인간' 일반을 가리키며 당연히 화자 자신을 포함하고 있다. 시모니데스는 망자의 장례식에 참석하였으며, 자신도 그런 운명에 처한 것처럼 상심한 모습이다. 그도 그럴 것이 우리 가운데 누군가에게 닥칠 운명이라면 나머지 사람들도 비켜갈 수는 없기 때문이다. 고전기 그리스 문명에서 발전시킨 '인문주의'가 이미 여기서 준비되고 있다. 마지막 두 행의 그림은 매우 독특하다. 시인은 이리로 저리로 옮겨 다니며 날고 있는 파리만큼이나 인생의 흥망성쇠도[2] 하찮고 무의미한 것이라고 말하고 있다.

핀다로스가 밝히고 있는 바, 인생은 수많은 급전(急轉)에 처해 있기에 인

---

2. Liddell & Scott에 따르면 폴뤼비오스 이후에나 비로소 죽음에 대한 완곡한 표현으로서 'μετάστασις'가 사용되었다. 에우리피데스 단편 554는 잘못 분류되었으며, II 2("변화")로 분류하는 것이 정당할 것이다.

간은 한낱 "그림자의 꿈"(『퓌티아 찬가』 8번 96행)에 지나지 않는다고 하였다. 시모니데스도 여기서 이와 유사한 것을 말하고 있으며, 다만 입장만 다를 뿐이다. 시모니데스는 우리네 인생의 무의미함을 설파하려는 생각을 하는 것은 아니었다. 대신 그는 인간을 지구상에 살고 있는 미물 가운데 하나에 비유하고 있다.[3] 이것은 기독교에서 유례를 찾을 수 있는 정서로, 예를 들어 러시아 정교가 유사한 형상을 통해 말하고 있는 자기겸허와 인간애의 감정이다.

그런데 몇 줄 안 되는 단편에다 과도하게 많은 해석을 덧붙인다는 인상을 줄지도 모르겠다. 하지만 좀 더 살펴본다면, 단편들로부터 듣고 있다고 믿는 것들을 확인하게 될 것이다.

인간의 유한성이 시모니데스가 지은 장례의 노래에 나타나는 주요 주제다. 시인이 이런 유한성을 언급할 때마다 우리는 성경의 『시편』에서 울려나오는 소리를 듣는다고 느낀다.

> 인간의 능력은 작으며, 그의 노력은 헛되다.
> 짧은 삶에 수고에 수고가 이어지며
> 누구에게나 공평하게 피할 수 없는 죽음이 드리운다.
> 선한 사람이나 악한 사람이나 모두 마찬가지일 뿐. (9D=29E)
>
> 불행치고 인간에게 닥치지 않으리라고 믿을 만한
> 확신할 수 있는 것은 없으니, 그 짧은 시간

---

3. 비유와 사태를 연결시키는 비교 고리로 급작성과 빠름이 사용되고 있지만, '파리'는 파리라는 사실로부터 벗어날 수 없다. 즉 파리의 본질은 달라지지 않는다. 하지만 비유는 이보다 더 진척된다. 호메로스가 사용한 사자 비유에서도, 어떤 성격이 연결고리가 되든 상관없이, 제 아무리 사자가 서사시의 영웅에 비유되더라도, 그것이 사자임은 벗어날 수 없었다.

신은 모든 것을 뒤집어 버린다. (11D=33E)

결국 모든 것은 두려운 카륍디스로 빨려 들어가니
위대한 업적들arete도, 돈을 많이 가진 자도. (8D=28E)

먼 옛날 어느 적엔가 살았던 사람들,
지배자 신들에게서 태어난 반인반신의 자식들도
고통 없이, 미움 없이, 위험을 모르고 살다가
노년의 목적지에 도달하는 일은 불가능했다. (7D=26E)

마지막 단편에서 분명히 드러나는 바, 시모니데스는 사람들을 절망시키기
보다는 오히려 그들에게 위안을 주고자 하였던 것이다. 우리 인간들에게
불가능한 것이 무엇인가에 대한 분명한 인식은 인간들의 자부심을 신의 전
지전능한 권능 앞에 내려놓게 하지만, 또한 그 덕분에 같은 운명에 처해 있
는 다른 사람들에게도 눈을 돌리게 되었다. 심지어 반인반신의 영웅들조
차 포함해서 말이다.

　예전부터 그리스인들은 인간 삶의 유한성을 보상하는 것으로서 명성을
꼽았다. 명성을 얻음으로써 일종의 불멸에 이르는 문이 열린다. 시모니데
스는 이런 명성에도 한계를 두고 있다. 망자들에 대한 기억이 영원히 이어
지는 것은 아니기 때문이다(59D=34E).

（사람과 함께 사라지지 않는 유일한 것은 사람이 살아생전 획득한
명성뿐이니, 한동안 그렇게 서 있을 것이다.） 마치 어울리는 묘비처럼.[4]
결국에는 그마저도 땅 속에 묻힌다.

---

4. ʻκαλὸν ἐντάφιον'까지가 단편에 속한다. 단편 5D=21E 4행을 보라.

명성을 묘비와 비교하는 것에서, 한 인간에 대한 기억이 오래 남기 위해서는 조각가가 만든 묘비든 아니면 앞서 단편들이 속했던 시인의 노래[5]든 일정한 예술형식을 가져야 한다는 생각이 슬쩍 스쳐간다. 다른 단편에서 시모니데스는 불멸할 것이라 적혀 있는 오래된 묘비의 오만한 글귀를 날카롭게 비판하고 있다. 소아시아 어떤 곳에는 묘비가 여인의 청동조각을 받치고 있었다. 청동조각은 묘비의 명문을 통해 다음과 같은 말을 언급하고 있었다(Diog. Laert. 1, 89).

> 나는 청동 조각의 소녀입니다. 나는 미다스의 기념비 위에 있습니다.
> 오랜 세월 비에 젖으며, 높은 나무가 나뭇잎을 달고 서 있고
> 태양이 하늘에 올라 빛을 비추고, 달빛이 교교하고
> 폭풍이 몰려오고, 파도가 무섭게 솟아오르는 동안 내내,
> 나는 이 자리, 비탄의 장소인 묘비 위에 앉아 있었습니다.
> 그리고 지나가는 사람에게 말합니다. 이 자리에 미다스가 묻혔다고.

이 단편은 일곱 현인 가운데 하나로 알려진 린도스의 참주 클레오불로스가 지었다고 한다. 아마도 이 시는 청동 쇳물을 부어 조각상을 주조하는 기술이 발명된 시대에 만들어진 것으로 보인다. 이 시의 지은이는 이런 기술적 진보를 자랑스럽게 생각하며 새로운 종류의 창작물이 영원할 것이라고 떠벌리고 있다. 이 시는 널리 알려졌으며, 유사한 여러 판본으로 널리 퍼졌다. 그 때문에 시모니데스도 이 시를 알게 되었다.

---

5. 핀다로스는 자신이 지은 승리의 노래가 조각가의 기념비처럼 한 장소에 붙박여 있지 않으리라는 점을 자랑스럽게 생각하며(『네메이아 찬가』 5번 1행 이하), 부서지지 않을 것이라 말하고 있다(『퓌티아 찬가』 6번 7~13행). 호라티우스도 『서정시』 3, 30에서 "청동보다 영원할 기념비적 위업을 달성하였다"라고 말하고 있다. 이 책 796쪽 각주 9번을 보라.

시모니데스는 새로운 기술적 진보가 이 시에서 굉장한 것으로 등장한다는 사실에 주목하지 않는다.[6] 오히려 이 시가 영원함을 요청하고 있다는 사실에 시인은 주목하고 있는 바, 이에 대하여 그는 혐오감을 느꼈다. 이런 요청을 반박하기 위해 시인은 옛 시인과 논쟁을 벌인다. 일찍이 솔론도 밈네르모스와 시를 통해 논쟁을 벌인 적이 있는데(이 책 410쪽 이하를 보라), 그때 솔론의 것은 비꼬면서도 점잖은 투였다. 그러나 여기 시모니데스의 어조는 훈계조로 엄격하고, 거의 학문적 어투라 하겠다(48D=31E).

이성을 가진 자라면 린도스 사람 클레오불로스에게 동의하지 않으니
그가 영원히 물 흐르는 강물과 봄에 피어나는 꽃들과
태양이 내뿜는 열기와 황금의 달이 보는 빛과
바다의 파도와 나란히 묘비명의 생명력menos을 동일하게 놓았으나,
물론 모든 것은 신들보다 약하고, 그런 한 조각 돌덩이는
사람 손으로도 부서지는 것. 그의 생각은 어리석다 하겠다.

이른바 일곱 현인 가운데 한 명으로 손꼽히던 사람이 어리석다는 핀잔을 듣는다. 그것은 그의 생각이 이성적이지 못하기 때문인데, 이 비판적 공격에는 지적인 측면이 크게 부각되고 있다. 고작 인간이 만든 물건에 신이 만든 불멸의 자연에나 있을 법한 '생명력menos'을 부여하는 것은 잘못이라는 것이다. 여기서 시인은 모든 인간의 일에 정해진 한계를 인정할 것을 권고하고 있다.[7]

---

6. 이것은 청동 대신 '돌'을 언급하는 그의 모습에서 확인할 수 있다.
7. 다른 단편들(8D=28E과 59D=79E)을 토대로 하여 보건대, 이 단편도 다음과 같이 이어졌을 것 같다. '아니다. 인간의 운명과 인간의 가치와 마찬가지로 묘비도 사라질 것이다. 명성은 물론 시인의 노래가 이를 알리는 한 늦게까지 남겠지만, 그렇더라도 언젠가는 그것도 사라져 마치 애초에 없었던 것처럼 되리라.'

이제까지 살펴본 단편들은 모두 죽음과 소멸을 다루고 있으며, 이 때문에 그 단편들에서는 특히 인간의 근본적인 제약에 대한 생각이 부각되어 있다. 하지만 이것은 시모니데스가 그리스 인민에게 전하려고 생각했던 것의 겨우 절반에 해당할 뿐이다. 그는 불가능한 것을 포기하고 지나친 야심을 버리는 가운데, 우리 자신과 타자에 대해 보다 너그러운 판단을 내릴 것을 요구하였다. 이런 관용이 승리하기 위해서는 당시 준용되고 있던 가치기준의 결정적인 수정이 필요했다. 이런 수정은 우리가 시모니데스의 것으로 알고 있는 매우 길고도 중요한 단편 안에 담겨 있다.

이 중요한 단편은 자세히 살펴볼 만하다. 하지만 그전에 우리는 먼저 시모니데스가 반박했던 생각들을 분명히 해야 한다.[8]

가치는 항상 이성에 기초하는 것이 아니라, 사실 오히려 의지에 따른다고 알려져 있다. 상고기의 인물들은 활기찬 모습으로 인생의 행복을 열망하였으며, 특히 가장 귀족다운 행복이라 할, 멀리 빛을 발하는 권력을 추구하였다. 인간의 '덕arete'으로서 성공과 존경, 권력과 재물, 영광의 명예와 위대한 업적이 거론되었다. 한마디로 말하자면 위대함이라고 하겠다. 자부심 강한 모든 인물들은 하나같이 거대한 욕망으로, 성공한다면 신적인 위대함까지도 안겨 줄 그런 영광을 추구하였다. 반면 실패와 불행은 패배자에게 쓸모없는 인간이라는 낙인을 남긴다고 여겨졌다. 이런 사고방식에서라면 행운과 업적이 구별되지 않을 것이다. 신들이 한 인간에게 행운을 내릴 때, 이것은 마치 '이것은 진짜 금이다'라고 신들이 확인해주는 것과 같다 하겠다. 불행은 한 인간을 창피스럽고 초라하고 가련하게 만든다. 하늘

---

8. 우리는 이 생각들을 매우 잘 알고 있다. 시모니데스와 비슷하게 생각했던 진보적인 인물들이 이런 생각들을 벌써 버렸을 무렵, 핀다로스는 이런 생각을 완전하게 전해주고 있다(이 책 882쪽과 926쪽을 보라).

을 나느냐 아니면 추락하느냐의 갈림길밖에 없는 상황에서, 세 번째 선택지로서 소박하게 더 낮은 땅에서 있겠다는 생각은 다만 조롱의 대상이 될 뿐이다. '선하지' 못한 사람, 다시 말해 성공하지 못한 사람은 다만 '나쁜' 사람일 뿐이다.

시모니데스의 시는 이런 사회적 통념에 대한 질타다. 자신의 생각을 방법론적으로 전개하기 위해 시인은 오랜 속담으로부터 출발한다. 이 속담은 일곱 현인 가운데 한 명이 남긴 것이다. 알카이오스가 증오의 칼을 겨누었던 뮈틸레네의 피타코스가 말했다고 전해진다. "선하게 되는 것은 어려운 일이다." 그렇게 시모니데스는 시작하고 있다(4D=19E 1~3행).

진정으로 선한 사람이 되는 것은 어려운 일.
팔이나 다리에 그리고 이성에
정사각형의 무결점은 어렵다.

우리 번역의 거의 모든 단어들은 좀 더 엄밀해질 필요가 있다. "선한 사람"이라는 번역어가 함의하는 바는 앞서 이미 언급하였다. 선한 의지와 숭고한 노력만으로는 선한 사람이 되기에 아직 충분하지 않으며, 업적과 눈에 보이는 성과가 덧붙여져야 할 것이다.[9] 이런 것들의 뚜렷한 입증이 당시의 언어로는 '선하게 되다'로 표현되었다. "팔이나 다리"는 행동하는 인간을 상징하고, "이성nous"은 생각하고 의지하는 인간을 상징한다.[10] 완벽함과 규정에 들어맞음을 표현하기 위해 시모니데스는 피타고라스의 "정사각형

---

9. '덕arete'에 대한 정의 가운데 하나는, 테오그니스 683~686행과 695행 이하 그리고 핀다로스가 여러 번 언급한 것처럼, '위대함에 대한 열정과 위대함의 성취'이다. 이 책 775쪽 이하를 보라.

10. 『일리아스』 제15권 642행 이하 "παντοίας ἀρετάς, ἠμὲν πόδας ἠδὲ μάχεσθαι καὶ νόον"과 이 책 141쪽 각주 5번.

의”라는 표현을 사용하고 있다.[11]

원문 상으로는 방금 언급한 시작 부분에 이어 원래 이 시의 수신인에 대한 개인적인 언급이 뒤따르지만, 우리에게는 전해지지 않는다.[12] 누락된 시행 이후에 다시 시모니데스는 피타코스의 말로 돌아간다. 하지만 이번에는 더 이상 그 말을 있는 그대로 받아들이지는 않는다. 그것이 잘못된 방향을 지시하기 때문이 아니라, 그가 보기에 제대로 된 방향을 잡았으되, 충분히 멀리 진척시키지 않기 때문이다. 첫 번째 시행을 이어 상세히 검토하는 과정에서 시모니데스는 “선함”의 요구를 매우 엄밀한 의미에서 정의하였다. 그리하여 이제 그는 이를 다시 한 번 생각하면서, 이런 요구의 충족이 “어려운” 것이 아니라 오히려 전혀 “불가능한” 것으로 공언해야 할 필요성을 느꼈다.[13] 제2 시련구는 다음과 같이 시작한다.

　　내가 보기에 피타코스의 말은 옳지 않다.

---

11. 이 책 515쪽을 보라. 조각가 폴뤼클레이토스는 한 개인을 조각한 것이 아니라 ‘전형(典型)’, 다시 말해 “사각 아퀴가 똑 떨어지는” 인물을 창조하고자 하였다(플리니우스 『자연사』 34, 56). 폴뤼클레이토스는 어떤 글에서 피타고라스의 정수 이론에 맞추어 전형을 정립하였는데, “사각 아퀴가 똑 떨어지는”라는 표현은 폴뤼클레이토스에게서 유래하는 것으로 볼 수도 있다.
12. 시를 받는 사람은 스코파스였다. 전통적인 가치기준을 파괴하는 방향으로 이어질 시를 전통적인 귀족 계급의 한 사람에게 바친다는 것은 납득이 가지 않는 부분이다. 추측하건대 스코파스가 어떤 공격을 받았으며, 이와 관련하여 시모니데스가 이 시를 지었던 것으로 보인다. 이 경우 시모니데스가 언급한 가치판단은 여기에 잘 맞는다고 하겠다.
13. 시인의 추론에는 논리적 모순이 없지 않다. 시인은 처음에는 피타코스의 말을 긍정적으로 수용하고 있다. 하지만 이후 이를 넘어 그는 그 말을 신뢰하지 않는다. 물론 단편 48D=31E 6행에서와는 달리 여기서 이 말을 “어떤 현명한 사내의 말”이라고 인정하고 있지만 말이다. 이런 번복이 세네카 『서간문』 22, 13~15의 에피쿠로스 인용에서 등장한다. 인용의 처음에는 ‘nescio utrum verior an eloquentior’라고 인정해놓고 이어 이를 반복하며 ‘falsum est’라고 고쳐 말한다.

물론 현명한 사람이 남긴 말이긴 하지만.

그는 훌륭해지는 것은 어렵다고 말했다.

그러나 그것은 오로지 신의 몫이겠다.[14]

인간은 겨우 불행하게 되지 않는 정도이니

감당할 수 없는 무력(無力)에 처하지 않는 정도.

성공한 사람은 누구나 행복할 것이고[15]

성공하지 못하는 사람은 누구나 불행할 것이지만

신들이 사랑하는 사람이 가장 행복하고 훌륭하다.

이 시련구에서 시모니데스가 말하고자 하는 것은 청중들에게는 이미 오래 전부터 알고 있던 쓰라린 진실이다. 신들이 어떤 한 사람에게 계속해서 성공만을 선물하는 것은 아니므로, 엄밀히 볼 때 인간은 전체적으로 '불행'하다고 하겠다(솔론, 15D=14W, 이 책 433쪽을 보라). 이 시련구를 통틀어 전통적인 세계관을 넘어서는 유일한 단어가 있다. 시모니데스는 단지 불행(즉 불운 또는 실책)만을 이야기하는 것이 아니라, 덧붙여 '인간능력을 넘어서는 amechanos' 불행을 이야기한다. 우리 중 가장 탁월한 자도 굴복할 수밖에 없는 사태에 처한다고 할 때, 그런 의미에서 우리는 모두 마찬가지로 '불행하다'. 이런 의미심장한 전제로부터 시모니데스는 이어 나름대로의 추론을 이어가는데, 이 추론의 내용들은 전적으로 새롭고 전복적이며, 뒤에 올 세대 모두에게도 타당한 것들이었다. 그 내용은 너무나 새롭지만, 오늘날 우리에게는 진부하게 들린다. 시인은 다음과 같이 이어간다.

---

14. 『마태오 복음서』19장 17절 "어찌하여 나에게 선한 일을 묻느냐? 선하신 분은 한 분뿐이시다."

15. 'πράξας μὲν εὖ'로 읽었다. 'γάρ'는 플라톤이 자신의 문맥에 맞추어 첨가하였다.

때문에 나는 불가능한 일을 찾지 않는다.

내 삶을 불가능한 희망에 걸지 않는다.

넓은 대지가 주는 열매를 모으고 사는 우리 가운데

전혀 흠 잡을 데 없는 사람을 찾는 것.

만약 내가 그런 사람을 찾는대도

당신들에게 알리지 않을 것이다.

나는 다만 의지로 창피한 일을 하지 않으려는

사람들을 칭송하고 사랑한다.

신들도 필연에 맞서 싸우지 않는다.

　"나는 찾지 않는다"라는 구절은 거의 "나의 생각에는 모름지기 사람은 찾지 않아야 한다"와 같은 뜻이다. '찾는다'라는 말은 디오게네스가 등불을 밝히고 진정한 인간을 '찾는다'고 할 때와 같은 의미로 사용되었다. 이 말은 모든 사람을 평가하고 스스로 따라야 할 기준을 요청함을 가리킨다. 인간은 "넓은 대지가 주는 열매를 먹는다"라는 말로 규정되었다. 대지가 주는 양식을 거둠으로써 인간은 대지에 종속되며(이 책 100쪽 각주 4번), 따라서 신적인 것에서 멀리 떨어져 있고 과오를 범하는 존재일 뿐이다. 따라서 인간은 그 짧은 삶에서, 인간에게 불가능한 완벽함을 환상처럼 좇아서는 안 된다. 신조차도 결코 필연적인 것에 저항하지 않는 법이니, 더욱이 인간은 강제와 필연성이 지배하는 영역에서 물러나야 한다. 중요한 것은 인간이 불운으로 불행하게 되거나 능력으로 행복하게 되느냐가 아니라, 오로지 인간이 의지로 수치스러운 일을 행하느냐이다. "불행"이라는 단어가 여러 의미를 갖는 반면, "수치스러운"(혹은 "추한")이라는 단어는 분명히 도덕적으로 비난받는 일을 의미한다. "의지로"라는 말은 행위자가 자신의 자유의지에 따라 어떤 행동을 함을 의미한다.[16] 자신이 할 수 있는 한,

비(非)도덕적인 일을 일체 삼가는 사람을 "나는 칭송하고 사랑한다." 즉 사람들은 그런 사람에 주목하고 그를 사랑해야 한다. 여전히 개인의 양심이 아니라 주변 사람들이 한 개인의 가치를 평가하는 기준으로 작용하고 있음을 가리킨다.

여기서 이런 새로운 입장을 좀 더 정확하게 규정해야 한다. 지금까지는 해서는 안 되는 것을 단지 배제시키기만 했다. 인륜성의 기준으로, 단지 의지적 악행의 절제라고만 부정적으로 규정되었던 것이다. 그런데 긍정적인 행위덕목을 배제한 채, 도대체 도덕적 순수함이 충분히 규정되었다고 할 수 있을까? 마지막 시련구는 이런 질문에 대하여 대답을 제시하고 있다. 이 시련구는 완전한 형태로 충실하게 전해지지는 않는다.

—나는 남의 잘못을 꾸짖기 좋아하는 사람이 아니다. —
너무 (소견이)[17] 악하지도 않고 너무 어리석지도 않으면 충분하고
공동체를 지탱하는 법을 이해하는 사람이면
건강한 사람이면—그를 나는
욕하지 않는다. 무가치한 세대가 셀 수 없이 많다.
흉하고 추한 것에 섞이지 않는 모든 것은 아름답다.

"나는 남의 잘못을 꾸짖기 좋아하는 사람이 아니다"라는 말에서 시모니데

---

16. 이미 헤시오도스가 처벌해야 할 거짓재판을 정의하면서 '의지'라는 판단기준을 제시하였다는 것은 매우 주목할 만한 것이다. 『신들의 계보』 232행과 『일들과 날들』 282행을 보라. R. Maschke, *Die Willenslehre im griechischen Recht*, Berlin, 1926.

17. 나는 여기서 확신컨대, 누락된 문구가 νόον'이라고 생각한다. 우선 앞서의 'κακός'를 한정하기 위해서 이런 삽입이 필요하며, 8행에 언급된 'κακός'를 한정하는 의미를 지닌다. 두 번째로 이런 삽입은 'ἠλίθιος'에 대하여 적당한 대립을 형성한다. 세 번째로 'οὐκ ἀπάλαμνος'와 유사한 문구를 형성한다. 솔론 단편 19D=27W 11행 이하에서 'νόος'와 'οὐκ ἀπάλαμνα'가 결합되어 나타난다.

스는 말도 안 되는 엄청난 요구를 만족시키지 못한다고 다른 사람을 비난하는 악담꾼을 비판한다. 이어 그는 자신의 요구사항을 제시한다. 요구사항들은 부분적으로 조심스럽게 부정적 기술이 되어 있는데, 이는 절대적 완벽함에 대한 생각이 고개를 들지 못하게 하기 위해서이다. 칭송할 만한 사람은 우선 소견(혹은 생각. 이 단어는 물론 보충된 말이다)이 멀쩡한 사람이며, 더 나아가 지나치게 어리석지 않은 사람이다. 이런 표현은 앞서 언급된 "감당할 수 없는 무력(無力)에 처한 불운"이란 말을 보충설명하고 있다. 객관적으로 볼 때 도저히 거부할 수 없는 강제에 의해 행하고 당한 일들은 인간에게 하등의 이익을 가져다주지 않는다. 하지만 희생자 본인이 어리석기 때문에, 다시 말해 능력이 없고 재주가 없기 때문에 당한 일이라면 사정은 전혀 다르다. 이오니아의 지식인 시모니데스가 보기에, 존경을 받고자 하는 사람이라면 어느 정도의 재주와 능력을 증명해야 하는 것은 너무도 당연한 일이었다.[18] 시모니데스는 세 번째로 공동체의 법을 이해하는 사람을 제시하고 있다. "법"이라는 단어를 통해 법률규칙을 의미할 뿐만 아니라 다른 사람들과의 생활에 있어 나타나는 정의와 올바름의 모든 계율 일반을 가리킨다. "이해하다"라는 말은 늘 그렇듯이 실천적인 지식을 포함한다. 네 번째 요구로 "건강한 사람"을 들고 있는데, 너무 막연하여 무어라 좀 더 자세히 특정할 수는 없다.[19] 아무튼 시모니데스가 여기서 평균적인 사람, 혹은 (긍정적으로 평가했을 때) 정상적인 사람을 지시한 것은 아니다.

18. 당시의 격언 (테오그니스 1027행 이하)에서 말하고 있듯이 "저열함의 완성은 쉽고, 탁월함의 입증(παλάμη)은 어렵다." 'παλάμη'는 선을 행하고 악을 회피하는 데 있어서 시모니데스가 말한 'οὐκ ἄγαν ἀπάλαμνος'와 그리 멀리 떨어져 있지 않은 말이다. 'ἀπάλαμνος'에 대한 Wilamowitz, *Sappho und Simonides*, Berlin, 1913, 175쪽 각주 3번은 Liddell & Scott를 따르고 있는데, 잘못된 것이다.
19. 'ὑγιής'라는 단어는 시모니데스 이전의 문학에서는 좀체 등장하지 않는 단어이다. L. Radermacher의 『필록테테스』 1006행에 대한 주석을 보라.

이어 어리석은 사람들이 무수히 많다는 말을 통해 보건대, 그는 평범함을 넘는 그 이상의 사람을 염두에 두고 있었을 것으로 보인다. 단편 전체의 마지막에 시인은 앞서 자신이 말한 것("나는 다만 의지로 창피한 일을 하지 않으려는 사람들을 칭송하고 사랑한다")을 넘어, 추함과 창피함에 섞이지 않는 모든 것은 아름답다(즉 도덕적이고 훌륭하다)고 말하고 있다.

시인의 마지막 주장은 대립쌍의 논리에 기초하고 있는데, 동일한 논리를 그의 동시대인 파르메니데스가 매우 극단적으로 발전시켰다. 대립쌍의 논리에 따르면, 예를 들면 밝음이라는 성질은 타자와 섞이지 않으며 절대적인 것이다. 흔히 사람들이 더 밝다 혹은 더 어둡다고 믿지만, 실제로는 그때그때 절대적 밝음(빛)과 절대적 어둠(밤)이 차지하는 정도가 바뀌는 것이다. 그런즉 대립하는 양극 사이에 중립 혹은 중성의 공백은 존재하지 않으며, 다만 어떤 한 성질이 완전히 결여될 때 그와 반대되는 성질이 빈자리를 완전히 채우게 되는 것이다. 이런 논리에 따르면 시모니데스가 언급한 것처럼 어떤 추함도 섞이지 않은 것은 전적으로 아름다움이 된다. 이런 과감한 추론을 통해 시인은 아름다움과 칭송받을 가치라는 개념을, 추함과 비난할 만함에서 벗어나자마자 바로 발견할 수 있게 만들어 놓았다. 추함의 극단적 대립자로서 절대적 아름다움을 인간의 행위에서 더 이상 묻지 않는다. 시모니데스는 이와 같이 면밀한 방식으로 대립쌍의 형식논리를 사용하지만, 이는 바로 대립쌍의 사유방식을 무너뜨리고 상대주의적 사유방식으로 대체하기 위해서였다.

이러한 입장과 사유를 통해 시모니데스는 상고기적 대립쌍의 사유를 뒤로 하고, 다만 하나의 거대한 대립쌍만을 남기고 이를 강조한다. 그것은 바로 신과 인간의 대립이다. 이 대립은 결국 절대적인 것과 상대적인 것의 대립으로 발전한다. 신은 절대적인 의미에서 "선하"고, 사람은 본래 선하지 않고 다만 운이 좋은 경우에, 다시 말해 신들의 사랑을 받을 경우에나 다른 사람에 비해 "선할" 수 있을 뿐이다.[20] 어리석은 자들 가운데 기껏해야 한두 명이 이를 벗어나게 됨을 인간은 바랄 수 있을 뿐이다.

다른 이들에게는 다만 고통과 통한을 제공할 뿐인 인간 삶의 유한성에 대한 의식은 시모니데스에 이르러 즐거운 확신과 따뜻한 인간애의 사고로 변화한다. 그가 말하는 바, 우리 인간이 갇혀 있는 공간 밖에 우리 목표를 두는 것은 잘못이며, 결국 잘못된 희망을 품으면 우리가 갇힌 새장의 창살에 부딪혀 상처를 입고 만다. 따라서 우리 인간에게 주어진 운명 안에서 인간적인 목표를 두어야만 한다. 인간의 보편적 법칙에 복종하는 것은 인간에게 결코 창피스러운 일이 아니다. 이렇게 자신을 잘 유지할 수 있는 사람을 우리 인간은 사랑하고 존경하여야 할 것이다.

결코 약하다고 할 수 없는 이런 현명함과 관대함 덕분에, 인간은 스스로 감당할 수 없었던 부담을 내려놓게 되었다. 이런 관대함을 경험해보지 못한 사람들이 느끼는 부담감이 얼마나 고통스러운지, 이를 시모니데스 시대의 무명씨가 지은 엘레기가 알려 준다. 우리는 테오그니스 문집에서 다음과 같은 충격적인 비탄과 한탄을 읽을 수 있다(테오그니스 373행 이하).[21]

제우스여, 나는 당신을 경탄합니다. 당신은 만물의 주인입니다.
당신만이 명예를 누리며, 강력한 힘을 갖습니다.
당신은 사람들 각각의 생각과 욕망을 알고 있습니다.

---

20. 시모니데스는 아직 '절대적' 혹은 '상대적'이라는 용어를 사용하지 않는다. 그는 한번은 '선하다'의 절대급 형태를 상대급 형태의 '보다 선하다'와 비교하고 있으며, 다른 한번은 절대급의 '아름답다'에 대해 '추함보다 나은'이라는 새로운 정의를 내렸다.

21. 이 시행은 이런 문맥에서 Karl Reinhardt, *Parmenides*, Bonn, 1916, 130쪽에서 언급되었다.

왕이여, 당신의 지배가 만물에 힘을 미칩니다.

어찌하여 당신은, 크로노스의 아드님이여, 죄지은 자들을

정의로운 자들과 동일한 운명으로 취급하십니까?

정의롭지 못한 일에 설득되어 인간들의 생각이 절제하는 곳으로

돌아서든지 아니면 무모함으로 돌아서든지, 아무튼

결코 부서지지 않을 축복을 그들은 갖고 있습니다.

저열한 행동을 삼가고 정의로운 것을 사랑하는 사람은

그럼에도 어쩔 도리 없는 무력(無力)의 어미, 가난을 얻습니다.

인간을 현혹하고 그의 의지를 잘못으로 이끌고

그의 생각을 감당할 수 없는 강제로 무너뜨리며

그가 원하지 않으면서 창피스럽고 치욕스러운 일을 하며,

수많은 불행을 그에게 가져오는 가난에 짓눌려

거짓과 부정직한 속임수와 진저리치는 투쟁을 가져오는 가난,

사람이 제아무리 이를 거부할지라도. 이에 비할 불행은 없습니다.

가난은 스스로 힘겨워 어쩔 수 없는 무력을 낳습니다.

이렇게 말하고 있는 사람은 전혀 출구를 발견하지 못하고 있다. 이 사람은 가난에서 유래한 "어쩔 수 없는 무력(無力)"에 짓눌려 있다. 가난은 이 사람의 타고난 본성을 파괴하였으며, 그의 의지에 반하여 강압적인 '필연성'으로 이 사람에게 나쁜 일을 하도록 만들었다. 이 사람은 그로 인해 창피스러운 일을 당했다. 이 사람도 시모니데스와 유사한 개념을 가지고 사유하고 있다. 하지만 시모니데스는 자신의 창조적인 직관에 힘입어 겉보기에 끊을 수 없을 것 같던 매듭을 성공적으로 끊어버린다. 필연성에 맞서서는 신들조차도 싸우지 않는 법이니, 어떤 탁월한 자라도 감당할 수 없는 것을 사람이 부담해서는 안 된다. 신들의 잘못이 죄 없는 사람을 쓰러뜨리고 명

예를 빼앗는 것이 아니라, 인간들의 잘못된 생각이 그것을 자초한다. 인간들은 늘 인간적인 기준에 따라 평가되어야 한다.[22]

시모니데스의 문학에 나타나는 대립쌍의 태도는, 그의 새로운 가르침이

---

22. 유사한 내용을 가진 합창시 단편이 얼마 전 새로 출판되었다(*Ox. Pap.* 제25권, 1959). 이 인상적인 단편(*Ox. Pap.* 2432. 이에 대해서는 Max Treu, *Rhein Mus.* 103, 1960, 319~336쪽, Bruno Gentili, *Gnomon* 33, 1961, 338~341쪽, Hugh Lloyd-Jones, *Class. Rev.* 11, 1961, 19쪽을 보라)은 시모니데스의 것이거나 혹은 시모니데스의 조카 박퀼리데스의 것이다. 여기서도 마찬가지로 인간적인 많은 잘못은 주변 여건으로 인해 피할 수 없이 일어난 일이므로 용서되어야 한다고 말하고 있다. 시작 부분에 언급되는 바, 조금 나중이든 조금 먼저든 결국 사건의 실체를 보여주는 시간은 마침내 어떤 행위의 인륜성과 비(非)인륜성에 대한 올바른 판단을 가져다줄 것이라는 사상이 드러나 있다. 새롭게 발견된 단편은 다음과 같이 잠정적으로 번역될 수 있다. "(시간?)은 아름다움과 추함을 나눈다. 누군가 풀린 혀로 다른 사람을 욕하겠지만, 그 연기(즉 피어오르는 증오)는 효력이 없다. 금(즉 진정한 가치)에 얼룩을 남길 수 없으니, 진리가 항상 승리할 것이다. 오직 소수에게만 신은 덕의 꽃을 끝까지 허락하였다. 선하게 되는 것은 쉽지 않다. 왜냐하면 저항할 수 없는 이익의 유혹, 강력한 가시를 숨긴 간교한 사랑, 피어오르는 권력욕은 우리의 의지와 상관없이 강압을 행하기 때문이다. 사람이 한평생 경건한 길을 걸어가는 것은 결코 쉽지 않으니, 가능한 한 굽은 (길을 피하는 것) 정도만으로도 (충분하다.) ─ 올바르게 ─." 승리하는 진리를 가져오는 시간을 보충한 것에 관해서는 "시간이라는 심판관"에 대한 부당한 비난을 지적하는 솔론 단편 24D=36W 3행, 이 책 427쪽을 보라. 또 핀다로스의 『올림피아 찬가』 1번 33행 "앞으로 올 날들은 (질투어린 비방에 대한) 현명한 증인들이다." 또 『올림피아 찬가』 10번 53행을 보라. 제2행의 'κακ]αγορεῖ'는 Treu와 Gentili를 따랐으며, 제3행은 'ποτι]φέρων'일 것이다. 질투어린 시기를 "연기"로 표현한 것에 관해서는 이 책 853쪽 각주 39번을 보라. 5행 이하에서 이 단편과, 바로 앞의 단편을 서로 연결시킨 것에 관해서는 Gentili가 밝히고 있는 바, 동일한 형식과 함의 그리고 박퀼리데스 단편 14 S의 예를 통해 입증된다. 박퀼리데스의 예에서도 황금에 대한 지시가 선행하고 있다. 여기 언급된 모든 자리에서 동일한 개념과 동일한 어휘가 반복된다. 7~11행 이하에서 인간을 잘못된 길로 유혹하는 세 가지 욕망, 탐욕, 성욕, 승리욕(권력욕과 명예욕)에 대하여 Treu(위의 논문 327~329쪽에서)가 후대의 유사한 사례들을 열거하고 있다. 이에 덧붙여 테오그니스 29행 이하에는 세 가지 위험한 욕구가 추가된다(이 책 748쪽을 보라). 핀다로스 단편 123Snell 7~9행에서 다른 것들과 함께 물욕('βιαίως' 즉 '본성에 반해'이며, 우리 단편에서는 'βιᾶται'로 표현)과 성욕에 관한 생각이 언급된다(이 책 933쪽).

가진 부정적 측면, 다시 말해 지나치게 높은 요구에 대한 거부를 긍정적인 권고보다 두드러지게 하였다. 때문에 시모니데스가 인간적 이상을 손쉽게 심연에 던져버리고자 했던 것은 아님을 밝혀줄 또 하나의 단편이 있다는 것이 우리에게는 매우 반가운 일이다. 이 단편에서 그는 자주 인용된 헤시오도스의 말(『일들과 날들』 289행 이하, 이 책 224쪽을 보라)을 끌어들여, 덕에 이르는 길은 멀고 험하며, 신들이 그와 같이 만들었는데, 땀과 노고가 없으면 이를 수 없다고 말하고 있다(37D=65E).

> 이런 말씀이 있다. 덕은 오르기 어려운 절벽에
> 살고 있다고, 가파른 꼭대기에 (?) 홀로 (?)
> 그녀의 순수한 영역을[23] 지키고 있다고 한다.
> 그녀는 죽기 마련인 인간의 눈에는 보이지 않으며
> 고통스러운 땀을 쏟았을 때만이
> 인간적인 최고봉에 다다를 수 있다.

헤시오도스와 다른 새로운 점은 여기서 시모니데스가 '덕arete'을, 경외할 여신으로 보고 있다는 점이다.[24]

---

23. Wilamowitz와 그를 따르는 학자들은 이 부분에서 숲속의 여인들, 즉 여기에는 어울리지 않는 요정들을 언급하고 있다. 'μιν ('Αρετάν) χῶρον ἁγνὸν ἀμφέπειν'은 공격받을 하등의 이유가 없다. 핀다로스『퓌티아 찬가』5번 68행에서 유사하게 언급된다 (아폴론은 'μυχὸν ἀμφέπει μαντεῖον'). 헤시오도스 본인이 직접 언급하지도 않은 말을 어떻게 시모니데스가 간접적으로나마 인용할 수 있겠는가? 그리고 이런 명백한 비유에서 도대체 숲속의 여인들이 무엇을 의미한단 말인가? 'νυν'에 대해서는 예를 들어 'τραχὺν'을 쓸 수 있고, 'θοᾶν'에 대해서는 'μόναν'를 쓸 수 있다. 둘 다 헤시오도스에서도 유의미하다.

24. 헤시오도스는 덕의 획득('ἑλέσθαι'『일들과 날들』287행)과 소유에 대하여 언급했다. 유사하게 시모니데스도 다른 단편(10D=32E 2행에서 'λάβεν')에서 이를 언급하고 있다. 여기 단편 35D=67E에서 시모니데스는 획득과 소유를 이야기하는 것이 아니라 수

'덕'은 노력하는 인간의 힘에 의해 억지로 얻어지는 것이 아니라, 실재하는 모든 것을 지배하는 더 높은 힘들이 덕을 실현하도록 허락을 내려야 가능하다(10D=32E).

신들이 없다면 누구도 덕을
얻을 수 없으니, 어떤 도시도, 어떤 사람도
얻을 수 없다. 신은 만물 가운데 지혜롭고,
인간에게는 어느 것 하나 상처 없는 것이 없다.

두 번째 문장은 매우 시모니데스다운 문장이다. '어떤 인간적인 노력도 성공을 헛되게 만드는 방해로부터 안전할 수 없다. 하지만 신은 다르다.' 우리는 여기서 아마도 신은 전능하며, 그의 권능은 언제나 넘쳐나며 늘 모든 의도를 실현하는 데 부족함이 없다는 말을 기대할 수도 있다. 핀다로스는 그렇게 하고 있다(『퓌티아 찬가』2번 49행 이하). 하지만 시모니데스는 신의 능력과 권능을 언급하지 않는다. 다만 신의 '지혜' 혹은 '민완(敏腕)'을 말하며, 시모니데스 이후에 누구도 감행하지 못했던, 호메로스에서 등장하는 오뒷세우스의 장식적 별칭인 '꾀가 많은, 임기응변에 능한, 영리한polymetis'의 최상급 '매우 지혜로운pammetis'이란 말로 신을 수식하였다. 지혜로운 이오니아 사람 시모니데스의 생각에 따르면 신은 '초특급 오뒷세우스'이며, 그의 전능한 힘은 모든 것을 아는 지혜에서 비롯되는 것이다. 영리한 인간일지라도 때로 길을 잃지만, 신은 결코 그런 일이 없다.

줄어 사양하는 가운데 추구의 목표로서 최고의 가치를 눈앞에 두고 있는 것이다. 여기서 선함은 그 아름다움으로 오로지 선함의 실현을 위해 온갖 힘을 쏟는 사람에게만 나타난다고 시모니데스가 말하는 것으로 해석할 때, 이것은 플라톤적인 것을 미리 선취하고 있는 듯하다.

시모니데스가 신에게 돌린 실천적 전지(全知)함은, 시모니데스가 탁월한 인물들에게 기대하던 실천적 지혜를 반영한다.[25] 오뒷세우스라는 이상형이, 물론 다른 차원에서이지만 다시 돌아온 것이다. 이제 문제는 엄청난 모험을 하고 동화 같이 온갖 괴물들을 물리쳐 승리를 얻는 것이 아니라, 비상한 능력으로 일상적인 삶을 제압하는 데, 그리고 힘겹고 고통스러운 과정을 거쳐 명예를 얻는 데, 또한 품위와 정의와 인격을 통해 공동체에서 자신을 입증하는 데 있었다.

시모니데스의 인간애는 우울한 음색이 돋보이는 그의 장례식 노래에 잘 나타나 있다. 또한 지혜롭고 꼼꼼히 따지는 그가 얻은 모든 것들의 배후에 드러나지 않고 자리한 전제인 "선한 인간"이란 개념을 이론적으로 설명하는 데서도 엿볼 수 있다. 시모니데스가 지은 합창시의 단편도 시인의 이런 근본 성향을 보여주고 있다. 이 단편은 우리에게 시인의 재능에 대한 강한 인상을 전하는 바, 그는 구체적인 사례를 접하여 인간적인 연민과 인간적 확신을 보여주면서, 그런 인간적인 상황을 생생하게 시적으로 형상화할 줄 알았다. 또 예외적으로, 드문 어려움의 한가운데 고통 받는 인간적인 감정을, 그 자연스러운 모습을 훼손하지 않으면서 탁월한 언어적 빛으로 밝혀 드러낼 줄 알았다. 이 단편은 다나에 신화를 소재로 삼고 있다. 다나에는 그녀의 아버지에 의해 성탑에 갇히게 되었는데, 그녀의 아버지는 그녀가 낳은 아이가 자신을 죽일 것이라는 신탁을 들었던 것이다. 제우스는 아름

---

25. 실제적인 일에서 발휘되는 이상적인 지혜(μῆτις, μηχανή, παλαμή' 단편 4D=19E 29행 참조)는 분명 시모니데스에게 성공과 위대함을 얻기 위한 효과적인 무기였다. 인간적인 한계는 특히 어떤 인간 지혜도 ἀμήχανος'(단편 4D=19E 9행) 혹은 ἀνάγκη' (단편 4D=19E 20행)를 넘어설 수 없다는 데 있다. 물론 신들에게도 ἀνάγκη'는 한계를 부여한다. 강요된 필연성과 이를 빠져나가는 민완함의 상호작용은 알크만에서 보았던 놀라운 근원적 신성 'Αἶσα'(혹은 'Τέκμωρ') 및 'Πόρος'과 근본적으로 같다(이 책 299쪽 이하와 477쪽 이하).

다운 그녀를 사랑하게 되어, 황금비가 되어 감옥에 찾아온다. 마침내 그녀가 페르세우스라는 아들을 낳았고 그녀의 아버지가 이를 알게 되었을 때, 그녀의 아버지는 그녀와 아이를 나무상자에 넣어 바다에 내다 버렸다. 나무상자가 해류를 타고 세리포스라는 섬에 떠밀려갔다. 시모니데스는 거친 바다에서 이러저리 떠밀리는 나무함에 앉은 모자(母子)를 다음과 같이 묘사하고 있다. 이 장면은 그리스 문학에서 우리가 알고 있는 최초의 성모자상(聖母子像)이라 하겠다(13D=27E).

잘 만들어진 나무상자가 불어오는 바람에
흘러가는 물결에 흔들리며 그녀를 두려움으로
몰고, 그녀의 볼에는 눈물이 마르지 않는다.
그녀는 자신의 손으로 페르세우스를 안고
"아들아, 이 얼마나 큰 시련인가? 너는 잠잔다.
젖먹이와 같이 너는 즐거움이 없는 상자에,
청동 못으로 닫아놓은 어둠 속에서 잠들어 있었다.
— 검푸른 어둠 속에서.
너의 짙은 머리카락 위로 소금물결이
파도치며 쏟아질 때도 너는 두려워하지
않으며, 너의 고운 얼굴을 자줏빛의
담요에 밝게 누이고 너는 폭풍소리에도
울지 않는다. 만약 무언가 두려워할 무엇이
네게 무서움을 줄 때, 너는 어린 귀로
나의 말을 듣는다. 나는 말하노니,
잘 자라, 내 아기, 파도도 잠들어라,
나의 시련도 그만 잠들어라. 아버지 제우스여,

당신이 보낸 운명의 전환이 있으라.

나의 소원이 지나치고 잘못되었다면

이를 용서해주시길."[26]

이 놀라운 단편에서 시모니데스는 다나에 신화 가운데 한 부분을 형상화하기 위해 잘라냈는데, 그의 선택은 새롭고도 탁월했다. 일반적으로 문학에서 동화 같은 이야기를 전달해야 할 경우, 흔히 그 가운데 경이로운 사건 부분을 서둘러 지나가며 조심스럽게 암시만 할 뿐, 관객의 놀라움을 극대화하는 것은 경이로운 사건을 그 앞뒤의 정황과 극명하게 대조함으로써 이루어진다. 하지만 시모니데스는 다나에와 그녀의 아들이 바다에 던져졌으며, 닥쳐올 것이 확실시되는 죽음 앞에 절망하였으나, 마침내 어부가 흘러다니던 나무상자를 건져내 이를 열었고 사람이 산 채로 그 안에 사람이 갇혀 있어 놀랐다는 이야기는 일체 언급하지 않는다. 오로지 그는 끔찍한 바다 여행의 와중에 있는 다나에와 그녀의 아들에 주목한다. 그가 보기에 경이는 외적인 사건에 있지 않으며, 오히려 이를 직접 겪은 주인공의 내면에 있었다. 그는 대담하게도 이전에 누구도 이야기하지 않았던 사건의 한가운데로 돌입하여, 나무상자 안에서 사랑, 희망과 기원을 통해 밖에서 닥쳐오는 위험과 위기를 극복하려 하는 주인공의 내면을 묘사한다.

이 단편의 영상은 매우 적은 구성 요소로 이루어져 있으나, 이오니아적 투명함을 갖추고 있다. 언급된 색채도, 물론 투명하고 강력하지만, 소수에 불과하다. 합창시적인 장식언어는 객관적 사태를 묘사하고 있다. "나무상자"는 "잘 만들어졌고" "청동 못을 박아" 놓았다. 바다는 출렁이고 폭풍이 몰아치는 가운데 검푸른 어둠이 깔려 있다. 아이의 얼굴은 해맑고, 머리카

---

26. 많은 부분에서 시구가 정확하지 않다.

락은 짙으며, 아이는 자줏빛 담요 위에 잠들어 있다. 아이의 어미는 눈물짓는다. 그녀의 팔은 아름답고, 그녀는 아이에게 말을 건넨다. 어미가 두려움에 절망할 때, 아이는 아무 생각 없이 잠을 잔다. 그 자체로 두려운 것에 아이가 전혀 두려워하지 않는다는 어미의 짧은 말 한마디에서 우리는 주관성의 원리를 읽는다. 걱정 어린 어미의 말에는 어미의 따뜻한 마음이 담겨 있다. '잘 자라, 걱정일랑 어미에게 모두 맡기고 잘 자라.' 이어 시상은 갑자기 웅장한 모습으로 확대된다. '잠든 아기의 주변에 깃든 평화가 밖에서는 포효하는 위험을 또한 가라앉히기를!' 아이의 사랑스런 아버지, "아버지 제우스"에게 바치는 기도가 이어진다. 시상의 도약에 이어지는 기원의 목소리는 다시 차분하게 가라앉아 부드럽게 변한다. '신이여, 제가 너무 많은 것을 원했다면 용서하소서!' 이 아름다운 시 한 수는 위엄과 객관성과 인간애가 드물게 잘 어우러진 모습을 보여준다. 그의 작업은 여기서 한순간 뛰어난 재치를 발휘한다.

시모니데스 생전에 신기한 사건들에 탐닉하던 아리스테아스와 아바리스의 시대는 종말을 고했다. 다가오는 고전기의 영향 아래 신기한 이야기들은 뒤안길로 사라졌으며, 신화 전설 가운데 괴상망측한 요소들은 대부분 제거되었고, 문학에서도 조형예술에서도 인간적인 면모가 갖추어졌다. 하지만 전환의 시대는 '경계 너머'에 대한 애착을 갖고 있었으며, 공통의 토양 위에서 자연스럽게 별난 것을 끄집어내곤 하였다. 시모니데스는 종종 전승된 경이로운 신화를 들추어내고 신화의 은폐된 낯설고 어두운 측면에 충실한 투명성을 부여하였다. 하지만 동시에 그런 오싹할 정도로 차갑고 터무니없는 사건에도, 자연과 인간을 향한 새로운 감정이 따뜻하게 어울린 생명력을 수혈하였다.

이하 두 개의 단편은 음악이 갖는 놀라운 위력을 묘사하고 있다. 오르페우스는 칠현금을 연주하며 노래한다(27D=51E).

> 수많은 새들이 그의 머리 위에
> 맴돈다. 물고기들은 검푸른 물 위로
> 아름다운 노래에 끌려 솟아오른다.

여기서는 인간적인 행위가 주변 자연환경 안으로 실제로 돌입하여 그에 영향을 미치고 있다. 또 다른 단편에서 자연은 소리를 뿜어내기 위해 홀린 듯이 호흡을 멈추고 있다(40D=52E).

> 나뭇잎을 떨어뜨리는 바람의 숨결도 멈추었다.
> 꿀처럼 달콤한 목소리를 울리고 멀리 퍼뜨려[27]
> 사람들의 귀에 닿을 수 있도록.

시모니데스는 동화적 호소력을 부여하여 이야기를 발전시키는 데 도움이 될 경우에만 신기한 사건을 그의 문학에 끌어들이는 것이 아니다. 그는 또한 소름끼치는 공포를 부각시키기 위해서도 이를 사용하였다. 그는 아킬레우스의 영혼이 그리스 사람들이 모인 가운데 자신의 무덤가에 등장하는 장면을 누구보다 생생하게 묘사하고 있다(209 Bergk=210E). 또 시모니데스는 철로 만든 거인 탈로스를 묘사하는데, 이것은 헤파이스토스가 크레타의 왕을 위해 해안을 지키는 민첩한 경비병으로 쓰도록 만들어준 것으로서 초인적인 힘을 가진 움직이는 기계였다. 그는 이 거인 괴물 기계가 어떻게 크레타 왕의 뜻에 반하여 도망하려는 사르디니아 사람들을 포획하고 쇠로 된 팔로 붙잡은 채, 그들을 데리고 불 속으로 뛰어들었는지 묘사하고 있

---

27. 'κιδναμέναν'으로 읽었다.

다. 그리고 이때 불에 타 죽으면서 사람들이 입을 크게 벌리고 고통스러워하며, 이른바 "사르디니아 사람들의 냉소"를 지으며 죽는 장면도 전하고 있다(202 Bergk=204+205E).

감각적이며 생동감 넘치는 격정적 묘사에서 우리는 시모니데스의 극작가적 성격을 보아야 한다. 그의 생존 당시 이제 갓 비극이 발전하기 시작했다. 크레타 섬에서 귀향하는 테세우스를 이야기하는 합창시에서 시모니데스는 비극 작품에서 흔히 발견되는 전령 보고와 흡사한 형식을 사용하였다. 배가 항구로 미끄러져 들어오고 선장이 꾸물대는 사이에(56 Bergk=63E) 무사 귀향을 알리기 위해 약속했던 흰색 돛이 걸리지 않았으며, (시모니데스가 합창시적인 웅장한 언어로 묘사하고 있듯이) 다음과 같은 돛이 걸려 있었다(33D=62E).

무성한 선홍 떡갈나무, 그 물기 많은 꽃으로 염색한 자줏빛 돛

어떤 사내가 배에서 내려 기쁜 소식을 가지고 온다. 하지만 너무 늦었다. 젊은 영웅의 아버지는 아들이 죽었다고 생각하고는 바다에 몸을 던졌던 것이다. 그 시신 앞에서 전령은 망자에게 말을 걸어 그가 살아생전 듣고자 했던 소식을 전한다. 전령은 다음과 같이 고통을 표현한다(34D=64E).

조금 더 일찍 도착했더라면, 당신이 행복한 삶을 살아갈 수 있을 텐데.[28]

우리는 시모니데스가 페르시아 전쟁을 계기로 지었다는 일련의 작품들

---

28. 소유격 'βιότω'는 중간태의 'ὀνίνασθαι'에 붙는 소유격으로 설명할 수 있다. 이 동사는 능동태에서는 사역의 의미(즐기게 하다)로 쓰인다. 이렇게 쓰인 사역의 의미에 대해서는 J. Wackernagel, *Sprachl. Untersuch. zu Homer*, Göttingen, 1916, 130쪽 이하 참조.

에 관해 알고 있다. 시모니데스와 같은 정신의 소유자가 이런 대단한 사건에 대하여, 특히 조국을 위한 자기희생에 대하여 어떤 태도를 취하는가를 알아보는 것은 매우 흥미로운 일이다. 490년 마라톤 전투에서 희생된 아테네 사람들을 위해 비극작가 아이스퀼로스뿐만 아니라 이제 거의 70세에 이른 시모니데스도 시를 지었다. 이 시는 앞서 아르킬로코스가 익사한 전사들을 위해 장례의 노래를 부를 때 사용했던 엘레기 형식을 취하고 있었다. 아르킬로코스의 엘레기에서 비탄의 목소리는 통한의 절규에서 생을 향한 불굴의 의지로 이어지며 발전한다(이 책 262쪽 이하). 하지만 시대가 바뀌었다. 5세기 초의 아테네 사람들은 동료들의 죽음으로부터 제 삶에 대한 의지로의 전환을 선호하지 않았다. 그들은 잔잔한 슬픔 가운데 전사자들을 추모하곤 하였다. 전승에 따르면 아이스퀼로스는 시모니데스와의 경쟁에서 패배하였다고 하는데, 이는 격정적으로 과장된 그의 시행에는 사태가 요구하는 "섬세한 연민"이 결여되었기 때문이라고 한다(*Vita Aesch*. 8). 우리는 시모니데스의 엘레기 가운데 한 행을 가지고 있다(63D=90E).

어떤 것도 실패하지 않으며, 모든 것을 성취하는 것은 신의 일이다.

(보충해보면) '반면 인간은 그 타고난 불완전성 때문에 희생 없이는 어떤 업적도, 어떤 쾌적한 즐거움도, 어떤 이익도 얻을 수 없다.'[29] 승리를 얻기 위한 용사의 죽음은 시모니데스가 보기에 인간이기 때문에 치를 수밖에 없는 일종의 세금이었다. 여기서도 그는 모두에게 주어진 인간 한계에 대한 자신의 철학을 보여주고 있다.

---

29. 로도스의 아폴로니오스가 『아르고 호 이야기』 제4권 1165행 이하에서 이렇게 적고 있다. "그런데 진정 고통을 겪는 우리 인간 종족은 결코 든든한 발로써 즐거움을 딛지 못하며, 항상 어떤 쓰라린 괴로움이 즐거운 기분에 동행하는 법이다."

마라톤 전투 10년 후에 페르시아는 다시 한 번 육군과 해군을 거느리고 그리스를 침공한다. 이제 전쟁의 종지부를 찍어 승패를 결정할 마지막 전투가 펼쳐진다. 양자는 드디어 상대방의 진정한 힘을 깨닫게 된다. 그리스 해군이 아르테미온에서 페르시아 함대의 전진을 막고 있는 동안, 레오니다스가 이끄는 스파르타의 병사들은 테르모퓔라이에서 그리스 중부로 이어지는 길목을 막고 있었다. 양측의 함대가 결전을 벌이기에 앞서, 강한 북풍이 몰아쳐 페르시아 함대에 커다란 피해를 입혔다. 전하는 바에 의하면, 아테네 사람들이 앞서 '북풍Boreas'에게 희생제를 드려 도와줄 것을 기원했다고 한다. 북풍은 아테네의 사위로 여겨졌는데, 북풍이 자신의 부인을 아티카 지방에서 데려갔다는 전설에 따르면, 북풍이 거세게 아테네로 몰아쳐 그 땅의 딸인 '오레이튀이아Oreithyia'를 트라키아로 데려갔다고 한다. 전쟁이 끝난 후에 아테네 사람들은 북풍을 위해 신전을 지어주었으며, 시모니데스는 그 해전과 북풍의 도움을 이야기하는 합창시를 지었다. 하지만 아쉽게도 거의 남아 있지 않은 것이나 다름없을 정도의 시행만이 남아 있다.

　　페르시아 육군은 오랜 시간 많은 희생을 치르고 나서 테르모퓔라이의 그리스 방어선을 우회하여 그리스군을 공격하였으며, 그럼에도 불구하고 스파르타 병사들은 물러서지 않았다. 그들은 나머지 방어지점들은 포기한 채 테스페이아 사람들과 뭉쳐 최종 방어선을 구축하여 마지막까지 싸웠다. 다음과 같은 묘비명이 그들의 묘비에 새겨져 있다(92D=119E).

　　여행자여, 당신은 라케다이몬 사람들에게 전하라!
　　그들의 명령을 충실히 지키다가 우리가 여기에 누워 있다고.

여기서 "명령"이란 말은 전사의 사명이나 명예에 관한 스파르타의 전통을 가리킨다. 마지막 한 명까지 목숨을 바쳤다는 것을 암시하는 다섯걸음운율 시행은 그 놀라운 간결함으로 위엄과 숭고함을 표현하고 있다. 그런데 여섯걸음운율의 첫 행은 좀 다르다. 그리스 묘비를 보면 종종 길을 가는 나그네에게 말을 건네는데, 그것은 그리스의 묘지들이 흔히 길가에 자리 잡고 있기 때문이다. 잠깐 발을 멈추고 고인을 추모하라고 나그네에게 말을 거는 것이 보통인데 반해, 여기서는 여행자에게 전령이 되어줄 것과, 고향 멀리 여기에 묻힌 사람들의 소식을 고인들 대신 고향에 전해줄 것을 종용한다. 참전한 병사들 가운데 한 명도 살아남지 못했기 때문이다. 전령이라는 장치는 다시 한 번 극형식을 연상시키는 바, 실제 페르시아 전쟁을 다룬 비극에서도 유사한 장치가 사용되었다. 하지만 한 장소에 붙박여 오랜 조용히 지켜온 묘비명에 이런 극형식의 요소는 언뜻 어울리지 않는 듯 보이며, 우연히 지나가는 사람이 없고, 있더라도 나그네가 스파르타로 발길을 돌리지 않는다면 라케다이몬 사람들이 그들의 충직한 병사들이 전멸하였다는 소식을 듣지 못하게 된다는 설정은 아무래도 작위적이다. 고대 말기에 사람들은 이 묘비명을 시모니데스가 지었다고 보았는데, 어쩌면 시모니데스의 성향과 묘비명의 정신이 잘 어울린다고 생각했던 것 같다. 하지만 시모니데스의 작품이라는 확실한 증거는 없다.

한편, 테르모퓔라이에서 전사한 친구를 위해 시모니데스가 지은 것이 확실한 묘비명이 있다(83D=120E).

> 이것은 유명한 메기스티아스를 위한 묘비다. 메디아인들이
> 말리스 땅으로 쳐들어와 그를 전투에서 죽였다.
> 그는 선견지명이 있어, 닥칠 죽음을 알았다.
> 하지만 도망치지 않고 스파르타의 군대에 머물렀다.

이 아름다운 (동시에 번역 불가능한) 묘비명은 어떤 설명도 필요 없다. 우리

는 직접적으로 여기에 담긴 마음을 느낄 수 있다.

시모니데스의 새로운 사고방식을 잘 설명해주는 것으로서 테르모필라이에서 전사한 병사들에게 바치는 제사에서 쓰였던 합창시의 단편이 있다 (5D=21E).

> 테르모필라이에서 전사한 사람들에게
> 죽음은 드높고, 몰락은 아름답고,
> 그들의 묘는 제단, 비탄 대신 기억, 동정 대신 칭송.
> 쇠락, 모든 것을 집어 삼키는 시간도
> 훌륭한 남자들의 묘비를 훼손하지 못하며
> 성스러운 영역에 헬라스의 영광이 거처를 마련하였다.
> 용맹arete이라는 위대한 훈장과 누구도 넘볼 수 없는
> 명예를 남긴 스파르타의 왕 레오니다스가 그 증인이다.

그저 위대한 사건을 논하고 설명하는 방식에서 우리는 다시 한 번 설교를 떠올린다. 용사들의 죽음은 일상적인 죽음과 완전히 다른 어떤 것으로 해석되고 있다. 그래서 여기에서도 앞서 시모니데스가 지은 장례의 노래(이 책 569~573쪽)처럼 인간의 한계에 관해 달리 한마디도 언급이 없다. 단편의 초입에 있는 다섯 개의 문장은 다섯 번의 반복적인 가치전도와 가치부여를 수행하는 바, 쓰라린 고통은 아름다운 영광으로 해석되고, 죽음은 영원한 존재로 설명된다. 단편의 형식은 확고하고 엄정하며, 운율은 빠르고 단조롭다. 하지만 내용은 교묘한 방식으로 빛나고 의미심장하다. 다섯 번의 가치전도는 상고기적 방식의 극명한 대립자들 가운데서 수행되는 것이 아니라, 오히려 다양한 숭고함이 다양하게 어우러지는 가운데서 일어난다.[30]

이어지는 문장에서도 앞서의 사고전환과 가치전환이 이어진다. 방금 "제단"으로 승화된 묘는 명성을 담은 "묘비명"을 갖게 되었으며, 철과 돌로 만든 기념비보다 더 오랫동안 살아남게 될 것이다(이 책 573쪽 이하). 거기에서 쉬고 있는 것은 망자들이 아니며, "헬라스의 영광"이다. 이로써 전몰용사들은 실질적인 영웅이 되며, 신화시대 위대한 용사들의 묘지가 성역이 된 것처럼 그들의 묘지도 성역이 된다.[31] 그런데 시모니데스에 의한 영웅화는 단지 테르모필라이의 영웅들에 국한되지는 않는다. 이는 넓게 "훌륭한 남자들"로 살다가 죽은 사람들 모두에 해당한다. "훌륭한 남자들"이라는 단순한 존칭도 당시로서는 조국을 위해 목숨을 바친 사람들에게 예를 갖추어 지칭하는 데 충분한 호칭이었다. 우리가 보기에는 논리적으로 깔끔하지 못한 반전을 포함하여 이런 보편적인 명제는 문제의 사건을 언급함으로써 확증된다.[32] 그리스 사람이라면 누구도 헤라클레스 집안의 레오니다스에 대한 추모가 영원무궁할 것임을 부정할 수 없을 것이다. 여기서 시인은 그렇게 죽은 사람이라면 누구나 그와 동일한 보상을 받을 것을 기대할 수 있다는 결론을 이끌어낸다.

---

30. 죽음과 관련된 'Τύχα'는 여기서 'ἀτυχία'를 의미한다. 또한 'εὐκλεής'라는 규정을 받음으로써 'εὐτυχία'로 고양된다. 'Πότμος'는 강압을 의미하는 것으로 도덕적인 평가('καλός')를 받을 수 없음에도 불구하고 그렇게 함으로써 몰락을 기꺼이 수용하다는 태도를 함의한다. 임의적 상황을 'τύχα'와 필연적 상황을 의미하는 'πότμος'는 서로 반대되는 것임에도 불구하고 여기에서는 나란히 서 있다. 상실에 대한 "비탄"과 망자에 대한 "기억"이 "연민"과 "칭송" 만큼이나 서로 잘 연결되지 않음에도 여기서는 서로 대립적인 의도를 나타내려는 뜻에서 서로 대립적인 것처럼 놓여 있다.

31. C. M. Bowra, *Greek Lyric Poetry*, Oxford, 1936, 363쪽에서 플라타이아이에서 죽은 사람들의 영웅화를 언급한다. 이들을 위해 매년 희생제를 치른다.

32. 사상의 이런 전개 형식은 상고기적이다. *Frühgriech. Denken* 72~74쪽과 Leonhard Illig, *Zur Form der pindarischen Erzählung*, Berlin, 1932, 61쪽을 보라. 또 『오뒷세이아』 제11권 425~429행에서 예를 찾을 수 있다.

매우 인상적인 이 단편에서 전개된 모든 가치전환 행위는 오로지 하나의 목적만을 염두에 두고 있다. '망자의 불행과 그들의 무덤은 연민과 한탄의 계기를 만들어 주었다'라는 사실에 대한 단순한 파악은 차츰차츰 수정되어, 도덕적이고 종교적인 가치로 짜인 다른 입장으로 대체된다. '전몰 영웅들과 그들의 제단은 영원한 명예와 존경을 받는다'는 것이다. 육체적인 죽음이 도덕적인 삶으로 미화되는데, 이는 마치 스코파스에게 바쳐진 노래에서 인간의 위대함은 육신이 죽어 없어진다 하더라도, 만약 수치스러운 것을 저지르지 않는다면 도덕적인 승리로 승화된다고 한 것과 매우 흡사하다(이 책 579~583쪽). 이런 사상은 의미심장하고 강한 인상을 주고 있으며, 이런 측면에서 있어 놀라울 만큼 참신하다. 이 단편과 함께 스코파스에게 바친 노래에 적용된 언어는 이제껏 들어보지 못한 새로운 것, 물질적인 것에 대한 정신적인 것의 승리를 의미한다. 사고는 지금까지 그랬던 것처럼[33] 영상이나 구체적인 상황에 매어 있는 것이 아니라, 중력에 구애되지 않고 자유롭게 숭고한 곳으로 날아오르며, 그런 높이에서 보면 사물의 버거운 육체는 소실되고 그 존재의미의 영롱한 색채만이 빛을 발하게 된다. 높은 곳에서의 시선은 넓게 열려, 서로 멀리 떨어져 있는 대립자들도 하나의 화폭에 모으며, 열린 공간에서 거리낌 없이 움직이며 필요 혹은 의지에 따라 조망을 얻게 된다. 소피스트 운동이 여하한 종류의 전통과 전승 일반으로부터 지성을 해방시키고자 하는 것을 의미한다고 할 때, 여기서 이미 소피스트 운동이 준비되고 있었다고 하겠다. 소피스트 운동은 5세기 중반 직후에 시작되며, 이론적 세계 이해의 사변철학에서 형성 발전된 추상적 사유

---

33. 사람들은 유사한 사례를 위(僞)튀르타이오스의 단편 9D=12W(이 책 630~633쪽)에서 볼 수 있다. 이 엘레기는 진짜 튀르타이오스의 문학보다는 상당히 추상적인 성격을 보임에도 불구하고 시모니데스의 테르모퓔라이 합창시에 비하면 훨씬 덜 추상적인 수준에 머물고 있다고 하겠다.

방법을 실천적인 삶의 문제에 적용하게 될 것이다.

도덕적 가치와 명예로운 행동에 대한 물음과 함께 다른 물음들이 동반된다. 행복은 어디에 있는가? 어디서 행복을 찾아야 하는가? 다음 두 단편은 막연하게나마 답을 주고 있다(57D=71E, 56D=70E).

어떤 사람의 삶도, 군주의 삶이라도 즐기지 못하면 살 만하지 못하고
즐기지 못하면 신들의 총아도 부러움을 살 만하지 못하다.

옛 사람들은 참주가 부리던 것과 같은 막강한 권력에서 인생의 꽃을 발견하였다. 위대하고, 아름답고, 부러움을 살 만한 모든 것이 그것 하나에 다 모여 있었다.[34] 하지만 지혜로운 시모니데스는 행운이 모든 사람을 행복하게 만드는 것은 아님을 알고 있었다. 유쾌한 향유가 있어야 하며, 그것이 없다면 아무리 맛있는 음식일지라도 그저 쓸모없을 뿐이다. 이어 그는 말한다.

아름다운 소피아(지혜, 기술)에도 카리스(매력, 행복)가 없다.
만약 귀하디귀한 건강을 갖고 있지 못하다면.

여기처럼 건강에 대하여 명예로운 수식어가 붙어 있는 경우는 흔하지 않다. 시모니데스에게 건강은 저급하고 순전히 동물적인 가치 이상의 것이었다.[35] 위의 두 단편에서 시인이 인간의 총체적 행복에 공히 활기를 불어넣어주는 요소들을 서로 연결시켜 강조하고 있다는 점은 매우 인상적이다. 조화롭고 건강하며 순수하고 투명한 속마음에서 쾌활하고, 자신의 한

---

34. *Frühgriech. Denken* 67쪽 각주 3번을 보라

35. 시코파스의 노래 마지막(4D=19E 26행)에 시모니데스는 칭송받을 만한 사람의 온갖 수식어를 하나로 모아 "건강한 사람"이라고 불렀다.

계를 분명히 의식하고 있는 그리스인이라는 고전기 시대의 표상을 만들어 내는 데 시모니데스도 분명 기여한 것이다.

시모니데스의 종교적 성향에 대하여는, 아무것도 언급된 바가 없으므로 우리는 무어라고 말할 수 없다. 어떤 단편에서도 특정 신이 개별적 신격으로 등장한 바 없으며, 그가 언급하는 신들은 다만 영향을 미치는 자연력 혹은 생명력 일반을 의미한다. 포세이돈(21 Bergk)과 보레아스가 그러하다. "황금의 항아리에, 암브로시아의 심연에서 솟아오르는 사랑스러운 물을 긷고 있는"(25D=56E) 무사이 여신들이 그러하다. 사랑이 다툼을 만들어내기 때문인지 시모니데스가 아레스와 아프로디테의 아들이라고 지칭한 에로스가 그러하다(24D=54E). 마지막으로 제우스라는 이름을 시모니데스는 날씨와 관련하여 한 차례 사용하였다. "북풍한설이 몰아치는 계절에 제우스가 이성을 찾는다면"이라는 구절은 "추운 한겨울 날에 바람이 잦아들고 하늘이 쾌청해진다면"을 뜻한다(20D=37E). 시모니데스는 대체로 인간의 대립물을 나타낼 때 "신" 혹은 "신들"이라는 용어를 사용하였다. 시인은 절대적인 신성에 대하여는 모든 인간적인 척도를 넘어선다는 열렬한 경외심을 품고 있었다. 따라서 시인은 시적 창작력을 인간과 그 행위에 집중하였다. 또한 정치에서도 시인은 자신의 인생경험을 십분 발휘하고 있는데, 고령에 이르러서는 더욱 그러하였다.

476년 시모니데스는 80세의 나이로 헌시(77D=176E)를 지었다. 이것은 시모니데스가 짓고 가르친 노래를 경연에서 불러 승리를 거둔 아테네 남성 합창대를 기리기 위한 것이었으며, 물론 동시에 시인 자신이 남성합창대를 거느리고 56번의 승리를 거두었음을 자랑하기 위한 것이었다(79D=174E). 곧이어 그는 아테네를 떠나 그리스 서쪽으로 여행하여 쉬라쿠사이의 강력한 왕 히에론을 찾아간다. 그곳에서 그는 히에론과, 당시 쉬라쿠사이에 대항하여 막강한 해군을 이끌었던 아크라가스의 참주를 중재하여 평화조약을 맺도록 하였다. 약 8년 동안 시모니데스는 시킬리아에 머물렀는데, 대개는 히에론의 궁정에 체류하였다. 히에론을 위해 핀다로스와 시모니데스의 조카 박퀼리데스도 시를 지었다고 한다. 468년 그는 아크라가스에서 90세를 바라보는 나이로 세상을 떠났다.

시모니데스가 동시대와 후대에 미친 영향은 실로 대단하였음이 분명한데, 그것은 문학 분야에만 국한된 것은 아니었다. 그의 성품 역시 실로 강력한 인상을 남겼으며, 이로 인해 그를 둘러싼 좋고 나쁜 일화가 무수히 만들어졌다. 우리는 그의 기적에 가까운 기억력에 관해, 그의 태도에서 풍기는 우아함에 관해, 그리고 그의 돈 욕심에 관해 전해 듣고 있다. 현실적 인물이었던 시인이 문학 활동을 통해 경제적으로 성공을 거두려고 했었다는 것은 충분히 가능한 일이다. 더군다나 보수적인 이상을 숭상하던 인물들이, 현실감각을 일깨우고 허황된 이상주의를 경계하였던 시인을 천박한 물질 숭배자로 비난했을 가능성도 배제할 수 없다.[36] 얼마만큼의 진실이 이런 일화들에 들어있는지 우리는 알 수 없다. 시모니데스와 그의 신세대 경쟁자 핀다로스의 관계에 관한 확인되지 않은 이야기들도 횡행하고 있었으며, 두 시인의 시구절 안에서 사람들은 두 시인의 이른바 경합에 관한 증거를 찾아내곤 한다.[37] 어쨌든 너무나 성격이 다른 이 두 인물이 서로를 잘 이해하기가 힘들었을 것이다.

시모니데스의 문학은 기능적인 측면에서 실용문학이며, 경제적 측면에

---

36. 이런 추측의 가능성은 핀다로스 단편 123Snell, 5행을 보라. 시모니데스의 정신적 형제인 크세노파네스에게서도 물질주의적 요소가 분명 나타난다. 이에 관해서는 크세노파네스 DK21B2=8 정암을 보라.
37. 시모니데스 단편 49D=75E의 증언을 해석하는 시도들은 양측의 생각을 제대로 파악하지 못하고 있다.

서 고가의 주문생산 상품이었다. 합창시는 한 개인의 인생여정에 있어 결정적 시기들을 노래하였으며, 또 축제와 사교적 행사에서 그 영광을 드높여주었다. 합창시의 가사는 문자로 기록되어 널리 유포되었다. 그러나 이런 외적인 정황을 아무리 기술한다 하더라도 사태의 본질은 좀처럼 드러나지 않는다. 시모니데스의 문학은 덧없는 즐거움을 위한 삶의 장식물 이상이고자 하였던 바, 그는 문학을 통해 사람들을 가르치고 교육시키고자 하였다. "이슬이 싱그러운 풀밭에서 화려하고 향기로운 꽃을 꺾어 덧없고 무상한 화관을 지으려 하는 것이 아니니, 나는 쓰디쓴 백리향에서 영리한 벌인 양 내 문학의 달콤한 꿀을 마신다."³⁸ 이와 같이 시모니데스는 말하고 있다.³⁹ 시인은 진지한 경험적 성찰로부터 한 방울 한 방울 자신의 문학에 풍성한 농도를 더해줄 알찬 결실을 모아들이고 있다. 시인은 다른 곳에서 어른답고 노련하게, 잘난 체하는 젊은이의 건방진 요구를 거절한다(49D=75E).

---

38. 단편 43D=57E. 이 단편의 문장은 플루타르코스 『윤리론집』 41e ('μιμεῖσθαι μὴ τὰς στεφηπλόκους —συνείρουσι ἐφήμερον καὶ ἄκαρπον ἔργον —ἴων καὶ ῥόδων καὶ ὑακίνθων λειμῶνας' 79c 'ἄνθειν —χρόαν καὶ ὀσφήν')에 전하는 것으로 부정의 뜻을 담은 시구는 시모니데스에게서 유래한다는 사실을 핀다로스의 유사한 부분(『네메이아 찬가』 7번 77행 이하 'εἴρειν στεφάνους ἐλαφρόν —λείριον ἄνθεμον —ἐέρσας')을 통해 확인할 수 있다. 플루타르코스 494a의 언급에서 'σοφήν'은 인용으로 보인다. 핀다로스에서 나타나는 이런 보기 드문 회화적 묘사(Gött. Gel. Anz. 1928, 264쪽)를 놓고 볼 때, 핀다로스가 시모니데스의 잘 알려진 시구를 흉내 내고 있는 것이 분명하다.

39. 시모니데스가 자신의 문학 활동을 비유하고 있는 벌의 비유는 호라티우스에 의해 그의 문학에 수용된다. 호라티우스는 핀다로스 풍으로 아우구스투스를 노래하는 것을 거부하고 있으며(『서정시』 4, 2, 29~32행, 여기에 관해서는 Ed. Fraenkel, Horace, Oxford, 1957, 435쪽 각주 1번을 보라), 호라티우스가 보기에 자신은 전혀 로마적 핀다로스가 아니라고 말하는 바, 아마도 로마의 시모니데스라고 말하고 있는 듯하다. 시모니데스와 호라티우스의 비교연구는 사실 많은 관점에서 시사점이 많으며, 호라티우스 자신이 그렇게 생각하고 있다는 점에서 이를 좀 더 연구해볼 만하다.

갓 담은 포도주는 지난해 담은 포도나무의 선물을 물리치지 못한다. 소년의 헛된 소리는 이와 같다.[40]

시모니데스의 문학은 그 이전 혹은 그 이후의 그리스 서정시보다 훨씬 직접적이고 단호하게 개혁을 수행하였다. 시계추처럼 대립쌍의 양극을 오가는 수동적 태도를 벗어나기 위해서는 새로운 지향이 요구되었다. 비실용적인 사유기반은 제거되어야 했으며, 실질적인 것으로 대체되어야 했다. 이런 사유전환을 수행하는 데 있어 문학적 선전이라는 낡은 도구는 쓸모가 없었다. 느긋하게 권위를 부리며 자신들의 가르침을 마치 법률조항처럼 대중 앞에 제시하던 과거의 시인들과는 달리, 시모니데스는 생동감 넘치고, 비판적이며, 전투적이고, 언제나 논쟁을 벌일 준비가 되어 있었다. 전대의 '현인'들이 내세운 주장 혹은 신세대의 설익은 주장을 끌어들여 시인은 이들과 논쟁을 벌이고 있다. 시인은 이를 평가하고, 수용하거나 거부하였으며, 문제에 새로운 답을 제시하였고, 탐구 조사하였다. 시모니데스의 말에 따르면, 정상은 각고의 노력과 땀을 쏟는 사람만이 오를 수 있는 것처럼, 인간이 목적한 바를 이루고 올바르게 살기 위해서는 자신의 감정과 이성의 힘을 영리하고 현명하게, 진지하고 정확하게 사용해야만 한다. 이런 방식으로 상고기의 무력(無力)과 자포자기가 극복되었으며, 동시에 직관적 믿음과 행동에 대한 몽환적 확신 또한 제거되었음을 보여준다. 이제 사람들은 더 이상 주어진 것을 있는 그대로 받아들이지 않았고, 결정하고, 선택하였다. 그리고 그 선택의 근거를 제시하였다.

---

40. 여기에 남아 있지 않은 주장은 단편 48D=31E 6행에서 거부되고 있다. 이 책 573쪽을 보라.

제7장

상고기 후기의
철학과 경험과학

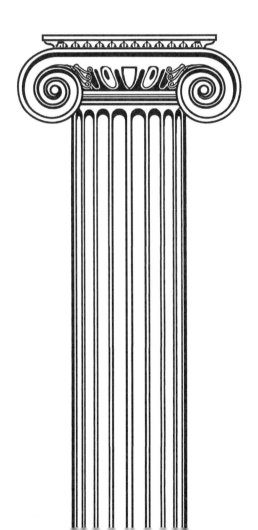

1. 크세노파네스

서사시인이자 철학자이며 신학자인 크세노파네스는 그의 정신적 형제라 할 수 있는 서정시인 시모니데스와 유사한 영향력을 후대에 끼쳤다.[1] 두 사람의 생존연대는 그리 많은 차이가 나지 않는다. 시모니데스는 대략 557년에서 468년까지 살았으며, 크세노파네스의 생존연대는 570년에서 475년경까지이다. 시모니데스와 마찬가지로 크세노파네스 역시 뿌리 깊은 편견에 대해 날카로운 비판을 가하는 열정적인 계몽지식인이었다. 또한 그는 이성적인 가치 질서와 실천적인 도덕을 위해 싸웠으며, 인간세계의 일들은 상대적이라는 사실을 드러내는 한편, 이와는 대조적으로 신의 절대성을 강조하였다.

크세노파네스 역시 이오니아 출신이다. 그는 시인 밈네르모스의 고향이기도 한 소아시아의 도시 콜로폰에서 태어났는데, 25살 쯤 되었을 때 페르시아 태수 하르파고스가 소아시아의 그리스 도시국가들을 무력으로 메디

---

1. 물론 두 사람의 개인적인 친분관계에 대해서는 알려진 것이 없다. 오히려 크세노파네스는 자신의 시에서 시모니데스를 "구두쇠"라고 공격했다고 한다(DK21B21=49정암).

아와 페르시아의 왕 퀴로스(키루스)에게 복속시키자 고향을 떠났다. 이후 크세노파네스는 유랑시인이 되어 정처 없는 떠돌이 생활을 했고, 지적 능력을 밑천으로 삼아 생계를 이어갔다. 크세노파네스는 자신에 대해 다음과 같이 말한다(DK21B8=2정암).

> 60년 하고도 7년이 이미 지나갔다. 난 그동안 쉴 새 없이
> 생각하는 머리를 그리스 전역으로 움직이며 다녔다.
> 내게 정확하고 틀림없이 말할 능력이 아직 남아 있다면,
> 스물 하고도 다섯 살에 이 모든 것을 시작하였다.

크세노파네스는 자신이 살아온 90년 이상의 인생에 대해 매우 강한 자부심을 가졌던 것이 분명해 보인다. 또 다른 단편은 다음과 같이 말한다(DK21 B22=5정암).

> 겨울에는 화롯가에, 푹신한 침상에 앉아 쉬면서,
> 배불리 식사를 한 후, 달콤한 포도주를 마시면서,
> 간간이 견과류를 안주삼아 먹으면서, 이렇게 대화를 시작하는 것이다.
> "너는 누구이며, 누구의 아들인가? 그리고 나이는 몇인가, 방랑자여?
> 말해보시오, 그 메디아 사람이[2] 침입했을 때 그대는 몇 살이었는가?"

오랫동안 전해오는 서사시 소리꾼들의 방식에 따르면 서사시의 음송은 질문으로 시작된다(이 책 25~28쪽). 크세노파네스는 여기서 자신의 대화상대자의 질문을 받아, 이미 고령이 된 자신의 나이와 까마득히 어린 시절 망명하게 되었던 일을 이야기한다.[3] 여기저기 많이 떠돌아다닌 그는 마침내 그

---

2. [역주] 하르파고스를 가리킴.

리스 본토의 서쪽에서 새로운 고향을 찾는다. 그가 시민권을 얻어 살게 된 곳은 이오니아 유민들이 갓 이주한 남부 이탈리아의 도시 엘레아였다(이 책 504쪽). 크세노파네스에 의해 엘레아는 이른바 '엘레아 철학'의 산실이 되었다.

이전부터 그리스인들은 만찬의 술자리에서 지적 수준이 높은 사교모임을 만들곤 했는데, 이때 재미있는 이야기나 사색적인 대화 또는 낭독이 이루어졌다. 『오뒷세이아』에서 오뒷세우스가 "마치 노련한 서사시인처럼" (제11권 368행) 술자리의 사람들을 즐겁게 하고, 잔치의 시간들이 가지는 의미를 상세한 말로 찬양하는 가운데 음송을 막 시작하는 것처럼(제9권 5~10행), 크세노파네스 역시 우리에게 전해지는 가장 긴 단편을 다음과 같이 시작한다(DK21B1=13정암).

이제 연회장의 바닥과 사람들의 손과
잔은 깨끗하다. 사람들은 주위를 화환으로 장식하고, 또 하인 하나는
향기로운 향료가 담긴 사발을 우리에게 내민다.
4 포도주 섞는 항아리는 이미 준비되어 넘칠 듯 흥겨움으로 가득 차 있다.
이보다 더욱더 많은 포도주가, 우리를 결코 저버리지 않겠노라 약속하며
꽃향기를 내며 부드럽게 술독 속에서 기다리고 있다.
한가운데에서는 유향이 신성한 향기를 내고 있다.
8 마실 물은 차고 달며, 또 맑고 깨끗하다.

---

3. 두 단편의 유사성으로부터 이끌어낼 수 있는 결론은 크세노파네스가 페르시아의 침입으로 고향을 떠났다는 것이다. 페르시아의 침입은 중요한 역사적 사건이었고, 그래서 그는 정확한 날짜를 단편 DK21B8=2정암에 남겨 놓았다. 반면 크세노파네스는 자신의 출생연도를 단지 어렴풋이(DK21B8, 4행) 알고 있다. 이는 그리스인들에게는 예나 지금이나 흔히 있는 일이다.

향기로운 꿀과 함께 황금빛이 도는 빵이 앞에 놓여 있고,
영예로운 쟁반들에는 치즈가 올려져 있다.
한가운데 제단은 꽃들로 완전히 둘러싸여 있고
12 연회장 전체에는 축제분위기와 즐거움과 음악이 넘쳐나고 있다.

처음 몇 줄의 시행에서는 호메로스 식의 의고적이고 구체적 묘사를 통해, 축제를 즐기는 사람들의 흥겨운 기분 자체를 표현하는 것이 아니라, 잔치 분위기를 불러일으키는 모든 사물들을 차례차례로 언급한다. 하지만 여기서 전환이 단숨에 효과적으로 일어나 "포도주"라는 말이 "흥겨움"이라는 말로 대체된다. 특히 청결함이 강조되는데, 식사 후 바닥은 깨끗이 청소되었고 손도 깨끗이 씻었다고 한다. 술잔도 물도 다 깨끗하다. 향이 피어올라 공기를 정화시키고 경건하게 한다. 육체적으로 정화된 의식이 영혼의 정화에 이르는 길을 준비한다. 크세노파네스는 영혼의 정화를 다음과 같은 시구로 노래한다.

들뜬 기분의 남자들은 가장 먼저 순수한 단어로
신성하게 제어된 노래로 신들을 찬양해야 할 것이다.
그리고 제단에 술을 바치고, 우리가 진실한 행동을 하도록
16 기도해야 할 것이다. 그런 다음, 이를 위해 모든 것이 준비되어 있듯이
고령의 노인을 제외하고 모두 혼자서 집에 갈 수 있을 정도로만 마신다면
많이 마시는 것은 지나친 일이 아니다.
그러나 남자들 중에서 고상한 대화로
20 가치 있는 일을 위한 노력과 기억력을 보이는 사람을 칭송해야 할 것이다.
이들은 티탄족이나 거인족이나 켄타우로스족의 전쟁을
이야기하지도 않는다. 이는 옛 사람들이 꾸며낸 허구일 뿐이기에.

또는 분노에 가득 찬 무의미한 싸움을 이야기하지도 않는다.

24 무엇을 하든지 간에 좋은 것을 목적으로 해야 할 일이다(?).[4]

시구의 전체적인 틀은 통상적인 것이다.[5] 제주를 바친 후 신들에 대한 찬가와 기도를 시작하며 연회는 진행되고, 그 다음 연회의 참석자들은 오락과 교훈을 선사하는 데 각자 자신의 몫을 보탠다. 하지만 권고사항을 하나하나 따져보면 통상적인 것에서 좀 벗어난다. 크세노파네스에 따르면, 신들

---

4. 19행에서 'ἐσθλὰ πιών'은 여러 이유에서 가능하지 않다. 어순이 잘못되었으며, 헤르만의 법칙이 지켜지지 않았다. 그리고 'ἀναφαίνει'는 목적어가 두 개이다('ἐσθλά' 그리고 목적절). 철자 변환(ι=ει)을 통해 'ἐσθλ(α) εἰπών'가 된다. 또 24행에서 θεῶν προμηθείην ἔχειν 은 '신들의 평안에 세심한 마음을 쓰다'라는 뜻으로만 해석될 수밖에 없는데(헤로도토스 1, 88에서도 'προμηθίη'는 '조심성 있는 배려'를 의미한다), 이것은 말이 되지 않는다. 내가 추측하는 바는 이러하다. 'χρεὼν δὲ προμηθείην αἰὲν ἔχειν ἀγαθήν'(필사본에 'ἀγαθήν'으로 되어 있다), 즉 '항상 좋은 목적을 지녀야 할 것이다'(시문학은 '즐거움을 제공하는 것delectare'뿐 아니라 '교훈도 주어야 prodesse' 한다).

5. C. M. Bowra, *Class. Phil.* 33, 1938, 353쪽 이하의 언급을 참조. 유사한 입장은 테오그니스의 엘레기 760~767행에서 읽을 수 있다(전쟁을 이야기하지 말라는 경고는 실제 중요한 의미를 가지고 있다). 더 나아가 765행(ὧδ᾿ εἴη κεν ἄμεινον)도 16행(παῦτα γὰρ ὧν ἐστι προκειρότερον)을 이해하는 데 도움을 준다. 위의 'προκειρότερον'(정반대의 비교?)는 호메로스의 다음 구절을 연상시킨다. 'ἐπ᾿ ὀνείαθ᾿ ἐτοῖμα προκείμενα κεῖρας ἴαλλον.' 그리고 "준비되어 있는" 것은 1~12행에 묘사되어 있다. 13~17행에는 일반적인 생각이 깔려 있다. 'ὅσια δρῶν εὔφαινε θυμόν'(박퀼리데스 3S 83), 또는 'δίκαιος ἐὼν τὴν σαυτοῦ φρένα τέρπε'(테오그니스 794행 이하), 즉 '만약 경건하고(여기서는 '신에 대한 찬가') 올바르게(여기서는 '정의'를 위한 기도') 행동한다면, 자연스럽게 즐거운 축제를 즐기는 것은 오만이 아니다(여기서는 'οὐχ ὕβρις πίνειν ὁπόσον—')'. 이와 반대의 경우는 솔론 단편 3D=4W 7~10행(이 책 417쪽 이하) 참조. 'ἄδικος νόος—ὕβριος ἐκ—οὐκ ἐπίσταναι παρούσας(προχειρότερον과 비교) εὐφροσύνας (크세노파네스 DK21B1, 4행 μεστὸς εὐφροσύνης와 비교) κοσμεῖν δαιτὸς ἐν ἡσυχίη.' 또 키오스 출신의 이온 (아테나이오스 10, 447쪽 이하) 'πίνειν καὶ παίζειν καὶ τὰ δίκαια φρονεῖν' 과 비교하라.

에게 보호와 도움, 또는 덕이나 번영을 달라고 무조건 기도할 것이 아니라, 자기 자신의 추구와 노력이 옳은 것일 때 — 오직 그때만이 — 이것이 성공에 이르기를 기도해야 한다.[6] 이런 점에서 이 기도문은 '신이여, 내가 옳다면 나를 도와주소서'라는 맹세와 닮아 있다. 다음에서 시 낭독을 위한 주제 선별에 대해 크세노파네스가 말하는 내용은 플라톤의 시인비판을 연상시킨다.[7] 오래된 많은 수의 신화들은 단지 선조들이 꾸며낸 허구에 지나지 않기 때문에 낭송 대상에서 제외시켜야 할 것이라고 크세노파네스는 말하고 있다. 이로써 우리의 방랑시인은 태곳적부터 자신과 같은 방랑시인들이 시창작의 근거로 삼았던 전통을 쓰레기더미 속으로 던져버리는 혁명적인 주장을 내세운다. 크세노파네스가 보기에 전승되는 것은 엄청나게 오래된 것이라고 해서 정당성을 얻는 것이 아니라, 오히려 그 반대로 가치를 상실하게 된다. 즉 당대의 진보적인 인사들은 오래 전에 꾸며진 이야기를 더 이상 믿지 않는다는 것이다. 전통적 주제에 대한 그의 두 번째 이의제기는 호메로스의 『일리아스』와 헤시오도스의 『신들의 계보』 같은 서사시가 전쟁과 다툼을 다룬다는 사실에 대한 것이다. 전쟁과 다툼은 "유용하지 않기" 때문이라고 하는데, 아쉽게도 단편은 여기서 중단되어, 그 다음으로 이어졌을 법한 그의 긍정적인 제안은 전해지지 않는다.

---

6. 'πρήσσειν'(관철시키다, 현실화하다)에 대해서는 B. Snell, *Aischylos und das Handeln im Drama*, Leipzig, 1928, 10쪽 이하와 17쪽 이하를 보라. 그리고 'τὰ δίκαια δύνασθαι πρήσσειν'과 비교할 것은 우선 테오그니스 1027행 이하(이 책 580쪽 각주 18번), 'πρῆξις (또는 παλάμη) τοῦ ἀγατοῦ는 어렵다', 그리고 두 번째로 'ἔρως καλῶν δύνασθαι ἀγαθόν καλὸν δίκαιον'로서의 '아레테arete'의 정의이다(이 책 575쪽 각주 9번과 이 책 776쪽을 보라). 그러나 다른 사람들이 다의적 개념인 'ἀγαθόν'이나 'καλόν'을 쓸 때 크세노파네스는 'δίκαιον'을 말한다.

7. 플라톤 『국가』 제3권, 『테아이테토스』 175e, 7 등 여러 곳 참조. 크세노파네스가 20행에서 기억을 언급하는 것은 자신의 시를 직접 읊을 수는 없었던 참석자들이 시인들의 시구를 낭송하곤 했다는 것을 암시한다.

"쓸데없는" 일에 대한 비판도 실용적인 사고방식의 크세노파네스에게서 계속 등장하는 내용이다. 그는 페르시아의 속국이 되기 이전 자유의 시대에 자신의 고향 콜로폰에서 ('천 명의 신사들'이라 불렸던) 시민 통치자들이 민회가 끝날 때 화려하고 값비싼 치장을 하고 나타났던 것을 비난한다 (DK21B3=9정암).

> 증오스러운 폭정이 그들을 억압하기 전까지 시민들은
> 민회와 위원회에서 모두 진한 자줏빛 의복을 입었고,
> 뤼디아 사람들을 모범으로 삼아 쓸데없는 화려함으로,
> 특히 천여 명의 신사들이 당당하게 머리를 세우고
> 물결치며 흘러내리는 곱슬머리 머리장식을 자랑해보이며
> 번쩍거리는 치장용 향유를 발라 향내로 몸을 적셨다.

우리는 투표권이 있는 완전시민권자의 표시로 긴 머리를 말아서 "곱슬머리"로 만든 이오니아인들을 떠올려본다. 호메로스 시대 이래로 몸을, 특히 머리를 치장용 인조가발로 바로크 풍의 무겁고 많은 장식을 하는 것이 일반적 관습이었다. 풍성함과 화려함은 상고기 말의 경향과 함께 뤼디아적인 세련됨을 거치면서 정도가 훨씬 심해지고 정교해졌다. 그러나 이제 자연 그대로의 신체가 가진 빈틈없는 탄탄함을 다시 선호하고, 남자들은 짧은 머리를 하게 될 고전기가 다가오고 있었다. 크세노파네스도 앞서 당시의 일반적 치장관례를 비난한다. 하지만 그것은 순수한 취향의 문제라기보다는[8] 합리적 경제성을 염두에 두었던 까닭이다.

---

8. 크세노파네스의 이 단편은 이후 전형적으로 사용되는 시상을 최초로 사용한 가장 오래된 사례이다. 자줏빛과 향유는 각각 염색하지 않은 순모와 향을 섞지 않은 기름에 비해 조작된 거짓물건이라고 비난받는다. *Frühgriech. Denken* 242쪽 각주 1번 참조.

크세노파네스의 비판은 올륌피아에서 열리는 범(汎)그리스제전의 의미를 강하게 부정함으로써 전통적 가치체계를 깊숙이까지 공격하게 된다. 특히 그는 경기에서 우승한 선수들을 국가에서 포상을 하는 것에 대해 격렬하게 분노했다(DK21B2=8정암).

제우스의 성역이 피사의 강가에 자리 잡고 있는 그곳,
올륌피아에서, 누군가는 발이 빨라서 승자가 되고,
누군가는 5종 경기에서, 또는 레슬링선수로,
또는 고통스러운 권투의 기술이 있기 때문에, 또는 레슬링과 권투라는
끔찍한 경기종목[판크라티온]에서 승자가 되었다고 하자.
그러면 이 사람은 시민들에게 더 영광스런 인물로 보이고
그 보상으로 축제에서 귀빈석을 차지한다.
도시국가에서 주어지는 비용으로 식사를 대접받고
거기다 값비싼 하사품을 받는다.
자신의 말이 승리를 해도, 그 주인이 모든 것을 받는다.
나보다 더 나은 자격이 없는데도 말이다. 왜냐하면 사람이나 말의 힘보다
더 강한 것은 지혜sophia이며, 이것이 내가 가진 능력이기 때문이다.
터무니없다. 이 관습은 너무나 자의적인 것이며, 훌륭한 지혜가
힘보다 더 낮은 평가를 받는다는 것은 올바로 된 일이 아니다.
시민들 가운데 권투경기에 뛰어나고 소질 있는 사람이 있고,
또는 5종 경기나 레슬링에서, 또는 달리기에서 (이것이
힘을 겨룰 때 항상 가장 중요하고 최고로 여기는 것이다)
매우 강한 자가 있을 수 있다.
그러나 그런 사람을 통해 국가의 법질서가 향상되지는 않는다.
누군가 피사의 강가에서 열리는 경기에서 성공을 거둔다고 해도,

이로부터 국가가 받는 즐거움은 매우 적다.

그렇다고 해서 국고가 더 채워지지는 않을 테니까 말이다.

여기에 나타나는 장황하며 노골적인 표현은 상고기의 전형적 특징이다. 크세노파네스는 '운동선수의 업적'이라든가 '운동선수에 대한 존경'과 같은 일반적 개념을 사용하지 않는다. '운동선수' 일반을 모두 비판하기에 앞서, 우선 올림피아 경기 일정의 대부분이 실제 행해지는 순서대로 청자 앞에서 펼쳐지게 하고, 승리자들이 영예의 표시인 모든 보상들을 수령하게 한다. 그리고 그 다음 자신의 근거를 제시하면서 다시금 축제 일정의 여러 분야를 펼쳐 보인다. 하지만 이미 상고기의 문체를 벗어나 있다고 할 수 있는데, 이는 문장구조의 호흡이 길다는 데서 드러난다. 또 가령 크세노파네스가 자신이 거부하는 입장에 치명적인 비난을 가하기 위해 사용하고 있는 "관습이 자의적εἰκῆ νομίζεται"이라는 표현은 현대적인 느낌을 준다.

　5세기 후반기에 들어서면서 삶을 합리적으로 구성할 것을 주창했던 소피스트들은 사회집단에 의해 제도적으로 형성된 인위적이고 우연적이며 자의적인 '관습들νόμοι'에 반대하여 스스로를 자연적 질서의 변호인으로 생각했다. 냉정하고 실용적인 사고의 크세노파네스에게는 공동체의 한 일원이 운동경기에서 승리를 거두었다고 해서 그에 대해 공동체의 존경을 바친다는 것은 터무니없는 것으로 보였다.[9] 크세노파네스에게 중요한 것은 오로지 질서("훌륭한 법질서")와 안녕이다. 또한 그는 자신의 지혜가 국가의 질서를 개선하고 공동체의 번영을 증진하는 능력이 되어야 한다고 생각했음이 분명하다.

---

9. 운동경기에서의 업적을 지나치게 평가하는 경향에 대해 그 시대에 크세노파네스 혼자만 비판했던 것은 아니다. 또 다른 비판은 중요한 엘레기 한 편에서 나타나는데, 이에 대해서는 이 책 630~633쪽에서 다루게 될 것이다.

지금까지 우리가 살펴본 것은 공리주의자로서의 크세노파네스의 면모다. 그는 오로지 공동체의 질서와 안녕을 발전시키는 데 실제로 도움이 되는 노력들만을 가치 있는 것으로 여겼다. 그에게 불필요한 사치를 일삼는 시민대표는 거부되어야 할 것이었고, 국가적인 영예의 대상인 운동경기는 임의적이고 공허한 놀이에 지나지 않았다. 신화도 역시 허황되며 인성을 망친다는 이유로 비판했다. 합법성이 실천적으로 구현되기를 바라는 기도 역시 이러한 공리주의와 잘 들어맞는다. 법은 시모니데스에 따르면 "공동체를 증대시키기" 때문이다(이 책 580쪽). 이에 비해 그의 신관(神觀)은 의외로 전혀 평범하지 않았다. 도덕적 순수성과 지적 엄밀성에 대한 추구가 그로 하여금 종교 역시 선입견으로부터 해방시키고자 하는 길로 이끌었던 것이다. 크세노파네스는 전통신관을 날카롭게 비판함으로써 극단적 일신론의 신봉자가 되었다.

우리는 호메로스에 등장하는 파렴치할 정도로 자유로운 신들과 헤시오도스의 묵시론적이고 어두운 신화가 최소한의 도덕적 요청도 만족시키지 않는다는 것을 앞에서 보았다(이 책 100쪽 이하, 그리고 179쪽). 크세노파네스의 다음과 같은 전통종교 비판도 그러한 도덕적 동기에서 출발한다(DK21B11=14정암).

우리 인간들 사이에서 수치스럽고 비난받을 만한 것, 그 모든 것을
호메로스와 헤시오도스는 신들에게도 부여했다.
도둑질, 간통 그리고 서로 속이고 거짓말하는 것이 그런 것이다.

그의 말들은 조금의 틈도 보이지 않고 혹독하기 그지없다. 그러나 이것은 시작일 뿐이다. 크세노파네스는 단순히 비난하는 데 그치지 않고, 이런 잘못된 신관의 원인인 신인동형론적 추론의 오류를 방법론적으로 철저하게

파헤쳤다(DK21B14=16정암).

> 인간들은 신들도 인간처럼 태어나고,
> 옷 입고 말하며, 신들도 인간처럼 생겼다고 생각한다.

크세노파네스는 이런 생각을 원시적이고 비(非)그리스적인 것으로 보았는데, 즉 그는 그리스인이든 이방인이든 구별하지 않고, 모든 인간은 신들을 자신의 모습대로 그린다는 것을 지적하였다. 흑인은 신을 피부가 검고 평평한 코를 가진 것으로, 트라키아 사람은 신들이 푸른 눈과 적갈색 머리카락을 가진다고 말한다(DK21B16=17정암). 게다가 신인동형적인 사고를 완전히 웃음거리로 만들기 위해 그는 심지어 인간과 동물의 경계도 넘어서게 된다(DK21B15=18정암).

> 만약 소나 말, 또는 사자에게 손이 있다면, 그래서
> 인간처럼 손으로 그림을 그리고 작품을 만들 수 있다면,
> 말들은 신의 모습을 말로, 소는 신의 모습을 소로
> 그릴 것이며, 각기 자기 자신들의 형체대로
> 신의 몸을 빚을 것이다.

그리스적인 재치와 전형적인 그리스식 사유실험을 수단으로 삼아 크세노파네스는 상상해 낸 허구의 예를 들어 오류가 어디에 숨어 있는지 드러내 보였다. 인간적인 것이 신에게 전이됨으로써, 신은 현세의 천박함 속으로 끌어내려지고, 유동적인 잡다(雜多)의 세계로 내던져졌다. 심지어 몇몇 신들은 인간보다 더 낮은 단계로 내려가기도 한다. 디오뉘소스신의 신봉자들은 어떤 나무 둘레에 전나무 잎들을 잘라 빙 둘러 심어 놓고, 그 잎들을 위대한 자연의 신 디오뉘소스가 현현한 것으로 디오뉘소스를 따르는 자들

'박코이Bakchoi'의 이름으로 숭배하였다(DK21B17＝20정암).[10]

크세노파네스는 이에 반대하여 신은 하나이며, 완전히 다른 존재라는 대담한 주장을 폈다(DK21B23＝19정암).

> 하나의 신! 신들 가운데서나 인간들 가운데 가장 위대한 신은
> 사멸하는 인간들과는 형체도 생각도 전혀 같지 않다.

단 하나의 진정한 신은 인간을 능가하는 것은 물론이고, 인간과 비슷한 전통종교의 많은 신들마저도 능가한다. 이 단 하나의 신과 비교해보면 이른 바 '신들'과 인간들은 대체로 비슷비슷하게 평범하고 왜소한 존재가 된다.[11] 하나의 신과 그 외의 모든 다른 존재들을 구분하는 분리선은 너무나 분명하다. 다른 것들의 존재는 하나의 신을 제약하고 국한할 것이기 때문에 신은 하나일 수밖에 없는 것과 마찬가지로, 신은 내적으로도 제약되거나 특수한 것에 국한되지 않는다(DK21B24＝23정암).

> 신은 전체로서 보고, 전체로서 생각하며, 또 전체로서 듣는다.

여기서 "생각하다"라는 말 대신에 "인식하다" 또는 "원하다"라고 해도 될 것이다. 이에 해당되는 그리스어 단어 νοεῖ는 세 가지 의미를 동시에 다 포함한다. 그리고 "보다"와 "듣다"라는 표현은 당연히 글자 그대로 받아들여

---

10. 제례에서 전나무 잎이 이 디오뉘소스를 상징하고 있었다는 것은 헤쉬키오스, β 127 그리고 에우리피데스『박코스의 여인들』109행에서도 확인할 수 있다.

11. 유일한 신이 "모든 신들 중 가장 위대한 신"이어야 한다는 주장이 가지는 난점은 아마도 위의 구절이 의미하는 바로 해결될 수 있을 것이다. 'τε―καὶ' 로 연결된 ἐν(!)―ἀνθρώποισι'는 잘못된 신의 관념에만 적용된다. 잘못된 신관에 따르면 신들은 더 고귀한 인간의 일종으로 이해되며, 이에 따르면 신들 역시 다신인 것이다.

서는 안 된다. 신의 절대성을 말하는 곳에서 보통 언어는 무력해지기 때문이다. 그래서 크세노파네스가 비유적 암시를 통해 시각과 청각을 말하기는 하지만, 신체의 감관을 통한 감각 즉 촉각, 후각, 미각을 이야기하지 않는다는 사실은 우연이 아니다. 그의 신은 행위에 있어서도 신체적 접촉과는 독립적이며, 우리의 언어로 말하자면 오로지 정신을 통해서 공간의 바깥에서 공간적 세계에 작용한다고 보았던 것이다(DK21B26/25=21/22정암).

> 그는 항상 같은 곳에 움직임 없이 머물러 있다. 다양한
> 장소에 옮겨 다니는 것은 그에게 어울리지 않는다. 대신
> 그의 정신은 원하는 대로 힘들이지 않고 모든 것을 움직인다.[12]

이 단편이 가지는 의미는 우리가 그리스 철학에서 '운동'이라는 단어가 모든 종류의 변화를 전부 표현한다는 점을 분명히 상기한다면, 그때야 비로소 명백히 드러난다. 신의 영역에서는 어떤 물리적 사건도 일어나지 않는다. 간단한 신의 작용이 우리의 세계로 건너올 때에야 비로소 그것은 운동이 되고 사건이 된다. 원하는 자로서 신은 일어나는 모든 일들에 대한 정신적 원인이며, 보는 자와 듣는 자로서 신은 세계 내 사건도 다 알고 있다. 그러나 자기 자신은 고요히 머물러 있다.

너무나 인간적인 신들의 형상에 대한 비판으로 시작되는 사유과정이 먼저 일신론을 이끌어내었고, 더 나아가 모든 인간적 상상력을 넘어서는 신의 이념을 이끌어낸 것은 크세노파네스에게는 당연한 귀결이었다. 하지만

---

12. 'νόου φρενί'라고 이중으로("정신의 정신으로") 표현한 이유는 그 어떠한 육체적인 관념도 모두 배제하기 위한 것으로 보인다. 'κραδαίνω'는 애매한 의미를 지닌 시적인 말인데, 세계에 대해 신의 영향력을 끼치는 방식은 정확히 묘사될 수 없기 때문에 사용된 단어이다.

이 최종적인 결과는 대중적 호응을 얻지 못했다.[13] 이 과감한 사상가의 긴 사유의 여정을 반이라도 쫓아갈 수 있었던 사람은 거의 없어 보인다. 크세노파네스의 일신론은 성공하지 못했다.

일신론의 초기형태는 적어도 호메로스 이후부터 그리스인들에게 이미 형성되어 있었다. 문헌학적 자료를 통해 우리에게 말을 걸고 있는 뛰어난 지식인 계층의 사람들은 신적 존재의 특별함을 언제나 예측할 수 있었고, 또 신적인 것을 전체적으로 파악할 수 있었다. 이에 대한 이름으로 "신들", "신", "제우스"와 같은 명칭이 사용되었고,[14] 이후 "신적인 것"이라는 표현이 등장했다. 다른 한편으로 자연에서나 개인이나 민족들의 삶에서나 수많은 신적 잠재력이 작용하고 있었고, 그런 다양한 종류의 힘들은 종종 서로 갈등을 일으켰다는 점도 분명한 사실로 보였다. 사람들은 설명할 수 없는 이런 상황에 대해서는 대체로 순응했다.[15] 호메로스 시대로부터 그리스 종교 말기 시대까지 일신론과 다신론은 서로 배제하는 대립적 관계가 아니었고, 단일성이냐 다수성이냐의 문제는 관심의 대상이 아니었다. 크세노파네스는 여기서 하나의 예외였다. 그리고 그 결과 중 하나는 그의 급진적 일신론이 결국 역사적으로 어떤 영향도 미치지 못했다는 사실이다.

신의 절대성에 대한 관념은 이에 대한 상호보충 요소로서 세속세계의 제

---

13. 그러나 아마도 아리스토텔레스 같은 철학자는 부동의 원동자 개념을 받아들였을 것이다. 더 나아가 아낙사고라스의 이론 'νοῦς (πάντα?) κινεῖ'는 크세노파네스의 문장 'θεὸς νόου φρενὶ πάντα κραδαίνει'와 비교될 수 있다. 한편 소피스트인 안티스테네스는 다음과 같이 설명한다. 'κατὰ νόμον εἶναι πολλοὺς θεούς, κατὰ δὲ φύσιν ἕνα'(Diels, *Doxographi Graeci* 538, 9).

14. Gerald F. Else, 'God and Gods in Early Greek Thought', *TAPA* 80, 1949, 24~36쪽을 보라.

15. 그리스 사람들에게는 전반적으로 매우 오랫동안 신학적 종교에 대한 관념이 없었다 (이 책 470쪽 각주 5번).

약성에 대한 분명한 인식을 요구한다. 시모니데스는 이 두 측면을 똑같은 정도로 강조했으며, 크세노파네스 역시 이 두 가지를 두드러지게 부각시켰다. 이 두 측면에 대해, 즉 신인동형성의 허구를 폭로하거나 현세적 가치들이 얼마나 상대적인 것인가를 입증하고자 할 때, 크세노파네스는 똑같이 독창적인 방법을 사용한다. 현대적인 언어로 표현해보면, 그의 논증은 다음과 같이 정리할 수 있다. 가령 우리가 흑인이거나 말이라고 상상해보자. 그러면 우리는 백인이 아닌 흑인이나 말을, 전적으로 완전하지는 않다 해도 거의 완벽에 가까운 존재로 여기게 될 것이다.[16] 그렇게 되면 우리는 우리의 이상형을 지금까지보다 더 낮게 잡을 것이며, 지금까지 경멸했던 것을 신적인 것으로 숭배할 것이다. 즉 단순한 이성은 우연적 경험에 따라 기준을 정한다. 같은 크기라도 척도가 작아지면 더 높은 값을 가지게 되는 것과 같다 하겠다. 꿀 외에는 달콤한 것이라고는 알지 못했던 그리스인들에게는 꿀이 달콤함의 대명사였다. 그러나 크세노파네스는 날카로운 태도로 또다시 사유실험을 시도한다(DK21B38=42정암).

> 만약 신이 꿀을 만들지 않았다면, 우리는
> 무화과가 훨씬 달다고 생각했을 것이다.

즉 이 경우 우리는 무화과를 지금 느끼는 것보다 훨씬 더 달다고 생각한다는 것이다. 결론적으로 말하자면, 인간은 단맛 자체는 전혀 알지 못하고, 단지 상대적으로 더 달거나 덜 단 맛을 알 수 있을 뿐이다.[17] 이로써 그리스

---

16. 이와 유사하게 같은 시대의 희극작가 에피카르모스(5 Diels에서)는 인간과 마찬가지로 개나 소, 나귀, 돼지 또한 자기와 같은 것을 보고 마음에 들어 하며, 자기와 같은 것을 가장 아름다운 존재로 여긴다고 설명한다.
17. 이와 유사하게 시모니데스는 오로지 신만이 선하며, 반면 인간은 항상 어느 정도만 선

의 사유가 계속해서 매달려온 순수한 본질들은 경험에 의해 밀려난다.

끊임없이 사물의 본질 속으로 파고들려는 시도가 그리스인들의 강점이었다면, 이에 상응하는 그들의 단점은 다소의 문제 또는 척도나 정도의 문제를 소홀히 하였다는 데 있었다. '따뜻함'이나 '차가움' 자체는 사변의 대상으로 삼았지만, 어떤 특정한 물체가 어떤 특정한 시간에 얼마나 따뜻하거나 얼마나 찬 것인지 규명하려는 노력은 하지 않았다. 문화의 산물 역시 절대적인 것으로 보는 경향이 있었다. 어떤 성과물은 본질적으로 하나의 통일적 전체를 이루는 것으로, 또는 원칙적으로 항상 완전한 것으로 나타났다. 가령 그리스인들에게 '농업'은 항상 있었던 것으로 간주되었다. 즉 신화를 통해서 데메테르 여신이 인간에게 농지경작 방법을 가르쳤다고 전해져왔기 때문이다. 그러나 크세노파네스는 이 부분에서도 결정적인 수정을 감행하여 다음과 같이 자신의 확신을 표명한다(DK21B18=41정암).

처음부터 신들이 모든 것을 다 인간에게 알려 준 것은 아니다.
인간이 시간과 함께 탐구를 통해 더 나은 것을 덧붙여 발견해온 것이다.

신들의 도움으로 인간에게 문화가 '완전한 형태'로 주어진 것은 아니다(에우리피데스 『탄원하는 여인들』 201~215행 참조). 우리는 계속해서 더 나은 문명을 찾는 과정에 있다. 크세노파네스는 점진적인 발전에 대해 믿었던 극소수 고대인들 중 한 사람이었다. 이 믿음이 혁신에 대한 그의 정열을 더욱 강하게 만들었을 것이고, 비(非)관습적인 생각을 밀고나가는 데 필요한 과감한 확신을 주었을 것이다.

그러나 어떤 면에서 크세노파네스는 스스로 내세운 원칙의 그물 안에 갇

하다고 말한다.

혀버렸다. 그가 신을 세속적인 구속으로부터 해방시켜 초감각적인 숭고함으로 변용시켰다면, 물질적 자연의 세계는 탈(脫)신성화시켜 보잘것없이 단순한 것으로 통일시켜 버렸던 것이다. 그에 따르면 인간이 가장 가까이 접하고 있는 두 요소, 즉 우리의 발이 딛고 있는 대지와 우리의 머리가 향하고 있는 공기가 우주를 채우고 있다. 공기 너머에도[18] 땅 아래에도 더 이상 아무것도 없다(DK21B28=31정암).

여기 우리의 발치에서 보면 대지의 가장 위쪽 경계가 보이고, 이는
공기와 맞닿아있지만, 아래쪽으로는 경계가 없는 무한함이 있다.

크세노파네스는 공기를 물이 증발한 것으로 이해하고 있는 듯한데, 다음의 주장에서 이를 알 수 있다(DK21B29=32정암).

흙과 물로부터 모든 것이 생겨나고 형성되었다.

아모르고스의 세모니데스가 되살린 저 오래된 이론, 즉 수동적 요소인 땅과 능동적 요소인 물이 서로 대립한다는 이론을 크세노파네스가 다시 수용했음이 분명해 보인다. 크세노파네스에 따르면 땅은 바다와 끊임없는 상호작용을 한다. 그는 여러 장소에서 발견한 화석을 통해 지금은 대륙인 곳이 이전에는 바다와 늪지였다는 결론을 이끌어내었고, 이에 따라 바다가 주기적으로 땅과 땅 위의 모든 것을 함께 휩쓸어버리며, 땅과 바다로부터 주기적으로 생물이 새로 생겨난다고 믿게 되었다고 한다. 그는 보통 하늘에 귀속시켰던 현상들의 원인 역시 물로 환원시켰다. 그에게 하늘이란 것은 존재하지 않았기 때문이다. 따라서 그에 따르면 바람과 비는 바다로부

---

18. 엠페도클레스 단편 DK31B39와 이에 대한 Diels의 주석 참조.

터 나온 것이다. 구름, 무지개, 번개 그리고 폭풍우가 칠 때 돛대 꼭대기에 나타나는 불꽃은 바다로부터 끓어오르는 수증기에서 생겨난 것이다. 태양과 별들도 솟아오르는 수증기로부터 날마다 새로이 만들어진다. 크세노파네스는 태양과 달의 궤도를 우리의 대지 매우 가까이 위치시켰기 때문에 지역별로 각각 상이한 태양과 달이 있다고 가정할 수밖에 없었다.

크세노파네스의 특이한 세계상은 강력한 동시에 매우 빈약한 것이었다. 가령 화석으로부터 너무 일반적이긴 해도 논리적인 결론들을 이끌어내는 확고한 경험주의를 제외한다면, 그의 세계상은 부자유하고 활기 없는 모습이었다. 신의 세계와는 달리 우리의 세계는 더 이상 그럴 수 없을 만큼 너무나 친숙하고, 너무나 현재적이며, 너무나 세속적이고, 너무나 적나라하게 들여다보인다. 모든 사물은 일상경험을 토대로 설명되며, 자연관에서도 우리의 사유방식을 경험 너머의 세계로 대폭 확장하는 것을 피하고자 한다. 그래서 크세노파네스는 냉철한 결론에 도달했다. 즉 태양은 세계와 생물들이 생성되고 유지되는 데 필요하다는 유용성이 있지만, 달은 아무런 필요가 없다(DK21A42). 천상을 바라볼 때 그에게는 어떠한 경외감도 일어나지 않았다는 것이 분명한 것 같다. 오히려 그는 콜로폰의 시민들이 걸치고 다녔던 "쓸모없는" 예복을 비판했던 것과 유사한 이유로 휘황찬란한 밤의 천체를 단지 자연의 사치로만 보았다. 자연세계에도 그는 실용적인 잣대를 적용한 것이다.

신은 속세의 여러 사물들이나 존재와는 철저히 다른 종류여야 한다는 요청으로부터 이쪽 세계와 저쪽 세계 사이의 관계는 설명할 수 없다는 결론이 필연적으로 생겨나게 된다. 크세노파네스에게 확실한 것은 신은 스스로는 그 어떤 사건에도 종속되지 않은 채 의식과 의지로 모든 것을 움직인다는 사실뿐이다. 그러나 믿을 만한 기록이 전하고 있듯이, 그는 이 문제에 대해 구체적이고 더 상세하게 의견을 표명하지 않았다. 그가 통일성과 전체를 이야기할 때, 그것은 신과 관련된 것이지 세계와 관련된 것은 아니었다.[19] 그는 형이상학자라기보다는 신학자였지만, 신학자로서도 고요히 침잠하는 가운데 파악할 수 없는 신의 본질과 작용에 대해 사변하는 것은 그와 거리가 멀었다.

그 이유는 그가 신학자인 동시에 완고한 경험론자이기도 했기 때문이다. 크세노파네스가 자신의 교훈시에서 시작하는 인식비판적인 내용의 시구들이 이러한 사실을 잘 보여준다. 그는 자신의 주장이 얼마나 입증 가능한 것인가라는 질문에 대해 다음과 같이 대답한다(DK21B34=39정암).

어떤 인간도 신을 분명히 본 적이 없으며, 또 얼핏 보아도 신에 대해 그리고 내가 말하는 모든 것에 대해 아는 누군가가 있을 수는 없을 것이다. 왜냐하면 다행히 누군가가 (초자연적인 일들에 대해) 제대로 표현하는 일이 일어난다 해도, 그것은 직관에 근거한 앎(eidenai) 없이 일어나는 것이기 때문이다.[20] 그러나 (앞으로 내가 노래하게 될) 모든 것은 받아들일 수 있는

---

19. DK21A31을 보라(그리고 이 책 486쪽 각주 17번도 함께 참조하라). 문헌적으로 충분한 조명을 받지 못하고 있는 테오프라스토스의 중요한 지적은 다음의 사실을 분명히 밝혀준다. 첫 번째, 통일된 전체에 대한 학설은 크세노파네스가 내세운 것이 아니었다. 두 번째, 이 이론은 그에 의해 체계적이고 새롭게 해석됨으로써 그가 대표하는 학설이 되었다. 이로써 이른바 자연 세계에 대한 크세노파네스의 다른 견해들은 학설집에서 언급되지 않는다. 또한 DK21A30 참조(여기서 하늘을 쳐다본다는 것은 아마도 아리스토텔레스의 해석일 것이다. W. Jaeger, *Journ. of Rel.* 18, 1938, 133쪽 참조). 따라서 플라톤을(DK21A29) 비롯한 몇몇 사람들이 하나의 전체에 대한 학설을 크세노파네스로부터, 또는 '그 이전부터' 시작된 엘레아학파 전체에게 돌린다면, 이는 역사를 거슬러 거꾸로 재투영한 결과이다.
20. '나는 (직접적 또는 확실한 매개에 의한) 관조를 통해 알고 있다'라는 의미에서의 (αὐτὸς 또는 ἐγὼ) 'οἶδα'에 대해서는 *Frühgriech. Denken* 345~346쪽 참조, 또 이 책 38쪽 각주 28번, 그리고 헤로도토스 1, 20, 1에 대한 Heinrich Stein의 설명 참조.

내용들이다. (이와 반대로 신은 모든 것에 대해 직접적이고 직관적인 앎을 소유하고 있다.)[21]

크세노파네스는 자신이 설파하게 될 이론이 진실을 말하는 것이라고 당연히 확신하고 있었다(DK21B34, 3행). 하지만 그는 또한 자신의 학설 중 일부분만이 감각적 경험에 의해 확실한 사실에 근거하고 있다는 것도 알고 있다. 인간에게 직접적 관찰의 가능성은 제한되어 있기 때문이다. 그 이상을 넘어가는 모든 것은 오로지 '의견δόκος'으로 만족해야 한다. 즉 그는 감각적으로 지각된 것(DK21B36 참조: "인간의 눈에 지각 가능한 것으로 나타나는 모든 사물")과 단지 추론이나 예측만이 가능한 것을 구별했다. 전자에 대해서 그는 의심 없이 분명한 것으로 간주했지만, 후자는 기껏해야 그럴 법한 가능성이 있을 뿐이다. 여기서 우리는 크세노파네스에게서 최초로 "개연성"이라는 개념이 등장하는 것을 볼 수 있다(DK21B35=40정암).

---

21. 마지막 문장은 원문 그대로 전해지지 않는다. 이 단편의 전체적인 해석에 대해서는 *Frühgriech. Denken* 342~349쪽을 보라. 그 이외의 대조할 수 있는 예는 가령 다음과 같다. 1. (크세노파네스의 '증언에 의한 분명함과 확실함τὸ σαφές'에 대해서는) 아이스퀼로스 『테바이를 공격한 일곱 장수』 40행 ἥκω σαφῆ τἀκεῖθεν - φέρων, αὐτὸς κατόπτης δ᾽ εἴμ᾽ ἐγὼ τῶν πραγμάτων'. 2. ('εἰ τύχοι κτλ.'부터 'οὐκ οἶδε' 까지, 더 나아가 부정된 'τὸ σαφὲς εἰγώς'에 대해서는) 'περὶ ἀρχαίης ἰητρικῆς'에 대한 도입부로부터 제1장의 마지막 ἃ (=τὰ ἀφανέα καὶ ἀπορεόμενα) εἴ τις λέγοι καὶ γινώσκοι ὡς ἔχει, οὔτ᾽ ἂν αὐτῷ τῷ λέγοντι οὔτε τοῖς ἀκούουσι δῆλα ἃ εἴη εἴτε ἀληθέα ἐστὶν εἴτε μή, οὐ γὰρ ἔστι πρὸς ὅ τι χρὴ ἀνενέγκαντα εἰδέναι τὸ σαφές'. 3. ('신에 대해서 우리는 'δόκος'만이 가능하며, 'τὸ σαφές'는 불가능하다'는 내용에 대해서는) 투퀴디데스 5, 105, 2, ἡγούμεθα γὰρ τό τε θεῖον δόξῃ τὸ ἀνθρώπειον δὲ σαφῶς—'. 4. ('εἰ τύχοι τετελεσμένον εἰπών - δόκος δ᾽ ἐπὶ πᾶσι τέτυκται'에 대해서는) 플라톤 『향연』 202a (연결하여) τὸ τοῦ ὄντος τυγχάνειν (ἄνευ τοῦ ἔχειν λόγον δοῦναι) οὐκ ἐπιστήμη ἐστὶν ἀλλα᾽ ὀρθὴ δόξα'.

이것이 옳은 것처럼 보인다고 여겨지게끔 하라.[22]

지금까지는 사유가 직관적으로 활동했고 처음부터 예감에 의한 해석을 통해 현상들을 보았다면, 이제 관찰은 방법론적으로 사변적 가정과 분리된다. 이와 동시에 인식도 역시 격하된다. 무조건적 타당성을 요구하는 주장 이외에도 제한적인 타당성을 요구하는 다른 주장들이 함께 등장하기 때문이다. 여기에 감각적 경험가능성이 확실성의 잣대로 사용된다. 경험적 지식에 대한 언어적 표현은 '(ω)ειδεναι'이다(독일어 wissen과 영어 witness와 같은 어원이다). 글자 자체가 가리키는 의미는 무언가를 보게 됨으로써 처하는 상황, 즉 목격자, 증인의 상황을 말한다. 여러 파생어를 가지는 이 단어는(historein: '증인을 심문하다', historie: '심문, 사실의 탐구') 곧 의학과 지리와 역사 분야에서의 새로운 경험론('Historie')에 있어 주요 개념이 된다.

크세노파네스의 경건함은 신으로부터 세속성을 제거하기 위하여 신을 세계로부터 밀어내어 버렸다. 동시에 그의 세속성은 마찬가지의 단호한 태도로 우리 세계로부터 모든 초월성을 없애 버렸다. 이를 통해 그는 경험주의를 향한 길을 열었다.[23] 인식비판적 새로운 경계 설정은, 경계 밖으로

---

22. DK21B35의 'δεδοξάσθω'와 DK21B34의 'δόκος'는 서로 대비된다. 그리고 'δόκος', 'δοκεῖν', 'δόκιμος' 등등은 'δέκεσθαι'(수용하다)로부터 유래한 것이다. 헤카타이오스 단편 1 'τάδε γράφω ὥς μοι δοκεῖ ἀληθέα εἶναι'와 비교하라(A. Rivier, *Revue de philol*, 30, 1956, 48쪽 이하). 이에 따르면 'δόκος'는 긍정적인 '개연성probabilitas'을 의미한다. 참된 것으로 보이지만 실제로는 가짜인 것에 대한 부정적인 개념은 헤시오도스 『신들의 계보』 27행에서 이미 등장한 바 있다.

23. 일련의 우연으로 인해 크세노파네스는 고대 후기에서 역설적이게도 회의(懷疑)의 창시자로 간주되었다. 크세노파네스 직후 eidenaia라는 단어는 더 이상 관조로부터 나온 앎이라는 의미에 제한되지 않았다(파르메니데스 DK28B1, 3행과 B6, 4행 참조). 크세노파네스가 단편 B34에서 모든 앎을 의심하려 한 것처럼 보였고, 마지막 두 줄은 다음과 같은 방식으로 잘못 해석되었다. '설사 누군가가 올바른 것을 말하는 데 성공한다고 해도, 그는 그 사실을 (자신이 올바로 말한다는 것을) 알지 못한다. 모든 것(이른바 앎

배제되고 분리되는 것과 더불어, 경계 안에 포섭되고 수용되는 것 때문에 더 많은 의미를 가지게 된다. 의도적이고 의식적인 이러한 제한을 통해 이제 새로운 전문성이 발전할 수 있게 되며, 이로써 상고기적 태도를 뒤로 한 채 그리스 고전기로의 길이 열리게 된다.

이라는 것)은 (단순히) 추측에 지나지 않는 것이다'(섹스투스 엠피리쿠스 *Adversus Mathematicos* 7, 49~52. 이와 반대로 같은 책 7, 110에서는 '다른 측면에서 해석되는 듯한 의미로' 단편에 대한 올바른 해석이 암시되어 있다').

보론: 덕arete의 본질에 대한 튀르타이오스 단편 9D=12W

크세노파네스는 단편 B2에서 운동경기에 지나친 가치를 부여하는 당시의 경향에 대하여 거센 비난을 퍼부었다(이 책 614쪽 이하). 운동선수로서의 성공을 높이 사는 이런 경향은 핀다로스를 통해서도 우리가 잘 알고 있는 사고방식에서 유래하는 바, 이에 따르면 '덕arete', 즉 '탁월함', '뛰어남'이나 '용기'는 여러 가지 바람직한 성격의 총합이 아니라, 나누어질 수 없는 이상(理想)으로 여겨졌다. 그러므로 '덕'은 그때마다 자신의 이러저러한 한 측면을 보여주는 것만으로도 자신을 전체적으로 그대로 드러내는 것이다(솔론 단편 19D=27W 8행?을 보라). 따라서 경기에서 승리한다는 것은 기술적으로 특별히 뛰어난 하나의 업적으로 평가받는 것이 아니라, 모든 면에서 '덕'을 입증하는 충분한 증거가 되며, 그들이 업적을 성취하는 데 신들의 힘이 결정적이었기 때문에 신들의 축복이라는 인장을 받은 것으로 여겨졌다. 권력과 부 그리고 젊고 건강한 육체의 매력 역시 '덕'의 확실한 증거로 인정받았다. 그들 저마다로부터는 하나의 동일한 광채가 경이감으로 가득 차 있는 군중 쪽으로 환하게 비춰지기 때문이다.[1]

튀르타이오스라는 이름으로 전해지고 있지만, 실제로는 크세노파네스 시대에 속하는 한 흥미로운 엘레기의 저자는 사람들이 증명이라는 것의 가치를 지나치게 받아들이며, 이것을 저것과 비교해보지 않거나, 또 개별적인 것을 전체에 비추어 살펴보지 않는 것은 위험하다고 보았다.

> 발이 행한 업적arete[2]이나 격투 능력이 뛰어나다고 해서
> 그 사람을 이야기하거나 훌륭하다고 나는 여기지 않겠다.
> 그가 비록 퀴클롭스의 몸집과 힘을 가졌으며,
> 4 트라키아의 북풍보다 더 빨리 달린다 해도.
> 그가 비록 티토노스보다 용모가 뛰어나며,
> 미다스와 키뉘라스보다 더 부유하다고 해도.
> 그가 비록 탄탈로스의 아들, 펠롭스보다 더 당당한 위엄이 있거나,
> 8 또 아드라스토스처럼 친절하게 말한다 해도.[3]
> 그가 이 모든 명성을 갖는다 해도, 강력한 전투력의 명성이 없다면 말이다.

---

1. 플라톤의 대화편에는 arete(이 그리스어 단어는 원래의 의미를 살리기에는 부족한 표현이지만, 대체로 '덕'이라는 말로 번역된다)가 통일적 전체인지, 아니면 개별 성질들의 다양한 합인지의 문제가 여러 번 대두된다. 만약 후자의 경우라면 여러 속성들 중 다른 속성 없이 그 중 하나만을 소유할 수 있다는 말이 된다. 이와 유사한 문제가 우리에게도 종종 제기된다. 즉 어떤 '위대한' 인물의 뛰어난 성질이 그가 이룬 엄청난 업적의 영역에만 제한되는 것인지, 아니면 우리가 그를 그가 보통 말하고 생각하고 행동하는 것에서도 지도자와 본보기로 삼아도 되는지의 문제가 등장한다.
2. [역주] 저자 프랭켈은 이 엘레기에서 'arete'에 대한 번역어로 맥락에 따라 Leistung, Manneswert, Wert라는 각각 다른 독일어를 사용하고 있기 때문에, 한국어 번역도 그에 따랐다.
3. 이 저자에게 문제가 되는 것은 화려하고 빛나는 성격과 두드러지는 능력이다. 후대의 사람들이 arete의 정수로 보았던 '올바름'이라는 좀 더 소박한 미덕에 대해서는 언급되지 않는다. 이와 상응하여 그에게 arete(27~42행)는 압도적으로 영예와 상으로써 보답받는 것이었다.

만약 그가 피비린내 나는 살육을 지켜 볼 용기를 내거나

들끓는 의욕으로 적군에게 돌진하지 않는다면,

12 그에게는 전쟁에서의 덕이 '생기지' [덕이 입증되지] 않기 때문이다.

그것이 덕arete이라는 것이며, 그것이 인간의 최고의 가치이며[4]

모든 젊은이들이 성취해야 할 가장 훌륭한 것이다.

도시와 공동체 전체에게 있어 공동의 행복을 주는 것은

16 어떤 사람이 전선의 선두대열에서 두 다리를 벌려 동요하지 않고

꿋꿋이 버티고, 치욕적인 도주를 완전히 잊어버리는 것,

자신의 삶과 다스려진 의지를 걸고서,

옆 사람을 격려의 말로 힘을 내게 하는 것이다.

20 그런 사람은 전쟁에서 덕이 '생긴다'[덕을 입증한다].

그는 엄청난 무리의 적군을 즉시 격퇴시키고,

전투의 파도가 그의 열정에 부서진다.

그러나 자신의 도시와 동료 그리고 아버지에게 영광을 바치면서,

24 가슴 방패와 등 방패에

앞으로는 갑옷에 여러 군데 찔린 채,

경쟁자들 사이로 쓰러져 자신의 귀한 삶을 잃는 사람,

그런 사람은 늙은이나 젊은이나 다 같이 한탄하고

28 도시 전체가 짓누르는 동경 속에서 슬퍼한다.

사람들은 그의 무덤과 아이들에 경의를 표하고

이후에도 그 아이들의 아이들과 그의 가문을 기억한다.

그의 고귀한 명성과 이름은 사라지지 않을 것이며

32 땅 속에 묻혀서도 불멸의 존재가 될 것이다.

조국과 아이들을 위해 투쟁과 싸움에서 눈부시게 활약하다

---

4. athlon(포상, 상)이라는 단어는 운동(athletic) 경기라는 말과 연결된다.

폭풍 같은 아레스에 의해 쓰러진 그.

그러나 쓰라린 죽음의 운명이 그를 비껴가

36 번쩍거리는 창의 승리를 그가 당당히 획득한다면,

젊은이나 늙은이나 모두로부터 똑같이 칭송받고,

하데스의 세계로 가기 전까지 많은 즐거움을 누리리라.[5]

그는 늙어서는 국민으로부터 존경을 받고, 그 누구도

40 그의 명망과 권리를 손상시키려 하지 못한다.

긴 의자에 앉아 있던 젊은이와 동년배와 또

더 나이 많은 이들도 모두 다 그에게 자리를 내준다.

그토록 고귀한 가치arete에 도달하도록 노력하여

44 전쟁에서 자신의 투쟁의지를 결코 포기해서는 아니 될 것이다.

크세노파네스와 마찬가지로 이 엘레기의 저자도 운동선수들을 공격적으로 비판하면서 시작한다. 그 다음엔 방향을 돌려 지도자의 역할을 지식인들에게 부여하는 것을 비판한다. 그는 말 잘하는 기술을 높이 평가하지 않는데, 그 이유는 전사의 용맹성에서 '덕arete'이 절정에 이르는 것이라 믿기 때문이다. 하지만 여기서 전사의 용감함이 최고의 덕이라는 원칙은 우선적으로 서술되는 것이 아니라, 자명한 전제로서 논의의 바탕에 잠재되어 있다(9행 이하). 시인이 입증하고자 하는 바는 오히려 그 어떤 다른 성격도 전사 당사자가 전쟁에서 훌륭히 임무를 수행할 수 있다는 것을 보장할 수 없다는 점이다.[6] 경기를 할 때나 운동장에서가 아니라 실제 전장

---

5. 오로지 여기에서 그리고 40행('권리')에서 실용적인 장점이 언급된다. 38행의 내용은 7세기로 거슬러 올라간다. 이 책 254쪽과 각주 18번 참조.

6. 'ἀλκή'(9행)는 신체적 강함을 가리키는 말이 아니라, 항상 투쟁적 행위와 투쟁정신을 나타내는 말이다.

에서만이 참된 가치가 드러난다. 이 엘레기의 작가에게 모든 것은 도덕적 실천의 문제에 달려 있기 때문이다. 이전의 튀르타이오스와는 달리(이 책 286쪽) 기술적 능력을 포함한 전투 '행위' 모습 전체를 대담하게 묘사하는 것이 아니라, 전투 '정신'과 결연한 전투 '의지'를 보여주는 태도만을 이야기할 뿐이다(11~19행).[7] 그러한 행동이야말로 공격이나 방어를 성공적으로 이끌기 때문에 시민 전체를 위해 최상의 기여를 하는 것이다(15행, 21~22행).[8] 엘레기의 후반부는 용감한 사람이 훌륭한 성과를 거두게 되면, 그가 목숨을 잃었든 살아 있든, 개인적으로 돌아오는 이익을 묘사하고 있다. 그리고 엘레기의 마지막 2행시를 통해 강인한 의지(thymos, 가령 『일리아스』 제5권 135행 참조)로써 '덕arete'이라는 최상의 가치를 얻으려 노력하도록 고무한다.[9]

---

7. 정신적인 측면을 일방적으로 강조하는 경향 이외에 (16행의 'διαβάς'가 유일한 예외에 속한다) 여러 다른 점에서도 엘레기의 기원이 엿보인다. 이 엘레기의 저자는 튀르타이오스와 마찬가지로 비겁과 무관심을 비판하는 것이 아니라, arete에 대한 잘못된 생각을 비판한다. 그 생각은 메세니아의 전투 동안은 상상할 수 없었지만, 핀다로스의 모든 시에서 분명히 드러나는 것이다. 그리고 '우리'든 '너희'든 직접적인 호칭도 없고, 또 젊은이와 늙은이를 나누는 스파르타적 구분도 없다. 시는 한결같이 젊은이들(14)이나 가장(29)을 가리킨다. 이 엘레기 시인이 1행에서의 'λόγος'와 9행에서의 'δόξα'를 사용하는 방식은 튀르타이오스에게서는 전혀 기대할 수 없을 것이다. 또한 각주 9번도 참조.

8. 크세노파네스 역시 전체를 위한 이로움을 말하고 있지만, 이때는 경제적 번영을 의미한다(2D=DK21B2=8정암=2West 19~21행).

9. 이 엘레기의 문체는 절정에 이른 상고적 성격을 보인다. 연속적 진행은 전형적인 상고기적 방식으로 이루어진다, 그러나 도입부의 (1~14행은 크세노파네스 2D=2W 1~11행과 유사) 느린 호흡, 질서정연한 배열, 보기 좋게 균형 잡힌 전체 구성은 이 시대의 종말을 가리키고 있다. 처음 열 개의 2행시 중에서 반은 내용이 없다. 또 다른 반은 이상한 것들로 이루어져 있다. 두 노선 모두 부정적이거나 또는 긍정적으로 동일한 확신으로 끝을 맺는다(10행, 20행). 공동의 이익에 관한 중간 2행시 다음에(21~22행) 다시 개인적인 보상에 관한 열 개(6+4)의 2행시가 이어진다. 전사자의 보상에 대한 구절은 동일한 의미의 2행시에 의해 둘러싸여 있다(23~24행, 33~34행). 업적이

나 상금 등을 포함한 모든 긍정적인 것도 마찬가지로 유사한 2행시가 에워싸고 있다 (13~14행, 43~44행). 문장 구성은 확연히 새롭다. 왜냐하면 엄격하게 위계적이기 때문이다. 주목할 만한 일관성을 보이며 결과와 평가만이 주문장에 주어지고, 반면 모든 사실관련 자료는 부문장에 위치한다. 이것은 정신적 측면을 강조하는 경향이라고 할 수 있다.

2. 경험과학의 시작 : 의학, 지리학, 역사

경험적 철학자 크세노파네스는 구체적인 주변 세계로부터 재치 있게 생각해 낸 예증을 통해 추상적 사유를 설명하는 데 매우 특별한 능력을 보인다. 이후의 소크라테스와 유사하게, 상이한 인종과 여러 종류의 동물 또는 꿀과 무화과의 맛을 비유적으로 재미있게 다루고 있다. 그의 사변을 뒷받침하고 있는 것은 경험 가능한 영역으로부터 찾아내어 만든 것이 분명한 사례들이다. 그리고 그는 우리의 이론적 지식이 아무리 뛰어나봤자 튼튼하게 잘 짜인 경험적 지식 위쪽, 공중에 붕 떠 있는 상부구조에 지나지 않는다는 것을 분명히 말하고 있다. 여기서 나타나는 경험주의가 대략 5세기 초에 시작된 경험과학의 발전과 관계있다는 것은 의심의 여지가 없다. 보편이론을 정립하려는 그리스적 욕구가 멈춘 것은 아니지만, 이제 거기에 많은 양의 구체적 사실들을 수집하여 이를 방법적으로 이용하려는 의지가 덧붙여졌다. 이 두 가시는 (주술이 아닌) 과학적 의학에서 결합되었다.

의학과 크세노파네스와의 연관성은 알크마이온(DK24)에서 구체적으로 나타난다. 의사였던 알크마이온은 피타고라스가 아직 살아 있을 당시

피타고라스학파의 도시인 이탈리아 남부 크로톤에서 태어났다. 그는 의학 서적을 집필한 최초의 그리스인으로 보이는데, 그의 책은 크세노파네스의 시(DK21B34=39정암) 도입부에 등장하는 인식론적인 단편과 정확히 일치하는 일반적 설명으로 시작한다(DK24B1).

> 페이리토스의 아들, 크로톤 출신의 알크마이온은 브로티노스와 레온 그리고 바튈로스에게 다음과 같이 말했다.[1] 신들은 지각할 수 없는 것이나 현세적인 것이나 모두 명확하게 알고 있다. 그러나 인간들은 징후를 해석해야 한다.

여기서는, 직접적인 관찰이 불가능한 어떤 사태는 다만 지각 가능한 경험적 사실로부터 추론하여 파악해야 한다는 연구 방법론이 강령처럼 정리되어 있다.

알크마이온의 의학이론이 우리에게 알려 주는 것은 그가 사태의 다양한 양상을 희다-검다, 달콤하다-씁쓸하다, 크다-작다와 같은 대립쌍 체계로 바꾸었다는 사실이다. (대상이 아니라) 대상의 속성을 가장 근본적이며 본질적인 것으로 보고, 더 나아가 속성을 대립적인 이중성으로 나누어 분류하는 것은 상고기 전체의 시대적 경향이었다. 그리스 초기의 사유에서는 대립쌍 중 한쪽이 더 중요한 가치로 부각되곤 했는데, 가령 '희다', '달콤하다', '가볍다' 등이 더 긍정적이고 능동적인 부류를 형성한 반면, 그 반대 성질들은 타성적이고 물질적인 것으로서 부정적인 부류에 속했다. 감각적 지각은 가볍고 밝으며 따뜻한 재료들이 담당하여 일어나는 일이라고 한 알크마이온의 생각 역시 이에 상응하는 것이다. 즉 공기가 소리를 귓구멍 속

---

1. 이 책은 저자가 세 명의 학생에게 전수한 이론을 집필한 것으로 보인다. 언급된 3명 중 2명은 피타고라스주의자로 알려져 있다.

으로 운반한다. 숨을 들이마시면 냄새가 뇌로 이동한다. 또 따뜻하고 부드러운 혀가 맛을 녹여 유연한 물질을 통해서 이 맛을 뇌로 전달한다. 눈은 안수(眼水)와 에워싸인 열기를 통해 사물을 볼 수 있다. 여러 구멍과 통로('미세한 구멍')를 통해 감각은 뇌에 도달한다.[2] 알크마이온은 모든 감각이 뇌로 통한다는 사실을 뇌에 이상이 있을 때 나타나는 장애로부터 추론해내었다. 그리고 그 성질에 있어서 분명 인간 전체를 포함하고 있을 정자(精子) 역시 중심기관인 뇌의 분비물로 이해되었다. 이렇게 테오프라스토스는 매우 현대적인 형식으로 알크마이온의 지각론을 보고한다. 그에 따르면 한쪽 성질이 일방적이고 "독재적으로" 지배하면 병이 생기고, 습함과 건조함, 차가움과 따뜻함, 쓴 것과 단 것 등등이 "동등한 권리"로 힘을 가지고 있을 때 건강한 상태가 된다(DK24B4).[3]

알크마이온의 생각은 이후 의학 분야에서 지속적으로 영향을 끼쳤다. 알크마이온은, 질병의 발생은 성질의 균형에 장애가 생기는 것, 즉 내적인 불균형이나 물리적 폭력 같은 외부로부터의 영향 때문이거나 특별한 상태의 물을 섭취한 때문이라고 가르쳐준다. 히포크라테스의 이름으로 땅, 공기, 물이 건강에 미치는 영향을 다루고 있는 글에서 물 등을 다음과 같이 설명한다(제8장[4]).

…… 샘물에 관해서는 이상과 같이 적혀 있다. 이제 빗물과 눈 녹은 물과 관련해서 어떻게 적혀 있는지 전하겠다. 빗물은 가장 가볍고, 달며, 미세하고 밝다. 왜냐하면 처음부터 태양이 물에서 가장 미세하고 가벼운 것을 끌

---

2. F. Solmsen, *Mus. Helvet.* 18, 1961, 151~53쪽 참고.

3. G. Vlastos, *Class. Philol.* 42, 1947, 156쪽 이하 참조.

4. [역주] *Corpus Hippocraticum*에 속한 58개의 문헌 가운데 하나인 『공기, 물, 토양에 관하여 *Peri aeron, hydaton, topon*』의 제8장.

어올려 가져가버렸기 때문이다. 소금에서 이 사실을 잘 알 수 있다. 조밀하고 무거움으로 인해 남겨진 짠 성분이 소금이 되었고, 가벼움 때문에 미세한 것은 태양이 가져간 것이다. …… 그 다음은 이하와 같다. [이 미세한 것이] 위로 올라가 공중에서 이리저리 떠다니게 되고 공기와 섞이게 되면, 이제 여기서 어둡고 희미한 것이 분리되어 떨어져 나가 안개와 연무가 된다. 하지만 이때 밝고 가벼운 것은 남겨져, 태양에 의해 달구어져 끓게 되면 달고 상쾌하게 된다. 다른 모든 것도 끓게 되면 마찬가지로 항상 단 성질을 가지게 된다. …… 이것은 당연히 가장 좋은 것이다. 그러나 이때 완전히 끓여져야 하며, 여과의 과정을 거쳐야 한다. 그렇지 않으면 좋지 않은 냄새가 나고, 그 물을 마시는 사람은 목이 쉬고 탁한 목소리가 난다.

그러나 눈과 얼음으로부터 생긴 모든 물은 좋지 않다. 한 번 얼었던 것은 더 이상 이전의 원래 상태로 돌아오지 않기 때문이다. 밝고 가볍고 단 성질은 떨어져 나가 없어지고 어둡고 무거운 것만 남겨진다. 다음의 설명을 통해 이것을 알 수 있을 것이다. 겨울철에 물을 양동이에 어느 정도 채워 바깥에서 얼음이 가장 먼저 어는 장소에 내놓아보아라. 그리고 다음 날 다시 따뜻한 곳으로 가지고 들어와, 얼음이 가장 빨리 녹는 곳에 놔두어라. 그리고 얼음이 녹으면 다시 물의 양을 재어보아라. 물의 양이 확연히 줄어든 것을 알 수 있을 것이다. 이것이 응고를 통해 가볍고 미세한 것이 사라지고 마른다는 증거이다. 가장 무겁고 조밀한 것은 사라질 수 없기 때문이다.[5]

---

5. 특별히 어떤 실험을 통해, 그것도 관측이 결정적인 역할을 한 실험을 통해 자연을 탐구했다는 것은 흥미로운 사실이다. 왜냐하면 일반적으로 그 당시의 그리스 자연학에는 실험과 측정이 없었기 때문이다. 그러나 저자가 자신의 시도로부터 이끌어낸 결론은 가장 큰 부분에 있어 잘못되었다. 그가 비록 액체로부터 순수한 물만을 증류해내고 찌꺼기는 남는다고 한 것은 옳다고 할 수 있다. 그러나 그는 깨끗한 물은 동시에 얼음이 될 수 있다는 사실, 그리고 물이 얼 때 물 속에 녹아 있던 소금은 분리된다는 사실은 생각하지 못했다. 그는 대신에 그 반대 주장을 했다. 탁한 요소들만이 얼음으로 응고될 수 있다고 생각한 것이다. 그는 이제 이 주장을 통해 증류하는 동안 양이 줄어드는 현상

내 생각으로는 이런 점에서 눈이나 얼음이 녹은 물, 또는 이와 비슷한 종류의 물이 이런저런 목적에 사용하기에 가장 나쁜 것이다.

이때 물에는 가볍고 달고 밝은 것과 무겁고 쓰고 어두운 것이 결합되어 있다는 것이 전제가 된다면, 이는 알크마이온의 생각과 거의 유사하다. 바로 앞에서 병자는 자신이 겪고 있는 병고와 반대되는 성질을 가진 물을 마셔야 한다는 알크마이온의 이론이 언급되었다(Heiberg 61, 30 이하[6]). '증상'에 대한 지적 역시(Heiberg 63, 16) 알크마이온의 방법을 연상시킨다. 따라서 위에 인용된 부분은 알크마이온의 책보다 나중의 것이지만 그의 사유방식을 이해하는 데 조금이나마 도움을 준다.

우리가 볼 때 그리스의 의학은 주술로부터 완전히 벗어난 단계에서 시작되었다. 막 형성되고 있던 역사학의 경우, 전승되는 신화나 전설로부터 벗어나는 일은 그리 쉽지 않았다. 그리스인들은 초자연적인 어떤 마력으로 인한 병이나 주술을 통한 치료가 가진 알 수 없고 어두운 힘을 더 이상 믿을 수 없었지만, 감각적으로 선명하고 밝은 형상들과 의미심장한 사건들로 이루어져 있는 신화로부터는 그렇게 금방 떨어져 나오려 하지 않았다. 또 자연은 매일매일 새롭게 어제와 그 이전의 가설들을 확인할 수 있는 방법과 재료들을 제공함으로써 의학 연구자들을 도왔다. 반면 역사 연구는 오로지 기본적인 추측과 숙고에 근거하여 전승 자료들과 씨름해야 했다. 그 결과로 '옛날의 허구'를 비판했던 크세노파네스의 과격한 입장을 잇는 계승

의 원인을 물이 얼 때 가장 가벼운 요소들이 떨어져나가고 그래서 증발되기 때문이라 설명했다. 바로 이 사실 역시 그는 실험을 통해 증명했다고 믿었으며, 곧 이어 계속해서 눈과 얼음으로부터 생긴 물은 건강에 좋지 않다는 결론을 내렸다.

6. [역주] Johan Luvig Heiberg, *Naturwissenschaft und Mathematik im klassischen Altertum*, 1912, Leipzig.

자는 나중에서야 등장하게 되었던 것이다. 전해 내려오는 신화에 대한 비판적 태도는 새로운 경험주의의 영향 아래 매우 천천히, 매우 느린 속도로 발전했다.

지리 분야의 학문은 그에 비해 훨씬 사정이 좋았다. 지리학, 민속학, 인종학은 직접 확인이 가능한 일차적 사실들과 관련이 있기 때문에 경험적 연구에 꼭 알맞은 대상이었다. 이 학문들은 5세기에 처음 생겨나기 시작했다. 민속학으로부터 시작해서 지리학에 토대를 둔 민속사(헤로도토스)로 발전했고, 최종적으로는 과학적인 민족사(투퀴디데스)에 이르렀다.

그리스 지리학의 창시자는 헤카타이오스다.[7] 그는 이오니아의 항구도시 밀레토스의 시민이었다. 당시 밀레토스는 소아시아 지방에 위치한 그리스 문화의 중심지로서 전 세계와 무역을 했으며, 흑해의 모든 해안지역을 다 식민지로 차지할 정도였다. 그리스 본토의 고향에서 시작되는 헤카타이오스의 오랜 가계도 상에는 신이 최초의 조상으로 서 있다. 그는 명문가의 일원이었기 때문에 국가의 정치 지도부에도 참가했다. 499년 이오니아 도시들의 여러 유지들이 통치자 페르시아의 다레이오스 왕에 대해 반기를 들려고 계획했을 때, 헤카타이오스는 이를 만류했다. 그는 먼저 "다레이오스 왕의 지배하에 있는 민족의 수를 모두 열거하고, 그의 권력이 얼마나 대단한지 말함으로써" 이 계획을 감행하는 것은 승산이 없다는 것을 지적했다. 또 이러한 경고가 소용이 없자, 헤카타이오스는 강력한 함대를 정비하기 위해서는 해상권을 확보하는 일이 필요하다고 설명했다. 또 이전에 뤼디아의 왕 크로이소스가 밀레토스 근처 딘뒤마의 아폴론 신전에 바친 귀중한 봉헌물을 빼앗기지 않으려면, 보물들을 소중히 다루지 않을 적군의 손에

---

7. 헤카타이오스, 크산토스, 카론에 대해서는 L. Pearson, *Early Ionian Historians*, Oxford, 1939. 참조.

넘길 바에야 차라리 직접 사용하는 것이 낫다는 주장을 했다. 하지만 앞의 두 제안들과 마찬가지로 일반적인 통념에서 벗어나 있었고, 합리적이었던 세 번째 제안마저도 역시 채택되지 않았다(헤로도토스 5, 36과 5, 125~26). 그러나 모든 일은 헤카타이오스가 말했던 대로 일어났다. 헤카타이오스의 이 모든 충고는 정치 문제에 있어 그의 냉정한 사실주의적 태도를 보여주며, 그의 지리학적인 이해와 자신의 고향이 당면한 실제적 문제 사이의 연관성을 잘 보여준다.

헤카타이오스는 지리에 관한 책 한 권을 썼는데, 그때까지 사람들에게 알려져 있던 지구의 땅 전체를 서술하고, 지도를 덧붙여 그려 넣었다. 그가 지구에 대해 가지고 있던 전체적인 윤곽은 아낙시만드로스로부터(이 책 494쪽) 수용한 것이다. 아낙시만드로스와 마찬가지로 그 역시 땅과 물이 매우 정교한 조화를 이루며 지구에 분할되어 있다고 믿었다. 오케아노스 강은 둥근 지구의 가장자리를 에워싸고 흐르며, 지중해와 흑해에 의해 형성된 물길이 유럽과 아시아를 가로지르며 갈라놓는다. 이 두 바다는 서쪽으로는 지브롤터 해협을 통해, 동쪽으로는 (코카서스에 있는) 파시스 강을 통해 오케아노스와 이어진다. 역시 오케아노스로부터 흘러나오는 나일 강은 아시아를 두 부분으로 나눈다.[8] 그리고 나일 강을 정확히 마주하고 북쪽으로부터 흑해로 흘러드는 이스트로스(도나우) 강도 지구 사분원(四分圓)의 두 부분을 이루고 있는 유럽을 마찬가지로 서쪽과 동쪽으로 나눈다. 지구의 가장자리는 불모지이고 황량하며, 신화적 존재들이 사는 곳이다. 이와 같은 헤카타이오스의 기계적 설명은 헤로도토스에 의해서도 비웃음을 당한 바 있시만, 그러나 지구의 모습이 실제로 어떻게 생겼는지 파악하려

---

8. 헤카타이오스가 죽은 직후 (핀다로스『퓌티아 찬가』9번 8행에 따르면 474년) '리뷔아'(아프리카)는 세 번째 대륙으로 인정되었다(이 책 817쪽 각주 2번).

는 최초의 시도였다고 볼 때, 이런 도식적 구도는 불가피한 선택이었을 것이다.

헤카타이오스의 지구 묘사는 지브롤터 해협에서부터 지중해와 흑해의 북쪽 해안을 따라 동쪽의 파시스 강까지 도달했다가, 남쪽 해안을 따라 다시 서쪽 끝으로 돌아오는 해양 세계 일주라는 착상에 토대를 둔 것이다. 그의 설명은 매번 해안지역에서부터 시작한다. 그 다음에 "저 너머에"(그 배후에) 있는 것을 설명하고, 이어서 또 그 다음에 위치하고 있는 것을 말한다. 그래서 마침내 지구 가장 바깥의 가장자리에 도달한다. 당시에는 해안지역이 가장 널리 알려져 있었기 때문에, 이런 식의 묘사는 장점이 있었다.

그의 글의 문체는 전반적으로 매우 건조하다. 가령 예를 들면(1 F 113a Jacoby)[9] 아래와 같은 식이다.

> 그리고 그 다음: 로크리스인들. 그리고 그 안에[즉 로크리스인들의 땅에]: 칼라이온 도시. 그리고 그 안에 오이안테 도시.

헤카타이오스가 동일한 종류의 것을 한데 묶어 간단히 표현하는 언어 능력을 완전히 거부하는 것이 눈에 띈다. 그래서 그는 "그리고 그 안에는 도시 칼라이온과 오이안테"이라고 말하지 않는다. 그는 모든 세부사항을 그 자체로 죽 열거한다. 이는 마치 지도에서 어떤 기호를 다른 것들과 독립적으로 찍는 방식과 유사하다. 그는 방금 말한 것을 대명사로 받아서 연결시키는 대신에, 이어지는 부분에서는 "산"이나 "섬"이라는 단어를 반복한다(1 F 291, 1 F 305 Jacoby).

---

9. [역주] F. Jacoby, *Die Fragmente der griechischen Historiker*, 제1권 : *Genealogie und Mythologie*, Berlin, 1923.

이른바 휘르카니아 해[즉 카스피 해]를 둘러싸고 산맥(이 있다),

높고 숲으로 뒤덮여 있다; 산 위에는 아티초크.

(이집트에 위치하는) 부토 시의 레토 신전 근처에는 섬 하나가 있다. 이 섬은 켐미스라 불리고 아폴론을 섬긴다. 그리고 (그) 섬은 이리저리 떠다니며 물 위에서 움직인다.[10]

헤카타이오스는 지리학적 사항을 기록하면서 거의 주문장만 사용하는데, 모든 문장은 생각할 수 있는 가장 좁은 지평을 갖는다. 세계의 전체적인 모습은 대담하게 마음대로 사분원으로 구성한 반면, 그 안의 공간에 대한 세부 내용에 있어서는 극도의 소심함을 보인다. 부분을 서술할 때는 전달 효과를 내기 위한 그 어떤 최소한의 기교적인 묘사도 멀리했고, 그로 인해 건조하고 사실적인 서술에 극단적으로 치우치게 되었다.

헤카타이오스는 이 책에서 지형도만을 그리는 데 만족하지 않고, 민속학적인 사항도 서술한다. 가령 다음을 보자(1 F 154 Jacoby).

파이온 족(트라키아 지방 종족)들은 보리로 만든 맥주를 마신다(……). 그리고 우유로 만든 기름을 몸에 바른다.[11]

헤카타이오스는 이집트를 특히 상세하게 서술하고 있는데, 태고의 이집트 문명은 그에게 매우 강한 인상을 주었다. 헤카타이오스는 직접 이집트를 여행하기도 했지만, 이집트 건축물들은 별로 구경하지 못했다. 이집트인

---

10. [역주] 헤로도토스, 2, 155~156장 참조.
11. 그리스인들은 버터를 아직 알지 못했기 때문에, 거기에 해당하는 말이 없었다. 그들은 이 개념을 풀어 써야 했다. 우리가 사용하고 있는 버터(Butter)는 트라키아어(?) butyr-로부터 직접 전해 받은 것이다.

들은 높은 외벽을 쌓아 신전을 보이지 않게 숨겨 놓았으며, 외국인에게는 출입을 금했기 때문이다.[12] 헤카타이오스는 (이집트의) 테베에서만 겨우, 그것도 대(大)신전 입구의 전실(前室)까지만 들어갈 수 있었다. 거기서 신전에 소속되어 일하는 어떤 사람과 이야기를 나누다가, 이 신전의 345개의 사제 조각상들이 그 숫자만큼이나 많은 세대를 거쳐 온 이집트의 역사를 대표한다는 설명을 듣게 되었다. 헤카타이오스는 이 이야기를 듣고 너무나 놀랐다. 자기 자신의 가문에서는 16대만 올라가도 이내 신이 조상으로 등장하기 때문이다. 이집트의 오랜 역사에 비하면 그리스 민족의 태곳적 역사라는 것은 마치 어제나 그제에 해당되는 것으로 보였다.

헤카타이오스가 이집트를 비교적 길게 서술하고 있는 부분은 두 군데인데, 헤로도토스는 이 부분을 수정 없이 거의 그대로 받아들인다. 여기서는 두 가지 특이한 동물, 즉 악어(1 F 324 Jacoby)와 전설적인 불사조 피닉스에 대한 묘사가 등장한다.

> 악어를 사냥하는 방법은 종류도 많고 그 가짓수도 많다. 그중 가장 언급할 만한 가치가 있다고 생각되는 것을 여기에 기술하겠다. 사냥꾼은 갈고리에 돼지 등뼈를 미끼로 달고는 강 한가운데에 던진 다음 강가에서 자신이 데려온 살아 있는 새끼돼지에게 매질을 한다. 그러면 새끼돼지의 비명을 들은 악어는 소리 나는 방향으로 다가오다가 등뼈를 발견하고는 집어삼킨다. 그러면 사람들이 악어를 뭍으로 끌어당긴다. 일단 강가로 끌어올린 다음 사냥꾼이 맨 먼저 하는 일은 악어의 두 눈에 진흙을 바르는 것이다. 그렇게 하고 나면 악어를 매우 쉽게 제압할 수 있지만, 그렇지 않으면 애를 먹

---

12. Sourdille, *La durée etc*, Paris, 1910 참조. 이 점에서는 헤로도토스도 마찬가지였다. 이 때문에 그는 한 번 더 높이 위치한 곳에서 신전을 들여다보고, 건축물을 살펴볼 수 있는 기회를 가졌을 때 그토록 열광한 것이다(2, 137, 5 이하를 보라).

는다. (헤로도토스 2, 70)[13]

신성한 새 피닉스에 대해 헤카타이오스가 사람들로부터 들은 이야기는, 이 새가 아라비아에 살고 있으며 500년마다 한 번씩 이집트에 있는 '태양의 도시' 헬리오폴리스로 온다는 것이다. 이유는 그 아비가 죽으면 그의 시체를 태양의 성전에 매장하기 위해서라고 했다. 헤카타이오스는 피닉스의 시체 운반을 다음과 같이 전한다(1 F 324 Jacoby).

먼저 몰약[미르라]으로 운반할 수 있을 정도의 크기로 알을 하나 만든다. 그리고 이 알을 운반한다. 그 다음 알의 속을 파내고 거기에 아비의 시체를 넣는다. 알에서 속을 파내고 시체를 넣고 남은 빈 부분을 다시 몰약으로 채운다. 아비의 시신이 들어가 있어도 무게는 변함이 없다. 알의 속을 다 메운 다음에는 이집트에 있는 태양의 성전으로 가지고 간다.

여기서 낱낱이 분해하여 설명하는 경향의 문체가 다시 분명히 드러난다. 모든 요소들은 짧고 비교적 독립적이다. 그리고 그 각각의 서술 범위가 협소하기 때문에 많은 반복을 필요로 한다. 그럼에도 불구하고 인용된 두 이야기 모두의 경우에 개개의 요소들은 내용에 상응하여 말끔하게 연결된 고리로 이어진다. 악어사냥꾼이나 신비의 새 피닉스가 힘든 과제를 해결하는 데 사용하는 재치 있는 논리가 매우 선명하게 부각된다. 상세한 세부묘사에 대한 애착과 엄밀함에 대한 애착이 서로 조화를 이루고 있는 이러한 경우를 우리는 적색도상 기법을 사용한 동시대의 초기 그리스 도기화에서도 발견할 수 있다.

이 작품에 사용되는 언어는 고유의 형식을 가지고 있지 않고, 그때그때

---

13. [역주] 천병희 번역을 그대로 따랐다.

처한 정황에 맞추어 규칙을 달리했다. 따라서 어떤 경우에는 제대로 된 문장 구성조차 갖춰지지 않을 정도로 문법적 수준이 낮아지기도 한다(1 F 324 Jacoby).

> 해마는 다리가 네 개, 집게발. 말의 갈기를 갖고 있으면서. 멧돼지의 엄니를 보여주면서. 말의 꼬리와 목소리. 가장 큰 소의 크기.

헤카타이오스는 전설적으로 전해 내려오는 태곳적 이야기도 조사하고 정리하려는 의지를 발동시킨다. 그는 지리학 책 외에 전체 4부로 구성된 『계보도』라는 책을 썼다. 신의 아들이나 자손으로 간주되었던 영웅적인 선조들의 모습을 통해 가문이나 민족 또는 도시의 근원들을 밝혀내 보이고, 원초적인 방식으로 이름들을 설명한다.

> (1 F 15 Jacoby) 데우칼리온의 아들인 오레스테우스는 아이톨리아 왕국으로 왔다. 암캐 한 마리가 통나무를 오레스테우스의 자식으로 낳았고, 그는 이것을 땅에 묻게 했다. 여기서부터 많은 포도덩굴이 달린 포도나무가 자라났다. 그래서 그는 아들의 이름을 퓌티오스(phyton: 식물)라 지었다. 퓌티오스의 아들은 오이네우스였는데, 포도나무에 따라 붙여진 이름이다. 고대 그리스인들은 포도나무를 오이나이oinai라 불렀기 때문이다. 오이네우스의 아들은 아이톨로스였다(그가 아이톨리아인의 시조이다).
> (1 F 22 Jacoby) ……그리고 페르세우스가 칼자루를 잡으려 할 때, 칼집의 두껍mykes이 떨어져 있는 것을 발견했다. (그래서 여기에 세운 도시의 이름이 미케나이가 되었다.)

헤카타이오스는 호메로스와 헤시오도스적 문체로 된 고대 서사시에서 계보 기록의 소재를 구했다. 그러나 스스로 서문에서 말하고 있듯이 다양하고 서로 어긋나는 전승 자료들을 비판적으로 검토하는 작업을 했다(1 F 1 Jacoby).

> 밀레토스 출신의 헤카타이오스는 다음과 같이 말한다. 나는 내가 사실이
> 라고 믿는 대로 다음의 내용을 기술하고자 한다. 그리스인들의[14] 이야기는
> 내가 볼 때 서로 내용이 다르며 터무니없다.

그러나 헤카타이오스의 이러한 비판적인 작업이 철저했던 것은 아닌 것 같다. 왜냐하면 암캐와 포도나무 이야기는 이러한 비판에 걸리지 않았기 때문이다. 헤카타이오스는 다른 이야기들에서는 합리적으로 수정을 감행했다. 가령 헤라클레스는 에우뤼스테우스의 명령에 따라 지옥의 개 케르베로스(죽음을 상징함. 이 책 191쪽)를 물리치고, 이 개를 하계로부터 지상으로 끌고 나왔다고 한다. 그러나 헤카타이오스는 이에 대해 설명하기를, 타이나론에는 사악한 뱀이 살고 있었는데, 이 뱀에게 물린 사람이면 누구나 독으로 인해 즉사했기 때문에, 사람들은 이 뱀을 "지옥의 개"라고 불렀다고 한다. 헤라클레스는 바로 이 뱀을 에우뤼스테우스에게 데려갔다는 것이다(1 F 27 Jacoby). 헤라클레스의 또 다른 임무 중에 휘드라라는 전설적인 뱀을 퇴치하는 일이 있었는데, 헤카타이오스는 이에 대해 다음과 같이 말한다.

> 그러나 내 생각으로 그 뱀은 그렇게 크고 — 하지 않았지만, 다른 뱀들보다
> 는 더 끔찍했다. 에우뤼스테우스도 바로 그 때문에 이 뱀의 퇴치는 불가능
> 한 일이라 생각했으며, 그래서 명령을 내린 깃이다.[15]

---

14. 즉 일반적인 대중이라는 의미. 아테나이오스 13, 604b 키오스의 이온 참조.

15. Bernhard Wyss, *Antimachi Coloph. reliquiae,* Berlin, 1936, 83쪽, 28행 이하의 Pap. Cair.

다음의 단편은 영웅적 과장에 대한 합리적 판단을 보여준다(1 F 19 Jacoby).

> 아이귑토스 자신이 아르고스로 온 것은 아니지만, 그의 아들들은 아르고스로 왔다. 헤시오도스에 따르면 이들은 50명이었다지만, 내가 볼 때는 스무 명도 채 안 된다.

여기서 알 수 있듯이, 헤카타이오스가 가졌던 회의의 대상은 신화적 실체가 아니었다. 단지 동화적 요소들이 근절되었을 뿐이다. 이 이유가 아니라면 헤카타이오스 역시 『계보도』를 전혀 저술하지 않았을 것이다.

헤카타이오스의 단편들이 우리에게 알려주는 것은, 그리스의 역사학은 그 성립과정에서 경험주의가 이론적으로 확립된 이후에도 여전히 전설이나 신화와 힘겹게 싸워야 했으며, 또 유려함이나 격조에 있어 여전히 산문 문체가 시문학에 뒤떨어져 있었다는 사실이다. 하지만 이오니아 출신의 헤카타이오스는 그나마 현대적이라 할 수 있는데, 이는 그보다 나이가 약간 적은 그리스 본토 출신의 한 산문가와 비교해보면 분명히 드러난다. 헤카타이오스가 『계보도』를 저술한 직후, 아르고스 출신의 아쿠실라오스는 그와 유사한 작품을 썼다. 여기서 그는 특히 몇 세기 전의 헤시오도스의 『신들의 계보』와 『여인들의 목록』을 철저히 따르고 의존했지만, 때로는 구체적인 사항들을 "바로잡기도" 했다(2 T 6 Jacoby; F 4; F6등 여러 곳). 그는 헤시오도스와 마찬가지로 세계의 계보를 "빈 공허(F 5)"에서부터 시작했다. 그리고 세계의 여러 정령과 신들을 거쳐 신화적 영웅들까지의 계보를 완성해냈다. 또한 철저히 헤시오도스적 정신에 입각하여(이 책 187쪽) 모든 강들이 오케아노스 강을 근원으로 하는 것으로 보았다(2 F 1 Jacoby=DK 9B21=95정암).

그리고 오케아노스는 여동생인 테튀스와 결혼했고, 그들로부터 삼천 개의 강이 태어났다. 그중에서 아켈로오스가 가장 오래되었으며, 가장 존경받는다.

또 헤시오도스와 마찬가지로 모든 독사는 괴물인 튀폰의 피로부터 생겨난 것이라고 한다(2 F 14 Jacoby=DK 9B6=84정암). 아쿠실라오스는 합리적 해석의 필요성을 느끼고 케르베로스를 뱀으로 해석했던 헤카타이오스와 입장을 같이 하지 않았다(2 F 13 Jacoby). 아쿠실라오스가 얼마나 원시적으로 생각하고 썼는지는 다음의 예(2 F 22 Jacoby=DK 9B40a=103정암)에서 분명히 드러날 것이다.

포세이돈은 엘라토스('소나무인간')의 딸 카이네와 동침했다. 그 후 카이네가 …… 자신으로부터도 다른 남자로부터도 아이를 얻지 않았기 때문에, 포세이돈은 그녀를 어떤 상처도 입지 않는, 당시에 가장 힘 센 남자로 만들었다. 그래서 누군가 그를 쇠나 청동으로 찔러도 결코 성공할 수 없었다. 그리고 이 남자가 라피타이족의 왕이 되었고 켄타우로스족과의 전쟁을 늘 이끌었다. 그는 자신의 창을 (시장 한가운데 세우고, 창을 신으로 섬기라고 명령했다. 그리고 신들에게의 제사는 허용하지 않았다.) 제우스가 이것을 보고 화가 나, 켄타우로스족을 사주해 그와 싸우도록 했다. 그래서 켄타우로스족은 그를 물리쳐서 땅에다 똑바로 내리 꽂았고, 그 위에 바위를 비석으로 얹어 놓았다. 그렇게 그는 죽었다.[16]

아쿠실라오스는 여기서 가장 오래된 전설을 다시 다룬다. 카이네우스를 왕으로 하는 라피타이족은 이미 호메로스 시사시에서도 그 이전 훨씬 오래

---

16. F. Jacoby가 보충한 파손된 빈칸의 구절은 원래 문체와 맞지 않는다. 가령 ἀκόν[τιον ἐν μέσῃ ἀγορῇ, τούτῳ κελεύει θύειν · θεοῖ]σι δ᾽ οὐχ ἦεν [εὔχεσθαι. καὶ] Ζεὺς ……'.

된 시대 및 난폭하고 거친 인간종족을 대표하는 것으로 간주되었다. 『일리아스』에 등장하는 자부심 강한 영웅들조차도 그 고집과 자의식에 있어서는 카이네우스 같은 사람과는 비교할 바가 아니었다(『일리아스』제1권, 260행 이하. 이 책 66쪽 이하 참조). 한 인간의 육체적 조건이 완고하고 강인한 성격을 형성하는 데 함께 영향을 미친다는 것은 아직 인간을 영혼과 육체로 나누지 않았던 시대에 가까운 생각이었다. 그래서 카이네우스와 같은 영웅의 상이 만들어졌던 것이다. 그는 엄청난 수의 적군에 의해 기둥으로 두들겨 맞고 돌 세례를 맞아도 결코 굴하지 않고 꿋꿋하게 버티다가, 결국 마치 말뚝처럼 땅에 박혀 버렸다.

아르고스 출신의 아쿠실라오스의 책과 함께 그리스의 역사학은 앞으로 나간 것이 아니라 뒤로 후퇴했다. 때문에 역사학은 그리스 동쪽의 헤카타이오스에서 그리스 동쪽의 헤로도토스로 이어져 결국 그리스 동쪽에서 완성된다. 크산토스라 불리는 뤼디아 출신의 그리스 혼혈인은 헤로도토스 이전에 뤼디아의 역사를 기술했고, 이 작업을 위해 문서로 된 원본자료도 이용했다(다마스쿠스의 니콜라오스 90 F 44, 7 Jacoby 참조). 또 그 외에 다르다넬스 해협 지역의 람사코스 출신인 카론에 대해서도 전해진다. 그는 기원전 460년(?)경[17] 페르시아의 역사에 대한 책과 자신의 고향지역에 대한 연대기를 작성했다. 우리는 이 연대기에서 재치 있는 구절 하나를 읽을 수 있다(262 F 1 Jacoby).

(……년) 비살티아인(원주민)들은 카르디아(다르다넬스 해협 북서쪽의 도시)로 진군해서 승리를 거두었다. 비살티아인들의 대장은 나리스였다. 그는 어려서 카르디아에 팔려와 후에 한 카르디아 가문의 노예이자 이발사가

---

17. F. Jacoby는 카론의 활동시기를 훨씬 나중으로 잡는다.

되었다. 카르디아인들에게는 비살티아인들이 그들을 공격할 것이라는 신탁이 전해오고 있었고, 그들은 이발소에 모여 앉으면 자주 그 이야기를 하곤 했다. 나리스는 카르디아를 탈출해서 고향으로 도망갔다. 그리고 비살티아인들에 의해 지도자로 뽑힌 후, 카르디아에 대항하여 싸우자고 권유하였다. 그런데 카르디아인들은 모든 말들에게 연회 시 피리에 맞춰 춤을 추도록 가르쳤다. 말들은 익숙한 피리 선율에 따라 뒷다리로 서서 앞다리로 춤추는 몸짓을 했다. 나리스는 이 사실을 알고 있었다. 그래서 카르디아에서 피리 연주하는 한 여인을 매수하여 비살티아인들에게 데려와 피리 연주를 가르치도록 했다. 드디어 비살티아인들과 카르디아인들 사이에 전쟁이 일어났을 때, 그는 카르디아의 말들에게 익숙한 모든 선율로 피리를 불게 했다. 말들이 피리소리를 듣자, 뒷다리로 서서 춤을 추기 시작했다. 그런데 기병대가 카르디아군의 주력부대였기 때문에, 이렇게 카르디아인들은 패배하게 되었다.

문체와 관련해서 보자면, 이 글은 풀어내기 어려운 아쿠실라오스의 산문보다 훨씬 수준이 높다. 그러나 산뜻한 기품과 신선함을 가진 헤로도토스의 문체에 비하자면 여전히 격이 많이 떨어진다. 저자인 카론은 서술 흐름을 여러 번 끊거나, 또는 다른 방향으로 틀었다. 하지만 이 재미있는 이야기의 내용과 성격은, 헤로도토스 작품에서 보이는 일화적 특징이 이미 이전의 선구자들에 의해 준비되어 있었다는 것을 보여준다. 일화나 짧은 이야기가 동화와 전설을 대체하기 시작하는 것이다. 이전에 아폴론에 의해 고무되고 열광했던 시인 아리스테아스는 먼 곳에 대한 특이한 경이감에 심취했었다. 헤카타이오스도(F 327 이하), 그리고 뒤에 가서는 헤로도토스도 아리스테아스를 전거로 하여 이와 유사한 방식으로 지구의 가장 바깥쪽에 살고 있는 전설적인 민족들을 기술했다. 헤카타이오스와 아쿠실라오스가 전해오는 전승에 따라 이야기했던 그런 신화는 놀라움으로 가득 차 있었다. 그렇지만 이제 새로운 방식의 이야기가 무대를 장악한다. 물론 놀라움을 일으킨다는 점은 마찬가지이지만, 사람들은 이해할 수 있는 것에 대해 놀라게 된다. 어떤 복잡한 기술을 통해 어떻게 어려운 과제가 해결되는지를 듣는 것이다. 즉 악어는 어떻게 잡는지, 피닉스는 어떻게 향유를 바른 시체를 하늘을 통해 운반하는지, 또는 어떻게 말들이 음악에 따라 춤추는 법을 배우는지, 그리고 이런 말들의 곡예가 어떻게 적군의 기발한 생각에 의해 무기로 이용되는지 우리는 듣게 된다. 놀라움의 정신이 새로운 시대의 실용적 정신과 결합하여, 그 결과로 재치 있는 것에 대한 활발한 관심을 불러일으키게 되었다.

이런 경향은 계속 발전하여 경탄할 만한 것과 진기한 것을 넘어서게 된다. 일화는 역사적이고 일반적인 의미로 채워진다. 신화에 대한 현세적 대용물로서의 일화는 재치 있고 내용이 풍부한 짧은 이야기가 된다. 이후 이어지는 역사기술의 전성기인 투퀴디데스에 와서야 이야기로부터 재치가 사라지고, 진기한 것에 대한 관심도 없어진다. 그럼으로써 역사서에서의 짧은 일화적 이야기에 대해서도 퇴출선고가 내려진 것이다. 물론 투퀴디데스에서도 아직 사건에 대한 여러 이야기들은 남아 있다. 그러나 일화나 이전과 같은 짧은 이야기는 없다. 이제야 비로소 역사서술이 완전히 진지해지고 엄격해졌다. 이에 따라 이제야 과묵하지만 가장 뜨겁게 타오르는 정열을 지니게 되었고, 비록 억제되어 있지만 가장 숭고한 활력을 지니게 되었다. 의술이 냉정해지고 기계적으로 되면서 자연과학이자 동시에 기술로서 발전하기 시작한 반면, 역사학은 아직 얼마동안 여전히 낯선 것과 진기한 것에 대한 호기심어린 갈망으로부터 추진력을 얻고 있었다.

3. 파르메니데스

크세노파네스는 70년 동안을 철학자로서 그리스 땅을 누볐고, 그의 명성은 도처에서 열광적인 반향을 일으켰다. 그는 상고기에 태어나 막 시작된 고전기 초기까지 살았고, 중요한 인생의 고비와 변화를 겪으면서 끊임없이 영향력을 행사한 인물이었다. 크세노파네스는 이쪽의 현세와 초월적인 저 너머 세계 사이를 분명히 구분할 수 있는 새로운 인간을 형성하는 데 기여했다. 우리는 방금 경험적 학문의 새로운 통찰로부터 어떤 성과들이 나타났는지 살펴보았는데, 그럼으로써 상고기의 테두리를 뛰어넘게 되었다. 하지만 여기서 이제 철학으로 눈을 돌려, 연대기적으로 우리가 원래 출발한 지점으로 다시 되돌아가보자.

테오프라스토스가 분명히 주장했듯이, 크세노파네스의 형이상학은 이 세계가 아니라 신을 지향하고 있었다(이 책 625쪽 이하와 각주 19번 참조). 이러한 신학적 사변을 철학적인 것으로 전환한 사람이 '엘레아학파'의 일원으로 크세노파네스의 '계승자'라 불리는 파르메니데스이다. 그러나 여기서 학파와 계승에 대해 말하는 것은 별로 중요하지 않다. 물론 신에 대한 크세노파네스의 학설과, 존재와 현상에 대한 파르메니데스의 학설 사이에 연관성이 있음은 분명하다. 하지만 근본적으로 파르메니데스의 사유는 매우 새롭고 중요한 의미가 있으며 그 자체로 완결성을 가지고 있어, 크세노파네스가 이루어놓은 사전작업은 그 배후로 사라져 버린다.

파르메니데스는 이탈리아 남부 도시 엘레아에서 태어났는데, 이곳은 크세노파네스가 이오니아를 떠나 이주한 후 시민권을 얻은 바로 그 도시이다. 파르메니데스의 생존연대는 6세기 후반부와 5세기 초반부에 걸쳐 있다. 전하는 기록에 따르면, 그는 "대단한 가문의 출신이며, 엄청난 부를 소유하고 있었다"고 한다. 또 크세노파네스와 피타고라스의 제자였다고도 하며(피타고라스 집단은 남부 이탈리아에 근거지를 두고 있었다), 그래서 피타고라스주의의 영향으로 은둔생활을 했다고도 전해진다. 그중에서 무엇이 사실인지는 확인할 수 없다. 그러나 중요한 것은 우연한 두 가지 행운 덕분에 파르메니데스의 저작들이 상당 부분 원래 상태로 전해지게 되었으며,[1] 그로 인해 우리도 그의 사유를 다른 어떤 그리스 초기 철학자와도 비교할 수 없을 만큼 완전하고 신빙성 있는 상태로 접할 수 있게 되었다는 사실이다. 우리는 파르메니데스의 사유를 그 스스로가 직접 택한 형식 속에서 읽을 수 있는데, 그것은 바로 시적인 형식이다. 그는 자신의 장대한 사유를

---

1. 기원후 2세기의 섹스투스 엠피리쿠스는 파르메니데스 저작의 도입부 전체를 인용했는데, 그것은 그 부분이 자기 자신의 사유를 전달하는 데 도움이 된다고 믿었기 때문이다. 기원후 6세기에는 심플리키오스가 일련의 인용문을 제시하고 후대에 남겨 놓기 위해 존재론의 핵심 부분을 완전히 다 기록하였다. 왜냐하면 그가 말했듯이, 이 책의 판본이 드물어졌기 때문이다. 소피아 대성당을 웅장하게 세운 비잔티움의 기독교 황제 유스티니아누스는 529년 "그리스인들의 광기"를 끝내기 위해 (이교도) 철학의 모든 수업을 금지했고, 아테네에 있는 플라톤의 아카데미아를 폐쇄했다. 심플리키오스 자신은 그 후 코스로에스 1세에게서 그리스 교육을 할 수 있는 장소를 발견할 수 있을 거라는 기대를 가지고 다른 사람들과 함께 페르시아로 이주했다. 그러나 몇 년 후 그는 실망을 맛보고 다시 돌아와서 철학적 저술 작업에 전념했다.

한 편의 서사시로 기록하고 있다.

파르메니데스 철학의 핵심은 형이상학적 성격에 있다. 철학자는 자기 앞에 모습을 드러내는 초감각적인 진리를 인식하기 위해, 정신을 통해 우리 인간들이 살고 있는 세상을 벗어나야 한다. 위대한 사유를 철저히 행할 때마다 현세적 사물 너머에 존재하는 빛의 왕국으로 들어가는 것을 느끼게 된다. 파르메니데스는 자신의 교훈시 도입부에서 이러한 황홀경을 기술한다. 그리고 일상적 언어로는 일상적이지 않은 사건을 표현할 수 없다는 이유로 이것을 비유와 상징을 통해 서술한다.[2] 그가 사용한 은유 중 몇 개는 상투적인 시어로부터 빌려온 것이다.[3] 아래의 화려하고 경쾌한 마차여행의 비유는 흔히 '보행자 문체'로 불리는 단순한 산문과는 구별되는 바, 파르메니데스의 시적 창작과 문체를 잘 보여주고 있다.[4] 파르메니데스의 시는 다음과 같이 시작된다(DK28B1=7정암).

내가 원하는 곳 어디에나 나를 데려다주는 암말들이,[5]
다채로운(?) 길을 통해 나를 태우고 달린 후, 나를 인도한 길, 그 길은
3 지혜로운 자를 데리고 모든 도시들을 거쳐가는(?)[6] 여신의 길이었다.

---

2. 아마도 이것이 파르메니데스가 시구 형식을 선택한 까닭일 것이다. 단편 B1은 당시의 산문 형식으로는 전혀 상상할 수 없다.

3. 파르메니데스 단편 B1의 1~2행, 5행, 17~18행은 핀다로스 『올림피아 찬가』 6번 22~27행과 정확하게 상응한다(*Frühgriech. Denken* 158쪽).

4. 이러한 이미지는 이미 헤시오도스의 『일들과 날들』 659행의 표현에서도 바탕이 되고 있다.

5. 파르메니데스는 자기가 원하는 만큼 멀리까지 자신의 생각이 다다를 수 있다고 자랑할 만하다. ('θυμός'에 대해서는 솔론의 단편 3D=4W 30행, 그리고 오비디우스 『변신이야기』 첫 행 참조.) 첫 행이 일반적이라면, 두 번째 행은 시의 대상을 형성하고 있는 사유의 여행으로 전이한다.

6. 난해한 세 번째 행은 ('ἄστη'를 통해) 가령 지혜로운 자(파르메니데스)가 지니고 가는

이 길을 따라 나는, 매우 영리한 암말들이 힘차게 끌고 있는

마차를 타고 달리고 있었다. 처녀들로부터 마차 주행의 안내를 받으며.

6 바퀴통 속의 축은 관으로부터 맑은 소리를 내며 달아오르고 있었는데,

이 축은 빙빙 돌아가는 한 쌍의 바퀴에 의해

양쪽으로 움직이고 있었기 때문이다. 태양의 딸들이 밤의 집을 뒤로 하고

9 빛을 향해 열심히 움직이며, 마차를 빨리 달리게 할 때마다,

그리고 손으로 머리에서 베일을 벗겨낼 때마다.[7]

그곳은 밤과 낮의 길들이 시작되는 문이 있고,

12 이 문을 문틀과 돌로 된 문턱이 감싸고 있다.

밝은 하늘색 커다란 문짝들을 달고 있었다.

거기에 많은 대가를 치르게 하는 디케가 응보의 열쇠를 쥐고 있다.

15 이제 처녀들이 부드러운 말로 영리하게 디케를 설득한다.

문에 단단히 걸려 있는 빗장을 재빨리(?) 다시 열어 달라고.[8]

소식이 글을 통해 (다음 각주 참조) 모든 나라로 (테오그니스 23행 이하) 전해진다는 것
으로 이해할 수 있다. 그리고 여신의 계시가 '앞을 못 보는 모든 자의 눈을 뜨게 해 주어
라'와 같은 종류의 임무를 지시함으로써 끝났을 것이다. 그러나 이 모든 것은 가능한 추
측에 따른 해석에 지나지 않는다.

7. 비유적 언어라 해도 이 언어에 친숙한 사람들에게는 선명하며 인상적이다. 문제가 되
는 것은 항상 사유다. 여기서는 상고기에 흔히 그러한 것처럼 사유과정과 사유내용 그
리고 세 번째로 시적인 표현과 기술은 서로 분명히 나뉘지 않는다. 그래서 우리는 청자
나 독자에게로 이르는 사유의 '길'에 대하여(사유의 진행과정, 사유의 방법 그리고 어
쩌면 시의 성격에 대하여) 듣게 된다. 활발히 움직이는 동력('영리한 말들')에 대하여,
또 밤으로부터 낮으로의 여행에 길을 안내하고, 주행에 박차를 가하고, 이렇게 상승할
때 스스로도 '베일을 벗는', 환히 빛나고 총명한 힘들('태양의 딸들', 이에 대해서는 이
책 890쪽 이하 각주 22번 참조)에 대하여 듣는다. 폭풍 같은 사유의 힘은 (이 사유가 어
떤 세계로부터 벗어나 있고, 세계에 적대적인 목적지에 이르는지는 곧 드러나게 될 것
이다) 축을 벌겋게 달아오르게 하는 바퀴의 순환운동을 통해 상징된다(아래 각주 9번
및 아이스퀼로스 『탄원하는 여인들』 181행 그리고 『테바이를 공격한 일곱 장수』 153
행 참조. 그리스어에서는 구멍이 뚫린 바퀴통에 대해 양치기 피리의 관과 같은 단어인
'쉬링크스syrinx'가 사용되었다. 이로써 전체적인 모습도 함께 정해진다).

그러자 청동으로 된 버팀목이 나사못과 쐐기로 고정되어 있는
18 축받이 구멍, 그 속에서 양쪽 버팀목들은 차례로 돌아갔고,
그러면서 양쪽 문짝들은 열리며 틈을 크게 벌렸다.[9]

'디케'(14행)는 정의와 올바름의 잠재성이다. 디케는 "응보의 열쇠"를 인식
의 문으로 가져간다. "응보의 열쇠"가 정하는 사유의 올바름에 따라 진리
가 우리에게 열리는지 아니면 잠긴 채로 있는지 결정되기 때문이다.

이어서 도착지에서 여행자가 받는 환대가 묘사된다. "여신"이 젊은 여
행자에게 인사한다. 그는 순조로운 운명(재능)과 디케(사유의 올바름)로 인
해 진리로 다가가는 일을 성취할 수 있었다(DK28B1=7정암, 22행 이하).

그리고 여신은 나를 친절히 맞이하였고, 나의 오른손을 붙잡고
다음과 같은 말로 나에게 이야기하기 시작했다.
24 "오, 젊은이여, 불멸하는 안내자의 수행을 받아
나의 집으로 그대를 데려다준 암말들과 함께 도착한 이여,

---

8. 설득력 있는 (Πειθώ' DK28B2, 4행 그리고 그 이외의 것은 아래 각주 11번 참조) 말을 통
해 빛의 사유는 디케 앞에서 자신을 증명해 ('πεῖσαν') 보인다. 그 말은 "부드럽고"(마치
"빛"이 부드러운 것처럼. DK28B8, 57행), 가짜가 가진 βίαιον과 대립적이다(DK28B7,
3행; 시모니데스 단편 55D=76E; 핀다로스 『네메이아 찬가』 8번 34행; 『일리아스』 제23
권 576행 등등). 보통 파르메니데스의 변증술이 매우 냉정한 것과 반대로, 이번에는 동
일한 힘에게 도움을 청하고 있기 때문이다(이 책 686쪽과 각주 42번을 보라).
9. 결정적 인식의 문이 철학자 앞에 열리고, 그를 빛의 왕국으로 들여보낸다. 사건의 중대
성은 시인이 대상의 세부에 꼼꼼히 몰두함으로써 또다시 상고기적 방식으로 표현된
다. 그는 닫혀 있다가 열리는 문의 모든 구체적 사항들을 모두 묘사한다. 마차의 기계
장치에 있어 축과 축이 끼워져 있는 바퀴통이 그러하듯이(6~8행), 문의 기계장치에 있
어 그 핵심 부분은 경첩과 축받이구멍이다. 묘사에 사용되는 형상언어는 매우 풍부하
다. 왜냐하면 문을 통과하여 돌진함, 밤의 집으로부터 떠나옴, 빛으로의 여행 그리고
결단―이 모든 것은 대략 동일한 것을 나타낸 것이다.

와줘서 기쁘다. 왜냐면 나쁜 운명의 힘이 그대를 이 길을 지나오도록 보낸 것이

27 아니라(이 길은 실로 인간이 거니는 길과 멀리 떨어져 있는 까닭이다),[10] 테미스와 디케가 보낸 것이므로. 그대는 모든 것을 알게 될 것이다. 설득력 있고 거짓 없는 진리의 마음도,[11]

30 또 그 자체로 어떠한 참된 확실성도 없는 인간의 억견에 대해서도.

이렇게 파르메니데스가 "여신"으로 하여금 말하게 하는 연설이 시작된다. 우리는 이 여신 속에서 이 시의 '무사Mousa'를, 또는 진리의 잠재성을, 또는 인식과 통찰의 잠재성을 볼 수 있다. 그 사이에 그리 큰 차이는 없다. 왜냐하면 시인의 "무사 여신"은 예술과 지혜, 지식, 그리고 진리, 이 모두를 다나타내기 때문이다.

파르메니데스에게 모습을 드러낸 "진리"는 보기 드물게 대담한 사변의 결과다. 그의 근본 사유에 조금은 현대화된 형식으로 미리 접근해보는 것도 유용할 것이다.

---

10. 'πάτος'는 여기서나 다른 곳에서나 어떤 장소에서 다른 어떤 장소로 이르는 '길'을 말하는 것이 아니라, 이리저리 돌아다니는 인간의 '발걸음'을 말한다. W. Kulmann, *Hermes* 86, 1958, 159쪽 이하 참조.

11. 이 시구에 관해서는 Karl Deichgräber, *Das Prooimion des Parm.*, *Abhandl. der Mainzer Akad.*, 1959, 22쪽을 보라. 나는 이제 그의 방식으로 ἀληθείης εὐπειθέος (이곳과 마찬가지로 동일한 대조를 이루고 있는 다음 행의 'πίστις ἀληθής', 그리고 B8, 50행의 'πιστός λόγος ἀμφὶς ἀληθείης', 또 B8, 28행의 'πίστις ἀληθής', 또 B2, 4행의 'Ἀληθείη'의 동반자로서의 Πειθώ'를 참조하라) ἀτρεκὲς (가령 핀다로스 『네메이아 찬가』 5번, 17행 'φαίνοισα πρόσωπον ἀλάθει' ἀτρεκές'를 참조하라) ἦτορ'를 읽는다. 눈에 띄는 것은 전체적으로 파르메니데스의 학설에 대한 탁견을 기초로 하여 제시된 여러 가지 가능성들이다. (εὐπειθέος':) 'εὐκυκλέος': 'εὐφεγγέος' 그리고 (ἀτρεκὲς':) 'ἀτρεμὲς'. 그러나 (B8, 43행에서처럼 'εὐκύκλου' 대신의) 'εὐκυκλέος' 는 'εὐπειθέος'의 영향으로 만들어진 잘못된 단어이다(Deichgräber). 이 단어는 아마도 '순종적인'으로 잘못 이해됨으로써 두 번의 수정을 겪는다.

파르메니데스가 결국 파악하고자 하는 것은 진리 또는 현실이다. 즉 존재다. 따라서 존재(실존)의 본질을 통찰하는 것이 그의 철학적 핵심이 될 것이다. 파르메니데스에 따르면 존재는 단지 긍정적 형식으로만, 즉 긍정된 존재로서만 의미를 갖는다. 만약 우리가 어떤 사태를 부정하고, 그럼으로써 어떤 존재를 거부하려 한다면, 이는 주장의 대상을 파괴하는 것이고, 결국 그 어떤 언술 자체를 하지 않는 것이나 마찬가지이다. 따라서 부정적인 언술이라는 것은 있을 수 없다. 또한 암묵적으로 부정을 포함하고 있는 그런 언술도 마찬가지로 스스로 언술이기를 중지한다.[12] 예를 들어 '무엇인가 시작되었다'는 주장은 그 무엇이 이전에는 존재하지 않았다는 부정적 가정을 포함하고 있다. 그리고 존재하지 않았던 어떤 대상이 어느 주어진 시점에 하나의 대상으로 존재하기 시작했다는 가정은 모순이고 오류다. 운동이나 모든 종류의 변화에 대해서도 같은 논리가 적용된다. 왜냐하면 이때에도 모종의 사태가 어떤 때에는 존재했다가, 다른 때에는 아직 존재하지 않거나 더 이상 존재하지 않는다고 가정하는 것이기 때문이다. 또한 대상의 다수성도 있을 수 없다. 다수성은 어떤 대상이 다른 대상과 같지 않다는 것, 또는 자신의 상태와 다른 대상의 상태가 같지 않다는 것을 전제하기 때문이다. 또한 성질에 대해서는 오로지 '완전한'과 '모든'과 '가득 찬'과 같이 무제한적으로 긍정적인 성질만이 있을 뿐이다. 그렇지 않은 성질들은(가령 '녹색') 거기에 따르는 부정적 계기를 통해('붉지 않고 파랗지 않음') 자연히 불가능하게 된다. 사물과 사건에서는 오로지 존재만이 있다. 이 존

---

12. 파르메니데스가 존재론을 설명할 때는 부정되지 않는 진술들만이, 또는 이중의 부정으로 된 진술만이 나타난다. 가령 "존재는 있다. 비존재는 있지 않다"(B6, 1~2행)의 경우가 그것이다. 부정이 하나만 표현되는 곳에서는 또 다른 부정이 암시되어 있다. 가령 "그것은 결여되어 있지 않다"(B8, 33행)가 그 경우인데, 여기서는 '결여'라는 단어가 부정적인 개념의 역할을 한다.

재는 한 단어로 된 문장 '있다(이다)'를 통해 확인할 수 있다.[13] 그리고 수에 있어서도 오로지 '1'만이 있다. 시간에 있어서는 오로지 '항상'만이, 공간에 있어서는 오로지 '모든 곳에'만이 있는 것이다. 이 모든 것으로부터 귀결되는 것은 우리가 살고 있다고 믿고 있는 세계는 실제로 존재하는 것이 아닐 수 있다는 것이다. 헤시오도스는 우리의 사물 세계가 공허와 부정성의 세계와 한 쌍이라고 공언한 바 있다(이 책 188~195쪽). 파르메니데스는 모든 공허와 부정성을 부인하면서, 유사한 논리로 우리의 세계 역시 존재하는 것이 아니라는 결론을 내린다.

존재의 문제를 제기하면서 파르메니데스는 그 대답을 찾을 수 있는 곳으로 오직 두 가지 '길'만을 고찰 대상으로 삼는다. 즉 우리는 무조건적인 긍정과 근본적 부정 사이에서 선택해야 한다(DK28B2=8정암).

이제 생각할 수 있는 유일한 탐구의 길이 무엇인지 내가 설명할 것이니, 그대는 이 말을 잘 듣고 명심하기 바란다.

3 우선 하나는 "있다 그리고 '있지 않음'이란 없다"라는 것이다.

이 길은 설득력(자명함)의 길인데, 왜냐면 진리를 따르고 있기 때문이다.

---

13. 파르메니데스 사유의 핵심이라고 할 수 있는 '있다'라는 말은 주어를 가지고 있지 않다. 그 말은 (it) rains처럼 이른바 비인칭동사다. 왜냐하면 만약 '존재(또는 존재자)가 있다', '(존재하는) 모든 것이 있다'와 같이 어떤 일반적인 주어가 주어지면, 이 진술은 동어반복이 되어 그 의미가 약해진다. 다른 한편 특별히 규정된, 즉 제한된 주어는 존재를 부당하게 세분화하게 될 것이다. 파르메니데스는 당시의 언어에서 '있다'라는 동사가 세 가지 기능에 따라 연결되어 있는 것을 발견했다. 즉 1) 단순한 계사다. 그러나 계사의 사용은 의무적인 것이 아니었다(파르메니데스 단편 B2, 7행; B8, 16행; B9, 4행; B12, 3행 참조). 2) 강조된 의미에서 '존재하고 있다'의 의미이다. 이것도 역시 생략될 수 있다(B8, 42행). 3) 강조되어서 '…하는 것은 가능하다'의 의미에서 부정형과 함께 혹은 'ὅπως'와 함께 쓰이는 경우다(B2, 2행의 'εἰσὶ νοῆσαι.' B6, 1행의 'ἔστι γὰρ εἶναι.' B2, 3행의 'οὐκ ἔστι μὴ εἶναι.' B8, 47행과 B8, 9행의 'οὐ φατὸν οὐδὲ νοητὸν ἐστιν ὅπως…').

다른 하나는 "있지 않다 그리고 '있지 않음'은 있을 수밖에 없다"라는 것인데,

6 이것은 전혀 인식될 수 없는 길이라는 것을 그대에게 말하는 바이다.

왜냐면 그대는 있지 않는 것은 인식할 수도 없으며(그것은 불가능한 일이므로),

또 그것에 대해 말할 수도 없기 때문이다.[14]

또 다른 단편은[15] 어떤 언술이나 사유가 항상 긍정적인 존재를 대상으로 삼아야 한다는 확신을 공고히 하는 것처럼 보인다. 그런데 여기에 쓰인 언어적 표현이 특이하다(DK28B6=12정암).

> '있는 것을 말하고 사유함'은 있어야 한다. 있음은 있기 때문이다.
> 그러나 없음은 있지 않다는 것, 이를 마음에 새겨두기 바란다.
> 3 왜냐하면 이것은 내가 가장 먼저 경고하는 탐구의 길이기 때문이다.
> 하지만 그 다음 아무것도 모르는 인간들이[자신의 가슴속 무력(無力)함이
> 헤매고 있는 그들의 정신을 조종하고 있기 때문에]
> 6 두 개의 머리로 방향을 잃고 헤매는 그 길에 대해서 경고한다. 인간들은
> 귀먹고 눈먼 채 어리석음 속에서 존재함과 존재하지 않음을 같은 것으로도,
> 같은 것이 아닌 것으로도 여기는 우유부단한 무리를 이루어 몰려다닌다.
> 9 그들의 길은 모든 것에서 뒤로도 가고 앞으로도 간다.

파르메니데스가 여기서 처음에 경고하고 있는 길은 앞 단편에서의 두 번째 길인 '존재의 부정'과 동일하다. 이 길은 무(無)로 이끄는데, 무라는 것은 존재하지 않는다. 세 번째 길은 절충의 길이다. 파르메니데스가 이 길에 들어

---

14. 뒷부분(B7, 1~2행)과 비교하라: "왜냐하면 있지 않는 것이 있다는 것은 결코 증명될 수 없기 때문이다. 따라서 이 길로부터 너의 사유를 멀리하도록 하라"(B7, 1~2행은 그 자체로 온전한 하나의 단편이다). *Classical Philology* 41, 1946, 170쪽, 각주 9를 보라.
15. 단편 B3에 대해서는 이 책 667쪽을 보라. 나는 단편 B4를 만족스럽게 해석할 수 없다.

선 사람들에게 해줄 수 있는 것은 조소밖에 없다. 긍정이냐 부정이냐 사이에 분명한 선택을 하지 않으려는 사람은 방향감각을 상실하여 내면에서부터 속수무책의 상태를 벗어나지 못한다. 파르메니데스는 두 가지 생각 사이에서 이리저리, 앞으로 뒤로 비틀거리고 있는 우유부단한 인물을 계속해서 경멸하고 있다. 아마도 그는 종종 인간 세계의 비현실성을 인정하라는 자신의 낯선 학설을 사람들이 듣고 (이 책 483쪽 각주 9번) 이를 받아들이지 않는 모습을 보았을 것이다. 사람들은 지나치게 엄격한 파르메니데스의 논리에서 빠져나가려고 노력했던 것이다. 이 철학자가 그들에게 "존재하는가, 존재하지 않는가"라는 물음을 던졌을 때 사람들은 파르메니데스가 중요하게 보는 오류를 범한다. 사람들은 대답을 하면서 참된 존재를 염두에 두지 않고, 현세의 사물들을 생각했던 것이다. 그래서 논쟁 가운데 사람들은 부정적인 것에도, 가령 죽음에도 긍정적 현실성을 부여하게 되었고, 그럼으로써 존재와 비존재를 한편으로는 분리하면서 다른 한편으로는 동일시할 수밖에 없었다.

우리는 일상적인 경험이나 우리에게 잡다와 변화의 세계를 비추어주는 감관이 증명하는 것을 믿어서는 안 된다(DK28B7=13정암 3행 이하).

> 수많은 경험으로 이루어진 습관이 그대를 강제하여
> 초점 없는 눈, 멍한 귀, 혀가 다스리도록 해서는
> 안 된다. 내가 말했던 비판적인 반박에 대해서는
> 오로지 사유(logos)로써 판단하라.

순수한 사유의 논리가 주도하게 되면, 이것이 우리를 오로지 참된 하나의 길로 인도한다. 파르메니데스의 말은 다음과 같이 계속된다(DK28B7, 6행은 계속해서 DK28B8, 1행으로 이어진다).

이제 어떤 하나의 길에 관해서만 말할 것이 남았다.

그것은 있음의 길이다. 이 길을 나타내는 표지에는 매우 많은 것들이 있다

3 (있음은) 생성하지 않았으므로 소멸하지도 않는다는 것,

그것은 온전한 자체이며, 움직이지 않고 끝도 없기(?) 때문에,

언젠가 '있었던' 것도, '있게 될' 것도 아니기 때문에, 있음은 전부 함께 지금 있음이며,

6 연결된 하나다. 도대체 있음에 대해 그대는 어떤 생성을 찾을 수 있을 것인가?

어떻게 그리고 무엇으로부터 있음은 자라난 것인가? 어쩌면 있지 않음으로부터?

그러나 그대가 그렇게 나타내거나 사유하는 것을 나는 허용치 않을 것이다.

9 '있지 않음'은 나타낼 수도 사유할 수도 없기 때문이다. 어떤 필요에 의해 있음이 원래의 무로부터 언젠가 생겨나게 되었던 말인가?

따라서 존재는 전적으로 있거나 아니면 없을 수밖에 없다.

12 그리고 확실성의 힘은 있지 않음으로부터 무엇인가가 자기 바깥에

새로 생겨난다는 것을 허용하지 않을 것이다. 이에 따라 디케는

구속을 느슨하게 하지 않았고, 존재가 생성하거나 소멸하도록 풀어주지 않았다.

15 디케는 존재를 단단히 붙잡고 있다.

이 부분에서는 세부적으로 문제가 되는 사항이 많다. 또 여기서부터 사유의 전개가 분명하지 않은 경우도 때때로 등장한다. 물론 일반적인 의미에 대해서는 의심의 여지가 있을 수 없다. 마지막에 논리적 올바름의 기준으로 디케가(이 책 657쪽) 다시 등장한다. 디케는 우리의 사유만이 아니라 사태까지도 결정한다. 사물들은 있어야 하는 대로 존재한다. 그 외 모든 것은 근본적인 문제에 대한 우리의 대답에 달려 있다(DK28B8=14정암, 15행 이하).

선택은 다음 물음에 달려 있다.

있는가, 있지 않는가? 그렇다면 이제 어쩔 수 없이 그 중 한 가지(즉 있지 않다)는

생각되지도 말해질 수도 없으므로 포기되어야 할 것으로 결정이 날 수밖에 없다.

18 그것은 참된 길이 아닌 때문. 그 다른 한 길은 있으며, 올바른 길일 수밖에 없다.

어떻게 있는 것이 후에 사라질 수 있으며 어떻게 생겨날 수 있단 말인가?

있는 것이 생겨나거나, 나중에야 비로소 있게 된다면, 그것은 있지 않기 때문에.

21 생성은 꺼져버렸고 소멸은 만나볼 수 없다.

있음은 나누어지지 않는데, 이유는 전체적으로 모두 동일하기 때문이며,

어느 곳에서 더 많이 있지도 않고, —그렇게 되면 연결을 잘라버리게 되기 때문에,

24 또는 더 적은 상태로 있지도 않다. 모든 것이 있는 것으로 가득 차 있다.

해서 모든 것은 서로 이어져 있다. 있는 것은 있는 것과 만나기 때문에.[16]

존재가 온전한 전체로 끊임없이 지속하는 것은 시간의 차원에서나(B8, 5행) 공간의 차원에서나(B8, 22~25행) 다 마찬가지이다. 각각의 모든 존재는 지금 존재하기 때문에 그리고 존재에는 생성은 물론 분할이나(B4?) 부분

---

16. 'πελάζειν'이 의미하는 바는 '접근하다'가 아니라, 항상 '무엇에게로 가져가다' 또는 '그쪽에 도달하다'이거나, 경우에 따라서는 직접적인 접촉에 이르는 것을 말한다(가령 『오뒷세이아』 제14권 350행). 더 나아가 현재형 어간은 보통 저쪽으로의 운동뿐 아니라, 저쪽에서의 정지 상태를 나타낼 수도 있다. 이는 여기서 정확히 상응하는 표현인 독일어 단어 'stößt…an'(부딪치다, 또는 접경하다, 만나다)의 경우와 마찬가지이다. 이는 같은 어원의 단어들에 똑같이 해당된다. 신약성서에 나오는 'ὁ πέλας'는 '가까이 있는 자'가 아니라 이웃이란 의미이다. 'ἔμπλην'(『일리아스』 제2권 526행)은 '우선'의 의미가 있고 그리고 'πλήν'은 '~까지' = "을 제외하고"의 뜻을 나타낸다.

삭제 역시 있을 수 없기 때문에, 시간의 흐름은 존재에게 어떤 피해도 입히지 못한다. 또한 존재가 어떤 한 구역에서 다른 구역에서보다 더 높은 강도를 가지거나 더 약한 강도를 가지는 일 역시 불가능하다.

따라서 어떠한 생성도 있을 수 없다. 그리스어에서 생성이나 변화에 대한 일반적인 표현은 '운동'(DK28B8=14정암, 26행 이하)이다.

> 그러나 그것은[있음은] 거대한 속박의 사슬 속에서 운동이 없으며,
> 27 시작도, 끝도 없다. 왜냐하면 참된 확실성이 밀쳐내어
> 생성과 소멸은 멀리 쫓겨나 헤매게 되었기 때문에.
> 그것은 같은 것 안에 같은 것으로 머물러 있고, 자기 안에 놓여 있고,
> 30 거기에 움직임 없이 머물러 있을 것이다.[17] 강력한 필연성이 그것을
> 둘러싸고 있는 한계의 속박 안에 그것을 붙잡고 있다.
> 있는 것이 불완전하다는 것은 허용되지 않기에.
> 33 왜냐면 그것은 있으며, 완전하다. 허나 있지 않음에는 모든 것이 없을
> 것이다(?).

물론 파르메니데스의 "한계peiras"라는 말이 어떤 시공간적인 끝을 의미했을 수는 없다. 왜냐하면 그 끝 다음에는 있지 않음이 시작되어야 하기 때문

---

17. 다음과 같이 읽을 것: 'ταὐτὸν δ' ἐν ταὐτῷ μίμνει καθ' ἑαυτό τε κεῖται, χοὕτως ἔμπεδων αὖθι μενεῖ'(Frühgriech. Denken 191쪽과 각주 1번). 파르메니데스의 사유는 (B8, 29~30행 그리고 B8, 5행) 플로티노스『엔네아데스』(5, 1, 4)에 계속 살아있다: ὁ δέ νοῦς πάντα ἔχει οὖν ἐν αὐτῷ πάντα ἑστῶτα ἐν τῷ αὐτῷ(= B8, 29행), καὶ ἔστι μόνον · καὶ τὸ ἔστιν ἀεί · καὶ οὐδαμοῦ τὸ μέλλον, ἔστι γὰρ καὶ τότε · οὐδὲ τὸ παρεληλυθός, οὐ γάρ τι ἐκεῖ παρελήλυθεν, ἀλλ' ἐνέατηκεν ἀεί'. 아우구스티누스『고백록』9, 10, 24: (신의 지혜) 'ipsa non fit, sed sic est ut fuit, et sic erit semper(= B8, 29~30행); quin potius fuisse et fulturum esse non est in ea, sed esse solum, quoniam aeterna est(= B8, 5행)'. 플로티노스와 아우구스티누스의 관계에 대해서는 John H. Taylor가 한 강연에서 지적한 바 있다.

이다. 파르메니데스가 반대한 것은 이 부분과 나중에(B8, 42~49행) 나오는 것처럼 있음의 다양한 단계를 상정하고, 낮은 단계의 있음으로부터 높은 단계의 있음으로, 또는 반대로 완전한 실존에서부터 불완전한 실존으로의 전환을 말하는 그런 이론인 것처럼 보인다(존재 강도의 단계에 대해서는 위에 인용된 단편의 23행 이하에서 명시적으로 부정되었다). 아낙시만드로스의 주장에 따르면 한정되어 있고 완결된 우리의 현실 세계는 '무한정자' 또는 '무규정자apeiron'를 근거로 하는데, 무규정자 속에서는 모든 가능성들이 구별되지 않고 서로 섞여 유동적이라 한다. 하지만 파르메니데스에게 가능성의 상태로 무한정적이고 완결되지 않은 존재는 있을 수 없고, 오로지 실재하며 규정되어 있으며 완결된 것만이 존재한다. 이런 의미에서 존재는 자신의 확고한 '한계'를, 즉 궁극적으로 결정된 상태를 가진다.

이어서 나오는 인식의 본질에 관한 부분은 상당히 난해하여, 유보사항을 전제로 해서만 번역되거나 해석될 수 있다(DK28B8=14정암 34행 이하).

앎은 있음의 사태에 관한 지식과 일치한다.
왜냐하면 그대는 표현되는 것이 이루고 있는 존재자[있는 것] 없이는
36 앎을 발견할 수 없을 것이기 때문이다. 존재하는 것 외에
어떤 것도 없으며, 어떤 것도 있게 되지 않을 것이기 때문이며, 바로 이것이
38 온전히 그리고 부동으로 있을 운명과 묶여 있기 때문이다.

파르메니데스에 따르면 모든 앎은 있음에 대한 앎이다. 어떤 사태에 대한 주장이나 긍정이 의미하는 것은 그 사태가 '있는 것'(실재)의 영역에 속한다는 것을 인정한다는 것이다. 있음 외에 다른 무엇이나 그 외의 것들이란 도대체 있을 수 없다. 더 나아가 있음의 영역을 다스리는(26행, 38행) '부동성'으로부터 오로지 하나의 '앎'과 '알고 있음'(νοεῖν, 34행, 36행)만이 있을

수 있다는 결론이 나온다. 그것은 '인식하게 됨' 또는 '알게 됨'($\nu o \hat{\eta} \sigma \alpha \iota$)이 아니다.

있음의 유일성과 전체성으로부터(36~38행) 있음과 있음에 대한 앎이 서로 별개의 문제가 아니라 하나의 문제라는 사실 역시 도출된다. 이에 대해서는 다른 단편에서 말하고 있는데, 여기서 인용해보면 다음과 같다(DK28 B3=9정암).

왜냐하면 앎(더 정확히는, 알고 있음의 상태 $\nu o \hat{\epsilon} \iota \nu$)과 있음은 동일하기 때문이다.[18]

말하자면 파르메니데스의 있음은 처음부터 의식된 있음으로 구상된 것이며, 있음이 스스로를 있음으로 이해하는 앎 이외에 어떤 다른 참된 앎이란 없다.[19]

만약 있음에 대한 고요하고 충만한 의식만이 오로지 앎으로 간주될 수 있다면, 우리가 끊임없이 변화하는 경험세계를 지각하고 그 위험한 감각들의 모순들을 순순히 받아들이는 데 사용하는 개념들은 허구에 지나지 않을 것이다(DK28B8=14정암 38행 이하).

이에 따라 인간들이 잘못(?) 붙여 놓은 이름들은[20]

---

18. 이 문장은 중요한 문장인데, 아쉽게도 문법적으로 분명하지 않다. '$\tau \epsilon$'를 위치상 맞지 않는데도 불구하고 '$\nu o \hat{\epsilon} \iota \nu$'과 연결시킬 수 있는가? '$\tau \epsilon$'가 두 개의 주어를 공통으로 가지는 동사와 함께 온다는 것은 가령 『일리아스』제3권 80행이나('$\hat{\epsilon} \pi \epsilon \tau o \xi \tau \epsilon$' 대신에 '$\iota o \hat{\iota} \sigma \iota \nu \tau \epsilon$'), 제21권 559행('$\hat{\iota} \kappa. \tau \epsilon$' 대신에 "$I \delta \eta \varsigma \tau \epsilon$'), 또는 Denniston, *The Greek Particles*, 1934, 517쪽 이하의 예들에 등장하는 것과 같이 뒤에 붙는 '$\tau \epsilon$'보다 훨씬 더 심각한 문제이다.

19. 가상의 세계에서 두 요소 모두는 자기 고유의 본성에 대한 앎을 가지고 있다. 이 책 677쪽을 보라.

39 이 이름들이, 즉 생성과 소멸, 있음과 있지 않음,

그리고 장소의 이동과 번쩍거리는 색깔들의 변화가

진짜라는 오해를 불러일으킨다.[21]

단호하고 주장이 강한 이 사상가는 단 몇 마디의 말로 우리의 세계 전체를 하찮은 것으로 만들어 버린다. 그런데 그는 이러한 파괴 작업을 위한 장치를 대상이나 물질, 생물에서 취하지 않는다. 그는 땅이나 물이, 태양이나 별들이, 또는 인간이나 동물이 순전히 허구에 지나지 않는 것이라 말하지 않는다. 그보다 파르메니데스는 당시 이론적 사유에 의하면 인간세계가 매달려 이를 중심으로 돌고 있던 중심축을 제거하는 방법을 택한다. 즉 그는 있음과 있지 않음의 이원성을 제거했으며, 운동과 사건을 제거하고 대립적 성질의 실재를 거부했다. 왜냐하면 상고기 시대에 퍼져 있던 세계 관념에서 중요한 것은 대상, 물질, 생물이 아니라, 존재양식, 작용능력, 성질들이었기 때문이다.[22]

여기서 파르메니데스는 '한계', 즉 있음의 항존적 완결성이라는 문제로 다시 돌아간다(31행 등 관련 부분 참조). 한계는 단순히 잠재적인 상태로서 실재 이전의 허약한 단계를 설명하는 아낙시만드로스의 '무한정자' 또는 '무규정자'와는 반대의 내용을 담고 있다(DK28B8=14정암, 42행 이하).

---

20. 훼손된 시구를 가장 쉽게 복구한 것은 'τῷ μὰψ ὀνόμασται'일 것으로 보인다(이곳과 단편 B9, 1행에서의 접두모음 없는 동사형태가 제대로 된 것일 경우에). 그 외 다른 것은 너무 멀리 나갔다[가령 단편 B8의 18행에 따른 'πάντ᾽ ἀπέωσται', 또는 크세노파네스(B1, 22행)에 따른 'πάντα πέπλασται'의 경우]. 전승되는 시구를 새로 해석하려는 시도는 L. Woodbury, *Harvard Studies in Class. Philol.* 63, 1958, 145~160쪽을 보라.

21. 가령 눈이 녹을 때와 같이 흰색에서 검정으로의 색깔 변화는 모든 성질의 변화 또는 상태의 변화를 대표한다(*Frühgriech. Denken* 206쪽 각주 2번).

22. 이 책 488쪽 이하를 보라.

그러나 궁극적 한계가 있기 때문에, 있음은 어디서나 완성되어(실현되어)

있다,

마치 잘 둥글려진 공 덩어리가 중심에서부터 사방으로

어디에서나 동일한 강도로 이루어져 있는 것처럼. 왜냐하면 있음은

45 여기 또는 저기에서 조금이라도 더 크거나 더 작아서는 안 되기 때문이다.

있음이 고른 상태에 도달하지 못하도록 하는 '있지 않은 것'도 없으며, 또

'있는 것'이 여기서는 다른 것보다 강하고, 저기서는 약하다는 것 역시 있

을 수 없기 때문에.

48 있는 것은 어떤 영향에도 전혀 방해받지 않기 때문이다.

있음은 모든 곳에서 동일하므로, 자신의 한계 내 어디서나 균등하게 자리

잡는다.

마치 하나의 완전한 구가 한가운데를 중심으로 균형을 유지하고 있는 것처럼, 있음도 자신의 강하고 약한 부분들 사이의 어떤 내적인 힘들의 작용도, 압력차도 없이 동일한 형태로 고르게 그 자체 내에 머물러 있다. 있음은 도처에서 자신의 '한계'에 닿아 있다. 즉 본질적으로 자신에 속하는 궁극적 형태 그 배후에 머무르는 법은 결코 없다.[23]

완전성의 한계 내에 안전히 보존된 균등한 실재의 초월적 모습과 함께 진리론은 끝난다. 이어 파르메니데스에게 계속해서 계시가 내려진다(DK28 B8=14정암, 50행 이하).

이로써 나는 진리(실재)와 관련해 확신으로부터 나온 말과 인식을 끝낸다.

---

23. 파르메니데스는 결코 존재자가 외적으로 구의 형태를 지녔다는 것을 말하지는 않는다. 단지 그는 분명히 존재와 구를 모든 면에서 균형이 잡혀 있는, 그래서 그 안에서 어떠한 힘들도 자유로이 움직일 수 없는 덩어리라는 점에서만 비교할 뿐이다. 이를 표현한 다른 곳으로 플라톤 『파이돈』 109a를 보라.

이제부터는 인간들의 방식에 따른 억견들을 체험해보아라

내가 하는 말들(시구)의 거짓된 질서를 들으면서.

파르메니데스의 직관과 이성은 감관의 세계를 거부하고, 이를 환상에 지나지 않는 것으로 입증하는 데에서 멈추지 않는다. 그는 우리가 "풍부한 경험에 따른 습관"(B7, 3행)을 통해 이 두 번째 세계로부터 받게 되는 인상 그대로 이 세계를 철저히 이해하고자 했던 것이다. 파르메니데스는 우리가 비(非)이성적인 감관이 증명하는 대로 살고 행동하고 있는 세계에 대한 분석을 통해 삼단계의 과제를 해결하고자 한다. 1. 먼저 그는 가상세계의 구조와 법칙성을 설명한다. 2. 가상세계 체계가 겪고 있는 고통의 원인이 되는 근본적 오류를 파헤친다. 3. 그는 어떻게 이 오류가 한 번 시작된 후, 뿌리를 내리게 될 수밖에 없었는지 보여준다.[24] 그의 글은 다음과 같이 계속된다(DK28B8=14정암, 53행 이하).

인간들은 자신들의 견해에[25] 따라 관점을 취해, 두 가지 형태로 이름을 붙인다.
54 ―하지만 그중 하나는 필요 없다. 여기서 그들은 잘못 생각했던 것이다―
즉 그들은 현상을 대립적으로 구별하고 특징들을 부여했다.
두 가지 각각에. 하나는 하늘처럼 밝은 (에테르에 속하는) 불의 타오름이며,

---

24. 이 책 679쪽을 보라. 첫 번째 단편이 끝나는 시행에서도 언급된다(B1, 31행 이하. 이 책 659쪽에 인용된 시구). "너는 또 그 자체로 어떠한 참된 확실성도 없는 인간의 생각에 대해서도 알아야 한다. 그러나 그럼에도 불구하고 역시 알아야 할 것은, 인간이 그렇게 생각한 것이 의견인 한에서일지라도, 모든 것을 꿰뚫고 침투하는 존재를 담고 있다는 것이다"(B1, 30~32행. K. Reinhardt의 해석에 따른 것). 아마도 B1, 32행 다음에 B11과 B10이 이어졌을 것이다.
25. 'γνώμαις'로 읽을 것. 핀다로스『네메이아 찬가』 10번 89행 : 'οὐ γνώμᾳ διπλόαν (!) θέτο (!) βουλάν' 참조.

57 부드럽고, 매우 가벼우며, 모든 곳에서 스스로와 동일하지만,
다른 것과는 동일하지 않은 것이다. 반면 다른 하나는
(불과) 대립적인 것이다. 어두운 밤이며, 짙고 무거운 현상이다.
60 이런 세계구상에 대해 나는 그대에게 정확한 모상을 그려주겠다.[26]
인간들의 어떤 견해도 결코 그대를 능가하지 못하도록.

여신은 여기서 자신이 인간의 세계상 즉 잘못된 세계상을 서술하며, 다만 자신의 이런 설명은 완전하다는 점을 위의 마지막 두 행에서 주장한다. 여기서 여신이 보여주는 세계상이 새로운 계시인 동시에, 매우 오래전부터 존재해온 인간의 보편적 상상력의 산물이라는 점은 그리 문제되지 않는다. 여신의 가르침을 통해 이제 처음으로 잘못된 인간 본성이 스스로 무엇을 하고 있는지 알지 못한 채로 옛날부터 사용해 올 수밖에 없었던 범주들이 분명히 밝혀진다. 또 더 나아가 여신의 이론은 우리가 살고 있다고 믿고 있는 바로 그 세계가 어떻게 잘못된 의견으로부터 비롯할 수밖에 없었는지도 보여준다.

핵심 오류는 본질적으로 이중성을 상정한[27] 데에 있었다. 고유성질('특징')을 통해 구별되는 두 가지 원리('형식' 또는 '관념')를 도입한 것이다. "밤"을 "불"에 대한 반대항으로 둠으로써 사람들은 세계가 [불이라는] 오직 하나의 원리만을 근거로 하며, 다른 하나인 밤의 부정적인 성격은 결국 밤 자체의 실재를 폐기한다는 것을 통찰하지 못하고, 대신 밤에 "그 자체의" 본질을 부여하여, 세계의 구조적이고 기능적 구상에 있어 밤을 불과 쌍을 이루는 독립적인 것으로 만들어 놓았다. 이 두 원리 각각은 자기 고유의 동일

---

26. 'ἐοικότα πάντα'는 『오뒷세이아』 제4권 654행에서처럼 '모든 점에서 같은'의 뜻이다.
27. '상정하다'란 표현은 파르메니데스가 세 번 사용한 'καταθέσθαι'와 'ὀνομάζειν' 개념의 조합과 대략 일치한다.

성을 가진다. 각각이 소유하고 있는 다양한 성질들은 자신들의 본질을 구성하는 하나의 특별한 본성이 다채롭게 변한 양태일 뿐이다. 파르메니데스는 양쪽에서 각각 세 개의 특징을 언급했다. 물론 우리는 그 의미에 따라 임의로 더 추가할 수 있다. "불"은 밝고, 따뜻하고, 가볍고, 부드러우며,[28] 물리적으로나 정신적으로나 능동적이다. 반면 "밤"은 어둡고, 차고, 무겁고, 딱딱하며, 수동적이고, 모호한 '무지에 둘러싸여 ἀδαῆ' 있다. 물론 다양한 모든 것을 '힘과 재료', '정신과 물질' 등의 개념쌍을 연상시키는 대립적인 한 쌍으로 환원하는 것은 이전의 철학에서부터[29] 계속되어 온 특징이었다. 파르메니데스는 두 근본요소로 "불"과 "밤"이라는 단어를 선택함으로써 이전 사상가들의 전통을 이은 셈이다.[30] 가상세계에 대한 그의 이론에서 독창적인 것은 최초로 이러한 사유를 시작한 데 있는 것이 아니라, 엄밀하게 사유를 전개시키고 체계를 사용한 것이라 할 수 있다.

긴 분량의 직접단편 B8은 여기서 끝난다. 물론 다음에도 계속 이어지는 것은 의심의 여지없이 분명하다. 앞서의 두 가지 원리는 다양한 관계 속에서 서로 섞이고, 그렇게 만물이 만들어진다. 여러 가지 사물이 동질적으로 구성된다 하더라도 이것들이 반드시 동일성을 이룰 필요는 없다. 다른 종

---

28. '부드러움'은 빛과 생명으로서 두려움의 대상인 밤과 죽음의 반대인 동시에, 선명함과 진리로서는 실재에 대해 횡포를 부리는 어둠과 오해와 대립을 이룬다(이 책 657쪽 각주 8번).

29. 이 대립쌍은 세모니데스에서(이 책 387쪽), 또한 어쩌면 탈레스(이 책 489쪽)에서, 그리고 확실히는 크세노파네스에서(이 책 623쪽) '바다'(또는 '물')와 '땅'이라 불린다.

30. 이미 헤시오도스가 '밤'을 부정성의 원칙으로 만든 바 있다(이 책 188~193쪽). 그리고 '불'은 아낙시만드로스에게 근본적인 것이었던 (이 책 492~495쪽) 따뜻함/차가움이라는 대립쌍 중 따뜻함이라는 한쪽 측면에 대한 다른 표현에 지나지 않으며(DK28A1, 22행 참조), 아낙시메네스의 두 가지 요소 성질 중 '차갑고 빽빽함'에 대립되는 '따뜻하고 느슨함'에 대한 다른 표현일 뿐이다(이 책 501쪽). 헤라클레이토스와 엠페도클레스에 대해서는 이 책 714쪽 이하 각주 36번을 보라.

류의 것이 그 사이로 등장할 수 있기 때문이다. 공간과 시간이 변수로 작용하고, 요소들이 서로 달리 결합됨으로써 새로운 것이 생겨난다. 또 이전의 것은 변하거나 파괴된다. 하지만 이때 가상세계에서도 존재의 세계에서처럼 똑같이 통용되는 한 가지 요청이 충족된다. 즉 텅 빈 공허의 관념은 이 가상세계에서도 불가능하다(DK28B9=15정암).

> 그러나 지금 모든 것이 빛과 밤으로 이름 지어져 있고,
> 각각의 힘들에 (빛과 밤의 특징들에) 상응하는 것은
> 이런 또는 저런 사물에 귀속되기 때문에,
> 빛과 보이지 않는 밤은 서로 함께 모든 것을 채운다.
> 둘이 똑같아(동등한 권리로). 무(無)는 둘 중 어느 것에도 속하지 않기 때문
> 이다.

모든 사물은 (또는 사물의 부분들은) 자신들에게서 나타나는 빛과 밤의 "힘들"에 따라 각각 빛과 밤으로 파악된다. 이제 빛과 밤은 서로 보완적이다. 밝음, 가벼움 등등이 많다는 (혹은 적다는) 것은 필연적으로 어둠, 무거움 등등이 적다는 (혹은 많다는) 것을 의미한다. 오류의 왕국에서는 부정적인 것, 즉 밤 또한 동등한 가치를 가진 것으로 간주되기 때문에, 빛이 내버려 둔 모든 빈자리는 남김없이 밤으로 채워져 있다고 말할 수 있다. 일종의 연속체는 여기서도 나타난다.

이러한 맥락에서 여신은 다음과 같이 단언할 수 있다.

> 어떻게 대지와 태양과 달,
> 그리고 공동의 천공과 천상의 우유(은하수)와 멀고 먼 올림포스(천상)와
> 별들의 뜨거운 충동이 생겨나려 했는지. (DK28B11=7정암)

그대는 천공의 본질을 알게 될 것이다. 천공에 있는

별자리들을, 또 순수하고 밝은 태양빛이 비추는(?) 모든

3 작품들을 그리고 어디서부터 이 모든 것이 생겨나왔는지에 대해

그리고 모양이 바뀌는, 둥근 눈의 셀레네(달)가 만드는 작품들을

너는 알게 될 것이다. 또한 모든 것을 감싸고 있는 하늘에 대해서도.

6 이 하늘이 어디로부터 생겨났으며, 어떻게 필연(아낭케)이 그를 이끌어

별들의 한계를 유지하도록 묶었는지를. (DK28B10=16정암)

태고의 사람들은 세계를 에워싸고 있는 천공을 "돌로 된" 것이라 불렀다. 그리고 호메로스는 "청동의" 하늘 또는 "철로 된" 하늘을 이야기했다. 이제 파르메니데스는 몸체를 가진 하늘에 대한 생각을 전한다. 그는 더 나아가 한계를 짓는 "담벽"(DK28A37)을 세우게 한 "필연"을 이해할 수 있다. 이에 대한 구체적인 '내용'은 전해지지 않지만, 어떤 생각인지는 추측할 수 있다. 별들 뒤로 우주가 끝나고, 모든 방향으로 무에 접하게 된다. 그러나 가상의 세계에서는 부정적인 것도 하나의 가상실존을 가지고 있다. 게다가 이것은 물질적인 것과 동일하게 취급되는 것이다. 이에 따라 논리적으로 다음의 결론이 나온다. 모든 긍정적 존재와 모든 살아 있는 운동은 세계의 경계에 부딪쳐 사라지게 되는데, 이러한 경계 즉 절대적 부정성은 절대적으로 굳어 있으며, 절대적으로 활기가 부족하며, 절대적으로 꽉 차 있는 덩어리일 수밖에 없다는 것이다.

파르메니데스에 따르면 이제 하늘 아래, 구형의 세계 안에서는 모든 것이 각자 자신의 무게에 따라 여러 층으로 배열된다. 불과 같이 가벼운 것은 자신의 "뜨거운 충동"(B11, 3행)에 의해 위쪽 바깥으로 올라가게 되고, 밤과 같이 무거운 것은 내리눌려 아래 즉 중심으로(B8, 56행 이하에 대한 심

플리키오스의 외곽주석) 가라앉는다. 가장 위로, 하늘 바로 아래에는 순수한 에테르의 영역이 반원 모양으로 이루어져 있는데, 거기에서는 불로 된 별들의 공간("고리들")이 놓여 있다. 그 안쪽으로는 중심을 같이하는 여러 가지 혼합된 성질의 고리들이 차례차례로 이어진다. 불의 성질은 점점 희박해진다. 그리고 한가운데는 단단하고 차가운 땅이 놓여 있다(A1, A37, A44).[31]

원문에서 우주의 구조를 묘사하는 시구는 단 몇 행에 지나지 않는다. 여기서는 가장 바깥의 표면 즉 경계를 짓고 있는 하늘에서부터 시작하여, 점점 '더 좁은' 즉 더 안쪽의 공간으로 이행한다. 순수한 영역에서부터 시작하여 혼합된 영역으로 넘어가는 것이다(DK28B12=18정암).

왜냐하면 더 좁은 것들(고리들)은 혼합되지 않은 불로 가득 차 있고,

이어지는 것들은, 불의 한 부분이 흘러드는 밤으로 가득 차 있기 때문에.

3 그리고 이 (불과 밤) 사이에는 모든 것을 조종하는 여신이 있다.

여신은 도처에서 끔찍한 출산과 혼합으로 이끄는데,

암컷을 수컷과 연결시키려 인도하고, 반대로

6 수컷은 암컷과 연결시키려 인도하면서.

불-에테르로 가득 차 있고 순수한 불의 고리로 된 별들이 있는 공간 아래로는 오염되고 희뿌연 층들이 점차 퍼져간다. 이곳에서는 혐오스럽고

---

31. 테오프라스토스(A37)는 심플리키오스를 통해 전해지는 구절 중 하나를(B12, 2행) 잘못 이해했다. 이 구절이 분명히 해명되었기 때문에(*Frühgriech. Denken* 183쪽 이하) 테오프라스토스가 A37에서 기록하고 있는 시구의 해석은 더 이상 받아들일 수 없다. 테오프라스토스는 그 다음 구절의(*Frühgriech. Denken* 185쪽) έν μέσῳ τούτων'도 마찬가지로 잘못 해석했다. 이 두 가지 오류는 원문 자체가 실제로 이중적이기 때문에 생겨난 것이다. 천체에 관해서는 이 책 493쪽 각주 23번을 보라.

잘못된 대립성으로부터 다양한 존재와 사물을 생겨나게 하는 힘이 자신의 본성을 행사한다. 파르메니데스는 이 힘을 아프로디테의 충동력이라 보고 있다. 두 요소, 즉 여성적인 부드러움과 따뜻함 그리고 남성적인 견고함과 차가움(A53) 사이의 가까운 관계가 혼합하고 연결하는 힘을 유발하며, 무질서한(A34) 운동 속에서 일어나는 이 힘들 사이의 상호작용은 무상하고 덧없는 모든 것을 생생하게 살아 있는 것으로 만든다.[32] 이와 유사하게 이미 헤시오도스도 존재하는 모든 것을 이른바 "탄생"과 "출산"으로부터 생겨나게 했으며, 에로스를 창조적인 근원으로 보았다. 파르메니데스도 결합의 여신과 함께 사랑의 욕구를 대표하는 신을 나란히 세웠던 것이다(DK28B13=19정암).

그녀는 모든 신들 중에서 에로스를 최초로 만들어 냈다.

이 한 쌍의 신에 대립되는 것이 분리와 파괴의 힘, 또는 소멸과 죽음의 힘으로서 '전쟁'과 '불화'(A37)이다.

파르메니데스에 따르면 혼합된 영역의 가장 위쪽은 은하수 고리로 이루어져 있다. 약하게 유출된 불이 밤으로 흘러 들어와, 뚜렷하고 선명하게 빛나는 상층의 별들과는 달리(A37, A43, A43a) "하늘의 우유" 은하수를 은은한 광채로 빛나게 한다. 은하수 위에 떠 있는 순수한 태양에 대한 대립물로

---

32. 만약 파르메니데스가 정지된 존재만을 참된 것으로 간주하고, 멈추지 않고 계속 생산해내는 감각적 세계를 "끔찍한"(또는 "증오할 만한") 것으로 지칭한 것이 맞는다면, 이는 상고기에 남자와 여자의 관계에는 더 높은 숭고함이 결여되어 있다고 본 것과도 연관이 있을 것이다. 고귀한 가치가 있다고 간주되었던 것은 오로지 같은 성(性) 내에서의 비생산적인 에로스뿐이었다. 감각에 대한 강력한 혐오에 대해서 우리는 간접 진술을 통해서는 아무것도 알 수 없다. 왜냐하면 간접 진술은 이곳을 비롯한 다른 어떤 곳에서도 학문적 주장의 말라빠진 침전물밖에는 아무것도 표현하지 않기 때문이다. 감정적 폭발에 대해서는 이 책 685쪽을 보라.

서 은하수 아래에는 순수하지 않은 달이 회전하고 있다. 달은 숨어 있는 빛을 통해서만 빛을 발한다. 달 자체는 밤에 속하는 것이기 때문이다. 파르메니데스는 우울한 분위기로 달의 불분명한 이중적 성격을 묘사한다.

> 지구 주위를 떠돌아다니는 밤의 빛, 낯선 빛 (DK28B14=20정암)
> 항상 태양의 광채를 바라보면서 (DK28B15=21정암)[33]

철학자 파르메니데스는 이 비유를 통해, 마치 달 아래 살고 있는[34] 인간존재가 어두운 안개의 영역에 묶여 있지만, 인간 자신의 고귀함을 닮은 그런 빛으로 가득 찬 천상을 동경하며 바라보고 있음을 보여주는 듯하다. 우리 안의 밝은 부분은 완전한 진리를 통한 깨달음을 추구한다. 반면 우리의 이중적 본성의 다른 한쪽, 밤의 요소는 우리의 세계상을 어둡게 하고 가짜로 만든다.

이는 파르메니데스의 인식 이론에 대한 물음으로 이끈다. 이 물음에 내재하는 핵심사항은 자연히 존재와 가상의 이중체계에 있다.

우리가 특정한 사물들을 우리 자신의 본성 안에 이미 가지고 있을 때에만 이해하거나 또는 지각할 수 있다는 것은 오랜 경험으로부터 나온 것이다. 덕이 있는 사람만이 미덕을 알아볼 수 있으며, 증오가 없는 사람은 증오가 무엇인지 모른다. 일반화시켜 말하자면, 이것은 같음을 통한 인식에

---

33. W. Jaeger에 따르면(*Rhein. Mus.* 100, 1957, 42쪽 이하) 무엇인가가 'περὶ γῆν ἰὸν νυκτικρυφὲς φῶς'로서의 태양 너머로 앞서갔다. 달의 이중적 특성에 대해서는 가령 플라톤, 『향연』190b를 보라.

34. 달 아래 세계를 따로 구분하는 것은 후대의 철학에서는 흔한 일이다. 이는 가령 1802년에 발표된 코체부Kotzebue의 시 「사회(社會)의 노래」에도 영향을 미치는데, 이 시는 다음과 같이 시작된다. "여기 변화하는 달 아래에서는 모든 것이 항상 그렇게 머물러 있을 수 없다."

대한 이론으로 나간다. 파르메니데스는 이를 더 밀고나가, 빛은 빛에게만 열리며, 밤은 밤에게만 열린다고 생각했다. "죽은 자는 빛, 따뜻함과 소리를 느끼지 못한다.…… 하지만 아마도 차가움과 침묵 같은 그 대립물들은 감지할 것이다." 이렇게 테오프라스토스는 파르메니데스에 대한 견해를 전달한다(A46). 두 '형상', 빛과 밤은 일종의 의식을 지니고 있다. 이를 통해 밤과 낮은 자신 스스로와 또 자신과 유사한 종류를 지각하고 느낀다. 그런데 인간은 밤과 빛으로 이루어져 있기 때문에 자기 주위에서도 마찬가지로 이중적인 세계를 보고 또 아는 것이다.

이를 배경으로 우리는 난해한 인식론적 단편(DK28B16=23정암)에 접근할 수 있다.

> 왜냐하면 마치 끊임없이 헤매는[35] 사지들의 혼합이 때때로 그러한 것처럼, 인간에게서 사유가 그런 방식으로 일어나기 때문이다.[36]
> 3 사람들이 생각하는 것과 사지의 본성은 동일하기 때문에.
> 인간 전체에나 각각에나.[37] 왜냐하면 더 많음이 사유이기 때문이다(?).[38]

---

35. 'πολυπλάγκτων'에 대해서는 *Frühgriech. Denken* 31쪽과 34쪽 참조.

36. 'παρέστηκεν'(B. Snell, *Glotta* 37, 1958, 316쪽)에 대해서는 파르메니데스 단편 B1, 24행 참조. 파르메니데스는 빛의 사유의 "안내를 받아" 온다. 의술가들은 체액을 일정하게 혼합할 때 '생기는' 고통의 'προσίστασθαι'를 이용한다(히포크라테스 I, 50, 20 그리고 63, 8 Heiberg).

37. 이 단편의 언어와 사유는 『오뒷세이아』 제18권 136행 이하와 아르킬로코스 단편 68D=31+132W와 대략 유사한 경로를 가진다(이 부분에 대해서는 이 책 245쪽 이하 참조). 여기서는 우리들 인간에게는 항상 우리가 그때그때 처하는 상황이 어떠한가에 따라 그에 상응하는 정조나 분위기, 사유방식이 생겨난다고 되어 있다. 이때 시인들이 생각했던 것은, 실천적 삶에서 어떤 때는 성실하고 단호하며, 어떤 때는 낙담하고 비굴한 모습으로 이리저리 동요하는 우리의 태도였다. 그러나 파르메니데스는 우선 변화무쌍한 외적 환경을 우리 자신의 사지가 가지고 있는 변화하는 성질로 대체시켰다. 두 번째로 그는 어떤 때는 빛처럼 선명하고 참되고, 어떤 때는 밤처럼 어둡고 잘

개인 체질("사지들")이 가진 빛이나 밤의 내용에 따라 개인의 사유방식도 상이하다. 사람들이 지각하고 생각하는 것은 그것을 지각하고 생각하는 주체의 체질과 같은 종류이다. 두 구성요소는 각자 자기 자신에 적합한 인상들을 받아들이고, 또 그런 관념들을 형성한다. 그러므로 모든 인간은 이 중적인 세계상을 가지고 있으며(B8, 52~59행과 B9 참조), 모두는 자신의 개인적 성질과 순간적 상태에 따라 각각 더 분명한 세계상 또는 환영에 의해 더 많이 흐려진 세계상을 소유하고 있다.[39]

가상세계의 체계는 완전히 완결된 채 닫혀 있다. 우리들 인간은 거짓된 세계의 산물이기 때문에 우리의 본성에는 허점이 많다. 그리고 잘못 만들어진 본성은 자신의 고유한 소질이 가진 허점을 다시 바깥으로 재투영하고, 가상세계에서 자신의 존재가 외관상 확인되는 것을 목격한다. 진리의 체계에서는 인식의 주체와 대상, 즉 존재와 존재의식이 훨씬 더 완벽하게 하나로 일치한다(이 책 667쪽 이하 참조). 그래서 파르메니데스의 이중체계

못된 것으로 나타나며 이렇게 저렇게 흔들리는 우리의 세계관에 대해 말한다. 파르메니데스의 주장이 의술가들에게서 유사한 방식으로 다시 등장한다고 해도 이는 놀랄 일이 아니다. "갈레노스의 입장에 따르면, 크리시포스가 세계를 올바로 이해할 수 있었던 것은 그의 몸속의 여러 요소들이 올바로 혼합된 데 있었다." 이렇게 L. Edelstein은 (*Bull. Hist. of Medicine* 1952, 306쪽) 갈레노스 *de sequela* 제11장과 제4장을 (Kühn의 책 *Medicorum Graecorum opera omnia* 814쪽 이하 그리고 784쪽) 인용하여 말하고 있다. 단편 B16의 시구와 주석에 대한 구체적 사항은 *Frühgriech. Denken* 173~179쪽을 보라.

38. 이 마지막 문장은 이해하기 어렵다. 한 가지 해석 시도에 대해서는 다음 각주를 보라.

39. 단편들은 어떻게 파르메니데스 스스로가 인간적인 오류로부터 완전히 해방되었는지에 대해 어떠한 직접적인 정보도 주지 않는다. 아마도 그는 도입부에 묘사되어 있는 것처럼, 깨달음의 상태에서는 우리의 판단력('λόγος'와 'κρίσις', B7, 5행, B8, 15행이하와 B8, 50행)이 우리 본성 안의 어두운 측면에 의해 강요된 오류를 꿰뚫어보고, 판단력 안에 존재하는 빛의 함량에 있어 더 '많음'이(B16, 4행?) 영향력을 발휘하여, 그 덕택으로 그 힘을 약화시킨다고 생각했을 것이다. G. Vlastos, *Trans. Amer. Philol. Assoc.* 77, 1946, 66쪽 이하 그리고 *Gnomon* 31, 1959, 193~195쪽을 보라.

에서 모든 개별 언명은 모든 다른 언명들과 상충되지 않고 일관성 있게 들어맞고, 그는 다음과 같이 자부심에 찬 말을 할 수 있는 것이다(DK28B5= 11정암).

> 내가 어디서부터 시작하든
> 난 상관없다. 그곳에 다시 도착하게 될 테니까.

감각적 세계에 대한 설명은 다음의 시행들로 끝난다(DK28B19=26정암).

> 이렇게 사물들은 (의견의) 가상에 따라 생겨나, 지금 존재하고 있다.
> 그리고 지금부터 자라난 다음, 나중에는 끝나게 될 것이다.
> 사람들은 이 사물들에서 각각을 구별하기 위해 이름을 붙여 놓았다.

이 말에는 미망과 텅 빈 이름의 세계는 몰락을 향해가고 있다는 의미가 담겨 있다. 더구나 그 이유는 성장 운동이 자연히 소멸과 해체에 이르게 되어 있기 때문이다. 그러나 우리에게 분명히 전해지는 바(A23), 파르메니데스는 그 외에는 세계의 소멸을 더 이상 말하지 않았다.

지금까지의 내용을 통해 우리가 알고 있는 파르메니데스의 철학에 대해 핵심적인 사항은 충분히 논의되었다. 그의 철학은 거대한 직관을 엄격한 논리와 결합시켰다. 그는 존재를 충만함과 장려함으로 완성된 전체로서뿐 아니라, 엄격함과 자체 완결적인 전체성으로도 조망하였다. 크세노파네스가 신을 그 외의 어떤 것으로서가 아니라 오로지 신으로서만 믿고자 한 것처럼, 파르메니데스도 존재를 존재 이외의 어떤 것으로서가 아니라 오로지 존재로서만 순수하게 부각시켰다. 그리고 선명한 논리를 통해 모든 자연적인 사념들과 견해를 비판하고 존재를 유일하고 완벽한 현실로 확언했다. 여기서는 형이상학적 의지가 당당하게 지배하고 있다.

형이상학적 의지(B1, 1행 θυμός 참조)는 도입부에서 가장 완성된 형태로 표현된다. 파르메니데스는 도입부에서 순수하고 참된 사유에 이르기 위한 자신의 도약을 극적이며 생생한 비유로 묘사한다. 다음 세 장면이 이어진다. 밤으로부터 낮으로 질주하는 마차 여행, 오직 한 사람에게만 열리는 문을 통과함, 친절하고 자비로운 환대가 그것이다. 기록의 주체 "나"는 처음에(B1, 1~4행) 그 자체로 등장하고 그 다음에는 암말, 마차, 처녀, 문 등의 객체에 감추어진 채 나타난다. 도착 장면에서(B1, 22행 이하) '나'가 직접적으로 표현되며, '나는 자랑스럽게도 여신으로부터 환영을 받으며 악수를 나누고, 이와 동시에 이제부터 여신 쪽에서 부르는 "그대"라는 호칭으로 교체된다. "그대"라는 호칭은 (처음 등장하는 B1, 24~32행에서처럼) 일반적인 행로에서 벗어난 특별한 운명으로 선택된 사람임을 밝힐 때는 친밀함을 드러낸다. 하지만 나중에 "그대"라는 말이 때때로 다시 나타날 때는 교시와 훈계와 경고를 받는 존재를 가리킨다. 더구나 그중 한 번은(B8, 61행) 특히 파르메니데스 자신을 향한 것이고, 그 외에는 이 호칭을 매개로 하여 시구를 듣고 있는 임의의 모든 청자 또는 독자를 향한 것이다.

마차 주행 장면과 계시 장면은 한 가지 점에서 철저히 상보적이다. 각 장면의 상이한 태도, 즉 사적인 태도와 객관적 태도가 결코 겹쳐지지 않는다. 우선 도입부 마차주행 장면은 교훈적 성격 같은 것은 거의 없으며, 다만 철학자가 어두운 세속적 존재의 모든 구속으로부터 해방되어, 인식의 '문'을 통해 밝고 세계초월적인 목표에 도달한다는 것만을 묘사하고 있다. 이것은 단순히 체험 또는 사건으로만 드러나 있을 뿐, 화자를 이 세계로부터 꾀어 저 너머 세계로 끌고 가는 사유의 내용에 대해서는 한마디도 없다. 반면 가르침을 전하는 계시 장면에서는 가끔 증명과 반증을 통해 파르메니데스가 감행한 정신적 투쟁의 격렬함을 드러내는 경우를 제외하고(이 책 685쪽 이하), 사적인 체험의 성격은 사라지고 지성적 논변이 들어선다. 그럼에도 불구하고 우리는 무모하나마 빈 곳을 채워 체험의 절정을 재구성해볼 수 있다. 파르메니데스 철학의 엄격한 논리는 어떠한 불확실성이나 의심을 허용하지 않기 때문이다.

파르메니데스에 따르면 '있음'은 의식된 있음이며, 이런 의식의 유일하고도 완전한 내용을 이루는 것은 실존의 사태다. 우리는 이것을 '나는 있다. 그리고 나는 전체이자 하나[전일적(全一的)]이며, 내 바깥에는 아무것도 없다'로밖에 달리 표현할 도리가 없다. 따라서 다른 무엇을 위한 공간, 내 옆에서 이런 '있음'을 아는 다른 누군가를 위한 공간은 없다. 파르메니데스는 어떤 고양된 상태에서 스스로를 이런 '있음'과 동일한 것으로 체험했음에 틀림없다. 그는 '나는 전체인 하나다'를 체험했을 것이다. 여기에 담긴 사실은, 파르메니데스는 몰아를 경험한 자로서 자신의 현세적 인간적 상황뿐만 아니라 자신의 개체적 고유성이나 시간성의 구속으로부터도 벗어나 있다는 것이다.

파르메니데스에게 그런 일이 실제로 일어났고 성공했다는 것은 물론 문헌적으로 입증되는 것은 아니지만, 그렇다고 해서 반박할 수 있는 것도 아니다.[40] 하지만 파르메니데스가 참된 있음과의 '신비적 합일unio mystica'

---

40. 나는 이러저러한 논의를 불러일으키는 일반적인 내용 이외에도 두 가지 가능한 반론을 제기할 수 있다고 본다. 1) 파르메니데스는 그런 체험에 대해 아무것도 이야기하지 않는다. 2) 그는 스스로 말하기를 이 사유를 받아들이게 된 것은 "젊은이"였을 때(B1, 24행 'κοῦρε'. 이 단어로 가령 『오뒷세이아』 제19권 141행에서 페넬로페는 구혼자들에게 말을 시작하였다), 그리고 학생이었을 때(B1, 31행 μαθήσεαι)였으며, 아직도 계몽과 전향이 필요한 자로 취급되었다고 한다.
(1) 그러나 훨씬 나중의 플라톤조차도 자신의 책에서 전개되는 학설의 궁극적인 것과 가장 본래적인 것은 발설되어서는 안 된다는 것을 알고 있었다고 한다면, 우리는 이 상

을 개인적으로 체험했을 거라는 우리의 가정을 뒷받침해주는 의미 있는 증거들은 있다.[41] 만약 그런 일이 없었다면, 그는 순수 '있음'의 전일성(全

고기의 철학자가 자신의 체험에 대해 공공연히 이야기했을 것이라고는 어떤 경우에도 기대할 수 없다(J. Stenzel, *Kl. Schriften*, 151~170쪽).

(2a) 여신을 통한 파르메니데스의 가르침을 말 그대로 받아들인 사람은 지금까지 아무도 없다(W. Kranz, *Neue Jahrb.* 1924, 65쪽 이하 참조). 오히려 모두가 시구에서 파르메니데스가 여신으로 하여금 이야기하도록 한 것이 그의 원래의 사유이며, 시인이 대면한 여신은 그가 인식한 대로의 객관적 진리를 상징하며, 또 파르메니데스에게 이 진리는 그가 공부를 통해 파악하기 전에는 드러나지 않았다는 식으로 이해를 했다. (이러한 내용은 그가 자신의 인식을 저 너머로부터 온 자비의 선물로 느꼈다는 사실과 모순되지 않는다. 가령 B1, 26행 이하 참조. 우리도 누군가를 '천부적인 재능이 있다'고 생각한다고 해서, 그 사람의 업적을 인정하지 않는 일은 없다. 그리고 초기 그리스에서는 더더구나 그런 식으로 생각하지 않았다. 이런 점에서 『일리아스』 제1권 178행은 악의적으로 잘못 해석되었다.)

(2b) 파르메니데스가 자신이 서술하는 대로 엄청난 행운이 일어난 선택받은 자인 한, 그는 인간 파르메니데스이다. 그러나 다른 한편 파르메니데스가 자신의 학설을 강연하고 읽기 위한 시로 표현한다면, 그는 자신이 "여신"의 계시를 대중에게 계속 전달한 것이다. 그러나 (파르메니데스 개인이 아닌) 청자 또는 독자는 연설과 논증과 훈계의 (B2, 1행, B6, 2행, B7, 5행) 수신자, 또는 경고의 (B6, 3행 이하, B7, 2행, B7, 3~5행) 수신자가 된다. 반면 시를 낭독하는 시인은 이제 스스로 "여신"의 목소리, 즉 진리의 목소리가 된다.

이렇게 보았을 때 '여신은 아마도 외적이고 낯선 힘'이라는 (2a)의 주장도, 또 '파르메니데스는 지혜로운 자가 아니라 배우는 자로 등장한다'는 (2b)의 주장도 파르메니데스의 앎을 그의 체험으로 간주하고자 하는 우리의 생각에 어떤 영향도 미치지 못한다.

41. 이 주장을 위한 근거들에서 특히 다음과 같은 세 가지 사항이 (단순하게) 관찰될 수 있다. (1) 상승에 대한 묘사는 체험의 성격을 분명히 나타낸다. 파르메니데스의 체험이 정말 제대로 이루어지기 전에 갑자기 중단되었는가? 내적인 의미가 목적지의 문턱을 넘는 바로 그 순간에 힘을 잃어버린 것인가?

(2) 만약 자신이 발을 들여 놓을 수 있는 마지막의 것이 이것이었다면, 즉 자신의 옆이나 바깥에 그 어떤 것도 허용하지 않는 있음의 옆에 그리고 있음의 바깥에 이 사실에 대해 계시를 받은 파르메니데스라는 사람이 그럼에도 불구하고 서 있다면, 파르메니데스는 자신 또는 다른 모든 사람들이 매일 매순간 보고 듣고 이야기한(B7, 4행 이하) 모든 것을 부정하도록 강요하는 그러한 자신의 학설에 대한 신념을 가질 수 있었는가? 그러나 파르메니데스는 첫 행에서 자신의 사유는 자신이 원하는 만큼 멀리까지 데려

一性)을 늘 요청하고 증명하기만 했을 뿐 결코 고유한 방식으로 사유하지는 못했을 것이고, 파르메니데스의 '있음'도 스스로 말하고 있듯이 지금까지 줄곧 소유해온(B8, 42~49행) 그러한 완벽함에는 결코 실제로 이르지 못했을 것이다. 우리는 이어 그가 이러한 '합일'을 의도했다고 추측할 수 있다(그렇지 않으면 어떻게 그런 일이 일어났겠는가?). 있음과 사유의 동일성에 대한 그의 주장이나, 오로지 자기 스스로만 의식하는 있음의 개념은 이러한 의도를 고려할 때 비로소 제대로 이해될 수 있다. 따라서 만약 그가 절정의 순간을 체험한 것이 의도적인 것인가라는 문제에 대해 긍정적인 답을 내릴 수 있다면, 이는 전기나 역사적 문제만이 아니라 철학적 의미 또한 가진다.

매우 짧은 시간 동안, 아마 단 한 순간, 파르메니데스는 서양인으로서 신비적 합일의 황홀감을 경험했을 것이고, 곧 다시 가상세계가 있는 낮은 곳으로 내려와야 했다. 그러면 이 가상세계는 그를 새로이 포용하여, 다른 모든 사람들과 마찬가지로 그를 지배했던 것이다. 그러나 그때에도 그에게는 진리에 대한 이론적 앎이 남아 있었고, 그의 저작 중심부에 나타나는 것처럼, 그것을 증명할 능력이 있었다. 더 나아가 정신적 고양이 일어난 때의 정황에 대한 기억이 남아 있었고, 도입부가 서술하고 있는 것처럼(첫 행에

다준다고 자신하고 있다.

(3) 파르메니데스는 극단적으로, 심지어 과격할 정도로 일관성 있는 철학자이다. 세계를 무화시키는 그의 강력한 논증은 다음과 같다. 현상세계를 인정한다면, 이는 비존재를 어쩔 수 없이 인정하게 만든다. 그리고 비존재는 이에 대한 관념이 "결코 경험가능하지 않기" 때문에 참된 것일 수 없다(B2, 7행 'οὐ γὰρ ἀνυστόν', B8, 8행 그리고 B8, 17행도 참조). 만약 파르메니데스가 이러한 비존재에 대한 관념을 실제로도 경험하거나 완성시키지 않았다면, 이 과격할 정도로 일관성 있는 철학자는 자신의 존재론에서 중요하거나 핵심적인 부분도 역시 포기해야 했던 것은 아닐까? 그리고 그것은 오로지 순수한 존재에 대한 직접적인 체험에서만 일어날 수 있었다.

서의 시제가 현재형임을 참조) 이 경험이 반복되기를 원하는 희망이 남아 있었다. 이와 반대로 계시의 두 번째 부분을 이루는 가상세계에 대한 비판적이고도 구성적인 분석을 위해서는 그런 황홀경의 경험은 필요 없었다. 이를 위해서는 그가 가진 능력인 "얼음처럼 차가운 논리"(니체)면 충분했다.

다행스럽게도 파르메니데스의 글이 많이 남아 있는 덕분에 우리는 그의 학설을 낳은 사유행위에 나타난 감정적 측면을 파악할 수 있다. 파르메니데스적 진리의 세계에 퍼져 있는 것은 깨달음을 얻은 '부처'에게서와 같이 모든 것을 벗어난 '열반' 경지의 고요함도 아니며, 또는 생성 소멸의 질풍으로부터 겨우 빠져나온 후의 행복한 평화를 느끼게 하는— 그리스어로 말하자면—'무풍γαλήνη'의 고요함도 아니다. 여기서 지배하고 있는 것은 극복되지 않으려 완강히 저항하는 어떤 것을 강제로 제압한 우월함이다. 이 극복된 어떤 것은 자연적 존재와 같은 것인데, 수천 가지 다양한 요소로 결합되어 있는 어떤 것, 단지 부분으로만 파악할 수 있는 어떤 것, 끊임없이 움직이고 변하고 있는 어떤 것, 무엇에도 얽매이지 않고 작동하고 있으며, 작동되고 있는 어떤 것, 생성과 소멸, 삶과 죽음을 똑같이 포함하고 있는 어떤 것으로서, 우리에게 우리의 경험과 우리 자신의 고유한 힘을 통해 주어지는 것들이다. 파르메니데스의 글은 그의 강력한 사유행위를 분명한 언어로 전하고 있다. 이 언어를 이제 가능한 한 정확하게 하나하나 옮겨보자. "불가피한 결정이 내려졌다. '압도하는κρατερή' '필연ἀνάγκη'(강제라는 말로 번역할 수도 있다)이 존재에 한계라는 '구속'을('구속' 또는 '속박'이라는 말이 네 번 언급된다) 매어 놓았고, 존재는 한계에 빙 둘러 싸여 갇혀 있다. '올바름δίκη'은 속박을 늦추지 않고 오히려 단단히 잡고 있음으로써 존재를 생성과 소멸로부터 자유롭게 한다. 운명이 존재를 완전히 (모든 것을 포함하여) 그리고 흔들림 없도록 묶어 놓았다. 필연(강제)은 경쟁심이 강하다

(또는 투쟁적πολύδηρις이다). 참된 확신이 생성과 소멸을 멀리 쫓아보냈다. 여신은 (잘못된 언술과 사유행위를) 허용하지 않을 것이다. 확신의 '힘 ἰσχύς'은 있음 이외에 다른 어떤 것이 존재하도록 허용하지 않을 것이다." 도입부의 매력적인 마차 장면을 생각해보자. 바퀴 축은 달아올라 쉭쉭거리는 마찰음을 내며 맹렬하게 움직이고 있다. 파르메니데스는 마치 꿈에서처럼 공기 같이 가볍게 높이 둥둥 떠 올라가 목적지에 도달한 것이 아니다. 매우 강한 힘들이 어렵게 노력하여 그를 데려다주었다. 이 힘들은 빛의 이념으로, 마차를 몰고 달리고 있는 영리한 암말들뿐 아니라, 이 암말들에 계속해서 박차를 가하며 머리에서 베일을 (뒤로 젖히는 것이 아니라) '벗겨내는 ὡσαν' 태양의 딸들로 표현된다.[42]

사상가 파르메니데스가 인간세계 너머에 있는 자유로운 공간으로 과감하게 돌진함으로써 실재에 대한 앎만을 획득하게 된 것은 아니다. 그는 우리가 살고 있는 가상세계 역시 깊이 꿰뚫어보고, 똑같이 일관된 논리로 그 구조와 법칙성과 근원을 설명했다. 하지만 실재와 가상의 병존에 대한 그이상의 물음은 해결불가능한 문제로 남겨질 수밖에 없었다. 크세노파네스의 체계에서 부동의 신(神)과 변화하는 세계의 관계가 해명되지 않는 것처럼, 파르메니데스 이론에도 이런 내적인 불일치는 더더욱 어떠한 방법이나 묘안으로도 해소될 수 없는 것이다. 왜냐하면 크세노파네스에게 신과 세계는 인간의 관찰을 통한 접근가능성의 정도 차이가 있을 뿐, 어쨌든 실재적인 것인 반면, 파르메니데스에게는 오로지 하나의 '있음'만이 참된 실재 속에 확실하고 완전하게 보존되어 있고, 이와 달리 세계는 그 안에

---

42. 그 반면 '문'은 (가령『오뒷세이아』제21권 48~50행에서처럼) 천둥 같은 큰 소리로 열리지도 않고, 폭파되지도 않으며, '올바름'(또는 '정의')이 빛의 사유에 의해 후원을 받고 있는 자를 위해 당연히 장애물을 제거해준다. 올바른 사유에게는 시끄러운 갈등 없이도 진리가 열린다(이 책 657쪽 각주 8번).

포함된 모든 것과 그 안에서 발생하는 모든 것과 함께 그저 텅 빈 공허 속에서 오로지 자신에게만 근거하는 그릇된 전제의 밧줄에 매달려 있기 때문이다.[43]

크세노파네스는 종교관에 있어서는 극단적으로 관념적이었고, 한정된 우주론에 있어서는 극단적으로 현세적이었다. 그에 비해 파르메니데스의 형이상학은 비교할 수 없을 정도로 규모가 크고 풍부하다. 그러면서도 모든 곳에서 하나의 사고틀이 적용된다. 그럼에도 불구하고 파르메니데스는 많은 점에서 크세노파네스의 제자라고 할 수 있다. 엘레아학파의 이 두 철학자는 비판적 방법론을 특징으로 한다는 점에서도 공통점이 있다. 크세노파네스가 인간 모두의 믿음 대상인 신들을 의인화를 통해 꾸며낸 환상에 지나지 않는다고 비판한 것처럼, 파르메니데스는 우리가 공통적으로 경험하는 자연 현상들을 의인화를 통해 꾸며낸 환상이라고 비판했다. 현대적인 비유를 쓰자면, 인간은 유리창을 통해 안쪽에서 어스름한 바깥을 내다보면서, 자기가 보고 있다고 생각하는 사물들의 모습이 창에 비친 자신의 모습과 중첩되어 있음을 알아채지 못한다. 바깥 세계로 나가서야 이러한 어리석은 오류는 오류로 밝혀지게 된다.

파르메니데스는 자신이 시도한 독특한 방식으로 현세로부터 벗어남과 동시에, 이를 통해 어떤 의미에서는 역사적 연속성으로부터도 벗어나게 된다. 역사적 우연들과는 아무 상관없는 객관적이고 추상적 논리가 그의

---

43. 가상세계의 분석에 있어 덜 중요한 난점 중 하나는 비존재와 대립적 존재, 비지각과 있지 않는 것에 대한 지각, 그리고 (이것은 매우 확실한 추측이지만) "밤"과 물질을 동일시하는 것이다. 그러나 파르메니데스는 여기에 대해 혼란스러워 할 필요가 없었다. 왜냐하면 그런 드문 경우들은 파르메니데스가 보았을 때 근본적으로 잘못된 것이며, 따라서 필연적으로 모순이 될 수밖에 없는 가정으로부터 나온 결론이기 때문이다. 즉 그것은 부정적인 것을 마치 긍정적이고 실재적인 것처럼 인정함으로써 생긴 결과이기 때문이다.

사유를 붙들고 있다. 그래서 파르메니데스의 학설이 끼친 직접적 영향과, 이에 자극받은 여러 문제들이 자연스럽게 후대에 끼친 간접적 영향을 분리하는 것 역시 불가능한 것이다. 이러한 영향은 오늘날까지도 계속 이어지고 있다.

파르메니데스의 직계제자로 멜리소스와 제논 두 사람을 들 수 있다. 제논은 파르메니데스가 요청한 동질의 연속체를 확실히 증명하고자 했다. 이를 위해 그는 뛰어난 사고력과 날카로움으로 한편으로는 어떠한 한계도 없이 계속되는 분할가능성의 주장으로부터 생겨나고, 다른 한편으로는 더 이상 나누어지지 않는 원소에 대한 가정으로부터 생겨나는 모순들을 부각시켰다.[44] 제논과 동시대 철학자인 아낙사고라스는 독창적인 체계의 근거를 한계에 도달하지 않는 무한한 분할가능성에서 찾고 있으며, 반면 물질 최소 단위로서의 원소에 대한 그의 관념은 원자론을 이끌어냈다. 이런 문제는 우리가 다룰 내용이 아니므로, 이제 파르메니데스 동시대의 위대한 철학자 헤라클레이토스로 넘어간다.

---

44. *Frühgriech. Denken* 198~236쪽을 보라. '끊임없는 분할이 가능한가? 또는 더 이상 쪼개어질 수 없는 원소덩어리인가?'의 양자택일에 대한 문제가 마치 순수한 사변으로서만 의미가 있는 것처럼 보여왔던 수천 년이 지나고 이제는 다시 이론 물리학의 관심사들 중 하나로 그 어느 때보다도 더 활발하게 논의되고 있다.

4. 헤라클레이토스

파르메니데스의 시구 중에는 적어도 한두 쪽 길이의 서로 연관된 단락 두 개가 전해지는 반면, "어두운" 사상가 헤라클레이토스의 산문 작품 중에는 몇 줄 정도로 이루어진 단편만이 전해진다. 그러나 단편에 지나지 않는 그의 문장 하나하나는 거부할 수 없는 위력을 발산하고 있다. 이 문장을 듣는 사람은 그 의미를 파악하기도 전에 문장에 사로잡혀 버린다. 하지만 다른 한편 헤라클레이토스의 가르침은 깨어 있고 냉철한 의식을 불러일으키는 데 더할 나위 없는 탁월한 호소력을 갖추고 있다.

그의 불완전한 저작은 단편들만으로도 기념비적 가치를 지닌다. 조각글들 각각은 그 자체로 완전하고 고유한 내용을 지닌 채 살아 움직이며 생산적 활력을 띤다. 따라서 단편이 아니라 '경구(警句)'라 부르는 것은 결코 자의적인 것이 아니다. 하지만 이 단편들은 상고기적 방식에 따라 모두 형제자매처럼 서로 관련되어 있어, 백 개가 넘는 단편들을 아무렇게나 이리저리 이어놓을 수 있고, 어떻게 이어 놓아도 앞으로나 뒤로나 항상 의미 있는 연관들을 풍부하게 만들어내며, 어떤 하나의 흐름은 다른 흐름을 만나 또 새로 시작되고 계속 이어진다. 이런 실험적 시도는 헤라클레이토스의 학설이 지닌 완결성과 언어적 위력을 분명하게 드러낸다. 이는 동시에 책의 구조를 원래대로 재구성한다는 게 불가능하다는 것을 의미한다. 책은 소실되어 전해지지 않지만, 헤라클레이토스의 철학에 관한 몇몇 중요한 특징은 우리에게 알려져 있다.

헤라클레이토스는 파르메니데스와 동시대인(500년 경?)이다. 소아시아 이오니아 지방의 도시 에페소스의 시민이었는데, 그저 평범한 시민은 아니었다. 헤라클레이토스가 오래된 왕가의 후손으로서 왕의 지위와 이름을 갖고 있었다는 전승은 그가 능숙하게 사용한 위엄 있고 당당한 문체와도 잘 어울린다. 그는 민주제의 도입 이후 일종의 제사장으로 격하된 왕위를 동생에게 양도하였다. 헤라클레이토스가 자신의 학설을 정리한 저작은 어떤 제자를 염두에 둔 것도 아니며, 그리스인들이나 인류에게 바친 것도 아니었다. 그 헌정의 대상은 바로 그리스의 여신 아르테미스(『사도행전』에 나오는 그 "에페소의 아르테미스")였으며, 그의 책은 여신의 신전에 바쳐졌다.

헤라클레이토스가 말하는 '로고스'에 인간 청중들은 범접할 수 없음이 분명했던 것이다. 그가 아무리 말을 해봤자 그것은 언제나 쇠귀에 경 읽기였다. 그의 책은 다음과 같이 시작한다(DK22B1=4정암).

인간들은 영원히 참된 이 로고스를 듣기 전이나 이미 듣고 난 후에나 똑같이 이해하지 못한다.[1] 모든 것은 로고스에 따라 일어나는데도, 그들은 로고스를 전혀 경험하지 못한 것과 같은 상태이다. 그들은 내가 모든 것을 그

---

1. 나는 'τὸ πρῶτον'을 『일리아스』 제4권 267행, 제6권 489행, 제19권 9행, 136행에서와 같은 의미로 사용하였다. 이 단어는 다음 사건들로 이어지는 결정적인 '최초의' 사건을 의미한다. 혹은 여기서처럼 사람들이 이상하게도 이어지는 사건들을 전혀 모르고 있기 때문에 그저 다음 사건들로 이어진다고 주장되는 최초를 의미한다.

자연적 본성에 따라 각기 분석하고, 그것의 상태를 설명하기 위해 여기서 제시하는 바와 같은 그런 방식의 말이나 사태 속에서 살고 있는데도 말이다. 사람들은 깨어 있는 동안 하는 모든 일에 대해서조차 그렇게 무지한 채 머물러 있다. 마치 잠을 자면서 모든 것을 잊어버리는 것처럼.

남아 있는 헤라클레이토스의 모든 글 중 가장 긴 이 단편에 따르면[2] 인간은 삶의 의미를 스스로 이해하지도 못하고, 또 헤라클레이토스가 그의 책을 통해 하는 것과 같은 어떤 설명을 준다 해도 그들은 그 설명을 받아들이지 않는다.[3] 헤라클레이토스는 모든 사물을 분석하여 그 본질에 따라 기술하고자 하며, 이를 통해 로고스를 밝혀내고자 한다. '로고스'는 일상 언어에서 사용하는 평범한 표현이다. 그 이전의 철학자들은 이 말을 전문용어로 발전시킬 어떤 필요도 느끼지 않았다. 로고스라는 말은 보통 여러 표현들이 지닌 내용이나 함의, 그리고 행위의 '동기' 또는 목적을 가리켰다. 만약 어떤 일에 대해서 로고스가 없다고 한다면, 이는 어떤 의미나 가치도 없다는 말이다. 로고스는 또 '상쇄'나 '답변'이기도 하다. 즉 자신의 행위나 주장을 정당화하는 해명을 뜻한다. 로고스는 이렇게 설명을 제공하기 때문에 일차적으로 논리적 성격을 지닌다. 두 번째로 로고스는 종종 분명하게 드러나 있는 것이 아니라 현상 내면이나 배후에서 찾아내야만 하는 것이

---

2. 헤라클레이토스의 문체는 연쇄적인 대립의 고리가 계속 이어지는, 전형적인 의고체이다. 가령 다음과 같은 예를 보자: 그들은 자신이 **살고 있는** 곳을 **체험하지** 못한다. 그들이 살고 있는 곳을 **내가** 설명한다. **내가** 그것을 해석하지만, **다른 사람은** 그것을 여전히 의식하지 못한다. **깨어 있으면서** 의식하지 못하는 것이 그들은 마치 **잠**을 자고 있는 것이나 마찬가지이다. 이러한 문체는 헤라클레이토스의 세계상과 잘 어울린다. 왜냐하면 그에게는 모든 삶이 끊임없이 유동적인 흐름 속에서 계속 이어지는 대립들의 연속이기 때문이다.

3. 이 책 483쪽 각주 9번을 보라.

다. 다행히 이 로고스가 발견될 경우, 이것은 겉보기에 얽혀 있는 것에 질서를 부여하고, 또한 겉보기에 일치하지 않는 것을 알기 쉽고 분명하게 연관시킬 것이다. 헤라클레이토스의 로고스는 세계의 의미이자 근거이다. 동시에 규범이자 원칙으로서 모든 것을 규정하며, 그 때문에 우리가 일단 로고스를 파악하게 되면 이로부터 모든 것을 이해할 수 있게 만든다. 그리고 헤라클레이토스가 글을 시작하면서 "이 로고스"라고 말할 때, 그것은 그 책의 내용과 대상을 동시에 의미한다. 즉 그것은 세계의 법칙이다.

이 부분과 유사하게 헤라클레이토스는 종종 다른 곳에서도 이를테면 아무 생각 없이 자신의 삶을 살고 있는 분별력 없는 사람들의 어리석음을 강하게 비난했다(DK22B34=25정암).

> 말을 들어도 이해하지 못하는 사람은 귀머거리나 마찬가지이다. 그들에게는 "그 자리에 있으면서도 없다"라는 속담이 어울린다.

왜냐하면 지각이 곧 인식을 의미하지는 않기 때문이다(DK22B107=24정암).

> 영혼이 눈과 귀의 말을 이해하지 못한다면, 그들은 인간에게 믿지 못할 증인이다.[4]

헤라클레이토스는 이러한 관점에서 아르킬로코스를 반박한다. 아르킬로코스는 일찍이 "인간들은 부딪히는 현실대로 생각하기 마련이다"[5]라고 말한 바 있는데, 이에 대하여 헤라클레이토스는 다음과 같이 말한다(DK22 B17=6정암).

---

4. Bruno Snell의 독일어 번역(*Heraklit, Fragmente*, München, 1926).
5. 아르킬로코스 단편 68D=131+132W, 이 책 245쪽 이하 참조. 파르메니데스가 아르킬로코스의 사상을 변형한 데 대해서는 이 책 678쪽 각주 37번을 보라.

그들의 생각은 그들의 경험과 같은 종류가 아니다. 게다가 가르침을 준다고 해도 그들은 인식으로 이르지 못한다. 그들은 마음대로 상상한다.[6]

아르킬로코스가 말하고자 했던 것은 다음과 같다. '우리는 원래의 자신을 가지고 있지 않다. 우리의 생각과 감정은 그때그때 직면하는 현실에 따라 극단적으로 다르게 바뀌기 때문이다.' 하지만 헤라클레이토스는 자신의 생각에 사로잡혀 이 옛 시인의 문구에서 매우 다른 내용을 읽어내고 말을 덧붙인다. '인간의 생각과 감정은 인간이 처한 현실에 전혀 상응하지 않는다. 인간은 자기가 무엇인가를 지어내고서, 이를 사실이라고 간주해버린다.'

헤라클레이토스는 전해 내려오는 어떤 재미있는 이야기를 통해 이러한 상황을 표현한다. 한 일화에 따르면 언젠가 늙은 호메로스가 젊은 어부들 곁을 지나갔다고 한다. 그들은 그때 고기를 낚고 있던 것이 아니라 이를 잡고 있었다. 젊은 사내들은 호메로스에게 수수께끼를 냈는데 호메로스는 이것을 풀지 못해 분통이 터져 그 자리에서 죽어버렸다. 헤라클레이토스는 이런 일이 모든 인간들에게도 일어나는 일이라고 보았다(DK 22B56=26 정암).

> [인간들은] 모든 그리스인들 중 가장 현명했던 호메로스와도 같다. 이를 잡고 있던 젊은이들은 다음과 같이 말함으로써 호메로스를 놀렸던 것이다. "우리는 찾아서 잡은 것은 버리고, 찾지 못하여 잡지 못한 것은 가지고 있다."

가장 현명한 인간이 무지한 젊은 악동들로부터 우롱당한 것, 이것이 헤라클레이토스가 말하고자 하는 그런 상황이었다(B83, B117, B121 참조). 그러

---

6. 아마도 Bergk에 따라 'τοιαῦτα ὁκοίοις'로 읽을 수 있다. 'πολλοί'는 인용자가 보충한 말일 것이다.

나 무엇보다 헤라클레이토스의 관심을 끈 것은 역설적인 수수께끼였다. 수수께끼 같은 형식은 자신의 어투와도 비슷했고, 그래서 거기에 자기 자신의 생각을 부여할 수 있었기 때문이다. '인간은 눈으로 보고 손으로 잡은 것을, 미처 이해하여 자기 것으로 만들지도 않은 채 내던져버린다. 또한 자신들의 삶이 속해 있고 그 안에서 삶을 영위해나가는 원래의 현실, 즉 마치 옷 속의 이처럼 몸에 지니고 있는 현실을 눈앞에서 보거나 손가락으로 잡지 못한다. 인간은 자신에게 매달려 있는 것을 붙잡지 못하며, 자신이 가지고 있는 것을 소유하지 못하는 것이다. 왜냐하면 인간은 일어나는 모든 것의 법칙이 되는 로고스를 이해하지 못하기 때문이다.'

그렇다면 '로고스'란 과연 무엇을 의미하는가? 모든 존재를 규정한다는 것은 무슨 말인가? 모든 현실의 현실, 우리들 삶 중 가장 고유한 삶은 무엇인가? 그것은 '대립자의 일치coincidentia oppositorum', 대립자가 서로 겹쳐져 양면적 통일성을 갖는 것이다.

헤라클레이토스의 철학에서는 상고기 시대 전체를 지배했던 대립적인 시각과 경험 방식이 뚜렷하게 첨예화되고, 그에 대한 이론적 표현이 완성되었다. 헤시오도스에서 시작되었던 것이 헤라클레이토스에 의해 목적지에 도달한 것이다. 서로를 배제하기 때문에 그래서 서로를 필요로 하고 자리를 맞바꾸는 '낮과 밤'이라는 대립에 대해 헤시오도스는 '문의 표상[7]'이라는 아름다운 이미지를 발견했다. 이 둘은 결코 함께 집에 머무는 법이 없다. 그러나 그들은 문턱에서 서로 만난다. 하나가 바깥세계로 나가 존재하고 활동하면, 다른 하나는 세계 뒤의 배후로 들어가 멈추고 쉬어야 한다. 여기서 헤시오도스는 거의 헤라클레이토스의 진리에 가까이 육박했으나

---

7. 『신들의 계보』 748행 이하, 이 책 191쪽을 보라. 파르메니데스 역시 자기 고유의 방식으로 세계의 문, 즉 빛과 어두운 밤의 문에 대한 비유를 그려냈다(이 책 657쪽을 보라).

결정적인 인식 직전에서 멈추었다(DK 22B57=14정암).

> 헤시오도스는 대다수 사람들의 스승이다. 그리고 가장 많이 알고 있는 사람으로 알려져 있다. 허나 그는 낮과 밤을 제대로 통찰하지 못했다. 낮과 밤은 하나라는 것을.

낮과 밤은 그 자체로 개별적으로 존재하는 것이 아니라, 동일한 사태의 두 가지 측면이다. 그들 사이에 존재하는 긴장 속으로 그들은 함께 들어가고, 나올 때도 그렇게 함께 빠져나온다. 밤에서 낮으로, 낮에서 밤으로의 전환, 번갈아가며 서로에게서 생겨나고 서로에게로 사라지는 것, 이것이 밤과 낮을 존재하게 하는 근본이고, 밤과 낮이라는 존재의 내용이다.

> 만물 속에서 살아 있는 것과 죽은 것, 깨어있는 것과 자고 있는 것, 젊은 것과 늙은 것은 같은 것이다. 변화하는 가운데 이것은 곧 저것이고, 저것은 다시 변화 속에서 이것이 되기 때문이다. (DK22B88=54정암)
> 찬 것은 뜨거워지고 뜨거운 것은 차가워진다. 축축한 것은 마르고 마른 것은 축축해진다.[8] (DK22B126=53정암)

헤라클레이토스와 파르메니데스는 같은 문제에서 매우 상이한 입장을 취하고 있다. 파르메니데스는 대립성은 실재하지 않는 것이지만 가상세계의 경우에는 대립성이 생겨나며, 이때 대립하는 각각은 "그 자체의" 본질을 (이 책 671쪽 이하) 가지게 된다고 설명한다. 그러나 헤라클레이토스에게는 대립성이 실재의 본질이며, 대립자들은 끊임없이 상대편으로 넘어간다.

---

8. 단편 B88과 B126 사이의 연관성을 말해주는 것은 멜리소스(DK30B8, 2~3행)가 두 단편 모두에 비판을 가하고 있다는 점이다. 플라톤의 『파이돈』 71 b2c도 참조하라.

파르메니데스에게 단일하고 불변하는 하나의 존재 이외에 다른 것은 있을 수 없는 반면, 헤라클레이토스에게는 진행 중에 있는 다양성과 변화만이 있을 뿐이다.

헤라클레이토스의 학설은 실체를 다루는 것이 아니라, 속성과 상태를 말하고 있다. 가령 우리가 역학이라고 부르는 영역에서 '따뜻함-차가움', '습함-건조함'이라 말하는 것이나, 또는 생물학적 영역에서 '살아 있음-죽음, 깨어 있음-자고 있음, 젊음-늙음'이라 말하는 것들을 다룬다. 헤라클레이토스에게 중요한 것은 대립자들의 운동 속에서 역동성을 의식하고, 이것을 존재하는 모든 것의 법칙으로서 인정하고 받아들이는 것이다.

같은 원칙에 따라 모든 가치들은 오로지 그와 상반된 무가치한 것에 근거하여 이루어진다(DK22B111=72정암).

> 병은 건강을 기뻐할 만한 것으로, 좋은 것으로 만들었다. 배고픔은 포만감을, 힘든 노동은 편안함을 그렇게 만들었다.

밈네르모스와 아나크레온이 젊음의 약동에 가미하는 향료로서 그리고 생의 기쁨을 불러일으키는 흥분제로서 늙음과 죽음을 환기시키는 것도 이와 유사하다. 헤라클레이토스에게 모든 쾌감은 고통에서 근원하며,[9] 어떤 하나에 가치를 두는 사람은 다른 하나 역시 부정해서는 안 된다.

물론 같은 논리에 의해 사태가 방향을 바꾸어 부정적인 것이 온통 우세하고, 긍정적인 것은 단지 그 이면으로 밀려나 버릴 수 있다. 하지만 헤라클레이토스의 철학은 나약한 권태가 아니라, 진지하고 강력한 생명력을 나타낸다. 그는 긍정적인 측면에 강조점을 둔다. 변화나 전환 자체를 견디기 힘든 위기가 아니라 휴식으로 생각한다.

---

9. 가령 플라톤의 『파이돈』 60b와 70e를 보라.

동일한 것들을 위해 복종하고 노동하는 것은 고역이다. (DK22B84b=83
정암)

변화하는 가운데 머물러 쉰다. (DK22B84a=82정암)

파르메니데스가 극단적인 형태로 주장하는 한결같은 존재, 즉 단 한 번
의 필연성에 의해 영원히 고정된 형식 속에 갇혀 있는 존재는 헤라클레이
토스에게 혹독한 노예상태로 보이는 것이다. 그는 제3의 가능성 역시 거부
한다. 즉 좋은 것과 나쁜 것이 어떤 정해지지 않은 중성적인 상태로 된다는
것은, 마치 아낙시만드로스가 말한 것처럼 대립자들 배후에 어떤 중립적이
고 '무규정적인 것'이 있어서 대립자들이 그리로 되돌아가 다시 화해한다
고 보는 것과 같은 것이다. 헤라클레이토스는 가치도 무가치도 다 없어지
는 그런 균형을 받아들이는 것이 아니다.

밤이 낮을 생겨나게 하듯이 무가치한 것이 가치를 만들어낸다는 법칙은
헤라클레이토스에서는 도덕적인 문제에도 적용된다(DK22B23=73정암).

이것(정의롭지 못한 행동)이 아니라면, 정의에 대한 이름을 알 수 없을 것
이다.

여기서도 긍정적인 측면이 나타난다(DK22B102=74정암).

신 앞에서는 모든 것이 아름답고 선하고 정의롭다. 그런데 인간은 어떤 것
은 정의롭지 않다고 하고 어떤 것은 정의롭다고 부른다.

여기서 분명히 말하는 것은 인간과 신은 보는 것이 서로 다르다는 것이다.
인간은 사태를 개별적으로 보고, 각각의 경우에 따라 인정하거나 반대한
다. 그러나 신은 나쁜 모든 것을 보고, 동시에 좋은 모든 것도 본다. 헤라클

레이토스에 따르면 어떤 생각이 걸쳐 있는 지평이 넓으면 넓을수록 그 생각 속에서 전개되는 관점은 더 진실하고 더 분명해지기 때문이다(이 책 724쪽 이하). 만물의 모든 것을 받아들이는 신 앞에서 불의는 도덕성의 존재근거가 되고, 정의가 승리한다. 물론 이 정의는 불의를 이긴 승리자 그리고 불의에도 불구하고 승리한 자가 아니라 불의와 함께 그리고 불의의 덕분에 승리한 자이다. '좋음과 나쁨'이 모두 있다는 것은 좋은 것이다.

이로써 우리는 대립에 대한 헤라클레이토스 이론 내에서 새로운 영역으로 들어가게 되었다. 낮과 밤, 깨어 있음과 자고 있음, 건강과 병은 서로 다른 것으로 변하고 계속해서 교체된다. 반면 도덕적 행위와 반(反)도덕적 행위는 그런 식으로 서로 맞물려 있지 않고, 각각은 그 자체 독립적으로 하나 혹은 다수의 행위로 생겨날 수 있다. 그렇다 해도 헤라클레이토스에게 정의와 불의, 좋은 것과 나쁜 것은 동전의 양면일 뿐이다. 왜냐하면 이들은 본성상 대립적 긴장 속에서 서로 연관되어 있기 때문이다.[10]

이제 거창하고 모호하게 들리던 단편도 그 수수께끼가 풀린다(DK22B62 =116정암).

불멸의 신들이면서 죽고, 인간이면서 불멸한다. 신들은 다른 이들의 죽음을 살고, 인간은 다른 이들의 삶을 죽는다.

신과 인간은 하나이다. 그것은 그들을 나누고 묶는 대립성의 덕분이다. '신이자 인간적인 것'은 신들 속에서 인간의 죽음을 살고, 이와 마찬가지로 인

---

10. 가치의 영역에서 헤라클레이토스의 대립이론은 전적으로 옳다. 가령 모든 인간이 '선'하다면 그리고 '선'할 수밖에 없다면, '선'하다는 것은 더 이상 노력해서 얻을 수 있는 결과가 아닌 것이다. 가치는 사라진다. 그리고 "우리는 그에 대해 어떤 이름조차 알지 못할 것이다."

간들에게서는 신들의 파괴되지 않는 삶을 죽는다.[11]

헤라클레이토스는 계속 대립들에 관해 말한다. 그러나 전해져오는 그의 단편에 '대립'이라는 단어는 등장하지 않는다. 이 관계는 덜 개념적인 다른 이름들을 달고 있다(B10). 그것은 "전쟁"이라고 말할 수 있다(DK22 B53=87정암).

전쟁은 모든 것의 아버지이고 모든 것의 왕이다. 전쟁은 일부를 신으로 만들었고 또 다른 일부를 인간으로 만들었으며, 또 일부는 노예로, 또 다른 일부는 자유인으로 만들었다.

신들은 인간들에게 절대적인 지배력을 행사하고, 인간들은 노예를 절대적으로 지배한다. 이때 두 경우 모두에서 그 관계를 만들어내고("아버지"), 지배하는 ("왕") 힘은 "전쟁" 또는 투쟁이다. 대립성의 투쟁과 충돌이 신을 신으로, 인간을 인간으로 불리게 한다. 또 고대세계의 노예는 직간접적으로 전쟁포로에서 연유한다. 더 나아가 신-인간-노예라는 세 개의 층위를 지배자와 피지배자 사이의 불화가 장악하고 있는데, 이 불화는 위로부터는 지배자의 횡포와 기득권을 유지하려는 권력에 의해, 또 아래로부터는 피지배자의 질투와 혁명정신에 의해 조장된다.[12]

---

11. 헤라클레이토스의 격언은 전적으로 역사적 진리의 성격을 가진다. 왜냐하면 신들은 (여러 민족들 중에서) 특히 그리스인들에 의해 인간 모습의 반영으로 만들어졌기 때문이다(이 책 100~103쪽 참조). 핀다로스는 이에 대해 신과 인간은 닮지 않은 형제들, 즉 같은 어머니에게서 태어났으나 판이한 자질을 통해 서로 구별이 되는 형제들이라고 표현했다(『네메이아 찬가』 6번 처음 부분. 이 책 876쪽 이하를 보라).

12. 전쟁과 관련된 "만물의 아버지"나 "만물의 왕"과 같은 말들은 일반적인 관념에 어긋난다. 여기서 이러한 관념들은 반대의 의미로 바뀐다. 즉 살인자 및 파괴자는 창조자이자 만물의 아버지가 된다. 법에 대한 가장 심한 반대자로서 전쟁은 (가령 DK89, 7,

대립자의 동일성이라는 명제는 그 자체로는 역설이며, 계속해서 다른 역설들을 가져온다(DK22B80=88정암).

> 전쟁은 공통의 일이고, 법은 투쟁이라는 것을 우리는 알아야 한다.

이 경구의 첫 번째 부분은 헤라클레이토스가 그리스의 오래된 상투어 "전쟁은 공통의 것"[13]을 사용한 것이다. 전쟁 역시 살상을 상호간에 인정하고, 양쪽 모두 전쟁의 결정에 승복하는 적과의 공동행위이다. 헤라클레이토스는 '디케dike'가 '정의'만을 뜻하는 것이 아니라 우리가 '법적 투쟁'이라 부르기도 하는 '소송'을 의미한다는 데에서 "법은 투쟁이다"라는 간명한 표현을 찾아냈다. 법질서의 의미와 기능은 오로지 서로 충돌하는 여러 이해관계들이 만들어내는 무질서와의 투쟁에 있는 것이다.

"전쟁은 공통의 일이다." 만약 '전쟁'이라는 단어를 매우 넓은 의미로 이해한다면, 이 문장은 '구분이 곧 구성이다'라는 뜻이다. 따라서 다음과 같은 말이 성립된다(DK22B10=49정암).

> 통합(?)은 전체이자 비(非)전체이고, 한데 속하며 나누어져 있는 것이고, 함께 울리며 따로 울리는 것이다. 그래서 모든 것으로부터 일자가 나오고, 일자로부터 모든 것이 나온다.

파르메니데스는 오로지 전체성과 단일성만을 인정하고자 했다. 하지만 헤

6S, 403쪽 32행 이하) 이제 법으로부터 "만물의 왕"이라는 명예직을 넘겨받는다(핀다로스 단편 169Snell).

13. 『일리아스』 제18권 309행 이하 그리고 아르킬로코스 38D=110W(이 책 272쪽 참조). 전쟁이 공통, 공평하다는 생각은 핀다로스의 『네메이아 찬가』 4번 30행 이하에도 깔려 있다. 여기서 사용되는 표현은 헤라클레이토스의 강한 영향을 분명히 드러낸다(헤라클레이토스 단편 B1에서와 같은 'ἄπειρο-'와 'λόγον ὁ μὴ ξυνιείς'를 비교해 보라).

라클레이토스가 보기에 전체와 부분은 서로 불가분의 관계에 있고, 전체의
단일성은 전체가 다수를 통합하는 데 있다. 음들의 '조화harmonia'는 고음
과 저음의 두 가지 음을 전제로 한다(A22, B8). 따라서 음악적 조화를 구현
하는 악기 뤼라는 본성상 긴장의 구조물이다(DK22B51=50정암).

> 그들은 반대로 가려는 것이 어떻게 스스로와 하나의 의미logos를 이루고
> 있는지 이해하지 못한다. 활과 뤼라처럼 반대로 당겨진 조화harmonia다.

"반대로 당겨진"이란 말은 호메로스가 활을 묘사하며 사용한 단어이고,
"긴장tonos"(그리스어로 '음', '현'을 의미한다)은 활의 탄성과 뤼라의 음향을
말한다. 동시에 활과 뤼라라는 두 가지 비유는 새로운 대립을 제시하는 바,
활은 싸움과 살인의 무기이고, 반면 뤼라는 평화와 조화를 나타낸다. 이 두
가지가 함께 죽음의 신이자 음악의 신인 아폴론을 상징한다.[14] 통일에 담긴
이런 이중성은 활 그 자체에서도 나타난다(DK 22B48=67정암).

> 활의 이름은 삶이고, 활의 일은 죽음이다.

번역 불가능한 이 경구는 그리스어에서 '활의 시위bios'와 '삶bios'이 같은
철자로 이루어져 있다는 데서 착안한다. 또 "일"은 '실제'를 의미할 수도
있으며, 이 점에서 단순한 말이나 이름에 반대되는 것이다.
> 그렇지만 이런 모호한 말에도 불구하고 긍정적인 측면이 '투쟁과 화합
> 의 대립'을 통해 두드러지게 부각된다(DK 22B54=51정암).

---

14. 핀다로스의 『퓌티아 찬가』 8번 1~20행 참조. 이 책 920~924쪽 그리고 849쪽의 각주 30
번을 보라. 활과 뤼라의 연결은 『오뒷세이아』 제21권 405~411행과 비극시인 테오그
니스 769행 August Nauck, 'φόρμιγγα ἄχορδον = τόξον'을 보라.

감추어진 조화는 드러난 조화보다 더 강하다.

"감추어진"이라는 말은 물론 투쟁과 화합의 원리 자체가 하나로 합쳐져 만들어낸 더욱 심오한 조화를 의미한다. 이로써 대립의 이론은 가장 높은 제3의 단계에 이르렀다. 깨어 있음과 잠의 경우처럼 스스로 자신의 대립자로 바뀌는 것이나, 또는 나쁨에서 좋음이 생기는 경우처럼 자신의 대립자로부터 자신의 본질을 획득하는 것만이 자신의 대립자와 통합을 이루는 것이 아니다. 조화의 원리 자체도 대립의 원리와 분리될 수 없다. 사실 '화합'이라는 개념은 원래 동질적이고 조화로운 사물들에 적용하게 되면 무의미해진다(A22 참조).

삶에 적대적인 파르메니데스의 이론과는 너무나 대조적으로, 헤라클레이토스의 철학은 삶을 제대로 생동감 있게 만든다. 헤라클레이토스의 철학도 역시, 모든 것을 대립 속에서 생각하는 데 익숙했던 시대, 정서적 체험을 양극적 대립성의 원칙으로 풀어내는 데 열성을 다했던 시대의 특징적인 생활방식에 뿌리내리고 있다(우리는 이것을 계속해서 보아왔고, 앞으로도 계속 보게 될 것이다). 이렇게 볼 때 헤라클레이토스의 경구 대부분은 그 서술의 추상성에도 불구하고 삶과 직접적으로 닿아 있다고 하겠다. 즉 그의 경구는 이상하고 신기한 일들을 다루는 것이 아니라, 우리로 하여금 새롭게 긴장된 집중력을 발휘하여 삶의 일상적인 일들이 대립자의 필연적이고도 긍정적인 상호모순 속에서 어떻게 의미 있게 설명되는지 깨닫게 한다. 그리하여 독자는 헤라클레이토스의 글을 읽자마자 그의 언어가 표출하는 역동성 속으로 함께 빠져 들어가게 된다.[15] 헤라클레이토스가 결코 독자에게

---

15. 헤라클레이토스의 글은 독자에게 가볍게 영향을 발휘하지만 그 위력은 마치 폭군과도 같다. 누군가 헤라클레이토스의 사상에 몰두하거나 그의 말을 언급한다면, 그 역시 나름의 독자적인 방식으로 헤라클레이토스화 되는 경향이 있다. 이런 일은 헤라

직접적으로 말을 걸고 있는 것은 아니지만(그의 책은 여신에게 헌정되었으며 인간에게 향한 말이 아니다), 작품의 내용과 문체는 너무나 효과적으로 독자 자신이 직접 참여하도록 만든다. 그래서 일일이 구체적인 사항들을 지적하여 서술하는 일은 불필요할 정도이다.

전해지는 바에 따르면 헤라클레이토스는 자신의 책 속에서 대립이론을 특별히 상세하게 서술했다고 하는데, 이 이론을 자신의 최대 발견이라고 생각했기 때문이라고 한다(DK II 422쪽, 37이하). 실제로 그를 따라 사유의 근저까지 내려가보면 우리는 세계와 삶을 새로운 관점으로 보게 된다. 놀라운 단순함으로 겉보기의 혼란스러움 속에 숨겨진 내적 구조를 로고스가 드러내 보인다. 그는 나쁘고 싫은 것마저 제외시키지 않고, 오히려 이를 좋고 아름다운 것의 필연적인 토대로서 해석하고 그 존재 자체를 정당화한

클레이토스 인용이 발견되는 곳과 그를 '모방'하는 곳에서 잘 드러난다(DK의 C부분). 이 때문에 원래의 인용을 어중간한 변형이나 가짜로 모방한 것과 구별하는 일이 그만큼 더 어려워진다. DK의 B부분 단편들 중에는 마지막 두 부류에[어중간한 변형이나 가짜 모방에] 속하는 것이 적지 않다는 사실이 일반적으로 인정되고 있다. 이는 가령 마르쿠스 아우렐리우스의 『자성록』 중 몇몇 부분에도 해당된다. 『자성록』 제4권 중에 나오는 B 73도 이 황제가 원본의 첫 번째 단편 마지막 부분으로부터 이끌어 낸 것이다(G. S. Kirk, *Heraclitus, The Cosmic Fragments*, Cambridge, England, 1954, 44쪽 이하). 그리고 제6권 중의 B75 역시 마르쿠스 아우렐리우스가 자신이 이미 변형시킨 인용(B73)을 다시 전개시킨 것이다. 이는 게르하르트 브라이트하우프트가 입증한 대로이다(*De Marci Aur. Anton. Commentariis*, Göttinger Diss., 1913, 21~23쪽). (같은 부류에 속하는) B71에 대해서는 나는 인용을 제한할 것을 권한다. 그곳에서 마르쿠스 아우렐리우스는 "(헤라클레이토스에 따라) (⋯)을 잊어버리는 사람"이 아니라, "내가 잊어버리곤 하는 그것"을 "명심할 것이라"고 스스로에게 다짐한다. 'τοῦ ἐπιλανθανομένου'는 수동형이자(『루카 복음서』 12, 6에서의 'ἐπιλελησμένον'처럼) 중성이다. (이런 점에서 *Frühgriech. Denken* 262쪽 각주 1번도 수정되어야 할 것이다.) 수동형은 마르쿠스 아우렐리우스에게서 다른 곳에는 더 이상 나타나지 않지만, 제12권 26에서처럼 훌륭한 사상을 망각한 책임을 스스로에게 묻는 것은 그에게 나타나는 전형적인 경우이다.

다. 이러한 인식을 통해 헤라클레이토스는 자신의 시대에서 가장 절실했던 요구에 부응하고 있다. 즉 극단적인 대립자들 사이에 묶여 있다는 의식이 상고기 사람들의 위대함이자 그들을 짓누르는 비극성이라고 할 수 있다. 그들은 인간의 삶을 힘들게 하는 고난의 불가피함을 그 뿌리로부터, 고통을 일으키는 일의 본성 자체에서부터 이해함으로써 이 고난을 좀 더 잘 감당할 수 있었던 것이다.

헤라클레이토스의 다른 더 많은 가르침들도 대립의 원리로부터 쉽게 이끌어 낼 수 있다. 예를 들어, 대립은 일종의 동일성으로 통일된다는 명제로 돌아가보자. 그러면 동일성은 오로지 대립성을 통해서만 존재한다는 결론에 이른다. 헤라클레이토스에 따르면 모든 존재의 본질은 거듭되는 변전 또는 결코 느슨해지지 않는 긴장이다. 외견상 동일한 것으로 보이는 존재도 실제로는 끊임없는 자기 파괴와 자기 재생이 지속적으로 되풀이되는 과정이다.

> 같은 강으로 계속 다른 물이 흘러들어간다.[16] 그렇게 영혼도 습기로부터 피어오른다. (DK22B12=69정암)

우리의 삶—또는 영혼이라고 할 수도 있는데, 그리스어 '프쉬케psyche'는 두 단어 모두에 해당되기 때문이다—은 끊임없이 스스로를 흘려 내보내는 가운데, 끊임없이 흘러 들어오는 새로운 변화를 받아들임으로써만 동일성을 유지할 수 있다.[17] "그렇게 영혼도 습기로부터 피어오른다"(이 책 716

---

16. 나는 André Rivier (*Un emploi archaique de l'analogie chez Hér. et Thucyd.*, Lausanne, 1952, 13쪽 이하 그리고 *Mus. Helv.* 13, 1956, 158~60쪽)에 따라 'ἐμβαίνουσιν'을 삭제한다.
17. 사람들은 이러한 성격을 후에 헤라클레이토스의 강물의 상징을 빌어 "모든 것은 흐른

쪽). 우리의 영혼은 아래로부터 피어올라 위로 달아나는 가운데, 지속적인 변화과정 속에서 지속적으로 항상성이 유지되고 있는 것처럼 보이는 현상이다.

헤라클레이토스가 삶의 과정에 부여한 물리적 표상들은 나중에 다루어질 것이다. 여기서는 우선 이 삶의 과정이라는 말에서, 받아들이고 내어주는 가운데 끊임없이 일어나는 우리 자신과 외부세계 사이의 상호교환이라는 생각만을 다루어보자. 영혼은 완결된 것이 아니다. 정확하게 말하자면 아래로부터 위로 "피어오르는" 세계의 진행과정은 그 수많은 과정 가운데 어느 한 곳에서 우리가 자신의 삶이라고 여기는 그것을 만들어낸다. 따라서 우리는 자기 인식을 통해 사물의 본질에 접근할 수 있다(DK22B101=44정암).

나는 나 자신을 찾았다.

왜냐하면 자기 자신을 분명히 의식하는 '나' 안에서 인식의 주체와 대상은 하나가 되기 때문이다. 이때 인식 주체는 보고 느끼고 행동하고 고통 받는 가운데, 그리고 대립의 긴장과 변화의 활력 가운데, 자기 자신을 통해 존재 전체를 직접 경험한다.

이제 영혼의 통찰이 실재의 본질적 핵심을 해명할 수 있다고 한다면, 이 말은 곧 그렇게 파악할 수 없는 것은 모두 상대적으로 본질적인 것이 아니라는 것이다. 단지 외적으로 주어진 기계적 자연 전체는 본질적인 것이 아니다. 계절의 규칙적인 순환을 다스리고 공전의 운동을 주도하는 거대한 천체조차도(B100) 영혼에 비하면 보잘것없이 빈약한 형상에 지나지 않는다(DK22B3=95정암, DK22B45=106정암).

다"라는 명제로 요약했다. 그러나 이 명제는 헤라클레이토스 철학 전반을 특징짓는 데에는 적당하지 않다.

태양의 크기는 사람의 발 하나에 지나지 않는다. (그러나) 어느 방향으로 가보아도 영혼의 경계는 보이지 않는다. 그토록 심오한 의미(로고스)를 영혼은 지니고 있다.[18]

등을 대고 누워 한쪽 다리를 뻗어 올리면 발바닥 하나의 크기로 태양을 다 가릴 수 있다. 하지만 영혼은 그 어떤 방법으로도 결코 다 체험할 수 없는데, 그 이유는 영혼 속에는 우주의 의미가 생생하게 깨어 있기 때문이다. 외부로부터 더듬어서는 찾아낼 수 없으며 오로지 내면적으로 경험할 수 있는 것 모두가 그러하듯, 체험된 '의미'는 제한도 경계도 없다. 따라서 우리가 생생하게 느끼는 모든 감정들은 측정 불가능한데, 즉 이 감정들은 남김없이 우리를 채우고, 흘러넘쳐 세계 전체를 다 덮어버린다. 하지만 헤라클레이토스에 따르면 영혼을 측량할 수 없는 것은 심리학적인 이유가 아니라 객관적인 이유 때문이다. 즉 우리에게 있어 유일하게 로고스에 종속되지 않으며 오히려 로고스의 능동적 담지자인 영혼은 '자기를 찾는 자'(이 책 705쪽)이자 그 발견자에게 무한히 깊은 심연이며, 이 심연을 통해 '자기를 찾는 자'는 우주의 로고스와 소통하고 합일함으로써 현존재에 대한 공통된 이해에 이른다. 물론 인간적인 측면에서 불완전한 이해에 머무를 수밖에 없다고 해도 말이다. 이러한 소통은 파르메니데스가 순수한 존재와 결속하는 방식과 얼마나 다른가!

헤라클레이토스 시대의[19] 사상에서 '깊이'라는 개념과 연결되어 있는

18. 디오게네스 라에르티오스(9, 7)는 단편 B3과 단편 B45를 함께 인용한다. 또 세네카는 (달리 사용하여) 『서간문』 88, 13에서 다음과 같이 쓴다. "intervalla siderum dicis, nihil est quod in mensuram tuam non cadat: si artifex es, metire hominis animum." 단편 B45의 표현에 대해서는 루크레티우스 『사물의 본성에 관하여』 1, 958행 "nulla regione viarum finitum" 참조.

19. *Philologus* 87, 1932, 475쪽과 B. Snell, *Gnomon* 7, 1931, 81쪽 이하 참조.

것은 무한함과 본질적인 것에 대한 관념이다. 무한하고 본질적인 것은 자기 안에 자신의 안정된 지속성을 가지고 스스로 보충한다(DK22B115=107정암).

영혼은 스스로 증가하는 의미(로고스)를 가지고 있다.

인식은 자동적으로 더 많은 인식으로 이끌고, 이해는 더 깊은 이해로 이끈다.

반면 기계적인 자연에는 질서[20]를 통해 확고한 경계가 정해져 있다. 그 예로 다시 태양을 들 수 있다. 영혼은 깊이를 알 수 없이 무한히 뻗어나가지만, 태양에는 그 크기와 범위가 매우 정확히 할당되어 있으며, 자연 질서를 감시하는 경찰관('복수의 여신들,' 『일리아스』 제19권 418행 참조)은 태양이 자신의 한계를 매우 정확하게 지키도록 살피고 있다(DK22B94=91정암).

헬리오스는 자신의 영역을 넘어가지 않을 것이다. 그러나 만약 그렇게 할 경우 디케(정의)의 신봉자들, 즉 복수의 여신들이 그를 찾아낼 것이다.

로고스와 그 정신적 세계와 비교해볼 때, 감각 세계의 빛인 태양은 부차적인 역할에 만족할 수밖에 없다. 호메로스는 헬리오스를 "모든 것을 보고 모든 것을 듣는" 신으로 찬양했다. 그러나 태양은 단지 낮 동안의 현상에 지나지 않는 것이다(이 책 717쪽). 헤라클레이토스는 다음과 같이 묻는다(DK22B16=89정암).

결코 사라지지 않는 것 앞에서 우리는 어떻게 몸을 감출 수 있는가?

---

20. G. Vlastos, *Class. Philol.* 42, 1947, 164쪽 이하, K. Latte, *Antike und Abendland* II, Hamburg, 1946, 70쪽 참조.

이렇게 헤라클레이토스는 사소하고 중요한 모든 사건의 의미와 법칙, '결코 꺼지지 않는 로고스'를 생각하고 있다.

크세노파네스 역시 천체에 매우 보잘것없는 기능을 부여했으며, 이로써 천체를 포함하고 있는 현세적인 것이 신적인 것과 첨예하게 구분되도록 하였다(이 책 623쪽 이하). 이런 극단적 대립의 두 항을 헤라클레이토스는 단계적 구성의 세 항으로 대체했다. 우리는 첫 단계로 경험세계에서 찾을 수 있는 제일 높은 곳으로 뛰어오르지만, 두 번째 단계로 경험세계를 넘어서는 것에 이르기 위해 다시 한 번 유사한 도약이 필요하다는 것을 배우게 된다. 첫 번째 단계는 다음 경구에 암시되어 있다(DK22B99=96정암).

> 태양이 없다면, 별들이 아무리 많은들 우리는 어두운 밤 속에서 살았을 것이다.[21]

두 번째 단계는 대강 다음과 같은 것이다. '로고스의 빛을 받지 못하는 사람은 태양의 빛에도 불구하고 동물과 같이 어두운 정신 속에서 산다.'[22]

방금 든 예는 부분적으로 재구성한 것이지만, 그 안에서 표현되는 사유 형식은 헤라클레이토스의 특징을 그대로 보여준다.[23] 앞서 첫 번째 단편(이 책 691쪽)은 또 다른 예를 보여준다. 헤라클레이토스는 잠과 깨어 있음

---

21. 플루타르코스는 『윤리론집』 98c에서 'εὐφρόνην ἂν ἤγομεν'을 인용한다. 또 『윤리론집』 957a 에도 원래 기록되어 있는 'εὐφρόνη ἂν ἦν'보다 'εὐφρόνην ἂν ἤγομεν'이 더 적합할 것이다. 전자는 필사할 때 생긴 실수로 인한 것으로 보인다.

22. 두 번째 단계는(단편 B29 등 여러 곳 참조) 플루타르코스의 『윤리론집』 98c에서 따온 것이다. 『윤리론집』 957에서도 헤라클레이토스의 인용을 연상시키는 구절이 동물의 실존에 대한 사유를 통해 설득력을 주고 있다. 여기에다 세 번째로는 커크가 자신의 책 162쪽(이 책 702쪽 각주 15번)에서 인용한 클레멘스 *Protrepticos* 113, 3(Bd. 1, 80쪽 Stählin)(헤라클레이토스의 단편 B134는 아무런 관련이 없다)도 있다.

23. *Frühgriech. Denken*, 251~283쪽을 보라.

이라는 평범한 대조를 출발점으로 삼는다. 그리고 로고스의 인식에 눈을 뜬 사람의 명석함과 비교한다면, 우리가 그 안에서 살고 행동한다고 믿는 명료한 의식 상태는 불투명하고 몽롱한 잠이나 마찬가지라는 것을 암시한다. 대수학 공식의 비례중항(a : b = b : c)에서처럼 특정한 가치 척도 상의 세 단계를 나타내는 세 항[a, b, c]에는 동일한 비례관계가 두 번 나타난다.[24] 첫 번째 항은 이미 우리에게 친숙하지만 보잘것없고 가치 없는 것이다. 두 번째 항은 일상의 삶에서 인정받고 있는 고귀하고 가치 있는 것이다. 세 번째 항은 초월적인 것이고, 대중에게는 알려지지 않은 것이며, 바로 철학자가 눈을 돌려 바라보고자 하는 것이다. 중간에 오는 항은 최하급의 항과 비교되느냐 또는 최상급의 항과 비교되느냐에 따라 서로 상반되는 속성들을 가진다. 단편 B53(이 책 699쪽 이하)에서 자유시민은 노예에게는 자부심으로 가득 찬 주인이지만, 반면 신들에 대해서는 노예인 것이다. 초월적인 것에 위치하고 있는 사람에게는 더 낮은 두 단계가 거의 같은 정도의 무가치함을 가진 것으로 나타나는데, 이는 두 번째 비교가 첫 번째 비교보다 훨씬 더 극명하고 결정적이기 때문이다. 깨달은 현자에게 다른 사람들의 깨어 있음과 잠들어 있음, 그들의 듣고 있음과 듣지 못했음, 그들의 경험이나 경험하지 못함 등은 모두 무차별적으로 똑같은 것으로 드러난다(B1). 듣고 있는 사람들도 벙어리나 마찬가지이고, 거기 있는 사람들도 없는 것이나 마찬가지이다(B34, B107). 현명한 호메로스도 철부지 청년들로부터 놀림을 당했고(B56), 민족의 스승인 헤시오도스도 가장 근본적인 것을 깨닫지 못했다(B57). 평범한 인간도 동물보다 나을 것이 없다(B29 등).

---

24. 여기서 말하는 것은 크기의 비례 관계보다는 오히려 대조의 의미에 가까운 것이다. 그렇게 볼 때 비례중항 형식과 비교하는 것이 꼭 옳다고 하기는 어렵다. 더 나아가 두 번째 비교는 첫 번째보다 훨씬 더 본질적이다. 이 때문에 등호(=)를 사용하는 것도 다소 부적절하다.

다음 두 편의 경구에서는 이러한 사고 유형이 매우 뚜렷이 나타난다.

> 인간은 신 앞에서는 마치 어른 앞의 어린애와 같이 유치하다. (DK22B79=
> 31정암)
> 가장 영리하고 아름다운 인간도 신에 견주어보면 어리석고 못생겼다. 마
> 치 잘생긴 원숭이가 인간과 비교될 때처럼.[25] (DK22B82, B83=60/61정암)

헤라클레이토스의 시대는 어린아이를 특별하고 또 긍정적인 특성을 가진
특별한 종류의 존재로 생각하지 않았고, 성숙함과 남성다움을 갖추게 되는
나이 이전의 미숙하고 쓸모없는 전단계로 간주했다. 이와 유사하게 원숭
이가 마치 인간처럼 보이고 거의 인간처럼 행동한다고 하지만, 관찰자인
인간들에게는 불쾌하고 우스꽝스럽게[26] 보일 뿐이다. 마찬가지로 인간은
신의 우스꽝스러운 모방일 뿐이다. 신 앞에서 인간의 아름다움은 원숭이
의 흉측한 얼굴이 되고, 인간의 지혜는 유치한 어리석음이 된다.

　헤라클레이토스가 그토록 자주 사용하는 비례중항의 사유형식은 피타
고라스학파로부터 수용한 것으로 보인다.[27] 헤라클레이토스는 이것을 일
종의 외삽법(外揷法)으로 사용하고 있다. 헤라클레이토스의 사유가 궁극적
으로 말하고자 하는 것은 모든 언어적 표현 너머에 있다. '신' 또는 로고스

---

25. 플라톤은 『테아이테토스』 161c에서도 헤라클레이토스를 암시하고 있다(비비원숭이-
　　인간-신의 순서로 지혜로움). 원숭이의 상에 대해서는 W. C. McDermott, *Trans.*
　　Amer. Philol. Assoc. 66, 1935, 166쪽 이하를 보라.
26. 추하고 우스꽝스러운 원숭이의 특징으로 가령 세모니데스의 단편 7D=7W 73행 이하
　　를 보라.
27. 피타고라스학파는 음악에서 기하학적인 질서를 발견했다고 추측된다(이 책 514쪽 이
　　하를 보라). 가령 8음계와 같이 규칙적인 간격으로 연속적으로 음이 이어질 때 현의 길
　　이가 이 음의 순서를 결정하는 것이다. 이 원칙을 기하학이나 대수학에 적용시키는 일
　　은 간단한 일이다. 참고로 '비례'나 '비율'을 뜻하는 그리스어는 로고스logos이다.

라는 단어들은 그의 원래 의도를 표현하지 못한다. 인간들의 언어는 듣는 사람으로 하여금 이를 스스로 깨닫도록 돕는 것 외에는 더 이상 아무것도 할 수 없다. 따라서 두 번의 비교로 이루어진 추론방식만이 이상적인 방법이다. 평범한 첫 번째 비교(아이 : 성인)는 사유가 움직여야 하는 방향을 결정하며 동시에 사유에 운동을 부여한다. 이 운동이 이제 두 번째 비교(인간 : 신)에서도 첫 번째 비교에서와 같은 방향으로, 또 동일한 비약으로 일어난다. 하지만 두 번째 비교에서는 한층 더 큰 탄력성 덕분에 사유는 일상 영역 너머에 있는 멀고 먼 목표에 이른다.[28]

감각계의 한계를 뛰어넘는 일은 근본적으로 인간 능력을 벗어난다. 왜냐하면(DK22B78=30정암),

인간존재는 인식을 갖고 있지 않다. 이것은 신적 존재가 가지고 있다.

그래서 사물의 본질을 통찰하고자 하는 자는 실로 엄청난 것을 스스로에게 요구하는 것이다(DK 22B18=42정암).

결코 바랄 수 없는 것이라며 그것을 희망하지 않는다면, 감지할 수 없고 접근 불가능한 것, 그것을 발견하지 못할 것이다.[29]

그런데 헤라클레이토스는 인식의 도약 자체보다는, 인식의 도약을 이룰 수

---

28. 후에 플라톤은 이 방정식을 확장시키며(a:b=b:c=c:d), 이는 각 요소들(이제 4개) 서로간의 관계에도(이 책 714쪽 각주 36번을 보라) 적용된다. 이 방정식은 플라톤의 『티마이오스』 31b 이하에서 수학적 형식으로 등장하고, 동굴의 비유와 '선분의 비유'에도 나타난다(Frühgriech. Denken 280~282쪽 참조).

29. 이와 유사한 단어로('ἀπορωτατά πη, δυσαλώτατον') 플라톤은 형이상학적 직관을 (『티마이오스』 51a~b) 서술한다.

없는 평범한 사람들을 훨씬 더 자주 이야기한다. 그는 몇몇 경구에서 그런 사람을 모든 종류의 가축과 차례차례로 비교한다. 단, 고귀한 동물로 간주되는 말은 빠져 있다. 새로운 가르침을 전하는 사람을 반대하여 공격하는 사람들을 그는 다음과 같이 비유한다(DK22B97=11정암).

개들은 자기가 알지 못하는 사람을 보면 그를 향해 짖어댄다.[30]

그는 또 말한다. '이런 사람들의 기쁨은 특별히 맛있는 사료용 풀을 발견한 소들의 기쁨 같은 것이다'(DK22B4=59정암, 온전히 남아 있지 않다). 또는 다음과 같이 말한다(DK22B9=58정암).

나귀는 금보다 건초에 더 많은 가치를 둘 것이다.[31]

이 경구에는 전형적인 비교 도식이 이중으로 깔려 있다. '나귀 : (평범한) 인간 = 평범한 인간 : 깨달은 자'라는 도식과, '건초 : 금 = 금 : 참된 가치'(B29 참조)라는 도식이다. 헤라클레이토스는 경험의 세계에 갇혀 있는 인간의 상태를 오물통에 빠져 뒹굴며 "오물에 즐거워하는"(B13) 돼지에 비유함으로써 혹독하게 비꼬아 비판했다. 또 농장 마당의 가금류와 먼지로 목욕하는 돼지도 이야기하는데(B37, B5, 이 책 735쪽 참조), 이런 동물과 마찬가지로 깨우치지 못한 자는 세속과 어리석음[32] 속으로 점점 더 깊이 빠져들어, "진창에 파묻혀 벗어나오지 못한다."[33] 의고적 성격이 강한 이런 비유는

---

30. 여기서 '알다(인식하다)'라는 단어가 동시에 '이해하다'를 의미한다는 데 핵심이 있는데, 번역으로는 이 핵심을 드러내지 못한다.

31. 나귀는 우둔함('ἀμαθία', 플루타르코스『윤리론집』363c참조)과 탐식(세모니데스 단편 7D=7W 46행 이하, 플라톤『파이돈』81e 참조)의 전형으로 간주되었다.

32. 플라톤『파이돈』82 e: ʹέν πάσῃ ἀμαθίᾳ κυλινδομένην (ψυχήν)ʹ 참조.

이후 플라톤이 만든 동굴의 비유에 자극을 주었다.

초기 그리스의 다른 자연철학자들의 경우와 마찬가지로 헤라클레이토스에게도 인식은 갑작스레 찾아오는 것이었다. 지식의 수집만으로는 더 높은 세계로의 접근이 곧바로 가능하지 않다는 것이다(DK22B40=13정암).

> 잡학이 인식을 갖도록 가르치지 않는다. 그랬다면 헤시오도스와 피타고라스도 인식을 얻었을 것이고, 또 크세노파네스와 헤카타이오스도 그랬을 것이다.

헤라클레이토스는 '탐문historie'이라는 용어로(이 책 627쪽, 636쪽 이하) 당시 널리 퍼져 있던 경험주의의 새로운 연구 방법에 대해서 분개하며 경멸적인 태도를 취했다. 종종 그는 과거의 위인들마저 현재의 증오 대상에 대한 예로 삼곤 했다. 헤시오도스와 피타고라스도 나름대로 형이상학을 연구했다는 것을 그는 인정하지 않았으며, 경험주의자 헤카타이오스와 함께 동시대의 종교철학자 크세노파네스를 나란히 세웠다. 그는 '탐문'의 대표자로서 피타고라스를 욕한다(DK22B129).

> 므네사르코스의 아들, 피타고라스는 그 누구보다도 더 많은 탐문을 행했다. 그는 이 저작을 선별하여(?), 그로부터 자신만의 지혜와 잡학과 허풍을 만들어냈다.[34]

---

33. *Frühgriech. Denken* 251~256쪽 그리고 267쪽과 각주 1번을 보라. 깨닫지 못한 자가 빠져드는 세속의 더러움은 그가 시선을 더 고귀한 것들에게로 들어 올리는 것을 더 어렵게 만든다. 그리고 이 고귀한 것들이 그의 시선으로부터 비껴가면 갈수록 그는 그만큼 더 깊숙이 가라앉는다. 이 악순환에 반대되는 것이 "스스로를 증가시키는" 로고스의 선순환이다(B115, 또 엠페도클레스의 단편 DK31B110=137정암 참조).

34. 이 구절은 아마도 부분적으로만 신뢰할 수 있을 것이다. 언어 표현에 대해서는 히피아스 DK86B6과 플라톤의 『제 7서한』 341b('συνθέντα ὡς αὑτοῦ τέχνην')를 보라.

이른바 자연철학자들 대부분이 그랬던 것처럼, 헤라클레이토스도 물리적 세계구성의 문제에 대하여 일면적인 관심만을 자신의 관점에서 전달하였을 뿐이다.[35] 그렇기 때문에 헤라클레이토스의 책에서 아리스토텔레스적 물음에 대한 해답을 찾던 디오게네스 라에르티오스는 체념하여, "그는 아무것도 분명하게 설명하지 않는다"(DK22A1, 8행=3정암)라고 말할 정도였다. 그도 그럴 것이 헤라클레이토스의 유일한 관심은 다만 물질적 자연계에서도 다른 곳에서와 동일한 법칙이 지배하고 있음을 증명하는 데 있었기 때문이다. 즉 물리적 자연계에도 확고한 정신과 로고스가 작용하며, 따라서 겉보기에 여일한 존재도 하나의 사건 즉 주기적 교환과 변화이며, 특히 대립자들의 상호작용이라는 점을 증명하려 하였다.

헤라클레이토스는 세계를 구성하고 있는 가장 근본적인 요소가 세 가지 상태로 이루어져 있다고 생각했는데, 여기서도 그는 비례중항의 도식에 따른 세 단계의 배열을 발견했다. 우리가 물질을 고체 상태, 액체 상태, 기체 상태로 나누어 부르는 것처럼, 헤라클레이토스는 이를 '흙, 물, 불'이라 부르고 있다. 만약 생명이 없이 딱딱한 흙이 살아 있는 불(온기)의 영향을 받게 되면 경직 상태를 잃고 운동성을 얻는다. 흙은 마른 것에서 유동적인 액체 상태로 변화하여, 넘쳐흐르는 물 또는 파도치는 바다가 된다. 또 액체 상태는 가열을 통해 차가움에서 뜨거움으로 넘어가고, 이어 타오르는 불이 되는 두 번째 이행과정을 통해 마침내 자유 운동과 활력을 가진 완전한 상태에 도달한다.[36]

---

35. 이 책 481~484쪽을 보라.
36. '바다-땅'(세모니데스), '따뜻함-차가움'(아낙시만드로스), '불-밤'(파르메니데스, 이 책 671~677쪽) 등과 같이 두 대립적 원리로 이루어지는 체계들에 대해 헤라클레이토스는 대립을 하나 더 늘려서, '불-물-흙'과 같이 세 항으로 이루어진 대립형태를 만들어 냈다. 그러나 그는 이 세 부분의 순서를 하나의 요소가 변화하는 형식에 따른 것으로 파

헤라클레이토스에게 모든 존재의 최상이자 본원적 상태는 따뜻한 생기를 주면서도 동시에 태워 잠식하는 '불'이다. '불'은 세계형성의 원리다. 하지만 시간상의 시작이라는 의미에서의 '아르케arche'(시작)는 아니다(DK22 B30=75정암).

이 세계질서kosmos는 신들 중 누군가가 창조해 낸 것도, 인간들 중 누군가가 만들어낸 것도 아니라, 이미 항상 있었고, 항상 있으며, 항상 있을 것이다. 그것은 영원히 살아 있는 불이며, 일정 양으로 타오르고, 일정 양으로 꺼지는 불이다.

여기서 불의 '타오름'과 '꺼짐'이라는 표현은 불의 생성과 소멸을 의미하는 것이 아니라, 불이 상대적으로 높은 형태 혹은 상대적으로 낮은 형태로 변한다는 것을 가리킨다(DK22B31=76정암).

불의 변화: 처음에는 바다, 바다로부터 반은 땅, 반은 구풍(颶風).[37]······ 땅은 흘러나와 바다를 이루고, 이 바다는 땅이 되기 전의 상태와 동일한 로고스('관계, 상응, 비율')를 유지한다.

악했다. 이는 아낙시메네스가 오로지 하나의 요소('공기')가 응축하고 희박하게 되는 정도에 따라 다양한 재료를 형성한다고 주장한 것(이 책 500쪽 이하)과 유사하다. 중세에 널리 퍼져 있었던 4요소 이론은 엠페도클레스로부터(약 440년 경) 유래한다. 엠페도클레스에 따르면 '불, 공기, 물, 흙'('따뜻함과 차가움, 습함과 건조함')은 서로서로 다른 상태로 변화하지 않는 네 가지 특별한 실체다. 그에 따르면 이 네 실체와 독립적으로 결합('사랑')과 분리('불화')라는 힘들도 존재한다고 한다.

37. 바다는 그 절반은 다시 증기로 변해 그 원래의 형태(불)로 되돌아간다. 헤라클레이토스는 이 과정을 아마도 때때로 등장하는 자연현상 가운데, 물이 상승했다가 불에 의해 되받아쳐지는 모습이 가장 강력한 형태로 나타나는 경우에 착안하여, '구풍(颶風)'(회오리바람이 물을 높이 치솟게 하며 뇌우를 동반하는 용오름 현상)으로 칭했을 것이다.

불은 최상의 상태에서는 공기와 열, 폐로 흘러들어가는 숨이며, 또 이런 최상의 상태로 이행하는 과정에서는 발열하며 흡수되는 양분이므로,[38] 불은 인간과 동물에게는 영혼과 삶이 된다. 그래서 헤라클레이토스는 영혼도 실체가 아니라 과정이라고, 즉 물에서 불로의 전환과정이라고 말할 수 있었다. "영혼도 습기로부터 증발되며 피어 오른다"(DK22B12=69정암, 이 책 704쪽).

불은 두 단계 낮은 단계에 이르는 과정에서 두 번 죽음을 맞는다. 반대로 위로 올라가는 과정에서 두 번 새로운 생명으로 태어난다(DK22B36=102 정암).

영혼에게는 물이 되는 것이 죽음이고, 물에게는 흙이 되는 것이 죽음이다. 그러나 흙으로부터 물이 되고, 물로부터 영혼이 된다.

비례중항인 바다는 위아래의 대립을 자신 안에서 통일시킨다(DK22B61= 55정암).

바다는 가장 깨끗하면서도 가장 고약한 물이다. 물고기들에게는 마실 수 있고 삶을 유지하게 하는 것이지만, 인간들에게는 마실 수 없고 죽음을 가져다주는 것이다.

강들은 모든 더러움을 바다에 쏟아 비우지만, 바닷물은 썩지 않는다(박퀼리데스 단편 3S, 86행). 그리고 바다는 '오염되지 않은 것,' 신성한 것이다(아이

---

38. 이전 시대의 관념에 따르면 호흡과 영양분 섭취는 서로 밀접한 연관이 있다. 알카이오스 단편 347LP에 따르면(이 책 364쪽) 음료는 폐로 들어간다고 한다. 또 플라톤『티마이오스』70c와 91a(이에 대해서는 겔리우스 XVII 11, 마크로비우스 VII 15를 보라).

스퀼로스,『페르시아인들』578행). 그리스인들의 자연 신앙에 따르면 바다는 더러운 것을 씻어내어 정화시킬 수 있다. 바닷물은 바다에 살고 있는 하등 갯벌[39]생물에게는 양분이자 삶이지만, 불의 영혼을 가진 존재에게는 독이 자 죽음이다.

중간 단계에서는 변화의 두 방향 모두 열려 있다. 이런 중간 위치 때문에 바다는, 탈레스를 비롯한 다른 철학자들에서처럼 다시 만물의 근원이 된 다. 헤라클레이토스에 따르면 위에 위치한 별들과 순수한 불의 세계도 바 다로부터 피어올라오는 증기를 양분으로 삼는다. 별들도 물체가 아니라 과정인 것이다. 즉 불은 계속해서 위로 모여들고, 계속해서 위로부터 아래 로 빛을 방사한다. 태양은 저녁마다 꺼지고 사라지며, 아침에 새로 불붙는 다(DK22B6=94정암). 증발하며 피어오른 열기는 각각의 둥근 사발 안에 모 여들어 별이 되는데, 이때 사발의 모양과 크기에 따라 별의 형태와 크기가 결정된다. 둥근 사발이 회전하여 별빛을 차단하면 어두워진다. 달을 담은 사발이 계속 회전함에 따라 달의 크기는 매일 조금씩 달라지는 것이다 (A12=97정암).[40] 헤라클레이토스는 세계를 감싸고 있는 하늘에 대해서는 아무것도 말하지 않았다. 또 땅의 성질에 대해서도 묘사한 바가 별로 없다 (A1, 9행 그리고 A1, 11행). 그의 관심은 세계의 형상보다는 세계의 과정에 있었던 것이다.

헤라클레이토스의 생각에 따르면 세계의 과정은 하나의 방향으로만 움 직이지 않는다(DK22B60=66정암).

---

39. 엠페도클레스 DK31B76=111정암, 플라톤『국가』10, 612a. 또한 플라톤『티마이오 스』92b를 보라.
40. 반면 파르메니데스는 달의 위상변화에 대해 올바른 설명을 하고 있다(이 책 674쪽). 천체의 지붕이라는 관념에 대해서는 이 책 400쪽 각주 9번 그리고 493쪽 각주 23번을 보라.

올라가는 길과 내려가는 길은 동일하다.

이쪽으로나 저쪽으로나 모든 것이 균형을 유지하고 있다(B30). 그리고 세
계의 과정이 주기적으로 대화재로 끝나게 된다는 것을, 그래서 그때마다
결국 천상의 불이 낮은 단계에서의 다양한 자기 모습으로부터 원래의 형태
로 다시 돌아간다는 것을 헤라클레이토스의 글에서 처음으로 읽어낸 것은
스토아학파였다. 헤라클레이토스 자신의 의견에 따르면 불의 영원한 삶은
다른 것이 되었다가도 이내 다시 자기로 돌아오는 그 영원한 변화를 의미
한다(DK22B90=78정암).

> 모든 것이 불과 교환될 수 있고, 불은 모든 것과 교환될 수 있다. 모든 것을
> 금으로 바꿀 수 있고, 또 금을 모든 것으로 바꿀 수 있는 것처럼.

물건을 사고팔 때 일정 양의 물건에 일정 양의 금이 상응하듯이, 불로부터
생겨나 불로 돌아가는 만물의 변화는 로고스를 통해 그 양이 조절된다(B31,
이 책 715쪽). 그리고 인간의 삶에서 금이 교환에 사용되지 않을 때에도 값
진 가치가 있는 것처럼, 헤라클레이토스에게 불은 그 자체로 귀중하고 신
적인 것이다. 그는 묵시론적인 어두운 말로 불을 최고 권력자로 지목한다
(DK22B66=90정암).

> 불은 모든 것에 다가와서, 이것들을 심판하고 처벌할 것이다.[41]

---

41. 이 단편의 마지막 단어는 '붙잡다'와 '소모하다'를 의미하기도 한다. 또는 '옮기다'와
'금지하다'를 뜻할 수도 있다. 단편의 진위성은 중요한 근거에 의해 이의가 제기되었
는데, 아마 이 의의는 정당한 것 같다. 그러나 B63에서 B66까지의 일련의 히폴뤼토스
전승에서 두 개의 헤라클레이토스 인용이 시구의 잘못된 부분에 끼어들게 되었다는
사실은 아직 인지되지 않은 것 같은데, 그 두 부분은 (인용 앞의 'λέγων οὕτως' 그리고

헤라클레이토스는 제우스의 무기인 번개를 세계 지배의 상징으로 숭배하는 신화를 빌어 다음과 같이 말한다(DK22B64=80정암).

번개가 모든 것을 조종한다.

여기서 대립적인 것의 결합으로 특이한 역설이 생겨난다. 파괴적 성격의 기상현상인 번개가 세계를 움직이고 유지하는 '항해사'로 등장한 것이다.[42] 마치 멀리 쏘는 아폴론의 화살이 죽음과 삶을 동시에 상징하는 것처럼 말이다(DK22B48, 이 책 702쪽). 같은 논리로 신의 채찍질도 피조물을 잘 돌보아 유지하기 위한 목자의 수단이 된다(DK22B11=85정암).

땅 위에 웅크리고 사는 모든 동물들은 (신의) 매질에 의해 초지에서 길러진다.[43]

'οἰακίζει'와 그 다음의 'κεραυνός'에 대한 설명을 동반한) B64 와 B66이다. 추측건대 원래의 전거가 한 번 여백에 적혀 있었다가 이후 잘못 배치된 것으로 보인다. 이 시구는 다음과 같이 위치를 정돈하면 순서가 올바르게 된다. (a) 히폴뤼토스의 문장 'λέγει δὲ καὶ τοῦ κόσμου κρίσιν καὶ πάντων τῶν ἐν αὐτῷ διὰ πυρὸς γίνεσθαι'에 이어질 수 있는 것은 (B64가 아니라) B66 'πάντα γάρ φησι τὸ πῦρ ἐπελθὸν κρινεῖβ καὶ καταλήψεται'이다. (b) 그 후에 바로 다음의 문장이 이어져야 한다. 'λέγει δὲ καὶ φρόνιμον τοῦτο εἶναι τὸ πῦρ καὶ τῆς διοικήσεως τῶν ὅλων αἴτιον'. 그 다음에서야 'λέγων οὕτως·'(B 64) τὰ δὲ πάντα οἰακίζει κεραυνός, τουτέστι κατευθύνει, κεραυνόν τὸ πῦρ λέγων τὸ αἰώνιον'이 올 수 있다. ('Κατευθύνει'는 'οἰακίζει'에 대한 오래된 주석의 하나이다. 이 단어는 같은 맥락으로 클레안테스 『제우스 찬가』 8행에 나타난다.) (c) 마지막으로 이어질 부분은 단편 B65와 전해져 오는 대로 'καλεῖ δὲ αὐτὸ'(즉 'πῦρ τὸ αἰώνιον')에서부터 'ἡ δὲ ἐκπύρωσις κόρος'까지의 덧붙여진 구절이다.

42. 우리는 여기서 (그리고 아마도 이 책 708쪽 단편 DK22B94=91정암과 관련해서도) 파에톤의 신화를 생각해볼 수 있다. 이에 따르면 서툰 태양 마차의 마부에게 떨어진 번개는 결국 세계가 불에 전소되는 것을 막았다.

43. 플라톤은 『크리티아스』 109b에서 이에 대해 언급하고 있다: '(생략) θεοὶ οἷον νομῆς

신에 대한 헤라클레이토스의 생각은 우리에게 분명하지 않다. 신에 대한 그의 언급이 드물고, 그마저도 매우 모호하기 때문이다.[44] 하지만 다음 경구는 신과 세계의 관계를 분명하고 특징적인 방식으로 서술하고 있다(DK22B67=79정암).

신은 낮이자 밤이며, 겨울이자 여름이며, 전쟁이자 평화이며, 포만이자 굶주림이다. 마치 기름이 향료와 섞이면 그 냄새에 따라 다르게 불리듯이, 신은 그렇게 자신의 속성을 바꾼다(?).

헤라클레이토스가 여기서 말한 네 가지 대립쌍은 모든 대립쌍을 대표한다. 대립쌍 각각의 양 측면들만이 서로 일치하는 것은 아니다. 더 나아가 모든 대립쌍들은 신에게서 서로 넘나들며 하나로 수렴된다. 기름의 비유는 다음과 같이 설명될 수 있다.[45] 몸에 바르는 향유는 기름과 향료를 섞어 만든 것이다. 이때 향유는 보통 몸의 청결이나 기분을 북돋기 위해 바르곤 하는 기름을 변형한 것에 지나지 않는다고 할 수 있다. 헤라클레이토스에

ποίμνια ἡμᾶς ἔτρεφον, πλὴν οὐ καθάπερ ποιμένες πληγῇ νέμοντες, ἀλλὰ πειθοῖ οἷον οἴακι (헤라클레이토스 B64의 οἰακίζει 참조) τὸ θνητὸν πᾶν (헤라클레이토스 B 11의 πᾶν ἑρπετόν 참조) ἐκυβέρνων'. 위(僞)아리스토텔레스, de mundo에는 헤라클레이토스 단편 DK22A11을 인용하기 직전에 헤라클레이토스 단편 DK22B114로부터 끌어온 것이 명백한 구절이 나온다(400b, 27~31).

44. 헤라클레이토스가 '신' 및 로고스 그리고 '불'의 대립적 관계를 어떻게 생각했는지 그리고 그가 이 문제 자체에 대해 어느 정도까지 깊이 생각해보았는지는 알려져 있지 않다.

45. *Frühgriech. Denken* 237~250쪽 참조. 'περ'뒤에 나오는 'πῦρ'가 탈락된 것에는 분명한 이유가 있지만, 'ἔλαιον'의 탈락에 대해서는 이유를 찾기 힘들다는 서지학적 문제는 "기름"을 보충하기 위한 핵심적인 이유에 비하면 너무나 가벼운 문제이다. 왜냐하면 그리스어 필사본과 관련이 많은 모든 사람은 (또는 글을 쓸 때 자기 자신의 오류에 유의하는 사람은) 분명한 이유 없이 탈락된 부분이 매우 많다는 것을 확인할 수 있기 때문이다.

따르면, 사람들은 향료의 이름으로써 향유를 일컬으면서, 향유의 기본 재료이며 효력과 효험을 내게 하는 기름의 가치는 간과한다. 이와 마찬가지로 사람들은 눈에 드러나는 모든 개별적 현상들을 체험하고 이에 이름을 붙이지만, 배후에서 현존재의 모순을 끊임없이 엮어내고 해소하면서도 늘 치우치지 않고 중립적으로 머무르는 신의 존재는 잊어버린다. 신이 개입하는 대립적 개별자들에서[46] 그 원래의 실체이자 힘은 바로 신이다. 다른 모든 것, 세계와 삶의 쉴 없는 활동들은 모두 일시적 첨가물에 의한 것일 뿐이다. 물론 이러한 첨가물마저도 역시 신이다.[47] 그것들이 각각 특별하고 다른 무엇으로 존재하고, 자신들만의 특별하고 다른 일을 하는 것은 오로지 그것들에 힘을 부여하는 신이 있기 때문이다.

우리가 방금 읽은 경구는 신이 세계의 여러 현상들로 완전히 나뉘며 그래서 신은 가령 개개 사건의 실현 원칙에 지나지 않는 것인지, 아니면 신은 세계를 초월해 있는지, 그래서 개별사건과 "섞임"에도 불구하고 고유의 본질을 유지하고 있는지에 대해서는 어떤 것도 말해주지 않는다. 이 물음에 대한 대답은 다음의 두 단편에서 찾을 수 있다.

그토록 많은 사람들이 말하는 것을 들었지만, 내가 보기에 누구도 모든 것으로부터 떨어져 있는 지혜로운 것이 있다는 인식에는 도달하지 못했다. (DK22B108=20정암)
유일한 하나의 지혜로운 것은 제우스(=삶?)라는 이름으로 불릴 수 없으면서 또한 그렇게 불릴 수 있다. (DK22B32=47정암)

헤라클레이토스에 따르면 특정 의미에서 제우스와 동일시할 수 있는 순

---

46. 특수한 성질("냄새")과 이름, 또는 ("지칭되는") 개념은 개체화 원리들이다.
47. 소포클레스 비극 『트라키스 여인들』의 마지막 구절을 보라.

수한 정신("유일한 하나의 지혜로운 것")이 있으며, 이 지성적 존재는 자연과 세계를 넘어 자신의 고유한 실존을 가지고 있다. 바로 이것이 헤라클레이토스의 단계 이론으로부터 기대할 수 있는, 앞서의 신 문제에 대한 대답이다.[48]

우리는 모든 사건의 현상 형식인 대립자들을, 현상들의 규범인 로고스를, 그리고 현상들의 본질인 신을, 마지막으로 그 자체로 존재하는 지성적 정신을 살펴보았다. 또 지혜롭고 강력한 그의 가르침이 균열되고 불안한 세계에서 사람들에게 어떻게 새롭고 긍정적인 정신적 지주의 역할을 할 수 있는지 감지할 수 있었다. 비록 이 사상이 우리에게 어떤 특정한 행동을 할 것을 조언하지는 않는다 해도, 우리가 신을, 그리고 모든 것을 다스리는 '참 뜻'[로고스]을 이해할 수 있게 된다면, 그 자체로 중요한 의미가 있다. 이 로고스는 객관적인 필연성을 통해 삶에 전제된 혹독한 모순들을 생겨나게 하며, 그와 동시에 모든 것에 통일과 조화를 부여한다. 조화와 통일은 대립에도 불구하고 일어나는 것이 아니라, 바로 대립을 통해 가능한 것이다. 이제 우리는 더욱 직접적으로 인간 삶과 관련되며, 특히 실천적인 삶에 관련된 몇 개의 경구를 살펴보도록 하자. 하지만 이런 경구들은 완결된 윤리학적 체계와는 거리가 멀다. 인간을 그렇게 유일무이하고 특수한 존재로 취급하지도 않는 바, 인간은 다만 세계 전체의 한 부분일 뿐이다. 그에게서 인간학과 우주론은 나누어지지 않는다. 따라서 세계에 대한 해명을 구하

---

48. 헤라클레이토스보다 후대의 아낙사고라스도 사물과 섞이지 않는 '정신'을 상정했다(DK59B12). 그러나 이미 헤라클레이토스 이전에 크세노파네스가 세계를 변화 속에 유지하면서도 세계 바깥에 존재하는 순수하게 정신적인 신에 대한 이론을 세웠다(이 책 619쪽). 헤라클레이토스는 이러한 '가르침'을 분명 '들어 알고 있었다'(B40 참조). 그러나 그는 여기서 그 사실을 무시한다. 신에 관한 크세노파네스의 가르침은 헤라클레이토스 자신의 이론과 비교할 때 불충분한 것으로 보였던 것이 확실하다.

는 것으로 보일 때도 그것은 실로 자연과학의 발전을 위해서가 아니라, 바로 인간 이해를 위한 것이다.

이미 살펴본 것처럼 (이 책 705쪽과 716쪽 이하) 헤라클레이토스에게는 영혼 또는 삶은 심연으로부터 높은 곳으로 이행하는 현상이며, '물'로부터 '불'로의 전환과정이다. 삶은 가볍고 밝은 증기로부터 양분을 얻는다. 우리는 호흡을 통해 이 증기를 들이마시고, 양분으로부터 얻어내었다가 곧 다시 밖으로 내쉬고 배출한다. 이는 마치 별이 증발하는 세계 열기를 사발에 모음으로써 밝게 타오르는 불길을 유지하는 것과 유사하다(A12). 따라서 사유하는 모든 인간은 이른바 작디작은 하나의 별이다. 하지만 인간은 밝은 태양 아래 멀리, 심지어 희미한 달의 한참 아래, 지구의 어두운 지층으로 추방당했으며, 그래서 본질에는 어둡고 축축한 것이 많이 섞여 있다. 영혼의 불은 순수하고 밝게 빛날수록 더욱 가치 있고 좋은 것이 된다(DK22B118 =105정암).

건조한 영혼이 가장 현명하고 가장 뛰어난 것이다.[49]

여기서 만취를 설명하는 부분에 잠시 눈길을 돌려보자(DK22B117=104 정암).

한 남자가 술에 취하면, 미성숙한 소년에 의해 부축을 받는다. 제대로 걷지도 못하고 어디로 가는지도 모른다. 그의 영혼은 젖어 있기 때문이다.

아마도 원문에는 미성숙한 소년에서 성인을 거쳐 깨달음에 이른 완전히 성

---

49. [역주] 정암 번역본은 다른 사본을 따른 것으로, 해당 단편의 역주에 위와 같은 가능성을 언급하고 있다.

숙한 상태로의 이행이 하나의 단계를 형성하고 있었고, 또 다른 하나는 취함에서부터 깨어 있는 상태를 거쳐 신적인 투명함으로 이르는 단계로 연결되었을 것이다. 순수한 불의 광채 속에서 타오르고 있는 영혼의 통찰과 비교해보면, 일상생활에서의 깨어 있는 사유는 "어디로 가고 있는지도 모르는" 술 취한 자의 몽롱함과 같은 것이다.[50]

즉 순수하게 유지되어야 할 천상적인 불의 일부분이 우리의 영혼에서도 타오르고 있는 것이다. 그 안에 우리가 함께 조화를 이루어야 할 세계의 일부가 살고 있다. 우리 감각의 문들이 깨어 있는 상태로 열려 있고, 불의 숨결이 우리 안으로 들어오는 한, 우리는 불에 의해 둘러싸인 채, 그렇게 빛나게 타오르고 있는 석탄과도 같다(DK22A16=35정암). 헤라클레이토스에서 부각되어야 할 점은 보편적인 것과의 소통에 있다(이 책 705쪽 이하 참고). 그는 책의 첫 번째 쪽에 다음과 같이 쓰고 있다(DK22B2=5정암).

우리는 공통의 것에 따라야 한다. 참뜻(로고스)은 공통의 것이다. 그렇지만 많은 사람들이 자기 자신만의 이성을 가지고 있다는 듯이 살고 있다.

그는 계속해서 말한다.

이성적인 것은 모든 사람에게 공통이다. (DK22B113=36정암)
깨어 있는 사람들은 공통된 하나의 세계를 공유한다. (DK22B89=33정암)

이에 반해, 잠을 잘 때에는 스스로를 차단하여 사적인 세계로 들어간다. 연속성을 담지하고 있는 기억은 사라지고(DK22B1=4정암, DK22A16=35정

---

50. 플라톤은 『파이돈』 79c와 82d에서 세속에 갇힌 사람들은 술 취한 사람들과 같아서, 어디로 가고 있는지 스스로도 모른다고 이야기한다.

암), 임의적이고 우연적인 꿈들의 눈부신 가상이 자유로운 유희를 즐긴다.

헤라클레이토스는 인간들에게 냉정하고 합리적인 분명함과 진정성을 요구했고(DK22B112=38정암), 이는 보편적인 것에 엄격하게 순응하는 것을 의미한다. 우리의 말은 포괄적인 진리와 현실에 들어맞을 때에만 합리적이며, 따라서 그때에만 유효하고 효과가 있다(DK22B114=34정암).

> 우리는 이성적으로 이야기해야 하며, 같은 방식으로 모든 것에 공통되는 것을 확고한 근거로 삼아야 한다. 이것은 마치 국가가 기본법을 통해 공통의 것에 근거하는 것과 유사하지만, 그보다 훨씬 더 확고하다. 왜냐하면 모든 인간 법률은 하나의 신적인 법칙에 의해 양육되고 있기 때문이고, 이 신적인 법칙은 무한한 권력을 지니고 있기 때문이다. 신적인 법칙은 인간의 모든 법칙을 다 수용할 수 있을 뿐 아니라 그 이상이다.[51]

그리스어에서 "법칙nomos"은 오늘날 보통 사용하는 것보다 좁은 의미를 갖는다. 즉 '노모스nomos'라는 단어는 그때그때의 사안을 처리하는 '결정'과는 구별되는 기본적인 규범(가령, '법률')을 가리킨다. '신적인 법칙'이라는 개념은 여기 헤라클레이토스에서 처음으로, 수천 년을 지나며 유실되고

---

51. 원문은 두 번의 발음의 유사성을 통해 여기서 다루어지고 있는 중요한 관계를 언급한다. 두 가지 표현, "이성적으로"와 "공통되는 것"은 거의 똑같이 ('ξὺν νόῳ'와 'ξυνῷ') 발음된다. 그리고 "이성"과 "법칙"은 음 하나에서만 구별될 뿐이다('νόῳ'와 'νόμῳ', 플라톤, 『법률』12, 957c, 5~7). 단편의 처음에 'λέγοντας' 역시 'χρή'에 종속된다는 점은 관사의 결여 때문만이 아니라 의미로 인한 것이기도 하다. '모든 것에 공통되는 것'은 바로 '이성적임'(DK22B113)이기 때문이다. 그리고 이미 이성적으로 이야기하고 있는 사람은 별도의 지시를 받을 필요도 없다. 그들은 (즉 그들의 말과 생각은) 이성적 능력을 통해 강해져야 할 것이다. 문장구조는 오히려 가령 아이스퀼로스 비극 『결박된 프로메테우스』 659행 이하에서와 같은 ('τί χρὴ δρῶντ᾽ ἢ λέγοντα δαίμοσιν πράσσειν φίλα') 것이다. 즉 우리는 이성적인 언어행위를 **통해** 강하게 되고 자신감을 가져야 한다.

보존되어온 초기 그리스 문학을 통틀어 여기서 처음으로 등장한다. 그리스와 그 주변의 많은 국가들에서 법률은 실로 다양했고 법과 정의에 대한 견해도 차이가 있음을 알았을 때, 사람들은 이런 모든 법률들의 모태가 되는 (헤라클레이토스의 언어로는 "양분을 제공하는") 더 높은 단계의 심급을 필요로 했다. 또 합법적인 권력을 반도덕적이고 부당하게 사용하는 경우에도 상위의 신적인 규범이 (소포클레스 『안티고네』 77행) 요청되었다.[52] 이런 보편적 세계질서와 법질서를 (가령 DK22B94=91정암 참조) 가리켜 헤라클레이토스는 자신이 발견한 (DK22B102=74정암, DK22B80=88정암 참조) '신적 법칙'이라는 단어로 표현했을 것이다. 이 보편질서는 '참뜻'[로고스]을 가지고 있으며, '참뜻'[로고스] 자체이다. 오로지 "이성적으로 말하는" 사람만이 전체 질서의 의미에서 제대로 말하고 제대로 생각한다. 반면 이성으로부터 벗어나는 모든 것은 비현실적이고 공허한 말을 만들고, 이 말은 그래서 무력(無力)한 말이 된다.[53] 신적인 법칙이라는 관념으로 올라가기

---

52. 헤시오도스에 따르면(『일들과 날들』의 도입부, 이 책 207쪽) 그 근원과 주관자가 제우스인 법이 개별적 법규범보다 물론 상위의 것이다. 헤시오도스는 모든 (정당한) 권력은 제우스의 권한에 있는 것이라는 이론도 또한 전개했다(이 책 184쪽 이하).

53. 우리는 이 부분을 비롯한 다른 곳에서 올바름과 자기요구에 대한 유사한 말이나 사유, 유사한 의지를 나타나는 부분이 있는지 찾고 있다. 그러나 그 자체로서의 '의지'는 글리스 초기와 고전기의 정신적인 지평에는 결여되어 있다. 우리가 '의지'라고 부르는 것은 행위를 이끌어내는 모든 정신적 활동과 감정적 상태에 당연히 포함되어 있는 것으로 간주되었다. 따라서 '의지'를 표현하는 어떤 고유명사도 존재하지 않았고, 계획이나 의도를 뜻하는 'βουλή'(또는 충고, 조언 등의 뜻도 있음) 그리고 ('호의적인'이라는 의미의 'εὐμενής'와 함께) 충동, 갈망을 의미하는 'μένος', 'θυμός' 등 여러 단어들에서처럼 다른 뜻이 함께 지칭되는 그러한 명사들만이 있었다. 여기에 서사시의 'μήδεσθαι'(누군가에게 ~을 주려고 생각하다, 준비하다)와 같은 동사도 '의지'를 표현할 수 있었다. '원한다'에 가장 가까운 두 가지 동사 중에서 'βούλεσθαι'는 차라리 '바라다, 기대하다'(유토피아적 희망)의 의미이며, 'ἐθέλειν'는 '(자발적으로) ~에 개입하다'를 표현하기도 하며, 심지어 '~할 능력이 있다'를 의미하기도 한다(가령 『일리아스』 제21권 366행, 헤라클레이토스 DK22B32=47정암).

위해 우리는 또다시 이중의 비교라는 헤라클레이토스의 방법에서 도움을 구해야 한다. 즉 국가 구성원들의 특수한 관심에서 나오는 위협적인 요구를 무마시키고, 개개인을 조직적인 공동체로 통합하기 위한 한 국가의 (기본)법과 마찬가지로, 신적인 법칙도 모든 인간적인 질서 배후에 위치한다(개인 : 법 = 개별적 법칙 : 신적 법칙). 국가의 법이 기능할 때만이 공동체가 힘을 얻고 유지된다. 법의 위반은 마치 요새를 뚫고 들어오는 적의 공격처럼 도시를 몰락시킨다(DK22B44=124정암).

　백성은 성벽을 지키기 위해 싸울 때처럼 법을 위해 싸워야 한다.

질서의 파괴가 허용되어서는 안 된다. 왜냐하면 허용될 경우 이는 쉽게 주변으로 확산되기 때문이다(DK22B43=127정암).

　'파렴치한 행위hybris'는 화재보다 더 시급히 근절해야 한다.[54]

　일반적 법에 따라 자신의 삶을 사는 사람만이 안전하고 강하고 자유롭다. 반대로 개인적 특이성향을 가진 사람은 그에 상응하여 좋은 운명이나 나쁜 운명을 갖는다(DK22B119=125정암).

　인간의 성향ethos은 운명daimon이 된다.

그 외 인간을 위협하고 있는 것은 인간 욕구와 감정과 기분의 기관인 '튀모스Thymos'에 따른 위험들이다(DK22B85=128정암).

---

54. 헤라클레이토스는 화재에 대한 메타포를 좋은 의미에서도 사용할 수 있다. 왜냐하면 불타는 것 역시 자신의 한계를 넘어서는 안 되기 때문이다(B94). K. Freeman, *The Pre-Socratic Philosophers,* Oxford, 1946, 127쪽.

충동과 싸우는 것은 어려운 일이다. 왜냐하면 자신이 원하는 것을 얻고자 영혼(삶)을 걸기 때문이다.[55]

또한 헤라클레이토스는 우리의 많은 소망들은 그 자체로 이미 잘못되어 있다고 전제한다. 인간적 노력의 '무력(無力) ἀμηχανίη'을 이야기하며 그 성공 여부는 오로지 신들만이 결정한다고 하는 내용의 푸념 섞인 격언에 그는 동의하지 않는다. 가령 『신들의 계보』(139행 이하)에 나와 있는 것처럼 "인간들 중 그 누구도 자신이 의도했던 모든 것을 성공시킨 사람은 없다"라는 진부한 한탄에 대해 헤라클레이토스는 이렇게 말한다(DK22B110 =126정암).

인간들이 의도하는 모든 것이 성공한다면, 이는 좋은 일이 아닐 것이다.

많은 사람들이 선입견이라는 "신성한 병 Epilepsie"(간질)을 타고났다(B46 =27정암). 그리고 대부분은 자신의 잘못된 판단을 마치 "아이들이 장난감을" 대하듯이 소중하게 다룬다(B70=7정암과 A1, 3행 참조). 따라서 우리가 인위적으로 정한 놀이규칙에 따른다면 우리의 삶이 이에 상응하여 자의적으로 급변할 것은 당연한 일이다(DK22B52=86정암).

---

55. 'ὠνοῦμαι', '나는 구입할 생각이 있다'(그리고 'δίδωμι', '나는 제공한다')에 대해서는 헤로도토스 1, 69, 4. ὠνοῦμαι와 θυμός가 묶인 예는 헤로도토스 1, 1, 4를 보라. ψυχή'는 이런 용법으로는 오로지 '삶'으로만 해석될 수 있다. 가령 『일리아스』 제9권 322행을 보라. 헤시오도스 『일들과 날들』 686행, 헤로도토스 1, 24, 2(아리스토텔레스 역시 『정치학』 1315a 26과 관련된 1315a 30에서 이렇게 이해하고 있다). 그리고 이 경우에만 γὰρ를 설명할 수 있다. 헤라클레이토스에게 '육체'와 (이 단어는 문자 자체로는 단편에 들어있지 않다) '영혼' 사이의 대조는 아직 낯선 생각이며, ψυχή'는 육체적 삶(B12)이나 정신적 삶(B45) 모두를 포괄한다. W. J. Verdenius, *Mnemosyne* III 11, 1943, 115쪽 이하를 보라.

삶은 장기를 두며 놀고 있는 아이다. 아이가 왕국을 다스리고 있다.[56]

그래서 헤라클레이토스에게 다수의 의견은 무시할 만한 것이었다. 그가 말하는 "일반적인 것"(B2와 B114)은 보편적이고 객관적으로 통용되는 하나의 문장이지, 잔뜩 쌓여 있는 주관적 판단이 아니다(DK22B49=120정암).

최고의 한 사람이 나에게는 수천 명이나 마찬가지이다.

헤라클레이토스의 시대에 에페소스는 성인 완전시민권자의 공동체, 즉 경제적 기반을 갖춘 본토 출신의 남자들로 구성된 단체가 다스리고 있었다. 이러한 사회질서는 다수가 탁월한 한 사람에 합리적으로 복종함으로써 자연스럽게 비공식적인 지도층이 형성된다는 점에 기초한다. 헤라클레이토스는 말한다(DK22B33=121정암).

한 개인의 의견을 따르는 것도 법이다.[57]

그러나 평범한 대중이 뛰어난 인물들의 지배를 저지하는 경우는 빈번히 일어난다. 자세히 알려지지 않은 어떤 한 사건에 대해 헤라클레이토스는 다음과 같이 경멸조로 말한다(DK22B121=122정암).

---

56. 내가 알고 있는 바로는 'αἰών'은 고대 문학에서는 항상 존재, 삶, 또는 인간 개인의 운명과 관련된 말이다. 가령 핀다로스 시에서 헤라클레이토스의 경구와 유사한 부분은(『이스트미아 찬가』 3번 18행) 다음과 같다. 'αἰὼν κυλινδομέναις ἁμέραις ἄλλ' ἄλλοτ' ἐξαλλαξεν.' 맥락을 알 수 없는 이외의 단편은 여러 상이한 해석이 가능하다.

57. 아리스토텔레스는 『정치학』 3, 1284a 3~15와 b 27이하에서 헤라클레이토스의 단편 DK22B49=120정암과 단편 DKB33=121정암을 함께 언급하고 있다(εἱς τοσοῦτον διαφέρων — κατὰ τῶν τοιούτων οὔκ ἐστι νόμος, αὐτοὶ γάρ εἰσι νόμος πείθεσθαι τῷ τοιούτῳ πάντας'). 그는 이어서(a 17~22) 도편추방제에 대해 이야기한다. 헤라클레이토스 단편 B121 참조. 그리고 플라톤 『고르기아스』 490a도 참조하라.

에페소스의 모든 성인들은 한 사람 한 사람 목을 매어 죽어서, 국가를 미성년의 아이들에게 남겨야 할 것이다. 그들은 가장 유능한 헤르모도로스를 추방해버린 자들로서 그때 다음과 같이 언명했다. '우리들 중 누구이건 간에 가장 뛰어난 자가 있어서는 안 된다. 그런 사람은 다른 곳이나 다른 사람들 가운데에나 있어야 한다.'

역사적 전승에 따르면 이 헤르모도로스는 실제로 "다른 곳, 다른 사람들에게서" 중요한 역할을 맡았던 것 같다. 로마법이 그리스로부터 강한 영향을 받아 형성되었다는 사실은 헤르모도로스가 로마법의 기초가 되는 12표법을 제정한 로마 10인위원회를 도왔다는 주장을 통해 더 공고해졌다.
    헤라클레이토스는 대중에게 어떤 것도 기대하지 않는다. 그들은 꽉 막힌 편협함으로 꽉 막힌 가르침에만 귀를 기울이기 때문이다(DK22B104=12정암).

그들은 어떤 생각, 어떤 이성을 가지고 있는가? 그들은 대중적인 시인을 믿고, 대중을 스승으로 삼는다. 그들은 대부분은 나쁘고, 소수만이 뛰어나다는 사실을 모른다.

헤라클레이토스는 아마도 서사시인들을 염두에 두고 "대중적인 시인"이라는 말을 사용했을 것이다. 당시에는 서사시가 대중의 자산이 된 지 이미 오래되었기 때문이다. 호메로스와 아르킬로코스를 비롯한 여러 시인들을 고무시켰던 경연에 대해 그는 다음과 같이 언급한다(DK22B42=18정암).

호메로스는 지팡이로 두들겨 맞고 경연장으로부터 내쫓길 만하다. 아르킬로코스도 마찬가지이다.[58]

끊임없이 이어지는 세대의 흐름 속에서 사라지지 않고 계속되는[59] 대중의 무가치한 삶에 대해 헤라클레이토스는 말한다(DK22B20=15정암).

> 태어나, 그들은 살고 또 죽음을 맞이하고자 한다. 그리고 아이들을 남긴다. 이 아이들의 죽음이 이어지도록.

이는 자손들을 통해 계속해서 영원히 산다는 일반적인 관념을 전복적으로 뒤집은 것이다. 대립자의 통일이라는 법칙에 따르면 새로운 삶은 오히려 죽음을 결코 소멸시키지 않는 데 그 목적을 갖는다.

그런데 헤라클레이토스는 여기서 어리석은 대중(DK22B87=10정암)들이 보지 못하는 다른 관점을 제시한다. 즉 죽음은 종말이 아니라는 것이다 (DK22B27=108정암).

> 인간들이 죽게 되면, 그들이 바라거나 생각지도 않았던 것이 그들을 기다린다.

죽음이 숭고할수록 그 뒤에 따르는 것 역시 숭고하다(DK22B25=111정암).

> 더 위대한 죽음은 더 위대한 것을 물려받는다.

"만물의 아버지와 만물의 왕"인 전쟁(DK22B53=87정암)이 죽인 자는 높은

---

58. '서사시 소리꾼Rhapsodos'이라는 단어는 그리스어로 '지팡이'라는 단어를 연상시킨다. 이 단어가 서사시 소리꾼들이 지팡이로 운율을 맞추곤 한 데서 유래한다고 잘못 이해되었다(핀다로스 『이스트미아 찬가』 4번 38행 참조). 단편 DK22B17=6정암도 아르킬로코스를 비판한 것이었다(이 책 693쪽 참조).

59. 헤라클레이토스에 따르면 세대의 대조가 전형적인 도식으로 한 단계씩 계속 이동해 나가면, 즉 자신의 아버지로부터 태어난 아들이 약 30년 후 다시 자기 아들의 아버지가 된다면, '존재의 순환'은 계속 이어진다.

영예를 차지한다(DK22B24=112정암).

> 전쟁에서 전사한 자는 신들과 인간들의 존경을 받는다.

그러나 명예와 존경은 물질적 재산과 비교할 수 없을 만큼 훨씬 값진 것이
다. 명예는 살아 있는 정신이며, 덧없이 사라지는 물건이 아니다. 마치 영
원한 물결처럼 스스로 다시 새로워진다(DK22B29=114정암).

> 가장 뛰어난 자들은 오직 한 가지를 다른 모든 것보다 중시한다. 그것은 사
> 멸하는 존재들로부터의 결코 마르지 않는 영광이다. 그러나 대중은 마치
> 가축들처럼 배를 완전히 채운다.[60]

헤라클레이토스가 제시하는 삶의 지침에서 핵심은 개체에서 보편으로, 자
의에서 질서로, 동물적 본능에서 정신적 가치로, 다수의 피상적 사고방식
에서 뛰어난 자들의 심오한 인식으로 뚫고 나아가는 것이며, 그는 이를 이
상(理想)으로 삼고 있는 것처럼 보인다. 즉 우리의 말과 행동이 기준으로
삼아야 할 더 완전하고 더 강력한 실재로의 돌진을 요구하는 것이다.
　헤라클레이토스의 종교적 관념에 대해서도 비슷하게 말할 수 있다. 그
는 제식(祭式)이 피상적으로만 머무른 채 관습적으로 진행되는 것을 못마
땅하게 여겼다. 신성의 실재는 사람들이 생각하는 것처럼 그렇게 쉽게 파
악될 수 없는 것이다. 그 이유에 대해 헤라클레이토스는 다음과 같이 말한
다(DK22B86=29정암).

> 그것[신적인 것]은 낯설기 때문에[61] 우리의 인식으로부터 벗어난다.

---

60. DK22B4와 B9 그리고 이 책 712쪽을 보라.

에페소스 "왕"의 의무에 속하는 것 중 하나는, 엘레우시스 비교(秘敎)의 의식에서 데메테르 여신을 섬기는 것이었다(DK22A2). 여기서 우리는 헤라클레이토스가 제사장의 직위를 포기한 이유를 잘 이해할 수 있다. 그로서는 그러한 성격의 제식을 수긍할 수 없었기 때문이다(DK22B14=98정암).

> 지금 사람들에게서 많이 행해지는 여러 비교(秘敎)의식들은 불경하게 이루어지고 있다.

그에게는 신성한 대상물을 드러낼 때 그 자리에 참석함으로써 신에게 다가가려는 사람들의 시도가 신성 모독으로 보였을 것이다. 외적인 행위를 통해서는 정신의 신성함에 도달할 수 없다.

또한 몽롱한 황홀경이 신에게로 이끄는 것도 아니다. 헤라클레이토스는 종교적인 "몽유병자들, 마술사들Magos, 박코스 신의 신도들, 비교(秘敎)의 신도들"(B14)에 대해 신랄한 비판을 가한다. 분명한 인식이 아닌 황홀경과 열광적 감정에 찬 종교에 대해 그는 혐오감을 느꼈다. 그의 가르침이 지니는 강력한 역동성과 그가 일깨우는 고양된 삶의 활력은 저열한 충동과는 아무런 관계가 없었다. 디오뉘소스 축제의 거친 의식에 대해서 헤라클레이토스는 조롱만을 남겼다(DK22B15=100정암).

> 디오뉘소스를 섬기는 행위가 아니라면, 그들이 축제 행렬을 벌이고 남근을 찬양하는 노래를 부르는 행위는 극도로 수치스러운 짓이다. 그런데 그들은 디오뉘소스에 열광하며 거리낌 없이 날뛰고 있지만, 디오뉘소스가 바로 하데스이다.

---

61. 플루타르코스의 맥락에 따라 이렇게 이해할 수 있다(단편 DK22B18과 비교).

인간들이 사태를 그렇게나 잘못 알고 있으니, 대립자들을 통일시키는 신비한 이중성이 인간들 모르게 그들을 바로잡는 것이리라. 헤라클레이토스는 의기양양하게, 넘쳐나는 생산력은 사실 죽음과 부패에 지나지 않는다고 조롱하는 바,[62] 그렇게나 어리석은 자들은 도취의 흥분 속에서 스스로의 죽음을 향해 계속 환호한다.

헤라클레이토스에 따르면, 그리스의 종교와 제식은 신이 존재하지 않는 곳에서 신을 찾기 때문에 잘못되었다고 한다. 신은 개별적으로 분리되어 있는 것에 존재하지 않는다. 신은 매일 그리고 항시 우리의 현존재를 거쳐 지나가는 모든 변화와 대립들을 창조적으로 서로 융화시키는 긴장 속에 존재한다. 우리는 신 안에서 살고 신 안에서 죽는다.[63] 그렇지만 대부분의 사람들은 사물이 본래 가지고 있는 순수하고 창조적인 측면을 결코 보지 못한다. 사람들은 현세의 진창에 자신을 점점 더 깊이 묻는다(이 책 712쪽). 심지어 종교적 행사마저도 사람들을 세속의 더러움으로부터 데리고 나오는 것이 아니라, 오히려 그리로 끌고 들어간다. 살인자는 살인죄를 갚기 위해 돼지새끼를 도살하고 동물의 피로 목욕한다(DK22B5=99정암).

그들은 신선한 피로 스스로를 더럽히는 가운데 스스로를 정화시킨다고 한다. 이는 어떤 이가 똥통에 들어가 똥으로 목욕하는 것과 마찬가지이다. 만약 누군가가 이것을 본다면, 그를 정신병자로 취급할 것이다.[64] 마치 건물에 대고 수다를 떠는 사람처럼 우상[신들의 형상]에 기도하는 것이다.

---

62. DK22B20=115정암, 이 책 731쪽을 보라.

63. DK22B67=79정암(이 책 720쪽 이하)과 DK22B62=116정암(본서 698쪽)을 보라.

64. 즉 이 말은 누군가가 제식에 임하여 똥으로 똥을 씻어내려 하는 것을 보고 있는 사람에게는 그 사람이 정신병자로 보일 수밖에 없다는 말이다(단편의 언어구조에 대해서는 *Frühgriech. Denken* 77쪽 이하를 보라).

그들은 신이 무엇이고, 영웅이 무엇인지 모르기 때문이다.

그러한 정화의식을 행하는 사람은 오물통에서 목욕하는 돼지와 같다(이 책 712쪽). 우상을 섬기는 사람은 생명 없는 사물을 신과 영웅으로 착각하는 것이다. 심지어 영혼 없는 육체를 무덤가에서 제사 지내고 숭배하면서, '영 웅'이라 부른다. 그러나 헤라클레이토스에 따르면(DK22B96=109정암),

시체는 쓸모없는 쓰레기이므로 버릴 것에 지나지 않는다.

인간은 바로 앞에 주어져 있는 것에 집착한다. 원래 의미하는 바가 무엇인 지 알지 못하고, 배우지도 않는다(이 책 691~694쪽). 그들은 실재를 언어로 써 다 퍼내어 언어에 담을 수 있다고 생각하기 때문에, 오로지 언어에 만족 한다. 그러나 진리를 알리는 신은 다르게 말한다(DK22B93=46정암).

델포이 신탁의 주인은 말하지도 않고 감추지도 않는다. 그는 암시할 뿐이다.

아폴론이 '암시'하거나 '표지를 주면', 사람들은 이를 듣고 제 나름대로 그 지시된 바와 암시된 바를 읽어내야 한다. 참된 실재와 마찬가지로 신탁은 때때로 너무나 이중적이어서 그 반대의 의미까지도 포함한다.

'모호한 자' 헤라클레이토스의 가르침 역시 델포이의 신탁처럼 들린다. 형이상학자 헤라클레이토스는 자신이 인식한 것을 그냥 그대로 전달하지 않는다. 그는 그것을 암시한다. 사람들은 그의 말을 듣고 자기 자신을 위한 방식으로 이해해야 한다. 물론 이를 듣는 자에게 만약 그것이 가능하다면 말이다.

'참뜻'[로고스]에 대한 헤라클레이토스의 이론은 단 한 가지 결정적인 전환 그 이외에 아무것도 요구하지 않는다. 헤아릴 수 없는 심오함이 이 전환을 통해 경험 세계의 매끄러운 표면 바로 뒤에서 시작된다는 사실은 그의 이론이 가진 여러 역설 중 하나에 속한다(DK22A9 참조). 뚫고 들어가야할 층은 너무나 얇으며, 그 어디서든지 이 층을 뚫고 들어가기만 하면, 우리는 즉시 세계의 본질에 다다를 수 있다. 참된 인식은 감관이라는 증인을 억압하지 않으며, 현실도피적으로 멀고 먼 공허함의 세계에 숨어버리지도 않는다. 참된 인식은 모든 것이 구현하고 있는 의미를 포착하기 때문에, 모든 것을 있는 그대로 긍정한다. 사물의 존재는 과정과 변화로 새롭게 이해된다. 우리 자신도 어떤 하나의 실체가 아니라 변하고 있는 과정이며, 이 과정을 통해 우주 전체의 삶과 끊임없이 소통하고 있다. 그렇게 우리는 우리 자신 안에서, 또 우리 자신에게서 우주의 통일과 법칙성을 체험하고 있다. 그런데 이 통일의 법칙은 모순이라 불린다. 모든 대립성은 완화되지 않으며 완고하다. 높은 것은 낮은 것과 싸우고, 정의는 불의와, 삶은 죽음과 싸운다. 그러나 대립적인 것이 서로 밀쳐내고 배제할 때 이루고 있는 긴장은 이제 그들을 서로에게 이끌고 서로를 결합시키는 비밀스러운 조화로 드러난다. 이것을 인식하게 되면 우리는 더 명석하고 진지하며, 더 활기차고 고귀하게 행동하고 또 감내한다. 우리는 분열과 변전을 더 이상 평화를 파괴하는 폭력적인 것으로 보지 않으며, 그 안에서 융합시키는 힘을 가진 유일한 창조력이 이성적으로 지배하고 있음을 느낀다. 우리의 신체에 해를 입히고 우리를 죽게 만들 수도 있는 혹독한 투쟁은 즐겁고도 끔찍한 놀이, 즉 비극이 된다.

비극작가 소포클레스는 헤라클레이토스의 계승자이자 정당한 후계자였다. 비록 철학자의 엄격한 학문체계를 물려받지는 않았지만, 그 정신과 의지는 이어받았다. 그의 비극 주인공은 끔찍한 파멸을 맞이하고서야 비로소 매우 이전부터 존재해왔던 갈등과 파멸의 필연성에 대한 인식에 다다르는데, 주인공의 이러한 깨달음 이외에는 갈등을 해결하는 다른 방식을 알지 못한다는 점에서 소포클레스 비극의 가혹함은 헤라클레이토스를 닮았다. 소포클레스의 인물들의 쓰라린 분노, 운명과 신들의 가혹함 그리고 파괴적인 힘들의 놀이가 끝난 후 마지막에 등장하는 다음과 같은 말은 헤라클레이토스를 닮았다. "이 중 그 어떤 것도 제우스가 아닌 것이 없다."[65]

철학 영역에서 헤라클레이토스의 사상은 이러저러한 방식으로 다른 철학자들의 사유를 확장시킨 후, 스토아학파에서 다시 부활했다. 헤라클레이토스의 철학은 그 시대에 맞게 변형된 스토아의 형식으로 지배자, 로마의 시민들, 원로원 의원, 황제를 정복했고, 막 형성되고 있었던 기독교로 유입되었다. 그리고 그의 철학은 오늘날에도 설교단 위에서 『요한 복음서』의 도입부에 나오는 "태초에 로고스가 있었다"는 말을 통해 전파되고 있는 것이다.

---

65. 소포클레스 비극 속에 나타나는 헤라클레이토스적인 요소에 대해서는 더 상세한 연구가 필요하다.

제8장

상고기 후기 서정시

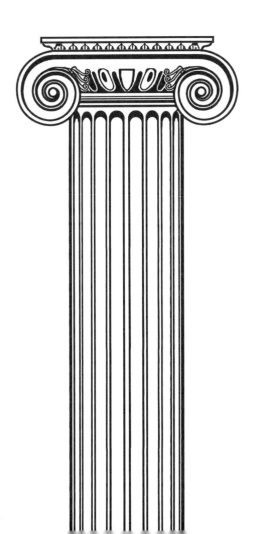

1. 이행기의 시문학

그리스 문화권의 소아시아 지역에서 고독한 사상가 헤라클레이토스가 일상적인 언어로 비범한 사유를 쏟아내던 때에 아테네에서는 아이스퀼로스의 초기 비극들이 시민들로 가득 찬 디오뉘소스 극장에서 상연되었다. 이제 아티카 비극이 위풍당당한 모습을 드러내기 시작했다.

비극의 발생에는 전혀 상반된 두 요소가 동시에 작용했다. 즉 고급문학인 합창서정시와 서민적인 가면극이 그것인데, 이 두 요소는 디오뉘소스 축제라는 무대 위에서 만나게 되었다. 신을 찬미하는 제식에서 다채롭고 유쾌한 가면극은 한편으로는 서민들의 여흥을 위해, 다른 한편으로는 넘쳐흐르고 생동하는 동식물과 인간의 정력을 상징하는 디오뉘소스에게 희생제를 바치기 위해 공연되었다. 디오뉘소스를 찬미하는 축제에서는 다른 신들의 희생제에서와 마찬가지로 합창시가 불리어졌는데, 이 합창시는 원래 종교적이며 제례적인 성격을 가지고 있었으며, 노래가사를 단순히 낭송이 아닌 노래로 부르는 동시에 내용을 춤 등의 상징적인 몸짓으로 묘사했다. 합창시라는 예술형식은 연극적 요소를 이미 배태하고 있었던 것이다.[1]

그런데 합창시는 디오뉘소스 제전에서 익살가면극과 경쟁함으로써 급속도로 발전하기 시작했다. 우선, 가면극을 모범으로 삼아 특정한 역할을 하는 개인이 합창대로부터 분리되어 나왔으며 이에 따라 나머지 합창단원들은 중립성을 포기하고 특정한 인물들의 집단을 묘사하였다. 이후 노래와 춤 사이에 낭송조의 대화가[2] 첨가되었고, 단독 배우의 수가 늘어났다. 품격 높은 전통적 예술과 소박하고 가벼운 대중적 놀이의 결합은 대단히 긍정적인 성공으로 드러났다.

아이스퀼로스의 비극은 연대적으로 또는 내용적으로 이 책의 연구범위에 속하지만, 여기서 제대로 된 설명을 전개시키기에는 훨씬 더 많은 지면과 비중을 요구하며 또 이 책의 애초 계획에도 맞지 않는다. 이런 이유로 이책은 비극에 대해서 다루지 않고, 상고기 말과 고전기로 넘어가는 시기의 서정시를 대표하는 테오그니스, 핀다로스, 박퀼리데스만을 살펴보고자 한다. 세 명 모두 방대한 양의 관련 자료를 남기고 있기 때문에 접근하기에 어렵진 않다. 그런데 그중 박퀼리데스는 그리스적 정신사에 있어 특별한 의미를 갖지 않는다. 다른 두 시인이 이 시대적 전환기에서 가지는 역할을 소개하기 위해서 앞에서 (이 책 567~603쪽을 보라) 다룬 시모니데스를 잠시 언급하는 것으로 시작할 수 있겠다.

---

1. 비극이 이미 유행하고 있던 당시에 쓰인 박퀼리데스의 합창시 한 편(18S)은 합창시에서 드라마로 이행하는 중간 단계를 뒤늦게나마 보여주는 듯한 인상을 준다. 즉 이 시의 합창단은 시련구를 바꾸면서 한 번은 아테네의 시민을, 그 다음에는 그들의 왕이자 테세우스의 아버지인 아이게우스를 묘사한다. 이로써 시적 드라마의 가능성에 한 걸음 다가간 셈이다. 그러나 그렇다고 해서 우리는 비극의 실제적인 형성이 바로 이러한 길을 통해 이루어졌다고 생각해서는 안 된다.
2. 비극에서 이른바 대사 부분은 일상어처럼 말해진 것이 아니라, 약간 변형된 독특한 방식으로 낭송되었다. 이는 특히 세소리걸음 운율의 (각 4개) 휴지마디로 구성되어 있다. 이에 대해서는 더욱 자세한 연구를 통해 입증될 것이다.

시모니데스는 핀다로스보다 약 40살 정도 나이가 많은 사람이지만, 핀다로스보다 훨씬 더 현대적 정신을 소유했던 사람이었으며 다가올 시대를 의식하고 이를 맞이할 준비를 하였다. 당시를 지배하던 이념과 세계관을 예리한 지성으로 재정비하였다. 그리하여 완강한 권력욕은 명랑한 소박함에게 밀려났으며, 차가운 고상함은 소시민적 태도에 의해 대체되었다. 신적인 고귀함으로 도약하는 희망의 꿈이나 무(無)로 전락하는 악몽에서 깨어나, 모든 사람들이 갖고 있는 인간성에 대한 진지한 의식이 생겨났다. 즉 인간적 소박함도 결코 경멸할 수 없는 나름대로의 가치를 지니고 있다는 것을 깨닫게 된 것이다. 반면 시모니데스가 극복한 옛것을 핀다로스는 여전히 부여잡고 있었으며, 심지어 가장 완성된 형태로 표현하기에 이르렀다. 그에게 옛것은 바로 영원불멸의 진리로 등장했는데, 핀다로스는 이제 막 시대를 주도하려고 하는 새로운 흐름과 어떤 식으로든 접촉하는 일조차 수치스러운 일이라고 여겼기 때문이다. 생존 연대로 보면 테오그니스는 시모니데스와 핀다로스 사이에 속하는 것으로 보인다. 그의 책은 그가 전혀 받아들일 수 없었던 새로움에 대항하여, 옛것이 펼치는 씁쓸한 방어를 잘 보여준다. 테오그니스는 정신적 사회적 변혁으로 인한 몰락의 측면만을 보았고, 그가 펼친 시대적 변화에 대한 저항은 승리가 곧 올 것이라는 진지한 희망이 없는 단순한 저항에 그쳤다. 그의 무기는 원한에 사무친 분노와 모욕적인 비난 그리고 편협한 신중함이었다. 하지만 삶과 일상에 대한 그의 광범위한 논의에는 귀 기울일 만한 가치가 있는 말들이 많이 등장한다.

2. 테오그니스

테오그니스의 이름 아래 전승되는 작품은 엘레기 형식으로 느슨하게 이어진 시 또는 경구 모음집이다. 여기 담긴 대부분의 시들은 몇 개의 2행시로 구성되어 있으며, 일부는 하나의 2행시로 되어 있다. 내용을 간단히 요약하자면 세 개의 주제어로 나타낼 수 있다. 즉 시사적인 문제에 대한 촌평, 삶의 지혜, 개인적인 관심사이다. 대부분의 정치적인 단편들은 세상사에 대해 우울하게 쌓여가고 있는 분노를 토해내고 있다. 그리고 삶의 지혜를 다룬 글들은 교훈적 부분과 실용적인 부분으로 이루어져 있다. 표현은 사변적이거나 철학적이라기보다 실제적이고 현실적이지만 대체로 보편적인 내용을 담고 있으며 그 때문에 때로는 모호한 경우도 있다. 그중 한 가지만은 분명 어느 정도 구체적이라 할 수 있는데, 꽤 많은 경구들에 나타나는 즐거운 연회장이 그것이다. 술자리는 이 책에서 발견할 수 있는 것과 같은 성격의 시적 경구나 격언을 낭독하는 데 무난한 틀을 제공했다. 많은 경구들은 퀴르노스라는 이름의 소년에게 말을 들려주는 형식을 취하고 있다. 이 작품의 근본 구상은 중년의 테오그니스가 폴뤼파오스의 아들인 미소년

퀴르노스에게 아버지들의 지혜와 자신의 경험으로부터 얻은 성과를 통해 도움을 주고, 또 이러한 가르침이 일반적으로 유용하게 읽히도록 하기 위한 것이었다. 중년의 남자와 소년 사이의 사랑은 귀족사회에서 교육의 근간을 이루는 것 중 하나였다. 사적인 성격을 띠는 테오그니스의 글에는 사랑을 다루는 부분이 많다.[1]

테오그니스는 단숨에 책을 집필하지 않았으며, 그의 책은 여러 해 동안의 작업을 통해 생겨났다. 그가 직접 쓴 시구에서도 서로 모순적인 부분이 나타나는 이유가 여기에 있다. 이 책이 작성된 시기는 기원전 6세기 말에서 5세기 초였고, 장소는 메가라였는데, 이곳은 작기는 했지만 아티카 지방의 꽤 중요한 도시국가였다. 테오그니스는 틀림없이 연회장에서 다른 사람들이 낭송한 것을 듣고 그중 많은 것을 자신의 것으로 만들어 책 속에 옮겼을 것이며, 또 아마도 기존의 책들로부터 나온 격언들까지도 함께 사용했을 것이다. 또 테오그니스 이후에도 다른 사람들이 계속해서 많은 낯선 요소들을 계속 첨가하였는데, 일부는 알려지지 않았던 다른 전승으로부터, 또 어떤 것은 새로운 창작을 통해 나온 것이었다. 이 책은 그 목적과 느슨한 구성으로 인해 자연스럽게 첨가를 통해 계속 보충되는 것을 가능하게 하였던 것이다.

그러므로 테오그니스 본인이 직접 쓴 시행을 골라내는 일은 불가능하다. 테오그니스는 철학자로서도 예술가로서도 그리 의미 있는 사람은 아니지만, 그래도 우리에게 무언가를 남겨주었으니, 이 보수적인 시인은 고도로 발전한 전통문화를 알려 주고 있는 것이다. 거기에서 우리는 이행기를 지배했던 정신적 경향을 여러 목소리를 통해 전해들을 수 있기 때문에

---

1. 작품의 전반적인 문체, 구조, 내용, 사상에 대해서는 이 책 754쪽, 757~761쪽, 764쪽 이하, 782~787쪽 등을 참고하라.

그의 문집이 가지는 역사적 가치는 상당히 크다. 또한 인간적인 측면에 호소하는 가치도 적지 않다. 우리는 이 격언들 가운데 설득력 있는 표현들, 매력적인 언급들, 잠시 되새겨볼 만한 가치가 있는 지혜로운 말들을 꽤 많이 발견할 수 있다. 들으면 우리의 마음이 사로잡히는 그런 구절들이 들어 있다.[2]

테오그니스의 책은 호메로스 서사시의 방식처럼 아폴론에게 바치는 기도와 신에 대한 찬가 형식의 짧은 찬양으로 시작한다. 그 다음에 아르테미스 여신을, 세 번째로는 무사이 여신들과 카리스 여신들을 부른다. 시인은 무사이 여신들에 대해서 일종의 표어로서 다음의 구절을 인용한다(17행).

그래서 아름다운 것은 마음에 들고, 아름답지 못한 것은 마음에 들지 않는다.

이 시행은 보이는 것과는 달리 그다지 진부하지 않다. 왜냐하면 오래된 어법인 "마음에 듦"이라는 말에는 '그에 상응하여 행동함'의 의미가 담겨있기 때문이다. 또 "아름다운 것"이라는 말에는 도덕적으로 즐거운 것이라는 의미도 들어 있다. 이에 따라 앞의 경구는 다음과 같이 풀이할 수 있다. '나는 아름다운 것을 좋아한다. 그리고 나의 마음은 고귀한 행위를 원한다.'[3]

이제 저자인 테오그니스는 독자에게 자신을 소개한다(19행 이하).

퀴르노스여, 나는 지혜로운 삶을 가르치는[4] 이 말들에 나의 인장을 찍는다.
그 누구도 이것을 빼앗아가지 못할 것이다.
또 그 누구도 여기 있는 훌륭함을 더 못한 것으로 바꾸지 못할 것이다.

---

2. 이 책 582쪽 이하에서 다루어진 구절(373~392행)을 보라.
3. '아름다움에 대한 사랑'의 더 자세한 내용은 이 책 776쪽을 보라.
4. 'σοφιζομένῳ'는 번역 불가능한 단어이다.

모두가 말할 것이다. "이 노래는 저 메가라의 시인,

테오그니스가 쓴 것이다. 그 이름은 세상 모두가 알고 있다."

오로지 고향에서만 나의 업적이 누구에게도 칭찬받지 못한다.

이는 그리 놀랄 일이 아니다. 폴뤼파오스의 아들이여. 제우스도,

비를 내려주거나 내려주지 않거나, 모두를 기쁘게 하지는 못한다.

그러나 오 퀴르노스여, 너에게는 세심한 가르침을 전하고 싶다.

나 자신 소년이었을 때 배웠던 좋은 것들을.

여기서 '인장'이란 테오그니스의 이름이다. 그는 교묘하게, 독자로 하여금 그의 이름을 입에 올리도록 만들며, 이로써 시인의 칭찬을 자화자찬으로 보이지 않게 한다.[5] 이 인장은 시구의 주요 부분이며 따라서 쉽게 제거할 수 없기 때문에 부분적 또는 전체적 표절로부터 테오그니스를 보호하고 있다. 물론 테오그니스 원본은 질적인 측면에서, 시인이 보기에 원본의 훼손일 뿐인 수정으로부터도 당당히 스스로를 지켜낼 것이다.[6] 테오그니스는 자신의 책에 가해질 이런 종류의 위험을 직시하고 있었고, 그런 위험에도 살아남기를 원했던 그의 희망은 부분적으로밖에 성취되지 않았다.

퀴르노스에게 전하는 가르침은 기본적인 경고로 시작한다(29행 이하).

사려 깊게 처신하여라. 깨끗하지 못한 행위를 하거나 법을 어기면서까지

명예나 업적, 또는 재산을 억지로 추구하지 말라.

---

5. 아폴론 찬가의 저자도 바로 이런 방식을 사용했다(172행 이하, 이런 종류의 유사한 예는 더 많은데, 이에 대해서는 F. Jacoby, *Berl. Sitz.-Ber.* 1931, 115쪽 각주 1번을 참조하라). 알크만에서도 마찬가지다(이 책 294쪽 이하를 참조하라).

6. 이 시구는 이런 의미로 쓰인 것으로 보인다. 우리 고전문헌학자들도 테오그니스와 유사한 생각을 가지고 있다. 우리가 하고 있는 교감작업은, 가장 좋은 판본은 저자 자신이 쓴 것이라는 원칙에 근거하고 있다.

우리는 분명한 이성에 따라 행동해야 하며, 많은 것에 대한 탐욕으로 흔들린 나머지 옳지 못한 수단을 사용하거나 다른 사람들의 권리를 침해하여 자기 포부를 실현해서는 안 된다. 성취하려는 소원으로 우선 세 가지가 언급된다. 첫 번째는 '명예', 즉 권위, 관직, 표창이다. 다음은 '아레테aretai'인데, 이는 업적으로 기록되어 사회로부터 그에 상응하는 인정을 받는 뛰어난 능력을 말한다. 마지막 소원의 대상은 많은 재산이다.[7] 아리스토텔레스도 명예, '아레테' 또는 재산이 삶의 목표여야 하는가라는 질문을 제기한다 (『니코마코스 윤리학』 1, 5, 1095a14 이하).

테오그니스는 위의 경구 직전에(28행) 자신이 여기서 전하는 가르침들은 '훌륭한 자들', 즉 지배계급의 뛰어난 사람들로부터 전수받은 것이라 말하며, 퀴르노스도 그런 교육을 받아야 한다고 강조한다(31행 이하).

이것이 한 가지이다. 그 다음으로는 결코 좋지 않은 사람들과 어울리지 말고, 오로지 좋은 사람들만을 신뢰하여라.
항상 이 사람들과 식사하고 마실 것이며, 이들과 어울려라.
네가 이 나라에서 힘이 있는 사람들의 마음에 드는지 살펴라.
그러면 너는 고귀한 사람들로부터 고귀한 것을 배우게 된다. 만약 나쁜 자들과 관계한다면, 너는 소유하고 있는 이성을 잃어버리게 될 것이다.
내 말을 명심하여 좋은 사람들과 어울리도록 해라. 그러면 내가 친구로서 전하는 조언이 옳다는 것을 체험하게 될 것이다.

여기서 테오그니스는 다분히, '좋은 사람들'이 권력을 잡으며, 권력자는 올바른 견해를 가진다는 폐쇄적인 신분제적 입장을 옹호하고 있다.

---

7. 새로운 합창시 단편에 나오는 것과(이 책 584쪽 각주 22번) 유사한 목록, 즉 우리를 올바른 품행으로부터 벗어나게 할 수 있는 세 가지 충동의 목록과 비교하라.

이어지는 두 경구시는 변혁과 파괴의 위협을 조심하라고 경고한다. 첫 번째 경구는 불평에 가득 찬 대중을 지지기반으로 삼는 폭정을 예고한다 (39행 이하).

> 퀴르노스여, 나라는 지금 임신 중이다. 나는 곧 우리가 심각하게
> 처하고 있는 죄과에 대한 징벌자가 태어나지 않을까 걱정이다.
> 시민들이 아직은 이성을 유지하고 있지만, 선동자들은
> 재앙이 웅크리고 있는 나락으로 몰려들고 있다.

두 번째 경구는(45행 이하) 점점 확산되고 있는 혼란을 한탄한다. "나쁜 사람들"의 불손과 이기적인 탐욕이 점점 퍼져나가고 있으며 법정마저 더 이상 신뢰할 수 없다. 이런 상황에서는 당파간의 균열, 정치적 부패, 폭정이 예상된다.

그리고 그 다음에 등장하는 경구는 완전히 달라진 상황을 보여준다. '좋은 자'들의 지배는 무너졌다(53행 이하).

> 퀴르노스여, 이 국가는 여전히 한 국가이다. 그러나 민족은
> 다른 민족이 되었다. 이전에는 정의와 법에 대해 아무것도 모르던 자들,
> 낡고 털투성이의 가죽으로 몸을 덮어 가리던 자들이,
> 마치 산속의 붉은 사슴들처럼 저 바깥 벌판에 모여들어 날뛰고 있다.
> 그들이 이제 '좋은 자'들이다. 이전에 뛰어난 자들로 여겨지던 자들,
> 그들이 지금은 천민이 되었다. 참을 수 없는 일이다.
> 모두가 서로 속이고 서로 비웃는다. 기억이라곤[8]

---

8. 'γελᾶν'은 고대 그리스어와 현대 그리스어에서 '속이다'를 의미한다. 스파르타에서는 다음과 같이 말했다. 'νὰ μήν σε γελάσῃ'(그가 너를 속인다). 나는 γνώμας 대신

가지고 있지 않아 나쁜 것도 좋은 것도 그들은 되갚지 않는다.

퀴르노스여, 무슨 일을 원하든, 무슨 일을 계획하든,

이런 시민 가운데 그 누구도 진정한 친구로 삼지 말라.

대신에 모두와 외관상 형식적인 우정은 유지하되

그 누구와도 진지한 이해관계를 맺지 말라. 그렇지 않으면

그들은 너에게 곧 비열한 의도를 드러낼 것이다.

만약 실제 그렇게 된다면, 그 관계를 조금도 신뢰하지 말라.

더 이상 잃어버릴 것이 없는 모든 사람들처럼

그들에게는 사기와 위선과 교묘한 술수밖에 없다.

즉 지금까지의 하류층은 완전시민권을 얻어내었고, 이를 통해 민회에서 다수를 차지하며 지배권을 획득했다. 그들은 소농과 소작인이었으며, 여기에 또한 수공업자와 어부도 포함되었다. 테오그니스는 그들을 염소 가죽을 걸친 목동으로, 정의와 법에 대해 아무것도 모르는 거의 짐승에 가까운 존재로 칭했다.[9] 그들은 지금까지 정치와 경제를 지배하던 사람들의 세계에게 통용되던, 줄 것은 주며 받을 것은 받는, 타협과 균형의 원리를 전혀 이해하지 못한다. 그들은 모두 아무런 양심의 가책 없이 다른 사람들을 속

___

에 나중에 다시 등장하는(1114행) 'μνήμην'을 받아들였다. 이 단어가 문맥상 적합하기 때문이다(112행. 헤로도토스 5, 74, 2. 그리고 'μνησικακεῖν'과 'ἀμνήστεια'와 같은 표현을 참고하라). 'μνήμη ἀγαθῶν'이 대략 'χάρις'와 같기 때문에(에우리피데스 『알케스티스』 299행과 비교하라) 'μνήμην εἰδέναι'이라는 결합은 'χάριν εἰδέναι'에 따라 설명할 수 있다. 'γνώμας'는 받아들이기 어려운 판본이다. B. Snell, *Ausdrücke für den Begriff des Wissens*, Berlin 1924, 34쪽 각주 4번을 보라.

9. 목동들이 야생적이며 어떠한 법질서도 모른다는 관념은 이미 『오뒷세이아』(제9권 112 행, 퀴클롭스 족에 관한 부분)에서도 등장한다. 테오그니스의 조롱을 더 많이 연상시키는 것은 메난드로스 『심판관』 52~54행(Körte 제3판)이다. 전원시에서는 이와 반대로 목동들의 자연성이 하나의 특권으로 평가된다.

여 이익을 취한다.

테오그니스는 이 새로운 상황에서 어떠한 태도를 취하는가? 그는 '좋은 사람들'의 단결을 촉구하고, 치욕스러운 통치에 대한 강력한 투쟁을 부르짖는가? 그는 퀴르노스에게 더욱 다급해진 목소리로 나쁘게 물들거나 고유의 삶의 방식을 더럽히지 않도록 어떤 천민과의 접촉도 피하라고 경고하는가? 전혀 그렇지 않다. 이전에 권고했던 사항과는 정반대로, 그는 모든 사람들과 형식적인 친분관계를 권한다. 단지 현재 영향력 있는 무리들과 심각한 관계만 맺지 않으면 된다. 이는 그들과는 장기적으로 함께 일할 수 없다는 실질적인 이유에서이다. 상황이 다시 정상으로 돌아올 때까지 늑대와 함께 울부짖어야 한다는 것은 결코 장식으로 덧붙인 말이 아니다. 테오그니스는 신념에 찬 귀족주의자가 아니라 솔직한 기회주의자였다. 테오그니스 이외에 다른 누군가가 이 경구를 덧붙였을 가능성은 희박해 보인다.

이어지는 열다섯 개의 경구도(69~128행) 이와 내용이 유사한데, 그 공통된 핵심 주제는 다음과 같다. '인간을 조심하여라. 오직 소수의 사람만이 믿을 수 있다. 말뿐인 친구는 소용이 없다.' 여기서 '좋은 사람'으로 간주되는 사람은 친구로부터 우정을 받았을 때 되갚는 사람이다. 나쁜 사람을 위해 무언가를 하는 것은 바다에 씨앗을 뿌리는 행위와 마찬가지이다.[10] 물론 오로지 상대방의 신뢰성만을 문제시한다는 것은 현명하지 못한 느낌을 준다. 그래서 나중의 경구(439행 이하)에서는 다음과 같이 말한다. "무엇보다 너 스스로를 살펴보아라."

---

10. 이미 알카이오스(117b LP 27행)가 이런 비유를 사용했다. 111행에서 'ἐπαυρίσκουσι'는 능동태로서(이 책 592쪽 각주 28번을 보라) 중간태 'ἐπαυρίσκεσθαι'를 의미한다. '그들은 너로부터 받은 것의 과실들을 너로 하여금 먹어보게 한다.'

다음으로 일련의 경구(129~236행)가 길게 이어진다. 여기에 드러나는 주제를 한마디로 요약하면 '인간과 운명'이라고 말할 수 있다. '행복'과 '불행'은 특히 부와 빈곤을 의미한다. 자신의 무력함에 대한 한탄은 이 문집에 자주 등장한다. 이전에 지배계급이었던 사람들은 세상이 바뀌면서 대부분 몰락했고, 명성과 재산을 모두 잃은 상실감에 심한 괴로움을 겪었을 것이 분명하다. 경제적 변화의 압력 때문에 지금까지의 계급관계는 더 이상 유지될 수 없었다(183행 이하).

> 퀴르노스여, 우리는 숫양과 당나귀, 수말을 상대로
> 사육에 힘쓰고, 세심하게 좋은 품종을 고르려 하고 있구나.
> 그러나 형편없는 집안의 형편없는 여자를 취한다 해도
> 지참금만 많다면 고귀한 사람에게는 상관이 없다.
> 또한 여인들도 기꺼이 하찮은 남자에게로 갈 것이다,
> 그가 재산이 많다면. 좋은 사람은 아니어도 부자면 된다.
> 돈에 명예가 붙어 다니기 때문이다. 고귀한 자들은 천민과 친척관계를 맺고,
> 천민들은 우월한 사람들과 친척이 된다. 재산이 피를 서로 섞어준다.
> 폴뤼파오스의 아들이여, 그러니 놀라지 말라.
> 귀족과 천민이 서로 섞여 혈통이 사라진다 해도

이 경구에 다른 경구가 덧붙여졌다. 그 내용은 다음과 같다. '하찮은 가문 출신의 돈 많은 여인과 결혼하는 남자는 자신이 하는 일을 정확히 알고 있다. 절박함은 체통을 모른다'(193~196행). 이 경구를 끼워 넣은 사람은 가르치려 드는, 잘난 체하는 태도를 거부하는 모습을 보인 듯하다.[11]

---

11. 193~196행의 경구시는 전승된 것이 아니라, 여기에 쓸 목적으로 지어진 것이다. 왜냐하면 'ταύτην'은 185행 이하와 연결되지 않는다면 무의미하기 때문이다.

인간과 운명, 부와 가난에 관해 연이어 이야기한 후에 다음의 엘레기가 등장한다. 이 엘레기는 의심할 여지없이 테오그니스 작품 전체 틀에 속한다(237행 이하).

내 쪽에서는 너에게 날개를 주었고 그 날개들로 너는 가볍게 떠올라
끝없는 바다 위로, 모든 땅 위로 날아 움직이도록 하라.
너는 모든 연회장에, 모든 축제에 참석하게 될 것이다.
너의 이름은 많은 사람들의 입에 오르내릴 것이기에.
매력적인 젊은이들이 피리 소리로 너를
조화롭고 아름답게.
네가 언젠가 대지의 어두운 심연으로 내려가
탄식만 들리는 집에 살게 된다 해도.
즉 죽어서도 너는 명예를 잃지 않는 것이다. 너의 이름은
항상 이 세상에서 불멸의 명성을 가지는 것이다.
퀴르노스여, 너는 그리스 전역을 배회하고, 섬들을 방문하고,
끔찍한 깊이의 넘실거리는 바다를 넘어
가까이 오게 될 것이다. 말안장 위에 앉아 여행하지 않고,
무사이 여신들이 준비해 준 화려한 시어들에 실려서.
특히 예술에 전념하는 모든 사람들에게 너는 지금이나 먼 훗날에나
노래가 될 것이다, 태양과 대지가 존재하는 한.
그러나 이런 말을 해주는 나를 너는 조금도 존중하거나 배려하지 않고,
내가 마치 어린아이인 것처럼 항상 말을 막는다.

반대급부를 요구하는 마지막 2행시는 우리에게 원치 않는 종결로 보이지만 테오그니스는 달리 생각했다. 이미 이 단락을 시작할 때부터 ("내 쪽에서

는") 그는 마지막에 도달할 목표를 향해 있었고, 거기로 이어진 길은 그에게 곧게 뻗어 있었다.

'나는 너에게 날개를 주었다'로 시작하는 엘레기는 여기서 작품 전체를 매듭지으려 하는 인상을 준다. 하지만 제1권에서만 앞으로도 1,000행 정도 계속 더 이어진다. 제1권의 중간에서 우리는 책의 앞부분의 시행들과 같은 종류의 경구들을 만나게 된다.[12] 여기서 시는 새롭게 시작되며, 이는 앞서의 시작보다 더욱 구체적으로 술자리 광경을 묘사한다. 저자는 자신을 거명하지 않는데, 아마도 테오그니스와는 다른 인물일 것이다. 시행들은 테오그니스의 것보다 더욱 아름답고 풍부하고, 구성은 더욱 분명하고 짜임새가 있으며, 시상의 전개도 더욱 역동적이고 확고하다. 마치 유사한 다른 문집이 테오그니스의 문집 속으로 들어와 있는 것 같다. 지금 걱정의 대상이 되는 도시는 역시 메가라이고, 연도는 페르시아가 그리스 깊숙이까지 침입해 들어온 기원전 480년이다. 일련의 경구시는 이렇게 시작한다(757행 이하).

우리의 고향, 도시국가를 항상 치욕으로부터 보호하기 위해
천상에 살고 있는 제우스께서 수호하는 손을 내밀어주기를.
그와 천상의 다른 신들도. 아폴론은
우리의 입과 정신을 올바른 길로 이끌지어다.
뤼라는 피리와 함께 성스러운 음색을 내고
빛나는 포도주를 신들에게 헌주한 다음
우리도 유쾌하게 대화하며 술을 마시자.
페르시아 군과 싸울 전쟁을 걱정하지 말고.

---

12. 그리고 크세노파네스의 첫 번째 단편에서 연회를 시작하는 시행들(이 책 609~612쪽을 보라)과 같은 방식이다.

시간이 명하는 것이 바로 이것이다. 걱정 없는 마음으로
서로 함께 어울려 즐거운 분위기를 즐기고 완전히 만끽하는 것.
나쁜 힘들을, 늙음과 모든 것을 소멸시키는 죽음을
밤의 저편으로 몰아내 버리는 것.

이제 화자는 좌중에게 시를 읊을 준비가 되었다고 말한다(769행 이하).

무사이 여신들을 섬기고 말을 전달해주는 사람으로서 다른 사람들에 앞선
정신의 능력을 가지고 있다면, 이를 발휘하는 데 인색해서는 안 된다.
이것저것을 생각해내고, 전달하고, 표현해야 한다.
자신만이 아는 보물은 아무 가치가 없기 때문이다.

다시 기도가 이어진다(773행 이하).

아폴론 신이시여, 그대 자신도 이전에 펠롭스의 아들,
알카토오스를 위해 높이 솟은 성을 쌓으셨지요.
이 나라도 그대 스스로 이방의 페르시아 군대의
침입으로부터 지켜주소서! 그래서 장차 봄이 오면
기쁨에 찬 민족이 그대에게 육백 마리의 소를 제물로 바치도록.
즐거운 축제에서 그대의 제단을 돌며 즐거이 춤추고,
파이안 찬가를, 그대를 노래 부르며 환호하며 뤼라의 운율에 맞추면서.
나는 불안하구나. 사방에서 무분별한 일들이 일어나고 그리스에는
파괴적인 분열현상이 일어난다.[13] 포이보스 아폴론이여,
위험에 빠진 우리나라를 자비로이 지켜주소서.

---

13. 그리스 도시국가들 중 몇몇은 침입해오는 페르시아와 공조하였다.

"우리나라"에 대한 걱정에 이어 고향에 대한 사랑이 표현된다(783행 이하).

> 여행이 나를 시킬리아 섬으로도 데려다주었다.
> 에우보이아로, 그곳 계곡에 포도나무가 푸르렀고 그리고
> 갈대로 에워싸인 에우로타스 강에서 위용을 과시하는 스파르타로.
> 어디를 가든지 모두가 나를 환대해주었다.
> 그러나 그 어디에서도 즐거움이 마음속까지 들어오지는 않았다.
> 이제 나는 안다. 조국보다 더 소중한 것은 없다는 것을.[14]

테오그니스의 표방(17행)과 최초의 경고(29행 이하)와 유사하게(이 책 746쪽 이하를 보라) 그는 이제 이상적인 것에 대한 믿음을 고백한다. 화자에게는 그것은 '소피아sophia', 즉 지혜와 영리함과 기예 그리고 '미덕arete'이다(789행 이하).

> 결코 어떤 다른 목표로 인해 지혜와 미덕으로부터
> 멀어져서는 안 된다. 그렇게 되도록 노력하면서 나는
> 뤼라와 춤과 노래의 지혜로움을 즐거이 만끽하고자 한다.
> 나의 정신은 좋은 것들과 고귀하게 관계하기를.

앞서 도입부에서 테오그니스는 고향에 자신의 적대자가 있다고 암시하고 제우스조차도 모두를 만족시킬 수 없다는 말로 스스로를 위로하였다(이 책 747쪽을 보라). 다음의 네 경구들은 이런 주제를 변주하고 있다(793행 이하).

---

14. 여기서 우리는 다시 세 가지 예를 통해 대표되고 있는 바, 사회적으로 높이 평가되는 것을 폄하하고, 개인적으로 가까이 있는 것과 가치 있는 것을 더 높이 평가하는 입장을 엿볼 수 있다(이 책 251~254쪽, 345쪽 이하를 보라).

모욕적인 행동으로 이방인이나 같은 민족 중 누군가에게
상처를 주지 않으며, 법의 경계를 존중하면서
너를 기쁘게 하는 일을 하며 그것을 즐겨라.[15] 불평하는 군중들이
일부 너를 탓하겠지만 또 다른 사람들은 너를 높이 칭찬할 것이다.

(797행) 좋은 사람은 많은 사람들이 비방을 하고 많은 사람들이 존경한다.
그러나 나쁜 사람에 대해서는 그 누구도 어떤 말도 하지 않는다.

여기서 '좋다'라는 말이 의미하는 것은 위대하고 중요하다는 것이다. '나쁘다'고 낙인찍힌 사람들에 대해서는 누구도 그들의 존재를 신경 쓰지 않는다. 핀다로스도 유사한 생각을 지니고 있다(104c Snell 8~10행). 반면 소시민적인 사람들은 무엇보다 그저 자신들의 개인적인 평화를 소중히 생각할 뿐인데, 다음 2행시는 그런 뜻을 담고 있다(799행 이하).

인간들 중 그 누구도 비난으로부터 자유로울 수 없다.
너에게는 더욱 잘 된 일이다. 너는 소수의 눈에만 띨 것이므로.

엄숙한 첫 번째 시행은 여기서 오래전부터 내려오는 슬픈 진리를 되새긴다. 두 번째 시행은 가벼운 조소를 담아 위로를 전한다. 이어지는 (801행 이하) 경구들의 마지막에 가서는, 인간이 평생토록 모든 사람들로부터 내내 인정받고 사는 것은 불가능하다고 다시 한 번 언급된다. 세계의 지배자 제우스조차도 그럴 수 없다.
지금까지의 예비검토를 통해 테오그니스 문집의 형식과 구성이 드러났

---

15. 이에 대해서는 이 책 611쪽 각주 5번을 참조하라. 795행 이하의 시행에 대해서는 아르킬로코스 단편 9D=14W(이 책 254쪽)를 참조하라.

다.[16] 옛 사상들,[17] 새롭고 독특한 시행들과 인용된 시행들이[18] 법칙 없이 서로 번갈아 나타난다. 그 결과 관점이 계속 바뀌고 주제가 급변하고 비약하면서 글을 더욱 복잡하고 어지럽게 만든다.[19] 테오그니스 문집은 마치 참석

16. 우리에게 남겨진 대로의 책은 너무나 무성의하게 편집되어 있어서 두 번 등장하는 구절들이 적지 않다. 두 번째는 흔히 구술전승에서처럼 변형된 구절로 등장한다(이런 경우 처음에 등장하는 형태가 원래 형태라고 간주하는 것이 항상 들어맞지는 않는다. 앞의 각주 8번과 다음 각주 20번을 참조하라). 그리고 배열 역시 종종 제멋대로이다. 예컨대 381행 이하의 2행시는 어떤 시 한가운데로 삽입되었다. 219행 이하는 경구시와 그에 대한 답시 사이에 끼어들어와 있다. 979행에서 982행까지는 973행 이하와 983행 이하 사이의 내용에 속하지 않는다. 편집 작업을 한 사람들은 작품의 통일성보다는 분량을 늘리는 데 더 많은 관심이 있었던 것이 분명하다. 하지만 이것은 책이 단지 내용 전달뿐 아니라, 그때그때 연회장에서 강연할 시구의 풍부한 자료로 이용되었다는 점을 고려하면 이해가 되는 일이다.

17. 2행시에 담긴 이전 생각을 새로 변형하는 것이 항상 완전히 성공한 것은 아니다. 169행은 전승되는 속담을 기록한다. '신들이 뭔가를 선사하는 사람에게 분명 시기는 그 사람의 행운을 질투할 것이다'(이 책 252쪽 각주 14번). 반면 다섯소리걸음 시행은 여섯소리걸음 시행의 의미가 앞문장과는 달리 다음과 같은 것처럼 계속 이어간다. '신들은 한 것도 없는 많은 사람들의 품으로 귀중한 것들을 던져준다.' 테오그니스 문집의 2행시는 나중에 두 개의 (비잔틴 풍의?) 세소리걸음 시행으로 변형되었다(아포스톨리오스 8, 89i = 2, 456 Leutsch). Θεοῦ διδόντος, οὐδὲν ἰσχύει φθόνος, καὶ μὴ διδόντος, οὐδὲν ἰσχύει κόπος.

18. 인용을 뽑아낼 때 항상 완전한 2행시가 이루어지는 것은 아니며, 빈칸은 그럭저럭 채워져야 했다. 626행에서 'τοῦτο γὰρ οὐ δυνατόν'은 진부할 뿐 아니라 완전히 잘못되었다. 왜냐하면 'ἀργαλέον'은 여기서 '어려운'을 의미하는 것이 아니라 '불편한, 불쾌한'을 의미한다('모든 것을 더 잘 알려고 하는 것은 생각이 부족한 것이다. 반면 무의미한 잡담을 바로잡지 않고 계속한다면, 그것은 잘못된 길을 마냥 쫓아가는 것이다'). 424행에서 'ἢ τὸ κακόν'은 불필요하고 적합하지 않다(ἠὲ λαθόν'이라면 괜찮을 것이다). 그러나 'πολλάκι'는 좋지 않다. 사람들은 오히려 헤라클레이토스 단편 DK22B109= 129정암을 기대할 것이다.

19. 종종 서로 인접한 두 경구는 반복되면서 둘을 서로 가볍게 이어주는 인상적인 단어 하나를 공유한다. 한번은(350행) 이전의 시행(300행)에서 나온 표현이 다시 사용되었다. 그러나 다른 의미로 사용되었으며, 또 그 외 두 경구는 어떤 점에서도 서로 상통하지 않는다. 즉 새로운 화자에게 그가 인용하는 네 행의 시구는 순수하게 기계적인 단어연상을 통해서 환기되었다.

자 모두가 저마다 흥겨운 공연거리를 하나씩 늘어놓고 있는 연회장의 모습이 그러하듯이, 공개토론장의 성격을 종종 보여준다. 서로 상충하는 부분도 나타난다.[20] 어조는 활달한 반면, 문체는 고급문학 정도의 수준을 유지하고 있어서, 농담이나 상스러움은 배제되어 있다. 논리는 너무 약하지도 너무 강하지도 않다. 논조가 신랄한 곳은(453행 이하, 1207행 이하, 351행 이하[21]) 드물다. 그나마 유일한 예는, 셰익스피어의 광대처럼 재치 있게 단어와 개념들로 말장난을 늘어놓는 4행시뿐이다(267행 이하).

　　가난은 형제자매처럼 가까우면서도 멀다.
　　가난은 민회를 피하고, 법정을 피한다.
　　가난은 어디서나 손해를 보며, 모두에게 외면당한다.
　　가난이 찾아가는 곳 어디서나 가난은 적이다.

풍자적 표현도 자주 보이지 않는다(가령 523행 이하). 엄밀한 의미에서 해학은 결여되어 있거나, 아니면 너무나 건조해서 드러나지 않을 정도이다. 그래서 술 취한 사람이 이런 자신의 모습을 분석하는 대목은 해학적이라기보다 학술적이라 하겠다(503행 이하). 하지만 아래 위안의 경구에서는 정겨운 농담의 숨겨진 어조를 읽어낼 수 있을지도 모른다(293행 이하).

---

20. 193행은(이 책 752쪽 각주 11번), 221행 이하(이 책 769쪽), 931행 이하와 1155행 이하(이 책 777쪽 이하). 아마도 799행 이하, 313행 이하(이 책 757쪽, 이 책 763쪽) 그리고 393행 이하(이 책 780쪽 각주 48번). 여기서 주목할 점은 이런 경우 공동편집자들 또는 편집자들이 마음에 들지 않는 경구들을 손대지 않고 그냥 놔두었으며, 불쾌한 구절을 없애거나 대체하거나 수정하는 대신 다만 항의를 덧붙였다. 다른 곳에서는 시구가 수정되었다. 그래서 아마도 1074행에서는 218행에서(이 책 681쪽) 도덕적 검열로 인해 무의미한 단어로 수정되었던 원래의 형태가 등장한다. 경구모음집에서 삽입된 답가에 대해서는 헤시오도스 『일들과 날들』 379행 이하도 참조하라.
21. 이에 대해서는 메난드로스의 『투덜이』 208~211행을 보라.

가장 힘센 동물 사자조차도 먹을 고기를 항상 가진 것은
결코 아니다. 그 역시도 곤경의 손에 꽉 잡혀 있다.

테오그니스 문집이 이런 성격을 가지고 있기 때문에 내용은 다만 대략적
으로 정리할 수 있는데, 우리는 사태별로 분류하여 그 뚜렷한 예들을 뽑아
내고자 한다.

먼저 연회장의 흥겨움을 직접적으로 다루는 부분들은 쾌적한 즐거움을
퍼뜨리는 것을 목적으로 한다. 여기에 덧붙여, 축제로부터 유용함을 가능
한 한 많이 얻기 위해서 처신해야 할 행동지침을 전달하는 교훈적 성격도
가미되어 있다. 다음의 엘레기가 그러하다(467행 이하).

손님들 중 누구도 억지로 붙잡지 말라.
또 가고 싶어 하지 않는 사람을 보내지도 말라.
시모니데스여. 포도주의 힘이 정신을 마비시키고, 잠이 그를 부드럽게
팔로 감싸 안아, 그렇게 졸고 있는 사람이 있다면 깨우지 말라.
아직 정신이 말짱한 사람을 억지로 재우지도 말라.
우리의 자유를 제한하는 강요는 모두 괴로운 것이다.
그러나 마시고 싶은 사람에게는 잔을 가득 채워주어라.
특별한 밤이고 우리는 이 밤을 만끽한다.
그러나 아무리 맛있는 술이라도 나는 나의 주량이 있어
집으로 돌아간다. 나를 풀어지게 만드는 잠속으로 빠지고 싶다.
나는 포도주의 효력으로 기분이 유쾌해져
더 이상 정신이 맑지 않지만, 그렇다고 매우 많이 취한 것은 아직 아니다.
술을 마실 때 지나치게 마시는 사람은
자신의 말과 이성을 더 이상 통제하지 못한다.

말실수를 하고, 취하지 않은 사람들을 공격하며,

포도주의 위력으로 그의 행동은 거리낌이 없다.

조금 전에는 이성적이었는데, 이제는 아이같이 유치하다. 그러니 내가 말

하는 것을 명심하여라. 너에게 적당한 정도 그 이상의 술은 마시지 말라.

때때로 탁자에서 일어나라. 배에 굴복하지 말라.

그런 일은 순간만을 사는 노예들에게나 맡기라. 아니면

자리에 머물러 있어도 술을 마시지 말라. 대신 나는 그대가 항상

"한 잔 더!"라고 외치는 소리를 듣는다. 어리석은 자여, 그대는 취한 것이다.

이때 친구의 안녕을 위한 잔을 마시고, 이어서 술판이 뒤따르고,

그 다음엔 헌주가 이어지고, 그 다음엔 상황에 따른 여러 일들이 이어진다.

그러나 그대는 아니라는 말을 모르는구려. 엄청나게 마시지만

실수하지 않는 자는 영웅이자 승리자임에 틀림없다.

그러나 그대들, 술항아리에 붙어있는 그대들은 재미있는 대화를 나누고

불과 흑사병을 피하듯 같이 둘러앉은 탁자에서의 논쟁을 피해야 할 것이다.

그대들 하나하나가 말하는 것은 모두에게 공통되는 것이어야 한다.

그렇게 한다면 축제분위기가 계속 이어질 것이다.

여기서 술자리 행동지침은 상고기적 방식에 따라 노골적이고 구체적으로
전달되고 있다.[22] 또 사유의 전개는 상고기적인 문체규칙에 따라 계속해서
대립쌍들이 번갈아 언급되며 펼쳐진다.[23]

이제 막 피리 반주에 맞추어 시를 낭송하려는 어떤 남자가 축제 한가운
데로 우리를 이끌고 들어간다(939행 이하).

---

22. 이에 상응하여 화자 자신과 허구의 취객 같은 몇몇 인물들이 올바른 태도나 잘못된 태
도와 관련해 극적으로 묘사된다.

23. 대립은 471행에서 형식상 지나치게 첨예하게 되는데, 여기서 취침에 대한 권유는 바로
집에 가서 자라는 뜻이다(468행과 476행을 비교하라. 파뉘아시스 단편 13, 11).

밤꾀꼬리처럼 경쾌하게 노래해야 할 테지만, 난 그렇게 노래하지 못한다.
지난밤 포도주를 마시면서 소리를 질러 목이 상했기 때문에.
피리연주자를 내세워 슬쩍 넘어가고 싶지는 않다. 내게 예술적 능력이
없는 것이 결코 아니라 목소리가 나오지 않을 뿐이다.

포도주에 대한 가능한 온갖 종류의 견해들이 등장한다. 포도주는 서로
반대되는 성질을 동시에 가지고 있다(211행 이하).

포도주는 많이 마시면 나쁜 것이다. 그러나 어떻게 마셔야 하는지
알기만 한다면 포도주는 해가 되지 않고 오히려 좋은 것이 된다.

포도주는 또한 대립을 없애기도 한다(497행).

포도주는 어리석은 남자는 말할 것 없이 이성적인 남자라도
정도를 지나치면 머리를 즉시 텅 비게 만든다.

포도주는 모든 사람들이 똑같은 기분을 가지도록 요구한다(627행 이하).

정신이 말짱한 남자들 가운데 술 취한 모습은 세련되지 못한 행위이다.
또 술자리에서 정신이 깨어 있는 것도 세련되지 못한 행동이다.

포도주는 또한 사람들을 가려내기도 한다(499행 이하).

지혜로운 사람들이 불 속에서 금과 은을 가려내는 것처럼,
그렇게 포도주는 사람의 생각을 드러내 보인다, 그가
아무리 현명할지라도. 감추었던 나쁜 마음을 모두 들추어
드러내며, 결국 아무리 현명해도 창피를 당한다.[24]

긴장을 풀게 하는 포도주의 효과와 모임의 즐거움에 의해 모두가 있는 그대로 자신을 드러낸다. 타산적인 사람은 이를 이용할 수 있다(309행 이하).

어울려 식사하는 자리에서 무엇보다 너의 이성을 잘 사용하라.
무슨 일이 일어나고 있는지 전혀 눈치 채지 못한 것처럼 행동하여라.
농담을 곁들여 네게 권력을 주는 것을 획득하여라.
사람들 각각의 방식을 철저히 익혀두어라.

이 경구에 담긴 조언은 비루하다. 즉 다른 사람들과 자유롭게 어울려 즐거움을 사심 없이 함께 나누지 말고 겉으로만 그렇게 보이도록 하라고 말하고 있다. 이런 권고가 실제로 연회장에서 낭독되었다는 것은 상상할 수 없다. 만약 그랬다면 그것은 염탐꾼을 경계하게 함으로써 잔치 분위기를 망쳤을 것이다. 이렇게 이 책은 단순히 흥겨움을 북돋는 말 이상의 지침을 담고 있는데, 조용하고 은밀하게만 전달되어야 할 이런 종류의 지침은 문자로 정착됨으로써 널리 알려질 수 있었다. 문집에는, 자신은 뒷생각을 품는 사람이 아니라고 주장하는 한 남자의 대답이 바로 뒤따른다. 그는 '때에 따라 바보 같은 일도 즐긴다'고 한다(313행 이하).[25]

떠들썩한 무리들 가운데에서 나는 느긋하게 즐긴다.
성실한 사람들 무리 가운데에서 나는 성실함 그 자체이다.[26]

---

24. 테오그니스 전승사본 501행 이하의 2행시와 같은 형식으로, 497행 이하에 나타난 생각을 (부분적으로는 단어를 포함하여) 반복한다. 반면 스토바이오스 편집본에서는 경구시의 두 부분이 너무나 멋지게 잘 이어진다. 'κακότητα δὲ πᾶσαν ἐλέγχει'는 '모든 나쁜 사람에게서는 그들의 나쁨이 드러난다'라는 의미이다.

25. [역주] 호라티우스, 『서정시』 4, 12, 28행 *desipere in loco*.

26. 이 경구에 대해서는 이 책 430쪽 각주 21번과 611쪽 각주 5번을 참조하라.

다음의 아름다운 경구는 다른 이유에서 분명 술자리의 경구에 속하지 않는다(825행 이하).

> 뭐라고? 피리 반주에 맞춰 노래를 부를 수 있다고?
> 시장광장에서부터 나라의 국경을 볼 수 있는 곳,
> 그 나라의 과실들이 너희들을 살찌우고, 축제의 향연에서
> 너희들은 금빛 머리에 자줏빛 붉은 화관을 썼지!
> 아니다, 나의 스퀴테스여, 너의 머리를 자르고 환호를 가라앉히고,
> 향기 나는 들판을 상실한 슬픔을 달래어라!

그리스 초기의 방식에 따라 여기서 화자는 나라의 불행에 대한 근심을[27] 심중에 스며든 한탄 섞인 어조로 표현하지 않고, 마음속에 품고 있는 슬픔을 감추고 이를 오히려 쩡쩡 울리는 목소리와 도취적인 열광의 축제로 토해내고 있다.

마음을 짓누르는 조국 상황에 대한 걱정은 다음에도 깔려 있다(667행).

> 시모니데스여, 만약 내가 이전처럼 재산이 많다면, 이 나라의 좋은 사람들과
> 모여 앉아 있는 것이 이토록 괴롭지 않을 것이다.
> 그러나 그렇게 지켜만 볼 수 있을 뿐이다. 무슨 일이 일어나고 있는지 알고
> 있지만, 가난이 나의 입을 막아버린다. 나는 다른 많은 국민들보다 더 분명

---

27. 정적들이 화자의 고향 지역 중 대부분을 합병했기 때문에 이제 도시의 영토는 영토 전체를 한눈에 볼 수 있을 정도로 작아졌다. 826행 이하에 성년식 맹세의 대상으로 영토와 지역산물을 거명함을 참조하라(M. N. Tod, *Greek Hist. Inscr. II*, Oxford, 1948, Nr. 204, 19 이하). 경구시의 이념('만약 고향이 곤경에 처해 있다면 화관을 머리에 엮을 것이 아니라 머리를 자르고 슬퍼해야 한다')은 상투어가 되었고, 아이스키네스가 이를 데모스테네스의 『월계관 연설』에 적용시킬 정도였다(3, 211, ‘οὐ γὰρ δεῖ, ἐφ᾽ οἷς ἡ πόλις ἐπένθησέ καὶ ἐκείρατο, ἐπὶ τούτοις ἐμὲ στεφανοῦσθαι᾽).

히 알고 있다.

하얀 돛대를 내린 후 (?) 우리가 어떻게 지금 멜리오스의 바다로부터
어두운 밤을 뚫고 표류하고 있는지를.

그 누구도 물을 퍼올려 담기를 원하지 않는다. 그러나 격랑이
갑판 위 양쪽으로 덮쳐온다. 그들이 그렇게 처신한다면,
배 위에서는 그 누구도 몰락을 피하기 어렵다. 그들은 앞을
잘 살피는 유능한 항해사를 해고해버린다.

뻔뻔스럽게도 그들은 부유해지고, 전체를 위한 세금은
제대로 들어오지 않는다. 교육이란 교육은 사라졌고,
선원이 지휘를 하고 나쁜 사람들이 좋은 사람들 위에 서있다.

나는 두렵다, 바다가 배를 삼켜 버릴까봐.

이것을 나는 좋은 사람들을 위해 수수께끼로 숨겨 놓았다.
나쁜 사람도 어쩌면 풀이할 것이다. 영리하기만 하다면.

국가라는 배는 모든 시민들을 번영이나 몰락으로 함께 묶어주는 운명공동
체를 상징한다. 물론 이러한 시민들에는 맹목적인 이기심으로 이러한 연
대를 외면하는 사람들도 포함된다. 이런 비유는, 화자가 새롭게 고안한 것
은 아니지만(이 책 353쪽 각주 4번을 보라), 화자는 지금 권력을 잡고 있는 '나
쁜 사람들'과 무지한 사람들이 이런 비유에 친숙하지 않다는 점을 감안하
고 있다. 그는 자신이 처해 있는 경제적 의존성으로 인해 공개적으로 비판
을 감행하기 어렵기 때문에 애매하고 모호하게 말하고 있다. 하지만 어쨌
든 그는 국가와 민족이 처한 위험을 너무나 분명히 직시하고 있기 때문에
은밀한 경고라도 하지 않을 수 없다.

조국에 대한 순수한 감정을 당파적 열정 뒤에 숨기고 있는 몇몇의 시행
을 예외로 친다면,[28] 우리가 방금 인용한 두 경구들과, 앞서 읽었던 두 번째

도입부(757~788행)와, 흩어져 있는 몇 개의 짧은 경구들이[29] 테오그니스 문집에서 조국애를 증언하고 있는 전부다. 다른 사람이나 또는 맡은 일에 대한 책임 의식은 전혀 찾아볼 수 없다. 가족관계에 대한 언급도 매우 드물며,[30] 직무에 대한 언급은 완전히 빠져 있다.

그 대신 많이 듣게 되는 것은 우정과 그리고 그와 짝을 이룬 적대관계다. 개인들은 쌍방 간의 필요에 따라 서로 연합한다. 또 온갖 이해관계에 따라 다른 집단에 맞선 싸움에서 이해가 합치되는 집단끼리 더 큰 집단을 형성한다. 아마도 '나쁜 사람들' 계급에 대한 모든 '좋은 사람들'의 공동투쟁에서도 이와 마찬가지일 것이다. 다음에 나타나는 소원은 솔론의 기원(이 책 438~443쪽을 보라)을 연상시키는데, 여기서도 한 남자의 위대함을 정하는 척도가 친구들에게 이익을 주고 적들에게는 해를 끼치는 능력이라는 점이 전제되어 있다(337행 이하).

> 제우스여, 나를 도와주는 친구들에게 우정을 되갚도록 하소서,
> 그리고 우월한 권력으로 적들을 물리치도록 하소서.
> 만약 다른 사람들이 자신에게 행한 것을 되갚은 자로서 죽게 된다면,
> 퀴르노스여, 인간들 앞에서 나는 신이 될 것이다.

---

28. 865행 이하(이 책 774쪽), 945행 이하(이 책 771쪽), 1044행. 나라에 대한 근심이 표현되는 곳은 151행 이하, 541행 이하, 603행 이하, 855행 이하, 1003행 이하.

29. 233행 이하(이 책 771쪽)를 보라. 한 독재자 또는 독재자 전반에 대한 증오는 823행 이하와 1179행 이하에서 더 강해진다. 에우보이아와 퀍셀로스 가문에 대해서는 891행 이하에서 다루고 있다. 549행 이하, 887행 이하, 1043행 이하에서는 전쟁이 진행 중이다. (이는 위대한 정치와 연관되는 대목의 목록을 완성시키기 위한 것이다.)

30. '친구에 대해 마치 형제인 것처럼 관대하여라'(99행), '형제가 아닌 형제'(300행), '아버지가 아들을 가르친다'(1049행), 여자를 선택하는 기준(183~196행), 457행 이하 그리고 1225행 이하. 409행 이하에 대해서는 이 책 777쪽을 보라.

유사한 생각이 다음 두 경구시에도 들어 있다(561행 이하, 361행 이하).

> 내가 원하는 것은 재산이다. 더 나아가 적들의
> 엄청난 재산을 친구에게 가지라고 선물하는 것이다.

> 나의 퀴르노스여, 어떤 사람이 무거운 고통에 부닥친다면
> 그의 심장은 오그라든다. 이를 되갚자마자 심장은 다시 부풀어오른다.

친구에 대한 신의나 불신은 당연히 매우 중요한 문제다. 따라서 이 주제는 문집 가운데 변주되어 여러 번 등장한다. 어떤 화자가 믿을 만한 동반자를 찾지 못하겠다고 불평하며, 자기 자신은 금처럼 진실한 사람이지만 다른 사람은 항상 납처럼(415행 이하) 엉터리로 드러난다고 말한다. 이런 식의 자기 찬양은(447행 이하도 참고하라) 구성원들이 새로 관계를 맺을 상대를 찾으려고 애쓰는 집단에서는 놀라운 일도 아니다. 그래서 어떤 사람은 단언한다(529행 이하).

> 나는 선천적으로 노예의 성격이 아니다.[31] 나는 나의 동료들과
> 나와 친한 사람들과 친구들을 배반한 적이 없다.

또 다른 사람은 형제애의 화신인 디오스쿠로이를 부른다(1087행 이하).

> 카스토르와 폴뤼데우케스여, 너희 신성한 스파르타, 좔좔
> 소리를 내는 강을 넘어 에루로타스의 계곡에서 살고 있는 자들이여.
> 내가 만약 친구에게 고통을 준다면, 그 고통은 나에게 되돌아올 것이다.
> 그가 나에게 그렇게 하려 한다면, 두 배나 많은 고통이 그에게 닥칠 것이다.

---

31. '노예적'이라는 말은 자신의 이익만을 무조건 따르는 행동을 의미한다.

디오스쿠로이에 말을 건넴으로써 세 번째 행은 맹세가 되고 네 번째 행은 저주가 된다. 화자는 스스로를 구속하는 서약을 하지만, 이 서약은 상대방에 대한 저주의 강도에 비하면 그 절반에 지나지 않는 것으로서, 화자의 단순한 자기애를 보여준다. 또 자신이 속한 집단으로부터 따돌림을 당한 어떤 사람이 공언(혹은 협박)하는 바, 반대편으로 전향하여 따돌림에 대한 보복을 하겠다고 말한다(811행 이하).

> 나는, 비록 죽음처럼 심하지는 않지만 어떤 타격으로 인해 고통을 받았다.
> 퀴르노스여, 다른 어떤 것도 그보다는 혹독하지 않을 것이다.
> 친구들이 나를 배신했다. 나는 이제 적들에게로 가서
> 거기에는 더 훌륭한 정신이 다스리고 있는지 시험해보겠다.[32]

불신에 가득 찬 경계심에 대해(118행을 참조하라) 종종 강력히 경고하기도 하는데, 믿음이 없는 거짓된 친구가 가장 위험하다(89행 이하).

> 깨끗한 심성의 나를 좋아하라. 그렇지 않으면 절교를 통고하고
> 나를 증오하라. 그리고 싸움을 공개적으로 제대로 시작하라.
> 퀴르노스여, 왜냐하면 한 입으로 다른 말을 하는 사람은
> 나쁜 친구이니. 아니 그는 차라리 적이나 마찬가지이다.

우리가 보기에 여기서 요구하는 결정적 태도는 근본적으로 품위다. 우리는 다음과 같은 경구를 읽게 된다(213행 이하=1071행 이하).

---

32. 1013~1016행 역시 이런 의미일 것이다. 단지 'ἐχθρούς'와 'τε φίλους'가 자리만 바꾸면 된다("친구들 앞에서 두려워하며 몸을 구부리고 어쩔 수 없이 우정의 서약을 무시하기보다는").

현란하고 변화하는 존재로서 모든 친구들을 대하라.

너를 상대에 따라 그와 같은 방식으로 맞추어라.

퀴르노스여! 자신이 달라붙어 있는 돌들과 비슷해지는

형체 없는 해파리 유의 방식을 받아들여라.[33]

너 자신의 색깔을 시간과 기회에 맞추어라.

영리함은 다른 어떤 위대함이나 가치보다 더 많은 권력을 준다.

마지막 행을 단어 그대로 옮기면 다음과 같다. "영리함sophia은 위대한 가치arete보다 더 뛰어나다." 이 경구는 미심쩍다. 전승의 한 부분에서(218행) 이 시행은 무난한 형식으로 "영리함은 완고함atropoia보다 더 뛰어나다"라고 되어 있지만, 이로써 경구에 대해 도덕론자가 가지게 될 매우 극단적인 거부감만이 제거되었을 뿐이다. 이어 영리함에 대한 흥분에 찬 저항도 이어지기 때문이다(221행 이하).

자기 자신만이 현란한 교활함을 사용할 수 있고,

다른 사람은 아무것도 알지도, 하지도 못한다고 생각하는 사람은

실제로는 어리석으며, 그의 마음은 굽어 있다.

어쩌면 우리는 모두 현란함을 이해하고 있다. 그러나

어떤 사람들은 나쁜 냄새가 나는 이득을 좇으려 하지 않으며,

어떤 사람들은 가짜와 약삭빠른 사기를 끌어들인다.

이 책에 적혀 있는 논의는 이런 방식으로 흔히 오락가락한다. 우리는 '변덕스러운ἐφήμεριος' 속임수가 오랫동안 자신을 속일 수 없다는 것을 읽을 수 있다(963행 이하). 언젠가 한 번 인간의 본성은 결국 드러난다. 그때

---

33. 213~218행 시구와 그 생각에 대해서는 *Frühgriech. Denken* 32쪽 이하를 보라.

까지 사람에 대한 판단을 보류해야 할 것이다. "나는 너를 자세히 알기도 전에 너를 좋은 사람이라고 생각하는 잘못을 저질렀다. 하지만 지금은 배가 형편없는 항구를 피하듯이 너를 피한다." 이어 다음의 조언이 나온다 (365행 이하).

영리하다면 나서지 말라. 입으로는 좋은 말만 하도록 하라.
질이 낮은 사람들만이 성급한 마음을 가지고 있다.

또는, 짐짓 예측불허의 태도를 보여야 한다고 권고한다. 이유는 사람들과의 거리를 유지하여 이용당하지 않도록 자신을 보호하기 위함이다(301행 이하).

너는 씁쓸하고도 달콤해야 하고, 사랑스럽고도 무뚝뚝해야 한다.
하인과 노예를 대할 때, 또 주위의 이웃을 대할 때에도.

마지막 2행시는 주인으로서의 당당한 의식을 강조하고 있다. 의도적으로 주인 행세를 함으로써 자신을 독립된 인격으로 존중받도록 해야 한다는 것이다. 이는 귀족주의적인 생각이며, 그때그때 대하는 상대방에 스스로를 완전히 맞추어야 한다는 가르침과 정면으로 대치되는 생각이다. 문집 안에는 귀족주의적인 주인의식, 자신감, 자부심, 완강함을 표현하고 있는 경구가 드물지만 몇 개 들어 있다. 가령 다음과 같은 것들이다.

(1023행) 나는 결코 고통스러운 적들의 속박 아래로 몸을 굽히지 않을 것이다. 그들이 나의 머리에 산을 옮겨 놓는다 해도.
(847행) 눈이 먼 대중을 발로 밟아라, 날카로운 꼬챙이로 그들을 내몰아라. 학대받는 그들의 목에 굴레를 씌워라.

그렇지 않으면 너는 그 어디에서도 그토록 주인을 사랑하는 민족을
발견하지 못할 것이다.[34] 태양이 내리비추고 있는 넓은 세상 어디에서도.
(233행) 꿈속에서 헤어나지 못하는 대중에게 고귀한 자는 성곽이자 탑이다,
나의 퀴르노스여, 그렇지만 그는 존경을 많이 받지 못한다.
(367행) 나는 이 나라의 사람들을 이해하지 못하겠다. 그들이 무엇을 원하
는지,
내가 해를 입히거나 이롭게 해도, 그들은 결코 만족하지 않는다.
많은 사람들이 나를 비난한다. 고귀한 자들이나 나쁜 자들이나 모두.
그러나 바보들 중에는 그 누구도 나처럼 행동할 수 있는 사람이 없다.[35]

마지막으로는 다음의 (번역할 수 없는) 다짐이 이어진다(945행 이하).

나는 곧고 바른 길을 갈 것이다. 옆으로 꺾지는 않을 것이다.
나는 합당한 방식으로만 행동해야 하기 때문이다.
나라의 질서를 세울 것이다. 유익한 질서를. 그러니 불의와는 결코
손을 잡지 않을 것이다. 대중에게는 결코 권력을 넘겨주지 않을 것이다.

'질서 κόσμος'는 귀족주의의 핵심어였으며, 이 구절은 귀족주의적 질서가
다스리고 있음을 전제한다.
  대립하는 집단들 사이의 험악한 싸움에서 혹독한 말이 격렬하게 오갈 때
면, 어조가 사뭇 달라진다(341행 이하).

---

34. "그토록 주인을 사랑하는 민족"이라는 표현에서 주인은 한 개인(참주)이 아니라, 귀족
    계급을 염두에 둔 말일 것이다.
35. 'μωμεῖσθαι 책망하다'와 'μιμεῖσθαι 모방하다'를 연결시키는 언어놀이는 번역으로
    나타낼 수 없다. 내용과 관련해서는 24행 이하와 793~804행(이 책 747쪽과 757쪽)을
    참조하라.

올림포스의 제우스여, 내가 드리는 정당한(?) 요청을 들어주소서.
고통에 대한 보상으로 이제 성공도 하나 내려주소서!
끊임없이 불행에 시달리느니 차라리 죽는 것이 낫겠습니다.
왜 나는 나를 괴롭힌 자들을 괴롭혀서는 안 됩니까?
물론 그것은 유치한 짓입니다. 하지만 비열한 폭력을 써서
나의 전 재산을 빼앗아 간 사람들에게
복수할 가능성이 전혀 없습니다. ——[36]
야비한 사람들의 피를 뽑아 먹을 수 있다면! 아, 내가 원하는 것을
선사하는 선한 섭리가 생겨난다면!

이런 유의 사람들에게 상대방에 대한 신사적인 태도를 기대할 수는 없다.
조언에는 간계와 야비함이 들어 있다(363행 이하. 이 책 423쪽의 솔론 23D＝
32+33+34W 15행과 비교하라).

적을 적당히 유인하라. 그리고 그가 완전히 너의 수중에 들어온 다음에야
완곡한 표현을 던져버리고 그에게 복수를 행하라.[37]

다음 구절도 비슷하게 야비하다(1041행 이하).

피리연주자들과 함께 오라. 우리는 통곡하는 사람을 보며 웃으며
술을 마시고자 한다. 그가 당하는 고통을 흥겹게 즐기면서.[38]

---

36. 이곳의 반 행 정도는 시행이 분명하지 않다.
37. 바로 이 경구의 의미에서 에우리피데스의 『박코스의 여인들』에서 디오뉘소스 신은 적
대자를 처리한다.
38. 이와 대구를 이루는 경구(1217행)는 다음과 같다. "퀴르노스여, 우리는 결코 울고 있는
사람 옆에서 / 자신의 행복으로 즐거워하며 웃으며 앉아있지 않겠다."

그럴지라도, 말에 담긴 노여움으로 인해 말은 무언가 대단해 보인다. 너그러운 아량을 권하는 경구는 드물다(323행 이하).

> 퀴르노스여, 자신의 언짢은 기분에 골몰하여 매우 사소한 동기로[39]
> 친구를 저버리는 것은 어떠한 경우에도 잘못된 것이다.
> 우리가 친구들의 잘못 하나하나에 대해 화를 낸다면,
> 우정이나 친밀한 관계는 불가능하다.
> 사멸하는 인간 모두는 과오로 더럽혀져 있다. 퀴르노스여,
> 오로지 신만이 완벽하게 깨끗하다.

이와 관련하여 아래 구절은 더욱 의미심장하다(305행 이하).

> 나쁜 인간은 원래부터 나쁘게 태어난 것이 아니다.
> 나쁜 사람들을 친구로 선택하면서 그렇게 된 것이다.
> 그들이 듣고 있는 모든 것이 얼마나 잘못된 것인지 모른 채,
> 거칠고 비열하고 추하게 행동하고 말하는 것을 배웠다.

나쁜 인간과의 교제는 심성을 해칠 수 있다는(35행 이하, 이 책 748쪽을 보라) 테오그니스의 기본 입장을 볼 때, 위의 경구는 우선 논리적으로 당연한 결론이겠지만, 실제 이런 결론을 끌어내 언급한다는 사실 자체는 매우 중요한 의미를 갖는다. 왜냐하면 실제로는 맞서 싸워야 마땅한 행동방식을 가진 인간에 대해서도 공정한 이론적 입장을 취하고자 하는 관심이 그런 결론에 전제되어 있기 때문이다. 다음의 구절도 주목할 만하다(1079행 이하).

---

39. '$\delta\iota\alpha\beta\acute{\alpha}\lambda\lambda\epsilon\iota\nu$'은 원래 '서로 멀어지다, 낯설어지다'를 의미한다. '비방'의 개념은 이차적으로 생겨난 것이다(Liddle & Scott, *Greek-English Lexikon*을 참조하라). 이 맥락에는 맞지 않다.

나의 반대자들 중에서 좋은 사람은 비난하지 않겠다.
또 친구라도 비열한 사람은 칭찬하지 않겠다.

가장 주목할 만한 것은 소크라테스를 연상시키는 경구인데, 그 내용은 악을 악으로 갚는 것을 금지하라는 것이다(547행 이하).[40]

누구에게도 악의를 품고 힘으로 해를 가하지 말라. 왜냐하면 정의로운
일에는 다른 사람에게 선을 행하는 것 이외에 더 좋은 것이 없다.

지금까지 우리는 처세와 처신을 다룬 경구들을 많이 읽었다. 이제 인간 개개인의 삶의 목표와 이상에 관한 물음으로 눈을 돌려,[41] 특히 인간적 가치인 '아레테arete'의 본질을 살펴보면, 우리는 이미 예측하듯이 매우 다양한 종류의 대답을 얻을 수 있다.

위(僞)튀르타이오스에서 보았던 것처럼(이 책 630~633쪽을 보라) '아레테'는 용감한 전사정신으로 이해되며, 위(僞)튀르타이오스에서 말고는 오로지 여기에서만 '아레테'가 가져다주는 영원한 명성을 언급한다(865행 이하).

신의 은총은 쓸모없는 많은 인간들에게 화려하게
쏟아진다. 그러나 그렇다고 그들이 더 잘되는 것도 아니며,
친구들도 마찬가지이다. 반면 훌륭함arete은 죽은 후에도 명성을
유지한다. 왜냐하면 땅과 나라의 보존은 전사자에 힘입은 때문이다.

---

40. [역주] 플라톤의 『국가』 1, 331e 이하 폴레마르코스와 소크라테스의 대화에서 소크라테스는 시모니데스의 옛 격언 '친구를 이롭게 하고 적에게 손해를 준다'를 검토한다.
41. 우리는 포도주와 사랑의 단순한 향유에 대해서, 그리고 권력의 즐거움과 복수의 기쁨에 대해서는 다루지 않겠다.

성향은 이상주의적이지만, 그 이유는 냉정하고 단호하게 제시된다. 종종 불행으로 이끄는 부를 인간들에게 가져다주는 신의 우연적 축복은, 국가를 위해 안전과 지속을 쟁취하고 그럼으로써 자기 자신도 영원히 기억되는 영광을 보장받는 전사의 업적과 대조를 이룬다.

'훌륭함arete'에 대한 또 다른 정의는 시모니데스의 가르침(이 책 576~581쪽을 보라)과 매우 가깝다(1177행 이하).

> 만약 네가 결코 어떠한 수치스러운 짓을 하거나 당하지 않을 수 있다면,
> 퀴르노스여, 그것이 너의 가치arete에 대한 가장 강력한 증거가 될 것이다.

다음에 '훌륭함'은 후대의 도덕론자들이 말하는 의미에서 합법성과 동일시되고, '아레테'는 '미덕'이 된다(145행 이하).

> 스스로의 청렴을 유지하고, 불법적으로 획득한
> 재산을 즐기기보다는 차라리 궁핍한 삶을 이끌어라.
> 정의 속에 미덕arete 전체가 포함되어 있다, 퀴르노스여!
> 그러므로 올바르게 행동하는 사람은 누구나 훌륭하다.

이어지는 경구 두 개에는 당시 귀족주의 사회에 퍼져 있던 '아레테'에 대해 확고하게 정리된 입장이 바탕을 이루고 있다. 이 입장을 정리하면 '아름다움과 권력에 대한 정열', 즉 고귀하고 위대하고 섬세함이라는 아름다움을 삶에서 실현하는 힘이다.[42] 따라서 '아레테'는 우선 숭고하고 탁월한 모든 것을 수용할 수 있고 이를 뜨거운 의지로 추구하는 정신을 전제하며, 다

---

42. '*ἐρᾶν καλῶν καὶ δύνασθαι*', 플라톤의 『메논』 77b 이하를 보라. '아레테'에 대한 이러한 정의는 핀다로스의 시 여러 곳의 근간을 이루고 있다(*Frühgriech. Denken* 361쪽 이하와 이 책 540쪽을 보라. 또 이 책 612쪽 이하와 각주 6번도 함께 참조하라).

음으로 원하는 것을 행동으로 옮길 수 있는 능력을 전제한다. 그런데 다음의 4행 시구는 이 두 전제가 동시에 충족되는 일은 매우 드물다고 불평한다(683행 이하).

> 많은 재산가들은 아름다움을 모른다. 반면 다른 사람들은 아름다움을
> 찾지만, 가난과 고통스러운 곤궁이 그들을 내리 누르고 있다.
> 이렇게 저렇게 그들이 성과를 이룰 수 있는 문은 닫혀 있다.
> 어떤 사람에게는 돈이 없고, 어떤 사람은 적당한 정신적 능력이 없다.

다음 2행시의 화자는 짐작건대 언급된 두 부류 중 하나에 속한다(695행 이하).

> 나에게는 구제책을 모두 제공할 수 있는 힘이 부족하다.
> 마음을 가다듬어라. 다른 사람들도 너처럼 아름다움을 찾고 있다.[43]

종종 바람직한 여러 가지 일들이 서로 견주어 비교되는데, 결과는 그때마다 달라진다. 가령 행운은 매우 나쁜 인간에게도 돈을 선사하지만(149행 이하), 소수의 사람들만이 '아레테'를 가지고 있다.[44] 한 군데에서(933행 이하) '아레테'와 아름다움을 연결시키는 소수만이 행복하다고 말한다. 다른 한편, 우리는 앞에서 '아레테'와 영리함이 최고의 목표라는 것을 이미 들은 바 있다. 또한 영리함이 위대한 '아레테'를 능가한다는 말 역시 들은 적이 있다(이 책 756쪽, 769쪽. 789행 이하와 1074행 이하). 다소 긴 경구 하나(699행 이하)는 대다수 사람들에게 재산이 유일한 '아레테'라는 것을 분명히 보이

---

43. 핀다로스 『퓌티아 찬가』 4번 288행 이하를 참조하라. 'τοῦτ᾽ ἀνιαρότατον, καλὰ γιγνώσκοντ᾽, ἀνάγκᾳ ἐκτὸς ἔχειν πόδα.'
44. 315행 이하는 솔론의 시에서 유래한다.

기 위해, 그 이외 육체와 정신의 모든 탁월함을 열거하며 대비시킨다.[45] 다음 단계는 획득과 소비 사이의 올바른 균형 속에 최고의 '아레테'가 있다고 보는 어떤 시에서(903행 이하) 일어난다. 즉 너무 적게 쓰고 즐기지 않으면 자손만 웃으면서 이득을 취할 뿐이고, 또 지나치게 돈을 많이 쓰고, 생각한 것보다 오래 산다면 노년에 고생을 하게 된다. 하지만 이와 반대로 냉소적인 대답도 있다(931행 이하).

사는 동안 아끼는 것이 최상이다. 유산으로 남길 재산 없이
죽는다면 누가 너를 슬퍼하며 울어줄 것인가?

이와 반대로 다음 2행시는 훌륭함을 통해 사람들의 존경심을 얻는 것이 돈이나 재물보다 더 가치 있는 것이며, 더 나아가 자손에게도 훨씬 좋은 일이라고 보고 있다(409행 이하).

퀴르노스여, 너의 자식들을 위해 모아놓을 것으로 사람들이
훌륭한 사람들에게 바치는 존경심보다 더 좋은 보물은 없다.

이런 생각은 다른 여러 곳에서도 나타난다. 핀다로스도 같은 입장을 드러내고 있으며(『네메이아 찬가』 8번 35~39행. 이 책 908쪽을 보라), 소포클레스의 『안티고네』(701~704행)에서도 하이몬이 아버지의 의견에 반대하여 이런 생각을 펴고 있다. 테오그니스의 문집 자체에서 위의 2행시를 재치 있게 흉내 낸 또 다른 시가 있다(1161행 이하).

---

45. 문체는 위(僞)튀르타이오스 단편 9와 눈에 띌 정도로 유사하다. 죽음의 불가피성에 대한 여담은 아마도 '살 수 있는 동안 삶을 즐겨야 하며, 돈도 즐길 것에 속한다'는 내용으로 이어가기 위한 준비로 보인다.

퀴르노스여, 너의 자식들을 위해 더 좋은 것은 아무것도 모아 놓지 않는 것
이다.
자식들이 네게 요구하는 재산일랑 훌륭한 사람들에게 주어라.

또 이 경구는 다른 전승(스토바이오스 3, 31, 16 = III S. 672 Hense)에서 다음
과 같이 변형된다.

퀴르노스여, 너의 보물창고에 모아놓을 것으로
네가 훌륭한 사람들에 바치는 존경심보다 더 좋은 보물은 없다.

이런 두 가지 변형은 대략 서로 유사한 결론에 이른다. 2행시의 논거에 비
추어 '훌륭한 사람들' 중 한 명은 우정 어린 헌신을 요구한다. 두 번째 변형
에서 '존경심'은 금전적인 호의 등의 제공을 통해 확인된다. '훌륭한' 사람
들은 나중에 그들이 받은 것을 모두 갚을 것이다. 그렇게 해서 자선을 베푸
는 사람의 소유에서 재산은 줄어들지만 그의 성과들이 예치금으로서 쌓이
는 셈이다. 따라서 희생과 손실은 논외의 사항이다.
  다음의 경구에서는 '아레테'가 성공과 번영으로 이해되고 있다(335행
이하).

어떤 것도 지나치게 행하지 말라. 항상 중용을 유지하라. 퀴르노스여,
그렇게 할 때만이 너는 목표에, 얻기 힘든 가치arete에 도달한다.

여기서 화자가 말하고자 하는 것은, 오로지 조심스레 살피면서 커다란 위
험으로부터 피해갈 때만이 올바른 것에 이를 수 있다는 것처럼 보인다.[46]

---

46. 그런 종류의 신중함은 401행 이하와 557행 이하에서도 권유하고 있고, 정치적 영역에
   서의 신중함은 219행 이하에서 말하고 있다.

이것은 진정으로 소시민적인 생각이다. 하지만 '아레테'는 어쨌든 여전히 노력하여 얻어내야 할 하나의 자산으로 간주되고 있다. 또 다른 2행시(653행 이하)는 "운명의 은총과 신들의 선한 의도 이외에 다른 '아레테'를 요구하지 말라"고 조언하면서 '아레테'를 전적으로 세계를 지배하는 힘들의 선물로 만든다. 그래서 다음 2행시에는 심지어 '아레테' 자체가 포기되기도 한다(129행 이하).

> 너를 빛내줄 미덕arete을 주십사 기도하지 말라. 폴뤼파오스의 아들이여,
> 재물을 달라고 기도하지 말라. 오로지 한 가지, 행복만을 원하라.

한 걸음 더 나아가 '아레테'를 아예 더 이상 언급하지도 않는다(1153행 이하).

> 나는 많은 재산을 원한다. 그리고 걱정 없이 살고 싶다.
> 다른 사람에게 폐를 끼치지 않고 경제적인 어려움 없이.

이마저도 다음 화자에게는 지나친 요구로 보인다. 그는 대답한다(1155행 이하).

> 나는 부를 구하거나 간청하지도 않는다. 나는 그냥
> 경제적으로 어려움이 없을 정도의 적은 재산으로 살고 싶다.

아마도 이 화자는 많은 재산을 추구하는 데 뒤따르는 위험을 피해가려 하는 것 같다. 매우 독특한 2행시 하나가 이 위험부담을 다루고 있다. 이 시는 여러 사람들 가운데 특히 솔론도 이미 말한 바 있는 생각(1D=13W, 65행 이하. 이 책 440쪽)을 훨씬 더 날카롭게 핵심을 찔러 다음과 같이 표현한다(637행 이하).

전망이 낙관적인가? 또는 앞길이 험난해 보이는가? 인간의 삶에서는
이 두 가지는 서로 닮은 것이다. 이것도 저것도 위험한 힘daimon이다.

때때로 우리는 유혹에 이끌려 나쁜 결과를 낳는 행동을 하게 된다. 따라서
새로운 일을 감행할 때 생겨나는 상반된 방향의 두 가지 측면, 즉 희망적 측
면과 불행의 측면은 서로 꼭 닮은 모습을 하고 있다.

많은 경구시들이 전제하고 있는 것처럼 그토록 혼돈스러운 상황에서
종교는 더 이상 든든한 버팀목이 되어주지 못한다.[47] 신들이 고통을 가하
고자 한다면 어떤 희생제물을 바쳐도 신들의 마음을 돌려놓을 수 없다는
것을 우리는 읽을 수 있다(1189행 이하). 제우스는 잘잘못에 따라 상을 주
거나 벌을 주지 않기 때문에 정의로운 사람이 불행을 당하며, 가난한 사람
이 죄를 받게 된다.[48] 또 다른 화자는 정치적 위험에 직면하여 훌륭한 행
동에 대한 모든 통상적 규범들을 포기하는 것이 당연하다고 생각한다(235
행 이하).

여전히 좋은 상태에 있는 인간에게 합당한 행동이 무엇인가는 문제가 아
니다.
지금 중요한 것은 몰락하려 하는 도시국가에 적합한 행동이 무엇이냐는 것
이다.[49]

---

47. 신들이 도덕의 수호자라는 믿음이 말로 표현되는 경우는 드물다(399행 이하, 1170행,
    1179행 이하, 1195행 이하). 805행 이하는 신탁에 대해 다루고 있고, 테오로이 사람들
    은 545행에서 언급된다.
48. 373행 이하, 이 책 583쪽. 이 경구시에 대한 대답은 다음 경구에서 등장한다(393행 이
    하). 여기서는, 도덕적인 인간은 가장 심각한 상황에서도 과오를 저지르지 않으며, 결
    국 그런 가혹한 시련에서만 참된 본성을 증명할 수 있다는 것을 말하고 있다.
49. 68행 이하의 표현과 비교하라.

결국 사람들은 더 이상 지향할 수 있는 무엇이 있다는 것을 믿지 않는다 (381행).

> 신적인 힘은 죽을 운명의 인간들에게 어떤 정당한 것도 부여하지 않았고,
> 우리에게 권유된 신들로 향하는 길을 가리켜주지도 않았다.

이제 무엇이 남아 있는가? 스스로에게 줄 수 있는 것밖에는 아무것도 없다. 그것은 그리스어로 '톨만 τολμᾶν'에 해당하는(441행 이하, 555행 이하, 591행 이하) 용기와 저항의 특별한 형식이다. 우리에게는 이에 상응하는 개념이 없기 때문에 에둘러 설명해야 한다. 여기서 의미하는 것은 각오와 굳건한 태도이고, 의기소침한 정신을 다시 가다듬는 불굴의 저항력이며, 나약해진 자들을 강하게 만들고 얽매인 자들에게 자유를 돌려주는 능동적인 인내이다. 이는 끔찍한 현실을 인정하는 동시에 무시할 때 생겨나는 특별한 내적 긴장감이다. 이것은 있는 그대로 모두 밖으로 드러나지 않는데(442행), 결의에 찬 태도에서는 고통의 심연이 겉으로의 태연함이라는 희미한 표면 뒤에 감추어져 있기 때문이다. 이러한 태도를 위한 실천적인 지침이 언급된다(355행 이하).

> 퀴르노스여, 친절한 손으로 운명이 너에게 보냈던 좋은 것을
> 즐긴 다음 불행이 온다 해도 평정을 잃지 말라.
> 그리고 행복이 근심으로 바뀌는 것처럼 너도 이제 다시
> 위기에서 벗어나도록 노력하라, 신의 가호를 청하면서.
> 얼마나 혹독한 고난이 너에게 닥쳤는지 보이지 말라. 왜냐하면
> 고통의 무거움을 보여준다면 위험에 처한 너를 도와줄 자 없을 것이다.

이 유익한 경구를 마지막으로 개별 주제를 다룬 시행의 인용은 끝낸다.[50] 이제 마지막으로 지금까지의 내용을 전체적으로 조망해보고자 한다.

테오그니스 문집은 완성되기까지 여러 세대를 지나면서 많은 사람들의 손을 거쳤고, 그 때문에 이미 전체상은 여러모로 흐릿하고 혼란스럽다. 이를 어느 정도 분명하고 단순화하기 위해 몇 가지 특징을 들어 부각시키고 때때로 윤곽을 더 선명하게 그려 보이겠다.

테오그니스 문집은 위대한 시문학을 담고 있지 않지만, 이 책이 생겨날 당시의 정신적 문화적 자산을 많이 담고 있어 가치가 크다. "삶을 유지하기 위한 일용 양식을 걱정하면서" 새처럼 이곳에서 저곳으로 날아다니며 짧은 노래를 읊기에 적당하게, 그의 시행에는 "수많은 인간 근심들이 울긋불긋한 깃털 옷을 입고 있다."[51] 가난 등의 결핍은 가장 많이 등장하는 주제에 속한다. 물론 다른 주제도 많이 다루어지고 있으며, 모든 경구는 실천적 삶의 문제와 관련이 있다. 개인의 사적인 관심거리들이 대부분을 차지하고 있고, 정치문제라고는 다만 당파간의 투쟁이 고작이며 초당적 정치는 주변으로 밀려나 있다. 하지만 개인적이라 하더라도 우리가 듣게 되는 체험과 상황은 개별적이 아닌 유형적인 것이며, '나,' '너' 같은 인격 역시 일반적인 인간 내지 하나의 인간 유형을 대표한다. 비록 한 개인의 이름이 청자로 불리어지긴 하지만(퀴르노스, 시모니데스, 데모낙스), 그 내용

---

50. 여기서 언급하지는 않았지만 상당히 좋은 구절들이 있다. 가령 지금까지 우정을 유지하던 어떤 친구에 대한 절교를 다루는 595행 이하와 599행 이하의 시행, 날카로운 비난을 다루는 453행 이하, 1247행 이하, 295행 이하 등등 여러 곳이다. 소년애를 다루는 구절들은 대체적으로 빈약하며 흥미롭지 않다. 여인과의 사랑에 관한 얼마 안 되는 구절들은 좀 더 나은 편이다. 두 가지 주제 모두를 우리는 이 책에서 다루지 않았다.

51. 729행 이하. 2행시 시구는 부분적으로 훼손되었고(ἔχουσαι) 그에 대한 해석도 문제가 있다. 사유를 담고 있는 "날개"에 대해서는 237행(그리고 939행), 핀다로스 『퓌티아 찬가』 8번 34행 등 여러 곳을 참조하라.

은 같이 듣고 있는 집단을 향하고 있다. 이것은 한 번(495행) 명시적으로 규정되어 있다. 시는 사적인 대화로 변질되어서도 안 되며, 또는 가령 우리가 튀르타이오스의 엘레기에서 보았던 것처럼 공적인 연설의 어조를 띠어서도 안 된다.[52]

사유방식은 추상적이고 개념적이며, 화자는 세부를 설명하는 데 지나칠 정도로 인색하다. 연회장을 다룬 시행들 중 일부 시행이 상대적으로 가장 일목요연하지만, 이 역시 우리가 보통 듣게 되는 많은 세부적인 광경들, 예를 들면 빵, 치즈, 꿀과 견과류가 놓인 탁자, 포도주 항아리와 술잔, 또는 제단과 향, 화환과 향유 등을 언급하지 않는다.[53] 상고기적 구체성은 흔적을 찾아볼 수 없다. 우리는 계속해서 "재산"과 "돈"에 대해 그리고 "가난"과 "불행"에 대해서만 듣게 될 뿐이며 밀밭, 소떼나 양떼 그리고 물건들을 이 나라에서 저 나라로 실어 나르는 배들에 대해서도, 농업이나 직조업과 무역 등에 대해서뿐만 아니라 직업이나 노동 자체에 대해서도 아무것도 듣지 못한다. 흉작이나 손실 그리고 무겁게 쌓인 부채 등에 대해서도 마찬가지다.[54] 신뢰할 수 없는 사람과는 "진지한 사업"을 벌여서는 안 된다는 경고

---

52. '메가라인들이여', '시민들이여', '젊은이들이여'와 같은 집단적인 호칭은 없다(1160a행의 앞부분은 훼손되었다). 다른 한편 어떤 특정 장소와의 연관성도 드러나 있지 않으며 (879행 이하와 1002행은 예외이다), 그 이유는 그렇게 되면 그 경구시가 다른 속에서는 적절히 사용될 수 없을 것이기 때문이다. 따라서 이런 경우는 처음부터 피했거나 아니면 추후에 삭제되었다. 그러나 이는 일부분 공간적으로(가령 11행 이하, 773행 이하의 메가라) 또는 시간적으로(764행의 페르시아 전쟁) 정해져 있었던 배경을 나타내는 구절에는 적용되지 않는다.

53. 문체상 크세노파네스의 단편 1을 연상시키는 생소한 6행시 두 개 879행 이하와 997행 이하는 예외이다.

54. 완전한 또는 부분적인 예외 몇 개가 있다. 가령 511행 이하, 691행 이하, 1166행에 나타난 여행이나 해상무역, 1197행 이하의 농경, 135행, 914행, 1116행의 "노동" 또는 (일반적인) "성취, 노력", 1195행 이하의 "부채를 떠넘겨서는 안 된다"등이 그 예이다. 그러나 가령 배는 비유로만 나타난다(114행, 457행 이하, 576, 970, 671행 이하).

를 전하지만(62행, 이 책 750쪽 참조), 이 진지한 사업이 정치적인 것인지 아니면 경제적인 것인지, 아니면 어떤 특별한 것인지에 대한 암시는 전혀 주어지지 않는다. 이에 대한 예들은 수없이 많았다. 테오그니스 문집에 구상적이고 구체적인 것이 빠져 있는 이유가 다름 아닌 엘레기 형식 때문이라고 할 수는 없을 것이다. 엘레기에 그런 식의 제약은 없다. 오히려 우리는 이 작품이 형성될 때 격언의 보편적 성격이 결정적으로 작동하였다고 말해야 할 것이다. 그의 작품은 실천을 지향하는 가르침을 주고 있지만, 이 모든 가르침을 적용하여 터득해야 할 실제적 상황들이 거의 언급되지 않는 것도 이런 이유에서라고 하겠다.

외적인 구체성이 분명하지 않을수록 우리는 그만큼 "사고방식νόος"에 대해 더 많이 듣게 되고, 작품 전체를 관통하는 사고방식을 보게 된다. 사고방식을 보면 화자들이 주로 사회적으로 상류층에 속하는 것을 짐작할 수 있고, 그중 대부분은 하층민과 "꿈속에서 헤어나지 못하는 다수 대중 κενεόφρων δῆμος"(233행)에 대한 경멸을 드러내고 있다는 점에서 '귀족주의적'일 수 있다. 심지어 지도자 의식을 말하는 부분도 부분적으로 등장한다(이 책 770쪽 이하). 하지만 우리가 '귀족주의'를 핀다로스에서 언급되는 고귀한 정신으로 이해한다면, 테오그니스 문집은 오히려 서민적인 성격을 지닌다고 말할 수 있다. 이 사실은 우리가 구체적으로 어떤 것이 있고, 어떤 것이 없는지 살펴본다면 분명히 나타난다.

먼저, 격분에 쌓인 불만과 분노에 찬 탄식은 무척 많이 읽을 수 있지만 건설적인 이념은 찾아보기 힘들다. 훈련과 엄격한 질서라는 전형적인 귀족주의 이상은 단 한군데의 예외를 제외하고는(947행, 이 책 771쪽을 보라) 언급되지 않는다. 법을 지킬 의무나 오랜 전통을 올바로 유지해야 할 필요에 대해 아무도 기억하지 않으며, 다른 사람에게도 이를 상기시키지 않는다.

공동체 내의 '평화와 단결ἡσυχία'을 권고하는 단어도 거의 없다.[55] 오히려 타인의 권리와 자산에 대한 부당한 '침해ὕβρις'가 가장 자주, 가장 강도 높게 비판받고 있다. 그럼에도 평화협정의 길을 제안할 생각을 하는 사람은 아무도 없다.[56] 오히려 '적들' 사이의 상호 투쟁을 정상적인 것으로 받아들이는데, 이 투쟁은 전반적으로 자산을 늘리거나 친구들에게 증여하기 위해 모두가 타인으로부터 빼앗고자 하는 소유물을 위한 투쟁이었던 것으로 보인다.[57] 여기에서는 핀다로스의 시문학과는 정반대로 육체적 실존을 넘어 존속하는 명예에 대한 요구의 표현은 나타나지 않는다.[58] 한 군데만 제외하고는(1162행, 이 책 778쪽을 보라) 관대함이라는 귀족주의적 미덕이 칭송되는 적이 없다는 점도 역시 핀다로스와 대조적이다. 또 훌륭한 태도를 통한 고귀한 삶의 방식이나 교육과 예술에 대한 관심도 보이지 않는다. 테오그니스 문집에서 돈이 꼭 필요한 곳 외에 쓰인다면, 그 돈은 오로지 개인적으로 즐기는 데에만 쓰인다(903행 이하). 운동과 국가제전은 단 한 번도 언급되지 않는다. 시합에서 노력하여 검증받으려 애쓰지 않고 안락함을 구한다. 화자들은 분명 위대한 인물들이 아니며, 그렇게 되고자 하는 소망도 없다. 그래서 걸출한 위인이 드리우는 그림자, 즉 다른 사람들의 시기에 대해서도 말할 필요가 없는 것이다.[59]

---

55. 43~52행 같은 구절은 예외이다. 885행의 평화에 대한 사랑은 매우 개인적인 주제이다.

56. 핀다로스『퓌티아 찬가』8번 13행 이하 '평화와 단결ἡσυχία'에 대한 찬가에서 이렇게 한다.

57. 561행, 이 책 767쪽 참조. 2행시 331행 이하는 예외적으로 비당파적인 합법성을 주장한다.

58. 다음의 경우는 예외이다. 865행 이하에서의 전사의 사후(死後) 명성, 237행 이하에서의 노래로 부르는 퀴르노스의 사후의 삶 , 409행 이하에서 아이들은 아버지가 받았던 존경을 물려받는다는 것(이 책 774쪽, 753쪽 이하, 777쪽).

59. 797행 이하는 핀다로스의 한 구절과 유사하다(이 책 757쪽). 그러나 핀다로스가

사유방식이 갖는 힘과 위대함은 인내를 통해서는 가끔, 투쟁을 통해서는 끊임없이 드러난다. 선을 선으로, 악을 악으로 갚는 것은 이런 종류의 남자들이 알고 있는 가장 숭고한 만족이다. 영혼의 결합이 아니라 쌍방의 이해관계를 강화하기 위한 동반자적 우정 역시 이러한 목적에 사용된다. 그래서 우정에서의 신뢰는 다른 무엇보다 활발히 요구되는 인간적인 덕성이다. 이때 신뢰는 어려운 상황에서의 도움과 상대방에게 행해진 일에 대한 정확한 보답을 의미한다.

테오그니스 저작의 엘레기들을 차례로 읽는 사람은 남자들의 사회로 옮겨간 느낌을 받는데, 남자들은 힘겨운 생존 투쟁 중에 있으며, 이를 강인함으로 이겨내고자 한다. 혁명적 변혁기에 그들은 혼란에 빠져 있고, 정상궤도로부터 이탈해 있으며, 궁핍으로 인해 비참한 기분을 가지고 있다. 좋지 않은 경험들로 노회해진 그들은 더 이상 방법을 신중히 선택하지 않으며, 너무 높은 이상을 요구하지도 않는다. 특히 무엇보다도 문집의 공동저자들이 의도하는 것은 도덕적 가치나 정치적인 이념이 인정되거나 승리를 거두도록 돕는 것이 아니다. 그런 소원은 현재라는 먹구름으로 꽉 뒤덮여 있는 지평선 너머에 있다. 그들이 추구하는 것은 그보다는 오히려 개개인이 개인적 성공과 개인적 영향력을 획득하는 것에 있으며, 더 나아가 개인이 불이익을 당하지 않도록 보호하는 것에 있다. 경구는 인간의 공동생활에서 우리가 어떻게 신뢰와 인간애를 만들어낼 수 있을 것인가에 대해서는 그리 많이 가르치지 않고, 차가운 불신과 조심스러운 경계를 충고한다. 철저한 현실주의가 팽배하며, 세상에 대해 그다지 많은 것을 기대하지

‘φθόνος’에 대해 말하고 있는 곳에서 2행시는 ‘μέμφεσθαι’를 말한다. ‘Μωμεῖσθαι’ 등은 테오그니스의 문집에서 드물지 않다. 그러나 ‘φθονεῖν 부러워하다’는 한 번도 등장하지 않는다. 물론 169행(이 책 758쪽 각주 17번)의 ‘μωμεύμενος’와 455행의 ‘ζηλωτός’와는 비교해보라.

도 않는다. 이런 시대에는 다음의 경구가 무엇보다 큰 진실을 담고 있다
(1027행 이하).

우리 인간들 가운데 나쁜 것을 성취하는 것은 쉽다.
좋은 것은 성취하기 어렵다. 퀴르노스여, 그것은 특별한 기술을 요구한다.

3. 핀다로스와 박퀼리데스

(1) 시인들과 직업적 합창시인: 시모니데스의 승리찬가

테오그니스 문집의 경구시들은 단순하며 평이한 예술형식으로 되어 있다. 그 결과 이 형식은 시대의 변천을 겪으면서도 살아남을 수 있었다. 고대 전체에 걸쳐 직업 시인들이나 취미 시인들 모두 자신들의 생각을 엘레기라는 편안한 2행시 형식으로 표현하였는데, 엘레기는 누구나 쉽게 익힐 수 있는 일련의 전형성을 갖고 있었다. 그러나 합창시의 경우는 완전히 달랐다(이 책 293쪽 이하). 합창시의 형식은 복잡했고, 엘레기와는 반대로 비일상적이고 특별한 것에 관심을 기울였다. 운율과 선율은 시마다 달랐고, 한 번 사용된 표현이 다시 그대로 반복해서 사용되지도 않았다. 하지만 자유롭게 변용할 수 있는 다양한 가능성이 오히려 그 장르 고유의 발전을 이끌었고, 합창시 특유의 문체를 만들어냈다. 합창시의 언어는 고도의 시적 언어이며, 도식적 전형성으로부터 벗어나 있었다. 일상어가 매번 정확히 상응하는 단어로 표현하는 것을 합창시는 계속해서 달리 표현하였으며, 전후 문맥을 통해 알 수 있는 것들은 아무 말 없이 생략하였다. 이 때문에 시들은 읽기에 쉽지 않고, 힘들게 노력해야만 간신히 이해할 수 있는 대신, 이러한 노력의 대가는 상당히 컸다. 합창시는 매우 수준 높은 예술이며, 따라서 이를 완성하려면 특정한 전제들을 충족해야 하는 시형식이다. 언어, 음악, 몸짓, 춤 등 모든 분야의 전통을 완전히 섭렵하고 있는 합창지휘자이면서 동시에 시인이어야만 만들 수 있는 예술형식이다. 합창시의 상연(上演)은 교육을 받은 비직업적 합창대를 필요로 했고, 계속적인 훈련을 통해 어려운 시구를 이해하고 공연의 진가를 알아볼 만한 청중을 요구했다. 이런 모든 이유에서 합창시는 다른 어떤 문학 장르보다 더 특징적으로 시대를 대표하였는데, 가장 독창적이고 고도의 문화적 산물로서의 합창시가 최고의 발전을 이룬 것은 그 시대가 끝나갈 무렵이었다. 이렇게 그리스 상고기의 시문학은 핀다로스의 합창시와 함께 화려하게 마무리된다. 핀다로스 합창시의 사상과 형식은 시대변화와는 무관하게 오로지 상고기의 이념을 그대로 순수하게 표현하였다. 핀다로스는 그의 창작시기 동안(498~446년) 주변에서 일어나는 사상적 변화에 영향을 전혀 받지 않았다. 그는 지각생이자 늦둥이로서 시대가 계속 낯설게 변하는 것을 느끼며 살았다. 핀다로스가 합창시라는 오래된 예술 장르를 드디어 완성시켰을 때, 아티카 비극이 이미 완전히 새로운 토대에서 합창시의 후계자로 등장했다. 핀다로스가 여전히 활동을 하고 있었을 때, 아이스퀼로스뿐 아니라 소포클레스와 에우리피데스도 이미 자신들의 목소리를 드높이고 있었다. 물론 비극은 합창시를 수용하여 계속해서 이를 유지시키긴 하였지만(이 책 741쪽), 합창시를 비극의 대화 부분과 결합시킴으로써 원래의 합창시에는 생소한 다른 목적들을 위해 이를 사용하였다. 따라서 합창시는 새로운 변용을 통해 처음에는 어느 정도 유지되었지만 오래가지는 않았다. 젊어서 합창시에 대한 교육을 받았던 세대가 사라지자 합창시는 빠른 속도로 사라졌다. 이때부터 합창시는 겨우 비극의 막간을 채우는 상투적 형식 혹은 심오한 내용

없는 작가의 기교적 과시 정도의 의미를 갖게 되었다.

핀다로스의 작품으로는 온전히 전해지는 네 권의 책과 상당수의 단편들이 전해지며, 새로 발견되고 있는 파피루스를 통해 자료들이 늘어나고 있다. 이집트의 파피루스는 또한 핀다로스의 동시대인인 박퀼리데스의 저작 중 상당량을 우리에게 선사하였다. 박퀼리데스는 핀다로스와 마찬가지로 합창시를 썼으며, 때로는 두 시인이 같은 인물로부터 청탁을 받아 작업하며 같은 행사에서 서로 경쟁한 적도 여러 번 있었다. 게다가 박퀼리데스가 핀다로스의 영향을 받았다는 점도 분명히 관찰할 수 있다. 그래서 같은 수준으로 다룰 수는 없다 하더라도 핀다로스와 박퀼리데스를 함께 언급하는 것은 필요한 일이다. 두 시인은 상당히 대조적이다. 박퀼리데스는 자신이 능숙하게 다룰 줄 알았던 가벼운 예술에만 전력을 기울인 반면, 핀다로스는 성숙한 대가의 능력을 구사하며 심각하고 무거운 주제에도 정통하였다.[1]

박퀼리데스는 케오스 섬 출신의 이오니아인이었으며, 이오니아 수공업자에서 흔히 볼 수 있는 경쾌한 세련미나 이오니아 작가들의 감각적인 선명함과 직관을 뚜렷이 보여주고 있다. 아마도 그는 자신의 예술을 가까운 친척이었던 노년의 시모니데스로부터 배웠을 것이다. 하지만 소피스트들의 선구자 시모니데스의 개혁적인 열정을 그에게서는 흔적조차 찾아볼 수 없다. 그의 시에는 멋진 시들을 쓰고 이를 통해 호평을 받고자 하는 소원 외에 다른 종류의 의도는 전혀 나타나지 않는다. 핀다로스는 테베 지역 출신의 보이오티아 사람으로, 존경받는 사상가이자 농부시인인 헤시오도스와

---

1. 그런 이유로 우리는 여기서 박퀼리데스에 대해서는 자세히 다루지 않을 것이며, 따로 한 장을 할애하지도 않을 것이다. 핀다로스와 관련하여 비교할 필요가 있을 때만 때때로 언급할 것이다.

동향 사람이다. 보이오티아는 당시에도 여전히 외딴 시골지방이었고, 핀다로스는 타지에서, 아마도 아테네에서 시문학을 배웠을 것이다. 하지만 그에게서 보이는 묵직함과 진지함, 내면적 단호함, 숭고한 열망은 시골 내륙지방이었던 고향으로부터 물려받은 것이라 생각해도 좋을 것이다.

깊은 삼림지역 보이오티아 출신임에도 불구하고 핀다로스는 일찍부터 범(汎)그리스적 영향권 내에서 성장했다. 그는 자신의 시에서 "보이오티아의 돼지"라는 말이 자신에게는 치욕이라고 여러 번 언급한 바 있다. 핀다로스는 그의 예술과 인격으로 인해[2] 많은 존경과 명성을 얻었으며 왕들과

---

2. 그러나 알려진 것처럼 핀다로스가 테베의 전설적인 귀족가문 아이게우스 집안(또는 아이게우스 집안의 테베 분파—『퓌티아 찬가』 5번 101b 외곽주석 끝부분을 보라)의 후손이라는 사실과는 관련이 없다. 이 설은 현대의 가정이며, 이것이 전거로 삼는 유일한 구절에 대해서 그와 같은 의미로 해석한 고대의 연대기 작가는 아무도 없다.(고대의 연대기 작가들은 심지어 핀다로스의 아버지 이름이 무엇인지에 대해서조차 일치를 보지 못하고 3가지 가능성을 열어 놓는다.) 핀다로스의 『퓌티아 찬가』 5번 75행 이하 "아이게우스 가문의 남자들, 나의 조상들"의 네 개의 단어가 그자체로만 보면 핀다로스의 조상뿐 아니라 퀴레네의 합창대의 선조들을 가리킬 수도 있다. 두 경우 모두에 해당되는 계기가 있다(한편으로는 『이스트미아 찬가』 1번 1행과 『올림피아 찬가』 6번 84행, 다른 한편으로는 『퓌티아 찬가』 8번 98행과 『네메이아 찬가』 7번 85행, 아마도 단편 『파이안 찬가』 2번 28행). 그러나 문제가 되는 『퓌티아 찬가』의 구절을 좁은 맥락으로 해석하든 넓은 맥락으로 해석하든 확실한 것은 '나의' 라는 말이 퀴레네의 합창대와 관련 있는 쪽으로 결정된다는 것이다. 왜냐하면 그 문장은 "그곳(스파르타) 출신의 아이게우스 가문 사람들, 나의 조상들은 테라로 왔다"이고, 퀴레네 사람들은 스파르타와 테라에 혈통의 뿌리가 있기 때문이다. 이에 반해 테베에 있는 아이게우스 가문 사람이 테베를 떠나 먼저 스파르타로 갔다가 테라로 이주한 사람들의 후예일 수는 없다. 그러나 관련되는 또 다른 맥락은(60~80행) 애초부터 퀴레네인들과 불가분의 관계가 있었던 신, 아폴론 카르네이오스의 찬양이다(80행). 하지만 핀다로스의 선조에 대해서는 여기서 아무것도 말할 것이 없다. 칼리마코스의 『아폴론 찬가』(71~73행)에도 유사한 구절이 있다. '(아폴론을 예찬하며 부르는 많은 이름이 있다. 그러나 퀴레네 사람으로서 나는 그를 다음 이름으로 부른다.) Καρνεῖον· ἐμοὶ πατρῶιον οὕτω. Σπάρτη τοι Καρνεῖε τὸ δὴ πρώτιστον ἔδεθλον, δεύτερον αὖ Θήρη, τρίτατόν γε μὲν ἄστυ Κυρήνης' 등. 또 퀴레네의 합창대가 종족 전체의 이름으로 아이게우스의 손자로 지칭된다 하더라도 전혀 이상하지 않다. 이런 식의 일은 흔한데, 예를 들어 튀르타

대등하게 대화할 수 있었을 뿐 아니라, 그들에게 조언하고 가르침을 줄 정도로 높은 지위를 가졌다. 당시의 그리스인들은 시인에게 합당한 지위를 부여했고, 핀다로스 역시 자신의 가치를 스스로 의식하고 있었다. 그는 세상의 위대한 인물들이 자신에게 주거나 거부할 수 있는 것보다 자신이 그들에게 더 많이 줄 수 있다는 것도 알고 있었다. 그는 종종 인간은 죽고 그의 행위도 사라지지만, 한 시인의 말은 인간과 모든 인간사를 시인이 시를 통해 부여하는 의미 속에서 영원히 살 수 있도록 한다고 말하곤 했다.[3]

핀다로스의 시들 가운데 상당수는 쓰인 연도를 정확히 추정할 수 있다. 왜냐하면 그의 시는 모두 특정한 일을 계기로 지은 축하시이기 때문이다. 가장 빠른 연대와 가장 나중의 연대는 무려 52년 이상의 차이가 나며, 그 사이에 문체 역시 일정하게 발전했다. 하지만 전체적으로 볼 때 그의 작품 전체를 압도하는 통일성에 비하면 이런 변화는 미미하다고 할 수 있는데, 핀

이오스(8D=11W, 1행)는 스파르타의 소년들 전체를 "누구도 당할 자 없는 헤라클레스의 자손"이라 부른다. 하지만 엄밀히 말하면 두 왕가만이 헤라클레스 가문이다. (이런 경우는 핀다로스에게도 해당될 것이다. 설사 자신이 아이게우스 가문의 혈통이라 하더라도, 핀다로스는 이를 통해 스스로를 테베 사람으로 지칭할 것이며, 귀족가문의 후예라 칭하지 않을 것이다.) 어쨌든 『퓌티아 찬가』 5번 99b행의 외곽주석에 따라 우리는 라코니아와 퀴레네의 아이게우스 가문이 언급된 핀다로스의 구절을, 그가 테베의 아이게우스 집안과 동향인으로서 퀴레네 사람들과 이곳 출신인 승자와 "친척으로" 느꼈기 때문이라고 해석할 수 있다. 즉 결국 우리는 핀다로스가 어떤 가문 출신인지 전혀 알 수 없다. 다만 분명한 것은 핀다로스에서는 오로지 주도적인 명문가들의 세계관만이 표현된다는 것이다(Kurt Latte, *Gött. Gel. Anz.* 207, 1953, 40쪽). 이 책 878~883쪽을 보라.

3. 『네메이아 찬가』 4번 83행 이하에서 다음 의미의 글을 읽을 수 있다. '나의 시가 티마사르코스를 찬양하고 있듯이 위대한 업적을 노래로 찬양하는 것은 찬양 대상에 왕과 같은 지위를 선사한다.' 시인이 시를 통하여 왕과 같은 품위를 누군가에게 부여할 수 있다고 한다면, 시인 자신도 자신의 예술로 인해 왕과 동등한 지위가 된다. 그래서 우리는 『퓌티아 찬가』 1번에서처럼 히에론과 아이트나의 젊은 통치자에 대해 그렇게 높이 평가할 수 있는 핀다로스의 권리가 어떤 작위에 근거하는지 굳이 따져볼 필요가 없겠다.

다로스의 예술과 그의 세계는 완전하고 그 자체로 완결되어 있기 때문이다.[4] 핀다로스의 시문학 영역으로 들어오는 사람은 어떤 마법의 영역에 발을 들여 놓은 것과 같아서, 거기에 들어서기는 쉽지 않지만 한 번 그곳을 찾으면 평생 다시 빠져나오지 못한다. 핀다로스의 언어가 지닌 강력한 힘, 사유의 변화무쌍함, 시적 규범의 혹독할 만큼 엄격함, 감정의 인간적 진지함은 독자를 매료시켜 놓아주지 않는다. 특히 작품에 내재된 통일성은 오랜 시간 그의 작품과 씨름한 사람에게만, 처음에는 난해했던 그의 언어를 점차적으로 잘 이해할 수 있는 길을 열어준다. 핀다로스의 언어, 비유들의 의미, 갑작스러운 단절들을 잇는 연관 고리 등은 그의 모든 시들을 살피고 유사성을 서로 비교하여 이런저런 결론을 이끌어내면서 점점 더 분명해진다.

이러한 성격은 핀다로스가 개별적인 것을 이야기할 때에도 항상 전체성을 염두에 두고 있다는 데 기인한다. 시 하나하나, 아니 거의 구절 하나하나가 모든 시들 배후에 존재하는 전체성을 목적으로 하고 있는 것이다. 핀다로스의 모호함은 '질풍노도의 시대'가 믿었던 것과 같이 어디로 가고 있는지 모르는 채 몰려가다 텅 빈 곳에서 덮어놓고 방전하는 그런 대책 없는 먹구름의 희뿌연 연무가 아니다. 핀다로스는 '오시안Ossian'도 아니었고, 전통으로부터 자유로운 '독창적인 천재'도 아니었다. 핀다로스의 언어가 지닌 어려움은, 한 시대의 가장 마지막 시기를 살았던 지혜롭고 종교적인 대가가 그의 말을 알아들을 수 있는 경건한 자들에게 집약된 언어형식을 사용하여, 서술이나 설명이 아닌 암시와 연상으로 이야기하는 데에서 기인한다. 그리스에서 가장 풍성한 삶을 누렸던 두 세기는 이 천재에게서 정점에 이른다. 그의 작품은 파르메니데스와 헤라클레이토스에 필적할 만한 능력의 표현이다.[5] 하지만 목표는 이들과 다르다. 철학자들의 인식이 존재의

---

4. 그렇지만 그의 시 세계가 딱딱하게 굳어 있는 것은 아니다. 이 책 872쪽 각주 8번을 보라.

심연을 밝혀주고 자연 만물에 작용하는 원리들을 분명히 드러내보이고자
하였다면, 핀다로스는 인간과 영웅들과 신들의 본질을 드러내보이고자,
이를 아름다움과 숭고함의 환한 광채 아래 빛과 그림자, 고귀함과 심오함
을 가지고 형상화하였다.

핀다로스가 지은 많은 합창시들 가운데 시구들은 남고 선율은 사라져
버렸다. 고대의 문헌학자들은 전체 시를 장르에 따라 정리하여 17권으로
편집하였다. 이 가운데 네 권 분량의 '승리가Epinikia', 즉 운동경기에서의
승리자를 기리는 승리찬가가 필사본으로 우리에게 전해진다. 올림피아 제
전의 승리자는『올림피아 찬가』, 델포이 제전의 승리자는『퓌티아 찬가』,
네메이아 제전에서의 승리자는『네메이아 찬가』, 이스트모스 제전의 승리
자는『이스트미아 찬가』를 통해 칭송되었다. 특히 이 책들은 고대 후기에
인기가 높았던 덕분에 지금까지 보존되어 전해지며, 인기의 이유는 "신화
적이기보다는 인간적이며, 다른 책들과는 달리 심할 정도로 모호하지 않
기 때문이라'고 한다(Eust. *Vita* p. CVII 20 Christ).

승리찬가는 가령 제전에서 승리자가 고향으로 귀환할 때 공식석상에서
낭송되었다. 경기에서 우승한 운동선수는 고향에서 준비한 축제행렬 속에
서 개선하였고, 친구들과 고향사람들로 구성된 합창대가 행렬이 이어지는

---

5. 섬세하고 판단이 예리한 비평가 헤르더는 1803년에(*Adrastea* 11) 다음과 같이 쓰고 있
   다. "모방하면서든 또는 설명하면서든, 핀다로스를 아무 생각 없이 돌진하는, 도취적이
   고 광포한 몽상가로 간주하는 사람들은 핀다로스의 진실한 정신과 심오한 통찰로부
   터 엄청나게 멀리 떨어져 있다. 그의 걸음걸이는 확고하고 대담하며, 그의 송시의 구도
   는 마치 건물과 같이 깊숙한 곳에서부터 웅장하게 세워져 있다. 그의 비유들은 너무나
   적절하고, 그의 노래들의 화살은 너무나 비상하게 명중하기 때문에, 호라티우스가 이
   미 자신의 경험으로부터 알아낸 바처럼 이 다이달로스와 겨루는 것은 커다란 모험일
   것이다. 천상의 공기가 그를 끌어올리고 움직이며, 그 속에 저돌적이진 않지만 강력하
   고 고양된 그의 고유한 정신이 있다."

동안[6] 그를 환영하고 그의 업적을 축하하기 위하여 승리찬가를 불렀다. 그러나 이런 경우가 아니더라도 승리찬가를 부를 기회는 적지 않았다. 왜냐하면 합창시와 같은 사회적인 예술은 공연할 기회가 외부로부터 주어지기를 수동적으로 기다리고 있지는 않았고, 원하는 대로 기분에 따라 자신의 면모를 보여줄 수 있는 조건을 만들어냈기 때문이다.[7] 그리고 이것은 한 번의 성대한 상연으로 끝나는 것이 아니었다. 승리찬가는 승리의 영광과 이를 이룬 사람을 영원히 기리기 위한 것이었기 때문에, 시의 원문은 승리자 가문의 소유로 대대로 전수되었고, 자손들은 이를 자신들의 영광으로 삼았다. 시인들은 자신이 쓴 시가 초연된 후에도 시구가 실린 책을 버리지 않았던 것 같다. 시가 마음에 들면 누구나 사본을 만들 수도 있었다. 또 그리스적 방식에 따라 경기 우승자의 고향도시가 우승이 가져다주는 영광의 혜택을 전적으로 누렸기에 해당되는 시구를 자료보관소에 보관했다.[8] 필사본으로부터 시들은 언제든지 생생한 음을 가진 소리로 다시 태어날 수 있었다. 왜냐하면 개인들도 혼자 찬가를 노래하면서 혼자서 거기에 반주를 넣을 수 있었기 때문이다. 선율은 어차피 단성(單聲)이었고, 어느 정도의

---

6. 『네메이아 찬가』 2번이 가령 이런 축제행렬을 위해 쓰인 것이다(24행을 보라). 짧은 길이의 이 시는 무한 반복하도록 되어 있는데, 그 목적은 축제행렬이 지나가는 거리에 죽 늘어서 있는 관중들이 전부 들을 수 있도록 하기 위한 것이었다. 따라서 시의 마지막은 다시 처음으로 연결될 수밖에 없었다. "(25행) 감미롭게 울리는 목소리로 시작하라 / (1행) 호메로스의 소리꾼들도 대부분 그렇게 시작한 것처럼 …." 신부를 마중하는 잔치에 관한 사포의 시 한편도 이와 마찬가지로 반복적인 구성을 띠고 있다고 할 수 있는데, 이에 대해서는 이 책 322쪽 각주 12번을 보라.

7. 승리자의 집 문 앞에서 공연하는 승리찬가는 『이스트미아 찬가』 8번 1~4행, 『네메이아 찬가』 1번 19행과 비교하라. 신전에서의 승리찬가 공연은 『퓌티아 찬가』 11번 1행 이하 등 여러 곳. 『퓌티아 찬가』 1번 97행 이하로부터 알 수 있는 사실은 젊은이들이 즐겁게 모였을 때에도 여흥과 교육을 위해 합창시를 불렀다는 것이다.

8. 로도스의 한 선수를 기리는 핀다로스의 시가 금박 활자로 쓰여 로도스의 신전에 전시되었다. (『올륌피아 찬가』 7번의 외곽주석, 195쪽, 13행 이하 Drachm.)

상류 계층에서는 모두 시문학 교육을 받았다. 그래서 핀다로스는 아버지가 살아 있지 않았던 어느 경기 우승자에게 다음과 같이 말했던 것이다(『네메이아 찬가』 4번 13행).

> 너의 아버지 티모크리토스가 타오르는 태양의 빛으로 다시 몸에 더운 피를 가질 수 있다면, 그는 종종 뤼라로 풍부한 선율을 울렸을 것이고, 이 노래의 가사로 승리에 기뻐하는 아들을 축하했을 것이다.

승리찬가는 먼 훗날의 미래까지 승리자의 업적을 전해주는 사명을 띠고 있었을 뿐 아니라, 이를 당대 그리스 본토의 뭍과 섬들 전역에 전해주는 과업도 가지고 있었다. 아이기나 섬에 사는 한 해운업자의 가족들이 여러 운동경기에서 빼어난 기량을 선보이자 핀다로스는 다음과 같이 말했다. "그들은 자기 자신에 대한 찬가를 배에 실었다"(『네메이아 찬가』 6번 32행). 이 말에는 이 가족이 저녁에 손님들을 초대한 자리에서 가문의 오래된 업적뿐 아니라 최근의 업적도 함께 칭송하는 새로운 승리찬가를 불렀으며, 관심 있는 사람들에게는 누구에게나 시구를 나누어주었다는 의미가 분명히 담겨 있다. 핀다로스의 또 다른 시 한 편도 역시 무역이 왕성한 아이기나 섬 출신의 우승자를 위한 것인데, 다음과 같이 시작한다(『네메이아 찬가』 5번 1행).

> 나는 조각가가 아니며, 받침대 위에 뿌리박힌 듯 움직이지 않고 서 있는 입상들은 만들지 않는다. 대신에, 아름다운 노래여, 모든 배들과 화물선을 타고 아이기나를 벗어나 소식을 전하라. 람폰의 아들, 막강한 퓌테아스가 네메이아 제전의 판크라티온 경기에서 월계관을 차지했음을.[9]

─────────────
9. 이 시행들에서는 영원한 형상화를 꿈꾸는 인간의 두 가지 예술형식, 조각가의 예술과

합창대는 찬가공연을 준비하여 공식 행사에서 상연함으로써 고향의 명예를 드높이는 데 공헌한 고향사람에 대해 감사를 표시했다. 승리자의 고향사람들은 비록 개인적으로나 정치적으로 사이가 좋지 않을 경우일지라도 모두 한마음으로 승리자를 축하하는 데 참여하도록 여러 번 요청받는다. 그런데 만약 핀다로스처럼 예술을 직업으로 삼는 시인이 어떤 연고도 없이 승리자를 칭송하였다면, 그 정황은 그리 분명하지 않다. 물질적 사례에 대한 기대 외에 어떤 동기로 시인은 축하행사를 위해 시를 지었을까?

위대한 업적은 "시에 대한 갈증"(『퓌티아 찬가』 9번 103행 이하,『네메이아 찬가』 3번 6행 이하)을 느끼며 시적 보상을 요구할 권리를 갖는다고 핀다로스는 생각했다. 이런 요구는 자연스럽게 시적 재능을 소유한 사람을 향하게 되는데, 이런 의미에서 핀다로스는 작품 공연을 빚을 갚는 행위로 표현하곤 했다(『퓌티아 찬가』 9번 104행,『올륌피아 찬가』 3번 7행,『퓌티아 찬가』 8번 33행). 또 핀다로스는 고귀함은 인정받고 칭송됨으로써만 더욱 고무될 수 있음을 알고 있었다(『네메이아 찬가』 8, 39행 이하. 이 책 908쪽을 보라). 그러나 시라는 것은 업적에 대한 객관적인 칭송 그 이상의 것을 넘어 우정의 '선물χάρις'이다. 핀다로스 자신도 승리자가 느끼는 환희를 함께하며 노래한다. "나는 새로운 행복으로 인해 기쁘다"(『퓌티아 찬가』 7번 18행).[10] 특별히 다른 무엇이 없어도 찬가라는 선물을 통해 이 선물을 주는 자와 받는 자는 서로 하나가 된다. 다음과 같이 시작하는 승리찬가를 읽어보자(『올륌피아 찬가』 7번 1행).

시인의 예술 사이의 경쟁심이 다시 한 번 나타난다(이 책 572쪽 이하와 그곳의 각주 5번과 7번을 보라). 핀다로스는 또한『퓌티아 찬가』 6번 5~14행에서 "시의 보물창고"인 델포이의 보고(寶庫)가 승리자의 조각상이 제공하는 것보다 더욱 확실하고 안전한 장소를 승리자의 명성을 위해 제공한다는 것을 암시한다.

10.『퓌티아 찬가』 9번 89행도 이와 같은 경우다. "나는 아름다운 어떤 것을 경험했다."

마치 어떤 사람이 이슬이 맺혀 반짝이는 포도주로 가득한 사발을 건네며 젊은 사위를 위해 건배하고,[11] 이 짙은 황금색 호화 소장품을 사위에게 선사하여 축제를 장식하거나 새로 맺은 가족 관계에 경의를 표하도록 하며, 친구들이 함께한 자리에서 합의된 결혼을 축하할 때처럼, 그렇게 나는 불멸의 무사이 여신들이 주신 선물을, 내 정신의 소중한 열매를, 영예를 얻고자 싸우는 사람들에게 보내고, 올림피아와 퓌티아의 승리자들을 위해 신들에게 은총을 빈다. 훌륭한 명성이 감싸고 있는 자는 행복할 것이다.[12]

또 만약 승리자가 어린 청년일 경우 시인이 그 젊은이에게 바치는 연모의 어조가 거기에 스며들어 있기도 했다.

핀다로스가 자신의 시를 헌정하는 사회계층과의 친분을 유지하기 위해 여행을 많이 한 것은 분명하다. 그는 종종 경기에 참석하여, 자신의 관점에서 행사를 관람하고 의견을 내기도 한 것 같다. 때로는 자신에게 작품을 청탁한 사람들로부터 손님으로 초대받기도 했는데, 그 이유는 직접 합창대를 연습시킨 다음, 합창지휘자로서 화려하고 긴 예복을 입고 공연을 지휘하고 뤼라 반주를 곁들이기 위해서였다. 핀다로스는 직접 여행하는 것이 불가능할 때는 "무사 여신"만을, 즉 자신의 노래원고만 보내기도 했다. 가령 다음과 같이 시작되는 시 한 편을 보자(『네메이아 찬가』 3번 1행).

---

11. 선물을 두고 '건배'하는 것, 즉 건배를 통해 양도가 이루어졌음을 상징하는 것이 그리스의 연회장 문화였다. 포도주가 가득 찬 금빛 사발을 건네는 것이 아테나이오스의 이국적인 이야기에서는(13, 575c의 카레스 그리고 576a의 아리스토텔레스로부터) 배우자의 선택을 상징하기도 한다.

12. θῆκε ζαλωτόν (6)' = 'ἐμακάρισεν', 즉 '다른 사람의 행복을 공감하는 즐거움을 표현한다.' 이에 따라 'ὁ δ᾽ ὄλβιος'(10)는 'μακαρισμός'이다. 그리고 'ἱλάσκομαι'(9)를 제대로 설명한 사람은 Julius Stenzel, Diss. Breslau, 1908, 11쪽. 3격에 대해서는 『일리아스』 제1권 147행을, 주제에 관해서는 『퓌티아 찬가』 12번 4행 이하('ἵλαος'), 『올림피아 찬가』 2번 12행 이하 등을 보라.

오, 우리를 주재하시는 무사 여신이여, 나의 어머니여, 그대에게 간청하노니, 도리아의 섬 아이기나로 여행하시어 성스러운 네메이아 제전이 열리는 달에 그곳에 도착하시길. 아소포스 물가에서 젊은이들이, 아름답게 노래하는 축제행렬의 대가들이 그대의 음성을 열망하며 기다리고 있기 때문입니다.

논리적으로 엄격히 따져보면, 시가 어디에 그리고 언제 도착해야 하는지와 같은 사항은 상연되는 시의 내용으로 적합하지 않다. 하지만 핀다로스는 이런 식의 논리에 조금도 신경을 쓰지 않았다. 서사시인이라면 기껏해야 무사이 여신들을 불러 청하는 정도에만 머물렀다. 하지만 핀다로스의 합창시는 시인의 관심사가 조금이라도 시와 관련 있다면 모두 시로 표현할 수 있는 자유를 누렸다. 더불어 청자는 시를 만들어가는 창조적 정신에 직접 참석할 수 있게 된다. 다음 시의 도입부에서 핀다로스는 시 청탁받은 일을 잊어버렸다고 말한다(『올림피아 찬가』 10번).

올림피아의 우승자, 아르케스트라토스의 아들의 이름이 나의 기억 어디에 적혀있는지 찾아보라! 나는 그에게 달콤한 노래 한 편을 빚졌는데, 그것을 잊어버렸다. 무사 여신이여, 그대 진리여, 제우스의 따님이여, 그대의 올바른 손으로, 거짓을 행하고 환대를 저버렸다는 비난으로부터 나를 온전히 지켜주소서. 멀리서 어느새 다가와 버린 미래의 시간(=시 완성기한)은 갚지 못한 빚에 대한 엄청난 치욕을 나에게 가져다주었다. 하지만 이자(利子)의 힘으로 날카로운 비판을 잠재울 수 있다.

이런 개인적인 표현은 핀다로스의 시에 친근함을 선사하고, 우아함을 안정된 권위와 결합시킨다. 또 핀다로스가 델로스의 아폴론 신을 기리는 합창대 공연을 위해 시를 쓰고 있었을 때, 동향 테베의 어떤 사람을 위해 승리찬가를 만들어달라는 청탁을 받았다. 그러자 핀다로스는 아폴론 찬가의 작업을 중단하고 이 테베 사람을 위한 시를 짓기 시작했다(『이스트미아 찬가』 1번).

> 황금빛 방패를 가진 테베여(테베 시), 나의 어머니여, 당신의 간청을 나는 다른 어떤 일보다 더 중요하다고 여깁니다. 지금 내가 몸담고 있는 바위가 많은 델로스여, 나를 꾸짖지 말기를. 올바른 사람에게 존경하는 부모보다 더 소중한 것이 무엇이 있겠는가? 아폴론의 섬이여, 양보하시길! 나는 신들의 도움으로 박차를 가해 두 작업 모두 완성시키도록 할 것이다. 또 긴 곱슬머리의 포이보스를 위해 물결에 씻긴 케오스 위에서 뱃사람들과 춤을 출 것이며, 또 바다로 둘러싸인 이스트모스의 지협을 위해서도 그렇게 할 것이다(이곳은 테베 출신의 헤로도토스가 상을 탄 곳이다).

한편 핀다로스는 축하받는 사람의 후한 선심을 칭찬하고, 사람들의 인정과 사후의 명성을 확고히 하기 위한 지출보다 더 유용한 지출은 없다는 것을 그에게 강조하는 가운데, 아무런 거리낌 없이 자신이 기대하는 보수에 대해서도 언급한다. 여기서 시와 답례의 교환은 단순한 거래가 아니라 환대라는 정신적 가치로 분류된다. 넉넉한 인심과 환대는 핀다로스가 활동한 계층에서는 최고의 미덕 가운데 하나로 간주되었다. 명망 있는 다른 손님들처럼 시인도 자신에게 어울리는 환대의 선물을 받는 것은 당연했다(『퓌티아 찬가』 10번 64행).

> 나는 내게 호의를 보였고, 무사 여신의 사두마차에 마구를 얹었던(노래를 주문했던) 토락스의 따뜻하고 친절한 환대를 확신한다. 그가 나에게 보여주었

던 것, 초대하여 베푼 것에 대해 나는 똑같은 마음으로 되갚을 것이다 ——.

핀다로스는 창작 연대가 알려져 있는 시들 가운데 가장 초기의 시 한 편에서 위와 같이 다소 장황하게 말했다.[13] 가령 왕들이 서로 직접 방문하지 않고 선물만 교환함으로써도 우정의 관계를 쌓을 수 있었던 것처럼(『일리아스』 제11권 20~23행, 『오뒷세이아』 제21권 34~38행을 보라), 시인은 자신이 직접 갈 수 없을 때 자신의 노래를 보냈던 것이다. 그리고 시를 주문한 쪽은 자신의 "손님"에게 답례의 선물을 보냈던 것이다.[14]

　　일반적으로 시인은 직접 주문을 받아 창작 작업을 했다. 찬가의 경우처럼 개인이 주문하거나, 또는 제식행사에 사용되는 시의 경우에는 대개 공동체가 주문을 했다. 그러나 핀다로스는 주문을 받지 않았음에도 고귀한 군주에게 시를 바치는 경우가 있었다. 그는 어디에 가든 또는 어디로 시를 보내든 항상 좋은 반응을 받았다. 핀다로스와 그의 예술은 특별히 높은 명성을 누렸던 것이 분명해 보인다. 쉬라쿠사이에서 핀다로스는 당시 그리스에서 가장 강력한 위세를 떨치던 군주 히에론 왕의 초대를 받은 적이 있었다. 핀다로스가 노래하듯이(『올륌피아 찬가』 1번 12행),

　　[그는] 양들이 많은 시킬리아에서 공정한 왕홀로 다스리고 있으며, 모든 업적에서 선두를 지키고 있고, 또한 시에 있어서도 탁월한 능력을 지니고

---

13. 환대의 관념은 남을 대접하면서 돈을 받는 것에 거부감을 느꼈던 그리스의 뿌리 깊은 선입관에 근거한다. 일반적으로 모든 사람은 자신의 재능을 무상으로 베풀어야 한다고 생각했다(플라톤이 떠돌아다니는 소피스트들에 대해 이런 이유에서 분개했던 것과 비교해 보라).

14. 따라서 '환대'에 대한 언급으로부터 핀다로스가 당사자의 집을 방문했다는 결론을 곧바로 이끌어낼 수는 없다. 또한 테오크리토스 7, 129(ἐκ Μοισᾶν ξεινήιον = '시에 대한 대가')를 참조하라.

있다. 그래서 우리 남자들은 종종 그의 식탁에 둘러앉아 환대를 받으며, 그가 지은 시로부터 즐거움을 느낀다.

우리는 합창시의 활동이 이루어졌던 외적인 조건이나 상황을 분명히 이해할 수 있다. 하지만 내용을 뚜렷이 파악하기는 어렵다. 승리찬가는 시가 지어진 계기, 즉 제전에서의 우승이라는 소재를 직접적으로 드러내지 않거나 혹은 전혀 관계가 없어 보이는 요소들을 너무 많이 담고 있기 때문이다. 이것은 어떻게 설명할 수 있는가? 핀다로스 찬가의 주된 이념은 도대체 무엇이며, 너무나 다양한 내용 속에서 어떻게 통일성을 찾을 것인가? 이런 근본적인 물음에 대한 대답을 우리는 미리 서둘러 추측하지 않고, 시 본문과 정황을 하나씩 차례차례 고찰함으로써 알아낼 것이다. 그렇게 되면 이와 연관된 또 다른 문제, 즉 이 위대한 시문학이 왜 운동경기의 우승이라는 그토록 무상한 일을 다루고 있는가의 문제 역시 자연히 해결될 것이다.[15]

가장 먼저 승리찬가가 종교적 요소를 지니고 있음을 쉽게 알 수 있다. 그리스의 모든 고귀한 예술은 종교적 특징을 띠고 있으며, 공식적인 축제에서 찬가의 낭송은 원래 제식 행위로부터 비롯된 것이다. 이런 관점에서 보면 핀다로스 찬가에서 노래되는 인간이나 현재적 사건은 오히려 나중에 끼어든 것이며, 본래의 찬가와는 상관없는 것으로 보인다. 역사적으로 볼 때 승리찬가 역시 상대적으로 늦게서야 형성된 장르이다. 신화의 신들과 영웅뿐 아니라 동시대 인간을 찬양하기도 하는 합창시를 처음 지은 시인은 시모니데스라고 한다. 그는 합창시를 통해 경기 우승자를 칭찬하거나 장례식에서 고인을 추모했다. 또 주어진 한계를 벗어나지 못하는 인간에게 새로운 존엄성을 부여한 것도 시모니데스였다. 하지만 무엇보다 승리찬가

---

15. 이 두 문제에 대한 대답은 이 책 905~909쪽을 보라.

가 정당성을 획득할 수 있었던 것은 운동경기가 신들과 영웅들의 특별한 가호 아래 행해졌으며, 그래서 운동경기 그 자체가 제식의 위상을 지녔기 때문이다.

시모니데스의 승리찬가는 단편 몇 개만이 남아 있다. 그와 관련된 전설 하나는 이제 우리가 살펴보게 될 소중한 정보를 제공하고 있다. 시모니데스는 권투 경기의 우승자를 위해 합창시를 쓴 적이 있다. 하지만 청탁자는 약속한 금액의 일부만을 지불하고 나머지는 디오스쿠로이에게 요구하라고 조롱하며 말했다. 시모니데스가 그 시에서 "흔히 시인들이 그렇듯 본론을 벗어나" 디오스쿠로이를 찬양했던 것이다. 디오스쿠로이, 즉 카스토르와 폴뤼데우케스는 모든 경기자들의 모범이며 보호자로 간주되었던 영웅적 신들이었다. 핀다로스는 카스토르와 폴뤼데우케스와 관련하여 "신들의 종족은 의리가 있다"고 말한 적이 있는데(『네메이아 찬가』 10번 54행), 그들은 시모니데스에게 그 사실을 증명해보였다. 즉 위에서 말한 시모니데스의 합창시와 연관된 축제가 시작되었을 때 두 젊은이가 문밖에 찾아와 시모니데스와의 면담을 청했고 시인이 밖에 나가자 두 방문자는 사라졌다. 그런데 바로 그 순간 집이 무너져 내렸고, 안에 들어 있던 사람들은 매몰되어 버렸다.[16] 이로써 신을 모독한 뻔뻔한 청탁자는 벌을 받고 경건한 시인은 보답을 받았다고 한다.

---

16. 이러한 신화적 요소는 (퀸틸리아누스 *Institutio* 11, 2, 11 이하, 칼리마코스 단편 64 Pfeiffer 등에 나타난다) 앞에서 다루었던(이 책 569쪽) 시모니데스의 애도시로부터 자극을 받은 것이다. 이 시는 붕괴사고로 다른 사람들과 함께 목숨을 잃은 스코파스 가문 출신 한 사람의 죽음을 한탄하고 있다. 이 이야기에 따르면 시모니데스는 놀라운 기억력을 통해 훼손된 시신을 알아보았으며, 이는 그가 식탁의 좌석 배치를 정확히 기억하고 있었기 때문이라고 한다. 시모니데스는 기억술의 대가로 유명했다. 합창 시인이라면 신화에 대해 폭넓은 지식을 가지고 있어야 했다. 무사이 여신들의 합창은 므네모쉬네의 딸들로, 즉 기억력 또는 회상(전통)의 딸들로 간주되었다.

이 재미난 이야기에서 우리가 내릴 수 있는 결론은 시모니데스의 많은 찬가에서 우승자에 대한 내용은 눈에 띌 정도로 적은 반면, 승리에 도움을 준 디오스쿠로이에 대한 찬양은 상세하다는 점이다.[17] 또 가장 오래된 승리 찬가는 무엇보다도 바로 디오스쿠로이나 다른 신들 및 영웅들에게 바치는 찬가였으며, 승리를 쟁취한 인간은 부차적으로만 언급되고 찬양되었을 뿐이라는 점이다. 핀다로스의 태도에서도 이런 흔적은 분명하다.[18]

따라서 역사적으로 볼 때 승리찬가는 신과 영웅에 대한 노래로부터 변형된 것이며, 핀다로스는 승리찬가에서 종교적이고 신화적인 소재를 풍부하게 다룸으로써 확고한 전통에 따르고 있는 것이다.[19] 하지만 역사적인 설명만으로는 충분하지 않다. 핀다로스는 결코 어떤 낡아빠진 껍데기를 끌고 오지는 않았을 터, 그가 만들어낸 모든 것은 본인의 생각에서부터 비롯된 것임이 입증되어야 한다. 핀다로스에게 운동경기에서의 승리는 종교적이

---

17. 퀸틸리아누스에 따르면(14장) 이 전설과 연관된 시로 네 개의 시가 고려대상이 되었다고 한다. 따라서 겉보기에 모순처럼 보이는 이야기 바탕은 개별적인 것이 아니라 오히려 전형적인 현상이었다.

18. 『이스트미아 찬가』 1번 16행에서 핀다로스는 자신의 승리찬가를 "카스토르 찬가 또는 이올라오스 찬가"라 부르고, 여기에 전차 경주에서 (이올라오스는 영웅시대의 마차 몰이꾼이었다) 우승한 현재의 승리자를 "끼워 넣으려" 했다. 이어서(17행~32행) 디오스쿠로이와 이올라오스가 찬양된다. 이에 따라『퓌티아 찬가』 2번 69행의 'Καστόρειον'이라는 표현도 설명될 수 있다. 그 단어는 'ἐπινίκιον'의 직접적인 동의어이다. 다른 승리찬가의 (『올륌피아 찬가』 3번) 도입부에서 핀다로스는 디오스쿠로이와 그들의 누이가 자신의 시를 좋아하게 되길 바라고 있다. 시를 디오스쿠로이에게 헌정하는 이유는 위에서 언급한 점에서 이해할 만하며, 게다가 핀다로스 자신이 36~41행에서 직접 설명한다. (그러나『올륌피아 찬가』 3번의 필사본에 있는 표제인 'εἰς θεοξένια'는 고대 해석자들이 34행을 잘못 해석한 데 따른 것이다. Hermes 89, 1961, 394쪽 이하를 참조하라.)

19. 히에론 왕을 칭송하는『올륌피아 찬가』 1번은 제우스(9~10행)와 펠롭스(25~95행, 직접 이름을 부르는 곳은 36~51행)를 찬양하는 노래인 듯이 보인다. 반면 정작 히에론은 그 사이 열세 행에서만(11~23행) 그리고 마지막의 스무 행에서만 다루어진다.

고 영웅적인 숭고함을 부여할 만한 어떤 의미를 지니고 있었음에 틀림없다. 반면 시모니데스는 운동경기에서의 승리를 핀다로스보다 덜 진지하게 생각하였는데, 그는 인간적 이상을 핀다로스와는 다른 영역에서 찾았기 때문이다. 이런 사실은 드물게 남아 있는 그의 승리찬가에서도 분명히 드러난다.

전해지고 있는 단편들 가운데 재치 있는 농담조의 말들을 살펴보자. 그는 언젠가 노새수레 경주에서 거둔 어떤 승리를 칭송해야 했다. 그런데 노새는 유용하기는 하지만 고귀한 동물은 아니었고, 그 때문에 올림피아 경기에서 노새수레 경주가 행해졌던 것은 단 두 번뿐이었다(500년과 496년). 시모니데스는 시에서 '노새'라는 단어를 피하고, 경주에서 우승한 동물의 아버지가 당나귀라는 생각을 하지 않도록 하기 위해 다음과 같이 표현했다(시모니데스 단편 19D=46E).

반갑다, 너희들! 바람처럼 발이 빠른 암말의 딸들이여!

시모니데스는 격투기선수 크리오스에 대한 시에서, 그 이름의 원래 뜻(숫양)을 가지고 그가 견뎌낸 힘든 싸움과 관련된 말장난을 한다(시모니데스 단편 22D=38E).

크리오스는 보기 흉한 정도로 털이 깎이지는 않았다.[20]

한 마부는 펠레네에서 열린 겨울철 경기에서 우승했는데, 그가 받은 상품

---

20. '털을 깎는다'를 '때리다'를 대신해 사용하는 경우는 로마의 희극에 알려져 있었다(테렌티우스 『스스로를 벌주는 사람들』 951행, 플라우투스 『전쟁포로들』 896행 등). 독일어 단어 'ungeschoren'도 비교해 보라.

은 지역 특산물인 모피외투였다. 겨울추위를 이겨내고 분투한 끝에 따뜻한 옷을 얻어낸 우승자를 시모니데스는 농담 삼아 '카로의 우화'에서 겨울 얼음바다에 뛰어들어 해파리를 잡아 가족들의 겨울양식을 마련한 어떤 남자와 비교하고 있다.[21] 우리는 핀다로스가 운동경기에서 성취한 업적을 영웅적이고 숭고한 것으로 미화하는 것을 자주 보아왔다. 하지만 시모니데스는 장난을 치듯 승리의 업적을 인간적인 영역으로 끌어내린다. 그리하여 시모니데스는 상으로 받은 상품의 사용가치에 따라 포상의 등급을 평가한다.[22] 이것은 우리가 이미 시모니데스에게서 접한 바 있는 건강한 현실주의에 전적으로 상응하는 것이다.

시모니데스가 시의 주제를 유희의 대상으로 삼는 데 대한 세 번째이자 마지막 예는 승리한 권투선수를 찬양하는 단편이다(시모니데스 단편 23D =39E).

폴뤼데우케스의 위력도, 또 알크메네의 불굴의 아들(헤라클레스)도 그를 상대해서 (싸우기 위해) 팔을 들어보지도 못할 것이다.

---

21. 시모니데스 단편 11 Bergk=42E. 그리고 *Gött. Gel. Anzeigen*, 1928, 264쪽 이하를 보라 (그러나 이곳에서는 아카이아 지방의 펠라나와 칼키디케 반도의 팔레네를 혼동했다. 이 사실을 바로 잡은 것은 Kurt Latte, *Gött. Gel. Anz.* 207, 1953, 39쪽). 이 우화에 대해서는 Makarios 5, 9도 참조하라. 경기가 겨울에 처리진다는 사실은 핀다로스의『올림피아 찬가』9번 146g행에 대한 외곽주석과 논노스 *Dionysiaka* 37권, 149~151행을 통해 확인할 수 있다.

22. 핀다로스도 한 단락 지나서 이를 따르고 있다. 즉 그도 마찬가지로 승리에 대해 상품으로 주어지는 외투를 말하고 있지만, 축제 분위기의 문체로 균형을 맞춘다(『올림피아 찬가』9번 96행 이하). "에파르모스토스가 펠레네에서 겨울의 찬바람을 막는 따뜻한 보호막을 승리의 상품으로 얻었을 때, …… 사람들이 그에게 경탄했다." (표현에 대해서는 히포낙스 25D=34W 1~2행 그리고『일리아스』제16권 224행,『오뒷세이아』제14권 529행을 보라.)

당시 퍼져 있던 믿음에 따르면 시에 등장하는 제우스의 아들들은 뛰어난 육체적 능력의 모범으로서 운동경기를 감독했으며, 신의 권능을 발휘하여 자신들의 총아에게 승리를 안겨다주었다고 한다. 하지만 시모니데스는 그들을 인간과 동등하게 여길 뿐 아니라 심지어 그보다 열등한 존재로 격하시킨다. 물론 이것이 진심일 리는 없으며, 다만 스스로에게 거리를 두고자 하는 악의 없는 역설일 뿐이다.[23]

---

23. 그렇게 본다 하더라도 이 생각은 거의 신성모독으로 들린다. 그런데 시모니데스가 '신'을 절대성으로 이해했으며, 그래서 단편 7D=26E와 13D=27E가 분명히 보여주듯이 (이 책 571쪽과 588쪽 이하), 모든 인간적인 고통에서 벗어나지 못하는 신화적 영웅들을 대조적으로 인간들에 더 가까이 접근시켰던 것을 상기해보면 그의 생각이 설명이 된다. 즉 시모니데스에서는 현재의 인간과 신화적 영웅들이 동일한 찬가 안에서 만난다. 인간성이라는 동일한 고리가 그들 모두를 묶고 있기 때문이다. 핀다로스와는 다른 이유이다.

(2) 핀다로스의 짧은 승리찬가 두 편

핀다로스에게서는 시모니데스에서 보이는 재치와 역설을 전혀 찾아볼 수 없다.[1] 대신 그의 시는 고요하고 섬세한 기품을 발산하고 있다. 우리가 앞으로 전반적으로 살펴볼 핀다로스의 시들 가운데 우선 가장 짧고 간단한 시를 골라 읽어보자.

페르시아 전쟁이 끝나고 다시 올림피아 제전이 재개되었을 때(476년), 권투경기에서 이탈리아 남부 지방 '서풍이 부는' 로크리스 지방의 하게시다모스라는 청년이 우승해 월계관을 차지하게 되었다. 그 영광을 노래한 시는 다음과 같다(『올림피아 찬가』 11번).

[定立聯]
인간이 가장 필요로 하는 것은 때로는 바람이고,

때로는 하늘에서 내리는 물,

구름의 자식들인 비이다.

---

1. 핀다로스는 가령 『이스트미아 찬가』 4번 52행 이하(= 67행 이하)에서 승리자의 볼품없는 체격을 언급하고 있지만, 즉시 '헤라클레스도 역시 체구가 작았다'고 말을 이어 나감으로써 말의 신랄함을 완화시킨다. 찬가 문체의 진지함을 그는 포기하지 않는다.

그러나 노력한 끝에 성공이 오면, 미래의 영광을 보장하는

감미로운 음성의 찬가와 믿음의 서약이

위대한 업적들aretai에 바쳐질 것이다.

[對聯]

이러한 찬사는 누구의 시샘도 없이

올림피아의 승자들을 위해 보존된다.

나의 입도 기꺼이 제 역할을 하고자 한다.

그러나 인간은 다른 모든 것과 마찬가지로 신의 은총을 통해서

현명한 지혜에 이른다.

이제 들어라, 아르케스트라토스의 아들 하게시다모스여,

그대의 권투경기를 위해

[終聯]

나는 감미로운 선율을 울려

금빛 월계관을 장식하리라,

서쪽의 로크리스에 호의를 표시하며.

그대들 무사이 여신들이여, 축제행렬에 참여하기를!

내가 보증하노니, 그대들은 손님을 꺼리거나

아름다움을 낯설어하는 종족이 아니라,

지혜롭고 용감한 종족을 방문하게 될 것이다.

타고난 본성은 불처럼 빨간 여우도

포효하는 사자도 바꾸지 못하는 법이다.

[定立聯]² 승리찬가는 인기라는 조그만 배의 돛을 부풀게 하는 행운의 순풍

---

2. 대립연과 종련은 정확히 동일한 박자와 동일한 선율을 가지고 있다. 반면 종련은 이와

처럼 하게시다모스의 갈망을 충족시켜준다. 그것은 높이 자라는 고귀한 식물에게 생기와 자양분을 주는 축복의 비처럼 위로부터 내린다.[3] 왜냐하면 시인이 권위 있는 말로 마치 선서라도 하듯, 그의 업적과 '탁월한 능력 aretai'을 모든 세상에 증명해보였기 때문이다. [對聯] 핀다로스는 물론 승자를 찬양하기 위해 최선을 다할 것이다. 하지만 모든 좋은 것이 그렇듯이 그의 예술은 궁극적으로 자신으로부터 생겨나는 것이 아니라 신들에 근거하는 것이다. 이제 핀다로스는 처음으로 자신이 축하하는 올림피아 경기의 승자에 대한 자세한 사항을 전달한다. 시인은 승자의 이름과 경기종목을 언급하고, 뒤에 가서는 [終聯] 그의 고향이 어디인지 말한다. 시인은 하게시다모스를 환영하는 축제에서 불릴 무사이 여신들을, 즉 자신의 노래를 로크리스로 보낸다. 무사이 여신들은 이탈리아로의 여행을 두려워할 필요가 없다. 로크리스 사람들은 손님대접이 후하며 '아름다운 것'과 친숙하기 때문이다. 핀다로스에게서 '아름다운 것'이라는 말은 뛰어나고, 명예롭고, 세련된 모든 것을 다 아우른다. 무사이 여신들의 영접과 관련하여 볼 때, 아름다움과 친하다는 것은 예술에 대한 섬세한 이해가 있다는 것을 뜻한

상이하다(a a b의 도식). 정립연, 대련, 종련이 함께 한 단위를 구성하는 형식을 삼련구(三聯句) 형식이라 부른다. 길이가 긴 노래들은 여러 개의 삼련구로 되어 있는데(a a b, a a b, …의 도식), 보통은 다섯 개의 삼련구로 되어 있다.

3. 이런 예술적 언어에 익숙한 사람에게 '바람'이나 '비' 등의 비유는 특별한 의미를 지닌다. '바람'은 의지와 기분을 나타내며(*Die Homerischen Gleichnisse*, Göttingen, 1921, 19쪽 이하를 보라), 특히 민중들의 총애(이 책 81쪽 각주 42번을 보라)와 명성을 나타낸다(찬양의 '바람'은 『퓌티아 찬가』 4번 3행과 1번 9행 이하, 『네메이아 찬가』 5번 51행과 6번 28행 이하, 7번 11~18행, *Frühgriech. Denken* 360쪽 이하를 참조하라). 한편 찬가가 비에 비유되는 이유는 모든 위대한 행위가 인정을 '목말라하기' 때문이며(『네메이아 찬가』 3번 6행 이하, 『퓌티아 찬가』 9번 103행 이하), '아레테'가 마치 나무가 하늘을 향해 자라듯 그렇게 자라날 수 있는 것은 오직 물에 적셔지듯 그렇게 칭찬과 찬가들로 적셔질 때 가능하기 때문이다(『네메이아 찬가』 8번 40행, 『네메이아 찬가』 7번 12행 이하, 『이스트미아 찬가』 7번 19행을 참조하라). 이 책 908쪽 이하를 보라.

다. 따라서 핀다로스의 노래가 그곳에서 훌륭하게 공연될 것이고, 청중들로부터 많은 호응을 받을 것이라는 의미이다. 게다가 로크리스 사람들은 지혜가 뛰어날 뿐 아니라 용감한 전사들이기도 하다. 그런데 도대체 핀다로스는 어떻게 멀리 떨어져 있는 로크리스 사람들을 그토록 신뢰하게 되었는가? 하게시다모스는 올림피아 경기에서 네 가지 뛰어난 미덕을 발휘함으로써 자신의 능력뿐 아니라, 아울러 종족 전체의 능력도 입증한 셈이다. 혈통은 속일 수 없기 때문이다.[4] 그는 영리하고 용감하다. 권투경기에서 그는 여우의 지략과 사자의 당당한 용기를 보여주었다(『이스트미아 찬가』 4번 46행 이하). 세 번째 미덕은 아름다움을 안다는 것이다. 이 말은 그가 실용적 가치는 전혀 없으며 오로지 이상적 가치만을 지닌 운동경기에 헌신적인 노력을 기울였다는 것을 의미한다. 또 마지막으로 그는 시인 핀다로스에게 적합한 "선물"(사례금)을 마련함으로써, 손님에 대한 예의를 소홀히 하지 않았다.

이 시의 내용은 복잡하지 않으며, 그 밑에 깔려 있는 생각도 단순하고 경쾌하다. 즉 '로크리스 출신의 하게시다모스를 위한 노래를 마무리해야 할

---

4. 핀다로스가 무사이 여신들에게 제시하고 있는 보증은 시인이 그 소년과(『올림피아 찬가』 10번 100행 참조. 동일인 하게시다모스를 언급) 개인적으로 친분이 있기 때문일 수 있다. 가령 스테시코로스와 크세노크리토스 같은 로크리스의 이전 시인들과 음악가들에 대한 생각에 근거하였다면, 이런 '보증'은 성립할 수 없다. 이럴 경우 17행 이하는 아마 다음과 같았을지도 모른다. '그대들 무사이 여신들은 로크리스 사람들에게 손님으로 가는 것이 처음은 아닐 것이며, 그러니 그대 자신들이 얼마나 로크리스 사람들이 오래 전부터 아름다운 것을 아는지를 알고 있지 않은가.' 핀다로스는 여기서 자신이 원하는 문체 효과를 내기 위하여 자신이 무사이 여신들을 보내는 곳의 종족과 무사이 여신들 사이에 이미 친분이 있다는 것을 무시한다. 만약 그런 식의 단순화가 없다면 이 시는 얼마나 재미없고, 또 심지어 얼마나 덜 독창적이 되었겠는가! (반면 단편 140b Snell에서 핀다로스는 로크리스 사람들에게서 나타나는 무사이 여신들의 전통을 명시적으로 언급하고 있다. 그때그때의 시적 구상에 따라 사태는 달리 접근되는 것이다.)

때이다. 나는 그 노래를 만들었고, 이제 여기 완성되었다. 저 머나먼 땅에서 훌륭하게 공연되고 호의적으로 받아들여질 것이다'라는 내용이다. 그러나 이 단순한 내용 안에서 여러 가지 다양한 이념들이 서로 어울리고 있다. 인간과 동물이 가진 변덕스러운 요소들과 지속적인 본성, 소원과 그 즐거운 성취, 의무와 성과, 행위와 그 대가, 또는 투쟁정신과 예술적 감각, 또는 모든 뛰어난 능력을 부여하는 신들 그리고 다른 여러 가지가 다루어지고 있다. 전체적으로 역동적인 흐름 속에서도 경건한 시구들이 안정된 균형을 이루고 있다. 세 연 가운데 첫째 연과 마지막 연에서는 승리자와 그 종족의 미덕에 대한 신뢰가 나타나고 있으며, 시작과 끝은 이중의 비교로 장식되고 있다. 그러나 이런 대칭적인 성격은 노골적이지 않고 자연스럽다. 따라서 시 전체는 무거운 느낌 없이 우아하게 움직이고 있다. 핀다로스의 예술적 능력은 이 시기에 절정에 달했던 것 같다.

이로부터 그리 오래 지나지 않아 (아마도 470년 경) 핀다로스는 시킬리아의 히메라 출신 에르고텔레스를 위해 또 다른 짧은 승리찬가 하나를 지었다. 에르고텔레스는 올림피아를 비롯하여 다른 제전의 경주에서도 우승을 거둔 선수이다. 그런데 이번의 시는 이전과는 달리 충만하고 진지한 어조를 띤다. 에르고텔레스는 온갖 종류의 세상사를 두루 겪은 성인 남자이다. 그의 고향도시 히메라도 격동의 시대를 거치면서 외세의 지배를 받았던 적이 있으나, 이제는 다시 해방되었다. 이러한 혼란 속에서 많은 사람들이 목숨을 잃었고, 줄어든 인구수를 다시 늘리기 위해 동등한 시민권을 조건으로 이주민들을 받아들였다. 그중에는 크레타의 크노소스 출신의 에르고텔레스도 속해 있었다. 그는 당파싸움의 소용돌이에 휘말려 크노소스에서 추방당한 후, 다시 정착할 곳을 찾던 중이었다. 그는 이 기회를 잘 이용해 히메라에서 완전시민권자에게 허용되었던 토지소유권을 획득했다. 그리고 히메라의 시민으로서 운동경기에서 빛나는 성과를 거둠으로써 자신과 제2의 고향에 영예의 왕관을 선사했다. 이 도시국가 근처에는 님프의 샘으로 알려진 온천이 있었는데, 여기서 에르고텔레스는 옛 고향과 방랑의 먼지를 말끔히 씻어낼 수 있었다. 새로운 땅에서의 목욕은 성공적인 이주의 상징으로 간주되었다.[5] 불행, 불행 속의 행복, 더 큰 행복 등 그가 겪어왔던 부침(浮沈) 많은 인생의 본질은 '운명Tyche'이라 불리며, 운명은 공동체 전체의 역사를 결정하기도 한다. 이런 설명을 염두에 두면 시구는 별도의 해설 없이도 이해하기 용이할 것이다(『올림피아 찬가』 12번).

[정립연]
구원자인 뤼케여, 해방자 제우스의 따님이시여,
내 그대에게 간청하노니, 히메라를 굽어 살피시고 더 많은 힘을 주소서.
그대에 의해 바다 위에서 날랜 배들이,
땅 위에서는 질풍 같은 원정군이, 의견을 조정하는 회의가
방향을 잡으니. 하찮은 인간들의 희망은
허망함으로 가득 찬 거짓의 바다를 헤치고 나가면서[6]
파도에 밀려 올라갔다 내려오기를 반복하고 있구나.

[대련]
지금까지 지상의 그 누구도 신의 은총을 통하여
나중에 다가올 결말에 대한 믿을 만한 표식을 찾지 못했다.
미래에 대한 계획은 분별력이 없다.
인간들에게는 기대에 반하는 일들이 종종 일어나기도 한다.

---

5. *Frühgriech, Denken* 97쪽 이하를 보라.
6. 환영을 의미하는 '거짓의 바다'라는 비유에 대해서는 이 책 868쪽 각주 2번을 보라.

기쁨이 방향을 바꾸기도 하고, 또 슬픔을 주는 혼란 속에 빠져 있던

많은 사람들이 갑자기 엄청난 행운을 얻는 일이 일어난다.

[종련]
남자와 남자가 맞서 싸우는 당파싸움이 너에게서

고향 크노소스를 빼앗아가지 않았다면,

필라노르의 아들이여, 너의 재빠른 발걸음의 명성은

앞마당에서 싸우는 싸움닭처럼 사라져버렸을 것이다.[7]

그러나 지금 에르고텔레스여, 올륌피아에서 받은 화관을 쓰고,

또 퓌티아와 이스트미아에서 승리한

그대는 그대의 땅 가까이

따뜻한 님프의 샘을 방문하여 목욕을 즐긴다.[8]

이 시는 히메라를 위해 '운명Tyche'에게 기도하는 것으로 시작한다. 그 다음 예측 불가능한 운명의 위력에 대해 긴 문장이 이어진다. 그리고 이제 종련에 와서야 핀다로스는 에르고텔로스로 넘어간다. 여기서 그는 정립연과 대련에서 언급한 '영원한 진리'에 대한 살아있는 예로서 오늘의 승자에게 말을 걸고 있다.[9] 승자에 대한 찬양은 이 승리찬가에서 언급하는 많은 주제

---

7. '사라져버리다[낙엽이 지다]'라는 은유는 제전에서의 승리자가 월계관을 쓰고, 관중들로부터 나뭇가지 세례를 받았던 데서 연유한다.

8. 'βαστάζεις'는 'ἐπαίρεις καὶ αὔξεις'(27a의 외곽주석)를 뜻하는 것이 아니며, 또는 '칭찬하다', '찬양하다'를 (사전에 이렇게 되어 있지만 전혀 맞지 않는다) 뜻하지도 않는다. 이 말은 단어 그대로 '…을 잘 다루다'(『오뒷세이아』 제21권 405행을 보라. 또 393~395행도 참조하라), '…에 몰두하다'의 의미다. 핀다로스는 접촉이나 관계를 나타내는 동사를 매우 상이한 연관성을 나타내는 데 사용한다(F. Dornseiff, *Pindars Stil*, 1921, 94~96쪽 그리고 이 책 917쪽을 참조하라). 예를 들면 『네메이아 찬가』 8번 3행과 『이스트미아 찬가』 3번 8행이 그 경우이다. 여기서 이 동사는 단순히 목욕하는 사람이 온천에 대해 느끼는 것을 나타낸다.

들 가운데 하나일 뿐이다.

우리는 방금 읽은 두 시에서 네 가지 요소들을 만나보았다. 이 요소들은 승리찬가라는 장르에 전형적인 것으로서, 서로 배치를 달리하거나 경우에 따라 이런저런 요소들이 빠지기도 하면서 계속해서 등장한다. 승리찬가는 승리자와 승리자의 가족과 고향을 다루며, 더 나아가 시인은 자신의 노래와 예술에 대해 직접 말하기도 한다. 또 인생을 그리고 사물의 변화를 결정하는 힘들에 대해 숙고하기도 한다. 끝으로 시인은 기도와 관찰 속에서 시선을 신적인 것으로 향한다. 이 네 가지 요소 가운데 세 가지는 보편성을 띠는 것으로서, 모든 현세적인 것은 더 높은 힘에 종속되어 있다는 것, 인생 경구들은 보편타당하다는 것, 시인의 예술적 능력을 통해 노래의 모든 언어와 음을 전달하는 매체가 만들어진다는 것이다. 나머지 요소인 승리자와 승리자가 속해있는 공동체라는 주제만이 특수할 뿐이다. 이 주제에서는 무엇보다 특정한 개인과 사실들로부터 출발하기 때문이다. 그 외에 지금까지는 아직 언급되지 않은 다섯 번째 대상, 즉 신과 영웅에 관한 신화도 이와 비슷하게 특수한 요소라고 할 수 있다. 모든 합창 시인들은 신화와 전설을 잘 보존했고, 핀다로스도 예외가 아니었다. 하지만 핀다로스에 있어서는 비교적 길이가 긴 시들만이 신화라는 요소를 충분히 전개시킬 수 있는 공간을 제공해주었다.

---

9. 즉 에르고텔레스는 이른바 '튀케 찬가'에 '삽입된' 것이다(이 책 804쪽 각주 18번을 보라).

(3) 합창시에서의 신화

핀다로스의 승리찬가에서 신화가[1] 어떤 작용을 하는지, 그리고 핀다로스의 긴 승리찬가들이 어떻게 짜여 있는지는 『퓌티아 찬가』 9번이 잘 보여준다. 이 시는 474년에 쓰였는데, 이때는 핀다로스의 창작활동 시기 가운데 중기에 해당되며, 그가 40살이었을 때다.

여기서 찬양되고 있는 우승자는 오늘날의 리비아에 해당하는 북아프리카의 그리스 도시 퀴레네 출신이다. 이 도시는 당시 질 좋은 경작지와 목초지와 사냥터를 갖춘, 토양이 비옥한 초원지역이었다. 거주민들은 이 도시와 나라의 수호신 퀴레네를 사자도 제압하는 막강한 사냥의 여신으로 숭배하였다. 퀴레네 여신을 보좌하는 도시의 두 번째 수호신은 아리스타이오스였다. 아리스타이오스는 목자와 양봉가와 사냥꾼의 신이었고, 어떤 면에서는 아폴론과 유사했다. 그래서 아리스타이오스는 아폴론의 현현으로, 또는 아폴론과 퀴레네의 아들로도 간주되었다. 오래된 전설에 따르면, 퀴레네는 그리스 본토 테살리아에 살던 숲의 님프였는데, 아폴론이 그녀를 연인으로 삼아 아프리카로 데려갔다고 한다. 거기서 퀴레네는 아폴론의

---

1. '신화' 개념은 이 책에서 신들의 이야기와 영웅 이야기를 함께 아우른다.

명령에 따라 리뷔아로 이주한 테라 섬 출신의 그리스인들을 보호하는 수호신이 되었다. 이 이야기는 헤시오도스가 쓴 것으로 알려져 있는『여인들의 목록』에 들어있는데, 핀다로스는『여인들의 목록』에서 전개되는 서사시적 보고를 서정시로 옮겼다. 하지만 그의 서정시는 퀴레네를 이야기하기 전에 먼저 퓌티아 제전의 무장(武裝)경주에서 우승한 퀴레네 출신의 텔레시크라테스를 찬양하는 축하의 인사로 시작된다. 무장경주는 완전무장을 한 채 달리기 경주를 하는 것이다. 핀다로스의 시에서 무장을 대표하는 것은 가장 무거운 무기, 즉 청동방패다(『퓌티아 찬가』9번).

[제1연: 定立聯]
허리띠를 깊이 두른 카리스 여신들과 함께
나는 텔레시크라테스를 퓌티아의 제전에서
청동방패의 승리자로 소리 높여 알리고 싶었노라.
그는 축복받은 자이며 퀴레네의 화관 장식임을.
퀴레네는 일찍이 폭풍이 사나운 펠리온의 계곡으로부터 레토의 아들, 고수머리의 아폴론에 의해 납치되었다. 그는 황금빛 마차에 그 야생의 처녀를 태우고 가서, 양떼와 과실이 많은 나라를 다스리는 여왕으로 앉혔다.
또 퀴레네에게 견고한 대지의 세 번째 뿌리를[2] 편안하고 유용한 거처로

---

2. 이것이 '아시아', '유럽', '리뷔아'(주로 나일 강 서쪽의 아프리카를 가리킴)의 3대륙 이론에 대해 우리가 알고 있는 가장 오래된 전거이다. 3개의 대륙으로 나눔으로써 동쪽, 서쪽, 남쪽의 방위 구분은 (북쪽의 종족과는 어떤 관계도 맺고 있지 않기 때문에 북쪽은 제외된다) 이전에 '아시아'와 '유럽', 즉 동쪽과 서쪽으로만 나누고, 아프리카를 '아시아'에 포함시켰던 구도보다 더 그럴 듯한 설명방식이다. 세계를 대륙별로 구분하는 생각은 '아시아' 개념에서부터 시작된 것으로 보인다. 그리스의 시각에서는 아시아의 개별 국가 모두가 적어도 6세기 이후 페르시아 제국으로 정치적으로 통합되었으며, 또한 여기에는 이집트와 그 너머까지도 함께 속했다. 그와 반대로 이분법적 대립성이라는 상고기적 도식에 따르면 페르시아제국에 속하지 않았던 나라들은 공동으로 '유럽'이라

주었다.

[제1연: 對聯]
은빛 발의 아프로디테가 신이 이끄는 마차를
가벼운 손으로 만지며
델로스에서 온 손님(아폴론)을 맞이했다.
그녀는 행복한 결혼식을 매혹적인 수줍음으로 감쌌고,
신과 강력한 휩세우스의 딸을 위해 혼인의 끈을 맺어 주었다.
당시 휩세우스는 자부심이 강한 라피타이 사람들의 왕이자,
오케아노스의 손자였으며, 널리 알려진 핀도스의 계곡에서
크레우사에게서 태어났는데, 페네이오스의 사랑을 맛보았던 물의 요정

[제1연: 終聯]
크레우사는 대지의 여신의 딸이었다. 아름다운 팔의 퀴레네는
휩세우스에게서 아이 때부터 고이 길러졌다. 그러나 퀴레네는
베틀 북을 움직이며 일하는 것도,
집에서 친구들을 접대하는 즐거움도 좋아하지 않았다.
그녀는 청동의 창과 검을 들고 싸우면서
난폭함 짐승들을 제압하여
아버지의 소들에게 고요한 평화를 선사하였다.
아침놀이 다가오면 달콤한 밤의 동료인 잠을 줄이고
자신의 눈꺼풀로부터 쫓아냈다.[3]

는 이름을 얻었다.
3. 'ἀναλίσκω'(25행)는 '다른 것을 대신 얻기 위해 헌신하다, 제물을 바치다'의 뜻이다. 사
냥꾼은 이슬이 맺히고 해가 뜨기 전에 일을 시작한다(내용에 대해서는 로도스의 아폴로
니오스『아르고 호 이야기』제4권 109~113행을 보라. 그리고 표현에 대해서는 박퀼리

[제2연: 정립연]

언젠가 넓은 화살 통을 든 명궁 아폴론이

그녀가 무기도 없이 혼자서

무시무시한 사자와 싸우고 있는 것을 보았다.

아폴론은 즉시 켄타우로스 족 키론을 암벽의 거처로부터 불러내어,

"필뤼라의 아들이여, 그대의 웅장한 동굴로부터 나와서 이 여인의 용기와

그 위대한 능력을 놀라워하라. 두려움 없이 머리를 들고 그녀가 어떤 싸움

을 하고 있는지! 어떠한 고통과 위험도 불사하고, 어떠한 불안의 폭풍우에

도 흔들리지 않는 정신의 소녀를 보아라.

그녀를 낳은 자는 누구인가? 어떤 혈통으로부터 생겨나

[제2연: 대련]

그림자 드리운 산속에 숨어 살면서,

멈추지 않는 투쟁심을 즐기고 있는 것인가?[4]

데스 단편 4S 36~38행과 헤시오도스 『일들과 날들』 574행을 보라). Παῦρον'(24행)은
술어이다('선취의 목적어'). 퀴레네는 소페에게 "많은" 휴식을 선사하기 위해 자신은
"적은" 휴식에 만족한다(22행). σύγκοιτον에 대해서는 다음의 각주 10번을 보라. 해
뜨기 직전의 잠은 가장 달콤한 것으로 간주되었다[위(僞)에우리피데스 *Rhesos* 554~
556행 그리고 Mochos *Europa* 2~4와 이에 대한 W. Bühler의 해설].

4. 'ἀλκή'의 (신체적 강인함이 아닌) 의미는 Passow-Crönert를 보라. 'Απείραντος는 끝
과 목표로의 돌진을 부정하는(유사한 용법의 ἀτελής는 『네메이아 찬가』 3번 42행을
보라), 만족할 줄 모르는(채워지지 않는) 노력이라는 뜻으로 쓰였다(『네메이아 찬가』
8번 38행. 또 『이스트미아 찬가』 4번 11행 역시 형식적으로 유사하다. 즉 'ἀπλέτου
δόξας'—가장 극단의 'τέλος'). 즉 퀴레네는 ἔργ' ἀτέλεστα라는 표현을 시험해보
는데, 이는 사유나 표현에 있어 핀다로스의 시구와 매우 유사한 (가령 'οσπισθεῖσα':
테오그니스, 'ἀποσπασθεῖσα': 핀다로스) 어떤 단락에서(1287~1294행) 테오그니스
가 아탈란타에 대해 말하고 있는 것과(1290행) 같다. 엘레기 시인 테오그니스는 아마
도 『에호이엔』에서 퀴레네와 아탈란타를 동일시하며 서술했던 그러한 처녀사냥꾼의
원형에 토대를 두고 있었음이 분명하다(헤시오도스 단편 21Rzach=73MW도 참조하

3. 핀다로스와 박퀼리데스: 합창시에서의 신화　**819**

내가 만약 칭송받는 나의 손을 그녀에게 내밀어

달콤한 동침의 야생화를 꺾는다면 불경한 것인가?"라고 물었다.

그러자 맹렬한 켄타우로스가 부드러운 눈썹으로 크게 웃으며

즉시 대답했고, 자신의 생각을 나타내 보였다. "영리한 페이토(유혹)가

은밀한 열쇠를 성스러운 사랑으로 이끕니다.

오, 포이보스 아폴론이여, 신들이나 인간들이나 최초의 달콤한 동침을

공공연하게 즐기는 것을 부끄러워하는 것은 모두 똑같습니다.

[제2연: 종련]

그래서 거짓말을 해서는 안 될 그대조차도

즐거운 흥분으로 소녀의 혈통을 물어보는 실수를 하게 된 것입니다.

오 주인이시여, 모든 사물의 올바른 끝과

그리로 이르는 모든 길을 아시는 그대,

대지가 얼마나 많은 봄날의 꽃잎들을 피어나게 하며, 얼마나 많은 자갈들이

바다와 강가에서 파도와 흔들리는 바람에 이리저리 뒹굴고 있는지, 무슨 일

이 일어날지, 왜 일어나게 되는지 그대는 정확히 꿰뚫어보고 있습니다.

그러나 내가 지혜로운 자, 그대와 꼭 겨루어야 한다면,

[제3연: 정립연]

다음과 같이 말하고 싶습니다. "그대는 그녀의 남편으로서

이 계곡으로 오게 된 것입니다. 이제 그대는 그녀를 바다 건너 제우스의 귀

라). 테오그니스에 등장하는 애인은 소녀가 사냥꾼의 삶을 사는 것은 ἀτέλεστον이라
는 것을 설명하는데, 그 이유는 그러한 삶은 여인의 자연적인 운명(τέλος)으로서의 결
혼을(1294행) 부정하기 때문이라고(1289행 이하) 한다. 핀다로스에서 사랑에 빠진 한
남자도 비슷한 의미로 말을 한다. 즉 36행("그것은 불경한 것인지 ――")은 단절 없이
이어진다.

중한 정원으로 데려가게 될 것입니다.

거기서 그대는 그녀를 도시의 여주인으로 삼게 될 것이며,

섬 주민들을 들판의 언덕으로 불러 모을 것입니다.

그러면 넓은 초원을 다스리는 여왕 리뷔아가 기뻐하며 명성이 자자한 소녀
를 자신의 황금 궁전에 기꺼이 모시게 될 것입니다. 또 즉시 영토의 일부를
소유하고 거주하도록 그녀에게 선물할 것인데, 그 땅은 온갖 종류의 과실
로 보답할 것이며, 사냥감도 많을 것입니다.

[제3연: 대련]

그곳에서 그녀는 아들을 낳을 것인데, 뛰어난 헤르메스가 그를

사랑하는 어머니로부터 받아, 높은 권좌의 호라이Horai 여신들과

가이아(대지의 여신)에게로 데려갈 것입니다.

이들은 아이를 직접 자신들의 무릎에 앉혀

넥타르와 암브로시아('불멸성')를 입술에 흘려 넣어 불멸하는 자로,

제우스와 순수한 아폴론으로 만들 것입니다. 또 자신이 총애하는 자들을
기쁘게 해주면서 양떼들의 아버지 같은 보호자로 만들 것입니다.

그는 아그레우스와 노미오스(사냥과 목축의 신)라 불릴 것인데, 또 다른 사
람들은 그를 아리스타이오스라 부를 것입니다."[5]

이런 말로 그는 행복한 혼인이 실행되도록 아폴론을 부추겼다.

---

5. 별로 알려지지 않은 신들 중 한 명이 세 개의 상이한 이름(아그레우스, 노미오스, 아리
스타이오스)을 가지고 있다는 것은 그리 눈에 띄는 일이 아니다. 그러나 이 신이 동시
에 아폴론 신의 아들이며, 또 (한 명의) 아폴론이며, 또 (한 명의) 제우스라는 점은 우리
에게 거의 충격에 가까운 사실이다. 이 부분은 핀다로스 시대에 신성을 여러 신격들로
나누는 것이 크게 문제되지 않았다는 것을 보여준다. 위대한 올륌피아의 신들도 각각
의 자기 이름을 세 가지로 나눌 수 있었으며, 그럼으로써 서로 이름을 공유할 수 있었
다. 그 정도로 신의 이름을 어떤 한 존재가 아닌, 강한 영향력을 행사하는 세계힘으로
이해한다는 의식이 시인과 독자들에게 강하게 살아 있었다.

[제 3연: 종련]

만약 신들이 급히 서두른다면, 성취는 빠르고

길들은 짧은 법이다. 하루 안에 결정이 났으니,

그들은 황금으로 장식된 리뷔아의 방에서 하나가 되었다.

이제 이 방에서 퀴레네는 가장 아름다운 도시를,

운동경기의 명성으로도 화려한 이 도시를 다스리고 있다.

지금도 퓌토의 신전에서 카르네이아데스의 아들(텔레시크라테스)이

찬란한 업적으로 그녀(도시 퀴레네)를 장식하고 있으니.

그는 그곳에서 승리를 거두었고, 이로써 퀴레네의 이름이 울려 퍼졌다.

그가 델포이의 값진 영광을 아름다운 여인들의 나라, 고향에 선사하게 되면,

그녀가 그를 반가이 맞이할 것이다.

[제 4연: 정립연]

뛰어난 업적aretai은 항시 노래에 풍부한 소재를 제공한다.

그러나 많은 것들 가운데 약간의 것을 찬란히 빛나게 하는 것이

시인의 능력에 대한 시금석이다. 그러니 모든 일에 있어 그렇듯이

정확한 선택이 왕관을 차지한다. 일곱 성문의 테베가 이미 경험한 바,

이올라오스의 존경이 텔레시크라테스에게[6] 승리를 선사했던 것이다.

이올라오스는 날카로운 검으로 에우뤼스테우스의 목을 벤 후,

전차 몰이꾼이었던 할아버지 암피트뤼온의 무덤 속, 대지 아래 묻혀있다.

암피트뤼온은 말을 사육하는 카드모스의 자손들(테베인)의 거리로 이주하

여 스파르타(테베)의 손님으로 그곳에 누워 있었다.

---

6. Wilamowitz, *Berl. Sitz.-Ber.*, 1901, 1291쪽에서 이렇게 해석된다(*Pindaros*, Berlin, 1922, 264쪽에서는 다르게 해석한다).

[제 4연: 대련]
현명한 알크메네는 암피트뤼온과도 제우스와도 동침하여
한 번의 산고를 겪고
무적의 쌍둥이 형제 헤라클레스와 이피클레스를 낳았다.
헤라클레스를 찬양하지 않거나, 그와 이피클레스의 목을 축여준 디르케
(테베의 샘)의 물을 항상 기억하지 않는 자는 어리석도다.
내 맹세하노니 만약 내게 다시 기쁜 소식이 들려오면 축제의 노래 속에서
이들을 찬양하리라. ― 아름답게 소리 내는 카리스 여신들의 밝은 빛이
결코 나를 떠나지 말기를! 내가 설명하건대
아이기나에서 그리고 (메가라의) 니소스 왕의 바위 위에서 그대 텔레시크
라테스는 이 도시(퀴레네)를 세 번 영광으로 빛나게 했고,

[제 4연: 종련]
놀라운 성과를 이룸으로써 업적 없는 이들에 관해 입을 다무는 세상의 침
묵으로부터 그대 스스로 벗어났지.
그러니 그대의 고향 사람들이라면 친구들이건 반대자들이건 바다노인(네
레우스)의 가르침에 따라 모두의 이익이 되는 업적을 숨기지 말아야 할 것
이다.
그가 말하길 '비록 적이라 해도 위대한 일을 이룬 사람을
당연히 진심으로 찬양해야 한다'고 했다
해마다 돌아오는 (아테네에서의) 팔라스 축제에서도
처녀들은 그대를 여러 번 보았고, 모두가 남모르게
그대가 자신의 사랑하는 남편이기를, 또는 아들이기를
바랐던 것이다, 텔레시크라테스여!

[제 5연: 정립연]

이는 올륌피아 제전에서도, 깊숙한 대지의 여신 가이아의

경기에서도, 고향의 모든 경기에서도 그러했던 것이다.

그런데 노래에 대한 갈증을 풀고 있는 나에게, 글을 달라는 독촉이

그대 선조들의 명성을 다시 일깨우도록 요구한다.[7]

어떻게 그들이 한 리뷔아 여인으로 인해 이라사 시를 향해 여행했는지를,

앙카이오스의 널리 알려진 곱슬머리 딸에게 구혼하기 위해 달려갔는지를.

매우 많은 귀족 가문의 친척들과 많은 이방인들이 그녀와 혼인을 맺고자

하였던 것이다.

[제 5연: 대련]

이는 그녀의 자태가 놀라울 정도였기에, 모두가 황금빛 관을 쓴 그녀의 아

름다운 청춘의 무르익은 과실을 꺾고자 했기 때문이었다.

그러나 그녀의 아버지는 딸을 위해 기억할 만한 혼인식을

준비하였고, 그러던 중 언젠가 다나오스가 아르고스에서 정오가 되기도

전에[8] 48명의 딸들을 서둘러 결혼시켰다는 이야기를 들었다.

다나오스는 딸 모두를 경주로 도착지에 세워 놓고,

자신의 사위가 되려고 몰려온 모든 사람에게 제안하기를, 달리기 경주에서

이긴 순서에 따라 자신의 딸들을 선택하도록 했던 것이다.

---

7. 'καὶ παλαιῶν δόξα τεῶν προγόνων'으로 읽는다. *Frühgriech. Denken* 79쪽과 그곳의
   각주 2번을 참조하라.
8. 핀다로스는 아마도 정오까지는 달리기 경주가 끝나야 하는 올륌피아 제전의 일정을 눈
   앞에 떠올렸을 것이다. 이에 대해 파우사니아스 6, 24, 1을 참조하라. 경기의 정확한 시
   기를 지정했다는 점은 'ἑλεῖν'이나 'νὺξ αἱρεῖ' 등등의 표현을 정당화한다.

[제5연: 종련]

리뷔아 사람 앙카이오스도 딸의 남편을 같은 방식으로 구하기로 하였다.

그는 딸을 화려하게 치장시켜 종착지로 정한 곳에 세운 다음,

가장 먼저 달려가 그녀의 옷자락을 만지는 자가 그녀를 데려갈 수 있다고

구혼자들에게 알렸다.

이때 알렉시다모스가 나는 듯 재빨리 달려

사랑스러운 소녀의 손을 잡았고

엄청난 무리의 베르베르 말들 사이를 지나갔다.

사람들은 초록빛 나뭇가지와 화관을 그에게로 던졌으니,

이전에도 그는 이미 많은 승리의 깃털을 받았던 터였다.

앞에서 다룬 하나의 '삼련구'로 되어 있는 노래들과는 달리 이 찬가는 삼련구가 다섯 번 이어진다. 그래서 내용이 비교할 수 없이 풍부할 뿐더러 부분적으로 어렵고 복잡하기도 하다. 이제 설명과 자유로운 해석을 통해 이 시를 자세히 분석하고, 동시에 문체적 특징도 살펴보고자 한다.

[제1 정립연] 이 시는 승리에 대한 예술적인(카리스 여신=優美) 보고로 시작된다는 점에서 승리찬가의 성격을 처음부터 분명히 드러내고 있다. 그리고 '퀴레네'라는 이름이 등장하면서 첫 번째 신화로 매끄럽게 넘어갈 수 있는데, 퀴레네는 도시공동체, 도시와 국가의 여신, 개인사를 지닌 님프, 이 모든 것을 다 담고 있는 존재인 것이다. 아폴론이 테살리아("펠리온")로부터 그녀를 제3의 대륙으로 납치했다. [제1 대련] 그들이 새로운 땅에 도착하자, 사랑의 여신("아프로디테")이 "가벼운 손으로 신이 직접 이끄는 마차를 만졌고" 그들의 백년가약을 축복했다. 서사시라면 환영장면을 일일이 열거하며 설명했을 터이지만,[9] 여기서는 다만 이런 한 가지 행동을 차분하게 조형화시켜 묘사한다. 신화적 대상을 다루는 핀다로스의 서정시적 문

체는 그 방식에 있어 매우 까다롭고 암시적이며 신중하지만, 그 효과는 매우 강렬하다. 시가 절정에 이르면 흐름은 갑자기 끊어지고, 이야기는 퀴레네의 가계도로 다시 자연스럽게 이어진다. 퀴레네의 아버지는 야만의 라피타이 족으로서 테살리아의 하신(河神)과 물의 요정 사이에서 난 아들이며, 바다의 신 오케아노스와 대지의 여신 가이아의 손자이다. [제1 종련] 이제 퀴레네의 이야기가 다시 시작된다. 이 휩세우스의 딸은 범상치 않은 소녀였다. 그녀는 여자들이 하는 일을 경멸했으며 다른 여자들처럼 잘 보호받으며 결혼준비를 하는 대신에 숲속에서 사냥꾼으로 살았다. 그리스인들은 사냥에서 사랑에 대한 거부를 연상하곤 했다.[10]

[제2 정립연] 후에 운명으로 드러나는(51행 이하) 어떤 우연에 의해 아폴론은 퀴레네가 사자와 싸우고 있는 곳에 나타나게 된다. 여기서 사자와의 싸움이 어떻게 진행되고 어떻게 끝났는지 핀다로스는 말하지 않는다. 그럼으로써 격투를 벌이고 있는 사자와 퀴레네의 모습은 청자의 상상력 속에 그 자세로 굳어버린 입상으로 남아 있게 된다. 핀다로스에게 이 싸움의 실제 과정은 별로 의미가 없었고, 다만 퀴레네의 영웅적 정신에 일종의 기념비 같은 것을 세워주는 것이 중요했다.[11] 아폴론 신은 젊은 소녀의 용감한

---

9. 가령 다음과 같이. '아프로디테는 올림포스에서 리뷔아로 갔고, 새로 온 사람들에게로 가서 다음과 같은 말을 했다.…… 아폴론은 다음과 같이 대답했다. 그 다음에 그는 말의 마구를 벗기고 암브로시아를 그 앞에 놓았다. 그 사이에 아프로디테가 그 한 쌍에게 숙소를 마련했고, 이제 그들을 신방으로 데려간다.' 핀다로스가 양식화하는 표현과 동시대 회화에서 그에 상응하는 표현에 대해서는 T. B. L. Webster, *Class. Quart.* 33, 1939, 176쪽을 참조하라. 그리고 아래의 각주 11번도 보라.

10. 즉 24행의 '달콤한 밤의 동료인 잠'은 핵심이 있는 말이다. 이 표현은 제3부, 제4 부, 제5부에서 부부에 대해 말하고 있는 바로 그 자리에서도 (아래 각주 20번을 보라) 나타난다.

11. 실제로 사자와 싸우고 있는 퀴레네를 그린 부조(浮彫)가 발견되었다. 핀다로스의 묘사는 마치 부조나 정물화가 언어로 옮겨진 듯이 그렇게 표현된 곳이 적지 않다(위의 각주

투쟁력에 격렬한 욕망을 느낀다. 핀다로스에게 이상적인 세계는 남성과 소년의 세계이기 때문에, 그의 시에서 여성적인 본질은 언급되지 않는다. 당시의 회화도 소녀와 여인들에게 거의 미소년적인 모습을 부여했다. [제2 대련] 아폴론은 퀴레네의 그칠 줄 모르는 전투욕이 결혼을 통해 중지되어야 한다고 암시한다. 그러나 동시에 그는 자신이 그녀의 사랑을 즐겨도 좋은지 확신이 없어 현자 키론에게 조언을 구한다.[12] 전설에 따르면 키론은 현명하고 늙은 켄타우로스 족인데, 숲이나 (의술의 신 아폴론처럼) 약초에도 정통하며, 인간사에도 밝아 아킬레우스나 이아손 같은 뛰어난 영웅들을 교육시켜, 그들의 모험적인 삶을 준비시켰다. 젊은 아폴론에게 호의적인 조언자로서 키론은 『여인들의 목록』의 퀴레네 부분에 이미 등장하며, 이를 핀다로스가 수용하고 있다. 아폴론은 이 켄타우로스로부터 궁금해 하던 정보를 얻는다. '그대는 모든 것을 아는 예언자로서 당신 자신이 퀴레네와의 사랑을 즐겨도 좋으며 그렇게 되리라는 것을 정확히 알고 있다. 그대의 소심한 물음은 막 일어나기 시작하는 사랑의 욕구를 은폐하는 은밀함과 수줍음에 지나지 않는다.'[13] 키론은 이런 말을 통해 아폴론에 내재하는 인간

9번을 보라). 그럼에도 불구하고 핀다로스가 이 기술로 조형예술과의 경쟁을 의도했다고는 할 수 없다. 그보다는 화가와 조각가에게는 달리 선택할 수 없는 유일한 방식이었던 것을 핀다로스는 자유로이 선택한 것이라 해야 할 것이다. 핀다로스는 자신의 고유한 목적을 위해 어떤 사건 과정의 전체 내용을 단 하나의 '함축적인 장면' 에 집중시킨다.

12. 여기서 장면의 전개는 드라마에서의 장면 전개와 눈에 띌 정도로 흡사하다. 마치 비극에서처럼 아폴론은 범상치 않은 퀴레네에 대해 이야기하고 질문을 던지기 위해 늙은 현자를 동굴로부터 불러낸다. 아폴론의 말을 통해서야 비로소 키론의 주거지가 비유컨대 무대의 배경을 이루고 있다는 것을 알게 된다. 만약 서사시인이었다면 먼저 공간적 배경을 먼저 묘사하고 그 다음에 거기 있는 인물들로 넘어갔을 것이다.

13. 이런 종류의 신화가 소녀의 감정을 언급하는 일은 드물다. 신의 자식을 낳는다는 것은 모든 여자들에게 영광이 되는 일로 여겨진다.

적 본성과 신적인 본성 사이의 갈등을 고상한 형식으로 드러내는 동시에 해명하고 있다. 제1 종련이 강력한 퀴레네의 존재를 묘사하고 있다면, 제2 종련은 모든 것을 다 포용하는 신의 정신을 찬양하고 있다.

[제3 정립연과 제3 대련] 키론의 말로 퀴레네의 이야기가 마무리된다. 그는 그녀가 아프리카(리뷔아)에서 여왕의 자리에 오를 것이고, 그리스인들이 이주해올 것이며, 아리스타이오스가 태어나 신처럼 숭배 받을 것이라고 미리 다 이야기해준다. 핀다로스는 이 모든 것을 자연적인 시간의 흐름에 따라 적당한 곳에서 자신이 직접 이야기할 수도 있었을 것이다. 하지만 대신에 그는 아폴론과 퀴레네가 처음으로 만난 이후 줄거리를 진행시키지 않고, 향후 두 사람의 결합에 깃든 영원한 축복을 현재의 줄거리에 사려 깊은 예언의 형식으로 미리 투영하고 있다. 이런 방식으로 하나의 장면은 전체 줄거리에 중요한 의미를 지니는 다른 내용을 함께 담고 있는데, 물론 이때 이것은 이야기의 전사(前事)일 수도 있고 후사(後事)일 수도 있다. 일반적으로 핀다로스는 역사적인 시간을 임의로 건너뛰곤 하는데, 여기처럼 예언의 삽입이라는 특별한 장치 없이도 그렇게 한다. 그에게는 사건의 의미와 가치가 그 자체로 중요한 것이기 때문이다. 그래서 그는 옛 전설의 배경이 되는 멀고 먼 과거도 현재의 사건을 부각시키는 데 생생한 힘을 발휘한다고 생각한다. 지금까지의 부분에서, 우선 퓌티아에서 얻은 퀴레네의 신선한 승리로 시작되었던 제1연은 처음에 과거로 돌아갔다가 다시 시간적 순서대로 진행되며, 또 대련과 제2연으로 이어지는 종련도 다시 과거로 돌아가서 시간적 순서대로 진행된다. [제3 대련의 끝부분과 제3 종련] 켄타우로스가 말을 마치자마자, 핀다로스는 우리에게 현재의 상황을 다시 상기시킨다. 아폴론은 마음이 급하다. 그래서 시인은 아폴론의 심적인 조급함에 맞게 매우 빠른 이야기 전개로 그가 원하는 목적지로 그를 데리고 간다. 그럼

으로써 우리는 다시 제1 대련 중반부의 내용으로 되돌아오게 된다. 이로써 상고기의 전형적 특징인 원환(圓環)구조가 형성되는데, 이는 퀴레네 신화가 끝났음을 말해준다. 곧이어 첫 번째 시작에서처럼 퓌티아에서의 텔레시크라테스의 승리가 언급되면서 두 번째 원환이 만들어진다.

　[제4 정립연과 제4 대련] 이제 텔레시크라테스가 과거에 거둔 승리의 목록이 등장할 차례다. 핀다로스는 앞서 미리 언급하기를, 자신은 가장 의미 있는 업적만을 다루겠다고 했다. '위대한 성과를 찬양할 때 사람들은 많은 말을 하는 경향이 있다. 그러나 진정한 예술은 많은 것 중에서 소수만이 선별되어야 함을 요구한다. '카이로스Kairos'(즉 적절하고 현명한 선택기준, 그때그때의 상황에 맞는 의미, 취향, 분별 등[14])만이 특정 영역에서의 완전함을 이루어낼 수 있다.[15] 텔레시크라테스는 테베에 매장되어 있는 이올라오스를

---

14. '유리한 시점'의 의미는 비교적 새로 생긴 것이지만, 이 점은 종종 간과된다. 핀다로스의 표현 (78행) 'ὁ δὲ καιρὸς ὁμοίως παντὸς ἔχει κορυφάν'에 대한 선례는 헤시오도스의 (『일들과 날들』694행) 'καιρὸς δ᾿ ἐπὶ πᾶσιν ἄριστος'이다(이 책 231쪽). 그 전에 'μέτρα φυλάσσεσθαι'라는 말이 등장하는데, 그 내용을 보면 (689~693행) '우리는 가지고 있는 재산을 모두 배에 실어서는 안 되며, 반 이하만 실어야 한다. 그렇지 않으면 배가 침몰할 위험이 너무 커진다.' 즉 이 말은 '유리한 시점'과는 아무 상관이 없다. 핀다로스에 나타나는 'καιρός'에 대해서는 다음 각주 15번과 이 책 879쪽 각주 11번, 이 책 923쪽 각주 8번과 9번 그리고 575쪽도 보라.

15. 다음 일련의 문장 'ἀρεταὶ πολύμυθοι — βαιὰ ἐν μακροῖσι — ὁ καιρὸς παντὸς ἔχει κορυφάν'(76~79행)의 의미는 다른 승리자 목록의 유사한 구절과 비교해보면 오해의 소지가 없다. 그 구절은 다음과 같은 것들이다. 'πλήθει καλῶν — ἐν ἑκάστῳ μέτρον — καιρὸς ἄριστος'(『올륌피아 찬가』13번 45~48행), 'καιρὸν εἰ φθέγξαιο, πολλῶν πείρατα συντανύσας ἐν βραχεῖ' (『퓌티아 찬가』1번 81행 이하), 'παύρῳ ἔπει θήσω φανέρ᾿ ἀθρόα'(『올륌피아 찬가』13번 98행), 'μακρὸν πάσας ἀναγήσασθ᾿ ἀρετάς — εἰρήσεται πόλλ᾿ ἐν βραχίστοις'(『이스트미아 찬가』6번 56~59행). 따라서 'ἐν'은 두 가지 의미로 사용된다. 한편으로는 'βαιὰ ἐν μακροῖσι' ('엄청나게 많은 것으로부터 가려낸 소수')에서처럼 쓰인다. (이 의미는 소포클레스 『엘렉트라』688행의 'ἐν πολλοῖσι παῦρα'과 비교해보라.) 그리고 다른 한편으로는 'πόλλ᾿ ἐν βραχίστοις'(적은 말 속에 표현된 풍부한 내용)에서처럼 쓰인다.

기념하기 위한 경기에서 우승을 거두었다.' 핀다로스는 이올라오스로부터 시작하여 헤라클레스와 연관된 다른 영웅적 인물들에게 존경의 헌사를 바친다.[16] 그 다음에 텔레시크라테스가 이룬 승리의 목록에 신화를 삽입하는 것을 정당화하는데, 그 과정은 대략 다음과 같다. '테베에 이올라오스와 암피트뤼온이 묻혀 있다. 테베는 헤라클레스와 이피클레스가 태어나고 자란 도시다. 만약 어떤 시인이 위대한 헤라클레스와 그의 가족들 그리고 그들의 (또한 나의) 고향인 테베를 기회가 있을 때마다 입에 올리지 않는다면, 그는 어리석은 자이다. 나는 앞으로도 (지금 내가 하고 있는 것처럼) 어떤 대단한 승리자를 찬양할 수 있는 행운을 (지금처럼) 갖게 된다면, 그들에게 나의 존경을 표할 것이다'(이 책 797쪽 각주 10번을 보라). 그런데 행복에 대한 환호와 미래의 노래에 대한 생각은 운명의 시기심을 일깨워 불행을 불러올지도 모른다. 이 때문에 핀다로스는 즉시 목소리를 낮추어 자신이 계속 시인으로 활동할 수 있기를 간청하는 기도를 올린다.[17] 이어 승리의 목록이 계속 이어지면서 다음과 같이 설명한다. '텔레시크라테스 그대는 아이기나와 메가라에서 세 번의 승리를 거두어 고향과 자신에게 영광을 안겨주었고, [제4 종련] 그대를 찬양할 충분한 이유를 사람들에게 만들어주었다.[18]

---

16. 알크메네는 하룻밤에 제우스뿐 아니라 남편인 암피트뤼온과도 동침한다. 이로부터 쌍둥이 형제 헤라클레스와 이피클레스가 태어났다. 이피클레스의 아들인 이올라오스는 헤라클레스의 하인이자 친구였다. 헤라클레스가 죽자 그는 헤라클레스가 주인으로 섬겨야 했던 적대자 에우뤼스테우스를 때려 죽였다.

17. 『이스트미아 찬가』 7번 39행도 유사하다. '불완전한 존재'에 대해서는 W. Schadewaldt, *Der Aufbau des pindarischen Epinikion*, Halle, 1928, 288쪽을 보라.

18. 92행에서 볼 수 있는 핀다로스의 간결한 표현은 다음의 유사한 구절들에 따라 이렇게 해석될 수 있다. 'σιγαλὸς ἀμαχανίαν'은 'λόγου(『이스트미아 찬가』 5번 27행을 보라) ἀμαχανία'이다. 침묵은 중요하지 않은 사람을 감싸준다(단편 104c Snell 9행=83 Bowra 5행 등). 긍정적으로 전환하여 'σιγαλὸν ἀμαχανίαν φυγών'의 대략적 의미는 'κελαδεννὰν (89행을 보라) ὕμνων καὶ αἶνου εὐμαχανίαν (『이스트미아 찬가』 4번

퀴레네 사람들이라면 누구나 비록 개인적으로 서로 사이가 좋지 않다 해도 늙은 바다노인의 가르침에 따라 그대를 찬양하는 데 입을 모아야 할 것이다.' (바다노인들은 오래전부터 예언자이자 심오한 지혜의 소유자로 간주되어왔다.) '아테네에서도 그대는 성공을 거두었고, 승리자를 경배하는 여인들은 그대에게 부드러운 연모의 향기를 보냈다.'

[제5연] 핀다로스는 현재의 한 퀴레네 사람이 거둔 업적의 전달자로 나서는 한편, 텔레시크라테스의 먼 선조들이 누렸던 오래된 명성도 이 노래를 통하여 다시 상기시키고자 한다. 이런 일이야말로 시인이라는 직업이 해야 하는 의무인 것이다. 퀴레네 지방에서 전통적으로 내려오는 이 고상한 이야기 속에는 유사한 그리스 전설을[19] 언급하는 부분이 삽입되어 있다. 이 전설은 퀴레네의 이웃나라 이집트에서 다나오스 왕이 48명의 딸들을 오전 한나절에 한꺼번에 결혼시킨 이야기를 전하고 있다.

이제『퓌티아 찬가』9번을 전체적으로 다시 살펴보자. 서술기법은 장려하면서도 온화한 시적 아름다움을 통해 그 자체적으로 잘 드러나고 있으므로 그에 대한 분석은 생략하고, 다만 내용을 좀 더 상세히 되짚어보고자 한다. 이 시는 도대체 무엇을 이야기하고 있으며, 어떤 내적 연관성을 만들어내고 있는가?

일련의 삼련구들 전체에서 사랑과 결혼의 주제는 계속 나타나고 있으며,[20] 이때 배우자의 신속한 선택과 결혼이라는 틀이 사용되는 것은 세 번

1~3행을 보라) φάνας'이다. 부정적 표현 방식은 이곳이나 다른 곳에서도 대립적인 사유가 반대의 경우도 항상 고려한다는 점으로부터 설명될 수 있다. 그래서 우리는 곧 다시 94행에서 '~에 따르면서'의 의미는 '(μὴ) βλάπτων'로, 그리고 '알려야 할 것이다'의 의미는 'μὴ κρυπτέτω'로 표현되어 있는 것을 본다.

19. '청혼자들의 경주'는 많은 원시종족에게서 확고한 제도였으며, 역사 시대의 그리스에서도 여러 가지로 변형된 형태로 신화적 주제로 여전히 남아 있었다(다나오스의 딸들, 아탈란타, 힙포다메이아).

이다(아폴론, 다나오스의 딸들, 알렉시다모스). 하지만 이러한 반복적 흐름은 전체를 결집시키는 충분한 응집력을 갖지 못한다. 그래서 오히려 과도하며, 심지어 혼란스럽다는 인상을 준다.

여기에서 다섯 가지 전형적인 주제가 등장한다. 즉 현재성(텔레시크라테스), 종교(아폴론, 퀴레네, 아리스타이오스), 시(전령이자 예술가로서의 핀다로스), 이른바 격언(새로운 사랑에 대한 키론의 격언, 카이로스 혹은 적절한 선택에 대한 핀다로스의 격언, 시기심 없는 칭찬에 대한 바다노인의 격언), 그리고 마지막으로 신화이다. 여기서 신화는 때로는 매우 잠시 언급되고(헤라클레스와 그의 가족들 그리고 다나오스의 딸들), 때로는 상세히 서술되는 가운데(퀴레네, 알렉시다모스), 적어도 전체 시행의 4분의 3 이상을 차지하고 있다. 다루어지는 이야기는 종류가 다양하며, 개별 이야기들을 이어주는 연결고리도 여러 장소에 투입되어 있다. 즉 퀴레네는 승리자의 고향이자, 이 고향을 수호하는 여신이다. 아폴론은 퀴레네의 남편이며, 퀴레네 사람들의 주신이며, 퓌티아 제전의 수호신이다. 아리스타이오스는 이 둘의 아들이다. 알렉시다모스는 승리자 텔레시크라테스의 신화적 조상으로서 달리기 경주 선수였으며, 알렉시다모스의 장인에게 본보기 역할을 한 사람은 다나오스였다. 이올라오스에게 텔레시크라테스는 자신의 승리 중 하나를 바쳤다. 헤

---

20. 게다가 그 주제가 삼련구 내에서 눈에 띄게 대칭적인 배열을 이루고 있다. 다섯 개의 대련(G)에서 다섯 번, 즉 G1: 4~5행은 동침, G2: 3~4행은 동침에 대한 욕망, G3: 1~5행은 아이의 탄생, G4: 1~3행은 동침과 쌍둥이의 탄생, G5: 1~3행은 동침에의 욕망. 또 다섯 개의 종련(E)에서 네 번, E1: 7행은 "잠의 동료"(이 책 826쪽 각주 10번을 보라), E3: 8행은 승리한 달리기 선수가 "아름다운 여인들의 나라"로 귀향한다(『퓌티아 찬가』 10번 59행을 보라). E4: 8행에서는 아테네의 처녀들은 승리를 거둔 달리기 선수를 남편으로 맞고 싶어 한다. E5: 6~7행, 경주에 승리한 선수는 신부를 고향으로 데려온다(이에 관해 『올림피아 찬가』 7번 1행 이하에서 경기의 승리와 결혼식을 병렬시키는 경우도 참조하라. 이 책 798쪽).

라클레스, 암피트뤼온, 이피클레스는 이올라오스의 친척이다. 이 네 명 모두 핀다로스와 같은 고향출신이다. 이렇게 볼 때, 핀다로스는 의도적으로 소재와 그 관계들을 다양한 방식으로 조합하였음이 분명하다(『퓌티아 찬가』 10번 53행 이하). 길이가 긴 다른 승리찬가들을 비교해보면, 대부분의 경우 조합을 구성하는 주제들은 이 시에서보다 훨씬 더 다양하다. 그래서 각각의 시들이 지닌 고유의 주제들에서 어떤 통일성을 찾고자 할 경우, 우리는 시를 계속 읽으면 읽을수록 통일성을 찾아내지 못해 더욱 불안해진다. 하지만 어쩌면 우리가 찾는 것과는 다른 종류의 통일성이 있을지 모른다. 가령 다양한 영역에서도 본질적으로 동일성을 유지하는 어떤 이념과 같은 것 말이다. 이 문제로 넘어가기 전에, 우리는 더 많은 시구를 접하여 그의 시에 담긴 사유를 더욱 깊고 폭넓게 이해하여야 한다.

가령 앞의 시와는 달리 단 한 가지 신화만 다루고 그 외에는 거의 언급하지 않은 합창시도 있었다는 점에 한 번 주목해보자. 이런 합창시들은 어떤 축제일에 어떤 신을 숭배하며 춤추고 불렀던 것들이다. 이런 종류의 몇몇 시들은 박퀼리데스의 파피루스 단편을 통해 우리에게 남겨져 있다. 하나의 예로, 신화에 따르면 포세이돈의 아들이었다고 하는 아테네의 영웅 테세우스에 관한 아름다운 시 하나를 들 수 있다(박퀼리데스 17S). 이 시의 도입부는 이야기의 전사(前史)를 이미 알려진 것으로 전제하고 줄거리 한가운데로 깊숙이 들어가서 시작한다. 제우스의 아들인 미노스 왕은 반인반우(半人半牛)인 미노타우로스의 먹이로 바치기 위해 아테네 사람들로부터 정기적으로 일곱 명의 젊은 남자와 일곱 명의 젊은 처녀들을 공물로 요구했다. 이번에도 미노스는 열네 명의 젊은 아테네 사람들을 거두어 크레타로 출발하려는 참이었다. 이들 중에는 공물이 되기를 자청한 테세우스가 있었다. 후에 그는 미노타우로스를 죽임으로써 조공을 끝내게 된다.

[제1 정립연]

검푸른 뱃머리로 크레타의 바다를 가르며 배는 나아간다.

테세우스를 싣고, 일곱 명과 또 일곱 명의

이오니아(아테네)의 환하게 빛나는 아이들을 싣고.

멀리까지 빛나는 돛을 향해 북풍이 불어온다, 아이기스 방패를 흔드는

영광스러운 아테네 덕분에.

이때 머리띠에 욕망을 지니고 있는 퀴프리스(아프로디테)의[21]

거친(?) 천성이 미노스왕의 마음을 자극하기 시작했다.

그는 통제하지 못하고 한 소녀에게 손을 내밀어 하얀 뺨을 어루만졌다.

에리보이아는 판디온의 손자인 청동 갑옷의 테세우스를 소리쳐 불렀다.

테세우스는 무슨 일이 일어났는지 다 보았고, 눈썹 아래 그의 눈이

어둡게 움직였다. 엄청난 고통이 그의 영혼 속으로 파고들었고,

그는 말했다. "최고의 신 제우스의 아들이여,

그대가 가슴속 내면의 욕망을 더 이상

올바른 방향으로 몰고 가지 못한다면,

영웅이여, 군주의 지배권을 포기해야 할 것이다.

---

21. ‘ἱμεράμπτυκος θεᾶς Κύπριδος δῶρα’는 아프로디테의 총애로 인하여 에리보이아
가 발산하는 매력(ἵμερος’)을 뜻한다(플라톤의 『파이드로스』 255c를 보라). 『일리아
스』(제14권 216행)에서 여신이 지니고 있는 허리띠에 매력(ἵμερος’)의 힘이 담겨 있
듯이, 그리고 이 띠와 매력이 헤라에게 주어지게 되듯이, 아프로디테의 머리띠도 그러
한 매력의 힘을 감각적으로 구체화한다. 헤시오도스의 『일들과 날들』에서 카리스 여
신들이 목걸이로 판도라를 치장하고 꽃으로 화관을 만들어 씌우자, 판도라는 매력
(πόθος)과 우미Charis(65행 이하)를 지니게 된다. 한 여인이 매혹적인 장신구를 두른
다면, 그것은 여인이 자신의 아름다움을 한층 돋보이게 하고, 매력의 힘을 더 잘 발휘하
기 위해서이다. 단순한 그리스 표현을 이렇게 장황하게 설명하는 것이 필요한 이유는
우리 현대인들은 개별 대상과 그 성질들을 사유할 뿐, 그 의미연관을 보는 법을 잊어버
렸기 때문이다.

[제1 대련]

전능한 신들의 능력이 우리에게 허락한 것을, 정의의 저울이 정해주는 쪽을, 정당하게 정해진 우리의 몫을 우리는 채우고자 한다.

하지만 그대는 거칠게 시작한 행동을 멈추어야 할 것이다. 이다 산 아래에서 제우스의 침대에서 그와 몸을 섞으며

매혹적인 이름을 가진(에우로파), 포이닉스의 사랑스러운 딸이 가장 뛰어난 인간으로 너를 낳은 것처럼, 나도 부유한 피테우스의 딸이 바다의 신 포세이돈에게 낳아주었다. 제비꽃 빛 머리를 한 네레우스의 딸들이 그녀에게 (결혼식) 선물로 황금빛 두건을 주었다.

때문에 크노소스의 최고 사령관인 그대에게 나 요구하는 바, 고통을 불러일으키는 방약무인의 행동을 그만두기 바란다.

나는 만약 그대가 이 젊은이들 중 누구에게든 완력을 행사한다면, 나는 꺼지지 않는 매혹적인 아침놀의 광채를 더 이상 보지 않겠다.

그 대신 우리의 팔 힘을 시험할 것이며, 그 다음 일은 신이 결정할 일이다."

[제1 종련]

무기에 정통한 영웅이 이렇게 말했고,

배 위의 여행자들은 모두

자부심에 찬 그의 대담함에 깜짝 놀랐다.

하지만 분노가 헬리오스의 사위(미노스)를 찌르듯 자극했고,

그는 기이한 계획을 세운 후 다음과 같이 말했다.

"강력한 아버지 제우스여, 나의 말을 들어주소서.

만약 정말로 하얀 팔의 포이니케 소녀가

나를 당신에게 낳아 주었다면,

지금 하늘에서 재빠른 번개를 화염의 갈기와 함께

알아볼 수 있는 식별로서 나에게 보내주소서.

그리고 그대 테세우스여, 만약 트로이젠의 아이트라가

대지를 뒤흔드는 포세이돈에게 그대를 선사했다면, 아버지의 주거지로 용감히 몸을 던져

이 금빛의 화려한 반지를 바다 속 깊은 곳으로부터 다시 꺼내오도록 하시오."

[제2 정립연]

강력한 제우스는 그의 간청을 무시하지 않고 들어주었다.

그는 번개를 번쩍이게 하여 모든 사람들이 보는 가운데 기꺼이 사랑하는 아들 미노스의 체면을 우뚝 세워 주었다. 자신이 고대하던 기적을 보자 끈질긴 투쟁심의 영웅은 영광스러운 푸른 하늘을 향해 팔을 벌리고 말했다. "테세우스여, 여기 나에게 주어진 제우스의 능력을 그대는 분명히 보고 있다. 이제 깊이 요동치는 바다로 뛰어들라, 그러면 크로노스의 아들, 바다의 주인인 그대의 아버지가 나무들로 장식된 대지 전체를 통해 그대를 위해 최고의 영광을 행사할 것이다." 그는 이렇게 이야기했으며, 테세우스는 물러설 기세가 아니었다. 그는 단단히 고정된 뱃머리 갑판에 올라서서 아래로 뛰어내렸다.

그러자 바다의 광야가 유유히(?) 그를 받아들였다. 제우스의 아들은 내심 놀라워했으며, 정교하게 만들어진 배를 맞바람을 맞으며 진행하도록 명령했다. 그러나 운명은 다른 길을 준비해 놓고 있었다.

[제2 대련]

배는 재빠르게 운행하며 미끄러져갔다. 왜냐하면 북풍이 뒤로부터 불어와 배를 몰고 갔기 때문이다. 영웅 테세우스가 바다로 뛰어들자, 어린 아티카의 종족들에게 불안이 엄습했고, 부드러운 뺨에는 눈물이 흘러내렸다. 그들은 피할 수 없이 가혹한 일을 예상했다. 그러나 바다에 사는 돌고래들이 신속히

테세우스를 그의 위대한 아버지(포세이돈)의 집으로 데려갔으며, 이윽고 그는 신의 성소에 도착했다. 그곳에서 축복받은 네레우스의 딸들을 보았을 때, 그는 깜짝 놀랐다. 그들의 밝은 몸으로부터 마치 불덩어리 같은 광채가 비쳐 나오고 있었기 때문이다. 또 그들의 곱슬머리에는 금실로 짠 띠가 매어 있었다. 그들은 부드러운 발걸음으로 춤추며 즐거워하고 있었다.

그는 아버지의 사랑스런 부인을 보았다.

아름답게 꾸며진 방안에 있는 큰 눈을 가진 고귀한 암피트리테를.

그녀는 그에게 자줏빛 겉옷을 걸쳐주었고,

[제2 종련]

그의 숱 많은 머리위로

교활한 아프로디테로부터 받은 결혼 선물인

완벽한 장미꽃 장식 띠를 머리에 얹었다.

올바른 견해를 가진 인간에게는

신들이 벌이는 일들 중

믿을 수 없는 것은 없다.

그래서 그도 날렵한 배 옆으로 뛰어들 수 있지 않았던가! 아,

그가 몸이 젖지 않은 상태로 바다로부터 떠올랐을 때

크노소스 선원들의 지도자 미노스의 마음은

그 어떤 생각으로 괴로웠을 것인가.

모두에게 기적 같은 일이 일어났으니, 그의 몸은 신적인 능력으로 빛나고 있었다.

화려한 옷을 입은 소녀들은 새로이 얻은 즐거움으로

온 바다가 울리도록 환호했다. 그리고 젊은이들은 그를 둘러싸며,

아름다운 목소리로 파이안 찬가를 불렀다.

오, 델로스의 주인(아폴론)이여, 케오스인들의 합창을 즐기시며
신의 축복이 우리와 함께 하도록 하소서!

시의 마지막 부분에서 갑작스러운 전환이 일어난다. 이야기는 보호자이
자 구원자인 아폴론에게 바치는 합창시 파이안 찬가로 끝난다. 이어 시인
은 아폴론에게 기도를 올린다. 마치 배 위에서 아폴론을 부르던 아테네의
합창단이 돌연 케오스의 젊은이들(그리고 처녀들?)로 구성된 합창대로 바
뀌어, 박퀼리데스가 지은 케오스인의 노래를 연주하는 것 같다.[22]

박퀼리데스가 신화를 재현하는 기술은 정통 이오니아 방식인데, 그 특
징은 우아함으로 가득 차 있고, 감각적으로 매우 선명하며, 이해하기도 쉽
다는 데 있다. 전체의 3분의 1 이상이 직접화법으로 되어 있으며, 매우 화
려하지만 때로는 장황한 느낌도 준다. 하지만 줄거리 자체는 역동적이고,
시인은 인물들의 감정을 두드러지게 강조한다. 특히 시의 마지막 부분에
서는 빠르게 결말로 진행되는 가운데 욕망, 분노, 용기, 불안, 놀라움, 실망,
뜻하지 않은 기쁨 등이 서로 교체한다. 그리고 결말에서는 이야기 속의 합
창이 현실화되어 극적인 효과를 내며 시인의 기도가 이어진다. 시어는 우
아한 장식적 수식어가 지나칠 정도로 풍부한데, 이는 상고기 말의 특징을
잘 보여주고 있다. 따라서 형식적으로나 내용적으로나[23] 서사시에 비해 엄

---

22. 서술된 신화와 현재 진행되고 있는 합창대 공연은 열네 명의 아테네 젊은이들이 귀향
길에 델로스에 내려 그곳에서 '학춤'을 추어 아폴론의 영광을 기렸다는 전승으로 미루
어보면 훨씬 더 가까이 결합된다. 델로스의 아폴론을 숭배하는 이런 제식적인 춤은 춤
을 동반한 박퀼리데스의 노래를 통해 마치 연극처럼 연출된다. 이 책 321쪽, 사포의 시
가운데 노래 속에 노래가 다시 등장하는 어떤 작품의 결말 부분도 참조하라.

23. 테세우스가 바다 속으로부터 건져온 반지는 완전히 잊혀져버렸다. 이 점은 분명한 실
수이며, 핀다로스가 『퓌티아 찬가』 9번에서 퀴레네와 사자의 싸움이 어떤 결말을 갖는
지 이야기하지 않고 넘어간 것과는 비교가 되지 않는다. 박퀼리데스는 환히 빛나는 네
레우스의 딸들을 보았을 때 테세우스가 느낀 놀라움을 말하는데, 그것은 시모니데스의

격함과 힘 그리고 안정감 있는 조화가 결여되어 있으며, 다른 한편으로 핀다로스에 비하면 품위와 심오한 사유도 갖추고 있지 못하다. 즉 서사시나 핀다로스와는 달리 박퀼리데스의 시는 특별히 중요한 의미가 없다. 이야기 자체로 보아도 예컨대 신들의 후손에 머무는 밝은 광채 이외에는 기억할 만한 어떤 특별한 인상도 남기지 않는다.

이제 박퀼리데스의 유쾌한 축시로부터 다시 낭랑하게 울리는 핀다로스의 시로 돌아가자. 핀다로스의 시들 중 우리가 알고 있는 가장 강렬한 시 하나는 470년에 당시 가장 위대했던 군주 히에론을 칭송하기 위해 쓴『퓌티아 찬가』1번이다. 번창했던 도시 쉬라쿠사이와 시킬리아의 대부분을 다스렸던 히에론은 델포이(퓌토)의 사두 전차경주에서 우승을 차지했다. 핀다로스의 시는 경주마들의 뛰어남뿐 아니라, 동시에 정치적인 의미에서 희망에 가득 찬 새로운 건설도 축하하고 있다. 히에론은 자신의 왕국에 확고한 기반을 마련하기 위하여 아이트나 산기슭에 새로운 도시국가를 건립했고, 아들인 데이노메네스를 왕으로 즉위시켰다. 그는 도시를 '아이트나'라 이름 지었고, 새 도시에 즉시 영광을 안겨주기 위하여, 델포이 제전에서 승리하여 자신의 이름이 호명될 때 '쉬라쿠사의 히에론'이 아니라 '아이트나의 히에론'이라 알리도록 했다. 핀다로스가 시를 지었을 무렵 히에론은 전장에 있었다. 그는 그때 방광염을 심하게 앓고 있었지만 전투에서 시킬리아의 다른 왕들과 직접 대결을 벌이고 있었다.『퓌티아 찬가』1번은 무사이 여신들의 예술에 대한 찬양으로 시작한다.

[제1 정립연]
황금빛 뤼라여, 아폴론과 보랏빛 곱슬머리 무사이 여신들에

방식에 따라 기적을 인간의 본성을 통해 밝혀보려는 시도이다.

정당하게 속하는 소유물이여, 화려한 축제가 시작하면 춤추는 발걸음이
그대에게 귀를 기울이고,
가인들도 그대의 지시를 따르네,
그대 뤼라가 연주되어 윤무를 이끄는 선창가의 신호를 알리면,
용맹한 전사 번개조차도 영원한 불꽃의 화염을 사그라뜨리고,
독수리도 제우스의 홀(笏) 위에서 잠이 든다, 날렵한 날개를 양쪽으로 내
리고.

[제1 대련]
새들의 제왕 독수리도. 이는 어두운 눈빛의 구름을 그대가
그의 굽은 머리 위에 쏟아 부어 눈꺼풀을 닫도록 하였기 때문이다.
졸음 속에서 그의 유연한 등은 그대의 선율에 사로잡혀
흔들거린다. 또 난폭한 아레스도 마찬가지이다. 창의 지독한 날카로움을
그는 잠시 쉬게 하고 그의 마음도 잠을 즐기고 있다.
레토의 아들(아폴론)과 허리띠를 깊숙이 맨 무사이 여신들의 뛰어난 기예
로 그대는 신들의 무기와 영혼을 유혹하는구나.

[제1 종련]
하지만 제우스가 아끼지 않는 모든 것은 피에리아의 처녀들,
무사이 여신들의 음성에 깜짝 놀라워한다. 대지 위에 있든 혹독한 바다 속
에 있든. 그리고 황량한 타르타로스에 누워 있는 그, 신들의 적이자
백 개의 머리를 가진 튀폰이 그렇다.
그는 일찍이 저 유명한 킬리키아의 동굴에서 자라났으나
지금은 파도로 둘러싸인 퀴메 앞의 절벽과 시킬리아 섬이
털로 덥수룩한 그의 가슴을 내리 누르고 있다.
하늘을 떠받치는 기둥이 그를 아래에 묶어두고 있다,

일 년 내내 혹독한 눈보라를 길러주는
하얗게 눈 덮인 아이트나가.

[제2연]
아이트나의 깊은 곳으로부터 범접할 수 없는 불의
더없이 맑은 원천이 터져 나오고, 졸졸 흐르는 냇물은 하루 종일
시커먼 연기를 쏟아 붓고, 밤이면 벌겋게 흘러내리는 화염이
엄청난 소리를 내며 바위들을 바다 속 깊은 바닥으로 운반한다.
바로 저자(튀폰)가 이 끔찍한 화염의 샘물을 밀어 올리는 것이다.
보는 것도 몸서리쳐지고 놀라운 일이며, 직접 목격한 자들로부터 들어 보
아도 역시 진기한 일이다.

그 튀폰이 어떻게 누워 있는지를, 시커먼 잎들로 뒤덮인 아이트나의 산정
과 심연 사이에 갇혀. 그리고 어떻게 침상에 바짝 매인 등이 온통 긁히고
찔렸는지.
제우스여, 우리를 부디 그대의 마음에 들게 하소서,
풍성한 곡식을 가져다주는 대지의 위쪽, 이 산이 그대에 속하기에
그 옆의 도시에 아이트나라는 이름이 붙여졌다.
이제 이 도시를 세운 히에론이 이곳에 영광을 안겼다. 퓌티아 제전에서

전차경주 우승자 히에론과 함께 이 도시의 이름이 거명됨으로써.
바다의 여행자들에게 첫 번째 즐거움은
항해가 시작될 때 친절한 순풍이 불어오는 것이다. 왜냐하면
항해의 마지막도 안전한 귀향으로 끝날 거라고 기대할 수 있기 때문에.
마찬가지로 지금의 겹친 경사도 도시 아이트나가 장차 화관과 뛰어난 말
[馬]들로 표창을 받고 기쁨에 찬 축제의 노래로

명성을 얻을 것이라는 희망을 불러일으킨다.

뤼키아의 신, 델로스의 주인 포이보스여, 파르나소스 산의 샘 카스탈리아

를 사랑하는 분이여, 그대의 의지로 우리의 소원을 이루어

이 나라에 위대한 인물들을 선사해주소서!

[제3연]

인간의 탁월함aretai을 실현시킬 가능성은 신들로부터 오는 것이기에.

그것이 지혜로움이든, 군대의 힘이든, 또는 유창하게 말하는 능력이든.

내가 그(히에론)를 이제 찬양하고자 하니, 내가 청동 뺨의 창을 휘돌려 던

지면 창이 결코 궤도를 벗어나지 않으며,

창던지기에서 경쟁자들보다 훨씬 멀리 던지리라 확신한다.

이와 같이 그도(히에론) 모든 앞날에 행운과 부를 누리고 고통을 잊게 되

기를!

전장에서의 큰 싸움들을 그는 기억할 것이다. 강인한 마음으로 이겨낸 싸

움들을. 그 당시 그들(히에론과 그의 가족들)은 신들의 섭리로

어떤 그리스인도 누리지 못하는 영광을, 풍부한 재물로 화려한 금자탑을

쌓았던 것이다. 이제 그는 필록테테스처럼 전쟁터로 나갔고, 당연하게도

자부심 강한 많은 남자들이 그의 호의를 사고자 몰려들었다. 사람들은

신과 같은 영웅들이 어떻게 렘노스로부터 상처로 고통 받는 명궁

필록테테스, 포이아스의 아들을 데려오기 위해 달려갔는지 이야기한다.

그 후 그는 프리아모스의 도시를 함락하고 다나오스인들의 고생에 종지부

를 찍었다. 상처 입은 몸으로 기력 없이 삶을 유지했음에도. 그리 정해진

운명이었기에.

그와 마찬가지로 앞으로 다가올 시간에 히에론에게도

신께서 힘을 북돋워주시기를, 그래서 그가 원하는 바를 이루어 주시기를!
무사이 여신들이여, 간청하노니, 사두 전차 경주의 승리에 대한 보답으로 내가
데이노메네스 앞에서도 소리 내어 노래하도록 하소서.
아버지가 쓰고 있는 화관은 그 아들의 기쁨이기도 하기에.
그러니 아이트나의 왕을 위해
우정 어린 노래를 생각해내도록 합시다.

[제4연]
그 데이노메네스를 위해 히에론이 도시를 세우고, 신이 규정한 자유로움으로 휠로스의 원칙에 따른 법을 만들어주었으니.
도리아인인 팜필로스와 헤라클레스 가의 자손들은 (스파르타의)
타위게톤 산기슭에 있는 거처에서 아이기미오스의 규약에 항상 충실하고자 한다.
그들은 핀도스로부터 이주하여 아뮈클라이를 정복하였는데, 여기서 그들은
백마를 타는 튄다레오스의 아들들(디오스쿠로이)의 영광스러운 이웃이 되었고, 그들의 창은 명성의 꽃을 피웠다.

성취자 제우스여, 앞으로는 항상 (아이트나의) 아메나스 강가에서는
사람들의 참된 판단에 의해 백성과 왕들이 똑같은 권한을 갖도록 하소서.
명령을 내리는 자(히에론)가 당신의 도움으로 그리고
아들(데이노메네스)의 손을 통해 민족 공동체를 영광 속에 유지하게 하시고, 평화로운 단결로 이끌도록 하소서.
간청하노니, 크로노스의 아들(제우스)이시여, 포이니케인들과 튀르레니아인(에트루리아인)들의 전투의 외침이 기고만장한 함선들을 그들의 집에 조

용히 묶어두도록 하게 하소서. 그들은 퀴메 앞 바다에서의 일을 막 겪은 바,

쉬라쿠사이의 지도자에 의해 지독하게 참패를 당한 때문이다.
그는 재빠른 함선으로부터 상대편의 젊은이들을 바다 속으로 집어 던졌고,
고난의 예속상태로부터 그리스인들을 해방시켰던 것이다. 내가 아테네인
들의 감사를 보답 받고자 한다면, 살라미스가 나의 주제가 될 것이다. 즉
스파르타에서 나는 키타이론(플라타이아이) 전투를 이야기할 것인데,
이곳은 메디아인들, 굽은 활의 전사들이 가라앉았던 곳이다.
그러나 데이노메네스[역주: 히에론의 아버지]의 아들들(히에론과 그의 형)
에 대한 찬가는 찰랑거리는 히메라스의 강가로부터 가져오고자 한다.
여기서 적들을 쓰러뜨린 그들의 용기arete는 칭송할 만한 것이기에.

[제5연]
만약 말을 할 때 적절한 어휘선택으로 많은 사물의 관계들을 팽팽히 잘 엮
어 낸다면
사람들의 시기를 덜 받을 것이다. 싫증날 만큼 장황한 말은 활기 넘치는 기
대감을 빼앗아버리고, 다른 사람의 행운에 대해 듣는 것은 특히 사람들의
감춰진 생각을 무겁게 짓누른다.
그럼에도 불구하고 차라리 시기가 동정보다 낫기에,
훌륭함을 포기하지 말라. 그대의 말을 진실한 모루 위에 놓고 다듬어라.

비록 그대가 매우 사소한 일에서 실수한다 하더라도 그것은 큰 잘못으로
확대될 것이다.
그대로부터 나온 일이기에 그렇다. 그대는 많은 일들을 다스리기에, 양쪽
모두에서 신뢰할 만한 많은 증인들이 나올 것이다.
그대를 고무시키는 대범한 기분을 유지하라.

만약 명성의 기쁨을 지속적으로 누리고자 한다면, 소심하게 지출을 매우 좁은 규모로 제한하지 말라.

마치 뱃사람처럼 돛을 활짝 풀어

바람을 받아들이도록 하라. 친구여, 순간의 이익에 속지 말라. 죽은 후에 남겨지는 빛나는 명성,

그것만이 죽은 자들의 삶의 태도를

말과 노래를 다스리는 사람들에게 전해 주는 법이니. 크로이소스의 넓은 아량arete은 결코 사라지지 않을 것이다.

그러나 사람을 청동 황소 안에 집어넣어 구워버린

잔인한 팔라리스에 대한 적대적인 평판은 어디서나 힘을 잃지 않고 남아 있을 것이다.

소년이 즐거이 감상하는 뤼라 연주가 집안에 울려 퍼질 때에도

그를 친절하게 어울리도록 받아들이지 않는다.

잘 지내는 것이 첫 번째 행복이고,

좋은 평판을 듣는 것이 두 번째 행복이다.

그러나 두 가지 모두를 다 가지고 경험한 자가

최고로 영광스러운 화관을 받은 것이다.[24]

---

24. 시구에 관해 우선 12행에서 나는 θέλγεις'로 읽는다. 'κῆλα'가 (소유대명사 없이) '그대의 선율'을 의미한다는 것은 설득력이 없다. 그래서 'κῆλα'는 목적격이 되고, '번개'(5행 이하)에 걸린다. 이는 『일리아스』 제12권 280행과 헤시오도스 『신들의 계보』 708행과 유사한 경우다. 그리고 72행의 일반적인 해석에 대해 세 가지 의문을 제기할 수 있다. (1) 자동사 'ἔχω'는 핀다로스에 나타나지 않는다. 물론 『올림피아 찬가』 5번 16행의 'εὖ δ' ἔχοντες'는 예외인데, 이 경우 구성과 의미가 달라 아마도 핀다로스의 것이 아닐 수도 있으며, 게다가 운율이 망가져있다(Boeckh는 'εὖ δὲ τυχόντες'라 쓴다). (2) 두 개의 목적어 'ὕβριν'과 'οἷα δαμασθέντες'를 가진 'ἰδών'은 납득이 가지 않는다. 하지만 그 대신에 'οἷα δαμασθέντες πάθον'을 'ναυσίστονον ὕβριν'의 'στόνος'에 붙인다면, 구성은 더 이상하게 보일 것이다.

[제1연] 핀다로스는 노래를 시작할 때 자신이 지니고 있는 뤼라를 언급하지 않는다(『올륌피아 찬가』 1번 18행에서처럼). 또는 무사 여신에게 자신 옆에 서 있어 달라고 청하지도 않는다. 그는 음악의 신이자 퓌티아 제전의 신인 아폴론이 손에 들고 있는 "황금빛"(신적인, 천상의[25]) 뤼라와 올륌피아의 무사이 여신들의 합창을 찬가처럼 칭송한다. 이로써 현재의 합창은 그 근원으로, 즉 플라톤의 말로는 '음악 자체'로, 또는 핀다로스의 단어로는 뤼라가 "정당하게" 속해 있는 힘들로 환원된다.[26] 아폴론의 뤼라가 가진 힘은 그 조화로운 음들로 신들 세계의 거친 힘들을 잠재우고, 번개의 불꽃을 꺼지게 하며, 전쟁의 신이 자신의 창을 내려놓고 평화로운 낮잠을 즐기게 한다. 반면 디오뉘소스의 음악은 이 아폴론적 음악과 다른 종류이며, 다른 영향력을 끼치며, 또 사용하는 악기도 다르다. 디오뉘소스적 음악의 자극적 소리가 하늘에 울리면, 번개와 전쟁은 창을 들고 황홀경에 빠져 춤을 출 것이다. 핀다로스는 파피루스 발굴로 다시 세상의 빛을 보게 된 합창시 한 편에서 이에 대해 묘사하고 있다. 그 합창시와 『퓌티아 찬가』 1번과의

---

(3) νεῶν ὕβρις στένει'(패배당한)의 실체가 ναυσίστονος ὕβρις'라는 것은 터무니없다. 'στόνος'와 그 파생어들은 살인적인 투쟁에 대한 전형적인 수식어이며(가령 『일리아스』 제4권 445행, 제11권 73행, 핀다로스의 『이스트미아 찬가』 8번 25행), 또 싸움의 도구(가령 『일리아스』 제8권 159행)를 수식한다. 그리고 여기서 'ἀλαλατός' 가 더 앞에 위치하기 때문에('στονόεσσαν αὐτήν' = 전쟁, 『오뒷세이아』 제11권 383행과 비교해보라), ναυσίστονος ὕβρις'는 아무 어려움 없이 '공격적인 함선'으로 이해된다. 'κατ᾽ οἶκον ἔχῃ ναυσίστονον ὕβριν'이라는 문장은 박퀼리데스(17S 40행)의 'πολύστονον ἐρύκεν ὕβριν'과 유사하다. 그러면 'τὰ (τὰν 대신에) πρὸ Κύμας'로만 쓰면 되고 'οἶα πάθον'은 정확하게 이어진다.

25. 에우리피데스의 『박코스의 여인들』 553~555행에 대한 E. R. Dodds의 주석에 인용된 Paul Jacobsthal을 참조하라.

26. 'σύνδικον κτέανον'은 아폴론과 무사이 여신들이 '정당하게σὺν δίκᾳ'(『퓌티아 찬가』 9번 96행. 『네메이아 찬가』 9번 44행) 소유하고 있다는 것을 의미한다. 아폴론과 무사이 여신들이 뤼라에 대해 '공통의' 권리를 갖는다는 것은 근거가 없는 말이다.

뚜렷한 대조가 시사하는 바가 많기에 여기에 그 시행들을 옮겨보고자 한다 (70b Snell 5행 이하).

(…) 어떻게 우라노스의 자식들이 제우스의 왕홀 옆에서 브로미오스(디오 뉘소스)의 축성의식을 거행하였는지 우리는 알고 있다. 위대한 어머니(퀴 벨레)를 위해 북이 울렸고, 거기에 캐스터네츠와 노란 불꽃의 장작들로[27] 활활 타오르는 횃불이 타닥거리는 소리를 낸다. 그리고 머리를 흔드는 축 제의 소용돌이와 함께 물의 요정들에게서는 신음과 광란이 점점 소리를 내 며 커진다. 게다가 모든 것을 제압하는 번개가 불을 터뜨리며 요동쳤고, 아 레스의 창도 그러했다. 아테네의 막강한 방패 아이기스에서도 천개의 뱀 들이 쉭쉭거리며 소리를 울렸으며, 혼자 살고 있는 아르테미스가 박코스 의 황홀경 속에서 사자 종족을 길들이며 재빨리 달려온다. (…) 디오뉘소 스는 춤추고 있는 여인들과 동물 떼에 황홀해한다. (…)

이 파피루스 단편(1919년에 출판되었다)을 핀다로스의 승리찬가와 비교 해볼 때, 이는 그리스 음악의 이중적 본질에 대한 프리드리히 니체의 이론 을(1872년 출판된『비극의 탄생』) 가장 아름답게 입증하고 있다. 니체에 따르 면, 디오뉘소스적 음악은 무질서하면서도 신적인 생명의 힘들을 폭발시켜 자유롭게 만든다. 이와 유사하게 핀다로스의 디튀람보스 합창시에서도 시 끌벅적한 디오뉘소스 축제에서 제우스의 번개와 전쟁의 신 아레스의 창이 함께 거친 윤무를 춘다. 반면 핀다로스의『퓌티아 찬가』1번에 따르면 다 른 형태의 음악, 즉 아폴론적인 음악은 뤼라의 음색으로 영원한 번갯불을 사그라지게 하며, 아레스를 달콤한 잠에 빠지게 하여 그의 무시무시한 창

---

27. 사포(단편 98LP 6행)는 어떤 소녀의 머리를 'ξανθοτερα δαιδος'라 부르고, 박퀼리데 스(3S 56행)는 'ξανθὰν [φλόγα]'라고 쓰고 있다.

도 잠시 쉬게 한다. 뤼라는 "레토의 아들 아폴론과 무사이 여신들의 기예에 힘입어 신들의 무기와 영혼을 꼼짝 못하게 사로잡기 때문이다." 제1 대련의 끝부분에서 도입부에서와 마찬가지로 아폴론과 무사이 여신들이 다시 언급된다는 점은 핀다로스의 문체로 보아 이제 한 장면이 마무리되고 완결되었다는 것을 의미한다.

그 다음에는 이와 대립적인 장면이 등장하는데, 이는 가히 상고기의 방식이라 할 만하다. 천상적인 존재들을 즐겁게 만들고 진정시키는 것은 그들의 반대자들을 화나게 하고 자극한다. 신화에 따르면, 일찍이 튀폰이라 불리는 괴물이 세계의 주도권을 두고 제우스와 싸웠다. 이때 제우스는 튀폰을 번개로 제압했고 사로잡은 이 괴물을 아이트나 산과 피테쿠사이 섬들(퀴메 근처의 섬들, 지금의 이스키아 섬과 프로치다 섬)로 눌러 꼼짝 못하게 했다.

[제2연] 이런 신화가 왜 생겨났는지를 우리는 핀다로스에게서 듣는다. 사람들은 화산의 작용을 산과 섬들 아래 놓인 눌린 괴물이 숨 쉬며 뿜어내는 불로 해석했고, 지진을 괴물의 경련이라고 보았다. 아이트나의 화산폭발은 핀다로스가 이 시를 완성하기 직전에 일어났고, 또 "퀴메 앞의 바다로 띠를 두른 절벽들"인[28] 피테쿠사이 섬들에서도 마찬가지로 화산 작용이 활발히 일어났다.[29] 그래서 핀다로스가 여기서 언급하고 있는 신화는 현재적 의미를 지닌다. 이와 동시에 화산 아이트나 신화는 도시 아이트나

---

28. ᾽Αλιερκής᾽(17행)는 『올림피아 찬가』 8번 25행에서처럼 오직 섬만을 가리킬 수 있다 [또는 『이스트미아 찬가』 1번 9행에서처럼 지협(地峽)을 가리킨다].

29. 퀴메에서 있었던 에트루리아인들과의 해전에서 승리한 후 (기원전 474년) 히에론은 전략적 요충지인 섬들을 계속 자신의 지배하에 두고자 했다. 그 때문에 그는 시킬리아의 이주민들을 그리로 보냈다. 그러나 지진, 뜨거운 용암의 분출 그리고 여타 재해들은 이 주민들에게 심한 불안을 불러일으켰고, 그들은 다시 되돌아올 수밖에 없었다(스트라본 5, 248).

이야기로 자연스럽게 넘어간다. 아이트나 산은 제압되어 갇힌 적을 아래에 두고 군림하고 있다. 그리고 "제우스가 사랑하지 않는" 사람들에게는 어떤 일이 일어나는지 경고하는 장면으로부터 갑자기 제우스에게 올리는 격정적인 기도장면이 나타난다. "우리를 부디 그대의 마음에 들게 하소서"라고[30] 기도하는 '우리'는 위의 경고 대상과는 다른 사람들, 특히 새로 건립된 도시 아이트나의 주민들을 가리킨다. 퓌티아에서 얻은 히에론의 승리는 이들에게 희망을 약속한다. 그래서 이제 그에게 상을 내린 아폴론에게 앞으로도 계속 뛰어난 업적과 뛰어난 인물들을 이 도시에 선사해달라고 간청한다.[31]

[제3연] '히에론'이라는 이름은 앞에서 이미 등장했다. 하지만 우선 인간의 모든 재능은 신들에게 그 원천이 있다고 하는 경건한 문구들을 먼저 언급한 후, 천부적인 시인 핀다로스는 칭찬받아 마땅한 "저 사람"을 찬양하기 시작한다. 자신이 찬양의 창을 던지면, "청동 뺨을 가진"[32] 창처럼 찬사는 진리를 벗어나지 않으면서도 다른 시인들이 다른 사람들을 찬양할 때보다 더 멀리 날아갈 것이니, 실제로 힘과 위대함에 있어 히에론에 견줄 만한 그리스인은 아무도 없기 때문이다.[33] 이제 왕을 찬양하는 도중에 '불완전

---

30. 『퓌티아 찬가』 8번 17행에서 18행으로 넘어가는 2행시 '맞아 죽은 아폴론의 적' 대(對) '은총을 받은 아폴론의 총아'. 시 전체를 관통하는 주제들의 밀접한 연관성에 관해서는 G. Norwood, *Pindar*, Berkeley, 1945, 102~105쪽을, 그리고 R. A. Brower, *Class. Philol.* 43, 1948, 25~27쪽을 보라.

31. 40행에서 'νόῳ'는 도구적 여격이다(『네메이아 찬가』 10번 89행의 'γνώμη'처럼). '그대의 결단력 있는 정신으로 이것을 하고, 나라를 'εὔανδρος'로 만들 생각을 갖도록 하라.'

32. 호메로스에서 창의 수식어는 '청동 투구를 쓴'('κεκορυθμένα χαλκῷ')이다. 창을 전사로 생각했기 때문이다. 그리고 투구 자체는 호메로스에서 '청동의 뺨을 가진' 것으로 생각되었다. 측면 양쪽으로 보호덮개가 있기 때문이다. 핀다로스는 이 두 가지를 연결시켰고, 창 슴베를 자루에 연결시키는 자루 끝자락을 생각했을 것이다.

한 존재'의[34] 표현, '앞으로도 항상 그대로 머물기를'이라는 말이 여느 때처럼 슬쩍 끼어든다. 이에 현실적 소망과 걱정이 표현된다. 즉 '히에론이 고통을 다 잊어버리기를. 그는 싸움터에서 끈질기게 견뎌낸 덕분에 쟁취한 영광스러운 승리를 잊지 못할 것이다. 그런데 그는 지금도 아픈 몸을 이끌고 다시 한 번 전쟁터에서 엄청난 투지를 발휘해야 한다.[35] 이전에 그리스의 가장 강력한 영웅들이 필록테테스 없이는 트로이아를 함락시킬 수 없으리라는 신탁을 듣고 상처의 고통에 시달리던 필록테테스에게로 모여들었듯이, 자존심 강한 남자들도(시킬리아의 다른 군주들?) 히에론에게 직접 참전해달라는 부탁을 하지 않을 수 없다. 이전의 필록테테스처럼 건강의 회복과 훌륭한 업적이 왕에게 주어지기를!'

핀다로스는 퓌티아 제전의 승리자인 히에론에 이어 그의 아들이자 아이트나의 왕 젊은 데이노메네스에게 시선을 돌려, 그에게 축하의 말을 전한다.

---

33. 다른 주제를 가진 다른 시인들은 '적대자'로 불리는데, 이것은 단지 비유의 의미로, 창 던지기 경기에서 경쟁자를 물리친다는 의미에서이다. 그러나 히에론의 총애를 받기 위해 핀다로스와 경쟁하는 자들로서, 하지만 핀다로스의 뛰어난 예술에 의해 패배하게 될 시모니데스와 박퀼리데스에 대한 적대관계가 표현된 곳은 없다. 그런 종류의 소심한 해석은 이미 맥락에서 제외되었다. 다른 한편으로 비길 데 없는 히에론의 위대함은 핀다로스의 시에서 표현되는 왕의 찬양에 엄청난 원심력을 부여한다는 우리의 설명은 다음과 같은 유사구절이 입증해준다. 즉『이스트미아 찬가』2번 35행 이하에서는 "나는 원반을 힘세게 돌려 마치 크세노크라테스가 훌륭한 성품에 있어 모든 인간을 능가한 것처럼 그 정도로 멀리 던질 것이다." 박퀼리데스는 5번째 시에서(14~37행) 대략 다음과 같이 말한다. '히에론을 찬양하는 나의 노래는 모든 거리로부터 벗어나 있는 독수리와 같이 빨리 움직인다. 히에론의 위대함은 그토록 드높고 무한하기 때문이다.' 따라서 이곳『퓌티아 찬가』1번에 나오는 핀다로스의 언급은 자신의 시적 주제를 염두에 둔 것이지, 예술 형식을 향한 것이 아니다. 당시의 예술은 주제와 분리되는 형식에 대한 이해를 갖고 있지 않았다.
34. 이 책 830쪽과 해당 각주 17번을 보라.
35. νῦν γε μὰν ἐστρατεύθη'(50행 이하)가, 히에론이 이미 다시 집에 돌아와 있다고 해석될 가능성은 거의 없다.

[제4연] 핀다로스는 히에론이 새로운 공동체 아이트나에 도입한 도리아식의 국가질서를 찬양하면서, 라코니아 지방에서의 스파르타 국가 건립을 돌이켜 생각해본다. 스파르타는 도리아의 모든 제도에 모범이 되었다. 시인은 훌륭하게 형성된 이 새로운 공동체가 내적으로도 평화를 유지하길 희망하고, 외부의 침입으로부터 안전하기를 기도한다. 이러한 소망은 다시 히에론에게로 이어지게 되는데, 그 이유는 히에론이 나라에 가장 위협적이었던 두 적을 크게 무찔렀기 때문이다. 즉 기원전 480년에 '포이니케 사람들'(카르타고인들)이 시킬리아 서쪽에 있는 식민지에서부터 동쪽으로 공격하려고 했을 때, 히메라스 강가에서 히에론과 그의 형인 겔론에게(이들의 아버지 이름도 데이노메네스이다) 참패를 당했다. 그리고 6년 후, 즉 핀다로스가 이 승리찬가를 쓰기 4년 전, 히에론의 함대가 (네아폴리스 근처) 퀴메 앞바다의 해전에서 승리하여 '튀르레니아 사람들'(에트루리아 사람들)로부터 (튀레니움 바다의) 해상지배권을 빼앗았다. 핀다로스는 우선 퀴메에서의 승리를 찬양하고, 히메라스의 승리로 넘어가기 전에 다시 소급하여 자세한 설명을 한다. 먼저 그리스를 속박하려던 이방의 습격을 바다와 뭍에서 격퇴했던 그리스 장수들이 활약했던 지난 세기의 두 번의 전투, 즉 살라미스 전투(기원전 480년)와 플라타이아이 전투(기원전 479년)를 언급한다. 이런 방식으로 핀다로스는 아테네인들과 스파르타인들 그리고 쉬라쿠사 사람들의 영광스러운 승리라는 세 개의 고리를 하나로 연결시킨다. 이러한 연결은 핀다로스의 문체에 전형적인데, 몇몇의 높은 가치들이[36] 각각 자신의 고유한 영역에서 작용하면서 이렇게 서로 상응하고 있다는 것을 나타낸다. 이러한 문체기법을 중세시대에 유행했던 유사한 문체에 따라 '선호목

---

36. 『올륌피아 찬가』 11번(이 책 808쪽)의 도입부를 보라. '어떤 때는 바람을 학수고대하고, 어떤 때는 비를 기다리며, 지금은 한 편의 시를 열망한다.'

록시' 기법이라 부르곤 한다.[37]

[제5연] 여기서 핀다로스는 히에론의 행적에 대한 찬양을 갑자기 중단한다. 어떤 대상에 대한 지나친 칭송은 듣는 사람의 감탄을 쉽게 악의로 바꾸는 역효과가 있을 수 있기 때문이다. 백성들이 군주의 탁월함을 '신물이 날 정도로 κόρος' 듣게 되면, 그들 각자의 개인적인 희망들은 위축되며, 시기심이 은연중에 마음을 짓누르며 자리 잡게 된다. 이곳에서 시의 주제는 상고기적 방식에 따라 원래의 계기로부터 벗어나 있다. 이어지는 부분에서 칭찬의 절제에 대해서 더는 이야기하지 않는다. 대신 야심에 가득 찬 지도자와 백성들 사이의 민감한 관계가 일반적으로 서술되고 있다. 핀다로스는 이제 아이트나의 젊은 왕을 향해 직접화법으로 충고의 말을 건넨다. 핀다로스는, 비우호적인 질투로 가득한 차가운 분위기에서 고독한 정상을 추구할 필요가 있는가라는 숨겨진 물음에 대해 "훌륭함을 포기하지 말라!"고 대답한다. 핀다로스는 영광과 시기는 떼어놓을 수 없다는 사실을 다른 시들에서도 매우 진지하게 강조한다. "은총에는 항상 커다란 시기심이 뒤따른다"(『퓌티아 찬가』 11번 29행). "모든 사람에게는 그의 위대함 arete에 상응하는 시기심이 함께 따른다. 아무것도 없는 사람의 머리는 어두운 침묵 속에 파묻혀 있다"(단편 104c Snell 8행). 사람은 위대하여 시기를 받거나 혹은 위대함을 갖추지 못해 세상에서 잊힌다. 바로 이러한 세계관으로부터 당시 귀족계급은 핀다로스가 여기에서 사용하고 있는 표어 "동정보다는 시기를 받는 것이 낫다"라는 말을 만들어 낸 것이다.[38] 하지만 곧 피할

---

37. '선호목록시 Priamel'이라는 용어는 다음의 책에서 처음 도입되었다. Franz Dornseiff, *Pindars Stil, Berlin*, 1921, 97쪽.

38. 이것이 표어였다는 사실은 헤로도토스의 화려하면서도 신랄한 뤼코프론 이야기에 나오는 표현이 다시 등장함으로써 분명해진다(헤로도토스 3, 50~53. 이에 관해 *Frühgriech. Denken* 67쪽 각주 3번도 참조하라). 참주의 젊은 아들은 고집 센 자존심으

수 없는 또 다른 질문이 제기된다. 즉 '군주는 자신을 무너뜨리고자 하는 시기심에 대해 어떻게 처신해야 하는가?' 핀다로스는 이에 대한 대답으로 네 가지 지침을 알려준다. '정의를 지켜라'(*iustitia fundamentum regnorum*), '진실을 말하라,' '매우 작은 일에서도 그대의 공적인 위치를 의식하라,' '많이 베풀어라.' 핀다로스는 특히 마지막 충고에 오래 머무른다. 위대한 자가 자신에 대한 시기심을 잠재우고자 한다면 군주답게 자신의 행운을 다른 사람과 나누어야 한다는 생각은 핀다로스의 다른 시에도 등장하는 주제이다. 무한한 환대는 '고귀한 자에게 악의를 품은 사람들의 연기에 뿌리는 물'이다. 여기서 '연기'라는 말은, 그래서는 안 되지만 자칫 타오르는 폭동의 불길로 번질지도 모르는 잔뜩 부풀어오른 시기심을 뜻한다.[39] 여기에서 핀다로스

로 인해 거지가 되거나 왕이 될 수밖에 없는 상황에 처하게 되었다. 그의 아버지는 꾸짖으며 그에게 말했다. '너는 연민의 대상이 되는 것보다 선망의 대상이 되는 것이 얼마나 더 좋은 것인지 이제 알게 됐을 것이다.'

39. 『네메이아 찬가』 1번 24행. 이에 관해서는 *Gött. Gel. Anz.* 1928, 273쪽 이하, 그리고 W. A. Stone, *Class. Rev.* 48, 1934, 165쪽 이하를 보라. 시기심을, 또는 일체의 원한감정을 연기와 비교하는(플루타르코스 『윤리론집』 787c, "많은 사람들이 시기심을 연기에 비유한다") 일반적인 의견으로써 앞에 언급된 수수께끼 같은 『네메이아 찬가』의 구절을 설명할 수 있다. 핀다로스의 구절과 가장 유사한 것은 알카이오스 단편 74LP 6행 '나무가 연기만을 내뿜으며 타기 시작하는 지금, 너희 뮈틸레네 인들은 불길이 활활 치솟기 전에 꺼야 한다'이다. 즉 귀족계급에 대해 대중들이 혁명이라는 불길을 일으켜 자신들이 스스로 통치자가 되고자 하는 상황을 말한다. 여러 다른 방식으로 주제를 변형시켜 표현하고 있는 구절 중에서 가장 오래된 것은(언어학적 등치 'θυμός', 분노 =fumus?와 가장 가까운 것) 『일리아스』(제18권 109행 이하)에서 동일한 감정의 두 가지 단계, 즉 처음의 분노와 그 다음의 원한을 정확하게 표현하는 단어이다. 사실 매우 강렬하게 터져 나오는 분노는 진정한 기쁨, 그것도 모든 감정 중 가장 유쾌한 감정 중 하나이며, "꿀처럼 달콤하게" 사람들에게 다가온다. 그러나 그 다음 원한이 뿌리를 내려 끊임없이 새로 되살아나고, 마치 부식시키고 질식시키는 "연기"처럼 이 감정의 담지자를 괴롭히면서 "내면에서 자라난다"(사포 단편 158LP를 보라). 오만한 왕 아가멤논에 대한 아킬레우스의 분노와 원한이 계기가 되어 이 이야기가 시작한다. 가령 루크레티우스 3, 303행 이하, 'ira fax ··· subdita percit fumida, suffundens caecae caliginis

는 잘 알려진 또 다른 비유를 사용하고 있다. 군주는 주위 사람들로부터 호의의 바람을[40] 받아들이기 위해 돛을 활짝 펴야 한다. 지출을 아끼는 인색한 소인배(즉 '손님에게 주는 선물', 즉 시인에게 지불하는 사례금을 포함한 주인의 후한 환대를 말한다. 이 책 800쪽을 보라)는 그저 한 순간의 이익을 얻을 뿐이다. 이것은 장기적으로 볼 때 손실을 의미한다. 사후(死後)의 명성을 포기하는 것이기 때문이다.[41] 화자의 말과 시인의 노래를 통해 인간은 육체적 죽음을 넘어 영속성을 지니게 된다. 커다란 배포에 대한 본보기로서 뤼디아의 왕 크로이소스가 언급되며, 잔인한 독재자 팔라리스는 그와 대조를 이룬다. 이제 핀다로스는 시문학을 통한 불멸로의 진입이라는 관념을 구체적인 비유로 끌어올린다. 시의 도입부에서 우리는 황금빛 뤼라를 연주하고 있는 아폴론을 보았다. 이제 마지막 부분에서는 고귀하고 상냥한 소년들이 (이 대목에서 핀다로스와 청자들에게 에로스의 분위기가 약간 감돌고 있다) 흥겨운 연회의 시간에 뤼라 연주를 즐기고 있으며, 또 소년들은 음악을 연주하며 위대하고 뛰어난 옛사람들을 불러내어 깊은 회상 속에서 그들에게 존경을 바친다. 마지막 시행들은 위대함에 따르는 명성을 현세적 행복의 완성으로서 찬양한다. 시는 승자에게 수여되는 월계관에 시문학의 영원한 왕관을 하나 더 추가한다.

---

umbram', 오비디우스 『변신이야기』 2, 809행, 'felicisque bonis non lenius uritur (scil. Aglauros) Herses quam cum spinosis ignis supponitur herbis, quae neque dant flammas lenique tepore cremantur'. 이제 원한에 가득 찬 비난의 '연기'에 대한 여타의 전거도 덧붙일 수 있다. 이에 관해 이 책 584쪽 각주 22번을 보라.

40. 이 비유에 대해서는 이 책 810쪽 각주 3번을 보라.

41. 여기서 (92행) 핀다로스가 "날씨에 따라 바뀌고", 그래서 믿을 수 없는 것이 이익이라 말하는 것과 비슷하게, 『네메이아 찬가』 7번 17행 이하에서 말하길 "영리한 사람들은 장차 이틀 후에 불어올 (명성의) 바람도 예측한다. 그들은 이익에서 손실로 옮아가지 않는다"(*Frühgriech. Denken* 360쪽을 보라).

이 시의 구조와 소재와 사유를 다른 승리찬가와 비교해보면, 앞에서 이미 언급되었던 몇몇 보편적인 유형들이 똑같이 나타나는 것을 확인할 수 있다. 가령 뤼라와 합창가의 예술성은 강력한 도입부와 내밀한 비유의 종결부에서 두드러지게 드러난다. 종교적 요소도 풍부하고 효과적으로 등장한다. 삶의 지혜들이 제시되고, 승리자 본인과 가족들의 신상이 상세히 조명된다. 또한 튀폰, 도리아 사람(스파르타)의 옛 역사, 그리고 거의 전설적 인물이 된 뤼디아의 크로이소스 왕에 대한 이야기도 등장하는 등 신화와 전설도 빠지지 않는다. 이 시에서 격언은 아이트나의 젊은 군주를 가르치는 귀감서의 형태를 지니고 있으며, 태고의 도리아 사람들(스파르타)의 질서는 이제 막 도시 아이트나에 희망적으로 다시 부활했다. 또 핀다로스는 고래의 영웅 신화를 전통의 깊숙한 곳으로부터 다시 불러내는 것이 아니라, 동시대인으로서 현재 살아 있는 군주가 이룬 위대한 행적에 대해 자신의 시적 증언을 남기고 있다. 카르타고와 에트루리아인들에 대한 승리라는 세계사적 사건에 비하면 퓌티아 경기에서의 히에론과 그의 말들의 승리라는 사건 역시 배후로 물러난다. 핀다로스는 이 시에서 등장하는 것과 같은 예사롭지 않은 소재를 십분 활용하여 예사롭지 않은 통일성을 지닌 훌륭한 시를 창조해냈다. 합창시의 형식이 얼마나 역동적이며, 핀다로스가 그 다양한 가능성을 얼마나 자신 있게 다루고 있는지가 여기서 분명히 나타난다.

470년 히에론이 퓌티아 경기에서 거둔 승리에 대해 박퀼리데스 역시 짧은 시 한 편을 썼다(단편 4S). 이전에(476년) 있었던 승리에 대해서도 두 시인 모두 찬가를 지었다(핀다로스『올륌피아 찬가』1번, 박퀼리데스 단편 5S). 468년 이미 노년에 들어선 히에론은 올륌피아의 사두전차 경주에서 다시 한 번 세 번째이자 가장 값진 승리의 월계관을 쓰게 되었다. 이번에는 핀다로스는 아무 말이 없었고 박퀼리데스 혼자만 범(汎)그리스제전에서의 마지막 승리를 칭송했다. 만년에야 비로소 문학에 관심을 가졌던[42] 군주 히에론은 아마도 핀다로스의 까다로운 시문학보다는 한결 평이한 박퀼리데스의 시에 끌렸던 것 같다.

올림피아에서의 히에론의 우승을 노래하고 있는 박퀼리데스의 승리찬가는(단편 3S) 시킬리아를 수호하는 여신들, 데메테르와 코레(페르세포네)에 대한 경의로 시작한다.

[제1 정립연]
오, 클리오여, 멋진 선물을 선사하시는 분이시여,
더할 나위 없이 풍성한 시킬리아를 다스리는 데메테르를 칭송하소서,
또 제비꽃 화관을 쓴 코레여, 날쌔게 올림피아를 달리는 히에론의 말들도,

[제1 대련]
이 말들은 소용돌이치는 알페이오스(올림피아의 강)를
승리와 영광의 업적으로 휘몰아쳐 달렸기에. 이곳에서 그들은
데이노메노스의 아들에게 화관을 소유하는 기쁨을 안겼으며,

[제1 종련]
관중은 기꺼이 그들에게 환호했던 것이다. 세 번째 승리가 그 사람에게

---

42. 아엘리아누스(*Varia Historia* 4, 15)에 따르면 히에론은 원래 촌스럽고 예술에 무지했다고 한다. 그러나 병으로 인해 오랫동안 휴식을 취해야 했을 때, 그는 시문학 작품을 낭독하게 했으며 예술 교육을 완벽하게 받았다고 한다. 어쨌든 확실한 사실은 476년에 그가 시모니데스를 궁정으로 불렀으며, 때때로 이 시인을 외교적 업무에 동반하여 성공을 거두었다는 것, 그리고 이후 핀다로스와 박퀼리데스가 히에론을 위해 활동했으며 가끔씩 그의 궁정에서 살기도 했다는 것, 또 470년에는 아이스퀼로스가 히에론에게 초대되어 새로 건립된 도시 아이트나의 번영을 기리는 비극을 이 도시에서 상연했다는 것이다.

돌아왔다. 그리스에서 가장 큰 왕국을 제우스로부터 하사받은 그는
쌓여가는 부를 시커멓게 뒤덮는 어둠으로 가리지 않았다.

[제2연]
신들의 성소들은 축제로 화려하게 빛났고, 거기서는 소들이 제물로 바쳐졌고,
마을 곳곳에서는 손님에게 풍성한 접대로 환대를 과시했다.
뛰어난 솜씨로 만들어진 세발솥들이 금빛으로 번쩍거리며 광채를 내며

신전에 세워져 있다. 이곳 카스탈리아 샘가
포이보스의 가장 훌륭한 구역을 델포이 남자들이 관리하고 있다.
화려하게 꾸미고자 한다면 신을 꾸며야 할 것. 그의 축복이 최고의 축복이
기에.

오래전에 말을 잘 길들이는 뤼디아의 군주에게도 그런 일이 있었다.
그때 제우스는 미리 정해져 있던 결정을 실행하셨고, 그에 따라
사르데이스(뤼디아의 수도)가 페르시아 군대에 의해 점령 되었다. ─그런
데 이때 아폴론이 크로이소스 왕을 금빛 칼날로 보호했던 것이다.

[제3연]
생각지도 못했던 일이 닥쳤을 때 군주는
눈물 많은 노예 상태를 겪고 싶지 않다. 청동으로 둘러싼 궁전 앞에 장작
더미를 쌓게 했으며,
사랑하는 부인과 비탄의 외침을 드높이는 곱슬머리의 딸들과 함께
그 위로 올라갔다. 천상으로 높이 손을 들어 올리고
그는 크게 소리쳤다. "막강하신 신이시여, 천상의 은혜는 도대체 어디에
있습니까?

레토의 아들, 지배자 아폴론은 어디에 계십니까? 알리아테스(크로이소스의 아버지)의 왕궁은 잿더미로 변해 버렸습니다 ——

[이후 내용 미상]

[제4연]

—— 도시.

금빛으로 소용돌이치던 팍톨로스 강은 피로 붉게 물들어 버렸고,

거친 손에 의해 여자들은 잘 꾸며진 내실로부터 이끌려나왔습니다.

이전까지 싫어했던 것이 이제 바라는 일이 되었습니다. 이제 죽음이야말로 최고의 기쁨일 것입니다.”

그는 이렇게 말했고, 신하에게 나무더미에 불을 붙이라고 명했다. 처녀들은 소리를 질렀고, 사랑하는 어머니를 팔로 감쌌다.

눈을 뜬 채 가장 끔찍한 죽음이 앞에 다가오고 있는 것을 보아야 했기 때문이다.

그러나 쌓아올린 장작더미가 타오르는 무시무시한 불덩어리의 위력으로 타들어가기 시작하자마자

제우스는 시커먼 구름을 가까이로 이끌어 싯누런 화염을 가라앉히셨다.

[제5연]

신들께서 하시고자 하는 일은 믿지 못할 것이 없다.

이 시간 델로스 출신의 아폴론은

늙은 왕과 가느다란 발을 가진 그의 딸들을 낚아채 휘페르보레이오이족에게 데려갔으며 거기에 새로운 고향을 만들어주었다.

이는 그가 모든 인간들 중 가장 많은 제물을

매우 신성한 퓌토(델포이)로 보냈을 만큼 경건하기 때문이다.

오, 높이 칭송되는 히에론이여, 그리스인들 중 그 누구도 그대보다

더 많은 금을 록시아스(아폴론)에게 보냈다고 자부할 수 없다.
시기심으로 가득 찬 사람이 아니라면 누구나 칭찬을 한다,
그대, 말들을 좋아하는 자, 제우스가 자신의 왕홀을 수여한 위대한 전사,

[제6연]
그리고 무사이 여신들을 빈손으로 돌려보내지 않는 그대를.
ㅡㅡㅡ
ㅡ날이 시작되면ㅡ그대는 계획한다. (기쁨은) 잠깐이다.
그러나 날개를 단 희망은ㅡㅡ⁴³
우리 하루살이 존재들. 주인인 아폴론은
ㅡ페레스의 아들 아드메토스에게 말했다. "인간이라면 이렇게 두 가지 생각을

다 지니고 있어야 한다. 하나는 내일이 지나면 태양의 빛을 더 이상 볼 수 없을 거라는 생각이고, 다른 하나는 오십년 동안 부유하고 충만한 삶을 이끌 수 있을 거라는 생각이다.
경건하게 행동하면서 네게 기쁨을 주는 일을 즐겨라. 이것이 최상의 이익이다."

[제7연]
생각이 있는 자라면 내가 말하는 것을 이해할 것이다. 높은 하늘은

---

43. 아마도 βραχὺ γὰρ τὸ τερπνόν, πτερόεσσα (초판에서 내가 보충할 수 있는 문장으로 제안했던 이 구절은 새로 발견된 자료에 의해 입증되었다) δ᾽ ἐλπίς ‒‒‿ (『퓌티아 찬가』 8번 90행 이하를 참조하라).

더럽힐 수 없는 것이고, 바다의 물은 부패하거나

썩어 없어지지 않는다. 금은 기쁨을 준다. 허나 인간에게는 잿빛 노년을

피하여

활기찬 젊음으로 되돌아가는 일이 허락되지 않는다,

그러나 위대함arete의 빛은

육체와 함께 사라지는 것이 아니라, 무사이 여신들의 돌봄을 받는다. 히에

론이여,

그대는 축복의 가장 아름다운 꽃을 인간들에게 보여주었다. 침묵으로는 뛰

어난 업적을 이룬 자를 치장할 수 없다. 진실한 말로 그대를 축복하면서(?)

사람들은 부드럽게 노래하는 케오스의 밤꾀꼬리가 주는 우정의 선물도 연

주하게 될 것이다.[44]

---

44. 마지막 두 시행은 난해하다. ‘Κόσμος’는 (핀다로스『올륌피아 찬가』11번 13행과 단
편 194Snell에서처럼) 시가 찬양의 대상에게 ‘바치는’ 장신구이다(‘φέρει’는『네메이
아 찬가』8번 14행,『이스트미아 찬가』5번 62행,『퓌티아 찬가』2번 3행처럼 읽을 것).
『네메이아 찬가』9번 7행 이하,『이스트미아 찬가』2번 44행,『퓌티아 찬가』9번 92~94
행에서처럼 ‘침묵이 없었다’는 것은 ‘울려 퍼지는 칭송’을 의미하는 것이다. 누군가 ‘박
퀼리데스의 품위 있는 예술을 찬양하기 위해 찬가를 부른다’는 것을 의미할 수 없다. 그
보다는 ‘χάρις’는 즐거움과 우정의 선물 자체로서의 시를 일컫는데, 이는 핀다로스의
시에도 종종 나타난다(『올륌피아 찬가』10번 78행,『퓌티아 찬가』11번 12행,『네메이
아 찬가』7번 75행 등).『퓌티아 찬가』2번 70행에서는 소유격으로,『퓌티아 찬가』10
번 64행에서는 소유대명사의 형태로 나타난다. 그리고 타동사인 ‘κελαδέω’가 ‘노래하
다’를 의미하기도 하고(『네메이아 찬가』9번 54행, ‘ἀρετὰν κελαδῆσαι’), 또한 ‘낭독
하다’(『올륌피아 찬가』11번 14행, ‘κόσμον ἀδυμελῆ κελαδήσω’,『네메이아 찬가』4
번 16행, ‘ὕμνον κελάδησε καλλίνικον’)의 뜻으로 쓰이기도 하는 것처럼, ‘ὑμνήσει’
는 여기서 ‘시를 낭송하다’를 뜻한다(오비디우스『사랑의 노래』1, 15, 8행의 ‘canar’를
참조하라). ‘누군가 나의 이 노래를 부르리라’라는 주제에 관해서는 또『네메이아 찬
가』4번 13~16행 그리고『이스트미아 찬가』2번 45행을 참조하라(여기서도 ‘침묵이
없었다’는 표현과 연결되어 있다). ‘σὺν ἀλαθείᾳ’라는 표현은 쉽게 해석된다. 박퀼리

박퀼리데스의 승리찬가는 핀다로스의 승리찬가가 보통 5개로 이루어져 있는 것과는 달리 7개의 '삼련구'로 되어 있다. 물론 연들의 길이가 훨씬 더 짧다. 이에 따라 화법도 더 빠르고 가볍게 전개된다.

[제1연과 제2연] 시킬리아와 그곳의 수호신들을 매우 짧게 찬양하고 나서,[45] 시인은 곧 올림피아의 경주로를 달렸던 히에론의 빠른 말들을 찬양한다. 박퀼리데스도 핀다로스와 마찬가지로 히에론을 그리스에서 가장 강력한 군주로 칭송한다. 그리고 그가 자신의 부를 감추지 않는 것을 칭찬한다. 그는 비용이 많이 드는 경주경기를 후원하는 것만이 아니라 열광적인 축제와 후한 환대를 베푼다는 점에서도 매우 관대한 것으로 인정받는다. 그는 델포이의 아폴론 신에게 황금 세발솥을 바치기도 했다.[46] 약 80년 전에는 엄청난 재산을 가진 신화적인 왕 크로이소스가 금으로 된 많은 보물들을 델포이에 헌정하여 그곳에 진열토록 했다. 헌정품들의 값어치는 방문하는

데스는 다른 곳에서도 종종 자신이 말하는 것이 진리라는 것을 강조하고 있기 때문이다(박퀼리데스 8S 19~25행, 또 9S 82~87행). 그러나 'καλῶν'은 전혀 맞지 않다. 아마도 'κλέων'으로 읽거나 교정되어야 하지 않을까?

45. 동일한 주제가 핀다로스의 더 느리고 무거운 언어로 다음과 같이 표현된다(『네메이아 찬가』 1번 13행), "이제 올림포스의 지배자 제우스가 페르세포네에게 선사했던 (시킬리아) 섬을 위해 축제의 광휘를 뿌리려. 곱슬머리를 꼬며 그는 페르세포네에게 말했었지, 모든 축복받은 땅 중에 가장 비옥한 땅, 풍부한 시킬리아를 부유한 도시들의 머리로 우뚝 솟아오르게 하라고 ――."

46. "쉬라쿠사이의 히에론은 정제한 금으로 만든 세 다리 받침대와 니케('승리')의 조각상을 (퓌티아 경기 승리에 대한 감사의 표시로, 이 책 839쪽) (델포이의) 신에게 바치고자 했다. 그러나 그는 오랫동안 이를 위해 필요한 금을 조달할 수 없었다. 그래서 사람들을 그리스로 보내 금을 구해오도록 했다. 오랜 노력 끝에 이 사람들은 코린토스로 이르렀고, 아르키텔레스라는 코린토스 사람에게 금이 있다는 것을 알아내게 되었다. 이 사람은 여러 해에 걸쳐 소량으로 금을 구입해왔으며, 이제 상당한 양을 모은 상태였다. 이 사람은 히에론이 보낸 사람에게 필요한 만큼의 금을 팔았고, 여기에다 한 손 가득 가질 수 있는 만큼의 양을 덤으로 얹어 주었다. 히에론은 금값으로 곡물과 시킬리아 산(産)의 다른 선물로 가득 찬 배를 보냈다(아테나이오스 6, 232ab, 테오폼포스에 인용)."

모든 사람들에게 놀라움을 불러일으켰다. 그래서 박퀼리데스는 이 노래의 신화적 소재로 크로이소스 왕 이야기를 선택하는 것이 의미 있는 일이라 보았다. 핀다로스도 2년 전 히에론을 찬양하는 『퓌티아 찬가』에서 크로이 소스의 인색하지 않은 관대함을 언급했다(이 책 845쪽을 보라). 여기서는 신성한 제물은 그 값어치를 한다는 문장 하나를 통해 시상(詩想)은 크로이소스 신화로 이어진다. 크로이소스 왕 이야기는, 아폴론이 헌정품에 대한 감사를 잊지 않음을 증명해보인다.

[제3~5연] 위기가 극도에 달한 상태까지의 과정이 생생한 감정의 표현과 함께 감각적으로 선명하게 그려지고 있다. 하지만 그 다음 기적 같은 일이 일어나 크로이소스 일가가 구조되는 장면은 단 몇 번의 피상적 장면을 통해서만 그려진다. 고난과 절망의 장면은 인상적이고 생생한 묘사를 요구하지만, 좋은 결말에서 청자가 즐거운 안도의 한숨을 내쉬는 데는 작가의 조그만 도움이면 충분하다는 것이 일반적인 예술법칙이다. 여기서 이 법칙은 다소 과도하게 적용된 듯하다. 왜냐하면 시인은 갑작스러운 황홀감과, 방금까지도 끔찍한 죽음에 내몰렸던 사람들이 이제 '북풍의 저편'에 있는 동화의 나라에서 찾은 행복한 삶을 너무나 급하게 지나가고 있기 때문이다. 그래서 우리가 테세우스의 노래에서(이 책 838쪽 이하) 보았던 것과는 달리, 갑작스러운 반전이[47] 그 효과를 온전히 내지는 못한다. 박퀼리데

---

47. 박퀼리데스의 이야기는 이 전설이 생겨나게 된 감정적 동기를 분명히 보여준다. 547년, 페르시아의 왕 키루스는 뤼디아의 군대를 격파하고 뤼디아의 수도 사르데이스를 점령했으며, (가장 오래된 전거가 전하고 있듯이) 크로이소스를 죽였다. 델포이의 신 아폴론의 숭배자들은 이러한 사건을 받아들일 수 없었다. '천상의 은혜는 어디에 있는가? 아폴론은 이를 보고만 있었는가?'라고 그들도 하늘에 물었을 것이다. 그들의 믿음은 하늘에 대답을 청했고, 기적이 일어나 이 신실한 왕을 구했다. 박퀼리데스의 시에서는 (468년의 시) 두 명의 신이 개입한다. 제우스는 비를 보내고, 아폴론은 크로이소스의 정신을 잃게 함으로써 노예냐 죽음이냐의 선택으로부터 벗어나게 한다. 아마 후자의

스는 아마도 가능한 한 신속하게 크로이소스 왕과 히에론의 대비로 이행하여, 뤼디아의 크로이소스 왕이 사람들 가운데 가장 많은 제물을 신에게 바쳤다면, 시킬리아의 히에론도 그리스 사람 가운데 가장 많은 제물을 봉헌했다고 말하려 했던 것이다. 여기에 찬양의 말들이 계속 이어진다.

[제6연과 제7연] 이 노래가 지어졌을 때 히에론은 위독한 병중에 있었고, 그 다음 해를 넘기지 못했다. 마지막 대목에서 보이는 교훈적인 태도와 숙고는 이러한 위기의 상황을 고려하여 이해할 수 있다. 도입부가 심하게 훼손되었기 때문에 우리는 추측을 통해 다음과 같은 맥락을 구성할 수 있다. '인간은 항상 새로이 변화하는 매일 매일이 가져다주는 것을 받아들여야 한다(크로이소스 왕도 "생각지도 못했던 날"을 겪었다). 기쁨은 오래 지속되지 않는다. 그러나 인간은 저 먼 미래까지의 무모한 비상을 감행하려는 계획을 세우고 앞으로 나아간다. 그래서 인간은 단기적인 관점과 장기적인 관점, 두 가지 태도를 모두 가지고 살아야 한다.' 하나는 순간의 아름다움이 우리에게 제공하는 것에 즐겁게 적응하도록 하는 것이고, 다른 하나는 장차 재앙을 가져올 수 있는 것은 모두 삼가는 경건한 두려움이다.[48] 두 가지 관점을 통일시키는 것이[49] '삶의 최고경지다.' 이런 입장은 앞서 크로이소

경우만으로 충분했을 것이다. 박퀼리데스 이후 한 세대가 지나 헤로도토스는 (1, 87) 이 이야기를 새로이 기술한다. 여기서도 두 가지 계기가 동시에 작용한다. 즉 키루스는 크로이소스를 타 죽게 하려 했지만, (1) 장작더미가 불타오르자 그는 마음을 바꾸었다. (2) 하지만 신하들은 화염을 제압할 수 없었다. 그때 크로이소스는 아폴론에게 기도했고, (박퀼리데스에서처럼) 신이 빚지고 있었던 은혜를 내려 주십사 간청했다. 그러자 맑은 하늘에 구름이 모여들었고 소나기가 쏟아져 불을 껐다.

48. ὄσια δρῶν εὔφραινε θυμόν'(83행)은 테오그니스 793~795행, 1121행 이하 그리고 이 책 611쪽 각주 5번과 비교해보라.

49. 호메로스의 'ἅμα πρόσσω καὶ ὀπίσσω λεύσσει'도 유사한 의미를 지닌다 (『일리아스』 제1권 343행, 제3권 109행, 제18권 250행, 『오뒷세이아』 제24권 452행). 'πρόσσω'는 눈앞에 직접 놓여 있는 것이며, 'ὀπίσσω'는 나중에 뒤따라오는 것을 말한다. 이것은

스 신화에서 경배되었던 아폴론이 언급하고 있다.[50] 제7연이 시작되면 어두운 문체가 나타나는데, 이는 핀다로스가 모범으로 삼았던 것이다. 여기서 본질은 결코 변하지 않으며, 소진하지 않는 영원한 심층에서 다시 살아난다는 것을 박퀼리데스는 암시한다. 푸른 하늘은 종종 구름에 가려지지만, 찬란하고 맑게 항상 다시 돌아온다. 바닷물은 세상의 모든 더러움을 다 받아들이지만, 결코 스스로는 썩지 않으며 오히려 더러움을 정화시킨다.[51] 그와 마찬가지로 금도 녹이 슬거나 시간의 공격을 받지 않는다(핀다로스 단편 222Snell, 테오그니스 451행 이하를 보라). 금은 변치 않고 그대로 머물러 있다. 즉 금은 순수한 "기쁨"이다. (방금 히에론은 기쁨을 즐기라는 충고를 받았고, 금에 대한 기쁨도 거기서 빠지지 않는다.) 하지만 인간은 영속할 수 없고, 새로 태어날 수도 없다. 인간은 활발한 청춘에서 암울한 노년에 이르는 주어진 궤도를 쉬지 않고 달려야 한다. 그러나 위대함을 지닌 자의 명성은 무사이 여신들의 보살핌을 받아 늙지도 않고 죽지도 않는다. 관대하게 베풂으로써 "축복의 가장 아름다운 꽃을 세상에 보여주었던" 왕을 시인들도 결코 잊지 않을 것이다. "침묵이 아니라" 시적인 찬사가, 위대한 업적을 이룬 인물에게 오랫동안 사라지지 않고 계속될 형식을 부여할 것이다. 앞으로 히에론을 찬양하는 노래들 가운데에는 "케오스의 밤꾀꼬리"가 부르는 노래도 있을 것이다.

　　종결 부분의 주제는 핀다로스의 『퓌티아 찬가』 1번의 종결부와 유사하

　　『일리아스』 제18권 250행과 이 대목이 구체적으로 설명된 259~265행을 비교해보면 더 분명해진다.

50. 이상하게도 올림피아에서의 모든 경기의 수여자인 제우스는 일관된 맥락 없이 아주 가끔씩만 언급될 뿐이다(11행, 25행, 55행, 70행).

51. 마지막 부분에 대해서는 이 책 717쪽 헤라클레이토스 단편 DK22B61=55정암을 보라. 전체 내용에 대해서는 *Philologus* 87, 1932, 475쪽 이하를 보라.

다. 그러나 박퀼리데스는 표면에 머물러 있는 편이다. 크로이소스 왕 이야기는 핀다로스에게서는 전혀 보이지 않는 통속극적 요소를 가지고 있다. 왕은 자신의 자존심을 위해 자신의 가족 역시 희생시키고자 한다. 그의 아름다운 딸들은 죽음을 앞에 두고 통곡한다. 이는 너무나 잘 이해할 수 있는 상황이다. 그리고 기적적으로 구원을 받아 그들도 머나먼 낙원으로 옮겨진다. 이 모두는 아버지의 경건함과 그가 퓌토의 신에게 바친 풍부한 제물 덕분이다. 히에론의 모습은 피상적인 인상만을 남기고 있는데, 그 이유는 그의 공적이나, 걱정과 비탄에 대해서는 분명히 표현되는 바가 없고, 단지 신으로부터 선사받은 왕권과 화려한 재산 그리고 그의 관대함만이 이야기되고 있기 때문이다. 전체적으로 규모가 보다 더 큰 박퀼리데스의 다른 작품을 이와 견줄 수 있는 핀다로스의 작품과 비교해보면, 엄청난 수준차이를 느끼지 않을 수 없다. 박퀼리데스의 재능은 핀다로스의 천재성에 비하면 대수롭지 않은 것이었다. 환상을 보기 좋게 다루는 박퀼리데스의 능숙한 기술은 핀다로스가 현실의 다양한 요소들을 포착해내고 해석하고 가치를 부여하고 배열하는 데 사용하는 진지함에 필적하지 못한다.

(4) 가벼운 분위기의 시들

박퀼리데스는 가볍게 다룰 수 있는 주제에서만 핀다로스에 필적할 만하다. 두 시인 모두 술자리 노래에 관한 단편들을 남기고 있다. 박퀼리데스는 마케도니아의 왕 아뮌타스의 아들인 알렉산드로스에게, 흥겨운 술좌석에서 불렸다고 전하는 시 한편을 보냈다. 이 시는 다음과 같이 시작한다(박퀼리데스 단편 20b S).

뤼라여, 그대는 충분히 오랫동안 몸을 사렸고,
그대 일곱 현들의 낭랑한 소리를 침묵 속에 놓아두었다.
이제 나의 손으로 들어오라! 나는 알렉산드로스에게
무사이 여신들의 황금빛 노래선물을 보낼 생각이다.

술꾼들의 모임을 위한 화려한 장식이 되어,
빠르게 돌아가는 술잔들의 유쾌한 강제력이
젊고 민감한 가슴들을 뜨겁게 데우고,
아프로디테적 예감이 감관 전체를 통해 타오르는 시간을 위해,

디오뉘소스적인 본성과 하나가 되면서.
그러면 인간의 사유는 갑자기 높이 솟아오른다.
그는 한순간 도시의 성벽 지붕들을 먼지로 만들어 버리고
자신이 인류의 지배자로 정해져 있는 것처럼 느낀다.

집은 금과 은으로 빛을 발하고,
밀을 실은 배들은 이집트로부터
반짝거리며 눈부신 바다를 건너 엄청난 재물을 가져온다.
이러한 모습들이 술에 흥겨운 영혼의 눈앞에 어른거린다.

오, 아뮌타스의 아들이여 —— 즐거움을 누리는 것보다
인간에게 더 좋은 일이 어디 있으랴? ——
—— (죽음의) 어둠. 평생 동안
행복을 유지할 수 있는 인간은 없다.

그러나 자신의 정당한 (몫을) 받는 사람은 ——

박퀼리데스가 알렉산드로스에게 세계의 제왕이 되길 소망하는 시를 써 보냈을 때('도시들이 자신의 강력한 군대 앞에서 함락되고, 세계의 지배권이 그의 눈앞에 구체적인 목표로 서 있다'), 그는 마케도니아의 또 다른 알렉산드로스, 즉 수신자의 5세손(世孫)이 세계 제국을 이룩하고 자신의 부하들에게 강력한 왕국을 할당하게 되리라고는 꿈에도 생각하지 못했을 것이다.
　　이제 이와 상반된 핀다로스의 시를 살펴보자. 그의 시행들은 박퀼리데스와 마찬가지로 한 젊은 왕자, 시킬리아의 도시 아크라가스(아그리겐툼)를 다스리는 참주의 아들을 향하고 있다(핀다로스 단편 124ab Snell).

오, 트라쉬불로스여, 그대에게 여기 사랑스러운 노래의
후식을 화물로 보낸다. 술자리 전체에
흥을 돋워줄 것이고, 디오뉘소스적 도취와

아티카의 술잔에 박차를 가할 것이다.
고통으로 가득 찬 근심을 마음으로부터
벗어놓는 그러한 시간에, 금으로 찬란한 금은보화의 대양에서
우리 모두는 똑같이 기만의 해안으로 항해한다.
가진 것이 없는 사람은 이제 부유해지고, 반대로 부유한 자들은
— —

— —

포도덩굴 줄기가 우리를 사로잡을 때 영혼은 위대해진다.

위의 두 시를 비교해보면 문장구성과 어휘의 선택에까지 동일한 유형이 나
타나고 있음을 즉시 알 수 있다.[1] 이것은 이런 종류의 작품을 만드는 확고한
전통이 존재했음을 분명히 나타내준다. 그러나 두 시에서 시어가 주는 느
낌은 다른 성격을 지닌다. 박퀼리데스의 시에서는 상상력이 경험적인 구
체성으로 형상화된다. 밀을 실은 상선은 빛을 반사하고 있는 바다 위를 항
해하여, 엄청난 재물을 운반한다. 반면 핀다로스에게 바다는 실재하는 것
이 아니라, 기분 좋게 취한 상태에서 거짓환영을 전달하는 수단에 대한 상
징이다. 즉 바다는 꿈꾸는 자를 흔들어대면서 "기만의 해안"으로 옮겨주
는 것이다.[2] 또 다른 차이는 박퀼리데스가 환영을 자유로운 놀이의 대상으

---

1. 똑같거나 유사하게 다음의 표현들이 다시 등장한다. "나는 보낸다", "술잔", "…하는
   순간에", 소망하는 꿈, "술잔의 강제력" = "포도 덩굴이 사로잡는다."
2. 오래전부터 바람과 물결은 불안정하고 흔들리고 허상에 지나지 않는 모든 것에 대한
   상징으로 사용되었다. 핀다로스는 『올륌피아 찬가』 12번 5행(이 책 813쪽)에서 인간

로 삼아 명랑하고 유쾌하게 다루었다는 점인데, 그는 그 순간을 방해하지 않고 함께 경험한다. 이와 반대로, 훨씬 진지한 핀다로스는 처음부터 냉철한 정신으로 취중의 행복을 바라보았으며, 꿈과 환상의 공허함을 드러내었다. 핀다로스는 환영을 파괴함으로써 강력한 효과를 내는 간결한 문장을 반어적으로 표현한다. "찬란한 금은보화의 대양에서 모두가 똑같이 기만의 해안으로 항해한다."

핀다로스는 그의 숭고한 예술과 기묘한 대조를 이루는 대상을 또 한 번 다룬다. 468년 올림피아에서 크세노폰이라는 코린토스 사람이 승리를 거두었다. 이를 계기로 핀다로스는 그를 위한 승리찬가를 썼다(『올림피아 찬가』 13번). 이에 덧붙여 그는 또 다른 일을 핀다로스에게 청했다. 그는 경기장으로 출발하기 전에 자신이 승리할 경우 백 명의 창녀들을 코린토스의 아프로디테에게 헌납할 것을 약속했다.[3] 경기가 끝나자 핀다로스도 여신

의 희망은 올라갔다 내려갔다 흔들리면서 무상성이라는 거짓의 바다를 헤쳐나간다고 말한다. 술 취한 사람을 항해와 비유하는 부분도 5세기 무렵의 코이릴로스라는 시인에게서 다시 등장한다(아테나이오스 11, 464 ab의 단편 9). "Ξερσὶν ὄλβον (ἄολβον?) ἔχω κύλικος τρύφος ἀμφὶς ἐαγός, / ἀνδρῶν δαιτυμόνων ναυάγιον, οἶά τε πολλὰ / πνεῦμα Διωνύσοιο πρὸς ὕβριος ἔκβαλεν ἀκτάς." 핀다로스와 일치하는 부분에서부터 우리는 이러한 비교가 당시 잘 알려져 있었다는 것을 알 수 있다. 그러면 6세기 후반 엑세키아스의 유명한 흑색도상 주발에 그려져 있는 디오뉘소스의 항해라는 주제도 놀라울 정도로 간단히 설명된다(Ernst Buschor, *Griech. Vasenkunde*, München, 1914, 삽화 94). 즉 기분 좋게 술에 취한 취객은 비틀대며 소망하는 꿈들의 바다 위로 미끄러져 간다. 이 주제는 그리스 신화로부터는 명백히 설명되지 않는다. 제식행렬에서도 디오뉘소스는 바퀴 위에 설치된 배를 타고 지나갔다 (Martin P. Nilsson, *Gesch. der griech. Religion* I, 539쪽과 550쪽 그리고 Kurt Latte, *Gött. Gel. Anz.*, 207, 1953, 41쪽. 이곳에는 다른 해석이 있다).

3. 우리가 100이라는 숫자를 ('γυῖα' "몸"에 관해서는 『올림피아 찬가』 8번 68행과 그곳의 숫자 그리고 *Gött. Gel. Anz.*, 1922, 194쪽을 보라) 단어 그대로 받아들인다면, 이는 준비하기에 엄청난 비용이 드는 수효다. 고대에서 창녀는 그 소유주들로부터 빌릴 수 있는 노예들이었다. 이 경우 여신이 소유자가 되며, 소득은 신전의 재산이 된다.

에게 바쳐지는 여인들을 내용으로 하는 축제의 시를 지어야 했다. 우리는 이 노래 중 두 부분을 가지고 있다. 핀다로스는 창녀들을 향한 말로 시작한다(122Snell).

풍요로운 코린토스에서 손님을 접대하는 젊은 여인들, 페이토(유혹)의 시녀들이여, 그대들, 노란 눈물의 초록빛 향을 자주 피워 올리는 자들이여, 그대들의 생각은 사랑의 어머니인 천상의 아프로디테에게로 날아오른다.

오, 딸들이여, 그대들은 쾌락에 빠진 청춘의 유혹적인 잠자리에서 과실을 따는 데 대한 비난으로부터 자유롭다(?). 강요에 의한 것이면 모든 것이 정당하다.
[훼손된 부분]

그러나 나는 놀라워하며 묻는다. 이스트모스의 나리들(코린토스인들)은 내가 상냥한 여인들과 관련된 내용으로 시를 시작하는 것에 대해 무슨 말을 할까 하고.――

―― 금이 순수한 시금석에 ――

오, 퀴프로스의 주인(아프로디테)이시여, 백 개의 몸으로 떠돌아다니는 처녀들의 무리를 크세노폰은 그대의 성전으로 데리고 왔다. 기도가 이루어진 것을 기뻐하며.

핀다로스는 자신에게 주어진 특이한 과제를 매우 품위 있게 해결했다. 그는 첫 번째 단어에서 창녀들이 종사하고 있는 직업을 분명히, 그러나 호의적으로 언급했다.[4] 이어서 그들이 하는 일을 암시하는 작은 장면 하나를 꾸며본다. 손님들과 환담하고 분위기를 즐겁게 하도록 연회장으로 보내진 창녀들이 사람들 한가운데서 불타오르며 향내 나는 연기를 피우는 제단 주위에 둘러 서 있다.[5] 향 다발에 달린 송진 방울을 불꽃 속으로 던지면서 그들은 매력을 갖게 해달라고 "사랑의 어머니"에게 조용히 기도한다.[6] 핀다로스는 아프로디테 여신에 대한 경배도 함께 표현하고 있는 이 장면에 이어서 도덕성의 문제를 제기하고, 그 문제에 대해 시모니데스가 대표하는 새로운 윤리적 규범에 따라 관대하게 대답한다. 즉 치욕은 우리가 자유로운 결정에 따라 행동했을 때만이 우리의 행위에 수반되는 것이다. 만약 강제에 의한 것이라면 책임이 없다는 것이다(이 책 577~582쪽). 시인은 이어 솔직하고 자유롭게 자신의 시가 그런 점에서 논란을 불러일으킬 수 있다는 점을 인정한다. 그는 자신의 주장을 정당화하는 말을 아끼고 있는데, 아마도 거기에 (『퓌티아 찬가』 10번 64~68행에 따라) 다음을 보충할 수 있을 것이다. '나는 진정으로 크세노폰을 환대하고자 했고 그래서 시로 인해 내가 처하게 되는 곤란한 상황까지 받아들였다. 이것이 바로 나의 진심을 입증하는 시금석이다.' 즉 핀다로스 역시 어쩔 수 없이 행동했다는 것이다. 이 단편의 마지막 시행은 "처녀들의 무리"를 신에게 바치는 것으로 끝난다.[7] 시

---

4. 이방의 남자들에게 베풀었던 호의를 에둘러 말하는 표현으로서의 '환대'에 대해서는 이 책 552쪽 각주 15번을 보라.

5. 크세노파네스 단편 DK21B1, B7, B11(이 책 609쪽)을 참조하라.

6. 카마일레온Chamaileon은 지금 핀다로스의 시가 노래하고 있는 제사의식을 수여의 행위로 연결시킨다. 그러나 그러한 해석은 'πολλάκι'가 'θυμιᾶτε'와 분리될 수 없기 때문에 가능하지 않다(『퓌티아 찬가』 4번 295행의 'πολλάκις'를 보라). 하늘의 아프로디테에게 "날아간다"는 생각은, 여인들이 지금 여신의 거처 앞에 서 있다는 것에 맞지 않는다. 또 그녀들이 제물로 바쳐지는 상황에 그녀들이 제물로 바친다는 것은 논리적 모순이다.

7. 'φορβάδων (κορᾶν) ἀγέαν'의 표현에 대해서는 가령 플라톤 『법률』 2, 666e 참조하라.

가 온전하게 전해졌다면, 여기서 올림피아에서의 승리를 기원하기 위해 여신에 대한 감사의 표현과 먼 미래의 은혜에 대한 간청이 빠지지 않았을 것이다. 우리가 여기서 알고 싶은 것은, 핀다로스도 자기 자신과 자신의 예술을 위해 아프로디테에게 은혜를 바라는 기도를 드렸는가 하는 점이다(핀다로스 단편『파이안 찬가』 6번 Snell 4행,『퓌티아 찬가』 6번 1행).

핀다로스가 남긴 아프로디테 단편의 외곽주석은 그의 시가 가지는 매우 개인적인 측면을 새로이 확인시켜준다. 박퀼리데스도 자신의 예술을 이해하고는 있었지만, 핀다로스는 이를 넘어 자신의 예술을 완전히 지배했다.[8] 그는 전통을 매우 비전통적인 목적에 사용할 수 있는 능력을 지녔다. 대담함과 남성적 자신감으로 그는 즐거움을 선사하는 놀이에서도 자연스러운 기품을 유지하고 있다.

---

8. 핀다로스가 계기나, 인물 또는 공동체, 그리고 시의 종류에 따라 얼마나 더 자신의 예술을 변용시킬 능력이 있고 또 준비가 되어 있었는지의 문제에 대해서 여기 짧은 장 이외에서는 더 이상 서술하지 않는다. Kurt Latte(*Gött. Gel. Anz.* 207, 1953, 40쪽)는 "분명 좀 더 단순화된 문체"에 주목하고 있다. 머지않아 이루어질 새로운 출판물들을 통해『파이안 찬가』에 대한 많은 연구소재들이 제공될 것이다.

(5) 핀다로스의 사유세계

핀다로스의 시에는 고유의 특징과 내용이 있다. 그 이유는 그의 시가 특정한 의지에 의해 고무되어 있으며, 특정한 사유를 관철시키려 하기 때문이다. 그의 시에 내재된 정신을 좀 더 자세히 알기 위해서 인상적인 몇몇 부분을 읽어보도록 하자.[1]

"가장 좋은 것은 물이다"라는 말로 승리찬가 모음집의 첫 시가 시작된다. 이 경구의 의미는 도입부의 전체 맥락 속에서만 이해된다(『올륌피아 찬가』 1번 1행).

---

1. 그 대부분은 시의 도입부가 될 것이다. 종종 이들 도입부에는 역동성과 독창성이 특히 강하게 나타나고 있기 때문이다. 즉 처음 시작할 때의 신선한 추진력이 느껴지며, 아직 운율과 선율이 정해지지 않았기 때문에 시인은 자유롭게 언어를 형상화한다. 물론 도입부의 시행들이 강한 인상을 남기는 것은 바람직한 일이다. 이에 대해 핀다로스 자신도 『올륌피아 찬가』 6번에서 다음과 같이 암시하고 있다. "우리는 황금빛 기둥을 세워, 잘 만들어진 방의 전실(前室)을 받치도록 할 것이다. 볼 만한 가치가 있는 건물을 축조하길 바라기 때문이다. 막 시작되는 작품의 얼굴은 저 멀리까지 빛을 비추어야 한다." 우리는 화려하게 시작하는 몇몇 시를 이미 접한 바 있다. "나는 조각가가 아니다 ……", "마치 어떤 사람이 포도주의 이슬이 맺혀 반짝이는 사발을 ……", "때로는 ……바람이고", "황금빛 뤼라 ……"(이 책 796쪽, 798쪽, 808쪽 이하, 839쪽 이하).

가장 좋은 것은 물이다. 금은 한밤중에도 타오르는 불처럼
높은 위상을 지닌 왕국의 화려한 왕관으로서 번쩍인다.
그대가 만약 경기에 관해 노래하기 열망한다면,
아름다운 나의 감정이여, 외로운 하늘에서
태양 너머 더 뜨겁게 빛나는 다른 별들은 바라보지 말라.
우리는 여전히 올림피아 제전의 훌륭한 경기들을
축하할 수 있다.

여기서 선호목록시 형식(이 책 852쪽)이 분명히 나타난다. 이 노래의 찬양
대상인 히에론이 승리를 거두었던 올림피아 제전으로 옮아가기 위해[2] 각
종류에 따라 가장 좋은 것들이 나열된다. 물, 금, 밤에 타오르는 불(별), 외
로운 하늘의 태양, 그리고 올림피아 제전이 그것이다. 이런 것들이 더 정확
히 의미하는 것은 당시 시대적 관념에 비추어볼 때만 제대로 이해될 수 있
다.[3] 그중에서도 특히 헤라클레이토스의 사유를 토대로 설명할 수 있을 터
인데, 이런 경우는 핀다로스에서 여러 번 나타난다. 우선 헤라클레이토스
에 따르면, 수동적이고 죽어 있는 흙과는 달리 물은 식물적 삶의 핵심요소
이고, 불은 흙과 물에 비해 더 고차원적 삶을 형성하는 요소이다. 더 나아가

---

2. 여기서 축제장소가 부각되고, 이 시와 연관된 신화가 올림피아 제전의 창설을 내용으
로 한다는 사실은 상황이 말해준다. 476년 히에론이 그때 처음으로 거둔 승리는 별로
인기가 없는 종목인 경마에서였다. 따라서 이 승리의 중요한 의미는 결국 이것이 올림
피아 제전이라는 점에 있었다.

3. '하늘, (바다)물, 금, 명성'의 나열은 박퀼리데스 3S 85행 이하에서도(이 책 859쪽 이하)
나타난다. 금과 태양, 하늘이 승리와 명성과 연결되는 곳은 시모니데스 단편 64D=92E
이다. 여기서 태양은 "높은 가치가 있는(τιμήεις') 하늘의 금"이라 불리며 명성을 입
증하는 것이 된다. 시모니데스 단편 51D=92E에서는 "하늘에서 빛나는 금은 최상의
목격자다", 또 단편 52D=77E에서는 "태양은 하늘에서 유일무이하다." 『이스트미아
찬가』 5번의 도입부에 ("태양, 금, 경기, 명성") 관해서는 이 책 899~904쪽을 보라. 『올
림피아 찬가』 3번 42행 이하도 참조하라.

헤라클레이토스는 핀다로스에서와 마찬가지로, 금을 물질적 가치의 총체로 삼아 형이상학적 가치척도로서의 불과 비교한다(22B90DK=78정암, 이 책 718쪽). 세 번째로 헤라클레이토스의 특징적 어법(22B99DK=96정암, 이 책 708쪽)은 핀다로스에서 또 다른 한 쌍의 대립이 형성되는 데 본보기가 되었다. "한밤의 불"이 나타내는 것은 어둠과 대비되는 빛이다. 그러나 "외로운 하늘"에 떠 있는 한낮의 태양은 다른 사소한 불들을 무색하게 하는 유일한 빛이다. 태양이 빛날 때 별들은 모습조차 드러낼 수 없다. 이와 마찬가지로 올림피아 제전에서의 승리는 다른 어떤 제전에서의 승리보다도 더 환하게 빛난다. 시의 도입부는 현재 칭송하고 있는 승리를 최상의 가치등급으로 배치하기 위해, 다양한 영역에서의 본보기들을 통해 탁월한 가치의 개념을 확인하고 있다.[4] 핀다로스의 사유는 전반적으로 볼 때 가치를 지향하고 있으며, 이러한 관점은 시에서 다루어지는 특정 소재들의 선택과 언급되지 않은 것들의 배제의 기준을 제공한다.

핀다로스의 세계에서 여러 가치들은 특히 하늘에 있는 신들의 형상을 통해 구체화된다. 반면 우리 인간에게는 가치와 무가치, 천상적인 것과 세속적인 것은 특이하게 서로 섞여 있다. 핀다로스는 '신과 인간'이라는 주제에 관해 아이기나 출신의 알키미다스에게 바치는 승리찬가의 도입부에서 다음과 같이 노래하고 있다(『네메이아 찬가』 6번 1행).

> 인간과 신들은 근원이 같고, 동일한 하나의 어머니에 의해
> 숨을 쉬며 살고 있다. 그러나 이 두 존재는 완전히 다른 능력으로 인해
> 서로 구별된다. 인간적 현세는 무(無)이지만,
> 청동처럼 단단한 하늘은 결코 흔들리지 않는

---

4. 이 책 906쪽을 보라.

거주지로 영속한다. 그럼에도 불구하고 우리 인간은 많은 것들에게서
위대한 뜻이나 불멸의 본성에 가까이 다가가게 된다.
어떤 낮 또는 어떤 밤에 우리가 도달하게 될 목적지를
운명이 어디에 숨겨놓았는지 비록 우리는 알 수 없지만 말이다.

그에 대한 증거는 또다시 알키미다스이다. 그는 어떻게 인간으로 태어난
존재가 열매를 맺는 대지, 즉 변화하는 가운데 한번은 풍성한 삶의 영양분
을 인간에게 선사해주고, 그 다음 번에는 자신들의 힘을 갑자기 멈추어 조
용히 휴식하는 그러한 대지와 닮을 수 있는지를 보여준다.

여기서 표현되는 사유는 상고기의 전형적인 방식으로, 마치 추의 운동처
럼 대립에서 대립으로 움직이는 가운데,[5] 인간과 신을 같은 혈통이면서도[6]
상이한 것으로 이해하고 있다. 끝없이 도전하는 인간의 욕망은 신들의 그
것과 닮았다. 하지만 존재와 행위는 신들에게서는 확고하고 확실하며 자유
롭지만, 인간들에게서는 불확실하며, 밤이나 낮의 어떤 한순간에 일어나는
변덕스런 우연에 의해 좌우된다.[7] 대련(對聯)은 이 시가 찬미하고 있는 네메
이아 제전의 승자를 거명한다. 알키미다스의 가족은 많은 수의 우승자를
배출한 집안으로 알려져 있지만, 핀다로스가 앞으로 제시하게 될 명단에 따

---

5. 그 도식은 다음과 같다. '인간과 신은 근원이 같다―그러나 서로 완전히 상이하다―
하지만 때로 인간은 신과 유사하다―하지만 인간은 모든 변화에 무기력하다.'
6. 도입부의 단어들에서 많은 주석가들은 두 번의 'ἕν'을 'ἕτερον μὲν ― ἕτερον δὲ'의
의미로 이해했다. 그러나 "어떤 하나―어떤 하나―하나의 것"으로 이어지는 일련의
말이 '어떤 하나는― 또 다른 하나는―같은 것'이라는 의미로 생각될 수 있는가? 첫 말
이 반복되는 'ἕν γένος ― μία μάτηρ'에서 완전히 일치하는 구절을 서로 반대되는 의
미로 해석할 수 있는가? 헤시오도스의『일들과 날들』 108행도 보라.
7. 'ἐφαμερίαν ― μετὰ νύκτας'의 표현에 대해서는 헤시오도스『일들과 날들』 102행과
테오그니스 160행을 보라. 전체적으로는 *Frühgriech. Denken* 30쪽 각주 2번을 보라.

르면, 그 가문의 모든 세대가 제전에 참여하여 우승을 거둔 것은 아니다. 운동재능이 항상 직계 후손들에게 직접 전해진 것은 아니었고, 할아버지로부터 손자로 넘어가거나, 또는 삼촌으로부터 조카로 이어졌다. 핀다로스는 종종 고귀한 유전적 재능이[8] 인간 개개인에게 얼마나 중요한 의미를 부여하는지를 말하곤 했다. 하지만 이 시에서 그는 뛰어난 재능으로 유명한 가문의 많은 사람들이 자신들의 잠재적인 능력을 발휘하지 못한다는 사실을 통해 인간적인 것의 무력함에 대한 새로운 증거를 보았다. 이전까지 신적 존재에게 보장된 확실함이 "청동의 하늘"이라는 말로(이 책 674쪽) 상징되었다면, 이제 불규칙적으로 생산하는 대지와 인간을 비교함으로써 핀다로스는 인간 본성이 항상 변화하며 불확실한 특징을 가지고 있다는 것을 표현하고자 한다. 천상의 존재에게 영원히 충만하고 풍요한 것이 우리 지상의 존재에게는 가끔씩 선물처럼 주어질 뿐, 없을 경우가 더 많다.[9] 핀다로스는

---

8. 8행의 'τό συγγενές'는 유사한 부분이 등장하는 『네메이아 찬가』 11번 38행의 'ἀρχαῖαι ἀρεταί'와의 비교를 통해 그 정확한 의미를 얻어낼 수 있다. 또 『이스트미아 찬가』 3번 14~17행의 'ἀρετὰ σύμφυτος —δόξα παλαιά —ματρόθε σύννομοι'도 참조하라.

9. 오래된 관념에 따르면 인간은 대지의 과실이기 때문에 사멸한다고 한다(이 책 100쪽 각주 4번). 이곳에서는 그 생각이 더욱 정제되어 나타난다. '인간에게 영양을 주는 대지와 같이, 때때로 인간을 거부한다.' 사람들은 흔히 11행 외곽주석의 설명을 따르는 경향을 보인다('σχολάσασαι τὴν ἑαυτῶν δύναμιν ἀνελαβον'). 이 설명은 내용을 불필요하게 복잡하게 만들고 언어에 폭력을 가한다. 'μάρπτω'는 '붙잡다', '유지하다'(단순과거 어간에서는 행위를, 현재형 어간에서는 상태를 표현)를 뜻한다. 『일리아스』 제21권 489행, '그녀의 손을 꼭 붙들고 있다(그녀가 움직이지 못하도록)'를 보라. 『일리아스』 제23권 62행의 '잠은 그를 매어 놓는다,' 소포클레스, 『콜로노스의 오이디푸스』 1681행, '땅이 그를 받아들여, 그를 보이지 않게 (ἄσκοποι) 만들었다.' 또 『일리아스』 제8권 405행에서는 '자유롭게 놓아주지 않는다(그래서 회복을 허락하지 않는다)'(『일리아스』 제14권 439행을 보라).' 유사한 구절인 『네메이아 찬가』 11번 37~42행은 들판의 과실나무들을 말한다. 과실나무들은 매 두 번째 해에만 좋은 수확을 거둔다(Varro, RR 1, 55, 3이 이 사실에 대한 전거를 제공한다). 플라톤 역시 핀다로스의 비유

다른 곳에서 다음과 같이 말한다. "우리는 매일매일 바뀌는 삶의 혼돈 가운데 항상 변한다. 하지만 신들의 자손들은 참으로 불사의 존재다"(『이스트미아 찬가』 3번 17행, 이 책 729쪽 각주 56번을 보라). 우리 인간에게는 불가능한 일이지만, 신들에게는 모든 일에서 성취가 보장된다. "신은 자신이 원하는 대로 모든 목적을 이룰 수 있다"(『퓌티아 찬가』 2번 49행).

핀다로스의 알키미다스 노래의 도입부에 따르면(이 책 875쪽), 신과 비교할 때 인간은 "무(無)"와 같다. 이러한 핀다로스의 사유는 신 앞에서 가지는 죄의식이나 자기 포기를 내용으로 하는 기독교적 감정과는 거리가 멀다. 핀다로스에게 신들은 유서 깊은 집안의 사촌형제와 같은 존재들이다. 왜냐하면 신들의 조상이 곧 우리의 조상이기 때문이다.[10] 고귀한 인간은 자신의 혈통 속에 전해지는 신적인 유산으로 인해 올림포스의 신들과 유사하다. 물론 위대함과 뛰어난 업적을 향한 인간의 뜨거운 열망은 종종 이루어지지 않아 실망을 안겨주는 일도 있다. 핀다로스는 그렇다고 해서 높이 도약하려는 인간의 열망을 부당한 것이라 결코 비난하지 않는다. 오히려 그와 반대로 고귀한 정신의 표시로 간주한다. 다만 지나치게 멀리 떨어진 목표를 세워서는 안 될 뿐이다. 그래서 핀다로스는 다음과 같이 기도한다. "신이시여, 나의 나이에 맞게 도달 가능한 것을 향해 노력하면서 내가 높은 곳을 추구하도록 하소서"(『퓌티아 찬가』 11번 50행 이하). 이는 인간의 가치 arete는 높은 곳에 대한 추구와 그것을 이루려는 힘, 이 두 가지의 조화에 있

가 다시 등장하는 어떤 부분에서 주기적인 'φορά'와 'ἀφορία'를 말한다(『국가』 8, 546a). 아리스토텔레스는(『수사학』 2, 1390b 25행 이하) 네메이아 찬가의 이 구절을 주석가들의 방식으로 풀어쓰고 있다('ἀναδίδωσι'는 '생산하다'이다. 플루타르코스 『카밀루스의 생애』 15, 3 등을 보라).

10. 신들은 대지와 하늘로부터 생겨났으며, 대지는 또한 인간의 어머니이기도 한다. 핀다로스가 여기서 인간의 발생에 대하여 더 정확하게 어떻게 상상하고 있는지는 분명하게 말할 수 없다.

다고 보는 입장과 같은 것이다.[11]

따라서 핀다로스는 소심한 사양, 소시민의 겸허한 만족 혹은 작은 행복을 지향하는 태도를 지지하지 않는다고 하겠다. 핀다로스의 시행, "나는 매일 매일이 선사해주는 기쁨을 찾을 것이며, 느긋하게 나의 노년을 향해 다가갈 것이다"는 이런 태도들과는 무관하다. 이 시행은 전체적인 맥락 속에서 읽어야 한다. 이 문장의 의미를 좀 더 상세히 되짚어보기 위해, 우선 핀다로스가 승리자의 친척인 어떤 전사자를 이야기하는 곳에서부터 시작해보자(『이스트미아 찬가』 7번 25행).

———— 청동으로 무장한 아레스(전쟁의 신)가 그에게 불운을 준비해 놓았다.
그러나 훌륭한 남자들에게는 명예가 이를 보상해준다.
사랑하는 조국을 위해 새까맣게 빗발치는 피의 화살을 피하는 모든 이가
분명히 알아야 할 사실은

[훼손된 부분]
아직 살아 있거나 이미 죽었거나 그는 자신의 민족으로부터

---

11. 이 책 575쪽 각주 9번과 776쪽을 보라. 『올림피아 찬가』 1번 104행에 따르면 히에론은 두 가지 모두 소유하고 있다. 즉 높은 곳으로의 지향(ἴδριν이라는 표현에 대해서는 테오그니스 683행, 또는『퓌티아 찬가』 4번 288행을 참조하라) 그리고 힘이다. 핀다로스는 연령대에 대해 『퓌티아 찬가』 11번 50행 이하에서 이야기하고 있는데, 이는 그가 모든 사람들을 위해 말하기 때문이다(다음 각주를 보라). 열정적 욕망이 정당화되고, 성취될 수 있는 경우는 나이에 맞게 일어날 때(ἡλικία의 기준에 대해서는 핀다로스 단편 123Snell, 이 책 933쪽과 핀다로스 단편 127Snell 그리고 솔론 단편 14D=24W, 6행을 보라), 또 정도를 지나치지 않을 때(μέτρον의 기준에 대해서는 『네메이아 찬가』 11번 47행, 이 책 931쪽,『퓌티아 찬가』 2번 34행, 『이스트미아 찬가』 6번 71행을 보라), 또 상황에 적합할 때이다(καιρός의 기준에 대해서는 이 책 829쪽 이하, 핀다로스 단편 123Snell과 127Snell을 보라). 핀다로스 단편 127Snell도 소원을 비는 형식이라는 점에서『퓌티아 찬가』 11번 50행과 가깝다.

최고의 명성을 획득한다는 것.

그대 디오도토스의 아들이여(핀다로스는 여기서 전사한 친척에게 말을 건넨다), 투사인 멜레아그로스를 본보기로 삼아,

또 헥토르와 암피아라오스를 본보기로 삼아,

그대는 청춘의 젊은 삶을 바쳤다,

최고의 전사들이 마지막 희망 속에 전투를 개시하는

선두 대열 한가운데에서.

나를 덮친 상실의 고통은 말로 표현할 수 없었다. 그러나 이제 (이스트미아에서 승리를 거둔) 나에게

포세이돈(이스트미아 제전의 신)이 폭풍 후의 청명한 고요함을 마련해주었다. 나는 머리를 월계관으로 장식하고 노래하고 싶다. 부디 신들의 시기가 방해하지 않기를!

나는 매일 매일이 선사해주는 기쁨을 찾아낼 것이며,

느긋하게 노년을 향해, 내게 정해진 수명을 향해 다가갈 것이다.

누구나 할 것 없이 우리는 모두 죽지만,

각각의 다이몬(숙명)은 같지 않다. 그러나 너무 먼 곳으로

눈을 돌리는 사람은 신들 거처의 청동 바닥을 밟아보지 못할 것이다.

벨레로폰테스가 하늘 여행의 종착지로 제우스의 거처로 날아가고자 생각했을 때 날개달린 천마(天馬) 페가소스는 기수인 그를 떨어뜨렸다.

금지된 기쁨 뒤엔 처참한 결말이 기다리고 있는 법.

그러나 오! 화려한 금빛 머리의 록시아스 아폴론이여,

그대를 기리는 제전

퓌토에서 꽃들로 풍부한 화관을 나에게 안겨주소서![12]

이 상고기 말의 시에서 우리는 상고기 초 알크만의 합창시에서 울렸던 다음과 같은 목소리를 다시 듣는 듯하다. "인간은 하늘로 날아오르려 해서는 안 된다." 혹은 "신들의 복수는 있어, 하루를 눈물 없이 기분 좋게 보내는 사람은 행복하다."[13] 그런데 핀다로스도 여기서 알크만처럼 인간은 인간의 한계에 머물러야 한다고 말하지만, 그와 다른 점은 핀다로스는 인간의 한계를 완전한 신성에 가깝게 높여 놓았다는 점이다. 핀다로스가 인간의 소망을 제지할 때는, 신화 속에 등장하는 벨레로폰테스처럼 하늘의 "청동 바닥"을 밟아보길 갈망하고, "제우스의 거처"로 들어가려고 할 때뿐이다. 다른 시에서 핀다로스는 승리자에게 말한다. "제우스가 되려 하지 말라" (『이스트미아 찬가』 5번 14행). 물론 그가 하늘에 이르려는 거인적 충동을 고귀한 인간의 조건으로 생각한 것은 분명하다. 인간은 자신에게 내재하는 신적 본성으로 말미암아 높은 곳을 추구할 수 있고 또 그렇게 해야 하기 때문이다. 그래서 인간이 지나치게 주제넘은 시도를 하면 쓰라린 최후를 맞게 된다는 경고가 주어질 때에도 욕망과 행위 사이의 비극적 긴장이 존재

---

12. 시는 여기서 끝난다. 마지막 기도에서의 "나에게"는 이스트미아 제전에서의 승리자를 가리킨다. 그는 다음번의 퓌티아 제전에도 참가할 계획이 있다. 핀다로스의 시에서 '나'는 다의적이다. 대부분의 경우 시인 자신을 의미하지만, 때로는 시를 상연하는 합창대나 이 합창대가 대표하는 공동체에 해당되기도 한다(이 책 791쪽 각주 2번). 그리고 가끔은 지금의 경우처럼 시가 찬양하고 있는 사람, 즉 그 사람의 이름으로 핀다로스와 합창대가 신 앞에 나서는 사람이다. 마지막으로 "나는 원한다", "나는 …… 할 것이다"와 같은 종류의 말들은 종종 '우리는 해야 할 것이다'와 같은 의미를 지니기도 한다. 시인의 언어는 공적인 의견의 표현이며, 표준적인 삶의 지혜를 반영하는 것이기 때문이다. 그래서 가령 이 시에서 "나는 매일 매일이 선사해주는 기쁨을 찾아낼 것이다"가 "우리는 …… 찾아내야 할 것이다"라는 표현 대신에 쓰였다. 또 『퓌티아 찬가』 11번 50 행(이 책 879쪽)에서 "신이시여, …… 내가 높은 곳을 추구하도록 하소서"라는 기도는 시인의 개인적인 소원이 아니라, 모든 청자와 독자가 자기 자신의 것으로 삼아야 할 소원을 의미한다.

13. 알크만 1D=1E 16행과 37행(이 책 299쪽과 302쪽).

하며, 이것이 화해로 이어지지 않는다. 이런 이유로 핀다로스가 인간 숙명이 어떤 것인지 깨닫고 자신의 존재에 "담담한 태도로" 마주서기를 원한다고 말하거나, 또는 다른 곳에서 작은 일에는 작게 그리고 큰일에는 크게, 그때그때 순간에 적응하라고 충고할 때(『퓌티아 찬가』 3번 107행), 이를 우리는 자신의 삶과 거리를 두라고 말하는 스토아적 정신이나 세속적 명예를 기피하는 에피쿠로스의 정신으로 이해하지는 않는다. 무관심의 태도를 권유하는 것이 아니라, 인간 실존의 불확실함을 통찰하라고 말하고 있는 것이며, 더 나아가 불행 가운데서도 고결한 당당함을 잃지 말기를 권유하고 있는 것이다(핀다로스 단편 42Snell).

> 우리가 어떤 고난을 견디고 있는지 낯선 사람이 보게 하지 말라. 이 경고를 나는 그대에게 전하고 싶다. 대단하고 즐거운 일들이 우리의 몫으로 돌아올 때는 이를 모든 사람들에게 공개하는 것이 좋다. 그러나 견딜 수 없이 힘든 재앙이 불가피하게 닥쳤을 때에는 아무에게도 보이지 않게 숨겨놓는 것이 좋다.

핀다로스는 고통을 겪는 히에론에게 다음과 같이 말한다(『퓌티아 찬가』 3번 80행).

> 그대는 오래전부터 전해오는 경구를 알고 있을 것이다. '불멸의 신들은 인간에게 한 가지 좋은 일이 생기면 두 가지 고통을 마련해 놓았다'는 것이다. 어리석은 자들은 이를 의연하게 받아들이지 못한다. 그러나 고귀한 자들은 그렇지 않다. 그들은 고통을 아름다움으로 바꾸어 밖으로 표현한다.

시가 계속 진행되면서(103~106행) 인간의 모든 행복은 원칙적으로 영원하지 않다는 사실이 재차 언급된다. 또 신들은 인간에 대한 자신들의 우월함을 유지하는 데 행사되는 "시기"를 가지고, 인간이 과감한 자신감으로 신들을 자극할 경우 인간의 삶에 간섭할 준비를 항상 갖추고 있다. 이 경우 그들은 끔찍한 징벌을 내림으로써 우리 인간이 어떤 존재이며 신들이 무엇을 할 수 있는지 깨닫게 한다. 그렇기 때문에 '불완전한 존재'인 인간은 조심스럽게 미리 신들에게 이렇게 기원해야 한다. "신들의 시기가 우리를 방해하지 않기를!"(『이스트미아 찬가』 7번 39행, 이 책 880쪽). 아마 인간이라는 '불완전한 존재'의 모습에 대한 가장 아름다운 표현은 '테이아 노래'(『이스트미아 찬가』 5번)에 등장하는 것 같다. 이 노래의 도입부를 우리는 곧(이 책 899쪽 이하) 다룰 것이다. 여기서 핀다로스는 해상권을 장악하고 있는 아이기나 섬을 찬양하는데, 이에 앞서 오래전 아이기나의 아들들이 수행했던 훌륭한 전투업적을 상기시켰다. 이제 최근의 과업, 즉 살라미스 해전에서 그리스인들이 페르시아 사람들에 대해 거둔 승리를 말하고자 한다. 이 해전에서 아이기나의 배들은 대단히 중요한 활약을 했기 때문이다(『이스트미아 찬가』 5번 46행).

> 많은 화살들이 아이기나의 장수들을 기릴 노래의 말을 엮어내는 나의 혀를 위해 준비되어 있다. 지금도 아이아스의 고향 살라미스가 그들에 대해 증언할 수 있을 것이다. 전쟁을, 제우스의 파괴적인 폭풍우를, 쏟아지는 무수한 남자들의 죽음을 지나 온 해상민족에 우뚝 솟은 기념비로서. 하지만 그대의 자랑을 억누르고[14] 침묵을 지켜라. 만물의 지배자 제우스는 이것이나 저것이나 모두다 허용해준다.

우리 인간은 뛰어난 능력을 지나치게 자랑해서는 안 된다. 인간 존재는 단 하루에 좌우되기 때문이다(핀다로스 단편 157Snell, "하루살이의"). 그리

---

14. 'βρέχω', 숨이 막히다, 질식시키다'('βρόχος', 목매는 밧줄)에 대해서는 *Glotta* 14, 1925, 1쪽으로 보라.

고 만물의 지배자 제우스는 우리에게 매우 다양한 종류의 날들을 보내준다. 즉 인간의 모든 현실은 하늘로부터 내려오는 것이기에 핀다로스는 말한다. "그대는 모든 것에 대해 신을 원인으로 삼아야 할 것이다"(『퓌티아 찬가』 5번 25행). 그리고 인간의 현실은 기본적으로 종잡을 수 없는 성격을 지니고 있다(『퓌티아 찬가』 2번 88행).

> 하지만 인간은 신에게 대항해선 안 된다. 신은 한번은 이 사람을 도와주다가 다른 때에는 다른 사람에게 영광을 선사한다. 하지만 이것으로 신들의 시기가 없어지지는 않는다.

신들의 시기는 인간들의 나무가 자라 하늘을 찌르지 못하도록 하며, 또 신들의 시기는 인간들 사이의 시기를 무색케 한다.

하지만 좋은 일, 또는 나쁜 일 하나하나가 어떻게 그리고 왜 우리에게 닥치는지 핀다로스는 알지도 못하고 묻지도 않는다. 그는 신들의 세계 지배가 어떠한 결함도 없이 완전히 정의로운 것이라 주장할 생각은 없다. 핀다로스는 솔론과 유사하게(이 책 444쪽) 인간에게 일어나는 것은 보상과 처벌이 아닌 변화와 반전이며, 이러한 변전의 법칙은 신적 정의에 대한 일종의 대안이라고 생각했던 것으로 보인다. 이런 생각에서는 신의 자의적 지배가 전체적으로만 정당화될 뿐, 구체적인 경우 격앙된 정의의 감정은 계속해서 "신에게 대항"하려는 유혹에 빠져들게 한다. 핀다로스가 헤라클레스와 게뤼오네스의 신화를 이야기하는 곳이 있다. 제우스의 아들인 헤라클레스는 자신이 섬기게 된 군주로부터 게뤼오네스의 소떼를 몰고 오라는 명령을 받았다. 이에 헤라클레스는 소떼의 양도를 요구하거나 어떤 매매계약서도 작성하지 않은 채 그냥 소떼를 데려오려 했고, 게뤼오네스가 이런 강탈 행위에 저항하자, 헤라클레스는 그를 때려 죽였다. 핀다로스는 이 이 야기를 재현하면서(핀다로스 단편 81Snell), 제우스가 게뤼오네스를 비록 죽 게 내버려 두긴 했지만, 게뤼오네스가 옳았다고 말한다. 하지만 곧 이어 "제우스가 불쾌하게 생각하는 것은 언급하지 않겠다"라는 말로 뒤로 한 발 물러선다. 이어 다시 제대로 된 사람이라면 누군가 자신의 재산과 물건을 빼앗으려 할 때 가만히 보고 있지는 않을 것이라고 말한다. 핀다로스는 분 명 게뤼오네스의 신화를 불편하게 생각했다. 그도 헤시오도스가 풀고자 했던(이 책 182~185쪽) 모순, 즉 신적인 힘과 신성하지 못한 폭력이 서로 합 일될 수 없으면서 서로 분리되지도 않는다는 모순과 씨름하고 있었다. 핀 다로스는 게뤼오네스의 이야기를 하는 다른 곳에서(핀다로스 단편 169Snell) 노모스Nomos의 전능함을 지적함으로써 이러한 어려움을 제거하려고 한 다. 노모스는 신들까지도 다스리고, 그들의 심각한 폭력행위까지도 합법 화할 수 있다(『네메이아 찬가』 9번 14행 이하). 그리스어로 노모스는, 통용되 고 있으며 현실적 가치가 있는 모든 것, 즉 관례와 풍습, 규범과 규칙, 제도 와 법률 등을 지칭한다. 여기서 핀다로스가 이 말로 의미하는 정확한 내용 이 무엇인지는 분명하지 않지만, 어쨌든 노모스는 질서가 가진 권위다. 핀 다로스는 질서와 규범이 존재함을 믿으며, 의문을 제기하여 기존질서에 도 전하는 일은 피한다.

  핀다로스는 신에 대한 비판자도, 신학자도 아니다. 핀다로스는 올륌포 스 신들과 적당한 거리를 유지했다.[15] 그는 신들이 어떻게 그 자체로 존재

---

15. 핀다로스가 천상의 신들 가운데 마치 기품 있는 친구에게 대하듯이 개인적인 따뜻함으 로 말하는 신은 단 하나, 아폴론이다. "그는 고통스러운 병을 앓고 있는 사람들에게 치 유를 베푸는 분, 싸움 없는 질서로 영혼을 인도하면서 뤼라를 숨기고 무사이 여신들을 그가 원하는 사람에게 보내주는 분 그리고 산 속 깊숙한 곳에서 신탁을 내리는 분"이다 (『퓌티아 찬가』 5번 63행). 아폴론에 대한 핀다로스의 특별한 감정은 우리가 『퓌티아

하는지, 또 그들이 서로 어떤 관계로 존재하는지 설명하지 않는다. 핀다로스가 생각하는 신의 세계는 체계도 분류도 공간적 깊이도 없다. 모든 것이 인간과 인간세계를 마주하는 표면, 오로지 그곳에만 놓여 있다.

종교이론 내지 신화, 영웅신화와 관련하여 핀다로스의 믿음은 사변적이지 않으며, 수용력이 풍부하고 적응력이 뛰어나다. 그는 이런 것들을 받아들여 사용가능한 만큼 수용한다.[16] 만약 게뤼오네스가 당한 강도 살인 사건의 경우와 같이 생각할 여지가 있는 문제에 부딪히게 되면, 우선 처음에는 대담하게 그 잘못을 지적하며, 이어 조심스럽게 자신은 아무것도 말하고 싶지 않다고 단언한다. 이러한 의도적인 침묵은 핀다로스의 전형적인 특징이다. 그는 어떤 아이기나 사람을 위한 시에서 아이기나의 위대한 영웅들을 이야기한다. 이야기는 결국 어떤 형제의 살해와 살해자의 추방 대목으로 이어지는데, 이때 핀다로스는 자신은 아이아스의 자손들을 고향으로부터 내쫓은 극악무도한 행위를 널리 알리기가 두렵다고 말한다. 그리고 이어 갑자기 이야기를 중단하면서, 자신은 아름다운 것에만 온전히 헌신하기 위해 불쾌한 일은 무시하고 싶다고 그 이유를 밝힌다(『네메이아 찬가』 5번 16행).

찬가』에서 어떻게 이 제전이 기리는 신 아폴론이 다루어지는지, 그리고 『이스트미아 찬가』에서 역시 이 제전의 주신인 포세이돈이 어떻게 표현되는지 비교해보면 매우 분명하게 드러난다.

16. 여러 도시들을 기리는 시들에서 핀다로스는, 다른 시들에서 다른 공동체를 위해 주장했던 것에 대해 소심한 태도로 연연하지 않고, 그때그때의 지역적 전통이나 관심사에 흔쾌히 적응한다. 또한 어떤 공동체의 독자들은 핀다로스가 다른 공동체에게 바치는 시에서 말한 것에 대해 감정을 상하는 일도 있었다(『네메이아 찬가』 7번을 보라). 이런 점에서도 핀다로스의 범(汎)그리스적 활동은 그를 어려움에 빠져들게 했다(이 책 801쪽 각주 13번을 보라).

나는 여기서 그만두련다. 모든 현실이 좋은 쪽으로만 그 참된 얼굴을 보여주는 것은 아니다. 그리고 때로는 침묵이 인간이 선택할 수 있는 가장 현명한 길이다. 그러나 그것이 풍작을, 군대의 위력을, 또는 냉혹한 전쟁을 찬양하는 것을 말한다면, 나에게 멀리 뛰어 도달할 지점을 정해주어도 좋다. 나의 무릎은 재빠르고 신속하게 그리로 도달할 수 있는 힘이 있다. 독수리는 심지어 바다를 건너 다른 뭍으로 훌쩍 날아간다.

전체적으로, 예컨대 당시 헤카타이오스처럼 핀다로스도 신화 비판적 경향을 보인다. 그는 자신의 마음에 들지 않는 어떤 신화적 인물을 보고한 적도 있다(『올륌피아 찬가』 1번 24행 이하). 신화에 따르면 일찍이 탄탈로스는 신들을 만찬에 초대하여 자신의 아들 펠롭스의 사지를 음식으로 내놓았다(명분은 신성한 제물이라는 것이었다). 다른 신들은 그의 오만한 행위를 눈치채고 끔찍한 음식에 손을 대지 않았다. 그러나 잃어버린 딸에 대한 걱정으로 제정신이 아니었던 데메테르 여신만이 어깨 한 조각을 집어 먹었다. 신들은 그 소년을 다시 소생시켰고, 그에게 상아로 된 어깨를 끼워 넣어 주었다. 이 때문에 그의 가문에는 하얀 반점이 유전으로 내려오게 되었다. 여기에서 이 이야기를 핀다로스가 전달하는 방식은 우리에게 시사하는 바가 있다. 그는 우선 운명의 힘 '클로토Klotho'가 빛나는 어깨의 (다시 소생한) 소년을 솥에서 들어 올리는 장면을 이야기한다. 하지만 핀다로스는 이야기를 거기서 멈춘다. 토막 난 시체가 다시 소생한다는 너무나도 터무니없는 기적에 어이가 없었던 것이며, 그리고 결정적으로 신들이 인간의 고기가 차려진 식탁에 앉았다고 주장하는 것은 좋지 않다고 생각했던 것이다. 그래서 핀다로스는 '전통을 거스르는' 변형을 가하여, 그런 식의 제물봉헌의 식을 생략한 이야기를 새로이 서술한다.[17] 그에게 신들 중 누구에게라도 인육을 먹게 한다는 것은 있을 수 없는 일이었다.[18] 핀다로스에 따르면 그 이유는 그런 일이 일어날 가능성이 없어서가 아니라, "인간에게는 신들의 아름다움을 이야기하는 것이 어울리기 때문인데, 그렇게 해야 신들의 불쾌감을 피할 수 있기 때문이다"(35행). 또 "모욕은 종종 모욕을 가한 쪽으로 피해를 되돌아오게 하기 때문이다"(53행).

핀다로스가 비록 신들에 대한 이론을 세우지는 않았지만, 그렇다고 자연의 기계적인 질서에 대해 사변을 펼친 것은 더더욱 아니다. 철학적으로 자연을 설명하는 사람들을 일컬어 그는 "지혜의 말라빠진 과실들을 따는"(핀다로스 단편 209Snell) 자들이라 비판했다. 시를 통해 어떤 물리적 현상들을 다룰 경우, 그는 이를 도덕적으로 혹은 종교적으로 해석한다. 가령 당시의 지식인들이 설명에 몰두했던 놀라운 자연현상 중 하나는 해마다 일어나는 나일 강의 범람이었다. 사람들은 비도 내리지 않는 아프리카 지방의 여름과 가을에 다른 계절보다 강물이 더 많이 불어나는 일이 어떻게 가능한지 의아해했다. 이에 대해 핀다로스는 다음과 같은 소박한 대답을 내놓았다. 사람 모습을 한, 백 척 장신의 '정령Daimon'이 강을 지배하고 있어, 계절에 따라 강물을 조절한다는 것이다(핀다로스 단편 282Snell).[19] 이는 정령의 힘이 이집트인들의 생존을 위해 필요한 경우 강물과 비옥한 충적

---

17. 핀다로스는 여기에서 그치지 않는다. 그는 어떻게 전통적으로 내려오는 이야기 전개가 잘못 생겨났으며(46~51행), 어떻게 정착되었는지(30~32행) 해명하기 위해, 아마도 오랜 숙고를 거친 것으로 보이는 또 하나의 가설을 내놓는다. 이것은 비록 부적합한 대상에 적용되기는 했지만, 최선의 비판 방식이다.

18. 식인 행위와 관련하여 'γαστρίμαργος'는 크산토스(아테나이오스 10, 415c)에 다시 등장하며, 뤼디아의 어떤 이야기에도 나타난다. 핀다로스가 시도한 신화의 변형은 더욱 문명화된 모습을 제시하고 있는 바 이는 두 번째 변형이다. 첫 번째는 사람들이 자신의 아들을 바친 제물을 신들로 하여금 받지 않도록 했을 때였다.

19. 어떤 전통으로부터(이집트의 전통?) 이 이론이 생겨났는지는 내가 판단할 수 없는 문제다.

지를 옮긴다는 의미일 것이다. 또 기원전 463년의 일식현상을 보고 핀다로스는 매우 놀랐지만, 일식현상을 설명하는 기존의 이론에는 전혀 관심을 보이지 않았다. 일식이라는 기상이변은 핀다로스에게 순전히 종교적인 사유를 불러일으킬 뿐이었다. 이에 핀다로스는 고향의 도시국가로부터 청탁받은 기원시를 아폴론과 아폴론의 아들 테네로스에게 바쳤다. 아폴론과 테네로스는 테베 옆의 이스메니온에 신탁소를 공동으로 가지고 있었다. 이 시의 목적은 신탁으로부터 기적에 대한 정보를 얻어내는 것인 듯 보인다. 즉 일식현상을 어떻게 해석할 것인가, 그리고 곧 일어날 것처럼 보이는 재앙을 물리치기 위해서 무엇을 할 수 있을 것인가를 묻고 있는 것처럼 보인다.[20] 일식에 관한 이 시의(『파이안 찬가』 9번 Snell) 도입부는 다음과 같다.

> 태양빛이시여, 낮의 밝음을 사라지게 하시어 당신은 무엇을 하려는가?
> 모든 것을 보시는 분이시여,
> 오, 눈들의 어머니여, 최고의 천체여,
> 당신은 사람들의 힘과 지혜의 길을
> 무기력하게 만드셨다.
> 어두운 길을 따라
> 당신은 아무도 가지 않은 새로운 행로를 헤쳐가고 계시니.
> 마차를 빨리 몰고 가시는 분이여, 저는 청원하는 자로서 여기에 왔나이다.
> 인간들의 공포를
> 테베 사람들에게 해를 끼치지 않는 은총으로 바꾸어주시길

---

20. 이것은 아마도 파피루스에 적혀있는 시행들로부터 이끌어낼 수 있는 결론일 것이다. 그들은 신탁을 칭송하고 신탁을 내리는 신 아폴론에게 간청한다. 그리고 테네로스를 '예언자'로 찬양한다.

지배자시여, 당신께 간청하나이다.

[두 행이 빠져 있음]
당신께서는 전쟁이 다가오고 있음을 말씀코자 하십니까? 또는 흉작을?
또는 엄청난 폭설을?
아니면 살육이 난무하는 시민전쟁을?
혹은 바다의 ── ?
땅이 꽁꽁 어는 혹독한 추위나
분노한 물이 덮쳐오는 비 많은 여름을?
아니면 당신께서는 대지를 홍수로 뒤덮어
새로운 인류가 시작되도록 하시렵니까?[21]

여기서 그리스 합창대는 기이한 정화의식과 주술적 형식이 아닌, 인간의 자
연스러운 언어로 신에게 다가가 근심과 소망을 표현한다. 더 나아가 자신
의 노래가 울려 퍼지는 신전의 주인인 아폴론과 테네로스를 처음에는 언급
하지도 않는다. 대신 노래를 시작하면서 지금 문제가 되는 "태양빛 $ακτὶς$
$ἀελίου$"(여성형)에게 말을 건넨다. "태양빛"은 신전을 가지지 않고 그리스
의 판테온에서도 자리를 차지하지 않는다. 공동체의 제식(祭式)이나 신화
에서 헬리오스(태양)는 남성 신이기 때문이다. 하지만 핀다로스가 여기서
의미한 것은 신격체가 아니라, 인간의 삶에 영향을 끼치는 태양의 힘이기
때문에 그의 간청은 헬리오스가 아니라, 우리를 위해 세상을 밝혀주는 "눈
들의 어머니"에게로 향한다.[22] 이런 따뜻하고 친근한 어조는 핀다로스가

---

21. 6행의 문장 구성은 신빙성이 없다. 16행에서도 확실한 재구성이 아직 성공하지 못했다.
22. 고대의 관념에 따르면 태양의 광선과 인간의 눈 사이에는 우리가 계몽된 자연과학적
토대에서 받아들일 수 있는 것보다 더욱 밀접한 유사성("눈들의 어머니") 있다. 왜
냐하면 한편으로는 보고 있는 시선, 즉 사람들이 믿고 있듯이 빛나는 시선은 (어떤 발광

로도스 출신의 한 승자를 위한 노래에서 이 섬의 주인신인 헬리오스를 "날카로운 광선 ἀκτῖνες을 발사하고 불을 뿜어내는 말들의 아버지"라고 칭송할 때(『올륌피아 찬가』 7번 70행)와 얼마나 다른 감동을 주는가!

체로부터 쏟아지는 빛에 유추하여) 우리의 눈에서부터 대상을 향해 발사하는 능동적인 빛으로 파악되었기 때문이다. 그럼으로써 시선은 되돌아오면서 대상의 상을 받아들일 준비가 되어 있는 정신에 전달한다. 다른 한편으로는 비유적으로 태양이 단지 빛으로만 세계를 비추며 우리를 보이도록 하는 것이 아니라, '모든 것을 보시는 분'(1행)이 동시에 그 빛을 통해 모든 것을 보아야 한다. 마치 우리가 우리의 시선으로 보는 것처럼 말이다. 헬리오스는 "모든 것을 다 통찰하는" 신으로 간주되었다. 파르메니데스에서 "태양의 딸들"인 빛의 사유라는 상징 역시 이러한 관념에 근거한다(이 책 656쪽 각주 7번). 원래 "헬리오스의 딸들"은 태양의 빛들이다(핀다로스 『올륌피아 찬가』 7번 70행을 보라). 그러나 파르메니데스의 비유에서 그들은 세계 광선의 빛이자 진정한 인식의 빛이다. 이들은 선명한 이해력의 운반자로서 두 개의 길에 작용한다. 즉 우선 빛이 사유를 추동하고 안내하여 이르도록 하는 목적지인 대상으로의 길, 그리고 빛이 스스로를 드러내면서 비추고 있는 사유의 정신으로 다시 되돌아오는 길이다.

(6) 핀다로스에 있어 '세계힘들'

핀다로스가 단편 『파이안 찬가』 9번에서 시도했던 신화의 변형은 주목할 만하다. 화려하게 빛을 내며 불마차를 모는 남자로서의 헬리오스의 모습은 그림이나 언어를 통해 수없이 묘사됨으로써 핀다로스나 청자들에게 이미 친숙한 것이었다. 이 기도시에서 핀다로스는 그 핵심적인 부분에서 이런 전통을 벗어난다. 그가 태양의 운행과 궤도를 이야기해야 하기 때문에, 말[馬]의 비유는 유지하되, 남성을 여성으로, 더군다나 개체성을 거의 가지지 않는 것으로 대체한다. 그는 태양의 빛 앞에 등장하여 거리낌 없이 말하는데, 이때 다른 부가적 수식어 없이 태양의 빛을 우리 인간에게 중요한 것으로, 우리들 눈의 어머니로 해석한다. 이로써 우리는 핀다로스의 사유에 있어 의미 있는 어떤 측면과 만나게 된다.

우리는 앞에서(이 책 112쪽 이하) 인간과 같은 모습의 개별 신들을 자연현상이나 자연의 힘에 내재하는 잠재적 위력들과 구별한 바 있다. 예를 들면 투쟁욕이나 전투욕(에리스)도 이런 힘에 속한다. 에리스에 사로잡힌 사람은 자신의 본성을 상실하고, 대신 에리스가 시키는 대로 일을 수행하게 된다(이 책 119쪽 이하, 189쪽 이하, 208쪽 이하). 또는 인간 생애의 방향을 좌지우지하는 '우연의 강제적 힘Tyche'(이 책 814쪽 이하) 또는 끔찍한 결과를 초래하는 자기 현혹(Ate, 이 책 114쪽 이하), 그리고 인간이나 사물이나 행위로부터 퍼져나오는 '우아한 매력Charis'(이 책 300쪽), '유혹, 유인, 권유Peitho' (이 책 553, 870쪽), '음악의 기술Musai' 등 여러 가지가 있다. 특히 헤시오도스의 『신들의 계보』에서 이런 힘들이 나열, 기술되어 있는 것을 읽을 수 있다. 이들을 지칭하는 그리스어는 대부분 여성명사다.[1] 우리는 여기에 '실체적 존재들'이라는 이름을 줄 수 있을 것이다. 왜냐하면 이런 것들은 비록 쉽게 말로 옮길 수는 없지만 세계 여기저기서 쉽게 포착할 수 있는 존재들이기 때문이다. 이를 우리는 '세계힘'이라고도 하는데, 이는 전문용어다.[2] '세계힘'은 결코 허구나 인위적 구성물이 아니라, 영원한 위력을 행사하는 실재들을 가리키는 말이다. 그래서 우리가 그것에 눈을 뜨기만 하면 언제나 그 힘을 지각할 수 있다.[3]

상고기 그리스인들에게 있어 '세계힘들'에 대한 두려움은 종교적 형태를 띠고 있다. 초인격적인 생명력으로서 실체적 세계존재들은 대지와 하늘에 모두 속하는 것이었다. 그들은 인간들이 완전히 파악할 수 있는 자연적인 힘들이었지만, 다른 한편 자연의 기계적 운행을 벗어나는 오묘함을 또한 갖고 있었다. 핀다로스는 인간존재를 기꺼이, 인간 안에서 일어나는

---

1. 유럽 언어권에서 이른바 추상명사는 대부분 여성이다. 그러나 '추상적'이라는 개념은 오해의 여지가 많다. 이 말은 지각과 개념형성 과정 사이에 추상화의 행위가 비집고 들어온다는 것을 전제로 하기 때문이다. 그러나 실제로는 언쟁으로 인한 격분, 충동, 유혹 등과 같은 힘들은 배고픔이나 갈증과 같이 직접적으로 경험하게 되는 것들이다.

2. 그리고 나는 "어차피 종교사의 영역에 횡행하고 있는 용어상의 혼란을 더 이상 아무런 까닭 없이 증가시키고 싶지 않다." 이렇게 Kurt Latte도 경고하고 있다(*Gött. Gel. Anz.* 207, 1953, 34쪽).

3. 삶의 근본현상과 근본요소들이 가지는 의미를 깨닫지 못하는 일이 우리 근대인들에게는 심각한 정도로 진행되었다. 그 부분적인 이유는 우리의 분석적 사유가 지나치게 심해져서 결국 나무들을 보면서도 더 이상 숲을 보지 못할 정도가 되었기 때문이다.

'세계힘들'의 작용으로 해석하는 경향이 있었다. 이런 세계힘들에 대한 그의 경건한 사유는, 흔히 전통에 충실한 핀다로스의 경향과는 강한 대비를 이루는 매우 강한 활동성과 독창성을 보여준다. 세계힘들에 대해 그가 언급하는 것은 늘 새로우며 적잖은 것들이 우리를 놀라게 하지만, 그 모두가 의미심장하며 설득력이 있다.

아직도 어릴 적 꿈을 품고 있는[4] 청년이 5종 경기에서 승리를 거두었다. 그는 이 세상에 익숙해지자마자 타고난 재능 덕분에 세상에 널리 명성을 떨쳤다(『네메이아 찬가』 5번, 40행). 그래서 핀다로스는 어떤 승리찬가의 도입부에서 그에게 감사와 존경을 표현하면서 '엘레이튀이아Eleithyia'(탄생)라는 실체적 힘에 주목한다. 탄생이라는 세계힘은 젊은이 모두에게 생명뿐 아니라 나름대로의 개성도 주며, 이를 통해 그들의 운명이 결정되도록 도와준다(『네메이아 찬가』 7번 1행).

> 엘레이튀이아, 깊이 숙고하는 모이라(운명의 힘)와 자리를 같이하는 분이여,
> 강력한 헤라(결혼의 여신)의 따님이여, 아이들을 탄생시키는 분이여, 들으소서,
> 그대 없이는 우리는 빛을 쳐다보지도 못하고 깜깜한 밤도 알지 못합니다.
> 그대의 자매 찬란한 육체를 가진 헤베(유년기와 노년기 사이 삶의 절정)를 맞아들일 수 없습니다.
> 그러나 우리는 모두가 같은 목적을 향해 노력하지는 않습니다.
> 각자 자신의 운명에 묶여, 특별한 개성에 의해 우리는 서로 달라집니다.
> 그대 엘레이튀이아 덕분에
> 위대함arete이 테아리온의 아들 소게네스의 운명을 결정지었고,

---

4. 『네메이아 찬가』 91행 이하에 대해서는 Wilamowitz, *Pindaros* 161쪽 각주 2번을 참조하라.

5종 경기자들 가운데 그의 자자한 명성은 칭송을 받고 있습니다.

실체적 힘들은 개별존재가 아닌데, 그 이유는 그것들이 오로지 '삶'이라 불리는 거대한 전체 구조 속에서만 의미를 가지기 때문이다. 그래서 이 시에서처럼 '탄생'은 혼인의 "딸"이고, 헤베의 "자매"이며, 운명의 힘들과 "자리를 나란히" 하는 존재이다. 개별적 인격의 발생과 그 안에 내재하는 성질들의 완성은 서로 자매관계에 있는 실체적 힘들로 이해된다(헤시오도스 『신들의 계보』 922행도 참고하라). 시의 종결부는(99행 이하) 이 소년이 행복한 '삶의 절정기'를 보내고 축복받은 노년을 누리도록 해 달라는 소망을 보충하는 표현을 담고 있다.

핀다로스의 실체적 세계힘들은 때로 삶의 다양한 변화 속에서 놀랄 만한 역동성을 보여준다. 대립적 이원성이라는 상고기의 법칙과, 대립자의 통일이라는 헤라클레이토스의 사유에서는 가장 부드럽고 온화한 힘들조차도 어둡고 위험한 자신의 짝을 갖고 있었다. 선의 모든 거친 힘들을 달래고 잠재우는 아폴론적인 음악이 갇혀있던 지하의 괴물을 자극하면, 이 괴물은 타오르는 분노에 휩싸여 땅을 진동시킨다(『퓌티아 찬가』 1번 1~16행, 이 책 841쪽). 평화로운 "조용함"도 평화의 적을 제압하고자 할 때에는 격렬한 여전사가 된다(『퓌티아 찬가』 8번 1행~13행, 이 책 921~924쪽). "인간에게서 모든 부드러운 것을 마련해주어 기품있게 하는 '우미(優美)'는 적합한 신화의 옷을 입힘으로써 악의적인 거짓에까지 품위를 부여한다(『올륌피아 찬가』 1번 30행~51행). 막 꽃을 피우고 있는 신선한 청춘의 시간이자 그 힘을 지칭하는 '호라 Hora'는 인간에게 쾌활한 용기를 부여하고 매혹적인 자극을 쏟아 붓는다. 한 시의 도입부에서 핀다로스는 '호라'에게 말을 건다(『네메이아 찬가』 8번 1행).

숭고한 호라여, 아프로디테의 천상의 기쁨을 알리는 이여,

그대는 소년, 소녀들의 눈 위에 내려앉아

여럿을 강제의 부드러운 손길로 어루만지고, 다른 이들에게는 그렇게 하

지 않네.

사랑스러운 젊은이들의 눈에서부터 뿜어져 나오는 '호라Hora'는 두 가지
방식으로 강제적 매력을 발산한다. 즉 '호라'의 매력은 지복을 가져다주기
도 하고 고통을 가져다주기도 한다.[5]

핀다로스의 실체적 세계힘들은 지친 발걸음으로 무대 위를 오가는 창백
한 비유가 아니다. 또 그들은 강력한 형이상학적 요청에 따라 누구도 가본
적이 없는 피안으로부터 주문에 의해 불려나와, 입교자들의 눈앞에서 형체
도 없이, 붙잡을 수도 없이 떠돌고 있는 것도 아니다.[6] 그의 세계힘들은 항
상 우리 가운데 존재하며, 우리 자신들을 통해 우리들에게 생겨난다. 합창
시 한 편에서(핀다로스 단편 78Snell) 핀다로스는 그리스 군대가 공격신호가
되는 함성, 격렬한 싸움의 외침 '알랄라Alala'에게 다음과 같이 간청한다.

아레스의 딸, 알랄라여, 창들의 서곡을 들어 주소서, 그대에게

죽음의 숭고한 희생으로 조국을 위해 쓰러진 자들을 바칩니다!

용감한 남자들의 성스러운 자기희생에 대한 '서곡'으로서 그리고 오로지
신만이 결말을 알고 있는 중요한 사건의 시작으로서, 함성은 더 높은 질서

---

5. 이뷔코스 단편 6D=1E, 이 책 530쪽을 보라. 'κάρυξ'에 대해서는 아이스퀼로스『탄원하
는 여인들』1001행을 보라. 우리에게 뻗치는 사랑의 두 가지 "손"에 대한 생각에서부터
프로페르티우스 1, 9, 23행 이하가 설명될 수 있다('facilis'는 'ἀμέροις'에 상응한다).

6. 『이스트미아 찬가』 5번의 테이아는 유일한 예외로서(이 책 899~902쪽), 그 구상은 극
단적인 추상화에 근거한다. 그러나 테이아 역시 인간적 감정을 통해 직접적으로 느껴
지는 것이다.

의 세계힘이다. 하지만 고함소리는 우리 자신의 목에서부터 솟아오르고, 우리 자신의 뜨거운 의지로부터 터져 나온다.[7]

'세계힘들'은 이렇게 인간과 위대한 개별 신들 사이에 위치한 중간자가 된다. 이 중간자들을 위해 제단에 불을 피워 제사를 드리거나 제식을 통해 이들을 숭배하는 일은 거의 없지만, 사람들은 경외의 마음으로 그들에게 존경을 표한다. 핀다로스는 실체적 세계존재들을 기꺼이 올림포스 신들의 "딸들"이라고 보았다. 그는 알랄라를 전쟁의 신 아레스의 딸로 부르며, 일식을 계기로 빛의 아버지 헬리오스가(『올림피아 찬가』 7번 70행) 아니라, 빛 자체와 헬리오스의 딸 "태양빛"에게(『파이안 찬가』 9번Snell, 이 책 890쪽 이하) 기도를 올린다. 또한 그는 삶에서 일어나는 우연의 총체인 '튀케Tyche'를 현실 전체를 주재하는 지배자 제우스의 딸이라 일컬으며 기도를 올린다 (『올림피아 찬가』 12번 1~2행, 이 책 813쪽). 또 진리를 "제우스의 딸"로 부르기도 한다(『올림피아 찬가』 10번 13행).[8]

하나의 '세계힘'은 특수한 본성을 지니고 있고, 고유의 법칙을 가지며, 일정한 영역을 다스린다. 세계힘들 각각이 선명히 구분될수록 해당 영역에 대한 조망은 더욱 분명해지고 현실적인 것이 된다. 다른 한편 개별적인 것들에서는 분명한 것이 전체에서는 혼란스러워진다. 또 점점 더 많은 '세계힘들'이 발견되고 그 특징적 성격이 더욱 집중적으로 고찰되면, 삶의 일반적인 모습은 점차 더 많이 균열된다. 음악의 기예, 전투시작을 알리는 함성,

---

7. 『일리아스』 제11권의 시작을 생각해보자(이 책 117쪽 이하). 여기서 군대를 살육의 전쟁터로 돌진시키게 하는 신호의 탄성이 지니는 끔찍한 의미는 형이상학적이고 종교적인 형상형식을 통해 묘사된다. 군대 지휘관인 왕과 이에 따라 출격 신호를 보내는 사람들과 함께 운명적인 외침을 울리게 하는 것은 신에 의해 인간들에게 보내진 세계힘, 즉 "투쟁Eris"이다.

8. 그 이외에 "소식, 헤르메스의 딸"(『올림피아 찬가』 8번 81행 이하), 제우스의 아들인 변치 않고 강력한 금(핀다로스 단편 222Snell) 등과 비교해보라.

고요함, 우연, 탄생, 진리, 매혹적인 '호라Hora', 이들 사이의 공통점은 거의 없다. 서로 상이한 세계힘들 모두를 포괄하는 질서 속에서 이들을 정돈하는 체계적 정리는 엄청난 노력을 필요로 하는 작업이다. 핀다로스는 체계적 사상가가 아니었다. 물론 그가 세계힘들 각각을 고립시키는 것은 아니지만, 이들을 전체의 한 부분으로 편입시키려는 데 있어 시작 단계를 넘어가지 않는다. 완결적 세계상이 신들이나 자연으로부터는 도달할 수 없는 것처럼, 그것은 실체적 세계힘들 각각을 통해서도 성취될 수 없는 것이다.

그럼에도 불구하고 핀다로스의 작품 전체는 일종의 통일성을 가지고 있으며, 그의 작품을 읽어본 사람은 이것을 곧 느낄 수 있다. 우리는 이 통일성이 어디에서 유래하는가를 정확히 살펴보아야 할 것이다. 분명한 사실은, 만약 그 완결성이 핀다로스의 기교나 문체에서 비롯된다고 설명한다면, 이것은 불충분한 대답이 된다는 것이다. 문체적 통일을 비로소 가능하게 하는 실제적 관점에서 먼저 출발해야 하기 때문이다.

우리는 핀다로스의 시 세계가 고귀한 것, 위대한 것, 아름다운 것, 좋은 것, 신적인 것을 지향하고 있다는 것을 어렵지 않게 알 수 있다. 한마디로 그는 가치를 추구하고 있는 것이다. 게다가 긍정적이든 부정적이든 가치와 상관없는 모든 것은 다 무시할 만큼 철저히 가치 지향적이다. 나중에 플라톤이 자신의 철학적 사유 내용 전체를 '선'의 이데아로 귀결시킨 것처럼, 핀다로스의 문학 전체도 가치 있는 것을 인간의 삶에 실현시킨다는 한 가지 목적을 가지고 있다. 핀다로스의 작품 모두에 한결같이 쏟아져 내리는 가치라는 찬란한 황금빛으로 인해 그의 시들은 전체적인 통일성을 얻고 있다.[9]

추상적 이론에 심한 거부감을 가지고 있는 핀다로스 같은 시인에게 모든

---

9. 이 책 905~919쪽을 보라.

가치들의 통일에 대한 사유를 기대하는 것은 무리다. 그런데 그는 단 한 번 그렇게 했다. 그 정도로 이 사유는 그에게 중요했던 것이다. 그의 작품 전체 중 매우 작은 한 부분에서 형이상학적 사변을 모든 가치의 '어머니'에게로 환원시키고자 시도한 흔적이 발견되는데, 그곳은 어떤 『이스트미아 찬가』의 도입부다(『이스트미아 찬가』 5번 1행).

태양의 어머니, 이름이 많은 테이아여,
그대 덕분에 인간도 금을
다른 모든 것보다 훨씬 강력한 것으로 여기게 되었습니다!
또한 바다에서 싸우는 배들과
경기장을 달리는 경주에서 마차를 끄는 말들도
오, 여왕이시여, 그대의 가치로 인해 놀랍도록 훌륭한 것입니다.

그리고 (그대의 가치로 인해) 힘센 팔이나
빨리 달리는 발로 누군가가 경기에서 승리를 거두게 되면,
그의 곱슬머리는 월계관으로 가득 장식되고
그토록 갈망하던 명성을 얻습니다.
하지만 인간들의 투쟁은 신들에 의해 (타고난 숙명에 의해) 결정되는 법.
인간에게 꽃피는 축복으로 삶의 가장 아름다운 결실을 맺도록 하는 것은
오로지 두 가지뿐인데,

행복한 삶을 누리는 것과 고귀한 명성을 누리는 것입니다.
인간들이여, 제우스가 되려 하지 말라. 이 두 가지 멋진 일 중에서
하나라도 주어진다면, 그대는 모든 것을 지니는 것이다.
인간에게는 인간적인 것이 어울린다.

도입부 마지막에 등장하는 생각은 앞에서 살펴본『퓌티아 찬가』1번의 마지막 부분에 이미 나타난 바 있다(이 책 845쪽). 인간이 원할 수 있는 모든 것은 승리자가 지금 소유하고 있는 두 가지에 담겨 있다. 그 하나는 '행복하게 지내는 것'으로서 승리를 통해 얻은 성공과 신의 축복을 말한다. 다른 하나는 '명성'으로서 지금 이 순간 핀다로스가 노래하여 바치고 있는 찬양을 말한다. 도입부를 선호목록시 형식으로 전개함으로써 핀다로스는 경기의 승리를 통해 기대하게 되는 명성으로 시상을 이어간다. 그런데 테이아는 누구인가?

헤시오도스는 신들을 비롯하여 세계를 다스리는 여러 가지 세계힘들, 그 조상과 친척관계에 있는 여러 이름들을 언급하는 서사시에서, 태양과 달과 아침의 부모로 티탄족의 이름을 언급하고 있다. 오랜 전승에 따르면 그들의 아버지는 '휘페리온'이라 불린다. 그런데 그 어머니에 대해 확실히 전해지는 바는 없었으며, 그래서 헤시오도스는 특별한 의미가 없는 일반적인 이름 '테이아Theia'(신적인 여성)를 그 어머니의 이름으로 삼았다(『신들의 계보』 371행). 이제 핀다로스는 헤시오도스의 테이아를 새로이 수용하여 하나의 '세계힘'으로 끌어올린다. 그는 앞에서는 실체적 세계힘들 속에서 위대한 신들의 '딸들'을 보고, 때문에 테베를 위해 기원하는 노래에서 헬리오스의 딸들에게 청을 올렸지만(이 책 897쪽), 이제 그는 방향을 바꾸어 태양의 "어머니"에게 청한다.

헤시오도스가 태양의 어머니에게 그저 '신적인'이라는 이름만을 부여했을 뿐 더 자세히 정의하지 않았다는 점은, 핀다로스가 테이아라는 형상을 통해 표현하고자 했던 바와 잘 들어맞는다. 핀다로스가 보기에 태양의 어머니에는 수많은 개별 가치들이 담겨 있으며, 따라서 가치의 본질은 원래 "이름이 많은" 것이다. 가치 그 자체에 대한 총괄적 표현이 그리스어에 존재하지 않았던 것이다.[10] 가장 가까운 것으로 "티메time" 라는 말을 들 수 있는데, 이 말은 다양한 의미의 여운을 포함하는 '영예'와 '품위', '영광'과 '가치'를 나타내는 말이다. 핀다로스도 위의『이스트미아 찬가』주요 도입부에서 "티메time"에 핵심적인 역할을 부여한다. 이제 그 내용을 좀 더 자세히 살펴보자.

태양은 테이아의 자녀다. 따라서 이 세상의 모든 빛은 결국 테이아로부터 나온다. 또 핀다로스가 확신하듯 그 외의 다른 많은 것들도 테이아로부터 생겨난다. 핀다로스는 테이아가 가치와 품위를 나누어준다는 사실이 분명히 드러나도록 시어를 배치했다. 그는 이렇게 말한다. "그대 덕분에 금도 역시 비할 데 없는 강함(즉 최고의 물질적 가치)을 가진 것으로 인정받는다νόμισαν. (따라서 그대는 가치 중의 가치이다.) 왜냐하면 돌진하는 배와 마차의 훌륭함이 감탄을 자아내는 광경을 연출할 수 있는 것도 '또한 καὶ γὰρ' 그대의 '티메time' 덕택이다.[11] 그리고 (그대의 티메 덕택에) 운동 제전에서의 승리자는 '자신의 업적ἔπραξεν'에 당연히 배당되는 소중한 명성을

---

10. 핀다로스 언어에서 비록 '가치있는 것'의 개념은 'καλός'라는 단어를 통해 적당히 표현되고 있지만, '가치의 특질'(가령 'τὸ κάλλος')에 해당하는 말은 없다. 그 대신 이 개념은 다양한 특수 명칭들로 나뉘어 있다. 예를 들면, 인격에 대해서는 'ἀρετά'를, 행위에 대해서는 'κέρδος', 'καρπός', 또는 'μισθός'를 사용한다. 더 나아가 'κλέος'와 'δόξα', 'χάρις'와 'τὸ τερπνόν', 'κόσμος'와 'στέφανος', 'φέγγος, αἴγλα'와 'τὸ λαμπρόν', 'κορυφά'와 'ἄωτος' 등등의 구별이 있다.

11. 배와 마차는 이전부터 당당한 위용에 대한 비유로 사용되어왔다. 사포도 이미 다음과 같은 말로 시를 시작했다. "어떤 이들은 기병대가, 어떤 이들은 보병대가, 어떤 이들은 함대가 검은 대지 위에서 가장 아름답다 하지만"(사포 단편 16LP, 이 책 344쪽). 핀다로스 자신은 다른 곳에서(핀다로스 단편 221Snell) 말한다. "어떤 사람은 명예timai와 바람같이 빠른 말로 인한 승리의 화관에 기뻐하고, 어떤 사람들은 황금으로 가득 찬 방들에서 사는 삶에 즐거워한다. 그리고 또 누군가는 민첩한 배를 타고 소금내 나는 물결을 가르며 달리는 것을 즐긴다." 즉 여기서도 황금, 경주마, 배, 승리의 화관 그리고 명예time가 다시 등장한다.

얻는 것이다." 여기에 제시된 몇 개의 예들은 가치를 지닌 나머지 모두를 대표한다. 플라톤의 방식으로 말하자면, 테이아는 가치 그 자체, 가치의 이데아로서, 모든 영역에서 통용되고 적용되는 것으로서의 가치를 창조하고 정착시키는 잠재력을 상징한다. 물질적 가치의 영역에서 테이아가 잠재력을 발휘하는 곳은 항상 빛나는 금의 구매력과 금을 소유한 사람의 당당한 힘이다. 또 찬양을 동반하는 '명성κλέος'에 대한 요구가 정당한 가치로 여겨지는 것은 물론, 우리를 '감탄시키는θαυμασταί' 모든 것에서도 테이아의 영향력이 행사된다. 우리는 이제서야 핀다로스의 시들이 처음으로 시작되는 곳, 『올림피아 찬가』1번의 도입부 시행에서 특이하고 도취적인 분위기로 일련의 가치들이 재빨리 스쳐 지나가며 나열되는 장면, 곧 물, 가장 좋은 것, 밤에 타오르는 불, 부의 상징으로서의 금, 외로운 하늘의 유일한 태양, 그리고 올림피아 제전이 나열된 장면이 무엇을 의미하는지 온전히 이해할 수 있게 되었다.[12] 이에 따라 우리는 이제 선호목록시 형식도 더 깊이 이해할 수 있다. 핀다로스는 다양한 영역에서 각각 최고의 가치를 지닌 것들을 열거함으로써, 모든 영역에 공통되는 것을 암시하고 있다. 즉 그것은 바로 뛰어난 가치이다(이 책 851쪽).

테이아 찬가의 도입부에서처럼 매우 분명히 핀다로스가 플라톤의 이데아론을 선취한 곳은 없다. 플라톤 역시 모든 이데아의 최고 정점으로서 선의 이데아를 태양(헬리오스)의 어머니라고 표현했다면 이는 단순한 우연 이상의 의미가 있을 것이다. "더 높은 인식의 세계 마지막에는 거의 인식 불가능한 것, 즉 선의 이데아가 있다. 이것을 통찰한 사람은 선의 이데아가 모든 참된 것과 아름다운 것의 근원이라는 것을, 그리고 선의 이데아가 감

---

12. 이 책 873쪽 이하. 그곳의 각주 3번에서는 시모니데스가 황금의 가치에 버금가는 명예 time를 태양에 부여하는 구절이 인용된다.

각적 세계에 빛을, 빛의 통치자 헬리오스를 낳아주었다는 것을 이해할 것이다."[13]

만약 모든 가치가 그 본질에 따라 (플라톤의 표현을 빌려 말하자면) 모든 개별적 가치가 분유하는 동일한 본성을 가진다면, '아레테' 또는 '덕'이라는 인간가치 역시 통일적 전체에 속한다. 핀다로스가 이를 명시적으로 말한 적이 없는 것은, 그것이 그에게 너무나 자명한 것이었기 때문일 것이다. 그의 사유 가운데 대부분은 개별적 미덕 하나하나가 서로 분리될 수 없다는 전제로부터 출발한다. 이럴 경우에만 핀다로스와 그의 시대가 운동경기에서의 승리에 높은 가치를 부여했던 이유를 설명할 수 있다. 경기의 승리에는 특별한 기술적 능력이 아니라, 이를 통해 자신들의 가치를 입증하는 개인이 그 중심에 놓여 있다.[14] 누군가 순수 이상적인 목적으로 자신이 할 수 있는 모든 것을 건다면, 그가 자신의 시간과 돈을 기꺼이 투자한다면, 또 굴욕적인 패배의 위험부담을 기꺼이 감수한다면, 오랜 연습을 통해 절제와 고통과 노력으로써 엄격한 교육과정을 이겨낸다면, 그래서 드디어 경기에서 자신의 전력을 다한다면,[15] 그리고 승리를 위해 없어서는 안 될 신의 은총이 다른 모든 참가자들 앞에서 그에게 승리의 영광을 안겨준다면, 핀다로스가 보기에 이 사람은 자신의 '덕'을 입증한 것이다.[16] 그에게 있어서 이

---

13. 플라톤『국가』7, 517b~c(6, 506e와 508b도 참조하라). 아마도 핀다로스와 플라톤은 헤라클레이토스의 생각을 따르고 있을 것이다. *Frühgriech. Denken* 282쪽 각주 2번과 361쪽 이하를 참조하라.

14. 이 책 811쪽을 보라. 핀다로스가 알고 있는 하게시다모스는 자신의 능력을 통해 심지어 자신의 종족 전체가 모든 덕을 갖추었음을 입증한다. 피는 못 속이기 때문이다.

15. 하지만 경마와 마차경주에서 소유자의 개인적 업적은 제외된다(이전 시대에 승리는 소유자가 아니라 마차와 말에 주어지는 것이었다). 여기에는 엄청난 비용이 요구되었지만, 매우 오래전부터 말의 사육을 담당할 수 있는 특권을 누리고, 뛰어난 말들이 경주에서 보여주는 더 화려한 광경을 맛보는 것은 그에 대한 일종의 보상이었다.

런 식의 가치입증이 필요한 것은 핀다로스가 믿는 가치들이 순수히 초월적인 것이거나 단순히 추상적인 것이 아닌, 인간의 삶 속에서 실행되고 실현되어야 하는 것들이기 때문이다.

---

16. '아레테 arete'가 동일한 효력으로 임의의 모든 영역에서 스스로를 입증할 수 있다는 이러한 견해에 위(僞) 튀르타이오스는 단편 9D=12W에서 반대한다(이 책 629~633쪽).

(7) 핀다로스의 예술

현재까지 우리가 얻은 인식을 통해 도달한 지점에서 보건대, 이제 핀다로스의 개별 작품들에서 전체적 통일성을 오랫동안 추적해온 우리는 이제 그 목적지에 이르기까지 몇 걸음 남겨 놓지 않았다.

이미 앞에서 살펴본 바와 같이 (이 책 802쪽 이하, 832쪽 이하, 855쪽 이하) 다소 길이가 긴 시들의 구체적인 내용은 절망적일 정도로 서로 이질적이어서, 모든 시행이 공히 수렴할 수 있는 어떠한 관점도 찾아볼 수 없었다. 따라서 이 시들에 완결성을 부여하는 어떤 관점이 존재한다면, 그 관점은 개개의 시를 초월하는 것일 수밖에 없을 것이다. 이는 비단 승리찬가에만 해당되는 것이 아니라, 다른 장르의 합창시에서도 마찬가지다. 이런 식으로 통일성의 문제는 그의 시 어디에나 존재한다.

지금까지 드러난 바에 의하면, 핀다로스가 활동했던 사회는 모든 가치들의 통일성을 믿었고, 또한 통일된 가치가 다양한 영역에서 여러 사례들을 통해 실현된다고 믿었던 사회였다. 여기서 암묵적으로 전제되는 것은, 모든 사례는 그것이 아무리 세속적일지라도 통일적 전체를 대표한다는 것이었다. 예를 들어 시장에서 한 줌의 곡식은 한 배 가득 실린 밀을 대표한다. 핀다로스는 모든 장편 합창시에서는 가치 세계 전체를 보여주는데, 이러한 근본구상을 이론적으로 개괄하는 것이 아니라, 가장 중요한 가치영역의 구체적인 사례들을 통해 구현한다. 사례들은 그때그때 각기 다른 상황으로부터 임의로 또는 우연적으로 취해진 것이다. 하나의 신화는 어떤 신화든 모든 사건에 대한 사례들을 다 포함하고 있는 신화적 과거를 대표한다.[1] 신들에 대한 경건한 언급 하나하나는 원칙적으로 종교 전체를 포섭한다. 시간을 초월하는 보편적 자연 진리는 임의로 선택한 격언을 통해 형상화된다. 시인 핀다로스가 언급하는 하나의 사례는 예술과 지혜 전체, 사유와 언어 전체를 대표한다. 시가 탄생하게 된 현실적 계기가 있을 경우 이 역시 표현된다. 더 나아가 그때마다의 현실 속에서 스스로를 실현시킬 수 있는 가치의 가장 가까운 예들도 주어진다. 앞에서도 언급하였던 바, 핀다로스 문학 가운데 전형적인 작품들에서 발견되는 다섯 가지 주제도 이런 종류의 완전성을 표현하기 위한 것이다.[2] 승리찬가에는 특수한 관점이 한 가지 더 부가된다. 새로운 업적을 성취한 행위를 가치 있는 것의 영역에 수용하고, 이를 성취한 사람을 그에 적합한 위치에 따라 탁월한 사람들이나 영웅들 그리고 고귀한 신들의 공동체의 일원으로 포함시키는 것이다.[3]

핀다로스의 예술은[4] 가치, 특히 인간가치에 종사하고 있다. 이에 따라

---

1. 그리스적 상상력은 처음부터 신화 세계를 인간 삶의 모든 중요한 일들의 견본이 다 들어 있는 보물창고로 구성하는 데 몰두했다.

2. 이 다섯 가지 주제는 이 책 539쪽 이하, 815쪽, 832쪽에서 이미 다루었다. 또 앞에서 사포의 짧은 독창시를 통해(이 책 343~347쪽) 거의 완전히 (시의 주제만 빼고) 살펴보았다. 시의 다양한 주제들이 서로 연관성을 잃지 않으면서 나란히 병렬되어 있는 경우에 대해서는 이 책 918쪽 이하를 참조하라.

3. 승리찬가에 관한 이론적 맥락에서 승리자를 신을 찬양하는 노래에 "끼워 넣는 것"에 대해서는 『올림피아 찬가』 2번 1~5행, 그리고 이 책 804쪽과 각주 18번을 보라.

4. 그리고 합창시 전체도 그러하다. 핀다로스는 완전한 시를 상당수 남기고 있는 유일한

그 기능 역시 명확하게 규정될 수 있다.[5] 가치는 효력을 누릴 때, 이 효력에 의해 살아 있다. 가치는 이론적으로 인정받고 이해되어야 하며, 실천적으로 장려되고 실현되어야 한다. 그렇지 않은 가치는, 아무도 알지 못하고 존중하지도 않는 사문화된 법조항처럼 죽은 것이나 다름없기 때문이다. 시인의 임무는 사회 전체의 대변자이자 양심으로서 선(善)의 가치를 정립시키는 것이며, 정의로운 판단을 통해 사물과 인간을 칭찬하거나 벌주는 것이다. 일명 '호라Hora'의 시에서(이 책 896쪽) 핀다로스는 다음과 같이 말한다(『네메이아 찬가』 8번, 32행).

—— 악의에 찬 왜곡은 이전부터 항상 있어 왔다.
현란한 말과 교활함과 모욕적 상처를 주는 비방의 동반자,
그는 빛나는 것을 일그러뜨리고,
어둠속에 놓여 있는 것을 내용 없는 위대함으로 추켜세운다.

아버지 제우스이시여, 제가 결코
그런 존재가 되지 않도록 해주소서.
꾸밈없는 삶의 태도를 따라 나가도록 해 주소서. 그래서 죽을 때에도 제 아이들에게 나쁜 비방을 떠넘기지 않도록 해주소서.
사람들은 만족할 줄 모르고 황금을 추구하며 또는 땅을 소유하고자 한다.

합창 시인이며, 모든 점으로 볼 때 그에게서 합창시의 완성이 나타난다고 할 수 있다. 그래서 합창시 시작에서부터 핀다로스까지 이어지는 합창시라는 예술의 본질은 풍부하게 발전된 형태의 핀다로스 시로부터 설명하는 것이 방법적으로 더욱 올바르다. 이와 반대되는 방법, 즉 핀다로스에서 처음에는 낯설게 보이는 것들을 그가 따를 수밖에 없었던 이른바 "전통"의 강제로 환원시키는 방법은 옳지 않다(이 책 804쪽). 후자의 방법론에 따르면 전통 형식의 의미는 해석되지 않으며, 본래적 문제는 미뤄지기만 한 채 대답되지 않는다. *Frühgriech. Denken* 350~362쪽을 보라.
5. 합창시 시인의 직업에 대해서는 이 책 791~804쪽(그 외 여러 곳)에서의 설명을 참조하라.

반면 내가 추구하는 것은 육신을 흙으로 감쌀 때까지 다른 사람의 마음에
드는 사람으로 머무르는 것이다.[6]
칭찬할 만한 것은 칭찬하고, 죄를 저지른 사람에게는 비난을 퍼부으면서.

이슬이 주는 생명의 기운을 받아 나무가 무럭무럭 자라듯,
현자들(시인들)과 정의로운 사람들을 통해
미덕 arete은 선명한 하늘까지
치솟듯 성장한다.

시인은 선의 실천을 사회 전체를 대변하여 칭송하며, 이를 영원한 명성으
로써 보답한다. 그리고 시인은 소명을 받은 사람에게 항상 새로운 업적을
성취하도록 격려한다. 시인의 손을 통해 가장 아름다운 월계관이 수여된
다(이 책 845쪽). 이는 승리자를 장식하는 그런 빨리 시드는 물리적 화관이
아니라, 영원의 왕관이다(『네메이아 찬가』 7번 77행).

화관을 엮는 일은 쉽다, 그러니 그건 그냥 놔두어라. 무사이 여신들은
그대에게 황금을 하얀 상아와
바다의 이슬로 된 백합꽃(산호)과 함께 접합해준다.[7]

미덕과 위대함에 대한 핀다로스의 특별한 생각은 또 다른 의미에서 그의
예술에 중요한 역할을 한다. 그가 보기에 화려한 표현 역시 탁월함에 속한

---

6. 즉 핀다로스는 자신의 직분 역시 자신이 그 부분으로 속해 있는 전체의 판단에 종속시
   키고 있다.
7. 이것은 시모니데스가 사용하기 시작한(이 책 602쪽) 소재의 변형이다. "나는 무상하고
   열매 없는 화관인 나의 노래들을 이슬을 머금은 들판으로부터 꺾은 향기롭고 화사한
   꽃들로 감아 만들지 않는다 ──."

다. 시어와 선율 그리고 치장을 한 고귀한 사람들의 감각적인 춤이 어우러지는 합창시는 그 자체로 그 대가인 핀다로스를 비롯하여 시인들에게는 실로 가치 있는 현실의 일부분이며, 경기의 화려함과 비교할 만한 것이다. 헤라클레이토스가 깨어 있는 의식 가운데 세계의 의미를 자기 삶에서 체험하였던 것처럼, 핀다로스의 합창시는 투명한 자의식과 화려한 표현을 통해 선과 아름다움의 고유한 의미를 형상화하고 있다. 이로써 가치와 가치의 실현이 하나가 된다. 핀다로스의 예술이 그토록 자주 그리고 분명하게 스스로에 대해 말하고 있는 것도 바로 이런 이유에서이다.

핀다로스의 문학은 한 조각 삶이다. 삶에 기여하며, 현재와 과거의 삶을 먹고 살아간다. 하지만 그의 문학은 현실을 있는 그대로 받아들이거나, 혹은 자연적 모습과 크기 그대로 묘사하지는 않는다. 그의 시문학에서 펼쳐지는 세계는 엄격하고 비판적인 검토를 거쳐 선별된 것이며, 고도의 전문적인 예술을 통해 정제된 것이다.

지금까지 우리는 핀다로스의 문학에서 일용할 양식을[8] 얻기 위한 고된 노동이나 밥벌이에 대해서는 거의 들어보지 못했다. 물론 핀다로스가 종종 아이기나의 해운업자 가문이나 대(大)상인 가문을 찬양하면서, 전 세계로 진출하고 있는 그들의 화물선을 이야기하는 경우는 있다(『네메이아 찬가』 5번, 1행 이하). 하지만 그는 어떤 화물이 운송되는지, 어떤 사업이 전개

---

8. 아마도 이에 대한 유일한 예외로 들 수 있는 『이스트미아 찬가』 1번 47행 이하는 'γαστήρ'라는 거친 표현이 나타내듯, 경멸적으로 쓰인 것이다. 그 의미는 대략 다음과 같은 것으로 보인다. '모든 행위는 그에 상응하는 대가를 바란다. 인간이라는 거대한 무리는('πᾶς τις') 삶의 생리적 욕구를 채우는 데 전력을 다할 뿐이고, 굶주림을 채우고 나면, 그들은 대가를 얻은 것이다(목동과 농부, 새잡이, 어부 등이 예로 언급되는 이유는 그들의 직업이 먹이를 구하기 위한 것과 직접적으로 연결되기 때문이다). 경기나 전쟁에서 기쁨에 찬 영광을 획득하는 사람들의 노력은 완전히 다른 종류이다. 그들의 대가와 수익은 가장 빛나는 대가이자 수익이다.'

되는지에 대해서는 한마디도 하지 않는다. 핀다로스는 시장에 대해서도 잘 알고 있었고, 그 때문에 그리스 여러 나라의 특산물을 선호목록시 형식으로 열거하기도 한다. 각 지역마다 품종이 뛰어난 사냥개들이나 염소들, 우수한 무기, 전차, 정교한 노새용 수레[9](핀다로스 단편 106Snell) 등이 언급된다. 하지만 그는 이러한 물건들의 상업적 가치는 전혀 염두에 두고 있지 않고, 탁월한 품질에 대해서만 생각하고 있다. 핀다로스 문학은 결코 저 아래의 일상생활 속으로 파고들지 않으며, 오로지 존재의 저 높은 곳에 머물러 있다. 가령 핀다로스는 아르고 호의 영웅들이 참석한 5일의 즐거운 축제를 전하면서도 너무나 종교적인 어조로 "삶의 향유라는 신성한 꽃을 꺾는다"(『퓌티아 찬가』 4번 131행)라고 말한다.

당시 지식인 계층은 이른바 '탐구Historie'의 관념, 즉 포착할 수 있는 모든 현실을 경험적으로 조사하려는 경향에 열광했다(이 책 627쪽). 핀다로스 문학은 배타적 성격으로 인해 그런 종류의 호기심을 전혀 보이지 않았으며, 아이스퀼로스와는 달리, 당시에 활발했던 지리적 관심에도 전혀 동조를 하지 않았다.[10] 물론 이는 핀다로스가 지리에 대해 무지했기 때문은 아니다. 오히려 그는 여행을 많이 해서 지리에 대한 지식이 많았다. 그는 많은 도시와 나라를 그 특징에 따라 찬양하고 각각 적합한 수식어를 붙였다. 그러나 단순히 위치정보를 제공하는 일도, 방위를 언급하는 일도 없었다.[11]

---

9. 마지막 항목이 특산물인 지역으로 시킬리아가 언급되는데, 이는 오늘날에도 변함이 없다. 전통은 그토록 오래 갈 수 있는 것이다.

10. 가령 『퓌티아 찬가』 4번에서의 아르고 호의 항해에 대한 핀다로스의 묘사를 아이스퀼로스의 『결박된 프로메테우스』에 나타나는 이오의 방랑에 대한 서술과 비교해보라.

11. 이러한 정황에서 핀다로스가 세 개의 대륙을 주장한 새로운 지리학 이론에 대한 가장 오래된 증인이라는 사실은 역설적인 우연이다(『퓌티아 찬가』 9번 8행, 이 책 817쪽 각주 2번. 헤카타이오스는 두 개의 대륙을 상정했다. 이 책 641쪽). 핀다로스에게 "지구의 뿌리"가 세 개라는 생각이 지리학적인 의미를 지닌 사실이 아니었던 것은 분명하다.

어떠한 나라나 민족도 그 특색에 따라 서로 관련시켜 서술하지 않았다. 아이스퀼로스와는 달리[12] 멀리 떨어진 다른 세계에서 볼 수 있는 낯선 것과 기이한 것, 이국적인 의상이나 관습, 종교 등을 그는 거의 말하지 않았다.[13]

유일한 예외가 있지만, 그것은 너무나 특수한 경우이기 때문에 오히려 규칙을 입증해준다. 초기의 것으로 추정되는 시에서(498년) 핀다로스는 아폴론에 의해 선택된 민족, 휘페르보레이오이 족에 대해 이야기하며, 그들에 대해 자세한 모습을 그려보인다(『퓌티아 찬가』 10번, 27행).

> (위대한 제전에서 승리를 거두고, 살아서 아들이 퓌티아 제전에서 이기는 것을
> 본 사람은 행복할 것이다!)
> 그는 비록 청동의 하늘에 들어가 보지는 못할지라도,
> 인간들에게 허용된 환희의 영역 가운데 가장 멀리까지는 달려가 볼 수 있
> 을 것이다.
> 그러나 그 누구도 배로도 또는 걸어서도 휘페르보레이오이 족이 살고 있는
> 곳으로 향하는 경이로운 길은 찾지 못할 것이다.
> 일찍이 민족의 영웅 페르세우스는 그들과 함께
> 탁자에 앉아 있었고, 집으로 초대도 받았다
> 그가 왔을 때 그들은 노새 백 마리의 제물봉헌식을
> 성대하게 치르고 있었다. 멈추지 않는 축제와 칭송의 노래에
> 아폴론이 가장 크게 기뻐하였고, 소리를 지르는 피조물의 무례함을 보고
> 그는 웃었다.[14]

---

12. 아이스퀼로스에 대해서는 Walter Kranz, *Stasimon*, Berlin, 1933, 71~108쪽을 보라.
13. 아마도 단 한 군데 핀다로스 단편 203Snell에, 특정한 방식의 위선적 행동을 스퀴타이 족의 관습과 동일시하는 부분이 있다.
14. 노새의 끈질긴 '무례함ὕβρις'은 속담에서 나온 것이다. 헤로도토스 4, 129, 2에서 노새는 비명을 질러 알리고, 크세노폰 『페르시아 원정기』 5, 8, 3에서 작자는 비록 무리 전체

무사이 여신들은 결코 휘페르보레이오이 족의

삶에서 빠진 적이 없으며, 어디서나 소녀 합창대와 뤼라와 피리 소리의 명

성이 울려 퍼진다.

그들은 유쾌한 분위기 속 축제의 즐거움에 황금빛 월계관으로 머리를 올려

묶었다.

질병도, 피해 달아나고 싶은 노년도 이 성스러운 종족에게는

존재하지 않는다. 그들은 고통도 전쟁도 없이

살고 있으며,

정의의 이름으로 찾아드는 분노로부터도 벗어나 있다.[15]

'휘페르보레이오이'라는 이름이 의미하듯, '북풍 너머의' 종족은 원래 우리

인간세계에 살고 있는 것이 아니라 그 건너편에 살고 있다. 이들 "성스러

운 종족"(42행)이 향유하는 환희는 땅위의 인간들이 아무리 원해도 결코 얻

을 수 없는 지복을 상징한다. 따라서 핀다로스가 서술하는 휘페르보레이

오이 족의 존재와 삶은 민속학과 무관한 것이다. 마찬가지로 그들에게로

의 여행 역시 지리학적인 요소가 없다. 핀다로스는 배로도, 걸어서도 이곳

으로 여행할 수 없을 것이라 말한다. 오직 페르세우스만이 놀라운 힘을 가

진 날개달린 신발의 도움으로 "경이로운 길"을 발견하는 데 성공했다. 핀

가 추위와 굶주림과 갈증과 피로와 적의 압박으로 고통을 겪고 있었지만 어떤 남자를
이유 없이 구타했다고 한다. 'τῶν ὄνων ὑβριστότερος, οἷς φασιν ὑπὸ τῆς ὕβρεως
κόπον οὐκ ἐγγίγνεσθαι'. 플루타르코스『윤리론집』363c에는 덜 자세하게 나와 있
다. 또 플라톤의『파이돈』81e도 참조하라.

15. 'ὑπέρδικος'는 이곳과 다른 곳에서 'ὑπὲρ δίκην'이 아니라 'ὑπὲρ δίκης'를 의미한다.
그러한 'ὑπέρδικος'는 의미 때문만이라도 'ἀδικέω'가 'ἄδικος'로부터 나온 것에 상응
하여 형성된 'ὑπερδικέω'로 시작되어야 한다. 인간의 고통으로서의 네메시스(복수의
여신)에 대해서는 헤시오도스『신들의 계보』233행을 보라. 휘페르보레이오이 족은
어떤 부당한 일도 저지르지 않음으로써 네메시스를 피한다.

다로스에게 그곳으로의 비행은 청동의 하늘로 상승하는 것과 유사한 것이다.[16] 그런데 이것은 경험주의적 관점에서 보면 북쪽 끝으로 몸소 탐사하여 휘페르보레이오이 족의 위치를 정확히 기술했던(이 책 457쪽) 아리스테아스로부터의 후퇴를 의미한다. 핀다로스는 물리적 공간을 생각한 것이 아니라 오로지 상징과 그 의미만을 생각했던 것이다. 그래서 우리가 알고 있는 세계의 서쪽 끝 해협을 따라 줄지어 있는 산들을 지칭하는 "헤라클레스의 기둥" 역시 그에게는 단지 최후에 도달할 수 있는 지고의 행복을 의미한다(『올륌피아 찬가』 3번 44행, 『이스트미아 찬가』 4번 12행). 휘페르보레이오이 족에 대한 상상과 유사하게, 지리학적 사실은 가치들을 서술하기 위한 보조 개념으로만 사용된다. 핀다로스는 다른 곳에서 두 개의 강 이름을 또 다시 은유적으로 사용한다. 여름에 사람들이 더위를 피해 도망쳐가고 싶어하는 추운 북동쪽에는 파시스 강이 항해의 끝을 표시하고, 겨울이면 동경의 장소가 되는 따뜻한 남쪽에는 나일 강이 더 이상 항해할 수 없는 종착점을 가리킨다. 핀다로스는 세련된 재치로 어떤 왕자를 칭찬한다(『이스트미아 찬가』 2번 39행).

손님들이 초대된 그의 탁자에 불어오는 순풍이 그에게 돛을 접어올리도록 한 적은 한 번도 없다. 오히려 그는 끝까지 계속 나아갔다. 여름에는 파시스 강까지, 겨울에는 나일 강까지 항해하면서.

---

16. 22~31행에 담긴 생각의 틀은 다음과 같다. '승리자는 엄청난 행복을 겪을 수 있지만 하늘에까지 도달할 수는 없다. 그러나 인간으로서 느낄 수 있는 지고의 환희는 맛볼 수 있다. 그러나 그 누구도 휘페르보레이오이 족에게로 가는 길은 배를 타거나 걸어서도 찾을 수 없다. 신이 내린 기적을 통해 불가능한 여행을 할 수 있었던 페르세우스처럼 날아가야 할 것이다.' (문장에서 역접의 문장으로, 또 그 역접의 문장으로의 전환이 네 번이나 이어지는) 계속되는 추의 운동을 통해 새로운 주제로 넘어가게 된다.

아끼지 않고 베풀면 자신의 돛으로 모여들게 된다는 평판의 "바람"이라는 비유는 앞에서 이미 다룬 적이 있다.[17] 여기서 비유는 새롭게 사용된다. 인기의 "바람"이 걱정스러울 정도로 강해지고 손님들은 떼를 지어 방문한다. 그럼에도 크세노크라테스는 환대의 "돛"을 "접을" 생각을 하지 않는다.

핀다로스는 지리와 공간적 질서를—그것이 가령 '이웃'과 같은 다른 의미를 지니는 경우를 제외하고는— 전혀 고려하지 않았으며, 시간적 질서 역시 자의적으로 무시한다. 그는 상이한 여러 시점들을 거침없이 넘나들며, 서로 관련된 연속적인 사건들 내에서도 앞과 뒤를 오가거나 또는 방향을 이리저리 바꾸며 서술한다.[18] 우리의 시간감각이 희생되는 대가로 더욱 중요한 다른 맥락이 드러난다.

경험을 중시하는 자는 일회적이고 특별한 것을 즐긴다. 그와는 달리 핀다로스에게 어떤 개별 사건은 하나의 사례이자 본보기일 뿐이다. 그가 어떤 시합을 다룬다고 할 때, 그것은 오로지 그 시합이 갖는 의미 때문일 뿐 경기의 진행에 관해서는 암시조차 하는 법이 드물다. 마찬가지로 그에게 축하받는 우승자 역시 개인적인 축하대상이 아니다.[19]

이오니아인 박퀼리데스가 감각적 명료성 자체에 빠져들었다면, 핀다로스는 이런 묘사를 드물게 사용한다. 형태, 색깔, 운동, 빛, 어둠, 음향과 향기, 장비와 무대 장면, 이런 종류의 요소들이 사용되는 경우는 매우 드물지만, 한 번 사용되면 그만큼 더 큰 효과를 발휘한다. 같은 시에서 나온 두 가지 예가 여기에 해당된다. 로도스 출신의 한 승리자를 칭송하는 시에서 핀

---

17. 『퓌티아 찬가』 1번 90행 이하(이 책 855쪽). 또한 이 책 810쪽 각주 3번도 참조하라.
18. 가령 퀴레네 역사 이야기에 대해서는 이 책 826쪽, 828쪽을 보라. 또 *Gött. Gel. Anz.* 1922, 197쪽을 참조하라.
19. 핀다로스는 오직 단 한 번 판크라티온의 어떤 승리자에 대해서 그가 키가 작고 빈약한 체구이지만, 무척 뛰어난 선수라는 것을 말하고 있다(『이스트미아 찬가』 4번 49행 이하).

다로스는 틀레폴레모스의 신화를 언급한다. 틀레폴레모스는 사람을 살해하여 추방되는 불행을 겪었다. 하지만 결국 바다 건너 로도스에서 그가 세운 거주지가 번창함으로써 그의 행위는 축복으로 바뀌었다. 핀다로스는 '불행에서 행복으로'라는 이른바 새옹지마(塞翁之馬)의 철학을 격언을 통해 암시한다(『올륌피아 찬가』 7번 24행).

> 인간의 정신 둘레에는 무수한 오류들이 떠다니고 있다.
> 지금 그리고 최후에 인간에게 가장 좋은 것이
>
> 무엇인지 알아낼 어떠한 방법도 없다.
> 그렇게 이 나라의 창건자도 일찍이 튀린스에서 분노에 휩싸여
> 단단한 올리브 나무로 된 지팡이로
> 알크메네의 이복형제, 미데아 출신의
> 리큄니오스를 때려 죽였다. 정신의 혼란으로 인해
> 이전에도 이미 많은 영리한 사람들이 길을 잘못 들었다. 그래서 그는 신에
> 게로 가서 신탁을 구했다.

여기서 핀다로스는 한편으로는 모호한 상징을 사용하여 막연하게 말하고, 다른 한편 서술 부분에서는 건조한 연대기적 문체를 사용한다. 이때 황량하고 공허한 서술 공간에서 한 가지 물건이 충격적으로 정확하게 묘사되고 있는 것이 눈에 띈다. 그것은 살인에 사용된 도구이다.[20] 이어지는 줄거리에 관해 이야기해보자. 신이 지시하는 것은 좋은 일에 이르도록 되어 있다.[21] 틀레폴레모스는 신탁을 통해 아폴론으로부터 로도스 섬으로 이주하

---

20. 『네메이아 찬가』 11번 32행, 이 책 929쪽 각주 18번도 비교해보라.
21. 반전은 함축성 있는 대구를 통해 표현된다. 즉 '인간은 오류에 빠져 있다. 제대로 된 길

라는 명령을 받았다. 물론 신탁은 섬 이름을 직접 언급하지는 않고, 전설에 따르면 전쟁의 여신 아테네가 아버지 제우스의 머리로부터 탄생한 곳이라고 장소를 설명한다. 이때 수공업의 신 헤파이스토스가 제우스의 머리를 내리쳐 출산을 도왔다. 이번의 내리친 행위는 죽음이 아니라 삶으로 이어졌다. 핀다로스의 시구에서 (『올림피아 찬가』 7번, 33행) 틀레폴레모스가 보내진 곳은,

> 바다로 둘러싸인 땅이다.
> 일찍이 신들의 왕이 금빛 눈보라로 도시를 뒤덮었으니,
> 그때는 헤파이스토스가 솜씨를 발휘하여
> 청동 도끼를 휘두르자[22] 아테네가 아버지의 정수리로부터 엄청나게 큰 소리로 전사의 고함을 지르며 달려나왔고,
> 아테네에 대한 두려움이 하늘과 대지를 뒤덮었던 것이다.

이번에는 극적인 장면의 묘사가[23] 정말 생생하고 매우 명료하게 펼쳐진다. 그 이유는 일어나고 있는 사건들 자체가 너무나 엄청나서 그에 상응하는 풍부한 묘사가 응당 필요하기 때문이다.

일반적으로 핀다로스의 시는 감각적 상상에 의존하지 않고, 이해하고

을 찾지 못한다(24행 이하). '인간은 착각으로 길을 잘못 들었다. 틀레폴레모스는 신에게 올바른 길을 알려 달라고 청했다'(30행 이하). 또한 '처음에는'(20행)과 '최후에'(26행)도 서로 의미 있는 상응을 만들어낸다. 한편 θάλαμοι Μιδέας'(29행)는 도시 미데아를 뜻한다(*Gött. Gel. Anz.*, 1922, 196쪽 각주 5번).

22. 'χαλκελάτῳ πελέκει'는 아마도 '도끼의 청동 날이 머리에 때려 박혔다'는 의미로 이해할 수 있을 것이다. 『오뒷세이아』 제22권 295행을 참조하라.

23. 개별적인, 마치 멈춰 선 순간 장면에 제한하는 핀다로스의 경향에 대해서는 이 책 826쪽과 그곳의 각주 11번을 보라. 아테네의 탄생 장면은 시각예술에서 자주 묘사되는 소재다.

판단을 내리는 정신에 호소하는 편이다. 바로 이런 이유에서 자연적인 관찰형식인 공간과 시간도 가치나 의미 없는 사물인 양 경시된다. 현상은 탈(脫)자연화되는 듯하고, 경험 대상은 단지 가치의 내용을 드러내는 작업의 준비재료일 뿐이다. 사물들을 이름으로 부르는 대신, 핀다로스는 그것의 '꽃ἄωτος,' 그것의 '절정ἀκμά,' 그것의 '만개ἄνθος' 등으로 나타내거나, 우리가 보통 미화된 표현을 원할 때 선택하는 그런 용어를 사용한다.

이런 맥락에서 핀다로스의 언어가 지닌 또 다른 특징은 주목할 만하다. 플라톤과 유사하게, 그의 사유방식에 있어 누가 어떤 성질을 얻고 획득하고 소유한다는 사실, 그리고 어떤 미덕으로 인해 표창을 받거나 부덕으로 인해 비난을 받는다는 사실은 중요한 역할을 한다. 어떤 성질의 이데아와 그 성질의 일시적 담지자 사이를 매개하는 플라톤의 모호한 '분유(分有)'는 핀다로스가 의도적으로 모호하게 사용한 다양한 '접촉'의 표현들과 소박하게나마 닮아 있다. 가령 어떤 가족은 승리의 월계관 여덟 개를 통해 '서로 결합한다ἔμειχθεν'(『네메이아 찬가』 2번 22행). 승리자는 시민들의 칭송에 '참여할 만한' 가치가 있다(『이스트미아 찬가』 3번 3행). 아름다운 노래들은 히에론을 '잘 알고 있다'(『올림피아 찬가』 6번 97행). 어떤 집안은 축제행렬과 노래를 '모르지 않는다'(『이스트미아 찬가』 2번 30행). 리뷔아는 사나운 맹수를 '모르지 않는다'(『퓌티아 찬가』 9번 58행). 병자는 '스스로 자라난 상처의 동반자'로 불린다(『퓌티아 찬가』 3번 47행). 이런 표현들은 핀다로스에서 많이 나타난다.[24]

세계와 삶에 대한 핀다로스의 이념에 있어 가치론은 일종의 체계성을 띠며, 이런 점에서 그의 윤리학 또한 적어도 체계에 가깝다고 말할 수 있다. 그러나 인간과 신의 구별이라는 근본신념은 이로부터 생겨나는 모든 것과

---

24. 이 책 814쪽 각주 8번을 보라.

함께 이와 대립하는 반(反)체계를 가동시키게 된다. 이에 따라 신적 높이를 지향하는 인간은 거듭하여 현세의 저급함으로 끌려 내려온다. 그 외에 고유의 작용영역을 가지는 더 특수한 또 다른 진리들이 있다. 그럼에도 불구하고 핀다로스에게 현실은 본질적으로 철저히 일관성 있게 나타난다. 그에게 있어 일반적 연관관계들은 모든 종류와 경향에 있어 무수한 개별적 관계들을 통해 생겨난다. 그런 관계들을 제시하는 것이 핀다로스의 주요관심사이며, 이로부터 핀다로스 시의 많은 특징들이 설명될 수 있다.

이런 연관관계들은 가치들(혹은 무가치들)과 삶에서의 가치들의 표현 사이에서처럼, '실체적 힘들'과 특수한 사건에서의 이 힘들의 작용 사이에서도 분명하게 드러난다. 새로운 현재와 영광스러운 과거 사이에, 또는 현재나 과거의 사건과 이 사건이 사례로 사용될 수 있는 일반적인 원리 사이에 이리저리 관계의 실들이 얽혀 있다. 당연하게도 종교는 모든 것 안으로 파고 들어가며, 보편적 매개로서의 문학도 다른 모든 것과 관계를 맺는다. 가치와 가치 사이에는 횡적 관계들도 생겨나며, 한 조각 현실은 다른 현실과 연관된다. '세계힘들'은 신들뿐 아니라 가치들과도 관계를 맺음으로써 교차적 연관성을 가진다. 이런 식의 연관은 무한하다. 이러한 수많은 관계들을 정당화하기 위해 "찬양시들의 꽃이 마치 꿀벌처럼 이리저리 대상을 바꾸어 마구 몰려든다"(『퓌티아 찬가』 10번 53행). 핀다로스의 시는 이 주제에서 저 주제로 이리저리 날아다니며 산만하게 비행하지만, 구체적인 사례들을 통해서 어떻게 가치의 세계 내에서 가장 멀리 떨어져 있는 것들도 타당한 관계를 통해 서로 관계를 맺게 되는지 보여주고 있다.[25] 이 촘

---

25. 물론 이런 관계들은 때로 눈에 잘 드러나지 않는다. 그 이유는 핀다로스가 갑작스럽게 보이는 장면의 단절들을 통해 다만 암시적으로 관계들을 보여주기 때문이다. 그러나 어느 한 군데에서 빠져 있는 연결고리는 다른 부분에 의해 보충될 수 있다. 핀다로스의 사유 과정은 재차 반복되는데, 그때그때 다른 방식으로 생략이 이루어진다. 핀다로스

촘하고도 질긴 관계의 그물은 핀다로스의 시에서 서로 이질적인 요소들을 아울러 엮어 통일성을 만들어내고, '테이아'로부터 비쳐 나오는 하나의 빛이 그 통일성 위로 광채를 쏟아붓고 있다. 이로써 우리가 이 절을 시작하면서 제기했던 핀다로스 시문학의 내적인 통일성이라는 물음에 대한 대답은 완결되었다.

지금까지 우리는 핀다로스의 예술적 특징 몇 가지를 배후에 깔려 있는 사상과 그 지향점으로 환원시켜 살펴보고자 하였다. 하지만 핀다로스 시의 아름다움과 기품도, 힘과 위대함도 단순히 개념적인 방식으로는 파악되지 않는다. 그래서 마지막으로 다시 한 번 그의 몇몇 후기 작품에 주목해보도록 하자.

시 예술의 근본 원칙은 몇 개의 유형이 그치지 않고 끝없이 변형되는 것이다. 이는 청자가 모든 형상에서 그 유형들을 재인식하게 될 정도로 기본 유형들에 친숙해지게 만드는 효과를 지닌다.

(8) 핀다로스의 후기시들

핀다로스가 '테이아'에 바치는 찬가를 썼을 때, 그는 약 40세였고, 이후로도 30년 이상 창작활동을 했다. 그의 예술적 원동력은 생애 마지막에 이르러서도 약화되지 않았고 오히려 더 왕성해졌다.

핀다로스의 마지막 시로 알려져 있는 승리찬가는 446년에 아이기나 출신의 한 소년을 위한 것이다. 그는 퓌티아 제전의 격투경기에서 우승을 차지했다. 핀다로스는 도리아의 아이기나 출신 남자들이나 소년들에게 매우 아름다운 시구들이나 심오한 생각들을 이미 많이 헌정했었다.[1] 노년의 핀다로스가 마지막으로 승리자의 영광을 노래하면서 이것을 모든 가치영역들을 아우르는 하나의 그림으로 그렸을 때, 그는 아이기나 사람들과 세계에 어떤 말을 하고 싶었던 것일까? (『퓌티아 찬가』 8번 1행)

　평화로운 고요함, 디케Dike의 딸이여,

---

1. 다음과 같은 도입부로 시작하는 시들이 아이기나를 위한 것이다. "나는 조각가가 아니다"(이 책 796쪽), "인간과 신은 같은 근원으로부터 유래한다"(875쪽), "엘레이튀이아, 깊이 숙고하는 모이라 (운명의 힘)와 자리를 같이하는 분이시여"(894쪽), "숭고한 호라여"(이 책 896쪽), "태양의 어머니, 많은 이름을 가진 테이아여"(899쪽 이하).

도시국가의 찬란한 자랑거리여, 그대
위원회와 전쟁터에서도 최고의 열쇠를 쥐고 있는 이여.
아리스토메네스가 퓌티아에서 거둔 승리의 영예time를 맞아들이라.
왜냐하면 그대는 틀림없이 확실한 선택kairos으로 온화함을 발휘할 수도
있고 또 수용할 수도 있다.

그대도 역시 거친 원망이
누군가의 마음을 부수려고 할 때처럼,
미움의 대상들에[2] 대해 난폭하게 대항하면서
압도적인 힘으로 그들의 뻔뻔함을
먼지 속으로 날려 버린다. 포르퓌리온이 그대에게 무례하게 도전했을 때,
그는 이 사실을 알게 되었다.[3] 가장 바람직한 이익은
기꺼이 주려는 마음이 있는 사람으로부터 획득하는 것이다.

그러나 폭력은 결국 교만한 사람까지도 몰락시킨다.
백 개의 머리를 가진 킬리키아의 튀폰도 이를 피하지 못했으며,
거인족의 왕도 마찬가지였다.
그들은 번개를 맞고, 아폴론의 화살을 맞고 쓰러졌다.
그러나 아폴론은 크세나르케스의 아들 아리스토메네스에게는
자비로운 호의를 보냈다. 그리하여 그는 델포이에서 파르나소스 산의 나
뭇가지와 도리아의 축제행렬로 축하를 받게 된 것이다.

---

2. 'Κράτος'는 거의 항상 그러하고 핀다로스에서도 언제나 '우월함'과 '압도적인 위력'을
뜻한다. 그 때문에 나는 약간 의문이 있음에도 불구하고 'δυσμενέσιν'라고 쓴다. 이것
은 유사한 구절인 단편 『파이안 찬가』 2번 Snell 21행에서 'ἐχθροῖσι'가 'τραχὺς
ὑπαντάζει'의 3격 목적어로 쓰이고 있는 것에 따른 것이다.
3. 나는 'τὸ καί σε'를 보충해서 번역한다. 'τὰν οὐδὲ'에 대해서는 이해하지 못하겠다.

이 부분은 『퓌티아 찬가』 8번의 제1연이다. 시작과 끝은 크세나르케스의 아들 아리스토메네스가 퓌티아 제전에서 델포이 신의 은혜를 입었고, 그리하여 승리를 거두게 되었으며, 또 그가 이제 핀다로스가 지은 도리아 선율 합창시에 맞춰 고향인 아이기나에서 축제행렬에 참가하고 있다는 것을[4] 동시대와 후대에 알리고 있다. 도입부의 시어들은 아리스토메네스와, 그가 이 도시에 안겨준 영광을 친절히 환영할 것을 도시 공동체에 청하고 있다.[5]

물론 여기서 아이기나라는 도시 이름이 거명되는 것은 아니다. 핀다로스는 시민들을 지배하고 있는 정신, 즉 "평화로운 고요함"의 정신을 향해 말을 건넨다. 첫 번째 삼련구에서 찬양되고 있는 것은 바로 '세계힘'으로서의 고요함이다.[6] 이것은 악의가 난무하는 당파싸움과는 대조를 이루는 조화로운 단결을 의미한다.[7] 일치단결은 한 나라를 "빛나게" 하고 번영을 가

---

4. '승리의 수여'의 의미로 쓰인 '은혜로운 대접'이라는 표현에 대해서는 박퀼리데스 11S 15행을 참조하라. 또 핀다로스의 『이스트미아 찬가』 2번 18행도 유사하다. 즉 승리자에 대한 월계관 수여는 아폴론이 베푼 자비 이후에 일어난 일이며, 그와 마찬가지로 『올림피아 찬가』 7번 30행에서도 로도스로의 이주는 살인 이후에 일어난 일이다. 하지만 과거와 현재가 동시에 같은 문장에 나타난다. 즉 '(지금) 축하받고 있는 자는 퓌토에서 은혜를 받았다.' '(나중에) 로도스의 건립자가 되는 자는 손자를 때려 죽였다.' 이러한 구조는 "(지금의) 교황 레오 13세는 1810년에 태어났다"라는 문장처럼 비정상적이다.

5. 『올림피아 찬가』 5번 1행 이하, 『퓌티아 찬가』 9번 73행 이하, 『네메이아 찬가』 4번 11행.

6. 헬레니즘 시대에는 도시를 '힘'으로, 특히 Tyche의 본질로 표현하는 것이 매우 일반적이었다. 그리하여 모든 공동체의 구성원의 상태는 불확실하기 짝이 없는 크고 작은 정쟁에서 비롯되는 영고성쇠에 의해 좌우되었다. 핀다로스의 『올림피아 찬가』 12번(이 책 813쪽)은 도시와 Tyche를 동일시하기 위한 전초단계이다.

7. 핀다로스 단편 109Snell "우리는 맑게 갠 날씨에 국가공동체를 세워야 하며, 자부심 강한 고요한 평화의 환한 빛을 좇아야 한다. 그리고 분노로 가득 찬 불화를 그리고 빈곤함을 주며, 젊은이들에게 불쾌한 근심을 일으키는 것은 마음속으로부터 뽑아내야 하는

져온다. 일치단결은 또 "최고의 열쇠"인데, 오로지 분열되지 않는 통치만이 진정한 권위를 가지고 있기 때문이다. 그 권위는 힘에 근거하는 것이 아니라 정의에 근거한다. 조화로운 통일은 바로 정의의 "딸"이기 때문이다. 더 나아가 부드러운 일치는 "틀림없는 결정적 순간Kairos"을 통해, 즉 그때그때의 상황에 적절한 것을 판단해내는 섬세한 분별과 확실한 감정을 통해 관련된 사람들 모두가 똑같이 좋은 것을 선택하게 만든다.[8] 물론 조화로운 통일은 냉혹한 폭도들을 거친 무력으로 진압해야 할 필요가 있을 때에는 또한 충분한 숙고를 통해서 올바른 판단을 내리기도 한다.[9] 핀다로스에서 고요함의 본질은 이렇게 헤라클레이토스의 방식으로 스스로의 보완적 대립물을 또한 펼쳐 보인다. 본성적으로는 부드럽지만 달리 본성을 실현시킬 수 없을 때에는 또한 격렬해지기도 한다. 평화는 전쟁을 통해 평화를 불러온다. 포르퓌리온과 튀폰, 두 괴물은 신들에게 저항했던 신화적 본보기로 등장한다. 포르퓌리온의 지나친 도전에 대한 생각은 상고기적 법칙에 따라 그와 대립되는 것으로 이어지는데, 그것은 우정의 결합이다. 그 다음엔 다시 악인을, 바로 악인의 무기인 폭력을 사용하여 응징하는 무력 쪽으로 이어진다. 제우스의 번개로, 아폴론의 활로 퇴치되는 튀폰의 운명이 이를 보여준다. 마침내 호전적인 아폴론은 친절한 호의의 신으로 바뀌어, 아

것이다."(혼란을 조장하는 당파싸움이 계속되면 젊은이들이 타락하는 반면, 헤시오도스에 따르면 (『일들과 날들』 228행) 평화는 젊은이들에게 '좋은 보호자'이다).

8. 『올륌피아 찬가』 8번 22행 이하에서 핀다로스는 아이기나에 대해 Themis(정의와 관례에 따른 규범)가 특히 존경받는 곳이라고 찬양한다. "왜냐하면 여러 방향으로 심하게 흔들리는 것을, Kairos로부터 벗어나지 않고 올바른 통찰을 통해 판단하는 것은 어려운 모험이기 때문이다." 여기서 Kairos는 '기준척도'로 옮길 수 있다.

9. 비록 문법적으로 맞지는 않지만 사유의 내용으로 볼 때 Kairos가 대련(對聯)에도 계속 적용된다는 점은 유사한 구절인 단편 『파이안 찬가』 2번 Snell 30~34행을 통해서 분명히 밝혀진다. "누군가 친구를 보호하기 위해 적에 맞서 격렬하게 싸운다면, 그의 노력은 Kairos(올바른 선택)를 행사함으로써 평정을 만들어낸다."

이기나의 아리스토메네스에게 퓌티아 제전의 승리를 안겨준다.[10]

중간 대목들은 건너뛰기로 하자. 마지막인 제 5연은 이 시의 계기가 되었던 아리스토메네스의 격투경기 승리로 되돌아간다(『퓌티아 찬가』 8번 81행).

> 그대는 네 명의 몸 위로 자신을 던져
> 그들에게 고통을 주었지.
> 퓌티아 제전에서 패한 그들에게 내려진 결정은
> 그대와는 달리 영광스런 귀향이 아니었다.
> 어머니들에게 돌아가서도, 어떤 부드러운 미소에도
> 그들은 즐겁지 않았고, 적들을 피해 길거리를
> 몰래 숨어 다녔다. 불운에 찔린 상처를 지니고.
>
> 그러나 행운이 새로 찾아온 자는
> 자신의 뛰어난 능력arete의 날개에 대한 드높은 자신감으로
> 엄청난 안락함을 향해 솟아올랐다.
> 그 마음은 재물에 대한 것이라기보다는
> 보다 더 뛰어남을 향한 것이었다. 사람들의 기쁨은
> 잠깐 동안 넘쳐났다가, 또 그만큼 빨리 바닥을 향해 곤두박질친다.
> 생각이 바뀌면 금방 동요를 일으킨다.
>
> 하루살이 삶이여, 인간은 무엇이며, 무엇이 아닌가? 그림자의 꿈,
> 그것이 인간이다. 그러나 신이 내린 영광이 찾아오면,
> 번쩍이는 광채가 사람들과 온화한 존재 위에 깃든다.

---

10. 이 책 849쪽과 각주 30번을 보라.

사랑하는 어머니, 아이기나여, 자유롭고 거침없이

이 도시를 수호해주소서, 제우스와 명령하는 아이아코스와

펠레우스와 용감한 텔라몬과 아킬레우스와 함께.

마지막 제5연도 역시 대립자들 사이를 오가며 전개되고 있으며, 특히 여기에는 장대함으로 고양되는 역동성이 있다. 정립연(定立聯)은 현재 귀향하는 승리자의 영광을 축하하는 축제행렬을 보여주면서, 자랑스러운 위용을 눈부실 정도로 강렬한 빛으로 비추고 있다. 반면 경기에 패배한 선수들이 고향으로 돌아오면서 받는 치욕과 은둔은 그와 노골적인 대조를 이루고 있다.[11] 핀다로스는 다른 어떤 곳에서도 운동경기에서의 승리를 찬양하면서 이토록 잔인한 적은 없었다.[12] 노년의 혹독한 엄정함이 느껴지는 곳이다.

  대련(對聯)은 일반적인 관찰을 서술하고 있다. 핀다로스는 아르킬로코스의 예리함으로[13] 행복과 고통을 대비시킨다. 인간의 행복과 고통의 갑작스런 교차가 곧 열정적이고 야심 많은 인간의 운명인 것이다. 그는 다른 것에는 관심이 없다. 새로운 업적 하나를 이루면 인간은 행복의 기쁨으로 가

---

11. 소년들의 '적들'에 대한 암시는 테오그니스로부터 우리에게 이미 알려져 있는, 동아리들 사이의 싸움으로 설명할 수 있다. 핀다로스가 아이기나를 찬양하는 평화로운 '고요함'은 다른 공동체에서는 거의 볼 수 없는 것이다. 『퓌티아 찬가』 9번 93행 이하(이 책 823쪽 이하)에서는 반대로 승리자의 적수들이 적대감을 잊어버리고 승리자를 함께 찬양하자는 요청을 받는다.

12. 『올륌피아 찬가』 8번 67행 이하에서도 동일한 사유를 표현한다. 그러나 광경 묘사에 있어 덜 노골적이다. ("——그는 다이몬 때문에, 스스로 남자다운 용맹이 부족해서 아니라, 네 명의 소년들에게 너무나도 실망스러운 귀향과 불명예스러운 평판과 남의 시선을 피하는 길에 대한 책임을 전가했다). 이 『올륌피아 찬가』는 여기서 다루고 있는 『퓌티아 찬가』와 관련된 퓌티아 제전이 열리기 14년 전에 역시 아이기나 사람들을 위해 쓴 것이다.

13. 아르킬로코스 단편 67D=128+129W(이 책 261쪽)를 보라. 이곳에서도 공적 행사를 통해 당당히 개선하는 승리자의 화려함과 패배자의 초라함 사이의 대조가 나타나 있다.

득 차고, 자신감은 터무니없는 확신으로 부풀어 오른다. 그 다음에 그들의 생각은 다시 다른 극단으로 바뀌어, 우울하고 두려움에 떠는 소심함에 빠져버린다.[14] 상황이 급전하면 이것이 인간에게 영향을 끼쳐 극단적으로 새로운 성격으로 바뀌게 된다는 것이 상고기 그리스의 기본명제이다. 상고기의 시작에 『오뒷세이아』의 소리꾼과 아르킬로코스는 이런 변전을 표현하였던 바, 인간 사유와 감정은 제우스가 어떤 날을 허락하는가에 달렸다고 하였다.[15]

종련(終聯)은 인간의 본성에 대한 이러한 견해를 압축하고 있는 단어 "하루살이 삶"이라는 말로 시작된다. 날이 바뀌면 우리도 바뀐다. 우리는 그 무엇도 아닌데, 왜냐하면 그 무엇이든 될 수 있기 때문이다. 그래서 "인간은 무엇인가? 또 무엇이 아닌가?"라고 시인은 묻는다. 우리에게는 확고하고 지속적인 실체가 없기 때문에, 단지 꿈꾸어진, 꿈꾸고 있는 그림자에 지나지 않는다.[16] 핀다로스는 이 내용을 자신의 다른 어떤 시에서도 찾을 수 없을 만큼 간결한 힘을 가진 한 줄의 시행으로 말하고 있다. 이어 시인은 청자들에게, 신이 주는 유리한 날이 우리에게 가져다주는 찬란한 행복과 경쾌한 삶에 시선을 돌리도록 한다. 승리의 소년 아리스토메네스와 아이기나의 시민들에게 환히 빛나는 마치 지금 같은 날 말이다.[17] 마지막으로 기

---

14. 인간의 'γνώμα'의 '급변'에 대해서 핀다로스 단편 214Snell를 보라. 여기서 'γνώμα'가 신들의 'γνώμα'를 의미한다는 해석은 표현과 맥락으로 보아 설득력이 없다. 지나친 자신감과 지나친 소심함에 대해서는 『네메이아 찬가』 11번 29~32행(이 책 929쪽)을 보라. 환상에 지나지 않는 희망이라는 의미에서의 'ἐλπίς'에 대해서는 가령 F. M. Cornford, *Thucydides Mythistoricus*, 1907, 167쪽 이하의 자료를 참조하라.

15. 이 책 245쪽 이하를 보라.

16. 변화에 내던져진 것은 비현실이라는 결론은 핀다로스의 동시대인인 파르메니데스가 일관성 있게 철저히 밀고 나갔던 주장이다. 그에 따르면 현상들과 현상의 일부분인 인간은 환영에 지나지 않는다(이 책 659쪽 이하).

뿜의 표현에 이어서 '불완전한 존재'의 법칙에 따라 나라가 계속 번성하기를 비는 경건한 간청이 등장한다. '어머니 아이기나여, 공동체에 고요한 조화의 정신이 깃들어 있기를. 그리고 그녀의 남편 제우스여, 아들과 손자들을 영웅으로 둔 그대들이 직접 이 섬에서 자유를 지켜주기를!' 핀다로스의 기도는 이루어지지 않았다. 15년 후에 도시국가 아이기나는 이웃의 열강 아테네에게 마지막 자유를 빼앗겼으며, 마침내 도시국가 자체가 사라져 버렸다. 물론 핀다로스는 이 일을 겪지 못하고 죽었다.

이 후기의 작품에서 우리는 냉정한 각성의 흔적은 찾을 수 없다. 사유와 감정은 불가항력으로 표출되고 있으며, 빛과 그림자 사이의 대조는 어느 때보다 첨예하다. 이 시기에 쓰인 좀 더 짧은 시 하나도 유사한 분위기를 보여주고 있다. 이 시는 어떤 지방의 지역행사에서 공연되기로 예정되어 있었다. 테네도스라는 작은 섬에 새로운 정부가 들어서서 일 년 동안의 공무가 시작됐다. '프뤼타니스'[시장(市長)] 자리는 귀족가문 출신으로 젊은 나이의 아리스타고라스가 이끌었다. 새로운 임기를 축하하는 행사는 프뤼타네이온(시청)에서 열렸으며, 제사, 기도, 합창공연과 축제만찬으로 이어졌다. 프뤼타네이온은 공동체의 '화덕'(그리스어로는 hestia)이 있는 곳이다. 오랫동안 전해지는 가정 제사 관습이 그러하듯, 공동체 행사에서도 화덕의 여신 헤스티아가 첫 번째로 제사를 받는다. 핀다로스의 시(『네메이아 찬가』 11번)는 헤스티아를 부르는 것으로 시작된다.

---

17. 핀다로스는 인간의 근본적인 무상성에 대해 고양과 상승이라는 유일한 아름다움 외에는 다른 어떤 것도 위안을 주지 못한다고 생각했다. 그래서 그는 지나친 기쁨과 지나친 슬픔의 극단을 견지하도록 했다. 이는 아르킬로코스가 앞에서(각주 13번) 언급한 단편에서 그러한 감정의 극단을 잘라낼 것을 권한 것과 대비된다. "지나치게 기뻐하거나 지나치게 슬퍼하지 말라"고 이 아르킬로코스 단편 67D=128+129W는 말한다.

[제1연]
레아의 딸 헤스티아여, 그대에게 모든 프뤼타네이온(시청)이 속해 있습니다.
최고의 신 제우스와 그와 함께 다스리는 헤라의 누이이시여,
그대의 주거지에서 자비로이 아리스타고라스를 맞이하소서.
또 그의 휘황찬란한 홀(笏)을 에워싼 동료들도 자비로이 맞아주소서.
그들은 테네도스의 번영을 위해 애쓰고 있으며, 그대의 위엄을 존중하면서

헌주를 바치고 향을 높이 피워 올림으로써, 그대를
다른 모든 신들보다 높이 숭배합니다. 뤼라와 노래가 울리고
환대하는 제우스의 질서는 결코 고갈되지 않는 탁자 위에서 이행됩니다.
그가 인정받으며 변치 않는 마음으로 열두 달 동안의 임무를 실행하도록
하소서!

그러나 나는 인간들 중에서 그의 아버지 하게실라스의 행운과
아리스타고라스의 놀라운 외모와 타고난 용기를 높이 칭송합니다.
그러나 축복을 향유하고 다른 사람보다 뛰어난 아름다움을 갖추고,
경기에서 최고의 선수로 자신의 강인함을 입증하는 자는
자신이 죽어 없어질 사지를 가지고 있으며, 결국은
흙 속에 묻히게 된다는 것을 항상 염두에 두어야 할 것입니다.

[제2연]
시민들은 좋은 말로 그를 찬양하고 훌륭하게 만들어진 노래들에서 울리는
달콤한 어조로 그를 치장할 책임이 있다.
이웃 지방 경기의 격투경기와 자부심 강한 판크라티온 경기에서 거둔
열여섯 번의 빛나는 승리는
아리스타고라스와 그의 고향을 훌륭한 명성으로 장식했다.

그러나 그의 부모는 지나치게 소심하여 자식이 퓌토와 올륌피아 제전에서
자신의 능력을 시험해볼 기회는 갖지 못하게 했다.
참으로 맹세하건대, 내 생각에 그는 (퓌토의) 카스탈리아 샘으로부터
그리고 나무로 뒤덮인 (올륌피아의) 크로노스의 언덕으로부터
다른 경쟁 선수들보다 더 화려하게 귀향했을 것이다.

그는 축제행렬 속에서 자줏빛 나뭇가지로 머리를 휘감고
헤라클레스에 의해 창설된 4년마다의 축제(올륌피아 제전)를
축하했을 것이다. 그러나 몇몇 사람들은 내용 없는 허풍으로 인해 행운을
놓치고, 또 몇몇 사람들은 지나친 불평에 힘을 낭비해 원래 자신의 몫인 영
광을 놓친다. 대담성이 없는 정신은 그들의 팔을 뒤로 잡아당긴다.[18]

[제3연]
스파르타의 오랜 피가(물려받은 능력) 페이산드로스에게서 흐르고 있음을
쉽게 알 수 있다.
그는 오레스테스와 함께 아뮈클라이로부터
청동으로 무장한 아이올리아 군대를 이리로 이끌고 왔다.
또 그의 테베 선조 멜라닙포스 혈통의 특징도 보인다.
그러나 물려받은 탁월함Aretai은

---

18. 일어나는 사건에 대한 역설적인 신랄함, 즉 가령 인간 존재의 자기 파괴가 핀다로스의
언어 속에서 '팔을 뒤로 잡아당긴다'는 비유를 통해 신체를 개입시켜 구체화된다. 여기
서도 하나의 간명한 상이 "발을 헛디딘다"는 다소 모호한 상과 함께 텅빈 장면 속으로
급히 사라진다(이 책 915쪽 『올륌피아 찬가』 7번 28행 이하에 관한 부분을 보라). 앞뒤
에 배치된 구체적인 표현들은 서로 멀리 떨어져 있으며, 전혀 다른 문맥에 연결되어 있
다(28행에서는 화려하게 빛나는 승리자의 머리 장식품 그리고 35행에서는 "청동으로
무장한"이라는 표현이다).

인간의 세대가 이어지는 동안 힘의 세기에 있어 변화를 보인다.
대지의 축제에서는 검은 토양이 항상 풍성한 결실을 선사하는 것은 아니며,
나무들도 향기로운 꽃을 항상 똑같이 만발하게 피우지는 않는다.
좋음과 나쁨이 교대로 찾아든다.
인간의 운명도 그와 같은 원리에 따른다.

제우스는 어떠한 분명한 표식도 인간의 손에 쥐어주지 않았다.
그럼에도 불구하고 우리 인간은 넘치는 열광에 빠져
많은 것을 계획한다. 대담한 희망은
인간의 몸을 굴레에 가두고, 신중한 통찰의 샘에는 범접할 수 없다.
우리가 추구하는 승리는 정도를 지나치지 않아야 한다.
그러나 채워질 수 없는 욕망이 그래서 더 강렬한 미망 속에서 날뛰고 있다.

이 시의 형상화 방식은 독특하다. 언어는 어떤 곳보다도 단순하며, 문장구성은 핀다로스답지 않게 직접적이고 규칙적이다. 각 삼련구의 종결 부분은 똑같은 흐름으로 어두운 심연을 향해 간다.[19] 다른 어떤 시도 그토록 정확하고 일관되게 짜여 있지 않다. 마치 핀다로스가 이번에는 갓 시작된 고전기 초기의 영향을 약간 받은 듯하다. 물론 이는 형식적 측면에서만 유효한 말이고, 그의 사유에는 해당되지 않는다.

첫 삼련구의 정립연과 대련은 어떤 여신에게 바쳐진 것이고, 종련은 "인간들 중에서" 찬미의 대상을 찾는다. 아리스타고라스의 아버지와 '프뤼타니스'(시장)에 뽑힌 아리스타고라스에[20] 대한 축하는 경고의 말로 이어지

---

19. 만약 공연에서 삼련구의 단어와 시행들에 선율이 추가되고, 또 춤과 몸짓을 통한 중요한 상징적 의미가 덧붙여졌을 때, 그것이 자아내는 인상은 대단한 것이었음에 틀림없다.

는데, 다음과 같은 부문장으로 경고가 시작된다. "만약 누군가에게 그가 가진 것처럼 그토록 귀중한 것이 주어진다면,……." 유사한 내용의 부분장이 이어진 후,[21] 주문장에서 우리를 기다리고 있는 내용은 가령 '그렇다면 그는 더 많은 것을 바라지 말아야 한다. 그는 인간이 바랄 수 있는 것에 도달했으며, 그 이상은 신의 영역에 속하는 것이기에'와 같은 것이다. 누구도 그토록 급격한 반전과 그토록 첨예한 대조가 마무리 부분에 등장할 줄은 미처 예측하지 못했다.

제2연에서는 다시 축제의 분위기가 시작된다. 모여든 시민들은 핀다로스의 시가 노래하는 것처럼 아리스타고라스를 함께 칭송하도록 요청받는다. 핀다로스는 제전에서 그가 거둔 적지 않은 수의 승리를 열거할 수 있다. 하지만 이 승리들은 모두 별로 중요하지 않은 지방경기에서 거둔 것이다. 그의 부모는 그가 그리스 전국경기에서 승리할 수 있으리라 기대하지 않았기에 그를 출전시키지 않았다. 이에 대해 핀다로스는 맹세하건대 그의 부모가 잘못 생각한 것이라 확신하며 말한다. 이런 종류의 과실은 지나친 무모함이 빚어내는 과실만큼이나 인간 삶에 허다하다. 지나친 소심함과 지나치게 확신하는 무모함, 아름다운 가능성과 그 현실화의 불확실성 그리고 매력적인 불가능성과 달랠 길 없는 욕망에 대한 생각 등이 이후 등장한다.

제3연의 도입부에서 핀다로스는 아리스타고라스를 위대한 신화적 인물

---

20. 행복을 빌며 찬양하는 대상은 문법적으로는 한 번은 아버지이며 다른 한 번은 아들의 특징들이다. 전개 순서를 제외하면, 독특한 구성이 헤로도토스에서 (1, 31, 1) 다시 나타난다. "Ἀργεῖοι μὲν περιστάντες ἐμακάριζον τῶν νεηνιέων τὴν ῥώμην, αἱ δὲ Ἀργεῖαι τὴν μητέρα αὐτῶν, οἵων τέκνων ἐκύρησε."

21. 『이스트미아 찬가』 5번 14행 이하, 『네메이아 찬가』 9번 46행 이하, 『올륌피아 찬가』 3번 42행 이하 등등.

의 후예이자 뛰어난 유전적 능력을 물려받은 것으로 찬양한다. 하지만 핀다로스가 암시적으로 드러내는 바에 따르면 어떤 세대에서, 또 누구에게서 고귀한 혈통이 위력을 발휘할지 우리는 확실히 알 수 없다. 탁월한 재능이 잠재적으로 머물러 있을 뿐, 전혀 발현되지 않는 경우가 종종 있는데, 이는 세상 모든 것의 이치가 그러하기 때문이다. 그래서 아무것도 미리 예측할 수 없으며, 모든 일이 제대로 되도록 미리 생각한다거나 미리 대비한다는 것 자체는 인간에게 주어지지 않는 것이다. 그럼에도 불구하고 우리는 터무니없는 기대와 계획에 빠져 있다.[22] 비록 우리에게 신과 같은 전지적 능력과 인식은 없지만, 우리의 바람과 노력은 신에 버금간다. 핀다로스는 이러한 생각을 이전에도 표현한 바 있으며,[23] 아모르고스 출신의 옛날 세모니데스도 유사한 내용을 고유의 냉철한 언어로 담아낸 바 있다(이 책 377쪽). 그런데 핀다로스는 시의 마지막을 새롭고 예기치 못한 비극적 극단화로 마무리한다. '우리는 분수를 알아야 한다. 하지만 도달할 수 없는 것에 대한 광적인 욕망만큼 그토록 뜨겁게 타오르는 소망은 없다.'[24] 우울한 노년기의 시를 마무리하는 시어들이 타오르는 정열을 이야기하고 있다.

---

22. 나는 왜 핀다로스가 이곳 45행 이하에서 "몸"을 말하는지 정확히 이해할 수 없다. 그는 속박의 비유를 때때로 모든 종류의 강제 전반에 대해 사용한다. 즉 옭아매어 고정시키는 강제뿐 아니라 몰아대는 충동의 강제에도 사용한다(『퓌티아 찬가』 4번 71행, 『퓌티아 찬가』 3번 54행. 그리고 굴러가는 바퀴에 묶는 비유에 대해서는 『퓌티아 찬가』 2번 40행을 보라).

23. 『네메이아 찬가』 6번 1~12행도 같은 생각을 담고 있으며, 이때 농경지에는 주기적으로 흉작을 한다는 암시가 포함되어 있다(이 책 875쪽 이하). 『네메이아 찬가』 11번의 종결부와 눈에 띌 정도로 잘 들어맞는 또 다른 구절은 스토바이오스 4, 36, 66(4, 2, Hense 842쪽)에 들어있는 "헤르몰로코스" 단편에서 찾을 수 있다.

24. 오비디우스의 표현 'Quod non licet, acrius urit 금지된 것은 더 뜨겁게 불타오른다' (『사랑의 노래』 2, 19, 3행). 이 격언은 속담처럼 회자되었다. 핀다로스의 마지막 문장은 자주 오해되곤 한다.

비록 일반적으로 표현되긴 했지만, 마지막 문장은 개인적인 감정을 토로하고 있는 것처럼 들린다. 핀다로스가 젊은 시장의 아름다움을 찬양할 때 그는 동시에 아리스타고라스의 동생 테오크세노스를 생각했을 수도 있다.[25] 이뷔코스와 마찬가지로 핀다로스는 노년기에도 여전히, 훌륭한 젊은 이가 발산하는 아름다운 매력에 대한 감수성을 유지하고 있었다. 『네메이아 찬가』 마지막에 등장하는 생각은 테네도스 출신의 테오크세노스에 대한 어떤 시의 시작 부분에(핀다로스 단편 123Snell) 다시 나타난다.

오 나의 영혼이여, 때가 되어 정도에 맞게("Kairos에 따라")
또 나이에 맞게 열정적인 욕망의 꽃을 꺾어야 할 것이다.[26]
그러나 테오크세노스의 눈동자 속에서 빛나는 광채를 보고도
그리움으로 마음이 부풀어 오르지 않는다면, 강철이나 쇠로 된 그 사람의
시커먼 마음은 차가운 불꽃으로 연마된 것이다.

그는 유혹하는 속눈썹의 여신, 아프로디테에 의해 혼란을 일으켜
돈에 괴로워하거나 아니면 여자들의 뻔뻔함에 고역을 치른다.[27]
하지만 성스러운 꿀벌의 밀랍이 열기에 쏘일 때처럼, 나는 젊은 청춘들의
생기 있는 몸을 바라볼 때면 여신 덕분으로 마음이 녹는다. 그렇게 페이토
(유혹)는 카리스와 함께 하게실라스의 아들 테오크세노스에게 은총을 내리며 테네도스에도 거처를 마련해주었다.

---

25. 일반적인 연관성에 대해서는 Wilamowitz, *Pindaros*, 430쪽을 참조하라.
26. 이 맥락에서의 Kairos와 노년의 의미에 대해서는 이 책 879쪽 각주 11번을 보라.
27. 이 문장의 해석은 확실하지 않다. 전승에 단어 하나가 빠져 있는데, 4행의 'ψυχρά(ν)' 가 반복 등장함으로써 그 단어는 밀려 탈락되었다. 여성에 대한 사랑을 낮게 평가하는 경향에 관해서는 이 책 323쪽 이하를 보라.

전하는 바에 따르면 핀다로스는 아르고스의 훈육관에서 젊은이들이 체력을 단련하는 가운데 테오크세노스의 무릎을 베고 누워 평안히 숨을 거두었다고 한다. 이런 전설을 통해 드러나는 시인의 모습은 다음과 같이 전해지는 말이 암시해주고 있다. "그는 천재적인 시인이었으며, 신이 사랑한 인간이었다."[28]

---

28. *Suda*, Πίνδαρος항을 보라. Valerius Max. 9, 12 ext. 7, Vita p. 2, 1 Drachmann.

맺는 말

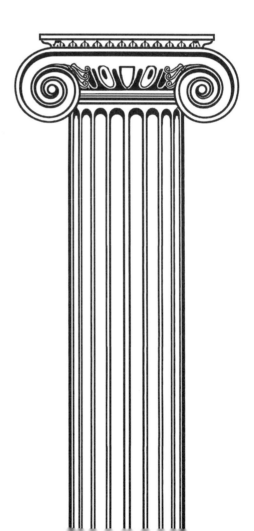

핀다로스는 52년 이상 시인으로 활동한 후 기원전 445년에 생을 마쳤다. 타의 추종을 불허하는 창조적 능력으로 그가 이룬 예술을 잇는 후계자는 더 이상 없었다. 합창시가 지배적인 문학형식이었던 시대는 이미 지나갔던 것이다.[1] 그러나 합창시의 죽음은 단지 하나의 문학 장르가 막을 내렸다는 것 그 이상의 의미가 있었다. 그의 입술이 닫혔을 때, 한 시대 전체가 그 목소리를 잃었던 것이다. 핀다로스는 그리스 상고기의 마지막 위대한 전령이자, 상고기의 완성자였다.

상고기 예술은 핀다로스 문학에서 마지막이자 최고의 전성기를 구가했다. 세련되고 복잡한 형식뿐 아니라 작품 속에 집중적으로 녹아 있는 풍부한 예술성 역시 상고기 말의 특징을 잘 보여준다. 언어의 화려함은 상고기의 원숙미를 보여주며, 그에 담긴 사유는 마치 주름 많은 값비싼 의복을 걸치고, 정교하게 가공된 장신구를 달아 놓은 듯하다. 역동적인 시 전개는 진

---

1. 5세기 핀다로스 문학에 대한 아테네 청중들의 관심이 소멸한 배경과 합창시 전반에 관해 Jean Irigoin, *Hist. du texte de Pindare*, Paris, 1952, 12쪽 이하를 보라.

937

정 상고기적이다. 그의 시들은 과감하게 시작해서, 여러 걸음걸이를 차례로 바꾸어가며 한 걸음씩 내딛는 바, 명상에 잠겨 어슬렁거리는 걸음, 폭풍 같은 질주, 계속 새로운 전망을 만들어내며 전진하는 힘찬 발걸음, 탄력 있게 흔들리는 대립성의 밀고 당김으로 인한 톱니 모양의 걸음, 마지막에 다시 출발점에 도달하는 원환(圓環)의 길, 또는 저 먼 목적지로의 갑작스러운 도약 등으로 이어진다. 합창시의 기본 원칙은, 통일적인 구성과 엄격함이라는 고전기의 법칙이 아니라, 여러 가지 형상들이 차례차례로 또는 서로서로 만들어내는 유동적인 운동 및 문체의 변화무쌍한 전개라는 상고기의 법칙이다. 핀다로스에게 형식의 놀이는 의미 있는 내용을 전달하기 위한 운반자이다. 변화무쌍한 과정은 활발한 사유 활동의 전개를 반영하고, 여러 사유를 의미에 따라 서로로부터 발전시키고, 또 서로 연결시켜 그 자체로 완결되게 한다. 하지만 핀다로스의 시에서 가장 위대하면서도 독특한 것은 영혼적 본성이다. 진지하면서도 때로는 쾌활한 기품이며, 타협을 모를 정도로 고집스러우면서도 때로는 진한 감미로움이 그것이다. 그리고 그것은 또 감춰져 있으나, 언제나 느낄 수 있는 거인적 힘이다.

상고기가 끝나갈 무렵, 이미 기울어가고 있으면서도 문학은 핀다로스를 통해 이렇게 다시 한 번 매우 강렬하고 화려하게 꽃을 피웠으며, 당당하고 분명하고 순수하게 스스로를 펼쳐보였다. 아티카 지방의 동시대 인물인 아이스퀼로스와는 달리, 핀다로스는 철저히 상고기적 인물이었다. 그는 그의 생전, 엄청난 힘으로 정신사를 앞으로 몰고갔던 새로운 경향들에 전혀 동참하지 않았다. 사변적인 세계해석의 독단들은 거부했으며, 또한 그와 반대로 세계계몽이나 경험주의적 합리화에 대한 열망을 지니지도 않았다. 트집을 잡거나 헐뜯는 것은 그의 정신에 맞지 않는 것이었다. 경탄할 만한 가치가 없어 보이는 것에 그는 무관심했다. 경건하며, 공손하며, 전통에 충실한 핀다로스는 열과 성을 다해 자신과 함께 끝나가는 시대의 증인이 되고자 하였으며, 스스로 그 시대 전체의 대변자로서 소명을 느꼈다.

발전의 어떤 방향이 그 마지막 성취단계에 이르러 몇 가지 점에서 애초에 품었던 것과 정반대로 귀결되는 것은 역사에 흔한 일이다. 아르킬로코스는 상고기의 사유방식을 개척했고, 직접적이고 가장 우선적으로 주어진 확고한 현실로 혁명적으로 전회함으로써 서정시의 길을 열었다. 잔인할 정도의 신랄함으로 그는 스쳐 지나가는 '나'와 '이곳과 지금'을 존재하는 모든 것의 본질로 선포하였다. 하지만 핀다로스는 '자아'를 사회적인 '사람들'로 대체했고, 또 무상하고 특수한 것을 항상 영원하고 보편적인 것에 대한 예로서 사용했다. 핀다로스는 선별하고 해석하고 변형하며, 또 미적으로 변용시키고 찬양한다. 그는 '불평꾼'이자 증오에 찬 아르킬로코스에 반감을 가졌다(『퓌티아 찬가』 2번 55행). 처음에는 현실이 물적 대상으로부터 출발하여 주로 그 굳건함으로 인정받았다면, 이제 현실은 역시 원칙적으로 물리적 현상에서 출발하되 탈(脫)자연화되고 정신화되었다. 이와 함께 소박한 직접성과 단순성을 의도하는 화법을 벗어나 우회적이고 복잡한 수준 높은 표현으로의 급격한 변화가 일어난다. 이런 점에서 이제 이 시대는 전체 공간을 이쪽의 극단에서 다른 쪽의 극단으로 옮겨 놓았다. 이제 끝에 다다랐고 이곳에서부터는 더 이상 나아갈 수 없다.

핀다로스가 올라갔던 영역, 공기는 희박하고 가치들 중의 가치가 빛을 비추고 있는 그 높은 곳에는 다른 데로 이를 길이 더 이상 없다. 뒤따르는 고전기는 핀다로스가 멈춘 곳에서부터 시작한 것이 아니라, 다시 대지에 가까이 위치한 곳으로 내려갔다. 이미 오래 전 크세노파네스와 시모니데스 같은 사람들에 의해 시작되었던 바로 그 냉철한 사유를 통해 다시 이곳에 도착했다. 경험적 탐구는 인간의 정신적 지평을 확장시켰고, 많은 오류들을 바로잡았다. 사람들은 풍부해지고 다채로운 환경 속에서 새롭게 방향을 잡았으며, 다재다능하고 실천적인 면모를 갖추게 되었다. 사람들은 서로를 배제하는 대립적 극단 대신에, 한쪽 극단의 양을 많거나 적게 조절하면서 행동하거나, 또는 중용을 구했다. 그래서 '좋은 자들'과 '나쁜 자들'이라는 두 계층의 관념 역시 시대에 전혀 맞지 않는 것이 되었다. 사람들은 야망과 당당한 태도에서 오만함을 보기 시작했다. 그리고 시민적 근면과 시민적 공손함의 민주주의적 이상이 요구되었다. 예복은 간단해졌다. 지배계급의 권위가 내세우는 규범을 말없이 수용했던 곳에 비판과 토론이 들어섰고, 예리한 통찰력이 찬사를 받았다. 이전에는 전체만 보았던 곳에서 사람들은 분류하고 정리하는 법을 배웠다. 아마도 가장 중대한 변화는 인간을 결정적으로 육체와 정신으로 분리한 것일 것이다. 이러한 요소를 비롯한 많은 요소들로부터 고전기의 사유방식과 생활방식이 형성되기 시작했다.

고전기는 이전 시대로부터 많은 것을 넘겨받아 계속 발전시켰다. 반면 고전기가 스스로를 실현하기 위해서는, 이전 시대의 또 다른 많은 것들이 역사의 잔인한 법칙에 따라 무시되고 사라지거나, 또는 적대적으로 비난받거나 파괴되어야 했다. 귀중한 많은 자산들이 그렇게 소멸되었다. 상고기 시대를 다룰 때 우리에게 특히 중요한 것은, 상고기 이전에는 결코 실현되지 못했던 의미 있는 요소들을 드러내는 것이다. 우리는 이 시대를 그 자체로, 즉 앞선 서사시 시대의 체계와도, 또 그 다음의 고전기의 체계와도 다른, 독립적이고 완결된 체계로서 이해하려 노력했다. 물론 역사적인 고찰이 어떤 현상을 이전의 것과도 또 나중의 것과도 이어주는 연결선을 밝혀낸다면, 이러한 고찰은 그 현상을 해석하는 데 매우 많은 기여를 할 수 있을 것이다. 우리는 그와 같은 연결선들을 많이 찾을 수 있었다. 하지만 고전기

시대에서 가장 분명하게 드러나는 이런 연결선들을 우리는 주된 연구대상으로 삼지 않았다. 모든 관점은 자신이 초점을 맞추고 있는 대상에 대해서만 그 질서와 확실함을 드러내며, 주변 대상에 대해서는 일그러뜨리고 왜곡된 상을 제시할 뿐이기 때문에, 거짓역사를 쓰지 않기 위해 연구대상에 초점을 맞추었으며, 연결고리들은 무시하였다. 만약 상고기를 아직 불완전한, 고전기의 초기형식으로 간주하는데 그친다면, 우리는 상고기의 본질을 제대로 이해하지 못한 것이다.

상고기의 모든 개성과 온갖 지향은 각자 나름대로의 독특함과 함께 상호 특별한 관계도 지니고 있었다. 이 시대가 계속되었던 두 세기 동안, 상고기의 정신은 많은 변화를 겪었다.[2] 새로운 시인이나 사상가의 창작물에 주목할 때마다, 우리는 새로운 정신의 영역에 들어와 있는 것을 알게 된다. 이런 광경을 전체적으로 관찰한다면, 통일적 구조가 눈에 들어온다. 일단 구조의 특징(예를 들어 대립적 관계의 사유와 감정)과 형식의 특징(예를 들어 항상 유동적인 사유 운동)을 인식하고 나면, 우리는 이런 특징들이 상고기의 모든 단계에서 결정적인 요소로 작용한다는 점을 발견한다.

우리는 상고기의 문학적 유산들에서 나름대로의 방식으로 완성되어 있으며, 의미 있는 삶과 죽음에 준비가 되어 있는 존재방식을 발견한다. 이것은 이제까지 인류가 이룩한 것 가운데 가장 눈부신 원형과 모범들 중 하나다. 이것은 그리스인들의 남다른 재능 덕분에, 즉 자신들 존재에 내용과 형

---

2. 상고기 시대 내에서 시모니데스(가령 이 책 582쪽 이하, 598쪽 이하, 603쪽 이하)와 크세노파네스(가령 이 책 613~616쪽, 623쪽, 630쪽)와 같은 고전기의 선구자들을 포함하여 시대를 앞서 이미 고전기적 사유방식과 형상화 등이 터져 나온 바 있다. 즉 솔론의 단편(이 책 427쪽 이하) 그리고 이뷔코스(이 책 532쪽, 542쪽)와 아나크레온(이 책 549쪽, 556쪽)이 그 경우이다. 이들의 경우 상고기와 고전기가 부분적으로 항상 서로 겹친다.

식을 부여했을 뿐만 아니라, 인간이 무엇이며 무엇을 하는가를 이해하고 그것을 분명하고도 아름다운 언어로 표현하는 데 탁월했던 그들의 재능 덕분에 우리에게 알려지고 이해될 수 있었다.

찾아보기

지식지도에 따른 색인 A

이 색인은 책의 내용 중 몇 가지를 체계적으로 분류한 것으로, 역사적 서술에 초점을 맞춘 본문 내용에 항상 그대로 대응하는 것은 아니다. 여기서 체계적 완결성을 지향하지는 않았다. 쌍점 기호 뒤에 있는 숫자는 본문의 쪽수이다.

1. 그리스 초기 문학의 시기 구분

2. 문학 장르
2.1 영웅서사시 2.1.1 기능 2.1.2 발전 2.1.3 서사시의 소리꾼 2.1.4 언어형식 2.1.5 문체강박 2.1.6 서사시의 변화 2.1.7 서사시의 구조 2.1.8 서사시의 소멸
2.2 서정시 2.2.1 서정시 장르들의 교차 2.2.2 서정시의 기능과 의미 2.2.3 초기 서정시 2.2.4 새로운 서정시 2.2.5 서정시의 '나' 2.2.6 합창시 2.2.6.1 합창시 일반 2.2.6.2 합창시의 종류 2.2.6.3 기타
2.3 철학 2.3.1 문헌 외적 이론 2.3.2 문학으로서의 철학 2.3.3 이른바 자연철학의 관심사 2.3.4 철학적 문헌 2.3.5 체계 재구성을 위한 문헌자료
2.4 문학 장르 사이의 관계

3. 상고기 문체의 특징
3.1 진술 내용 3.1.1 서술은 일차적 사건에 집중한다. 3.1.2 물리적 대상과의 상응 3.1.3 다양한 열거 3.1.4 각 세 가지 사물의 언급 3.1.5 장면 묘사 3.1.6 객관성과 대담함의 뒤늦은 포기
3.2 상고기 문학의 문체와 공연 성격, 별칭
3.3 상고기적 연설의 연속성 3.3.1 연속성의 계율 3.3.2 연속적 흐름의 문체 3.3.3 가장 오래된 산문의 문체 3.3.4 완결성의 정도

4. 초기 그리스적 사유
4.1 사유의 차원 4.1.1 현실성의 단층성 4.1.2 현실성의 다층성 4.1.3 단층성과

다층성의 사이

4.2 사유 매개로서의 신화 4.2.1 일반론 4.2.2 신화화 4.2.3 신화와 전설의 변형
4.2.4 반작용

4.3 기적에 대한 입장 4.3.1 본래적 기적 4.3.2 기적의 대체물

4.4 자연과학적 사유 4.4.1 일반론 4.4.2 도식성 4.4.3 자발적 생성인가 창조인
가? 4.4.4 자연의 합법칙성을 인간 삶에 유추 적용함

4.5 분류와 위상 4.5.1 친연성의 상징을 통한 사태의 공속성 4.5.2 동일자의 표출
양식에 따른 다양성 4.5.3 동물 구분에 따른 인간 구분 4.5.4 현실적 사태에 신화
적 유비를 적용하다.

4.6 개인, 사물, 요소가 힘의 담지자로 이해되다. '세계힘'으로 특화된 힘 4.6.1
힘의 장으로서의 개인 4.6.2 힘들의 담지자로서 사물 4.6.3 철학 체계에서 역동
적으로 이해된 요소들 4.6.4 자립적이고 신적인 힘으로 이해된 특정 세계힘들과
생명력

4.7 대립을 통한 사유와 지각 4.7.0 개괄 4.7.1 여러 양태 4.7.2 동일자 안의 대
립적 힘 4.7.3 대립자로 전환된 결과로서의 삶 4.7.4 대립자들의 상호작용으로부
터 생겨나는 세계구조와 세계사건 4.7.5 대립자들의 사이 혹은 그 배후에서 무엇
이 생겨나는가? 4.7.6 대립쌍의 부분적 철회

5. 초기 그리스적 인간
5.1 개인 5.1.1 개인의 구조와 기능 5.1.2 인간과 세계 5.1.3 개별성
5.2 위대한 인간 5.2.1 우리가 말하는 이른바 위대함은 무엇인가? 어떻게 그것에
관해 말하는가? 5.2.2 위대한 인간 5.2.3 핀다로스의 이상과 위대함
5.3 소시민적 인간. 하층계급 5.3.1 소시민 5.3.2 하층계급
5.4 생명력 5.4.1 투쟁적 생명력 5.4.2 사포 5.4.3 무해한 생명력 5.4.4 생명력
의 쇠퇴 5.4.5 사랑
5.5 '하루살이'로서의 상고기적 인간 5.5.1 '하루살이' 인생 5.5.2 노고를 더는
수단
5.6 도덕성 5.6.0 문제제기 5.6.1 헤시오도스의 예 5.6.1.1 본능적 법 감정
5.6.1.2 법의 객관적 강제성 5.6.1.3 신들과 디케(법)는 규범의 실현을 돕는다
5.6.1.4 대항 세력 5.6.2 솔론의 예 5.6.2.1 본능적 법 감정 5.6.2.2 디케와 제우

스가 법의 실현을 돕는다. 5.6.2.3 불의는 그 자체로 처벌받으며, 정의는 그 자체로 보상받는다. 5.6.2.4 솔론의 개인적인 도덕성 5.6.2.5 대항 세력 5.6.3 다른 작가들에서 주목할 만한 점들 5.6.3.1 긍정적 5.6.3.2 부정적
5.7 덕, 선한 인간과 악한 인간. 아름다움과 추악함. 5.7.1 전형적인 정의 5.7.2 시모니데스의 원리 5.7.3 이와 관련된 몇 가지 5.7.4 아름다움과 추함
5.8 행복과 불운 5.8.0 핀다로스에서 행복의 표현 5.8.1 행복은 어디에 있는가? 5.8.2 불행 5.8.3 신들과 세계힘들의 선물로서의 행복과 불행 5.8.4 자기 잘못의 불행

1. 그리스 초기 문학의 시기 구분

우리는 약 530년(기원전) 이래 몇몇 시인들에 대해 정확한 시점을 확정할 수 있다. 하지만 이 시점 이전의 시인들에 대한 정확한 연도표기는 거의 불가능하다. 따라서 우리의 몇몇 논점은 대개 논쟁의 여지가 있다.

　우리는 '그리스 초기'라는 용어로 '고전기' 이전의 문학을 지칭하였다(언제부터인지 확정할 수 없는 시점으로부터 약 450년까지). 그리스 초기 문학은 '서사시' 시대로부터 시작하는데, 이 시대로부터 남겨진 것은 『일리아스』와 『오뒷세이아』뿐이다: 이 책 7쪽 이하. 650년경 급작스러운 단절이 있으며, 이때 서정시가 주류를 이루는 '상고기'가 시작된다(650년에서 450년까지): 이 책 169쪽, 241~248쪽. 550년에서 새로운 조류가 등장하는바, 서정시(상고기 중기와 후기 서정시)에 근본적인 변화가 있었다: 이 책 449쪽과 521쪽.

　상고기의 문학은 그 시기를 특징짓는 사유방식과 고유한 문체를 보여 준다: 이 책 941쪽, 아래의 [3], [4], [5] 항을 보라. 물론 상이한 각 시기들을 위에서처럼 구분한 도식이 절대적으로 옳다고 할 수는 없다. 칼리노스와 튀르타이오스의 전쟁 엘레기(이 책 제4장 2절)와 이른바 호메로스 찬가(이 책 제5장 2절)는 서사시의 전통을 그대로 유지하고 있다. 하지만 독창적인 사상가로 『신들의 계보』를 쓴 헤시오도스: 이 책 241쪽 이하, 또 이후의 철학자들, 헤시오도스의 『일들과 날들』, 솔론: 이 책 414쪽 이하와 443쪽 이하, 막 시작된 자연과학의 종사자들(이 책 제7장 2절)처럼 자신의 작품으로 문학 이외에 여러 분야에 기여했던 인물들, 이들은 세부적으로 보면

시대정신, 이른바 역사적인 발전으로부터 벗어나 있다. 고전기로의 길을 준비한 사람들, 시모니데스: 이 책 601쪽 이하, 크세노파네스: 이 책 619쪽 이하와 626쪽 이하, 이들은 생몰연대와는 달리(약 557~468년과 약 570~475년), 다가올 시대에 훨씬 가까운 인물들이었다. 반면 기원전 446년까지 활동한 핀다로스의 경우, 오히려 전적으로 상고기적 본질에 충실한 인물이다: 이 책 933쪽 이하. 솔론의 경우 대체로 상고기의 전형적인 모습을 보여주고 있으며, 585년경에 한 번 고전기적 형식에 따르고 있다: 이 책 427쪽 이하. 530년경 이뷔코스: 이 책 531쪽과 541쪽, 그리고 아나크레온: 이 책 548쪽 등 고전기 사유방식과 문체의 대표자들은 이미 상고기에까지 들어와 있다. (아이스퀼로스 등 5세기 초반의 극작가들은 물론 그들이 그 자체를 놓고 보면 상고기에 포함되지만: 이 책 741쪽 이하, 이 책에서 실제적인 이유에서 다루지 않았다.)

2. 문학 장르

2.1 영웅서사시

2.1.1 기능: 서사시는 긴 휴식시간 동안의 여흥과 정신수양에 이바지했다: 이 책 19~22쪽, 41쪽, 102쪽 각주 7번. 서사시는 '고통'을 이야기함으로써 격동과 감동을 주었다: 28쪽 이하, 152쪽.

2.1.2 발전: 서사시는 그리스 세계 동쪽 식민지에서 발전했다: 49쪽 이하. 서사시 소재의 유래: 83~97쪽. 서사시와 『서사시 연작』: 13쪽, 26쪽, 32쪽 이하, 42~48쪽.

2.1.3 서사시의 소리꾼: 13~48쪽. 무사이 여신들의 도움(영감과 전통)을 받아 소리꾼은 신들의 행위와 행동을 노래할 수 있으며, 이로써 영웅들보다 넓은 지평을 노래한다: 98쪽 각주 1번. 서사시의 사건은 지상 세계와 천상 세계라는 두 개의 사건 층위에서 벌어진다: 98~103쪽, 115~125쪽. 서사시 공연에 앞서 신에 대한 찬가를 부른다: 464~473쪽.

2.1.4 언어형식: 시행: 55~64쪽. 언어형식: 47쪽 이하, 53쪽. 판박이문구: 52~57쪽, 61~64쪽. 연설 부분: 73쪽 이하, 112~117쪽. 비유: 75~82쪽, 570쪽 각주 3번.

직선적 서술: 76쪽. 공연의 도입부: 27쪽 이하, 155쪽 이하.

2.1.5 문체강박: 서사시는 서사시가 형성되던 시기의 지식과 사유를 있는 그대로 반영하지는 않는다. 내용, 전개와 서술에 있어 문학적인 이유에서 일정한 경향에 따라 양식화되었으며, 특히『일리아스』에서 당대의 실제적인 상황은 배제되어 있었다: 9쪽, 65쪽, 69쪽 이하, 73쪽. 서사시의 이야기는 보고되는 것의 객관성에 집중하기 때문에, 소리꾼의 감정이나 생각은 드러나지 않는다. 모든 종류의 문제제기는 이야기에서는 침묵한다: 68쪽 이하. 신들의 세계에서 개성적인 것이 일면적으로 드러난다: 98~103쪽, 107~113쪽, 116쪽. 영웅의 모습은 전형적이며 기념비적으로 단순화될 뿐 아니라: 64쪽, 153쪽. 또한 영웅의 모습은 현실과 무관하게 낭만적으로 그려진다: 67쪽 이하. 당시의 인간들은 보다 사납고 강했기 때문에 서사시의 사건이 벌어지던 시절은 현재보다 위대하다는 생각 또한 낭만적인 경향이다: 66쪽 이하. 이렇게 서사시는 문명 단계나 그 상태의 관점에서 보더라도 상고적인 풍을 따른다: 39쪽, 65쪽, 83~86쪽.

하지만 이런 문체 경향이 시종일관 관철된 것은 아니다. 첫째로, 서사시가 최종적으로 형성되던 단계의 고도로 발달된 문화 수준은 상고기화의 경향과 상충되었다: 67쪽. 그리고 이때 더욱 인간적인 경향이 나타났다: 94쪽 이하. 또 합리성의 경향이 뚜렷했다: 147쪽 이하. 그리스 식민지가 세워진 동쪽 지방에서 자라난 영웅들은 본토의 더 오래된 신화에서의 영웅들보다 높은 수준에 위치하였기 때문에, 헤시오도스는 인간 세대의 역사를 규정할 때 두 가지 영웅시대를 설정하였다. 야만적인 '철'의 시대와 '신적인 영웅들의 시대'가 그것들이다. 서사시는 후자를 노래하고 있다: 219쪽. 두 번째로 서사시에서는 겉보기에 사실적인 보고 형식에서 시인의 해석과 암시가 나타난다: 70~74쪽. 세 번째로 서사시 인물들의 연설 부분은 문체강박으로부터 상대적으로 자유롭다: 73쪽 이하, 113~116쪽. 비유 부분에서도 그러하다: 75쪽 이하.

보다 사실적인『오뒷세이아』에서 문체강박은 전체적으로 느슨해진다: 155~158쪽, 168쪽. 물론『오뒷세이아』도 낭만적인 흔적을 보여준다: 232쪽, 247쪽 이하.

2.1.6 서사시의 변화: 서사시 공연은 언제나 전승된 소재와의 능동적 상호작용이다. 여기서 내용과 형식은 다소간 결정적으로 새롭게 탈바꿈한다: 17쪽, 24쪽, 30~

33쪽. 심지어 서사시들이 책 형태로 굳어졌을 때조차도 서사시의 내용과 형식은 아직 어느 정도까지 유동적으로 남아있었다: 43~47쪽. 우리가 가지고 있는 서사시는 마지막 판본으로 아주 오래된 것, 그 뒤의 것, 최신의 것 등이 서로 혼재되어 있다: 95쪽. 문체 역시 마찬가지이다: 53쪽. 따라서 우리에게 전해지는 시행 한 구절 한 구절이 원래의 형태로 전해질 가능성은 거의 없다. 내용은 새로운 소재가 받아들여짐으로써 계속 변모하며, 옛 요소들은 새롭게 꾸며지고 참신한 모습을 갖게 된다: 87쪽, 93쪽 이하. 새롭게 하는 과정에서 소리꾼들은 자신의 작업을 자의적인 창작으로 여기지 않고 오히려 전승의 직관적 해석으로 여긴다: 35쪽, 41쪽, 105쪽 이하, 121쪽 이하, 129쪽, 133쪽. 서사시 이야기는 주변 인물들이 덧붙여지면서 풍부해졌고, 인물들은 각자 차별성을 갖게 되었으며, 사건 주제들이 첨가되거나 혹은 좀 더 개선되었다: 33쪽 이하. 이야기들의 거친 모습들은 순화되었다: 93~97쪽. 분위기나 상황을 나타내는 장면들은 세밀한 묘사에 기여하였다: 35쪽 이하, 70쪽 이하, 94쪽. 오랫동안 확고하게 굳어져 있던 것도 새롭게 바뀔 수 있었다: 36쪽, 121쪽 이하. 파트로클로스의 이야기를 노래한 시인은 자신이 다루는 영웅이 처할 운명에 대항하였다: 134쪽 이하. 『오뒷세이아』와 함께 새로운 인간상이 두드러지게 되었다: 153쪽 이하, 161쪽 이하. 이런 변화는 서사시의 사건에 다시 반영되었다: 아래의 [4.2.2.2]를 보라. 그 태도, 내용, 문체에 있어 『오뒷세이아』는 『일리아스』와 상당히 다르다: 155~169쪽.

2.1.7 서사시의 구조: 서사시의 사건은 대개 에피소드의 연결로 이루어지며, 에피소드의 연결은 소리꾼의 임의에 따라 사용되거나 생략되고, 여기 혹은 저기로 위치가 변경되는데, 때로는 상당히 느슨하게 연결되어 있다: 27쪽. 마찬가지로 충분히 변경 가능한 전체 이야기 틀은 일정수의 에피소드들에 의해 어느 정도 결정되어 있었다: 46쪽, 93쪽 이하. 가벼운 상호모순들이 전혀 없을 수는 없지만 서사시의 주요 이야기 틀은 전체적으로 통일을 이루고 있다: 34쪽, 46쪽 이하, 163쪽. 개별적인 혁신은 곧 사라지거나 아니면 소리꾼 전체의 공동자산이 되었으며, 소리꾼들은 앞서 부분과 새롭게 추가된 부분을 서로 부합하도록 조정하였다: 40쪽, 46쪽, 242쪽 각주 3번.

2.1.8 서사시의 소멸: 선대의 야성과 강인함에 대한 낭만적인 경탄으로서의 서사

시 장르는 그 존재의 정당성을 상실하고(: 65쪽 이하), 실질적이고 적응력이 뛰어나고 호의적인 인간이라는 미래지향적 이상형에 자리를 내주었다: 155~162쪽, 168쪽. 서사시가 적절한 증언을 남겨주고 있는바, 이제 사람들이 행위와 언어 가운데 제약 없이 살아가길 멈추고: 143~147쪽, 152쪽 이하, 또한 사람들이 내면화되고, 다중적이며 스스로에게 확신을 가질 수 없게 되기 시작한 것이다: 163~169쪽. 이는 또한 사람들은 더 이상 불변의 개별적 특성을 믿지 않고 날마다 변하는 인간 본성을 믿게 된 때이기도 하다: 242~248쪽. 서사시는 소멸하기에 이른다.

헤시오도스의 교훈적 서사시에 관해서는 이 책 제3장에서만 언급되었다.

2.2 서정시 ('서정시'라는 용어는 독창시, 합창시, 엘레기와 얌보스를 포함한다)

2.2.1 서정시 장르들의 교차: 312쪽 각주 2번.

2.2.2 서정시의 기능과 의미: 서정시의 기능과 의미는 실로 큰 변화를 겪는데, 그것은 서정시라는 매체가 다양한 목적에 적합했기 때문이다. 각각의 경우에 관해서는 책의 해당 자리에서 확인할 수 있다. 초기 독창시적 서정시 일반: 276쪽 이하. 아르킬로코스의 문학에 관해서(그의 문학은 새로운 인간이상과 가치체계가 생겨나는 데 기여했다): 245~277쪽. 알크만의 합창시: 307~311쪽. 사포의 시: 312쪽, 324쪽, 348쪽. 알카이오스의 시: 373쪽. 솔론의 문학: 412~421쪽, 441쪽 각주 35번, 444쪽 이하. 엘레기 일반: 278쪽. 테오그니스의 엘레기: 744쪽 이하, 757쪽 이하. 아나크레온의 독창시: 543~566쪽. 시모니데스의 합창시: 602쪽 이하, 803~807쪽. 핀다로스의 합창시: 793~798쪽, 905~909쪽. 박퀼리데스에서 심오한 의미의 결여: 790쪽. 즐기기 위한 문학: 376쪽, 390쪽(세모니데스), 404쪽, 409쪽(히포낙스).

2.2.3 초기 서정시: 서정시의 출현은 인간 본성의 불안정함을 인정한 것과 연관된다: 아래의 [5.5]를 보라, 246쪽(아르킬로코스). 또한 과거, 먼 곳, 타자로부터 현재, 여기, 자아로의 전환과 연관된다: 242~254쪽(아르킬로코스), 396쪽 이하(아르킬로코스, 사포, 밈네르모스), 539쪽(이뷔코스). 공적이고 화려한 것으로부터 사적이고 친밀한 것으로의 전환과 연관된다: 252쪽(아르킬로코스), 344~348쪽(사포), 432쪽 이하, 437쪽 각주 31번(솔론), 756쪽 각주 14번(테오그니스). 따라서 서정시의 관점은 절대적인 현재성의 관점이라고 우선 말할 수 있겠다: 328쪽 이하, 347쪽

이하(사포), 373쪽(알카이오스), 아래의 [3.1.1]과 [4.1.1]을 보라. 하지만 서정시는 곧 크게 확장되기 시작한다: 346쪽 이하. 삶에의 근접이라는 요청은 시대의 흐름과 함께 소시민적인 경향으로 이어졌다: 376쪽, 521쪽. 마침내 이런 요청은 곧 문학이 현실 앞에 무릎 꿇음으로써 문학의 일시적인 자기포기로 이어졌다: 449쪽 이하.

2.2.4 새로운 서정시: 서정시는 그 두 번째 국면에 접어들어(기원전 530년경), 서정시는 고급화되고 섬세해졌다: 522쪽. 이뷔코스의 문학은 웅장함을 추구했고: 527쪽 이하. 아나크레온의 문학은 우아함을 추구했다: 543~561쪽.

2.2.5 서정시의 '나': 그리스 서정시는 독창시를 포함하여 일체가 자기 독백이 아니라 타자에게 건네는 대화이며, 그 대상 또한 타자에게도 의미가 있는 것들이다. 따라서 체험하는 자아는 개별자가 아닌 전형을 의미한다. 또 판단하는 자아는 개별자의 의견과 정서를 표현하는 것이 아니라 일반적으로 사람이 어떻게 판단해야 하는지를 보여주고 있다: (아르킬로코스) 276쪽 각주 52번. (일반적으로) 278쪽. (알카이오스) 366쪽. (아나크레온) 548쪽, 549쪽, 556쪽. (시모니데스) 761쪽 각주 22번. (테오그니스문집) 782쪽. (핀다로스) 881쪽 각주 12번.

2.2.6 합창시

2.2.6.1 합창시 일반: 시인들은 각각의 새로운 노래를 위해 새로운 선율을 작곡하였다: 292쪽. 새로운 선율을 알크만은 새들의 울음소리에서 찾아내기도 했다: 297쪽. 연습과 공연에 있어 시인은 합창대 지휘자의 역할을 맡았다. 합창 훈련을 받고 축제의상을 차려입은 비전문가들이 합창대를 구성하였다: 293쪽, 527쪽, 788쪽 이하. 이들은 가사를 노래하고 춤과 몸짓을 곁들여 가사를 해석하였다: 293쪽 각주 1번(노래가 '존재'할 뿐만 아니라, 또한 다양한 등장인물들이 연속적으로 이어 등장하는 상고기적 양식에서처럼 '행해진다': 아래의 [3.3]을 보라). 합창대 지휘자는 뤼라를 가지고 노래의 시작, 선율, 박자와 빠르기 등을 지시하였다: 840쪽(핀다로스의 『퓌티아 찬가』 1번). 직업적 시인은 피리로 반주하기도 하였다: 295쪽 이하. 합창시 연습과정에서 합창단원들은 합창시의 완성에 능동적으로 참여하였다: 296쪽, 305쪽 각주 20번. 연습과정에서 합창단원들은 난해한 가사부분에 좀 더 깊이 몰두할 수 있는 기회를 얻었으며, 아마도 시인으로부터 직접 이에 대한 설명을 들었을

수도 있다(아마도 비극 합창대에도 그러했을 것이다): 294쪽. 직업적 시인은 대부분 금전적 대가(흔히 '선물')를 받고 주문에 따라 시를 지었다: 799쪽 이하(핀다로스), 803쪽 이하(시모니데스). 시인 자신이 직접 합창대 연습을 감독할 수 없을 경우, 시인은 주문한 장소로 원고를 보냈다: 797쪽 이하, 866쪽 이하(박퀼리데스 단편 20S, 핀다로스 단편 124Snell). 그리고 합창대 연습과 공연은 지역 시인의 도움을 받아 이루어지도록 하였다: 808~811쪽(핀다로스『올륌피아 찬가』11번). 때로 개인들은 시를 익히려는 목적으로 합창시를 홀로 연주하기도 하였다: 795쪽 이하. 상고기가 지나고 나서 합창시만을 독립적으로 공연하는 기회는 급격하게 감소하였다: 937쪽 각주 1번.

2.2.6.2 합창시의 종류: 합창시를 공연할 기회는 여기저기서 쉽게 찾을 수 있었으며, 혹은 새롭게 만들어지기도 했다: 795쪽. 합창시가 목적으로 삼는 바에 따라 합창시가 노래하는 내용과 구성, 문체 등이 달라진다: 872쪽 각주 8번. 뿐만 아니라 음악의 성격과 반주 악기도 달라진다: 846쪽. 합창대의 율동과 낭송방식이 달라질 수도 있다. 우선 종교적인 성격의 합창시가 있었는바, 예를 들어 신에게 제물을 바치면서 부르는 노래가 있었고: 302쪽(알크만이 지은 소녀합창대를 위한 시), 870쪽(핀다로스), 또 기원의 노래가 있었다: 889쪽(핀다로스). 망자를 위한 노래(threnoi): 567~574쪽, 591쪽 이하, 596쪽 이하(시모니데스). 술자리를 위한 노래: 866~868쪽(박퀼리데스와 핀다로스). 그리고 기타 여러 종류의 노래들(예를 들어 928쪽, 핀다로스)이 있었다. 특히 민족적 제전에서 승리한 사람을 위해 부르는 승리의 노래(epinikion)가 있는데, 이 노래들은 완전한 형태로 전승되고 있다: 794~807쪽(시모니데스와 핀다로스. 이런 장르의 기원에 관해서는 802쪽을 보라). 승리의 노래는 승리자가 고향으로 돌아와 벌이는 축제행진에서 노래되었다: 794쪽. 혹은 다른 승리의 노래: 839쪽 이하(핀다로스,『퓌타아 찬가』1번은 한편으로 승리의 노래이면서 동시에 새롭게 건설되는 도시를 축하하는 노래이다). 서정시 형식으로 다만 신화를 노래하는 합창시도 존재한다: 522~527쪽(스테시코로스), 832~838쪽(박퀼리데스가 지은 여러 편의 디튀람보스들이 남아있다). 난해하지만, 알카이오스의 독창 서정시에서도 유사한 것을 찾아볼 수 있다: 369쪽 이하.

2.2.6.3 합창시, 기타: 합창시 도입부에서의 각별히 인상적인 구성: 873쪽 각주 1

번. 짧은 합창시의 경우 합창시 종결부에 새로운 도입부를 두어, 계속 반복되도록 구성한다. 이를 통해 천천히 행진하는 행렬을 구경하는 관객들이 합창시 전체를 들을 수 있도록 한다: 795쪽 각주 6번(핀다로스,『네메이아 찬가』2번). 합창시 말미에 놀라운 반전: 838쪽(박퀼리데스 17S). 합창시에서 시적 현실이 깨지면서 그 창작과정이 이야기된다: 297쪽(알크만), 797쪽 이하, 808쪽 이하(핀다로스). 각 시련구들의 내용적 대구: 303쪽(알크만), 각 삼련시행들의 내용적 대구: 832쪽 각주 20번(핀다로스,『퓌티아 찬가』9번), 915쪽 각주 21번(『올륌피아 찬가』7번), 930쪽(『네메이아 찬가』11번). 승리의 찬가에 나타나는 다섯 가지 주제: 815쪽, 832쪽 이하, 855쪽 이하. 통일성에 관한 물음제기: 802쪽 이하, 831쪽 이하. 통일성에 대한 답변: 903쪽 이하, 917쪽 이하.

2.3 철학

2.3.1 문헌 외적 이론: 대부분 원시적인 세계생성신화는 이미 서사시 시대에도 정형화되지 않은 상태로 상당 분량 존재했다: 179쪽 각주 2번, 187쪽 각주 13번과 14번. 이런 신화는 구전전승과정에서 지속적으로 변형 혹은 생성되었으며, 때로 문학적 소재로 쓰이기도 했다: 478쪽 각주 5번. 이런 세계 생성에 대한 사변들을 헤시오도스에서 드디어 문헌형태로 등장한다: 178~182쪽. 알크만에서: 298~301쪽, 476쪽 이하. 페레퀴데스에서: 458쪽 이하. 아쿠실라오스에서: 648쪽 이하. 기타는 아래의 [4.2.2.1]을 보라.

2.3.2 문학으로서의 철학: 문학으로서의 그리스 철학은 역사적으로 아낙시만드로스가 아니라 헤시오도스에게서 시작한다: 197쪽 각주 30번. 헤시오도스는 부분적으로 전승된 사상을, 부분적으로 자신의 독창적 사상을 신화 형식으로 표현하였다: 제3장 2절과 207쪽 이하를 보라(신화 형식에 대해서는 [4.2]를 보라). 이 가운데 놀라울 만큼 성숙된 존재론이 들어 있다: 188~195쪽. 헤시오도스가 사용한 구상들은 이후 철학에도 많은 영향을 미쳤다: 491쪽 각주 22번, 672쪽 각주 30번. 6세기 초에 그리스 철학은 신화로부터 분리되었다: 475~481쪽. 예외적으로 페레퀴데스와 아쿠실라오스 등에서 신화로의 회귀가 관찰된다([2.3.1]을 참고하라).

2.3.3 이른바 자연철학의 관심사는 자연을 설명할 물리적인 원리를 찾는 것이라기

보다는 오히려 직관에 의지한 형이상학이었다. 다시 말해 자연과 인간본성을 구분 없이 동시에 적용할 수 있는 가설적 형이상학이었다: 480~484쪽, 721쪽 이하. 왜냐 하면 인간과 자연에 동일한 하나의 원리가 적용될 수 있다는 가설 위에 세워진 이론 체계이기 때문이다. 이에 윤리적 규범 또한 설명되었다: 273쪽 각주 32번. 하여 예를 들어 아낙시만드로스는 "우주적 정의"(G. Vlastos)를 가정하였다: 496쪽 이하. 아래 [4.5.2]와 [5.1.2]를 보라. 당시의 철학자들은 세계와 그 운동, 그리고 인간의 삶을 한 번에 설명할 수 있는 형이상학적 앎을 얻고자 시종일관 노력하였다: 481쪽 이하. 이런 가운데 크세노파네스에서는 신의 섭리와 비교하여 기계론적 자연을 심지어 저열한 것으로 간주하는 일도 벌어졌다: 622쪽 이하. 헤라클레이토스에서는 '로고스'와 대비되었다: 705~708쪽. 반면 아낙시메네스의 체계는 우리가 가진 기록을 믿어도 된다면 기계론적 자연만을 다루고 있다: 499~503쪽.

2.3.4 철학적 문헌: 모든 사상가는 자신의 사상체계를 한 권의 책에 빼곡이 담아낸다: 482쪽 이하. 문헌들은 널리 유포되고 관심을 가진 독자들을 찾아간다: 483쪽. 하지만 우선적으로 문헌들은 저자의 입장에서 보면 자신의 학설에 대한 설명과 주장을 구두로 강연하기 위해 작성된 기초자료의 성격을 갖는다(플라톤의 『파르메니데스』에서 제논은 자신의 책을 읽으면서 각각의 부분들을 소크라테스와 토론한다): 483쪽 각주 9번, 662쪽, 690쪽. 문헌들은 일반적으로 자신의 주장을 강론하는 방식을 취한다: 180쪽. 하지만 때로 이론을 입증하기 위해 자연현상이나 관찰정보를 제시하기도 한다: 493쪽 이하(아낙시만드로스), 500쪽 이하(아낙시메네스), 623쪽(크세노파네스), 677쪽(파르메니데스 단편 14와 단편 15), 723쪽(헤라클레이토스 단편 117).

2.3.5 사상체계 재구성을 위한 문헌자료: 사상체계 재구성을 위한 문헌자료로 우리가 사용할 수 있는 것은 다만 단편들뿐이다. 학설사적 전승, 다시 말해 이차적으로 후대 사람들의 인용을 통해 전해지고 있는 소크라테스 이전 철학자들의 학설들은 원저자의 생각을 그대로 전하고 있다고 할 수 없으며, 그 자체로 그대로 사용될 수 없다. 소크라테스 이전 철학자들의 학설은 아리스토텔레스의 문제와 관련되어 선택되고 변형된 채로 전해지고 있다: 484쪽 이하. 왜곡된 학설사적 전승의 예: 625쪽 각주 19번(플라톤까지 거슬러 올라가는바, 크네노파네스에 대하여), 675쪽 각주

31번(테오프라스토스까지 거슬러 올라가는바, 파르메니데스에 대하여). 철학자들에 대한 신뢰할 만한 정보는 다만 원저자의 문헌을 우리가 소유하고 이를 정확히 이해할 수 있는 경우에만 가능한 일이다. 이런 일은 극히 드문 행운이다: 487쪽 각주 18번, 645쪽 각주 1번. 학설사적 전승에서는 전혀 나타나지 않는 중요한 정보의 예: 496쪽 이하(아낙시만드로스). 덧붙여 학설사적 전승은 기껏해야 무미건조하게 학설내용만을 전해줄 뿐이다. 하지만 원저자의 글은 여기에 덧붙여 사유과정상의 특징에 관해 전해준다: 676쪽 각주 32번, 684쪽 이하(파르메니데스). 철학자들의 일화: 506쪽 각주 35번.

철학적 사유 자체에 관해서는 색인에 표시하지 않았다. 이에 관한 몇 가지 착안점은 [4.6.3~4.7.4]를 보라.

2.4 문학 장르 사이의 관계

서정시인 시모니데스와, 철학자이자 신학자이며 서사시인인 크세노파네스는 동일한 시기에 시대를 개혁하려는 유사한 경향을 가지고 있었다: 607쪽. 크세노파네스의 경험주의는 동시대의 의술, 지리학, 역사서술 등과 관계가 있다: 635쪽. 후대 의학에 나타난 철학적 사상의 영향: 678쪽 각주 37번. 헤라클레이토스의 사유가 핀다로스에게 미친 영향: 874쪽 이하.

시인들의 사유는 철학자들의 사상을 준비하였다: 347쪽(사포/프로타고라스), 497쪽(솔론/아낙시만드로스), 500쪽(솔론 / 아낙시메네스), 678쪽 각주 37번(『오뒷세이아』와 아르킬로코스/파르메니데스), 917쪽 이하(핀다로스와 플라톤).

서정시인들에 나타난 철학적 사상: 298~301쪽, 476쪽 이하(알크만), 387쪽, 489쪽(세모니데스).

우리가 사용한 시대구분과 시대상에 있어, 철학적 문헌과 여타 문헌을 상호해명에 사용하는 것이 도움이 된다: 387쪽, 702~704쪽. 사태에 대한 역동적 이해에 관해서: [4.6]을 보라. 대립자에 대한 사유에 관하여: [4.7]을 보라.

3. 상고기 문체의 특징

3.1 진술 내용

3.1.1 서술은 일차적 사건에 집중한다(아래의 [4.1.1]을 보라): 예를 들어 304쪽,

310쪽(알크만), 324쪽 이하(사포). 이는 특히 상고기 초기에 두드러진다. 헤시오도스에게서 객관적 서술이 호메로스의 서사시에서보다 확연하다: 229쪽. 아르킬로코스에서는 영웅적 솔직함을 통한 자기묘사가 생생하게 그려진다: 274쪽(250쪽을 보라).

3.1.2 물리적 대상과의 상응: 아르킬로코스 이후 물리적 대상들을 많이 취급한다. 예를 들어 옷, 장식, 연장 등(대상물은 단순히 그 외견이 아니라 그 기능과 거기에 내재된 능력을 나타낸다. 아래의 [4.6.2]를 보라): 302~306쪽(알크만), 315쪽, 321쪽 이하(사포), 348쪽 이하, 361쪽의 단편 350LP(알카이오스), 559쪽 각주 24번, 548쪽, 561쪽의 단편 54D(아나크레온). 더불어 솔론의 단편 26D(이 책에서 다루지 않았음).

3.1.3 다양한 열거: 알크만은 지명의 목록을 만든다: 294쪽 이하. 영웅들의 이름을 열거한다: 298쪽 이하. 10명의 소녀를 열거한다: 302쪽. 알카이오스는 자신이 가지고 있는 무기들을 열거한다: 350쪽 이하. 사포는 친구와 이별하면서 함께 즐겼던 추억들을 열거하면서 그녀를 위로한다: 329쪽 이하.
   사람들은 요약에 만족하지 않고, 직접 사물들을 열거한다. 세모니데스는 아홉 가지 종류의 나쁜 아내에 대하여 상세하게 열거한다: 380~384쪽. 또 다섯 종류의 인간 희망이 산산이 부서지는 것을 보여준다: 377쪽. 유사하게 솔론은 12쌍의 이행시를 사용하여 차례차례 모든 직업을 보여주며, 인간이 하는 모든 노력이 반드시 성공을 거두는 것은 아님을 이야기하며, 결함과 부족을 언급하여 우리가 착각 속에 빠져있음을 보여준다: 443쪽. 범그리스적인 운동경기가 매우 중요함을 말하기 위해 크세노파세스는 두 번씩이나 운동경기종목을 열거하며 승리자들의 목록을 열거한다: 614쪽 이하. 핀다로스에서 종종 다양한 선호목록들이 등장하는 바, 이는 높은 가치를 가리킨다: 851쪽, 851쪽 각주 36번, 873쪽, 901쪽, 910쪽.

3.1.4 각 세 가지 사물의 언급: 임의의 길이로 길게 열거하는 것보다 고상한 방식은 전체를 대표하는 것으로 세 가지 구체적 사물들을 한 단위로 묶어서 제시하는 것이다: 344쪽(사포의 단편 16LP 제1연), 363쪽(알카이오스의 단편 338LP, 강우와 바람과 서리; 불과 포도주와 베개), 393쪽(밈네르모스의 단편 1D 3행, 6~8행), 395쪽

(밈네르모스의 단편 2D 11~15행), 433쪽(솔론의 단편 15D, 은과 금과 나귀와 말이 있는 밭; 배와 옆구리와 다리, 그리고 소녀와 소년의 사랑), 아나크레온 단편에 나타난 여섯 가지의 삼위일체: 563쪽, 563쪽 각주 8번. 808쪽(핀다로스, 바람과 폭우와 노래).

3.1.5 장면묘사: 노래되는 각 사태(사건, 전후관계 혹은 상황)의 본질은 응집된 표현력을 갖는 장면묘사를 통해 재현된다: 225~229쪽(헤시오도스), 256쪽 이하(아르킬로코스), 285~291쪽(튀르타이오스), 324~333쪽, 340쪽(사포), 472쪽(『호메로스 찬가』), 522쪽 이하(스테시코로스), 545쪽, 551쪽, 561쪽 이하(아나크레온), 588~593쪽(시모니데스), 609쪽(크세노파네스), 798쪽, 825쪽, 826쪽, 839쪽 이하, 870쪽 이하, 916쪽(핀다로스).

3.1.6 객관성과 대담함의 뒤늦은 포기: 상고기 후기의 문체는 물리적 대상과 여타 일차적 대상물과의 연관성에서 자유롭게 된다. 지성인이기도 했던 시모니데스는 구체적 현실을 추상적 개념으로 옮겨놓고, 이를 기발하게 다루고 있다. 그 목적은 현실의 변용이다: 596쪽 이하. 시모니데스의 승리찬가들은 이런 주제들을 다루고 있다: 805쪽 이하. 핀다로스는 주어진 현실을 가치이념에 종속시켜 현실을 일방적으로 가치라는 황금빛을 통해 조명하였다. 이에 부합하지 않는 것은 그의 문학에 다루어지지 않았다: 898~919쪽. 테오그니스 작품집에 담긴 격언들은 여러 종류의 다양한 상황에 적용될 수 있는 것으로 이런 이유에서 개별적인 특수 사건에 별로 관여하지 않는다: 782쪽 이하.

3.2 상고기 문학의 문체와 공연 성격

7세기와 6세기 초 아르킬로코스(274쪽)와 사포(324~333쪽)는 산문체로 이야기한다고 말할 수 있을 정도로 단순한 문장을 구사하였다. 이는 마치 시인의 부연 없이 사태를 있는 그대로 옮겨 놓은 것과 같았다. 물론 소재는 실제로 온전히 문학적인 것이었다. 이런 직접성은 알카이오스에게서도 나타난다. 하지만 그에게 소재의 문학적 전환은 조금씩 바뀌는 정도에 그치며, 때로는 전혀 전환이 이루어지지 않은 경우도 있다: 373쪽, 359쪽 이하. 6세기 후반에 들어 아나크레온의 공연방식은 상황과 감정의 유쾌하고 그러면서도 우아한 놀이라는 매력을 보여준다. 그의 사교문학은 세련되고 친근한 희화를 담고 있다. 이런 희화는 여타의 사람들에 대한 것이기도 하고: 561쪽 이하. 혹은 자기 자신에 대한 것이기도 하다: 546쪽, 554쪽 이하. (자기 희화는 이미 알크만에게서도 나타난다: 294쪽 이하, 403쪽.) 히포낙스의 장난스러운 '엇박자 얌보스'에서 언어의 자연성을 대중성과 저속함의 경향을 무리하게 띠고 있다. 타인에 대한 힐난을 담은 그의 장난 가운데는 괴상한 자기조롱이 담겨 있다: 404쪽. 엘레기는 전통적 서사시 형태로 인해 문체의 자연성을 전혀 갖지 못했다. 합창시는 근본적으로 독창적인 시적 언어로 창작되었으며, 시간이 흐름에 따라 점차 일상 언어로부터 더욱 멀어진다. 하지만 고전기의 선구자 시모니데스에게서는 오로지 서술 부분에서만 (587~592쪽) 온전히 전형적인 합창시 문체가 보존되어 있다. 하지만 교훈적이고 해설적인 부분에서는 산문체에 가까워진다.

별칭: 문체의 단순성 정도, 혹은 예술적 고양의 정도가 별칭의 사용으로부터 직접적으로 확인된다. 즉 별칭이 전혀 사용되지 않느냐 혹은 자주 사용되느냐, 내용적으로 필연적이냐 혹은 없어도 상관없느냐, 일상 언어에서 가져왔느냐 혹은 세심히 만들어냈느냐에 따른다. 아르킬로코스는 전혀 별칭을 사용하지 않는다고 말할 수 있을 정도이다: 257쪽(또 엘레기의 단편에서: 262쪽 이하, 266쪽). 사포는 별칭을 좀 더 자주 사용한다. 물론 사태의 연관관계가 이를 요구하는 경우에 그러하다. 아나크레온은 별칭은 아주 많이 사용하지만 그가 사용한 별칭들은 항상 무언가 매력적인 것을 부연할 때 등장한다: 548쪽, 563쪽. 합창시에서 별칭의 추가는 인상적인 명사의 경우 의무적인 것이다. 박퀼리데스에서 이런 식의 별칭 사용은 완전히 자동적으로 등장한다: 839쪽. 시모니데스에게서 별칭은 서술 부분에 등장하며, 해설 부분에서는 드물게 사용되거나 전혀 사용되지 않는다: 위를 보라.

3.3 상고기적 연설의 연속성

3.3.1 연속성의 계율: 진술과 내용의 흐름에 나타나는 꾸준한 연속성(427쪽 각주 16번)은 우리가 보기에 상고기 문체를 규정하는데 있어 가장 뚜렷한 특징이다. 왜냐하면 이런 연속성은 연설 안에서의 분명한 분기점을 찾으려는 우리의 요청에 정면으로 배치되는 것이기 때문이다.[1] 연속성은 무능력(사람들은 아직 단락구조를 명

---

1. 이미 서사시적 서술 문체는 일반적인 서술 문체보다 강한 연속성을 갖는다. 우리로서는 이를 제대로 평가하는 일 자체가 불가능해 보이는데, 왜냐하면 우리에게는 연속성

확히 구분하여, 부수적인 사태를 하위에 두는 방식으로 문장구성을 확립할 만한 능력을 갖고 있지 않았다)에 기인한 것이 아니라, 명백하게 특수한 문체를 수립하려는 목적에 기인한다. 어떤 것도 부수적인 것은 없다. 화면에 등장하는 모든 사물들에 차별을 두지 않고 주목한다([4.1.1]을 보라). 하나의 내용에서 다음 내용으로 장면 전환이 있는 경우, 공백이 생겨 이야기 연상을 방해해서는 안 된다. 실제로 일상의 모든 일들은 어떻게든 서로 연결되어 있다. 따라서 사람들은 이런 연결 관계를 나누어 끊기보다는 있는 그대로 드러날 수 있게 표현하고자 한다. 때문에 상고기 문체는 새롭게 시작하는 것을 지금 진행되고 있는 것과 문법적으로뿐만 아니라 내용상으로도 의미 있게 연결시킨다. 혹은 보다 세련된 것으로 하나에서 다른 하나로 점진적으로 이행하도록 하는바, 이전의 이야기가 시야에서 사라지고 새로운 이야기만 눈 앞에 보이기 시작하는 구체적 부분이 존재하지 않는다. 이런 유연한 이행에 관해서는: 235쪽(헤시오도스), 324쪽(사포, '그－너－나'), 825쪽(핀다로스)

그리스 고전기 문체는 독립적 단위들이 분명하여, 각각이 마치 하나의 독립 건물처럼 독립적 구조를 갖는다. 예를 들어 이뷔코스에서 벌써 고전기 문체의 기미를 엿볼 수 있다: 531쪽. 상고기 문체는 이에 반해 흡사 춤사위(합창대는 실제 춤을 춘다)에 비유할 수 있는 그런 문체를 보여준다: 333쪽. 각 춤사위들은 단절 없이 서로 자연스럽게 하나로 연결되어 있다: 938쪽. 427쪽 또한 보라.

3.3.2 연속적 흐름의 문체: 상고기적 사유는 대립물을 병치시켜 각각이 그 대립쌍을 갖도록 하기 때문에([4.7]을 보라), 각 비유들은 대립쌍의 극과 극 사이를 오간다: 428쪽(솔론), 691쪽 각주 2번(헤라클레이토스), 849쪽 이하 및 각주 30번, 876쪽 각주 5번, 913쪽 각주 16번, 923쪽, 924쪽 이하(핀다로스).

상고기 문학은 개별에서 보편으로 나아가길 추구하며, 다시 보편을 구체적 개별로 설명하려 하기 때문에, 비유들은 종종 보편과 특수라는 두 극 사이를 오간다: 205쪽(헤시오도스), 597쪽(시모니데스), 852쪽(핀다로스).

대상을 다각적으로 다루기 때문에, 동일한 대상에 대한 상이한 시각이 연이어 등장한다: 191쪽(헤시오도스). 솔론의 단편 1D: 438~441(B. A. van Groningen, *La*

───────────

의 기관이 사라졌기 때문이다. 고대 서사시적 문체강박에 덜 종속된 서사시의 연설 부분은 더더욱 사유와 진술에 있어 연속성을 보이며, 부분적으로 여전히 상고기적이다 ([2.1.5]를 보라).

composition litteraire archaique grecque, 제2판, Groningen, 1960, 94~97쪽을 보라).

질질 끌기(W. A. A. van Ottelo, *Untersuch. über griech. Ringkomposition*, Amsterdam, 1944을 보라) 사유가 이제까지의 연관관계로부터 조금씩 멀어지다가, 궁극적으로는 원을 그리며 애초의 출발지점으로 다시 돌아오도록 하는 방향으로 전개된다. 그래서 이제 원래의 연관관계가 단절 없이 계속 진행될 수 있다: 441쪽 각주 34번(솔론), 828쪽, 848쪽(핀다로스).

핀다로스의 문장구성은 최근 Asta-Irene Sulzer, *Zur Wortstellung und Satzbildung bei Pindar*, Zürich, 1961에 의해 분석되었다.

3.3.3 가장 오래된 산문의 문체: 먼저 견고한 것이 세워지고, 그 다음 차츰 다른 것들이 거기에 덧붙여진다: 461쪽 이하(페레퀴데스와 비문 하나). 청동판 위에 새겨진 이 비문에서 글자들은 동일한 원리에 따라 만들어졌다. 헤카타이오스의 토막문체에서는 상대적으로 독립적 요소들이 연결된 고리를 형성한다: 642~646쪽.

3.3.4 완결성의 정도: (우리는 남아있는 단편들의 규모가 충분히 많을 경우에만 완결성을 알아볼 수 있다) 동등한 위상을 갖는 개별들의 연결과, 단순히 이웃한 사태의 나열이라는 원리로부터 전체를 이루는 구조에 적합한 기준이 발견되지 않는다. 보다 긴 분량의 완결정도는 따라서 저자의 수완에 의존한다. 혹은 저자의 예술적 원칙의 엄격성에 달려있다. 예를 들어 알키오스에서는 균질하지 않다: 373쪽. 또 솔론에서는 미미하다: 445쪽. 이상적인 경우 연관된 요소들의 진행은 눈에 띄는 억지스러움 없이 적절한 흐름을 따르며, 자연스럽게 완전성을 향하여 다듬어진다: 256쪽 단편 79. 274쪽(아르킬로코스), 324~333쪽, 340~347쪽(사포), 362쪽, 370쪽(알카이오스), 808~815쪽, 927~933쪽(핀다로스. 핀다로스에서의 통일성 문제는 [2.2.6.3]을 보라). 헤라클레이토스 경구의 완결성은 대가적인 형상화 기술에만 기인한 것이 아니라, 엄격한 사유논리에도 근거하고 있다: 689쪽.

4. 초기 그리스적 사유

4.1 사유의 차원
4.1.1 현실성의 단층성: 서사시의 묘사는 일반적으로 사물과 사건의 표면과 결과

에 집중한다: 70쪽. 서사시의 묘사는 또한 어떤 사람의 본질이 그가 행하고 겪고 말하고 '인지하는' 것을 통해 남김없이 드러난다는 것을 전제한다: 143~150쪽, 153쪽 이하.

이후의 서사시 『오뒷세이아』에서야 인간은 속을 알 수 없는 난해한 인물이 된다: 162~169쪽. 초기 서정시에서 화자의 사유와 감정은 기본적으로 단 하나의 층위에서 움직이며, 그가 관여하는 모든 것은 절대적 현재성 속에서 그와 마주하고 있다 ([2.2.3]을 보라): 276쪽(아르킬로코스), 324~329쪽, 341쪽(사포). 아르킬로코스에게는 신들 역시 현재적으로 등장한다: 270쪽 이하, 그리고 사포: 326~333쪽, 340쪽 이하.

그리스 초기에서 우리는 사유 또는 감정의 깊은 심연에 대해 듣는 바가 거의 없다 (264쪽 '뼈 마디마디 사무치도록', 324쪽 '살 속으로'). 그리고 종종 강도나 심도 등이 아니라 양(풍부, 크기, 반복)에 대해 이야기된다. 가령 서사시에서는 '수많은 고난': 28쪽 이하. 아르킬로코스에서는 '많이': 276쪽 각주 51번. 호메로스의 영웅은 들어 올리는 힘에 있는 많은 남자들의 힘을 능가한다(일리아스), 위대한 전사는 혼자서 다른 여러 사람에 필적한다: 281쪽 각주 3번(칼리노스). 중요함은 엄청난 위대함의 환상을 불러일으킨다: 318쪽 이하(사포 단편 111, 110), 361쪽(알카이오스의 형은 거인을 쓰러뜨렸다). 사랑의 체험의 반복: 329쪽 이하(사포), 527쪽 이하(이뷔코스), 548쪽(아나크레온), 932쪽 이하(핀다로스).

4.1.2 현실성의 다층성: 이에 반해 철학은 현실이 다층적(이중적)임을 전제하며, 현상의 배후에 놓여있는 것을 찾는다: 480쪽, 735쪽.

4.1.3 단층성과 다층성의 사이: 서사시의 세계는 문체강박이 철저하게 관철되는 한에서는 단층적이다([2.1.5]를 보라). 초기 서정시에 보이는 근본주의적 태도는 이행적이나마 단층성을 보인다. 철학적 신화는 원칙적으로 두 개의 층위를 갖는다: 하나는 이야기되는 것이며, 다른 하나는 이야기가 의미하는 것이다. 하지만 이 두 개의 층위는 서로 혼합되었다: 180쪽 각주 3번. 또한 전면에 내세워진 구체성과, 이면에 감추어진 추상성은 이른바 물활론에서 하나로 혼합된다. 예를 들어 물은 능동성 내지 자발성과 동일시된다([4.6.3]을 보라). 우리가 아낙시메네스의 '공기'이론에 관해 알고 있는 것으로 미루어 짐작컨대, 아낙시메네스는 단층성으로의 회귀

를 강제하고 싶어 했으며, 이로써 모든 사건을 기계론적으로 해명하고자 하였을지 모른다: 499~503쪽.

4.2 사유 매개로서의 신화

'신화'라는 용어는 여기서 필요에 따라 다음 세 가지 것들 가운데 하나 혹은 여럿을 의미한다. (1) 신화학, 즉 특정 신들 혹은 세계힘들의 개별적 혹은 체계적 정립. (2) 신들과 세계힘들이 현실 세계 가운데 유의미하게 (일시적인 것을 포함하여) 작용하는 것에 대한 이야기. (3) 영웅들의 모험을 포함한 이야기 혹은 전설. '세계힘'에 관하여서는 [4.6.4]를 보라.

4.2.1 일반론: 과거 철학적 사유는 오로지 신화적 형태로 표현되었다. 이런 신화적 형태를 사용한 사람은 진술에 담긴 문자 그대로의 내용과, 상징으로서의 그 기능을 구분하지 못했다: 180쪽 각주 3번. 문헌 외적 신화: 135쪽 각주 16번, 179쪽 각주 2번, 182쪽 각주 4번. 아프로디테 찬가에 담긴 신화적 이야기와 체계화의 단초: 466~471쪽. 문헌 외적 세계 생성신화 및 자연 생성신화는 [2.3.1]을 보라.

헤시오도스는 과거의 신화를 재현하였다. 과거의 신화를 변형하였으며 새롭게 구성하였다. 헤시오도스는 일부는 옛 신화를 글자 그대로 해석하였으며, 일부는 의식적으로 의미하는 내용에 대한 단순한 표현으로 사용하였다: 178~197쪽, 207~220쪽. 헤시오도스가 정립한 신들의 계통은 [4.5.1]을 보라. 헤시오도스 풍의『방패』에 나타난 전쟁신화: 200~204쪽. 헤시오도스 이후 추상성의 증가는 알크만을 통해 입증된다: 476쪽 이하. 원시적 신화로의 후퇴는 페레퀴데스를 통해 입증된다: 458쪽 이하. 원시적 신화로의 후퇴는 아쿠실라오스를 통해 또한 입증된다: 648쪽 이하.

영웅들의 모험담을 담은 이야기는 많은 서정시인들에게서 나타난다. 우선 그 이야기 자체 때문에: 370쪽 이하. 그리고 현실적 사태와의 관련성 때문에(예를 들어 경기 승리자가 얻은 승리를 축하하기 위해), 혹은 일반적 진술의 사례로써: 365쪽 이하(알카이오스), 혹은 현실적 사건과 유사한 사례로써: 849쪽 이하(핀다로스: 히에론과 필록테토스). 모든 합창시인들은 영웅전설과 신화를 다루었다: 814쪽(더불어 [4.5.4]를 보라).

헬리오스의 모습에 대한 섬세한 해석: 399쪽 이하(밈네르모스), 524쪽 이하(스테시코로스). 초자연적인 사건을 인간적인 것과 조화시켜 해석: 308쪽 각주 25번 (알크만), 590쪽에서 세 번(시모니데스).

4.2.2 신화화

4.2.2.1 신 계보신화와 자연 생성신화의 새로운 창조 예: 자연현상 가운데 불가사의한 일들의 신화적 해명: 848쪽, 888~891쪽(핀다로스). 식민지 개척자들은 고향에서 마시던 강물을 개척지에서 다시 마신다: 533쪽 이하. 아테네 사람들은 그들의 '사위' 보레아스에게 도움을 받는다: 594쪽. 역사상의 군주 크로이소스를 신화화하다: 862쪽 각주 47번.

　화자의 체험이 신화적 형태로 구성되다: 무사이 여신들은 헤시오도스를 찾아와 그를 시인으로 만들어주었다: 175쪽 이하. 아테네 여신은 아르킬로코스의 전투에 참여하였다: 269쪽. 사포는 신들의 현현을 체험한다: 326~329쪽, 332쪽, 340쪽 이하(이에 반해 파르메니데스에서 서술의 신화적 요소들, 헬리오스의 자식들, 문, 디케, 여신 등등은 다만 상징적인 의미를 지닌다: 655~658쪽, 681~685쪽).

4.2.2.2 서사시: 소리꾼 당대에 벌어진 일 혹은 벌어지고 있는 일은 신화화되어 서사시 사건에 혼입된다(후대 비극시인들도 유사하게 비극의 소재를 통해 자신들 당대의 이념을 표현하고 있다). 식민지 시대 이전의 사건인 트로이아 전쟁 이야기 가운데 식민지 투쟁의 흔적이 투사되어 있다: 87쪽. 소리꾼들이 살아가는 삶은 떠돌이로 등장하는 오뒷세우스에게 부가된다: 23쪽. 시대적 세계관의 변화는『일리아스』의 마지막 부분에 최근의 소재를 바탕으로 창작된 부분을 덧붙이도록 하였으며, 『오뒷세이아』의 마지막 부분에 변화를 가져왔다: 95쪽 이하.『일리아스』와『오뒷세이아』사이의 이상적 인간상의 변화는 서사시에 그대로 반영되었는바, 오뒷세우스가 아킬레우스의 상속자라는 사실이 언급되었으며, 또한 이러한 가치 변화에 따라 어떤 갈등과 가능성들이 생겨나는지가 이야기되었다: 159~163쪽.

4.2.3 신화와 전설의 변형: 헤시오도스는 새로운 많은 것들을 시도하였다: [4.2.1]을 보라. 헤시오도스는 에리스를 명백히 둘로 구분하였다: 208쪽 이하. 헤시오도스는 무사이 여신들의 활동영역을 확대하였다: 196쪽. 알크만은 정당한 이유로 무사이 여신들의 계보를 수정하였다: 478쪽 각주 4번. 알카이오스에게서 에로스의 또

다른 계보가 등장한다: 373쪽. 스테시코로스는 헬레네에 대한 개영시에서 헬레네 신화를 완전히 바꾸어 버렸다: 526쪽. 핀다로스는 마음에 들지 않는 신화를 추후적으로 바로잡는다: 887쪽. 다른 경우 어떤 것에 관해서는 침묵하겠다고 분명히 밝힌다: 885쪽 이하.

4.2.4 반작용: 크세노파네스는 신화를 지난 세대가 만들어낸 허구이며 거짓된 창작물이라는 이유로 부정하였다: 612쪽 이하, 615쪽 이하. 또는 신화가 인간문명의 점진적 발전을 신에 의한 일회적 문명 부여로 꾸며낸다는 이유에서였다: 622쪽 이하. 헤카타이오스는 신화적 사건을 자연에 행해진 계몽적 폭력으로 해석하였다: 646쪽 이하. 철학은 탈레스로부터 신화에서 벗어난다: 480쪽. 철학은 부분적으로만 신화적 언어를 사용하였다(예를 들어 707쪽 '복수의 여신들', 733쪽 '하데스는 디오뉘소스다'). 또는 상징적인 포장을 씌웠다(예를 들어 655쪽 이하). 신들이나 영웅들 대신에 당대의 성공한 인물들(칠현인)을 보편적 진리의 보증으로 인용함으로써 신화의 세속화가 일어난다: 449~453쪽.

4.3 기적에 대한 입장

4.3.1 본래적 기적: 기적은 서사시에서 신들에 의해 일정한 한계 내에서 발생한다: 128~137쪽. 계몽적 입장에서 기적을 거부했던 (646쪽 이하) 헤카타이오스조차 기적적인 사건을 언급하고 있다: 646쪽(단편 15), 858쪽. '신이 하고자 하는 모든 일은 불가사의하다'(박퀼리데스, 기원전 468년). '많은 기적들이 있다'(핀다로스, 『올림피아 찬가』 1번 28행, 기원전 476년).

먼 나라의 기적: 90~94쪽(『오뒷세이아』), 454~457쪽(아리스테아스), 910~913쪽(핀다로스).

시모니데스의 이야기에서 기적에 대한 비(非)서사시적 언급: 586~592쪽. 박퀼리데스에서: 838쪽 각주 23번.

4.3.2 기적의 대체물: 이뷔코스는 더 이상 본래적 의미에서의 기적이 아니라, 기술에 의한 기적 같은 업적을 노래한다: 534쪽. 헤카타이오스는 힘겨운 과제의 놀랍도록 재치 있는 해결에 관해 이야기한다: 644쪽. 카론에서: 650쪽 이하.

4.4 자연과학적 사유

4.4.1 일반론: 자연과학적 사유에 대한 강력한 단초는 헤시오도스이다: 130쪽 이하(질병들은 인간을 에워싸고 있다가 '자발적으로'으로 인간을 덥친다). 225쪽 각주 22번(기상학적 변화에 대한 분석과 기상학적 변화가 동식물과 인간에게 미치는 여러 가지 영향들). 230쪽(북풍의 길).

기원전 5세기 초에 시작된 새로운 경험주의의 움직임: 638~645쪽. 그 가운데 알크마이온은 심장이 아니라 뇌가 생명현상의 중심임을 발견한다: 637쪽. (이는 잘못된 결론을 이끌어냈지만, 후상고기의 자연과학적 실험이다: 638쪽 각주 5번). 사변적 철학에 미친 자연과학적 영향: 481쪽 이하([2.3.3]을 보라). 예를 들어 다수의 세계에 대한 단초: 495쪽(아낙시만드로스). 생명은 최초에 수중에서 형성되었다: 494쪽, 623쪽(아낙시만드로스와 크세노파네스). 행성궤도: 187쪽 각주 13번, 502쪽. 태양의 영역 혹은 황도: 493쪽 각주 23번, 674쪽. 일식에 대한 설명으로 등장한 태양접시: 400쪽 각주 9번, 717쪽. 파르메니데스의 달 형태변화에 대한 올바른 설명: 677쪽.

4.4.2 도식성: 기하학적으로 구성된 지구라는 생각의 정초: 641쪽(헤카타이오스), [4.7.4]를 보라. 천체의 크기와 거리에 대한 정초: 493쪽(아낙시만드로스).

4.4.3 자발적 생성인가 창조인가? 헤시오도스와 이후 철학자들에 따르면 세계는 자발적으로 생겨났다. 헤라클레이토스에 따르면 만들어진 것이 아니라 이전부터 존재하였던 것이다: 715쪽. 크세노파네스에 따르면 문명은 과거 신들에 의해 한꺼번에 인간에게 주어진 것이 아니라, 인간들이 시간을 갖고 천천히 더 나은 것을 찾아낸 결과이다: 622쪽.

원시적으로 생각했던 페레퀴데스에 따르면, 제우스, 크로노스와 크토니에(심연)은 늘 존재하였으며, 제우스가 크토니에를 지구로 만들었다. 제우스는 직물에 수를 놓듯이 오케아노스를 그 위에 그려놓았고 지구의 주변에 둘러놓았다: 458쪽. 헤시오도스에 따르면 제우스는 여성들의 어머니인 판도라를 만들었다: 212쪽. 세모니데스는 여러 가지 여성들의 유형을 신들이 창조하였다고 설명하였다: 380~387쪽.

4.4.4 자연의 합법칙성을 인간 삶에 유추 적용함: 자연에 작동하는 논리와 법칙성

이 동일하게 인간 삶에도 적용된다는 전제 하에(237쪽 각주 32번), 솔론은 폭풍의 원인과 결과 사이의 관계를 사회정치적 책임에 대한 논변에 적용하였다: 430쪽. 또한 모든 죄는 속죄를 반드시 받아야 한다는 것을 그와 같은 방식으로 설명하였다: 442쪽. 동일한 기후현상이 인간 세계에 적용된 예를 이미 서사시에 나타난 비유들에서도 볼 수 있으며, 이를 논증으로 사용하는 단초를 『일리아스』제2권 396행 이하에서 발견할 수 있다: 80쪽 이하.

핀다로스는 동물의 개별 종마다 고유한 성질을 갖는다는 것으로부터 인간종족의 동일성을 추론하였다: 809쪽 이하. 또 다른 곳에서 핀다로스는 이와 반대로 논의하길, 동일한 토지와 나무도 해마다 때로는 좋은 결실을 내기도 하고 때로는 좋지 못한 결실을 낸다는 사실로부터 동일한 집안에서도 세대마다 고귀한 소질이 뚜렷이 나타나기도 하며, 나타나지 않을 때도 있다고 주장하였다: 876쪽 이하, 929~931쪽. 동물종과 인간종의 비교에 관하여서는 아래의 [4.5.3]을 보라.

4.5 분류와 위상

4.5.1 친연성의 상징을 통한 사태의 공속성: 이와 관련하여 헤시오도스의 『신들의 계보』는 아주 많은 예를 제공해준다. 『신들의 계보』에 제시되어 있는 넓게 갈라져 있는 가족관계도는 세계와 삶을 분석하는 도구를 제공해주고 있다: 183~189쪽. 다양한 부모 자식 관계가 제시되어 있다. 다수의 사물(자식)이 하나의 상위 개념 (부모)에 수렴되거나, 아니면 부모와 자식이 원인과 결과로 맺어져 있다: 188쪽. 신에게 봉사하는 투쟁력과 저급한 투쟁력은 서로 다른 출처를 갖는다: 183쪽과 188쪽. 이로운 바람들과 해로운 바람들도 서로 다른 출처를 갖는다: 189쪽 각주 19번. 동일한 이름을 갖는 자매로 에리스는 좋은 에리스와 나쁜 에리스로 추후적으로 갈라진다: 208쪽 이하. (하지만 헤시오도스는 장소에 따른 분류도 상징으로 사용한다. 즉 타르타로스를 모든 부정적 힘들의 거처로 삼았으며, 존재와 무의 경계를 지상세계와 타르타로스의 경계로 상징적으로 표현했다: 188~195쪽).

헤시도오스 이전에도 그리고 이후에서 혈연에 따른 친연관계는 다양하게 사용되었다. 예를 들어 모든 강물들은 오케아노스를 아버지로 갖는다. 헤시오도스에서는: 187쪽 각주 14번. 아쿠실라오스에서는: 648쪽. 무사이 여신들은 고대로부터 제우스의 딸들로 불렸다: 441쪽 각주 34번. 많은 세계힘들은 신들의 '딸들'로 불렸다. 예를 들어 114쪽 이하, 237쪽 각주 32번, 337쪽, 894쪽, 896쪽, 928쪽. 객관적으로 서로 연관된 세계힘들은 '자매'로 표현되었다: 237쪽 각주 32번, 894쪽.

4.5.2 동일자의 표출양식에 따른 다양성: 이원론적 세계상(아래의 [4.7.4]를 보라)은 모든 성질들을 이것 아니면 저것의 두 가지 기본속성에 귀속시킨다. 이 두 가지 기본속성은 이런 방식으로 다양한 현상 형태를 가지며, 이때에도 각자의 동일성을 상실하지는 않는다. 이 모든 것을 파르메니데스가 가상세계의 체계를 위해 분명히 밝히고 있다: 671~674쪽. 다른 모든 체계들에서도 이런 세계상은 자명한 것으로 전제되어 있다: 489쪽(탈레스?), 491쪽(아낙시만드로스). 헤시오도스에서는 부정적인 것의 현상 형태들: 188쪽 이하. 파르메니데스에서는: 687쪽 각주 43번.

    자연 질서, 생명 질서와 도덕적 질서 등은 독립적인 체계가 아니라 다만 한 가지 전체 질서의 변형일 뿐이다: 230쪽, 237쪽 각주 32번, 482쪽, 721쪽 이하. 파르메니데스에서는 그러므로 '정의 themis, dike'라는 질서가 다양한 영역에 적용된다: 657쪽 이하, 663쪽, 665쪽(단편 8, 32행). 또한 [2.3.3]과 [5.1.2]를 보라.

4.5.3 동물 구분에 따른 인간 구분: 인간의 인물유형과 행동유형이 다양하여, 사람들은 특정 성격과 행동을 명확한 표증을 갖는 것으로 생각되는 동물을 통해 구분하였다. 이런 유형학은 서사시의 동물비유에 사용되었다: 76~80쪽. 헤시오도스의 우화: 221쪽 이하. 아르킬로코스: 267~270쪽. 세모니데스: 389쪽. 세모니데스는 동물유형에 따라 가장 체계적으로 인간유형을 구분하였다. 8명의 여자 유형을 8개의 상이한 동물을 통해 설명하고 있다: 380~384쪽. 이때에 어떤 것은 실제 인간유형이라기보다 동물유형에서 가져온 것이다: 386쪽.

4.5.4 현실적 사태에 신화적 유비를 적용하다([4.2.1]을 보라). 실제 일상에서 발생할 수 있는 모든 사태에 대하여 신화는 근원적 형태를 제공한다: 906쪽 각주 1번. 전래된 유형비유를 되살려 문학은 현실을 해명하고 치장하는데 사용하였다. 과거의 인물들과 사건들은 높은 권위를 갖고 있기 때문이다: 808쪽 각주 1번, 905쪽.

4.6 개인, 사물, 요소가 힘의 담지자로 이해되다. 세계힘으로서의 특별한 능력
([4.7]을 보라).
4.6.1 힘의 장으로서의 개인: 『일리아스』에서 개인은 외부와 구별되는 내면세계를

가진 존재로 이해되지 않았으며, 다만 열린 중력장과 같은 존재로 여겨졌다. 중력장이 미치는 범위 내에서 뚜렷한 제한 없이 외계와 구별되었다. 개인에 작용하는 힘은 제한 없이 개인에게 열려있었다: 146~149쪽. 신들로부터 오는 영향에 대하여서도 열려있었다: 125쪽 이하, 140쪽 이하, 146쪽. 개인에 대한 이런 이해는 이후 다양한 방식으로 제한되었지만(『오뒷세이아』에서 그러하다: 164쪽. 아르킬로코스는 자신이 마치 둘둘 말린 고슴도치처럼 자신이 대결해야 하는 외부세계를 향해 가시를 곧추 세우고 있다고 생각했다: 254쪽 이하.) 그러나 여전히 과거의 생각은 남아 있었다: 480쪽 이하. 아래의 [5]를 보라.

두 가지 주목할 만한 사항: 시선은 능동적 투사로 이해되었다: 890쪽 각주 22번. 사랑이 미치는 중력장 내에서 사랑의 자리는 사랑하는 사람의 감정이 아니라, 힘을 뿜어내는 개인으로 여겨졌다: 332쪽, 528쪽, 834쪽 이하 각주 21번.

인간의 덕과 악덕은 친구와 적에 대한 행동에 따라 결정된다: 예를 들어 442쪽(솔론의 단편 1, 5행). 또한 타인이 그에게 하는 행동에 따라 결정된다: 578쪽(시모니데스, '그를 나는 칭송하고 사랑한다'). 또한 그가 얻은 명성에 따른다: 845쪽(핀다로스가 크로이소스와 팔라리스에 대하여). (아르킬로코스는 이에 반해 자신과 자신의 친구들에게 죽음 후에는 아무런 명성이 없을 것이라 하였다: 254쪽).

4.6.2 힘의 담지자로서 사물: 문학에서 언급되는 대상들([3.1.2]를 보라)은 대체로 단순한 대상물이 아니라, 힘과 능력의 담지자들이다(서사시에서는 종종 별칭이 덧붙여진다: 64쪽). 서사시에서는: 72쪽 이하(54쪽을 또한 보라), 111쪽 각주 21번, 125쪽 이하, 201쪽(방패장면, 화살장면). 더 나아가: 331쪽 이하(사포의 단편 2와 단편 81), 350쪽 이하(알카이오스, 무기 창고 = 전쟁), 609쪽(크세노파네스의 단편 1, 4행, 포도주에 대한 명랑함), 656쪽 각주 7번, 657쪽 각주 9번(파르메니데스), 839쪽 이하, 846쪽(핀다로스, 황금의 뤼라). 특히: 249쪽(아르킬로코스의 단편 2, 창). 또한 549쪽: 머리카락의 의미에 관하여.

4.6.3 철학 체계에서 역동적으로 이해된 요소들: 제시된 원리들이 '공허'와 '밤'(헤시오도스), '빛'과 '어둠'(파르메니데스), '따뜻함'과 '차가움'(아낙시만드로스)과 같은 이름이 아니라, '대지'(헤시오도스), '물'(탈레스) 혹은 '바다'와 '불'(헤라클레이토스)과 같은 명칭을 가질지라도, 이것들은 단순한 재료가 아니라 어떤 특정한 힘

과 성질과 존재유형이다: 387쪽, 488쪽 이하. 심지어 '수' 또한 피타고라스학파에 의하면 역동적으로 이해되었으며, 수가 수행하는 무언가를 가리킨다: 512쪽. 또한 [4.7.4]를 보라.

4.6.4 자립적이고 신적인 힘으로 이해된 특정 세계힘들과 생명력: 세계힘들: 892쪽 이하. 서사시적 서술의 일면적 문체경향은 개별적 존재로서의 신들에 대하여 세계힘들을 후퇴시켰다. 그러나 세계힘들이 모두 배제된 것은 아니다: 111~116쪽. 헤시오도스는 세계힘을 더욱 심도 있게 다루고 있다: 178쪽 이하, 182~193쪽, 220쪽(염치와 응보). 핀다로스: 892~902쪽. 그 밖에 예를 들어: 202쪽 이하(방패 장면), 298쪽 이하와 476쪽 이하(알크만), 656쪽(헬리오스의 딸들), 674쪽 이하(파르메니데스). 각각의 세계원리들 가운데 예를 들어 무사이 여신들: 175쪽 이하, 195쪽 이하(헤시오도스), 348쪽(사포), 478쪽 각주 4번(알크만), 797쪽 이하와 809쪽 이하(핀다로스). 카리스 여신들: 834쪽 각주 21번(헤시오도스), 300쪽(알크만), 333쪽, 337쪽(사포), 816쪽(핀다로스). 아테: 112~116쪽. 페이토: 553쪽(아나크레온), 870쪽(핀다로스). 튀케: 813쪽 이하(핀다로스), 디케: 221쪽(헤시오도스), 417쪽(솔론). 고요함: 922쪽 이하(핀다로스). 세계원리로서의 신들: 106~112쪽(서사시), 599쪽 이하(시모니데스).

사태에 대한 고찰에서 화자는 세계힘에 관해 새로운 무엇을 이야기한다: 115쪽 각주 24번(서사시적 연설). 또는 화자는 세계힘 일반을 발견한다: 207쪽 이하, 234쪽(헤시오도스, 11행 이하와 764행).

장군의 신호는 세계힘인 '에리스'의 하강과 외침을 통해 전해진다: 118쪽 이하 (『일리아스』). 핀다로스는 태양신 헬리오스에게 요청하지 않고 세계힘인 '태양빛'에게 청한다: 889쪽 이하.

신들의 딸들인 세계힘들과 그 친연관계의 것들: [4.5.1]을 보라.

4.7 대립에 대한 사유와 지각

4.7.0 개괄: 양극적 (절대적, 혹은 극한적, 극단적) 대립항의 상호작용은 초기 그리스(특히 상고기) 사유와 감정에 결정적인 역할을 하였다. 가치 혹은 성질 일반은 오로지 그 대립물과의 관계에 의해 결정된다: 99쪽. 어떤 가치에 대하여 사태의 본성상 대립항이 포함되어 있다: 698쪽 각주 10번. 예를 들어 정의는 그에 대립하는 악

덕으로서의 불의가 존재할 때만이 가치로서 인정받는다. 성질에 대하여 예를 들어 냉온의 대립은, 더 따뜻한 것과 덜 따뜻한 것의 (물리학적으로 보다 올바른 표현인) 대조보다는 훨씬 쉽게 받아들여진다: 622쪽. 예를 들어 현실을 살아가는 인간은 적과 동지를 동시에 가지고 있음이 상고기에 있어 당연한 일이다.

4.7.1 여러 양태: 그러므로 사유는 거듭해서 대조적인 양태로 작동한다. 불멸하고, 천상에 살고, 축복받고 자유로운 신들은 특히 사멸하고, 지상에 살며, 불행하고 구속된 인간들과의 대립물로 여겨진다: 99~102쪽, 152쪽(서사시), 578쪽(시모니데스), 875쪽(핀다로스). 더 나아가 신적인 지혜는 인간적인 어리석음과 대조된다: 377쪽 이하(세모니데스), 709쪽 이하(헤라클레이토스). 신적인 절대성은 인간적 한계성과 대조된다: 298쪽 이하(알크만), 569~577쪽, 585쪽 이하(시모니데스), 615~623쪽(크세노파네스), 636쪽(알크마이온), 875~882쪽(핀다로스) 등등. 신들은 그 모든 냉정함에 있어 분명한 대조를 유지한다: 210쪽 이하(헤시오도스). 신들의 질투는 인간들을 구속한다: 882쪽 이하(핀다로스).

낙원의 삶에 대한 과거의 표상들은 인간의 불행과 대조를 이룬다: 214쪽(헤시오도스). (가상적) 희망의 봉쇄와 (실질적) 고통의 자유로운 횡행: 215쪽(헤시오도스). 생계를 위한 삶을 사는 인간과 고귀한 것을 위해 사는 인간: 177쪽 각주 2번(헤시오도스, 목동과 시인), 909쪽 각주 8번(핀다로스). 전쟁 그림에 대조되는 평화의 양태: 201쪽(헤라클레스의 방패). 결혼식 노래에서의 양태: 316쪽 이하(사포). 테티스와 헬레네: 370쪽(알카이오스). 『오뒷세이아』의 연설부분에서 페넬로페와 클뤼타이메스트라, 텔레마코스와 오레스테스. 아테와 용서의 신 사이의 대조: 112~116쪽(『일리아스』의 연설). 시인의 운명은 노래되는 대상의 고통 속에 반영되어 있다: 924쪽(핀다로스). 합창시 가운데 종종 이런 것들이 언급되지 않고, 다만 이런 것들의 대립물들이 부정된다: 830쪽 각주 18번.

의지의 고무와의 실제적이거나 혹은 가상적인 대립: 279쪽 이하(칼리노스), 290쪽(튀르타이오스), 392쪽(밈네르모스), 763쪽 이하(테오그니스). 청춘과 삶의 기쁨의 조미료로서 노년과 죽음을 생각한다: 365쪽 이하(알카이오스), 378쪽(세모니데스), 395~399쪽(밈네르모스), 560쪽(아나크레온), 그리고 695쪽 이하를 비교하라(헤라클레이토스).

4.7.2 동일자 안의 대립적 힘: 포도주는 나쁘면서 좋다(테오그니스): 762쪽. 달콤하며 쌉쓸한 사랑(사포): 339쪽. 친구에게는 달콤하게 적들에게는 쌉쓸하게(솔론): 438쪽. 아폴론의 뤼라는 신들을 기쁘게 하고, 적들을 자극한다(핀다로스): 847쪽. 세계힘들은 그 대립자로 변화한다: 920쪽(핀다로스). 헤라클레이토스에서 비례중항이 양극단을 통합한다: 709쪽, 716쪽.

4.7.3 대립자로 전환된 결과로서의 삶: 상고기 인간들의 가변적 성격은 감정의 극단성을 오락가락한다: 아래의 [5.5]를 보라. 이에 상응하여 인간 삶이 극단적으로 변전하는 자연법칙에 순응한다고 보았다. 행복은 불행으로 바뀌고 또 불행은 다시 행복으로 바뀐다(또한 고전기 비극에서도: 소포클레스, 『트라키스 여인들』, 129~135행): 246쪽(아르킬로코스 단편 58), 261쪽 이하(아르킬로코스 단편 67과 단편 7), 440쪽(솔론, 63~76행), 813쪽 이하, 878쪽 이하(『이스트미아 찬가』 3번 17행 이하), 924쪽(핀다로스). 아래 [5.8]을 보라.

4.7.4 대립자들의 상호작용으로부터 생겨나는 세계구조와 세계사건
지구의 구조. 물은 대지에 상반요소이므로, 사람들은 대지를 감싸고 흐르는 오케아노스를 지구 전체의 끝이라고 생각했다: 187쪽 각주 13번, 400쪽. 이후 사람들은 지구를 두 개의 대립적인 부분으로 나누었다. 아시아와 에우로파가 그것인데, 이 둘은 해협으로 나뉘며, 각각은 다시 두 개의 거대한 강으로 양분된다: 641쪽, 817쪽 이하 각주 2번.
　철학에 나타난 양극적 세계원리 쌍: 물(바다)은 세모니데스(그리고 탈레스)에서 대립적 원리([4.6.3]을 보라)로 여겨졌다: 386쪽, 489쪽. 크세노파네스에 따르면 '모든 것은 대지와 물이다': 623쪽. 헤라클레이토스에 따르면 비례중항(707~711쪽)을 설정함으로써 양극적 대립은 배가된다(대지/물/불): 713~717쪽. 아낙시만드로스에게서는 '따뜻함'과 '차가움'이 세계원리다: 490~495쪽. 피타고라스학파에게는 '짝수'와 '홀수': 512쪽 이하. 빛과 밤(존재와 무, 앎과 오류)은 파르메니데스에 따르면 가상의 세계를 구성한다: 668~680쪽. 알크마이온에게서는 대립적 원리들이 물리적 세계의 구성요소들이다: 636쪽. 긍정적 세계(대지, 바다, 하늘)는 부정적 세계(공허, 타르타로스, 밤)에 대립한다. 이때 양측은 그 후손들과 동반자들을 내포한다. 헤시오도스의 경우: 186~195쪽. 그에게 있어 공허가 우선적인 것이다: 186

쪽 각주 12, 195쪽 이하. 알크만에게 있어 (폐쇄적) 확정과 (파괴적) 돌입: 298쪽 이하, 476쪽 이하. 이에 대하여 587쪽 각주 25번을 보라(시모니데스). 대립성은 헤라클레이토스에 따르면 세계와 삶의 근본원리이다: 693~705쪽.

4.7.5 대립자들의 사이 혹은 그 배후에서 무엇이 생겨나는가?: 헤시오도스는 낮과 밤의 '문턱'을 이야기한다: 190쪽. 또 존재와 무의 '문턱'을 긍정적 세계들의 근원으로 이야기한다: 192~195쪽. 아낙시만드로스에 따르면 대립의 근원은 '무한정자 – 무규정자'이며, 이로부터 대립들이 생겨나며 그곳으로 돌아간다: 490~500쪽. '무한정자 – 무규정자'는 중립적이다: 696쪽. 헤라클레이토스는 대립물들이 동일한 것의 양측면이라고 말한다: 694쪽 이하. 또한 신은 모든 대립적 사건들의 고정적 수행자이며 그 정수이다: 720쪽 이하.

4.7.6 대립쌍의 부분적 철폐: 대립물들은 아나크레온에게서 그 첨예함을 상실한다: 555쪽. 아낙시메네스에게서 대립적인 성질들 대신에 동일한 성질의 강도 차이가 등장한다(유일한 원소인 공기의 보다 높은 혹은 보다 낮은 밀도): 501쪽. 크세노파네스(보다 더 혹은 덜 달콤한, 저급한 단계에서 고급한 단계로의 문명 발전): 615쪽 이하. 시모니데스는(보다 더 혹은 덜 선한 인간): 576~582쪽, 602쪽. 알크마이온은 건강을 대립물들의 균형으로 생각했다: 637쪽. 파르메니데스는 '보다 더 혹은 보다 덜'이라는 사유로 진일보하여, 빛과 밤의 대립을 상보적 혼합으로 설명함으로써 어떤 것의 보다 많음은 다른 것의 보다 적음으로 상쇄된다: 671~680쪽. 하지만 파르메니데스 본인은 이런 사유를 잘못된 것으로 간주하였다.

5. 초기 그리스적 인간

5.1 개인

5.1.1 개인의 구조와 기능: 과거 개인에게 있어 육체와 영혼의 구분은 존재하지 않았으며, 물리적, 정신적, 영혼의 기관들은 '나'에 의해 직접적으로 관장되었다: 138~145쪽, 148쪽 이하. 육체와 영혼의 상태는 튀르타이오스의 단편에서도 분리되지 않았다: 290쪽. '계획'은 어떤 문턱을 넘어설 필요 없이 자동적으로 행동으로 옮겨졌다: 142쪽 이하. 따라서 '의지'라는 개념은 여기서 쓸데없는 것이 된다: 726쪽 각주

53번. 사태에 대한 앎은 서사시의 인간에게 여러 가지 사물로의 다양한 접근을 허용한다: 147쪽 이하. 서사시는 인간들을 전체적으로 유형화하였으며, 인간들은 그들의 본질이 요구하는 대로 당당하게 혹은 추악하게 그려진다: 153쪽 이하. 한편 아르킬로코스에게 나타나는 새로운 사실주의: 250쪽. 튀르타이오스는 스파르타 사람들에게 자신의 겉모습에 부합하도록 행동해야 한다는 과제를 부과하였다: 284쪽 각주 7번.

나중에 영혼은 살아있는 인간을 구성하는 하나의 요소로 되었다: 507쪽. 아나크레온은 그를 이끌어가는 영혼을 이야기한다: 556쪽. 이와 동일한 시대에 피타고라스학파는 영혼의 윤회에 관해 이야기한다: 506쪽 이하, 516쪽 이하. 헤라클레이토스에게 영혼의 존재는 자명한 사실이었다: 704쪽 이하, 723쪽, 728쪽 각주 55번. (영혼과 육체의 대립은 아니지만, 서사시에서는 싸움터에서의 능력과 회의장에서의 능력을 대립적으로 파악한다. 크세노파네스에서는 강인함과 지혜의 대립: 614쪽. 헤시오도스에서는 동물적 존재와 정신적 존재의 대립: 176쪽).

5.1.2 인간과 세계: 인간이 영혼을 갖게 된 이후에도 처음에는 외부세계에 대한 인간의 태도에 있어 본질적인 변화는 없었다. 인간은 계속해서 열린 중력장과 같은 존재([4.6.1]을 보라)로 여타의 중력장들 ([4.6.2]에서 [4.6.4]까지를 보라) 가운데 살아간다. 소크라테스의 시대에 이르러 비로소 인간은 기계적 자연과는 다른 도덕적 존재로 구별되기 시작했다. 그러나 우리가 이 책에서 다룬 시기가 끝날 때까지도 인간은 여전히 전체를 아우르는 질서에 편입되어 있었으며, 여기서 인간은 능동적인 역할과 수동적인 역할을 수행했다: 237쪽 각주 32번. 인간은 여전히 다른 모든 것을 지배하는 동일한 법칙에 순응하였다: 480쪽 이하. [2.3.3]과 [4.5.2]를 보라.

기계적 자연은 크세노파네스에게서 인간본성과 대립되는 것이 아니라 신과 대립되는 것이었다: 622쪽 이하. 헤라클레이토스에게서 마찬가지로 인간과 자연 사이의 대립은 존재하지 않았다. 다만 만물을 다스리는 로고스를 전혀 알지 못하는 인간과, 로고스를 파악하고 로고스와 교통하는 인간의 대립이 존재했다: 690~737쪽.

5.1.3 개별성: 서사시에서의 통합적 유형: 63쪽, 153쪽. 인간은 좋은 것이든 나쁜 것이든 탁월한 신적 명령에 따라 살아야 한다: 74쪽 각주 37번, 123쪽 각주 4번. 타고난 천성은 인간의 능력을 규정한다: 809쪽, 894쪽, 898쪽(핀다로스). 유전은 개

인에게 관철되거나 혹은 숨겨져 있게 된다: 932쪽 각주 23번(핀다로스). 개인의 본성은 인간에게 운명으로 작용한다: 727쪽(헤라클레이토스). '앎'으로서 이해되는 개별적 생각과 행동방식: 148쪽 이하(서사시). 따라서 이는 학습가능하다: 748쪽, 773쪽(테오그니스).

5.2 위대한 인간

5.2.1 우리가 말하는 이른바 위대함은 무엇인가? 어떻게 그것에 관해 말하는가?: 서사시는 '신과 같은' 등의 별칭들을 널리 사용한다. 서사시 이후에 이런 별칭들은 드물게 사용되었다. 사포는 결혼식을 하는 헥토르와 안드로마케를 신과 같다고 노래하였다: 321쪽. 혼인날에 찾아온 신랑은 위대한 인간들보다 위대하여 아레스와 같다: 321쪽. 그는 마치 신들과 흡사하게 보인다: 324쪽. 테오그니스 작품집에 담긴 격언에 따르면 평생 선과 악을 되갚는데 성공한 사람은 신과 같이 위대한 인간이다: 766쪽(솔론에 따르면 '친구에게 달콤하게 적에게 씁쓸하게': 438쪽). 아르킬로코스는 자신이 당한 고통을 고통으로 되갚는 탁월한 능력으로 유명했다: 254쪽 이하. 솔론은 최고 관직의 사심 없는 수행이 자신의 명성을 지켜줄 것이며, 이로써 모든 인간을 능가하게 될 것이라 믿었다: 422쪽. 사포는 아프로디테로부터 약속을 받는바, 그녀의 위대한 시적 재능은 사람들로 하여금 그녀를 영원히 기억하게 할 것이다: 348쪽 이하. 테오그니스는 확신을 가졌는바, 자신의 이름이 자신의 책으로 인해 모든 사람들에게 알려질 것이다: 747쪽. 헤시오도스는 자신을 목동이라는 저급한 존재를 넘어 높이 고양시켜 준 무사이 여신들의 소명에 대해 이야기한다: 176쪽. 알크만은 높은 문명의 사르데스 출신임을 자랑했다: 294쪽 이하. 아나크레온은 자신이 연애의 대가임을 자랑했다: 550쪽 이하. 크세노파네스는 공동체에 이익을 가져다주는 지혜(sophia)를 자랑했다: 614쪽 이하(칠현인sophoi의 위대함은 이에 반해 개인적인 삶에서의 성공에 있다: 450쪽 이하). 파르메니데스는 신들로 하여금 자신이 운명의 선택을 받은 자로서 대중들과는 멀리 떨어진 길을 걷는다는 것을 말하게끔 한다: 656쪽 이하. 또한 그에 의해 세상에 알려진 세계질서는 그 누구에 의해서도 더 좋은 세계질서로 대체되지 않는다는 것을 말하게끔 한다: 671쪽. 헤라클레이토스는 장님들 가운데 자신이 유일하게 눈 뜬 자라고 밝힌다: 691쪽 등. 테오그니스는 퀴르노스를 자기 시의 수신자로 둠으로써 퀴르노스에게 날개를 달아주었으며, 하여 소년의 이름은 그리스 세계 전체에 널리 퍼졌다. 시인은 퀴르노스가 이

에 대해 감사를 표할 것을 기대한다: 753쪽 이하(반대로 늙고 병든 알크만에게 합창대의 소녀들이 노래하고 춤을 춤으로써 그의 날개에 힘을 불어넣어준다: 297쪽). 박퀼리데스의 히에론 찬가는 독수리처럼 멀리 날아간다. 왜냐하면 히에론의 위대함이 매우 크고 무한하기 때문이다. 이와 유사하게 핀다로스와 박퀼리데스의 시에 나타난 다른 비유에서도 종종: 850쪽 각주 33번. 핀다로스에 따르면 히에론은 그의 승리로 그리스인들 가운데 누구도 누리지 못한 명예를 얻었다: 842쪽.

서사시는 개인들의 위대함을 다루는 고유한 문체를 갖고 있다: 64~69쪽, 153쪽. 그러나 이상적 인간은 『일리아스』와 『오뒷세이아』에서 서로 다르게 나타난다: 155~163쪽. 육체적 활력을 통한 위대함: [5.4.1]을 보라. 덕을 통한 위대함: [5.7]을 보라. 크고 큰 인간의 행운: [5.8.1]을 보라. 인간적 위대함의 허약함: [5.5.1]을 보라. 위대함의 척도로서 업적, 능력, 명성: [4.6.1]을 보라.

5.2.2 위대한 인간: 무조건적이고 배타적인 권력욕은 솔론에게 있어 극적으로 정적의 입을 통해 언급되며, 반면 솔론 자신은 정치적 목적으로서의 독재 권력을 부정한다: 421~427쪽. 테오그니스 문집의 일부는 위대한 인간을 칭송한다: 769쪽 이하. 선한 사람에 관해서는 [5.7.1]을 보라. 헤라클레이토스는 대중의 천박함에 대하여 그리고 민주주의의 무조건적 평등주의에 대하여 조롱과 비난했다: 690쪽, 725쪽, 729~733쪽. 반면 한 사람일지라도 그가 최고의 사람이라면 모두의 기준이 된다: 729쪽.

5.2.3 핀다로스의 이상과 위대함: 핀다로스는 인간의 위대함이 허망하다(아래 [5.5.1]을 보라)는 상고기적 인식을 아주 분명하게 갖고 있었지만, 그가 칭송한 남자들은 인간적 위대함에 대한 보다 근원적인 욕망으로 고무되어 있었으며, 신적인 것을 얻으려 노력하는 사람들이었다. 그 과정에서 몰락의 위험을 감수하였으며, 타협은 거부하였다.

5.3 소시민적 인간. 하층계급

5.3.1 소시민: 헤시오도스의 『일들과 날들』은 힘겹게 하루 양식을 구해야 하는 사람들의 지평 내에 머문다: 211쪽 이하, 223~228쪽. 또한 그런 사람들에게서 노동은 창피한 일로 여겨지지 않는다. 탁월함의 최고 목표는 (소박한) '재산'이며, 재산은 이를 이룬 사람에게 덕arete과 위업κῦδος을 부여한다(311~313행). 이런 사람

들에게 필요한 것은 부지런함과 지혜로움이다(289~298행). 더불어 정의로움(아래의 [5.6.1]을 보라)과 농부다운 점잖음이 요구된다(342~360행, 707~723행).

이오니아의 서정시는 7세기 후반부터 점차적으로 소시민적 수준으로 변질된다: 아래의 [5.4.4]를 보라.

테오그니스 문집에 담긴 격언들은 사회 상류층을 지향한 것임에도 불구하고 점차적으로 성향에 있어 귀족적이라기보다 오히려 소시민적으로 변한다: 784쪽 이하.

5.3.2 하층계급: 히포낙스의 엇박자 얌보스는 천한 행동을 하는 기괴한 영웅을 찾아낸다: 403~408쪽. 벼락출세는 아르킬로코스에게 있어 비난과 조롱의 대상이 되었다: 250쪽 이하. 또한 아나크레온에게 있어: 561쪽. 또한 테오그니스에게 있어: 752쪽 이하. 보다 수준 높은 삶의 예로 헤시오도스에게 있어 '위장'에 순종하는 사람들이 언급된다: 177쪽 각주 2번. 테오그니스에게 있어: 466쪽(486행). 핀다로스에게 있어: 909쪽 각주 8번.

5.4 생명력 (아래의 [4.6.1]을 보라)
5.4.1 투쟁적 생명력: '나는 타자와의 투쟁을 통해 강력해진다: 152쪽, 153쪽 이하(서사시). 서사시에 등장하는 신들이 갖는 전적으로 무제약적 생명력: 98~104쪽(하지만 후기 서사시에서 욕망의 야만적 표출은 이미 불쾌한 것으로 여겨졌다: 93~97쪽). 아르킬로코스에게 있어 생명력과 전투의 즐거움: 253~261쪽. 알카이오스에게 있어: 350~362쪽, 373쪽(그러나 한 번의 패배 이후에 평화체결: 359쪽). 히포낙스는 거친 싸움과 우악스러운 행태를 보여줌으로써 청중을 즐겁게 한다: 403~409쪽.

5.4.2 사포: 사포의 천성은 격정적이고 활기가 넘친다. 하지만 결코 투쟁적이지 않다: 338쪽. 그녀는 싸우지 않고 닥쳐오는 것에 순응하며, 이를 체험하였으며, 순수한 시를 통해 미화하였다: 346~349쪽, 398쪽. 사포가 활동했던 동아리의 친구들: 329~338쪽.

5.4.3 무해한 생명력: 다른 사람들의 기분을 상하지 않고 사람들은 식사 자리와 술자리에서 다른 사람들과 즐겁게 어울렸으며, 소년들 혹은 여인들과 사랑을 나누었

다. "법의 경계를 존중하면서 너를 기쁘게 하는 일을 하며 그것을 즐거라"(테오그니스, 794행 이하: 757쪽)(611쪽 각주 5번. 397쪽 밈네르모스) 등의 계율이 솔론에 의해 명시적으로 표명되었다: 415쪽 이하, 432쪽 이하. 솔론은 투쟁을 추구하지 않았다. 물론 투쟁을 회피하지는 않았다. 또한 투쟁을 잠재울 수단과 방법을 자기 단련과 사회적 평등에서 찾았다: 419쪽. 솔론의 건강한 생명력은 밈네르모스의 유약한 생명력과 대조를 이룬다: 410쪽 이하. 솔론의 엘레기는 삶의 자연적 단계를 열 개로 나눈다: 436쪽. 밈네르모스는 사랑의 욕망이 만족스럽게 충족될 수 있는 한에서만 삶은 살아갈 가치가 있다고 보았다: 393~399쪽. 시모니데스에게 있어 즐거움과 건강함이 없으면 삶은 살아갈 가치가 없다: 599쪽.

모두가 즐겁게 놀기 위해 술자리에서 갖추어야 할 태도에 대한 가르침: 760쪽 이하(테오그니스). 제대로 된 술자리에는 훌륭한 대화와 시낭송 또한 포함된다: 610쪽 이하(크세노파네스). 이에 대한 증거로 테오그니스 문집을 들 수 있다: 744~747쪽. 술꾼은 대단한 소망을 떠벌린다: 866~869쪽(박퀼리데스와 핀다로스의 술자리 노래로부터). 아나크레온의 사교 독창시들은 많은 사랑놀이들을 노래하고 있으며, 내용과 형식면에서 원숙한 상고기의 아름다움을 갖추고 있다: 543~560쪽. 아나크레온은 또한 도시에서 널리 알려진 인물들의 역설적 모습을 또한 묘사하고 있다: 561~564쪽. 합창시에서 노래와 춤이 어우러진 즐거움: 293쪽 각주 3번.

5.4.4 생명력의 쇠퇴: 7세기 후반 이오니아에서 시작됨: 375쪽 이하. (하지만 시모니데스에서 나타나는 생각의 진지함과 부드러움은 생명력의 쇠퇴와는 무관하며 오히려 새로운 등장한 일면적 인간이해와 관련된다: 603쪽 이하).

5.4.5 사랑(화자 자신의 입장에서): 성인남자의 소년에 대한 그리고 성인여인의 소녀에 대한 숭고한 사랑은 시대별로 상당한 차이를 보인다: 322~333쪽, 337쪽 이하, 344쪽(사포), 527~533쪽, 534~540(?)쪽(이뷔코스), 932쪽 이하, 797쪽(핀다로스, 사랑의 어조), 895쪽(핀다로스, 남녀 성별)

5.5 '하루살이'로서의 상고기적 인간

5.5.1 '하루살이' 인생: 상고기적 인간이 세계를 극단적 대립물의 놀이터로 해석했던 것([4.7]을 보라)과 마찬가지로, 그의 감정의 삶 또한 극단적 대립의 법칙에 지배

를 받는다. 그의 인생굴곡은 그의 정체성에 의문이 생길 정도로 그의 본질을 다른 성격으로 바꾼다. 상고기적 인간은 자신을, 신이 그에게 매일매일 주는 '하루'에 의해 만들어진 존재로 이해했다: 242~248쪽, 274~277쪽(아르킬로코스). 상고기적 인간은 의기양양한 자신감과 처절한 실패감의 양극단을 오간다: 262쪽(아르킬로코스), 924쪽 이하(핀다로스). 상고기적 인간의 심장은 오그라들었다 부풀어 올랐다 한다: 766쪽(테오그니스).

상고기적 인간은 그의 노력이나 본질의 무력함으로 인해 스스로를 허무한 존재로 생각한다: 876~878쪽. 또는 꿈속에 나타난 그림자로 이해한다: 924쪽 이하(핀다로스). 다가오는 불행은 알지 못한 채 환상 속에 살아간다: 214쪽 이하(헤시오도스), 377쪽 이하(세모니데스), 438쪽 이하(솔론), 875쪽, 929~933쪽(핀다로스). 상고기적 인간의 정신은 오류에 의해 혼란스럽다: 915쪽(핀다로스). 제우스로부터 인간들에게 그 어떤 징표도 주어지지 않는다: 930쪽(핀다로스). 보다 높은 세계힘은 우리에게, 우리를 신들에게 이끄는 어떤 길도 보여주지 않았다: 781쪽(테오그니스).

인간은 걱정에 대하여(338쪽 이하) 그리고 유혹에 대하여 무기력하다: 584쪽 각주 22번. 또 불운에 대하여(577쪽 ἀμήχανος συμφορά): 아래 [5.8.3]을 보라. 불운 가운데에서도 우선 바르게: 아래 [5.8.2]를 보라.

5.5.2 노고를 더는 수단: (a) 극복할 수 있는 참을성(태연함, τλημοσύνη)을 신이 주었으며, 이것 덕분에 사람들은 슬픔을 이겨내며 운명의 급격한 반전 가운데에서도 희망적 확신을 갖는다: 261쪽 이하(아르킬로코스). 서사시에서 오뒷세우스의 참을성은 사려 깊은 이성을 통해 마음의 흥분을 다스릴 수 있는 성격을 갖는다: 157쪽 이하. (b) 성쇠기복이 인생의 법칙임을 앎으로써 마음은 가벼워진다: 261쪽(아르킬로크스), 781쪽(테오그니스). 헤라클레이토스는 대립의 필연성과 본질을 인식함으로써 변화와 고통에 대한 명쾌하고 확신에 찬 태도를 갖는다: 703쪽 이하. 시모니데스는 인간이 가진 가능성이 협소함을 인식함으로써 지혜로운 자들도 어찌하지 못할 일이라면 인간들에게는 고려 대상이 아니라는 원리를 찾아냈다: 575~581쪽. (c) 감정의 극단적 변전을 완화함: 261쪽(아르킬로코스). 태연함을 잃지 않고 변화되는 상황에 유연하게 순응함: 245쪽(『오뒷세이아』), 882쪽(핀다로스). (d) 하루가 가져주는 기쁨에 즐거워하다: 880쪽 이하(핀다로스), 301쪽(알크만). 두 가지 시각으로 삶을 바라봄. 그날그날의 시각으로 그리고 먼 훗날의 시각으로: 863쪽(박

퀼리데스). (e) 합리적이며 탁월한 사람은 자신의 행운을 세상에 알리며, 자신의 불행을 숨긴다: 882쪽(핀다로스). 이와 유사하게 실제적인 이유에서: 781쪽(테오그니스, 355행 이하).

5.6 도덕성

5.6.0 문제제기: 양심이라는 것이 존재하지 않을지라도 (152쪽, 417쪽 각주 8번, 422쪽) 혹은 계명이 존재하지 않을지라도 인간의 도덕적 행동이 요청되고, 이것이 인간에게 최고의 가치라는 확신은 어디에 근거하는가? 감정적인 것인가 아니면 이념적인 것이가? 범례적으로 여기서 헤시오도스와 솔론의 생각을 간략하게 살펴보고자 한다.

5.6.1 헤시오도스의 예 (아래의 행수는 『일들과 날들』의 행수)
5.6.1.1 본능적 법 감정: 본능적 법 감정은 염치aidos(즉 규범과 한계에 대한 경외심)와 응보nemesis(합당한 행동규범의 위배에 대한 분노. '처벌'은 나중에 생겨남)라는 긍정적 개념과 부정적 개념의 쌍으로 대표된다. 이 두 가지가 인간계에서 사라지면 악에 대한 모든 방어수단이 사라진다: 218쪽, 223쪽. 생산적 노동에 대한 헤시오도스의 대단한 극찬([5.3.1]을 보라)은, 응보가 인간들과 신들로부터 게으른 자에게도 내려질 것이라는 생각과 연관되어 있다(289~311행). 맹세를 지키는 자, 정의로운 자와 선한 자는 '유복charis'을 얻을 것이다(190행 이하).

5.6.1.2 법의 객관적 강제성: 일반적인 생각에 따르면 법 자체에는 객관적 구속력이 담겨있다. 법은 현재 지켜지고 있는 세계와 생활 질서들 가운데 하나이다: 237쪽 각주 32번.

5.6.1.3 신들과 디케(법)는 규범의 실현을 돕는다: 제우스는 법의 수호자다: 207쪽. 제우스는 인간들에게 법을 주었으며, 이로써 서로가 서로를 잡아먹는 것은 오로지 동물들에게만 가능하다: 222쪽. 제우스는 그가 원할 때 법의 문제를 감독한다: 221쪽. 제우스의 딸, 처녀신 디케는 올림포스 신들로부터 경배와 존경(aidos에서 파생된 aidoie. [5.6.1.1]을 보라)을 받는다. 디케는 모든 잘못을 아버지에게 보고하여 이를 처벌하도록 한다(256~260행). 법(디케)은 궁극적으로 오만한 행동

(hybris: 타자와의 법률적 합의에 대한 상당한 위반)에 대하여 승리를 거둔다(217행). 디케는 뇌물을 받고 법률을 왜곡한 재판관에게 불행을 가져다준다(220~224행). 제우스는 올바른 판결이 내려지면 공동체를 치하하며, 한 개인이 잘못을 범하면 공동체 전체를 역병과 불행으로 처벌한다(225~247행). 맹세를 지킨 사람은 그 후손에 이르러서일지라도 상을 받으며, 맹세를 어긴 사람은 그 후손에게까지 죄를 받는다(282~285행). 30,000명의 관찰자들이 사방에서 눈에 띄지 않게 인간의 올바른 행동과 그릇된 행동을 감시한다(249~255행): 221쪽.

5.6.1.4 대항 세력: 그릇된 행동을 야기하는 욕망과 유혹을 이름하여 '오만hybris' ([5.6.1.3]을 보라)이라고 한다. 돈에 대한 욕심은 사람의 정신을 흐리게 하여 그 대립물인 염치aidos를 억압한다. 사람들은 폭력 혹은 '혀의 약탈'(거짓말)로 거대한 부를 획득한다(321~324행). 성적 욕망(328행 이하). '분쟁을 야기하며 남의 아픔에 즐거워하며 추악한 경쟁심'(분명 신들에게 봉사하는 경쟁심과는 다른)(195행 이하). 이와 유사한 이후의 목록들: 584쪽 각주 22번. 타락한 사회에서 권력이 법에 앞선다(202~212행). 주먹이 지배하고 악행을 저지르는 자들이 명예를 얻는다(190~192행): 219쪽 이하.

5.6.2 솔론의 예

5.6.2.1 본능적 법 감정: 본능적 법 감정에 대한 표현은 현재 남아있는 단편들에서는 발견되지 않는다. 무엇보다 단편 23, 20행 이하(423쪽)에서 '내 보기에 독재 권력을 행사하는 것은 옳지 않으며, 악한 자들을 선한 자들과 동등하게 취급하는 것도 옳지 않다.' 다른 한편 예를 들어 선한 질서에 대한 그의 칭송은 강한 감정을 담고 있다: 418쪽.

5.6.2.2 디케와 제우스가 법의 실현을 돕는다: 디케와 제우스는 '분명코'(419쪽) 규범의 실현을 돕는다. 디케(법)는 일어난 모든 일에 대해 침묵하며 지켜보는 증인이며, 이에 대한 처벌을 가져온다: 417쪽 각주 8번. 제우스는 분명코 나중이든 당장이든 행위자 혹은 그의 후손들에게 벌을 내린다: 442쪽 이하.

5.6.2.3 불의는 그 자체로 처벌받으며, 정의는 그 자체로 보상받는다: 불법적 행위

는 저주받은 실수(ate)에 기인하며, 아테는 파국의 순간에 자라난다(유사한 것을 헤시오도스는 그의『일들과 날들』215행 이하에서 언급한다): 441쪽. 반사회적 행동은 정치적 파국을 야기하며, 이는 모든 시민들의 사생활에까지 영향을 미친다: 417쪽 이하(아래 [5.8.4]를 보라). 좋은 질서는 모든 그릇된 욕망을 억압하며 모든 것을 정의롭게 만든다: 418쪽.

5.6.2.4 솔론의 개인적인 도덕성: 솔론의 개인적인 도덕성은 시간의 법정에서 그의 역사적 업적을 통해 확인되었다: 426쪽. 그는 최고관직을 비당파적으로 사심 없이 수행하였다: 421~427쪽. 그의 명예를 더럽히지 않기 위해 그리고 모든 사람들의 존경을 받기 위해: 421쪽. 솔론은 무사이 여신들에게 모든 사람들에게서 좋은 명성을 얻게 해줄 것을 소원했다: 441쪽 이하 각주 35번.

5.6.2.5 대항 세력. 오만: 438쪽(단편 1, 16행). '과잉'(우월감): 416쪽(단편 3, 9행과 단편 5, 9행). 탐욕: 416쪽(단편 3, 6행), 421쪽(단편 4, 4행), 437쪽(단편 1, 11행이하). 탐욕은 공적이고 신성한 재산에까지 손을 뻗친다: 417쪽(단편 3, 12행). 불의한 생각: 416쪽(단편 3, 7행). 무제약적 권력욕: 422쪽(단편 23, 1~7행).

5.6.3 다른 작가들에서 주목할 만 한 점들 ([5.7]을 보라)
5.6.3.1 긍정적: 모든 다른 능력과 탁월성과 비교했을 때 실제 전투에 참여한 전사가 보여주는 도덕적 탁월성의 표현: 632쪽(僞튀르타이오스). 덕arete의 본령인 정의: 774쪽 이하(테오그니스). 정의로운 사람은 다른 이들에게 오로지 선한 일만을 한다: 774쪽(테오그니스, 547행 이하). 악을 악으로 보복해야만 하는 생각에 대하여: 749쪽(테오그니스, 59행 이하). 누구도 괴롭히지 않다: 779쪽(테오그니스, 1153행 이하). 덧붙여 [5.4.3]을 보라. 합당하게 그런 말을 들을 경우가 아니라면, 적을 욕하지 않고 친구를 칭찬하지 않는다: 773쪽 이하(테오그니스, 1079행 이하).

5.6.3.2 부정적: 절박함은 아무리 그러지 않으려 해도 가난한 사람을 거짓말하도록 강요하며 싸울 수밖에 없게 만든다: 583쪽(테오그니스). 안정된 삶을 사는 인간들과 재앙에 대면한 민족들에게는 그들의 태도에 동일한 기준을 적용할 수 없다: 780쪽(테오그니스, 235행 이하).

5.7 덕, 선한 인간과 악한 인간. 아름다움과 추악함

5.7.1 전형적인 정의: 인간적 덕의 다의적 개념(774~781쪽. [5.2]를 보라)에 대하여 네 가지 전형을 확인할 수 있다.

(a) 덕 arete은 우선 전쟁에서의 능력을 의미한다: 287쪽(튀르타이스, 단편 8, 14행), 629~633쪽(僞튀르타이오스), 774쪽(테오그니스, 867행 이하). '훌륭한 사람'는 전몰용사에 대한 명예로운 호칭이다: 597쪽(시모니데스), 880쪽(핀다로스).

(b) 덕(덕에 따르는 마음)은, 자신의 탁월함과 신들의 은혜 덕분으로 성공에 이른 사람이 가진 것이다: 223쪽(헤시오도스). '성공한 사람은 누구나 행복할 것이고 성공하지 못하는 사람은 누구나 불행할 것이지만 신들이 사랑하는 사람이 가장 행복하고 훌륭하다.': 577쪽(시모니데스). 모든 사람은 실패에 내던져져 있으므로 모두 불행하다: 433쪽(솔론). 오로지 신들만이 행복하다: 577쪽(시모니데스). '불운에 의한 불행'에 대하여: 아래의 [5.8.2]를 보라.

(c) 덕은 '아름다움에 대한 열정'으로 정의되며(모든 고귀하고, 위대하고 섬세한 것들에 대한 열정), 물론 그것을 현실에서 실현할 수 있는 능력을 전제한다: 776쪽(테오그니스와 핀다로스).

(d) 덕을 도덕적으로 이해했을 때 지탄받을 것들을 멀리한다는 의미에서 정의로움이다: 775쪽 이하(테오그니스, 1177행 이하와 145행 이하). 나쁜 사람들은 천하게 행동하며 동포들의 권리를 침해하며 나쁜 말을 꾸며낸다: 773쪽(테오그니스, 307행).

(e) 형용사로 쓰이는 단어들에 관련하여: '좋은 사람들'과 '나쁜 사람들'은 상류층(권력을 장악한: 748쪽, 테오그니스, 34행 이하)과 (교육을 받지 못하였으며 신뢰할 수 없는) 하층을 가리킨다: 424쪽(솔론), 747~752쪽, 765쪽, 778쪽(테오그니스). 또한 287쪽 이하(튀르타이오스 단편 8번에 나타난 지위상실에 관하여).

5.7.2 시모니데스의 원리: 574~586쪽. '선함'에 이르고 '선함'에 머무는 것은 누구에게도 불가능하다. 따라서 건강한 남자들로서 영리하고 능수능란하게 처신하며 공동체를 진작시키는 정의를 이해할 수 있는 극히 소수들만이 사랑받고 존경받아야 한다. 상당히 영리한 사람도 피할 수 없는 실패(b 유형), 피하려 했지만 저지른 비도덕적 행동(d 유형)은 이에 포함되어서는 안 된다(후자에 관하여: 871쪽 핀다로스).

5.7.3 이와 관련된 몇 가지: 덕은 지속되지만, 부는 여기서 저기로 옮겨간다: 437쪽 이하(솔론). 대부분 사람들의 판단에 따르면 재산은 유일한 덕이다: 775쪽(테오그니스). 오로지 소수만이 덕과 아름다움을 소유한다: 775쪽(테오그니스, 933행 이하). '선하고 아름다움kalokagathos'에 관하여: 439쪽 각주 33번. 덕(유형 b)은 과도한 추구를 피함으로써 얻을 수 있다: 778쪽(테오그니스). 영리함(혹은 지혜로움)과 덕은 최고의 목표이다: 755쪽(테오그니스). 실질적인 영리함은 위대한 덕보다 효과적이다: 769쪽 이하(테오그니스). 인간은 운명이 가져다주는 혜택과 신들이 베푸는 선의 이외의 다른 덕을 바라서는 안 된다: 779쪽(테오그니스). 인간은 덕에 의한 혹은 재산에 의한 명성을 바랄 것이 아니라 다만 행운을 바라야 한다: 779쪽(테오그니스).

(도덕적인) 추악함은 필연적으로 타고나는 것이 아니라 악한 자들과의 교류에 의해서도 얻어진다: 773쪽, 748쪽(테오그니스)와 비교하라.

시모니데스는 조심스러운 마음으로 덕에 관해 이야기한다: 585쪽 각주 24번. 핀다로스에 따르면 덕은 추종자를 얻기 위해 당대와 후대 사람들에게 인정을 받아야 한다: 907쪽. 덕의 단일성에 관한 물음: 630쪽 각주 1번. 핀다로스의 긍정적인 대답: 903쪽. 시모니데스에 따르면 선한 사람은 팔과 다리와 이성에 있어 딱 맞아떨어져야 하고, 어떤 허점도 없어야 한다: 575쪽.

5.7.4 아름다움과 추함: 『일리아스』에서 테르시테스는 생김새에 있어 추하고, 생각에 있어 창피스러운 존재로 그려진다: 153쪽. '아름다움'과 '추함'(어원적으로 '창피스러움'과 같음)이라는 형용사는 또한 도덕적 의미에서 선함과 악함을 나타내는 데 쓰인다: 284~289쪽(튀르타이오스). '사랑스러운 아름다움'이라는 말은 테오그니스에게서 도덕적 의미로 사용되었다: 746쪽.

'가장 아름다운 것'에 대한 사포의 물음은, 그것을 바라봄으로써 가장 많이 즐겁고 들뜨게 되는 대상을 향하고 있다: 344쪽 이하. 핀다로스는 '가장 아름다운 것'(『퓌티아 찬가』 1번, 86행)은 왕권을 가리킨다: 852쪽. 유사하게 솔론의 '최선의 것'은 권력과 재산을 의미한다: 423쪽 각주 12번. '아름다운 것들을 사랑하고 그것들을 얻음'(덕의 유형 c)에서 '아름다운 것들'은 모든 귀한 것을 포함한다. 핀다로스의 가치 있음과 가치에 대한 생각: 898~904쪽.

5.8 행복과 불행

5.8.0 핀다로스에서 행복의 표현 : 'εὐζοία', 'εὐαμερία', 'μείλιχος', 'αἰών', 'γλυκὺς βίοτος', 'ἀβρότας', 'εὐφροσύνα', 'εὐθυμία', 'ὄλβος'(ὄλβιος, μάκαρ, μακαρίζω), 'τέρψις'(τὸ τερπνόν), 'εὐδαιμονία', 'εὐτυχία'(Τύχα).

5.8.1 행복은 어디에 있는가? 행복은 다양한 방향과 우수함에서 찾아진다. 예를 들어 권력과 재산에서. 능력과 업적에서(복수는 가슴을 확장시킨다: 767쪽 테오그니스, 362행. 성공적인 업적은 사람을 기쁘게 한다: 924쪽 핀다로스), 영향력에서(추방당한 알카이오스는 민회와 의회를 그리워한다: 356쪽), 또는 명성에서. 솔론은 신들의 축복, 명성, 친구와 적들이 느낄 수 있는 자신의 능력, 재산, 이 네 가지 사물을 기원한다: 437쪽. '빛나는 성공과 사람들의 칭송 이 두 가지를 가진 자는 모든 것을 가진 것이다': 898쪽 이하(핀다로스). [4.6.1]과 [5.2]를 보라.

　혹은 덕을 가짐으로써: [5.7]을 보라.

　혹은 생명력의 발산에서, 사람들과 어울리는 축제에서(잔치는 핀다로스에 따르면 '삶의 향유라는 신성한 꽃'이다: 910쪽), 아름다운 활동에서(사포는 이런 것들을 단편 94에서 그녀의 친구에게 상기시킨다): 330쪽 이하. [5.4]를 보라.

　혹은 다음 네 가지를 소유한 영주가 누리는 가정사에서. 즉 아이들, 말들, 사냥개들, 멀리서 찾아온 손님들(즐거운 대화를 나누고, 바깥세상의 소식을 듣기 위해 찾아온): 433쪽(솔론). 혹은 행복한 결혼생활에서: 381쪽(세모니데스).

　혹은 인간 운명의 기복성쇠를 보면서 얻는 겸손한 마음에서. '하루를 눈물 없이 마감할 수 있는 자는 행복하다': 301쪽(알크만). 다만 고통의 부재에서: 779쪽(테오그니스, 1153~1156행). [5.5.2(d)]를 보라.

5.8.2 불행: 인간에게 닥쳐오곤 하는 불행의 목록: 377쪽 이하(세모니데스). 불행으로서의 노년: 393~397쪽(밈네르모스). 가난과, 가난이 가져오는 절망은 끔찍하고 무엇과도 비교할 수 없는 고통이다: 366쪽(알카이오스), 583쪽, 752쪽 이하, 759쪽, 764쪽(테오그니스). 불행은 우리의 사고와 생각을 마비시킨다: 246쪽(아르킬로코스). 가난의 절박함은 정의로운 사람마저 그의 의지와 무관하게 죄를 범하게 만든다: 582쪽(테오그니스). 불행은 창피한 일이다. 왜냐하면 불행은 우리를 작고, 하찮고, 무력하고, '볼품없이' 만들어버린다: 576쪽, [5.7.1(b)]를 보라. 시모니데스

에 이르러 비로소 자기 책임이 아닌 불행은 오명을 가져오지 않는다: [5.7.2]을 보라. 서사시에서 사후 명성은 불행을 통해 얻는 것이다: 29쪽(『일리아스』).

5.8.3 신들과 세계힘들의 선물로서 행복과 불행: 제우스는 고통과 행복을 나누어 준다: 213쪽(『일리아스』), 더불어 882쪽 이하(핀다로스). 서사시에서 인간의 행동과 생각에 비치는 신들의 영향: 117~137쪽. 서사시에서의 운명: 103~107쪽. '신들의 일'로서의 행복: 250쪽 이하(아르킬로코스). 헤르메스의 선물: 407쪽(히포낙스). 제우스는 사람을 높이기도 하고 낮추기도 한다: 208쪽(헤시오도스). 신들은 몰락시키기도 하고 성취하게도 한다: 246쪽(아르킬로코스). 우연과 운명은 인간들에게 모든 것을 준다: 245쪽(아르킬로코스). 제우스가 선물한 영광: 924쪽(핀다로스). 자신의 행복에 즐거워하는 사람은 신들의 질투에 대하여 자신을 지키고자 한다: 849쪽, 883쪽, 926쪽(핀다로스). 경쟁에서 승리를 가져다주는 자는 그 경쟁이 벌어지는 장소를 지키는 신이다: 921쪽(핀다로스). 혹은 디오스쿠로이: 803쪽 이하. 우리 인간의 노력은 성공을 보장하지 못하며 오로지 신들과 운명이 이를 결정한다: 443쪽(솔론). 타고난 운명은 늘 편차를 보인다: 894쪽(핀다로스, 『네메이아 찬가』5번, 40행). 엘레이튀이아(탄생)라는 세계힘은 한 소년에게 위대함과 명성을 부여한다: 894쪽(핀다로스). 튀케는 제우스의 딸이며 행복을 나누어주는 자이다: 813쪽 이하(핀다로스). 사람은 오로지 행복만이 필요하다: 779쪽(테오그니스, 130행)
　제우스는 인간들에게 영원히 고통을 부가했고, 인간들을 고통 속에 몰아넣었으며, 인간들에게 여인을 주었다: 210~216쪽(헤시오도스). 제우스는 모든 악들 가운데 최고의 악으로 여인을 창조하였다: 383쪽(세모니데스).

5.8.4 자기 잘못의 불행: 솔론은 아테네의 불행은 신들이 부여한 것이 아니라 시민들 스스로가 자신의 어리석음과 비사회적인 행동으로 자초한 것이라고 설명한다: 416쪽, 432쪽. 부의 허망함은 신들의 자의에 따른 것이 아니라 인간적 탐욕의 무절제에 의해 필연적으로 발생하는 것이다: 443쪽 이하. 핀다로스에 따르면 어떤 사람들은 자신이 가진 행복에 기대어 과장되고 헛된 행동을 하는 반면, 어떤 사람들은 소심함 때문에 그들에게 주어진 행복의 문턱에서마저 주저한다: 929쪽. 비도덕적 행동에 대한 결과로서의 불행 혹은 그에 대한 처벌로서의 불행: [5.6]을 보라.

그리스어 색인 B

ἀγαθός와 κακός : 색인 A 5.7
ἀθέσφατος 확정되지 않은 : 175쪽 각주 1번
αἰπύς (ὄλεθρος) 넘어설 수 없는 : 78쪽 각주 41번
Αἶσα : 298쪽 이하(알크만에서), 476쪽
αἰσχρός : 색인 A 5.7.4
ἀλκή : 299쪽 각주 11번, 632쪽 각주 6번
(ἐπ)ανθεῖν : 308쪽 각주 24번
ἀπάλαμνος : 579쪽 각주 17번, 580쪽 각주 18번
ἀπέδιλος : 299쪽 각주 10번
ἄπειρος : 491쪽 각주 22번, 529쪽 '끝이 없는'
ἀργαλέος : 758쪽 각주 18번
ἀρετή : 색인 A 5.7
ἀρίγνωτος : 563쪽
ἄρτιος: 419쪽(솔론), 512쪽 이하(피타고라스학파)
ἄτη: 112쪽 이하(서사시), 442쪽 이하 (솔론), 452쪽

βαστάζειν : 814쪽 각주 8번
βρέχειν, βρόχος : 883쪽 각주 14번

γαστρίμαργος : 888쪽 각주 18번
γελᾶν 속이다 : 749쪽 각주 8번

δημοβόρος (βασιλεύς) : 221쪽 각주 18번, 358쪽 각주 6번, 359쪽 각주 7번
δίκη : 656쪽 이하, 663쪽, 685쪽(파르메니데스)
δίκην διδόναι : 497쪽
διοτρεφής : 211쪽
δρηστήρ : 223쪽 각주 20번

εἰδέναι : 625쪽 이하와 각주 20번과 23번

εἶδος 표본 : 284쪽 각주 7번

ἔκπαγλος 분노하는 : 67쪽 각주 32번, 218쪽 (252쪽 참조)

ἐλπίς 공허한 희망 : 215쪽(헤시오도스), 377쪽 이하(세모니데스), 813쪽, 926쪽 각주 14번, 929쪽 이하(핀다로스)

ἐξίεσθαι (πόσιος καὶ ἐδητύος ἐξ ἔρον ἕντο) 자유롭게 풀어놓다 : 54쪽 각주 8번

ἐπάρουρος 땅 위에서 : 152쪽 22번

ἐπιλανθανόμενον : 702쪽 각주 15번 (마르쿠스 아우렐레우스에서 수동태로)

ἐφήμερος : 243쪽 이하, 301쪽 각주 15번, 760쪽(792쪽 참조), 769쪽, 883쪽, 926쪽 이하

ἡλικία : 879쪽 각주 11번, 933쪽 각주 26번

θέμις, δίκη, νόμος 세계질서로서의 : 색인 A 4.5.2

θέτις = θέσις : 476쪽 각주 2번(알크만)

ἱστορίη: 627쪽, 713쪽

καιρός : 아직 '적기'라는 뜻이 아닌: 829쪽 이하와 각주 14번

κακός : 색인 A 5.7

καλόν과 αἰσχρόν : 색인 A 5.7.4

Καστόρειον : 804쪽 각주 18번

κεκορυθμένα χαλκῷ (δοῦρε) : 849쪽 각주 32번

κεφαλή 개인 : 140쪽 각주 3번

κίνδυνος 외래어 : 443쪽 각주 38번

κινεῖσθαι 움직이다: 619쪽

κράτος, κρατερός : 144쪽, 921쪽 각주 2번

κῦδος : 145쪽

λοτοργός : 381쪽 각주 4번

λόγος : 662쪽, 690쪽 이하, 700쪽 각주 13번

μάρπτειν : 877쪽 각주 9번

μένος : 126쪽 이하, 140쪽 이하, 573쪽, 673쪽(DK28B11)

μετάστασις : 569쪽 각주 2번

μέτρον : 231쪽, 879쪽 각주 11번

μήδεσθαι : 144쪽 이하

μυχός 내적인, 배후의('구석' 아니라): 460쪽 각주 12번

ναυσίστονος 바다에서 싸우는 : 845쪽 각주 24번

νέμεσις, νεμεσσάειν : 153쪽, 색인 A 5.6.1.1

νόος, νοεῖν : 142쪽, 148쪽, 245쪽 이하, 573쪽(단편48D 1행), 579쪽 각주 17번, 619쪽 각주 12번

παρίστασθαι 와 προσίστασθαι : 678쪽 각주 36번

πάτος '길'이 아닌 : 658쪽 각주 10번

πείθειν, Πειθώ : 553쪽 각주 16반

πελάζειν 가져가다, 도달하다, '가까이 가다'가 아니라 : 664쪽 각주 16번

πέρας (πεῖρας) : 666쪽 이하(파르메니데스), 191쪽 이하(헤시오도스에서 존재와 비존재 사이의 '한계'와 '문턱') ἄπειρος: 491쪽 각주 22번, 529쪽 이하

πολύτλας : τλῆναι 를 보라.

Πόρος 세계힘으로 : 298쪽 이하(알크만에서), 476쪽 이하

πρόσσω καὶ ὀπίσσω : 863쪽 각주 49번

ῥαψῳδός : 32쪽 각주 20번(짜깁기 시인이 아니라), 731쪽 각주 58번(잘못 이해된 경우)

σοφός 삶의 지혜를 가진 : 451쪽 이하

σοφία : 599쪽, 614쪽, 756쪽 769쪽

σύνδικος : 846쪽과 각주 26번

συνείδησις : 417쪽 각주 8번

Τέκμαρ 세계힘으로 : 300쪽(알크만), 477쪽 이하

τέλος '현실' : 396쪽

τιμή 가치 있는 것의 가치 : 901쪽 이하(핀다로스)
τλῆναι, τλημοσύνη : 158쪽 이하, 색인 A 5.5.2(a)

ὑπέρδικος 법을 대표하는 : 912쪽 각주 15번

φίλος, φιλεῖν : 149쪽 이하(서사시), 746쪽(ὅττι καλόν, φίλον ἐστί 테오그니스)

χάος : 186쪽 각주 11번
χάρις : 223쪽 각주 26번(헤시오도스에서 γλώσσης χάριν)

ψυχή : 색인 A 5.1.1

핀다로스에서 '행운'을 뜻하는 단어들 : 색인 A 5.8.0
'의지'를 뜻하는 단어들 : 726쪽 각주 53번

인명 및 문헌 색인 C

인명 옆에 괄호는 편집자 및 출처를 의미한다.

갈레노스 Galenos (Kühn): *De sequela* 제11장과 제4장: 678쪽 각주 37번

데모크리토스 Demokritos (DK68): B195: 284쪽 각주 7번

디아고라스 Diagoras (멜로스의) (Sextus Epiricus, *Adv. Math.* 9, 53): 247쪽 각주 10번

디오게네스 Diogenes (아폴로니아의) (DK64): A12: 502쪽 각주 32번

롱고스 Longos: 『다프니스와 클로에』
  2, 4~5: 532쪽 각주 15번
  2, 7, 5: 555쪽 각주 19번

루크레티우스 Lucretius: 『사물의 본성에 관하여』
  1, 598행 이하: 706쪽 각주 18번
  3, 303행 이하: 853쪽 각주 39번
  5, 554~563행: 193쪽 각주 24번

루킬리우스 Lucilius: 1041행 이하: 552쪽 각주 14번

리비우스 Livius: 28, 27, 11과 38, 10, 5: 430쪽 각주 21번

마르쿠스 아우렐리우스 Marcus Aurelius: 702쪽 각주 15번

메난드로스 Menandros
  『심판관』 52~54행: 750쪽 각주 9번

『투덜이』 208~211행: 759쪽 각주 21번

멜리소스 Melissos (DK 30): B 8, 2~3행: 695쪽 각주 8번

무사이오스 Musaios (DK2): B2와 B7과 B14와 B15: 478쪽 각주 5번

밈네르모스 Mimnermos (Diehl): 391~402쪽
    『난노 모음집』: 398쪽 이하
    『스미르나의 노래』: 393쪽 이하
    『단편들』
        1: 547쪽 각주 8번, 393쪽 이하, 411쪽, 435쪽
        2: 395쪽 이하
        3: 397쪽, 411쪽
        4: 401쪽
        5: 397쪽
        6: 397쪽, 410쪽
        7: 397쪽
        8: 402쪽
        10: 400쪽
        11: 399쪽
        12: 392쪽 이하, 402쪽
        12a와 13: 393쪽 이하
        13Bergk: 393쪽 이하
        22Bergk: 399쪽

박퀼리데스 Bakchylides (Snell)
    일반적: 790쪽 이하, 838쪽, 866쪽
    『합창시』
        3: 856~864쪽
        3, 83행 이하: 611쪽 각주 5번
        3, 85행 이하: 874쪽 각주 3번

5, 14~37행: 850쪽 각주 33번

5, 187~193행: 233쪽 각주 26번, 252쪽 각주 14번

11, 15행: 922쪽 각주 4번

17 (Ἤιθεοι ἢ Θησεύς): 833~839쪽

18: 742쪽 각주 1번

『단편들』

4, 36~38행: 818쪽 각주 3번

14: 584쪽 각주 22번

20b: 866~867쪽, 565쪽 각주 24번

24: 209쪽

Ox. Pap. 2432: 584쪽 각주 22번

베르길리우스 Vergilius: 『아이네이스』 7, 713~715행: 508쪽

비아스 Bias: 450쪽

사포 Sappho (Lobel & Page)

1: 326쪽 이하

2: 331쪽, 328쪽 각주 19번, 341쪽 각주 35번

5와 15: 313쪽 이하

16: 344쪽 이하, 316쪽, 347쪽 각주 48번, 369쪽, 434쪽, 901쪽 각주 11번, 906쪽 2번

17: 335쪽 이하

24와 29(25)a: 398쪽 각주 6번

26: 337쪽

29(25)a: 398쪽 각주 6번

31: 324쪽 이하

34와 39: 335쪽

41: 338쪽

42: 335쪽

43: 337쪽

44: 320쪽 이하, 351쪽 각주 2번

47: 338쪽

49: 339쪽

50: 284쪽 각주 7번

53과 54: 337쪽

55: 348쪽

57: 339쪽

63: 343쪽

65와 66c와 87 (16LP와 연관하여): 348쪽

81: 334쪽

94: 330쪽 이하, 342쪽, 335쪽, 397쪽 이하

95: 328쪽 각주 19번, 342쪽

96: 334쪽, 340쪽

98: 315쪽, 847쪽 각주 27번

101: 335쪽

104a, b: 316쪽 이하

105a: 317쪽

105c: 317쪽, 347쪽 각주 47번

106: 318쪽

110: 319쪽, 329쪽 각주 21번

111: 318쪽, 329쪽 각주 21번

112: 318쪽, 325쪽 각주 16번

114: 310쪽

115: 318쪽

120: 337쪽

122: 333쪽

128과 129: 337쪽 이하

130과 131: 338쪽, 555쪽

132: 314쪽, 345쪽 각주 42번

134: 337쪽

135와 136: 334쪽

140: 337쪽

150: 348쪽

154: 337쪽

155: 339쪽 각주 33번

294: 336쪽

94 Diehl: 334쪽 각주 27번

93 Test. Bergk: 318쪽

98 Test. Bergk: 319쪽

세네카 Seneca: 『서간문』

22, 13~15: 576쪽 각주 13번

88, 13: 706쪽 각주 18번

세모니데스 Semonides (아모르고스의) (Diehl)

1: 377쪽 이하

2: 390쪽

3: 380쪽

4: 390쪽

5: 377쪽

6: 385쪽

7: 380쪽 이하, 390쪽 각주 15번

7, 21~42행 (땅과 바다라는 두 가지 원리): 387쪽 이하, 489쪽, 623쪽, 672쪽 각주 29번

7, 27~42행: 430쪽 각주 21번

7, 46행 이하: 712쪽 각주 31번

7, 73행 이하: 710쪽 각주 26번

8과 11과 12와 14와 15와 20과 21: 398쪽 이하

29 (세모니데스의 것이 아닌): 389쪽 각주 14번

섹스투스 엠피리쿠스 Sextus Empiricus: *Adv. Math.* 7, 49~52와 100: 627쪽 각주 23번

소크라테스 Sokrates: 481쪽 이하

소포클레스 Sophokles
  『안티고네』
    77행: 726쪽(신적인 질서)
    701~704행: 777쪽(전형적 논증)
    738행 이하: 528쪽(사랑의 자리)
  『엘렉트라』
    688행: 829쪽 각주 15번(합창시의 서술방식)
  『콜로노스의 오이디푸스』 168행: 877쪽 각주 9번
  『트라키스의 여인들』
    529행: 316쪽 각주 6번(사포의 주제)
    1278행: 721쪽 각주 47번(헤라클레이토스의)
  소포클레스와 헤라클레이토스: 736쪽 이하

솔론 Solon (Diehl)
    1: 438쪽
    1, 18~25행: 435쪽
    1, 65~70행: 779쪽
    2: 413쪽
    3: 415쪽 이하
    3, 9행 이하: 435쪽, 445쪽 각주 43번, 611쪽 각주 5번
    3, 16행: 497쪽 각주 28번
    3, 30행: 655쪽 각주 5번
    4, 1~8행: 420쪽, 445쪽 각주 43번
    4, 9~12행: 436쪽, 444쪽 각주 41번

5: 424쪽

6과 7: 428쪽

8: 432쪽

9: 431쪽

10: 429쪽, 435쪽

11: 430쪽, 435쪽

12: 435쪽 각주 25번

13: 433쪽

14: 433쪽, 445쪽 각주 43번, 547쪽 각주 8번, 879쪽 각주 11번

15: 432쪽, 437쪽 각주 30번, 577쪽

16: 436쪽 각주 29번

17: 432쪽

19: 435쪽

19, 8행: 629쪽

20: 434쪽

22: 410쪽 이하, 436쪽 각주 28번

23: 422쪽 이하, 437쪽

23, 15행: 772쪽

24: 426쪽 이하

24, 3행: 497쪽 각주 28번, 584쪽 각주 22번

25: 425쪽

일곱 현인의 한 사람 솔론: 450쪽

스테시코로스 Stesichoros (Diehl): 521~526쪽

1~6: 525쪽 이하

10: 525쪽

11: 526쪽

12: 557쪽 각주 21번

10Bergk와 21Bergk: 525쪽

Ox. Pap. 2359: 525쪽

Ox. Pap 2360: 523쪽 이하

'이뷔코스 단편 3Diehl': 536쪽 이하

스토바이오스 Stobaios

    3, 31, 16: 778쪽

    4, 36, 66 (헤르몰로코스): 932쪽 각주 23번

스트라본 Strabon

    2, 41 (퓌테이아스 단편 7 a 1 Mette): 193쪽 각주 24번

시모니데스 Simonides (케오스의) (Diehl): 567~603쪽

    1 (보레아스): 594쪽 이하, 600쪽

    4: 575쪽 이하, 587쪽 각주 25번, 599쪽 각주 35번, 775쪽

    5: 571쪽, 596쪽

    6: 569쪽 이하

    7: 571쪽, 807쪽 각주 23번

    8: 571쪽, 573쪽 각주 7번

    9: 570쪽

    10: 586쪽

    11: 570쪽

    13: 588쪽, 807쪽 각주 23번

    15 (=11Bergk): 806쪽 각주 21번

    19: 805쪽

    20: 600쪽

    22: 805쪽

    23: 806쪽

    24와 25: 600쪽

    27: 591쪽

    33과 34: 592쪽

    37: 585쪽

40: 591쪽

43: 602쪽과 각주 38번

48: 573쪽, 576쪽 각주 13번, 603쪽 각주 40번

49: 601쪽 각주 37번, 602쪽

51과 52: 874쪽 각주 3번

55: 657쪽 각주 8번

56과 57: 599쪽

59: 571쪽, 573쪽 각주 7번, 599쪽

63: 593쪽

64: 874쪽 각주 3번

77: 600쪽

83: 595쪽

92: 594쪽

Ox. Pap. 2432: 584쪽 각주 22번

11 Bergk: 806쪽 각주 21번

21 Bergk: 600쪽

56 Bergk와 202Bergk와 209Bergk: 591~592쪽

『신약성경』

『마태오 복음서』 19, 17: 577쪽 각주 14번

『루카 복음서』

12, 6: 368쪽

12, 7: 702쪽 각주 15번

아나크레온 Anakreon (Diehl): 543~566쪽

1: 564쪽

2: 543쪽

3: 547쪽

4: 556쪽

5: 545쪽

6: 559쪽 각주 23번

8: 562쪽 각주 30번

11: 559쪽

17: 554쪽

18: 558쪽

23: 563쪽

25: 565쪽

27: 547쪽 각주 8번

29: 548쪽

31: 566쪽

32: 546쪽 각주 6번, 550쪽

33: 559쪽

34: 551쪽, 546쪽 각주 5번

37: 559쪽

39: 550쪽

40: 552쪽, 562쪽 각주 30번

42: 566쪽

43: 557쪽

44: 547쪽 각주 8번, 560쪽

45: 554쪽

46: 548쪽

49: 558쪽

52: 554쪽, 533쪽 각주 17번

53: 554쪽

54: 547쪽 각주 8번, 561쪽

55: 552쪽, 562쪽 각주 30번

56: 565쪽

58: 559쪽 각주 25번

59: 553쪽

65: 558쪽

67: 565쪽

69: 559쪽 각주 25번

76: 559쪽

77: 563쪽

79: 555쪽

80: 558쪽

81: 565쪽

88: 546쪽 각주 6번, 552쪽

90과 91과 92: 564쪽 이하

96: 556쪽

97: 566쪽

63 Gentili=Ox. Pap. 2321: 565쪽 각주 34번

71 Gentili=Ox. Pap. 2322: 549쪽 이하

72 Gentili=Ox. Pap. 2322: 562쪽 이하

121 Gentili=121 Bergk: 559쪽

124 Gentili=164 Bergk: 562쪽 각주 30번

144 Gentili=139 Bergk: 559쪽 각주 25번

아낙사고라스 Anaxagoras

원리들의 혼합 이론: 491쪽 각주 22번

무한 분할 이론: 688쪽과 각주 44번

세계정신 이론: 142쪽 각주 10번, 620쪽 각주 13번, 722쪽 각주 48번

아낙시만드로스 Anaximandros (DK12): 490~500쪽

여러 A 단편들: 491쪽 이하

B1: 496쪽

양극적 대립자 이론: 672쪽 각주 30번

무규정자의 중립성: 697쪽

아낙시메네스 Anaximenes (DK 13): 500~503쪽, 672쪽 각주 30번

아르킬로코스 Archilochos (Diehl): 214~277쪽

　　　1: 249쪽

　　　2: 248쪽

　　　3: 271쪽, 283쪽 각주 5번

　　　5: 266쪽

　　　6: 249쪽, 254쪽, 356쪽, 437쪽 각주 31번

　　　7, 10과 11: 262쪽 이하, 279쪽 각주 1번, 444쪽 각주 41번

　　　8: 246쪽, 299쪽 각주 9번

　　　9: 253쪽, 397쪽, 437쪽 각주 31번

　　　13: 254쪽

　　　15: 265쪽, 552쪽 각주 15번

　　　18: 270쪽

　　　19: 253쪽

　　　21: 267쪽, 456쪽 각주 7번

　　　22: 251쪽, 260쪽, 267쪽, 562쪽 각주 30번

　　　25와 26: 264쪽

　　　30: 255쪽

　　　32: 265쪽

　　　38: 272쪽, 700쪽 각주 13번

　　　48: 273쪽 각주 46번

　　　51 I A, 46행 이하: 270쪽

　　　51 I A, 54행 이하: 271쪽

　　　51 IV A, 4~5행: 270쪽

　　　51 IV A, 22행: 248쪽 각주 11번

　　　52: 273쪽 각주 46번

　　　54: 269쪽

　　　56: 267쪽

　　　57: 271쪽

58: 246쪽

59: 266쪽

60: 251쪽, 276쪽 각주 52번

61: 271쪽

62: 271쪽, 693쪽

63: 256쪽

64: 254쪽, 437쪽 각주 31번, 285쪽 각주 7번

66: 254쪽

67: 261쪽, 277쪽, 925쪽 각주 13번, 927쪽 각주 17번

67b: 259쪽

68: 245쪽, 692쪽 각주 5번, 678쪽 각주 37번

69: 255쪽

70: 547쪽, 273쪽 각주 46번

71: 259쪽, 264쪽 각주 32번

72: 265쪽, 562쪽 각주 30번

73: 273쪽 각주 46번

74: 260쪽

75: 255쪽

77: 266쪽, 312쪽 각주 2번

78: 266쪽

79: 256쪽, 276쪽 각주 51번

86: 273쪽 각주 46번

88: 259쪽, 276쪽 각주 51번

89~94: 268쪽 이하

95: 259쪽

96: 256쪽, 359쪽 각주 7번

103: 254쪽

104: 264쪽

107: 273쪽 각주 46번

112: 264쪽

113: 265쪽

132 Bergk: 265쪽

Ox. Pap. 2310 단편 1 col. i, 22행 이하: 258쪽

Ox. Pap. 2310 단편 1 col. ii: 255쪽 각주 19번

Ox. Pap. 2310 단편 1 col. ii, 6행: 255쪽 각주 20번

Ox. Pap. 2313a: 260쪽

아리스테아스 Aristeas: 454~458쪽, 651쪽, 913쪽

아리스토다모스 Aristodamos: 367쪽, 452쪽

아리스토텔레스 Aristoteles

『영혼론』3, 427a25 (호메로스 구절 오해): 486쪽 각주 15번

『니코마코스 윤리학』1, 5 (삶의 목표): 748쪽

『형이상학』11, 1075b12 (학설지 자료의 재배치): 486쪽 각주 14번

『동물의 부분에 대하여』1, 644b33 (사랑의 심리학): 345쪽 각주 41번

『정치학』3, 1284a~b (헤라클레이토스의 영향): 729쪽 각주 57번

『수사학』2, 1930b25 이하 (핀다로스 구절의 풀어쓰기): 877쪽 각주 9번

크세노파네스에서 선취된 '부동의 동자': 620쪽 각주 13번

[僞作] De mundo, 400b27~31 (헤라클레이토스에서 유래된): 719쪽 각주 43번

아리스토파네스 Aristophanes:『아카르나이 구민들』381행: 555쪽 각주 18번

아우구스티누스 Augustinus:『고백록』9, 10, 24: 665쪽 각주 17번

아이스퀼로스 Aischylos (Murray)

『아가멤논』182행 이하: 300쪽 각주 12번

『제주를 바치는 여인들』

265~267행: 233쪽 각주 26번

319행 이하: 300쪽 각주 12번

『탄원하는 여인들』 1001행: 896쪽 각주 5번

『결박된 프로메테우스』

    서언: 184쪽 각주 7번

    293~297행: 233쪽 각주 26번

『테바이를 공격하는 일곱 장수』 40행: 626쪽 각주 21번

마라톤에서 전사한 이들에게 바치는 엘레기: 593쪽 이하

아이스키네스 Aischines 3, 211: 764쪽 각주 27번

아쿠실라오스 Akusilaos (아르고스의) (2 F Gr. Hist. Jacoby): 648쪽 이하

    T 6과 F 1과 F 4와 F 5와 F 6: 648쪽

    F 13과 F 14와 F 22: 649쪽

아테나이오스 Athenaios: 『현자들의 저녁식사』

    13, 575c 와 576a: 798쪽 각주 11번

    14, 624d: 351쪽 각주 3번

아포스톨리오스 Apostolios 8, 89 i: 758쪽 각주 17번

아폴로니오스 Apollonios Rhodios (로도스의): 『아르고스 이야기』

    1, 496~500행: 478쪽 각주 5번

    2, 707행: 548쪽 각주 10번

    3, 117행 이하와 132행 이하: 545쪽 각주 5번

    4. 460행 이하: 555쪽 각주 18번

    4, 1165~1167행: 593쪽 각주 29번

안티스테네스 Antisthenes: 620쪽 각주 13번(유일신 이론)

안티폰 Antiphon (DK 87): B 44, A 2~3: 141쪽 각주 3번(인간 구조)

알카이오스 (Lobel–Page)

6: 356쪽

10: 372쪽

34: 363쪽

38, 5~6행에 대한 보충설명: 365쪽 이하

39, 7~10행: 368쪽

42: 370쪽

44: 370쪽

50: 364쪽

63, 7행: 361쪽

69: 360쪽

70: 358쪽 각주 6번, 359쪽, 421쪽

73: 353쪽

74, 6행: 853쪽 각주 39번

112, 10행: 366쪽

115a: 369쪽

117b, 27행: 751쪽 각주 10번

129: 357쪽, 335쪽 각주 29번

130: 356쪽

249: 368쪽

283: 369쪽

286: 369쪽

296b: 369쪽

298: 371쪽

306 (14)와 (16): 353쪽

326 + 208 col. ii: 353쪽

327: 373쪽

332: 355쪽, 363쪽 각주 11번

335: 363쪽

338: 363쪽, 547쪽 각주 8번

341: 368쪽

347: 363쪽, 716쪽 각주 38번

348: 358쪽

350: 361쪽

357: 350쪽 이하, 367쪽 각주 14번

360: 367쪽, 452쪽

364: 367쪽

367: 364쪽

400: 363쪽 각주 10번

427: 367쪽

428: 356쪽

429: 358쪽

알크마이온 Alkmaion(혹은 알크메온 Alkmeon)(크로톤의)(DK 24): 635~640쪽

B1: 636쪽

B4: 637쪽

알크만 Alkman (Diehl): 292~311쪽

세계 원리에 대한 사변: 298쪽 이하, 476쪽 이하, 587쪽 각주 25번

무사이 여신들의 새로운 연대기에 대한 근거: 478쪽 각주 5번

1: 298쪽, 301쪽 이하

7: 296쪽

13: 294쪽, 747쪽 각주 5번

20: 296쪽

28: 307쪽

32: 300쪽

37: 306쪽

43과 44: 308쪽

49: 305쪽, 559쪽 각주 25번

50: 306쪽

53: 305쪽

55: 305쪽, 559쪽 각주 25번

56: 306쪽

58: 308쪽 각주 25번

59: 308쪽, 400쪽 각주 9번

63: 305쪽

67: 309쪽

80: 307쪽

84: 307쪽

92와 93: 297쪽

94: 297쪽, 색인 A 5.2.1

97: 296쪽

100: 296쪽

102: 298쪽

109: 476쪽 각주 2번

110: 299쪽 각주 9번

112Bergk: 296쪽

118Bergk: 295쪽

127~129Bergk: 295쪽

Ox. Pap. 2387 단편 3 col. ii: 310쪽 각주 26번

Ox. Pap. 2387 단편 4 col. ii, 9행: 478쪽 각주 4번

Ox. Pap. 2390 단편 2: 300쪽

에우리피데스 Euripides

『박코스의 여인들』 디오니소스와 펜테우스: 772쪽 각주 37번

『탄원하는 여인들』 201~215행: 622쪽

『알케스티스』 299행: 749쪽 각주 8번

『오레스테스』 1514행: 237쪽 각주 26번

『헬레네』 1516행: 299쪽 각주 10번

『메데이아』 1418행: 299쪽 각주 9번

에피카르모스 Epicharmos (DK 23): B 5: 621쪽 각주 16번

엑세키아스 Exekias: 868쪽 각주 2번(바다를 항해하는 디오니소스 그림)

엠페도클레스 Empedokles (DK 31)
        B 3, 6행 이하: 535쪽
        B 110: 713쪽 각주 33번
        B 129: 509쪽 이하

오르페우스 Orpheus (DK1)
        B 18: 509쪽
        알크만에서 오르페우스적인 것: 478쪽 각주 5번

오비디우스 Ovidius
        『사랑의 노래』
            1, 15, 8행: 860쪽 각주 44번
            2, 11, 12행: 430쪽 각주 21번
            2, 19, 3행: 932쪽 각주 24번
        『변신이야기』
            1, 1행: 655쪽 각주 5번
            1, 7행: 476쪽 각주 2번
            1, 16행: 193쪽 각주 24번
            2, 385행 이하: 401쪽
            2, 809행: 853쪽 각주 39번
            8, 319행과 14, 394행: 73쪽 각주 35번

위(僞) 율리아누스 Ps.-Iulianus: 『서간문』 193 Bidez-Cumont: 554쪽 각주 17번

위(僞) 튀르타이오스 Ps. Tyrtaios: 단편 9 Diehl: 630~633쪽, 254쪽 각주 18번, 286쪽 각주 9번, 598쪽 각주 33번, 774쪽, 777쪽 각주 45번, 904쪽 각주 16번

이뷔코스 Ibykos (Diehl): 526~542쪽

　　　　3: 536쪽 이하

　　　　6: 530쪽, 540쪽, 533쪽 각주 16번, 896쪽 각주 5번

　　　　7: 528쪽 이하, 533쪽 각주 16번, 540쪽

　　　　8: 532쪽

　　　　9와 10과 11: 533쪽

　　　　13: 533쪽, 535쪽 각주 22번

　　　　14: 535쪽 각주 22번

　　　　16: 539쪽 각주 25번

　　　　21과 22: 534쪽

　　　　23Bergk, 47Bergk: 534쪽 각주 18번

이온 Ion (키오스의)

　　　　아테나이오스『현자들의 저녁식사』

　　　　　10, 447 이하: 611쪽 각주 5번

　　　　　13, 604b: 647쪽 각주 14번

제논 Zeon (엘레아의): 688쪽

『천일야화』: 27쪽 각주 15번(액자구조)

카론 Charon (람프사코스의) (262 F Gr Hist Jacoby): F 1: 650쪽

툴루스 Catullus

　　　　12, 12~17행: 335쪽 각주 28번

　　　　61, 56행 이하: 316쪽 각주 6번

　　　　62, 20행 이하: 316쪽 각주 6번

　　　　62, 46행 이하: 317쪽 각주 8번

칼리노스 Kallinos (Diehl): 278쪽 이하

칼리마코스 Kallimachos (Pfeiffer): 64: 803쪽 각주 16번

코이릴로스 Choirilos: 단편 9: 868쪽 각주 2번

퀸틸리아누스 Quintilianus
      10, 1, 62: 525쪽 각주 6번(스테시코로스에 대한 평가)
      11, 2, 11 이하: 803쪽 각주 16번(시모니데스 전설)

크산토스 Xanthos: 650쪽

크세노파네스 Xenophanes (DK21) 607~628쪽
      A29와 30: 625쪽 각주 19번
      A31, 2~3행: 625쪽 각주 19번
      A 42: 624쪽
      B1: 609~612쪽
         전형적인 도입부: 27쪽 각주 16번, 754쪽 각주 12번
      B1, 19행과 24행: 611쪽 각주 5번
      B2: 614쪽 이하, 633쪽 각주 8번
      B 2, 22행: 601쪽 각주 36번
      B3: 613쪽 이하
      B7: 506~509쪽
      B8: 608쪽, 609쪽 각주 3번
      B11: 616쪽
      B14: 617쪽
      B18: 622쪽
      B21: 607쪽 각주 1번
      B22: 608쪽 이하
      B23: 618~620쪽
      B24와 B25와 B26: 618쪽
      B28: 623쪽
      B29: 623쪽 이하, 387쪽, 489쪽
      B30: 387쪽

B34: 625쪽 이하, 636쪽

B35와 B36: 626쪽

B38: 621쪽 이하

크세노파네스와 파르메니데스: 687쪽

크세노폰 Xenophon: 『페르시아 원정기』5, 8, 3: 911쪽 각주 14번

클레멘스 Clemens (알렉산드리아의): *Protreptikos* 113, 3: 708쪽

클레오불로스 Kleobulos: 572쪽 이하

키케로 Cicero: 『투스쿨룸에서의 대화』5, 4, 10: 481쪽

탈레스 Thales: 487쪽 이하, 387쪽, 450쪽, 672쪽 각주 29번

테렌티우스 Terentius: 『스스로를 벌주는 사람』302행 이하: 233쪽 각주 26번

테오그니스 Theognis (비극시인) 796 Nauck: 701쪽 각주 14번

『테오그니스의 문집』: 744~787쪽

　　문집의 성격과 내용: 744~746쪽

　　형식과 체제: 757~760쪽

　　두 번째 시작 (757행 이하): 756쪽 이하

　　항의를 덧붙여: 759쪽 각주 20번

　　2행시를 나머지를 보충하여: 758쪽 각주 17번과 18번

　　문체와 어조: 759쪽 이하

　　사유방식: 783쪽 이하

　　풍자적 표현: 759쪽

　　모방적 방식: 777쪽 이하

　　실용적인 장치들: 744쪽, 782쪽

　　귀족적: 770쪽 이하, 784~787쪽

　　당파를 초월한 정치적인 것: 764~767쪽

1~68행: 746~751쪽

15~26행: 441쪽 각주 35번

17행: 746쪽, 756쪽

19~28행: 748쪽 이하

22행 이하: 295쪽 각주 6번

24~26행: 771쪽 각주 35번

29행 이하: 747쪽, 584쪽 각주 22번, 756쪽

31~38행: 748쪽

35행 이하: 773쪽

39~52행: 749쪽

43~52행: 785쪽 각주 55번

53~68행: 749쪽 이하

60행: 749쪽 각주 18번(시구)

62행: 784쪽

63행: 233쪽 각주 26번

68행: 780쪽 각주 49번

69~236행: 751쪽 이하

85행 이하: 141쪽 각주 5번

89~92행: 768쪽

99행: 766쪽 각주 30번

111행: 751쪽 각주 10번

118행: 768쪽

128행: 284쪽 각주 7번

129행 이하: 779쪽

139행 이하: 728쪽

145~149행: 775쪽 이하

149행 이하: 776쪽

151행 이하: 766쪽 각주 28번

160행: 876쪽 각주 7번

169행 이하: 758쪽 각주 17번, 785쪽 각주 59번(부적절한 2행시 보충과 이후의 수정)

183~192행과 193~196행: 752쪽, 759쪽 각주 20번, 766쪽 각주 30번

211행 이하: 762쪽

213~218행: 768쪽 이하, 759쪽 각주 20번, 776쪽(218행은 1074행 원래 판본의 순화)

219행 이하: 758쪽 각주 16번, 778쪽 각주 46번(삽입)

221~226행: 769쪽

233행 이하: 771쪽, 766족 각주 29번, 784쪽

235행 이하: 780쪽

237~254행: 753쪽 이하, 785쪽 각주 58번

267~270행: 759쪽

293행 이하: 759쪽

301행 이하: 770쪽

305~308행: 773쪽

309~312행: 763쪽

313 행 이하: 763행, 430쪽 각주 21번, 759쪽 각주 20번

323~328행: 773쪽

331행 이하: 785쪽 각주 57번

335행 이하: 778쪽 이하

337~340행: 766쪽

341~350행: 771쪽

355~360행: 781쪽

361행 이하: 767쪽

363행 이하: 772쪽, 423쪽

365행 이하: 770쪽

367~370행: 771쪽

373~392행: 582쪽 이하, 246쪽 각주 9번, 780쪽 각주 48번

381 행 이하: 781쪽, 758쪽 각주 16번

393~398행: 780쪽 각주 48번

399행 이하: 780쪽 각주 47번

401~406행: 778쪽 각주 46번

409행 이하: 777쪽

415~418행: 767쪽

424행: 758쪽 각주 18번(2행시의 부적절한 보충)

439행 이하: 751쪽

441~446행과 442행: 781쪽

447~452행: 767쪽

451행: 864쪽

453~456행: 759쪽, 785쪽 각주 59번

467~496행: 760쪽 이하

471행: 761쪽 각주 23번

495행: 783쪽

497행 이하: 762쪽, 394쪽 각주 4번

499~502행: 762쪽 이하

501행: 763쪽 각주 24번

503~508행: 759쪽

511~522행: 783쪽 각주 54번

523행 이하: 759쪽

529행 이하: 767쪽 각주 14번

535~538행: 767쪽 각주 14번

547행 이하: 774쪽

557~560행: 778쪽 각주 46번

561행 이하: 767쪽, 785쪽 각주 57번

625행 이하: 758쪽 각주 18번(2행시의 보충)

627행 이하: 762쪽

637행 이하와 653행: 779쪽

667~682행: 764쪽

671~680행: 783쪽 각주 54번

683~686행: 766쪽, 879쪽 각주 11번

691행 이하: 783쪽 각주 54번

695행 이하: 776쪽

699~718행: 771쪽과 각주 43번

729행 이하: 782쪽 각주 51번

757~768행: 754쪽

760~767행: 611쪽 각주 5번

763~766행: 557쪽 각주 21번

769~772행: 755쪽

783~788행: 756쪽

789~792행: 756쪽 이하, 776쪽

793~795행: 611쪽 각주 5번

797행 이하: 757쪽, 785쪽 각주 59번

799행 이하: 757쪽, 759쪽 각주 20번

811~814행: 768쪽

825~830행: 764쪽 이하

847~850행: 770쪽

865~868행: 774쪽

879~884행: 783쪽 각주 52번과 각주 53번

885행 이하: 785쪽 각주 55번

903~930행: 777쪽 이하, 785쪽

931행 이하: 777쪽 각주 20번

933~938행: 776쪽

939~942행: 761쪽

945~948행: 771쪽

947쪽: 784쪽

963~970행: 769쪽

979~982행: 758쪽 각주 16번(잘못 배열된)

979행: 233쪽 각주 26번

997~1002행: 783쪽 각주 53번

1002행: 783쪽 각주 52번

1013~1016행: 768쪽 각주 32번(판본 수정)

1023행 이하: 770쪽

1027행 이하: 787쪽, 580쪽 각주 18번, 612쪽 각주 6번

1041행 이하: 772쪽

1071~1076행: 768쪽 이하

1074행: 759쪽 각주 20번(218행의 원래 판본), 776쪽

1079행: 773쪽 이하

1087~1090행: 767쪽

1114행: 749쪽 각주 18번

1121행 이하: 863쪽 각주 48번

1153행 이하와 1155행 이하: 779쪽

1160a 행: 783쪽 각주 52번(판본 훼손)

1161행 이하: 777쪽, 785쪽

1170행 이하: 794쪽 각주 5번

1177행 이하: 775쪽

1179~1182행: 766쪽 각주 29번, 780쪽 각주 47번

1181행: 221쪽 각주 18번

1189행 이하: 780쪽

1195행 이하: 780쪽 각주 47번, 783쪽 각주 54번

1197~1202행: 783쪽 각주 54번

1207행 이하: 759쪽

1217행 이하: 772쪽 각주 38번

1225행 이하: 766쪽 각주 30번

1287~1294행: 819쪽 각주 4번(『에호이엔』 이후)

테오크리토스 Theokritos (Gow)

7, 129행: 801쪽 각주 14번

25, 188행: 233쪽 각주 26번

투퀴디데스 Thukydides: 5, 105: 626쪽 각주 21번

튀르타이오스 Tyrtaios (Diehl): 281~291쪽
두 가지 부류의 전쟁 노래: 283쪽
끔찍한 영상들: 290쪽 이하
3a: 282쪽
4: 281쪽
5: 282쪽
6: 283쪽
7: 285쪽
8: 286쪽

티모크레온 Timokreon: 단편 1: 346쪽 각주 44번

파뉘아시스 Panyassis: 단편 13, 11행: 761쪽 각주 23번

파르메니데스 Parmenides (DK28): 653~688쪽
A1, 21행: 675쪽
A1, 22행: 672쪽 각주 30번
A23: 680쪽
A34: 676쪽
A37: 674쪽 이하, 676쪽, 487쪽 18번
A43과 A43a: 676쪽
A44: 675쪽
A46: 678쪽
A53: 676쪽
B1 (도입구)와 B2~B9 (학설)는 상보적: 681쪽
B1, 1~30행: 655~658쪽, 681쪽, 685쪽 이하
B1, 3행과 B6, 4행: 627쪽 각주 23번(εἰδώς)

B1, 9행: 891쪽 각주 22번(태양의 딸들)

B1, 27행: 658쪽 각주 10번(πάτος)

B1, 29행: 658쪽 각주 11번(판본)

B1, 31행 이하: 670쪽 각주 24번

B2: 660쪽

B2, 6~7행: 683쪽 이하 각주 141번

B3: 667쪽

B4: 661쪽 각주 15번

B5: 680쪽

B6: 661쪽

B6, 4행: 627쪽 각주 23번

B7, 1~2행: 661쪽 각주 14번

B7, 3~6행: 662쪽 이하, 661쪽 각주 14번(B7, 1~2행에 속하지 않는)

B8: 662~672쪽, 685쪽 이하

B8, 29행 이하: 665행 각주 17번(판본)

B8, 38행: 668쪽 각주 20번(판본)

B8, 42행: 660쪽 각주 13번(ἔστι 없이)

B8, 52~59행: 679쪽

B8, 53행 (판본): 670쪽 각주 25번

B8, 56행 이하 외곽주석: 674쪽 이하

B8, 61행: 681쪽

B9: 673쪽 이하, 679쪽

B9, 1행: 668쪽 각주 20번

B10과 B11: 673쪽 이하, 670쪽 각주 24번(정렬)

B12: 675쪽 이하

B13: 676쪽

B14와 B15: 677쪽

B16: 678쪽 이하

B19: 680쪽

B19, 3행: 671쪽 각주 27번

왜 운문행인가?: 655쪽 각주 2번

'있다'의 문장구조: 660쪽 각주 13번

파르메니데스 존재론에서 부정어의 사용: 659쪽 각주 12번

사유행위에서의 감정: 674쪽 이하, 676쪽 각주 32번, 685쪽 이하

선생과 학생으로서의 파르메니데스: 682~683쪽 각주 40번

파르메니데스는 존재와의 합일을 경험했는가?: 682쪽 이하

헤라클레이토스와의 대비: 695쪽, 697쪽, 700~701쪽

시모니데스에서의 파르메니데스적 사유: 581쪽

핀다로스에서의 파르메니데스적 사유: 926쪽 각주 16번

페레퀴데스 Pherekydes (쉬로스의) (DK7): 458쪽 이하

B1: 458쪽

B1: 458쪽 각주 11번(판본)

B2: 458쪽

B4와 B5: 460쪽

문체: 461쪽 이하

페리안드로스 Periandros: 450쪽 이하, 452쪽 각주 3번, 852쪽 38번

페트로니우스 Petronius: 『사튀리콘』 38, 9: 252쪽 각주 14번

포퀼리데스 Phokylides (Diehl): 단편 2: 387쪽 각주 11번

폴뤼비오스 Polybios 11, 29, 9~11: 430쪽 각주 21번

폴뤼클레이토스 Polykleitos: 576쪽 각주 11번

폴룩스 Pollux

3, 36: 459쪽

3, 42: 319쪽

퓌테아스 Pytheas (Mette) 7 a 1 (스트라본 2, 4, 1): 193쪽 각주 24번

프로타고라스 Protagoras: 347쪽(사포에서의 Homo mensura)

프로페르티우스 Propertius
        1, 9, 23행 이하: 896쪽 각주 5번
        1, 15, 12행: 430쪽 각주 21번

플라우투스 Plautus: 『전쟁포로들』: 805쪽 각주 20번

플라톤 Platon
    『법률』
      2, 666e: 871쪽 각주 7번
      10, 904c, 8: 497쪽 각주 28번
      12, 957c, 5~7: 725쪽 각주 51번
    『고르기아스』490a: 729쪽 각주 56번
    『크리티아스』109b: 719쪽 각주 43번
    『파이돈』
      60b와 70e: 696쪽 각주 9번
      71b~c: 695쪽 각주 8번
      79c와 82d: 724쪽 각주 50번
      81e: 712쪽 각주 31번
      82e: 712쪽 각주 32번
      109a: 669쪽 각주 23번
    『파이드로스』
      243b: 526쪽 각주 7번
      255c: 834쪽 각주 29번
    『메논』
      77b 이하: 775쪽 각주 42번
      81a~c: 516쪽
    『국가』

1, 331e: 774쪽 각주 40번

3: 612쪽 각주 7번

6/7, 506e, 508b, 517b~c: 903쪽 각주 13번

7 (동굴의 비유): 711쪽 각주 28번, 713쪽

8, 546a: 877쪽 각주 9번

10, 612a: 717쪽 각주 39번

『향연』 202a: 626쪽 각주 21번

『테아이테토스』

161c: 710쪽 각주 25번

175e: 612쪽 각주 2번

『티마이오스』

31b 이하 (이중의 비교): 711쪽 각주 28번

51a~b: 711쪽 각주 29번

70c와 91a: 716쪽 각주 38번

92b: 717쪽 각주 39번

73e: 555쪽 각주 18번

『제 7 서한』 341b: 713쪽 각주 34번

시모니데스에서의 플라톤적 서곡 (선과 관련하여): 585쪽 각주 24번

핀다로스에서의 플라톤적 가치론: 898~904쪽

플로티누스 Plotinos: 『엔네아데스』 5, 1, 4: 665쪽 각주 17번

플루타르코스 Plutarchos: 『윤리』

98c: 708쪽 각주 21번

363c: 712쪽 각주 31번

745c: 300쪽 각주 12번

787c: 852쪽 각주 38번

957a: 708쪽 각주 21번과 각주 22번

플리니우스 Plinius: 『자연사』

34, 56: 576쪽 각주 11번

36, 12: 405쪽 각주 1번

피타고라스 Pythagoras 와 피타고라스학파: 504~517쪽

피타코스 Pittakos: 355~360쪽, 412쪽, 421쪽 이하, 450쪽

핀다로스 Pindaros (Snell): 788~934쪽, 937쪽 이하

『이스트미아 찬가』

1, 1~10행: 800쪽

1, 16~32행: 804쪽 각주 18번

1, 47~51행: 909쪽 각주 8번

2, 11행: 452쪽,

2, 18행: 922쪽 각주 4번

2, 30행: 917쪽

2, 35~37행: 850쪽 각주 33번

2, 39~41행: 913쪽

2, 44행: 860쪽 각주 44번

3, 3행: 917쪽

3, 14~17행: 877쪽 각주 8번

3, 18행: 729쪽 각주 56번, 878쪽

4, 1~3행: 831쪽 각주 18번

4, 11행: 819쪽 각주 4번

4, 12행: 913쪽

4, 46행: 811쪽

4, 49~51행: 914쪽 각주 19번

4, 52행 이하: 808쪽 각주 1번

5, 1~16행: 899~904쪽

5, 14행 이하: 881쪽, 931쪽 각주 21번

5, 22~25행: 252쪽 각주 14번

5, 27행: 830쪽 각주 18번

5, 46~53행: 883쪽

6, 56~59행: 829쪽 각주 15번

6, 71행: 879쪽 각주 11번

7, 19행: 810쪽 각주 3번

7, 25~51행: 879~883쪽

7, 39행: 830쪽 각주 17번, 883쪽

7, 40~48행: 301쪽 각주 15번

『네메이아 찬가』

    1, 13~15행: 861쪽 각주 45번

    1, 24행: 853쪽 각주 39번

    2 (원환구조): 795쪽 각주 6번

    2, 22행: 917쪽

    3, 1~5행: 798쪽 이하

    3, 6~8행: 797쪽, 810쪽 각주 3번

    3, 42행: 819쪽 각주 4번

    4, 1행: 304쪽 각주 19번

    4, 13~16행: 527쪽 각주 8번, 796쪽 이하, 860쪽 각주 44번

    4, 30행 이하: 700쪽 각주 13번

    4, 83행 이하: 792쪽 각주 3번

    5, 1~5행: 796쪽, 295쪽 각주 6번, 405쪽 각주 1번, 572쪽 각주 5번

    5, 16~21행: 886쪽 이하

    5, 40행: 894쪽

    5, 51행: 810쪽 각주 3번

    6, 1~11행: 875~879쪽, 699쪽 각주 11번, 923쪽 각주 23번

    6, 28행 이하: 810쪽 각주 3번

    6, 32행: 796쪽

    7, 1~8행: 894쪽 이하

    7, 11~18행: 810쪽 각주 3번

7, 17행 이하: 854쪽 각주 41번

7, 77~79행: 908쪽, 602쪽 각주 38번

7, 99행 이하: 895쪽

8, 1~3행: 895~896쪽

8, 32~42행: 907쪽 이하

8, 35~39행: 777쪽

8, 38행: 819쪽 각주 4번

8, 39행 이하: 797쪽

8, 40행: 810쪽 각주 3번

9, 14행 이하: 885쪽

9, 46행 이하: 931쪽 각주 21번

10, 89행: 670쪽 각주 25번

11: 927~932쪽

11, 32행: 929쪽 각주 18번

11, 37~42행: 877쪽 각주 8번과 각주 9번

11, 47행: 879쪽 각주 11번

『올림피아 찬가』

1: 804쪽 각주 19번

1, 1~7행: 873쪽 이하

1, 12~17행: 801쪽

1, 24~53행: 887쪽, 534쪽 각주 19번

1, 30~51행: 895쪽

1, 33행과 47행 이하: 584쪽 각주 22번

1, 104행: 879쪽 각주 11번

2, 1~5행: 906쪽 각주 3번

2, 51행 이하: 444쪽 각주 39번

3 (ϵἰs θεοξένια 라는 제목): 804쪽 각주 18번

3, 7행: 797쪽 이하

3, 8행 (θέσις): 446쪽 각주 2번

3, 42~45행: 874쪽 각주 3번, 931쪽 각주 21번

3, 44행: 913쪽

5, 1행: 922쪽 각주 5번

5, 16행: 845쪽 각주 20번

6, 1~4행: 873쪽 각주 1번

6, 22~27행: 655쪽 각주 3번

6, 97행: 917쪽

7, 1~10행: 797쪽, 832쪽 각주 20번

7, 24~38행: 929쪽 각주 18번, 916쪽

7, 29행 (θάλαμοι): 915쪽 각주 21번

7, 30행: 922쪽 각주 4번

7, 33행: 916행

7, 70행: 897쪽, 891쪽

8, 22~25행: 923쪽 각주 8번

8, 67~69행: 869쪽 각주 3번, 925쪽 각주 12번

8, 81행 이하: 897쪽 각주 8번

9, 96~98행: 806쪽 각주 22번

10, 1~9행: 799쪽

10, 13행: 897쪽

11: 808쪽 이하

11, 1~6: 851쪽 각주 36번

12: 813쪽 이하

12, 1행 이하: 308쪽 각주 23번, 897쪽, 922쪽 각주 6번

12, 5행: 868쪽 각주 2번

12, 19행 (βαστάζεις): 814쪽 각주 8번

13, 45~48행과 98행: 829쪽 각주 15번

『퓌티아 찬가』

1: 839쪽 이하

1, 12행과 72행: 845쪽 각주 20번

1, 1~16행: 895쪽

1, 82행 이하: 829쪽 각주 15번

1, 90행 이하: 914쪽 각주 17번, 810쪽 각주 3번

1, 97행 이하: 795쪽 각주 7번

2, 34행: 879쪽 각주 11번

2, 40행: 932쪽 각주 22번

2, 49행 이하: 586쪽, 878쪽

2, 55행: 939쪽

2, 69행: 804쪽 각주 18번

2, 88~90행: 884쪽

3, 47행: 917쪽

3, 54행: 932쪽 각주 22번

3, 80~83행과 103~106행: 882쪽, 438쪽 각주 32번

3, 107행: 882쪽

4: 839쪽 이하

4, 3행: 810쪽 각주 3번

4, 71행: 932쪽 각주 22번

4, 131행: 910쪽

4, 288행: 879쪽 각주 11번, 776쪽 각주 43번

4, 294행: 417쪽 각주 7번

4, 295행: 871쪽 각주 5번

5, 25행: 884쪽

5, 63~69행: 585쪽 각주 23번, 885쪽 각주 15번

5, 75행 이하: 791쪽 각주 2번

5, 96~107행: 791쪽 각주 2번

6, 1행: 872쪽

6, 5~14행: 796쪽 각주 9번

6, 7~13행: 572쪽 각주 5번

7, 18행: 797쪽

8, 1~20행: 920쪽 이하, 701쪽 각주 14번

8, 1~13행: 895쪽, 785쪽 각주 56번

8, 17행 이하: 849쪽 각주 30번

8, 33행: 797쪽

8, 81~100행: 924쪽 이하

8, 88~92행: 533쪽 각주 17번

8, 96행: 569쪽

9: 817쪽 이하

9, 8행: 910쪽 각주 11번, 193쪽 각주 24번, 641쪽 각주 8번

9, 25행: 818쪽 각주 3번

9, 58행: 917쪽

9, 73행: 922쪽 각주 5번

9, 76~79행: 829쪽 각주 14번과 15번

9, 79행 이하: 822쪽 각주 6번

9, 89행: 797쪽 각주 10번

9, 93~96행: 925쪽 각주 11번

9, 103행: 797쪽

9, 104행: 797쪽

9, 105행: 797쪽, 824쪽 각주 7번

10, 27~44행: 911쪽

10, 53행 이하: 918쪽, 833쪽

10, 59행: 832쪽 각주 20번

10, 64~68행: 800쪽, 871쪽

11, 29행: 825쪽

11, 50행: 878쪽, 879쪽 각주 11번

『단편들』

39: 308쪽 각주 23번

42: 882쪽

52b (『파이안 찬가』 2): 923쪽 각주 9번

52f (『파이안 찬가』 6): 872쪽

52k (『파이안 찬가』 9): 889쪽, 897쪽

70b (『디튀람보스』): 847쪽, 332쪽 각주 23번

78: 896쪽

81: 885쪽, 534쪽 각주 19번

94 (=104c), 8~10행: 852쪽, 830쪽 각주 18번, 757쪽

106: 901쪽

109: 922쪽

122: 870쪽, 552쪽 각주 15번

123: 601쪽 각주 36번, 584쪽 각주 22번, 529쪽 각주 11번, 325쪽 각주 16번, 879쪽 각주 11번, 933쪽

124a b: 565쪽 각주 32번

140b: 811쪽 각주 4번

157: 883쪽

169: 885쪽, 699쪽 각주 12번

203: 911쪽 각주 13번

209: 888쪽

214: 926쪽 각주 14번

221: 901쪽 각주 10번

222: 864쪽 이하

282: 888쪽

핀다로스는 아이게우스의 자손이 아니다: 791쪽 각주 2번과 3번

핀다로스의 적수 시모니데스와 박퀼리데스: 850쪽 각주 33번

핀다로스에서 헤라클레이토스의 사상: 874쪽, 895쪽, 923쪽, 699쪽 각주 11번

핀다로스에서 시모니데스의 사상: 601쪽 각주 36번, 806쪽 각주 21번, 908쪽 각주 7번

핀다로스에서 플라톤적 사상: 898~904쪽

핀다로스의 예술: 905~918쪽

전형적 시상의 무한한 변용: 918쪽 각주 25번

문체의 다양성: 872쪽 각주 8번

도입구의 특수성: 873쪽 각주 1번

시련구의 사상적 대구: 832쪽 각주 20번, 915쪽 각주 21번

행진 합창곡 『네메이아 찬가』 2: 915쪽 각주 21번

상징적 표현력: 798쪽, 825쪽, 827쪽, 869쪽 이하, 916쪽

무대배경과 같은 문체: 827쪽 각주 12번

고전적인 문체: 930쪽

가치평가의 어휘들: 901쪽 각주 10번

상징의 사용: 853쪽 각주 39번, 811쪽, 810쪽 각주 3번

이른바 선호목록시: 852쪽, 852쪽 각주 37번, 874쪽, 902쪽, 910쪽

부정적 표현: 860쪽 각주 44번, 830쪽 18번

'불완전한': 510쪽 각주 17번, 883쪽, 850쪽, 927쪽

필레몬 Philemon (Kock): 단편 89: 268쪽 각주 38번

헤라클레이토스 Herakleitos (DK 22): 689~737쪽

A 1, 3행: 728쪽

A 1, 8 행: 714쪽

A 1, 9행과 11행: 717쪽

A 2: 733쪽

A 9: 736쪽

A 12: 717쪽, 723쪽

A 16, 129행 이하: 729쪽 이하

A 19: 731쪽 각주 59번

A 22: 701쪽 이하

B 1: 690쪽 이하, 483쪽 각주 9번, 708쪽, 724쪽

B 2: 724쪽, 729쪽

B 3: 705쪽

B 4: 712쪽, 732쪽 각주 60번

B 5: 734쪽, 712쪽

B 6: 717쪽

B 8: 701쪽

B 9: 712쪽, 732쪽 각주 60번

B 10: 700쪽, 699쪽

B 11: 719쪽

B 12: 704쪽, 716쪽, 728쪽 각주 55번

B 13: 712쪽

B 14: 733쪽

B 15: 733쪽 이하

B 16: 707쪽

B 17: 692쪽, 731쪽 각주 58번

B 18: 711쪽 이하, 733쪽 각주 61번

B 20: 731쪽, 734쪽 각주 62번

B 23: 697쪽

B 24와 B 25와 B27: 731쪽 이하

B 29: 732쪽, 709쪽, 712쪽

B 30: 715쪽, 718쪽

B 31: 715쪽, 718쪽

B 32: 721쪽

B 33: 729쪽

B 34: 692쪽, 709쪽

B 36: 716쪽

B 37: 712쪽

B 40: 713쪽 이하, 501쪽, 722쪽 각주 48번

B 42: 730쪽

B 43: 727쪽 이하

B 44: 727쪽

B 45: 705쪽, 728쪽 각주 55번

B 46: 728쪽

B 48: 701쪽, 719쪽

B 49: 729쪽

B 51: 701쪽 이하

B 52: 728쪽

B 53: 699쪽, 709쪽, 731쪽

B 54: 701쪽

B 56: 693쪽, 709쪽

B 57: 695쪽, 709쪽

B 60: 717쪽

B 61: 716쪽, 864쪽 각주 51번

B 62: 698쪽, 734쪽 각주 63번

B 64~66: 718쪽 각주 41번(히폴뤼토스가 인용한)

B 64: 719쪽 각주 43번

B 66: 718쪽

B 67: 720쪽, 734쪽 각주 63번

B 71과 B 73과 B 75: 702쪽 각주 15번

B 78: 711쪽

B 79: 710쪽

B 80: 700쪽, 726쪽

B 82: 710쪽 이하

B 83: 710쪽 이하, 693쪽

B 84a와 b: 697쪽

B 85: 727쪽

B 86: 732쪽

B 87: 731쪽

B 88: 695쪽

B 89: 724쪽

B 90: 718쪽, 874쪽 이하

B 93: 735쪽

B 94: 707쪽, 719쪽 각주 42번, 726쪽, 727쪽 각주 54번

B 96: 735쪽

B 97: 712쪽

B 99: 708쪽, 874쪽

B 100: 705쪽

B 101: 705쪽

B 102: 697쪽, 726쪽

B 104: 730쪽 이하

B 107: 692쪽, 709쪽

B 108: 721쪽

B 110: 728쪽

B 111: 208쪽 이하

B 112: 113쪽, 724쪽 이하

B 114: 725쪽 이하, 482쪽, 719쪽 각주 43번

B 115: 707쪽, 713쪽 각주 33번

B 117: 723쪽, 693쪽

B 118: 723쪽

B 119: 727쪽

B 121: 729쪽, 693쪽, 727쪽 각주 57번

B 126: 695쪽

B 129: 713쪽, 510쪽

B 134: 708쪽 각주 22번

DK 제2권, 422쪽 37이하: 703쪽

핀다로스에서의 헤라클레이토스: 874쪽 이하, 895쪽, 923쪽

플라톤에서의 헤라클레이토스 (이중의 비교): 711쪽 각주 28번

플라톤에서의 헤라클레이토스 (동굴의 비유): 713쪽

소포클레스에서의 헤라클레이토스: 736쪽 이하

헤로도토스 Herodotos

    1, 30: 433쪽(솔론과 크로이소스)

    1, 31, 1: 931쪽 각주 20번(신탁의 형식)

    1, 62: 429쪽(솔론 23D=33W 3행 이하와 비교하여)

    1, 87: 862쪽 각주 47번(크로이소스의 구조)

    1, 88, 1: 611쪽 각주 4번(προμηθίη)

    2, 24와 26: 494쪽, 502쪽(바람에 영향을 받는 태양궤도)

    2, 70~73: 644쪽(헤카타이오스에 따라)

    2, 137, 5 이하: 644쪽 각주 12번(이집트 여행)

    3, 50~53: 852쪽 각주 38번(뤼코프론의 이야기)

    3, 53, 4: 452쪽(페리안드로스)

    4, 13, 1과 16, 1: 456쪽 각주 8번

    4, 13, 2: 457쪽 각주 9번

    4, 36, 1: 458쪽 각주 10번(아바리스)

    4, 129, 2: 911쪽 각주 14번(당나귀)

    5, 74, 2: 749쪽 각주 8번(μνήμη)

    5, 92, z 2 ~ h 1: 452쪽 각주3번(독재자)

    7, 16 a, 1: 430쪽 각주 21번(바다의 비유)

    변방에 사는 전설의 민족들: 651쪽 이하

헤르모도로스 Hermodoros: 730쪽

헤르몰로코스 Hermolochos (스토바이오스 4, 36, 66에서): 932쪽 각주 23번

헤시오도스 Hesiodos

    시인: 173~177쪽

    『여인들의 목록』과 『헤라클레스의 방패』: 198~204쪽

    Ox. Pap. 2354 = A Merkelbach: 198쪽

    단편 21 Rzach: 819쪽 각주 4번

    단편 164 Rzach: 478쪽 각주 5번

『여인들의 목록』 - 아탈란타: 819쪽 각주 4번

『여인들의 목록』 - 퀴레네: 817쪽, 819쪽 각주 4번, 827쪽

『신들의 계보』: 178~197쪽, 475쪽 이하

  1~150행 (서문): 195쪽 이하

  22~32행 (헤시오도스의 소명): 178쪽 이하, 197쪽

  27행: 627쪽 각주 22번

  53~62행, 114행 이하 (무사이 여신들): 478쪽 각주 4번

  80~103행 (무사이 여신들이 군주와 시인을 축복하다): 195쪽 이하, 441쪽 각주 35번

  116행 이하 (세계의 생성): 186쪽 이하

  139~146행 (퀴클롭스 족): 181쪽 이하, 728쪽

  147~153행 (백 개의 팔을 가진 괴물): 181쪽 이하

  211~223행 (부정적 세계힘): 188쪽 이하, 672쪽 각주 30번

  223행 (복수의 여신들): 912쪽 각주 15번

  232행: 579쪽 각주 16번

  242행: 187쪽 각주 14번

  270~336행 (케토의 후손들): 187쪽 이하

  337~370행 (오케아노스의 자손들): 187쪽 이하

  371행 (테이아): 900쪽

  371~374행: 478쪽 이하

  378~380행 (천상의 바람들): 189쪽 각주 19번

  381행 이하 (별들의 아버지 아스트라이오스): 187쪽 각주 14번

  383~403행 (스튁스의 자식들): 183쪽 이하, 726쪽 각주 52번, 885쪽

  501~506행 (퀴클롭스 족): 181쪽 이하

  570행: 387쪽

  578~584행 (판도라의 머리띠): 388쪽 각주 13번

  594~601행 (수벌들): 388쪽 각주 13번

  617~663행, 713~717행 (백 개의 팔을 가진 괴물): 181쪽 이하

  717~744행: 460쪽 이하

726~744행과 807~813행 (존재와 비존재의 경계): 193~195쪽, 491
쪽 각주 22번

744~779행 (하계): 190쪽 이하, 694쪽 이하

807~813행: 726~744행을 보라

869~880행 (지옥의 바람들): 189쪽 각주 19번

901~903행 (호라이 여신들): 237쪽 각주 32번

922행 (헤베와 에일레이튀이아): 894쪽 이하

963행 이하 (끝맺음과 연결): 198쪽

『일들과 날들』: 205~238쪽

　1~27행: 208~211쪽

　42~105행 (인간의 가난, 판도라, 재앙과 희망): 211~215쪽

　61행과 70행: 387쪽

　65~75행: 388쪽 각주 13번, 834쪽 각주 21번

　102행: 876쪽 각주 7번

　106~201행 (세대 신화): 216~220쪽

　108행: 876쪽 각주 6번

　202~380행 (기타 등등): 220~224쪽

　225~247행, 260~262행: 237쪽과 각주 32번

　228행: 922쪽 각주 7번

　282행: 579쪽 각주 16번

　287~292행: 585쪽과 각주 24번

　379행 이하: 759쪽 각주 20번

　381~617행 (농부의 한 해): 225~230쪽

　388행: 237쪽 각주 32번

　474행과 483행 이하: 211쪽 각주 5번

　548~560행 (과학적 기상학): 225쪽 각주 22번

　582행 이하: 364쪽

　618~694행 (무역 항해): 230쪽 이하

　633~662행: 175쪽

659행: 655쪽 각주 4번

667행: 211쪽 각주 5번

689~694행: 829쪽 각주 14번

695~828행 (기타 등등): 232~235쪽, 829쪽 각주 14번

701~703행 (시모니데스에서 다시 언급됨): 385쪽

709행 (새로운 해석): 233쪽 각주 26번

714행: 284쪽 각주 7번

720행: 233쪽 각주 26번

헤카타이오스 Hekataios (1 F Gr Hist Jakoby)

『계보도』: 646쪽 이하

1: 646쪽 이하, 627쪽 각주 22번

15: 646쪽

19: 648쪽

22: 646쪽

27: 647쪽

Pap. Cair.: 647쪽 각주 15번

『세계여행』: 640~646쪽

113a: 642쪽

154: 643쪽

191과 305: 642쪽

324: 644쪽 이하

327 이하: 651쪽

호라티우스 Horatius

『서정시』

1, 7: 346쪽 각주 44번, 540쪽 각주 26번

2, 13, 27: 352쪽

3, 2, 20: 81쪽 각주 42번

3, 12: 372쪽

3, 30: 572쪽 각주 5번

4, 2, 29~32행 (로마의 시모니데스): 602쪽 각주 39번

4, 12, 28: 763쪽 각주 25번

『서정시』에서 핀다로스적인 것: 346쪽 각주 45번

『조롱시』 8: 265쪽

『호메로스 찬가』: 464~474쪽

　『아프로디테 찬가』: 466쪽 이하

　『아폴론 찬가』 (시작부분): 473쪽 각주 7번

　　(각인): 295쪽 각주 5번, 464쪽

　『아레스 찬가』: 471쪽 각주 6번

　『데메테르 찬가』: 473쪽 각주 8번

호메로스의 서사시

　『일리아스』

　　1, 1~7행: 27쪽 이하(도입부의 구조), 155쪽 이하(『오뒷세이아』 1,1~10행과의 비교)

　　1, 8행 이하: 118쪽 각주 1번

　　1, 26~32행: 60쪽 각주 22번(휴지마디)

　　1, 88행: 53쪽 각주 5번(후대의 언어형식)

　　1, 166행: 141쪽

　　1, 188~222행: 125쪽

　　1, 191행: 125쪽 각주 6번(해석)

　　1, 229행 이하: 56쪽 각주 11번(희화화)

　　1, 247~275행: 66쪽 이하

　　1, 275행: 66쪽 각주 1번(해석)

　　1, 343행: 863쪽 각주 49번

　　1, 356행: 59쪽 각주 20번(휴지마디)

　　1, 401~406행: 182쪽 각주 4번

　　1, 423~427행: 102쪽 각주 8번

1, 526행 이하: 301쪽 각주 13번

1, 576행: 102쪽

제 2~4권 (서사시에서의 기능): 46쪽, 120쪽 이하

2, 144~146행: 80쪽

2, 155~207행: 124쪽 각주 5번

2, 373행: 301쪽 각주 13번

2, 394~397행: 80쪽

2, 485행 이하: 38쪽 각주 28번, 478쪽 각주 4번

2, 786행 이하: 124쪽 각주 5번

2, 796행 이하: 280쪽 각주 2번

3, 45행: 284쪽 각주 7번

3, 60~66행: 74쪽 각주 37번

3, 65행 이하: 124쪽

3, 109행: 863쪽 각주 49번

3, 125~128행: 70쪽

3, 380~448행: 122~123쪽

3, 414~417행: 123쪽 각주 4번

4, 1~140행: 119~123쪽

4, 26~28행: 121쪽

4, 51~56행: 66쪽 각주 30번

4, 58~61행: 470쪽 각주 5번

4, 127~133행: 128~129쪽

4, 360행 이하: 150쪽

4, 371~400행 이하: 280쪽 각주 2번

4, 424행 (422~426행): 80쪽 이하

4, 430행: 55쪽 각주 10번

4, 439~445행: 112쪽 이하

제5권 (신들과 인간들): 135쪽 각주 16번

5, 1~8행: 126쪽

5, 134~143행: 78쪽

5, 290 (~296)행: 128쪽

5, 449~453행: 526쪽 각주 7번

5, 859~863행: 111쪽

5, 897행 이하: 184쪽 각주 7번

6, 127행: 141쪽

6, 142행: 100쪽 각주 4번

6, 146행 이하: 394쪽

6, 357행 이하: 30쪽

6, 444행: 148쪽

7, 31행 이하: 150쪽 이하

8, 15행 이하: 194쪽 이하

8, 405행: 877쪽 각주 9번

9, 134행: 394쪽 이하

9, 307~429행 : 36쪽(아킬레우스의 태도), 151쪽 각주 19번, 249쪽 이하

9, 502~512행 (아테와 사죄의 여신들): 114쪽 이하

9, 618행 이하, 677~703행 (아킬레우스의 태도): 151쪽 각주 19번

11, 1~15행 (아가멤논과 에리스가 전투를 외치다): 117쪽 이하, 897쪽 각주 7번

11, 19~28행: 72쪽

11, 20~23행: 801쪽

11, 43행: 111쪽 각주 21번

11, 75~77행: 102쪽

11, 172~178행: 78쪽 이하

11, 403~411행: 148쪽 이하, 143쪽 주석 11번

11, 546~547행: 79쪽

13, 20행: 301쪽 각주 13번

13, 59~82행: 140쪽, 328쪽 각주 19번

13, 322행: 100쪽 각주 4번

13, 444행, 567~569행: 111~112쪽

13, 636~639행: 293쪽 각주 3번

13, 638행: 55쪽 각주 10번('ἐξ ἔρον εἶναι'의 의미)

14, 16~22행: 81쪽

14, 216행: 834쪽 각주 21번

14, 286~291행: 332쪽 각주 32번(왜 '잠'이 나무에 앉았나?)

14, 386행 이하: 128쪽

14, 439행: 877쪽 각주 9번

15, 90행 이하: 113쪽 각주 24번

15, 119행 이하: 113쪽

15, 243~279행: 131쪽

15, 308행: 128쪽 이하

15, 355~366행: 131쪽

15, 458~493행: 129쪽

15, 642행 이하: 575쪽 각주 10번

15, 694~725행: 127쪽

16, 224행: 806쪽 각주 22번

16, 508~531행: 131쪽

16, 556행: 150쪽

16, 567행 이하: 131쪽

16, 644~655행 이하: 137쪽 각주 18번

16, 685~857행: 134쪽 이하

16, 780행: 136쪽 17번

16, 855~857행: 146~147쪽

17, 268~273행: 133쪽 각주 13번

17, 366~377행: 132쪽

17, 593~595행: 132쪽

17, 645~647행: 133쪽 각주 13번

17, 742~746행: 142~143쪽

18, 109행 이하: 853쪽 각주 39번(꿀 같은 분노, 고통 같은 분노)

18, 115행 이하: 147쪽

18, 250: 863쪽 각주 49번(πρόσσω καὶ ὀπίσσω)

18, 309행: 272쪽, 699쪽 각주 12번

19, 90~138행: 114쪽 이하(아테)

19, 113행: 167쪽 각주 12번

19, 209행: 150쪽

20, 4행: 113쪽 각주 24번

20, 95행 이하: 132쪽

20, 302~350행: 132~133쪽

21, 6행 이하: 132쪽

21, 106~119행: 147쪽

21, 168행: 111쪽 각주 21번

21, 279~292행: 147쪽 이하

21, 465행: 111쪽 각주 21번

21, 481~486행: 110쪽 각주 16번

21, 489행 (μάρπτειν): 877쪽 각주 9번

22, 71~76행: 286쪽 각주 12번

22, 40행과 99~213행: 105쪽

22, 226~297행: 131쪽

22, 365행 이하: 147쪽

22, 435행 이하: 145쪽 각주 14번

23, 62행: 877쪽 각주 9번

23, 382~390행: 130쪽

23, 576행: 657쪽 각주 8번

제24권: 94쪽 이하, 116쪽

24, 440~457행: 131쪽

24, 525행 이하: 152쪽

24, 527~533행: 214쪽

『오뒷세이아』

　제 1~4권: 44~45쪽(『귀향이야기』와의 관계)

　1, 1~10행: 27쪽 이하(도입구의 구조), 155쪽 이하(『일리아스』 제1권
　1~7행과 비교하여)

　1, 29~47행: 44쪽 각주 39번

　1, 32~43행: 416쪽 각주 6번

　1, 93행 a, b: 45쪽 각주 40번

　1, 95행: 33쪽 각주 23번

　1, 206~223행: 165~167쪽

　1, 222행 이하: 167쪽 각주 12번(새로운 해석)

　1, 325~327행, 350~352행: 38쪽 각주 28번(서사시 전통)

　제 2~4권: 93쪽

　2, 15~23행: 71쪽 이하

　2, 118~122행: 157쪽 각주 2번

　3, 100~119행: 28쪽 이하(도입부의 구조)

　4, 235~243행: 27쪽 이하(도입부의 구조)

　4, 240~264행: 157쪽 각주 3번

　4, 250~264행, 270~289행: 162쪽 각주 8번

　4, 373행: 301쪽 각주 13번

　4, 653~656행: 125쪽

　4, 712행 이하: 164쪽

　6, 140행: 141쪽 각주 4번

　7, 213~221행: 25쪽 각주 13번

　7, 241~243행: 28쪽 이하(도입부의 구조)

　8, 82행: 27쪽 각주 16번

　8, 176행 이하: 284쪽 각주 7번

　제 9~12권: 91쪽 이하(일인칭 화자), 45쪽(이야기를 늘릴 수 있는 장
　치)

9, 2~15행, 37행 이하: 27쪽 이하(도입부의 구조), 609쪽

9, 112행: 750쪽 각주 9번

9, 224~230행: 157쪽

9, 299~305행: 159쪽

10, 14~16행: 26쪽

11, 333~384행: 25쪽과 각주 12번(막간)

11, 368행: 609쪽

11, 370~384행: 28쪽과 각주 16번(도입부의 구조)

11, 425~429행: 597쪽 각주 32번

11, 489행: 152쪽 각주 22번(ἐπάρουρος)

11, 543~567행: 161쪽 이하

11, 593~600행: 365쪽 각주 12번

12, 189행 이하: 19쪽 이하, 27쪽 각주 16번, 91쪽 이하(세이레네)

14, 193~195행: 27쪽 이하(도입부의 구조)

14, 457행 이하: 156쪽

15, 68행: 523쪽 각주 2번

15, 115~181행: 522쪽 이하(스테시코로스의 전범)

15, 390~402행: 27쪽 이하(도입부의 구조)

17, 195행 이하: 156쪽

17, 226행: 149쪽 각주 17번

17, 360~364행: 23쪽

17, 454행: 284쪽 각주 7번

17, 483~487행: 24쪽

17, 513~517행: 26쪽

18, 129~137행: 244쪽, 268쪽 각주 38번, 678쪽 각주 37번

18, 155행: 23쪽

제19권: 159쪽과 각주 5번(오뒷세우스와 페넬로페의 수수께끼)

19, 226~231행: 73쪽 각주 35번

19, 329행: 149쪽

20, 1~24행: 158쪽 이하

21, 34~38행: 801쪽

21, 48~50행: 686쪽 각주 42번

21, 55행: 150쪽

21, 405~411행: 701쪽 각주 14번

21, 428~430행: 96쪽 각주 19번

22, 347행 이하: 38쪽 각주 28번(αὐτοδίδακτος)

22, 407~416행: 97쪽

22, 413~416행: 23쪽

23, 62~68행: 23쪽

23, 131~152행: 95쪽 이하

23, 306~309행: 29쪽

23, 310~341행: 45쪽

24, 452행: 863쪽 각주 49번

『小 일리아스』 단편 3 Bethe: 161쪽 각주 7번

히포낙스 Hipponax (Diehl): 403~409행

3: 406쪽

15와 16과 17과 21: 405쪽 이하

24: 407쪽

25: 407쪽, 806쪽 22번

29: 407쪽

36: 406쪽

41: 408쪽

42: 408쪽

45: 409쪽

70: 404쪽

77: 409쪽

IX: 408쪽

Ox. Pap. 2174 단편 5: 408쪽

히포크라테스 Hippokrates:『공기, 물, 토양에 관하여』제8장: 637쪽 이하

히폴뤼토스 Hippolytos:『이교도 반박』
8, 29: 555쪽 각주 18번
9, 10: 718쪽 각주 41번(판본의 문제)

mana 혹은 orenda는 'κῦδος' 유사: 145쪽 각주 14번

대륙, 아시아와 아프리카, 그리고 뤼비아 (아프리카): 817쪽 각주 2번, 641쪽

로토스를 먹는 사람들: 91쪽

목동(목자)
      호메로스의 비유에서: 77쪽 이하
      반 짐승 같은 (헤시오도스): 176쪽, 197쪽
      무법의 짐승 (호메로스, 테오그니스, 메난드로스): 750쪽 각주 9번

무사이 여신들
      개념: 441쪽 각주 34번
      기능 (헤시오도스): 196쪽
      연대를 좀 더 높게 잡음 (알크만): 478쪽 각주 4번
      도덕선의 표상 (테오그니스): 746쪽
      축복의 전달자 (솔론): 441쪽

배(국가의 비유): 353쪽 각주 4번, 765쪽

비극: 741쪽, 294쪽 각주 4번(사전에 관심 있는 청중에게 알려진)

'상고적': 색인 A 1.1

상징으로서 개: 158쪽 이하

소피스트 운동
      전통적 세계질서로부터의 탈피: 293쪽 이하
      시모니데스가 선도적으로 제시한 자유로운 지성: 597쪽 이하
      크세노파세스: 607쪽 이하
      사포에서의 Homo mensura: 346쪽 이하

아폴론, 죽음과 음악의 신: 701쪽

아폴론적 음악과 디오뉘소스적 음악: 846쪽

아프로디테가 소녀로 모습으로: 204쪽(사포)

오뒷세우스의 표상 (시모니데스에서 새롭게 만들어진): 586쪽 이하

오케아노스: 187쪽 이하, 400쪽, 502쪽, 525쪽, 641쪽

운명(호메로스): 104~107쪽, 135쪽과 각주 16번

원자론: 688쪽

유일신 사상: 618~621쪽

의지라는 말 자체가 결여된: 726쪽 각주 53번

일곱 현인: 450~453쪽

천체
　　　　일몰지점에서 일출지점으로의 '헤엄쳐' 이동(『일리아스』 제18권 489
　　　　행): 187쪽 각주 13번
　　　　반구(半球) 안에서 휴식을 취한다: 400쪽 각주 9번, 525쪽, 717쪽
　　　　파르메니데스에서의 달 위상 변화에 대한 올바른 설명: 676쪽
　　　　천구들 혹은 원고리들: 493쪽 각주 23번, 674쪽

추상적: 893쪽 각주 1번

칼륍소: 92쪽 이하, 162쪽

지은이 헤르만 프랭켈 Hermann Ferdinand Fränkel

고전문헌학자. 독일과 미국에서 주로 활동한 세계적인 학자다. 1888년 베를린에서 태어나 베를린, 본, 괴팅겐 등에서 독문학과 고전문헌학을 공부했고, 특히 고전문헌학의 대부로 불리던 울리히 폰 빌라모비츠-묄렌도르프와 프리드리히 레오 등의 뛰어난 학자를 스승으로 배웠다. 1915년 괴팅겐에서 박사학위를 받았고, 1차 세계대전에 참전한 뒤, 1921년 『호메로스에 나타난 비유』 연구로 교수자격을 취득했다. 이후 히틀러의 집권과 함께 시작된 유대인 박해를 피해 영국으로 망명했다가, 1935년 스탠퍼드 대학의 초빙을 받아 미국에서 교수로 취임했다. 당시 고전학 불모지였던 미국에서 고전문헌학의 기틀을 세우며 1953년 정년퇴임 때까지 활발한 연구 활동을 이어갔다. 퇴임 후에도 캘리포니아대(버클리), 코넬대, 독일 프라이부르크 대학 등 여러 곳에서 초빙교수로 가르쳤다.

헤르만 프랭켈은 고대 그리스 문학과 철학에 대한 탁월하고 치밀한 해석가로 평가받고 있으며, 주요 연구 분야인 그리스 상고기 문학의 문체 연구에서 큰 연구 업적을 남겼다. 특히 1931년 괴팅겐에서 집필을 시작하여 1951년 출간한 이 책 『초기 그리스의 문학과 철학』은 전 세계 학자와 학생들의 필수 문헌으로 지금까지 널리 읽히고 있다. 이 책 외에도 오비디우스와 아폴로니우스 연구로 헬레니즘 문학 연구의 새로운 지평을 열었다고 평가된다. 1977년 캘리포니아 산타크루스에서 88세를 일기로 별세했다.

옮긴이 김남우

로마 문학 박사. 연세대 철학과를 졸업했다. 서울대 서양고전학 협동과정에서 그리스 서정시를 공부했고, 독일 마인츠에서 로마 서정시를 공부했다. 정암학당 연구원이며, 연세대와 KAIST에서 강의하고 있다. 마틴 호제의 『희랍문학사』, 오비디우스의 『변신 이야기』, 에라스무스의 『격언집』, 『우신예찬』, 토머스 모어의 『유토피아』, 몸젠의 『로마사』 1~6, 니체의 『비극의 탄생』, 호라티우스의 『카르페디엠』, 『시학』, 키케로의 『의무론』, 『노년론』, 『우정론』, 『국가론』(근간), 베르길리우스의 『아이네이스』(근간) 등을 번역했다.

옮긴이 홍사현

연세대 철학과와 서울대 독문과 대학원을 졸업하고, 오스트리아 클라겐푸르트 대학에서 니체 철학으로 박사학위를 취득했다. 현재 연세대 철학과에서 강의하고 있다. 저서로 『니체의 행복론』, 『오늘 우리는 왜 니체를 읽는가』(공저), 『예술의 시대』(공저)가 있으며, 역서로 『니체 입문』, 『니체 전집 12: 즐거운 학문 외』(공역)가 있다. 주요 논문으로는 「니체의 인과 비판과 주체의 문제」, 「니체와 헤라클레이토스의 변화 개념은 동일한가?」, 「쇼펜하우어의 음악 철학」, 「사랑의(과) 주체에 대한 철학적 담론」 외 다수가 있다.